（下）

# 经济学科课程思政教学指南

主 编：王军生
副主编：李村璞　梁学平　郑开焰　刘赛红
　　　　倪国华　柴 建　徐凤敏　贾 彧

图书在版编目(CIP)数据

经济学科课程思政教学指南.下/王军生主编.——北京：中国统计出版社，2022.10
ISBN 978－7－5037－9987－7

Ⅰ.①经… Ⅱ.①王… Ⅲ.①高等学校－思想政治教育－教学研究－中国－指南 Ⅳ.①G641－62

中国版本图书馆CIP数据核字(2022)第177390号

经济学科课程思政教学指南(下)

| 作　　者/王军生 |
| 责任编辑/熊丹书 |
| 封面设计/李　静 |
| 出版发行/中国统计出版社有限公司 |
| 通信地址/北京市丰台区西三环南路甲6号　邮政编码/100073 |
| 发行电话/邮购(010)63376909　书店(010)68783171 |
| 网　　址/http://www.zgtjcbs.com |
| 印　　刷/河北鑫兆源印刷有限公司 |
| 经　　销/新华书店 |
| 开　　本/880×1230mm　1/16 |
| 字　　数/1170千字 |
| 印　　张/35.5 |
| 版　　别/2022年10月第1版 |
| 版　　次/2022年10月第1次印刷 |
| 定　　价/300.00元(全两册) |

版权所有，侵权必究。
如有印装差错，请与发行部联系退换。

# 目 录

## 财政学类

《财政学》课程思政教学指南 …………………………………………………………… (3)
《社会保障学》课程思政教学指南 ……………………………………………………… (27)
《国有资产管理》课程思政教学指南 …………………………………………………… (43)
《政府会计》课程思政教学指南 ………………………………………………………… (61)
《资产评估》课程思政教学指南 ………………………………………………………… (78)
《政府采购》课程思政教学指南 ………………………………………………………… (97)
《政府预算管理》课程思政教学指南 …………………………………………………… (115)
《中国财政思想史》课程思政教学指南 ………………………………………………… (130)
《中国税制》课程思政教学指南 ………………………………………………………… (146)
《税收经济学》课程思政教学指南 ……………………………………………………… (164)
《税务管理》课程思政教学指南 ………………………………………………………… (181)
《税务稽查》课程思政教学指南 ………………………………………………………… (195)
《税收筹划》课程思政教学指南 ………………………………………………………… (212)
《涉税服务概论》课程思政教学指南 …………………………………………………… (226)
《税务会计》课程思政教学指南 ………………………………………………………… (244)
《国际税收》课程思政教学指南 ………………………………………………………… (256)

## 经济与贸易类

《国际贸易》课程思政教学指南 ………………………………………………………… (271)
《国际贸易实务》课程思政教学指南 …………………………………………………… (291)
《国际商务谈判》课程思政教学指南 …………………………………………………… (316)
《国际物流》课程思政教学指南 ………………………………………………………… (333)
《国际经济学》课程思政教学指南 ……………………………………………………… (348)
《跨国公司经营与管理》课程思政教学指南 …………………………………………… (368)
《国际服务贸易》课程思政教学指南 …………………………………………………… (382)
《国际市场营销》课程思政教学指南 …………………………………………………… (397)
《世界贸易组织》课程思政教学指南 …………………………………………………… (411)
《国际商务》(双语)课程思政教学指南 ………………………………………………… (432)
《消费经济学》课程思政教学指南 ……………………………………………………… (447)
《贸易经济学》课程思政教学指南 ……………………………………………………… (466)
《跨境电商平台运营》课程思政教学指南 ……………………………………………… (485)

《跨境电商理论与实务》课程思政教学指南 …………………………………………………（497）
《跨境电商物流与供应链管理》课程思政教学指南 ……………………………………（514）
《区域市场与区际贸易》课程思政教学指南 ……………………………………………（533）
《国际经贸地理》课程思政教学指南 ……………………………………………………（547）

# 财政学类

# 《财政学》课程思政教学指南

李社宁[1]　陈俊亚[1]　胡克刚[1]　梁学平[2]　曲韵[2]　杨思家[2]　徐曌[2]

赵娜[3]　史新鹭[3]　温桂荣[4]　龚旻[4]　袁艳霞[4]　陈安琪[4]

([1] 西安财经大学　[2] 天津商业大学　[3] 西安外国语大学　[4] 湖南工商大学)

## 一、课程简介与课程目标

### (一)课程简介

《财政学》课程为学科共同课,属于必修课。通过《财政学》的教学,要求学生在了解财政学发展历史的基础上,理解市场经济条件下公共财政的内涵及其固有职能。通过各章节的学习,把握财政活动的全貌,掌握财政活动各个环节的基本理论和基本知识,深刻理解公共财政在社会经济中的重要地位与作用;通过《财政学》的教学,帮助学生初步建立运用财政理论与相关知识分析认识客观经济问题的能力,并能理解、分析现实的财政政策和财政制度的宏观与微观效果,理解财政改革的趋势与方向,使学生能更深刻地认识财政对社会、经济、生活等各方面的广泛影响,理解财政学知识特有的应用性与综合性,懂得学习掌握财政理论与知识的重要实践意义。

本课程综合运用讲授、启发式教学、小组讨论教学、案例教学、情景教学、调查研究、实验实训和慕课微课教学等多种教学方法,激发学生学习兴趣,引导学生深入思考。坚持以马克思主义原理为指导,强调财政学理论体系的中国特色学科体系、学术体系、话语体系。帮助学生了解相关财政学专业和财政领域的国家战略、法律法规和相关政策,引导学生深入社会实践、关注现实问题,培育学生经世济民、诚信服务、德法兼修的财税职业素养。

### (二)课程目标

通过本课程的学习,使学生能够达到以下目标:

1. 知识目标:本课程作为应用经济学的重要组成部分,在内容上以基础理论、财政收支、财政体制、财政政策为主线展开。通过本课程的学习,学生将全面了解现代财政学的总体理论框架,掌握财政的基本理论、政策体系和制度框架等内容,具备解决财税领域相关问题的能力。

2. 能力目标:具有获取知识的能力,能够掌握有效的学习方法,主动接受终身教育;具有实践应用能力和一定的科学研究能力,能够运用专业理论知识和现代经济学研究方法分析解决现实问题,具备创新精神、创业意识和创新创业能力。

3. 育人目标:热爱祖国,遵纪守法,具有良好的道德品质和文明习惯,培养良好的职业操守和职业道德,具备社会责任感和人文关怀意识;具有良好的专业素养,熟悉国家财经、财税政策和法律法规,了解国内外财税理论与政策的发展动态;具有科学知识与科学素养;具有良好的身心素质。

### (三)课程教材和资料

➢ 推荐教材

樊丽明.公共财政概论[M].北京:高等教育出版社,2019.

➢ 参考教材或推荐书籍

1. 陈共.财政学(第十版)[M].北京:中国人民大学出版社.2020.
2. 刘京焕.财政学原理(第二版)[M].北京:高等教育出版社,2018.
3. 马骁,周克清.财政学(第四版)[M].北京:高等教育出版社.2019.
4. 李社宁.财政学(第二版)[M].西安:西北大学出版社.2018.
5. (美)哈维.S.罗森,特德.盖亚.财政学(第十版)[M].北京:中国人民大学出版社.2015.

➢ 学术刊物与学习资源

国内外经济财政税收类各类期刊。

学校图书馆提供的各种数字资源,特别是"中国知网"。

➢ 推荐网站

中华人民共和国财政部网站:http://www.mof.gov.cn/index.htm。

各地方政府财政厅局网站。

各财经类大学财政学院或财政系网站。

# 二、课程思政教学总体设计

## (一)课程思政教学目标

本课程坚持以马克思列宁主义、毛泽东思想、邓小平理论、"三个代表"、科学发展观和习近平新时代中国特色社会主义思想为指导,坚持立德树人的根本任务,旨在培养践行社会主义核心价值观,有理想、有本领、有担当,具备良好的思想品德、专业素养、研究能力和应用能力的高素质专业人才。

立足于解决培养什么样的社会主义财政事业接班人、怎样培养社会主义财政事业接班人这一根本问题,围绕全面提高社会主义财政人才培养能力这一核心点,努力提高财政学教学水平和教学能力。

要将课程思政融入财政学课堂教学建设全过程。高校课程思政要融入课堂教学,要创新课堂教学模式,推进现代信息技术在课程思政教学中的应用,从以下多个维度实现思政教学目标。

1. 政治认同

财政学课程涉及政府财政收支及管理各个方面,既有普适性问题的介绍和分析,也有大量的具有中国特色的财政理论与实践问题的总结与提炼,这些问题与辩证唯物主义以及中国特色社会主义密切相关。通过这些专业知识的讲述,有助于让学生更准确了解中国财政改革发展取得的成就,从历史发展过程中能够自然而然地传递马克思主义基础理论的正确性;有助于学生们认识到马克思主义指导地位的重要性和中国特色社会主义制度的优越性。通过讲述经济改革和财政改革所取得的伟大成就,本课程能够传递坚持中国共产党领导的重要性,从心灵深处认同"中国共产党为什么能、马克思主义为什么行、社会主义为什么好",增强学生们的政治认同。

2. 家国情怀

我国财政理论与实践从中国共产党诞生就具有红色基因,无论是新中国成立初期计划经济时期的"国家分配论"和改革开放后的公共财政理论与改革实践,无不体现出在党的领导下,财政作为主要的分配工具,"取之于民,用之于民""立党为公,执政为民""聚众人之财,办众人之事"的家国情怀。本课程通过介绍中国财政改革与发展大事记,对学生进行爱党、爱国、爱社会主义、爱人民、爱集体的"五爱"教育。让学生树立为祖国、为人民奋斗奉献的理想。

3. 道德修养与职业伦理

本课程会涉及财税职业道德相关知识,特别是在税收征管和财政资金拨付业务的学习过程中,通过财政学理论与实践的相关案例分析,让学生认识到财税职业道德的重要性,自觉养成遵守财税职业道德的习惯。尤其在市场经济条件下,聚财用财的能力和水平高低在很大程度上决定着财税部门干部能否坚守初心使命。通过本课程的知识讲解和案例解读,切实提高学生的道德修养。

4. 法治精神

财税部门各项业务是在中国共产党的领导和既定法律法规框架下开展的。财政学及其后续各项专业课程的学习中包含了大量财税法律法规介绍,内容涵盖中国当前宏观经济管理领域主要的财税法律法规。通过本课程学习,让学生认识到相关财税法规对于经济和社会发展的重要作用。让学生牢固树立个人遵纪守法的意识和底线思维,激励学生自发崇尚、遵守和捍卫法律,为财税领域的改革和法治建设贡献自己的力量。

5. 文化素养

本课程注重学生文化素养的养成,尤其是"大国财政"的使命担当。财税文化素养的养成,是在财税业务素质的基础上不断积累和沉淀的过程,不断理解和深悟的过程,不断提高和丰富的过程和不断完善的过程。财税文化素养是综合性的,既包含财税文化知识,又包含财税业务能力,还包含财税品德作风和胸怀境界。财税文化素养中,最基本的是"法治与使命担当"及"德才兼备"。

6. 科学精神

本课程注重培养学生的科学精神。财政学属于社会科学,在本课程教学过程中,通过大量的财税改革与实践案例讲授和课后思考训练,引导学生阅读财税经典著作,培养学生深入实际开展调查研究的科学精神。

7. 时代担当

"国家的希望在青年,民族的未来在青年",青年要主动扛起责任担当,勇做新时代的弄潮儿。在财政学教学中,通过介绍我国财政改革与发展历程中不同时代的财税人对财税改革的贡献,激励学生树立远大崇高的理想,强本领、勇担当。

8. 广阔视野

在全球化竞争日趋激烈,尤其是在有新冠肺炎疫情的背景下,大国责任与担当及对大国财政问题的研究日益迫切。在新时代、新理念、新格局下,国家的经济社会发展尤其需要更多具有国际视野的高素质人才。本课程通过让学生了解国际间政府改革与财政发展的最新成就和发展趋势,特别是关注和研究各国政府间财税改革与发展的比较,培养学生的广阔视野。

9. 人民至上

社会主义财政的本质特征是人民性,财政是国家治理的基础和重要支柱,国家治理的最终目的是为人民服务。江山就是人民,人民就是江山。要树立为国理财就是为民理财的理念和原则。

10. 公共意识

财政活动是以国家(政府)为主体的分配活动,政府在公共资源和稀缺资源领域的配置职能有显著效果。公共意识是现代社会人的基本素养。

(二)课程思政教学内容

《财政学》课程的思政内容可以涉及以下几方面:

1. 坚定政治立场,具备良好的思想品德

本课程通过深入挖掘课程思政元素,引入丰富的案例素材,讲好中国故事,帮助学生深刻领会中国共产党领导下的政府预算制度建设所取得的重大成就和历史经验,涵养学生的家国情怀和社会责任感,引导学生增强"四个意识"、坚定"四个自信"、做到"两个维护",敢于纠正不当言行。通过强化财经纪律教育,帮助学生牢固树立法治意识、廉洁意识和集体意识,培养品行端正、爱岗敬业和富有团结精神的高素质专业人才。

2. 熟悉中国国情,具备良好的专业素养

本课程讲授将突出财政在国家治理中的基础性和支柱性地位,通过加入大量中国经济发展和财税改革的最新实践,融入和体现中国经验。并通过丰富多样的教学形式,帮助学生了解中国国情、社情、民情,使之具备良好的专业素养,掌握较为系统的财政学专业知识,了解我国财政的运行机制、改革动态和发展方向。

3. 富有科学精神,具备良好的研究能力

本课程注重培养学生的科学精神和创新意识,将专业知识传授与研究能力培养相结合,帮助学生了解学术研究的基本规范,夯实研究基础,并运用所学的经济学、公共管理学、政治学、法学、统计学和计量经济学等研究方法,开展与课程相关的问题研究。提倡"为人民做学问"的研究精神,为加快构建中国特色财政学学科体系、学术体系、话语体系而不断努力。

4. 关心现实问题,具备良好的应用能力

本课程倡导经世济民和知行合一的精神,注重理论与实践相结合,鼓励学生通过资料收集、实习实训、实地调研等途径,了解财政税收领域的重点难点问题,并结合所学专业知识进行研讨,为从事相关财税实务工作和解决复杂现实问题奠定良好的基础。

(三)教学方法

本课程综合运用讲授、启发式教学、小组讨论教学、案例教学、情景教学、调查研究、实验实训和慕课微课教学等多种教学方法,讲好中国故事,激发学生学习兴趣,引导学生独立思考和具有终身学习的能力。

# 三、课程各章节思政教学内容设计

### 第一章 绪论 公共财政的研究对象和内容体系

**专业教学目标**

明确公共财政研究对象是社会主义市场经济条件下的公共财政分配活动和分配关系及其规律性;了解西方财政学的发展历史,了解和掌握马克思主义财政学的发展历史并与西方财政学进行比较分析,充分认识马克思主义财政学产生的重大意义;了解和掌握中国公共财政的内容体系,包括公共财政基础理论、财政支出分析、财政收入分析、财政管理与运行分析;学会从宏观视野和全球视角考察财政问题。

**【知识目标】**

1. 了解公共财政的研究对象和内容体系。
2. 了解和掌握马克思主义财政学的基本概念和基本原理。
3. 了解西方财政学的产生及其历史局限性。
4. 了解和掌握中国公共财政的内容体系。

**【能力目标】**

1. 培养学生将所学理论灵活应用于现实和具体案例。
2. 培养学生具有独立思考能力和思辨能力,辩证看待西方市场经济理论和公共财政概念。

**课程思政教学目标及实践**

**【育人目标】**

1. 家国情怀 通过对马克思主义财政学产生和发展历史的介绍,增强学生的民族自豪感和现代公共意识。对学生进行爱党、爱国、爱社会主义、爱人民、爱集体的"五爱"教育,培养学生爱国和奉献精神。
2. 政治认同 通过对马克思主义财政学和西方财政学发展历史的了解,在具体讲述马克思主义财政学时,融入我国公共财政方面的重大改革,加强学生对我国政治制度的认同感,自觉增强"四个意识"、坚定"四个自信"、做到"两个维护"。

**【教学方式与方法】**

1. 自主学习:线上学习相应慕课中的基础专业知识点,线下自主阅读文献资料,撰写阅读笔记或思维导图。(常规化)
2. 课堂启发引导:知识点讲授注重我国财政历史发展脉络和文化基础,不能照搬西方公共财政概念。
3. 课堂小组讨论:国家财政与公共财政关系的辩论,让学生充分理解财政的本质。
4. 情景教学法:课后观看反腐倡廉纪录片,理解政府失效的原因,教育学生廉洁奉公和从严治党的重要性;推荐爱国歌曲和爱国电影,认识和理解个人和社会、国家的利益关系。

**【课程思政教学实例】**

**案例材料:韩庆祥 陈远章:建构当代中国话语体系的核心要义**

(1)案例简介

话语体系是一个国家软实力和巧实力的集中体现,蕴含着一个国家的文化密码、价值取向、核心理论,决定其主流意识形态的地位和国际话语权的强弱。话语和话语体系为话语权服务,是话语权的基础。话语权的巩固与提升,既取决于国家的硬实力,又直接体现为话语的成熟和话语体系的完善。我们所讲的当代中国话语体系,主要指中国特色哲学社会科学话语体系,包括对内和对外两个方面。对内话语权即主流意识形态话语权,主要在于巩固马克思主义在意识形态领域的主导和引领地位;对外话语权则是指中国在国际上的话语权力和话语能力。

资料来源:光明日报,2017年5月16日。

(2)案例的思政元素

①政治认同。构建中国特色社会主义财政学理论体系是当代哲学社会科学话语体系的重要组成部分。

②家国情怀。财政是国家治理的基础和重要支柱。
③科学精神。财政是以国家为主体的再分配活动,有自身的运动规律。

**(3)教学手段**

①翻转课堂:支架与高阶:慕课资源、文献资源为翻转课堂提供支架;师生思辨讨论实现课堂高阶性、高效性。(常规化)

②知识点+实事+思政——贯穿融合:在知识点"经济学理论-财政学理论-公共财政理论"中引入财政学研究对象和学科体系,增强学生对国家哲学社会科学话语体系的认同,引导学生尊重科学、尊重规律的社会科学情怀。

③学习测评——实时呼应:投票结果、讨论结果现场点评。(常规化)

## 第二章 公共财政与公共财政思想

**专业教学目标**

财政本质上是以国家为主体的分配活动,同时亦是一个历史范畴,随着国家的产生而形成,并随着经济社会的发展而不断变化。财政在不同时期具有不同的表现形式,公共财政是与市场经济相适应的财政运行模式。有了国家、有了剩余产品、有了公共需要,就有了财政,或者国家财政。公共财政是国家财政在市场经济条件下的表现形式。中国特色社会主义公共财政的特色有四个方面:一是人民性与公共性相统一的财政;二是与社会主义市场经济相统一的现代财政;三是与国家治理相适应的民主法治财政;四是开放包容、推动构建人类命运共同体的大国财政。

**【知识目标】**

1. 学生了解财政产生与发展的历史,了解财政与国家、财政与经济、财政与经济体制的关系。
2. 学生熟悉财政的特征,理解财政的本质和公共财政的含义。
3. 学生掌握中国特色社会主义市场经济条件下公共财政的重要特色。

**【能力目标】**

1. 培养学生将所学理论灵活应用于现实和具体案例。
2. 培养学生具有独立思考能力和思辨能力,辩证看待西方市场经济理论和公共财政概念。

**课程思政教学目标及实践**

**【育人目标】**

1. 家国情怀 通过对财政产生发展历史的介绍,增强学生的民族自豪感和现代公共意识。对学生进行爱党、爱国、爱社会主义、爱人民、爱集体的"五爱"教育,培养学生爱国和奉献精神。

2. 职业道德 财政是国家治理的基础和重要支柱,财政人是国家的大管家,大管家在现代社会,一定要守好钱袋子、用好钱袋子、造福最广大的人民群众。

3. 法治精神 财政和财务都是关于钱的学问,但财政讨论的钱是国家的、大家的、人民的。守好钱袋子、用好钱袋子是现代社会和法治环境下一定要遵守的财经纪律,一定要守住的法律红线。遵从法治精神、公私分明。

4. 政治认同 通过对不同社会形态、不同经济体制下财政发展历史的了解,在具体讲述中国特色社会主义市场经济条件下的公共财政概念与财政思想时,融入我国经济和社会建设取得的伟大成就和在公共财政方面的重大改革,加强学生对我国政治制度的认同感,自觉增强"四个意识"、坚定"四个自信"、做到"两个维护"。

**【教学方式与方法】**

1. 课堂启发引导:知识点讲授注重我国财政历史发展脉络和文化基础,不能照搬西方公共财政概念。
2. 课堂小组讨论:国家财政与公共财政关系的辩论,让学生充分理解财政的本质。
3. 情景教学法:课后观看反腐倡廉纪录片理解政府失效的原因,教育学生廉洁奉公和从严治党的重要性;推荐爱国歌曲和爱国电影,认识和理解个人和社会、国家的利益关系。

**【课程思政教学实例】**

**案例材料:中国基础设施建设取得巨大成就 大桥高铁让人惊叹**

**(1) 案例简介**

中国经济的快速发展推动了基础设施的完善和升级,高铁、现代化的桥梁都是中国经济快速发展的产物。2021年中国铁路营业里程达到15.07万公里,高速公路总里程达到16.91万公里,公路总里程达到528.07万公里,均稳居世界第一名。

资料来源:中国施工企业管理协会官网,2017－06－20;慧聪工程机械网。

**(2) 案例的思政元素**

①政治认同。我国经济和社会建设取得伟大成就离不开中国共产党的领导和改革开放。

②家国情怀。大桥高铁修建长度打破世界纪录增强学生的民族自豪感。

③树立大国财政与人类命运共同体理念。学生能够更加深入地认识到大国财政和其在国家治理中的地位。

**(3) 教学手段**

知识点＋实事＋思政——贯穿融合:在知识点"财政－国家财政－公共财政"中引入大国财政和人类命运共同体等思政元素与专业知识相结合,增强学生的政治认同和家国情怀。

## 第三章 公共财政职能

**专业教学目标**

财政是为了满足国家职能实现的需要而存在的,国家职能具体表现为政府职能。现代经济社会的主体分别为政府、企业、个人,从市场的角度看,政府是市场监督主体、企业是市场竞争主体、个人是市场消费主体。本章要求掌握政府与市场的关系和财政职能两个基本内容。关于政府与市场的关系的基本知识点:一是市场在资源配置中起基础性、决定性作用;二是必须充分发挥政府在公共资源和稀缺资源配置中的作用;三是由于市场会失灵,政府会失效,因此政府与市场的协调配合是关键。关于财政职能,需要明确掌握资源配置职能、收入分配职能、经济稳定与发展职能的含义、目标、机制和手段。

**【知识目标】**

1. 学生了解和掌握市场有效性、市场失灵、政府与市场的关系。
2. 学生熟悉政府职能、财政职能,理解政府职能和财政职能的含义。
3. 学生掌握中国特色社会主义市场经济条件下财政职能发挥的重要领域。

**【能力目标】**

1. 培养学生将所学的政府与市场关系理论灵活应用于现实和具体案例。
2. 培养学生具有独立思考能力和思辨能力,辩证看待西方经济学中关于政府与市场关系和财政职能研究。

**课程思政教学目标及实践**

**【育人目标】**

1. 政治认同　通过引导学生对政府与市场关系的广泛深入认识,特别是政府提供公共产品的必要性和可行性分析,更加坚定地做到"两个维护"。

2. 科学精神　充分了解国家职能与市场职能、财政职能的关系,以案例分析说明我国财政职能与作用的发挥是中国特色社会主义新时代的一个重大课题,有待我们及下一代在实践中不断得出宝贵经验和进行理论创新。

3. 大国使命与担当　中国是一个大国,中国财政就是大国财政,结合政府与市场关系、政府职能、财政职能的专业教学内容,融入大国使命与担当的思政内容。

**【教学方式与方法】**

1. 自主学习:线上学习相应慕课中的基础专业知识点,线下自主阅读文献资料,撰写阅读笔记或思维导图。

2. 课堂启发引导:知识点讲授注重我国政府职能和财政职能研究。

3. 课堂小组讨论:政府与市场关系的辩论,让学生充分理解市场的基础性、决定性作用。

**【课程思政教学实例】**

**案例材料:中核集团中核华泰:借"综改"东风,打造"新华泰"**

**(1)案例简介**

在企业综合改革中从严从实落实党建责任。严格落实"第一议题"制度,推动理论学习走深走实;完善公司党建品牌体系建设,做实党建融入中心;严格党建考核兑现,把党建考核同经营业绩考核相衔接。聚焦深度融合,一体构建党建＋市场开发、安全生产、科技创新、项目管理、企业文化、风险防范化解等系统管理体系。

公司发展由弱向好,业务布局不断优化,经营质量逐步提高,员工精神面貌显著改变,成功迈入深圳企业500强、深圳市质量百强企业方阵,跻身深圳市南山区建筑业突出贡献十强,逐步重塑"中核华泰"品牌在改革开放前沿的影响力。

资料来源:澎湃政务网,中核集团,2022－08－08。

**(2)案例的思政元素**

①政治认同。国有企业在市场竞争中离不开中国共产党的领导。

②科学精神。党建与业务融合是提高国有企业竞争力的根本,党的建设必须尊重科学、尊重规律。

③树立大国财政与人类命运共同体理念。学生能够更加深入地认识到国有企业是巩固大国财政的基础。

**(3)教学手段**

知识点＋实事＋思政——贯穿融合:在知识点"国家＋企业＋个人－国家职能－财政职能－公共财政职能"中引入国有企业是巩固大国财政的基础等思政元素与专业知识相结合,增强学生的政治认同和树立大国财政与国有企业改革发展的关系认知。

## 第四章 财政支出总论

**专业教学目标**

财政支出是财政活动的一个重要方面,是国家(政府)把筹集到的资金用于社会生产和生活的各个方面的分配活动。本章要求学生在学习财政支出的概念、分类的基础上,重点掌握:财政支出的规模与结构及其影响因素,包括经济因素、政治因素、社会因素等;财政支出的经济效应,包括收入效应、替代效应、经济增长效应、挤出效应、收入分配效应;财政支出的绩效评价,包括财政支出绩效评价的内涵和评价方法。同时,对我国财政支出改革方面的最新成就及进一步改革的方向要有重点了解。

**【知识目标】**

1. 了解和掌握财政支出的概念、财政支出的分类。
2. 了解和掌握财政支出的规模的衡量标准和财政支出结构及其优化。
3. 了解和掌握财政支出的经济效应。
4. 了解和掌握财政支出的绩效评价。
5. 了解财政支出改革的成就及未来改革的目标。

**【能力目标】**

1. 培养学生将所学财政支出知识灵活应用于现实和具体案例。
2. 培养学生具有独立思考能力和思辨能力,对财政支出改革的成就及未来改革的目标有创新性认识。

**课程思政教学目标及实践**

**【育人目标】**

1. 政治认同 通过引导学生对我国财政支出成就的广泛深入认识,特别是满足社会主义国家职能方面的深入分析,更加坚定地增强"四个自信"、做到"两个维护"。

2. 科学精神 充分了解财政支出规模与结构的关系,以案例分析说明我国财政支出适度规模和结构优化是中国特色社会主义新时代一个重大课题,有待我们及下一代在实践中不断得出宝贵经验和进行理论创新。

3. 家国情怀 通过对我国财政支出规模和结构演变历史的介绍,增强学生的民族自豪感和现代公共意识。

4. 人民至上　财政支出的每一分钱都来自人民,每一分钱也必须用在人民需要的地方。国家建设的最终目的是人民的幸福。

**【教学方式与方法】**

1. 课堂启发引导:知识点讲授注重我国财政支出规模和结构。
2. 课堂小组讨论:财政支出适度规模的辩论,让学生充分理解财政支出规模的影响因素。

**【课程思政教学实例】**

**案例材料:国务院关于2021年中央决算的报告**

**(1)案例简介**

报告基本情况:2021年是党和国家历史上具有里程碑意义的一年。以习近平同志为核心的党中央团结带领全党全国各族人民,隆重庆祝中国共产党成立一百周年,胜利召开党的十九届六中全会、制定党的第三个历史决议,如期打赢脱贫攻坚战,如期全面建成小康社会、实现第一个百年奋斗目标,开启全面建设社会主义现代化国家、向第二个百年奋斗目标进军新征程。面对复杂严峻的国内外形势和诸多风险挑战,各地区各部门坚持以习近平新时代中国特色社会主义思想为指导,全面贯彻党的十九大和十九届历次全会精神,弘扬伟大建党精神,按照党中央、国务院决策部署,严格执行十三届全国人大四次会议审查批准的2021年中央预算,完整、准确、全面贯彻新发展理念,有力统筹新冠肺炎疫情防控和经济社会发展,扎实做好"六稳"工作、全面落实"六保"任务,沉着应对百年变局和世纪新冠肺炎疫情,构建新发展格局迈出新步伐,高质量发展取得新成效,实现了"十四五"良好开局。在此基础上,财政改革发展各项工作扎实推进,中央决算情况总体较好。

资料来源:中国人大网,2022年6月22日。

**(2)案例的思政元素**

①政治认同。2021年是党和国家历史上具有里程碑意义的一年,中央财政取得的良好成绩离不开党的领导和改革开放。

②科学精神。全面贯彻新发展理念,有力统筹新冠肺炎疫情防控和经济社会发展。

③人民至上。扎实做好"六稳"工作、全面落实"六保"任务。

**(3)教学手段**

知识点＋实事＋思政——贯穿融合:在知识点"财政支出－规模－结构－财政支出效应－财政支出绩效评价－财政支出改革"中引入政治认同、家国情怀、人民至上和科学精神等思政元素与专业知识相结合,增强学生的政治认同、家国情怀、人民至上和科学精神。

## 第五章　政府消费支出

**专业教学目标**

政府消费支出包括行政管理支出、国防支出和科教文卫支出。本章主要要求学生在学习政府消费支出的概念和分类的基础上,重点掌握:行政管理支出的性质和内容,中国的行政管理支出等;国防的提供和国防支出的分类,最优国防支出结构的理论分析,中国的国防支出;科教文卫支出的内容与分类,政府介入科教文卫支出的理论基础,中国的科教文卫支出。同时对我国财政政府消费支出改革方面的最新成就及方向要有重点了解。

**【知识目标】**

1. 了解和掌握政府消费支出的概念和分类。
2. 了解和掌握行政管理支出性质、内容及其改革。
3. 了解和掌握国防支出的分类及其最优结构。
4. 了解和掌握科教文卫支出的内容、分类及其改革。
5. 了解和掌握政府介入科教文卫支出的理论基础。

**【能力目标】**

1. 培养学生将所学财政政府消费支出知识灵活应用于现实和具体案例。
2. 培养学生具有独立思考能力和思辨能力,对政府消费支出未来改革的目标有创新性认识。

**课程思政教学目标及实践**

**【育人目标】**

1. **政治认同** 通过引导学生对我国政府消费支出成就的广泛深入认识,特别是满足社会主义国家职能方面的深入分析,更加坚定地增强"四个自信"、做到"两个维护",对政府消费支出在行政管理、国防建设和社会事业发展方面的体制机制的优越性有显著认识。

2. **科学精神** 充分了解政府消费支出的理论基础和科学原理,以案例分析说明我国政府消费支出对中国特色社会主义建设的巨大作用,进一步分析有待在实践中不断进行探索和创新的理论和现实问题。

3. **家国情怀** 通过对我国政府消费支出的演变历史的介绍,增强学生的民族自豪感和现代公共意识。

4. **人民至上** 政府消费支出的绝大部分是民生支出,是用于提高人民生活水平和保障人民生命财产安全,为人民的安居乐业提供公共服务。

5. **法治精神** 政府消费支出是政府提供公共服务的成本,需要坚持"支出有计划、计划有目标、完成有绩效、无效需问责",严格按照《预算法》和《预算法实施条例》规定安排支出。法治社会下一定要遵守财经纪律,守住法律的红线,遵从法治精神,公私分明。

6. **文化传承** 政府消费支出中的科教文卫支出,是国家对重大科研创新、重要领域人才发展、主流文化传承的财政投入,是倡导社会主义核心价值观的基础保障。主流文化传承是国家使命,财政需要重点支持。

**【教学方式与方法】**

1. **课堂启发引导**:知识点讲授注重我国政府消费支出性质、分类与相关理论基础。
2. **课堂小组讨论**:控制政府行政管理支出的辩论,让学生充分理解为什么要严格控制行政管理支出的过快增长。

**【课程思政教学实例】**

**案例材料:国务院新闻办公室发表《新时代的中国国防》白皮书**

**(1)案例简介**

关于国防支出,中国一直坚持"合理适度"。中国坚持发展和安全兼顾、富国和强军统一,坚持国防建设与经济建设协调发展,坚持勤俭建军方针,依据国家经济发展水平和国防需求,合理确定国防费规模结构,依法管理和使用国防费。改革开放以来,中国国防开支经历了从维持性投入到适度增长的发展历程,总体保持与国家经济和财政支出同步适度协调增长。国防费占国内生产总值(GDP)比重从1979年最高的5.43%下降到2017年的1.26%,近30年一直保持在2%以内。1979年国防费占国家财政支出比重为17.37%,2017年为5.14%,下降超过12个百分点,总体下降趋势明显。西方国家眼中的中国威胁论。

资料来源:国新网,2019年7月24日。

**(2)案例的思政元素**

①政治认同。我国国防建设离不开中国共产党的领导和改革开放。

②家国情怀与人民至上。国防建设的目的是保障全体人民的幸福,维护全体人民的发展利益,增强学生的民族自豪感。

**(3)教学手段**

知识点+实事+思政——贯穿融合:在知识点"政府消费支出—行政管理支出—国防支出—科教文卫支出—理论基础—政府消费支出改革"中引入政治认同、家国情怀、人民至上、科学精神和法治精神等思政元素与专业知识相结合,增强学生的思政理念和认识。

## 第六章 政府投资支出

**专业教学目标**

政府投资是社会总投资的重要组成部分。根据市场失灵和公共产品等理论,基础设施和"三农"是政府投资的主要对象,投资方式多种多样。因此,本章主要介绍政府投资概述,政府投资介入基础设施以及"三农"的理论依据、方式选择和国内现状。

**【知识目标】**

1. 了解政府投资的含义、特征和类型选择。

2. 熟悉政府介入基础设施投资、介入"三农"领域的理论依据和方式。

3. 掌握基础设施投资、财政"三农"支出的状况分析。

**【能力目标】**

1. 增强学生对政府投资基础理论的理解和我国基础设施政府投资、财政"三农"支出情况的了解,培养学生理论联系分析现实政府投资案例的能力。

2. 培养学生对政府投资知识的运用能力,辩证分析政府投资的重点、方向。

**课程思政教学目标及实践**

**【育人目标】**

1. 政治认同　通过对我国基础设施政府投资的依据和投资情况的介绍,使学生充分认识到基础设施投资所取得的巨大成就及其对经济增长的重要作用,增强学生对中国共产党的方针政策的高度认同,不断增强"四个自信"。

2. 家国情怀　通过对我国财政"三农"支出的依据和情况的介绍,使学生充分认识到中国共产党对"三农"投入问题的高度重视,激发学生对实施"乡村振兴战略"的社会责任意识和奉献意识。

3. 使命担当　介绍我国政府投资的重点领域和方向,使学生深刻认识到政府投资的重大意义和当前面临的机遇挑战,激励学生树立学好本领、服务祖国的担当意识。

**【教学方式与方法】**

1. 自主学习:线上学习和线下自主阅读有关基础设施投资和"三农"支出的文献资料,并撰写读书笔记。

2. 课堂启发:知识传授基础设施政府投资、财政"三农"支出的理论依据、方式和发展变化,引导学生深度思考政府投资的作用以及投资政策的优化调整。

3. 课堂讨论:分小组讨论不同阶段财政"三农"支出的规模、结构变化,使学生充分理解财政"三农"支出的依据。

4. 情景教学法:课后观看农业农村频道(CCTV-17)关于农业发展、农村建设和农民生活相关节目,使学生深刻地体会"三农"支出的现实含义;推荐学生观看乡村振兴相关纪录片,提高家国情怀和使命担当。

**【课程思政教学实例】**

**案例材料:基建项目提速,投资力度加大**

(1)案例简介

今年以来,全国各地扎实推动基建项目开工建设,多措并举扩大有效投资。国家统计局数据显示,2022年上半年,全国固定资产投资(不含农户)同比增长6.1%,其中基础设施投资同比增长7.1%,比1—5月份加快0.4个百分点。交通运输部7月28日发布数据:上半年我国新开工高速公路和普通国省道项目近170个、4800公里,总投资2910亿元。2022年1—6月,江苏省公路建设完成投资511.2亿元,同比增长19.5%;河南省交通基础设施累计完成投资807.3亿元,占年度目标的66.6%;山东省交通投资累计完成1451亿元,在建重点项目个数、总投资额均创新高。今年以来,稳投资不断加力:5月31日,国务院印发《扎实稳住经济的一揽子政策措施》,明确加快推进水利工程项目、交通基础设施投资、城市地下综合管廊建设等;7月28日召开的中央政治局会议提出"用好地方政府专项债券资金""支持中西部地区改善基础设施和营商环境"……从中央到地方、从项目到资金,一系列政策举措全面加强基础设施建设,合力扩大有效投资。

资料来源:节选自新华社《基建项目提速,投资力度加大——从"挖掘机指数"感受经济动能》,2022-07-31。

(2)案例的思政元素

①政治认同。我国扎实稳住经济离不开政府稳投资的政策措施,增强学生对中国共产党的方针政策和党的领导的高度认同。

②家国情怀。政府多措并举扩大有效投资对稳定经济发挥了重要作用,增强了学生对发展我国经济的强有力信心,激发了学生服务我国经济建设的抱负。

③使命担当。学生更加深刻认识到基建项目投资的重大意义,激励学生学好投资决策知识,增强服务我国经济发展的责任意识和担当意识。

(3) 教学手段

① 翻转课堂教学:有机结合课前预习、课中教学、课后反思,利用有关基础设施政府投资、财政"三农"支出的慕课资源、文献资源为翻转课堂提供支撑;利用"雨课堂"、学习通等智慧教学平台,学生展示课前自主学习成果,教师对学生的分享成果进行点评总结,增强学生在学习政府投资知识上的获得感;引入政府投资的引导案例教学启发学生对基础设施政府投资、财政"三农"支出的思考,通过分组思辨讨论最新的投资政策实现课堂高阶性和高效性目标。

② 知识点+案例+思政:在知识点"政府投资－基础设施投资－'三农'支出"中引入思政元素与专业知识相结合,增强学生政治认同、家国情怀和使命担当意识。

## 第七章　社会保障支出

**专业教学目标**

社会保障可以看作政府为居民编织的一张社会安全网,通过社会保险、社会救助、社会福利、社会优抚和社会互助等制度保障人的基本生存权利。社会保障支出即国家依据一定的法律和政策,在该方面进行的再分配支出。社会保障是现代化国家财政体系的重要组成部分,是促进社会稳定与发展、分配公平和调节经济的重要手段。因此,本章主要介绍社会保障的要素和主要内容,解释政府介入该领域的理论基础,分析中国社会保障支出结构和制度,并重点讲解社会保险支出与社会救助,从而使学生对社会保障有全面的了解,并能深入国情、理论联系实际、学以致用。

【知识目标】

1. 了解社会保障的含义,熟悉社会保障的主要内容,掌握政府介入社会保障的理论基础和中国财政社会保障支出的结构。

2. 熟悉社会保险的特征和中国社会保险支出的主要项目,理解中国社会保险制度存在的主要问题,掌握社会保险基金筹资模式和中国社会保险制度的改革方向。

3. 了解社会救助的演变,熟悉中国社会救助支出的规模和结构。

【能力目标】

1. 培养学生运用所学的社会保障知识和中国财政社会保障支出原理分析并解决现实问题。

2. 培养学生关注社会保障前沿问题并独立思考和辩证分析中国社会保障制度改革成效的能力。

**课程思政教学目标及实践**

【育人目标】

1. 国家认同　通过介绍我国社会保险支出的主要项目和财政社会保障支出的结构,使学生了解中国特色社会主义社会保障体系建设所取得的伟大成就,正确认识财政社会保障支出对推进社会保障体系建设的重要作用,增强学生对中国特色社会主义社会保障的自豪感,增强学生对中国特色社会主义制度的高度认同。

2. 家国情怀　通过介绍我国社会救助的规模、结构,使学生认识到我国社会救助制度的特色,激发学生树立完善中国社会救助制度的远大抱负。

3. 使命担当　引导学生准确理解中国社会保险制度的改革方向,激励学生树立进一步完善中国社会保险制度的责任意识、担当意识。

【教学方式与方法】

1. 自主学习:线上学习和线下自主阅读有关我国社会保障制度发展的文献资料,并撰写读书笔记。

2. 课堂启发:知识传授我国财政社会保障支出的结构、社会保险支出的主要项目内容,引导学生深度思考我国社会保险制度存在的主要问题和改革的主要方向。

3. 课堂讨论:分小组讨论我国社会保险支出的主要项目和社会保险基金筹资模式,使学生充分理解我国社会保障制度改革需要把握的关键问题。

4. 情景教学法:课后观看有关社会保障制度发展的相关报道、视频和影视作品,使学生深刻地体会我国社会保障制度的特色和取得的伟大成就;推荐学生观看脱贫攻坚相关纪录片,正确认识中国社会救助制度的发展及其重要作用。

**【课程思政教学实例】**
**案例材料：中国社会保障项目和支出规模**
**（1）案例简介**

我国社会保障项目繁多，按照性质可以概括为社会保险、社会救助、社会福利、社会优抚和救灾以及行政事业单位离退休制度共六个部分。从规模上看，社会保险是规模最大的社会保障项目，2017年社会保险基金支出为57145.6亿元，而同期各级财政社保和就业支出总和仅为24611.68亿元。在社会保障财政总支出中，行政事业单位离退休金占到总支出的30%，对社会保险基金的补充支出占到31%，其他的抚恤、社会福利、残疾人事业、生活救助、最低生活保障等各种补贴占到约16%。

在五类社会保险中，养老保险支出占比最大，历年都达到70%以上。因此，养老保险支出加财政直接支付的离退休金即养老金总支出是我国社会保障支出中最重要的部分。社会救助是针对贫困和困难群体的补贴，主要包括城镇居民最低生活保障、农村居民最低生活保障和农村"五保户"制度等。社会救助是针对贫困和困难群体的补贴，主要包括城镇居民最低生活保障、农村居民最低生活保障和农村"五保户"制度等。社会福利是一个宽泛的概念，一般是指为改善居民生活质量，体现政府关怀和政策倾向而给予居民的补贴，既包括由民政部门主管的一部分社会福利，又包括劳动部门主管的职工福利与补贴，主要包括儿童福利、残疾人福利、老年人福利和妇女福利，以及其他一些社会化项目。

<small>资料来源：节选自耿晋梅《中国的社会保障支出政策调节了居民收入差距吗？》，经济问题，2020年第7期。</small>

**（2）案例的思政元素**

①政治认同。我国社会保障项目的设置以及社会保险支出规模充分体现了中国特色社会主义社会保障的优越性，增强了学生的"四个自信"。

②家国情怀。增强了学生对中国特色社会主义社会保障发展的自豪感。

**（3）教学手段**

①翻转课堂教学：利用有关社会保障支出的慕课资源、文献资源为翻转课堂提供支撑；利用"雨课堂"、学习通等智慧教学平台开展互动教学，教师对学生的分享成果进行点评总结；借助任务驱动教学方法提出问题启发学生对社会保障制度改革的思考。

②知识点＋案例＋思政：在知识点"社会保障项目－社会保险支出－社会救助支出"中引入思政元素与专业知识相结合，增强学生政治认同、家国情怀和使命担当意识。

## 第八章 财政收入总论

**专业教学目标**

财政收入是政府履行职能的物质前提，是公共品和公共服务供给的资金基础。财政收入筹集的依据是一国政府的公共权力，收入来源是一部分国民收入和社会资源，筹集目的是满足社会公共需要。对财政收入的总体把握是理解财政职能不可或缺的重要一环。有鉴于此，掌握财政收入的概念界定和分类方式是本章的主要教学目标。为了进一步把握财政收入组织和运行状况，结合现实数据对财政收入规模、结构组成及变动趋势进行理论分析和实证考察也包含在本章教学目标中。

**【知识目标】**

1. 掌握财政收入的概念界定与分类方式，理解财政收入的资金来源、筹集方式和政策目标。

2. 知晓衡量财政收入规模的绝对指标和相对指标，基于现实数据，整体把握世界范围内各国财政支出规模的变动趋势。

3. 了解财政收入的结构组成，结合各国政治经济体制差异，理解国家层面财政收入结构的横向差异和纵向变动。

**【能力目标】**

1. 培养学生对财政收入的理解与认识，激发学生对财政学专业知识的兴趣。

2. 提升学生的财政学专业理论素养，为学生运用理论理解社会经济发展现实奠定基础。

**课程思政教学目标及实践**

**【育人目标】**

1. 家国情怀  通过对财政收入的统计口径及具体分类的讲解,辨析不同社会经济体制下财政收入组织管理的异同,增强学生的民族自豪感和现代公共意识。

2. 法治精神  财政收入的组织、管理及使用与国家发展和人民福祉息息相关。收好钱袋子、用好钱袋子是一国政府治理能力的直接体现,也是现代法治社会的必然要求。

3. 政治认同  通过对不同社会经济体制下财政收入规模和结构的比较分析,重点讲述中国特色社会主义市场经济条件下公共财政所涵盖的财政收入内涵,介绍我国政府对处理好收入分配关系的重视体现在公共财政改革的方方面面,加强学生对中国特色社会主义的道路自信、理论自信、制度自信和文化自信。

【教学方式与方法】

1. 课堂讲授引导:知识点讲解注重将财政收入组织管理与财政职能相联系,让学生融会贯通、充分理解财政收入的组织形式和使用目标。通过摆数据、讲事实,让学生直观把握财政收入增长规模、结构组成和变动趋势。

2. 课堂小组讨论:课前通过学习通平台发布讨论主题,要求学生分小组准备相关资料,在课堂上就财政收入增长规模、资金结构和变动趋势进行分析,就影响财政收入的主要因素发表见解。

3. 课后情景教学:课程结束后倡导学生观看中国财政体制改革纪录片,进一步了解财政收入在财政体制中的重要地位,以及财政收入随社会经济发展的变动规律。

【课程思政教学实例】

**案例材料:中国政府持续推进大规模减税降费 助力新阶段经济高质量发展**

(1)案例简介

税收收入和社保收入是财政收入的重要组成部分。自2008年国际金融危机爆发至今,中国政府采取了一系列大规模减税降费措施,成为我国积极财政政策的重要组成部分。从2008年开始的结构性减税配合税费改革,到2016年减税降费的全面铺开,再到2020年为应对新冠肺炎疫情冲击采取的阶段性减税降费组合,可以说,在经济发展面临内外环境不确定、不稳定的攻坚克难阶段,中国政府在减税降费的积极有为,较好地实现了稳增长、促转型和防风险的财政政策目标。根据2022年政府工作报告的安排,在2021年新增减税降费超过1万亿的基础上,2022年继续推进新一轮组合式减税降费政策,重点帮助小微企业和个体工商户纾困解难。预计全面退税减税规模可达2.5万亿,要求退税资金全部直达市场主体。通过减税降费只增不减稳主体保就业,保障经济平稳运行、实现新阶段经济高质量发展。

<small>资料来源:经财政部官网、光明网新闻整理得到。</small>

(2)案例的思政元素

①政治认同。我国社会经济能够在不确定性事件频发的时期平稳运行,离不开中国共产党的领导和积极有为。

②制度自信。减税降费等积极财政政策的层层加码,极大提升了市场主体的信心,彰显了政府与市场主体共渡难关、共同应对各种不确定性挑战的决心。

③家国情怀。我国政府在经济下行的攻坚时期仍不遗余力实现超预期的减税降费规模,只为减轻企业负担、激发市场活力,让学生认识到大国担当、增强民族自豪感。

(3)教学手段

①翻转课堂:利用慕课资源和前沿文献为翻转课堂提供支撑;在课堂展示阶段加入师生互动讨论,强化课程体验。

②多点融合:在知识点"财政收入—财政收入规模—财政收入结构"中引入公共财政和全民共享改革发展成果等思政元素,增强学生的政治认同、制度自信和家国情怀。

## 第九章  税收

**专业教学目标**

税收是国家无偿地筹集一部分剩余产品用来实现国家职能的经济活动。税收的共性包括:国家存在的物质基础;组织财政收入和调节经济的重要手段;本质是以国家为主体的分配关系。税收是最古老的财政范畴之一,国家是税收产生的社会条件,剩余产品和私有制是税收产生的经济条件。税收具有强制性、无偿性和固定性特征。我国社会主义税收的本质是"取之于民,用之于民"。本章主要介绍税收基本理论,分析税收基本制度。通过本章学习,使学生能够掌握税收的基本原理,理解税收的基本属性、公平类税收原则与效率类税收原则、税收中性;重点掌握税收的三个形式特征、税收的各种分类方法、税收术语、税收负担、税负转嫁和归宿的定义及一般规律。能够深入理解税收对经济的影响作用,了解税收与经济发展的关系和减税政策内容;掌握税收的经济效应作用机制和税收的经济影响。重点掌握我国税制基本理论、计算原理和实际应用,把握中国税制发展规律和改革基本方向。

**【知识目标】**

1. 了解税收产生的历史与发展的历史,掌握税收概念、本质、特征和税收要素基本构成。

2. 熟悉税收分类,理解税收原则、税收负担、税收转嫁的界定和经济发展的基本经济关系,掌握税收原则设计基本要求,税负转嫁基本规律和税收经济效应基本原理。

3. 掌握中国特色社会主义市场经济条件下中国税制的主要内容和重要特色。

**【能力目标】**

1. 培养学生运用税收基本原理灵活解读税收政策和制度,综合分析和研判现实税收问题和具体案例。

2. 培养学生具有独立思考能力和思辨能力,辩证看待中西方税收负担、税收转嫁、税收本质等基本概念和基本问题。

**课程思政教学目标及实践**

**【育人目标】**

1. 政治认同 通过对不同社会形态、不同经济体制下中西方税收发展历史沿革的了解,在讨论分析中西方税收本质、税收负担等基本问题时,融入我国结构性减税和大规模减税政策实践以及取得的显著成果,加强学生对我国政治制度和税收制度的认同感和自豪感,自觉增强"四个意识"、坚定"四个自信"、做到"两个维护"。

2. 家国情怀 通过对比中西方税收特征、中西方税负转嫁、税收经济效应和税制结构等,增强学生为国理财的公共意识和公共责任感,培养学生树立开源节流的国家理财理念。提倡学生援藏援疆和积极投身地方基层,发展壮大地方经济,努力培植税源,践行税收"取之于民、用之于民"的基本理念。

3. 职业道德 税收在国家治理中发挥基础性、支柱性、保障性作用,高校需要提供更多既熟悉税收业务又适应经济转型要求的专业人才,绿色税收、零碳税收、数字税收等现代税收人才储备尤为重要,鼓励学生积极践行绿色税收理念,增强智能化税收服务意识,有助于"构建税务人才新体系,开创人才兴税新局面"。

4. 法治精神 税收法定。税收取之于民,每一分钱都来自纳税人的贡献。严格按照税法规定,筹集每一分税款,用好每一分税收,充分运用校政、校企等合作方式,将涉税部门业务精英引进课堂,结合实践案例做好税法宣传工作。坚守税法的强制规定,守住税收法律的红线。遵从税收法治精神。

5. 科学精神 引导学生增强理性思维,拥有求真精神,尊重税收事实和税法证据,强化实证意识和严谨的求知态度;培养学生的税收逻辑能力,能运用税收思维方式认识事物、发现和解决现实税收问题,能够多角度、辩证地分析问题,大胆尝试,积极寻求有效解决税收问题的方法、能力和韧性。

6. 实践创新 强化大数据、人工智能和元宇宙等现代信息技术的实践运用,融入税收大数据进行税收风险分析,激发学生学习掌握现代信息技术的兴趣和意愿,不断提升大数据税收征管实践实习能力,积极关注现实经济各个环节税收风险的产生和发展,运用税收大数据精准发现问题并提出适当解决思路和方法。

**【教学方式与方法】**

1. 自主学习:线上学习第八章税收慕课中的税收基础专业知识点,线下自主阅读文献资料,撰写阅读笔记,和小组同学完成税法宣传进校园实践活动。

2. 课堂小组讨论:中美个人所得税超额累进税率设计差异在哪里? 结合超额累进税率,谈谈2019年我国个人所得税改革公平性的体现,引导学生正确理解中美税收差异,增强我国税收取之于民用之于民的基本理念。

3. 情景教学法:围绕十九届四中全会主要税收政策导向,课堂观看解读视频,小组讨论分析我国个人所得税超额累进税率公平性不断改进的趋势,深入理解我国税制公平性原则设计如何降低中低收入群体税收负担,如何限高提低扩中,促进我国居民收入结构优化。拓展提升学生税收公共意识。

4. 课外拓展学习:两个"一"政策推荐

(1)一个决定(2019.11.5):十九届四中全会《中共中央关于坚持和完善中国特色社会主义制度推进国家治理体系和治理能力现代化若干重大问题的决定》,重点学习如何运用超额累进税率政策工具扩大中等收入群体规模。

(2)一部法律(2019.1.1):《中华人民共和国个人所得税法实施条例》国令第707号,结合超额累进税率重点学习个人所得税改革内容。

**【课程思政教学实例】**

**案例材料:十九届四中全会关于完善税收调节机制的若干指导精神**

**(1)案例简介**

参考视频:CCTV-2视频解读:请结合超额累进税率公平性优势,解读如何扩大我国中等收入群体(目前约4亿多人)。

资料来源:CCTV-2视频 http://tv.cctv.com/2019/01/21/VIDEtqQJeSWa9efQ5cixKk5C190121.shtml.

**(2)案例的思政元素**

①政治认同。税收是政府再分配的重要手段,可以促进社会公平和共同富裕。

②家国情怀。通过税收政策工具扩大中等收入群体规模。

**(3)教学手段**

知识点+案例——贯穿融合:通过知识点和案例相结合的方式,为学生解析税收原理。

## 第十章 非税收入

**专业教学目标**

非税收入是财政收入中除了税收收入以外的其他收入。广义的非税收入包括行政事业性收费、国有企业利润和国债;狭义的非税收入是指行政事业性收费。本章所探讨的非税收入是狭义的非税收入,即政府对公共商品的消费者收入的费用。非税收入和税收收入比较来看,非税收入具有自愿性、有偿性和机动性。从管理的角度来看,非税收入全部纳入政府预算进行管理,其中非专款专用的非税收入部分主要反映在一般公共预算的非税收入类中,专款专用的非税收入部分主要反映在各类基金预算中。理顺非税收入的设置依据,加强对非税收入的管理,对于规范我国财政收入管理具有十分重要的意义。

**【知识目标】**

1. 了解非税收入的概念和特征。
2. 熟悉非税收入的基本原理。
3. 熟悉中国特色社会主义市场经济条件下税收收入和非税收入的关系。

**【能力目标】**

1. 培养学生将所学理论灵活应用于现实和具体案例。
2. 培养学生具有独立思考能力和思辨能力,客观分析我国非税收入的现状和改革问题。

**课程思政教学目标及实践**

**【育人目标】**

1. 家国情怀  通过介绍非税收入的历史和理论,让学生了解非税收入在我国社会主义市场经济发展中的作用,使学生认识非税收入在公共财政中的地位。

2. 职业道德  非税收入是财政收入的重要组成部分,非税收入的规范管理和有效使用是守好钱袋子、用好钱袋子的必要条件。

3. 法治精神  非税收入相对于税收收入来说,具有较强的机动性。但机动性不意味着随意性,非税收入也应纳入政府预算进行管理,非税收入的设置也应该符合相关法律法规的规定。

4. 政治认同  在社会主义市场经济制度中,非税收入和税收收入一样具有十分重要的地位,它是筹集财政收入、调节经济活动,促进经济社会稳定的重要手段。在不同的历史时期,非税收入所发挥的作用有所不同。在中国特色社会主义新时代,应根据特有的时代特征,进一步优化我国非税收入规模和结构,完善非税收入的管理制度。

**【教学方式与方法】**

1. 课堂启发引导:知识点讲授注重我国非税收入的历史和现状。

2. 课堂小组讨论:税收收入和非税收入关系的辩论,让学生充分理解税收收入和非税收入的区别、理论和现实界限。

3. 情景教学法:课后让学生收集非税收入管理的相关案例,并从正反两个方面进行归类,从正面案例中让学生分析非税收入的作用,从反面案例中让学生总结经验教训。

**【课程思政教学实例】**

**案例材料:山东省非税收入政策性退付**

(1)案例简介

为最大限度落实减税降费政策,帮助市场主体有效应对新冠肺炎疫情影响,2020年山东及时制定印发《关于加强非税收入退付管理的通知》,就做好非税收入退付、优化退付流程、强化退付管理等方面提出明确要求。

各级财政部门会同有关部门克服时间短、库款紧、情况复杂等困难,努力把取消、停征、免征及降低征收标准等优惠政策落实到企业和个人。截至目前,全省累计办理非税收入政策性退付37万笔,退付金额达3.6亿元。特别是对学费考试费退付、房租减免等社会关切的事项做到了应退尽退,实实在在维护了缴费人权益,有效纾解了市场主体实际困难。

资料来源:山东省财政厅网站,2021-01-08。

(2)案例的思政元素

①政治认同。非税收入是政府调节市场的重要手段。

②家国情怀。通过退付非税收入为市场主体纾困。

(3)教学手段

知识点+案例——贯穿融合:通过知识点和案例相结合的方式,为学生解析非税收入的设置原理以及税收与非税收入的基本关系。

## 第十一章 公债

**专业教学目标**

公债是公共债务的简称,是政府凭借国家信用按照有偿原则筹集财政性资金的一种特定方式,是一种特殊的财政活动。与税收相比,公债具有自愿性、有偿性和灵活性的特点,具有弥补财政赤字、筹集建设资金和调节经济的功能,其经济效应体现在资产效应、需求效应、供给效应等三个方面。公债的发行会产生公债负担,公债的利用不仅会给认购者、政府和纳税人带来负担,还会出现公债负担的代际转移,必须注意公债的适度规模,避免可能的政府债务危机乃至整个经济危机。因此科学设定公债负担指标,对我国公债规模进行科学预警和适度控制,健全政府公债管理和风险控制机制是财政理论与实践的重要内容。

本章主要讨论公债的基本理论,分析公债的负担及管理,使学生在掌握有关基本概念和基本理论的基础上,能把握公债负担及衡量指标,了解公债管理的相关知识,并能分析我国的公债现实和管理问题。

**【知识目标】**

1. 了解公债的内涵、特征及其主要种类;公债的产生与发展、期限与利率、发行与偿还以及公债市场。

2. 掌握公债基本理论、公债的经济效应及政策功能。

3. 掌握公债规模的内涵以及公债负担的评价。

4. 了解地方债的发展及我国地方债的管理机制。

**【能力目标】**

1. 培养学生用所学理论理解和评价我国公债的经济效应及政策功能。

2. 培养学生具有对现实经济问题的独立思考能力和思辨能力,辩证看待公债负担的内涵,说明衡量公债负担的不同指标并对我国公债负担的实际情况进行评价。

3. 思辨地评估我国地方政府债务现状、形成机制及解决路径及风险防控机制。

**课程思政教学目标及实践**

**【育人目标】**

1. 家国情怀　通过对公债产生发展历史的介绍,融入我国经济和社会建设取得伟大成就以及我国积极财政政策实践中公债功能和效用,提高学生经世济民的社会责任感和担当,增强学生的民族自豪感。

2. 公共意识　财政是国家治理的基础和重要支柱,公债是政府实施财政政策的一个重要工具,通过公债理论、公债效应和公债负担等知识点的学习,引导学生树立公共意识,提高公共经济管理能力。梳理我国公债的产生与发展,调研和计算我国公债风险指标,引导学生关注我国国民经济现状,研究公共决策,培养学生防范和化解公共风险,解决公共问题的能力。

3. 诚信原则　公债是政府按照国家信用原则筹集财政资金的一种特殊财政活动,必须遵守有借有还的信用原则。

4. 法治精神　公债的发行、偿还与公债管理在法治社会下一定要遵守财经纪律,守住法律的红线,遵守法治精神。

**【教学方式与方法】**

1. 课堂启发引导教学和小组讨论:知识点讲授注重我国公债产生发展的经济背景和文化基础,小组讨论、科学评价我国公债的功能、效用和规模,加强国情教育。

2. 财经新闻解读和数据计算:通过我国政府国债和地方政府公债数据的收集整理,计算我国公债风险指标数值,比对预警指标进行我国公债风险评估与防范。

3. 线上线下混合教学:线上学习相应慕课课程中的公债基础专业知识点;线下自主阅读文献资料,包括相关经典文献、政策报告,并作出相应阅读笔记或思维导图,加深经济学理论素养和现实政策的理解,加强公共事务管理能力和公共风险防范意识。

**【课程思政教学实例】**

**案例材料:关于印发《地方政府债券发行管理办法》的通知**

**(1) 案例简介**

为规范地方政府债券发行管理,保护投资者合法权益,根据《中华人民共和国预算法》《中共中央办公厅 国务院办公厅关于做好地方政府专项债券发行及项目配套融资工作的通知》和《国务院关于加强地方政府性债务管理的意见》(国发〔2014〕43号)等法律法规和相关规定,财政部制定了《地方政府债券发行管理办法》(财库〔2020〕43号),2020年12月9日发布,请各省、自治区、直辖市、计划单列市财政厅(局),新疆生产建设兵团财政局,财政部各地监管局,中央国债登记结算有限责任公司、中国证券登记结算有限责任公司,上海证券交易所、深圳证券交易所,地方政府债券承销团成员,地方政府债券信用评级机构等第三方专业机构遵照执行。

根据《地方政府债券发行管理办法》第一章总则第二条规定,本办法所称地方政府债券,是指省、自治区、直辖市和经省级人民政府批准自办债券发行的计划单列市人民政府(以下称地方政府)发行的、约定一定期限内还本付息的政府债券。地方政府债券包括一般债券和专项债券。一般债券是为没有收益的公益性项目发行,主要以一般公共预算收入作为还本付息资金来源的政府债券;专项债券是为有一定收益的公益性项目发行,以公益性项目对应的政府性基金收入或专项收入作为还本付息资金来源的政府债券。

总则第三条、第四条规定,地方政府依法自行组织本地区地方政府债券发行和还本付息工作。地方政府债券发行兑付工作由地方政府财政部门(以下称地方财政部门)负责办理。地方财政部门应当切实履行偿债责任,及时支付债券本息,维护政府信誉。加强专项债券项目跟踪管理,严格落实项目收益与融资规模相平衡的有关要求,保障债券还本付息,防范专项债券偿付风险。

总则第五条规定,地方财政部门、地方政府债券承销团成员、信用评级机构及其他相关主体,应当按照市场化、规范化原则做好地方政府债券发行相关工作。

资料来源:财政部网站,2020年12月9日。

**(2) 案例的思政元素**

①法治意识。公债的发行和管理根据《中华人民共和国预算法》等法律法规和政府规章规范管理。

②公共意识。公债主要为公益项目发行,筹集公共资金,防范公共债务风险。

③诚实信用原则。公债按照政府信用筹集,应当切实履行偿债责任、维护政府信誉。

④树立大国财政与人类命运共同体理念。学生能够更加深入地认识到公债在大国财政和国家治理中的地位。

**(3) 教学手段**

①教学模式:"线上线下"混合模式。利用慕课资源、文献阅读为学生提供系统知识;通过课堂教学、财经新闻导读和数据分析、思辨讨论达到知识的迁移内化,实现"价值链、知识链、实践链、能力链"的"四链合一"教学育人目标。

②教学手段:多媒体课件、课堂小案例、在线小视频、课堂板书。

③课程测试:课后进行小测验,利用统计数据进行公债负担指标实证分析和风险评估与防范,提高学生的理解和解决实际公共经济问题的能力。

### 第十二章 政府预算

**专业教学目标**

政府预算经法定程序审核批准的政府年度收支计划,具有完整性、可靠性、公开性、法制性和年度性的原则要求。新时期以来,我国政府预算管理经历了部门预算、国库集中收付制度、政府收支分类体系、政府采购制度、全口径预算管理、中期财政规划管理、政府会计制度和政府综合财务报告制度。预算监管体系改革取得了积极的成效,但仍需不断改革和完善。本章包含三部分内容:其一是政府预算的概念及主要原则;其二是政府预算的分类、组成体系以及政府预算的过程;其三是中国政府预算管理制度改革的进程及去向。

**【知识目标】**

1. 掌握政府预算的概念、原则、分类、组成体系以及政府预算过程。
2. 了解我国政府预算管理制度改革,以及下一步政府预算管理制度改革的方向和要求。

**【能力目标】**

1. 培养学生将所学理论灵活应用于现实和具体案例。
2. 培养学生独立思考能力和创新能力,能够运用专业理论知识和研究方法分析解决现实问题。

**课程思政教学目标及实践**

**【育人目标】**

1. 家国情怀 通过对我国政府预算管理制度改革的讲授,增强学生对现行制度的了解以及对下一步改革的思考。

2. 职业道德 政府预算的审核、批准是国家大事,本着量入为出、收支平衡的原则,摸清家底,核实财政收支,做好预算编制,提高财政资金的使用效率,守好钱袋子、用好钱袋子、造福广大人民群众。

3. 法治精神 政府预算的成立和执行结果都要经过立法机关的审查批准,政府部门必须严格执行。立法机关代表社会公众对行政机关财政权力的监督和制约,维护政府分配的合理性、规范性和严肃性。推行依法行政、依法理财能够更好地发挥财政作为国家治理基础和重要支柱的作用。

**【教学方式与方法】**

1. 课堂讲授:知识点讲授重点讲解政府预算的概念、原则、分类、组成体系以及政府预算过程,介绍我国政府预算管理制度改革成效以及下一步改革方向,启发学生思考。

2. 课堂展示与讨论:我国政府预算管理制度改革,让学生充分理解我国当前的政府预算制度以及改革意义。

**【课程思政教学实例】**

**案例材料:大亚湾核电站预算管理**

**(1) 案例简介**

大亚湾核电站作为国家的第一座大型商用核电站,从开工创办以来就一向分外重视预算管理的运用。基建期设立投资预算管理机构举行特意预算管理,1994 年进入商业运营期以后在电站推行预算管理,从

1997年开始在全公司推行全面预算管理,至今已建立起一整套行之有效的以本金为中心的全面预算管理体制。推行预算管理在电站的管理工作中取得了巨大的经济效益,据统计,从1997年至2022年年平均节省资金9232万元。

资料来源:百度文库。

**(2)案例的思政元素**

①政治认同。我国经济和社会建设取得的巨大成就离不开中国共产党的领导。

②家国情怀。大亚湾核电站的建成和运营增强学生的民族自豪感。

③树立大国财政理念。使学生深刻认识到大国财政在国家治理中的地位,同时也让学生理解政府预算管理的重要作用。

**(3)教学手段**

知识点+案例+思政——贯穿融合:在知识点"政府预算概述—我国政府预算管理制度改革"中引入大国财政和法治精神等思政元素与专业知识相结合,增强学生的政治认同和家国情怀。

### 第十三章 财政体制

**专业教学目标**

在各级政府共同承担国家职能的情况下,各个级次的政府财政均需要以相应的财权和财力作为保障,为中央和各级地方政府履行职责提供支持,作为确定各级政府之间财政分配关系的基本制度,财政体制对政府职能的有效行使、政府运作效率乃至整个经济社会产生着深刻的影响。在我国经济改革与发展过程中,如何构筑一个能够有助于中央政府进行宏观调控,又能够激发各级地方政府聚财和理财积极性的责、权、利相结合的财政体制,是我们面临的一项重要课题。本章包含三部分内容,第一部分内容为财政体制概述,主要介绍财政体制的概念与分类,阐述分级财政理论;第二部分是分级财政体制,说明政府间支出与收入的划分,以及政府间的转移支付制度;第三部分内容是中国财政体制改革,介绍中国财政体制的改革进程与方向。

**【知识目标】**

1. 了解财政体制的概念、分类以及分级财政相关理论。

2. 掌握分级财政体制中政府间支出划分原则和范围、收入划分的原则和范围以及政府间转移支付的依据和类型。

3. 了解中国财政体制改革的进程,掌握1994年以来分税制财政体制改革的主要内容,理解中国财政体制改革的方向。

**【能力目标】**

利用所学的财政体制理论分析中国1994年分税制改革的原因、现状以及理解中国未来财政体制改革方向,培养学生分析问题能力以及思辨能力。

**课程思政教学目标及实践**

**【育人目标】**

1. 制度自信 通过学习1994年分税制改革的具体内容以及未来中国财政体制改革的方向,实现制度自信的目标。

2. 政治认同 通过学习中国1994年分税制改革的原因,实现政治认同的目标。

**【教学方式与方法】**

1. 自主学习:线上学习相应慕课中的财政体制理论知识,线下自主阅读文献资料,撰写1950—1993年中国财政体制改革进程的阅读笔记。

2. 课堂讲授:讲授1994年分税制改革的原因和主要内容。

3. 课堂展示与讨论:学生结合中国目前财政体制中存在的问题,围绕财政收入、财政支出以及转移支付三个方面分析我国未来财政体制改革的方向。

**【课程思政教学实例】**

**案例材料:分税制改革对我国经济增长的影响**

**(1) 案例简介**

1994年国家实行分税制改革,决定按照中央与地方政府的事权界定各级财政的支出范围,并在财权与事权相统一协调原则的基础上对中央和地方两级政府的财权进行划分。2003年以来,财政改革进入新的历史阶段,全面取消农业税,建立和完善了包含政府收支分类、部门预算、国库集中收付制度和"收支两条线"改革等多项内容的公共财政体系。另外,有效推进了基本公共服务均等化建设等,在全国范围内通过完善转移支付制度和加强县乡财政管理等方式积极平衡地区间财力差距。分税制改革很大程度实现了从集权化管理到民主分权管理的过渡,在激励地方政府促进经济发展方面起到了积极的作用。

资料来源:经中国知网、百度学术文献资料整理得。

**(2) 案例的思政元素**

制度自信。通过讲解1994年分税制改革的具体内容以及对经济增长的促进作用,让学生深刻认识到我国财政体制的巨大成就。

**(3) 教学手段**

课堂讲授与学生讨论。

## 第十四章 财政平衡与财政政策

**专业教学目标**

了解财政收支运行存在平衡、结余和赤字三种结果。了解和掌握财政平衡的内涵,财政赤字的计算口径和弥补方式;了解财政赤字的国际比较与中国的动态;了解和掌握财政政策的概念与分类,财政政策的目标,包括长远目标和近期目标;了解和掌握财政政策与货币政策的作用机理与协调机制;了解和掌握财政政策与货币政策目标的协调配合与松紧搭配;了解中国的财政政策实践及当前积极财政政策的实践。

**【知识目标】**

1. 学生了解和掌握财政政策的概念和分类。
2. 学生了解和掌握财政政策目标及手段。
3. 学生了解和掌握财政政策与货币政策的搭配类型。
4. 学生了解中国的积极财政政策。

**【能力目标】**

1. 培养学生将所学财政政策知识灵活应用于现实和具体案例。
2. 培养学生具有独立思考能力和思辨能力,对财政政策成效的独立分析与判断能力以及创新性认识。

**课程思政教学目标及实践**

**【育人目标】**

1. **政治认同** 通过引导学生对我国当前财政政策的效应分析,特别是满足社会主义经济社会发展目标实现过程的深入分析,对财政政策在促进国家政治民主、经济发展、社会和谐、文化繁荣及环境美好方面的巨大作用,进一步对社会主义国家的制度优越性有显著认识。

2. **科学精神** 充分了解财政政策与货币政策协调配合的理论基础和科学原理,以案例分析说明我国财政政策与货币政策配合对中国特色社会主义建设的巨大作用,进一步分析有待在实践中不断进行探索和创新的理论和现实问题。

3. **家国情怀** 通过对我国财政政策的演变历史的介绍,增强学生的民族自豪感和现代公共意识。

4. **法治精神** 财政赤字是财政收入无法满足财政支出的差额,需要坚持"赤字法定"原则,严格按照《预算法》和《预算法实施条例》等法律法规的规定控制财政赤字。

**【教学方式与方法】**

1. 课堂启发引导:知识点讲授注重我国积极财政政策实践与相关理论基础。
2. 课堂小组讨论:开展财政政策与货币政策哪个重要的辩论,让学生充分理解为什么要强调财政政策与货币政策的密切配合。

**【课程思政教学实例】**

**案例材料:财政政策更加积极有为激发经济增长活力**

**(1)案例简介**

2020年是我国全面建成小康社会和"十三五"规划收官之年,国民经济各环节发展都不容忽视。面对新冠肺炎疫情冲击,党中央、国务院及时作出重要部署,要求财政政策更加积极有为,充分发挥逆周期调节作用,为经济发展大力提质增效。今年《政府工作报告》指出,积极的财政政策要更加积极有为。我国经济发展基础好,发展潜力巨大,通过更加积极有为的财政政策,可以激发经济增长的活力,转化为发展的强大动能,有效应对新冠肺炎疫情给经济发展带来的影响。

资料来源:人民论坛网,对外经济贸易大学公共管理学院教授李晓嘉,2020-07-28。

**(2)案例的思政元素**

①政治认同。我国积极财政政策取得伟大成就离不开中国共产党的领导和改革开放。

②家国情怀。积极财政政策激发经济增长的活力,转化为发展的强大动能,有效应对新冠肺炎疫情给经济发展带来的影响,对我国经济发展充满信心。

**(3)教学手段**

知识点＋实事＋思政——贯穿融合:在知识点"财政平衡—国民经济综合平衡—财政政策与货币政策配合与协调—积极财政政策实践"中引入政治认同、家国情怀、人民至上、科学精神和法治精神等思政元素与专业知识相结合,增强学生的思政理念和认识。

## 第十五章 国际财政

**专业教学目标**

国际财政是国家财政的延伸。需要了解国际财政概念的界定,了解国际资源配置、国际收入分配、国际经济稳定与发展目标;了解国际援助与国际税收问题;了解国际间税收协调的方法,包括国家税收协定,自由贸易区。

**【知识目标】**

1. 学生了解和掌握国际财政的概念与内涵。
2. 学生了解国际财政职能。
3. 学生了解各国政府间的财政合作机制。
4. 学生了解国家税收协定。
5. 中国的"一带一路"国际财税金融合作。

**【能力目标】**

1. 培养学生将所学国际财政知识灵活应用于现实和具体案例。
2. 培养学生具有独立思考能力和思辨能力,对国际财政的未来发展有创新性认识。

**课程思政教学目标及实践**

**【育人目标】**

1. 政治认同　通过引导学生对我国在国际财政领域作用的广泛认识,特别是大国财政与国际义务方面的深入了解,更加坚定地增强"四个自信"、做到"两个维护",对我国在国际财政合作方面的体现的体制机制的优越性有显著认识。

2. 家国情怀　通过对我国政府在国际援助方面的演变历史和成就的介绍,增强学生的民族自豪感和现代公共意识。对学生进行爱党、爱国、爱社会主义、爱人民、爱集体的"五爱"教育。培养学生爱国和奉献精神。

3. 文化传承　国际援助与文化交流是统一的,国际财政是我国参与国际政治、经济社会发展的重要领域,中华文化传承是国家使命,财政需要重点支持。

**【教学方式与方法】**

1. 课堂启发引导:知识点讲授注重我国政府消费支出性质、分类与相关理论基础。
2. 课堂小组讨论:控制政府行政管理支出的辩论,让学生充分理解为什么要严格控制行政管理支出的过快增长。

**【课程思政教学实例】**

**案例材料：中国对"一带一路"直接投资超过900亿美元**

**(1)案例简介**

央广网北京2019月7日消息(记者佟亚涛 牛萌)据中央广播电视总台《天下财经》报道,今天(7日)是"一带一路"倡议提出6周年。在2019中国发展高层论坛专题研讨会主题为"一带一路,行稳致远"的讨论环节中,与会嘉宾认为:"一带一路"倡议为沿线国家基础设施建设提供了实际的解决方案。不过,要注重项目的可持续问题,尤其是金融合作的可持续发展。

资料来源:央广网,2019-09-07。

**(2)案例的思政元素**

①政治认同。"一带一路"建设的伟大成就离不开中国共产党的领导和改革开放。

②家国情怀。"一带一路"建设是中国高水平对外开放的标志性成果是我国融入全球地缘经济社会发展的重要支点,增强学生的民族自豪感。

③树立大国财政与人类命运共同体理念。结合"一带一路"倡议构想,进一步增强学生更加深入地认识到大国财政和其在国际财政中的地位。

**(3)教学手段**

知识点+实事+思政——贯穿融合:在知识点"国际财政-国际援助+国际合作-大国地位与大国财政-人类命运共同体"中引入政治认同、家国情怀、创新精神等思政元素与专业知识相结合,增强学生的思政理念和认识。

## 四、课程思政教学评价

**(一)对教师的评价**

1. 教学准备的评价

将《财政学》课程思政建设落实到教学准备工作各方面,教师要具备提前提炼思政元素进行课程思政目标设计、修订教学大纲、教材选用、教案课件编写等基本能力。

2. 教学过程的评价

将《财政学》课程思政建设落实到教学过程各环节,教师要采取恰当的教学方式,具备将思政元素自然融入教学内容中的理解能力、实施能力和改进能力。包括教学理念及策略、教学方法运用和改进、作业及批改、平时成绩考核等。

3. 教学结果的评价

建立健全《财政学》课程思政多主体参与、多维度动态评价体系,包括同行评议、随机听课、学生评教、教学督导检查,覆盖课前准备、课中教学和课后结果全过程,做到主观分析和客观分析相结合、定性分析和定量分析相结合。

4. 评价结果的运用

对于同行评议、学生评教、教学督导等提出的改进建议,以及对学生考核的成绩分析进行运用,对教学进行反思与改进。

**(二)对学生的评价**

1. 学习过程的评价

检验学生是否认真完成了老师布置的要求和任务,积极参与资料收集、课堂讨论和实地调研等教学过程,科学评价学生在学习过程中的积极性、互动性和参与度。

2. 学习效果的评价

通过平时作业、课堂讨论、资源库平台资料分析报告、随堂练习、课程论文、期末考试等多种形式,检验学生对课程思政元素的领会及其对思政元素的掌握程度。

3. 评价结果的运用

通过师生座谈和系部教研活动等多种形式,对学生的学习效果进行科学分析,总结经验,改进不足,提升课程思政的学习效果。

## 五、课程思政的教学素材

| 序号 | 内　　容 | 形式 |
|---|---|---|
| 1 | 大国财政 砥砺前行——十八大以来财税改革大事记 | 阅读材料 |
| 2 | 政府收支分类科目 | 政策文件 |
| 3 | 《零容忍》 | 纪录片 |
| 4 | 中央及地方政府工作报告 | 研究报告 |
| 5 | 2018年《预算法》第二次修正 | 政策法规 |
| 6 | 2020年《预算法实施条例》修订 | 政策法规 |
| 7 | 国家及地方"十四五"发展规划 | 发展规划 |
| 8 | 国家乡村振兴战略规划(2018－2022) | 发展规划 |
| 9 | 国家财政改革总体方案 | 发展规划 |
| 10 | 中国共产党中央委员会官网 | 网络资源 |
| 11 | 全国人大官网 | 网络资源 |
| 12 | 国务院官网 | 网络资源 |
| 13 | 全国政协官网 | 网络资源 |
| 14 | 地方党和政府官网 | 网络资源 |
| 15 | 财政部及教育部官网 | 网络资源 |
| 16 | 中核集团中核华泰:借"综改"东风 打造"新华泰" | 案例分析 |
| 17 | 国务院新闻办公室发表《新时代的中国国防》白皮书 | 案例分析 |
| 18 | 基建项目提速,投资力度加大 | 案例分析 |
| 19 | 中国政府持续推进大规模减税降费 助力新阶段经济高质量发展 | 案例分析 |
| 20 | 大亚湾核电站预算管理 | 案例分析 |
| 21 | 财政政策更加积极有为激发经济增长活力 | 案例分析 |
| 22 | 辩证唯物主义是中国共产党人的世界观和方法论 | 阅读材料 |
| 23 | 财政学对象的重新思考 | 阅读材料 |
| 24 | 大国财政政策之路:导向、模式与策略 | 阅读材料 |
| 25 | 致敬大国财政七十年 | 阅读材料 |
| 26 | 全球治理体系创新中的中国大国财政担当 | 阅读材料 |
| 27 | 市场化导向的政府与市场关系改革40年 | 阅读材料 |
| 28 | 中国式分权和财政支出结构偏向:为增长而竞争的代价 | 阅读材料 |
| 29 | 预算绩效评价方法与权重设计:国际经验与中国现实 | 阅读材料 |
| 30 | 教育事权和支出责任划分国际比较与启示 | 阅读材料 |
| 31 | 近代国家为什么要供养常备军? | 阅读材料 |
| 32 | 以基础设施投资推动经济高质量发展 | 阅读材料 |
| 33 | 可持续发展视角下基础设施投资探讨 | 阅读材料 |
| 34 | 稳投资为稳增长注入动力 | 阅读材料 |
| 35 | 促进政府投资高质量发展 | 阅读材料 |
| 36 | 赓续脱贫攻坚精神 续写共同富裕新篇章 | 阅读材料 |

续表

| 序号 | 内容 | 形式 |
|---|---|---|
| 37 | 中国社会保障40年:经验总结与改革取向 | 阅读材料 |
| 38 | 中国社会保障制度的公平正义理念及其实践取向 | 阅读材料 |
| 39 | 制度的力量——中国社会保障制度建设与收入分配公平感的演化 | 阅读材料 |
| 40 | 中国社会保障制度的百年建设与国际比较 | 阅读材料 |
| 41 | 2022年9月1日起我国给予多哥等16国98%税目产品零关税待遇 | 阅读材料 |
| 42 | 今年留抵退税1.5万亿,退给谁?怎么退?最新发布! | 阅读材料 |
| 43 | 红色税收——税务人的初心和使命 | 阅读材料 |
| 44 | 十九届四中全会"中共中央关于坚持和完善中国特色社会主义制度、推进国家治理体系和治理能力现代化若干重大问题的决定" | 政策文件 |
| 45 | 探索构建税务部门非税收入治理新模式 | 阅读材料 |
| 46 | 中国政府非税治理:制度、困境与改革 | 阅读材料 |
| 47 | 税收入的概念辨析及中美比较的可行性研究 | 阅读材料 |
| 48 | 中国公共债务的风险在哪里?——国际比较与经验借鉴 | 阅读材料 |
| 49 | 地方公共债务增长的制度基础——兼顾财政和金融的视角 | 阅读材料 |
| 50 | "双支柱"政策、政府债务与财政政策效果 | 阅读材料 |
| 51 | 论中国特色的预算民主与法制 | 阅读材料 |
| 52 | 以改革精神创新人大预算审查监督机制 | 阅读材料 |
| 53 | 从"放权让利"到"公共财政"——中国财税改革30年的历史进程 | 阅读材料 |
| 54 | 我国的中央和地方财政关系 | 阅读材料 |
| 55 | 中央和地方政府财政关系的新趋势 | 阅读材料 |
| 56 | 重新认识中央和地方财政关系 | 阅读材料 |
| 57 | 财政政策与货币政策协同的理论思考与实践构想 | 阅读材料 |
| 58 | 税收合理发力 助推"一带一路"倡议落实 | 阅读材料 |
| 59 | 改革开放40年中国对外援助历程与展望 | 阅读材料 |

# 《社会保障学》课程思政教学指南

兰永生[1]　胡琨[2]

([1]西安财经大学　[2]天津商业大学)

## 一、课程简介与课程目标

**(一)课程简介**

《社会保障学》课程为学科基础课,属于专业选修课。通过《社会保障学》的教学,要求学生在了解社会保障制度建立和发展历史的基础上,理解市场经济条件下社会保障的功能和作用。通过各章节的学习,使学生基本掌握社会保障理论的内涵、特点、类型、功能及其发展与改革的趋势,了解各项社会保障制度的制度安排和运行机制。通过《社会保障学》的教学,帮助学生了解世界各国社会保障事业的发展现状、问题及趋势,从全球的视角思考我国的社会保障发展事业,进一步认清我国在发展社会保障事业上的优势与劣势,清醒客观地看待我国与其他国家的发展差距;并且紧跟国际社会保障发展前沿,积极借鉴和吸收其中的合理成分,立足国情,利用社会保障学的理论来指导具体的社会保障的研究与实践。

本课程坚持以马克思主义原理为指导,强调社会保障理论的中国特色学科体系、学术体系、话语体系。综合运用讲授、启发式教学、小组讨论教学、案例教学、情景教学、调查研究和慕课微课教学等多种教学方法,激发学生学习兴趣,引导学生深入思考。帮助学生了解我国社会保障的各项制度、法律法规和相关政策,引导学生深入社会实践、关注现实问题,培育学生经世济民、诚信服务、德法兼修的职业素养。

**(二)课程目标**

本课程为专业选修课程。通过本课程的学习,使学生能够达到以下目标:

1. 知识目标:本课程作为应用经济学的重要组成部分,在内容上以理论基础、发展历程、制度模式、法制管理和保障水平、社会风险为主线展开。通过本课程的学习,学生将全面了解现代社会保障理论的总体理论框架,掌握社会保障的基本理论、政策体系和制度框架等内容,具备解决社会保障领域相关问题的能力。

2. 能力目标:具有获取知识的能力,能够掌握有效的学习方法,主动接受终身教育;具有实践应用能力和一定的科学研究能力,能够运用专业理论知识和现代经济学研究方法分析解决现实问题,具备创新精神、创业意识和创新创业能力。

3. 育人目标:热爱祖国,遵纪守法,具有良好的道德品质和文明习惯,培养良好的职业操守和职业道德,具备社会责任感和人文关怀意识;具有良好的专业素养,熟悉国家财税政策、社会保障政策和法律法规,了解国内外社会保障理论与实践的发展动态;具有科学知识与科学素养;具有良好的身心素质。

**(三)课程教材和资料**

➢ 推荐教材

社会保障概论编写组.社会保障概论[M].北京:高等教育出版社.2019.

➢ 参考教材或推荐书籍

1. 郑功成.社会保障学:理念、制度、实践与思辨[M].北京:商务印书馆,2020.
2. 孙光德,董克用.社会保障概论(第六版)[M].北京:中国人民大学出版社.2019.

➢ 学术刊物与学习资源

《社会保障研究》等相关经济财政类各类期刊。

学校图书馆提供的各种数字资源,特别是"中国知网"。

➢ 推荐网站

中华人民共和国财政部网站:http://www.mof.gov.cn/index.htm.
中华人民共和国人力资源和社会保障部:http://www.mohrss.gov.cn/.
武汉大学社会保障研究中心 http://www.csss.whu.edu.cn/.

# 二、课程思政教学总体设计

## (一)课程思政教学目标

本课程坚持以马克思列宁主义、毛泽东思想、邓小平理论、"三个代表"、科学发展观、习近平新时代中国特色社会主义思想为指导,坚持立德树人的根本任务,旨在培养践行社会主义核心价值观,有理想、有本领、有担当,具备良好的思想品德、专业素养、研究能力和应用能力的高素质专业人才。

立足于解决培养什么样的社会主义财政事业接班人、怎样培养社会主义财政事业接班人这一根本问题,围绕全面提高社会主义财政人才培养能力这一核心点,努力提高社会保障学教学水平和教学能力。

要将课程思政融入社会保障学课堂教学建设全过程。课程思政要融入课堂教学,要创新课堂教学模式,引导学生增强中国特色社会主义道路自信、理论自信、制度自信、文化自信,推进现代信息技术在课程思政教学中的应用,从以下维度实现思政教学目标。

1. 政治认同

通过讲中国方案和中国经验,讲中国社会保障发展的成就,讲中央决策中为了实现社会公平正义、把握人民群众对美好生活的向往而坚定不移的战略定力和改革创新的精神。本课程能够传递坚持中国共产党领导的重要性,从心灵深处认同"中国共产党为什么能、马克思主义为什么行、社会主义为什么好",增强学生们的政治认同。

2. 制度自信

社会保障课程涉及社会保障产生和发展、社会保障模式、社会保障制度等各个方面,既有普适性问题介绍和分析,也有大量具有中国特色的社会保障实践问题的总结与提炼,这些问题与辩证唯物主义以及中国特色社会主义密切相关。通过这些专业知识的讲述,有助于让学生更准确了解中国社会保障事业发展所取得的成就,从历史发展过程中能够自然而然地传递马克思主义基础理论的正确性,有助于同学们认识到马克思主义指导地位的重要性和中国特色社会主义制度的优越性。

3. 人民至上思想

社会保障制度体系的建设是中国特色社会主义现代化制度建设的重要组成部分,为促进经济发展和社会长期稳定奠定了坚实的基础。中国立足国情,成功建设了具有鲜明中国特色的社会保障体系。坚持人民至上,坚持共同富裕,把增进民生福祉、促进社会公平作为发展社会保障事业的根本出发点和落脚点,使改革发展成果更多更公平地惠及全体人民。

4. 职业道德和职业理想

本课程涉及社会保障职业道德相关知识,特别是社会保险征缴业务的学习过程中,通过社会保障学理论与实践的相关案例分析,让学生认识到社会保障职业道德的重要性,自觉养成遵守社会保障职业道德的习惯。尤其是在市场经济条件下,社会保险征缴能力和支付水平在很大程度上决定着财税部门干部能否坚守初心与职业理想。通过本课程的知识讲解和案例解读,切实提高学生的职业道德修养。

5. 法治意识

社会保障部门各项业务是在党的领导和既定法律法规框架下开展的。社会保障学课程学习中包含了大量社会保障法规介绍,内容涵盖中国当前社会保障领域主要的社会保障法律法规。通过本课学习,让学生认识到相关社会保障对于经济和社会发展的重要作用;让学生牢固树立个人遵纪守法的意识和底线思维,激励学生自发崇尚、遵守和捍卫法律,为社会保障领域的改革和法治建设贡献自己的力量。

6. 人文素养

本课程注重学生人文素养的养成,尤其是"共同富裕"的使命担当。社会保障人文素养的养成,是在社会保障业务素质的基础上不断积累和沉淀的过程,不断理解和深悟的过程,不断提高和丰富的过程。社会保障人文素养既包含社会保障文化知识,又包含社会保障业务能力,还包含社会保障品德作风、胸怀境界和人文关怀。

7. 科学精神

本课程注重培养学生的科学精神。社会保障学属于社会科学交叉学科,在本课程教学过程中,通过大量的社会保障改革与实践案例讲授和课后思考训练,引导学生阅读社会保障经典著作,培养学生深入实际开展调查研究的科学精神。

8. 国际视野

在新时代、新理念、新格局下,国家的经济社会发展尤其需要更多的具有国际视野的高素质人才。尤其是在全球经济发展面临极大挑战之际,社会保障问题尤为突出。本课程的学习,要求学生了解世界各国社会保障事业的发展现状、问题及趋势,从全球的视角思考我国的社会保障发展事业,进一步认清我国在发展社会保障事业上的优势与劣势,清醒客观地看待我国与其他国家的发展差距;并且紧跟国际社会保障发展前沿,积极借鉴和吸收其中的合理成分,立足国情,利用社会保障学的理论来指导具体的社会保障的研究与实践。

(二)课程思政教学内容

《社会保障学》课程的思政内容可以涉及以下几方面:

1. 坚定政治立场,具备良好的思想品德

本课程通过深入挖掘课程思政元素,引入丰富的案例素材,讲好中国故事,帮助学生深刻领会中国共产党领导下的社会保障制度建设所取得的重大成就和历史经验,涵养学生的家国情怀和社会责任感,引导学生增强"四个意识"、坚定"四个自信"、做到"两个维护",敢于纠正不当言行。通过强化社会保障中的财经纪律教育,帮助学生牢固树立法治意识、廉洁意识和集体意识,培养品行端正、爱岗敬业和富有团结精神的高素质专业人才。

2. 熟悉中国国情,具备良好的专业素养

本课程的讲授内容将突出社会保障在经济发展和共同富裕中的地位,通过加入大量中国经济发展和社会保障改革的最新实践,融入和体现中国经验。并通过丰富多样的教学形式,帮助学生了解中国的国情、社情、民情,使之具备良好的专业素养,掌握较为系统的社会保障学专业知识,了解我国社会保障的运行机制、改革动态和发展方向。

3. 富有科学精神,具备良好的研究能力

本课程注重培养学生的科学精神和创新意识,将专业知识传授与研究能力培养相结合,帮助学生了解学术研究的基本规范,夯实研究基础,并运用所学的经济学、公共管理学、政治学、法学、统计学和计量经济学等研究方法,开展与课程相关的问题研究。提倡"为人民做学问"的研究精神,为加快构建中国特色社会保障学学术体系、话语体系而不断努力。

4. 关心现实问题,具备良好的应用能力

本课程倡导经世济民和知行合一的精神,注重理论与实践相结合,鼓励学生通过资料收集、实习实训、实地调研等途径,了解社会保障领域的重点难点问题,并结合所学专业知识进行研讨,为从事相关社会保障实务工作和解决复杂现实问题奠定良好的基础。

(三)教学方法

本课程综合运用讲授、启发式教学、小组讨论教学、案例教学、情景教学、调查研究、实验实训和慕课微课教学等多种教学方法,讲好中国故事,激发学生学习兴趣,引导学生独立思考和具有终身学习能力,始终坚定"四个自信"、做到"两个维护"。

# 三、课程各章节思政教学内容设计

## 第一章 社会保障概述

**专业教学目标**

社会保障学是研究人类社会保障实践活动及其发展规律的综合性、应用性和交叉型学科。社会保障是国家抵御工业经济的社会风险和保障国民基本生活的一系列制度安排和服务体系,是现代国家制度建设的重要组成部分。通过了解社会保障学的学科属性和研究对象,以及社会保障定义和主要功能,引导学生深入理解马克思、恩格斯和列宁的社会保障思想与核心内容,了解西方社会保障思想主要流派及其主张,进而掌握社会保障的理论基础。

**【知识目标】**

1. 学生了解社会风险、社会保障学的学科属性和研究对象。
2. 学生社会保障定义、基本特征及主要功能。
3. 学生掌握社会保障的理论基础。

**【能力目标】**

1. 培养学生将所学理论灵活应用于现实和具体案例。
2. 培养学生具有独立思考能力和思辨能力,辩证看待马克思、恩格斯和列宁的社会保障思想和西方社会保障思想主要流派及其主张。

**课程思政教学目标及实践**

**【育人目标】**

1. 人民至上思想　社会保障作为现代国家制度建设的重要组成部分,有效抵御了工业经济带来的社会风险,保障了国民基本生活。
2. 公共意识　通过对马克思、恩格斯和列宁的社会保障思想以及西方社会保障思想主要流派及其主张的学习,让学生关心公共政策、公共话题并积极参与公共活动,具有公德心,遵守公共秩序和自觉维护公共利益。
3. 制度自信　中国社会保障制度改革过程中所表现出的具有中国特色的社会保障实践,鲜明地体现了中国特色社会主义制度的优越性。

**【教学方式与方法】**

1. 自主学习:线上学习相应慕课中的基础专业知识点,线下自主阅读文献资料,撰写阅读笔记或思维导图。
2. 课堂启发引导:知识点讲授注重马克思、恩格斯和列宁的社会保障思想以及中国古代社会保障思想,不能照搬西方社会保障理论,树立制度自信。
3. 课堂小组讨论:收入分配中市场与非市场分配关系的辩论,让学生充分理解十九大报告里"必须始终把人民利益摆在至高无上的地位,让改革发展成果更多更公平惠及全体人民,朝着实现全体人民共同富裕不断迈进"的提法和政府如何通过社会保障制度调节收入分配实现公共富裕。

**【课程思政教学实例】**

**案例材料:加强和创新流动人口管理服务,深化社保一体化**

(1)案例简介

在北京市社会保障制度改革过程中,政府始终发挥领导和主导作用,坚持共建共享和"以人为本"的发展理念,秉持问题导向和目标导向,由此取得了重要改革成果和历史成就。当前,北京市社会保障已实现由政府和企业保障向社会保障、由职工保障向全体城乡居民保障的重大变革,在全国率先建立以"职工+居民"为特征、城乡统一、全民覆盖的社会保障体系,为国家社会保障建设提供了"北京样本"。总体而言,全市社会保障支出总额和社会保障总水平不断提高,保障总水平近8%。从社保服务结构看,主要形成以市、区两级经办机构和街(乡)社保所为主体,银行及各类定点服务机构为依托的社保公共服务体系。从参保人数基金规模看,截至2018年底,基本养老、医疗、失业、工伤和生育保险参保人数分别达到1895万人、2020万人、1241万人、1187万人和1104万人。同期社保基金收支规模超7000亿元,其中,社保基金收入4247亿元,支出3024亿元,结余1223亿元。总体较好保障了北京群众基本生活,为经济高质量发展奠定了坚实基础。

资料来源:社保体制机制改革课题组.完备制度 改革体制 增加投入 覆盖全民 科技支撑——迈向2049的我国社会保障制度改革战略研究[R].北京:民生银行研究院,2020.

(2)案例的思政元素

①人民至上思想。社会保障制度取得的成就和发挥的作用对学生具有教育和引导作用,帮助学生更

加深入地认识到社会保障制度为民造福和其在社会发展中的重要地位。

②制度自信。北京市社会保障制度改革过程中所表现出的具有中国特色的社会保障实践,鲜明地体现了中国特色社会主义制度的优越性。

**(3)教学手段**

①讲授:在知识点"社会保障的理论基础"中引入社会保障人民至上等思政元素与中国实践创新相结合,增强学生的制度自信。

②讨论:收入分配中市场与非市场分配关系。

## 第二章 社会保障产生和发展

**专业教学目标**

家庭保障、慈善救济保障和互助保障是人类早期自发的或有组织地采取的不确定的、零星分散地应对风险的保障行为,社会保障制度的确立与完善则是社会化大生产和市场经济发展到一定程度的产物。总体而言,随着社会的发展,社会保障制度也在不断变革和完善中,了解社会保障经历的四个阶段,通过比较分析,重点掌握中国社会保障的产生和发展。

**【知识目标】**

1. 学生了解社会保障产生的历史根源与发展历程,了解社会保障与国家、社会保障与经济发展、社会保障与财政的关系。

2. 学生了解20世纪70年代后国际社会保障制度改革的背景、路径及成果。

3. 学生了解中国社会保障制度存在的问题及改革方向。

**【能力目标】**

1. 培养学生将所学理论灵活应用于现实和具体案例。

2. 培养学生具有独立思考能力和思辨能力,辩证看待西方和中国社会保障制度。

**课程思政教学目标及实践**

**【育人目标】**

1. 制度自信 对社会保障制度产生、发展历史的介绍,增强学生对我国历史文化和民族的自豪感和对社会主义制度优越性的自信。

2. 人民至上思想 坚持人民至上,坚持共同富裕,把增进民生福祉、促进社会公平作为发展社会保障事业的根本出发点和落脚点,使改革发展成果更多更公平惠及全体人民。

3. 政治认同 通过对中国社会保障产生和发展历史介绍,具体讲述我国社会保障事业取得的伟大成就,在增进民生福祉、促进社会公平,实现共同富裕方面的作用,加强学生对我国政治制度的认同感,自觉增强"四个意识"、坚定"四个自信"、做到"两个维护"。

**【教学方式与方法】**

1. 课堂启发引导:知识点讲授我国社会保障产生和发展脉络和社会基础,不能照搬西方社会保障制度,树立制度自信。

2. 课堂小组讨论:中国社会保障制度存在的不足及改革方向。培养学生独立思考能力和思辨能力。

3. 情景教学法:课后观看国内首部以社会保障为题材的大型纪录片《中国社会保障纪实(1978—2018)》,认识和了解在人口老龄化等背景下社会保障制度面临的挑战和制度发展前景,让学生关心国家大事、公共政策、公共话题并积极参与公共活动。

**【课程思政教学实例】**

**案例材料:中国社会保障事业取得了历史性成就**

**(1)案例简介**

党的十八大以来,在以习近平同志为核心的党中央坚强领导下,我国社会保障事业发展取得了历史性成就。

一是社会保障覆盖范围持续扩大。2012—2021年,基本养老保险、失业保险、工伤保险参保人数分别从7.88亿人、1.52亿人、1.9亿人,增加到10.3亿人、2.3亿人、2.83亿人。

二是社会保障水平稳步提高。企业退休人员月人均养老金从1686元增长到2987元,城乡居民月人均养老金从82元增长到179元,月平均失业保险金由707元提高到1585元,月平均工伤保险伤残津贴由1864元提高到约4000元。

三是保障能力持续增强。基本养老、失业、工伤3项社会保险基金累计结存6.9万亿元,基本养老保险基金投资运营规模不断扩大,基金运行总体平稳。全国社会保障基金战略储备约2.59万亿元,中央层面划转国有资本充实社保基金总额超过1.68万亿元。

经过不懈努力,我国成功建设了具有鲜明中国特色、世界上规模最大、功能完备的社会保障体系,用几十年时间走过了许多西方国家一百多年走过的历程。这些成就,为打赢脱贫攻坚战提供了坚强支撑,为如期全面建成小康社会、实现第一个百年奋斗目标提供了有利条件。

资料来源:求是网,进一步织密社会保障安全网,2022-04-16。

(2)案例的思政元素

①政治认同。中国社会保障事业取得了历史性成就,离不开中国共产党的正确领导和改革开放政策。

②大国使命与担当。特色鲜明,世界上规模最大、功能完备的社会保障体系。

③人民至上思想。坚持人民至上,坚持共同富裕,把增进民生福祉、促进社会公平作为发展社会保障事业的根本出发点和落脚点,使改革发展成果更多更公平惠及全体人民。

(3)教学手段

①讲授:在知识点"中国社会保障的产生和发展"中引入政治认同等思政元素与中国成功经验相结合,增强学生的政治认同和使命担当。

②讨论:案例"中国社会保障事业取得了历史性成就"所带来的启示。

## 第三章 社会保障模式

**专业教学目标**

社会保障制度产生和发展至今,世界各国社会保障制度呈现多元化状态。通过讲授当前世界存在的社会保险型社会保障模式、福利国家型社会保障模式、强制储蓄型社会保障模式和国家保险型社会保障模式等四种社会保障模式,让学生掌握各种社会保障模式的特点,了解这些模式的社会效果与实践。

【知识目标】

1. 学生掌握四种社会保障模式的特点。

2. 学生了解各种社会保障模式的成效和社会实践,了解社会保障模式与政治制度、经济社会发展水平和历史传统的关系。

3. 学生熟悉中国社会保障模式的选择。

【能力目标】

1. 培养学生将所学理论灵活应用于现实和具体案例。

2. 培养学生具有独立思考能力和思辨能力,辩证看待各国不同社会保障模式的优缺点。

**课程思政教学目标及实践**

【育人目标】

1. **制度自信** 通过比较分析各种社会保障模式的优缺点,强调中国社会保障模式的优势,增强学生对社会主义制度优越性的自信。

2. **人民至上思想** 坚持人民至上,坚持共同富裕,把增进民生福祉、促进社会公平作为发展社会保障事业的根本出发点和落脚点,使改革发展成果更多更公平惠及全体人民。

3. **政治认同** 结合中国经济发展实践和历史文化背景,讲述中国社会保障模式的选择,体现我国社会保障制度顶层设计的合理性,通过我国社会保障制度在抗疫事业中发挥的作用,加强学生对我国社会保障制度优势的认同,更加坚定拥护共产党的领导。

【教学方式与方法】

1. 课堂启发引导:知识点讲授我国社会保障产生和发展脉络和社会基础,不能照搬西方社会保障制度,树立制度自信。

2. 课堂小组讨论：讨论中国社会保障模式选择，让学生充分理解社会保障模式的选择与国家的政治制度、经济发展水平以及文化历史背景关系，进而对我国选择的社会保障模式产生政治认同。

**【课程思政教学实例】**

**案例材料：彰显中国特色社会保障体系优势**

**(1) 案例简介**

这次新冠肺炎疫情是典型的重大突发公共卫生事件。在新冠肺炎疫情防控阻击战中，我国社会保障不仅较好地发挥了抵御、防范、化解风险的传统功能，而且为复工复产、恢复经济社会秩序提供了强有力支撑。中国特色社会保障体系优势在新冠肺炎疫情防控中得到充分彰显。

社会保障在新冠肺炎疫情防控中的作用主要表现在 5 个方面。一是及时采取有效的医疗保障措施，让患者及其家庭免除治疗费用的后顾之忧。二是明确将在新冠肺炎疫情防控中因履行工作职责而感染新冠肺炎或由此导致死亡的医护及相关工作人员认定为工伤，保障其合法权益。三是采取一系列社会救助措施和兜底保障政策，确保相关群体的基本生活。四是通过加强对各类社会福利机构的管理，保护老年人、残疾人、儿童等的生命安全和身体健康。五是社会组织积极行动，慈善事业助力新冠肺炎疫情防控。

随着我国新冠肺炎疫情防控向好态势进一步巩固，按照中央统筹推进新冠肺炎疫情防控和经济社会发展工作的决策部署，社会保障在支持复工复产方面也发挥了积极作用。一是降低企业社会保险缴费负担，帮助企业渡过难关。二是充分发挥失业保险功能。三是大力推广线上业务经办，既提高了服务效率，又降低了新冠肺炎疫情传播风险。

资料来源：人民日报，彰显中国特色社会保障体系优势，2020－04－29。

**(2) 案例的思政元素**

①政治认同。我国社会保障制度在抗疫事业中发挥作用离不开中国共产党的领导和社会保障制度的顶层设计。

②大国使命与担当。世界第一大人口大国在抗疫事业中的成功。

③人民至上思想。坚持把人民生命安全和身体健康放在第一位。

**(3) 教学手段**

①讲授：在知识点"中国社会保障模式选择"中引入政治认同等思政元素与中国成功经验相结合，增强学生的政治认同和使命担当。

②讨论：我国社会保障制度在抗疫事业所展现出的优势带来的启示。

## 第四章 社会保障法治与管理

**专业教学目标**

社会保障法治是社会保障法制与综合治理的总和。通过学习，使学生了解社会保障管理内容和操作流程，掌握社会保障管理体制，理解社会保障法治和社会保障一站式服务服务型政府建设。

**【知识目标】**

1. 学生了解社会保障法治建设主要内容。
2. 学生了解社会保障管理的定义和特征。
3. 学生了解社会保障管理体制、社会保障运行机制以及社会保障管理服务机构。
4. 理解社会保障法治和社会保障一站式服务服务型政府建设。

**【能力目标】**

1. 培养学生将所学理论灵活应用于现实和具体案例。
2. 培养学生具有独立思考能力和思辨能力，认识中国社会保障法治和社会保障管理体制特色。

**课程思政教学目标及实践**

**【育人目标】**

1. 法治意识　守法是当前国家法治建设和全面推进依法治国的重要组成部分。通过学习，让学生牢固树立个人遵纪守法的意识和底线思维，激励学生自发崇尚、遵守和捍卫法律。

2. 职业道德和职业理想　通过学习社会保障规章制度、社会保障管理内容和操作流程，让学生认识到社会保障职业道德的重要性,自觉养成遵守社会保障职业道德的习惯。

**【教学方式与方法】**

1. 课堂启发引导:知识点讲授社会保障守法,让学生理解社会保障主体要遵守社会保障法律法规和部门规章,履行社会保障责任,在此基础上才能实现社会保障的人人享有。

2. 情景教学法:课后观看纪录片《国家监察》第三集《聚焦脱贫》,教育学生廉洁奉公和树立牢固的法治意识。

**【课程思政教学实例】**

**案例材料:28名党员干部被严肃追责 11名公职人员被移送司法机关深夜警铃牵出千万社保基金案**

(1)案例简介

这是一起典型的多人共谋、监守自盗,严重侵害人民群众利益的职务犯罪案件。2021年2月1日深夜,有人在湖南省衡南县一家银行自动取款机上使用多张银行卡触发了系统报警。

案发后,公安机关将发现的公职人员有关问题线索及时移送纪检监察机关。

经查,2015年底至2021年1月期间,衡南县人社局农保中心征缴股股长阳某勾结一些乡镇劳务站负责人,先后收集死亡人员社保卡900多张。因信息更新不及时,系统还在继续向卡上发放社保资金,他将卡里社保资金违规套取后,除了部分送给别人外,其余全部据为己有。

随后,阳某又拉拢买通衡南县人社局农保中心发放股干部廖某某,请示其帮助激活暂停的社保卡,从中套取社保资金。随着套取现金越来越多,为避免被发现,阳某找到该中心主任伍某,送上好处费,让他在每个月的养老金发放审批中"开绿灯"。此外,他们还通过调高发放标准、前移发放时间等方式,套取更多资金。

据办案人员介绍,该案涉案人员通过待遇续发、待遇补发和待遇调整等方式,共计套取并贪污养老金1700多万元,其中阳某一人就分得1500多万元。而负有监管职责的相关职能部门却长期疏于管理,层层失职、失守。

湖南省纪委监委相关负责人表示,该案中,衡南县委、县政府和县人社局主体责任层层缺位,行业系统、内控监管、财政审计监督等监管机制层层失守,衡南县纪委监委驻县人社局纪检监察组监督执纪宽松软,教训十分深刻。

目前,该案涉案赃款已全部追缴到位,涉嫌共同贪污的9名公职人员和涉嫌玩忽职守的2名公职人员被移送司法机关审查起诉,负有领导责任、监督责任的28名党员干部受到严肃追责问责。

资料来源:中央纪委国家监委网站,28名党员干部被严肃追责 11名公职人员被移送司法机关深夜警铃牵出千万社保基金案,2022-01-10.

(2)案例的思政元素

①法治意识。在职业生涯中,严格依法办事,树立牢固的法治思想。

②职业道德和职业理想。在职业生涯中,严格遵守相关规章制度,坚守职业道德,实现职业理想。

(3)教学手段

①讲授:在知识点"社会保障法治建设"中引入法治意识等思政元素与中国实践相结合,增强学生的职业道德和职业理想。

②讨论:社保基金案带来的启示。

## 第五章 社会保障水平

**专业教学目标**

如何界定社会保障基金储备和待遇水平,一直都是社会保障制度建设的核心问题。主要目的是使学生掌握社会保障水平的界定、理论价值、测定模式、适度和超度的效果,以及社会保障水平整体经济效应等基本理论问题。

**【知识目标】**

1. 学生掌握社会保障水平的界定方法和测定模式适度和超度的效果。

2. 学生掌握社会保障水平的经济效应的分析思路。

3. 学生了解各国社会保障水平的社会实践。

**【能力目标】**

1. 培养学生将所学理论灵活应用于现实和具体案例。
2. 培养学生具有独立思考能力和思辨能力,辩证看待西方和中国社会保障水平的差异。

**课程思政教学目标及实践**

**【育人目标】**

1. 科学精神　科学客观地测定社会保障水平,不仅能更好服务于社会保障制度的制定,也能有利于国际间的社会保障水平的比较。通过学习社会保障水平的界定方式方法,培养学生客观求真的科学精神。

2. 国际视野　国家之间由于政治制度、经济制度和文化历史背景不尽相同,通过对比各国的社会保障实践和社会保障水平,从全球的视角思考我国的社会保障发展事业,进一步认清我国在发展社会保障事业上的优势与劣势,清醒客观地看待我国与其他国家的发展差距;并且紧跟国际社会保障发展前沿,积极借鉴和吸收其中的合理成分,立足国情,利用社会保障学的理论来指导具体的社会保障与实践。

**【教学方式与方法】**

1. 课堂启发引导:知识点讲授社会保障适度水平,中国不能照搬西方社会保障制度,树立制度自信。
2. 课堂小组讨论:探讨政府与市场关系,如何处理社会公平与经济效率,让学生具有国际视野和科学精神充分理解社会保障水平的经济效应与持续发展问题。

**【课程思政教学实例】**

**案例材料:西方高福利制度陷入两难境地**

**(1)案例简介**

美国财政部发布的报告显示,社会保障计划内的合并信托基金将于2035年耗尽,届时社保计划将无法按期支付全部福利。此外,个人养老金储蓄也堪忧。今年3月,美国政府问责局公布的2016年退休储蓄报告显示,当年55岁及以上的退休美国人中,48%的养老金存款账户余额为零。

政府支撑社会保障体系正变得越来越吃力。"德国法定退休金的增幅常年低于德国的通货膨胀率,按购买力计算,德国法定退休金实际上一直在减少。"德国慕尼黑华星艺术团团长唐志红说。

德国的困境是欧洲的一个缩影。专家分析认为,几乎所有欧洲国家都面临政府福利开支超过财政收入的入不敷出局面。更让人担忧的是,以往掩盖在欧洲高福利下的种族、宗教、阶层矛盾等问题,随着欧洲各国紧缩开支、削减福利逐渐浮出水面。

改革势在必行,"福利收缩是政府社会福利改革的主要方向。"美国波特兰州立大学教授李斧表示。目前美国金融行业已经花费数百万美元进行游说,希望推动美国退休养老制度改革。

资料来源:人民日报·海外版,西方高福利制度陷入两难境地,2019-05-22。

**(2)案例的思政元素**

①政治认同。西方高福利制度尽管给民众较高的社会保障水平,但是高福利制度也给这些国家造成了比较沉重的财政负担,削弱了这些国家的竞争力。中国目前的社会保障水平在提供民众基本的生活保障之外,也为未来的经济发展提供了动力。

②国际视野。通过了解西方高福利制度现状和弊端,立足国情,有利于理性看待我国当前的社会保障水平。

**(3)教学手段**

①讲授:在知识点"中国社会保障水平"中引入案例,比较分析中外社会保障水平,增强学生的政治认同和培养学生的国际视野。

②讨论:案例"西方高福利制度陷入两难境地"带来的启示。

## 第六章　生存发展风险与保障

**专业教学目标**

马克思、恩格斯将劳动者生存风险上升到无产阶级贫困化的高度,指出这是资本主义制度的产物。劳动者生存发展保障是国家以法律的形式保障生存权,是人类社会文明的集中体现。劳动者生存发展保障的概念虽然简单、容易理解,但是相关制度安排却较为复杂。如今,最低生活保障,住房保障、赈灾救济、优抚安置等制度安排成为劳动者生存发展保障的重要组成部分。本章重点描述在城镇化和互联网条件下的生存与发展风险以及国家抵御生存风险的社会保障制度和服务体系建设的相关内容。

**【知识目标】**

1. 让学生了解劳动者面临的生存发展风险。
2. 让学生了解中国生存保障保障制度建设的现状、主要问题与挑战。
3. 让学生掌握最低生活保障标准的制定、保障制度资金来源与制度运行。

**【能力目标】**

1. 培养学生将所学理论灵活应用于现实。
2. 培养学生具有独立思考能力和思辨能力,认识中国特色社会主义制度优越性。

**课程思政教学目标及实践**

**【育人目标】**

1. 制度自信　劳动者生存发展保障在不同国家,其作用和地位、内容和形式、享受条件和享受范围、享受水平不完全相同,实施效果更是相差十分悬殊。对最低生活保障、住房保障、赈灾救济、优抚安置等制度内容以及取得伟大成就的介绍,增强学生对我国对社会主义制度优越性的自信。

2. 人民至上思想　实现不同收入阶层的家庭都能够获得合适的住房是我国住房保障制度目标。政府通过建立廉租住房和经济适用住房的城市住房保障制度,降低住房困难群体获得住房的相对价格和偏好,解决他们的住房问题。府通过降低廉租住房制度和提高经济适用住房制度的交易费用,通过修正公共租赁住房交易费用,构建起涵盖不同收入阶层的多层次住房供应体系,充分体现中国共产党和国家把人民安居乐业、安危冷暖放在心上"人民至上的思想"。

3. 政治认同　农村最低生活保障制度是当前我国农村居民享有的最为基础性的社会保障制度。它的目标不仅在于为农村居民提供基本生活保障,更需要在救助农民的过程中塑造社会正义和建构社会秩序,这对于维持农村社会稳定和增强农民对国家政权的认同具有重要意义。

**【教学方式与方法】**

1. 课堂小组讨论:我国生存发展保障制度发展变化反映出中国共产党和政府对贫困和弱势群体问题认知的变化与逐步深入,让学生充分领会党的十八大以来,以习近平同志为核心的党中央提出以人民为中心的发展思想,产生政治认同。

2. 情景教学法:推荐课后观看教育贫困治理纪录片,关注后扶贫时代政府精准帮扶助力乡村振兴战略,充分体现人民至上思想。

**【课程思政教学实例】**

**案例材料:我国脱贫攻坚战取得全面胜利**

(1)案例简介

2021年2月25日,习近平总书记在全国脱贫攻坚总结表彰大会上庄严宣告,经过全党全国各族人民共同努力,在迎来中国共产党成立一百周年的重要时刻,我国脱贫攻坚战取得了全面胜利,现行标准下9899万农村贫困人口全部脱贫,832个贫困县全部摘帽,12.8万个贫困村全部出列,区域性整体贫困得到解决,完成了消除绝对贫困的艰巨任务,创造了又一个彪炳史册的人间奇迹!

消除贫困、改善民生、逐步实现共同富裕,是社会主义的本质要求,是我们党的重要使命。党的十八大以来,习近平总书记站在全面建成小康社会、实现中华民族伟大复兴中国梦的战略高度,把脱贫攻坚摆在治国理政突出位置,提出一系列新思想新理念新观点,作出一系列新决策新部署,推动中国减贫事业取得巨大成就,困扰中华民族千年的绝对贫困问题得到历史性解决。

放眼今日神州大地,从华北平原到西南边陲,从大别山区到秦巴腹地,从土家苗寨到雪域高原,曾经的贫困县、贫困村里,产业兴了,出行易了,房子新了,环境美了,人气旺了……一个个山乡巨变,汇聚成脱贫攻坚的亮丽答卷!

资料来源:人民日报,创造彪炳史册的人间奇迹——以习近平同志为核心的党中央引领亿万人民打赢脱贫攻坚战,2021-11-03。

**(2) 案例的思政元素**

①实践创新。脱贫攻坚战取得全面胜利充分彰显了习近平新时代中国特色社会主义思想在我国社会保障制度发展中的实践创新。

②人民至上思想。脱贫攻坚战取得全面胜利对学生能够起到教育引导作用，让学生深刻体会到党和国家为民造福的不断追求。

**(3) 教学手段**

①讲授：在"生存发展保障制度"中引入脱贫攻坚战取得全面胜利的案例，探讨我国社会保障制度发展思路

②讨论：探讨中国的富强、民主、文明、和谐和社会的自由、平等、公正的价值观。

## 第七章 健康风险与保障

**专业教学目标**

恩格斯在《共产主义原理》中提出公共卫生的福利思想。为健康保障制度建设奠定了思想基础。健康保障有狭义和广义之分。狭义的健康保障是指国家为了帮助公民低于健康风险的制度安排，广义的健康保障还包括社会、个人等为了分散或化解健康风险所采取的一系列行为的总和。2016年10月中共中央国务院发布《健康中国2030规划纲要》，明确提出健康保障的体系和内容。本章重点描述公共卫生、医疗保险、生育保险以及医疗救助等制度安排。

**【知识目标】**

1. 让学生了解中国大健康发展目标和行动计划。
2. 让学生掌握基本医疗保障及其制度。
3. 让学生了解中国医疗保障制度、医疗救助制度的主要问题、改革方向。

**【能力目标】**

1. 培养学生将所学理论灵活应用于现实和具体案例。
2. 培养学生具有独立思考能力和思辨能力，认识中国特色社会主义制度优越性。

**课程思政教学目标及实践**

**【育人目标】**

1. 制度自信　健康保障在不同国家，其作用和地位、内容和形式、享受条件和享受范围、享受水平等方面不完全相同，实施效果更是相差十分悬殊。了解中国大健康发展目标和行动计划，增强学生对我国对社会主义制度优越性的自信。

2. 人民至上思想　从新中国成立前疫病肆虐到"十三五"结束时摘掉"瘴疬之区"的帽子，从本世纪初"基本医疗有保障"任务全面完成，到"健康中国2030"规划纲要》将健康融入所有政策，始终把保障人民健康放在优先发展的战略地位，体现了坚持人民至上、生命至上的思想。

3. 政治认同　2020年第20期《求是》杂志发表的习近平总书记重要文章《在全国抗击新冠肺炎疫情表彰大会上的讲话》指出："在过去8个多月时间里，我们党团结带领全国各族人民，进行了一场惊心动魄的抗疫大战，经受了一场艰苦卓绝的历史大考，付出巨大努力，取得抗击新冠肺炎疫情斗争重大战略成果，创造了人类同疾病斗争史上又一个英勇壮举！"在这场波澜壮阔的抗疫斗争中，全体中国人民在中国共产党的坚强领导下所展现的中国力量、中国效率、中国担当和中国精神，极大增强了全党全国各族人民的自信心和自豪感、凝聚力和向心力，提升了全体中国人民的利益认同、制度认同和价值认同，进一步凝聚起实现中华民族伟大复兴的磅礴力量。

**【教学方式与方法】**

1. 课堂启发引导：知识点讲授注重我国城乡居民医疗保险制度的现状、问题、改革情况。
2. 课堂小组讨论：中国大健康发展目标和行动计划，让学生充分领会以习近平同志为核心的党中央提出以人民为中心的发展思想。
3. 情景教学法：推荐课后观看央视网视频"在习近平新时代中国特色社会主义思想指引下"医者担当践初心，护佑人民健康，培养学生人文精神。

**【课程思政教学实例】**
**案例材料:全面实现农村贫困人口基本医疗有保障**
**(1)案例简介**

党的十八大以来,国家卫生健康委深入实施健康扶贫工程,全面实现农村贫困人口基本医疗有保障,累计帮助近1000万个因病致贫返贫家庭成功摆脱贫困,取得显著成效。我国全面消除乡村医疗卫生机构和人员"空白点",基本实现农村群众公平享有基本医疗卫生服务,明确基本医疗有保障目标标准,历史性解决了部分地区基层缺机构、缺医生问题,实现农村群众有地方看病、有医生看病,常见病、慢性病基本可就近获得及时治疗。将加强县医院能力建设作为主攻方向,实现每个脱贫县至少有1家公立医院,98%的脱贫县至少有1所二级及以上医院,脱贫地区县医院收治病种中位数已达到全国县级医院整体水平的90%,越来越多的大病在县域内就可以得到有效救治。建立全国健康扶贫动态管理信息系统,对贫困患者实行精准分类救治,截至2020年底,累计救治2000多万人。坚持预防为主,实施重大传染病、地方病防治攻坚行动,长期影响人民群众健康的艾滋病、包虫病和地方病等重大疾病得到有效控制,为全面推进健康中国建设奠定基础。

资料来源:中华人民共和国中央人民政府官网.党的十八大以来,健康扶贫取得显著成效——全面实现农村贫困人口基本医疗有保障(http://www.gov.cn/xinwen//content_5692524.htm.

**(2)案例的思政元素**

①思想认同。农村贫困人口基本医疗有保障全面实现,大大增强了人民群众对党和政府的思想认同感。

②人民至上思想。学生能够更加深入地认识到中国共产党为民造福及其在国家治理中的重要地位。

**(3)教学手段**

①讲授:在"健康保障制度"中引入全面实现农村贫困人口基本医疗有保障的案例,探讨我国社会保障制度的发展思路。

②讨论:探讨中国的富强、民主、文明、和谐和社会的自由、平等、公正的价值观。

## 第八章 职业风险与保障

**专业教学目标**

在职劳动者作为劳动活动的主体,是社会财富的主要创造者。在职劳动者所遭受工伤或职业病风险和失业风险往往波及面较大,会引发劳资争议和冲突。恩格斯的《英国工人阶级状况》和马克思的《资本论》分别对工业化所带来的工业伤害风险和失业风险有着丰富的论述,为现代职业风险制度的建立奠定了思想基础。工伤保险是大多数国家最早建立起来的险种之一。本章主要内容是描述在城镇化与互联网的条件下,职业风险及其保障制度相关内容与管理服务体系相关内容。

**【知识目标】**

1. 让学生了解工伤风险和失业风险的主要类型和特征。
2. 让学生掌握工伤保险的属性,熟悉工伤保险制度结构和内容。
3. 让学生熟悉失业社会制度结构和内容。
4. 让学生了解中国新经济背景下工伤保险制度主要问题与挑战。

**【能力目标】**

1. 培养学生将所学理论灵活应用于现实。
2. 培养学生具有独立思考能力和思辨能力,认识中国特色社会主义制度优越性。

**课程思政教学目标及实践**

**【育人目标】**

1. **制度自信** 通过本章节中国工伤保险制度和就业促进政策专业知识的讲述,有助于学生更准确了解中国社会保障制度发展取得的成就,能够从历史发展过程中自然而然地传递马克思主义基础理论的正确性,有助于学生认识到马克思主义指导地位的重要性和中国特色社会主义制度的优越性。

2. **人民至上思想** 2017年,十九大报告首次提出了构建多层次工伤保险体系的概念,强调应围绕劳动者的切身利益,将工伤预防、补偿以及康复结合起来,更好地为广大劳动者提供生命健康保障,制度的调整完善充分体现了人民至上思想。

3. 政治认同　改革开放后从"再就业工程""以工代赈"到新时代的"六保""六稳"等,党和国家总揽全局、协调各方,为就业工作提供了政治优势和政治保障,有力推动了我国就业政策顶层设计不断完善。正是得益于党对就业工作的全面领导,千方百计促进不同群体充分就业,切实改善了人民群众物质生活和精神生活质量、水平,人民群众由此产生了对于中国特色社会主义强大和稳定的认同感。

**【教学方式与方法】**

1. 课堂小组讨论:在党和政府全面领导下,人民群众通过劳动就业共享改革发展成果,让学生充分领会以习近平同志为核心的党中央提出以人民为中心的发展思想,产生政治认同。

2. 情景教学法:通过山东省政府拓宽高校毕业生就业渠道案例分析展现政府在促进就业中的全面领导作用,树立制度自信。

**【课程思政教学实例】**

**案例材料:扎实推进高校毕业生就业服务专项行动**

**(1)案例简介**

就业是最大的民生,高校毕业生就业是就业工作的重中之重。各地把高校毕业生就业摆在就业工作首位,切实加强组织领导,强化资源统筹,综合运用各项政策措施和服务手段,全力抓紧抓实,用心用情用力促进高校毕业生就业创业。

北京开展系列专项活动全力推动高校毕业生就业创业。一是组织未就业专场招聘。二是打造"培训指导直通车"。三是搭建校企对接平台。四是创新推动困难帮扶。

内蒙古抓实抓细高校毕业生就业服务。一是加密线上线下各类招聘活动。二是提升就业服务实效。三是扎实做好就业帮扶。

上海开展"乐业上海"高校毕业生就业服务集中行动。一是体系化就业训练课程助力角色转换。二是"一校一策"推进精准化就业服务。三是深化家门口就业服务体系建设。四是线上线下融合推进就业服务。

广东实名精准服务促进高校毕业生就业创业。一是建立健全实名制台账。二是全面落实就业实名服务。三是开展精准就业帮扶。四是开展线上线下招聘。五是做好求职登记小程序服务。

江苏压紧压实责任推进高校毕业生就业创业。一是搭建供需对接平台。二是推动政策精准落实。三是加大创业支持力度。四是提升就业帮扶水平。

山东实施"360"全程就业服务行动,面向高校毕业生集中开展精准服务、专项服务、承诺服务。一是精准服务"三类群体"。二是专项服务"六项行动"。三是承诺服务"不断线"。

资料来源:中华人民共和国人力资源和社会保障部官网,新闻:各地人力资源社会保障部门扎实推进高校毕业生就业服务专项行动　用心用情用力促进高校毕业生就业创业,2021-11-05。

**(2)案例的思政元素**

①政治认同。学生领会到党领导的政治优势和政治保障。

②人民至上思想。学生能够更加深入地认识到党和国家为民造福和其在国家治理中的重要地位。

**(3)教学手段**

①讲授:注重关注新经济模式下我国就业保障制度创新实践。

②讨论:各地用心用情用力促进高校毕业生就业创业案例带来的启示。

## 第九章　老残风险与保障

**专业教学目标**

按照联合国的标准,我国已经步入老龄化社会没有越来越多的老年人和残疾人不仅需要养老金、生活补贴等经济保障,还需要必要的生活照料、护理服务等服务保障。老残社会保障区别于传统的家庭保障,是国家和政府以立法与行政手段推行的保障老年人、残疾人的社会制度和政策,是国家和政府的基本职责之一。本章主要内容是描述在全球老龄化背景下的老残风险及其保障制度的相关内容与管理服务体系。

【知识目标】

1. 让学生掌握老年社会保障的概念、特征和基本制度。
2. 让学生了解老年社会保险平衡筹资与企业负担、提高待遇与持续发展的问题。
3. 让学生了解中国老残护理制度、老年福利制度建设的相关内容、主要问题与挑战。

【能力目标】

1. 培养学生将所学理论灵活应用于现实。
2. 培养学生具有独立思考能力和思辨能力,认识中国特色社会主义制度优越性。

课程思政教学目标及实践

【育人目标】

1. 制度自信　改革开放以来,国家在养老保障领域进行了一系列改革探索,实现了城镇职工统账结合的养老保险制度转型,创建了个人缴费与政府补贴相结合的城乡居民养老保险制度,2020年我国城乡养老保险覆盖率保持在95%以上。我国养老保障领域的每一步改革都坚持从国情出发、从实际出发,没有简单延续我国传统社会制度体系的母版,没有简单套用马克思主义经典作家设想的制度模板,更不是西方国家医疗保障制度体系的翻版,而是中国版的养老保障制度体系。我们养老保障制度体系的不断发展充分说明,推进国家治理体系和治理能力现代化,并不是只有西方的制度模式这一条道,我们完全可以走出一条适合自己的道路来。

2. 人民至上　思想本章节会涉及老残保障制度和老人福利制度相关知识,特别是老年福利服务的学习过程中,通过观看习近平总书记到全国各地社区养老服务中心实地调研的纪录片,体会中国共产党和政府在养老服务工作中充分体现的"人民至上""生命至上"立场。

3. 政治认同　本章节注重让学生认识、理解和把握老残风险保障的政治属性。引导学生阅读用马克思主义的立场、观点和方法增强对于中国特色养老服务发展道路政治认同感。

【教学方式与方法】

1. 课堂启发引导:知识点讲授注重我国养老保障制度转型和发展脉络和文化基础,不能照搬西方社会保障的概念,树立制度自信。

2. 课堂小组讨论:我国养老保障制度促进共同富裕是社会主义的本质要求,是中国式现代化的重要特征。通过课堂讨论对中国城乡居民养老保障制度的构建和发展,让学生充分领会党的十八大以来,以习近平同志为核心的党中央提出以人民为中心的发展思想,进而产生政治认同。

3. 情景教学法:推荐课后观习近平总书记在全国各地社区养老服务中心考察看教育贫困治理纪录片,体会党和政府在养老服务工作中充分体现的"人民至上""生命至上"立场。

【课程思政教学实例】

**案例材料:天津把专业的养老服务送到老人周边、身边、床边**

(1)案例介绍

补齐养老服务设施缺口是满足老年人养老服务需求的前提。天津市"一刻钟"养老服务圈正在加速构建中。2021年天津市民政局印发《关于推进社区嵌入式养老服务机构发展的指导意见》,明确了养老服务综合体的功能定位及服务内容,在功能上,设置"三区一平台",即:托养区、日间照料区、多功能区、智能服务平台;在服务上,包含"三入四嵌一床位",即:入托、入照、入户、嵌餐、嵌智、嵌康、嵌护,加上一个家庭养老床位。2022年天津市将推进社区养老服务,建设100个养老服务综合体(含嵌入式养老服务机构),列在20项民心工程的首位。

资料来源:天津日报,天津加快构建"一刻钟"养老服务圈,2022-07-05。

(2)案例的思政元素

①家国情怀。居家养老服务体系的发展完善大大提高人民群众的家国情怀。

②人民至上思想。人民群众能够更加深入地认识到中国共产党和政府为民造福和其在国家治理中的重要地位。

(3)教学手段

①讲授:在"老残风险和保障"中引入天津把专业的养老服务送到老人周边、身边、床边的案例,探讨我

国面对快速进入老龄化社会,保障制度的创新实践。

②讨论:天津把专业的养老服务送到老人周边、身边、床边的案例带来的启示。

## 四、课程思政教学评价

### (一)对教师的评价

1. 教学准备的评价

将《社会保障学》课程思政建设落实到教学准备工作各方面,教师要具备提前提炼思政元素进行课程思政目标设计、修订教学大纲、教材选用、教案课件编写等基本能力。

2. 教学过程的评价

将《社会保障学》课程思政建设落实到教学过程各环节,教师要采取恰当的教学方式,具备将思政元素自然融入教学内容中的理解能力、实施能力和改进能力,如教学理念及策略、教学方法运用和改进、作业及批改、平时成绩考核等。

3. 教学结果的评价

建立健全《社会保障学》课程思政多主体参与、多维度动态评价体系,包括同行评议、随机听课、学生评教、教学督导检查,覆盖课前准备、课中教学和课后结果全过程,做到主观分析和客观分析相结合、定性分析和定量分析相结合。

4. 评价结果的运用

对于同行评议、学生评教、教学督导等提出的改进建议,以及对学生考核的成绩分析进行运用,对教学进行反思与改进。

### (二)对学生的评价

1. 学习过程的评价

检验学生是否认真完成了老师布置的要求和任务,积极参与资料收集、课堂讨论和实地调研等教学过程,科学评价学生在学习过程中的积极性、互动性和参与度。

2. 学习效果的评价

通过平时作业、课堂讨论、资源库平台资料分析报告、随堂练习、课程论文、期末考试等多种形式,检验学生对课程思政元素的领会及其对思政元素的掌握程度。

3. 评价结果的运用

通过师生座谈和系部教研活动等多种形式,对学生的学习效果进行科学分析,总结经验,改进不足,提升课程思政的学习效果。

## 五、课程思政的教学素材

| 序号 | 内　　容 | 形式 |
| --- | --- | --- |
| 1 | 《零容忍》 | 纪录片 |
| 2 | 年度中央政府工作报告 | 研究报告 |
| 3 | 《中华人民共和国社会保险法》 | 政策法规 |
| 4 | 《降低社会保险费率综合方案的通知》 | 政策法规 |
| 5 | 《中国社会保障纪实(1978—2018)》 | 纪录片 |
| 6 | 《中共中央国务院关于加强新时代老龄工作的意见》 | 政策文件 |
| 7 | 《国家监察》 | 纪录片 |
| 8 | 《中国养老服务蓝皮书(2012—2021)》 | 研究报告 |
| 9 | 完备制度 改革体制 增加投入 覆盖全民 科技支撑——迈向2049的我国社会保障制度改革战略研究 | 研究报告 |

续表

| 序号 | 内容 | 形式 |
| --- | --- | --- |
| 10 | 加强和创新流动人口管理服务,深化社保一体化 | 案例分析 |
| 11 | 中国社会保障事业取得了历史性成就 | 案例分析 |
| 12 | 彰显中国特色社会保障体系优势 | 案例分析 |
| 13 | 28名党员干部被严肃追责 11名公职人员被移送司法机关深夜警铃牵出千万社保基金案 | 案例分析 |
| 14 | 西方高福利制度陷入两难境地 | 案例分析 |
| 15 | 创造彪炳史册的人间奇迹——以习近平同志为核心的党中央引领亿万人民打赢脱贫攻坚战 | 案例分析 |
| 16 | 全面实现农村贫困人口基本医疗有保障 | 案例分析 |
| 17 | 沈阳为快递小哥系紧工伤保险"安全带" | 案例分析 |
| 18 | 山东省实施"五个一批"政策措施,全力拓宽高校毕业生就业渠道 | 案例分析 |
| 19 | "小饭堂"让"夕阳红"更美 广州市大力推进居家和社区养老服务改革 | 案例分析 |
| 20 | 中外社会保障体制比较 | 材料阅读 |
| 21 | 哥达纲领批判 | 材料阅读 |
| 22 | 永远的常平仓:中国粮食储备传统的千年超越 | 材料阅读 |
| 23 | 中国社会保障制度的百年建设与国际比较 | 材料阅读 |
| 24 | 中共人力资源和社会保障部党组:进一步织密社会保障安全网 | 材料阅读 |
| 25 | 贝弗里奇报告 | 材料阅读 |
| 26 | 财政部社会保障司课题组:社会保障支出水平的国际比较 | 材料阅读 |
| 27 | 改革开放40年中国社会救助减贫:实践、绩效与前瞻 | 材料阅读 |
| 28 | 健康中国百年求索——党领导下的我国医疗卫生事业发展历程及经验 | 材料阅读 |
| 29 | 把握新发展阶段,贯彻新发展理念,构建新发展格局 | 材料阅读 |
| 30 | 社会保障何以增强兜底功能 | 材料阅读 |
| 31 | 全国统筹:养老保险的制度抉择 | 材料阅读 |
| 32 | "健康中国"战略中基本卫生保健的治理创新 | 材料阅读 |
| 33 | 论中国社会养老服务体系建设的重要转型——基于改革开放以来的一种历史比较分析 | 材料阅读 |
| 34 | 以人民健康至上的理念推进公共卫生治理体系变革 | 材料阅读 |
| 35 | 当前我国建构长期照护保障制度的逻辑反思与现实选择 | 材料阅读 |
| 36 | 社会保障促进共同富裕:理论与实践——学术观点综述 | 材料阅读 |

# 《国有资产管理》课程思政教学指南

崔巧环　陈俊亚　刘扬

（西安财经大学）

## 一、课程简介与课程目标

### （一）课程简介

《国有资产管理》课程为财政学专业的必修课。通过《国有资产管理》的教学，要求学生在了解我国国有资产的形成和发展的基础上，理解中国特色社会主义市场经济条件下国有资产的基本内涵、国有资产管理、经营、监督的基本理论、政策规定及制度规范。通过各章节的学习，掌握国有资产管理的基础理论和体制构成，掌握各类国有资产管理、经营与监督的主要内容、目标要求和基本方法，了解国外国有资产管理的基本情况，理解国有经济结构调整的现实必要性和国有经济在我国社会经济发展中的主导地位和作用。通过《国有资产管理》的教学，帮助学生建立运用国有资产管理理论与相关知识分析认识现实经济问题的能力，理解国有经济改革发展的基本趋势和方向，深刻认识国有资产管理对社会经济发展所具有的重要作用，懂得学习掌握国有资产管理理论与知识的应用性和现实意义。

本课程坚持以马克思主义原理为指导，强调经济学理论体系的中国特色科学学科体系、学术体系、话语体系。综合运用系统讲授、专题讨论、案例分析、调查研究、分组实训、反转课堂、情景教学等多种教学方法和手段，激发学生学习兴趣，引导学生深入思考，帮助学生了解国有资产监督管理及国有经济改革发展等方面法律法规和相关政策，引导学生深入社会实践，关注现实问题，培育学生坚定制度自信，激发爱国情怀，具备诚信服务、德才兼备的职业素养。

### （二）课程目标

本课程为专业必修课程。通过学习，使学生能够达到以下目标：

1. 知识目标：本课程在内容上以国有资产管理基础理论、国有资产管理体制、国有资产产权管理、国有资产分类管理为主线展开。通过学习，使学生了解国有资产管理的基本框架，掌握国有资产管理的基本理论、政策体系和制度规范等内容，更加全面系统地掌握财政学专业的基本理论知识，具备从事财税相关工作的能力。

2. 能力目标：具有获取知识和不断学习的能力，能够掌握有效的学习方法和途径；具有实践应用能力和一定的科研能力，能够运用专业理论知识和现代经济学研究方法分析解决现实问题，具备创新精神、创业意识和创新创业能力。

3. 育人目标：拥护社会主义制度，拥护国家大政方针，热爱祖国，遵纪守法，树立远大的职业理想，具有良好的道德品质和文明修养、良好的职业操守和职业道德，具备社会责任感、主人公意识和人文关怀理念；具有良好的专业素养和专业技能，熟悉国家政策和法律法规，了解国内外国有经济改革发展的基本动态；具有科学知识和科学素养；具有良好的心理素质和健康体魄。

### （三）课程教材和资料

➢ 推荐教材

刘玉平,李小荣. 国有资产管理[M]. 4版. 北京：中国人民大学出版社,2020.

➢ 参考教材或推荐书籍

1. 黄炜. 国有资产管理[M]. 1版. 上海：上海财经大学出版社,2019.
2. 庄序莹,毛程连. 国有资产管理学[M]. 2版. 上海：复旦大学出版社,2020.

➢ 学术刊物与学习资源

经济科学出版社主办、中华人民共和国财政部主管．国有资产管理。

国内外经济类各类期刊。

学校图书馆提供的各种数字资源,特别是"中国知网",下载相关文献并加以阅读。

➢ 推荐网站

国务院国有资产监督管理委员会网站:http://www.sasac.gov.cn/.

各地方政府国有资产监督管理委员会网站。

## 二、课程思政教学总体设计

### (一)课程思政教学目标

本课程坚持以马克思列宁主义、毛泽东思想、邓小平理论、"三个代表"、科学发展观、习近平新时代中国特色社会主义思想为指导,坚持立德树人的根本任务,旨在培养践行社会主义核心价值观,有理想、有本领、有担当,具备良好的思想品德、专业素养、研究能力和应用能力的高素质专业人才。

本课程可以通过以下维度实现思政教学目标:

1. 政治认同

通过讲述我国国有经济建立发展的历程及国有经济改革所取得的巨大成就,本课程能够传递坚持马克思主义指导思想、坚定中国共产党的领导、坚持中国特色社会主义制度的重要性,增强学生的政治认同。

2. 制度自信

本课程以国有资产管理和运营的基本制度和基本规范为框架,以我国市场经济条件下国有资产监督运营为主线,课程内容始终与我国经济体制的改革和市场经济的发展相关联,既有基本理论,又有大量中国特色实践。通过这些专业知识的讲述,有助于让学生更准确了解我国国有经济改革发展取得的成就,了解国有企业在市场经济发展中所特有的功能和作用,有助于学生认识社会主义制度的优越性,理解坚持走中国特色的改革发展道路是历史的必然选择,坚定制度自信。

3. 人民至上思想

我国最早的国有资产形成于新中国成立前、在中国共产党领导下建立的革命根据地的公营企业,从其产生就具有红色基因,为革命战争和根据地建设发挥了重要作用。新中国成立后,国有经济始终以实现经济和社会双重利益为目标,在国家经济建设、社会事业发展、社会秩序稳定、人民生活改善、实现充分就业、生态环境保护等方面做出了巨大贡献。在产权界定、投资方向、收益分配收缴等方面,维护公共权益、提供公共服务、满足公民需要,体现以人为本的发展核心和全心全意为人民服务的根本宗旨,为学生传递人民至上的思想理念。

4. 大国使命和担当

国有企业在经济发展和社会生活中始终担当社会责任与时代引领:在经济建设时期,国有企业发挥"主力军"作用,有力推动了中国经济强劲发展;在危难时期、关键时刻,国有企业发挥"顶梁柱"作用,牺牲利益、挺身而出、做出表率;在国际市场竞争中,国有企业发挥"排头兵"作用,充分彰显大国重器的责任担当。这些信息的传递,可以激励学生强国志、树理想、报国恩、勇担当的爱国情怀。

5. 法治意识

各级各类国有资产管理活动都要依据相应的法律法规进行。在本课程的教学内容里,包含了大量有关国有资产监督管理方面的法律法规,包括宪法、民法、经济法、资源法、企业国有资产法、企业国有资产监管条例等。通过学习,使学生充分认识到社会经济活动管理立法先行的重要性,培养学生树立尊法、学法、守法、用法的法治意识,激励学生崇尚法治精神、遵守法律规定,捍卫法律权威,维护社会公平正义。

6. 科学精神

国有资产管理属于社会科学,课程内容涉及到社会经济生活的多个领域。在本课程教学过程中,通过国有资产管理改革与实践方面的讨论、案例分析和课后实训,引导学生调查研究、独立思考、正视现实、辩证分析,培养学生理性思维、严谨求真的科学精神。

7. 公共意识

本课程通过对我国国有资产管理体系、制度、体制等方面的实践探讨,促使学生关注国家的大政方针和改革方略,了解国有资产的公有性质及对社会经济活动所产生的积极影响和作用,培养学生的公共意识,引导学生积极参与公共活动,严格遵守公共秩序,自觉维护公共利益,切实保护公共环境。

8. 创新精神

创新精神是一个国家和民族发展的不竭动力,是现代人应该具备的基本素质。通过讲述从计划经济体制到市场经济体制发展过程中,国有资产管理从产权划分、监管方式、运营体系、投资领域、分配制度等方面的不断改革探索,传递继承与发扬的创新思维理念,培养学生勇于开拓、不断进取的创新精神。

9. 可持续发展

资源性资产是我国国有资产的重要组成部分,资源性资产不仅是经济社会发展的重要物质基础,也是影响人民生活水平和生存环境质量的重要因素,关系到人口、资源、环境的协调发展。目前全球资源渐趋紧缺,我国的资源态势更加严峻,通过对资源性国有资产管理内容、目标、原则的讲述,帮助学生树立节约资源、合理利用资源、促进经济快速、健康、协调、可持续发展的理念。

10. 国际视野

经济全球化、包容性协调发展的环境,需要更多的具有国际视野的高素质人才。本课程通过讲述国外国有资产管理及改革的内容,使学生了解国际经济发展的新成果,关注国际发展的新趋势,比较分析可借鉴的经验,能够使学生开阔视野,增长见识,创新理念,养成多角化思维方式。

11. 国情教育

本课程以我国国有资产管理制度的历史、发展、改革为主要内容,立足我国现实,紧密结合实践,充分体现我国社会经济制度的优越性,坚定制度自信,激发民族自豪感;倡导科学精神和创新发展精神,树立法治意识和公共意识理念,借鉴国外经验,更好地服务于我国社会经济实践,培植学生爱国情怀,培养学生献身祖国、建设祖国的爱国主义精神。

(二)课程思政教学内容

《国有资产管理》课程的思政内容可以涉及以下几方面:

1. 坚定政治立场,具备良好的思想品德

本课程通过挖掘课程的思政元素,引入丰富的案例素材,立足我国现实,帮助学生深刻领会中国共产党领导下新中国的经济命脉——国有经济的建立、发展、改革、调整的历史进程,认识国有经济作为社会主义国家的经济基础的功能地位和历史担当,培养学生的家国情怀和社会责任感。通过强化财经纪律教育,帮助学生牢固树立法治意识、廉洁意识和集体意识,培养品行端正、爱岗敬业和富有团结精神的高素质专业人才。

2. 熟悉中国国情,具备良好的专业素养

本课程的讲授重点是国有资产作为全民性资产在国家建设与发展、人民安居乐业中的主导地位及引领作用。通过加入大量我国国有资产管理的改革实践和制度创新,融入和体现中国经验。通过丰富多样的教学形式,使学生具备良好的专业素养,掌握较为系统的国有资产管理的专业知识,了解我国各类国有资产管理的历史与现状,重点掌握经营性国有资产投资、经营、收益等管理制度、改革动态和发展方向。

3. 富有科学精神,具备良好的研究能力

本课程在介绍国有资产管理与财政学关系基础上,让学生理解国有资产管理作为财政学科的专业课程的学科地位,注重培养学生的科学精神和创新意识,将专业知识传授与研究能力培养相结合,帮助学生了解学术研究的基本规范,夯实研究基础,并运用所学的相关学科知识及研究方法,开展与课程相关的学术问题探讨,养成良好是思维方式和研究能力。

4. 关心现实问题,具备良好的应用能力

本课程注重理论与实践相结合,鼓励学生通过资料收集、课堂讨论、实习实训、社会调研等方式,了解国有经济改革发展的动向及亟待解决的新问题,结合所学专业知识进行研讨,强化实践能力,为从事国有资产管理相关实务工作奠定良好基础。

(三)教学方法

本课程综合运用重点讲授、专题讨论、案例分析、调查研究、分组实训、情景教学、反转课堂等多种教学方法和手段,营造课堂教学氛围,激发学生学习热情,引导学生深入思考,养成良好学习习惯,具备终身学习能力。

# 三、课程各章节思政教学内容设计

### 第一章 国有资产管理概论

**专业教学目标**

国有资产是在法律上由国家代表全民拥有所有权的各类资产,是属于国有所有的一切财产和财产权利的总称。新中国成立后,经过社会主义改造、大规模的社会主义建设和国家财政多年的投资积累,我国形成了巨大的国有资产存量,构成我国国民经济主体,掌握国民经济命脉,在社会经济发展中发挥着不可替代的作用。通过了解国有资产的形成和发展过程,重点把握国有资产的基本功能,认识国有资产在经济和社会发展中的主要作用,掌握国有经济战略布局的领域与重点。

【知识目标】

1. 理解国有资产的基本内涵,了解我国国有资产的历史发展过程、形成的基本途径和主要分类。
2. 理解国有资产的基本功能,认识国有资产在市场经济发展中的作用,掌握国有经济的战略布局与重点。
3. 掌握国有资产管理的基本特征和主要内容。

【能力目标】

1. 培养学生对基本理论知识的学习及应用能力,运用所学理论分析现实问题。
2. 培养学生具有独立的思维能力,正确分析和看待市场经济条件下国有资产存在的必要性和现实意义。

**课程思政教学目标及实践**

【育人目标】

1. 政治认同 通过讲述我国国有经济建立、发展的历史过程、国有经济改革所面临的艰巨任务及所取得的巨大成就,传递坚持马克思主义指导思想、坚定中国共产党的领导、坚持中国特色社会主义制度的重要性,增强学生的政治认同。

2. 制度自信 通过对国有资产基本的功能及国有经济在我国市场经济发展中所具有的控制、引导、带动作用的讲述,增强学生对坚持以公有制为主体、国有经济为主导的社会主义基本经济制度的高度自信。

3. 人民至上思想 通过对国有资产管理所要实现的经济和社会双重目标的讲授,使学生充分认识国有资产在经济发展、社会进步、生活富裕、环境改善等方面着重实现社会利益的公有性质,增强人民至上思想理念。

4. 法治意识 宪法规定由国家代表全民行使对国有资产的所有权,各级各类国有资产依法形成,依法管理和使用,禁止任何单位和个人非法侵占、挪用、截留、私分。通过学习,强化学生法律意识,遵纪守法,做守法公民。

5. 大国使命与担当 国有企业在我国经济发展、社会秩序稳定、人民生活改善、参与国际竞争中所发挥的重要作用,尤其是危难时期、关键时刻,国有企业率先挺身而出,彰显大国重器与责任担当。这些信息的传递,可以激励学生社会责任感和勇于担当的爱国情怀。

【教学方式与方法】

1. 启发讲授。通过国有资产与一般资产的比较、通过外资进入公用事业领域利弊的案例分析、通过大量国有企业承担社会责任的例证,引导学生正确认识国有资产的公有性质,全面理解国有经济主导国民经济的深刻内涵,充分体现国有企业的大国使命与担当。

2. 主题讨论。对"国有经济是否应退出竞争性领域"展开辩论,引导学生正确理解十七大报告里提出的"深化垄断行业改革,引入竞争机制,加强政府监管和社会监督"的改革思路,认识国有经济"进而有为、退而有序"的改革方略,体现改革的创新精神,增强社会主义制度自信。

3. 情景教学。播放经济信息联播:全国国有企业改革座谈会。习近平:理直气壮做强做优做大国有企业。明确国有企业改革发展方向,增强国有企业活力、影响力和抗风险能力,实现国有资产保值增值。http://tv.cctv.com/2016/07/04.

4. 课后作业。查阅2002—2022年世界企业500强中国企业入围名单、排名、国有及国有控股企业数量、所占比例及变化情况,了解国有企业竞争力,体现国有企业的引领作用。

5. 课后观影。推荐课后观看故事片《血,总是热的》,了解在经济体制改革背景下国有企业如何转变观念,在市场竞争中求得生存和发展,教育引导学生充分认识国有企业改革的必要性、艰巨性和发展趋势,传递创新理念和探索精神。

**【课程思政教学实例】**
**案例材料:危难时期、关键时刻,国企彰显责任担当**
**(1)案例简介**
2020年新冠肺炎疫情发生,非常时期,重点医疗物资紧缺,一批中央企业从零开始,以战时模式,紧急转产扩产熔喷布、防护服、医用外科口罩、医用护目镜等防疫用品,听党指挥、闻令而动、不讲条件、不计代价,短时间内创造了中国效率、央企速度,关键时刻挺身而出,做出表率,彰显责任担当。中国石油上海石化股份公司不到12天,快速转产熔喷布专用料,日产6吨;中煤集团蒙大化工公司,不到1天,快速转产医用防护服和口罩原料,日产1030吨;国机集团恒天嘉华,不到3天,快速转产医用平面外科口罩,日产110万只;兵器装备集团湖南云箭,不到7天,快速转产3D打印医用护目镜,日产2000套;中国航天科工二〇六所,不到7天,快速转产航天卫士空气净化凝胶,日产5000瓶⋯⋯

资料来源:中国经济网,央企硬核跨界:人民需要什么,就转产什么.2020-2-27.https://baijiahao.baidu.com/s? id.

**(2)案例的思政元素**
①制度自信。以国有经济为主导的社会主义基本经济制度的优越性。
②人民至上思想。中央企业以社会共同利益为首要责任,人民利益至上。
③大国使命与担当。危难时期、关键时刻,国有企业发挥"顶梁柱"作用,彰显大国重器与责任担当。

**(3)教学手段**
①知识讲授:国有资产的基本功能,实证分析我国市场经济发展中国有经济的作用体现。
②案例引入:图片展现中央企业在新冠肺炎疫情发生的关键时刻,挺身而出,发挥"顶梁柱"作用,以社会利益为首任,体现责任担当、人民至上思想,坚定制度自信。
③讨论问题:新冠肺炎疫情发生以来我国社会制度优越性的具体体现。
④讨论结果老师总结。

## 第二章 国有资产管理体制

**专业教学目标**

国有资产管理体制是国民经济管理体制的有机组成部分,是国民经济管理过程中产权关系的具体表现形式,建立和发展适应市场经济发展的国有资产管理体制,是我国经济体制改革的重要内容。通过了解国有资产管理体制变革的历史过程,理解国有资产管理体制改革的基本思路和原则,把握现行国有资产管理体制的基本框架。

**【知识目标】**
1. 理解国有资产管理体制的基本内涵,了解我国国有资产管理体制变革的历史过程。
2. 理解国有资产管理体制改革的基本思路,认识我国国有资产管理体制改革的基本原则,掌握现行国有资产管理体制的基本框架。
3. 明确中央与地方国有资产管理权限的划分,掌握国有资产管理部门的职责和监管的内容。

**【能力目标】**
1. 培养学生运用所学理论,分析、解决现实问题的应用能力。
2. 培养学生具有独立的思考能力,正确分析和看待我国国有资产管理体制改革的基本思路和现实意义。

**课程思政教学目标及实践**

【育人目标】

1. 制度自信　通过对国有资产管理体制改革的基本思路和新型体制基本框架的讲述,使学生充分认识"国有资产国家统一所有"的改革前提和"中央政府和地方政府分别代表国家行使出资权"的改革思路是市场经济条件下我国国有资产体制改革的必然选择,既符合经济发展基本规律,又符合中国国情,引导学生坚定制度自信。

2. 法治意识　国有资产管理体制改革的基本思路遵守宪法中"由国家代表全民行使对国有资产的所有权"的规定,"地方政府代表国家行使出资权"并不意味着国有资产所有权的分割,强调国有资产所有权的统一性和不可分割性;按照《企业国有资产监管条例》的规定范围,中央政府和地方政府分别行使国有资产出资权,强化学生的法律意识和法治观念。

3. 创新精神　通过对国有资产管理体制变革过程的讲述,传递了锐意改革、创新进取的理念。新型国有资产管理体制在理论表述、机构设置、监管职责、资产配置和运营体系方面的改革,体现了坚持不懈、勇于探索的创新精神。

【教学方式与方法】

1. 启发教学。重点讲授国有资产管理体制改革的思路和框架,课堂提问"新型国有资产管理体制的创新之处",通过比较分析,引导学生对国有资产管理体制改革的进一步认识,充分体现国有资产管理体制改革中的创新理念和创新精神。

2. 主题讨论。对"中央政府和地方政府分别代表国家行使国有资产出资权"的认识和理解,分级行使国有资产出资权是否意味国有资产"分级所有"？通过讨论明确国有资产所有权的统一性和不可分割性的深刻内涵,强化法治观念,树立法律意识,增强社会主义制度自信。

【课程思政教学实例】

**案例材料:国有文化企业的市场引领:上海文广集团的资产重组**

(1)案例简介

2014年3月,原上海文化广播影视集团与上海广播电视台、上海东方传媒集团有限公司全面整合,正式组建上海文广集团。重组后,上海文广集团不仅实现了业务范围的拓展、产业链架构的完善,同时通过进一步的组织结构调整、业务流程再造、资产整合等方式,促使集团的整体经营效益与效率提高,成为中国文化传媒行业中业务布局最完整、市场价值最大的文化传媒集团。其旗下拥有12个广播频率、15个电视频道、15个数字电视付费频道、8种报纸杂志和一批知名文艺院团、演艺场馆与东方明珠广播电视塔、上海国际会议中心、上海东方绿舟等城市文化地标。

随着其旗下的百视通和东方明珠两家上市公司的整合以及相关资产注入,一个千亿市值的互联网新媒体龙头企业已面世,很好地契合了中央对打造新型主流媒体和新型媒体集团的定位。两个上市公司实施资产重组,旨在构建互联网媒体生态系统,力争成为中国最具创新活力和国际影响力的广电媒体和综合文化产业集团。通过利用统一的产业平台和资本平台,进一步增强广播电视作为主流媒体的传播力、公信力和影响力,在保持国有资本控制力和坚持正确导向的前提下,加快企业发展,对提升国有文化企业的市场地位和影响力起示范引领作用。

资料来源:黄炜.国有资产经营与管理案例及专题分析[M].郑州:郑州大学出版社,2017:03.

(2)案例的思政元素

①制度自信。为推进国有资本在股权重组、投资管理、公司治理等方面的市场化进程,上海文广集团加快企业整体上市、核心业务资产上市或引进战略投资者,构建新型国有资本营运体系,充分体现国有经济的活力、控制力和影响力,提升国有文化企业的市场地位和引领作用。

②创新精神。为了与建设社会主义现代化国际大都市的地位相适应,上海文广集团不断突破传统体制束缚,锐意改革、创新进取,利用资本平台实现资产重组。

(3)教学手段

①知识讲授:国有资产管理体制改革的基本思路和框架。

②引入案例:通过资产重组,构建新型国有资产营运体系,体现创新精神,发挥国有文化企业的市场引领作用。

③讨论问题:文化市场的多元化发展,国有文化企业应如何把握引领方向?
④讨论结果学生互评,老师点评总结。

## 第三章 国有资产产权管理

**专业教学目标**

产权管理是国有资产管理的基础。改革产权制度、明晰产权关系、确立国家作为国有资产投资者的所有者权益和企业法人财产权,是现代企业制度创新的核心内容。通过国有资产产权界定、产权登记、产权转让等基础知识学习,明确维护国有资产所有权和法人财产权、防止国有资产流失的途径和重要意义。

**【知识目标】**

1. 理解产权的基本内涵、产权的特征和功能、了解现实中国有资产产权的表现形式。
2. 明确国有资产产权界定的基本原则,掌握国有资产产权界定的依据、途径和方法,掌握各类企业国有资产产权界定的具体内容。
3. 明确国有资产产权登记的依据、范围、类型,掌握国有资产产权登记的内容和程序。
4. 明确国有资产产权转让的原则和方式,了解产权转让市场的职能,掌握国有资产产权转让的基本程序。

**【能力目标】**

1. 培养学生具有自主学习、勤于思考、分析判断能力。
2. 培养学生具有独立思考、辩证思维、明智决策的实践能力,运用所学理论解决现实问题。

**课程思政教学目标及实践**

**【育人目标】**

1. 人民至上思想 通过对国有资产产权界定、产权登记、产权转让的基本原则与方法的讲述,传递维护国有资产所有者权益理念,体现国家利益至上、人民利益至上思想。
2. 法治意识 国有资产的产权界定的依据、产权登记的办法、产权转让的方式都必须按照《企业国有资产法》《企业国有资产法产权登记管理办法》(国务院192号令)、《企业国有资产交易监督管理办法》(国资委、财政部32号令)等法规文件进行,强化学生的法律意识和法治观念。
3. 创新精神 通过对国有资产产权转让方式的实例分析,传递坚持不懈、勇于探索、开拓进取的理念,体现创新精神。
4. 公共意识 国有资产作为公共资源依法有序处置,使国有资产在流动中实现保值增值,防止国有资产流失,强化公共理念,树立公共意识。

**【教学方式与方法】**

1. 启发讲授。从"联想到底是谁创办的?"产权归属案例入手,分析"谁投资谁拥有产权"这一产权界定基本原则的内涵,引导学生认识国有资产产权界定对于维护国有资产所有者的合法权益、保护国有资产不受侵害、防止国有资产流失的重要意义。
2. 课堂练习。企业国有资产所有权界定实例练习,明确产权界定的途径和方法,强化实践能力。
3. 实证分析。以短片和图片展示引入奥运资产产权转让案例,明确国有资产产权转让应遵守的基本原则和现实意义,强化学生树立法治意识。
4. 课后观影。课后观看纪录片《绝境求生》,了解政府如何运用法治、市场和社会共治力量,使国有企业通过托管经营、破产重整和并购重组等方式实现转型,教育引导学生充分认识国有经济改革发展的曲折性、艰巨性、重要性和发展方向,传递科学发展理念和探索创新精神,观影体会通过"学习通"学习平台上传、分享。

**【课程思政教学实例】**

**案例材料:阳光下的精彩—奥运缶进场公开竞价交易**

(1)案例简介

2008年8月8日晚8时整,举世瞩目的第29届奥运会在北京国家体育场隆重举行,2008名身披灰色长袍的演员"击缶而歌",舞台上2008尊依照青铜冰鉴缶仿制而成的"奥运缶"大放异彩,受到海内外各界的广泛关注。

奥运会结束后,为传承奥运精神,保存奥运文化遗产,同时也尽可能最大化地收回投资,北京奥组委决定将奥运资产拿到中国产权市场进行交易,并选择北京产权交易所作为处置平台。奥运缶作为北京奥运会开幕式的重要道具,既具有聚焦社会关注的强大效应,又作为"三公资产",对公共资源的处置具有示范效应。

2009年3月8日,1000个"奥运缶"在北京产权交易所进行拍卖。经过8.5小时数千轮激烈竞价,全部53个标的共1000个缶以总价5244.7万元被52个买家竞得,成交均价高达5.24万元,该次拍卖可谓"百年一拍"。

2009年3月15—16日,来自全国各地500多家竞买者通过"金马甲"网络竞价系统,竞买90个奥运缶。本次奥运缶网络竞价不仅开创了中国拍卖市场创新竞价模式的先河,也是中国产权市场启用大规模网络竞价的第一次,创造了并行竞价场次最多(同时开启90场)、参与人数最多(500多人)、涉及地域最广(全国29个省区市)、竞价时间最长(26个小时)等多项纪录,最高单缶成交价28.8万元,成交均价14.26万元。

资料来源:国务院国资委产权管理局.企业国有产权管理经典案例[M].北京:中信出版社,2013:31

**(2)案例的思政元素**

①制度自信、国情教育。我国取得奥运会主办权,彰显国力强盛,国泰民安;发扬奥运精神,顽强拼搏,为国争光,激发爱国热情;奥运缶既代表了奥运赋予的特殊意义,又代表了中国文化的博大精深,展现中华优秀传统文化和社会主义先进文化的传承与弘扬。

②创新精神。奥运资产网络竞价方式开创中国拍卖市场创新竞价模式的先河,也是中国产权市场首次启用大规模网络竞价。

③公共意识。奥运资产作为公共资源有序处置,国有资产在流动中实现保值增值。

④法治意识。国有资产产权交易必须依法进场进行,公开透明,公平公正,实现阳光交易。

**(3)教学手段**

①知识讲授:国有资产产权转让的原则、方式及程序,产权市场的职能。

②引入案例:以短片展示奥运会开幕式"击缶而歌"宏大场景,图片展示奥运缶式样,彰显国力强盛,体现中华优秀传统文化的传承与弘扬,发扬奥运精神。

③要点提示:产权交易方式、规则及效果,传递法治意识,体现创新精神,强化公共理念,树立公共意识。

④讨论问题:如何防止产权转让过程中的国有资产流失?

## 第四章 国有资产投资管理

**专业教学目标**

国有资产投资是国有资产运动的起始环节,是全社会投资的重要组成部分,在国民经济和社会发展中具有举足轻重作用。通过了解国有资产投资的内涵和作用,明确国有资产投资的资金来源、投资方向、投资规模调控、投资结构优化和投资效益提高的途径与方法,掌握国有资产投资管理的内容。

【知识目标】

1. 理解国有资产投资的内涵、投资主体和投资作用。
2. 明确国有资产投资的资金来源和投资方向。
3. 掌握国有资产投资规模调控、投资结构优化、投资效益提高的途径和方法。

【能力目标】

1. 培养学生获取、收集及分析信息的能力,结合国有资产投资管理方面的理论与实践,将所学理论灵活应用于社会实践和具体案例。
2. 培养学生研究公共问题的能力,尤其是管理公共之财的能力,培养学生具有强烈的家国情怀和社会责任感,具有求同存异、兼容并包的品行。

**课程思政教学目标及实践**

**【育人目标】**

1. 国情教育　利用见习、实习、社会实践等教学环节,引导学生"行万里路,读万卷书",对我国经济社会发展状况及问题增加感性认识,以经营性国有资产为依托,对我国国有资产投资管理制度变迁与运行、实践发展与理论进行深入具体地了解和理解。

2. 法治意识　由于公共理财、公共管理与服务的专业指向性,要求我们在国有资产投资管理相关法律法规以及行政法方面强化法律教育,特别是注重强化行使公权力的教育,使学生不仅了解多元监督的内容与程序,而且树立服从监督、依法行政、严谨工作的意识。

3. 大国使命与担当　国有资产投资方向主要集中于关系国家安全、关系国计民生、重要基础设施和重要资源的领域,发挥国有经济的控制力、引导力和带动力,体现大国使命与担当。

**【教学方式与方法】**

1. 教学留白。课堂通过基础专业知识点的讲授,使学生掌握知识脉络与主体框架结构的前提下,辅以课后文献资料阅读讨论,通过启发式教学引导其独立思考,完成阅读笔记或思维导图。

2. 小组讨论。分小组对国有资产投资的主体、资金来源和投资方向进行讨论,并结合实例分析,加深对国有资产投资规模和投资结构优化的原则、标准和途径的理解。

**【课程思政教学实例】**

**案例材料:关系国家水资源安全领域的国有资产投资**

(1) 案例简介

中国南水北调集团有限公司于2020年10月23日在北京正式成立,是经国务院批准,根据《中华人民共和国公司法》设立,由中央直接管理的国有独资有限公司。公司注册资本暂定为1500亿元人民币,是关系国家水资源安全和国民经济命脉的大型国有重点骨干企业,由国务院100%控股。

公司于2020年9月在市场监管部门完成企业工商登记。法定代表人为国务院南水北调办副主任、水利部副部长蒋旭光。2020年以前由水利部代表国务院管理,此后转归国务院国资委管理。

公司经营范围包含:调水工程开发建设与运营、水生态保护、水污染治理、水的生产和供应、项目投资、电力生产等。

2021年3月8日,三峡集团与中国南水北调集团签署战略合作框架协议。双方表示,以此次签约为新开端,加强沟通协作,在水资源优化配置和水安全保障、共抓长江大保护、南水北调工程建设、清洁能源开发等领域开展全方位深度合作。

2022年4月13日,中交集团与中国南水北调集团在中交大厦举行战略合作框架协议签约仪式。根据协议,双方将在重大工程建设、生态环境治理和科技创新发展等方面开展全方位战略合作。

资料来源:光明网.新央企:中国南水北调集团有限公司成立.2020-10-23.https://m.gmw.cn/baijia/.

(2) 案例的思政元素

①制度自信。国有经济实现社会效益、生态效益、经济效益的经营目标的统一性。

②人民至上思想。国有经济以国计民生为首要责任,人民利益至上。

③大国使命与担当。关系国家水资源安全和国民经济命脉的行业与部门由国务院控股,彰显国之重器,体现国有经济的控制力和引领担当。

(3) 教学手段

①知识讲授:国有资产投资的资金来源和投资方向,强调国有经济控制的领域,尤其是在关系国家安全、国计民生、重要资源和重要基础设施领域的主导地位。

②案例引入:展示南水北调工程的宏大和重要意义。

③学生讨论:外资进入供水领域利弊分析。

## 第五章　国有资产经营管理

**专业教学目标**

国有资产经营是国有资产增值的必要环节,提高国有资产经营效益,是经营性国有资产管理的核心内容。通过了解国有资产经营的内涵和目标,掌握国有资产经营的原则,熟悉我国现阶段国有资产股份制经营、独资经营、授权经营、承包经营、租赁经营等经营方式的基本内容。

【知识目标】

1. 理解国有资产经营的内涵、目标和原则。
2. 掌握各类国有资产经营方式的特点。
3. 掌握股份公司国有股权管理及企业集团国有资产授权经营的主要内容。

【能力目标】

1. 通过案例导入,将国有资产经营的实践发展补充到思维训练的学习过程,结合成功与失败的经验综合论证经营性国有资产的管理制度、运行体系的改革成效,培养学生的思辨能力,拓展思维,理性思考,提高学生思维能力和分析判断能力。

2. 开阔视野,增长见识,培养学生科学研究和实践应用能力,正确分析在市场经济条件下国有资产经营制度改革的必要性和现实意义。

**课程思政教学目标及实践**

【育人目标】

1. 科学精神  通过对经营性国有资产的管理制度、运行体系等实践发展的了解,总结成功经验、汲取失败教训,引导学生能够正视现实,运用科学的思维方式认识事物、分析问题,培养学生理性思维、严谨求真的科学精神。

2. 制度自信  国有资产多样化的经营方式和多层次的营运体系,是随着我国经济体制改革的推进不断探索取得的成果,是为了在新的经济形势下充分发挥国有经济的主导作用、更加有效地对经营性国有资产运动进行筹划、决策的创新实践,体现改革发展的创新精神,坚定制度自信。

3. 创新精神  国有资产经营要适应经济体制改革的需要,不断探索新的运营体系和经营方式,市场经济条件下,多层次的运营体系、多样化的经营方式,需要政府不断创新管理手段,可以培养学生的创新意识,强化创新能力。

【教学方式与方法】

1. 翻转课堂。通过线上教学平台及资料链接,将国有资产经营的目标、原则和经营方式等内容分解为任务点,用于学生的课前预习与重难点突出。通过后台"学情数据"统计反馈,提前了解学生理解的薄弱环节,在翻转课堂阶段,通过"头脑风暴"等线上讨论、答疑模式进行重点讲解,培养学生创新思维能力。

2. 小组讨论。分小组对国有资产股份制经营的目的、范围进行讨论,理解其作为现代企业组织形式是我国企业改革的必然选择,明确国企改革发展方向,体现改革发展的科学精神和创新精神。

3. 案例分析。通过美菱集团公司投资、兼并、收购等多种扩张形式发展企业集团的实例分析,加深对企业集团授权经营的方式、目的与现实意义的认识,引导学生认识到国有资产经营方式和营运体系的改革对于促进税利增长、实现就业所具有的现实意义,坚定制度自信。

【课程思政教学实例】

**案例材料:国有资产经营:华润的国有资本投资公司之路**

(1)案例简介

2022年6月21日,经国务院国资委对国有资本投资公司试点改革情况的全面评估,华润集团因功能定位准确、资本运作能力突出、布局结构调整成效显著,正式转为国有资本投资公司。

华润前身是1938年中国共产党为抗日战争在香港建立的地下交通站"联和行"。1948年联和进出口公司改组更名为华润公司。1983年,华润将所管理的下属机构经重组转为以股权为纽带的公司,在此基础上成立了华润(集团)有限公司。

2014年7月以来,国务院国资委先后在中央企业层面确定了19家国有资本投资公司试点企业,华润集团于2018年底获批成为试点企业。此后,华润集团按照国务院国资委的要求,积极探索国有资本投资公司发展模式,以"国企改革三年行动计划"为抓手,推进落实各项改革工作。在向"管资本"转变的过程中,华润集团秉承"集团多元化、利润中心专业化"的发展理念,不断强化多元化管控优势,以市场为导向,大力推动创新,促进各项业务转型升级、高质量发展,保障国有资本保值增值。集团在大消费、大健康、城市建设与运营、综合能源、科技与新兴板块均已实现优质资产上市,资产证券化率达88%,2021年底总市值近 11,000 亿港元。

资料来源：新浪财经网.华润集团正式转为国有资本投资公司.2022－6－21.https://finance.sina.com.cn/.

**(2)案例的思政元素**

①政治认同。不管是作为交通站的"联和行"，还是逐步发展壮大的华润集团有限公司、华润投资公司，华润始终坚持党的领导。

②制度自信。华润集团前身是1938年中国共产党为抗日战争在香港建立的地下交通站"联和行"，具有红色基因。

③大国使命与担当。华润集团由抗日战争时期的交通站，发展为抗日提供物资的贸易行，改革开放后转为经营实业，以国家利益、民族利益作为责任担当。

④创新精神。业务拓广、产业升级、公司架构调整，质量效益提高，不断探索、勇于开拓。

**(3)教学手段**

①知识讲授：国有资产经营方式，强调涉及国家安全、国防、高科技及特殊行业和产品，保持国有独资经营的必要性和现实意义，体现制度自信。

②观看视频：烽火争先抗战前线，创新领路中国经济，央企华润的83年风雨路。(https://www.bilibili.com.体现华润的红色使命和改革创新精神。

③讨论问题：红色华润之路为国企发展提供的借鉴。

## 第六章　国有资产收益管理

**专业教学目标**

国有资产收益是国有资产的经营成果，是国有资产所有权在经济上的实现，是财政收入的主要来源。合理分配和及时收缴国有资产收益，对于确保所有者和经营者权益、实现国有资产保值增值具有特别重要的意义。通过了解国有资产收益的内涵、分类及国有资产收益管理制度的历史沿革，明确国有资产收益的性质，掌握国有资产收益分配的原则、制度和收缴管理的内容，理解国有资本经营预算的依据，掌握国有资本经营预算制度的意义和框架。

**【知识目标】**

1. 理解国有资产收益的内涵、性质、分类和历史沿革。
2. 明确现行体制下国有资产收益分配的原则和制度。
3. 掌握国有资产收益收缴管理的内容。
4. 掌握国有资本经营预算的内涵、理论依据和基本框架。

**【能力目标】**

1. 通过比较税收收入与国有资产经营收益在性质上的区别，培养学生思考问题、分析问题的能力。
2. 通过国有资产收益管理理论与实践方面的学习，培养学生掌握专业基本知识同时，提升学生科学研究和实践应用能力。

**课程思政教学目标及实践**

**【育人目标】**

1. 制度自信　国有资产收益分配制度适应我国经济体制改革的需要，从计划经济条件的"统收统支"，到市场经济条件下的"税利分流"，经过了历次变革；国有资本经营预算制度的实行以及与一般公共预算的统筹发展，充分展现出立足国情、锐意进取、深化改革的创新精神，坚定制度自信。

2. 人民至上思想　国有资产收益的收缴是为了更好地满足公民需要，进而提供公共服务，体现了我国以人为本的发展核心和全心全意为人民服务的根本宗旨。

3. 法治意识　通过对国有资产收益分配和收缴的监督管理制度的介绍，让学生意识到业务有业务规范和行业规范，法治社会下要守好纪律、守好红线，尊重规则、尊重权利，尊重法律，追求公正。

**【教学方式与方法】**

1. 教学启发。通过问题情境的创设，使学生明确现行体制下国有资产收益的范围、分配制度与收缴管理办法及国有资本经营预算的主要内容，激发学生探索欲望，主动寻求解决问题的方法和途径。要求学生以最优化解决问题和提高能力为目标,经过自己不断思考、尝试、探索与评价,激起创造潜能,培养科学素质,正确认识国有资产收益在财政收入中的地位,培育学生坚定制度自信,激发爱国情怀。

2. 实例教学。结合国有资产收益收缴的实务操作与案例分析,加强理论联系现实问题的实证解构,提高学生的综合运用及分析能力,注重培养学生的专业技能与科研素养养成,传递、继承与发扬创新思维理念,培养学生的创新精神。

3. 课后实训。分小组调查我国现实中国有资产流失的现象和渠道,调查结果以PPT方式汇报,集中点评,传递国家利益神圣不可侵犯、人民利益至上思想理念,树立公共意识,强化法治观念,激发爱国热情。

**【课程思政教学实例】**

**案例材料:一份检察建议,追回千万国有资产**

(1)案例简介

2004年12月,某房地产公司拍得位于张家港市区的一地块开发权,在开工建设中,该公司违规对容积率进行修改,将部分楼盘的底层架空层封闭并出售,悄悄提高了容积率。因为这个建筑项目已交付多年,土地房产全部分配到户,架空层的封闭部分,已不可能进行拆除。

2016年7月,张家港市规划局依法对该公司进行处罚,没收违法收入并处罚款共计2000余万元。当事企业为其违法行为付出了代价,事情看似已告一段落。但在履职过程中,检察官发现了一个细节,架空层封闭导致容积率提高,不只是违反了规划建设方面的行政法规,也违反了土地出让合同。这一行为使这家公司少缴了国有土地出让金,国土资源部门应该要求其补缴。

2017年4月,张家港市检察院向国土资源部门发出了一份公益诉讼检察建议,建议国土资源部门向该公司征收应补缴的国有土地出让金,建议得到采纳。但该房地产公司认为已经接受了规划部门的行政处罚,不应该再被国土资源局处罚。经过一审和二审诉讼,苏州市中级人民法院支持了张家港市国土资源局的诉讼主张,依法判决该公司补缴多出来的土地出让金共计1036.5万元。前后历时15个月,上千万元的国有资产最终通过法律途径得以追回。

资料来源:赵晨民. 张家港市检察院建议,追回千万国有资产. 苏州日报[N]. 2018-10-15(3).

(2)案例的思政元素

①人民至上思想。国有土地出让金是国有资产经营收益,属于国家所有,依法追回补缴,保护所有者合法权益,维护公众利益,防止国有资产流失。

②法治意识。法律规定属于国家所有的土地资源,依法开发和使用,土地使用权出让收入依法上缴,强化法治意识,遵守法律,敬畏法律,违法势必付出代价。

(3)教学手段

①知识讲授:国有资产收益分配制度和收缴管理的内容,强调国有资产收益的及时、足额上缴。

②观看视频:"一份检察建议,追回千万国有资产"。https://tv.sohu.com/v/.

③讨论问题:国有土地出让金属于国有资产收益的依据。

## 第七章 非经营性国有资产管理

**专业教学目标**

非经营性国有资产是国有资产的重要组成部分,它对于国家政权建设、文化教育发展、科技进步以及各项社会事业发展具有不可替代的作用。通过了解非经营性国有资产的内涵、特征及管理原则,掌握我国现行国有资产管理体制下行政单位和事业单位国有资产管理的内容,明确非经营性国有资产转经营性国有资产的方式和原则。

**【知识目标】**

1. 理解非经营性国有资产的内涵、特点和作用。
2. 掌握行政单位和事业单位国有资产管理的目标、原则和内容。
3. 掌握非经营性国有资产转经营性国有资产的方式和原则。

**【能力目标】**

1. 加强学生对不同类型非经营性国有资产特点及管理原则的了解,培养学生注重实证研究思维,能够运用科学的思维方式解决实际问题、明智决策,尊重事实和证据,培养实证科学精神。

2. 培养学生具有独立思考能力和思辨能力,能够灵活掌握非经营性国有资产转经营性国有资产的运行与实践经验,加强实践性、发展性、人文性的素质培养。

3. 通过小组讨论非经营性国有资产转经营性国有资产的方式和原则及在管理过程中应重视的问题,培养学生具备良好的团结协作能力与决策能力,适应我国社会、经济发展需求,成为具备较高人文素养的应用型专业人才。

**课程思政教学目标及实践**

【育人目标】

1. 科学精神　加强学生对非经营性国有资产的管理制度运行、实践发展的了解,培养学生能够运用科学的思维方式认识事物、解决问题、明智决策等,尊重事实和证据,有实证意识。

2. 公共意识　事业单位占有使用的国有资产,是社会公共事业发展的物质基础,在科研实践、社会实践过程中帮助学生建立"科学报国、创新强国、服务社会、造福人民"的意识。

3. 人民至上思想　行政单位使用的国有资产,是政权建设和为公众服务的物质基础,在注重强化行使公权力的教育基础上,帮助学生树立人民至上的观念。

【教学方式与方法】

1. 参与式课堂。通过营造安全平等的课堂环境,使学生明确非经营性国有资产的特征,掌握行政事业单位国有资产管理的有关内容,创建积极参与活动的氛围,引导学生独立思考、辩证分析,培养思辨能力,塑造严谨求真的科学精神。

2. 启发教学。通过比较经营性国有资产与非经营性国有资产的特点,明确行政事业单位国有资产对国家政权建设、文化教育发展、科技进步以及各项社会事业发展所具有不可替代的作用,树立公共意识。

3. 团队讨论。分小组研讨在非经营性国有资产转经营性国有资产管理过程中应重视的问题,培养团队意识,使学生在讨论中科学应对冲突,开阔视野,增长见识,培养学生的创新理念,养成多角化思维方式。

【课程思政教学实例】

案例材料:"产、学、研结合"的典范:方正集团的创新发展

(1)案例简介

方正集团是一家由北京大学于1986年投资创办的国有企业,以王选教授发明的汉字激光照排系统起家,由北京大学持股70%。

集团创建之初,在20世纪90年代先后占据国内出版系统及东南亚、北美地区80%的中文报业市场,并进军国际西文市场,产品出口美、英、法、德、意大利、波兰、加拿大等几十个国家和地区。同时,还将具有自主知识产权核心技术销售给国际著名厂商,通过其产品应用在世界各地。依托北京大学,方正拥有并创造对中国IT、医药产业发展至关重要的核心技术,已成为中国电子信息产业前五强的大型集团,业务领域涵盖IT、医疗医药、房地产、金融、大宗商品贸易等产业。作为国家首批6家技术创新试点企业之一,方正集团多次荣膺"国家技术创新示范企业"等荣誉称号。

方正集团与国内知名企业、政府拥有良好的合作关系,而开放、规范的资本平台更是吸引了诸如英特尔、欧姆龙、瑞士信贷、东亚银行等在内的众多国际资本注入。

2009年,方正集团占据中国校办产业盈利能力近70%的份额。2018年,方正集团在中国企业500强中排名第160名,2020中国品牌500强第251位。

方正集团是诠释中国政府"创新"理念,即"企业为主体、市场为导向、产学研结合"的典范企业之一,是我国利用高新技术改造传统行业的典范。

资料来源:①方正集团官网. http://www.founder.com/about/intro.html.
②北大方正集团有限公司. https://baike.baidu.com/item.

(2)案例的思政元素

①科学精神。方正集团由小到大,不断发展,是由两院院士、北京大学王选教授遵从科学精神发明的汉字激光照排系统发展起来的。

②创新精神。方正集团在汉字激光照排系统上不断创新,先后在中文、西文出版、报业系统使用,还将

具有自主知识产权核心技术销售给国际著名厂商,进而拥有并创造对中国IT、医疗医药产业发展至关重要的核心技术。

③公共意识。方正集团以王选教授发明的汉字激光照排系统发展起来,属于职务发明,由北京大学投资设立,其知识产权属于北京大学。

④国际视野。方正集团的汉字激光照排系统及其知识产权不仅在国内使用,而且占据西文报业市场,出口到欧美国家,其后进入资本市场也吸引到国际资本注入。

**(3)教学手段**

①课堂讲授:行政事业单位"非经营性资产转经营性资产"的方式、原则、管理目标、监管重点环节。

②布置作业:了解案例企业情况,引导学生独立思考。

③要点提示:王选教授的生平及其发明的重要意义,高等学校教书育人、科学研究、服务社会的使命,树立科学精神、远大理想、公共意识;方正集团不断创新、开拓进取,由小到大、由国内到海外的发展历程。

## 第八章 资源性国有资产管理

**专业教学目标**

资源性国有资产是国民经济和社会发展的重要物质要素,它对于经济发展、环境保护、人民生活水平提高发挥着重要作用。通过了解资源性国有资产的内涵和特点,掌握主要资源性国有资产管理的内容和法律法规,明确我国资源性国有资产管理体制改革的目标、原则和途径。

**【知识目标】**

1. 了解资源性国有资产的内涵、特点、分类和资源性国有资产的主要范围。
2. 掌握土地、矿产、水、森林、草原等主要资源性国有资产管理的内容和相应的法律法规。
3. 明确资源性国有资产管理的地位、作用及资源性国有资产管理体制改革的目标、原则和措施。

**【能力目标】**

1. 培养学生在掌握基础理论知识和关注学科前沿的基础上,结合资源性国有资产管理方面的理论与实践,将所学理论灵活应用于实务操作和具体案例。
2. 以"三位一体"的宗旨,在讲授资源性国有资产的内涵、特点、分类和管理体制改革的同时,加强能力教育和素质教育,培养学生的通识能力、专业基础能力和专业发展能力。

**课程思政教学目标及实践**

**【育人目标】**

1. 可持续发展　通过资源性资产的内涵、特点的讲述,理解资源性资产的稀缺性、可耗竭性和不可再生性,帮助学生树立节约资源、保护资源、合理利用资源,实现经济、社会、资源和环境保护协调发展的理念。

2. 公共意识　资源性资产具有公共性特征,不仅是社会经济发展的稀缺要素,更关乎人民生活的改善和生存环境的质量。通过基本理论讲述,让学生了解资源现状和生态环境保护的重要性,树立环保的公共意识。

3. 法治意识　宪法明确规定了我国境内自然资源的所有权,《土地管理法》《矿产资源法》《水法》《森林法》《草原法》等,都明确了资源产权、勘察、开发、利用、保护的相关规定,这些都是资源性资产管理法律依据,通过这些内容的讲述,帮助学生树立法治观念,强化法治意识,遵守法律规范,做守法公民。

**【教学方式与方法】**

1. 教学启发。通过数据资料、影像展示等方式,引导学生意识到我国目前资源环境的严峻态势和加强资源性国有资产管理的重要性,强化学生的责任感和使命担当,树立可持续发展理念。

2. 分组讨论。分小组研讨,引导学生探究问题,生生、师生互评解决问题,领悟其中资源资产价值理念,强化创新实践能力。

3. 案例分析。关于风能、太阳能资源的权益归属问题的案例讨论,启发学生对新开发公共资源的认识,树立创新发展理念,强化公共意识,保护公共资源,维护公共利益。

**【课程思政教学实例】**

**案例材料1:身价百万,地下乌木归属谁?**

**(1)案例简介**

2012年春节,四川省彭州市通济镇麻柳村农民吴高亮在自家承包地中,发现罕见巨大乌木。一个月后,吴高亮开始发掘,当地政府得知后出面阻止,表示这批乌木应归国家所有。

乌木又称阴沉木,是楠木、红椿、麻柳等树木因自然灾害埋入淤泥中,在缺氧、高压状态下,经长达成千上万年的碳化过程形成的。因树种的不同,市场价值又有不同,以楠木属的金丝楠木最为昂贵,可达八至十万元每立方,而年代越久,保存越完好,价格也越高。

经鉴定这批乌木树种为珍贵的楠木,价值数百万。

2012年7月3日,彭州市国资办召集文管、林业、司法、水务、国土等部门,正式给出结论:乌木归国家所有,给予发现者7万元奖励。

资料来源:雍兴中.身价暴涨,地下乌木变国有?[N].南方周末,2012-5-31(4).

**(2)案例的思政元素**

①法治意识。通过查阅相关法律规定,明确地下埋藏古文物资源归属的法律规范,培养学生树立法治观念和法治意识。

②公共意识。在我国土地公有条件下,地下埋藏多年古物属于公共资源,树立公共意识,保护公共资源,维护公共利益。

**(3)教学手段**

①反转课堂:通过学习平台发布案例材料、提出问题、引发思考;

 a. 地下乌木是否属于公共资源?其理由是什么?

 b. 查阅我国《民法典》《矿产资源法》《文物保护法》等相关法律条款,分析乌木属于国家的法律依据。

②学生分组、收集、汇总资料,推选小组代表课堂汇报,汇报结果学生互评、老师点评。

**案例材料2:稀有资源:黑土地的流失**

**(1)案例简介**

黑土地是一种性状好、肥力高、非常适合植物生长的土壤。分布于我国松辽流域的东北黑土地,是全球仅有的三大块黑土区之一,面积约102万平方公里,是我国重要的商品粮基地。

近年来,由于人类的不当措施使黑土地面临着日益严重的危机。一是长期搞单一的粮食生产、重农轻林、毁林开荒,在一些山区河谷、沟谷、坡地等水热自然条件较好的地区,林地被开垦为耕地。在一些光热资源符合农作物生产的地区,草地被大量开垦,致使林地、草地生态作用被大大削弱。再加上掠夺式经营,重开发轻保护,导致黑土地出现了严重的水土流失。二是长期大量不合理地施用化肥,使土壤变硬、板结、肥力下降。过去,这片黑油油的土地上覆盖着七八十厘米甚至一米厚的黑土层,而现在许多地方的黑土层仅剩二三十厘米。三是商业开发等也使很多耕地、森林受到破坏,面积也缩小得很快,还有一些耕地被购买后工程又迟迟未开工,处于荒废状态,随之而来的是粮食减产,自然灾害增加、人类生存受到威胁。

近年来,国家出台了相关法律法规,加大土地利用管控力度,严管建设占用耕地审批,严格划定和永久保护基本农田,严防集体土地流转非农化,强化耕地保护执法监管等。但是由于某些地方监管不到位,一些农田被荒废、破坏现象仍然存在。

资料来源:黄炜.国有资产经营与管理案例及专题分析[M].郑州:郑州大学出版社,2017:72.

**(2)案例的思政元素**

①可持续发展。保护耕地、合理利用土地资源,实现经济、社会、资源和环境的可持续协调发展。

②法治意识。完善法律法规建设,加强执法监管,保护土地资源,防止水土流失。

**(3)教学手段**

①知识讲授:国有土地、森林、草原、水资源等资产管理的内容和法律制度。

②引入案例:探求资源保护的基本思路和法律规范,培养学生树立可持续发展理念和法治意识。

③学生讨论:如何加强资源保护和监管。

## 第九章 国外国有资产管理

**专业教学目标**

当今世界各国,无论发达国家,还是发展中国家,都有数量不等、分布不同、功能各异的国有企业及国有资产。通过对国外国有资产管理情况的介绍,使学生明确国有资产是世界各国都普遍存在的一种资产,了解发达国家和发展中国家国有资产管理的特点,明确国外国有资产管理对我国国有资产管理可供借鉴的经验和启示。

**【知识目标】**

1. 了解国外国有企业的分布领域、组织形式及政府对国有企业监管的方式。
2. 了解发达国家和发展中国家国有资产管理的特点。
3. 明确国外国有资产管理对我国国有资产管理的借鉴和启示。

**【能力目标】**

1. 通过对发达国家和发展中国家国有资产管理的比较,可以拓展思维,理性思考,培养和提高学生思维能力和分析判断能力。
2. 通过提炼国外国有资产管理对我国可借鉴的经验和启示,可以开阔视野,增长见识,培养学生科学研究和实践应用能力。

**课程思政教学目标及实践**

**【育人目标】**

1. 国际视野 通过讲述国外国有资产管理及改革的内容,使学生了解国际经济发展的新成果、关注国际发展的新趋势,能够使开阔视野,增长见识,培养客观理性地分析判断和解决现实问题的能力,更好地服务社会。
2. 创新精神 通过比较分析发达国家和发展中国家国有资产管理特点,提炼对我国可借鉴的经验和启示,可以培养学生创新发展理念,养成多角化思维方式。
3. 国情教育 通过国外国有资产管理情况的了解,可以充分认识到目前我国在国有资产管理改革的许多方面已经走在前列,借鉴国外经验,可以更好促进我国改革的进程,可以激发学生的民族自豪感和责任感,培养献身祖国、建设祖国的爱国精神。

**【教学方式与方法】**

1. 启发教学。通过国外国有资产管理有关的问题提出,让引发学生思考,激发探求欲望,寻求解决问题的方法和途径,激起学生创造潜能,培养学生科学素质和创新精神。
2. 案例教学。通过对新加坡淡马锡控股公司运行模式的案例分析,提高学生综合分析和实践应用能力,提炼对我国可借鉴的经验,激发爱国情怀。
3. 课堂讨论。通过讨论我国国有经济与发达国家国有经济的区别,比较分析在不同经济制度下和经济发展不同阶段国有经济在分布领域与政府监管方式上的异同及对我国的借鉴,培养学生国际视野和家国情怀。

**【课程思政教学实例】**

**案例材料:新加坡国企的使命:淡马锡公司的建立和发展**

(1)案例简介

淡马锡控股公司(Temasek Holdings)是新加坡最大的国有控股公司,成立于1974年,财政部拥有100%的股权,其主要任务是掌握新加坡政府对企业的投资,负责经营新加坡开发银行等36家政府关联企业的股权。政府赋予它的宗旨是:"通过有效的监督和商业性战略投资来培育世界级公司,从而为新加坡的经济发展做出贡献。"

淡马锡公司掌控了包括新加坡电信、航空、星展银行、地铁、海皇航运、电力等几乎所有新加坡最重要、营业额最大的企业,几乎主宰了新加坡的经济命脉。因此,其经济模式被称作是"国家资本主义",即通过国家控制的私人企业来进行投资,主导以私营企业为主的资本市场。作为对政府投资的回报,公司税后利润的一半上交财政部。

淡马锡公司实行"政府—淡马锡—企业"的三级监管体制。政府控制国有资本,但不直接管理企业,企业按照市场机制自主经营。三层架构给企业空间、给政府控制力,同时在微观运作中尊重市场规律。

2018年,淡马锡控股公司的投资组合价值达3000亿新加坡元;2018年世界品牌500强榜单中,淡马锡排名第434;2019年胡润全球独角兽活跃投资机构百强榜中,淡马锡排名第23位。

淡马锡公司的运营和监管模式,成为国有资产市场化运作的典范。

资料来源:搜狐网.环球国企.新加坡淡马锡控股公司.2022-7-30. http://news.sohu.com/a/572904019_121124523.

(2)案例的思政元素

①国际视野。通过淡马锡公司的运作模式,了解国外国家国有企业的运行和政府对国有企业监管方式。

②科学精神。在国有经济的布局、国有企业经营管理上不断创新,寻找科学的管理方式。

③创新精神、国情教育。联系我国国有企业的改革,不断创新发展,借鉴其成功经验。

(3)教学手段

①知识讲授:发展中国家国有资产管理的情况及特点,强调新加坡在国有资产管理中取得的成就,为何被誉为"全球国有资产经营的神话"。

②引入案例,提出问题,课后查阅。

a. 20世纪70年代新加坡政府为什么要成立淡马锡公司?

b. 从"淡马锡模式"中我们能学到哪些经验,避免什么教训?

③反转课堂:汇集材料、集中讨论、学生互评,老师总结。

## 四、课程思政教学评价

### (一)对教师的评价

1. 文本评价

对包括课堂教学设计(教案)、材料与思想政治教育问题的开发(深度难度)、成果(学生作业或课堂纪录)、教学反思等在内的系统评价,凸显了对教学内在逻辑尤其是教学目标实现程度以及影响因素的关注。

2. 教学观察

对思想政治教育元素的融入方式与程度、师生互动、学生表现(兴趣激发与主体调动程度)、参与度、课堂教学管理(教师的评价与反馈等)、教学方法的适切性及创新性、教师的课程思政教学素养等进行评价,实现对教学过程动态而系统的关注。

3. 反馈评价

站位于学生的体验感和获得感角度,对课程思政教学进行评价。主要包括学生思想政治素养各维度发展(获得感)、思想政治教育元素设置的挑战度、对课堂教学中兴趣激发及主体性调动程度(体验度)、教师教学素养、教学材料与资源支持等。

### (二)对学生的评价

1. 过程性评价:(1)课前准备:笔记、资料收集、项目准备情况检查,关键要通过提问检查学生的参与度。(2)课中参与:观察与纪录学生参与回答问题、主题讨论、辩论发言、课堂提问,以及其他动环节的频度与质量。(3)课后作业:检查学生课后项目完、作业完成情况,特别注意学生所写文字的情感与态度色彩。(4)课外活动:纪录学生参与思政课程活动的表现,科学评价学生在学习过程中的积极性、主动性与互动性。

2. 形成性评价:作业、考试成绩等,对于思政教学,同时要采用面谈法及实践实训了解学生思想情况,检验学生对课程思政元素的领会及其对思政元素的掌握程度,进而总结经验与不足,提升课程思政的学习效果。

## 五、课程思政教学素材

| 序号 | 内　容 | 形式 |
| --- | --- | --- |
| 1 | 企业国有资产法、企业国有资产监督管理条例 | 政策法规 |
| 2 | 国企改革三年行动方案(2020—2022) | 阅读材料 |
| 3 | 从百年发展历程看国有企业的使命与担当 | 阅读材料 |
| 4. | 从中国企业500强及创新企业榜单看国企创新能力的提升 | 阅读材料 |
| 5 | 国务院关于2021年度国有资产管理情况的综合报告 | 研究报告 |
| 6 | 绝境求生 | 纪录片 |
| 7 | 国务院关于改革和完善国有资产管理体制的若干意见 | 政策文件 |
| 8 | 中共中央关于全面深化改革若干重大问题的决定 | 政策文件 |
| 9 | 血,总是热的 | 故事片 |
| 10 | 危难时期、关键时刻,国企彰显责任担当 | 案例分析 |
| 11 | 国有文化企业的市场引领:上海文广集团的资产重组 | 案例分析 |
| 12 | 阳光下的精彩——奥运缶进场公开竞价交易 | 案例分析 |
| 13 | 关系国家水资源安全领域国有资产投资 | 案例分析 |
| 14 | 国有资产经营:华润的国有资本投资公司之路 | 案例分析 |
| 15 | 一份检察建议,追回千万国有资产 | 材料分析 |
| 16 | "产、学、研相结合"的典范:方正集团的创新发展 | 案例分析 |
| 17 | 身价百万,地下乌木归属谁? | 案例分析 |
| 18 | 稀有资源:黑土地的流失 | 案例分析 |
| 19 | 新加坡国企的使命:淡马锡公司的建立和发展 | 案例分析 |

# 《政府会计》课程思政教学指南

周宝湘　胡克刚

（西安财经大学）

## 一、课程简介与课程目标

### (一)课程简介

《政府会计》是财政学、税收学等专业的必修课程，也是其他经济类专业的重要选修课程。本课程结合政府和行政事业单位的经济业务，以现行政府会计制度、具体准则为主要依据，系统地阐述我国现行政府会计的基本理论和核算方法。学生通过学习掌握政府会计管理与核算理论及其业务技能，为今后从事财会理论研究以及财务会计工作奠定良好的基础。

本课程坚持以马克思主义原理为指导，强调政府会计学理论体系的中国特色科学学科体系、学术体系、话语体系，帮助学生了解政府会计相关制度、流程、方法，引导学生深入社会实践，关注和思考政府会计的理论与实践问题，培育学生经世济民、诚信服务、德法兼修的财税职业素养。

### (二)课程目标

本课程为专业必修课程。通过本课程的学习，使学生能够达到以下目标：

1. 知识目标：本课程作为财政学、税收学专业的必修课程，立足我国政府会计管理的法律、法规框架，以现行政府会计制度、具体准则为主要依据，系统阐述政府会计基本理论、财政总预算会计、行政事业单位会计管理与核算等内容。通过学习，使学生了解政府会计的基本理论及相关制度、流程，掌握政府会计核算的基本技能。

2. 能力目标：本课程突出内容的实用性、可操作性、前瞻性，注重理论联系实际，培养学生良好的政府会计管理理念，具备较高的政府会计理论素养和技术能力，具有创新精神、创业意识和创新创业能力，为学生今后从事相关工作打下坚实的基础，并为其他课程的学习提供有益的帮助。

3. 育人目标：培养学生热爱祖国，遵纪守法，具有良好的道德品质和文明习惯，具备社会责任感和人文关怀意识；培养学生合作、研究、交流、统一的意识和良好的团队精神，塑造学生经世济民、诚信服务、德法兼修的财税职业素养，树立学生专业归属感和社会责任感，具备良好的职业操守和职业道德。

### (三)课程教材和资料

➢ 推荐教材

胡克刚．政府会计(第二版)[M]．上海：立信会计出版社，2022.8.

➢ 参考教材或推荐书籍

1. 王彦．王建英．政府会计(第2版)[M]．北京：中国人民大学出版社，2021.1.
2. 管亚梅．新编政府会计[M]．北京：人民邮电出版社，2020.1.

➢ 学术刊物与学习资源

国内外经济财税会计类各类期刊。

学校图书馆提供的各种数字资源，特别是"中国知网"，下载相关文献并加以阅读。

➢ 推荐网站

1. 财政部：http://www.mof.gov.cn.
2. 中国大学 MOOC：https://www.icourse163.org.
3. 智慧树在线教育：https://www.zhihuishu.com.
4. 超星慕课：http://mooc1.chaoxing.com.

## 二、课程思政教学总体设计

### (一)课程思政教学目标

本课程坚持以马克思列宁主义、毛泽东思想、邓小平理论、"三个代表"重要思想、科学发展观、习近平新时代中国特色社会主义思想为指导,坚持立德树人的根本任务,旨在培养践行社会主义核心价值观,有理想、有本领、有担当,具备良好的思想品德、专业素养、研究能力和应用能力的高素质财税及会计专业人才。

本课程思政教学的总体目标是:围绕全面提高人才培养质量这一核心点,为社会主义建设事业培养具有政府会计理论知识和会计核算能力的优秀接班人,不断丰富政府会计课程教学内容,努力提高政府会计课程教学水平和教学能力。

本课程思政的教学思路是:坚持"四个相统一",坚持知识传授与价值引导相统一,坚持显性教育与隐性教育相统一,坚持统筹协调与分类指导相统一,坚持总结传承和创新指导相统一。本课程思政教学的具体目标:

1. 政治认同

我国的政府会计是社会主义国家为民理财的手段,通过借助会计工具,对财政资金的筹集和分配过程进行确认、计量、纪录和报告,完整反映财政资金的分配过程和结果,体现政府在提供公共产品和服务过程中为民理财的基本过程,培养学生树立社会主义核心价值观,增强政治认同。

2. 家国情怀

本课程在教学中通过财政总预算会计、行政单位会计、事业单位会计等内容的学习,让同学深刻理解社会主义财政"取之于民,用之于民"的实质,体会"聚众人之财,办众人之事"的理财思想,将爱党、爱国、爱社会主义、爱人民、爱集体的"五爱"教育贯穿于政府会计教学的始终,培养学生树立为祖国、为人民奋斗奉献的家国情怀。

3. 人民至上思想

财政是国家治理的基础,政府会计反映政府财政资金的分配过程和结果,体现政府在提供公共产品和服务过程中为民理财的基本过程,通过教学,使学生深刻体会财政"取之于民、用之于民"的分配原则以及当代中国政府为民理财、为人民服务的执政理念。

4. 职业道德

本课程教学中关于政府会计管理与核算贯穿着财税及会计职业道德教育。通过政府会计相关案例分析,使学生认识到财税及会计职业道德的重要性,自觉养成遵守财税及会计职业道德的习惯。在市场经济条件下,聚财、用财、理财的能力和水平高低在很大程度上决定着财税部门干部能否坚守初心使命,通过本课程的知识讲解和案例解读,切实提高学生的职业道德修养。

5. 法治意识

政府会计各项业务是在既定法律法规框架下开展的。政府会计课程以现行政府会计制度、具体准则为主要依据,包含了我国大量政府会计的法律、法规。通过学习,让学生认识到法律法规对于财政管理和经济、社会发展的重要作用,使学生牢固树立个人遵纪守法的意识和底线思维,激励学生自发崇尚、遵守和捍卫法律,为预算管理改革、政府会计改革和预算法治贡献自己的力量。

6. 文化素养

本课程注重学生文化素养的养成。政府会计文化素养的养成,是在政府会计业务素质的基础上不断积累、沉淀和提高的过程。政府会计文化素养是综合性的,既包含会计法治思想、会计管理艺术、会计管理理念,也包含政府会计业务能力,还包含品德作风和胸怀境界。

7. 科学精神

在本课程教学过程中,通过政府会计制度改革与政府会计实例讲授和课后思考训练,从财务会计与预算会计平行记账和"一主体、双功能、双基础、双报告"的会计核算制度体系设计,培养学生努力探索、深入钻研的科学精神和"不做假账"的诚信意识。

8. 时代担当

政府会计是借助会计工具,对财政资金筹集和分配过程的确认、计量、纪录和报告,是财政资金分配过程和结果的反映,体现一定时期政府的施政方针和要达到的政治、经济和社会发展目标。通过政府会计的教学,使学生深刻体会党和政府施政的责任和担当,激励学生树立远大理想,牢记为民理财、立命为民的初心,强本领、勇担当。

9. 广阔视野

政府会计是社会主义国家为民理财的基本手段,在新时代、新理念、新格局下,经济社会的发展需要更多的具有国际视野的高素质会计人才。本课程通过让学生关注和研究各国财政预算管理及政府会计改革与发展的最新成就和未来趋势,培养学生的广阔视野。

(二)课程思政教学内容

《政府会计》课程的思政内容可以涉及以下几方面:

1. 坚定政治立场,具备良好的思想品德

本课程通过深入挖掘课程思政元素,引入丰富的案例素材,强调政府会计理论体系的中国特色科学学科体系、学术体系、话语体系,帮助学生了解中国政府会计制度建设所取得的成就和经验,提高学生的政治认同和社会责任感,引导学生增强"四个意识"、坚定"四个自信"、做到"两个维护",帮助学生牢固树立法治意识、廉洁意识和集体意识,培养品行端正、爱岗敬业和富有团结精神的高素质专业人才。

2. 熟悉中国国情,具备良好的专业素养

本课程讲授结合中国经济改革和社会经济发展实际,通过加入大量中国经济发展和政府会计改革的实践,融入和体现中国经验,并通过丰富多样的教学形式,帮助学生了解中国国情、社情、民情,了解我国政府会计的运行机制、改革动态和发展方向,为社会主义建设事业培养富有家国情怀的具有政府会计理论知识和会计核算能力的优秀接班人。

3. 富有科学精神,具备良好的研究能力

本课程注重培养学生的科学精神和创新意识,将专业知识传授与研究能力培养相结合,帮助学生了解学术研究的基本规范,夯实研究基础,并运用所学的经济学、财政学、管理学、政治学、法学、会计学等研究方法,开展与课程相关的问题研究,提倡"为人民做学问"的研究精神,为优化政府预算管理而不断努力。

4. 关心现实问题,具备良好的应用能力

本课程倡导经世济民和知行合一的精神,注重理论与实践相结合,鼓励学生通过资料收集、实习实训、实地调研等途径,了解政府会计领域的重点难点热点问题,并结合所学专业知识进行研讨,为从事相关财税管理和政府会计实务工作奠定坚实的基础。

(三)教学方法

本课程综合运用讲授、启发式教学、小组讨论教学、案例教学、调查研究、实验实训和慕课微课教学等多种教学方法,激发学生学习兴趣,引导学生深入思考。

# 三、课程各章节思政教学内容设计

## 第一章 政府会计总论

**专业教学目标**

本章主要包括政府会计的概念及特点、政府会计目标、政府会计的组成与分级、政府会计的基本前提、政府会计的原则、政府会计核算的基本方法等内容。

【知识目标】

通过本章学习,使学生了解政府会计的组成与分级以及会计核算的基本方法,掌握我国政府会计的概念、目标、特点及其原则。

【能力目标】

培养学生理论联系实际,将所学理论应用于观察政府会计现实问题,提高学生分析问题和解决问题的能力,激发学生的科学精神。

**课程思政教学目标及实践**

**【育人目标】**

1. 政治认同　我国的政府会计是社会主义国家为民理财的手段,结合政府会计的目标和原则阐述"取之于民、用之于民"的分配原则,使学生树立马克思主义理论的正确性,增强政治认同。

2. 家国情怀　从政府会计的组成与分级及会计目标的阐释,培养学生树立为祖国、为人民奋斗奉献的理想和"聚众人之财,办众人之事"的家国情怀。

3. 科学精神　从财务会计与预算会计平行记账、"一主体、双功能"的核算模式,阐述会计核算反映财政与经济及社会发展的关系,引导学生透过现象看本质,培养学生努力探索钻研的科学精神。

**【教学方式与方法】**

1. 自主学习:线上学习相应慕课中的基础专业知识点,线下自主阅读文献资料,撰写阅读笔记,理解我国政府会计是社会主义国家"取之于民、用之于民"为民理财的手段,增强学生的政治认同。

2. 课堂讲授:政府会计的概念及特点、政府会计目标、政府会计的组成与分级、政府会计的基本前提、政府会计核算的基本方法等内容。从政府会计的组成与分级及会计目标的阐释,培养学生树立为祖国、为人民奋斗奉献的理想和激发学生的家国情怀。

3. 课堂展示与讨论:学生从政府会计的平行记账、"一主体、双功能"的核算模式,并结合教学案例展开小组讨论,引导学生透过现象看本质,培养学生努力探索钻研的科学精神。

**【课程思政教学实例】**

**案例材料:我国《政府会计制度》改革的原则和创新**

(1)案例简介

《政府会计制度》改革是全面贯彻落实党的十八届三中全会精神的重要成果,是服务全面深化财税体制改革的重要举措。

《政府会计制度》改革坚持以下六项原则:

一是归并统一原则,归并统一了现行行政、事业单位和各项行业事业单位会计制度;

二是继承创新原则,充分继承现行制度中合理的、共性的内容,同时在会计科目设置和报表体系设计上力求创新;

三是充分协调原则,与现行行政事业单位财务规则、财务制度、部门预决算制度、行政事业单位国有资产管理规定等要求保持协调;

四是提升质量原则,着力提高会计信息的可靠性、全面性、相关性、可比性和可理解性;

五是务实简化原则,在会计科目设置、账务处理设计、报表设计等方面,力求做到贴近实务、方便操作、简便易行;

六是适当借鉴原则,适当吸收和借鉴我国企业会计准则改革的成功经验、国际公共部门会计准则的最新成果以及国外有关国家政府会计改革的先进经验和做法。

《政府会计制度》在会计核算模式上进行了创新。

《政府会计制度》构建了"财务会计和预算会计适度分离并相互衔接"的会计核算模式。所谓"适度分离",是指适度分离政府预算会计和财务会计功能,决算报告和财务报告功能,全面反映政府会计主体的预算执行信息和财务信息,实现"双功能""双基础""双报告"。所谓"相互衔接",是指在同一会计核算系统中政府预算会计要素和相关财务会计要素相互协调,决算报告和财务报告相互补充,共同反映政府会计主体的预算执行信息和财务信息。

资料来源:《政府会计准则——基本准则》. 财政部令第78号. 2015.10.23.

(2)案例的思政元素

①政治认同。《政府会计制度》改革是全面贯彻落实党的十八届三中全会精神的重要成果,增强学生的政治认同。

②科学精神。《政府会计制度》构建了"财务会计和预算会计适度分离并相互衔接"的会计核算模式,培养学生的科学精神。

(3)教学手段

①翻转课堂:慕课资源、文献资源为翻转课堂提供支架;课堂展示、师生思辨讨论实现课堂高阶性、高

效性。

②讲授:在"政府会计的特点"中引入案例,通过案例分享《政府会计制度》改革的成功经验,培养学生努力探索钻研的科学精神。

③讨论:我国《政府会计制度》改革的原则和创新案例带来的启示。

④学习测评:讨论结果现场点评,包括学生自评、互评、教师点评总结。

## 第二章 财政总预算会计资产、负债

**专业教学目标**

本章主要讲授财政总预算会计资产和负债的内容,包括财政总预算会计概述、财政存款、暂付及应收款项、借入款项、应收转贷款的核算等内容。

**【知识目标】**

通过本章学习,使学生认识我国财政总预算会计资产和负债内容,了解资产及负债的管理要求,掌握财政总预算会计资产及负债的核算方法。

**【能力目标】**

培养学生具有独立思考能力和思辨能力,具备处理财政总预算会计资产和负债业务的基本技能,提高学生分析问题、解决问题的能力。

**课程思政教学目标及实践**

**【育人目标】**

1. 科学精神　从财政存款的管理原则及其账户管理制度论证我国实行国库单一账户制度的必要性,培养学生的创新意识和科学精神。

2. 时代担当　财政总预算会计是对政府财政资金活动的核算与监督,体现政府的施政方针和要达到的政治、经济和社会发展目标。通过学习使学生体会政府施政的责任和担当,激励学生树立远大的理想,培养学生的勇于担当精神和社会责任感。

**【教学方式与方法】**

1. 自主学习:线上学习相应慕课中的基础专业知识点,线下自主阅读文献资料,撰写阅读笔记,理解财政总预算会计体现政府的施政方针和要达到的政治、经济和社会发展目标。通过学习使学生体会政府施政的责任和担当,增强社会责任感,培养学生的勇于担当精神。

2. 课堂讲授:讲授财政总预算会计概述、财政性存款、暂付及应收款项、借入款项、应收转贷款的核算等内容。从财政存款的管理原则及其账户管理制度分析我国实行国库单一账户制度的必要性,培养学生的科学精神。

3. 课堂展示与讨论:学生展示我国的预算资金管理制度的演变,对我国单一账户体系等相关内容展开小组讨论,培养学生的创新意识和科学精神。

**【课程思政教学实例】**

**案例材料:财政国库管理制度的基础——国库单一账户体系**

(1)案例简介

国库单一账户体系是以财政国库存款账户为核心的各类财政性资金账户的集合,是财政国库管理制度的基础。所有财政性资金都纳入国库单一账户体系管理,财政收入直接缴入国库或财政专户,财政支出通过国库单一账户体系,支付到商品和劳务供应者或用款单位。国库单一账户体系由下列账户构成:

①财政部门开设的国库存款账户(简称国库单一账户)。

②财政部门开设的零余额账户(简称财政零余额账户)和财政部门为预算单位开设的零余额账户(简称预算单位零余额账户)。

③财政部门开设的预算外资金财政专户(简称预算外资金专户)。

④财政部门为预算单位开设的小额现金账户(简称小额现金账户)。

⑤经国务院或国务院授权财政部批准预算单位开设的特殊专户(简称特设专户)。

财政部门是管理国库单一账户体系的职能部门,任何单位不得擅自设立、变更或撤销国库单一账户体系中的各类银行账户。中国人民银行按照有关规定,应加强对国库单一账户和代理银行的管理监督。这里所指的代理银行是指财政国库管理制度改革试点中,由财政部门确定的、具体办理财政性资金支付业务的商业银行。

<small>资料来源:关于印发《财政国库管理制度改革试点方案》的通知.财库〔2001〕24号.财政部、中国人民银行.2001.3.16.</small>

**(2)案例的思政元素**

①时代担当。从财政国库管理制度改革体会政府施政的责任和担当,培养学生勇于担当的精神和社会责任感。

②科学精神。国库单一账户体系是国库集中收付制度改革的重要内容,培养学生的科学精神。

**(3)教学手段**

①翻转课堂:慕课资源、文献资源为翻转课堂提供支架;课堂展示、师生思辨讨论实现课堂高阶性、高效性。

②讲授:在"财政总预算会计资产的管理"中引入案例,阐述我国国库单一账户制度的重要意义,了解国库单一账户体系的构成,培养学生的创新意识和科学精神。

③讨论:财政国库管理制度的基础——国库单一账户体系案例带来的启示。

## 第三章　财政总预算会计收入与支出

**专业教学目标**

本章主要讲授财政总预算会计收入和支出内容,包括财政总预算会计收入、支出的概念及管理要求、政府各项收入和支出的收缴及支付方式、程序和管理要求,政府各项收入、支出的核算等内容。

**【知识目标】**

通过本章学习,使学生认识我国财政总预算会计收入和支出内容,了解收入及支出的管理要求,掌握财政总预算会计收入及支出的核算方法。

**【能力目标】**

培养学生具有独立思考能力和思辨能力,理论联系实际,具备处理财政总预算会计收入和支出业务的基本技能,提高学生分析问题、解决问题的能力。

**课程思政教学目标及实践**

**【育人目标】**

1. 政治认同　结合财政总预算会计收支核算的内容阐述我国政府预算"取之于民、用之于民"的实质,增强学生对社会主义祖国的政治认同。

2. 科学精神　预算管理一体化是资金支付管理的改革和创新,培养学生的科学精神。

3. 法治意识　政府预算资金管理必须依据《中华人民共和国预算法》和财经纪律的规定,政府预算资金的核算遵循政府会计制度和政府会计准则的规定,是依法理财的体现。

4. 广阔视野　我国国库资金管理制度的改革使学生关注和研究各国政府预算管理改革与发展和未来趋势,培养学生的广阔视野。

**【教学方式与方法】**

1. 自主学习:线上学习相应慕课中的基础专业知识点,线下自主阅读文献资料,撰写阅读笔记,结合财政总预算会计收支核算的内容阐述我国政府预算"取之于民、用之于民"的实质,增强学生对社会主义祖国的政治认同。

2. 课堂讲授:结合我国国库集中收付制度改革讲授预算资金的收缴方式、支付方式、预算收支程序和管理要求、财政总预算会计收入和支出的核算等内容,使学生关注政府预算管理改革与发展和未来趋势,培养学生的广阔视野。

3. 课堂展示与讨论:学生展示根据教学素材整理分析的国库集中收付制度的内容等,并结合预算管理一体化教学案例对预算管理等相关内容展开小组讨论,培养学生的法治意识和科学精神。

**【课程思政教学实例】**

**案例材料:中央财政预算管理一体化资金支付的一般规定**

**(1)案例简介**

试点单位办理资金支付业务时,应当通过中央一体化系统填报资金支付申请。财政部(国库司)对资金支付申请集中校验(审核)后,向代理银行发送支付凭证。代理银行根据支付凭证支付资金,不再对试点单位资金支付进行额度控制。试点单位原则上应当通过预算单位零余额账户支付资金,未开设预算单位零余额账户的试点单位通过财政零余额账户支付资金。具体流程如下:

①试点单位按规定通过中央一体化系统填报资金支付申请。通过预算单位零余额账户支付资金的,试点单位在提交资金支付申请时预生成支付凭证并按规定加盖电子签章(签名)。

②财政部根据预算指标和批复的用款计划对试点单位资金支付申请进行控制。

③中央一体化系统根据预设的校验规则对资金支付申请进行校验,校验不通过的,转为试点部门人工审核;试点部门人工审核后提交资金支付申请,系统校验仍不通过的,按规定转为财政部(国库司)人工审核。

④校验(审核)通过后,财政部(国库司)将支付凭证发送代理银行。代理银行支付资金后,向财政部和试点单位发送国库集中支付凭证回单,作为财政总预算会计和单位会计核算的依据。

资料来源:关于印发《中央财政预算管理一体化资金支付管理办法(试行)》的通知.财库〔2022〕5号.财政部、中国人民银行.2022.1.14.

**(2)案例的思政元素**

①科学精神。预算管理一体化是资金支付管理的改革和创新,培养学生的科学精神。

②法治意识。预算资金支付必须遵循法律法规的规定,是依法理财的体现。

**(3)教学手段**

①翻转课堂:慕课资源、文献资源为翻转课堂提供支架;课堂展示、师生思辨讨论实现课堂高阶性、高效性。

②讲授:在"财政总预算会计支出的管理"中引入案例,阐述预算管理一体化资金支付的重要意义,了解预算管理一体化资金支付管理办法的内容,培养学生的创新意识和科学精神。

③讨论:中央财政预算管理一体化资金支付的一般规定案例带来的启示。

## 第四章 财政总预算净资产的核算

**专业教学目标**

本章主要讲授财政总预算会计净资产的内容,包括财政总预算会计净资产的概念、净资产的分类、净资产的管理原则以及政府各项净资产的核算等内容。

**【知识目标】**

通过本章学习,使学生认识我国财政总预算会计净资产内容,了解净资产的管理要求,掌握财政总预算会计净资产的核算方法。

**【能力目标】**

培养学生具有独立思考能力和思辨能力,理论联系实际,具备处理财政总预算会计净资产业务的基本技能,提高学生分析问题、解决问题的能力。

**课程思政教学目标及实践**

**【育人目标】**

1. 职业道德 净资产的处理是按一定的方法和程序进行的,具有规范性和科学性,培养学生自觉养成遵守会计职业道德的习惯,提升职业素养。

2. 法治意识 结合净资产的管理与核算必须严格遵循政府会计制度、会计准则的规定,培养学生的法治意识。

**【教学方式与方法】**

1. 自主学习:线上学习相应慕课中的基础专业知识点,线下自主阅读文献资料,撰写阅读笔记,培养学生自觉养成遵守会计职业道德的习惯,提升职业素养。

2. 课堂讲授:财政总预算会计净资产的概念及类别、净资产的管理原则以及财政总预算会计净资产的核算等内容。通过学习,使学生熟悉我国财政总预算会计净资产的内容,使学生具备处理财政总预算会计净资产业务的基本技能,提升职业素养。

3. 课堂展示与讨论:学生展示根据教学素材整理分析的相关报告等,对财政总预算会计结转结余资金的内容、结转结余资金管理等展开小组讨论,结合净资产的管理与核算必须严格遵循政府会计制度、会计准则的规定,培养学生的法治意识。

**【课程思政教学实例】**

**案例材料:预算稳定调节基金的设置、补充及账务处理**

(1)案例简介

为建立全面规范透明、标准科学、约束有力的预算制度,建立健全跨年度预算平衡机制,规范预算稳定调节基金的设置、补充和动用,根据《中华人民共和国预算法》等法律法规,财政部制定了《预算稳定调节基金管理暂行办法》,主要内容如下:

①预算稳定调节基金的设置、补充

一般公共预算的超收收入,除用于冲减赤字外,应当用于设置或补充预算稳定调节基金;一般公共预算的结余资金应当用于设置或补充预算稳定调节基金;一般公共预算按照权责发生制核算的资金,不作为结余;一般公共预算连续结转两年仍未用完的资金,应当作为结余资金补充预算稳定调节基金。

政府性基金预算结转资金规模超过该项基金当年收入30%的部分,应当补充预算稳定调节基金。政府性基金预算连续结转两年仍未用完的资金,应当作为结余资金,可以调入一般公共预算,并应当用于补充预算稳定调节基金。各级财政部门应当合理控制预算稳定调节基金规模。预算稳定调节基金规模能够满足跨年度预算平衡需要的,应当加大冲减赤字、化解政府债务的力度。

②预算科目和账务处理

一般公共预算资金补充预算稳定调节基金时,列一般公共预算支出的"补充预算稳定调节基金"科目;政府性基金预算调出资金补充预算稳定调节基金时,列政府性基金预算支出的"政府性基金预算调出资金"科目。

动用预算稳定调节基金时,应当编入一般公共预算收入,列一般公共预算收入的"调入预算稳定调节基金"科目。

各级一般公共预算的预算稳定调节基金应当在同级国库单一账户存储。

资料来源:关于印发《预算稳定调节基金管理暂行办法》的通知.财预〔2018〕35号.财政部.2018.3.20.

(2)案例的思政元素

①职业道德。净资产的处理是按一定的方法和程序进行的,具有规范性和科学性,培养学生自觉遵守会计职业道德,提升职业素养。

②法治精神。预算稳定调节基金管理与核算必须严格遵循政府会计制度、会计准则的规定,培养学生的法治意识。

(3)教学手段

①翻转课堂:慕课资源、文献资源为翻转课堂提供支架;课堂展示、师生思辨讨论实现课堂高阶性、高效性。

②讲授:在"预算稳定调节基金的核算"中引入案例,掌握净资产的处理管理要求和核算方法,培养学生遵守会计职业道德,提升职业素养。

③讨论:预算稳定调节基金的设置、补充及账务处理案例带来的启示。

## 第五章 行政事业单位资产

**专业教学目标**

本章主要讲授行政事业单位会计概述,行政事业单位资产的确认计量和管理要求,行政事业单位各类资产的核算等内容。

**【知识目标】**

通过本章学习,使学生熟悉行政事业单位资产的概念和内容,了解各类资产的确认计量标准和管理要求,掌握行政事业单位资产的核算方法。

**【能力目标】**

培养学生具有独立思考能力和思辨能力,理论联系实际,具备处理行政事业单位资产业务的基本技能,提高学生分析问题、解决问题的能力。

**课程思政教学目标及实践**

**【育人目标】**

1. 政治认同　结合行政事业单位会计的目标和任务,阐述我国政府预算"取之于民、用之于民"的实质,增强学生对社会主义祖国的政治认同。

2. 文化素养　从行政事业单位资产的管理要求及核算内容,理解预算资金管理的规范性和科学性,增强学生掌握业务技能的自觉性,提升文化素养。

3. 法治意识　资产的管理必须遵循法律法规的规定,是依法理财的体现,培养学生的法治意识。

**【教学方式与方法】**

1. 自主学习:线上学习相应慕课中的基础专业知识点,线下自主阅读文献资料,撰写阅读笔记,从行政事业单位会计的目标和任务,理解我国政府预算"取之于民、用之于民"的实质,增强学生对社会主义祖国的政治认同。

2. 课堂讲授:讲授行政事业单位会计的概念及任务、行政事业单位资产的概念和管理要求以及行政事业单位资产的核算等内容,从行政事业单位资产的管理要求及核算内容,理解预算资金管理的规范性和科学性,增强学生掌握业务技能的自觉性,提升文化素养。

3. 课堂展示与讨论:学生展示根据教学素材整理分析的相关报告等,对行政事业单位资产的确认与计量以及资产的管理原则等相关内容展开小组讨论,资产的管理必须遵循法律法规的规定,是依法理财的体现,培养学生的法治意识。

**【课程思政教学实例】**

**案例材料:中央行政事业单位国有资产处置的七种情形**

**(1)案例简介**

《中央行政事业单位国有资产处置管理办法》明确,中央行政事业单位国有资产处置方式包括无偿划转、对外捐赠、转让、置换、报废、损失核销等。中央行政事业单位国有资产处置应当遵循公开、公正、公平和竞争择优的原则,按照规定权限履行审批手续,未经批准不得自行处置。

以下七种情形的中央行政事业单位国有资产应当予以处置:因技术原因确需淘汰或者无法维修、无维修价值的;涉及盘亏等非正常损失的;已超过使用年限且无法满足现有工作需要的;因自然灾害等不可抗力造成毁损、灭失的;因单位分立、合并、改制、撤销、隶属关系改变或者部分职能业务调整等而移交的;发生产权变动的;依照国家有关规定需要处置的其他情形。

《办法》强调,各部门及中央管理企业所属行政事业单位(含垂直管理机构和派出机构,各部门机关本级和机关服务中心除外)处置单位价值或者批量价值(账面原值,下同)1500万元以上(含1500万元)的国有资产,应当经各部门审核同意后报财政部当地监管局审核,审核通过后由各部门报财政部审批;处置单位价值或者批量价值1500万元以下的国有资产,由各部门自行审批。

资料来源:中央行政事业单位国有资产处置管理办法.财资〔2021〕127号.财政部.2021.9.28.

**(2)案例的思政元素**

①文化素养。资产处置具有规范性和科学性,培养学生掌握业务技能的自觉性,提升文化素养。

②法治意识。行政事业单位国有资产处置必须遵循法律法规的规定,是依法理财的体现。

**(3)教学手段**

①翻转课堂:支架与高阶:慕课资源、文献资源为翻转课堂提供支架;课堂展示、师生思辨讨论实现课堂高阶性、高效性。

②讲授:在"固定资产的管理"中引入案例,探究国有资产处置的规范性和科学性,培养学生业务技能,提升文化素养。

③讨论:中央行政事业单位国有资产处置的七种情形案例带来的启示。

## 第六章 行政事业单位负债的核算

**专业教学目标**

本章主要讲授行政事业单位负债的概念,行政事业单位负债的确认计量和管理要求,行政事业单位各类负债的核算等内容。

**【知识目标】**

通过本章学习,使学生熟悉行政事业单位负债的概念和内容,了解各类负债的确认计量标准和管理要求,掌握行政事业单位负债的核算方法。

**【能力目标】**

培养学生具有独立思考能力和思辨能力,理论联系实际,具备处理行政事业单位负债业务的基本技能,提高学生分析问题、解决问题的能力。

**课程思政教学目标及实践**

**【育人目标】**

1. 人民至上思想　政府会计反映政府财政资金的分配过程和结果,体现政府在通过公共产品和服务过程中为民理财的基本过程。通过学习,使学生深刻体会当代中国政府为民理财、为人民服务的执政理念。

2. 法治意识　从行政事业单位负债的管理原则,理解负债管理的规范性和法治性,培养学生的法治意识。

3. 文化素养　从行政事业单位负债的确认计量以及各类负债的核算,理解预算管理的科学性,增强学生掌握业务技能的自觉性,提升文化素养。

**【教学方式与方法】**

1. 自主学习:线上学习相应慕课中的基础专业知识点,线下自主阅读文献资料,撰写阅读笔记。通过学习使学生熟悉行政事业单位负债的内容,具备处理行政事业单位负债业务的基本技能。

2. 课堂讲授:讲授行政事业单位负债的概念、行政事业单位负债管理要求以及行政事业单位负债的核算等内容,从行政事业单位负债的确认计量以及各类负债的核算,培养学生掌握业务技能的自觉性,提升文化素养。

3. 课堂展示与讨论:学生展示根据教学素材整理分析的相关报告等,对行政事业单位负债的确认与计量以及负债的管理原则等相关内容展开小组讨论,理解负债管理的规范性和法治性,培养学生的法治意识。

**【课程思政教学实例】**

**案例材料:因新冠肺炎疫情减免房租事业单位可通过"应缴财政款"核销应收账款**

(1)案例简介

据财政部 2022 年 7 月 6 日消息,财政部会计司发布 2022 年第一批政府会计准则制度实施问答 22 个,内容涉及应收账款 3 个、存货 3 个、投资 4 个、固定资产 10 个和无形资产 2 个的会计处理。

其中,涉及"某事业单位经批准对外出租一处房产,合同约定租金每半年支付一次。按照本级预算管理等有关规定,该单位取得的租金收入应全额上缴财政。因新冠肺炎疫情影响,承租单位自 2021 年起未按期支付租金,该如何账务处理"等问题。

财政部会计司的回复中解释,根据《政府会计制度——行政事业单位会计科目和报表》(财会〔2017〕25号)规定,该单位出租资产发生应收未收租金款项时,应当在按合同约定收取租金的时点,按照应收未收租金的金额,借记"应收账款"科目,贷记"应缴财政款"科目。后续取得租金收入时,按照实际收到的金额,借记"银行存款"等科目,贷记"应收账款"科目;按规定上缴应缴财政的款项时,借记"应缴财政款"科目,贷记"银行存款"等科目。后续因政策原因对承租人租金进行减免的,该单位应当根据租金减免政策核销此前已经确认的应收账款和应缴财政款,即根据批准减免的租金金额,借记"应缴财政款"科目,贷记"应收账款"科目。

资料来源:关于印发《新冠肺炎疫情相关租金减让会计处理规定》的通知.财会〔2020〕10号.财政部.2020.6.19.

(2)案例的思政元素

①人民至上思想。因新冠肺炎疫情减免房租事业单位可通过"应缴财政款"核销应收账款,把以人民

为中心思想落到实处。

②文化素养。事业单位减免房租核算要求掌握会计业务技能,提升文化素养。

**(3)教学手段**

①翻转课堂:慕课资源、文献资源为翻转课堂提供支架;课堂展示、师生思辨讨论实现课堂高阶性、高效性。

②讲授:在"应缴财政款的核算"中引入案例,探究负债核算的规范性和科学性,培养学生业务技能,提升文化素养。

③讨论:因新冠肺炎疫情减免房租事业单位可通过"应缴财政款"核销应收账款案例带来的启示。

## 第七章 行政事业单位收入的核算

**专业教学目标**

本章主要讲授行政事业单位财务会计收入和预算会计预算收入的概念,行政事业单位收入的确认计量及管理要求,行政事业单位各类收入的核算等内容。

**【知识目标】**

通过本章学习,使学生熟悉行政事业单位收入的概念和内容,了解各类收入的确认计量标准及管理要求,掌握平行记账方式下各项收入的核算方法。

**【能力目标】**

培养学生具有独立思考能力和思辨能力,理论联系实际,具备处理行政事业单位收入业务的基本技能,提高学生分析问题、解决问题的能力。

**课程思政教学目标及实践**

**【育人目标】**

1. 法治意识　结合收入的确认计量及管理原则,理解财政分配的规范性和法治性,培养学生的法治意识。

2. 科学精神　从财务会计与预算会计平行记账,阐述政府会计反映财政与经济及社会发展的关系,引导学生透过现象看本质,培养学生努力钻研的科学精神。

3. 文化素养　区分行政事业单位财务会计收入和预算收入,掌握收入业务核算技能,提升文化素养。

**【教学方式与方法】**

1. 自主学习:线上学习相应慕课中的基础专业知识点,线下自主阅读文献资料,撰写阅读笔记,结合我国预算收入的来源和管理要求,理解依法理财的意义。

2. 课堂讲授:讲授行政事业单位收入的概念、行政事业单位收入管理要求以及行政事业单位收入的核算等内容,结合收入的确认计量及管理原则,理解财政分配的规范性和法治性,培养学生的法治意识。

3. 课堂展示与讨论:学生展示根据教学素材整理分析的相关报告等,对行政事业单位会计的平行记账和"一主体、双功能"的核算模式进行分组讨论,引导学生透过现象看本质,培养学生努力探索钻研的科学精神。

**【课程思政教学实例】**

**案例材料:财务会计的收入与预算会计的预算收入的几点区别**

**(1)案例简介**

财务会计的"收入"与预算会计的"预算收入"并不存在一一对应的关系。因为行政事业单位有的现金流入不属于"收入",但属于"预算收入",例如事业单位经批准从银行借入的短期借款、长期借款等;有的业务虽无现金流入不属于"预算收入",却属于"收入",例如事业单位采用应收款方式按合同完成进度确认的事业收入等。

区别在于:

①核算基础不同:预算收入的确认基础是收付实现制。财务会计收入的确认基础是权责发生制。

②表现形式不同:预算收入指纳入预算管理的现金流入。财务会计收入是指经济资源的流入,既包括货币资金,也可以表现为未来会产生的债权和非货币资产等。

③确认时点不同:预算收入是在预算年度内政府会计主体依法取得并纳入预算管理的现金流入时确认。财务会计要在同时满足三个条件的情况下确认:一是与收入相关的含有服务潜力或者经济利益的经济资源很可能流入政府会计主体;二是含有服务潜力或者经济利益的经济资源流入会导致政府会计主体资产增加或者负债减少;三是流入金额能够可靠地计量。

资料来源:《政府会计准则——基本准则》.财政部令第78号.2015.10.23.

**(2)案例的思政元素**

①文化素养。必须区分行政事业单位财务会计收入和预算收入,掌握收入业务核算技能,提升文化素养。

②科学精神。财务会计收入与预算收入平行记账,引导学生透过现象看本质,培养学生努力钻研的科学精神。

**(3)教学手段**

①翻转课堂:支架与高阶:慕课资源、文献资源为翻转课堂提供支架;课堂展示、师生思辨讨论实现课堂高阶性、高效性。

②讲授:在"收入的概念与分类"中引入案例,探究收入管理的规范性和科学性,培养学生业务技能,提升文化素养。

③讨论:财务会计的收入与预算会计的预算收入的几点区别案例带来的启示。

## 第八章 行政事业单位费用和预算支出的核算

**专业教学目标**

本章主要讲授行政事业单位财务会计费用和预算会计支出的概念,行政事业单位费用及预算支出的确认计量和管理要求,行政事业单位费用及预算支出的核算等内容。

**【知识目标】**

通过本章学习,使学生熟悉行政事业单位费用和预算支出的概念和内容,了解费用和预算支出的确认计量标准及管理要求,掌握平行记账方式下各项费用和预算支出的核算方法。

**【能力目标】**

培养学生理论联系实际,全面辩证认识问题的能力,具备处理行政事业单位费用和预算支出业务的基本技能。

**课程思政教学目标及实践**

**【育人目标】**

1. 人民至上思想 从费用和预算支出的内容,结合行政事业单位的职能阐述人民至上思想,使学生能够更加深入地认识到我国财政为民造福、为人民服务的理财思想。

2. 法治意识 结合费用和预算支出的确认计量及管理原则,理解财政分配的规范性和法治性,培养学生的法治意识。

3. 文化素养 区分行政事业单位财务会计费用和预算支出,掌握费用和预算支出业务核算技能,提升文化素养。

**【教学方式与方法】**

1. 自主学习:线上学习相应慕课中的基础专业知识点,线下阅读文献资料,撰写阅读笔记,使学生具备处理行政事业单位费用和预算支出业务的基本技能。

2. 课堂讲授:行政事业单位费用和预算支出的概念、行政事业单位费用和预算支出的管理要求以及行政事业单位费用和预算支出的核算等内容。从费用和预算支出的确认计量及管理原则,理解财政分配的规范性和法治性,培养学生的法治意识。

3. 课堂展示与讨论:学生展示根据教学素材整理分析的相关报告等,结合行政事业单位的职能对费用和预算支出的内容进行讨论,使学生能够认识到我国财政为民造福、为人民服务、人民至上的理财思想。

**【课程思政教学实例】**

**案例材料:简析行政事业单位会计的平行记账**

(1) 案例简介

"平行记账"的原理:"平行记账"是执行新政府会计制度改革以来提出的应用于新政府会计制度的记账方法,指的是针对同一笔经济业务既要按照权责发生制进行登记也要按照收付实现制进行登记,改变了以往的只按照收付实现制进行会计处理的方式。也就是说,一张原始凭证,无需再复印原始凭证,同一张记账凭证同时进行财务会计与预算会计的账务处理。这样处理的好处是既可以反映单位的预算执行情况,又可以正确反映政府的运行成本和资产状况。

例如:某行政单位支付水电费1500元,已通过财政直接支付方式支付。按照"平行记账"的要求,该单位的会计核算分录如下:

财务会计记,借:业务活动费用　　　　1500
　　　　　　贷:财政拨款收入　　　　　　1500
预算会计记,借:行政支出　　　　　　1500
　　　　　　贷:财政拨款预算收入　　　　1500

以上是分别按照权责发生制和收付实现制进行的财务会计核算和预算会计核算,也就是说新的政府会计记账基础为权责发生制和收付实现制。收付实现制下,见钱眼开,认"真金白银",计量的重点是现金的结余;权责发生制下,见权眼开,认"权利义务",计量的重点是经济资源,能反映一个单位的过去、现在和未来。

(2) 案例的思政元素

① 文化素养。财务会计与预算会计平行记账既能反映正确单位的预算执行情况,又可以正确反映单位的运行成本和资产状况,培养学生努力钻研精神,提升文化素养。

② 法治意识。行政事业单位费用和预算支出核算必须严格遵循政府会计制度、会计准则的规定,培养学生的法治意识。

(3) 教学手段

① 翻转课堂:慕课资源、文献资源为翻转课堂提供支架;课堂展示、师生思辨讨论实现课堂高阶性、高效性。

② 讲授:在"财务会计费用核算"中引入案例,探究费用和预算支出核算的规范性和科学性,培养学生业务技能,提升文化素养。

③ 讨论:简析行政事业单位会计的平行记账案例带来的启示。

## 第九章　行政事业单位净资产和预算结余的核算

**专业教学目标**

本章主要讲授行政事业单位净资产的概念及内容、预算结余的概念及内容以及行政事业单位净资产和预算结余的核算等。

**【知识目标】**

通过本章学习,使学生熟悉行政事业单位净资产和预算结余的概念和内容,掌握平行记账方式下行政事业单位各项净资产和预算结余的核算方法。

**【能力目标】**

培养学生理论联系实际,全面辩证认识问题的能力,具备处理行政事业单位净资产和预算结余业务的基本技能。

**课程思政教学目标及实践**

**【育人目标】**

1. 职业道德　净资产和预算结余的管理与核算贯穿着财税及会计职业道德教育,通过案例分析,使学生认识到财税及会计职业道德的重要性,自觉养成遵守财税及会计职业道德的习惯。

2. 法治意识　结合净资产和预算结余的管理与核算必须严格遵循政府会计制度、会计准则的规定,培养学生的法治意识。

**【教学方式与方法】**

1. 自主学习:线上学习相应慕课中的基础专业知识点,线下自主阅读文献资料,撰写阅读笔记,培养学生自觉养成会计职业道德的习惯,提升职业素养。

2.课堂讲授:行政事业单位净资产的概念及内容、预算结余的概念及内容以及行政事业单位净资产和预算结余的核算等。通过学习,使学生熟悉行政事业单位净资产和预算结余的内容,使学生具备处理行政事业单位净资产和预算结余业务的基本技能,提升职业素养。

3.课堂展示与讨论:学生展示根据教学素材整理分析的相关报告等,对行政事业单位结转资金和结余资金的划分和管理等相关内容展开小组讨论,预算结余的管理与核算必须严格遵循政府会计制度、会计准则的规定,培养学生的法治意识。

【课程思政教学实例】

**案例材料:本期发现的与前期相关的会计差错的处理**

(1)案例简介

根据政府会计制度规定,本期发现的与前期相关的会计差错分两种情况进行考虑:一种是本期发现的与前期相关的重大会计差错,调整发现当期期初的相关净资产项目或预算结转结余,并调整其他相关项目的期初数。财务会计借记或贷记"其他应付款""其他应收款",贷记或借记"以前年度盈余调整";预算会计借记或贷记"资金结存"等,贷记或借记"财政拨款结转""非财政拨款结转"等。另一种是本期发现的与本期相关的会计差错,或与前期相关的非重大会计差错,应当将其影响数调整相关项目的本期数。财务会计借记或贷记费用或收入科目,贷记或借记"其他应付款""其他应收款";预算会计借记或贷记支出或收入科目,贷记或借记"资金结存"等。现举例如下:

①2019年12月10日,某市主管部门收到上级主管部门拨入的专项工作经费5 000 000元,计入"其他应付款"进行核算。2020年3月2日,市审计局审计时提出审计意见,该笔款项应计入收入,3月15日,该单位应审计要求进行了差错更正。

  财务会计记,借:其他应付款     5 000 000
       贷:以前年度盈余调整  5 000 000
  预算会计记,借:资金结存      5 000 000
       贷:非财政拨款结转——年初余额调整 5 000 000

②某行政单位在2020年6月10日内部审计时发现,有一笔2019年11月发生的办公费500元,使用财政授权支付,计入了"其他应收款"进行核算,单位当天就此事项进行了会计差错更正。

  财务会计记,借:业务活动费用    500
       贷:其他应收款    500
  预算会计记,借:事业支出     500
       贷:资金结存——零余额账户用款额度 500

(2)案例的思政元素

①职业道德。会计差错的处理贯穿着财税及会计职业道德教育,培养学生自觉遵循会计职业道德,提升职业素养。

②法治意识。会计差错的处理必须严格遵循政府会计制度、会计准则的规定,培养学生的法治意识。

(3)教学手段

①翻转课堂:慕课资源、文献资源为翻转课堂提供支架;课堂展示、师生思辨讨论实现课堂高阶性、高效性。

②讲授:在"资金结存的核算"中引入案例,阐述行政事业单位净资产和预算结余的核算具有规范性和科学性,培养学生的法治意识。

③讨论:本期发现的与前期相关的会计差错的处理案例带来的启示。

## 第十章 政府会计报表

**专业教学目标**

本章主要讲授政府会计报表概述,年终清理与年终结算,财政总预算会计报表,行政事业单位财务会计报表和预算会计报表等内容。

【知识目标】

通过本章学习,使学生了解政府会计报表的编报要求,掌握资产负债表、收入费用表、现金流量表、预算执行情况表、预算收入支出表、预算结转结余变动表的编制方法,增进学生对政府会计报表的认识和理解。

【能力目标】

培养学生将所学理论应用于观察政府会计现实问题,提高分析问题和解决问题的能力,具备编制、分析政府会计报表的职业道德和业务技能。

课程思政教学目标及实践

【育人目标】

1. 政治认同 结合政府会计报表的内容阐述我国政府预算"取之于民、用之于民"的实质,增强学生对社会主义祖国的政治认同。

2. 职业道德 从政府会计报表编制的方法,理解政府会计报表编制的规范性和科学性,增强学生掌握会计业务技能的自觉性,提升职业素养。

3. 法治意识 从政府会计报表的编制及程序阐述政府会计报表的法制性,增强学生的法治意识。

【教学方式与方法】

1. 自主学习:线上学习相应慕课中的基础专业知识点,线下自主阅读文献资料,撰写阅读笔记,从政府会计报表的内容,认识我国政府预算"取之于民、用之于民"的实质,增强学生对社会主义祖国的政治认同。

2. 课堂讲授:政府会计报表的概念及分类、政府会计报表的编制要求以及政府会计报表的编制方法等内容。从政府会计报表编制的方法,理解政府会计报表编制的规范性和科学性,增强学生掌握会计业务技能的自觉性,提升职业素养。

3. 课堂展示与讨论:学生展示根据教学素材整理分析的相关报告等,结合教学案例对政府会计报表的内容以及年终清理与年终结算等相关内容展开小组讨论。从政府会计报表的编制程序和年终清理与年终结算的规定阐述政府会计报表的法制性,增强学生的法治意识。

【课程思政教学实例】

案例材料:2021年中央和地方一般公共预算收支情况

(1)案例简介

中央一般公共预算收入91461.8亿元,为预算的102.2%,增长10.5%。加上从中央预算稳定调节基金调入950亿元,从中央政府性基金预算、中央国有资本经营预算调入985亿元,收入总量为93396.8亿元。中央一般公共预算支出117265.9亿元,完成预算的98.6%,下降0.9%。加上补充中央预算稳定调节基金3540.9亿元、向中央政府性基金预算调出90亿元,支出总量为120896.8亿元。收支总量相抵,中央财政赤字27500亿元,与预算持平。

2021年中央一般公共预算超收收入2011.8亿元、支出结余1529.1亿元,全部转入预算稳定调节基金。中央预备费预算500亿元,实际支出400亿元,主要用于洪涝灾害灾后恢复重建和种粮农民一次性补贴,剩余100亿元(已包含在上述结余1529.1亿元中)全部转入预算稳定调节基金。2021年末,中央预算稳定调节基金余额3854.01亿元。

地方一般公共预算收入193293.02亿元,其中,本级收入111077.08亿元,增长10.9%;中央对地方转移支付收入82215.94亿元。加上从地方预算稳定调节基金、政府性基金预算、国有资本经营预算调入资金及使用结转结余9778.52亿元,收入总量为203071.54亿元。地方一般公共预算支出211271.54亿元,增长0.3%。收支总量相抵,地方财政赤字8200亿元,与预算持平。

资料来源:关于2021年中央和地方预算执行情况与2022年中央和地方预算草案的报告.财政部.2022.3.5.

(2)案例的思政元素

①政治认同。理解我国政府预算"取之于民、用之于民"的实质,增强学生对社会主义祖国的政治认同。

②法治意识。政府会计决算报告必须经立法机关审批,是依法理财的体现,培养学生的法治意识。

(3)教学手段

①翻转课堂:慕课资源、文献资源为翻转课堂提供支架;课堂展示、师生思辨讨论实现课堂高阶性、高

效性。

②讲授:在"政府会计决算报告"中引入案例,阐述我国社会主义财政"取之于民、用之于民"的实质,增强学生对社会主义祖国的政治认同。

③讨论:2021年中央和地方一般公共预算收支情况案例带来的启示。

## 四、课程思政教学评价

### (一)对教师的评价

1. 教学准备的评价

将《政府会计》课程思政建设落实到教学准备工作各方面,教师要具备提前提炼思政元素进行课程思政目标设计、修订教学大纲、教材选用、教案课件编写等基本能力。

2. 教学过程的评价

将《政府会计》课程思政建设落实到教学过程各环节,教师要采取恰当的教学方式,具备把思政元素自然融入教学内容的理解能力、实施能力和改进能力,包括教学理念及策略、教学方法运用和改进、作业及批改、平时成绩考核等。

3. 教学结果的评价

健全《政府会计》课程思政多主体参与、多维度动态评价体系,包括同行评议、随机听课、学生评教、教学督导检查,覆盖课前准备、课中教学和课后结果全过程,做到主观分析和客观分析相结合、定性分析和定量分析相结合。

4. 评价结果的运用

对于同行评议、学生评教、教学督导等提出的改进建议,以及对学生考核的成绩分析进行运用,对教学效果进行反思与改进。

### (二)对学生的评价

1. 学习过程的评价

检验学生是否认真完成了老师布置的要求和任务,积极参与资料收集、课堂讨论和实地调研等教学过程,科学评价学生在学习过程中的积极性、互动性和参与度。

2. 学习效果的评价

通过平时作业、课堂讨论、资源库平台资料分析报告、随堂练习、课程论文、期末考试等多种形式,检验学生对课程思政元素的领会及其对思政元素的掌握程度。

3. 评价结果的运用

通过师生座谈和系部教研活动等多种形式,对学生的学习效果进行科学分析,总结经验,改进不足,提升课程思政的学习效果。

## 五、课程思政的教学素材

| 序号 | 内　　容 | 形式 |
| --- | --- | --- |
| 1 | 《政府会计准则——基本准则》 | 政策法规 |
| 2 | 《政府会计制度——行政事业单位会计科目和报表》 | 政策法规 |
| 3 | 《中央财政预算管理一体化资金支付管理办法（试行）》 | 政策文件 |
| 4 | 《2022年政府收支分类科目》 | 政策文件 |
| 5 | 《中央行政事业单位国有资产处置管理办法》 | 政策文件 |
| 6 | 《关于2021年中央和地方预算执行情况与2022年中央和地方预算草案的报告》 | 阅读材料 |
| 7 | 《省级财政结转结余资金管理办法》 | 政策文件 |
| 8 | 我国《政府会计制度》改革的原则和创新 | 案例分析 |
| 9 | 财政国库管理制度的基础—国库单一账户体系 | 案例分析 |
| 10 | 中央财政预算管理一体化资金支付的一般规定 | 案例分析 |
| 11 | 预算稳定调节基金的设置、补充及账务处理 | 案例分析 |
| 12 | 中央行政事业单位国有资产处置的七种情形 | 案例分析 |
| 13 | 因新冠肺炎疫情减免房租事业单位可通过"应缴财政款"核销应收账款 | 案例分析 |
| 14 | 财务会计的收入与预算会计的预算收入的几点区别 | 案例分析 |
| 15 | 简析行政事业单位会计的平行记账 | 案例分析 |
| 16 | 本期发现的与前期相关的会计差错的处理 | 案例分析 |
| 17 | 2021年中央和地方一般公共预算收支情况 | 案例分析 |
| 18 | 省财政厅关于印发《省级财政结转结余资金管理办法》的通知 | 政策文件 |
| 19 | 关于印发《预算稳定调节基金管理暂行办法》的通知 | 政策文件 |
| 20 | 中央行政事业单位国有资产处置管理办法 | 政策文件 |
| 21 | 关于印发《新冠肺炎疫情相关租金减让会计处理规定》的通知 | 政策文件 |
| 22 | 关于2021年中央和地方预算执行情况与2022年中央和地方预算草案的报告 | 政策文件 |

# 《资产评估》课程思政教学指南

胡克刚　赵青

(西安财经大学)

## 一、课程简介与课程目标

### (一)课程简介

《资产评估》既是财政学、会计学、税收学、金融学等专业的专业课,也是财经类各专业的专业选修课,同时还是与社会举办的全国资产评估师资格考试相衔接的一门重要课程。本课程全面介绍了资产评估的基本原理,从理论上对资产评估做了完整的阐述,同时较为深入地阐述了市场法、重置成本法和收益法三种资产评估的基本方法。在此基础上全面论述了机器设备、房地产、流动资产、长期投资、无形资产的评估,并结合单项资产评估与整体评估的区别,说明了企业价值评估。

通过本课程的学习,要使学生掌握资产评估的基础理论、基本知识和基本方法。本课程综合运用讲授、启发式教学、小组讨论教学、案例教学、情景教学、调查研究、实验实训和慕课微课教学等多种教学方法,激发学生学习兴趣,培养学生独立思考问题和分析问题与解决问题的能力,使学生能够适应未来参加资产评估师考试和从事资产评估工作的基本要求。

本课程坚持以马克思主义为指导,引导学生塑造良好的社会主义核心价值观,在从事资产评估的相关工作时具有良好的职业道德和法治精神,具有家国情怀和人文素养,为社会主义建设做出应有的贡献。

### (二)课程目标

本课程为专业必修课程。通过本课程的学习,使学生能够达到以下目标:

1. 知识目标:本课程作为应用经济学的重要组成部分,在内容上使学生掌握成本法、收益法和市场法三种资产评估方法的技术路径,并且能够理解三种方法各自的前提条件,在此基础上熟练掌握三种方法的基本公式和具体计算方法。具备区分各种评估方法应用场景的能力,并掌握不同类别资产的评估技巧。另外,掌握一定程度的数理统计知识,对于关键的财务数据和财务指标进行预测分析。

2. 能力目标:能够掌握有效的学习方法,了解资产评估学的理论前沿和发展动态,具有较强的获取知识、调查研究、综合分析和解决实际问题的能力;系统地掌握资产评估学的基本理论以及相应的资产评估实务操作技能,具有实践应用能力。掌握评估市场价格查询、资产评估资料检索的基本方法,具有一定的科学研究和实际工作能力;能够运用资产评估专业理论知识和资产评估实践技能分析解决现实问题,具备创新精神、创业意识和创新创业能力。

3. 育人目标:具有良好的资产评估专业素养,熟悉国家财经、财税、资产评估等有关法规和政策,了解国内外资产评估学科的现状和发展趋势;了解会计准则与资产评估准则、国际估值准则,了解国内国际资产评估准则的差异;具有社会主义核心价值观,热爱祖国,遵纪守法,具有良好的道德品质和文明习惯,具有良好的职业素质,具有科学精神和创新精神,具备社会责任感和人文关怀意识。

### (三)课程教材和资料

➤ 推荐教材

姜楠.资产评估(第5版)[M].东北:东北财经大学出版社,2021.6.

➤ 参考教材或推荐书籍

1. 刘玉平.资产评估学[M].北京:中国人民大学出版社,2018.
2. 刘淑琴.资产评估实务[M].东北:东北财经大学出版社,2019.
3. 杨志明.资产评估实务与案例分析[M].北京:中国财政经济出版社,2015.

4. 乔志敏.资产评估学教程[M].北京:中国人民大学出版社,2017.
5. 岳丽君.资产评估[M].北京:中国财政经济出版社,2017.

➢ 学术刊物与学习资源

国内外经济财政税收类各类期刊。

《中国资产评估》期刊。

学校图书馆提供的各种数字资源,特别是"中国知网"。

➢ 推荐网站

中华人民共和国财政部网站:http://www.mof.gov.cn/index.htm.

各地方政府财政厅局网站。

中国资产评估协会网站。

各省市地方资产评估网站。

# 二、课程思政教学总体设计

## (一)课程思政教学目标

我国经济正处于产业结构调整期,供给侧结构性改革正在稳步推进,企业的重组、并购、上市、改制等经济行为不断增多,需要大量资产评估专业人才,发挥专业优势,提供产业结构调整等管理咨询服务。这不仅有利于供给侧结构性改革的推进,也有利于评估行业本身的转型升级。

本课程坚持以马克思列宁主义、毛泽东思想、邓小平理论、"三个代表"重要思想、科学发展观、习近平新时代中国特色社会主义思想为指导,坚持立德树人的根本任务,要将课程思政融入资产评估课堂教学建设全过程。立足于为提升国家治理能力,为供给侧结构性改革输送人才这一目标,围绕全面提高社会主义财政人才培养这一核心点,努力提高资产评估课程教学水平和教学能力,创新课堂教学模式,推进现代信息技术在课程思政教学中的应用。最终培养出践行社会主义核心价值观,有理想、有本领、有担当,具备良好的思想品德、专业素养、研究能力和应用能力的高素质评估专业人才。本课程拟从以下维度实现思政教学目标。

1. 社会主义核心价值观

社会主义核心价值观中包含的公正、法治、敬业等价值观对于学生职业素质的培养具有深远意义。本课程将价值引领融入日常资产评估法律法规及职业道德教学,促使广大学生自觉践行社会主义核心价值观。包括但不限于在讲解知识点的过程中,引导学生树立敬业的社会主义价值观;通过职业道德案例讲解,引导学生树立公正的社会主义核心价值观;重视对学生的法治教育,引导学生树立法治的社会主义核心价值观。

2. 制度自信

本课程通过介绍资产评估发展史,让学生更准确了解改革发展取得的成就,从历史发展过程中能够自然而然地传递马克思主义基础理论的正确性,有助于同学们认识到马克思主义指导地位的重要性和中国特色社会主义制度的优越性。本课程能够传递坚持中国共产党领导的重要性,从心灵深处认同"中国共产党为什么能、马克思主义为什么行、社会主义为什么好",增强同学们的政治认同。

3. 家国情怀

本课程通过资产评估行业在我国经济建设作用和国际地位,增进学生对于改革开放和供给侧结构性改革的认识,增强民族自豪感和爱国情怀。引导学生思考评估机构在服务于供给侧结构性改革的工作过程,增强学生对于中外资产评估行业发展史的认识,激励学生继续发扬传承中国评估人的匠人精神,努力成为为深化改革做出贡献的高素质综合人才。

4. 职业道德与职业理想

资产评估产生于市场经济交易活动中,主要服务于资产转让、产权交易等活动。资产评估人员作为独立的第三方,要在工作中严格恪守职业道德,时刻约束自己的职业行为,最大限度地保证资产评估的客观、公正、真实可信。为此,我国的《资产评估法》《资产评估准则》和《资产评估职业道德准则》等法律法规和职业规范都对诚信的具体内涵做了明确规定。本课程要求每一位学生践行资产评估师职业道德操守,通过对知识讲解和案例解读,切实提高学生的道德修养,有利于培育诚实守信的资产评估人才。

5. 法治意识

资产评估是客观独立的第三方,资产评估要求学生能够独立对拥有不同内在禀赋的资产进行评定分析,公允地对不同的资产估值,本身就具有公正的内涵。法制是道德的后盾,道德是法制的前锋,法治教育不仅是思想政治教育的重要组成部分,更是资产评估职业道德教育的红线和底线。通过本课程的学习,让学生牢固树立个人遵纪守法的意识和底线思维,激励学生自发崇尚、遵守和捍卫法律法规。

6. 创新精神

随着经济的发展,我国进一步深化改革开放,全面深化改革进入攻坚期和深水期,要想有所突破和发展就必须要依靠全党全国人民发扬创新精神。资产评估也将更加深入地参与到市场经济的实践中去。资产评估的实践性和技术性较强,要求学生不仅具备扎实的理论基础,而且要有较强的专业判断能力和良好的职业操守,能够将理论知识灵活运用于具体的资产评估实践中。通过不断的专业学习实践,积极参加各级各类学术课程,科技作品竞赛等渠道来不断地提高自己的创新思维能力。

7. 科学精神

资产评估是社会主义市场经济发展的必然产物,对促进资源有效配置、市场效率提升以及维护市场秩序有着不可磨灭的作用。资产评估专业人员无论是在资产评估机构从事专业服务工作,还是在各类企业从事资产管理、企业价值管理工作,都是经济社会发展不可或缺的一支专业力量。本课程旨在培养学生探索新知的好奇心和挑战权威的批判精神。通过大量的自残评估实践案例讲授和课后思考训练,引导学生将理论方法用于现实,培养学生深入实际开展调查研究的科学精神。

8. 使命和担当

"国家的希望在青年,民族的未来在青年"。供给侧结构性改革通过去产能、去库存、去杠杆、降成本、补短板,从生产领域加强优质供给,提高供给结构适应性和灵活性,提高全要素生产率,使供给体系更好适应需求结构变化,这一切都将为资产评估机构提供更多与资产处置、企业并购、企业清算等相关的评估业务。在资产评估教学中,通过介绍我国供给侧结构性改革的艰辛历程,激励学生树立远大崇高的理想,努力提高专业知识,担当起弥补复合型、应用型高级资产评估专业人才短缺的历史担当。

9. 国际视野

伴随着经济社会发展,资产评估服务领域不断拓宽,几乎涵盖了国民经济的所有行业及社会经济的各个领域。在全球化竞争日趋激烈的新时代、新理念、新格局下,国家的经济社会发展尤其需要更多的具有国际视野的高素质人才。本课程通过让学生了解到国际上资产评估的种种经验及教训,了解国际上资产评估方法的最新成就和发展趋势,培养学生的广阔视野,始终保持走在理论联系实践的前沿。

10. 人文素养

本课程注重学生人文素养的养成。人文素养是综合性的,既包含文化知识,又包含业务能力,还包含品德作风和胸怀境界。人文素养的养成,是在业务素质的基础上不断积累和沉淀的过程,不断理解和深悟的过程,不断提高和丰富的过程和不断完善的过程。本课程要求学生具备扎实的经济学、管理学、财务管理理论基础,掌握必要的资产评估业务技能的同时,引导学生不断提升个人修养,培养德才兼备,具有法治与使命担当具有廉洁意识和集体意识,品行端正、爱岗敬业和富有团结精神的高素质专业人才。

11. 公共意识

本课程培养学生爱党、爱国、爱社会主义、爱人民、爱集体的思想认识,通过学习我国资产评估的发展史、资产评估行业的发展史,让学生关心国家大事、公共政策、公共话题并积极参与公共活动,具有公德心,遵守公共秩序和自觉维护公共利益。

(二)课程思政教学内容

1. 价值观塑造,践行社会主义核心价值观

本课程运用马克思主义世界观和方法论深化对中国特色基本经济制度的认识,立足于我国经济发展实践,辩证对待西方经济学理论和方法。坚持用习近平新时代中国特色社会主义思想铸魂育人,帮助学生坚定"四个自信",弘扬伟大民族精神和中华优秀传统文化。培养学生德智体美劳全面发展,践行社会主义

核心价值观,掌握经济管理、资产评估法规以及相关专业知识和实践能力,运用现代评估技术处理相关评估问题,具有良好的人文素养、科学精神、诚信品质和多学科交融的创新思维。成为能够在地方中小企业、金融机构、政府部门、事业单位、评估所等相关领域从事房地产评估、企业价值评估与上市辅助、金融风险评估与投资决策、中介咨询服务与审计鉴证等工作的高素质应用型人才。

2. 坚定政治立场,具备家国情怀

本课程通过深入挖掘课程思政元素,引入丰富的案例素材,讲好中国故事,帮助学生深刻领会党领导下的我国资产评估所取得的重大成就和历史经验,涵养学生的家国情怀和社会责任感。从资产评估的发展脉络来了解我国经济的发展,加深学生对行业发展的了解,引导学生关注行业发展状况,运用所学知识对现实进行深入思考,以批判性眼光看待资产评估在社会经济中的地位。引导学生拓展国际视野,清醒认识当今世界处于百年未有之大变局,理解我国参与全球财税治理体系改革和建设实践,树立大国财政与人类命运共同体理念。

3. 熟悉中国国情,具备良好的专业素养

本课程注重引导学生胸怀祖国、放眼世界,扎根中国大地,从资产评估的发展脉络来了解我国经济的发展,引导学生关注行业发展状况,加深学生对行业发展的了解,运用所学知识对现实进行深入思考,以批判性眼光看待资产评估在社会经济中的地位。通过丰富多样的教学形式,帮助学生了解中国国情、社情、民情,使之具备良好的专业素养,掌握较为系统的资产评估专业知识,了解我国资产评估的原则、目标、方法程序,了解我国经济发展中的国情民情,锤炼意志品质、增长智慧见识,上知宏观政策,下知基层治理,善用治理之道,解决现实问题,为我国的资产评估业及其他需要估值服务的企业事业单位培养能够跟踪并掌握国际最新评估理论与方法,并了解熟悉中国国情的专业人才。

4. 富有科学精神,具备良好的研究能力

为进一步贯彻落实立德树人根本任务,激发学生对科学研究的兴趣,本课程注重培养学生的科学精神和创新意识,以资产评估相关的科研项目为驱动,将教学内容和方法科学设计成具体的任务,把科研训练有机融合进教学全过程。将专业知识传授与研究能力培养相结合,帮助学生掌握新方法、新技术、新手段,解决中国新时代的新命题。帮助学生了解学术研究的基本规范,夯实研究基础,并运用所学的经济学、公共管理学、政治学、法学、统计学和计量经济学等研究方法,开展与课程相关的问题研究。注重培养学生在定量分析、预测方法以及评估理论研究等方面的能力,并能够跟踪并掌握国际最新评估理论与方法,以便将最前沿的资产评估技术理念服务于中国经济社会的发展。

5. 关心现实问题,具备良好的实践创新能力

本课程倡导经世济民和知行合一的精神,注重理论与实践相结合,鼓励学生通过资料收集、实习实训、实地调研等途径,了解资产评估领域的重点难点问题,并结合所学专业知识进行研讨,为从事相关评估实务工作和解决复杂现实问题奠定良好的基础。注重结合资产评估理论和客观实际,搭建资产评估理论与实践之间的沟通桥梁,在专业课程设置过程中加强创新创业教育和课程思政教育,通过深入调研行业、企业、用人单位了解并纪录企业对应用型人才的培养要求,组织专题研讨和专家论证工作,把创新创业教育和课程思政融入资产评估专业人才培养全过程。鼓励学生"敢闯会创",使学生在各项模拟实战中增强创新意识、锻造创造精神和提升创业能力,为创业实干打下坚实的基础。培养学生具有优化提升资产评估系统的能力,成为资产评估领域的创新型人才。

6. 培养学生法治意识,具有良好的职业道德

本课程以职业操守为课程思政建设的切入点,将价值引领巧妙融入日常资产评估法律法规及职业道德教学,促使广大学生自觉践行社会主义核心价值观,让学生充分了解资产评估的实操性,引导学生用批判性眼光看待解决问题的方式,使其明晰资产评估师的职业责任和使命,培养学生求真务实的精神;使学生了解和掌握我国资产评估的规章程序、法律制度,自觉遵守相关法律法规和职业规范,时刻牢记资产评估人员应具有的职业操守,培养其德法兼修的职业素养。

**(三)教学方法**

1. 案例教学法。通过整理分析资产评估行业发生的证监会处罚违规案例中评估公司易犯的典型问题,增强学生对执业风险的认识,树立资产评估相应的职业道德。

2. 小组讨论法。在讨论或辩论中增强学生情感体验,引导学生思考该如何比较收益率,利用有限的资源创造价值的最大化,培养学生将理论灵活运用于实践的创新精神,从而将专业知识与思政元素有机融合。

3. 启发引导法。避免强制灌输和反复说教,营造融洽的学习氛围。通过对不同社会形态、不同经济体制下企业发展历史的了解,讲解我国在企业所有制方面的重大改革,具体讲述我国经济和社会建设取得伟大成就,加强学生对我国政治制度的认同和制度自信。

4. 情景教学法。通过将无形资产的评估与法律相结合,使学生学会用法律保护自己权益不受侵犯,同时不剽窃、不侵犯他人的合法成果。增强学生对于知识产权、商标权等法律知识了解,培养保护知识产权的法律意识潜移默化地陶冶学生情操,温润学生心灵、启迪学生思想。

5. 现身分享法。邀请典型人物或业界精英与学生面对面分享亲身经历和评价感受,使学生近距离感知思政元素,强化学生对思政元素的认同。

6. 现场教学法。参观学习,通过现场参与式教学提升学生的认知水平。资产评估中很多方法是借鉴了审计的方法,特别是对流动资产的评估。推荐学生寒暑假去会计师事务所,参加社会实践,从而培养学生理论联系实际的创新精神。

7. 调查研究法。通过讲解企业价值评估中混合所有制改革价值评估,增强学生对于保护国有资产的认识。引导学生扎根中国大地,深入社会实践,使学生学思结合、知行统一。通过案例延展中国企业并购海外企业的成功案例,增加学生的民族自豪感。

8. 其他教学法。如通过虚拟仿真实验教学敦促学生了解资产评估的流程,遵从法治精神,公私分明,在评估活动中守住法律的红线。

## 三、课程各章节思政教学内容设计

### 第一章　资产评估概述

**专业教学目标**

本章教学目的在于使学生了解资产评估的基本概念,掌握资产评估的对象和分类,熟练掌握资产评估的目的和价值类型,理解资产评估的假设前提和原则,为全部课程的讲授奠定基础。

【知识目标】

1. 了解资产评估的目的和资产评估的价值类型,资产评估的假设前提和评估的原则。
2. 从理论上熟悉评估目的与评估价值类型的关系,从概念上明确评估价值类型。
3. 掌握资产评估的前提假设和原则,明确评估目的和评估价值类型之间的关系。

【能力目标】

1. 培养理解现有资产评估方法的逻辑,掌握数字经济时代资产评估的基础思维方式。
2. 培养学生独立思考能力和思辨能力,具有理性思维和求真精神,尊重事实和证据,有实证意识和严谨的求知态度。
3. 培养学生熟悉资产评估的基本要素,理解资产评估的流程背后基本的科学原理。

**课程思政教学目标及实践**

【育人目标】

1. **制度自信**　资产评估行业发展历史能够与历史唯物主义观点相结合,通过对资产评估发展史的梳理,使学生明晰资产评估在世界和我国的经济背景下的发展历程,增强学生的民族自豪感,引导学生认识世界、改造世界。

2. **使命和担当**　通过介绍资产评估行业发展新方向,引导学生关注资产评估行业的发展新动向,提升学生的历史责任感和忧患意识。在资产评估从业过程中,启迪学生提高专业素质、职业道德能够与工匠精神相结合,就是具有大国使命和担当。

3. **职业道德**　通过讲解资产评估程序的签订业务约定书和收集相关信息内容的知识点。增强学生对市场交易的公平竞争和遵守职业道德的认识。了解资产评估人员在开展资产评估工作时首先应遵循的基本原则就是诚实守信。引导学生对职业有敬畏心,履行职业道德行为,维护职业形象。

4. 法治意识  评估活动包括对被评估资产作价的依据,既包括法律法规依据,也包括其他相关依据。本章通过介绍资产评估依据,敦促学生了解资产评估的流程,遵从法治精神,公私分明,在评估活动中守住法律的红线。评估人员在资产评估过程中应依法办事,不与任何利益相关方产生利益关系,以客观真实的评估资料为依据,不预先设定评估价值,严格依照资产评估的法定程序实施价值评估。自觉遵守相关法律法规和职业规范,时刻牢记资产评估人员应具有的职业操守,培养其德法兼修的职业素养。

**【教学方式与方法】**

1. 情景教学:线上观看中国资产评估行业30年发展历程视频,线下自主阅读文献资料,撰写观后感、阅读笔记或思维导图。

2. 课堂启发引导:重点讲授资产评估的目的和资产评估的价值类型,资产评估的假设前提和评估的原则,引导学生思考评估目的和评估价值类型之间的关系,深化学生的职业道德和法治意识。

3. 案例教学法:以案例的形式讲授,启迪学生提高专业素质、履行职业道德行为、维护职业形象,对职业有敬畏心,增强学生守法意识。通过整理分析资产评估行业发生的证监会处罚违规案例中评估公司易犯的典型问题,增强学生对执业风险的认识,树立资产评估相应的职业道德。

4. 现身分享法:通过邀请行业知名实务专家举行讲座,与学生面对面分享亲身经历和评价感受,使学生近距离感知职业道德和法治意识,强化学生对制度自信和家国情怀的认同,激发学生的大国使命和担当。

**【课程思政教学实例】**

**案例材料:中铭国际的同济堂评估乌龙事件**

(1)案例简介

"中铭国际对同济堂进行股权价值评估,其采用资产基础法评估值为8.7亿元,采用收益法评估值14.8亿元,评估结果选择了资产基础法,所出具的价格却是14.8亿元。"中铭国际资产评估(北京)有限责任公司(以下简称中铭国际)在回复上交所问询函时表示,出现差错是由于公司评估助理工作疏忽,误将校订前的《资产评估报告》扫描提交给客户所致。

资料来源:邹香清."资产评估"课程思政教学的探索[J].教育现代化,2019,6(76):157-158.

(2)案例的思政元素

①职业道德。根据资产评估基本准则第二章第五条:"资产评估机构及其资产评估专业人员应当诚实守信,勤勉尽责,谨慎从业,遵守职业道德规范,自觉维护职业形象,不得从事损害职业形象的活动"。

②法治意识。根据资产评估基本准则第三章第十八条:"资产评估机构应当对初步资产评估报告进行内部审核后出具资产评估报告"。资产评估行为由《资产评估法》和《资产评估职业道德准则》等予以规范,法治教育更是资产评估职业道德教育的底线,资产评估专业重视对学生的法治教育,体现了"法治"要求。

③社会主义核心价值观。资产评估是客观独立的第三方,本身就具有公正性,资产评估的独立性原则,能够增强学生对和谐社会正义内涵的理解,体现社会主义核心价值观的"公正"。资产评估原则中的独立性原则。增强学生对和谐社会的公正和正义内涵的认识。

(3)教学手段

①翻转课堂:在讲授《资产评估法》、职业道德准则等内容时,由于这些章节的内容多为法律条文,较为枯燥,教师可以课前布置由学生查找经典案例,以PPT的形式展示合作成果,为学生提供课堂展示的平台,以此调动学生的积极主动性,增强学生对思政内容的主动探索和接受度。

②知识点+事实案例+思政教育:结合资产评估准则和资产评估法对这一案例进行深入的分析。教师可通过分析有关资产评估的反面案例,让学生认识到一旦出现具体评估要素不全问题,就可能给评估机构及评估人员声誉带来难以挽回的不良影响,同时也会给资产评估的行业形象造成极大的负面影响。

从案例中可以看出,评估机构和评估人员所犯错误非常低级,所带来的后果难以估量,首先,由于评估结果的误导,给投资者造成损失以及监管部门的关注,必然影响到委托方并购重组活动的顺利进行;其次,对评估机构和评估人员声誉造成了难以挽回的负面影响,直接制约了今后评估业务的开展;最后,给行业社会形象带来负面影响。

通过讲解案例,使学生明白资产评估师应当谨慎从业、勤勉尽责、诚实守信并坚持独立、客观、公正原则及严格遵守资产评估准则和有关法律法规的知识点,进一步引导学生自觉提升职业能力,严格依照有关法律法规办事,做好本职工作。这样既达到了"教书"的目的,又达到了"育人"的目的。

## 第二章 资产评估的基本方法

**专业教学目标**

本章的教学目的在于使学生掌握重置成本法、收益现值法、现行市价法和清算价格法四种资产评估方法的技术路径,理解四种方法各自的前提条件,在此基础上熟练掌握四种方法的基本公式和具体计算方法,为以后各章的讲授奠定基础。

【知识目标】

1. 掌握资产评估的基本方法的联系与区别。
2. 掌握市场法。
3. 掌握收益现值法。
4. 掌握重置成本法。

【能力目标】

1. 培养学生独立思考能力和思辨能力,了解不同评估方法的原则和评估思想。
2. 培养学生的逻辑思维,掌握不同评估方法技术路径和理论依据。

**课程思政教学目标及实践**

【育人目标】

1. **家国情怀** 讲解资产评估与相关经济活动的区别与联系,使学生了解资产评估在改革进程的角色,培养学生爱国和奉献精神。对学生进行爱党、爱国、爱社会主义、爱人民、爱集体的"五爱"教育。通过对资产评估目的的介绍,使学生了解资产评估的用途,激发学生的学习兴趣和学习热情。

2. **科学精神** 资产评估的目标是将各类信息(财务信息、行业信息、宏观经济信息、产业经济信息等)综合考虑,并最终以货币为尺度将各类信息量化反应在价值类型中。这要求资产评估专业在培养过程中不但要注意学生对于财务建模与估值能力的培养,还需要一定程度定性分析的能力。故注重培养学生深入挖掘,探索新知的好奇心和挑战权威的科学精神。

3. **创新精神** 资产评估的预期收益原则,由资产价值的高低取决于资产未来收益的大小,在介绍收益法中收益率的确定时,收益率等于无风险利率加风险报酬率,而风险报酬率的确定与资产面临的风险是相对应的,收益率高也就意味着风险大。引导学生思考该如何比较收益率,利用有限的资源创造价值的最大化,培养学生将理论灵活运用于实践的创新精神。

【教学方式与方法】

1. **自主学习**:教师在教学平台上发布预习资产评估学教材内容,根据教学大纲要求理解成本法的概念、估算方法和计算公式,并上传一些关于成本法的相关热点新闻和案例,由学生思考其中蕴含的经济学原理和思政理念,搜集学生在预习环节反馈的疑难点,培养学生的钻研基础理论的科学精神。

2. **课堂讲授**:启发引导法讲授资产评估方法相关理论的主要观点,避免强制灌输和反复说教,营造融洽的学习氛围,为培养学生的创新精神奠定理论基础。

3. **课堂展示与讨论**:教师带领学生完成案例分析,之后进行小组讨论,使学生逐步完成收益额、收益期限和折现率的计算,并在小组总结发言中进行深刻完整地阐述,深化学生对于基础评估方法的理解和掌握,锻炼深入研究的科学精神。

【课程思政教学实例】

**案例材料:资产的未来收益价值**

(1)案例简介

某项资产可继续经营15年,经分析,预计未来5年的收益额分别是200万元、250万元、230万元、210万元和240万元。假定从第六年起至第十五年各年收益均为260万元,确定的折现率为10%,该资产收益贡献率为20%。试确定该资产的评估值。由公式有:

$$\begin{aligned}
收益现值 &= \frac{200}{(1+10\%)} + \frac{250}{(1+10\%)^2} + \frac{230}{(1+10\%)^3} + \frac{210}{(1+10\%)^4} \\
&\quad + \frac{240}{(1+10\%)^5} + 260 \times \frac{1}{(1+10\%)^5} \times \sum_{i=1}^{15-5} \frac{1}{(1+10\%)^i} \\
&= 200 \times 0.9091 + 250 \times 0.8264 + 230 \times 0.7513 + 210 \times 0.6830 + 240 \times 0.6209 \\
&\quad + 260 \times 0.6209 \times 6.1446 \\
&= 181.82 + 206.60 + 172.80 + 143.43 + 149.02 + 991.95 \\
&= 1845.62（万元）
\end{aligned}$$

资料来源：徐平．资产评估 全案模拟与操作[M]．成都：西南财经大学出版社,2006．

**(2) 案例的思政元素**

科学精神。通过讲解未来收益的现值估算方法，让学生了解货币的时间价值。

**(3) 教学手段**

小组讨论+实际计算：在课堂中通过任务驱动，模拟出真实的评估计算过程，通过小组讨论的形式，提高同学的沟通能力、合作精神，加深对知识点的理解。

### 第三章 房地产评估

**专业教学目标**

本章的教学目的主要在于使学生理解和掌握解房地产的构成要素及特点，影响房地产价格的主要因素，房地产评估的原则、程序以及各类评估技术和评估方法在房地产评估中的应用。

**【知识目标】**

1. 掌握房地产的基本概念，房地产价格的基本特征。
2. 掌握市场法在房地产评估中的运用。
3. 掌握收益法在房地产评估中的运用。
4. 掌握成本法在房地产评估中的运用。
5. 掌握假设开发法。

**【能力目标】**

1. 掌握和资产评估方法的运用能力。
2. 培养学生的实践操作能力。通过案例教学，培养学生分析现实问题的能力，掌握各种方法的具体操作能力。

**课程思政教学目标及实践**

**【育人目标】**

1. 公共意识　在房地产评估方面，介绍房地产价格特点时宣传"房住不炒"的定位。引导学生关注房地产的发展状况，使学生在了解评估方式的基础上，树立正确的观念——"房子是用来住的，不是用来炒的"，"炒房"行为扰乱经济发展秩序、破坏经济运行规律，是不健康、不道德、反人民的。

2. 制度自信　土地使用权三权分置是继家庭联产承包责任制后农村改革又一重大制度创新。"三权分置"是农村基本经营制度的自我完善，符合生产关系适应生产力发展的客观规律。在介绍土地使用权评估知识点时，增加三权分置下农地经营权价值评估，增强学生对三权分置内容和改革意义的认识。

**【教学方式与方法】**

1. 自主学习：教师在教学平台上发布预习资产评估学教材内容，根据教学大纲要求理解房地产的构成要素及特点，影响房地产价格的主要因素，房地产评估的原则、程序等知识点，由学生思考其中蕴含的经济学原理和思政理念，深化学生的公共意识。

2. 课堂讲授：启发引导法讲授房地产评估相关理论。避免强制灌输和反复说教，营造融洽的学习氛围，增加学生对我国制度的认同。

3. 案例教学：要求学生自己寻找一处房产进行评价，然后根据该房产通常的价格状况和该学生具体评估的计算过程对其进行评估。通过整个案例寻找、分析，不仅使学生所学知识更加巩固，而且更增强了其分析解决现实问题的信心，也使其更了解社会现实状况，从而关注民生，具有心怀天下的公共意识。

**【课程思政教学实例】**
**案例材料:烂尾楼停贷风波**
**(1)案例简介**

2022年6月30日江西景德镇的强制停贷告知书刷屏社交媒体后,多地都陆续出现了业主欲"停贷"现象,不少烂尾楼业主开始联合起来:"不交楼就不还钱。"从江西景德镇抱团"停贷"蔓延至安徽合肥、河南郑州、湖北武汉等十余个城市。

烂尾楼属于在建工程。在建建筑工程指正在建设中的、尚未竣工或完工尚未交付使用的不动产建设项目(含列入项目的备用材料、设备等)。

某评估人员接手一块位于××市经济技术开发区内的土地评估业务。经现场查勘和收集资料,该评估人员分析认为可以采用成本法和假设开发法进行评估。为此,该评估人员查对了有关指标,调查了有关事项,经数据处理和计算,得出了该块土地使用权市场价值。复审人员对评估报告及有关事项进行了审查并就评估中的分析思路与处理方式提出了意见。这些意见解析如下:

①土地的性质未做交代,出让与划拨显然应有不同的费用考虑;

②土地取得与开发的成本费用构成分析得当,采用成本法可行;

③没有列出成本费用的详细项目与标准,显得依据不够充分;

④该块土地的建设开发项目规划方案已经得到批准,各项规划设计指标可以在假设开发法中使用;

⑤开发项目中的房产价格来源不明,缺乏对开发区远景规划和周边商业氛围的描述,因此,总收入的估计可靠性不强;

⑥利息计算中,没有说明计息周期和资金投入方式,而资金分期投入或非均匀投入是需要进行特别考虑的;

⑦利润率与单位建筑面积的建筑成本没有说明取值的出处,利润率一般应以社会平均或行业平均指标为参考,建筑成本则应以当地类似资产的平均成本为参考。

上述这些审核意见有助于评估人员重视评估依据和资料的收集,注意评估方法的使用与所占有数据的关联,更加全面、细致地分析和考虑问题。

资料来源:①徐平.资产评估 全案模拟与操作[M].成都:西南财经大学出版社,2006.
②农视网.多地烂尾楼业主"停贷"!业主的利益谁来保障?又该如何正确维权?[EB/OL] https://3g.163.com/dy/article/HCI8F0DL0511DJHA.html.

**(2)案例的思政元素**
①法治精神。引导学生思考烂尾楼现象应该由谁承担责任?停贷是否合法?停贷谁该负责?
②公共意识。引导学生思考为什么业主会集体停贷?引导学生关注民生,培养心怀天下的公众意识。

**(3)教学手段**
①讲授:房地产评估的相关知识点,引导学生实际思考现实中的房地产价值,培养学生理论联系实际的能力。

②小组讨论:讨论停贷带来的多方影响以及烂尾楼问题带来的启示

## 第四章 机器设备评估

**专业教学目标**

本章教学目的主要在于使学生了解机器设备评估的基本方法,要使学生理解机器设备的概念和评估的特点,掌握机器设备评估的成本法、市场法和收益法,了解并熟悉二手车的评估方法。

**【知识目标】**
1. 了解机器设备的技术经济特点及其对评估的影响。
2. 掌握机器设备评估的程序。
3. 掌握成本法在机器设备评估中的应用。

**【能力目标】**
1. 培养学生理论联系实际的能力,掌握成本法具体应用。
2. 培养学生创新精神,理解时代对于机器设备估值的巨大影响。

**课程思政教学目标及实践**

【育人目标】

1. 家国情怀　通过机器设备评估的国产人工智能设备介绍，引起学生对于"中国力量"情感共鸣，进一步坚定自信、增强自觉和实现自强，增加民族自豪感。

2. 人文素养　在介绍功能性贬值和经济性贬值时，功能性贬值是由设备功能落后引起的，经济性贬值是由外界因素引起的，通过该知识点可以教育学生不仅要加强个人学习与能力培养，也要勇于适应社会变革与挑战。

【教学方式与方法】

1. 自主学习：教师在教学平台上发布预习资产评估学教材内容，根据教学大纲要求理解了解机器设备评估的基本方法，要使学生理解机器设备的概念和评估的特点，由学生思考其中蕴含的经济学原理和思政理念，自行感受近三十年以来中国机器设备的发展变化，增加学生的家国情怀和民族自豪感。

2. 课堂讲授：启发引导法讲授机器设备评估相关理论的主要观点或内容，避免强制灌输和反复说教，营造融洽的学习氛围。通过把物理寿命、经济寿命、技术寿命类比为人的相关寿命，教育学生养成健康生活、终身学习的习惯和继承尊老爱幼的中华民族传统美德。

3. 课堂展示与讨论：教师在翻转课堂环节对重难点知识详细讲解，学生质疑问难，先由有思路的同学进行解答，教师进行点评和补充，若学生讲解有偏差，教师则将这部分知识点作为学生的盲点，进行详细讲解，师生一起解决问题。教师可以针对典型问题与学生进一步探讨，组织学生抢答或者在学习通平台随机选人说出对问题的想法，教师再进行课堂总结。通过教师引导，让学生反思如何提高自身的人文素养，扩展理论与创新思维。

【课程思政教学实例】

**案例材料：无锡尚德"破产重整"**

(1) 案例简介

无锡尚德曾是中国光伏行业的领军企业，也是最早在美国上市的中国光伏企业。受产能过剩、无序竞争以及欧美"双反"等因素影响，无锡尚德处境十分艰难，企业负债达到上百亿元。最终，尚德开始"破产重整"。

欧美"双反"贸易壁垒政策对我国光伏行业如无锡尚德、江西赛维LDK的毁灭性影响，虽然设备没有实体磨损和技术进步贬值，但是由于外部环境变化导致设备开工率下降、产品价格降低，严重削减中国光伏产品在市场上的竞争力，中国光伏企业在当时几乎遭受了灭顶之灾。

资料来源：赵剑锋. 案例教学模式在资产评估课程中的实施与探索[J]. 金融理论与教学，2013，(06)：70－72.

(2) 案例的思政元素

①家国情怀。通过讲解欧美对于我国高科技行业的围追堵截，引出同学们的民族自尊心和为家为国努力的家国情怀。

②人文素养。通过对消失行业的回顾，引导学生们思考如何与时俱进，保持自身竞争力，提高自身综合素质。

(3) 教学手段

知识点讲解＋案例分析＋课程思政：教学内容与案例实践相融合，通过对案例的巧妙设计以及深入分析，润物细无声地将教学理论内容和思政教育结合起来。例如，机器设备评估的成本法有四项核心关键要素：重置成本、实体性贬值、技术性贬值、经济性贬值，我们可以通过案例分析其核心内容及其差异。对于技术性贬值，我们可以通过若干"消失的行业"作为案例，如胶卷、mp3等行业的产品生产设备，虽然机器设备没有实体磨损，但是由于技术进步导致设备未来盈利能力下降而产生价值贬值。对于经济性贬值，我们可以联系欧美"双反"贸易壁垒政策对我国光伏行业如无锡尚德、江西赛维LDK的毁灭性影响，虽然设备没有实体磨损和技术进步贬值，但是由于外部环境变化导致设备开工率下降、产品价格降低，设备未来收益下降所体现的价值贬值。通过案例归纳总结后可知，实体性贬值是基于过去使用的磨损贬值，技术性贬值和经济性贬值是基于未来收益减少的价值贬值，以案例演示和讨论来掌握机器设备评估的要点和脉络。

## 第五章 流动资产评估

**专业教学目标**

本章教学目的主要在于使学生理解流动资产的特点和流动资产评估的特点,掌握实物类流动资产的评估方法,了解原材料、低值易耗品、在产品和产成品的区别,熟练掌握应收账款和应收票据的评估方法,了解预付费用和待摊费用的评估。

**【知识目标】**

1. 了解流动资产的特点、类别、评估特点及评估步骤。
2. 掌握实物类流动资产的评估方法及其应用。
3. 掌握债权类流动资产的评估方法及其应用。

**【能力目标】**

1. 培养学生独立思考能力和思辨能力,能够区分流动资产的类型,判断评估特点。
2. 培养学生理论联系实际的能力,能够在实践中对各种类别的资产展开评估。

**课程思政教学目标及实践**

**【育人目标】**

创新精神 资产评估中很多方法是借鉴了审计的方法,特别是对流动资产的评估。推荐学生寒暑假去会计师事务所,参加社会实践,通过校企合作促进创新创业教育和课程思政融合,在创新创业教育中,要建设并完善校内创新创业教育实践基地,将实践操作与理论学习充分结合,为创新创业教育实践提供载体,从而培养学生理论联系实际的创新精神。

**【教学方式与方法】**

1. 自主学习:教师在教学平台上发布预习资产评估学教材内容,根据教学大纲要求了解流动资产的特点和流动资产评估的特点,实物类流动资产的评估方法,原材料、低值易耗品、在产品和产成品的区别,掌握应收账款和应收票据的评估方法,预付费用和待摊费用的评估等知识点,由学生思考其中蕴含的经济学原理和思政理念,自行思考如何在流动资产评估中展开创新,培育学生的创新精神。

2. 课堂讲授:启发引导法避免强制灌输和反复说教,营造融洽的学习氛围。讲授流动资产评估相关理论的主要观点或内容、政策启示与建议等,为培养学生的创新精神奠定知识基础。

3. 课堂展示与讨论:在学习流动资产评估章节时,向学生布置上市公司流动资产相关的科研课题任务,学生分组利用课余时间进行文献调研,设计完整的课题研究方案,以PPT形式针对项目进行汇报、分析和探讨,其他组同学针对汇报内容进行讨论和辩论,学生在完成科研任务的同时,进一步培养了学生独立探索的学习精神、个人专业能力、团队协作能力和科研能力。

**【课程思政教学实例】**

**案例材料:流动资产的评估方法**

(1)案例简介

某企业2016年6月购进甲材料200吨,单价5000元/吨。该种材料的供应有季节性,2017年3月进行评估时,市场已经没有大量的购销活动。经清查核实,甲材料评估时尚有库存100吨,因保管等原因产生的有形损耗占结存材料原值的5%。评估时选择不同方法分别计算如下:

市场上有乙材料的现行市价为6000元/吨,并且乙材料与甲材料功能类似,可以作为甲材料的替代品。根据经验,甲、乙材料的价格之比为1∶1.2。则甲材料的评估值为:

$100 \times 6000 \times 1/1.2 - 5000 \times 5\% \times 100 = 475000(元)$

据调查,同类商品物价指数2016年6月为100%,2017年3月为103%。则甲材料的评估值为:

$100 \times 5000 \times 103\%/100\% - 5000 \times 5\% \times 100 = 490000(元)$

经市场供需分析,估计甲材料价格上升2%左右,则甲材料评估价值为:

$100 \times 5000 \times 102\% - 5000 \times 5\% \times 100 = 485000(元)$

资料来源:徐平.资产评估 全案模拟与操作[M].成都:西南财经大学出版社,2006.

(2)案例的思政元素

创新精神。对购进时间早,市场已经脱销,没有准确市场现行价格的库存材料的评估,应灵活选用评估方法。

(3) 教学手段

小组讨论:将资产评估案例进行适当加工形成模拟情景,学生在真实情景中获得情感交融,通过小组分工与合作,在互动中激发灵感,调动学习的积极性与主动性。

## 第六章　长期投资与其他资产评估

**专业教学目标**

本章教学目的主要在于使学生了解长期投资的概念和特点,熟练掌握债券投资、股权投资的特点和评估方法,了解其他长期资产的评估。通过学习使学生对长期投资及其评估方法有一个完整的了解和把握。

【知识目标】

1. 了解长期投资的概念及评估特点。
2. 掌握债券投资评估的特点和方法。
3. 掌握股票投资、股权投资和其他投资的评估方法。

【能力目标】

1. 培养学生独立思考能力和思辨能力,具有理性思维和求真精神,尊重事实和证据。
2. 培养学生理论联系实际的能力,有实证意识和严谨的求知态度,能够利用所学评估现实中的金融资产投资价值。

**课程思政教学目标及实践**

【育人目标】

1. 人文素养　在金融资产评估方面,要引导学生树立健康的消费观念,认识到"校园贷"的危害,避免落入借贷陷阱,在理财观念上要保持谨慎的态度,任何理财都是收益与风险并存,要学会合理规避风险,审慎选择理财产品。

2. 制度自信　在其他资产评估方面,通过讲解特殊资产评估中生态资源评估,增强学生绿色发展理念、十九大报告提出的"美丽"目标的认识;通过讲解特殊资产评估中财政资金绩效评价。增强学生对实现人民富裕、共享改革红利的中国梦决心。

【教学方式与方法】

1. 自主学习:教师在教学平台上发布预习资产评估学教材内容,根据教学大纲要求上传长期投资的概念和特点,债券投资、股权投资的特点和评估方法,其他长期资产的评估等知识点,并上传一些关于成本法的相关热点新闻和案例,由学生思考其中蕴含的经济学原理和思政理念,搜集学生在预习环节反馈的疑难点,促进学生对我国金融资产制度的认识。

2. 课堂讲授:启发引导法。避免强制灌输和反复说教,营造融洽的学习氛围。讲授长期投资和其他资产评估相关理论的主要观点或内容、政策启示与建议等,通过教师引导培养学生的人文素养和制度自信。

3. 课堂展示与讨论:学生展示根据教学素材整理分析的相关报告,小组讨论等,深化学生对我国制度的了解,从而增强学生的制度自信。

【课程思政教学实例】

**案例材料:校园贷的危害**

(1) 案例简介

闪银变相收取砍头息,年化利率高达 199.38%

①据测试学生小明反馈,他在闪银贷款 1000 元,实际只得到 790 元,他认为这是挨了 210 元砍头息。小明所说的 210 元砍头息,如何构成的?

一部分,是 160 元的新人担保凭证白条——小明借款成功后,他在闪银的账单显示为两个:一个是需要在 3 天内就还款的 160 元新人担保凭证白条;另外才是他此次借款的真正账单。

另一部分,是 50 元自动扣款——借款 1000 元到账后 1 分钟左右,小明绑定在闪银的银行账户被自动扣款 50 元。

测试学生小明借款 1000 元,分三期还款,第一期需要还款 379.65 元,第二期需要还款 340.02 元,第三期也是340.02元,总计需要还款1059.69元,看起来利息并不高。但是除掉210元砍头息后,实际仅获得现金790元。以IRR公式计算可知,小明实际上在闪银的借款利率为年化199.38%!

②据测试学生小强反馈,其在拍拍贷获得了13000元的授信额度,他提现了1000元。借款合同显示,测试学生小强这笔1000元的借款来自10名拍拍贷平台的出借人,出借最多的一名是416元,最少的一名为25元。

小强的贷款为12期偿还,每期为一个月,每月需要偿还88.38元(包含利息,借款利率为年利率11%)。同时,据合同显示,小强还需要给拍拍贷支付6.66元/每月的列表手续费,12期总计79.92元;以及每月支付10.17元的风险保障费,12期总计122.04元。加上这两笔费用,实际上小强每月需要还105.21。

借款本金1000元,每期还款105.21元,以IRR公式计算可知,小强实际上在拍拍贷借款利率为年化45.39%,高于24%的法定利率。

<small>资料来源:每日经济新闻,害死多条人命的校园贷卷土重来,年化利率最高达199%!亲测7家平台,3家成功下款[EB/OL].http://www.nbd.com.cn/articles/1360164.html.</small>

**(2)案例的思政元素**

人文素养。引导学生学会辨别各类投资及贷款利率,警惕其中存在的高风险。同时说明在校生要以学业为重,积累知识,切不可以铺张消费、资金周转等为理由进行网贷,严重影响学业的同时也加重家庭负担。

**(3)教学手段**

①讲授:长期投资的收益率,实际贷款利率的市场行情和正常价格区间。

②随堂练习:引导学生实际计算市面上各家贷款机构的贷款利率。

## 第七章 无形资产评估

**专业教学目标**

本章要求学生了解无形资产的概念和特性,掌握影响无形资产评估的主要因素和评估的基本方法,掌握专利权、商标权、商誉的概念和特点和评估方法。

**【知识目标】**

1. 了解无形资产的技术经济特点及其对评估的影响。
2. 掌握无形资产的程序。
3. 掌握收益法在无形资产评估中的应用。

**【能力目标】**

1. 培养学生理论联系实际的能力,掌握收益法的具体应用。
2. 培养学生独立思考能力和思辨能力,能够具有无形资产收益额的把握能力。
3. 培养学生的创新能力,能够在有限信息条件下,对无形资产进行评定分析。

**课程思政教学目标及实践**

**【育人目标】**

1. 法治意识  无形资产的评估与法律相结合,使学生学会用法律保护自己权益不受侵犯,同时不剽窃、不侵犯他人的合法成果。增强学生对于知识产权、商标权等法律知识了解,培养保护知识产权的法律意识。

2. 创新精神  随着中国综合国力的提升,创新已经成了进一步发展的题中应有之义,这就对知识产权的评估与管理提出了更高的要求。在无形资产评估时宣传"关键核心技术是国之重器"的理念,引导学生了解国家知识产权保护政策和建设创新型国家的重要性。

3. 职业道德  在很多情况下,市场上缺乏对于新创专利权、专有技术(如新制医药管线、新创生产工艺等)的公开价值信息,资产评估专业人员需要在有限信息的条件下充分运用经管专业知识、行业公开信息、资产评估准则等对该技术进行评定分析,并公允地出具价值评估报告以满足利益相关方的需求。引导学生无论在何种情况下,都要做出公允的价值评估。

【教学方式与方法】
1. 自主学习：教师在教学平台上发布预习资产评估学教材内容，根据教学大纲要求理解无形资产的概念和特性，影响无形资产评估的主要因素和评估的基本方法，专利权、商标权、商誉的概念和特点和评估方法等知识点，并上传一些关于成本法的相关热点新闻和案例，由学生思考其中蕴含的经济学原理和思政理念，引导学生自行理解无形资产评估中的职业道德和法治精神。

2. 课堂讲授：启发引导法讲授无形资产评估相关理论的主要观点或内容，避免强制灌输和反复说教，营造融洽的学习氛围，为培养学生的创新精神奠定理论知识基础。

3. 课堂展示与讨论：学生展示根据教学素材整理分析的相关报告等，小组讨论无形资产评估的著作权评估、专利侵权损害赔偿额评估等，培养学生的知识技能和创新精神。

【课程思政教学实例】
**案例材料：光华电器科技有限公司因股权转让**

**(1) 案例简介**

光华电器科技有限公司因股权转让需要，需对该经济行为涉及的光华电器科技有限公司全部资产及负债进行评估，为股权转让事宜提供价值参考。经评估调查了解，该经济行为涉及企业外购专利技术和自行开发专有技术两项无形资产，其中：专利技术 A 系光华电器科技有限公司于 2013 年从中科院 CDC 所受让取得，取得成本 80 万元，目前账面价值为 60 万元，该专利技术主要应用于企业 STE 系列产品，STE 系列产品为企业主导产品之一，该产品自 2013 年投产以来销售逐年上升并趋于稳定，市场占有率较高，销售毛利率超过行业平均毛利率水平；专有技术目前处于研制开发阶段，尚未应用于产品之中。根据上述情况，评估人员对专利技术 A 采用收益法进行评估，对专有技术采用成本法进行评估，具体情况详见后面。

无形资产收益通过利润方式确定。具体分析过程如下：1) 评估人员通过现场考察和市场调研调查了解专利技术主要内容构成、技术来源、先进性技术水平分析、技术的垄断与竞争、技术的成熟程度、技术的保护措施及有效程度、主要生产工艺流程、生产设施配置情况、专利技术产品质量状况及用户反馈情况；核对有关专利技术相关证书、相关文件、缴费收据，并上网进行检索确认专利权于评估基准日有效；了解专利技术受让前交易情况、许可使用情况。2) 确定收益法主要参数专利技术 A 预期收益预测①STE 系列产品预期收益预测。②利润分成率的确定。a. 确定专利技术的分成率取值范围。b. 根据分成率的评测表及综合评价模型，确定专利技术分成率的调整系数。评估人员利用综合评价法并咨询相关专家意见后建立专利权 A 的综合评价表及综合评价模型如下：

| 权重 | 考虑因素 | | 权重 | 分 值 | | | | | |
|---|---|---|---|---|---|---|---|---|---|
| | | | | 100 | 80 | 60 | 40 | 20 | 0 |
| 0.2 | 法律因素 | 专利类型及法律状态 | 0.4 | | | | 40 | | |
| | | 保护范围 | 0.3 | 100 | | | | | |
| | | 侵权判定 | 0.3 | | 80 | | | | |
| 0.3 | 技术因素 | 技术所属领域 | 0.1 | | | 60 | | | |
| | | 替代技术 | 0.2 | | | 60 | | | |
| | | 先进性 | 0.2 | | 80 | | | | |
| | | 创新性 | 0.2 | | | | 40 | | |
| | | 成熟度 | 0.2 | 100 | | | | | |
| | | 应用范围 | 0.1 | | | 60 | | | |
| | | 技术防御力 | 0.1 | | | 60 | | | |
| 0.5 | 经济因素 | 供求关系 | 0.3 | | | 50 | | | |
| | | 市场前景 | 0.3 | | | 60 | | | |
| | | 经济效益 | 0.4 | | | 60 | | | |

资料来源：徐平. 资产评估 全案模拟与操作[M]. 成都：西南财经大学出版社，2006.

**(2)案例的思政元素**

法治意识。专利类型及法律状态、保护范围、侵权判定等问题在本案例中是采用收益法展开资产评估时所必须考虑的要素。

**(3)教学手段**

讲授:讲解在侵权判定部分各种情形的得分标准,即"待估技术是生产某种产品的唯一途径,易于判定侵权及其取证(100);通过对某产品的分析,可以判定侵权,取证较容易(80);通过对某产品的分析,可以判定侵权,取证存在一定困难(40);通过对某产品的分析,判定侵权及取证存在一些困难(0)。"引导学生思考产权明晰对于评估的重要性,培养保护知识产权的法律意识。

## 第八章 企业价值评估

**专业教学目标**

本章教学目的在于使学生了解企业价值评估与单项资产评估的区别,理解企业价值评估的特点,掌握企业价值评估的范围界定,熟练掌握企业价值评估的收益法,了解企业价值评估的加和法和市盈率乘数法,使学生在概念和方法上对企业价值评估有全面的理解和掌握。

**【知识目标】**

1. 要求熟悉企业价值评估的概念及实质。
2. 掌握企业价值评估的收益现值法及主要参数的确定。

**【能力目标】**

1. 培养学生独立思考能力和思辨能力,掌握企业价值评估的基本方法及其选择。
2. 培养学生理论联系实际的能力,使学生掌握收益法具体应用。

**课程思政教学目标及实践**

**【育人目标】**

1. 制度自信　通过对不同社会形态、不同经济体制下企业发展历史的了解,讲解我国在企业所有制方面的重大改革,具体讲述我国经济和社会建设取得伟大成就,加强学生对我国政治制度的认同和制度自信,自觉增强"四个意识"、坚定"四个自信"、做到"两个维护"。

2. 家国情怀　通过讲解企业价值评估中混合所有制改革价值评估,增强学生对于保护国有资产的认识。通过案例延展中国企业并购海外企业的成功案例,增加学生的民族自豪感。

**【教学方式与方法】**

1. 自主学习:教师在教学平台上发布预习资产评估学教材内容,根据教学大纲要求理解企业价值评估与单项资产评估的区别、企业价值评估的特点、企业价值评估的范围界定、企业价值评估的收益法、企业价值评估的加和法和市盈率乘数法等知识点,由学生思考其中蕴含的经济学原理和思政理念,增强学生的制度自信。

2. 课堂讲授:启发引导法讲授企业价值评估相关理论的主要观点或内容,避免强制灌输和反复说教,营造融洽的学习氛围。通过讲解我国企业发展过程的了解,增加学生的民族之心,家国情怀。

3. 课堂案例讨论:学生展示根据教学素材通过小组讨论形式,归纳总结整理分析相关资产评估工作流程和内容。学生通过对案例的学习,举一反三,加深知识点的理解,促进学生掌握学习方法,提高解决问题的能力,启迪学生养成思辨的习惯。

**【课程思政教学实例】**

**案例材料:美的收购库卡**

**(1)案例简介**

美的集团(000333)创立于1968年,1980年正式进入家电行业。美的集团以行业领先的压缩机、磁管控等技术为支撑,以消费电器、暖通空调、机器人与自动化系统、智能供应链等多元化产品为依托,形成了国内最齐全的家电产品群和最完整的家电产业链。2021年,美的凭借良好的口碑及稳固的市场地位再次荣登《财富》世界500强排行榜,排名第288位,自2016年上榜以来提升193位。

库卡集团(KUKA)于1898年在奥格斯堡成立,拥有百年历史,是世界领先的工业机器人制造商之一。

库卡公司专注于工业机器人领域,技术水平领先,是集开发、制造工业机器人、生产机械和设备为一体的机器人生产制造集团。自1981年起,库卡的战略重心随之发生转移,将在欧洲成功实现的战略逐步扩展到亚洲等高增长国家,在北美设立了海外生产基地,并瞄准广阔的亚洲市场。库卡集团在目前德国制造业网络化战略"工业4.0"中占据主导地位,被誉为"德国工业的未来"。

美的集团于2016年5月18日宣布以自愿要约的方式,通过美的境外全资子公司MECCA International(BVI) Limited(以下简称"MECCA")收购库卡集团股份。

资料来源:郑小平,朱瑞笛.基于改进平衡计分卡的美的并购库卡绩效研究[J].会计之友,2021(17):51-57.

**(2)案例的思政元素**

家国情怀。美的并购库卡是一次较为成功的并购活动,并购后美的智能家居销售业务快速增长,海外业务和品牌价值也稳步增长,为日后战略转型奠定了良好的基础。通过讲解美的并购库卡的成功案例,对其他家电企业进行海外并购具有重要的借鉴意义。有助于激发学生的民族自豪感。

**(3)教学手段**

情景教学+实验操作:将教学内容与实验操作相融合。选择相应的并购案例作为实验项目,组建4~5人为一组的虚拟评估公司,由学生担任法人代表、项目经理和资产评估师等不同角色,根据现实评估公司的运行情况,按照评估工作程序进行实验项目的评估。通过情景教学法,使学生切身体验到并购过程中的家国情怀,激发学生评估过程中为了争取家国利益而努力的决心。

## 第九章 资产评估报告

**专业教学目标**

本章教学目的主要在于使学生对资产评估报告有完整的理解,了解资产评估报告的基本概念,掌握资产评估报告的作用和种类,熟练掌握资产评估报告的主要内容和结构,掌握资产评估报告的一般编制方法。

**【知识目标】**

1. 了解资产评估报告的构成要素。
2. 掌握撰写资产评估报告书的基本技能。
3. 掌握资产评估报告书的应用。

**【能力目标】**

1. 培养学生信息获取能力,在阅读资产报告时能够从中获取关键信息。
2. 培养学生的实践操作能力,具有撰写资产评估报告的基本技能。

**课程思政教学目标及实践**

**【育人目标】**

职业道德和职业理想 通过资产评估报告相关知识点的讲授,注重培养学生的职业道德和职业理想。结合资产评估职业道德准则,强调评估人员应履行调查职责,谨慎执业,反映了"敬业"要求;完成评估报告时,相关主体对于评估报告的沟通反馈要求,反映了"友爱"要求。

**【教学方式与方法】**

1. 自主学习:教师在教学平台上发布预习资产评估学教材内容,根据教学大纲要求理解资产评估报告的基本概念、资产评估报告的作用和种类、资产评估报告的主要内容和结构、资产评估报告的一般编制方法,并上传一些关资产评估报告的真实案例,由学生思考其中蕴含的经济学原理和思政理念,搜集学生在预习环节反馈的疑难点。

2. 课堂讲授。将某公司的资产评估报告以案例形式给出,通过与规范的评估报告进行对比,发现案例中的问题,将有助于学生对课程知识的巩固,将资产评估报告编制的技术要点熟悉掌握。

3. 案例教学。启发引导法讲授资产评估报告的构成要素,以及撰写资产评估报告的基本技能。通过资产评估报告案例引导学生感知资产评估工作的严谨性和规范性,避免强制灌输和反复说教,营造融洽的学习氛围。同时,也使学生们意识到资产评估专业在社会中的重要地位,使其树立专业自信心和专业自豪感,激励他们在资产评估行业发光发热,对我国经济发展有所建树。

**【课程思政教学实例】**

**案例材料:光华电器科技有限公司整体资产评估项目**

**(1)案例简介**

资产评估报告摘要华夏资评报字〔2018〕006号

· 委托方、产权持有者和委托方以外的其他评估报告使用者委托方与产权持有者均为光华电器科技有限公司。

· 评估对象和评估范围光华电器科技有限公司拥有的企业整体资产。纳入评估范围的资产申报账面总额为人民币27353601.79元;净资产申报账面总额为人民币15150404.36元。

· 评估目的为委托方与资产占有方处理企业并购事宜提供其企业整体资产(股东全部权益)价值的参考意见。

· 价值类型市场公允价值。

· 评估基准日本项目资产评估基准日是2017年12月31日。

· 评估方法根据评估目的,考虑委托评估资产基准日状况为正常在用,评估人员在此次评估中采用了成本法、收益法、市场法等方法。

· 评估结论委估净资产(股东全部权益)评估价值为人民币18853547.61元。

· 特别事项说明略。

资产评估报告意见征询表

光华电器科技有限公司:我公司按照有关资产评估的规定和原则,接受贵单位的委托,完成了约定的资产评估事项。现将资产评估报告(初稿)及资产清查评估结果(表)呈上,请阅读并核填下表。

| 序号 | 审阅内容 | 认可在□中划√ | 意见及问题 |
| --- | --- | --- | --- |
| 1 | 资产范围与对象 | □ | |
| 2 | 评估基准日 | □ | |
| 3 | 评估目的 | □ | |
| 4 | 词语表述 | □ | |
| 5 | 评估结果 | □ | |
| 6 | 评估结论分析 | □ | |
| 7 | 重大事项披露 | □ | |
| 8 | | | |
| 9 | | | |

委托方负责人(签字)　　　　　　　　　　　　委托方(盖章)

资料来源:徐平.资产评估 全案模拟与操作[M].成都:西南财经大学出版社,2006.

**(2)案例的思政元素**

职业道德和职业理想。通过案例分析让学生理解一份规范的资产评估报告除了能体现评估的专业性以外,还应在文体结构、语法、修辞、编排、行文等方面体现其专业性。资产评估报告编制中的注意事项,包括讲求实事求是、遵循法规与准则、保守商业机密、及时送报归档等要求,从而明确资产评估执业过程中对职业道德的要求

**(3)教学手段**

情景教学+实验操作:将教学内容与实验操作相融合。通过实验教学平台与教学软件的使用,将资产评估过程具体化、可视化,加深学生对抽象知识的理解与认识。

## 四、课程思政教学评价

### (一)对教师的评价

1. 教学准备的评价

将《资产评估》课程思政建设落实到教学准备工作各方面,要考查资产评估专业教师的职业操守和思想道德境界。教师要具备提前提炼思政元素进行课程思政目标设计、修订教学大纲、教材选用、教案课件编写等基本能力。可在备课评价、教学过程评价中重点关注教师的思想道德水平,采取教师互评、学生评教等方式考查评价教师在教学中是否有效融合了思想政治元素,具体融入环节是否合理、充分,是否符合相关课程教与学的特点,是否符合当代大学生思想发展的规律。

2. 教学过程的评价

将《资产评估》课程思政建设落实到教学过程各环节,教师要采取恰当的教学方式,具备将思政元素自然融入教学内容中的理解能力、实施能力和改进能力。包括教学理念及策略、教学方法运用和改进、作业及批改、平时成绩考核等。由学生评价,教师的讲授是否清晰易懂、教师是否能够解决学生提出的问题、教师上课过程中是否充满激情地带动学生、教师是否做到专业与思政相结合对学生进行有效地启发、教师在课上课下是否从学生角度出发引导学生思考探索等。

3. 教学结果的评价

建立健全《资产评估》课程思政多主体参与、多维度动态评价体系,包括同行评议、随机听课、学生评教、教学督导检查,覆盖课前准备、课中教学和课后结果全过程,做到主观分析和客观分析相结合、定性分析和定量分析相结合。采用多元化的学习效果评价方法。教师可以借助线上教学平台的大数据统计及分析功能全面掌握学生的学习效果并进行深度教学反思。确保教师做到心中有大纲,心中有思政,深刻挖掘资产评估课程中的思政元素,将资产评估学课程的思政作用发挥到极致。

4. 评价结果的运用

资产评估学课程内容与法律法规、经济动态和社会热点紧密相关,这就要求教师在对知识点熟悉掌握的基础上,梳理章节中课程内容能够与德育内容相融合的切入点,利用经济热点、法律条文、经典案例等方式引入课堂。教师要坚持学生中心、产出导向、持续改进的评价原则,依据课程目标采用不同的评价方式,设计相应的预期学习成果。对于同行评议、学生评教、教学督导等提出的改进建议,以及对学生考核的成绩分析进行运用,对教学进行反思与改进,并基于教学效果,调整课程思政的讲授及贯彻程度。

### (二)对学生的评价

1. 学习过程的评价

要关注学生知识、能力、价值观的发展,而不能"唯分数"。强化过程评价是衡量学生是否能有效接受教师传授的思政内容的必要手段,健全综合评价是完善评价结果的必要保障。平时表现主要从课堂出勤、课堂表现、分组汇报和课后作业进行评价。课堂表现主要评价课堂纪律、分析解决问题等方面,检验学生是否认真完成了老师布置的要求和任务,积极参与资料收集、课堂讨论和实地调研等教学过程,科学评价学生在学习过程中的积极性、互动性和参与度;分组汇报以书面形式汇报专业知识与思政内容,对表现优秀的小组进行加分奖励,激励学生良性竞争,提高学生的合作能力,帮助他们将知识内化于心;课后作业包括课题研究报告、案例分析报告等;课内实验是对实验报告完成情况和团队协作、参与意识和承担责任等思政因素进行评价。

2. 学习效果的评价

平时授课过程中关注学生的状态和课堂表现,考查学生对相关思政案例的理解掌握程度。学习效果的评价主要采用线上和线下考核、定期和实时考核、口头和书面考核相结合的多元化考核方式。通过平时作业、课堂讨论、资源库平台资料分析报告、随堂练习、课程论文、期末考试等多种形式,检验学生对课程思政元素的领会及其对思政元素的掌握程度。结合课堂内外的表现给出德育成绩,同时要加大德育成绩在总成绩中的比重。终结性考核占总评成绩的50%,以闭卷考试的形式进行。试卷内容既考核学生的基础知识、应用能力和综合素质,又含有相关的思政考察内容,让思政教育的效果在试卷成绩中能有所体现。

3. 评价结果的运用

通过师生座谈和系部教研活动等多种形式,对学生的学习效果进行科学分析,总结经验,改进不足。着重考查学生的思政案例接受度,教师在备课、授课在分析案例过程中,要引导学生举一反三,思考思政元素。同时基于学生的学习效果,根据热点和政策的变动,及时更新思政案例库,适时引入思政案例,提升课程思政的学习效果。

## 五、课程思政教学素材

| 序号 | 内　　容 | 形式 |
| --- | --- | --- |
| 1 | 《中国资产评估行业发展报告》 | 阅读材料 |
| 2 | 《资产评估职业道德准则》 | 政策法规 |
| 3 | 《资产评估准则》 | 政策法规 |
| 4 | 《新冠肺炎疫情对资产评估行业的影响和建议》 | 研究报告 |
| 5 | 《资产评估法》 | 政策法规 |
| 6 | 中铭国际的同济堂评估乌龙事件 | 案例分析 |
| 7 | 无锡尚德"破产重整" | 案例分析 |
| 8 | 美的收购库卡 | 案例分析 |
| 9 | 三一重工并购德国普茨迈斯特公司 | 案例分析 |
| 10 | 吉利收购沃尔沃 | 案例分析 |
| 11 | 新文科背景下基于OBE理念的资产评估课程教学改革研究 | 阅读材料 |
| 12 | 资产评估专业创新创业教育与课程思政融合研究 | 阅读材料 |
| 13 | 资产评估学课程思政教学改革路径研究 | 阅读材料 |
| 14 | 课程思政理念下专业课程教学改革实践路径探析——以资产评估原理课程为例 | 阅读材料 |
| 15 | 资产评估人才培养中课程思政融入探析 | 阅读材料 |
| 16 | 资产评估学课程思政的探索与实践 | 阅读材料 |
| 17 | "资产评估"课程思政教学改革探讨 | 阅读材料 |
| 18 | 课程思政理论与实践——以"资产评估学"课程为例 | 阅读材料 |
| 19 | "资产评估"课程思政教学的探索 | 阅读材料 |
| 20 | 案例教学模式在资产评估课程中的实施与探索 | 阅读材料 |

# 《政府采购》课程思政教学指南

刘扬　张军玲

（西安财经大学）

## 一、课程简介与课程目标

### (一)课程简介

《政府采购》课程为财政学专业的必修课。采购制度是目前我国财政改革的一个重点，是公共财政体系中的一项重要内容。通过《政府采购》的教学，探讨了政府采购理论，介绍了政府采购的运作，分析了政府采购的管理与效益，探索了我国政府采购制度的完善。从而帮助学生建立运用政府采购理论与相关知识分析认识现实经济问题的能力，加深对政府采购改革发展的基本趋势和方向的认知。通过各章节的学习，要求学生在理解"采购理论与制度"的基础上，掌握"采购方式与程序"、熟悉"采购管理与效益"，了解发达市场经济国家政府采购制度的体系和运作规则，以及具有代表性的国际经济组织制定的一系列政府采购协议与规则，并通过政府采购的实务操作与案例分析，深刻认识政府采购管理的现实必要性，以及政府采购融入世界经济自由化进程的应用性与现实意义。

本课程坚持以马克思主义原理为指导，强调经济学理论体系的中国特色科学学科体系、学术体系、话语体系。综合运用系统讲授、专题讨论、案例分析、调查研究、分组实训、翻转课堂、情景教学等多种教学方法和手段，激发学生学习兴趣，引导学生深入思考，帮助学生了解政府采购的基础理论、政府采购的运作程序、政府采购的管理与效益以及政府采购制度改革发展等方面的法律法规和相关政策，引导学生深入社会实践、关注现实问题，培育学生坚定制度自信，激发爱国情怀，具备诚信服务、德才兼备的职业素养。

### (二)课程目标

本课程为专业必修课程。通过本课程的学习，使学生能够达到以下目标：

1. 知识目标：通过本课程的学习，学生应对政府采购有一个整体把握；了解政府采购的意义；掌握政府采购的基本概念和基本理论；熟悉政府采购的操作程序；理解对政府采购的管理及监督机制；了解国外及国际政府采购法规的基本内容。

2. 能力目标：具有获取知识和不断学习的能力，能够掌握有效的学习方法和途径；具有实践应用能力和一定的科学研究能力，能够运用专业理论知识和现代经济学研究方法分析解决现实问题，具备创新精神、创业意识和创新创业能力。

3. 育人目标：通过梳理政府采购思想的理论渊源、介绍我国古代政府采购制度的变迁和我国现代政府采购制度的建立与改革发展历程，传递坚持马克思主义指导思想、坚定中国共产党的领导、坚持中国特色社会主义制度的重要性，增强学生的政治认同，拥护社会主义制度，拥护国家大政方针，热爱祖国。通过政府采购法律法规、实务操作与案例分析相结合，以政府采购制度和规范为基本框架，以政府采购的运作、管理与效益为主线，既有基本理论，又有大量中国特色实践，使学生深刻认识到中国特色社会主义制度的优越性，坚定制度自信，充分意识到社会经济活动管理立法先行的重要性，激励学生践行依法治国，维护社会公平与正义，强调财税职业道德的重要性，培养学生具有良好的道德品质和文明修养、良好的职业操守和职业道德，具备社会责任感、主人公意识和人文关怀理念，坚守初心与职业理想。政府采购作为国家宏观调控的重要手段，维护公共权益、提供公共服务、满足公民需要，体现以人为本的发展核心和全心全意为人民服务的根本宗旨，为学生传递人民至上的思想理念。政府采购制度从计划经济体制到市场经济体制转变以及经济全球化背景下的发展历程，及在基本理论、运作流程、采购方式、审计与监督、救济制度等方面的不断改革与探索，传递、继承与发扬创新思维理念，勇于开拓、不断进取的创新精神，并通过了解国际经济发展的新成果、关注国际发展的新趋势,让学生开阔视野增长见识,培养学生养成多角化思维方式,成为具有国际视野的高素质人才。

**(三)课程教材和资料**

➢ 推荐教材

宋丽颖 等.政府采购[M].西安:西安交通大学出版社,2018.2.

➢ 参考教材或推荐书籍

1. 马海涛,姜爱华.政府采购管理[M].北京:北京大学出版社,2016.8.
2. 吴小明.政府采购法律法规、实务操作与案例分析[M].北京:经济科学出版社,2018.8.
3. 王周欢.政府采购制度研究[M].上海:上海人民出版社,2019.6.

➢ 学术刊物与学习资源

经济科学出版社主办、财政部指定全国政府采购信息媒体、全国政府采购工作指导刊物《中国政府采购》。

中国财经报社主办、财政部主管的唯一一家报纸《中国财经报》。

国内外各类经济类核心期刊。

图书馆经济类数字资源:电子图书\\期刊等数字图书资源、CNKI等数据库资源。

➢ 推荐网站

中国政府采购网中国政府购买服务信息平台:http://www.ccgp.gov.cn/.

中华人民共和国财政部国库司(政府采购管理办公室):http://gks.mof.gov.cn/.

各级地方政府政府采购网站。

## 二、课程思政教学总体设计

**(一)课程思政教学目标**

本课程坚持以马克思列宁主义、毛泽东思想、邓小平理论、"三个代表"重要思想、科学发展观、习近平新时代中国特色社会主义思想为指导,坚持立德树人的根本任务,旨在培养践行社会主义核心价值观,有理想、有本领、有担当,具备良好的思想品德、专业素养、研究能力和应用能力的高素质专业人才。本课程主要涉及以下几个维度的思政教学目标。

1. 政治认同

通过梳理政府采购思想的理论渊源的基础上,介绍我国古代政府采购制度的变迁和我国现代政府采购制度的建立与改革发展历程,本课程能够传递坚持马克思主义指导思想、坚定中国共产党的领导、坚持中国特色社会主义制度的重要性,增强学生的政治认同。

2. 制度自信

本课程以政府采购制度和规范为基本框架,以政府采购的运作、管理与效益为主线,既有基本理论,又有大量中国特色实践,探索我国政府采购制度的完善与改革发展,课程内容始终与我国经济体制的改革和市场经济的发展相关联。通过这些专业知识的讲授,有助于让学生更准确了解我国政府采购制度在行政管理、竞争政策及宏观调控中的职能和作用,有助于同学们充分理解政府采购的目标与原则,并把政府采购法律法规、实务操作与案例分析相结合,强调政府采购与预算、审计及监督管理的重要性与现实必要性,深刻认识到中国特色社会主义制度的优越性,坚持走中国道路是历史的必然选择,坚定制度自信。

3. 人民至上思想

我国先后经历了从自然经济条件下封建制王室的"家计财政",到计划经济体制下的"国家财政",到与市场经济相适应的公共财政。我国政府采购行为古已有之,由于社会、经济、体制等方面的差异,不同朝代的政府采购各具特色。新中国成立后,在中国共产党领导下国家提供公共产品或服务来满足社会公共需要,政府采购作为市场经济国家管理支出的一种手段,从其产生就具有红色基因,特别是在建国后的社会主义建设和改革开放时期,我国现代政府采购制度的建立与改革始终以实现经济和社会利益双重目标为己任,在实现资源有效配置、调节收入公平分配、促进经济稳定发展等方面体现着公共财政职能的发挥,在国家经济建设、社会事业发展、社会秩序稳定、人民生活改善等方面做出了巨大贡献。政府采购作为国家宏观调控的重要手段,维护公共权益、提供公共服务、满足公民需要,体现以人为本的发展核心和全心全意为人民服务的根本宗旨,为学生传递人民至上的思想理念。

4. 国情教育

政府购买公共服务是提升国家综合治理能力的必然要求,是建设服务型政府的重要途径,是扩大内需的迫切需要,是深化财税体制改革的重要内容。通过20多年的摸索和实践,我国政府在公共服务市场化方面取得了一定成效,初步总结出符合我国国情且行之有效的公共服务市场化做法。本课程通过案例教学环节,加深学生对不同政府采购方式适用性与效果的理解,对我国政府采购制度变迁与运行、实践发展与理论进行更具体的理解,培养学生多途径参与提供公共服务,针对现实问题从专业角度参与完善政府购买公共服务的体系建设与机制改革,激励学生树立远大崇高的理想,强本领、勇担当。

5. 法治意识

各级国家机关、事业单位和团体组织的政府采购活动都要依据相应的法律法规进行。采购人、供应商、政府采购代理机构等当事人以及政府采购监督管理部门及相关参与主体都要遵循法律规范,明确自身的权利与义务及应承担的法律责任。在本课程的教学内容里,包含了大量有关政府采购管理与监督方面的相关法律法规,包括《政府采购法》《中华人民共和国政府采购法实施条例》《政府采购货物和服务招标投标管理办法》《招标投标法》《合同法》《政府采购非招标采购方式管理办法》《政府采购质疑和投诉办法》《经济法》《中华人民共和国民法通则》等。通过学习使学生充分认识到社会经济活动管理立法先行的重要性,培养学生树立尊法、学法、守法、用法的法治意识,激励学生践行依法治国、捍卫法律权威、维护社会公平与正义。

6. 科学精神

政府采购属于社会科学,课程内容涉及到社会经济生活的多个领域。在本课程教学过程中,通过政府采购制度改革的实操讨论、案例分析和课后实训,引导学生调查研究、独立思考、辩证分析,培养学生的思辨能力,塑造严谨求真的科学精神。

7. 创新精神

创新是知识经济时代的一个显著标志,创新精神是指要具有能够综合运用已有的知识、信息、技能和方法,提出新方法、新观点的思维能力和进行发明创造、改革、革新的意志、信心、勇气和智慧。本课程通过回顾政府采购制度的历史渊源,分析政府采购思想演变与经济理论发展的关系,讲授从计划经济体制到市场经济体制转变以及经济全球化背景下,我国政府采购制度的发展历程,介绍其在基本理论、运作流程、采购方式、审计与监督、救济制度等方面的不断改革与探索,传递、继承与发扬创新思维理念,培养学生勇于开拓、不断进取的创新精神。

8. 公共意识

本课程通过对我国政府采购制度体系、体制等方面的实践探讨,促使学生关注国家的大政方针和改革方略,了解政府采购的公共性质在公共财政职能的发挥、国家宏观调控、维护公共权益、满足公民需要等方面所产生的积极影响和作用,培养学生的公共意识,引导学生积极参与公共活动,严格遵守公共秩序,自觉维护公共利益,切实保护公共环境。

9. 职业道德和职业理想

本课程涉及政府采购当事人及其法律规范的相关知识,以及政府采购监督管理部门等职能机关的职责,特别是在政府采购的规范管理、方式选择、审计监督和财政资金预算及拨付业务的学习过程中,通过政府采购法律法规、实务操作与相关案例分析,让学生认识到财税职业道德的重要性。尤其在市场经济条件下,聚财用财的能力和水平高低在很大程度上决定着国家机关、事业单位、团体组织、财政部门干部与工作人员能否坚守初心与职业理想。通过本课程的理论知识讲解和案例解读,切实提高学生的职业道德修养,从而激励学生的爱国情怀与为人民服务的思想意识。

10. 国际视野

随着世界经济的相互依存、相互渗透的程度日益加深,政府采购也被要求进一步融入世界经济自由化的进程。本课程主要介绍英国、美国等发达国家和地区较为成熟且规范的政府采购制度,同时,具有代表性的国际经济组织通过制定的一系列政府采购协议与规则来促进贸易自由化,比如:世界贸易组织制定的《政府采购协议》、世界银行制定的《采购指南》、联合国制定的《采购示范法》及其《立法指南》、欧盟制定的《政府采购指令》、亚太经济合作组织制定的《政府采购非约束性原则》。使学生了解国际经济发展的新成果、关注国际发展的新趋势,比较分析可借鉴的经验,从而起到"他山之石,可以攻玉"的作用,从而进一步思考如何完善我国的政府采购制度,构建符合社会主义市场经济要求的公共财政管理框架。让学生开阔视野,增长见识,培养学生的创新理念,养成多角化思维方式,经济全球化、包容性协调发展的环境,需要更多具有国际视野的高素质人才。

### (二)课程思政教学内容

《政府采购》课程的思政内容可以涉及以下几方面:

#### 1. 坚定政治立场,具备良好的思想品德

本课程通过挖掘课程思政元素,引入丰富的案例素材,讲好中国故事,帮助学生深刻领会中国共产党领导下的政府采购制度建立、发展、改革、调整的历史进程,以及所取得的重大成就和历史经验,培养学生的家国情怀和社会责任感,认识到政府采购作为社会主义国家提供公共产品及服务的功能地位和使命担当,培养学生的家国情怀和为人民服务的社会责任感,引导学生增强"四个意识"、坚定"四个自信"、做到"两个维护",牢记服务中华民族伟大复兴的使命担当,并通过强化财经纪律教育,帮助学生牢固树立法治意识、廉洁意识和集体意识,培养品行端正、爱岗敬业和富有团结精神的高素质专业人才。

#### 2. 熟悉中国国情,具备良好的专业素养

本课程的讲授内容将重点在政府采购制度的运行机制、管理体系框架和改革发展方向,及其在财政学中的重要地位、政府职能及作用。通过以学生为中心的多样化教学形式与手段,使学生了解中国的国情、社情、民情,在较为系统地理解政府采购理论与制度的基础上,掌握政府采购的方式与程序、采购管理与效益,通过加入大量我国政府采购的实务操作和制度改革创新,融入和体现中国经验。熟悉发达市场经济国家与国际经济组织等政府采购制度的体系和运作规则,加快推进制度对接,更好地融入世界经济自由化进程。

#### 3. 富有科学精神,具备良好的研究能力

本课程让学生理解政府采购作为财政支出中占比较高的购买性支出,在基础理论、运作流程与规范管理等解读过程中,需要专业知识传授与研究能力培养相结合,注重培养学生的科学精神和创新意识。让学生了解学术研究的基本规范,并综合运用经济学、公共管理学、法学、统计学和计量经济学等研究方法,开展相关重点、难点、热点专业问题研究与探讨。倡导"为人民做学问"的研究精神,注重复杂性问题的综合交叉研究方法训练,为加快构建中国特色财政学学科体系、学术体系、话语体系而不断努力。

#### 4. 关心现实问题,具备良好的应用能力

本课程注重理论与实践相结合,鼓励学生通过资料获取、实践实训、走访调研等途径,了解政府采购领域的重点与难点问题,并结合所学专业知识进行研讨,为从事相关政府采购实务工作和解决复杂现实问题奠定良好的基础。

### (三)教学方法

本课程综合运用专业基础知识点的重点讲授、前沿热点问题的专题讨论、实务操作与案例分析、调查研究与分组实训,并辅以情景教学法、翻转课堂等多种教学方法和手段,营造平等开放、轻松活跃的课堂教学氛围,通过参与式教学激发学生学习的积极性、主动性与怀疑批判精神,引导学生深入思考与辩证分析,养成良好学术研究习惯,培养学生终身学习的能力。

## 三、课程各章节思政教学内容设计

### 第一章 政府采购基本理论

**专业教学目标**

政府采购是一国政府及政府机构或其他直接和间接受政府控制的企事业单位,为实现其政府职能和公共利益,使用公共资源获得货物、工程或服务的行为,既是一项政府行为,也是一项市场行为。政府采购

的实质是将财政支出管理与市场竞争机制有机结合起来,利用商业管理方法来管理政府公共支出的一种基本手段。本章从不同角度对政府采购进行介绍,回顾政府采购制度的历史渊源,分析政府采购思想演变与经济理论发展的关系。通过本章的学习,重点掌握政府采购的内涵与政府采购的基本特征,政府采购制度的起源与发展,我国政府采购制度的发展历程,政府采购与公共财政的内在关系,政府采购理论的发展。深刻认识到政府采购是加强公共支出管理的一种手段,也是政府的一种强有力的宏观调控手段。

**【知识目标】**

1. 了解政府采购制度的起源与发展、政府采购思想的理论渊源。
2. 理解我国政府采购制度的发展历程。
3. 掌握政府采购和政府采购制度的概念及特点。

**【能力目标】**

1. 培养学生运用政府采购基本理论分析现实问题的能力,通过思政案例导入,将政府采购基本理论知识补充到思维训练的学习过程,结合社会经济现实情况分析政府采购与市场关系的处理效果,培养学生自主性分析的能力。
2. 培养学生独立思维能力,正确分析和看待在市场经济条件下政府采购存在的必要性和现实意义。

**课程思政教学目标及实践**

**【育人目标】**

1. 人民至上思想　通过讲述我国政府采购的概念及其制度的概念与内容,通过规范采购主体、程序、范围以及仲裁等法律、法规,其规范性、集中性、救济性与透明性体现了社会利益的公有性质,增强学生人民至上的思想理念。
2. 政治认同与制度自信　通过讲述我国从古至今的政府采购制度演变与后续改革,结合政府采购制度所要实现的经济目标与社会意义,传递坚持马克思主义指导思想、坚定中国共产党的领导、坚持中国特色社会主义制度的重要性,增强学生的政治认同和制度自信。
3. 创新精神　政府采购思想萌芽于古典经济学家对公共部门经济的分析,并随着探索实践不断演化发展,由自由竞争到国家干预与政府改革,使学生意识到各类理论兴起无不体现敢于创新的重要性,培养学生的创新精神。

**【教学方式与方法】**

1. 启发式讲授:通过讲授我国政府采购的概念及其制度的概念与内容,充分体现人民至上的思想;通过讲述我国政府采购制度的起源与发展历程,充分展示坚持中国特色社会主义制度的重要性,增强学生的政治认同和制度自信。
2. 情景式教学:通过观看纪录片《关中唐十八陵》古代"宫市"—皇家御用的"政府采购",了解唐、宋、明、清古代政府采购制度的差异及演变历程,理解公共财政相比于家计财政、国家财政的优点,并结合现代政府采购制度,在对比分析中强化创新精神。

**【课程思政教学实例】**

**案例材料:政府采购理论与公共财政学的关系**

(1)案例简介

公共采购理论是公共财政学的一个主要分支但不同于公共财政学。公共财政学是研究政府与预算有关的经济行为。公共采购理论是公共财政学中衍生出来的一个理论,与公共财政关系密切。公共采购理论在许多方面体现了公共财政学的特性。首先,公共采购理论是公共财政职能的具体体现。公共财政所承担的提供公共产品和服务的职能主要是通过公共采购手段来实现的;公共财政所承担的调整收入分配结构职能主要是通过公共采购行为来实现;公共财政所承担的纠正市场失灵、调节社会总需求、稳定物价和促进就业、保护民族产业和维护市场秩序等职能主要也是通过公共采购制度及政策行为来实现。其次,公共采购制度行为体现公共财政的特性。公共采购本身的公开、公平、公正和廉洁透明规范的要求是公共财政内在要求的贯彻和体现;公共采购的规模集中采购是公共财政实现职能的重要手段;公共采购法律法规制度体系体现了公共财政规范化的要求;公共采购的存在与发展以及管采有机结合和分离体现了公共财政改革及其科学化精细化的要求。公共采购是预算执行的主要方面,它如何与公共预算、国库支付甚至资产管理有机结合,也是该理论与财政学需要解决的问题。

资料来源:厘清公共采购与相关学科的关系,中国政府采购新闻网(cgpnews.cn),2014-2-21。

**(2)案例的思政元素**

①人民至上思想。政府采购理论是公共财政职能的具体体现,公共财政主要是为人民群众提供公共产品和公共服务。

②科学精神。学习要有独立思考、独立判断的能力,能够多角度、辩证地思考问题,要学会构建知识与知识之间的区别与联系。

**(3)教学手段**

①课堂讨论——支架与高阶:了解由自由竞争时期—国家干预理论—政府改革思潮下的政府采购思想演变历程,拓展公共财政职能发挥与宏观经济政策实施的思维框架,从思政层面理解政府采购的作用与特点。

②知识点＋实事＋思政——贯穿融合:在知识点"政府采购"中引入人民至上思政元素,增强学生人民至上的思想意识,使学生理解政府采购与公共财政学的理论逻辑关系、政府采购理论依据和政府采购思想之间的勾稽关系,培养学生的创新精神与科学精神。

③学习测评:课前参与、课中讨论、课后访谈。

### 第二章 政府采购的职能、目标和原则

**专业教学目标**

政府采购的职能、目标与原则的探讨是建立和完善政府采购制度的重要理论奠基。本章界定了政府采购的职能与目标,列举了政府采购应该遵循的原则。通过本章的学习,重点掌握政府采购制度的三大职能、三大基本目标和六个基本原则。

**【知识目标】**

1. 理解政府采购的三个基本目标和六个基本原则。
2. 重点掌握政府采购制度的行政管理职能、竞争政策职能及宏观调控职能。

**【能力目标】**

1. 培养学生获取、收集及分析信息的能力,结合政府职能来分析政府采购是如何体现"看得见的手"的调控作用,能够准确区分政府采购的三大职能,能够将所学理论灵活应用于社会实践和具体案例。

2. 培养学生研究公共问题的能力,将所学理论灵活应用于社会实践和具体案例,比如政府采购如何促进产业结构的帕累托最优,政府采购对扶持弱势群体就业的经济意义等。

3. 培养学生管理公共之财的能力,从而培养具有强烈的家国情怀和社会责任感,具有求同存异、兼容并包品行的治国理政人才。

**课程思政教学目标及实践**

**【育人目标】**

1. 科学精神 通过讲授政府采购所涉及的行政管理、竞争政策和宏观调控职能的内容,引导学生进行不同层面与角度的理解与融合,培养学生多维辩证、立体思维的科学精神。

2. 人民至上思想 政府采购体现采购资金的公共性质,以最有利的价格采购到符合要求的所需,实现宏观调控的基本职能,进而调节国内国外政策,以此来培养学生为人民服务的公共意识与宏观视野。通过对政府职能的讲授,使学生充分认识到政府全心全意为人民服务的指导思想,增强人民至上的思想理念。

3. 法治意识 政府采购的原则是政府采购法根本规则,拥有着极高的法制性,对政府采购的立法、司法和政府采购活动具有指导性,其奠定了政府采购的基调与目的,通过对政府采购原则的讲授使学生意识到法治建设的重要性。

**【教学方式与方法】**

1. 自主学习:线上学习智慧树平台中的基础专业知识点,线下自主学习课本知识和相关文献,绘制理论框架的思维导图。通过《2021年中国财政政策执行情况报告》等其他课外相关资料阅读,使学生进一步感受和理解人民至上思想。

2. 课堂启发引导：借助角色代入，着重讲授政府采购三大职能、三大目标、和六大原则，引导学生充分理解政府采购目标必须体现采购资金的公共资金性质、政府在采购行为中的行政效率、政府采购促进市场公平竞争及政府采购法是经济法之宏观调控法中一个重要的部门法的必要性和现实意义，充分体现科学精神、人民至上思想以及法治意识。

**【课程思政教学实例】**

**案例材料：政府采购既要回应公共需求又要关注程序合法合规**

**(1)案例简介**

中国聋人协会曾向听障人士公益捐赠了100台"今声优盒"字幕机顶盒，让许多听障人士第一次"看见"了电视的声音。满足了听障人士实现实时"看见"声音内容的需求。类似"今声优盒"这种保障听障群体获取有声信息的设备是否应由政府提供？若由政府提供是否需要政府采购？

为残疾人提供公共服务是政府职责之一。残疾人公共服务作为公共服务的一项重要组成部分，在国家发展规划中具有十分重要的地位，《"十四五"残疾人保障和发展规划》指出，提升残疾人公共文化服务，推动基层创建一批残健融合文化服务示范中心(站、点)，不断满足残疾人文化需求、增强残疾人精神力量。因此，无论从政府提供公共服务的范围来说，还是从实现公平收入分配、支持弱势群体发展的角度来看，向听障群体提供有声信息服务应属于政府职责范围，是政府应该提供的公共服务之一。

为残疾人提供公共产品或服务要遵循政采原则。政府在向残疾人提供有声信息服务时需要购买相应的设备，如果属于政府集中采购目录以内或者限额标准以上的，首先要遵守政府采购公开透明、公平竞争、公正和诚实信用的法定原则。其次要遵循《中华人民共和国政府采购法》规定的政府采购程序。

资料来源：政府采购既要回应公共需求又要关注程序合法合规，中国政府采购新闻网(cgpnews.cn)，2022-2-28。

**(2)案例的思政元素**

①人民至上思想。政府通过采购为残疾人提供公共服务是政府职责之一。

②法治意识。即便是为残疾人提供公共服务也要遵循相应的法律法规和规定的采购程序。

**(3)教学手段**

①课堂讨论——支架与高阶：结合政府采购的目标与政府采购的基本原则，从思政层面分析政府采购对扶持弱势群体的经济意义，理解在遵循政府采购的经济效率原则的同时，兼顾社会效益与公平公正。

②知识点＋实事＋思政——贯穿融合：在知识点"政府采购功能与原则"中引入人民至上、法治意识思政元素，思考政府采购在我国经济发展的各个阶段如何发挥作用，强化学生对党对中国特色社会主义发展重要意义的深刻理解，实现学科价值引导。

③学习测评：结合政府采购制度的职能、目标与原则进行经济与社会作用效果解读。

## 第三章 政府采购当事人及其法律规范

**专业教学目标**

为了规范政府采购行为，提高政府采购资金的使用效益，维护国家利益和社会公共利益，保护政府采购当事人的合法权益，促进廉政建设，必须制定相关法律法规，以明确政府采购活动中各参与方的权利、义务和法律责任。本章主要介绍政府采购当事人及监督管理部门的权利、义务和职责，并分析政府采购当事人及监督管理部门的法律责任。通过本章的学习，重点掌握政府采购各当事人的内涵，明确政府采购各当事人的权利义务及其应承担的法律责任，了解政府采购的监督管理部门的内涵、职责和法律责任。

**【知识目标】**

1. 了解政府采购的监督管理部门的内涵、职责和法律责任。
2. 掌握政府采购各当事人的内涵，明确政府采购各当事人的权利与义务及应承担的法律责任。

**【能力目标】**

1. 通过政府采购实务操作与案例导入，开阔视野，增长见识，训练学生获取、收集信息的能力，结合案例实际明晰政府采购各方当事人的权利、义务范围以及如何履行，并结合我国社会经济现实情况分析各相关主体的法律责任应如何落到实处，培养学生科学研究和实践应用能力。

2. 通过将实践经验引入课堂，使学生在理解政府采购监督管理部门的概念及其权利范围的基础上，思考执行监督管理部门监督检查职责应注意的问题,培养学生在掌握专业基本知识同时,提升学生科学研究和实践应用能力。

**课程思政教学目标及实践**

【育人目标】

1. **人民至上思想** 通过介绍依法进行政府采购的国家机关、事业单位、团体组织的规范化规定,提高政府在采购行为中的行政效率,预防利益引诱、滋生腐败,建立廉政、精简的政府机构。传递维护公共理念,体现国家利益至上、人民利益至上的思想。

2. **法治意识** 通过对政府采购各当事人应承担的法律责任的讲授,使学生牢固树立遵纪守法的意识和底线思维,遵守和捍卫法律。供应商作为商业性交易活动的供给方,依法享有相关权利,同时应当依法承担相关义务与责任,注重自身的商业信誉与诚信守法,引导学生提升自身的社会道德与职业素养。无论是政府设立的集中采购机构,还是由财政部门认定的社会代理机构,如有违法行为,应当承担相应的法律后果,法律作为国家制定并由国家强制力保障实施的行为规范,一经颁布,任何人都必须遵守,如有违反,就要承担相应的法律后果,受到法律的制裁。各级人民政府财政部门、各级人民政府及其他有关部门依法履行与政府采购活动有关的监督管理职责,政府采购监督管理部门会因违法行政和不当行政等行为而承担相应的法律责任,强化学生的法治观念与法治意识。

【教学方式与方法】

1. 教学启发:以问题的发现、探究及解决为主要线索,突出教师"启导"和学生"探究"过程中的合作与互动,教师通过讲授政府采购各当事人的权利与义务及应承担的法律责任以及监督管理部门的职责和法律责任,体现人民至上思想和法治意识,并通过"启导"环节,辅以政府采购案例情境的创设,激发学生的探求欲望,在不断思考、尝试、探索与评价的过程中,培养学生发现问题及解决问题能力,培养科学素质。

2. 情景教学:通过采购人、供应商、代理机构、评审专家等角色扮演,设计课堂"招标现场",进行教学互动,并结合政府采购的实务操作与案例分析的讨论与讲解,加强理论联系现实问题的实证解构,提高学生的综合运用及分析能力,注重培养学生的专业技能与科研素养养成。

3. 案例材料情景引入:通过阅读"堵住政府采购腐败的黑洞—反腐倡廉",教育学生廉洁奉公和从严治党的重要性,增强法治意识。课后推荐观看《走投有路》公益网络电影,教育引导学生在政府采购行业肩负赋予的使命,不被利益驱使,坚守职业底线,传递法治理念和法治意识。

【课程思政教学实例】

**案例材料:北京市财政局2021年政府采购代理机构监督评价结果信息公告**

(1)案例简介

北京市开展了2021年度政府采购监督评价工作,对市、区两级2019年度、2020年度部分政府采购项目执行情况进行监督评价。

经汇总分析本次监督评价发现问题,主要包括以下几方面:

一是组织管理不规范。如:未按批复预算执行政府采购项目;违规采购进口产品;未按规定进行资格性审查;采购人委托代表参加评审委员会未出具授权文件;评审委员会专家未按照采购文件规定的评审程序和评审方法进行独立评审;评标结果确认不规范;未按规定进行档案管理等。

二是文件编制不规范。如:招标文件未列明政府采购政策;采购文件内容前后不一致;采购需求设定未与采购项目相对应;评审因素量化指标未与采购需求相对应等。

三是信息公告发布不规范。如:未按规定进行采购意向公开;未依法在指定媒体上发布政府采购信息;未按规定公告政府采购合同。

目前正在开展后续处理处罚工作,已向涉及整改问题的12家采购人及53家代理机构分别发送《北京市财政局关于2021年政府采购代理机构监督评价工作结果的函》《责令整改通知书》;2022年已发布12份《行政处罚决定》,并在北京市政府采购网进行公示。

资料来源:北京市财政局2021年政府采购代理机构监督评价结果信息公告,北京市政府采购网(ccgp-beijing.gov.cn),2022-6-13。

(2)案例的思政元素

①法治意识。政府采购的各方当事人都应遵守相应规定。

②职业道德。政府采购的各方当事人应具备相应的职业道德修养。
**(3)教学手段**
①知识点讲授：政府集中采购机构与社会代理机构的区别及其监督。
②知识点＋实事＋思政——贯穿融合：在知识点"政府采购当事人权利、义务及法律责任"中引入法治意识和职业道德思政元素，增强学生的法治意识和提升职业道德和素养。

## 第四章　政府采购方式

**专业教学目标**

政府采购方式是政府在采购货物、工程和服务时采取什么方式和形式来实现。采购方式的选择决定着采购主体所需货物、工程和服务的支出效率、效果和效益，决定着采购主体采购目标值的寿命、性能、可靠性，所购货物、工程和服务的水平及其寿命周期费用，是政府进行经济调控、社会扶助、民主建设等社会责任的必然选择。本章详细介绍政府采购的分类方式及特点，通过国内外政府采购方式的比较，进一步学习并了解国内外政府采购方式的不同。

**【知识目标】**
1. 了解国内外政府采购方式及国内外政府采购方式的不同。
2. 掌握政府采购的分类方式与不同种类政府采购方式的特点。

**【能力目标】**
1. 加强学生对不同类型政府采购方式的特点和适用条件的了解，培养学生能够运用科学的思维方式解决实际问题、明智决策，尊重事实和证据，培养实证科学精神。
2. 培养学生具有独立思考能力和思辨能力，能够对比分析我国和国外的政府采购方式的运行与实践经验，分析和理解国外的发展趋势，认识到中国特色政府采购制度改革的现实意义。

**课程思政教学目标及实践**

**【育人目标】**
1. 国情教育　利用案例教学环节中政府采购方式选择的讨论，加深学生对不同政府采购方式适用性与效果的理解，对我国政府采购制度变迁与运行、实践发展与理论进行更具体的理解。
2. 国际视野　通过美、英、法、德、日、新加坡和韩国等政府采购方式的运行、实践发展的了解，加强学生对国外发展的趋势关注，开阔国际视野，意识到中国特色建设的必要性。
3. 科学精神　通过对我国不同类型政府采购方式的特点和适用条件的讲授，培养学生能够运用科学的思维方式解决实际问题，从不用采购方式的优缺点中培养学生的理性思维，明智决策，尊重事实与证据，培养实证科学精神。

**【教学方式与方法】**
1. 教学留白：课堂通过对我国政府采购方式及美、英、法、德、日、新加坡和韩国等国外政府采购方式的讲授及对比分析，使学生在理清知识脉络与主体框架结构的前提下，增加课后文献资料阅读讨论，通过启发式教学引导其独立思考，完成阅读笔记或思维导图，增强学生的科学精神和国际视野拓展。
2. 小组讨论：分小组对不同的政府采购方式进行讨论，并利用案例教学环节，加深学生对不同政府采购方式适用性与效果的理解，深切体会不同政府采购方式的应用性与政府采购方式多样化建设的现实必要性，意识到信息化时代电子化采购手段的发展趋势，培养学生改革与创新的科学精神。

**【课程思政教学实例】**

**案例材料：询价采购方式是否可以走人情漏洞？**

**(1)案例简介**

某县政府集中采购机构通过"询价采购"方式为某采购人实施了一宗小型采购交易。采购的标的是三台台式电脑及桌椅与软件等，预算价是19000元。集中采购机构向当地的A、B、C三家电脑经营公司询问了报价，并确定了A公司以18300元的最低报价中标，采购代理机构向中标商A公司发了中标通知书，同时向未中标的B、C公司通报了询价结果。

举报人D公司也是该县县城的一家电脑经营商，据其反映，该县政府在进行询价采购活动中，仍然使用过去惯用方法,直接使用询价对象,并且经常只向 A、B、C 这几个"人情关系商"询价,从而导致中标商也经常是这几个经营商。不仅排斥其他供应商公平参与竞标的权利,还存在着围标之嫌,导致采购工作缺乏竞争力,询价采购的价格较高。对此,D 公司请求,要严肃查处集中采购的舞弊行为,同时要求取消此次采购结果,重新进行规范化的操作。

该县的政府采购监督管理部门收到举报信后,首先听取采购机构的工作报告,其次,查阅了该笔采购业务的档案资料,最后,询问了采购业务的相关操作人员。最终,采购代理机构承认:没有从供应商信息库中随机抽取拟询价对象,而是简单地直接向几个"老"客户询问了报价。

资料来源:吴小明.政府采购实务操作与案例分析[M].北京:经济科学出版社,2011。

(2)案例的思政元素

①科学精神。本案例的舞弊行为具有隐蔽性,不易别人识破,要有深入实际展开调查研究的科学精神。

②国情教育。现实中,采购代理机构的执业行为还需要多方面加强规范。

(3)教学手段

知识点+实事+思政——贯穿融合:在知识点"我国政府采购方式及具体的询价采购方式"中引入科学精神和国情教育思政元素,增强学生的科学精神和国情方面的素养。

## 第五章 政府采购规范管理

**专业教学目标**

政府采购规范管理涉及政府采购信息管理、评审专家管理、采购代理机构管理、供应商管理和政府采购档案管理。通过本章的学习,重点掌握政府采购信息管理、评审专家管理、采购代理机构管理、供应商管理和政府采购档案管理的基本规定。熟悉政府采购信息公开的原则,评审专家的权利和义务,对采购代理机构监督考核的内容、对供应商资格审查的规定和政府采购档案的内容及其收集、整理和保管的要求。

【知识目标】

1. 了解政府采购供应商的资格审查与管理、政府采购信息管理以及政府采购档案管理。
2. 理解政府采购计划与政府采购预算管理。
3. 掌握政府采购资金直接拨付的原则、方式和管理程序。

【能力目标】

1. 培养学生获取、收集信息的能力,涉及政府采购信息、评审专家、代理机构、供应商及档案的管理手段与路径措施,掌握有效的学习方法,主动接受终身教育。
2. 培养学生熟悉政府采购计划、预算及资金拨付等管理程序,学会运用所学理论知识分析、解决现实问题的应用能力。

**课程思政教学目标及实践**

【育人目标】

1. **人民至上思想** 政府采购使用财政性资金购买的货物、工程与服务,是满足公众需求与公共服务,在注重强化行使公权力的教育基础上,帮助学生树立人民至上的观念。

2. **创新精神** 制度类信息制定、采购信息的发布、采购档案资料收集整理都需要政府社会管理手段的创新,在数字经济与电子化政务的发展态势下,增强学生的创新意识和创新能力。

3. **法治意识** 采购机构代理资格的认定管理、供应商资格审查与管理、供应商诚信管理和对二者的监督检查,发现和查处违法违规行为,维护政府采购公开、公平、公正和诚实信用。引导学生了解相关法律法规的同时,树立依法行政、加强社会公众监督的意识。

【教学方式与方法】

1. 启发讲授:通过讲授政府采购计划与预算管理的内容,增强学生人民至上的思想;对于政府采购信息管理、档案管理、供应商管理、代理机构管理内容的讲述,增强学生的创新精神和法治意识。

2. 情景教学:观看宣传片《政采云》,使学生了解在经济体制改革背景下我国政府采购的实践,在"放管服"改革背景下,教育引导学生充分认识政府采购制度改革的必要性、艰巨性和发展趋势,传递创新理念和探索精神。

3. 主题讨论:针对如何将现代信息技术应用于政府采购的各方面管理展开讨论,引导学生正确理解伴随信息产业的高速发展与信息产品的普遍使用,将会带来对传统的采购手段的冲击与彻底改革,电子化的政府采购手段、网络媒体发布采购信息并进行电子招标等采购方式革新,强化学生的创新意识与改革理念。

**【课程思政教学实例】**
**案例材料:用"横纵内外"优化采购人内控制度**
(1)案例简介
在深化政府采购制度改革和"放管服"改革背景下,建设一套符合采购人实际、横向跨部门跨应用、纵向深入采购管理全生命周期、内嵌采购内控制度、外联采购大平台的"横纵内外"数字化内控体系,具体表现为:

横:跨部门跨应用。通过单一门户登录,实现从预算到报销的"一站式"全流程采购;连通财务系统、资产系统、政府采购预算执行管理系统,实现各级业务负责人、业务归口部门、监督部门的数据融通共享与应用。

纵:深入采购管理全生命周期。实现对政府采购全周期、全流程、全环节的有效管控,实现采购的全流程数字化,而不是分段式的、各自为政的管理模式。

内:嵌入采购内控制度。将内控制度嵌入到管理系统中,实现不同额度、不同类型的采购业务自动流转和自动控制,并对流转周期和时限进行预警提醒,对政府采购各个环节上的风险点进行有效控制,实行"统一领导、归口管理、分级负责、责任到人"的采购管理机制。

外:联通采购大平台。通过与省级财政采购预算平台以及政府采购外部平台的有效对接,实现数据的互融互通,以便采购人进行统计、分析和运用。

资料来源:用"横纵内外"优化采购人内控制度,中国政府采购新闻网(cgpnews.cn),2022-7-11。

(2)案例的思政元素
①大国使命与担当。在新时代、新理念和新格局下,充分利用"互联网+"的社会信息发展趋势,创新和优化制度,强本领,勇担当。

②实践创新。将先进的技术和现有的业务充分结合。

(3)教学手段
①知识点+实事+思政——贯穿融合:在知识点"政府采购规范管理、政府采购计划与政府采购预算管理"中引入深度学习、实践创新思政元素,在区块链技术驱动下,进行财政与国家发展、政府采购与民生生活、数字化与战略导向等层面的价值引导,增强学生对我国宏观财税政策主张的政治认同和价值肯定。

②学习测评——实时呼应:讨论结果现场点评。


## 第六章 政府采购审计与监督

**专业教学目标**

政府采购监督是政府采购法规定的有关主体依据各自的职责与权利,运用行政、法律、经济、舆论等手段,以预防和制止政府采购中违法行为的发生,消除其带来的不良影响及后果而采取的各种措施和行为。政府采购监督分为不同层面的监督,本章介绍了审计在政府采购中的重要作用和工作方法,详细阐述了政府采购过程中的监督主体和监督内容。通过本章的学习,重点掌握审计的含义、特征、职能以及在政府采购中的重要作用,了解政府采购过程中相关监督管理部门的设置、职责和主要工作内容。

**【知识目标】**
1. 了解政府采购过程中相关监督管理部门的设置、职责和主要工作内容。
2. 掌握审计的含义、特征、职能以及在政府采购中的重要作用。

**【能力目标】**
1. 关注学科前沿与专业热点,注重实证研究思维,结合政府采购审计与监督渠道、措施,培养和提高学生实操能力和分析判断能力。

2. 加强实践性、发展性、人文性的素质培养,使学生理解政府采购审计职能的履行与审计监督相关法律法规,培养学生具备良好的团结协作能力与决策能力,成为具备较高人文素养的应用型专业人才。

课程思政教学目标及实践
【育人目标】
1. 人民至上思想　政府采购审计包含审计、监督、评价及鉴证工作,具有独立性、权威性和公正性,政府采购审计和监督是为了更好地满足公民需要,提高公共服务的提供效率,体现了我国以人为本的发展核心和全心全意为人民服务的根本宗旨,增强学生的人民至上思想。

2. 职业道德和职业理想　由于公共理财、公共管理与服务的专业指向性,要求我们在政府采购资金管理相关法律法规以及审计方面强化法律教育,特别是注重强化行使公权力的教育,使学生不仅了解审计的内容与程序,而且树立依法行政、严谨工作的意识,切实提高学生的职业道德修养,从而激励学生的爱国情怀,坚守初心与职业理想。

3. 法治意识　通过立法机关监督、行政机关监督、司法机关监督和社会监督,预防和制止政府采购中违法行为的发生,消除其带来的不良影响及其后果,让学生意识到法治社会下一定要守好纪律、守好红线,尊重规则,尊重法律,追求公正。

【教学方式与方法】
1. 翻转课堂:通过线上教学平台及资料链接,将政府采购审计与监督的各知识点分解为各任务点,并对每个任务点设置对应的主、客观练习题,主要用于学生的课前预习与重难点突出。通过后台"学情数据"统计反馈,在课前提前了解学生理解的薄弱环节,并在翻转课堂阶段,通过"头脑风暴"等线上讨论、答疑模式进行重点讲解与分析。引导学生明确政府采购审计的对象、内容、方法,掌握政府采购过程中相关监督管理部门的设置、职责和主要工作内容,增强学生的人民至上思想,切实提高学生的职业道德修养,坚守初心与职业理想。

2. 小组讨论:分小组查阅其他发达国家在政府采购监督机制设置上的先进经验案例,通过结合实例对不同的政府采购监督进行讨论,加深对政府采购审计与监督作用的理解与现实必要性,增强学生的法治意识和科学精神。

3. 课后实训:辨析刑事处罚与行政处罚在政府采购监督中的应用范围,并查找实际案例,深刻理解政府采购相关法律在采购过程中的适用范围,结合实际谈谈完善政府采购监督渠道的措施,汇报点评。

【课程思政教学实例】
**案例材料:C事务所在"××审计专项"项目政府采购投诉处理中提供虚假情况案**
(1)案例简介
2020年5月12日,C事务所参加了"××审计专项"项目的政府采购活动。经评审,C事务所等10家投标供应商获得中标供应商资格。

项目中标结果公告后,C事务被投诉其所向财政部门提交的投诉答复材料中含有一份网上银行电子回单,经查,该网上银行电子回单属于虚假资料。据此,财政部门根据C事务所违法行为的事实和实施违法行为的主客观因素以及相关证据,认定C事务所的行为属于《中华人民共和国政府采购法》第七十七条规定的"拒绝有关部门监督检查或者提供虚假情况"的情形。

【处理理由】　供应商一旦参与投标,其投标行为属于政府采购监督管理范畴,有义务配合财政部门的监督。如果供应商在财政部门监督管理过程中拒绝有关部门监督检查或者提供虚假的资料,则该行为违反了诚信原则,属于拒绝配合监督检查或者提供虚假情况。

在法律适用方面,本案C事务所是在政府采购投诉环节中,向财政部门提供的虚假情况,符合《中华人民共和国政府采购法》第七十七条规定的"拒绝有关部门监督检查或者提供虚假情况"的情形。

【处理结果】　财政部门根据《中华人民共和国政府采购法》第七十七条第(六)项的规定,决定对C事务所作出罚款和一年内禁止参加深圳市政府采购活动的行政处罚。

资料来源:政府采购案例材料,深圳市财政局(sz.gov.cn)。

(2)案例的思政元素
①法治意识。政府采购活动需要遵守相应的法律法规。

②公共意识。政府采购涉及公共利益,应自觉维护公共利益。

**(3)教学手段**

知识点＋实事＋思政——贯穿融合:通过案例中财政部门监督的解读,在知识点"政府采购监督"中引入法治意识和公共意识思政元素,价值引导,增强学生我国财政策主张的政治认同和价值肯定,实现学科价值引导。

### 第七章　政府采购救济制度

**专业教学目标**

政府采购救济制度是在政府采购过程中,由于当事人一方的故意或过失而导致另一方财产或权益的损失时,另一方采取的补救措施的一系列法律规定。本章主要介绍政府采购救济制度相关理论,我国政府采购救济制度现状,对比国外经验,分析我国在政府采购救济制度中存在的主要问题。通过本章的学习,重点掌握政府采购救济制度相关概念和救济机制,思考如何完善我国政府采购救济制度,最终达到保障供应商合法权益的目的。

**【知识目标】**

1. 了解政府采购救济制度相关理论及我国政府采购救济制度现状。
2. 掌握政府采购救济制度的概念、政府采购行政救济机制和政府采购民事救济机制。

**【能力目标】**

1. 培养学生的思辨能力,拓展思维,理性思维,结合政府采购救济制度及机制,培养和提高学生思维能力和分析判断能力。
2. 通过对比国外经验,开阔视野,增长见识,分析我国政府采购救济制度存在的主要问题,培养学生科学研究和实践应用能力。

**课程思政教学目标及实践**

**【育人目标】**

法治意识　《政府采购法》中规定供应商享有异议权,现阶段我国把供应商列为政府救济制度的主要对象,通过建立行政和民事救济机制,并结合《合同法》依法依规维护自身的合法权益,使学生充分认识到社会经济活动管理立法先行的重要性,培养学生树立尊法、学法、守法、用法的法治意识,维护社会公平与正义。

**【教学方式与方法】**

1. 启发讲授:通过对政府采购救济制度的概念及救济机制的讲解,以问题的发现、探究及解决为主线,通过参与式的师生合作与互动,培养学生发现问题及解决问题的能力,激起学生的创造潜能,培养科学素质,正确认识政府采购救济制度的目的和现实意义,培育学生的法治意识和家国情怀。

2. 实例教学:结合政府采购救济案例的讨论与讲解,加强理论联系现实问题的实证解构,提高学生综合分析问题的能力,培养学生的科研素养与创新精神。

**【课程思政教学实例】**

**案例材料:采购人也有"救济渠道"**

**(1)案例简介**

某市林业局委托该市政府采购中心采用竞争性谈判方式,对林业局办公大楼物业管理项目进行采购。四家公司参与了该项目的谈判,经谈判小组评审,并经采购人确认,A公司为成交供应商。按理说项目进展得非常顺利,双方签订合同后即可履行合同。不过,随着时间一天天过去,A公司逐渐感觉林业局项目经办人似乎并不想与他们签订合同:最初称忙,不愿与A公司代表见面,也不确定合同签订的时间,后来要求查阅A公司的公司台账和财务纪录。A公司认为,公司承办了当地几十个物业服务项目,服务价格、物品采购、收入支出等信息属于商业秘密,且与本项目无关,不方便提供。林业局项目经办人表示,不敢提供说明公司有问题,涉嫌账目虚假,不会与他们签订合同。A公司做出让步,将公司台账、财务纪录等送到了林业局。林业局项目经办人并未查看,第二天就给当地财政局递交了书面材料,举报A公司存在问题。

财政局调查了解后认为,A公司为成交供应商合法,采购人无故不签订合同,违反了政府采购相关法律法规的要求,参照《政府采购货物和服务招标投标管理办法》第六十四条的规定,要求采购人自中标通知书发出之日起三十日内,与中标供应商签订书面合同。财政局给予林业局警告处分,并予通报。

资料来源:采购人也有"救济渠道",政府采购信息网(caigou2003.com),2015-11-30。

**(2) 案例的思政元素**

①法治意识。明晰自己的权利和义务,维持社会公平正义。

②科学精神。要有批判质疑的精神和问题意识。

**(3) 教学手段**

知识点+实事+思政——贯穿融合:在知识点"政府采购救济"中引入家国情怀和科学精神思政元素,增强学生理智看待问题,维护合法权益的意识。

### 第八章 政府购买公共服务

**专业教学目标**

政府购买公共服务是政府社会管理手段的创新和政府运行方式的改革。本章主要介绍政府购买公共服务的基本内容及我国政府购买公共服务的基本情况。通过本章的学习,重点掌握政府购买公共服务的基本概念,了解政府购买公共服务的理论基础,认识政府购买的发展历程、现状、存在问题及推进思路。

**【知识目标】**

1. 了解政府购买公共服务的理论基础。
2. 熟悉政府购买公共服务的发展历程、现状、存在问题及推进思路。
3. 掌握政府购买公共服务的基本概念。

**【能力目标】**

1. 培养学生在掌握基础理论知识和关注学科前沿的基础上,结合政府购买公共服务的理论与实践,将所学理论灵活应用于实务操作和具体案例。

2. 以"三位一体"的宗旨,在专业知识传授的同时,加强能力教育和素质教育,培养学生的通识能力、专业基础能力和专业发展能力。

**课程思政教学目标及实践**

**【育人目标】**

1. 公共意识　政府采购具有公共性,政府购买公共服务可以更有效地满足社会公共服务需求,更关乎是人民生活的改善和生存环境的质量,通过基本理论讲述,让学生了解政府提供非营利性和非实物形式服务的必要性与现实意义,自觉树立公共意识。

2. 人民至上思想　政府购买服务是为了更好地满足公民需要而提供的公共服务,体现了我国以人为本的发展核心和全心全意为人民服务的根本宗旨。

3. 国情教育　通过20多年的摸索和实践,我国政府在公共服务市场化方面取得了一定成效,初步总结出符合我国国情且行之有效的公共服务市场化做法。政府购买公共服务是提升国家综合治理能力的必然要求,是建设服务型政府的重要途径,是扩大内需的迫切需要,是深化财税体制改革的重要内容。需要培养学生多途径参与提供公共服务,针对现实问题从专业角度参与完善政府购买公共服务的体系建设与机制改革。

**【教学方式与方法】**

1. 参与式课堂:通过营造安全平等的课堂环境,使学生掌握政府购买公共服务的理论基础、概念及基本内容,创建积极参与活动的预热氛围,引导学生独立思考、辩证分析,培养学生的思辨能力,塑造严谨求真的科学精神,增强学生的公共意识和人民至上思想。

2. 小组讨论法:通过列举政府提供公共服务的几种方式,讨论是否属于政府购买服务,并分析其优缺点,充分体现出国情教育。

**【课程思政教学实例】**

**案例材料:政府购买社工服务 切实提升居民生活幸福感**

**(1) 案例简介**

为了进一步做好帮扶困难群众,2020年,荆州市民政局发布了8个购买服务项目。专业社工服务项目在提升居民生活幸福感方面发挥着越来越重要的作用。从参与新冠肺炎疫情防控到助力乡村振兴,他们用实际行动,构建充满人文关怀的"和谐之城"。

在荆州区城南街道新风社区的活动室,不时传出阵阵欢笑声。这是荆州市众诚社会工作服务中心的社工正在开展关爱社区老年人活动。社工们通过养生知识宣传、做游戏互动、陪老人拉家常,让独居老人及生活困难家庭感受社会的关爱和温暖。

居民侯运美是项目的服务对象之一。侯运美在六个月大的时候,因为一场医疗事故,导致下肢无法正常行走。因为腿脚不便,侯运美很少出门。2020年,社区关爱项目启动,社工上门服务把关爱送到了家门口。

一年间,众诚社会工作服务中心累计服务社区居民40多户,其中还有部分被立为个案。

下一步,众诚社会工作服务中心还将围绕服务社区居民,关爱失独老人、困难家庭,承接各类政府发布的惠民项目,切实提升居民生活幸福感。

资料来源:政府购买社工服务 切实提升居民生活幸福感,中国政府采购网(ccgp.gov.cn),2021-4-6。

(2)案例的思政元素

①人民至上思想。政府通过购买社工服务,提升居民的生活幸福感。

②国情教育。在日常的学习、生活、工作中,保持积极的心理特质、自信自爱、坚韧乐观,尤其是在新冠肺炎疫情的形势下。

(3)教学手段

①知识点+实事+思政:在知识点"政府购买公共服务"中引入人民至上、人格发展思政元素,增强学生的人民至上的思想意识和促进自身的人格发展。

②学习测评——实时呼应:结合政府购买公共服务理论知识及作用效果解读,现场点评讨论结果。

## 第九章 发达国家政府采购制度

**专业教学目标**

通过介绍美国、英国等发达国家和地区的政府采购制度,从而起到"他山之石,可以攻玉"的作用。通过本章的学习,掌握市场经济发达国家较为成熟且规范的政府采购制度,思考如何完善我国的政府采购制度,构建符合社会主义市场经济要求的公共财政管理框架。

【知识目标】

了解和借鉴发达市场经济国家政府采购制度的体系和运作规则。

【能力目标】

1. 培养学生获取、收集信息的能力,归纳并借鉴发达市场经济国家政府采购制度,结合我国政府采购制度方面的理论与实践,将所学理论灵活应用于社会实践和具体案例。

2. 培养学生具有辩证思维能力,能够对比分析我国和国外的政府采购体制的异同、优缺点及适用情况。

**课程思政教学目标及实践**

【育人目标】

1. 国际视野 通过讲述国外发达市场经济国家政府采购制度的内容,使学生了解国外经济发展的新成果、关注国外发展的新趋势,开阔视野,增长见识。

2. 制度自信 通过国外政府采购管理情况的了解,充分认识到目前我国在政府采购制度改革的许多方面已经走在前列,借鉴国外经验,可以更好促进我国改革的步伐和进程,使学生认识到中国特色社会主义制度的优越性,坚定制度自信。激发学生的爱国情怀,培养学生献身祖国、建设祖国的爱国精神。

【教学方式与方法】

1. 启发讲授:通过介绍美国、英国等发达国家的政府采购制度,思考如何完善我国的政府采购制度,培养学生的国际视野及制度自信。

2. 分组研讨:引导学生探究问题,生生、师生互评解决问题,加深对政府采购制度发展、改革与创新必要性的理解,强化创新实践与使命担当,提升课程思政建设能力。

【课程思政教学实例】
**案例材料:现代化英国政府采购的影响**
**(1)案例简介**
近年来,英国当局除了关注降低每年的政府采购支出金额外,更将注意力放在通过政府采购对整个社会、经济的影响。从宏观视角分析,政府采购在近年来逐步实现"可持续发展的目标";在微观层面,英国政府采购对当地大中小企业竞争优势培育也起到了调节作用。保持"物有所值"基本原则不变基础上,全面保障各个规模企业的利益和竞争优势;政府绿色采购,进一步完善"可持续发展"目标;加强小企业、跨部门合作;电子政务、创新采购途径;鼓励民间意见,提高政府采购效率。

当然,英国的政府采购依然存在一些问题。首先,欧债危机过后,英国对于欧盟提出各项法律法规与国内制度的不统一常常是其需要花费功夫解决的问题;其次,英国下放政府采购给地方政府和私人的做法虽然有利于各地发展经济,降低物流成本,但也容易滋生地方保护主义;最后,政府采购常常需要和税收捆绑,受其影响颇深,也是未来需要加强研究和改进的一环。

<small>资料来源:周旭.英国政府采购演变进程及其影响[J],地方财政研究,2015(12)。</small>

**(2)案例的思政元素**
①国际视野。了解英国或其他国家的现代化的政府采购方式。
②制度自信。了解国外政府采购方式的基础上,对比国内外的优缺点,增强制度自信。
**(3)教学手段**
①知识点+实事+思政:在知识点"英国政府采购制度"中引入国际视野和制度自信思政元素,培养学生的广阔视野,增强学生的制度自信。
②学习测评——实时呼应:综合分析各发达国家的政府采购方式,再对比我国的政府采购方式,现场讨论其优缺点以及我国政府采购需要完善的地方。

## 第十章 国际经济组织与政府采购法规

**专业教学目标**
政府采购的国际化伴随着国际贸易一体化的发展而发展,国际经济组织制定的一系列政府采购协议和规则也应运而生。通过本章学习,使学生掌握国际组织政府采购协定和规则的形成与特点及主要内容。

【知识目标】
掌握具有代表性的国际经济组织制定的一系列的政府采购协议和规则:世界贸易组织的《政府采购协议》、世界银行的《采购指南》、联合国制定的《采购示范法》及其《立法指南》、欧盟的《政府采购指令》、亚太经济合作组织的《政府采购非约束性原则》。

【能力目标】
培养学生具有独立思考能力和思辨能力,能够对比分析国际组织的政府采购规则的制定与特点,意识到政府采购国际化是世界经济一体化和国际贸易全球化的必然结果,国家间因相互开放政府采购市场而导致政府采购政策、体制及制度同质化,分析和深刻理解国际通行做法与制度改革需要纳入国际规制的趋势。

**课程思政教学目标及实践**
【育人目标】
国际视野 通过熟悉具有代表性的国际经济组织制定的一系列政府采购协议与规则,加快推进制度对接,更好地融入世界经济自由化进程,培养学生开放严谨的学习态度、国际化的胸怀境界和人文素养。

【教学方式与方法】
1.启发教学:通过讲授具有代表性的国际经济组织制定的一系列政府采购协议与规则,培养学生的国际视野。
2.团队讨论:结合实例问题,分组研讨政府采购协议与规则的发展历程,分析其对我国现阶段政府采购制度发展的借鉴意义与启示,解析我国积极加入开放政府采购市场的原因。善用团队学习理论,注重学生团队周期,在讨论中让学生开阔视野,培养学生的创新理念,养成多角度思维方式。

**【课程思政教学实例】**
**案例材料：李克强会见欧洲复兴开发银行行长 中国正式加入欧洲复兴开发银行**
(1) 案例简介
国务院总理李克强 2016 年 1 月 15 日下午在中南海紫光阁会见欧洲复兴开发银行行长查克拉巴蒂。

李克强表示：查克拉巴蒂此次访华，标志着中国正式加入欧洲复兴开发银行，双方合作掀开新的篇章。中方愿同欧洲复兴开发银行加强投融资合作，就推进"一带一路"倡议、国际产能合作等加强对接，积极开展第三方市场合作，为中欧深化互利合作提供支持。

查克拉巴蒂表示，过去 30 多年中国经济社会发展取得举世公认的成就，也为国际发展合作提供了有益借鉴。欧洲复兴开发银行相信中国政府对经济政策的把握，愿以中国正式加入为契机，积极推动欧中发展战略对接，深入推进各项合作倡议，加强同中国政府、企业界的沟通，以及在亚洲基础设施投资银行、二十国集团等多边金融机构和平台的合作，构建强有力的伙伴关系。

资料来源：中国政府网(http://www.gov.cn/guowuyuan/2016－01/15/content_5033266.htm.)，2016－1－15。

(2) 案例的思政元素
①国际视野。加强国际上的交流与合作。
②制度自信。通过国外对中国发展的高度肯定，增强制度自信。

(3) 教学手段
知识点＋实事＋思政：在知识点"世界银行与《采购指南》"中引入国际视野和制度自信思政元素，培养学生的广阔视野，增强学生的制度自信。

## 四、课程思政教学评价

### (一)对教师的评价

1. 教学准备的评价

重点考察《政府采购》课程内容与教学活动的融合性，关注以老师为主导的引导式教学，强调要展开呼应学生课堂反馈的思政教学，运用多种教学方式与课程素材，实现润物无声和知识构建的双线统一。

2. 教学过程的评价

从动态的视角，加强《政府采购》思政元素的课程融入，课程设计要注重增加研究性、创新性、综合性，加大学生学习代入感和参与度，提高课程的挑战度，以实现价值引导和专业培养的双向统一。

3. 教学结果的评价

注重从学生角度建立对政府采购学习的评价指标体系，通过课堂内课程讨论、思维导图等教学活动，以及课堂外专题分析报告、政策解读等教学设计，形成课堂内外评价体系的双维统一。

4. 评价结果的运用

从课前视频辅助、课中讨论互动、课后练习补充等角度，发掘授课过程中教师对于平面知识和思政元素立体化展示过程中，存在的不足和改进空间，进行反思和总结。

### (二)对学生的评价

1. 学习过程的评价

检验学生是否按时且同步地参与了课程内设置的课程思政活动，是否通过价值塑造和知识构建，培养和强化了专业素养和学科责任观。

2. 学习效果的评价

是否理解了政府采购的制度框架，是否掌握了政府采购的方式与政府采购程序，是否通过政府采购实务操作与案例的讨论，对我国政府采购基础理论、政府采购方式的选择、政府采购全过程监督等，有了更全面、更深层次的理解。

3. 评价结果的运用

通过师生评价、生生互动、生生评价等多种评价形式，对学生的政府采购课程的学习效果进行全面了解，从学生的角度提炼课程思政的教研设计策略。

## 五、课程思政的教学素材

| 序号 | 内　　容 | 形式 |
| --- | --- | --- |
| 1 | 两会代表谈政府采购 | 阅读材料 |
| 2 | 政府采购的改革历程 | 阅读材料 |
| 3 | 《关中唐十八陵》古代"宫市"——皇家御用的"政府采购" | 阅读材料 |
| 4 | 政府采购理论与公共财政学的关系 | 案例材料 |
| 5 | 对政采政策类型与目标的一般性理论研究 | 阅读材料 |
| 6 | 《2021年中国财政政策执行情况报告》 | 阅读材料 |
| 7 | 政府采购既要回应公共需求又要关注程序合法合规 | 案例材料 |
| 8 | 如何给政府失信行为"对症下药" | 阅读材料 |
| 9 | 论政府采购供应商信用制度构建 | 阅读材料 |
| 10 | 堵住政府采购腐败的黑洞——反腐倡廉中国共产党新闻网（people.com.cn） | 阅读材料 |
| 11 | 《走投有路》 | 阅读材料 |
| 12 | 北京市财政局2021年政府采购代理机构监督评价结果信息公告 | 案例材料 |
| 13 | 政府采购方式制度的反思与重构 | 阅读材料 |
| 14 | 浅析如何选择政府采购方式 | 阅读材料 |
| 15 | 询价采购方式是否可以走人情漏洞？ | 案例材料 |
| 16 | 四川省财政厅关于规范政府采购工程项目采购执行管理有关事项的通知 | 阅读材料 |
| 17 | 市场经济条件下如何规范政府采购管理工作 | 阅读材料 |
| 18 | 用"横纵内外"优化采购人内控制度 | 案例材料 |
| 19 | 政采云 | 阅读材料 |
| 20 | "放管服"背景下健全政府采购监督管理机制的思考 | 阅读材料 |
| 21 | 我省加快实施"互联网 政府采购监督" | 阅读材料 |
| 22 | C事务所在"××审计专项"项目政府采购投诉处理中提供虚假情况案 | 案例材料 |
| 23 | 对军队采购中滥用救济权利的思考 | 阅读材料 |
| 24 | 完善我国政府采购救济制度的几点思考 | 阅读材料 |
| 25 | 采购人也有"救济渠道" | 案例材料 |
| 26 | 政府购买公共服务方式问题研究 | 阅读材料 |
| 27 | 政府购买服务政策沿革与趋势探讨 | 阅读材料 |
| 28 | 政府购买社工服务，切实提升居民生活幸福感 | 案例材料 |
| 29 | 现代化英国政府采购的影响 | 案例材料 |
| 30 | 李克强会见欧洲复兴开发银行行长 中国正式加入欧洲复兴开发银行 | 案例材料 |

# 《政府预算管理》课程思政教学指南

李伟[1]  周宝湘[1]  王开宏[2]

([1] 西安财经大学  [2] 天津商业大学)

## 一、课程简介与课程目标

### (一)课程简介

《政府预算管理》是财政学专业的核心课程之一。本课程立足于我国政府预算管理的法律、法规框架,以政府预算管理流程为主线,系统阐述预算管理基本理论、预算编制与管理、预算执行与管理、政府决算与管理等内容。同时,结合当代政府预算管理改革的新成果和动态,重点介绍和分析我国财政国库管理制度、部门预算制度、政府采购制度、预算绩效管理等内容。学生通过本课程学习,全面系统地掌握政府预算的基本理论及预算管理的基本流程与方法,为以后从事财政理论研究和财政管理工作奠定良好的基础。

本课程坚持以马克思主义原理为指导,强调财政学理论体系的中国特色科学学科体系、学术体系、话语体系。帮助学生了解政府预算管理相关制度、内容、流程、方法,引导学生深入社会实践,关注和思考政府预算管理的理论与实践问题,培育学生经世济民、诚信服务、德法兼修的财税职业素养。

### (二)课程目标

本课程为专业必修课程。通过本课程的学习,使学生能够达到以下目标:

1. 知识目标:本课程作为财政学、税收学专业的必修课程,立足我国政府预算管理的法律、法规框架,系统阐述预算管理基本理论、预算编制与管理、预算执行与管理、政府决算与管理等内容。通过学习,使学生了解政府预算管理相关制度、流程、方法,掌握政府预算管理的基本理论和基础知识,把握政府预算管理的基本技能。

2. 能力目标:培养良好的政府预算管理理念和素养,具备较高的政府预算理论素养和管理能力,能够理论联系实际,运用预算管理理论知识和管理技能,分析、解决预算管理现实问题,具备创新精神、创业意识和创新创业能力,为学生今后从事相关管理工作,打下坚实的基础,并为其他课程的学习提供有益的帮助。

3. 育人目标:通过对学生社会主义国家政府预算管理理念的熏陶和预算管理制度、内容、方法的教学,寓教于学,将"五爱教育"融于课程教学之中,培养学生良好的思想政治品质和现代文明习惯,具备社会责任感和人文关怀意识;培养学生合作、研究、交流、统一的创新意识和团队精神,树立学生专业归属感,塑造学生经世济民、务实创新、诚信服务、德法兼修的财税职业素养。

### (三)课程教材和资料

**推荐教材:**

王俊霞. 政府预算管理(第三版)[M]. 西安:西安交通大学出版社,2021.3.

**参考教材或推荐书籍:**

1. 徐旭川. 政府预算管理[M]. 上海:复旦大学出版社,2019.8.
2. 李燕. 政府预算管理(第二版)[M]. 北京:北京大学出版社,2016.3.
3. 马蔡琛. 政府预算[M]. 东北:东北财经大学出版社,2018.3.

**学术刊物与学习资源:**

学校图书馆提供的"中国知网"等各种数字资源。

**推荐网站:**

1. 财政部:http://www.mof.gov.cn.

2. 中国大学慕课：https://www.icourse163.org/.
3. 智慧树：http://www.dufe.edu.cn/.

## 二、课程思政教学总体设计

### (一)课程思政教学目标

本课程坚持以马克思列宁主义、毛泽东思想、邓小平理论、"三个代表"重要思想、科学发展观，习近平新时代中国特色社会主义思想为指导，坚持立德树人的根本任务，旨在培养践行社会主义核心价值观，有理想、有本领、有担当，具备良好的思想品德、专业素养、研究能力和应用能力的高素质财税专业人才。

本课程思政教学的总体目标是：立足于解决培养什么样的社会主义财政、税收事业接班人、怎样培养社会主义财政、税收事业接班人这一根本问题，围绕全面提高社会主义财政、税收人才培养能力这一核心点，努力提高政府预算管理教学水平和教学能力。

本课程思政的教学思路是：坚持"四个相统一"，即坚持知识传授与价值引导相统一，坚持显性教育与隐性教育相统一，坚持统筹协调与分类指导相统一，坚持总结传承和创新指导相统一。本课程思政教学目标主要涉及：

1. 政治认同。本课程在教学中立足财政学理论体系的中国特色科学学科体系、学术体系、话语体系，使学生更准确了解中国政府预算管理改革与发展取得的成就，向同学传递坚持中国共产党领导的重要性，从心灵深处认同"中国共产党为什么能、马克思主义为什么行、社会主义为什么好"，增强同学们的政治认同。

2. 家国情怀。本课程在教学中通过政府预算编制、批准、执行、管理、监督等各个环节的学习，将爱党、爱国、爱社会主义、爱人民、爱集体的"五爱"教育贯穿于政府预算管理教学的始终，培养学生树立为祖国、为人民奋斗奉献的家国情怀。

3. 职业道德。本课程教学在预算编制、预算执行、预算监督全过程及预算资金分配、调整、拨付、使用各环节都贯穿着财税职业道德教育，通过预算管理相关案例分析，使学生认识到财税职业道德的重要性，自觉养成遵守财税职业道德的习惯。尤其在市场经济条件下，聚财、用财、理财的能力和水平高低在很大程度上决定着财税部门干部能否坚守初心使命。通过本课程的知识讲解和案例解读，切实提高学生的职业道德修养。

4. 法治意识。政府预算管理各项业务是在党的领导和既定法律法规框架下开展的。政府预算管理课程的学习中包含了我国大量政府预算管理的法律、法规。通过本课学习，让学生认识到相关法律法规对于政府预算管理和经济、社会发展的重要作用。让学生牢固树立个人遵纪守法的意识和底线思维，激励学生自发崇尚、遵守和捍卫法律，为政府预算管理改革和预算法治贡献自己的力量。

5. 公共意识。政府预算收入是以财政为主体筹集公共资源的活动，政府预算支出通过财政分配追求公共利益最大化。政府预算收入和预算支出执行过程必须公开透明，并接受社会公众监督。通过政府预算基本知识和基础理论的教学，培育学生的公共意识。

6. 科学精神。政府预算管理属于社会科学，本课程注重培养学生的科学精神。本课程在预算管理基础知识和基本理论教学的基础上，通过案例分享、社会调研等手段，引导学生理论联系实际，培养学生透过现象看本质，勤于观察、勤于思考，善于捕捉预算管理规律的科学精神。

7. 时代担当。政府预算反映了政府活动的范围和内容，体现了一定时期政府的施政方针和要达到的政治、经济和社会发展目标。通过政府预算管理教学，让学生深刻体会党和政府施政的责任和担当，激励生树立远大崇高的理想，牢固树立为民理财、立命为民的初心，强本领、勇担当。

8. 广阔视野。在全球化竞争日趋激烈，尤其是新冠肺炎疫情肆虐的背景下，大国责任与担当及对大国财政问题的研究日益迫切，其中预算管理居于关键地位。在新时代、新理念、新格局下，国家的经济社会发展尤其需要更多的具有国际视野的高素质人才。本课程通过让学生关注和研究各国政府预算管理改革与发展的最新成就和未来趋势，培养学生的广阔视野。

9. 创新精神。创新精神是一种勇于抛弃旧思想旧事物、创立新思想新事物的精神。在本课程教学中，通过大量的预算管理改革与实践案例讲授和课后思考训练，提高学生预算管理技能，增强创新精神和创新意识。

10. 人民至上思想。本课程在教学中通过政府预算编制、批准、管理等环节的教学，让同学深刻理解社会主义财政"取之于民，用之于民"的实质，体会"立党为公，执政为民""聚众人之财，办众人之事"等人民至上的预算管理思想。

**(二)课程思政教学内容**

《政府预算管理》课程的思政内容可以涉及以下几方面：

1. 坚定政治立场，具备良好的思想品德

本课程通过深入挖掘课程思政元素，引入丰富的案例素材，讲好中国故事，帮助学生深刻领会党领导下的政府预算制度建设所取得的重大成就和历史经验，涵养学生的家国情怀和社会责任感，引导学生增强"四个意识"、坚定"四个自信"、做到"两个维护"，敢于纠正不当言行。通过强化财经纪律教育，帮助学生牢固树立法治意识、廉洁意识和集体意识，培养品行端正、爱岗敬业和富有团结精神的高素质专业人才。

2. 熟悉中国国情，具备良好的专业素养

本课程讲授将突出财政在国家治理中的基础性和支柱性地位，通过加入大量中国经济发展和预算管理改革的最新实践，融入和体现中国经验。并通过丰富多样的教学形式，帮助学生了解中国国情、社情、民情，使之具备良好的专业素养，掌握较为系统的政府预算管理知识，了解我国政府预算管理的运行机制、改革动态和发展方向。

3. 富有科学精神，具备良好的研究能力

本课程注重培养学生的科学精神和创新意识，将专业知识传授与研究能力培养相结合，帮助学生了解学术研究的基本规范，夯实研究基础，并运用所学的经济学、财政学、公共管理学、政治学、法学、统计学和计量经济学等研究方法，开展与课程相关的问题研究。提倡"为人民做学问"的研究精神，为优化政府预算管理而不断努力。

4. 关心现实问题，具备良好的应用能力

本课程倡导经世济民和知行合一的精神，注重理论与实践相结合，鼓励学生通过资料收集、实习实训、实地调研等途径，了解政府预算管理领域的重点难点热点问题，并结合所学专业知识进行研讨，为从事相关财税和预算管理实务工作和解决复杂现实问题奠定良好的基础。

**(三)教学方法**

本课程根据政府预算管理相关制度、原理、内容、流程、方法等具体教学内容，有针对性地选择讲授、启发式教学、小组讨论教学、案例教学和慕课、微课线上教学等多种教学方法开展教学，激发学生学习兴趣，引导学生深入思考。

# 三、课程各章节思政教学内容设计

## 第一章 政府预算概述

**专业教学目标**

政府预算管理是对政府预算的计划、协调、监督等活动的总称。本章内容包括政府预算的概念和特征；政府预算的产生和发展；政府预算的功能，包括政府预算的分配功能、政府预算的调节功能、政府预算的反映和监督功能；政府预算政策，包括政府预算政策的概念、政策手段、政策类型。

**【知识目标】**

通过对本章内容的教学，使学生理论联系实际，能够对政府预算的现象和本质有一个基本的认识，掌握政府预算的含义、政府预算的功能、政府预算政策等知识。

**【能力目标】**

1. 培养学生善于理论联系实际，将所学理论灵活应用于观察、分析现实财政问题，理解政府预算的功能，提高学生分析问题、解决问题的能力。

2. 提高对预算政策的解读水平和分析水平，培养学生具有独立思考能力和思辨能力，增强学生的政治认同。

课程思政教学目标及实践

**【育人目标】**

1. 政治认同　结合政府预算的分配功能阐述我国政府预算"取之于民、用之于民"的重要意义,增强学生的政治认同。

2. 人民至上思想　结合政府预算的分配功能和宏观调控职能,让同学深刻体会"立党为公,执政为民""聚众人之财,办众人之事"的人民至上思想。

3. 科学精神　政府预算综合反映和监督经济运行状态,引导学生透过现象看本质,培养科学探索精神。

4. 家国情怀　从当前预算政策解释我国制度的优越性,了解我们的国情,提高对预算政策的解读水平和分析能力,培养学生爱国情怀和责任担当意识。

**【教学方式与方法】**

1. 自主学习:线上学习相应慕课中的基础专业知识点,线下自主阅读文献资料《2021年国务院政府工作报告》,撰写阅读笔记,培养学生家国情怀和政治认同。

2. 课堂讲授:讲授政府预算的概念和特征、政府预算功能、政府预算政策等基本理论和基础知识,引导学生透过现象看本质,培养科学探索精神。

3. 课堂展示与讨论:依托案例,围绕政府预算的分配功能和宏观调控职能进行讨论,让学生深刻体会党和政府"聚众人之财,办众人之事"的人民至上思想,理解我国积极财政政策的现实意义。

**【课程思政教学实例】**

**案例材料:财政政策稳经济保民生效应显现**

(1)案例简介

7月14日,我国财政收支半年报出炉:上半年,全国一般公共预算收入105221亿元,全国一般公共预算支出128887亿元,增长5.9%。一收一支之间,彰显出今年积极财政政策靠前发力、精准发力的成效,财政政策稳经济保民生效应愈加显现。

大规模留抵退税为企业注入现金活水。18455亿元——这是上半年退付到纳税人账户的留抵退税款总额,已达去年全年税务部门办理退税规模的2.9倍。同比增长10.6%——这是今年5月全国已退税企业销售收入的增速。554.7万户——这是今年前5个月,全国新办涉税市场主体数。

专项债靠前发力撬动有效投资。为应对经济下行压力和新冠肺炎疫情影响,2020—2022年我国分别安排了新增专项债券额度3.75万亿元、3.65万亿元、3.65万亿元,持续保持较高规模,对带动扩大有效投资发挥了重要作用。

兜牢三保底线,切实保障民生。民生等重点领域支出得到有力保障,其中,科学技术、农林水、卫生健康、教育、社会保障和就业支出,分别增长17.3%、11%、7.7%、4.2%、3.6%。为切实保障重点支出,确保地方基层在落实大规模退税减税政策的前提下"保基本民生、保工资、保运转"所需基本财力,今年以来,财政部门多措并举,兜牢兜实民生底线。加大中央财政对地方转移支付力度,督促地方将三保支出作为预算支出重点,坚持三保支出在预算安排中的优先顺序。

资料来源:财政政策稳经济保民生效应显现.经济参考报.2022.7.15.

(2)案例的思政元素

①家国情怀。让学生深刻体会党和政府施政的责任和担当,培养家国情怀。

②人民至上思想。坚持三保支出在预算安排中的优先顺序,让学生能够更加深入地认识到我国财政为民造福、人民至上的理财思想。

③政治认同。通过对党和政府积极财政预算政策安排的学习探讨,体现社会主义制度的优越性,增强学生对社会主义国家的政治认同。

(3)教学手段

①翻转课堂:支架与高阶:慕课资源、文献资源为翻转课堂提供支架;课堂展示、师生思辨讨论实现课堂高阶性、高效性。

②讲授:在知识点"政府预算政策"中引入案例,引导学生认识我国预算政策的时代背景,深刻体会党和政府施政的责任担当,增强学生对社会主义祖国的政治认同,培养家国情怀。

③讨论:财政政策稳经济保民生效应显现案例带来的启示。

## 第二章 政府预算形式与分类

**专业教学目标**

政府预算管理的形式与分类,包括对预算形式的选择和对预算收支的分类,是政府预算管理的基础。本章内容包括政府预算形式选择;政府预算形式的发展变化;政府预算收支分类。

**【知识目标】**

通过对本章内容的教学,了解政府预算形式选择和发展变化,掌握政府收支分类的方法和具体内容。

**【能力目标】**

1. 培养学生将所学理论灵活应用于观察、分析现实问题,深刻理解我国预算形式的选择,善于理论联系实际。

2. 培养学生具有独立思考能力和思辨能力,帮助学生了解中国国情,理解我国政府收支分类改革的重要意义。

**课程思政教学目标及实践**

**【育人目标】**

1. 创新精神 通过了解预算形式的发展和对我国政府收支分类讲授和课后思考训练,提高学生预算管理技能,增强创新精神和创新意识。

2. 广阔视野 通过国际政府收支分类对我国政府收支分类改革的借鉴,让学生关注和研究各国政府预算管理改革与发展的最新成就和未来趋势,培养学生的广阔视野。

**【教学方式与方法】**

1. 自主学习:线上学习相应慕课中的基础专业知识点,线下自主阅读文献资料《2022年政府预算收支分类科目》,撰写阅读笔记,培养学生创新精神。

2. 课堂讲授:讲授政府预算形式、政府收支分类等基本理论和基础知识,引导学生透过现象看本质,培养学生创新精神。

3. 课堂展示与讨论:结合我国政府预算形式的演进、政府收支分类改革的背景等内容展开小组讨论,使学生认识改革必须立足中国国情并借鉴国际经验,培养学生的广阔视野。

**【课程思政教学实例】**

**案例材料:2007年政府收支分类改革的主要内容**

(1)案例简介

新的政府收支分类体系主要包括三个方面内容,即收入分类、支出功能分类和支出经济分类:第一,对政府收入进行统一分类。收入分类主要是完整反映政府收入的来源和性质,说明政府的钱是从哪里来的。第二,建立新的政府支出功能分类体系。对政府支出按功能分类,就是按政府主要职能活动分类。改革前政府支出总体上是按经费性质分类的。它是抽象的,每个部门都用这些科目,看不出部门的职能是什么,究竟干了什么事。改革后支出功能分类则从根本上作了改变,不再按经费性质设置科目,而是按政府职能和活动设置科目,政府各项支出究竟做了什么事,就能直接从科目上看出来。按照这种思路,支出功能分类设置类、款、项三级。第三,建立新型的支出经济分类体系。支出经济分类简单地说就是对支出的具体经济构成进行分类。全面、明细的支出经济分类为加强政府预算管理、部门财务管理以及政府统计分析提供了重要工具和手段。

在新的政府收支分类改革到位后,结合财政收支的部门属性,通过财政信息管理系统,可对任何一项财政收支进行"多维"定位,清楚地说明政府的钱是怎么来的,做了什么事,谁做的,怎么做的,为预算管理、统计分析、宏观决策和财政监督等提供全面、真实、准确的经济信息。

资料来源:中华人民共和国财政部.2022年政府预算收支分类科目[M].上海:立信会计出版社.2021.

(2)案例的思政元素

①创新精神。2007年政府收支分类改革是我国财政收支分类统计体系最为重大的一次调整,也是我

国政府预算管理制度的又一次深刻创新。通过案例教学,培养学生的创新精神。

②广阔视野。通过国际政府收支分类对我国政府收支分类改革的借鉴,培养学生的广阔视野。

**(3)教学手段**

①讲授:在知识点"政府收支分类与改革"中引入创新精神、广阔视野等思政元素,拓展学生的国际视野,增强创新精神。

②讨论:"2007年政府收支分类改革的主要内容"案例带来的启示。

### 第三章 政府预算管理体制

**专业教学目标**

预算管理体制是国家经济体制的重要组成部分,是确定中央和地方以及地方各级政府之间分配关系的根本制度。本章内容主要包括政府预算管理体制概述;分税制预算管理体制;政府间转移支付制度。

**【知识目标】**

通过对本章内容的教学,使学生全面认识我国的政府预算管理体制,培养学生理论联系实际,全面辩证认识问题的能力,增进学生对我国政府预算管理体制的认识和理解。

**【能力目标】**

1. 培养学生将所学理论灵活应用于观察、分析现实问题,深刻理解我国政府转移支付制度,善于理论联系实际。

2. 通过学习,理解预算管理体制改革的背景及内容,引导学生透过现象看本质,培养学生创新精神,提高学生分析问题的能力。

**课程思政教学目标及实践**

**【育人目标】**

1. 政治认同　从预算管理体制演变历史阐述我国建立适应社会主义市场经济要求的分税制预算管理体制的合理性,增强学生的政治认同。

2. 创新精神　建立特殊转移支付机制的监控系统是预算管理体制改革的探索和创新。通过案例教学,培养学生的创新精神。

3. 人民至上思想　建立特殊转移支付机制,主要用于保就业、保基本民生、保市场主体,学生能够更加深入地认识到财政为民造福和人民至上的理财思想。

4. 广阔视野　我国预算管理体制的演进和分税制改革,使学生认识改革必须立足中国国情并借鉴国际经验,培养学生的广阔视野。

**【教学方式与方法】**

1. 自主学习:线上学习相应慕课中的基础专业知识点,线下结合《2021年政府决算报告》文献资料,撰写阅读笔记,增强学生的政治认同。

2. 课堂讲授:讲授政府预算管理体制的概念和特征、分税制预算管理体制、政府间转移支付等内容,从预算管理体制演变历史阐述我国建立适应社会主义市场经济要求的分税制预算体制的合理性,增强学生的政治认同。

3. 课堂展示与讨论:结合我国预算管理体制的演进和分税制改革展开小组讨论,使学生认识改革必须立足中国国情并借鉴国际经验,培养学生的广阔视野,结合我国特殊转移支付机制的案例教学,体现我国政府人民至上思想,培养学生的创新精神。

**【课程思政教学实例】**

**案例材料:2020年我国"特别转移支付"机制**

**(1)案例简介**

国务院总理李克强2020年6月9日主持召开国务院常务会议,在2020年政府工作报告中明确指出,建立特殊转移支付机制。原内容如下:积极的财政政策要更加积极有为。今年赤字率拟按3.6%以上安排,财政赤字规模比去年增加1万亿元,同时发行1万亿元抗疫特别国债。这是特殊时期的特殊举措。上述2万亿元全部转给地方,建立特殊转移支付机制,资金直达市县基层、直接惠企利民,主要用于保就业、保基本民生、保市场主体,包括支持减税降费、减租降息、扩大消费和投资等,强化公共财政属性,决不允许截留挪用。要大力优化财政支出结构,基本民生支出只增不减,重点领域支出要切实保障,一般性支出要坚决压减,严禁新建楼堂馆所,严禁铺张浪费。各级政府必须真正过紧日子,中央政府要带头,中央本级支出安排负增长,其中非急需非刚性支出压减50%以上。各类结余、沉淀资金要应收尽收、重新安排。要大力提质增效,各项支出务必精打细算,一定要把每一笔钱都用在刀刃上、紧要处,一定要让市场主体和人民群众有真真切切的感受。

资料来源:中国政府网.http://www.gov.cn.政府工作报告.国务院.2021.3.5.

**(2)案例的思政元素**

①创新精神。建立特殊转移支付机制是预算管理体制改革的探索和创新。通过案例教学,培养学生的创新精神。

②人民至上思想。建立特殊转移支付机制,主要用于保就业、保基本民生、保市场主体,学生能够更加深入地认识到财政为民造福和人民至上的理财思想。

**(3)教学手段**

①讲授:在知识点"政府间转移支付"中,通过案例分享中国转移支付制度改革的成功经验,培养学生人民至上的宗旨意识和勇于改革的创新精神。

②讨论:2020年我国"特别转移支付"机制案例带来的启示。

## 第四章　政府预算的编制与管理

**专业教学目标**

政府预算编制是政府预算管理的中心环节,由此形成的预算计划是指导财政工作全局的重要部署。本章主要介绍政府预算体系;政府预算收入和支出的测算方法,政府预算编制的程序、内容和方法以及政府预算审批的程序和内容。

**【知识目标】**

通过对本章内容的教学,了解政府预算体系政府,熟悉预算收支测算的基本方法,掌握部门预算和财政总预算的特点、编制方法,增进学生对政府预算审批的认识和理解。

**【能力目标】**

1. 培养学生将所学理论灵活应用于观察、分析现实问题,深刻理解编制政府预算审批的意义及程序,善于理论联系实际。

2. 提高对政府部门预算和财政总预算的解读水平和分析水平,培养学生具有独立思考能力和思辨能力。

**课程思政教学目标及实践**

**【育人目标】**

1. **政治认同**　结合政府预算编制的内容阐述我国政府预算"取之于民、用之于民"的实质,增强学生对社会主义祖国的政治认同。

2. **职业道德**　从政府预算编制的方法和程序,理解政府预算编制的规范性和科学性,增强学生掌握预算管理技能的自觉性,提升职业素养。

3. **法治意识**　政府预算必须由人民代表大会审批,预算审批过程是政府预算管理法制化的体现,增强学生的法治意识。

4. **时代担当**　从社会保险基金预算看完善社会主义保障制度的重要意义,以及基于中国国情建设完善的社会保障制度必要性、可行性,增强学生的时代担当、政治认同。

**【教学方式与方法】**

1. 自主学习:线上学习相应慕课中的基础专业知识点,线下阅读《2022年中央和地方预算草案》文献资料,结合政府预算编制的内容阐述我国政府预算"取之于民、用之于民"的实质,增强学生对社会主义祖国的政治认同。

2. 课堂讲授:讲授政府预算体系、预算收支测算的方法、部门预算和财政总预算的编制方法、政府预算的审批,从社会保险基金预算看完善社会主义保障制度的重要意义,以及基于中国国情建设完善的社会保障制度必要性、可行性,增强学生的时代担当、政治认同。

3. 课堂展示与讨论:依托案例,从我国政府预算收支安排和编制、审批流程,展开小组讨论。政府预算编制按一定的方法和程序进行,具有规范性和科学性,通过学习,增强学生掌握预算管理技能的自觉性,提升职业素养,政府预算必须由立法机关审批,增强学生的法治意识。

【课程思政教学实例】

**案例材料:2022年中央一般公共预算收入预计和支出安排**

**(1)案例简介**

中央一般公共预算收入94880亿元,比2021年执行数增长3.8%。加上从中央预算稳定调节基金调入2765亿元,从中央政府性基金预算、中央国有资本经营预算调入9900亿元,收入总量为107545亿元。中央一般公共预算支出134045亿元,增长14.3%。收支总量相抵,中央财政赤字26500亿元,比2021年减少1000亿元。

2022年中央一般公共预算支出分中央本级支出、对地方转移支付、中央预备费反映。

中央本级支出35570亿元,增长3.9%。主要支出项目具体情况是:一般公共服务支出1507.82亿元,下降1.9%;外交支出502.66亿元,增长2.4%;国防支出14504.5亿元,增长7.1%;公共安全支出1949.93亿元,增长4.7%;教育支出1525.78亿元,与上年持平(加上地方支出后,全国教育支出增长10.6%);科学技术支出3187.27亿元,与上年持平;粮油物资储备支出1136.47亿元,增长2.3%;债务付息支出6382亿元,增长8.8%。

对地方转移支付89975亿元,增长8.4%。其中,一般性转移支付82138.92亿元,增长8.7%,主要是增加地方可用财力,推进基本公共服务均等化,兜牢基层"三保"底线;专项转移支付(包含中央预算内投资)7836.08亿元,增长4.7%,主要是加大生态保护、产业转型升级、区域协调发展等领域支出。

中央预备费500亿元,与2021年预算持平。预备费执行中根据实际用途分别计入中央本级支出和对地方转移支付。

资料来源:财政部.关于2021年中央和地方预算执行情况与2022年中央和地方预算草案的报告.2022.3.5.

**(2)案例的思政元素**

①职业道德。政府预算编制按一定的方法和程序进行,具有规范性和科学性,增强学生掌握预算管理技能的自觉性,提升职业素养。

②法治意识。政府预算必须由人民代表大会审批,预算审批过程是政府预算管理法制化的体现,增强学生的法治意识。

**(3)教学手段**

①讲授:在知识点"政府预算的编制"中引入案例,阐述我国政府预算编制的内容及其编制审批流程,使学生理解政府预算编制必须按一定的方法和程序进行,具有规范性和科学性,通过学习,增强学生掌握预算管理技能的自觉性,提升职业素养,政府预算必须由立法机关审批,增强学生的法治意识。

②讨论:2022年中央一般公共预算收入预计和支出安排案例带来的启示。

## 第五章 政府预算执行的管理

**专业教学目标**

本章内容包括政府预算的组织系统;政府预算收入执行环节的管理,包括政府预算收入的收纳、划分与报解、政府预算收入的缴款依据和缴库方式、政府预算收入退库的管理;政府预算支出执行环节的管理,包括预算拨款原则、政府预算支出的拨款方式和政府采购制度;预算资金管理制度,包括国库体制、国库集中收付制度的含义和国库集中收付制度的内容;政府预算执行中的调整与检查。

【知识目标】

通过对本章内容的教学,使学生理论联系实际,能够对政府预算执行的管理有一个完整的了解,掌握政府预算的组织系统、政府预算收入执行环节的管理、政府预算支出执行环节的管理、预算资金管理制度、政府预算执行中的调整与检查等内容。

【能力目标】

培养学生政府预算收入执行和政府预算支出执行的管理能力,将所学理论应用于分析、解决现实问题。

**课程思政教学目标及实践**

【育人目标】

1. 政治认同　全面规范、公开透明的预算制度是把权力关进制度笼子的基础性制度;政府预算收入和支出执行管理制度是政府预算制度的关键。通过学习政府预算执行管理,帮助学生理解政府预算执行管理是将政府收入和支出权力关进预算制度笼子的关键环节,增强学生对推进国家治理体系现代化的政治认同。

2. 人民至上思想　政府预算执行过程是用来自人民的经济资源实现人民意愿的过程,政府预算执行管理始终以实现人民利益最大化为最终目标。通过政府预算收入和执行管理学习,帮助学生树立人民至上思想。

3. 法治意识　政府预算执行管理要求政府收入和支出执行严格按照法定程序和制度进行,使得政府收入和支出活动规范化,政府收入和支出权力运行法治化。通过本章教学,培育学生的法治政府建设意识。

4. 公共意识　政府预算收入是公共资源,政府预算支出追求公共利益最大化。政府预算收入和预算支出执行过程必须公开透明,并接受社会公众监督。通过本章教学,培育学生的公共意识。

【教学方式与方法】

1. 自主学习:学习《中华人民共和国预算法》第六章和《中华人民共和国预算法实施条例》第四章,熟悉政府预算执行管理的法律规定,培育学生的法治意识。

2. 课堂讲授:讲授政府预算的组织系统、政府预算收入执行环节的管理、政府预算支出执行环节的管理、预算资金管理制度和政府预算执行中的调整与检查等基本理论和基础知识,引导学生理解政府预算执行管理是将政府权力关进预算制度笼子的关键环节,增强学生对推进国家治理体系现代化的政治认同。

3. 课堂小组讨论:要求学生围绕国库集中支付制度和政府采购制度,讨论这些制度是如何确保人民缴纳的预算资金得到安全有效使用的,树立学生的人民至上思想。

【课程思政教学实例】

**案例材料:常态化财政资金直达机制**

(1)案例简介

现年65岁的杨建设,是陕西省铜川市宜君县西村综合服务中心石堡村三组村民,家中4口人,包括老伴、儿子和上小学一年级的孙子。今年1月,杨建设不幸一氧化碳中毒导致瘫痪,卧病在床;儿子以前在外务工,父亲瘫痪后回家照看其生活起居。家中十余亩耕地,因无力耕种,按每亩每年150元对外承包,全家生活非常困难。

今年4月,通过个人申请、群众民主评议、县乡审核审批等程序后,该县将其家庭纳入农村低保保障范围。补助水平为每人每月282元,孙子享受"未成年人"分类施保每月增加121元,杨建设享受"重病"分类施保每月增加201元,家庭月享受电价补贴5元,家庭月合计获保障金1455元。县上将资金直接通过惠民惠农"一卡通"发放。

杨建设一家是众多得到救助的困难家庭之一。

截至5月13日,铜川市收到社保民生项目中央直达资金6.8亿元,其中困难群众救助资金8281万元。全市共收到直达资金14.02亿元,指标分配进度100%;完成支出7.73亿元,支出进度55.9%。

1—4月,陕西省下达民生保障类补助资金276亿元,实际形成支出合计158亿元,支出进度57.27%,确保了270万名退休人员养老金按时发放、531万人领取养老金待遇等。

资料来源:财政部网站.http://www.mof.gov.cn/zhengwuxinxi/caijingshidian/zgcjb/202106/t20210616_3719934.htm.

(2)案例的思政元素

①政治认同。通过个人申请、群众民主评议、县乡审核审批等程序后,该县将其家庭纳入农村低保范围。财政资金使用实行规范、民主、公开透明的预算管理,体现了国家治理体系现代化。

②人民至上思想。民生补助资金纳入直达资金管理,有力保障了社保民生政策的全面落实,项目资金拨付更快捷、更精准,资金使用效率显著提高,市县财政民生支出压力得到切实缓解,基本民生底线进一步兜牢,体现了人民至上思想。

③法治意识。财政资金从预算编制、审批到支出执行严格遵循法定程序,使得政府支出活动规范化,政府支出权力运行法治化。

④公共意识。财政资金用于保障弱势群体的基本生活需要,体现了社会公平正义,有利于实现公共利益最大化。

**(3)教学手段**

课堂讨论:学生根据案例,以国库集中支付为基础,围绕政治认同、人民至上思想、法治意识和公共意识展开小组讨论。

### 第六章 政府决算与财务报告

**专业教学目标**

本章内容包括政府决算的定义、组成、原则、要求和准备工作;政府决算的编制方法,包括单位决算的编制方法、政府决算的编制方法和政府决算的汇编;政府决算的审查和批准,包括政府决算审查的方法、形式、内容和政府决算审批程序;政府财务报告,包括政府财务报告的内涵、目标、原则和内容。

**【知识目标】**

通过对本章内容的教学,使学生理解政府决算、政府财务报的基本含义,掌握政府决算的编制方法、审查内容和方法。

**【能力目标】**

培养学生编制政府决算报告和理解政府财务报告的能力。

**课程思政教学目标及实践**

**【育人目标】**

1. 政治认同 政府决算反映了政府预算执行的结果,政府决算必须依法向社会公开,是社会公众对政府收支活动进行民主监督的重要环节。通过本章教学,帮助学生增强全过程民主的政治认同。

2. 人民至上思想 政府财务报告有助于人民了解预算执行的合规性情况,有助于人民评估报告主体的受托责任。通过本章教学,帮助学生树立人民至上思想。

3. 法治意识 各级人大常委会要对政府决算草案进行审查和批准,只有通过各级立法机关审批的政府决算草案才成为正式的法律性文件。通过本章教学,培育学生的法治意识。

4. 职业道德 政府决算草案编制是技术性很强的工作,通过政府决算草案编制,提升学生职业道德。

**【教学方式与方法】**

1. 自主学习:学习《中华人民共和国预算法》第八章和《中华人民共和国预算法实施条例》第五章,熟悉政府决算的法律规定,培育学生的法治意识。

2. 课堂讲授:讲授政府决算概述、政府决算的编制方法、政府决算的审查和批准、政府财务报告等基本理论和基础知识,引导学生深入理解政府决算的审查和批准是对政府收支活动进行民主监督的重要环节,增强学生对全过程民主的政治认同。

3. 课堂小组讨论:要求学生围绕编制政府综合财务报告的必要性进行小组讨论,帮助学生树立人民至上思想。

**【课程思政教学实例】**

**案例材料:中央部门晒收支 信息公开范围更广、力度更大**

(1)案例简介

今年有102个中央部门向社会公开决算。较之以往,今年中央部门绩效信息公开范围更广、力度更大,项目绩效自评结果、重点项目绩效评价报告公开数量继续增加,并首次对国有资本经营预算绩效评价情况进行说明。

今年随同中央决算向全国人大常委会报送的项目绩效自评表的数量增长到586个,比上年增加93个。

财政部聚焦科技、文化等重点领域,对72个项目开展财政重点绩效评价,涉及资金1.3万亿元,项目数量和资金规模大幅增加。同时,首次将中央本级基建投资项目、中央本级国有资本经营预算项目、地方政府专项债券项目等纳入评价范围,新增工业和信息化部、生态环境部、农业农村部等部门开展整体支出绩效评价试点。今年财政部选择36个重点项目绩效评价报告,随同2021年中央决算报告提交全国人大常委会参阅,报告数量比上年增加7个,涉及资金6000多亿元。

2021年,中央部门落实政府过紧日子要求,中央本级支出继续负增长,节省的资金用于增强地方民生财力保障,兜牢兜实基层"三保"(保基本民生、保工资、保运转)底线。

比如,财政部2021年度"三公"经费财政拨款支出预算为2283.74万元,支出决算为514.41万元,完成预算的22.5%。

资料来源:中央部门晒收支 信息公开范围更广、力度更大. 人民日报,2022-07-27.

**(2)案例的思政元素**

①政治认同。102个中央部门向社会公开决算。较之以往,中央部门绩效信息公开范围更广、力度更大,项目绩效自评结果、重点项目绩效评价报告公开数量继续增加。此外,随同中央决算向全国人大常委会报送的项目绩效自评表的数量增长到586个。政府决算依法公开,是社会公众对政府收支活动进行民主监督的重要环节,是全过程民主的重要内容。

②人民至上思想。2021年,中央部门落实政府过紧日子要求,中央本级支出继续负增长,节省的资金用于增强地方民生财力保障,兜牢兜实基层"三保"(保基本民生、保工资、保运转)底线,体现了人民至上思想。

③法治意识。中央部门决算草案报送全国人大常委会,由全国人大常委会对政府决算草案进行审查和批准,体现了法定授权和法定程序原则。

**(3)教学手段**

课堂讨论:学生根据案例,以中央部门决算公开为基础,围绕政治认同、人民至上思想和法治意识展开小组讨论。


### 第七章 政府预算绩效管理

**专业教学目标**

本章内容包括绩效预算的概念和特征;预算绩效管理的内涵、理论依据和原则;预算绩效管理的内容,包括绩效目标管理、绩效运行跟踪监控管理、绩效评价实施管理、绩效评价结果反馈和应用管理;我国预算绩效管理改革。

**【知识目标】**

通过对本章内容的教学,使学生理解绩效预算和预算绩效管理的内涵;领会绩效评价、绩效预算、预算绩效管理的联系与区别;掌握预算绩效管理的程序和内容。

**【能力目标】**

培养学生对政府预算绩效的管理能力,将所学理论应用于分析、解决现实问题。

**课程思政教学目标及实践**

**【育人目标】**

1. 政治认同  以全面实施预算绩效管理为关键点和突破口,推动财政资金聚力增效,提高公共服务供给质量,这是推进国家治理体系和治理能力现代化的内在要求。通过本章教学,增强学生对推进国家治理体系现代化的政治认同。

2. 人民至上思想  绩效预算更加注重结果导向、强调成本效益、硬化责任约束,全方位、全过程、全覆盖的预算绩效管理本质上是对人民负责,确保人民利益最大化。通过本章学习,帮助学生树立人民至上思想。

3. 公共意识  全面实施预算绩效管理是增强政府公信力和执行力、提高人民群众满意度的有效途径,是建设高效、责任、透明政府的重大举措。通过本章教学,培育学生的公共意识。

4. 科学精神  预算绩效管理要求建立健全定量和定性相结合的共性绩效指标框架以及构建绩效指标

和标准体系,实现科学合理、细化量化、可比可测、动态调整、共建共享。通过本章教学,培养学生的科学精神。

**【教学方式与方法】**

1. 自主学习:学习《中华人民共和国预算法》和《中华人民共和国预算法实施条例》中有关预算绩效的法律规定,培育学生的法治意识。

2. 课堂讲授:讲授绩效预算的概念和特征、预算绩效管理的理论依据和原则、预算绩效管理的内容、我国预算绩效管理改革等基本理论和基础知识。引导学生深入认识全面实施预算绩效管理是推进国家治理体系和治理能力现代化的内在要求,增强学生对推进国家治理体系现代化的政治认同。

3. 课堂小组讨论:要求学生围绕建立健全定量和定性相结合的共性绩效指标框架以及构建绩效指标和标准体系进行讨论,培养学生的科学精神。

**【课程思政教学实例】**

**案例材料:贵州省六盘水市财政局为预算绩效管理"赋能"**

(1)案例简介

一是聚焦事前绩效评估。进行政策(项目)事前评估,以促进公共资源配置合理,推动政府目标的顺利实现;充分借助预算绩效管理专家的智力资源,提升评估工作的质量与深度。

二是聚焦绩效目标管理。建立绩效目标与预算资金"同步申报、同步审核、同步批复"的机制,充分依据核心绩效指标和标准体系,实现规范合理、细化量化、突出重点的目标设置;实施项目分级管理,制定有充分立项依据、具体支出内容、明确合理的绩效目标。

三是聚焦绩效运行监控。以绩效目标执行情况为重点,将实现情况与预期目标相比较,从而对目标完成、预算执行、组织实施、资金管理等情况进行分析评判;采取部门日常监控和财政重点监控"双监控"结合的方式,及时发现资金使用过程中的绩效偏差,对发现的问题跟踪整改,确保财政资金发挥效益。

四是聚焦绩效评价管理。采用定量和定性评价相结合的比较法,对项目的产出指标、效益指标和满意度指标的实际完成值进行评分,并确定评价等级。

五是聚焦评价结果运用。采取评分与评级相结合的形式,根据整体部门支出(项目)绩效评价"优、良、中、差"的结果,给予资金保障、视财力情况保障、在10%~20%间根据情况压减、取消安排同类资金的结果应用;按照事前绩效评估、绩效目标申报、绩效运行监控、绩效评价实施等分设考核指标,将考核结果纳入市直机关目标考核内容。

资料来源:财政部网站。http://www.mof.gov.cn/zhengwuxinxi/xinwenlianbo/guizhoucaizhengxinxilianbo/202207/t20220708_3825674.htm。

(2)案例的思政元素

①政治认同。贵州省六盘水市财政局全面构建预算决策、编制、执行、决算和信息公开"五位一体"的预算绩效管理机制,着力打造"事前、事中、事后"有机衔接的预算绩效管理链条,全力推动财政资金聚力增效,提高公共服务供给质量,不断增强政府公信力和执行力。全面实施预算绩效管理是推进国家治理体系现代化的必然要求。

②人民至上思想。六盘水市财政局实施的全方位、全过程、全覆盖的预算绩效管理使得预算更加注重结果导向、强调成本效益、硬化责任约束,本质上是对人民负责,确保人民利益最大化。

③科学精神。六盘水市财政局的预算绩效管理包括事前绩效评估、绩效目标管理、绩效运行监控、绩效评价管理、预算绩效管理、评价结果运用等方面,各个环节的管理实现了科学合理、细化量化,效果良好。预算绩效管理要求将科学精神作为基本素养。

(3)教学手段

课堂讨论:学生根据案例,以六盘水市预算绩效管理为题,围绕政治认同、人民至上思想和科学精神展开小组讨论。

### 第八章 政府预算监督与法治化

**专业教学目标**

本章内容包括政府预算监督的内涵、意义和分类;政府预算监督的内容和方法;政府预算法治化的理论基础和政府预算相关法律。

**【知识目标】**

通过对本章内容的教学,使学生掌握政府预算监督的内涵;领会预算监督的意义和方法;了解政府预算管理相关法律。

**【能力目标】**

培养学生对政府预算进行监督的能力以及运用法律思维分析问题的能力。

**课程思政教学目标及实践**

**【育人目标】**

1. 政治认同　政府预算监督可以划分为立法监督、政府监督、财政监督、审计监督、社会监督、司法监督等、党委监督。通过本章教学,增强学生对全过程民主的政治认同。

2. 法治意识　预算法治化旨在规范和约束政府的预算收支行为,为此,明确相关政府部门及其人员在政府预算收支活动中的法律责任就成为预算管理的重要内容之一。通过本章教学,培育学生的法治意识。

3. 人民至上思想　政府预算监督是确保预算执行合规的重要制度,通过预算监督促使政府更好地履行受托责任。政府预算监督是对人民负责。通过本章教学,帮助学生树立人民至上思想。

4. 职业道德　政府预算监督与法治化将预算监督的有效性与预算问责紧密联系起来,要求严格执法、公正执法。通过本章教学,提升学生职业道德。

**【教学方式与方法】**

1. 自主学习:学习《中华人民共和国预算法》第九章和《中华人民共和国预算法实施条例》第六章,熟悉预算监督的法律规定,培育学生的法治意识。

2. 课堂讲授:讲授政府预算监督的内涵和分类、政府预算监督的内容和方法、政府预算法治化的理论基础、政府预算相关法律等基本理论和基础知识,引导学生理解政府预算的全方位监督,增强学生对全过程民主的政治认同。

3. 课堂小组讨论:要求学生围绕政府预算监督如何促使政府更好地履行受托责任、确保人民利益最大化进行讨论,帮助学生树立人民至上思想。

**【课程思政教学实例】**

**案例材料:人大对政府预算开展全口径审查、全过程监管**

(1)案例简介

近年来,全国人大常委会以人大预算审查监督重点向支出预算和政策拓展改革为抓手,对政府预算开展全口径审查、全过程监管。

全国人大常委会预算工委办公室主任刁义俊介绍,开展全口径审查,在预算决算审查工作中,实现对一般公共预算、政府性基金预算、国有资本经营预算、社会保险基金预算"四本预算"审查范围和内容的全覆盖。开展全过程监管,就是将"事前"审查、"事中"监督、"事后"监督有机贯通衔接,形成监督闭环。

自2016年来,全国人大常委会推动国务院整改问题金额累计达到2万亿元,完善各种规章制度1.8万项,问责处理2.13万人。

"通过跟踪监督审计查出问题整改情况,人大预算审查监督和审计监督形成合力,对推动建立健全整改长效机制发挥了重要作用。"刁义俊说。

2021年6月,针对地方政府债务管理和监督中的突出问题、薄弱环节,中共中央办公厅印发了《关于加强地方人大对政府债务审查监督的意见》。

在实践中,全国人大常委会预算工委积极推动地方人大加强政府债务审查监督,将其与进一步深化人大预算审查监督重点拓展、落实审计查出突出问题整改跟踪监督、推进预算联网监督工作有机结合起来,使得政府债务审批、举借、使用、偿还和管理规范化。

资料来源:中国人大网.http://www.npc.gov.cn/npc/c30834/202109/8b67a1c129024b06aefb5689bdbc45ad.shtml.

(2)案例的思政元素

①政治认同。全国人大常委会对政府预算开展全口径审查、全过程监管是全过程民主的重要内容。

②法治意识。人大预算审查监督和审计监督作为预算监督的重要内容,有助于法治政府建设。

③人民至上思想。人大预算监督通过对查出的问题整改、问责,最大程度上保护了人民利益,把以人民为中心思想落到实处。

④职业道德 人大预算监督是真查、实查,体现了良好的职业道德。

(3)教学手段

课堂讨论:学生根据案例,以人大对政府预算开展全口径审查、全过程监管为题,围绕政治认同、人民至上思想、法治意识和职业道德展开小组讨论。

## 四、课程思政教学评价

### (一)对教师的评价

1. 教学准备的评价

将《政府预算管理》课程思政建设落实到教学准备工作各方面,教师要具备按照《政府预算管理》教学内容提炼思政元素、进行课程思政目标设计、修订教学大纲、教材选用、教案课件制作等基本能力。

2. 教学过程的评价

将《政府预算管理》课程思政建设落实到教学过程各环节,教师要采取恰当的教学方式,具备把思政元素自然融入教学内容的理解能力、实施能力和改进能力,包括教学理念及策略、教学方法运用和改进、作业及批改、平时成绩考核等。

3. 教学结果的评价

建立健全《政府预算管理》课程思政多主体参与、多维度动态评价体系,包括同行评议、随机听课、学生评教、教学督导检查,覆盖课前准备、课中教学和课后结果全过程,做到主观分析和客观分析相结合、定性分析和定量分析相结合。

4. 评价结果的运用

对于同行评议、学生评教、教学督导等提出的改进建议,以及对学生考核的成绩分析进行运用,对教学效果进行反思与改进。

### (二)对学生的评价

1. 学习过程的评价

检验学生是否按老师的教学要求,积极参与资料收集、课堂讨论和实地调研等教学过程,科学评价学生在学习过程中的积极性和参与度。

2. 学习效果的评价

通过平时作业、课堂讨论、随堂练习、课程论文、期末考试等多种形式,检验学生对课程思政元素的领会及其对思政元素的掌握程度。

3. 评价结果的运用

通过师生座谈和课程教研活动等多种形式,对学生的学习效果进行科学分析,总结经验,改进不足,提升课程思政的学习效果。

## 五、课程思政的教学素材

| 序号 | 内容 | 形式 |
| --- | --- | --- |
| 1 | 财政政策稳经济保民生效应显现 | 案例分析 |
| 2 | 2021年政府工作报告 | 政策文件 |
| 3 | 2022年政府预算收支分类科目 | 阅读材料 |
| 4 | 2007年政府收支分类改革全面实施 | 案例分析 |
| 5 | 2020年我国"特别转移支付"政策 | 案例分析 |
| 6 | 2022年中央和地方预算草案 | 阅读材料 |
| 7 | 2022年中央财政预算 | 阅读材料 |
| 8 | 2022年中央部门预算 | 阅读材料 |
| 9 | 关于2021年中央和地方预算执行情况与2022年中央和地方预算草案的报告 | 阅读材料 |
| 10 | 2022年中央一般公共预算收入预计和支出安排 | 案例分析 |
| 11 | 常态化财政资金直达机制 | 案例分析 |
| 12 | 2021年中央部门决算 | 阅读材料 |
| 13 | 关于2020年中央决算的报告 | 阅读材料 |
| 14 | 2020年全国财政决算 | 阅读材料 |
| 15 | 中央部门晒收支 信息公开范围更广、力度更大 | 案例分析 |
| 16 | 关于全面实施预算绩效管理的意见(2018年) | 政策文件 |
| 17 | 贵州省六盘水市财政局为预算绩效管理"赋能" | 案例分析 |
| 18 | 《中华人民共和国预算法》(2014年修正) | 政策文件 |
| 19 | 《中华人民共和国预算法实施条例》(2020年) | 政策文件 |
| 20 | 人大对政府预算开展全口径审查、全过程监管 | 案例分析 |

# 《中国财政思想史》课程思政教学指南

袁文倩　周宝湘

(西安财经大学)

## 一、课程简介与课程目标

### (一)课程简介

本课程系统地介绍了自夏商周三代至清中期(鸦片战争前)的主要财政思想,以及随着经济发展和社会变革,各时期财政思想的产生、发展和演进的历史。财政思想伴随着财政实践活动的产生和发展,对国家政治、经济、社会生活各个层面产生了深刻的影响。课程以各个历史时期代表性人物为主线,系统、完整地介绍了他们的财政思想以及该思想产生的时代背景、财政制度等相关历史资料。通过《中国财政思想史》课程的学习,要求学生掌握中国各时期主要的财政思想,了解该财政思想产生的背景、当时的财政制度等基本知识,深刻理解财政思想在当时社会经济中所起的重要地位与作用,了解哪些思想、哪些理论、实践经验及教训在当代仍具有指导意义。课程是财政学与历史学的交叉学科,具有侧重定性分析,综合性强、涉及知识面广等特点。通过本课程的教学,培养学生用经济视角看待历史,用历史方法分析经济问题的能力。本课程的学习,对启发学生研究财政问题的思路,夯实学生的财政学理论基础具有重要的意义。

本课程的教学方法是:以习近平新时代中国特色社会主义理论为指导,注重纵向和横向比较研究,课堂教学中使用案例教学法,帮助学生理解财政思想中蕴含的专业知识、思政价值和精神内涵。

### (二)课程目标

本课程为专业选修课。通过本课程的学习,使学生能够达到以下目标:

1. 知识目标:掌握自夏朝至清中期代表性人物的财政思想。课程从思想史的视角看中国财政史,从中国财政史看中国历史上各朝代的兴衰成败,将财政思想与财政实践活动相结合,深刻理解财政思想在当时社会经济中所起的重要地位与作用,了解财政思想演进的脉络。

2. 能力目标:培养学生用经济视角看待历史,用历史方法分析经济问题的能力。用经济视角看待历史指通过了解财政问题在中国古代的演化和发展,通过了解财政方面的演化和失衡,使学生真正了解一代王朝为什么兴,为什么亡,并意识到许多现代问题实际上有其古代版本,能够从历史中找到经验和教训。经济学家约瑟夫·熊彼特指出:"人们可以用三种方式去研究经济:通过理论、通过统计和通过历史",因此课程也致力于培养学生用历史方法分析经济问题的能力,从历代财政变革中回到"中国历史的基本面",寻找变革的规律与逻辑,更好地理解中国各朝代的兴衰。

3. 育人目标:弘扬民族文化,树立爱国主义情操。中国财政思想早在周时就已有之,春秋战国时期更是百家争鸣。学生通过了解和掌握中国各时期的财政思想,提高民族自信心,继承前人的宝贵思想财富,树立科学的价值观。

### (三)课程教材和资料

➢ 推荐教材

谈敏. 中国财政思想史简编[M]. 上海:上海财经大学出版社,2018.

➢ 参考教材或推荐书籍

1. 贾康,史卫,刘翠微. 中国财政思想史[M]. 上海:立信会计出版社,2018.
2. 孙文学. 中国财政思想史[M]. 上海:上海交大出版社,2008.

➢ 学术刊物与学习资源

国内外经济、财政、税收、经济史类各类期刊。

学校图书馆提供的各种数字资源,特别是"中国知网",下载相关文献并加以阅读。

➢ 推荐网站

中华人民共和国财政部网站:http://www.mof.gov.cn/index.htm.

各地方政府财政厅局网站。

各财经类大学财政学院或财政系网站。

## 二、课程思政教学总体设计

### (一)课程思政教学目标

《中国财政思想史》课程思政的总体目标是:在习近平新时代中国特色社会主义思想指导下,坚持以史为纲,深入理解财政思想史中蕴含的价值导向,用课程思政理念和有效的手段进行教学,不断提高教学水平和教学能力,培养社会主义财政人才。

《中国财政思想史》课程思政的总体培养目标是:全面贯彻党的教育方针,全面推进素质教育。在传授基础知识的基础上,培养学生的专业素养,即用财政的视角看历史,关注现实世界,逐步形成分析判断的批判性思维能力。

《中国财政思想史》课程思政教学的教学需求:教学的目标是立德树人,为党育人,为国育才。坚决按照习近平总书记的指示,做到"八个相统一",实现全员全程全方位育人。教学中深度挖掘提炼专业知识体系中的思想价值和精神内涵,科学合理拓展专业课程的广度、深度和温度。课程主要从以下九个维度实现思政教学目标,即政治认同、人文素养、公共意识、人民至上思想、制度自信、法治意识、科学精神、创新精神、职业道德和职业理想。

1. 政治认同

中国财政思想史是以历史形态呈现和传承的记忆。课程的讲授以历史的演进为线索,以"四个自信"的高度认同为目标,在大学生中实现当代中国的政治认同。中国财政思想史各朝代的思想家既有当朝的执政者,也有在野的学者,从他们的财政思想以及推行的财政政策、财政变革的史实中逐步推出现代社会主义制度的优越性和进步性,推出中国人民选择马克思主义的历史必然性。

2. 人文素养

本课程注重学生人文素养的养成,主要包括具备人文知识,理解人文思想。课程涉及到史料的阅读,史料的阅读多为古文,要求学生具备一定的语言知识,历史知识和与当时背景相关的政治文化知识等。同科学思想相比,人文思想的核心是基本的文化理念,它具有很强的民族色彩及鲜明的意识形态特征。《中国财政思想史》课程的教育不仅仅是教给学生一定量的知识性,更应当有更高的价值功能与思想追求。中华民族历史文化辉煌悠久,中国财政思想史的教育不仅要发挥历史的社会教育功用,也应增强学生的民族自尊心和自豪感,增强中华民族的民族凝聚力,努力践行民族复兴的中国梦。学习中国财政思想史,为民族悠久的历史文化感到骄傲,从而培养学生的民族自尊心和自信心。

3. 公共意识

公共意识意味着公民有责任发现个人利益以及社群的利益。公民能够以社群利益来理解自我利益。公共意识包括公共利益意识、公共参与意识、公共规范意识等。本课程的教育是让学生具备公共意识,追求社会主义社会的公共目标和公共利益。

4. 人民至上思想

中国历代的财政思想是中华文明的宝贵财富。本课程以古鉴今,通过教学,让学生深刻体会政府施政的责任和担当,尤其是当代中国政府为民理财、中国共产党始终把人民利益放在首位,为人民服务的执政理念,激发学生的爱国爱党情怀。

5. 制度自信

中国特色社会主义制度是当代中国发展进步的根本制度保障。中国财政思想史的思想大多都包含着国家治理的思想,对现代国家治理有一定的借鉴意义。课程以马克思主义的立场观点分析中华优秀传统文化中蕴含的关于国家治理的丰富思想,对传统文化中国家治理思想进行扬弃和完善,为坚持和完善中国特色社会主义制度、推进国家治理体系和治理能力现代化提供有益借鉴。

6. 法治意识

中国财政思想史的思想发展历史表明国家的进步和发展离不开法治的建设和发展。关于立法对于国家治理的重要性，《韩非子》就有论述："法不阿贵，绳不挠曲"。通过学习，让学生牢固树立个人遵纪守法的意识和底线思维，激励学生自发崇尚、遵守和捍卫法律，树立法治意识，把法律规定内化为行为准则，积极主动地遵守宪法和法律。

7. 科学精神

本课程注重培养学生的科学精神。科学精神体现为追求真理，尊重实践的求知求真精神。课程通过对夏朝至清中期代表性人物的财政思想的陈述、见解和论断进行讲授和课后思考训练，培养和提高学生的科学精神。

8. 创新精神

创新是对传统的继承与发扬，创新是人类发展的动力。中国梦的实现离不开创新精神。创新需要积累，需要依靠前人的劳动成果。创新不仅依赖知识的传承，而且对知识进行创造和发展。现代中国国家治理思想的创新和发展离不开中国财政思想史中各代表性人物的思想。

9. 职业道德和职业理想

职业道德是指从业人员在职业活动中应该遵循的行为准则，职业理想代表着个人将某项工作看做自己人生理想的实现。个人的职业理想应该和国家的发展联系起来，从而使得具体的职业既平凡又不平凡。《礼记》记载了"大道之行、天下为公"的大同理想。大同理想对中华文明的发展，对马克思主义在中国的发展提供了丰厚的土壤。关于职业道德教育，中国财政思想史也有关于道德的约束和规范的记载。孔子认为"富与贵，是人之所欲也，不以其道得之，不处也。贫与贱，是人之所恶也，不以其道得之，不去也"。在当今时代人们要能抵制诱惑，自觉养成遵守财税职业道德的习惯。尤其在市场经济条件下，聚财、用财、理财的能力和水平高低在很大程度上决定着财税部门干部能否坚守初心使命。通过本课程的知识讲解和案例解读，切实提高学生的职业道德修养。

(二)课程思政教学内容

《中国财政思想史》课程的思政教学内容涉及以下几方面：

1. 坚定正确的政治方向，培养学生树立正确的人生观

本课程主要阐述我国夏商以来各时期财政思想的发展变化趋势。财政思想伴随着财政实践活动产生和发展，它对国家治理产生深刻的影响。本课程通过深入对课程思政元素的挖掘，引入丰富的案例素材并进行古今对比，坚定学生的政治立场和正确的政治方向，坚持社会主义制度，坚持党的领导。课程的讲授以历史的演进为线索，以史为鉴，以"四个自信"高度认同为目标，培养学生明确人生目的、端正人生态度，树立正确的人生观。

2. 熟悉中国历史知识，具备良好的专业素养

本课程的讲授以史为纲，涉及到大量史料的阅读。中国丰富的财政思想不仅是中华民族历史文化辉煌的展现，更是对人类社会的巨大贡献。学生在学习中，需要进行古文阅读，这就要求学生具备相应的文言文知识，同时也需要了解当时的政治、军事、经济、文化等知识。课程通过案例分析及其他教学形式，帮助学生了解中国古代国情、社情、民情，了解我国财政思想的发展动态，使之具备良好的专业素养，掌握较为系统的中国财政思想史的专业知识。

3. 历史与现实相结合，树立社会主义核心价值观

历史是过去的现实，现实是历史的延伸。社会主义核心价值观既有国家层面的价值目标，也有社会和个人层面的价值取向。本课程虽然讲的是中国古代从夏商周到清中期的财政思想，但是讲解中要结合现实，引入思政元素，注重培养学生树立社会主义核心价值观，将专业知识传授与思政教育相结合，提倡"为人民做学问"的研究精神，为优化政府财政管理而不断努力。

4. 显隐结合，实现协同育人

中国特色社会主义教育就是将知识体系教育和思想政治教育相结合。本课程注重将显性教育和隐性教育相结合，优化课堂教学，实现协同育人。显性教育强调知识的传授和思政元素的引入，隐性教育强调

充分利用各种隐性资源和环境,潜移默化地达到教育目的,它更注重环境氛围的利用和情感的投入。本课程把中国财政思想的发展以及演化趋势和学生的思想政治工作紧密结合,将思政教育内化到课堂。

(三)教学方法

本课程为实现学生培养的知识目标、能力目标以及育人目标,采用的主要教学方法有讲授法、启发式教学法、案例教学法、经典文献品读法、史料辨析法以及小组讨论教学法等多种教学方法,激发学生学习兴趣,引导学生深入思考。

# 三、课程各章节思政教学内容设计

### 第一章 夏、商、西周三代的财政思想

**专业教学目标**

通过本章教学,主要是使学生了解夏、商、周三代的租、赋概念,熟悉当时赋役的征课思想,西周时期财政的基本原则以及财政的支出观点等,并由此加深对财政的本质和基本职能的理解和认识。

【知识目标】

1. 学生了解《禹贡》的财政规定。
2. 学生熟悉西周赋役的征课思想、西周时期财政的基本原则以及财政的支出观点等。
3. 学生掌握特定的财政概念并与其产生和存在的社会背景相联系。

【能力目标】

1. 培养学生阅读和理解分析史料的能力。
2. 培养学生历史信息获取和解读能力,理解和掌握夏、商和西周时代社会背景下的财政思想。

**课程思政教学目标及实践**

【育人目标】

1. 政治认同 通过夏、商、周三代国家的建立和发展的历史,了解我国优秀文化,树立爱国心和民族自豪感。世界财政思想史上最早出现的原则之一就有我国西周时期财政的基本原则——量入为出原则,它也被历代封建王朝长期视为指导政府财政的金科玉律。

2. 人文素养 人文思想的核心是基本的文化理念。中国财政思想史对史料的阅读理解必不可少。《尚书·禹贡》的阅读有助于了解西周的财政征课的贡土所宜和负担平均的思想。

3. 公共意识 公共环境意识是现代文明和进步的标志之一。西周时期的统治者就已经有了爱护环境,与自然和谐相处的意识。《周礼》记载,西周对山林川泽进行专门管理并设立了相关机构和官吏,规定了捕猎、捕鱼、采伐树木的时间和品种等政策和禁令。

4. 制度自信 制度自信来源于中华文明中国家治理思想的扬弃与完善。节用原则是西周财政支出的最高原则。西周的节用的一个重要作用是保证财政积储的稳定。备荒就是积储的主要目的之一,它一方面有利于维护统治者政权的自身巩固与获取稳定的财政收入,另一方面对维护社会稳定,尤其是灾荒年百姓的基本生存有着重要的意义。

【教学方式与方法】

1. 自主学习:线下自主阅读古文文献资料,撰写阅读笔记或思维导图。
2. 课堂启发引导:通过讲解家、国、天下概念的渊源,引导学生理解夏、商、周三代的租、赋概念,坚定社会主义制度的优越性。
3. 课堂小组讨论:结合当时的经济和社会背景,讨论夏、商、周三代的租、赋制度的发展,了解奴隶制度下百姓的负担,联系实际讨论家庭和个人在我国税收制度下所获得的收益。

【课程思政教学实例】

**案例材料:西周九赋以供九式制度**

(1)案例简介

大府掌九贡、九赋、九功之贰。以受其货贿之人,颁其货于受藏之府,颁其贿于受用之府。凡官府、都鄙之吏,及执事者,受财用焉。凡颁财,以式法授之。关市之赋,以待王之膳服。邦中之赋,以待宾客。四

郊之赋,以待稍秣。家削之赋,以待匪颁。邦甸之赋,以待工事。邦县之赋,以待币帛。邦都之赋,以待祭祀。山泽之赋,以待丧纪。币余之赋,以待赐予。凡邦国之贡,以待吊用。凡万民之贡,以充府库。凡式贡之余财,以共玩好之用。凡邦之赋用,取具焉。岁终,则以货贿之入出会之。

<sub>资料来源:徐正英,常佩雨译注.周礼·天官冢宰第一·大府[M].北京:中华书局,2014:137-139.</sub>

(2)案例的思政元素

①人文素养。《周礼》是中国传统文化古籍经典阅读之一,《周礼·大府》篇的阅读有助于了解古人的经验和智慧,了解当时的财政收支制度。

②制度自信。财政的九种支出模式对应九种财政收入,保证收支平衡,该制度主要是限制天子的挥霍无度。现代国家治理建立在对传统文化中国家治理思想的不断扬弃,结合案例向学生介绍我国政府财政支出与财政职能之间的关系以及取得的伟大成就。

③人民至上思想。学生能够更加深入地认识到当时社会背景下财政收入和支出都是为天子服务的,坚定地理解和支持中国特色社会主义制度下财政的公共性。

(3)教学手段

知识点+历史资料+思政——贯穿融合:在知识点"赋役征课"中引入人文素养、制度自信、人民至上思想等思政元素,对比中国特色社会主义制度下税收的征收及受益分析,增强学生的政治认同和使命担当。

## 第二章 春秋时期的财政思想

**专业教学目标**

通过本章教学,主要使学生了解中国春秋时期财政思想的发展变化过程并熟悉管仲、孔子、孙子等思想家的财政思想。

【知识目标】

1. 学生了解春秋时期的社会经济背景。
2. 学生熟悉法家、儒家、兵家等的财政思想并与其产生和存在的社会背景相联系。
3. 学生掌握法家管仲、儒家孔子、兵家孙武等的财政思想。

【能力目标】

1. 培养学生阅读和理解分析史料的能力。
2. 培养学生历史信息获取和解读能力,理解和掌握春秋时期社会背景下的财政思想。

**课程思政教学目标及实践**

【育人目标】

1. 政治认同  通过春秋时期财政思想发展的历史,了解我国优秀文化,树立爱国心和民族自豪感。管仲的富国裕民的理念,相地衰征的税收公平的思想以及国家重视粮食的生产和粮价的波动等思想的提出及实践中的运用使齐国富强,帮助齐桓公称霸。管仲的财政思想对后世产生了重大的影响。

2. 人文素养  人文思想的核心是基本的文化理念。中国财政思想史对史料的阅读理解必不可少。《管子》《论语》的阅读有助于了解春秋时期管子和孔子的思想。

3. 法治意识  法治意识是人们对法律发自内心的认可、崇尚、遵守和服从。春秋时期的公孙侨"铸刑书",坚决推行依法治国,积极进行经济政治方面的改革,为郑国的富国强兵做出了杰出的贡献。现代社会是法治社会,推行依法治国,公民更应遵守宪法和法律。

4. 职业道德和职业理想  良好的职业道德是员工必须具备的基本品质。孔子说,"不义而富且贵,于我如浮云"主张通过正当途径获得利益。作为现代社会的从业人员,不仅仅是通过正当途径获得报酬,而且应忠于职守,为人民服务,奉献社会。

【教学方式与方法】

1. 课堂启发引导:通过讲解管子、孔子以及孙武等人的财政思想,坚定社会主义制度下国家宏观调控的必要性以及税收制度的优越性等。

2. 课堂小组讨论:结合当时的经济和社会背景,讨论管子、孔子以及孙武等人的财政思想,了解其治国理念的先进性和局限性。

**【课程思政教学实例】**

**案例材料：《管子·国蓄》轻重之术**

**(1)案例简介**

凡五谷者,万物之主也。谷贵则万物必贱,谷贱则万物必贵。两者为敌,则不俱平。故人君御谷物之秩相胜,而操事于其不平之间。故万民无籍而国利归于君也。夫以室庑籍,谓之毁成;以六畜籍,谓之止生;以田亩籍,谓之禁耕;以正人籍,谓之离情;以正户籍,谓之养赢。五者不可毕用,故王者遍行而不尽也。故天子籍于币,诸侯籍于食。中岁之谷,粜石十钱。大男食四石,月有四十之籍;大女食三石,月有三十之籍;吾子食二石,月有二十之籍。岁凶谷贵,粜石二十钱,则大男有八十之籍,大女有六十之籍,吾子有四十之籍。是人君非发号令收稿而户籍也。彼人君守其本委谨,而男女诸君吾子无不服籍者也。一人廪食,十人得余;十人廪食,百人得余;百人廪食,千人得余。夫物多则贱,寡则贵,散则轻,聚则重。人君知其然,故视国之羡不足而御其财物。谷贱则以币予食,布帛贱则以币予衣。视物之轻重而御之以准,故贵贱可调而君得其利。

资料来源：李山轩,新丽译注.管子·下[M].北京：中华书局,2019:946.

**(2)案例的思政元素**

①人文素养。《管子》是中国传统文化古籍经典阅读之一,《管子·国蓄》篇的阅读有助于了解管仲的国家干预经济,控制粮价的思想。

②制度自信。市场不是万能的,因此政府对市场的调控是必要的。春秋时期的管仲就提出国家对物价管控的必要性。粮食为本,粮食价格涨跌直接影响国计民生,因此粮价需要政府调控。

③人民至上思想。学生能够更加深入地认识到当时社会背景下君主对市场的调控都是为统治者服务的,为了控制和驾驭民众,联系实际理解我党领导下的中国政府对市场调控的目的,从而坚定地理解和支持中国特色社会主义制度下财政的职能。

**(3)教学手段**

知识点＋历史资料＋思政——贯穿融合：在知识点"轻重思想"中引入人文素养、制度自信、人民至上思想等思政元素,对比中国特色社会主义制度下国家对经济的宏观调控及财政政策,增强学生的政治认同和使命担当。

### 第三章 战国时期的财政思想

**专业教学目标**

通过本章教学,主要使学生了解中国战国时期财政思想的发展变化过程并熟悉商鞅、韩非子、儒家孟子,墨家墨子等思想家的财政思想。

**【知识目标】**

1. 学生了解战国时期的社会经济背景。
2. 学生熟悉法家、儒家、墨家等的财政思想并与其产生和存在的社会背景相联系。
3. 学生掌握法家商鞅、韩非子,儒家孟子、墨家墨子等的财政思想。

**【能力目标】**

1. 培养学生阅读和理解分析史料的能力。
2. 培养学生历史信息获取和解读能力,理解和掌握战国时期社会背景下的财政思想。

**课程思政教学目标及实践**

**【育人目标】**

1. **政治认同** 通过战国时期财政思想发展的历史,了解我国优秀文化,树立爱国心和民族自豪感。荀子在考察整个国民经济的基础上,第一次明确提出了"节其流,开其源"的著名财政思想。荀子的开源节流的财政思想对后世产生了重大的影响。

2. **人文素养** 人文思想的核心是基本的文化理念。中国财政思想史对史料的阅读理解必不可少。《荀子·富国》的阅读有助于了解荀子的富国之道思想。

3. 法治意识　法律要发生作用,需要全社会信仰法律。法律是治国的根本。商鞅在《商君书·定分》中指出,"法令者,民之命也,为治之本也"。为了取信于民,商鞅悬赏"十金"将木头从国都南门搬到北门,后加到"五十金",有人尝试成功搬动木头从国都南门到北门,得到了赏金,百姓相信法令言而有信。在现代社会依法治国就是依照体现人民意志和社会发展规律的法律治理国家。

4. 制度自信　制度自信来源于中华文明中国家治理思想的扬弃与完善。商鞅在秦的改革中坚持财政的统一。郡县制的推行保证了财政的中央集权,推行世袭制向俸禄制的转变,为新兴地主阶级的建立提供了先决条件。

【教学方式与方法】

1. 课堂启发引导:通过讲解墨子、孟子以及商鞅等人的财政思想,比较其差异,坚定支持社会主义制度下依法治国以及税收制度的优越性等。

2. 课堂小组讨论:结合当时的经济和社会背景,讨论墨子、荀子以及商鞅等人的财政思想,了解其治国理念的先进性和局限性。

【课程思政教学实例】

**案例材料:《墨子·节用中》诸加费不加于民利者**

(1) 案例简介

是故古者圣王,制为节用之法,曰:"凡天下群百工,轮、车、鞼、鲍、陶、冶、梓、匠,使各从事其所能。"曰:"凡足以奉给民用,则止。"诸加费不加于民利者,圣王弗为。

古者圣王制为衣服之法,曰:"冬服绀緅之衣,轻且暖;夏服絺绤之衣,轻且清,则止。"诸加费不加于民利者,圣王弗为。

资料来源:方勇译注. 墨子·节用中. [M]. 北京:中华书局,2011:187,189.

(2) 案例的思政元素

①人文素养。《墨子》是中国传统文化古籍经典阅读之一,《墨子·节用中》的阅读有助于了解墨子的治国理念。

②人民至上思想。墨子强调国家的费用开支要以符合人民的利益为准则,财政开支只是为了维系统治集团的正常支出,更多地还着眼于"万民之大利"。这在当时是有进步意义的。联系实际使学生认识到中国共产党自成立以来,就一直把人民的利益放在首位。中国共产党一直坚持人民利益至上,坚持经济发展的同时造福更多的人民群众。

(3) 教学手段

知识点+历史资料+思政——贯穿融合:在知识点"财政支出要符合人民利益"中引入人文素养、人民至上思想等思政元素,对比中国特色社会主义制度下财政支出及受益分析,增强学生的政治认同和使命担当。

## 第四章　秦汉时期的财政思想

**专业教学目标**

通过本章教学,主要使学生了解中国秦汉时期财政思想的发展变化过程并熟悉贾谊、桑弘羊、班固等思想家的财政思想。

【知识目标】

1. 学生了解秦汉时期的社会经济背景。
2. 学生熟悉贾谊、桑弘羊、班固等思想家的财政思想并与其产生和存在的社会背景相联系。
3. 学生掌握贾谊、桑弘羊、班固等思想家的财政思想。

【能力目标】

1. 培养学生阅读和理解分析史料的能力。
2. 培养学生历史信息获取和解读能力,理解和掌握秦汉时期社会背景下的财政思想。

**课程思政教学目标及实践**

【育人目标】

1. 政治认同　通过秦汉时期财政思想发展的历史,了解我国优秀文化,树立爱国心和民族自豪感。秦统一六国后,以郡县制代替分封制,统一文字,统一货币,统一度量衡,建立了大一统的财政体制。直到清代,这种财政体制仍未发生实质性改变。中国封建社会的经济和文化在很长一段时间内一直居世界文明的前列,这与秦的统一是分不开的。

2. 人文素养　人文思想的核心是基本的文化理念。中国财政思想史对史料的阅读理解必不可少。《汉书食货志集释》的阅读有助于学生了解西汉时期(包括王莽篡汉时期)的土地制度、户口制度、军饷、商税、财产税等各项财政制度和实践活动。

3. 公共意识　公共参与意识是现代文明和进步的标志之一。《盐铁论》的阅读有助于了解汉昭帝时期贤良文学和御史大夫关于盐铁是否专卖之争、本末之争、对外政策主战还是主和等的观点之争。

4. 制度自信　制度自信来源于中华文明中国家治理思想的扬弃与完善。桓谭的"以工代赈"思想用于治理黄河和救济灾民,这一思想来源于管仲,但是未被王莽采纳。现代以工代赈是农村扶贫开发的一项重要政策。

【教学方式与方法】

1. 课堂启发引导:通过讲解贾谊的《新书·过秦论》,引导学生理解贾谊的反对奢侈,主张节制,重视农业的财政思想。联系实际说明现代社会中国为什么要加强农业的基础地位。

2. 课堂小组讨论:结合当时的经济和社会背景,讨论《盐铁论》贤良文学和御史大夫焦点之争,引导学生正确看待历史上各王朝的盐专卖是为了增加财政收入,而我国目前的盐业专营的主要目的在于确保食盐健康和战略储备,盐业收入占税收收入的比重无足轻重。

【课程思政教学实例】

**案例材料:《盐铁论》本末之争**

(1) 案例简介

文学曰:"夫导民以德",则民归厚;示民以利,则民俗薄。俗薄则背义而趋利,趋利则百姓交于道而接于市。老子曰'贫国若有余'。非多财也,嗜欲众而民躁也。是以王者崇本退末,以礼义防欲,实菽粟货财。市商不通无用之物,工不作无用之器。故商所以通郁滞,工所以备器械,非治国之务也。"

大夫曰:"管子云:'国有沃野之饶而民不足于食者,器械不备也。有山海之货而民不足于财者,商工不备也'。陇、蜀之丹漆旄羽,荆、扬之皮革骨象,江南之柟梓竹箭,燕、齐之鱼盐旃裘,兖、豫之漆丝絺纻,养生送终之具也,待商而通,待工而成。故圣人作为舟楫之用,以通川谷,服牛驾马,以达陵陆;致远穷深,所以交庶物而便百姓。是以先帝建铁官以赡农用,开均输以足民财;盐铁、均输,万民所戴仰而取给者,罢之,不便也。"

资料来源:陈桐生译注.盐铁论(第1版).北京:中华书局,2015(4):10-11.

(2) 案例的思政元素

① 人文素养。《盐铁论》是中国传统文化古籍经典阅读之一,本案例摘选自《盐铁论》,该书的阅读有助于了解汉昭帝时期贤良文学和御史大夫关于盐铁是否专卖之争、本末之争、对外政策主战还是主和等的观点之争。

② 制度自信。本案例中桑弘羊提出本末并重的思想,认为末业是治国不可缺少的。联系实际讲述中国产业结构的演化和升级。

(3) 教学手段

知识点+历史资料+思政——贯穿融合:在知识点"本末并重"中引入人文素养、制度自信等思政元素,对比中国特色社会主义制度下产业结构的演化和升级,增强学生的政治认同和使命担当。

### 第五章　魏晋南北朝时期的财政思想

**专业教学目标**

通过本章教学,主要使学生了解中国魏晋南北朝时期财政思想的发展变化过程并熟悉曹操、傅玄、鲍敬言等思想家的财政思想以及西晋的占田、课田制度所体现的财政思想和北魏孝文帝时期的财政改革及财政思想。

【知识目标】

1. 使学生了解魏晋南北朝时期的社会经济背景。

2. 使学生熟悉曹操、傅玄、鲍敬言等思想家的财政思想以及西晋的占田、课田制度所体现的财政思想和北魏孝文帝时期的财政改革及财政思想,并与其产生和存在的社会背景相联系。

3. 使学生掌握曹操、傅玄、鲍敬言等思想家的财政思想以及西晋的占田、课田制度所体现的财政思想和北魏孝文帝时期的财政改革及财政思想。

**【能力目标】**

1. 培养学生阅读和理解分析史料的能力。

2. 培养学生历史信息获取和解读能力,理解和掌握魏晋南北朝时期社会背景下的财政思想。

**课程思政教学目标及实践**

**【育人目标】**

1. 政治认同  通过魏晋南北朝时期财政思想发展的历史,了解我国优秀文化,树立爱国心和民族自豪感。傅玄的租税三原则"至平""趣公税俭"和"有常"在中国财政思想史上是很重要的理论原则。

2. 人文素养  人文思想的核心是基本的文化理念。中国财政思想史对史料的阅读理解必不可少。《傅子译注·平赋役》的阅读有助于理解傅玄关于财政征课的原则。

3. 人民至上思想  傅玄的租税原则"趣公税俭"中"趣公"指劳役和租税须为国家的公利而征课,"税俭"指赋役征课须从俭约的角度考虑,同样是为天下之公利而非为个人私利。这在当时是有进步意义的。党的十九大报告指出:"坚持以人民为中心。必须坚持人民主体地位。"。联系实际使学生认识到中国共产党自成立以来,就一直坚持人民利益至上,追求公共利益,满足公共需求。

4. 法治意识  西晋的占田、课田制以及北魏的均田制在当时对国家财政收入的增加,缓和当时的阶级矛盾,限制其他地主的土地兼并行为,调动农民生产有着积极性的作用。北魏的均田制一直延续到唐中期。从孝文帝的"礼法并重,赏罚分明""法为治要,民命尤重"的法治思想出发,联系实际培养学生依法理财的法治意识。

**【教学方式与方法】**

1. 课堂启发引导:通过讲解傅玄的"至平"原则,指出赋役的征收应根据农民的负担能力征收,从而安上济下。联系实际引导学生理解我国税收的公平原则,坚定社会主义制度的优越性。

2. 课堂小组讨论:结合当时的经济和社会背景,讨论鲍敬言关于财政本质的认识,联系实际讨论我国社会主义制度下财政的职能。

**【课程思政教学实例】**

**案例材料:北魏均田制**

(1)案例简介

均田法令全文共15条,按照各条目之间的相互关系和基本内容的不同,大致可划分为5类:第一类是关于国有土地性质的"露田"的法令,包括第一、二两条;第二类是关于私有土地性质的"桑田"的法令,包括第三、四、五、六诸条;第三类,只有第七条,是关于非桑地区的规定;第四类,包括第八条到第十四条共7条,是关于各种特殊情况的补充规定;第五类只有最后一条,是关于给地方官吏授予公田的规定。《均田令》条文繁杂,其内容大致可以归纳为4个方面:

第一,是关于土地类别与性质划分的规定。北魏均田制的性质是比较复杂的。均田制把全国土地区分为两种性质或者类型:一为国有土地,名曰"露田";二为私有土地,名曰"桑田"。前者由国家控制,按照一定的条件授予受田者,"老免及身没则还田",受田者无土地所有权;后者只给"初受田者",而且不适用于"非桑之土"。这种田"不在还受之限","皆为世业,身终不还",受田者的后代拥有土地继承权,所谓种桑与否只是其外部形式特征,不是其本质属性。而且桑田"盈者得卖其盈,不足者得买所不足",可以买卖,故桑田实质上属于私有土地。但国家又规定:"诸初受田者,男夫一人给田二十亩,课莳余种桑五十树,枣五株,榆三根。……限三年种毕,不毕,夺其不毕之地"。通过土地收夺干涉土地经营的规定又在一定程度上体现了土地国有权。北魏的麻田"皆从还受之法",基本上属于国家所有。

第二,是关于授田对象的规定。"露田"授予所有15岁以上的成年男女,包括男女奴隶,甚至还有丁牛;官吏则按其官位的高低授予不同数量的公田;年幼、癃残之为户者,授予相当于成年男女50%的露田。至于桑田,除授予初受田的成年男女以外,也授予15岁以上的成年男性奴隶,妇女与女奴均不授予;对于

"非桑之土",只授15岁以上的男子每人一亩"桑田",但"别给麻田十亩、妇人五亩",男女奴隶相同,只是要"皆从还受之法",即麻田属于"露田"性质而不属于身终不还的"桑田"性质。

第三,关于授田数量的规定。连续耕种的"露田",以男夫一人40亩、妇人20亩为限授予;实际上"露田"常常加倍授予,以备休耕;要三年才能轮种一次的瘠地,则按男夫一人120亩、妇女60亩计算;按耕牛计算授予的露田,则不分土质好坏,只按牛的头数的多少,凡有4头牛以内者,每头牛以30亩为限。至于"桑田",则不分土地好坏,一律以成年男子一人20亩计算;如果是"非桑之土",则只授成年男子一亩"桑田"。

第四,针对各种具体情况而作出的关于授田数量、授田办法、还田办法和还、授田时间等的各种规定。

资料来源:项怀成主编,李炜光著. 中国财政通史·魏晋南北朝卷[M].北京:中华财政经济出版社,2006:120-122.

**(2)案例的思政元素**

①人文素养。《中国财政通史·魏晋南北朝卷》是根据中国魏晋南北朝时期的财政制度、财政改革、财政收入、财政支出等各种与财政有关活动的文献资料收集综合写作而成,是了解中国财政思想史的必不可少的文献。

②制度自信。北魏的均田制延续了200多年,一直延续到唐中期。该项土地制度的产生、发展以及消亡都与当时的政治、经济背景密切相关。制度要符合历史发展的规律才能存在,现代国家治理建立在对传统文化中国家治理思想的不断扬弃上。

③政治认同。从西晋的占田、课田制到北魏的均田制一直延续到唐中期,通过对这种土地制度发展的比较,学生能够更加深入地认识到当时社会背景下均田制对财政收入的积极作用,理解土地制度的重要性,联系我国实际,坚定地理解和支持中国特色社会主义制度下的财政收入。

**(3)教学手段**

知识点+历史资料+思政——贯穿融合:在知识点"均田制"中引入人文素养、制度自信、政治认同等思政元素,对比中国特色社会主义制度下的财政收入分析,增强学生的政治认同和使命担当。

### 第六章　隋唐时期的财政思想

**专业教学目标**

通过本章教学,主要使学生了解中国隋唐时期财政思想的发展变化过程并熟悉高颎、刘晏、杨炎、李珏等思想家的财政思想以及租庸调制所体现的财政思想。

**【知识目标】**

1. 使学生了解隋唐时期的社会经济背景。
2. 使学生熟悉高颎、刘晏、杨炎、李珏等思想家的财政思想并与其产生和存在的社会背景相联系。
3. 使学生掌握高颎、刘晏、杨炎、李珏等思想家的财政思想以及租庸调制所体现的财政思想。

**【能力目标】**

1. 培养学生阅读和理解分析史料的能力。
2. 培养学生历史信息获取和解读能力,理解和掌握隋唐时期社会背景下的财政思想。

**课程思政教学目标及实践**

**【育人目标】**

1. **人民至上思想**　通过隋唐时期财政思想发展的历史,了解我国优秀文化,树立爱国心和民族自豪感。刘晏把增加财政收入的重点放在盐利和常平业务上,尽量少扰民,重视商业,反对财政赈济,主张人人生产。刘晏的财政思想中对财政与经济的关系有较明确的认识,认为应以发展经济来解决财政困难。这种思想在财政实践中的应用使其成为中国历史上最有成就的财政改革家之一。

2. **人文素养**　人文思想的核心是基本的文化理念。中国财政思想史对史料的阅读理解必不可少。《旧唐书·刘晏传》的阅读有助于了解刘晏的财政思想。

3. **创新精神**　创新精神是一个国家和民族发展的动力,它需要综合运用已有的知识创造出新的事物或观点。高颎创行输籍法处理逃税隐户,利用减轻赋税的经济手段吸引那些托庇于豪强地主的农户,维护国家财政利益,也为唐代的"团貌"乃至明朝的"黄册"制度,提供了先例。

4. **制度自信**　制度自信来源于中华文明中国家治理思想的扬弃与完善。唐初租庸调制将劳役征课方式改变为实物征课,说明在当时的财政思想中已意识到劳役制的落后性,所以在财政上出现征课代役税这种制度。财政思想上的这一转变,反映出当时封建经济的发展已达到可以逐渐否定劳役征课的程度。

【教学方式与方法】

1. 课堂启发引导:通过讲解杨炎的两税法,使学生理解它取代租庸调制的原因及其利弊,了解货币地租取代实物地租的缓慢转化过程。坚定社会主义制度税收的优越性。

2. 课堂小组讨论:结合当时的经济和社会背景,讨论刘晏的财政措施和财政思想,联系实际讨论政府赈济的利弊。

【课程思政教学实例】

案例材料:李珏关于税负转嫁及税负与税收收入的财政思想

(1)案例简介

茶为食物,无异米盐,于人所资,远近同俗。既祛竭乏,难舍斯须,田闾之间,嗜好尤切。今增税既重,时估必增,流弊于民,先及贫弱。其不可二也。

且山泽之饶,出无定数,量斤论税,所冀售多。价高则市者稀,价贱则市者广,岁终上计,其利几何？未见阜财,徒闻敛怨。其不可三也。

臣不敢远征故事,直以目前所见陈之。伏望暂留聪明,稍垂念虑,特追成命,更赐商量。陛下即位之初,已惩聚敛,外官押贯,旋有诏停,洋洋德音,千古不朽。今若榷茶加税,颇失人情。臣忝谏司,不敢缄默。

资料来源:刘昀.旧唐书·列传·卷一百二十三[EB/OL].龙里诗词网。http://www.lljyj.com/guoxue/7617.html.

(2)案例的思政元素

①人文素养。《旧唐书·李珏传》是中国传统历史古籍经典阅读之一,该书的阅读有助于了解古人的经验和智慧,了解李珏的财政思想。

②制度自信。李珏提出税收收入与税负相关,高税率会导致商品的高价格,反而导致购买者减少,税收收入未必会增加。此外李珏关于茶、盐等必需品的税负不易转嫁,会导致人民税负过重。李珏的这些思想和今天的税负规律相符合,社会主义制度下应重视和更好地运用税负规律。

③人民至上思想。李珏关心百姓的疾苦,从国家财政收入的角度提出不可高税负,引导学生坚定的理解和支持中国特色社会主义制度下按照税负规律做事,坚持人民利益至上。

(3)教学手段

知识点＋历史资料＋思政——贯穿融合:在知识点"税负转嫁"中引入人文素养、制度自信、人民至上思想等思政元素,对比中国特色社会主义制度下税收规律,增强学生的政治认同和使命担当。

## 第七章 两宋时期的财政思想

**专业教学目标**

通过本章教学,主要使学生了解中国两宋时期财政思想的发展变化过程并熟悉王禹偁、欧阳修、李觏、王安石、叶适等思想家的财政思想。

【知识目标】

1. 使学生了解两宋时期的社会经济背景。

2. 使学生熟悉王禹偁、欧阳修、李觏、王安石、叶适等思想家的财政思想并与其产生和存在的社会背景相联系。

3. 使学生掌握王禹偁、欧阳修、李觏、王安石、叶适等思想家的财政思想。

【能力目标】

1. 培养学生阅读和理解分析史料的能力。

2. 培养学生历史信息获取和解读能力,理解和掌握两宋时期社会背景下的财政思想。

**课程思政教学目标及实践**

【育人目标】

1. 创新精神 李觏的平籴思想是对前人思想的发展,他提出政府要控制市场价格,必须掌握相当数量的商品资源,否则终究会被市场商人势力所击败,不能实现稳定价格的要求。

2. 政治认同　中国财政思想史对史料的阅读理解必不可少。《王临川集》的阅读有助于了解王安石的财政思想及对我国现在治国理政、政府理财的影响,增强政治认同。

3. 人民至上思想　王禹偁提出君者应"以民为先",甚至希望君主参加农业生产劳动并缴纳农业税。

4. 制度自信　制度自信来源于中华文明中国家治理思想的扬弃与完善。欧阳修通过财政收益的比较分析,主张国家应实行与商人"共利"的原则,并从理论上对传统抑商政策作了重要的修正。

【教学方式与方法】

1. 自主学习:线下自主阅读古文文献资料,撰写阅读笔记或思维导图。

2. 课堂启发引导:通过讲解宋时对商税的态度,引出对儒家传统财政观点的批判,培养学生正确看待当时的税收制度,对比中国特色社会主义制度下税收制度,增强学生的政治认同和使命担当。

3. 课堂小组讨论:结合当时的经济和社会背景,讨论王安石的变法措施和财政思想以及反对变法派司马光的财政思想。

【课程思政教学实例】

案例材料:叶适的理财非聚敛思想

(1)案例简介

叶适提出一个重要经济思想:"理财非聚敛"。他说:"理财与聚敛异。今之言理财者,聚敛而已矣。"由于把理财等同于聚敛,"故君子避理财之名,而小人执理财之权"。君子"徒有仁义之意",把理财推给了小人,"小人无仁义之意而有聚敛之资,虽非有益于己而务以多取为悦,是故当之而不辞,执之而弗置"。这些"有聚敛之资"而"执理财之权"的小人,"务以多取为悦",其结果必然是"常科"之外的"横赋"越来越多,以至于出现了像经总制钱这样的苛捐杂税,使得民困而国用乏。叶适说:"经总制之为钱也,虽吴居厚、蔡京亦羞为之。……而秦桧权忮,劫胁一世而出其上,及其取于弃余消屑之间以为国命者,是何其无耻之至是也哉!"叶适认为,要改变这种聚敛无度的状况,首先要从思想上改变理财即聚敛的观念,明确"理财与聚敛异",理财绝不是聚敛,理财乃是君臣治国的重要事情。他说:"古之人,未有不善理财而为圣君贤臣者也。"因此,君子不应避理财之名,而把理财之权推给小人,让小人去横征暴敛,害国害民;君子也应把理财的责任担当起来,要摆脱那种"徒曰我不为利""以不言利为义"的迂腐见解。问题在于如何去理财?叶适说:"上有余而下不困,斯为理财而已矣""以天下之财与天下共理之"。按照这个要求,就要改变使民困而国用乏的横征暴敛的做法,反其道而行之,"财以多为累,则莫若少之",而不是"务以多取为悦"。

资料来源:张义德.叶适评传[M].南京:南京大学出版社,1994:208-209.

(2)案例的思政元素

①创新精神。区分了理财和聚敛的不同,反对聚敛,治国应理财。批判了儒家的不言利的观点。

②制度自信。叶适提出的"上有余而下不困,斯为理财而已矣""以天下之财与天下共理之"。引导学生理解现代社会财政的特点和职能。

③人民至上思想。反对横赋之类的苛捐杂税。引导学生理解现代社会税收的三性,联系实际讲解社会主义制度下税收的取之于民,用之于民。

(3)教学手段

知识点+历史资料+思政——贯穿融合:在叶适思想的"理财非聚敛"中引入创新精神、制度自信、人民至上思想等思政元素,对比中国特色社会主义制度下财政的特点和职能,增强学生的政治认同和使命担当。

## 第八章　元明时期的财政思想

**专业教学目标**

通过本章教学,主要使学生了解中国元明时期财政思想的发展变化过程并熟悉耶律楚材、丘浚、张居正等思想家的财政思想。

【知识目标】

1. 使学生了解元明时期的社会经济背景。

2. 使学生熟悉耶律楚材、丘浚、张居正等思想家的财政思想并与其产生和存在的社会背景相联系。

3. 使学生掌握耶律楚材、丘浚、张居正等思想家的财政思想。

【能力目标】

1. 培养学生阅读和理解分析史料的能力。

2. 培养学生历史信息获取和解读能力,理解和掌握元明时期社会背景下的财政思想。

**课程思政教学目标及实践**

【育人目标】

1. 政治认同  通过元明时期财政思想发展的历史,了解我国优秀文化,树立爱国心和民族自豪感。丘浚主张将理财与生财结合起来,也就是把财富的生产与财富的分配尤其是财政再分配作了综合性的新解释。

2. 人文素养  人文思想的核心是基本的文化理念。中国财政思想史对史料的阅读理解必不可少。《大学衍义补》的阅读有助于了解丘浚的财政思想。

3. 科学精神  科学精神将求真、求知,强调客观验证和逻辑论证相结合。丘浚将元朝从至元二十年到天历二年这47年的海运漕粮纪录,逐年按起运、实收及损失数量作了详细的统计,并从统计分析得出海运损耗远较河运为小的结论,是我国历史上运用统计分析较早的典型。

4. 制度自信  制度自信来源于中华文明中国家治理思想的扬弃与完善。耶律楚材反对"扑买制",即包税制,认为它会破坏正常的赋税制度,对国家和人民危害极大。联系实际使学生理解我国税制是如何服务国家战略,实现税制完善和减税并重的特点。

【教学方式与方法】

1. 课堂启发引导:通过讲解一条鞭法的渊源,引导学生理解明代的赋税制度,坚定社会主义制度的优越性。

2. 课堂小组讨论:结合当时的经济和社会背景,讨论解缙、丘浚提出的反对重复征税的财政思想,引导学生理解我国实行增值税制度的优越性。

【课程思政教学实例】

**案例材料:一条鞭法**

(1) 案例简介

张居正于万历九年(1581年)全面推行"一条鞭法",所谓的"一条鞭",《明史·食货志二》载:"一条鞭法者,总括一州县之赋役,量地计丁,丁粮毕输于官。一岁之役,官为佥募。力差,则计其工食之费,量为增减;银差,则计其交纳之费,加以增耗。凡额办、派办、京库岁需于存留、供亿诸费,以及土贡方物,悉并为一条,皆计亩征银,折办于官,故谓之一条鞭。""一条鞭法"原为一条编,因它把田赋和徭役合而为一,将繁杂的赋役项目悉并为一条,按亩交纳,故称"一条编",其后演变为"一条鞭"。

一条鞭法的内容可以概括为以下几点:

合并赋役,将田赋和各种名目的徭役,包括甲役、力役、杂役、力差、银差等合而为一,化繁为简,"役归于地,计亩征收",使赋役统一于田亩,随夏秋二税一起征收。

赋役合并,取消力役,役银编派由人丁和田亩分担。官府所需力役,由其出钱雇人应役,不得无偿征调。

纳税形态,按规定除少数(苏州、松江、杭州、嘉兴、湖州)地区仍征收实物外,其他地区的田赋一律课征白银。

以州县为单位计算赋役,各州县赋役总额不得减少,徭役编审改为一年一次,当地官府可视具体情况将丁田分摊于纳税户。

地方献纳的土贡方物、上缴京库的岁需费用,以及本地存留,都悉数并在"一条鞭法"内课征。

各户根据官府发给的赋役清单,将赋役银直接上纳于县府,即课征方式由民收民解改为官收官解。

资料来源:黄天华. 中国财政制度史第三卷[M]. 上海:上海人民出版社,2017:1852—1853。

(2) 案例的思政元素

①政治认同。简化税制是我国税制改革方向。"一条鞭法"将赋役合并,化繁为简,标志着我国沿袭了近两千年的赋役平行制向近代租税制转化,徭役制度日渐衰弱,日趋消亡,这是中国赋税史上的一次重大

的转折。

②法治意识。"一条鞭法"以法令的形式固定下来,农民的人身依附关系减轻,为城市工商业发展提供了丰富的劳动力资源。

③创新精神。"一条鞭法"规定计亩征银、以银纳税,拓展了货币税的课征范围,促进了农产品商品化的发展。"一条鞭法"既是商品经济发展的产物,同时也对明后期商品货币经济的活跃起了重要的促进作用。

**(3) 教学手段**

知识点+历史资料+思政——贯穿融合:在知识点"一条鞭法"中引入政治认同、法治意识、创新精神等思政元素,对比中国特色社会主义制度下税收制度,增强学生的政治认同和使命担当。

## 第九章　清前期、清中期的财政思想

**专业教学目标**

通过本章教学,主要使学生了解清前期、清中期(鸦片战争前)财政思想的发展变化过程并熟悉黄宗羲、顾炎武、王夫之、慕天颜、俞正燮等思想家的财政思想以及摊丁入亩制度。

**【知识目标】**

1. 使学生了解清前期、清中期的社会经济背景。

2. 使学生熟悉黄宗羲、顾炎武、王夫之、慕天颜、俞正燮等思想家的财政思想并与其产生和存在的社会背景相联系。

3. 使学生掌握黄宗羲、顾炎武、王夫之、慕天颜、俞正燮等思想家的财政思想以及摊丁入亩制度。

**【能力目标】**

1. 培养学生阅读和理解分析史料的能力。

2. 培养学生历史信息获取和解读能力,理解和掌握清前期、清中期社会背景下的财政思想。

**课程思政教学目标及实践**

**【育人目标】**

1. 政治认同　清代是我国历史上最后一个封建王朝。结合当时的社会经济背景,了解清前期、清中期的鼎盛时期和危机时期财政思想发展的历史。使学生了解清前期的辉煌中就隐藏着危机,牢记我国革命先辈的鲜血换来的今天的新中国。

2. 创新精神　顾炎武重视生产发展对赋税的作用,不把生财的范围局限于农业,这种观点比传统的提法更接近于现代理论。

3. 制度自信　王夫之抛弃传统的农业单一税思想,坚持人人有纳税的义务,这与他对国民财富概念的理解有关。学生联系实际明确按照我国宪法规定纳税是公民的义务。

**【教学方式与方法】**

1. 课堂启发引导:通过讲解清前期的鼎盛时期,引导学生理解清危机的存在,新中国的来之不易,坚决拥护党的领导。

2. 课堂小组讨论:结合当时的经济和社会背景,讨论摊丁入亩制度的进步意义及弊端。

**【课程思政教学实例】**

**案例材料:摊丁入亩制度**

**(1) 案例简介**

康熙五十二年下诏,正式规定:"嗣后编审增益人丁,只将滋生实数奏闻,其征收钱粮,但据五十年丁册,永为常额,续生人丁,永不加赋。"这就是所谓著名的"盛世滋生人丁,永不加赋"的一大善政。

康熙五十五年,清政府开始实行摊丁入地、地丁合一制度。首先在广东试行,其方法是把康熙五十年的丁银总额335万余两,按各省原征数额分解到省,再由各省分摊到各自田赋银中去,按每田赋银一两摊丁银若干计算,随后一并输纳。雍正二年(1724年)正式诏令在全国推广此法,至乾隆四十二年(1777年)贵州最后实行为止,历经50余年,摊丁入地最终成为全国统一的赋税征收制度。

资料来源:黄天华. 中国财政制度史第四卷[M]. 上海:上海人民出版社,2017:2079.

**(2)案例的思政元素**

①政治认同。摊丁入亩简化了税制,以单一土地标准入税,减轻了无地和自耕农的负担,解放了劳动力,有利于农业生产的发展。劳动力是经济增长的要素之一,我国政府一直重视劳动力的就业问题以及人力资本的投资。

②创新精神。摊丁入亩是赋役制度的重大改革,它是明代"一条鞭法"的继续和发展,意味中国2000年来赋役平行征收制度的终结,适应了商品经济的发展规律,促进了资本主义因素的发展。

③法治意识。摊丁入亩依法征税,统一了明末清初以来混乱的赋税制度,国家财政收入提高,同时社会也得到了稳定和发展。

**(3)教学手段**

知识点+历史资料+思政——贯穿融合:在知识点"摊丁入亩"中引入政治认同、创新精神、法治意识等思政元素,对比中国特色社会主义制度下税收的征收及受益分析,增强学生的政治认同和使命担当。

## 四、课程思政教学评价

**(一)对教师的评价**

1. 教学准备的评价

教学准备指教师在授课前的准备工作。具体包括教师要认真收集《中国财政思想史》课程的教学信息,完成提炼教学内容的思政元素等活动,将思政建设落实到《中国财政思想史》思政教学目标、思政教学案例、思政教学方法、教材的选用、教案和课件的编写以及教学大纲的修订等各方面。

2. 教学过程的评价

教学过程的评价指对教师教学工作(教学设计、组织、实施等)的评价。在《中国财政思想史》课程授课中,应将思政建设落实到教学过程各环节,将思政元素自然融入教学理念及策略、教学思路、教学方法、教学内容、作业及批改等各环节中。

3. 教学结果的评价

思政教学效果评价主要为是否达到思政教学的育人目标。《中国财政思想史》课程的教学内容的设计、教学案例的讲解都应围绕思政教学的育人目标和实践活动。建立健全《中国财政思想史》课程思政多主体参与、多维度动态评价指标体系,既包括对教师的业务评价,也包括对教师本人的工作态度和思想品德评价,做到主观分析和客观分析相结合、定性分析和定量分析相结合。

4. 评价结果的运用

教学评价是对教学成果的反馈,教学评价结果对高校教学活动有指导价值。通过同行评议、学生评教、教学督导等的综合评价,可以全面了解思政教学各方面的情况,提高教学质量。

**(二)对学生的评价**

1. 学习过程的评价

对学生学习过程的评价涉及多个方面,如是否积极参与课堂讨论,发表自己的见解;是否牢固掌握了课堂所学的知识,将历史与现实相结合,树立社会主义核心价值观;是否以"四个自信"的高度认同为目标,实现当代中国的政治认同,围绕思政教学的目标进行多维度的评价。

2. 学习效果的评价

通过平时作业、课堂讨论、随堂练习、期末考试等多种形式检查学生是否掌握了基本知识,检验学生对课程思政元素的领会及是否达到育人目标。

3. 评价结果的运用

对学生的评价结果可以为教师调整教学行为提供依据。通过对结果的诊断,对学生的学习效果进行科学分析,提高课程思政的学习效果。

## 五、课程思政的教学素材

| 序号 | 内容 | 形式 |
| --- | --- | --- |
| 1 | 西周九赋以供九式制度 | 案例分析 |
| 2 | 《管子·国蓄》轻重之术 | 案例分析 |
| 3 | 《墨子·节用中》诸加费不加于民利者 | 案例分析 |
| 4 | 北魏均田制 | 案例分析 |
| 5 | 李珏关于税负转嫁及税负与税收收入的财政思想 | 案例分析 |
| 6 | 叶适的理财非聚敛思想 | 案例分析 |
| 7 | 一条鞭法 | 案例分析 |
| 8 | 摊丁入亩 | 案例分析 |
| 9 | 深刻认识财政在百年党史中的重要地位 | 阅读材料 |
| 10 | 夏朝的疆域 | 图片 |
| 11 | 春秋争霸图 | 图片 |
| 12 | 《尚书》 | 阅读材料 |
| 13 | 孔子 | 纪录片 |
| 14 | 诸子百家 | 纪录片 |
| 15 | 《论语》 | 阅读材料 |
| 16 | 《管子》 | 阅读材料 |
| 17 | 《荀子》 | 阅读材料 |
| 18 | 《商君书》 | 阅读材料 |
| 19 | 《墨子》 | 阅读材料 |
| 20 | 《新书》 | 阅读材料 |
| 21 | 《盐铁论》 | 阅读材料 |
| 22 | 《叶适评传》 | 阅读材料 |
| 23 | 《中国财政制度史》 | 阅读材料 |

# 《中国税制》课程思政教学指南

李爱鸽[1]  姜东升[1]  梁辰[2]

([1] 西安财经大学  [2] 天津商业大学)

## 一、课程简介与课程目标

### (一)课程简介

《中国税制》课程为财政学、税收学专业的专业基础课,属于必修课。主要内容分为两部分:第一部分是税制基础理论,主要阐述税收制度的基本理论和基础知识,包括税制构成要素、税制与税法的关系、税制分类以及税制体系等内容。第二部分是现行税收制度,系统介绍我国现行税收体系,包括增值税、消费税、关税、企业所得税、个人所得税等16个税种的主要内容以及税款的计算、缴纳、征管等基本规定与程序。现行税收制度是本课程的重点和难点。通过本课程的学习,学生能对经济生活中的涉税问题有一个全面详细的了解和掌握,对税法的形成有完整的理解,能够掌握我国现行税制各税种的基本规定,学会准确计算税额,并能够理论联系实际,解决经济生活中的涉税问题。

本课程综合运用讲授、启发式教学、小组讨论教学、案例教学、情景教学、调查研究、实验实训和在线课程教学等多种教学方法,激发学生学习兴趣,引导学生深入思考。坚持以马克思主义为指导,强调税收学理论体系的中国特色科学学科体系、学术体系、话语体系。帮助学生了解相关专业和领域的国家战略、法律法规和相关政策,引导学生深入社会实践、关注现实问题,培育学生经世济民、诚信服务、德法兼修的财税职业素养。

### (二)课程目标

本课程为专业必修课程。通过本课程的学习,使学生能够达到以下目标:

1. 知识目标:通过本课程的教学,使学生能够全面掌握税制的基本理论和基本知识,了解中国现行税制体系以及各个税种的主要规定和立法精神,为从事税收理论研究、涉税事务处理、税收征管实务操作以及税收筹划等工作奠定基础。教学中应注意对学生基本技能培养,使学生系统准确地理解和掌握我国现行的税收法律规定及实务操作方法,能够运用所学知识解决基本的税收问题。

2. 能力目标:具有获取知识的能力,能够掌握有效的学习方法,主动接受终身教育;具有实践应用能力和一定的科学研究能力,能够运用专业理论知识和现代经济学研究方法分析解决现实问题,具备创新精神、创业意识和创新创业能力。

3. 育人目标:热爱祖国,遵纪守法,具有良好的道德品质和文明习惯,培养良好的职业操守和职业道德,具备社会责任感和人文关怀意识;具有良好的专业素养,熟悉税收制度的基本理论和基础知识,了解我国现行税收体系中的各项税收制度及其发展动态;具有科学知识与科学素养;具有良好的身心素质。

### (三)课程教材和资料

➢ 推荐教材

马海涛.中国税制[M].北京:中国人民大学出版社,2021.

➢ 参考教材或推荐书籍

1. 铁卫.税收学教程[M].西安:西北大学出版社.2017.
2. 胡怡建.税收学[M].上海:上海财经大学出版社.2020.

➢ 学术刊物与学习资源

国内外经济、财政、税收各类期刊。

学校图书馆提供的各种数字资源,特别是"中国知网",下载相关文献并加以阅读。

➢ 推荐网站

国家税务总局网站：www.chinatax.gov.cn。

各地方税务局网站。

各财经类大学财税学院或税收系网站。

# 二、课程思政教学总体设计

## (一)课程思政教学目标

本课程坚持以马克思列宁主义、毛泽东思想、邓小平理论、"三个代表"重要思想、科学发展观、习近平新时代中国特色社会主义思想为指导，坚持立德树人的根本任务，旨在培养践行社会主义核心价值观，有理想、有本领、有担当，具备良好的思想品德、专业素养、研究能力和应用能力的高素质专业人才。

本课程立足于解决培养什么样的社会主义税收事业接班人、怎样培养社会主义税收事业接班人这一根本问题，围绕全面提高社会主义税收人才培养能力这一核心点，努力提高税收学教学水平和教学能力。

高校课程思政要融入课堂教学，要创新课堂教学模式，推进现代信息技术在课程思政教学中的应用。《中国税制》课程要将课程思政融入课堂教学建设全过程，从以下维度实现思政教学目标：

### 1. 政治认同

税收从来就不仅仅具有经济学的含义，可以说税收的方方面面都会对政治体制产生巨大而深远的影响，当税收取代其他收入方式成为国家财政收入主体的时候，当税收权限在各级政府之间进行划分的时候，当一个政治体系决定一定时期内的税收总额的时候，当采取以直接税为主还是以间接税为主的时候，对政治的深远影响就开始了。《中国税制》课程涉及我国现行社会主义税制体系的各个方面，与中国特色社会主义制度密切相关。通过对这些专业知识的讲述，有助于让学生更准确地了解中国税收制度改革发展的历史进程及取得的成就，从历史发展过程中能够自然而然地传递马克思主义基础理论的正确性，有助于同学们认识到马克思主义指导地位的重要性和中国特色社会主义制度的优越性。通过讲述经济改革和税收制度改革所取得的伟大成就，本课程能够传递坚持中国共产党领导的必然性，从心灵深处认同"中国共产党为什么能、马克思主义为什么行、社会主义为什么好"，增强同学们的政治认同。

### 2. 制度自信

税收历史教育是《中国税制》课程思政教育的重要内容。通过国家发展史和税制变迁史的教学，一是理清我国税收历史发展脉络，通观源流、以史为鉴，增强学生"四个自信"；二是明确税收制度以及税收活动对于一个国家发展乃至于国家兴衰的重要影响。在《中国税制》的教学内容安排上，一方面，可以设置专门的章节，从背景、目标、内容和成效等方面系统介绍中国税制发展的历史，特别是改革开放40多年来我国税收制度的改革发展史，全面揭示我国税制发展演变的内在逻辑以及税制改革的成效，并结合我们国家社会经济发展成就，折射出我国在课税权上的科学运用以及税收所发挥的重要支撑作用。另一方面，可以将税收历史教育有机融合到具体税种制度的教学当中。通过介绍相关税种的起源以及在我国的制度变迁历史，让学生知其然并知其所以然，深化认识税种性质及设置目的，做到史学教育与国情教育的有机融合，在税收史学中认识税收国情，在税收国情中体会税收发展历史。

在介绍现行税制改革时，可以强调税制改革目的、原因以及税制发展趋势，关注税制改革的社会层面原因及社会效果。通过这些专业知识的讲述，有助于让学生认识到马克思主义指导地位的重要性和中国特色社会主义制度的优越性。

### 3. 人民至上思想

"人民性"税收价值理念培育是《中国税制》课程思政教育的重要内容。"人民性"是贯穿于国家制度和国家治理体系的一根红线，可以教育学生以"人民性"作为理解和把握国家税收法律制度的价值指引，这是增强"四个自信"的具体表现。我国财政的本质属性是"人民财政"，人民至上价值取向充分彰显了我国税收制度的本质属性与时代内涵。"人民性"税收价值理念可以贯穿于《中国税制》课程教学的全过程，并与学习贯彻习近平"以人民为中心"的发展思想结合起来，才能更加深刻地认识中国特色社会主义国家税收制度，才能更好地培育公民意识与社会责任感。

在《中国税制》的教学中,可以重点基于新时代背景,强调税收在解决我国经济社会发展不充分、不平衡矛盾中发挥着重要作用,与此同时,深入挖掘税收的"人民性"的内涵,在"为人民谋幸福""为民族谋复兴"的内涵基础上,认识到充分发挥税收在构建"人类命运共同体"中的重要性,有机地将税收教育与国内国际形势教育统一起来。

4. 公共意识

本课程能培养学生爱党、爱国、爱社会主义、爱人民、爱集体的思想认识,通过课程学习,可以使学生充分理解社会主义税收"取之于民,用之于民"的本质,认识到税收政策与社会公共事务的密切联系,在学习税收相关知识的同时关心国家大事、公共政策、公共话题并积极参与公共活动,具有公德心,遵守公共秩序和自觉维护公共利益。

5. 国家治理意识

税收制度是财政制度的基本组成部分,在国家治理中起到基础性、支柱性、保障性作用,对推动国家治理体系和治理能力现代化至关重要。传统税收职能理论基于福利经济学视角,局限于研究财政收入筹集及其对经济活动主体行为的影响。现代税收深嵌于国家各个层面,兼具了政治稳定、经济调节与社会治理等多重职能,与国家治理现代化目标高度契合。

新时代赋予税收职能新的内涵以及时代意义,我们可以突破传统税收职能理论局限,在国家治理视域下去理解税收职能综合性,在重视税收经济调节功能的同时,也注重发挥税收在政治治理、社会治理等方面的职能作用,进一步深化学生对税收本质属性的认识。基于此,在《中国税制》的教学中,可以将国家治理体系与治理能力现代化的进程和要求,融入到理解税收制度设计理念当中去;将国家税收政策调整及其最新动态,合理嵌入税收制度规定的教学当中去。充分理解进入新时代后,以减税降费改革、增值税改革、个人所得税改革等为代表的税收实践对优化治理体系、提高治理能力所发挥的重要作用,充分展示税收在我国社会经济发展中所发挥的保障功能,提升公民的纳税自豪感。

6. 职业道德和职业理想

本课程会涉及到财税职业道德相关知识,特别是税收征管业务的学习过程中,通过税收学理论与实践的相关案例分析,可以让学生认识到财税职业道德的重要性,自觉养成遵守财税职业道德的习惯。尤其在市场经济条件下,聚财用财的能力和水平高低在很大程度上决定着财税部门干部能否坚守初心使命。通过本课程的知识讲解和案例解读,切实提高学生的道德修养。

7. 法治意识

税收法治教育是《中国税制》课程思政教育的应有之义。税收法治是依法治国的基础性内容,税收法治教育是法治教育的基础与前提,《中国税制》课程是一个不可或缺的重要载体。强化税收法治意识,就是要不断提升人们对税收法律制度的自觉认可、敬畏、遵从的程度,《中国税制》课程承担着开展税收法治教育的重任。近年来,我国陆续通过了《中华人民共和国环境保护税法》《中华人民共和国土地增值税法》《中华人民共和国契税法》等税收法律,以及烟叶税、船舶吨税等由条例上升为法律,在立法层面上,通过税收法定原则的落实,加速推进了我国税收法治化进程。

《中国税制》的教学,一方面可以传授和宣传税收法定原则的精神要义,重视强化行使公权力的教育。公权力来自于人民,其属性为"公"而非个人权利,公共组织中任何独立个人均不构成公权力实施的主体,而只能基于公共利益代表组织履职,而不能运用公权力谋取私利。从这个层面上讲,就是要通过税收法治教育来达到敬畏权力、养成公共精神的培养目标。另一方面,可以指导学生全面掌握我国现有税种法律规范,深入理解征税对象、纳税义务人、应纳税额计算、税收优惠和税收征管等基本制度规定,明确在税法面前应该怎么做、哪些不能做。具体教学过程中,不是仅局限于传授税法规定的内容条款,而是将税收立法的宗旨原则与政策导向讲深讲透,实现法治教育的内化于心,培养税法遵循的自觉性。

8. 人文素养

本课程注重学生人文素养的养成,尤其是"大国财政"的使命担当。财税人文素养的养成,是在财税业务素质的基础上不断积累和沉淀的过程,不断理解和深悟的过程,不断提高和丰富的过程和不断完善的过程。财税人文素养是综合性的,既包含财税文化素质,又包含财税业务能力,还包含财税品德作风和以人为本的人文情怀。财税人文素养的灵魂是"以人为对象、以人为中心的精神"。

#### 9. 科学精神

本课程注重培养学生的科学精神。中国税制的设置基于严谨的理论原理和实证检验。通过具体内容的讲解,可以培养学生的理性思维和质疑精神,使其能独立思考、独立判断,运用科学的思维方式多角度、辩证地分析问题、解决问题、指导行为。税收学属于社会科学,在本课程教学过程中,通过大量的财税改革与实践案例讲授和课后思考训练,引导学生阅读财税经典著作,培养学生深入实际开展调查研究的科学精神。

#### 10. 大国使命和担当

"国家的希望在青年,民族的未来在青年"(习近平,2021),青年要主动扛起责任担当,勇做新时代的弄潮儿。在税制教学中,通过介绍我国财税制度改革与发展历程,体现中国特色社会主义大国自信,明确构建人类命运共同体的宏伟使命,展示合作共赢、共谋发展的中国理念与制度建设,激励学生树立远大崇高理想,强本领、勇担当。

#### 11. 国际视野

在全球化竞争日趋激烈,尤其是新冠肺炎疫情肆虐的背景下,大国责任与担当及对大国财政问题的研究日益迫切。在新时代、新理念、新格局下,国家的经济社会发展尤其需要更多的具有国际视野的高素质人才。本课程通过让学生了解国际税制改革发展的最新成就和发展趋势,特别是关注和研究各国税制改革与发展的比较,培养学生的广阔视野。

#### 12. 和谐社会意识

本课程注重培养学生的和谐社会意识。通过专业内容的学习,深刻理解民主法治、公平正义、诚信友爱、充满活力、安定有序、人与自然和谐相处的新形势;增强责任心,以着力发展社会事业、促进社会公平正义、建设和谐文化、完善社会管理、增强社会创造活力,走共同富裕道路,推动社会建设与经济建设、政治建设、文化建设协同发展为己任。

#### 13. 科学发展观

中国税收制度是在当代中国社会经济迅速发展的大背景下逐步形成的,制度设计按照"统筹城乡发展、统筹区域发展、统筹经济社会发展、统筹人与自然和谐发展、统筹国内发展和对外开放"的要求推进各项事业的改革和发展。通过学习,学生能够更好地坚持以人为本,树立全面、协调、可持续的发展观,促进经济社会和人的全面发展。

### (二)课程思政教学内容

《中国税制》课程的思政内容可以涉及以下几方面:

#### 1. 坚定政治立场,具备良好的思想品德

本课程通过深入挖掘课程思政元素,引入丰富的案例素材,帮助学生深刻领会党领导下的社会主义税收制度建设所取得的重大成就和历史经验,培养学生的家国情怀和社会责任感,引导学生增强"四个意识"、坚定"四个自信"、做到"两个维护",敢于纠正不当言行。通过强化财经纪律教育,帮助学生牢固树立法治意识、廉洁意识和集体意识,培养品行端正、爱岗敬业和富有团结精神的高素质专业人才。

#### 2. 熟悉中国国情,具备良好的专业素养

本课程讲授将突出税收在国家治理中起到基础性、支柱性、保障性作用,加入大量中国经济发展和改革的最新实践,通过丰富多样的教学形式,帮助学生了解中国国情、社情、民情,使之具备良好的专业素养,掌握较为系统的税收学专业知识,了解我国现行税收制度的运行机制、改革动态和发展方向。

#### 3. 富有科学精神,具备良好的研究能力

本课程注重培养学生的科学精神和创新意识,将专业知识传授与研究能力培养相结合,帮助学生了解学术研究的基本规范,夯实研究基础,并运用所学的经济学、公共管理学、政治学、法学、统计学和计量经济学等研究方法,开展与课程相关的问题研究。提倡"为人民做学问"的研究精神,为加快构建中国特色税收学科体系、学术体系、话语体系而不断努力。

#### 4. 关心现实问题,具备良好的应用能力

本课程倡导经世济民和知行合一的精神,注重理论与实践相结合,鼓励学生通过资料收集、实习实训、实地调研等途径,了解财政税收领域的重点难点问题,并结合所学专业知识进行研讨,为从事相关财税实

务工作和解决复杂现实问题奠定良好的基础。

（三）教学方法

本课程综合运用课堂讲授、启发式教学、小组讨论教学、案例教学、情景教学、调查研究、实验实训和慕课微课教学等多种教学方法，将专业知识与思政元素有机融合，力求让学生全面了解我国税收制度，激发学生学习兴趣，引导学生独立思考，使其具备终身学习能力，培养具备良好思想品德和过硬专业素质的税收人才。

## 三、课程各章节思政教学内容设计

### 第一章　导论

**专业教学目标**

通过本章的学习，应了解税收制度的概念、税制建立原则、税制构成要素以及税制的分类方法等内容，较为系统地掌握税收制度的基本知识，为今后学习具体税种打下理论基础。

【知识目标】

1. 使学生了解税收制度的概念、税制建立原则、税制构成要素以及税制的分类方法等内容。
2. 使学生较为系统地掌握税收制度的基本知识，为今后学习具体税种打下理论基础。

【能力目标】

1. 培养学生将所学理论灵活应用于现实和具体案例。
2. 培养学生具有独立思考能力和思辨能力，充分理解税收、税法和税制之间的联系与区别。

**课程思政教学目标及实践**

【育人目标】

1. 制度自信　通过对税收产生发展历史的介绍，增强学生的民族自豪感。对学生进行爱党、爱国、爱社会主义、爱人民、爱集体的"五爱"教育。培养学生爱国和奉献精神。

2. 法治意识　税收制度是以法律形式体现的，依法征税纳税，遵从法治精神，公私分明。传授和宣传税收法定原则的精神要义，重视强化行使公权力的教育，强化税收法治意识。

3. 政治认同　通过对不同社会形态、不同经济体制下税收发展历史的了解，具体讲述税收制度改革时介绍的我国经济和社会建设取得伟大成就，加强学生对我国政治制度的认同感，自觉增强"四个意识"、坚定"四个自信"、做到"两个维护"。

4. 科学精神　中国税制的设置基于严谨的理论原理和实证检验。通过具体内容的讲解，可以培养学生的理性思维和质疑精神，使其能独立思考、独立判断，运用科学的思维方式多角度、辩证地分析问题、解决问题、指导行为。

【教学方式与方法】

1. 课堂启发引导：通过税收产生发展历史的学习，如春秋时期初税亩等概念的提出（与其他国家相比历史悠久），增强学生的爱国主义精神和民族自豪感，逐步培养学生对税收学科的兴趣。

2. 自主学习：课堂上学习相应的基础专业知识点，课下自主阅读"大国财政　砥砺前行——十八大以来财税改革大事记"等文献资料，撰写阅读笔记或思维导图，增强学生的国家认同、政治认同感。

3. 课堂小组讨论：税收、税制与税法关系的讨论，让学生充分理解其联系与区别，强化法治意识。

【课程思政教学实例】

**案例材料：退税减税降费助力稳定中国经济大盘**

（1）案例简介

近年来，中国持续实施退税减税降费政策，为减轻市场主体负担、应对经济下行、稳定经济大盘，提供了有力支持。

国家税务总局公布的数据显示，2013—2021年，税务部门办理新增减税降费累计达8.8万亿元（人民币，下同）。中国宏观税负从2012年的18.7%降至2021年的15.1%。今年实施大规模增值税留抵退税等新的组合式税费支持政策，截至7月底，全国累计新增减税降费及退税缓税缓费超3万亿元。

中国实施的退税减税降费政策,事关经济社会发展的关键环节和重点领域,以重点突破带动全局发展。

2016年,通过全面推开营改增试点,释放大规模减税红利,服务供给侧结构性改革;2017年,加大小微企业所得税优惠力度、推出科技型中小企业研发费用加计扣除等激励措施,同时简并增值税税率,切实减轻企业和个人负担;2018年,通过降低增值税税率、提高个人所得税基本减除费用标准等措施,进一步减轻广大纳税人负担;2019年,更大规模减税降费政策实施,重点聚焦减轻制造业和小微企业负担,全年累计新增减税降费超过2.3万亿元,占GDP比重超过2%。

继而,2020年,推出7方面28项支持新冠肺炎疫情防控和经济社会发展税费优惠政策,全年新增减税降费超2.6万亿元,有力支持了稳岗就业;2021年,实施"减税降费+缓税缓费",持续加力加码,减税降费产生了叠加效应;2022年,实施"大规模留抵退税+减税降费+缓税缓费"新的组合式税费支持政策,呈现了规模力度大、优惠方式多、惠及范围广、连续性强的特点。

从宏观"降税负"到微观"降成本",退税减税降费政策既直接减轻企业经济负担、促进经济增长,又催生了大量市场主体,推动经济高质量增长。

资料来源:中国新闻网.(经济观察)退税减税降费助力稳定中国经济大盘.2022-8-19.https://www.chinanews.com.cn/cj/2022/08-19/9831677.shtml.

(2)案例的思政元素

①制度自信。在突发新冠肺炎疫情等严重冲击后的恢复发展过程中,中国特色社会主义的经济制度、税收制度设计凸显出强力优势,打出减税降费等一系列组合拳,有效稳定了中国经济。

②政治认同。税收制度的历史实践体现了中国特色社会主义的核心价值观和人文情怀。贯彻以习近平同志为核心的党中央决策部署,完整、准确、全面贯彻新发展理念,扎实做好"六稳""六保"工作,注重宏观政策跨周期和逆周期调节,必会有效应对各种风险挑战。

③科学精神。税收制度的建立与变迁是在不断的科学理论与实践相互融合、相互印证下逐步形成。有效的税收制度建立在科学、精确的宏微观经济判断和决策的基础之上。

(3)教学手段

①启发式教学:有效的税收制度如何建立?为什么要不断地改革更新?与国家社会经济发展的大背景有什么关系?引导学生的问题意识,启发学生的制度自信、政治认同、爱国主义精神。

②讨论式教学:结合案例,引导学生深入讨论新时代中国经济高质量增长中,税收的重要性,税收制度的特色、职能,加深学生的科学精神、法治意识和制度自信。

## 第二章 增值税

**专业教学目标**

通过本章学习,应了解增值税的产生和发展过程以及在我国的运用,了解增值税的特点和优点;掌握增值税的基本制度,重点掌握增值税的计算方法,包括销售额、销项税额、进项税额的确定,熟悉税法关于应纳税额计算的各项规定,掌握应纳税额的计算技能;掌握增值税的征收管理制度,尤其是增值税专用发票的管理制度,较为全面地掌握增值税的基本知识,为日后的运用打好基础。

【知识目标】

1. 了解增值税的产生和发展过程以及在我国的运用,了解增值税的特点和优点。

2. 掌握增值税的基本制度,重点掌握增值税的计算方法,包括销售额、销项税额、进项税额的确定,熟悉税法关于应纳税额计算的各项规定,掌握应纳税额的计算技能。

3. 掌握增值税的征收管理制度,尤其是增值税专用发票的管理制度,为日后的运用打好基础。

【能力目标】

1. 培养学生理论联系实际能力,将所学理论灵活应用于现实和具体案例。

2. 培养学生独立计算应纳税额的能力和学以致用能力,能根据所给资料进行分析计算。

**课程思政教学目标及实践**

【育人目标】

1. 国家治理意识 了解增值税作为我国第一大税种,在国家治理体系中的重要作用。了解增值税的基本概念,理解税收职能的综合性,及其制定的内涵。

2. 职业道德与职业理想　税收管理工作应依法进行,税收工作人员应遵循其应有的职业道德。

3. 人民至上思想　理解税收优惠政策的职能及其制定的内涵,如何体现"以德治税""以民为本"的基本立法要求。

4. 制度自信　深入了解营改增的背景、意义及成效,理解营改增为社会经济发展做出的重要贡献。

5. 法治意识　通过对增值税抵扣制度、征税环节、出口退税等知识点的学习,了解制度设计原理,增强诚信纳税意识。

**【教学方式与方法】**

1. 案例教学法:学习增值税类型及应纳税额计算等知识点时,可充分利用案例进行讲解,加深对知识点以及宏观经济影响的理解,增强国家治理意识。

2. 比较教学法:对混合销售行为、兼营行为等相似或相近知识点,可采用比较法,重点阐述其中的区别,提升学生的制度自信。

3. 自主学习:课堂上学习相应的基础专业知识点,课下自主阅读增值税改革等文献资料,撰写阅读笔记或思维导图,在认识税收制度变迁的过程中,深入理解政府在市场中的引导作用和改善营商环境的决心。

4. 课堂小组讨论:对重点知识点进行小组讨论,并进行总结,让学生在互动中充分理解掌握增值税的"以民为本""以法治税"的思想。

**【课程思政教学实例】**

**案例材料:大规模增值税留抵退税亮点多**

(1) 案例简介

3月21日召开的国务院常务会议确定实施大规模增值税留抵退税政策安排,日前有关部门已正式启动这项工作。实施大规模增值税留抵退税,是今年稳定宏观经济大盘的关键举措,有利于给当前复杂多变的经济运行环境注入确定性,提振市场信心,坚定必胜意志,为全力做好"六稳""六保",保持我国经济运行在合理区间营造良好政策环境。

所谓增值税期末留抵税额,是指纳税人未抵扣完的进项税额,主要是由于纳税人进项税额和销项税额在时间上的不一致造成的。今年,我国增值税留抵退税政策从先进制造业扩大到所有制造业;从制造业扩大到科学研究和技术服务业等5个行业;从大中型企业扩展到所有行业的小微企业和个体工商户。覆盖面之大,使得这项政策带有了明显的普惠色彩,各类性质不同、大小各异的企业均能从中受益。

今年,增值税留抵退税政策将优先针对小微企业和个体工商户,涉及退税金额高达几千亿元,预计4月初率先启动。目前我国1.5亿多户市场主体中,小微企业、个体工商户超过1.4亿户,数量极大、分布极广,关系到老百姓的生计和饭碗,与民生就业直接相关。优先面向小微企业、个体工商户实施增值税留抵退税,表明了党和政府尽最大努力保住小微和个体工商户、尽一切可能稳定基本民生的初衷宏愿。

资料来源:经济日报. 大规模增值税留抵退税亮点多,2022-3-28. http://paper.ce.cn/jjrb/html/2022-03/26/content_460179.htm.

(2) 案例的思政元素

①人民至上思想。在新冠肺炎疫情的大背景下,增值税制度与时俱进,扩大留抵退税规模,有利于减轻企业税负,充分彰显了我国税收制度的人民至上价值取向与时代内涵。

②国家治理意识。增值税改革对优化国家治理体系、提高治理能力发挥着重要作用。

(3) 教学手段

①启发式教学:在留抵退税政策的介绍过程中引入案例,突出留抵退税为民生减轻税收负担的作用。

②讨论式教学:结合案例,引导同学积极讨论扩大留抵退税规模的意义所在,分析留抵退税政策对小微企业的经营战略可能产生的影响,激发学生的责任心和国家治理意识。

### 第三章　消费税

**专业教学目标**

本章阐述消费税的概念、特点、作用和征收制度。通过教学,要求学生熟悉消费税的一般概念、特点和作用。掌握消费税的征收范围、纳税人、税目税率和纳税环节,学会消费税的计算和征收管理方法。

**【知识目标】**

1. 通过教学,要求学生熟悉消费税的一般概念、特点和作用。
2. 掌握消费税的征收范围、纳税人、税目税率和纳税环节。
3. 掌握消费税的计算和征收管理方法。

**【能力目标】**

1. 培养学生理论联系实际能力,将所学理论灵活应用于现实和具体案例。
2. 培养学生独立计算应纳税额的能力和学以致用能力,能根据所给资料进行分析计算。

**课程思政教学目标及实践**

**【育人目标】**

1. 和谐社会意识　深刻理解消费税开征的财政意义及其在优化税制结构、贯彻国家产业政策、正确引导生产消费、调节贫富差距、缓解社会矛盾,实现共同富裕等方面的重要作用。

2. 国家治理意识　通过消费税征税范围的确定,明确国家政策导向,从国家治理角度认识消费税政策,增强民众公共意识。理解消费税政策的职能及其制定的内涵,如何体现"以德治税""以民为本"的基本立法要求。

3. 公共意识　消费税改革的方向是"调整消费税征收范围、环节、税率,把高耗能、高污染产品及部分高档消费品纳入征收范围",更好地实现其调节导向功能。

**【教学方式与方法】**

1. 课堂讲授:讲授相关理论的主要观点或内容、政策启示与建议、税额计算及征收管理方法等。消费税的设置与开征调整了宏观经济结构,促进收入分配公平,是实现和谐社会的有力手段。

2. 自主学习:课堂上学习相应的基础专业知识点,课下自主阅读文献资料,撰写阅读笔记或思维导图,充分理解消费税在国家治理等方面发挥的作用。

3. 课堂小组讨论:对重点知识点进行小组讨论,并进行总结,让学生充分理解掌握,进一步提升国家治理意识和公共意识。

**【课程思政教学实例】**

**案例材料:多维背景下深化消费税改革的思考**

(1)案例简介

深化消费税改革,既要考虑不断优化消费税制度本身的需要,也要考虑财税体制改革和经济社会发展的需要,必须系统性通盘考虑。改革的背景是多方面的,只有将各方面的因素结合起来,才有利于改革顺利展开,并取得合意的成效。

进一步优化消费税制度主要涉及两方面:一方面,通过调整消费税征收范围、税率,强化该税种的调节职能;另一方面,通过调整消费税征收环节,把某些品目后移至批发或零售环节,进而下划地方。若以2019年为界限的话,之前是重视增强消费税的调节职能,此后则是强调从充实地方财力的角度规划消费税改革,2019年前后的改革侧重点某种程度上发生了微妙变化。

作为我国税收体系中的重要税种,深化消费税改革是推进财税体制改革的必然内容。随着现代财政制度框架基本确立,税收制度改革取得重大进展,建立现代财税体制就成为巩固拓展前期深化财税体制改革成果的目标任务。作为改革延续性的体现,"十四五"时期深化消费税改革显然包含消费税征收范围和税率的调整优化内容;而在改革的增量方面,则是通过将消费税某些品目的征收环节后移并下划至地方来拓展地方收入来源。财政部部长刘昆指出,"健全地方税体系,培育地方税源,结合立法统筹推进消费税征收环节后移并稳步下划地方"。这成为"十四五"时期深化消费税改革的一个新动向。

资料来源:张德勇. 多维背景下深化消费税改革的思考[J]. 税务研究,2022.8.

(2)案例的思政元素

①和谐社会意识。通过案例学习,学生将意识到深化消费税改革,要在多维背景下考虑,要兼顾整个财税体制改革和社会经济总体发展的需要,从而塑造和谐社会意识和大局观。

②国家治理意识。深化消费税改革就是要强化消费税税种的调节职能,通过案例学习,可以加深学生

对税收制度的国家治理职能的认识。

**(3)教学手段**

①讲授:在"消费税税目"中引入案例,探究消费税税制结构构建思路,分析消费税税目的设置原理,锻炼学生逻辑分析能力。

②讨论:消费税改革的影响有哪些?应如何深化改革?

③学习测评:讨论结果现场点评,包括学生自评、互评、教师点评总结。

## 第四章 关税

**专业教学目标**

通过本章的学习,应对关税有一个基本的认识,并且会确定关税完税价格,会运用税率,能够计算关税的应纳税额。重点是关税的税率、计税依据、税额的确定;难点是到岸价格和离岸价格的确定。

**【知识目标】**

1. 通过教学,要求学生熟悉关税的一般概念、特点和作用。
2. 掌握关税的税率、计税依据、税额的确定,能够计算关税的应纳税额。
3. 掌握关税征收管理方法。

**【能力目标】**

1. 培养学生理论联系实际能力,将所学理论灵活应用于现实和具体案例。
2. 培养学生独立计算应纳税额的能力和学以致用能力,能根据所给资料进行分析计算。

**课程思政教学目标及实践**

**【育人目标】**

1. 政治认同 深刻理解关税作用:维护国家主权和经济利益、保护和促进本国工农业生产的发展、调节国民经济和对外贸易、筹集国家财政收入。

2. 国际视野 制定关税制度时,充分考虑其对国内产业的保护作用及部分商品的限制出口作用,考虑国内外环境,发挥其应有功效。

3. 大国使命和担当 历史发展到今天,关税已成为各国政府维护本国政治、经济权益,乃至进行国际经济斗争的一个重要武器。根据平等互利和对等原则,通过关税复式税则的运用等方式,争取国际间的关税互惠并反对他国对我国进行关税歧视,促进对外经济技术交往,扩大对外经济合作。

**【教学方式与方法】**

1. 课堂讲授:讲授相关理论的主要观点或内容、政策启示与建议、税额计算及征收管理方法等,使学生了解关税及相关国际协定都体现了我国税收制度的全球意识、开放心态,以及对世界多元文化的尊重。

2. 案例教学法:学习关税作用、意义及特殊关税时,可充分利用案例进行讲解,加深对知识点的理解。让学生意识到我国经济和社会建设取得伟大成就离不开党的领导和改革开放政策。

3. 自主学习:课堂上学习相应的基础专业知识点,课下自主阅读文献资料,撰写阅读笔记或思维导图,充分理解关税在维护国家主权和经济利益及体现大国使命担当方面的重要意义。

4. 课堂小组讨论:对重点知识点进行小组讨论和总结,并融入政治认同、大国使命和担当的思政元素,提升学生的民族自信心和爱国主义情操。

**【课程思政教学实例】**

**案例材料:中国入世 20 年的大国担当**

**(1)案例简介**

2021 年 12 月 11 日,中国正式加入世界贸易组织 20 周年。20 年里,党中央、国务院审时度势,以入世为契机深化改革国内税制,出台了一系列顺应入世需要的税收政策。中国税务部门始终围绕中心、服务大局,改革创新、驭风前行,积极服务"引进来"和"走出去",深度参与国际税收合作,以更加开放的胸襟与世界各国携手共赢,书写大国税务担当,为中国的改革开放,也为世界经济发展,贡献了税务力量。

20 年来,为适应入世后对外投资快速增长态势,中国税务部门充分运用多边双边税收合作机制,加快税收协定谈签,加强国与国之间政策沟通和征管合作,积极为"走出去"企业提供税收保障。特别是党的十八大以来,我国税收协定谈签明显"提速":2014年与德国、俄罗斯签署全面修订后的税收协定;2015年与智利、津巴布韦、印度尼西亚签署税收协定;2016年相继与罗马尼亚、波兰、马来西亚、柬埔寨、巴基斯坦等国签署税收协定……截至目前,我国已与116个国家和地区的主管税务部门建立双边税收合作机制,税收协定网络覆盖包括54个"一带一路"沿线国家和地区在内的111个国家和地区,减少国际重复征税的同时,为跨境投资创造了确定、有利的税收法律环境。近年来,我国积极参与的税基侵蚀和利润转移(BEPS)多边公约成为打开国际税收合作的"金钥匙",实现了税收协定历史上规模最大、范围最广的一次多边合作与协调,为一揽子修订全球3000多个彼此之间存在差异的税收协定提供了法律工具。"随着参与税收合作的朋友多了,就得改用'群聊',在群里可以多方进行对话合作。"中国成为BEPS多边公约的首批签署方后,北京大学教授刘剑文形象地表示。

资料来源:中国税务报.中国入世20年——以更加开放的胸襟书写大国税务担当.2021.12.10.

**(2)案例的思政元素**

①政治认同。通过案例深刻理解关税的重要作用之一:维护国家主权和经济利益。

②国际视野。制定关税制度时,充分考虑国内外环境因素影响,应对外来冲击。

③大国使命和担当。充分认识中国入世以来,在合作共赢、共同发展和共同繁荣方面所做出的努力和贡献,昭示中国开放、包容、和平、发展、充满活力的新兴大国形象。

**(3)教学手段**

①启发式教学:通过对关税作用、意义的介绍,引入案例,拓宽学生的国际视野加深社会主义的政治认同。

②讨论式教学:结合案例,引导同学积极讨论国际税收协定等政策所发挥的作用。加深学生对人类文明进程、世界发展动态的认知和对人类命运共同体内含的理解。

## 第五章 企业所得税

**专业教学目标**

通过本章学习,全面了解企业所得税的基本概念、征税对象、纳税人、税率以及申报缴纳的内容,掌握企业所得税应纳税所得额的确定及应纳税额的计算方法。本章的重点是企业所得税的纳税人、税率、应纳税所得额、应纳税额的确定、税收抵免的计算;难点是应纳税所得额的确定、股权投资与合并分离的税务处理、税收优惠的落实、税收抵免的计算。

**【知识目标】**

1. 理解并掌握流转税和所得税的主要区别及自在税收体系中的地位。
2. 了解所得税体系的现状及今后的发展趋向。
3. 掌握企业所得税的基本要素。
4. 掌握企业所得税的计算方法(重点是应纳税所得额的计算和确定)。
5. 掌握企业所得税的征管方法和要求。

**【能力目标】**

1. 培养学生理论联系实际能力,将所学理论灵活应用于现实和具体案例。
2. 培养学生独立计算应纳税额的能力和学以致用能力,能根据所给资料进行分析计算。

**课程思政教学目标及实践**

**【育人目标】**

1. 制度自信  理解企业所得税的立法原则,了解现行企业所得税使内、外资企业站在公平的竞争起跑线上、有利于提高企业的投资能力、有利于提高企业的自主创新能力、有利于加快我国企业"走出去"的步伐、有利于提高引进外资的质量和水平。

2. 国家治理意识  通过税收优惠政策的调节和导向作用,从国家整体层面促进企业和行业合理发展,促进行业结构调整。计算应税所得额时,对税前扣除项目进行合理确定,充分考虑企业实际情况,有助于减轻企业负担,促进经济发展。

3. 国际视野  理解对非居民企业征收企业所得税在行使税收主权、维护国家利益、防止税款流失等方面的重要意义,以及对国际重复征税进行抵免的必要性,立足全球视野考虑税收问题。

**【教学方式与方法】**

1. 课堂讲授:讲授相关理论的主要观点或内容、政策启示与建议、税额计算及征收管理方法等。税收政策的调节和导向作用能够促进企业和行业合理发展,促进行业结构调整。

2. 案例教学:学习应纳税额计算、税收优惠、税收抵免等知识点时,可充分利用案例进行讲解,加深对知识点的理解,突出税收的国家治理作用,增强学生的责任心。

3. 自主学习:课堂上学习相应的基础专业知识点,课下自主阅读文献资料,撰写阅读笔记或思维导图,理解企业所得税在国家治理等方面发挥的重要作用。

4. 课堂小组讨论:对重点知识点进行小组讨论,并进行总结,让学生拓宽国际视野,增强制度自信。

**【课程思政教学实例】**

**案例材料:内外资企业所得税合并的影响**

(1)案例简介

新企业所得税法及其实施条例已于2008年1月1日起施行。国家税务总局所得税管理司有关负责人在接受记者采访时说:"从长远来看,新税法对内、外资企业会产生六个方面的积极影响。"

一是使内、外资企业站在公平的竞争起跑线上。新税法从税法、税率、税前扣除、税收优惠和征收管理等五个方面统一了内、外资企业所得税制度,使内、外资企业在公平的税收制度环境下平等竞争。

二是有利于提高企业的投资能力。新税法采用法人所得税制的基本模式,使得同一法人实体内部的收入和成本费用在汇总后计算所得,降低了企业成本,提高了企业的竞争力。

三是有利于提高企业的自主创新能力。新税法通过降低税率和放宽税前扣除标准,降低了企业税负,增加了企业的税后盈余,促进企业竞争能力的提高。

四是有利于加快我国企业"走出去"的步伐。新税法规定,居民企业从其直接或者间接控制的外国企业分得的来源于中国境外的权益性投资收益,外国企业在境外实际缴纳的所得税税额中属于该项所得负担的部分,可以在税法规定的抵免限额内抵免。

五是有利于提高引进外资的质量和水平。新税法实施后,名义税率降为25%,比原来降了8个百分点。新的税收优惠政策外资企业也可享受,而且一些优惠政策比以前更为优惠。

六是有利于促进企业纳税行为的规范化。新税法比较好地划分了属于不同层次的法律、法规和规章各自应承担的内容,体现了所得税法的规范性和严肃性。

总之,新税法充分考虑了与现行法律、政策的衔接,并采取了适当的过渡措施,还充分考虑了外资企业的税收负担能力,新税法的实施将对我国内、外资企业产生积极的深远影响。

资料来源:新浪财经.新企业所得税法将给企业带来哪些好处.2018-1-11. http://finance.sina.com.cn/roll/20080111/03001923613.shtml.

(2)案例的思政元素

①制度自信。企业所得税改革是深化财税体制改革、推进经济结构调整和产业转型的"重头戏"。

②国家治理意识。改革的目的是使内、外资企业在公平的税收制度环境下平等竞争,使内、外资企业站在公平的起跑线上,有利于提高企业的自主创新能力,提高企业的投资能力。

③国际视野。有利于加快我国企业"走出去"的步伐,有利于提高引进外资的质量和水平。

(3)教学手段

①启发式教学:通过对企业所得税历史沿革及改革历程的介绍,引入案例和制度自信、国家治理等思政元素,增强学生的认同感、使命感和担当。

②讨论式教学:结合案例,引导同学积极讨论企业所得税改革的意义和所发挥的作用,学会用国际视野认识和分析问题。

# 第六章 个人所得税

**专业教学目标**

通过本章学习,对个人所得税的主要内容有一个全面了解,要求掌握个人所得税的基本理论和税额计算方法;掌握个人所得税概述、税制要素、尤其是个人所得税分项课征的计算、税收抵免、税收优惠政策。

**【知识目标】**

1. 理解并掌握个人所得税的基本理论和改革历程。
2. 掌握个人所得税的基本要素。
3. 掌握个人所得税的税额计算方法,尤其是个人所得税分项课征的计算、税收抵免、税收优惠政策。
4. 掌握个人所得税的征管方法和要求。

**【能力目标】**

1. 培养学生理论联系实际能力,将所学理论灵活应用于现实和具体案例。
2. 培养学生独立计算应纳税额的能力和学以致用能力,能根据所给资料进行分析计算。

**课程思政教学目标及实践**

**【育人目标】**

1. 人文素养　了解个人所得税开征的意义和作用:组织财政收入,调节收入分配,有助于实现社会公平,具有自动稳定器的功能,有助于培养和增强公民的纳税意识。

2. 人民至上思想　理解个人所得税税收优惠政策的职能及其制定的内涵,如何体现"以德治税""以民为本"的基本立法要求。

3. 法治意识　个人所得税是与个人关系最为密切的税种,强调依法纳税是公民应尽的义务。

**【教学方式与方法】**

1. 课堂讲授:讲授相关理论的主要观点或内容、政策启示与建议、税额计算及征收管理方法等。学生能够更加深入地认识到个人所得税制"以人为本"、关注民生和国家治理的特点。

2. 案例教学法:学习应纳税额计算、税收优惠、税收抵免等知识点时,可充分利用案例进行讲解,加深对知识点的理解,提高学生的人文素养,培养和增强纳税意识。

3. 自主学习:课堂上学习相应的基础专业知识点,课下自主阅读文献资料,撰写阅读笔记或思维导图,了解人民至上思想及法治意识等要素在个人所得税制度当中如何体现。

4. 课堂小组讨论:对重点知识点进行小组讨论,并进行总结,让学生充分理解个人所得税对基本人权的维护以及在人的生存、发展和幸福方面的积极作用。

**【课程思政教学实例】**

**案例材料:中国个人所得税年度汇算的国际比较研究**

**(1)案例简介**

2021年,为从个人所得税治理观念、制度设计、实施效果等多个方面综合分析评估中国个人所得税年度汇算工作成果,中国国际税收研究会课题组发布《中国个人所得税年度汇算的国际比较研究》(以下简称《报告》),以近两年全国汇算清缴数据为样本,选取美国、加拿大等六个国家(地区)的个人所得税申报数据进行比较研究,在国际视野中评估中国个人所得税年度汇算的实际效果,并就进一步完善中国个人所得税年度汇算制度提出了若干建议。《报告》认为,两次年度汇算的成功实施,是中国个人所得税制改革,特别是自然人税收征管改革进程中的一个重要里程碑。总体来看,税务机关依托良好税制设计和快速便捷的信息化支撑,在五个方面展现出一定的国际比较优势。①中国个人所得税综合所得预缴制度的精准性较高。②中国的退税机制设计彰显"以纳税人为中心"理念。③中国电子申报率在国际上处于较高水平。④中国申报表项目预填服务在国际上处于较高水平。⑤中国退税时间快于国际平均水平。

资料来源:中国国际税收研究会课题组. 中国个人所得税年度汇算的国际比较研究[R]. 2021-12.

**(2)案例的思政元素**

①人文素养。个人所得的改革牵涉到每个人的切身利益,通过改革让纳税人受益,体现财税的人文情怀。

②人民至上思想。改革充分考虑了中低收入者的税收负担,彰显公平公正,有利于社会稳定,和谐发展。

③法治意识。个人所得税与每位纳税人息息相关,依法纳税是每位公民应尽的义务。

**(3)教学手段**

①启发式教学:通过对个人所得税制历史沿革的介绍,引入案例,深刻理解个人所得税制度在国家社

会、经济中的作用。融入人民至上思想,增强建设和谐社会的决心。

②讨论式教学:结合案例,引导同学积极讨论个人所得税改革的意义和作用让学生切身感受到税收制度对个人工作生活的影响,激发积极的人生态度。

## 第七章 房产税、契税和车船税

**专业教学目标**

通过本章学习,了解房产税、契税和车船税等财产类税收的主要内容,掌握各税种的基本概念、基本规定、计税方法、应纳税额计算、申报缴纳等内容。

**【知识目标】**

1. 掌握房产税的概念、基本规定、计税方法、应纳税额计算、申报缴纳等。
2. 掌握契税的概念、基本规定、计税方法、应纳税额计算、申报缴纳等。
3. 掌握车船税的概念、基本规定、计税方法、应纳税额计算、申报缴纳等。

**【能力目标】**

1. 培养学生理论联系实际能力,将所学理论灵活应用于现实和具体案例。
2. 培养学生独立计算应纳税额的能力和学以致用能力,能根据所给资料进行分析计算。

**课程思政教学目标及实践**

**【育人目标】**

1. 国家治理意识  了解房产税开征的目的,未来房产税在市场调节方面发挥的作用,房产税的改革进程和改革的必要性。理解车船税的主要征收目的是筹集财政资金、改善资源配置、调节贫富差距,并对环境保护起到支持作用。
2. 法治意识  理解契税课征的意义,强调契约精神、依法纳税,增强纳税人法治意识。

**【教学方式与方法】**

1. 课堂讲授:讲授相关理论的主要观点或内容、政策启示与建议、税额计算及征收管理方法等。从国家治理角度理解房产税、车船税、契税开征的意义,体现社会主义新时代的契约精神和法治意识。
2. 自主学习:课堂上学习相应的基础专业知识点,课下自主阅读文献资料,撰写阅读笔记或思维导图,了解财产类税收在国家治理等方面的作用。
3. 课堂小组讨论:对重点知识点进行小组讨论,并进行总结,让学生主动参与国家治理的相关分析,增强使命感和责任感。

**【课程思政教学实例】**

**案例材料:房产税试点改革与政策协调**

**(1)案例简介**

《中华人民共和国经济和社会发展第十四个五年计划和2035年远景目标纲要》指出要"推进房地产税立法,健全地方税体系"。习近平总书记2021年10月在《扎实推动共同富裕》中明确指出"要积极稳妥推进房地产税立法和改革,做好试点工作"。当前全国人大常务委员会已授权国务院开展房地产税改革试点工作。那么,我国推动房产税改革,是否能提高宏观经济政策调控效果?房产税应对住房存量还是对住房增量征税?房产税如何与同样调控房地产市场的宏观审慎政策协调配合?征收的房产税税率是越高越好吗?

现行房产税试点改革主要是在上海和重庆这两个城市进行,进行试点改革的背景是经过若干年的发展,房地产市场的规模获得了巨大的增长。与此同时,全国房地产市场的价格持续上涨,呈现出过快增长的苗头,房地产市场上的各种投机乱象不断出现,甚至愈演愈烈。为了规范房地产市场的秩序,抑制和打击房地产市场上的各种投机乱象,给房地产市场的价格降温,化解潜在的房地产市场金融风险,确保房地产市场健康、有序发展,2011年,国务院在全国范围内选取了上海和重庆这两个在房地产领域具有代表性的城市进行了房产税试点改革,针对在这两个城市购买个人住房的部分交易行为征收房产税。

资料来源:①张敏锋,李嘉政,黄佩佩.居民杠杆率、房产税改革与政策协调[J].金融与经济,2022(5).

②杨茗.关于房产税试点改革的若干思考[J].西部财会,2022(3).

(2)案例的思政元素

①国家治理意识。通过案例分析,探讨房产税制度及其改革对宏观经济的调控效果,领会国家治理的内涵。

②法治意识。结合案例实践内容,讨论房地产市场上的各种投机乱象,认识房产税立法的迫切性,提高学生的法治意识。

(3)教学手段

①讲授:在"房产税税制"中引入案例,分析房产税税制的构建思路,阐释房产税制度的历史变迁及其职能作用,培养学生辩证分析能力。

②讨论:房产税为什么要改革?改革的方向在哪里。

③学习测评:讨论结果现场点评,包括学生自评、互评、教师点评总结。

## 第八章　与资源有关的税种

**专业教学目标**

通过本章学习,了解资源税、城镇土地使用税、土地增值税、耕地占用税等资源类税收的主要内容,掌握各税种的基本概念、基本规定、计税方法、应纳税额计算、申报缴纳等内容。

【知识目标】

1. 掌握资源税的概念、基本规定、计税方法、应纳税额计算、申报缴纳等。
2. 掌握城镇土地使用税的概念、基本规定、计税方法、应纳税额计算、申报缴纳等。
3. 掌握土地增值税的概念、基本规定、计税方法、应纳税额计算、申报缴纳等。
4. 掌握耕地占用税的概念、基本规定、计税方法、应纳税额计算、申报缴纳等。

【能力目标】

1. 培养学生理论联系实际能力,将所学理论灵活应用于现实和具体案例。
2. 培养学生独立计算应纳税额的能力和学以致用能力,能根据所给资料进行分析计算。

**课程思政教学目标及实践**

【育人目标】

1. 国家治理意识　税收职能具有综合性,在重视税收经济调节功能的同时,还要注重发挥税收在政治治理、社会治理等方面的职能作用。资源类课税此特征尤为明显。
2. 公共意识　通过对资源类税收征纳原理的分析,引导学生遵守公共秩序和自觉维护公共利益。
3. 法治意识　强调资源类税收征纳税过程中的法治意识,依法办事,有法必依。
4. 和谐社会意识　通过学习资源税对宏观经济的影响,学生可以深刻理解安定有序、人与自然和谐相处的关系;增强责任心,以促进社会公平正义、建设和谐文化、完善社会管理、走共同富裕道路为己任。

【教学方式与方法】

1. 课堂讲授:讲授相关理论的主要观点或内容、政策启示与建议、税额计算及征收管理方法等。资源税的开征,能够更好地处理国家与自然资源开发和利用者之间的分工关系,进一步完善我国税制,充分发挥税收对自然资源开发的调节作用。

2. 案例教学:学习应纳税额计算、税收优惠等知识点时,可充分利用案例进行讲解,加深对知识点的理解。水资源等资源税不仅能起到保护有限资源的作用,还能够调整相关产业结构。在资源税政策运用中,应具备公共意识和法治意识。

3. 自主学习:课堂上学习相应的基础专业知识点,课下自主阅读文献资料,撰写阅读笔记或思维导图,了解与资源有关的税收在国家治理、促进社会和谐发展等方面的重要意义。

4. 课堂小组讨论:对重点知识点进行小组讨论,并进行总结,让学生充分理解掌握。增强责任心,以促进社会公平正义、建设和谐文化、完善社会管理、走共同富裕道路为己任。

【课程思政教学实例】

**案例材料:征收水资源税会对哪些方面有影响?**

(1)案例简介

财政部、国家税务总局、水利部2017年11月28日联合宣布,继河北试点后,2017年12月1日起,北京、天津、山西等9省区市将开征水资源税。

从全面对矿产资源等不可再生资源征税,到迈出向水资源等生态资源征税的关键一步,我国资源税改革的新举动释放出哪些信号?会影响哪些行业用水?百姓生活用水会涨价吗?针对社会关注的热点问题,新华社记者采访了财政部、国家税务总局、水利部等部门有关负责人。

"水资源税改革对超采区取用地下水加倍征税,倒逼企业转变用水模式。"河北省财政厅副厅长李杰刚说,2016年河北省一百多家城镇公共供水企业由抽采地下水改为使用地表水,全省地下水取水量较上年下降6.6%。

"水资源关乎国计民生、生态安全。"国家税务总局财产和行为税司司长蔡自力说,征收水资源税的主要目的不是为了组织多少财政收入,2016年新纳入试点9省区市水资源费共计收入133亿元,税收收入意义并不大,但生态意义、绿色意义很大,以税收调节作用助推实施最严格的水资源管理制度。

"水资源税改革绝非简单的税费平移,否则试点没有意义。"王建凡说,相比收费,税收更具刚性和约束力,改革就是要让经济杠杆真正发挥作用,倒逼高耗能企业节水,促使洗车、洗浴、高尔夫球场、滑雪场等特种行业转变用水方式,增强企业等社会主体节水意识和动力。

资料来源:国家税务总局微信公众号.扩大试点施行4个月:水资源税调节作用初显.2018-4-16.

**(2)案例的思政元素**

①国家治理意识。保护环境、节能减排是社会发展趋势,在此过程中,资源类税收应充分发挥其作用。
②法治意识。将水资源纳入征税范围,以税收法律形式充分强化水资源税的杠杆调节作用。
③公共意识。水资源是维持社会进步、经济发展的基本条件,面临世界性短缺,人人有责。

**(3)教学手段**

①启发式教学:通过对现行资源税征税范围的介绍,引入案例,进一步分析水资源纳入征税范围的意义,从而深刻认识保护国家有限资源人人有责,也是国家优化资源配置、合理治理的重点。
②讨论式教学:结合案例,引导同学积极讨论水资源税开征的意义、作用及实施效果,探讨其他资源课税的改革方向,增强学生的使命感和担当。

### 第九章 与行为有关的税种

**专业教学目标**

通过本章学习,了解印花税、城镇维护建设税、车辆购置税、环境保护税等行为类税收的主要内容,掌握各税种的基本概念、基本规定、计税方法、应纳税额计算、申报缴纳等内容。

**【知识目标】**

1. 掌握印花税的概念、基本规定、计税方法、应纳税额计算、申报缴纳等。
2. 掌握城镇维护建设税的概念、基本规定、计税方法、应纳税额计算、申报缴纳等。
3. 掌握车辆购置税的概念、基本规定、计税方法、应纳税额计算、申报缴纳等。
4. 掌握环境保护税的概念、基本规定、计税方法、应纳税额计算、申报缴纳等。

**【能力目标】**

1. 培养学生理论联系实际能力,将所学理论灵活应用于现实和具体案例。
2. 培养学生独立计算应纳税额的能力和学以致用能力,能根据所给资料进行分析计算。

**课程思政教学目标及实践**

**【育人目标】**

1. **法治意识** 行为类税收注重发挥税收在政治治理、社会治理等方面的职能作用,有助于配合其他经济部门加强对凭证的控制和管理,支持有关经济法规的执行,促进经济行为的规范化、法制化。

2. **公共意识** 通过环境保护税的实施,使全社会进一步认识到保护生态环境的重要性,增强民众的公共意识。

3. **科学发展观** 通过学习,学生能够更好地坚持以人为本,树立全面、协调、可持续的发展观,促进经济社会和人的全面发展。

**【教学方式与方法】**

1. 课堂讲授:讲授相关理论的主要观点或内容、政策启示与建议、税额计算及征收管理方法等。环境保护税的开征,意味着以法律形式对污染物排放进行征税,这是依法治污、依法治税和依法促进环境保护的重大举措。

2. 案例教学:学习应纳税额计算、税收优惠、税收政策对宏观经济影响等知识点时,可充分利用案例进行讲解,加深对知识点的理解,塑造学生的法治意识和公共意识。

3. 自主学习:课堂上学习相应的基础专业知识点,课下自主阅读行为税类文献资料,撰写阅读笔记或思维导图,了解与行为有关的税收在社会治理、提高民众法治和公共意识等方面的重要作用。

4. 课堂小组讨论:对重点知识点进行小组讨论,并进行总结,让学生充分理解掌握公民权利和义务,培养社会科学发展的责任意识和规则意识。

**【课程思政教学实例】**

**案例材料:我国环境保护税实施进展顺利,成效初步显现**

**(1)案例简介**

在河南一家煤化工企业的厂区,看得到葱葱林木,听得见声声鸟鸣。近年来,该企业先后实施了脱硫脱硝、挥发性有机物收集治理等多个环保项目,探索"加煤不见煤,出焦不见焦"的循环经济发展之路。"环保税额大小完全取决于排污量多少,想要减少税负,必须加大节能减排力度。"该企业财务负责人李玉甫说。

2018年,环保税法正式实施,从源头上激励企业加强节能减排。"2018年以来,公司在环保治理设施上累计投入3亿元,废气等污染物排放量逐年递减,其中2020年污染物排放量同比减少约60%,相对应缴纳的环保税同比减少54%。2021年上半年,排放应税污染物同比减少87.4%,缴纳环保税同比减少72.6%。"李玉甫说。

"税收政策在推动绿色发展方面能起到重要作用。"北京国家会计学院教授李旭红说,一方面通过税收政策调节抑制污染、减少排放,比如环保税对污染物排放征税,会增加企业污染排放的税收成本,抑制企业高污染高耗能行为;另一方面,针对污染防治、绿色节能等行为提供税收优惠政策,减轻企业税费负担,有助于促使企业通过技术改造、产能升级积极寻求绿色发展。

资料来源:人民日报.抑制企业高污染高耗能行为,鼓励防治污染绿色节能用双向调节促绿色发展.2022-1-18.http://www.chinatax.gov.cn/chinatax/n810219/n810780/c5172178/content.html.

**(2)案例的思政元素**

①法治意识。作为新时代中国第一部专门反映绿色税制,促进生态文明建设的单行税法,环境保护税充分发挥其在环境保护方面的作用,提高了企业在环境保护方面的法治意识。

②公共意识。通过环境保护税的实施,使全社会进一步认识到保护生态环境的重要性,增强民众的公共意识。

**(3)教学手段**

①启发式教学:在介绍环境保护税的概念时,引入案例,进一步分析环境保护"费改税"和国家治理的意义所在。

②讨论式教学:结合案例,引导同学积极讨论现行环境保护税开征的意义、作用及实施效果,并探讨其不足之处及下一步改革方向,能够更深入地理解人和自然的关系,绿色生活方式和可持续发展的重要性。

# 四、课程思政教学评价

## (一)对教师的评价

### 1. 教学准备的评价

将《中国税制》课程思政建设落实到教学准备工作各方面,教师要具备提前提炼思政元素进行课程思政目标设计、修订教学大纲、教材选用、教案课件编写等基本能力。

### 2. 教学过程的评价

将《中国税制》课程思政建设落实到教学过程各环节,教师要采取恰当的教学方式,具备将思政元素自然融入教学内容中的理解能力、实施能力和改进能力。包括教学理念及策略、教学方法运用和改进、作业及批改、平时成绩考核等。

3. 教学结果的评价

建立健全《中国税制》课程思政多主体参与、多维度动态评价体系,包括同行评议、随机听课、学生评教、教学督导检查,覆盖课前准备、课中教学和课后结果全过程,做到主观分析和客观分析相结合、定性分析和定量分析相结合。

4. 评价结果的运用

对于同行评议、学生评教、教学督导等提出的改进建议,以及对学生考核的成绩分析进行运用,对教学进行反思与改进。

(二)对学生的评价

1. 学习过程的评价

检验学生是否认真完成了老师布置的要求和任务,积极参与资料收集、课堂讨论和实地调研等教学过程,科学评价学生在学习过程中的积极性、互动性和参与度。

2. 学习效果的评价

通过平时作业、课堂讨论、资源库平台资料分析报告、随堂练习、课程论文、期末考试等多种形式,检验学生对课程思政元素的领会及其对思政元素的掌握程度。

3. 评价结果的运用

通过师生座谈和系部教研活动等多种形式,对学生的学习效果进行科学分析,总结经验,改进不足,提升课程思政的学习效果。

## 五、课程思政的教学素材

| 序号 | 内容 | 形式 |
| --- | --- | --- |
| 1 | 大国财政 砥砺前行——十八大以来财税改革大事记 | 阅读材料 |
| 2 | 中国税收制度的改革:从嵌入经济到嵌入社会 | 阅读材料 |
| 3 | 我国税制改革取得历史性突破 | 阅读材料 |
| 4 | 建党一百年来中国税收制度改革历程回顾 | 阅读材料 |
| 5 | 中国税收制度的改革:从嵌入经济到嵌入社会 | 阅读材料 |
| 6 | 增值税在中国:改革历程与展望 | 阅读材料 |
| 7 | "营改增"的功能定位与前行脉络 | 阅读材料 |
| 8 | 中国未来消费税制改革的经济效应与政策选择 | 阅读材料 |
| 9 | 中国消费税的三大功能:效果评价与政策调整 | 阅读材料 |
| 10 | 中美贸易战的背景、原因、本质及中国对策 | 阅读材料 |
| 11 | 中国入世廿周年:进口贸易与关税政策的调整与不断完善 | 阅读材料 |
| 12 | 统一内外资企业所得税的影响探析 | 阅读材料 |
| 13 | 公平视角下我国新一轮个人所得税改革评价 | 阅读材料 |
| 14 | 全球视野下我国个人所得税改革研究:比较、评估与优化 | 阅读材料 |
| 15 | 中国居民房产税影响:宏观效应和收入差距 | 阅读材料 |
| 16 | "双碳"目标视野下中国涉车税种的整合与完善 | 阅读材料 |
| 17 | 基于高质量发展的资源税改革研究 | 阅读材料 |
| 18 | 土地增值税的制度优化探讨 | 阅读材料 |
| 19 | 中国环境保护税与绿色创新:杠杆效应还是挤出效应? | 阅读材料 |

续表

| 序号 | 内　　容 | 形式 |
|---|---|---|
| 20 | 环保税会倒逼企业升级吗？——基于创新投入中介效应的分析 | 阅读材料 |
| 21 | 2022年新的组合式税费支持政策指引 | 政策文件 |
| 22 | 退税减税降费政策操作指南 | 政策文件 |
| 23 | 支持绿色发展税费优惠政策指引 | 政策文件 |
| 24 | 中央政府工作报告 | 工作报告 |
| 25 | 2022年《中华人民共和国印花税》实施 | 政策法规 |
| 26 | 个人所得税专项附加扣除操作办法（试行） | 政策法规 |
| 27 | 关于促进服务业领域困难行业恢复发展的若干政策 | 政策法规 |
| 28 | 百名党员讲税收故事 | 系列短视频 |
| 29 | 口述税史 | 纪录片 |
| 30 | 税出太行——新中国税收从这里走来 | 纪录片 |
| 31 | 依法治国的税务实践 | 微视频 |
| 32 | 岁月为证——建国之制 | 纪录片 |

# 《税收经济学》课程思政教学指南

王静[1]　周宇[1]　徐翚[2]

([1] 西安财经大学　[2] 天津商业大学)

## 一、课程简介与课程目标

### (一)课程简介

《税收经济学》课程是税收学专业必修课。通过《税收经济学》的教学,要求学生在熟谙税收基础知识、基本理论的基础上,运用经济学的基本原理,研究税收的本质属性和运行规律,探讨税制设计和优化的依据、原则,用以指导、分析和评价税收实践;通过《税收经济学》的教学,帮助学生初步形成运用税收理论与相关知识分析认识客观经济问题的能力,并能理解、分析现实税收政策和税收制度的宏观与微观效果,理解税制改革的趋势与方向,使学生能更深刻地认识税收对社会经济生活各方面的广泛影响,理解《税收经济学》知识特有的应用性与综合性,懂得学习掌握税收理论与知识的重要实践意义。

本课程综合运用讲授、启发式教学、小组讨论教学、案例教学、情景教学、调查研究和慕课微课教学等多种教学方法,坚持以马克思主义为指导,强调税收经济学理论体系的中国特色学科体系和学术体系,激发学生学习兴趣,帮助学生了解税收领域的国家战略、法律法规和相关政策,引导学生深入社会实践、关注现实问题,培育学生经世济民、诚信服务、德法兼修的财税职业素养。

### (二)课程目标

本课程为税收学专业必修课程。通过本课程的学习,使学生能够达到以下目标:

1. 知识目标:本课程作为应用经济学的重要组成部分,在内容上以税收产生和发展、税收原则、税收职能、税收负担、税收转嫁与归宿、最优税制、税收的微观经济效应、税收的宏观经济效应等问题为主线展开。通过本课程的学习,学生将全面了解税收的本质属性和运行规律,掌握税制设计和优化的依据、原则,并能够用税收经济学基本理论指导、分析和评价税收实践和税收政策,具备分析和解决公共经济问题的能力。

2. 能力目标:使学生掌握有效的学习方法,形成主动获取知识的能力;使学生具有实践应用能力和一定的科学研究能力,能够运用专业理论知识和现代经济学研究方法,获得分析和解决公共经济问题的能力;培养学生的税收思维,使学生形成批判精神和独立思考能力,具备创新精神、创业意识和创新创业能力。

3. 育人目标:引导学生践行我国社会主义核心价值观的公正、法治、爱国、敬业、诚信等理念,培养优秀的职业操守和职业道德,形成诚信纳税、遵纪守法的道德意识;使学生具有良好的专业素养,系统准确地掌握税收基础知识,熟悉国家税收政策和法律法规,关注国家经济形势和国家财税制度改革,了解国外税收理论与财税制度改革,养成社会参与意识,增强社会责任感、公共意识和创新精神。

### (三)课程教材和资料

➤ 推荐教材

万莹. 税收经济学[M]. 2版. 上海:复旦大学出版社,2021.

➤ 参考教材或推荐书籍

1. 杨志勇. 税收经济学[M]. 1版. 辽宁:东北财大出版社,2011.
2. 赵旭杰,毛捷. 税收经济学[M]. 1版. 北京:清华大学出版社,2022.
3. 萨拉尼,陈新平. 税收经济学[M]. 1版. 北京:中国人民大学出版社,2005.
4. 伯纳德·萨拉尼耶(Bernard Salanie). 税收经济学[M]. 2版. 北京:中国人民大学出版社,2017.

➤ 学术刊物与学习资源

国内外经济财政税收类各类期刊,如《税务研究》。

学校图书馆提供的各种数字资源,特别是"中国知网",下载相关文献并加以阅读。

➤ 推荐网站

1. 中华人民共和国国家税务总局网站:http://www.chinatax.gov.cn/.
2. 中华人民共和国财政部网站:http://www.mof.gov.cn/index.htm.
3. 各地方政府税务局网站。
4. 各财经类大学财政学院或财政系网站。
5. 税收服务热线:12366。

## 二、课程思政教学总体设计

### (一)课程思政教学目标

本课程坚持以马克思列宁主义、毛泽东思想、邓小平理论、"三个代表"重要思想、科学发展观、习近平新时代中国特色社会主义思想为指导,坚持立德树人的根本任务,旨在为党和国家培养思想品德高尚、专业素质过硬的德智体美全面发展的社会主义建设者和接班人。

立足于解决培养什么样的社会主义税收事业接班人、怎样培养社会主义税收事业接班人这一根本问题,围绕全面提高社会主义税收人才培养能力这一核心点,恰当地将思政教育融入《税收经济学》课程教学中,将价值引领与课程紧密联系,把价值塑造、知识传授、和能力培养有机结合,使思想政治理论课与《税收经济学》课程同向同行,形成协同效应,实现德育与智育相统一,努力提高《税收经济学》教学水平和教学能力,引导并帮助学生塑造正确的世界观、人生观、价值观。

充分利用好课堂教学的主渠道,挖掘专业课程蕴含的思想政治元素,将课程思政融入《税收经济学》课堂教学建设全过程。全面推进课程思政建设,不断创新课堂教学模式,推进现代信息技术在课程思政教学中的应用,本课程可以涉及以下九个维度实现思政教学目标,即政治认同、公共意识、大国使命和担当、制度自信、法治意识、职业道德和职业理想、国际视野、科学精神、人民至上思想。

1. 政治认同

在介绍税收基础知识和基本原理的基础上,结合专业理论知识有机融入国家宏观发展相关内容,紧紧围绕税收政策的发展更新,吸收习近平新时代中国特色社会主义思想铸魂育人,正确认识税收在维护国家权益、组织财政收入、调控经济运行、调节收入分配、监督经济活动中的重要作用。纵观我国税收历史,我国税收发展都围绕着国家发展的需要,特别是新时代中国特色社会主义经济发展中,国家税收政策的变革更能反映国家经济发展的状态和目标。改革开放40多年,我国经济得以快速发展,作为国家宏观经济杠杆的税收同样取得快速的发展变化,每一次变革都是国民经济发展的需要。培养学生对国家政策的理解,通过讲述经济改革和税收改革所取得的伟大成就,本课程能够传递坚持中国共产党领导的重要性,从心灵深处理解"中国共产党为什么能、马克思主义为什么行、社会主义为什么好",增强同学们的政治认同。

2. 公共意识

引导学生关注税收问题,利用学生关心的社会热点问题,围绕税收政策的发展更新,如:供给侧结构性改革、优化营商环境举措、国内大循环战略、税务领域"放管服"改革、纳税信用管理要求等,拓展课程教学内容和维度,让学生在学习过程中,做到知其然并知其所以然,在《税收经济学》课程的学习中能了解国家的发展历程,理解税收征收的重要意义,培养学生形成积极纳税、主动纳税、纳税光荣的纳税人意识和公共意识。

3. 大国使命和担当

从政府征税的目的、税收的历史等方面,论证税收与公民的关系,使学生明白税收的本质和重要作用。通过古今税制对比,中外映照,向学生介绍当前我国税制改革的关键和存在的问题,以及我国税制与发达国家税制的差异,充分认识我国税收取之于民,用之于民,造福于民。通过中国税收改革与发展大事记,对学生进行爱党、爱国、爱社会主义、爱人民、爱集体的"五爱"教育。使学生树立为祖国、为人民奋斗奉献的理想,培养学生的大国使命和担当意识,培育和践行社会主义核心价值观。

4. 制度自信

注重用"中国税制"讲好中国故事,从创新、协调、绿色、开放、共享新发展理念出发,结合"减税降费""放管服改革"等一系列税收体制机制改革举措进行税收实务知识讲解,引导学生了解国家税收政策,分析国家税收政策效果,深入理解国家税收体系,将党和国家的发展理念渗透其中,引导学生思考国策的重要内涵,增强学生政治认同、制度认同和思想认同,坚定制度自信。

5. 法治意识

税收以法的形式体现,即:税法。在《税收经济学》中法治建设问题可以融入依法纳税元素,引导学生理解把握全面依法治国战略思想,深化对税收法治理念、税收法治原则的认知和理解,培养学生学法、遵法、守法、用法,坚定理想信念,树立法治观念,强化法治理念和法治原则认知,学会运用法治思维和方式维护自身合法权益、提高化解矛盾纠纷的能力意识,深切体会税收对国家的重要意义与纳税人的光荣职责。

6. 职业道德和职业理想

良好的道德修养是社会主义建设者应该具备的基本素养,在课程中融入道德修养塑造元素,注重培养学生的职业技能和综合素质,将时代背景与市场需求落实到教学过程中,引导学生树立探索钻研的职业精神;要求学生在掌握税收基本理论之外,积极学习并了解未来工作岗位对财税人才的要求,顺应时代经济的发展,引导学生不断提升自身综合素质以满足工作岗位的需求,引导学生树立正确的社会主义核心价值观和职业道德观。

7. 国际视野

通过对不同税收概念、各国新奇税种以及不同国家政府征税本质进行比较研究,开阔学生视野。通过与不同国家税制结构比较,引导学生分析我国税制结构改革的方向,深刻体会完善现代税收制度,健全地方税、直接税体系,优化税制结构,适当提高直接税比重,深化税收征管制度改革等政策内涵,不断拓宽学生视野。

8. 科学精神

本课程注重培养学生的科学精神。《税收经济学》属于社会科学,在本课程教学过程中,通过大量财税改革与实践案例的讲授和课后思考训练,引导学生阅读财税经典著作,培养学生深入实际开展调查研究和实训教学研究的科学精神。

9. 人民至上思想

税收工作始终践行党的全心全意为人民服务的宗旨,做到取之于民,用之于民,造福于民。特别是党的十八大以来,不断深化税收改革,实施减税降费,改进纳税服务,逐步构建起了符合税收现代化管理要求的税费服务体系,显著优化了税收营商环境。实践证明,税收工作只有坚持以人民为中心,不断满足人民日益增长的美好生活需要,才能使税收工作赢得大力支持和广泛认可,引导学生践行人民至上思想。

(二)课程思政教学内容

《税收经济学》课程思政内容可以涉及以下几方面:

1. 坚定政治立场,具备良好的思想品德

本课程通过深入挖掘和凝练课程思政元素,引入丰富的案例素材,坚持正确的政治方向,体现中国立场、中国智慧、中国价值,讲好中国故事,增强知识体系的严密性,使学生深刻领会党领导下的税收制度建设所取得的重大成就和历史经验,培养学生的大国使命和担当意识,引导学生增强"四个意识"、坚定"四个自信"、做到"两个维护",敢于纠正不当言行。通过强化财经纪律教育,帮助学生牢固树立法治意识、廉洁意识和集体意识,培养品行端正、爱岗敬业和富有团结精神的高素质专业人才。

2. 熟悉中国国情,具备良好的专业素养

本课程讲授将突出税收作为财政收入的主要来源,在国家治理中的重要地位,坚持以习近平新时代中国特色社会主义思想为指导,坚持理论与实践相结合、继承与创新相结合、国内经验与国际视野相结合,在系统总结税收领域已经形成的主流观点、社会共识的基础上,通过结合我国经济发展和新时代税收改革发展历程,引入改革开放以来特别是进入新时代以来的税收理论和实践创新成果等内容,吸收借鉴国外税收发展经验,以全球视角审视中国税收发展的历史进程,揭示税收的基本特征和发展规律。

3. 富有科学精神,具备良好的研究能力

本课程将专业知识传授与研究能力培养相结合，帮助学生掌握学术研究的基本规范，夯实研究基础，并运用所学的经济学、公共管理学、政治学、财政学、统计学和计量经济学等研究方法，坚持不畏困难、迎难而上的探索精神，对所研究的问题，求真求知，批判质疑。注重对学生进行学术思维训练，培养学生运用科学的思维方式认识事物、解决问题、指导行为，使科学精神和创新意识内化于心。

4. 关心现实问题，具备良好的应用能力

本课程倡导经世济民和知行合一的精神，注重理论与实践相结合，引导学生关注现实，深入社会，了解国情，理解中国，而且要特别注重教育引导学生善于发现现实问题，研究社会问题，讲好中国故事；鼓励学生通过资料收集、实习实训、实地调研等途径，了解税收领域的重点难点问题，并结合所学专业知识进行研讨，为从事相关财税实务工作和解决复杂现实问题奠定良好的基础。培养学生牢固树立"实事求是、一切从实际出发"的思想方法，塑造涵养"千里之行、始于足下"的踏实作风，增进学生对国家制度和改革发展成就的理性认同，激发学生强烈的热爱国家、经国济世的社会责任感和担当意识，培养知行合一的社会主义事业建设者。

(三) 教学方法

本课程综合运用课前案例视频资料预热，结合中国故事，激发学生学习兴趣，引导学生关注现实问题；课堂综合采用讲授、启发式教学、小组讨论教学、案例教学、情景教学、调查研究和慕课微课等多种教学方法和手段，注重传授专业知识与培养解决实际问题能力相结合，引导学生形成独立思考和终身学习能力；课后采用多种形式进行考核，使学生巩固税收经济学知识，引导学生运用税收经济学知识，理论联系实际，分析和解决实际问题。

# 三、课程各章节思政教学内容设计

## 第一章　政府与税收

**专业教学目标**

税收和我们的生活息息相关，但是它却是个历史范畴，它是社会生产力发展到一定历史阶段的产物。通过本章的学习，使学生熟悉税收一般概念和基本知识。通过对税收产生前提条件及发展演变过程的学习，使学生对税收的概念、政府征税的本质、税收的形式特征有一个新的认识，能够熟练区分税收与非税收入。

【知识目标】

1. 使学生掌握税收的概念和基本知识，了解税收产生的前提条件和发展演变过程。
2. 使学生了解政府征税本质的不同学说，理解社会主义税收的本质。
3. 使学生对税收的形式特征有一个新的认识，能够熟练区分税收与非税收入。

【能力目标】

1. 培养学生发现生活中的税收现象，培养学生从专业角度考察现实问题。
2. 培养学生具有独立思考能力和思辨能力，理解税收与财政、税收与非税收入的关系。

**课程思政教学目标及实践**

【育人目标】

1. 公共意识　引导学生观察、思考身边公共设施，总结我们国家财政收入的"来龙去脉"，以使学生认识到税收在我们国家财政收入中的地位，并结合税收现象理解国家征税的本质，明确税收的地位，培养学生的公共意识和依法纳税意识。

2. 政治认同　从政府征税的目的、税收的历史等方面，论证税收与公民的关系，使学生明白税收的本质和重要作用，充分认识税收取之于民，用之于民，造福于民，增加对征税的认同度，并理解纳税光荣的真正含义。

3. 制度自信　通过国家税务总局网站宣传短片"税收的样子""税的力量""我和我的祖国"等思考为何要征税？思考税收与我们的生活之间的关系。培养学生浓厚的大国使命和担当意识以及民族自豪感，体会到社会主义制度的优越性。

4. 法治意识　良好的道德修养是社会主义建设者应该具备的素养,在税收法治建设问题讲解时要融入依法纳税元素,培养学生学法、遵法、守法、用法,能够积极履行社会责任,依法诚信纳税。

5. 国际视野　通过不同税收概念的比较研究,各国新奇税种的开征以及不同国家对政府征税本质的研究,开阔学生视野。

6. 人民至上思想　税收工作只有坚持以人民为中心,不断满足人民日益增长的美好生活需要,才能使税收工作赢得大力支持和广泛认可。引导学生,始终将人民利益放在首位,形成人民至上思想。

7. 大国使命和担当　税收是国家财力的主要来源,虽然学生还不是纳税人,但一直是负税人,国家的税收、财力、富强,都与自己息息相关。将依法纳税与社会责任相融合,激发学生的大国使命和担当意识。

8. 职业道德和职业理想　热爱税收是税收职业道德的根基,也是税收职业道德的基本要求。热爱税收,就是热爱、忠诚于自己所从事的税收工作。这一道德标准,是税务人员做好本职工作的内在动力,也是全心全意为人民服务的具体体现。通过对税收概念特征以及税收本质的讲解,使学生了解我国税收政策内涵,引导学生热爱税收、遵法守法。

【教学方式与方法】

1. 课堂启发引导:由同学们已经学习过的《财政学》课程引入,分析税收经济学课程地位,认识税收在财政收入中的地位;由税收现象引发学生对税收本质的探寻,达到激发学生对社会主义制度政治认同和制度自信的思政教学目标。

2. 课堂小组讨论:《税收经济学》的课程地位,税收与财政收入的关系,税收与非税收入的关系以及区别。

3. 情景教学法:课后观看宣传片进一步深化对税收本质的认识。引导学生形成依法纳税意识,并始终将人民利益放在首位,形成人民至上思想。

【课程思政教学实例】

**案例材料:2021年"真金白银"保民生 直达资金显成效**

(1) 案例简介

"财政部始终坚持以人民为中心的发展思想,统筹人民需要和财力可能,持续加强基础性、普惠性、兜底性民生建设。"刘昆说。

财政直达资金发挥"一竿子插到底"的优势,坐上"直通车",直接惠企利民。2021年,中央财政共下达直达资金预算指标2.8万亿元,实际支出2.67万亿元。

资金精准滴灌效果明显,用于养老、义务教育、基本医疗、基本住房等基本民生方面的支出近2万亿元,直接用于就业方面的支出超过510亿元,相关直接惠企支出累计超过6000亿元,惠及各类市场主体166万余家。

资料来源:①新华网.税费怎么减?民生如何保?支出如何发力?——财政部详解当前财政热点问题.2022-02-23.
②中华人民共和国财政部网站:http://www.mof.gov.cn/zhengwuxinxi/caijingshidian/xinhuanet/202202/t20220223_3789411.htm.

(2) 案例的思政元素

①政治认同。充分认识税收取之于民,用之于民,造福于民。

②大国使命和担当。税收是国家财力的主要来源,虽然学生还不是纳税人,但一直是负税人,国家的税收、财力、富强,都与自己息息相关。将依法纳税与社会责任相融合,激发学生大国使命和担当意识。

③人民至上思想。始终将人民利益放在首位,重视民生。

(3) 教学手段

知识点+实事+思政——贯穿融合:在知识点"税收本质"讲解中,引导学生发现身边的税收现象,充分认识税收取之于民,用之于民,造福于民,增强学生的政治认同、大国使命和担当意识、人民至上思想。

## 第二章　税收职能

**专业教学目标**

税收的职能是税收本身所固有的功能,是税收本质的内在要求。通过本章的学习,使学生了解税收职能、税收作用、税收效应的概念,明白税收职能与税收作用、税收效应的关系,掌握税收职能的主要内容,通过对税收职能内在性的理解,使学生熟悉税收经济杠杆作用的有关知识。

**【知识目标】**

1. 使学生理解税收职能与税收本质的关系,掌握税收职能的概念和内容。
2. 使学生了解税收职能、税收作用、税收效应的关系。
3. 使学生掌握税收具体职能内容。

**【能力目标】**

1. 培养学生熟悉我国税收实践,分析我国税收的职能以及作用。
2. 培养学生具有独立思考能力和思辨能力,理解我国税收职能的演变过程。

**课程思政教学目标及实践**

**【育人目标】**

1. 政治认同　从税收的财政职能方面充分认识税收取之于民,用之于民,造福于民,增加对征税的认同度,融入"依法纳税"思政元素,调动学生积极性,把学生培养成遵法、学法、守法、用法的合格公民。培养学生对国家政策的理解,深化国家观念和共同体意识,实现政治认同与思想认同、情感认同的统一。

2. 人民至上思想　从2018个税六项专项附加扣除政策落地,引导学生更加深入理解习近平总书记"以人民为中心"的思想,使他们认识到中国共产党是全心全意为人民服务的党,我们的国家是把人民福祉放在第一位的,进而激发学生的爱党爱国情怀,更加坚定地做到"两个维护"。

3. 大国使命和担当　结合新冠肺炎疫情期间的现实案例,强化税收取之于民,用之于民的事实,让学生将依法纳税与社会责任相融合,激发学生的爱国热情、大国使命和担当意识。

4. 制度自信　启发学生体会中国特色社会主义税收制度在实践中的作用和优势,增强学生制度自信。引导学生去感受为什么中国特色社会主义税收制度在实践中彰显优势。"实践是最好的试金石",新中国成立70多年来,已经逐渐形成了中国特色的治税理念、税收制度和征管体制等,体现了越来越旺盛的生命力与优越性。例如,2018年的个人所得税制度,不仅让纳税人享受了个税改革的"大红利",也体现了税收制度实践在国家治理中的基础保障作用更加突出,同时也是税收治理现代化历程的重要里程碑。

**【教学方式与方法】**

1. 课堂启发引导:由具体案例引入,分析税收作用,探讨税收职能,引导学生感受社会主义税收制度的优越性,提升制度自信。
2. 课堂小组讨论:具体案例讨论,培养学生对国家政策的理解,提升学生政治认同,引导学生体会人民至上思想。

**【课程思政教学实例】**

**案例材料:减税降费"放水养鱼"**

(1) 案例简介

减税降费是助企纾困解难最公平、最直接、最有效的举措。党的十八大以来,一项项减税降费政策接连出台,从全面推开营改增试点到深化增值税改革,从个人所得税改革到研发费用加计扣除比例不断提升,减税降费持续加力升级,更加精准、更具针对性,助力广大市场主体轻装上阵、平稳发展。

量大面广、抗风险能力较弱的中小微企业成为减税降费润泽的重点对象,减税单在不断加长。2022年,延续实施扶持制造业、小微企业和个体工商户的减税降费政策,并提高减免幅度、扩大适用范围;对小规模纳税人阶段性免征增值税;对小微企业年应纳税所得额100万元至300万元部分,再减半征收企业所得税……一系列有力政策精准"滴灌"小微企业,帮助其应对新冠肺炎疫情影响,渡过难关。

资料来源:曾金华,李华林.构建更现代更科学税收体系[N].经济日报,2022-04-06.

(2) 案例的思政元素

①人民至上思想。充分认识助力企业纾困解难税收政策内涵,体会人民至上思想。

②制度自信。使学生认识到鼓励中小微企业发展,能够有效缩小社会的贫富差距,减少社会分配的不公平,缓和社会矛盾,使学生感受到社会主义税收制度的优越性,提升制度自信。

(3) 教学手段

①翻转课堂:课前发送资料。

②知识点+实事+思政——贯穿融合：在知识点"税收职能"讲解中，充分认识税收调节经济的职能，使学生不断加强人民至上思想，增强制度自信。

### 第三章　税收原则

**专业教学目标**

税收原则又称税收政策原则或税制原则。它是制定税收政策、设计税收制度所遵循的指导思想，也是评价税收政策好坏、鉴别税制优劣的准绳。税收原则随社会政治、经济的发展而演变，并具有明显的历史继承性和延续性。通过本章学习，了解税收原则的概念以及不同时期、不同国家、不同学派的税收原则，重点掌握我国现行税制侧重选择的税收原则及其内涵。

【知识目标】

1. 使学生了解税收原则的概念以及不同时期、不同国家、不同学派的税收原则。
2. 使学生掌握我国现行税制侧重选择的税收原则及其内涵。

【能力目标】

1. 培养学生理论联系实际的能力和利用税收原则评价税收政策的能力。
2. 培养学生具有独立思考能力和思辨能力，理解国家不同时期税收原则的选择。

**课程思政教学目标及实践**

【育人目标】

1. 政治认同　通过分析我国对公平和效率原则的权衡，提高学生对我国税收的政治认同度，从而提升依法纳税意识。

2. 法治意识　结合税收原则，融入我国税法建设状况的讨论，通过讲解我国税收立法情况以及相关立法变化，强化学生依法纳税的意识，进一步加深学生的法治意识。

3. 制度自信　从商鞅变法案例中的重农抑商政策入发，按照土地量能看税收原则。其实质是要求制度对全体公民的公平性和公正性，引导学生形成公平、公正的社会主义核心价值观。通过讲解2018个税改革及最新政策，使学生切实感受到国家量能负担的税收原则，感受社会主义税收制度的优越性。帮助学生领会理解为什么中国特色社会主义税收制度好，增强学生政治认同、制度认同和思想认同，坚定制度自信。

4. 大国使命和担当　向学生展现国家日渐民主、平等、法治。诸如个人所得税的屡次修订、增值税、消费税等修订立法，都会向全社会广泛征询意见。组织、鼓励学生参加意见征集，既有利于学生更好地理解税法规定，又能够培养学生的社会责任感，提升大国使命和担当意识。

5. 职业道德与职业理想　通过分析近年来我国税收法治建设状况，强化税收法定主义原则，引导学生遵守国家税法及相关法律、行政法规，诚实守信，规范个人行为。

【教学方式与方法】

1. 课堂启发引导：如何看待拉弗曲线的经济意义、讨论税收公平与效率的关系分析我国目前的税收原则，引导学生的政治认同和制度自信。

2. 课堂小组讨论：我国税收法治建设现状，达到强化学生依法纳税意识的思政教学目标。

【课程思政教学实例】

**案例材料：税收公平的思考**

(1) 案例简介

维护公平竞争的市场环境是新时代加快完善社会主义市场经济体制的重要内容之一。如何发挥税收职能作用，营造公平竞争的税收环境？来看本台记者对国家税务总局局长王军的专访。王军表示，促进形成公平竞争的市场环境，为各类市场主体特别是中小企业创造广阔的发展空间。具体落实到税务部门就是四个想方设法：想方设法地把名义税率降下来，想方设法地把实际征收率提上去，想方设法地把各种偷逃税行为打击掉，想方设法地优化我们的税收服务，促进各种所有制的企业、大中小各种类型的企业都能够良性互动、竞相发展、规范提升……促进形成公平竞争的市场环境。

资料来源：①王军.营造公平竞争税收环境.中央广播电视总台.2021-10-20.

②国家税务总局网站:http://www.chinatax.gov.cn/chinatax/n810219/n810734/c5169856/content.html。

**(2)案例的思政元素**

①政治认同。理解税收公平原则,提高学生对我国税收的政治认同度。

②法治思想。理解纳税光荣、依法纳税的真正含义。

**(3)教学手段**

课中在知识点"税收公平和效率原则"讲解完成后,通过讨论我国不同时期对税收公平和效率原则的权衡,提高学生对我国税收的政治认同度,提升依法纳税意识。

①翻转课堂:课前发送案例资料。

②知识点＋实事＋思政——贯穿融合:在知识点"税收法定主义"原则讲解中,充分认识税收法定主义原则,增强学生的法治观念。

## 第四章　税收负担与宏观税负水平

**专业教学目标**

税,对国家来说,是财政收入的主要来源,是收入,即:税收;但是对纳税人来说,是一种直接无偿的课征,是负担,即:税负。通过本章学习,掌握税收负担的概念及其量化指标,了解宏观税负水平的概念及其计算口径;正确认识宏观税负水平合理与否的标准及其影响因素;对我国宏观税负水平进行初步分析。

**【知识目标】**

1. 使学生掌握税收负担的概念及其量化指标。
2. 使学生了解宏观税负水平的概念及其计算口径。
3. 使学生正确认识宏观税负水平合理与否的标准及其影响因素。
4. 使学生能够运用基本理论,对我国宏观税负水平进行初步分析。

**【能力目标】**

1. 培养学生基础数据收集和处理能力。
2. 培养学生具有独立思考能力和思辨能力,运用基本理论,对我国宏观税负水平进行初步分析。

**课程思政教学目标及实践**

**【育人目标】**

1. **人民至上思想**　通过对2018个税税制改革主导思想的讲解,引导学生更加深入理解习近平总书记"以人民为中心"的思想,使学生认识到中国共产党是全心全意为人民服务的党,我们的国家是把人民福祉放在第一位的,进而激发学生的爱党爱国情怀,更加坚定地做到"两个维护"。

2. **政治认同**　通过对2018个税税制改革效果的讲解,认识到2018个税改革有效减轻了个人生活负担,缓解了生活压力。加深学生对国家政策的理解,增强学生政治认同。

3. **公共意识**　作为税收负担的承担者,个人难免会产生少缴或不缴税款的思想。引导学生认识税收的最终用途,理解税收征收的重要意义,正确看待税收负担,培养学生形成积极纳税、主动纳税、纳税光荣的纳税人意识和公共意识。

4. **大国使命和担当**　税收是财政收入的主要来源,财政收入是财政支出的资金支持,财政支出是公共产品的资金保障。但是,对于个人来说却是负担,个人难免会产生少缴或不缴税款的思想,引导学生理解税收与税负的逻辑关系,形成纳税义务是享受公共产品权利的前提和基础的意识,培养学生的法治意识,将依法纳税与社会责任相融合,激发学生的大国使命和担当意识。

**【教学方式与方法】**

课堂小组讨论与情景教学法。以分组构造收入的方式,客观感受专项附加扣除带来的减负效应,培养学生对国家政策的理解,引导学生体会人民至上思想,增强学生政治认同,培养学生公共意识。

**【课程思政教学实例】**

**案例材料:2018年我国个税改革提高免征额、增加六项专项附加扣除**

**(1)案例简介**

2018年个人所得税提高免征额、增加六项专项附加扣除优惠政策,有效减轻纳税人税负,增加居民可支配收入,刺激消费增长。

<small>资料来源:《中华人民共和国个人所得税法》《中华人民共和国个人所得税法实施条例》法律条文:http://www.chinatax.gov.cn/.</small>

**(2)案例的思政元素**

①公共意识。引导学生正确认识税收与个人利益的关系,培养学生公共意识。

②人民至上思想。从个税六项专项附加扣除政策落地出发,引导学生更加深入理解习近平总书记"以人民为中心"的思想,激发学生的爱党爱国情怀。

③政治认同。培养学生对国家政策的理解,增强学生政治认同。

**(3)教学手段**

①翻转课堂:课前发送资料。

②课中在知识点"税收负担"讲解中,充分认识税收对纳税人收入影响,采用构造收入的方式,客观感受专项附加扣除带来的减负效应。通过培养学生对国家政策的理解,引导学生体会人民至上思想,增强学生政治认同,培养学生公共意识。

## 第五章 税收转嫁与归宿

**专业教学目标**

税收转嫁意味着法定纳税人和实际负税人之间的收入再分配,使得税收归宿变得扑朔迷离。通过本章学习,理解并掌握税收转嫁与归宿的概念以及税收转嫁的方式和影响因素,初步认识税收转嫁与归宿的经济效应。

**【知识目标】**

1. 使学生掌握税收转嫁与归宿的概念以及税收转嫁的方式。
2. 使学生掌握税收转嫁的影响因素,并能够熟练运用该理论进行现实问题分析。
3. 使学生初步认识税收转嫁与归宿的经济效应。

**【能力目标】**

1. 培养学生发现生活中的税收转嫁现象,用于探究,运用税收经济学理论分析其原因。
2. 培养学生具有独立思考能力和思辨能力,多角度、辩证地分析问题。

**课程思政教学目标及实践**

**【育人目标】**

1. 科学精神 引导学生思考纳税人和负税人的区别,理解税负转嫁问题的复杂性,培养学生探索复杂问题的科学精神。

2. 人民至上思想 税负转嫁问题涉及到不同经济主体的利益分配,应引导学生思考税收政策对经济效率以及对不同经济主体的福利影响,合理的税收政策应遵循人民至上思想,在公平和效率之间进行合理的选择。

3. 公共意识 引导学生理解税收作为筹集财政收入的手段,必然会给居民增加税负负担,不同税种的税负在纳税人和负税人之间的分担情况存在差异,作为纳税人或负税人,不应仅从个人利益出发对特定税收政策进行评价,而应该从社会共同利益出发判断特定税收政策的合理性,进而培养学生的公共意识和依法纳税意识。

**【教学方式与方法】**

1. 课堂启发引导:引入税收转嫁案例,引发学生思考税收转嫁的方式和影响因素,引导学生从社会共同利益出发判断特定税收政策的合理性,培养学生的公共意识和依法纳税意识。

2. 课堂小组讨论:设计案例,分组讨论。引导学生践行科学精神,辨别税收概念(纳税人和负税人),体会税收政策中的人民至上思想。

**【课程思政教学实例】**

**案例材料:专家预计制造企业利润空间将逐步加大**

**(1)案例简介**

5月30日(2019年),国家税务总局发布数据显示,今年前4个月全国累计新增减税5245亿元。其中,深化增值税改革首月实现净减税1113亿元,制造业是减税降费政策的最大受益者。专家预计,随着预期趋稳,后续制造企业利润空间将逐步加大。

苏宁金融研究院高级研究员付一夫对《证券日报》记者表示,增值税属于一种价外税与流转税,企业缴纳的增值税税率的变化可以通过税负转嫁的方式传导至价格,进而对居民消费产生影响。

付一夫认为,从行业结构上看,16%税档的变动是对制造业主体进行减负,由10%下调至9%的调整则体现在对交通运输、通信等服务支撑性行业上,总体上看有利于降低企业负担。同时减税之后,自上而下的传导机制将覆盖全行业,也会在一定程度上改善中小企业融资难的状况,企业融资成本也有望得以进一步降低。

不过,付一夫认为,鉴于增值税是价外税,增值税减税也是价外变动,故而对企业利润的改善没有直接关系。增值税减税后,各行业的实际利润增厚效果如何,需要看行业对其上下游的议价能力。此时,高毛利、低净利率、议价能力较强的企业,直面消费者的产品和服务的、可转移承担增值税的企业,以及销项多、进项少的企业,更有机会持续受益于增值税降低的利好。

资料来源:国家税务总局网站转引:中国财经报(节选)。http://www.chinatax.gov.cn/chinatax/n810219/n810744/n4016641/n4016676/c4397397/content.html。

**(2)案例的思政元素**

①科学精神。引导学生思考纳税人和负税人的区别,理解税负转嫁问题的复杂性,培养学生探索复杂问题的科学精神。

②人民至上思想。税负转嫁问题涉及到不同经济主体的利益分配,应引导学生思考税收政策对经济效率以及对不同经济主体的福利影响,合理的税收政策应遵循人民至上思想,在公平和效率之间进行合理的选择。

**(3)教学手段**

知识点+实事+思政——贯穿融合:通过介绍减税降费的相关税收政策调整案例,引导学生结合税收转嫁理论思考相关税率调整对不同经济主体的税收负担产生的不同影响,在人民至上原则的指引下,分析相关税收政策的科学性和合理性。

## 第六章 税收要素与税收分类

**专业教学目标**

税收制度,简称税制,是国家各种税收法令和征收管理办法的总称,包括税收的基本法规、条例、实行细则、稽征管理办法等。税制的法律形式是税法。税法是由若干基本要素构成的,通常所说的税制要素,也可以称为税法构成要素。通过本章学习,准确掌握税制要素的构成及其主要内容,全面了解税收的各种类型,并掌握我国目前的税收概况。

【知识目标】

1. 使学生准确掌握税制要素的构成及其主要内容。
2. 使学生全面了解税收的各种类型。
3. 使学生掌握我国目前的税收概况。

【能力目标】

1. 培养学生辨析税制要素的能力。
2. 培养学生具有独立思考能力和思辨能力,理解不同税收种类的关系。

**课程思政教学目标及实践**

【育人目标】

1. 政治认同  引导学生更加深入地学习习近平新时代中国特色社会主义思想的深刻内涵和重大意义,在知国策、懂国策的基础上,进一步提升对国家的政治认同和制度认同。

2. 制度自信  培养学生浓厚的大国使命和担当意识以及民族自豪感,熟悉科技兴国战略,了解高质量经济发展取得的成就和广阔前景,帮助学生领会理解为什么中国特色社会主义税收制度好,引导学生了解国家出台的有关税收优惠政策,落实国务院关于统筹推进新冠肺炎疫情防控和经济社会发展工作的决策部署,培养学生对国家政策的理解,增强学生政治认同和制度自信。

3. 法治意识　围绕国家依法治税进程的推进,引导学生了解我国现行的法律规范,强调税收制度的设立原则,深化税收法定原则的重要性,并结合税制要素,如纳税人、征收对象、税率、税收优惠政策和违法处理等基本规定,帮助学生提升税收法治意识。

4. 大国使命和担当　结合新中国的发展与消费税的改革,在经济社会发展迅速,人民生活水平提高,国富民强的时代背景下,教育学生珍惜当前的幸福生活,践行勤俭节约、人与自然和谐的理念。引导学生树立正确的消费观念,培养学生的社会责任感与担当意识,树立社会主义富强、文明、和谐价值观。

**【教学方式与方法】**

课堂讲授:税制要素、税收分类、我国税收构成情况,达到培养学生对国家政策的理解,增强学生政治认同和制度自信的思政教学目标。

**【课程思政教学实例】**

**案例材料:新冠肺炎疫情期间政府对小规模纳税人免征增值税政策**

(1) 案例简介

特殊期间,企业生存困难,国家从宏观层面实施大规模减税,帮助企业渡过难关。财政部税务总局明确增值税小规模纳税人免征增值税政策,对月销售额 15 万元以下(含本数)的增值税小规模纳税人,免征增值税;继续实施小规模纳税人增值税征收率由 3% 降低到 1% 等的优惠政策,国家想方设法把名义税率降下来,把实际征收率提上去,把偷逃税行为打击掉,把税费服务优化好,促进形成各类所有制企业和大中小各种规模企业竞相发展、良性互动、规范提升的局面。

资料来源:具体政策见国家税务总局:国家税务总局关于小规模纳税人免征增值税等征收管理事项的公告(国家税务总局公告 2022 年第 6 号)。http://www.chinatax.gov.cn/chinatax/n359/c5173863/content.html。

(2) 案例的思政元素

①制度自信。通过话题讨论,探讨中国特色社会主义制度的优越性,增强学生制度自信。

②政治认同。通过对小规模纳税人免征增值税政策的介绍,培养学生对国家政策的理解,提升学生的政治认同。

(3) 教学手段

①翻转课堂:课前发送资料,通过学习通、腾讯会议等教学辅助工具开展互动,要求学生发言对自己的观点进行进一步阐述,教师进行点评。

②课中在知识点"我国现行税收分类"流转税类的讲解中,充分认识增值税在流转税以及我国税制中的地位,同其他国家比较增值税的开征情况,开阔学生视野,培养学生对国家政策的理解,增强学生政治认同和制度自信。

## 第七章　优化税收和税制结构

**专业教学目标**

最优税收理论是对税收效率与税收公平这两项基本原则的综合与深化,它研究的是如何构建能够兼顾效率原则与公平原则的税收制度,以实现社会福利最大化。通过本章学习,掌握最优税收理论的基本思想和方法,熟悉最优商品税和所得税的分析;掌握税制结构的概念以及制约税制结构的因素,明确我国目前的税制结构模式。

**【知识目标】**

1. 使学生了解最优税收理论的内容体系和研究方法,熟悉最优商品税和最优所得税理论的主要观点,并正确认识其局限性。

2. 使学生掌握税制结构的概念以及制约税制结构的因素,了解我国目前的税制结构模式。

**【能力目标】**

1. 培养学生借鉴最优税收理论中的等比例法则、逆弹性法则、社会福利函数等观点和思想,加深对中国税制改革的理解。

2. 培养学生的独立思考能力和思辨能力,正确认识不同税种的功能特点和税制结构调整的基本规律。

3. 引导学生带着批判质疑的心态对待新事物,勇于探究,不畏困难,坚持不懈地探索精神,发现事物本质。

**课程思政教学目标及实践**

**【育人目标】**

1. 国际视野　鼓励学生阅读国内外税收制度的相关书籍,了解最优税收理论情况,分析其现实意义,引导学生全方位、多角度分析问题,开阔学生思考问题的视野,提升文化素养。

2. 政治认同　引导学生结合最优税收理论思考不同社会制度下选择商品税和所得税的价值出发点,使学生认识到党在治国理政中遵循了为人民服务的根本宗旨,不断完善税收制度,使中国的经济建设取得了巨大成就。

3. 人民至上思想　引导学生正确认识最优税收的判断标准,要以人民利益为根本指引,正确认识税收对公平和效率的影响。

4. 制度自信　通过介绍增值税和个人所得税的相关改革措施,使学生认识到中国特色社会主义市场经济体制处于不断完善、不断进步的过程中,在党的正确领导下中国的财政体制改革遵循了经济规律,符合人民利益,从而使学生体会到社会主义制度的优越性。

5. 法治意识　通过介绍分税制改革、"营改增"、个人所得税改革的立法和实施过程,使学生认识到依法征税、依法纳税的重要性。

6. 科学精神　鼓励学生勤奋学习和勇于钻研、大胆探索的精神。认真学习税法知识,熟悉企业所得税、个人所得税、增值税等税种的最新文件。

**【教学方式与方法】**

1. 课堂启发引导:最优税负水平应该兼顾公平和效率。既不能为了追求绝对公平而制定过高的税负水平挫伤人们的生产积极性,也不能为了追求经济效率制定过低的税负水平影响人们的基本生活和必需的基础设施和公共服务供给,开阔学生视野,引导学生坚持科学精神审视税收现象。

2. 课堂小组讨论:理论联系实际,用发展的观点组织学生思考和讨论拉姆齐法则与传统最优税收理论相比有哪些进步,仍然存在哪些局限性?未来中国的税制结构应该如何进行调整?引导学生增强对党的领导和中国特色社会主义道路的认同。

3. 拓展学习:要求课后阅读最优税收理论相关著作和文献,加深对相关概念和理论的理解。

**【课程思政教学实例】**

**案例材料:个人所得税改革体现了以人民为中心原则**

(1)案例简介

2019年实施的个人所得税改革包括两大内容。一是在2018年10月提高费用扣除标准(从每月3500元提高到5000元)的基础上增加了6项专项附加扣除,即子女教育、继续教育、大病医疗、住房贷款利息或者住房租金以及赡养老人。专项附加扣除打破了传统的费用扣除"一刀切"模式,从而使费用扣除标准更加人性化和合理化。二是个人应税所得实现了"小综合",即将工资薪金、劳务报酬、稿酬和特许权使用费四项个人劳动所得实行综合征收,对其他所得如经营所得、利息(股息、红利)所得、财产租赁所得、财产转让所得等仍然实行分类征收。此次个人所得税改革实现了历史性突破,不仅大大增强了个人所得税的调节功能,而且也提高了个人所得税的公平性。

资料来源:国家税务总局网站转引:中国财经报。http://www.chinatax.gov.cn/chinatax/n810219/n810780/c5176827/content.html。

(2)案例的思政元素

①政治认同。人们判断社会福利的标准不相同,对福利函数的假定不同,就会对最优所得税得出不同的结论。引导学生思考社会主义社会的共同富裕目标与资本主义社会追求个人富裕目标之间的差异,增加学生对党的领导和中国特色社会主义道路的认同。

②人民至上思想。税收作为一种筹集财政资金、影响经济主体行为的财政政策工具,判断其是否最优,根本的标准要以人民为中心,要考察税收能否在特定经济环境下最大程度地为人民服务。

(3)教学手段

知识点+实事+思政——贯穿融合:在最优税收理论的知识点引导下,引导学生从实际税收制度改革实践出发,主动思考党和政府推动个税改革的积极意义,引导学生政治认同和制度自信。

### 第八章 税收的微观经济效应

**专业教学目标**

税收作为政府宏观调控的手段,对纳税人行为具有一定的调节作用,但调节效果如何与具体税种和税收环境有关。通过本章学习,掌握税收对生产者行为的影响、税收对消费者行为的影响、税收对劳动力供给和需求的影响、税收对家庭储蓄的影响、税收对私人投资的影响。

**【知识目标】**

1. 使学生掌握税收对生产者行为的影响。
2. 使学生掌握税收对消费者行为的影响。
3. 使学生掌握税收对劳动力供给和需求的影响。
4. 使学生掌握税收对家庭储蓄的影响。
5. 使学生掌握税收对私人投资的影响。

**【能力目标】**

1. 培养学生对图形分析方法的基本应用能力。
2. 培养学生理论联系实际的能力,使学生能够结合相关理论对特定税收政策的实施条件和政策目标进行合理分析。

**课程思政教学目标及实践**

**【育人目标】**

1. **政治认同** 通过介绍近年来减税降费的相关税收政策,要求学生结合税收微观经济效应的相关理论分析当前主要税收政策的背景和影响,引导学生思考党和政府实施相关税收政策对促进经济增长,提高人民生活水平的积极影响。

2. **制度自信** 通过介绍我国减税降费的相关政策及其在应对新冠肺炎疫情、鼓励中小微企业和科技企业发展方面起到的积极作用,引导学生思考党和政府领导经济发展的正确方向,进一步认识到中国特色社会主义制度保证了政府和人民的根本利益一致,从而可以保证税收政策为经济发展和人民生活水平提高服务,增强学生的政治认同、制度认同和思想认同,坚定制度自信。

3. **大国使命和担当** 结合新冠肺炎疫情期间的现实案例,强化税收取之于民,用之于民的事实,让学生将依法纳税与社会责任相融合,激发爱国热情。

**【教学方式与方法】**

1. 课堂启发引导:教师提出问题,要求学生结合图形,逐步分析税收的微观经济影响,启发学生积极思考,从而锻炼图形分析能力。

2. 课堂小组讨论:组织学生比较不同历史时期、不同国家的税收政策,分析税收的微观经济影响,引导学生关注税收问题,提升政治认同和制度自信。

3. 情景教学法:布置课后作业,要求学生收看近期税收政策的相关新闻、视频,结合税收的微观经济效应相关理论分析税收政策的作用效果,引导学生关注税收问题,提升政治认同和制度自信。

**【课程思政教学实例】**

**案例材料:我国新冠肺炎疫情期间企业所得税支持小微企业的税收政策**

(1)案例简介

财政部税务总局进一步帮助市场主体恢复元气、增强活力,支持小型微利企业和个体工商户发展,规定对小型微利企业和个体工商户年应纳税所得额不超过100万元的部分,在现行优惠政策基础上,再减半征收所得税。同时税务部门聚焦支持科技创新,持续落实研发费用加计扣除新政策,理解科技兴国,推动企业创业、科技创新和产业升级。

资料来源:具体政策见国家税务总局:国家税务总局关于落实支持小型微利企业和个体工商户发展所得税优惠政策有关事项的公告。http://www.chinatax.gov.cn/chinatax/n362/c5163255/content.html。

(2)案例的思政元素

①政治认同。引导学生了解国家出台的有关税收优惠政策,落实国务院关于统筹推进新冠肺炎疫情

防控和经济社会发展工作的决策部署,增强学生政治认同。

②制度自信。引导学生对国家出台的有关税收优惠政策效果进行分析,感受社会主义制度优越性,增强制度自信。

**(3)教学手段**

①翻转课堂:课前发送资料,通过学习通、腾讯会议等教学辅助工具开展互动,要求学生发言对自己的观点进行进一步阐述,教师进行点评,从而培训学生的主动学习精神和科学精神。

②课中在知识点"税收对生产者行为的影响"讲解中,引导学生充分认识税收的调控作用并联系新冠肺炎疫情期间的税收政策,增强学生的政治认同和制度自信。

## 第九章 税收的宏观经济效应

**专业教学目标**

税收宏观经济效应是从国民经济整体和总量平衡的角度考察税收对经济增长、经济稳定和社会公平等宏观经济运行中的几个关键性问题的影响。税收宏观经济效应是税收微观经济效应的综合。通过本章学习,掌握税收与经济增长之间的关系、掌握税收与收入分配之间的关系、掌握税收作用于经济稳定的机制、掌握税收政策的时滞与局限性、掌握轻税政策的合理内核。

【知识目标】

1. 使学生掌握税收与经济增长之间的关系。
2. 使学生掌握税收与收入分配之间的关系。
3. 使学生掌握税收作用于经济稳定的机制、税收政策的时滞与局限性。
4. 使学生掌握轻税政策的合理内核。

【能力目标】

1. 培养学生理论联系实际的能力,运用税收经济学理论分析现实财税问题。
2. 培养学生具有独立思考能力和思辨能力,理解税收与经济增长之间的辩证关系。
3. 培养学生科学精神,尊重事实和证据,有实证意识和严谨的求知态度。

**课程思政教学目标及实践**

【育人目标】

1. 政治认同　介绍我国营改增,分析营改增的背景、内容及意义,培养学生对国家政策的理解,提升学生的政治认同。

2. 国际视野　通过中外增值税制度比较,以及我国的社会主义增值税制度介绍,开阔学生视野。

3. 科学精神　在分析税收对经济的宏观影响时,要有不畏困难、坚持不懈的探索精神,尊重事实和证据,求真求知,多角度、辩证地分析,批判质疑,思维缜密,不断论证,运用科学的思维方式认识事物、解决问题、指导行为。如在对税收收入分配效应的评价时,结合基尼系数和洛伦兹曲线对收入分配效应的解答,引导学生科学精神,尊重事实和证据,有实证意识和严谨的求知态度。

【教学方式与方法】

课堂小组讨论:设计案例,分组讨论,引导学生关注目前我国税制改革,用科学精神审视我国税制改革的影响,开阔学生视野,提升学生政治认同和制度自信。

【课程思政教学实例】

**案例材料:探讨我国增值税改革**

(1)案例简介

中国目前最大的税种是增值税。中央财经大学教授樊勇在研讨会上表示:中国的增值税收入规模不断扩大,计税方法不断完善,征税范围也不断扩大。改革是渐进性的,符合中国国情。其中,营业税改征增值税,顺应了经济社会发展的需求,有利于经济的可持续增长,推动了增值税征收范围的全覆盖,为中国建立现代型增值税制度奠定了基础。

此后,又进一步深化增值税改革,将增值税税率由四档简并为三档,并降低税率水平,扩大进项税抵扣范围,试行期末留抵退税制度,基本建立起现代增值税制度。

2022年,我国大力改进留抵退税制度,自4月1日起对留抵税额实行大规模退税,规模达1.5万亿元。一系列政策实施后,所有符合条件的小微企业以及制造业等六个行业的增量和存量留抵税额问题将得到解决。"通过这次大规模增值税留抵退税,构建更加现代、科学的增值税制度,由此站上一个全新的起点。"国务院发展研究中心宏观经济研究部副部长冯俏彬说。

资料来源:①专家称中国税收改革迈上新台阶[D].中新社,2018-12-03,国家税务总局网站转载:http://www.china-tax.gov.cn/chinatax/n810219/n810780/c3932130/content.html.
②曾金华,李华林.构建更现代更科学税收体系[D].经济日报,2022-04-06.

**(2)案例的思政元素**

①政治认同。介绍我国营改增,分析营改增的背景、内容及意义,培养学生对国家政策的理解,提升学生的政治认同。

②国际视野。中外增值税制度对比,介绍我国已建立起的与国际接轨的具有鲜明中国特色的社会主义增值税制度,开阔学生视野。

**(3)教学手段**

课中在知识点"税收对经济增长的影响"讲解中,通过讲解中国已建立起了与国际接轨的具有鲜明中国特色的社会主义增值税制度,既保证了国家财政收入的持续稳定,也兑现了对企业税收负担的"只降不升"的承诺,激发了市场活力,带来了经济社会发展的全新动力,取得了国际社会的广泛赞誉,开阔学生视野,提升学生的政治认同。

## 四、课程思政教学评价

**(一)对教师的评价**

1. 教师自我评价

做好教前准备工作,是顺利完成一门课程教学的基础。要将思政内容润物细无声地融入《税收经济学》课程,需要做好教前准备。在每个学期之前,教师要熟练掌握专业知识,并具备提炼思政元素设计课程思政目标、修订教学大纲、选用教材、编写教案课件等基本能力。因此,教学大纲、教材、课件必须完善。

行课前必须有一定的课程准备,必须对课程内容熟练,将《税收经济学》课程思政建设落实到教学过程各环节,这样行课时才能游刃有余,应对突发状况。

每节课后,需要对上课情况、学生反映情况做总结和纪录,根据学生接受情况,适当调整教学进度,并对学生进行及时反馈。从而,不断改进课程,使学生更容易接受知识。

2. 同行及学生评价

同行听课能够从不同角度提出改进意见。因此要建立健全《税收经济学》课程同行听课制度,鼓励多主体参与、多维度动态评价体系,包括同行评议、教学领导随机听课、教学督导检查,覆盖课前准备、课中教学和课后结果全过程,做到主观分析和客观分析相结合、定性分析和定量分析相结合。

学生是授课对象,能够最直接地检验授课效果,因此,学生评教也是必需的。注意学生评价应该日常评价和结课后评价,以尽可能使得评价结果的真实与客观。

学校应该有专人负责同行及学生数据,并将评价结果反馈给授课教师,以利于课程效果的提升。

**(二)对学生的评价**

1. 日常评价

根据日常学生出勤率、课堂互动率,还可以借助信息技术的支持,利用学习通答题率、微信群互动情况等,检验学生能否积极参与课堂,完成老师布置的要求和任务等教学过程,力争将教学评价贯穿于教学的全过程,通过大数据、云计算等纪录学生课程参与情况,科学评价学生在学习过程中的积极性、互动性和参与度,全面地把握《税收经济学》课程教学效果,推动课程思政背景下教学改革的有效发展。

2. 结课评价

课程结束,要求学生能够分别以100字、2000字完成课程和章节的内容总结,以框架结构图的形式,展示课程体系和各部分内容之间联系,以此来检测学生对课程全貌的把握程度,具体知识之间关系的理解程度,由此完成学生对课程内容的第一次升华。同时,要求学生撰写《税收经济学》课程学习心得,将自己在本课程中感悟到的思政内容或者希望从本课程获得的核心知识、能力、观念、素养罗列出来，及时总结课程思政效果，并根据学生反馈，不断改进。

3. 书面评价

通过平时作业、资源库平台资料分析报告、随堂练习、课程论文、期末考试等多种形式，检验学生对课程思政元素的领会及其对思政元素的掌握程度，特别是通过闭卷考试的方式，完成学生对课程内容的再次升华。

## 五、课程思政的教学素材

| 序号 | 内　　容 | 形式 |
| --- | --- | --- |
| 1 | 税收的样子 | 宣传片 |
| 2 | 税的力量 | 宣传片 |
| 3 | 我和我的祖国 | 宣传片 |
| 4 | 我国税制改革取得历史性突破——税收法定原则得以逐步落实彰显国家依法治税理念 | 案例分析 |
| 5 | 年度政府收支分类科目 | 政策文件 |
| 6 | 年度中央政府工作报告 | 研究报告 |
| 7 | 税法小课堂｜我国已有12个税种立法了 | 宣传片 |
| 8 | 减税降费·让梦想更有力量 | 宣传片 |
| 9 | 唱好税制改革重头戏 | 案例分析 |
| 10 | 中华人民共和国增值税暂行条例 | 政策法规 |
| 11 | 中华人民共和国企业所得税税法 | 政策法规 |
| 12 | 中华人民共和国个人所得税法 | 政策法规 |
| 13 | 中华人民共和国个人所得税实施条例 | 政策法规 |
| 14 | 党领导税收工作的历史经验与启示 | 阅读材料 |
| 15 | 10组税收数据看2020年中国经济发展亮点 | 阅读材料 |
| 16 | 让税收大数据发挥更大价值 | 阅读材料 |
| 17 | 第31个全国税收宣传月活动启动 | 宣传片 |
| 18 | 中华人民共和国进出口税则(2021) | 政策法规 |
| 19 | 我国税制改革取得历史性突破 | 阅读材料 |
| 20 | 税费怎么减？民生如何保？支出如何发力？ | 案例分析 |
| 21 | 构建更现代更科学税收体系 | 案例分析 |
| 22 | 营造公平竞争税收环境 | 宣传片 |
| 23 | 党领导税收工作的历史经验与启示 | 案例分析 |
| 24 | 专家预计制造企业利润空间将逐步加大 | 案例分析 |
| 25 | 新冠肺炎疫情期间政府对小规模纳税人免征增值税政策 | 政策法规 |
| 26 | 个人所得税改革体现了以人民为中心原则 | 案例分析 |
| 27 | 国家税务总局关于落实支持小型微利企业和个体工商户发展所得税优惠政策有关事项的公告 | 政策法规 |
| 28 | 1.25万亿元税费支持直达小微企业 | 案例分析 |
| 29 | 专家称中国税收改革迈上新台 | 案例分析 |
| 30 | 中国古代税收的起源及其演变——基于文字学视角 | 阅读材料 |

续表

| 序号 | 内容 | 形式 |
|---|---|---|
| 31 | 论我国新时代税收制度的基本特征 | 阅读材料 |
| 32 | 现代国家治理视阈下的税收职能 | 阅读材料 |
| 33 | 积极服务全面建设社会主义现代化国家 | 阅读材料 |
| 34 | 现代税收原则与我国税制改革 | 阅读材料 |
| 35 | 我国税收制度现代化的推进路径选择 | 阅读材料 |
| 36 | 减税降费政策效应:宏观约束和微观主体感受 | 阅读材料 |
| 37 | 税收转嫁的均衡分析 | 阅读材料 |
| 38 | 中国间接税税负归宿的测算:模型与实证 | 阅读材料 |
| 39 | 分税制改革中的中央和地方事权划分研究 | 阅读材料 |
| 40 | 增值税税率结构的国际比较与我国减并方案的设想及测算 | 阅读材料 |
| 41 | 现代最优税收理论的研究进展 | 阅读材料 |
| 42 | 论优化我国税制结构的方向 | 阅读材料 |
| 43 | 个人所得税新政对劳动收入分配效应的影响 | 阅读材料 |
| 44 | 税收负担与企业劳动力需求——来自世界银行中国企业调查数据的证据 | 阅读材料 |
| 45 | 实现共同富裕的税收作用 | 阅读材料 |
| 46 | 市场机制对资源配置起决定作用下如何更好发挥税收作用的思考 | 阅读材料 |
| 47 | 发挥好税收政策在稳定宏观经济中的重要作用 | 阅读材料 |

# 《税务管理》课程思政教学指南

郭江　王静

（西安财经大学）

## 一、课程简介与课程目标

### （一）课程简介

《税务管理》是税收学专业主干必修课程之一。《税务管理》这门课程是税务管理工作的理论化、规范化，是税收理论体系的重要组成部分。税收是财政收入的一种主要形式，随着财政收入的增加，税收征管难度不断加大，各类财经人员都必须熟知税收征管法规，所以，税务管理的地位日益重要。《税务管理》是回答如何通过税务管理流程将税款及时、足额入库，完成税收职能。本课程系统介绍了税务管理理论知识、税收法制管理、税收业务管理（税收管理基础、税收征收管理、税收检查）、税务行政管理（税务机构人员管理、税务行政处罚、税务行政复议和诉讼管理）以及税务管理的其他内容，具有较强的实践性和可操作性。通过这门课的学习，要懂得税务管理的基本理论和基本制度，明确税务管理的现状，熟练掌握税务管理的业务技能、方法和内容，注重培养学生分析问题、解决问题的能力，提高应用操作能力，注重培养征、管、查能手，把学生培养成既懂理论又懂实务的复合型人才。

本门课坚持以马克思主义为指导，以《中华人民共和国税收征收管理法》《中华人民共和国税收征收管理法实施细则》为主线，突出税收管理是国家经济管理的重要组成部分。课程教学以课堂讲授为主，专题讨论为辅，辅以大量的习题训练，注意联系社会主义市场经济条件下税务理论和税务管理制度改革的实践，提高学生正确观察税务现象，分析和解决税务问题的能力。

### （二）课程目标

本课程为专业必修课程。通过本课程的学习，使学生能够达到以下目标：

1. 知识目标：本课程在内容包括税务管理的基本原则、基本内容、基本操作程序，以及有关税收管理法规等。通过本课程的学习，使学生掌握全面理解税务管理的内容，了解税务管理的操作程序及其征管方式；熟悉税务征管的全过程，了解我国税务征管模式的改革方向，够掌握基本的税收管理知识与技能。

2. 能力目标：学习该课程，学生可以熟悉税务管理的相关法律体系，了解规范和操作实务，具备税务管理的基本理论知识和业务技能，能够在财政、税收等经济管理部门和企事业单位从事税务工作。

3. 育人目标：牢固树立税收法治观念及现代税务管理理念，熟悉税务管理领域的相关法律法规，掌握税务管理的流程，具备扎实的涉税业务处理能力，了解国际税务管理实践及发展动态；增强学生对党领导下的税收工作的成就的了解。

### （三）课程教材和资料

➢ 推荐教材

吴旭东.税收管理[M].北京：中国人民大学出版社，2019.

➢ 参考教材或推荐书籍

1. 国家税务总局.中华人民共和国税收基本法规（2022年版）[M].北京：中国税务出版社，2022.
2. 杨森平，周清，李瑛.税务管理（第三版）[M].广州：暨南大学出版社，2022.
3. 翟继光，郭宇泰.金税四期管控下的税务管理与纳税筹划[M].上海：立信会计出版社，2021.
4. 董根泰，黄益朝.税务管理（第2版）[M].北京：清华大学出版社，2020.
5. 梁俊娇.税务管理[M].北京：中国人民大学出版社，2019.
6. 朱军.税收管理[M].南京：南京大学出版社，2020.

7. 马海涛.中国税制[M].北京:中国人民大学出版社,2019.
➢ 学术刊物与学习资源
《财政研究》《税务研究》《财政科学》等国内外经济、财政、税收类刊物。
"中国知网"等学校图书馆提供的各种数字资源。
➢ 推荐网站
中华人民共和国财政部网站:http://www.mof.gov.cn/index.htm.
国家税务总局网站:http://www.chinatax.gov.cn/.
国家税务总局各省级税务局网站。

# 二、课程思政教学总体设计

## (一)课程思政教学目标

本课程坚持以习近平新时代中国特色社会主义思想为指导,认真学习贯彻习近平总书记关于税收工作的重要论述和重要指示批示精神,坚持培养目标,坚定育人中心,培养德智体美劳全面发展的高素质专业人才。

围绕科学的财税体制是优化资源配置、维护市场统一、促进社会公平、实现国家长治久安的制度保障这一重要论述,立足于怎样培养社会主义税务事业接班人这一根本问题,努力提高《税务管理》课程的教学质量。

将思想政治工作贯穿到《税务管理》课堂教学全过程。遵循思想政治工作规律,遵循教书育人规律,遵循学生成长规律,创新课堂教学模式,不断提高教学工作能力和水平。

1. 政治认同

围绕我国社会主义市场经济发展过程中,税务管理在支持经济公平发展、保障我国经济均衡发展做出的贡献。可以使学生充分认识到党领导下的税收工作为国家建设、为中华民族强起来发挥了积极作用,增强同学们的政治认同。

2. 制度自信

《税务管理》课程基本涉及了税收征管的各个流程,以及税收程序法的理论体系和法律内容,体现了税收征管活动的加强和改进。这些改进工作是税务管理工作的日趋完善的表现,为税收治理现代化注入了强大的动力,是税收发挥职能作用的重要保障。通过在课堂对税务管理专业知识的讲授,可以有助于学生准确认识马克思主义财税理论中国化取得的重要成果,有助于学生认识到坚持马克思主义理论和中国税收改革实践相结合的重要性。

3. 人民至上思想

我国的税务管理工作始终以党的全心全意为人民服务的宗旨,做到取之于民,用之于民,造福于民。特别是党的十八大以来,不断深化税收改革,实施减税降费,改进纳税服务,逐步构建起了符合税务现代化管理要求的税费服务体系,显著优化了税收营商环境,使税收工作赢得人民的大力支持和广泛认可。

4. 公共意识

税务管理是国家依据税收分配规律,对税收分配活动全过程进行决策、计划、组织、协调和监督的一种活动,是国家公共管理活动的重要组成部分。通过本课程的学习,可以培养学生关注重大税收规范性文件制定、重大税务案件审理等涉及重大公共利益、纳税人切身权益和对税收管理产生重大影响事项的意识,增强税收法治观念,自觉维护公共利益。

5. 职业道德和职业理想

职业道德是《税务管理》课程的重要内容,是税务人员政治素质、思想意识、文化修养、品德情操、工作态度和精神风貌的具体体现,是税收事业发展的内在活力。课程讲授内容体现了"热爱税收、依法治税、廉洁奉公、文明征税"的原则,使学生可以认识到税务职业道德的重要性,自觉养成遵守税务职业道德及职业素养的意识。

6. 法治意识

全面推进依法治税,是依法治国基本方略在税收领域的集中体现,是党的主张和人民意志在税收工作中的全面贯彻。《税务管理》课程以《中华人民共和国税收征收管理法》《中华人民共和国税收征收管理法实施细则》为主线,围绕税务管理活动的各个环节展开讲授,可以使学生牢固树立法治是税收治理的基本方式的意识,深刻认识到依法治税是税收工作灵魂、依法行政是税收工作生命线和基本准则。

7. 科学精神

增强税收制度的科学性、针对性和可操作性是提高税收制度建设质量的重要要求;建立科学严密的税收征管体系是有序推进税收现代化的重要内容。本课程围绕税收治理现代化的目标,可以从管理方式、决策、信息化等角度,引导学生树立税务管理的科学精神。

8. 大国使命和担当

青年一代有理想、有担当,国家就有前途,民族就有希望,实现中华民族伟大复兴就有源源不断的强大力量。在教学过程中,讲述税收在国家治理中起到基础性、支柱性、保障性的作用,展现大国税务担当,可以激励学生坚定信念,树立远大理想,主动作为,强化担当意识。

9. 国际视野

改革开放以来,中国税务部门积极服务"引进来"和"走出去",深度参与国际税收合作,为中国的改革开放,也为世界经济发展,贡献了税务力量。在新时代背景下,"双循环"将为我国下一步更高水平的对外开放打下基础,这也对税务管理工作提出了更高的要求。本课程既可以向学生展示我国税收征管工作在主动服务国家对外开放大局的案例,也可以让学生关注国际税收新规则,培养学生的国际视野。

(二)课程思政教学内容

《税务管理》课程的思政内容可以涉及以下几方面:

1. 坚定政治立场,具备良好的思想品德

本课程通过深入挖掘课程思政元素,讲述马克思主义财税理论中国化不断取得重要成果,帮助学生深刻领会中国共产党领导税收工作的主要成就,服从服务于党和国家工作大局,充分发挥税收的基础性、支柱性、保障性作用。引导学生紧紧围绕全面建成小康社会、全面依法治国的战略布局,坚定不移走中国特色社会主义法治道路,落实税收法定,坚决维护税法权威,树立维护国家税收利益,维护纳税人合法权益,依法发挥税收职能作用的思想意识,培养爱岗敬业、服务大局、富有担当的高素质专业人才。

2. 熟悉中国国情,具备良好的专业素养

中国特色税收治理现代化包括现代法治进程的推进、税费服务的优化、税费征管的改革、队伍组织的构建等都需要在立足国内基本国情的前提下有序推进。本课程通过大量融入国内税务管理实践的最新成果,辅以形式多样的教学手段,引导学生关注税务领域"放管服"改革,了解税收征管体制优化,纳税服务和税务执法的规范化等,及时掌握我国深化税收征管制度改革的最新动向。

3. 富有科学精神,具备良好的研究能力

科学性是现代税收制度的基本特质之一。中共中央办公厅、国务院办公厅印发《关于进一步深化税收征管改革的意见》明确要求税务执法要实现从经验式执法向科学精确执法转变,这对税务管理的科学性提出了新的要求。本课程及时融入最新的政策精神,引导学生运用所学的经济学、公共管理学等的研究方法,积极参与税务机关、涉税服务机构等的课题研究和社会实践活动,积极将所学理论知识与具体实践相联系,为建立科学精准的执法方式,最大限度地降低税收遵从成本、便利纳税人,最终促进市场主体的发展贡献力量。

4. 关心现实问题,具备良好的应用能力

着力解决纳税人最关心、最直接、最现实的问题是深化税务领域"放管服"改革,推动税收工作高质量发展的重要内容。本课程在内容设计上,突出现实问题的案例应用,引导学生关注税务管理领域的典型事例,运用课堂讨论的方式,实现理论与实践相结合,促使学生对现实问题有更为深入的思考,为将来从事税务管理相关工作,奠定良好的理论和实践基础。

(三)教学方法

本课程综合运用课堂教授、自主学习、小组讨论、案例教学、任务驱动等多种教学方法,讲述马克思主义财税理论中国化取得重要成果,提高学生掌握分析和解决税务问题的能力,增强学生依法诚信纳税的法治意识,培养学生在税务管理工作中应秉承严谨认真的工作态度和职业素养。

## 三、课程各章节思政教学内容设计

### 第一章 税收管理概述

**专业教学目标**

本章的教学,向学生讲授税收管理的基本概念,税务管理的作用,厘清税务管理与税收的关系;讲授税务管理的基本内容,包括税收法制管理、税收业务管理、税收行政管理等,使学生掌握我国税务管理的内容构成;讲授税务管理体制的作用、原则,介绍我国的分税制,从而使学生对于税收管理有一个初步的系统认识。

**【知识目标】**

1. 学生理解税务管理与税收的关系。
2. 学生掌握税务管理的概念、原则,税收管理内容。
3. 学生了解我国税务管理体制的发展过程,熟悉分税制下税收管理体制。

**【能力目标】**

1. 提升学生独立思考的能力和自主学习的能力,熟悉并理解税务管理的基本内涵。
2. 增强学生的良好专业素养,关注税务管理改革的最新成果。

**课程思政教学目标及实践**

**【育人目标】**

1. 政治认同 通过对税务管理的作用,以及我国税收管理体制发展过程的讲解,使学生熟悉税务管理在我国经济发展中发挥的重要作用,增强学生对党领导下的税收工作取得成就的了解,增强同学们的政治认同。

2. 制度自信 对我国税务管理工作取得的重大成绩进行介绍,增强学生对马克思主义财税理论中国化取得的重要成果的自豪感,提升学生对社会主义制度优越性的自信。

3. 法治意识 通过对税收法制管理的讲解,提高学生的法律意识和法治观念,使学生树立"有法可依、有法必依、执法必严、违法必究"的法治理念,自觉维护税务管理的公正原则。

**【教学方式与方法】**

1. 课堂讲授:知识点讲授注重我国税务管理的基本概念和基本内容,以及税务管理体制的作用、原则,使学生掌握税务管理的基础知识,增强学生的法治意识和政治认同。

2. 小组讨论:开展税务管理与税收的关系的讨论,让学生充分认识到税收管理是伴随着税收的产生而产生的,税收管理自始至终存在于税收分配活动的全过程之中,税收管理活动必须遵循税收分配的规律和管理的规律,提升学生对社会主义制度优越性的自信。

**【课程思政教学实例】**

**案例材料:回眸"十三五":国税地税合并构建更优税收征管体系**

(1)案例简介

党的十八大以来特别是"十三五"时期,全国税务系统一系列重大改革举措与"十三五"规划同期同频、同向同行,逐步构建起优化高效统一的税收征管体系,税收在国家治理中的基础性、支柱性、保障性作用进一步彰显。

随着全面深化改革向纵深推进,2018年3月,十三届全国人大一次会议审议通过《国务院机构改革方案》,决定将省级和省级以下国税地税机构合并,具体承担所辖区域内税收和非税收入、社会保险费征管等职责。随后,中办、国办印发《国税地税征管体制改革方案》,国税地税征管体制改革大幕全面拉开。

"十三五"时期,税收事业改革在精简机构数量的基础上,规范了税务机构设置,优化了职能职责,特别是对纳税服务、税收大数据和风险管理、税收经济分析、跨区域稽查等方面的机构职能进行了强化。

与此同时,逐步完善的电子税务局打破办税时空界限,逐步构建的"网上办税为主、自助办税为辅、实体办税兜底"的办税格局也成为了全国税务系统稳健应对新冠肺炎疫情"阻击战"的底气。目前,我国企业

90%以上的涉税业务可实现网上办理,网上申报率超过99%。

资料来源:车柯蒙.回眸"十三五":国税地税合并构建更优税收征管体系[EB/OL].https://baijiahao.baidu.com/s?id=16817584115729791238&wfr=spider&for=pc,2020-10-28.

**(2)案例的思政元素**

①政治认同。税务管理在我国经济发展中发挥的重要作用。

②制度自信。我国企业90%以上的涉税业务可实现网上办理,网上申报率超过99%,增强学生的自豪感。

**(3)教学手段**

①小组讨论:案例教学以学生小组讨论为主,使学生对我国税务管理体制改革的重要成果有充分的认识,使学生认识到税务管理对促进经济发展的重要意义,增强学生的政治认同。

②自主学习:结合案例,督促学生课后查阅相关资料,进一步加深对税务管理体制改革最新动态的掌握,提升学生对社会主义制度优越性的自信。

### 第二章 税收基础管理

**专业教学目标**

本章的教学,向学生讲授税务登记的种类与作用,使学生认识到税务登记对于税务机关依法征税和纳税人依法纳税都具有重要的意义;讲授账簿、凭证管理,使学生了解账簿、凭证管理的重要性;讲授发票管理,使学生理解发票是进行会计核算和税源管理的重要资料。

**【知识目标】**

1. 学生了解税务登记的管理规程,账簿设置和保管的要求,发票管理的法律依据和基本内容。
2. 学生熟悉税务登记的内容。
3. 学生掌握各类税务登记的适用范围,税务登记证件的使用和管理,发票印制权限。

**【能力目标】**

1. 增强学生遵纪守法的能力,使学生严格遵守税务登记、账簿管理、发票管理的法律法规要求,形成良好的守法习惯。
2. 提升学生自主学习的能力,关注税务登记、账簿管理、发票管理的最新要求。
3. 提升学生良好的专业素养,熟悉税务登记、账簿管理、发票管理的专业要求和办理程序。

**课程思政教学目标及实践**

**【育人目标】**

1. 法治意识 通过对税务登记、账簿管理、发票管理等内容的讲授,提高学生遵守法律规章,依法办事的观念,做到学法、知法、守法、用法,维护法律的权威,保证税务管理的正常秩序。
2. 职业道德和职业理想 通过本章的讲授,提高学生的职业道德修养,提高学生的规矩规则意识,树立严格按照税务登记、账簿和发票管理的规则开展税务活动的意识,做到爱岗敬业,诚实守信。
3. 公共意识 通过本章内容的讲授,使学生认识到税务登记、账簿和发票管理具有重要的公共服务功能,是加强财务收支监督、确保国家税收收入、维护社会经济秩序的重要保障,从而树立自觉维护公共利益的意识。

**【教学方式与方法】**

1. 课堂讲授:知识点讲授注重税务登记、账簿管理和发票管理的基本内容,突出税务登记的管理规程、税务登记的内容、账簿设置和保管的要求、发票管理的法律依据和基本内容等,增强学生的法治意识。
2. 小组讨论:开展发票管理的讨论,让学生充分认识到发票和账簿在日常生活和税务管理中的重要性,使学生养成自觉索要发票、保管发票的意识,增强学生的公共意识。

**【课程思政教学实例】**

**案例材料:小小的发票,却大大的重要**

**(1)案例简介**

绝大部分经济业务的发生,背后都涉及发票。不管是公司的采购还是销售业务,或是员工出差坐车、住酒店、吃饭,这一系列活动,都有一张张的发票作为经济活动的证明。

很多财会人员都知道,增值税专用发票与其他普通发票不同,它相当于是从国库抵减税款的凭证,增值税专用发票造假或者说虚开,会直接减少国库税款,为此,虚开增值税专用发票已经成为刑法中的一种犯罪行为,且刑罚相当严重。这可以说是在发票管理当中,面临的最大风险,也不是一般人能承受得了的风险。那有人就说了,我不虚开不就行了吗?问题是,作为财会人员,如果自己识别的能力不强,有时候你自己都不知道自己开的发票是虚开,做了违法犯罪的行为,却可能被蒙在鼓里,直到事情败露。

除了这个最大的风险,因为发票作为经济活动的一个重要证明单据,也决定着税款缴纳的正确与否,这同样要求财会人员能够很好地把握发票开具、取得、纳税过程中的规范方法,保障企业依法纳税的同时,不出现错误地多缴纳税款。发票虽小干系却大,处理不好,金钱损失都是小事,还可能触犯刑法。

资料来源:财务彭顾问.小小的发票,却大大的重要[EB/OL]. https://baijiahao.baidu.com/s?id=16966618739326860928wfr=spider&for=pc,2021-04-10.

**(2)案例的思政元素**

①法治意识。发票虽小干系却大,处理不好,金钱损失都是小事,还可能触犯刑法,增强学生的守法意识。

②职业道德和职业理想。增值税专用发票造假或者说虚开,会直接减少国库税款,使学生明白职业道德在日常的税务活动中的重要性。

**(3)教学手段**

①小组讨论:案例教学以学生小组讨论为主,使学生对发票管理的重要性有充分的认识,知晓发票管理在税务管理中的重要作用,了解发票管理中职业道德修养的重要性。

②任务驱动:督促学生结合案例资料,查阅近年来增值税发票造假或虚开的违法案例,增强学生的守法意识。

## 第三章 纳税申报

**专业教学目标**

本章的教学,向学生讲授纳税申报的定义、纳税申报意义;讲授办理纳税申报的对象,纳税申报的要求,包括纳税申报的内容、纳税申报的期限、延期申报、纳税申报的方式,以及纳税申报的受理与审核。通过本章的学习,使学生了解纳税申报的重要性。

【知识目标】

1. 学生了解纳税申报的定义、纳税申报意义。
2. 学生熟悉纳税申报制度的基本内容。
3. 学生掌握纳税申报的对象,纳税申报的方式。

【能力目标】

1. 增强学生独立思考的能力,熟悉纳税申报制度的基本内容。
2. 提升学生收集信息的能力,收集关于纳税申报的各类资料。
3. 提高学生良好的专业素养,形成主动纳税申报的意识。

**课程思政教学目标及实践**

【育人目标】

1. 科学精神  通过对纳税申报基本要求的讲解,使学生树立科学的意识,严格按照纳税申报要求,确保报送材料的完整性、准确性。

2. 人民至上思想  通过本章的讲解,使学生及时了解税费服务体系改革的进程,理解优化税收营商环境的重要意义,树立全心全意为人民服务意识。

3. 国际视野  通过比较纳税申报的国内外差异,使学生了解对外投资纳税申报需要注意的基本事项,从而有意识地规避境外投资的纳税风险。

【教学方式与方法】

1. 课堂讲授:知识点讲授注重纳税申报意义、纳税申报的对象、纳税申报的内容、纳税申报的方式,使学生了解、掌握纳税申报的基本知识和要求,提高学生的科学精神。

2. 案例教学：集合纳税申报的案例材料，使学生了解纳税申报的意义和不进行纳税申报的后果，使学生树立人民至上思想。

3. 任务驱动：根据教学内容，要求学生课后查阅近年来发生的国内外纳税申报案例材料，并做读书笔记和心得，培养学生的国际视野。

【课程思政教学实例】

**案例材料：新冠肺炎疫情防控期间纳税申报需要延期怎么办？**

(1) 案例简介

记者7月14日从国家税务总局珠海市税务局获悉，在新冠肺炎疫情防控期间，纳税人、扣缴义务人因受新冠肺炎疫情影响不能按规定期限办理纳税申报或者报送代扣代缴、代收代缴税款报告表的，可根据《中华人民共和国税收征收管理法》第二十七条、《中华人民共和国税收征收管理法实施细则》第三十七条和《国家税务总局关于进一步简化税务行政许可事项办理程序的公告》规定办理延期申报。

通过哪些渠道可以办理延期申报呢？珠海市税务局工作人员告诉记者，可通过广东省电子税务局或办税服务厅两个渠道办理。新冠肺炎疫情防控期间，为降低新冠肺炎疫情传播风险，请尽量通过广东省电子税务局办理。

记者了解到，延期申报的期限一般为一个申报纳税期，最长不超过三个月。经税务机关核准延期申报的，纳税人、扣缴义务人要在核准的延期内办理税款结算，按照规定期限办理税款结算时如有补缴税款，补缴的税款不加收滞纳金。纳税人经核准延期办理纳税申报的，其财务会计报表可以同时延期报送。

资料来源：新冠肺炎疫情防控期间纳税申报需要延期怎么办？两个渠道可办理延期申报期限最长不超过三个月[EB/OL]. https://baijiahao.baidu.com/s?id=1738380591736145128&wfr=spider&for=pc, 2022-07-15.

(2) 案例的思政元素

①法治意识。熟悉纳税申报的法律要求，遵从纳税申报的规则。

②人民至上思想。对于新冠肺炎疫情等不可抗力造成的不能按期纳税申报事项，树立公共服务意识，方便纳税人办理延期申报。

(3) 教学手段

①课堂讲授：结合案例，对延期申报的时间、材料等进行讲解，使学生了解延期申报的规则，树立学生的法治意识。

②任务驱动：督促学生课后查阅国家税务总局网站，以及各地税务机关网站关于纳税申报的要求，加深对课堂内容的掌握，提升学生人民至上的思想。

## 第四章 税款征收

**专业教学目标**

本章的教学，在税款征收与缴库方式部分，主要向学生讲授税款征收的内涵、税款征收方式、税款缴库方式，以及相关税收票据的种类和使用；在税款征收措施部分，主要向学生讲授加收滞纳金、核定税额征收、税收保全措施、税收强制执行措施、税款优先、欠税清缴、纳税担保，以及税款的补缴和追征；在延期纳税及减免税部分，主要讲授延期纳税、减税、免税，以及多缴税款的退还；在税款征收与缴纳的法律责任部分，主要讲授税收法律责任的基本内涵、纳税人和扣缴义务人的法律责任、开户银行的法律责任，以及税务代理人的法律责任。

【知识目标】

1. 学生掌握税款征收的内涵，掌握税款征收的措施，特别是税收保全措施，税收强制执行措施，税款优先原则等；掌握延期纳税。

2. 学生熟悉税款的征收方式与缴库方式，完税凭证的种类；熟悉与税款征收相关的法律责任。

【能力目标】

1. 提升学生独立思考的能力，熟悉并掌握税款征收的方式、措施，以及延期纳税和减免税。

2. 提高学生良好的专业素养，关注税款征收的最新要求。

3. 增强学生的信息收集能力，熟悉税款征收的案例材料。

**课程思政教学目标及实践**

**【育人目标】**

1. 科学精神　通过课堂讲述,使学生认识到实施科学化、精细化管理,全面提高税收征管的质量和效率,是提高税收征管水平的突破口和着力点。

2. 法治意识　通过讲解,使树立"纳税人意识",自主自律,践行意识先行、依法纳税、合法享受税收政策的精神,为实现民族复兴伟大理想贡献应有的力量。

3. 大国使命和担当　通过对税款征收在税收征管工作的中心环节的讲授,强调税务机关既要承担税收征管的任务,也要不断促进纳税便利化,以吸引更多境外投资者,展现大国税务担当,坚定学生树立远大理想。

**【教学方式与方法】**

1. 课堂讲授:知识点讲授税款征收的内涵、款征收的措施、税收强制执行措施、税款优先原则、税款的征收方式与缴库方式等,使学生掌握税款征收的基础知识,树立学生的科学精神。

2. 自主学习:结合学习通的线上教学内容,督促学生线上复习课堂知识,线下自主查阅案例资料,熟知知识要点,了解大国的税务担当。

3. 小组讨论:开展税款征收相关案例的讨论,让学生充分认识到税款征收需要严格遵从法律规范,提升依法纳税、合法享受税收政策的法治意识。

**【课程思政教学实例】**

**案例材料:税收全力服务"一带一路"大格局**

(1)案例简介

"一带一路"是促进共同发展、实现共同繁荣的合作共赢之路。我国税务部门深度参与国际税改,精准对接企业"走出去"和"引进来",携手各方以打造国际税收共同体服务"一带一路"利益共同体、命运共同体和责任共同体。

近年来,我国不断提升国际规则制定"话语权"。积极加入税基侵蚀和利润转移(BEPS)行动计划,主动将"一带一路"沿线及其他发展中国家诉求融入国际税收新规则。提出了"修改数字经济税收规则"等1000多项立场声明和意见建议,在《OECD税收协定范本》等国际税收新规则中打上了"中国方案"的鲜明烙印。

税收协定,常被形容为企业"走出去"的"护身符"。"一带一路"倡议发起以来,我国税收协定谈签进程"大提速",协定网络已遍布全球106个国家和地区,其中包括54个"一带一路"沿线国家。2016年,仅税收协定利息条款就为我国金融机构减免境外税收278亿元,协定的双向互惠也为境外纳税人在我国减免税收280亿元。3年来,通过开展双边协商累计消除国际重复征税达131.8亿元。

我国税改"组合拳"在促进"贸易畅通"中将更多中国机遇变成了世界机遇。"营改增后,外资服务企业更愿意把相关业务转移至中国。"上海财经大学教授胡怡建认为。

资料来源:税收全力服务"一带一路"大格局[EB/OL]. http://www.chinatax.gov.cn/chinatax/n810219/n810724/c2596949/content.html,2017-05-08.

(2)案例的思政元素

①大国使命和担当。2016年,仅税收协定利息条款就为我国金融机构减免境外税收278亿元,协定的双向互惠也为境外纳税人在我国减免税收280亿元,展现大国税务担当。

②科学精神。提出了"修改数字经济税收规则"等1000多项立场声明和意见建议,展现了税务机关实施科学化、精细化管理水平。

(3)教学手段

①课堂讲述:集合案例,讲述我国实施科学化税款征收的措施,加深学生对税收征管科学化的关注力度。

②小组讨论:结合课堂讲述,以学生小组讨论为主,使学生认识到税款征收过程中体现的大国担当,提升学生的自豪感。

# 第五章 税收检查概述

**专业教学目标**

税收检查是伴随着税收分配活动的产生而产生的,是国家税收的必然要求。通过本章学习,使学生掌握税收检查概念,税收检查与税务稽查的区别;税收检查与会计检查的区别;熟练掌握税务稽查工作业务流程;掌握税收检查权限以及相对人的权利与义务;了解税收检查相关文书。

**【知识目标】**

1. 学生掌握税收检查概念,税收检查与税务稽查的区别;税收检查与会计检查的区别。
2. 学生熟练掌握税务稽查工作业务流程。
3. 学生掌握税收检查权限以及相对人的权利与义务。
4. 学生了解税收检查相关文书。

**【能力目标】**

1. 提升学生运用不同的税收检查方法,发现案例存在的税收问题的能力。
2. 提高学生对税务检查工作的熟悉程度,掌握税收检查业务流程、税收检查权限以及相对人的权利与义务。
3. 提升学生多角度辩证分析问题的能力,掌握税务稽查工作业务流程。

**课程思政教学目标及实践**

**【育人目标】**

1. 法治意识 我国的税收政策不断更新,国家税收征管建设也在明显加强,依法纳税不再是简单的口号,而是要求从业人员牢固树立依法纳税自觉纳税意识,具备扎实的涉税业务处理能力。使学生明白依法纳税既是公民应尽的义务也是公民需要履行的法律规定的社会责任,是利国利民建设社会主义强国实现中国梦的经济保障。在税收征管过程中要融入依法纳税元素,培养学生学法、遵法、守法、用法,能够积极履行社会责任,依法诚信纳税的法治意识。

2. 职业道德和职业理想 培养学生在税务工作中应秉承着严谨认真的工作态度和职业素养。通过案例了解如果不认真、不仔细、不按流程操作,会导致何种后果、能否补救、是否会造成经济损失,甚至会接受法律制裁。

3. 人民至上思想 在税收检查的过程中,要始终坚持党全心全意为人民服务的宗旨,严格按照税收检查业务流程,遵守税收检查权限,在强调相对人义务的同时,告知相对人权利,注意对相对人的保护。

**【教学方式与方法】**

1. 课堂讲授:知识点讲授注重税收检查与税务稽查的区别、税务稽查工作业务流程、税收检查权限以及相对人的权利与义务,使学生掌握税收检查的基础知识,培养学生的职业道德。

2. 小组讨论:开展税收检查案例的讨论,让学生全面理解税收检查中税收检查权限以及相对人的权利与义务,培养学生学法、遵法、守法的意识。

**【课程思政教学实例】**

**案例材料:关于《国家税务总局关于发布〈税务检查证管理办法〉的公告》的解读**

(1)案例简介

近日,国家税务总局发布了《税务检查证管理办法》(以下简称《办法》)。现解读如下:

税务检查证件的申领、核发主体:本《办法》对税务检查证采取分级管理。税务人员因岗位职责需要办理税务检查证时,由其所在单位税务检查证主管部门核实基础信息后,填报税务检查证申请,国家税务总局及省税务局税务检查证主管部门负责审批办证申请、税务检查证印制工作。

税务检查证件的使用要求:税务人员进行检查时,应当出示税务检查证和税务检查通知书,严格依法行使检查职权,并为被检查人或其他当事人保守秘密。税务检查证只限于持证人本人使用,不得转借、转让或涂改。

税务检查证件的换发:《办法》取消"税务检查证每五年统一更换一次"的规定,明确了税务检查证换发情形,即税务检查证严重损毁、无法使用的,持证人可以申请换发,并在办理换发手续时交回原证件。

税务检查证件的定期审验:除临时税务检查证外,对税务检查证实行定期审验制度,每两年审验一次,由国家税务总局及省税务局税务检查证主管部门统一组织审验工作。

《办法》的施行时间:本《办法》自2019年1月1日起施行,同时启用新式样的税务检查证。原各省国税、地税机关制发的尚在有效期内的税务检查证件,在2018年12月31日前可以继续使用。

资料来源:国家税务总局办公厅.关于《国家税务总局关于发布〈税务检查证管理办法〉的公告》的解读[EB/OL].http://www.chinatax.gov.cn/n810341/n810760/c3666503/content.html,2018-08-16.

**(2)案例的思政元素**

①法治意识。引导学生学法、遵法、守法、用法。

②职业道德和职业理想。培养学生在税务工作中应秉承着严谨认真的工作态度和职业素养。

**(3)教学手段**

知识点＋实事＋思政——贯穿融合:在知识点"税收检查权限"讲解中,熟悉税务检查人员的义务,培养学生学法、遵法、守法、用法,积极履行社会责任,依法行政的意识。

### 第六章 税务行政管理

**专业教学目标**

税务行政管理是税收管理机关依据宪法和税法,行使国家赋予的征税权力,为实现税收目标,对税收分配活动进行管理的活动。它主要包括税收管理机构的设置、税务人员管理、税务机关事务管理、税务行政法规和行政监督等内容。通过本章学习,使学生掌握税收管理机构的设置和人员管理,熟悉税务文书送达的程序。

**【知识目标】**

1. 学生掌握税收管理机构的设置和人员管理。
2. 学生熟悉税务文书送达的程序。

**【能力目标】**

1. 提高学生理论联系实际的能力,能够结合案例,分析税务文书送达过程中存在的问题。
2. 提升学生依法行政的意识,熟悉税务文书送达的程序。

**课程思政教学目标及实践**

**【育人目标】**

1. 法治意识　在日常税务工作中,税收文书送达是一项很常见的工作,但是其意义重大。安全送达税收文书,不但有利于纳税人、扣缴义务人等及时、准确地理解征收机关的意见,而且有利于税收征收管理的规范化和提高税收管理效果。引导学生依法行政意识,严格遵守税收文书送达的程序,保证税收文书送达的安全和效果、保证税收文书的法律效力。

2. 国际视野　在税收管理机构改革和人员素质提升方面,可以参考他国经验,以更好地行使国家赋予的征税权力,助力实现我国税收目标,对税收分配活动进行管理。

**【教学方式与方法】**

1. 课堂讲授:知识点讲授注重税收管理机构的设置、税务人员管理等基础知识,树立学生依法行政意识。

2. 小组讨论:开展国地税合并利与弊的讨论,让学生全面理解国地税合并的意义,引导学生树立税收行政管理规范化的科学意识。

**【课程思政教学实例】**

**案例材料:国家税务总局内设机构设置情况**

(1)案例简介

国家税务总局的部分内设机构

①所得税司

主要职责:所得税司是国家税务总局主管企业所得税、个人所得税(以下简称所得税)政策和征收管理的职能部门。主要职责是:组织实施企业所得税、个人所得税等征收管理工作,拟订具体征收管理政策和办法;对有关法律法规在执行中的一般性问题进行解释和处理。

内设处室:综合处、企业所得税一处、企业所得税二处、企业所得税三处、个人所得税一处、个人所得税二处、个人所得税三处。

②财产和行为税司

主要职责:财产和行为税司是国家税务总局主管财产和行为各税政策、指导和监督财产和行为各税征收管理工作的职能部门。主要职责是:组织实施房产税、城镇土地使用税、城市维护建设税、印花税、资源税、土地增值税、车船税、烟叶税、契税、耕地占用税、环境保护税等(以下简称财产和行为各税)的税收业务管理,拟订具体征收管理政策和办法;对有关法律法规在执行中的一般性问题进行解释和处理;指导财产和行为各税种的征管业务。

内设处室:综合处、财产和行为税一处、财产和行为税二处、财产和行为税三处、财产和行为税四处。

资料来源:国家税务总局网站。http://www.chinatax.gov.cn/chinatax/n810209/n810585/n1045458/index.html.

**(2)案例的思政元素**

①科学精神。政府机构设置的根据是政府职能。

②开阔学生视野。了解国家税务总局内设机构的主要职责。

**(3)教学手段**

①翻转课堂:课前发送相关网址链接。

②知识点+实事+思政——贯穿融合:在知识点"税务管理机构的设置和职权"讲解中,充分认识我国税务机构的设置情况及其相应职权,引导学生对待问题具有追求科学的精神,开阔学生视野。

### 第七章 税务行政处罚

**专业教学目标**

税务处罚针对处罚相对人是否构成犯罪的违法情节不同,分为税务行政处罚和税务刑事处罚。税务行政处罚是税务机关日常行政行为的组成部分,是税收管理的重要内容,是维护税法严肃性、贯彻依法治税原则的有力保证。通过本章学习,使学生了解税务行政处罚的概念,掌握税务行政处罚的原则、设定和程序,理解税务行政处罚的执行。

【知识目标】

1. 学生了解税务行政处罚的概念,掌握税务行政处罚的原则、设定和程序。
2. 学生理解税务行政处罚的执行。

【能力目标】

1. 提升学生依法行政的意识,掌握税务行政处罚的简单程序步骤和要求。
2. 增强学生良好的法治意识,遵从税务行政处罚的原则。

**课程思政教学目标及实践**

【育人目标】

1. 法治意识　随着税收相关法制的愈加健全,税务监管更加全面、精细,纳税人和从业者也面临着更多的风险,因此要求从业人员能掌握、遵守税法规定,强化税收法治意识。

2. 制度自信　引导学生了解国家税收法规,分析国家税收政策效果,深入理解国家税收法治体系,将党和国家的发展理念渗透其中,引导学生思考国策的重要内涵,增强学生政治认同、制度认同和思想认同,坚定制度自信。

3. 科学精神　近年来,随着社会的飞速发展,国际环境的变化,我国税收法治体系也在不断完善,因此需要从业者与时俱进,及时学习税收新政。学生只有爱学、善思,才能脱颖而出,迎接新的机遇。引导学生培养科学精神,勇于探究、独立思考,不断完善自身的知识体系。

【教学方式与方法】

1. 课堂讲授:知识点讲授注重税务行政处罚的原则、设定和程序以及执行等基础知识,强化学生的税收法治意识。

2. 小组讨论:开展税务行政处罚案例的讨论,让学生深刻掌握税务行政处罚要点,培养学生的科学精神。

**【课程思政教学实例】**
**案例材料：税务行政处罚教训的启示**
**（1）案例简介**

近期，厦门市税务局稽查局通过税收大数据分析，发现网络主播范某某涉嫌偷逃税款，在相关税务机关协作配合下，依法对其开展了税务检查。

经查，范某某在2017年7月至2021年12月期间，以直播带货方式取得销售收入，未依法办理纳税申报少缴个人所得税167.89万元，少缴其他税费100.56万元。

厦门市税务局稽查局依据《中华人民共和国个人所得税法》《中华人民共和国税收征收管理法》《中华人民共和国行政处罚法》等相关法律法规规定，对范某某追缴税款、加收滞纳金并处罚款共计649.5万元。其中，对其配合检查且主动补缴的税款72.68万元，处0.6倍罚款计43.61万元；对其未依法办理纳税申报且未主动补缴的税款11.37万元，处1倍罚款计11.37万元；对其隐匿收入虚假申报偷税且未主动补缴的税款182.01万元，处1.5倍罚款计273.02万元。日前，厦门市税务局稽查局已依法向范某某送达税务行政处理处罚决定书。

资料来源：厦门市税务局稽查局依法对网络主播范某某偷逃税案件进行处理[EB/OL].http://www.chinatax.gov.cn/chinatax/n810219/c102025/c5176956/content.html,2022-06-30.

**（2）案例的思政元素**

①法治意识。引导学生学法、遵法、守法、用法。

②职业道德和职业理想。培养学生在税务工作中应秉承着严谨认真的工作态度和职业素养。

**（3）教学手段**

知识点＋实事＋思政——贯穿融合：在知识点"税务行政处罚"讲解中，熟悉税务行政处罚程序，培养学生学法、遵法、守法、用法，能够积极履行社会责任，依法诚信纳税的法治意识，引导学生在税务工作中应秉承着严谨认真的工作态度和职业素养。

## 第八章 税务行政救济

**专业教学目标**

税务行政救济是指在税务机关行使职权给税务行政管理相对人（包括纳税人、和缴义务人、纳税担保人及其他当事人等）造成侵害的情况下，依据受侵害对象的请求，有权机关应当采取措施防止和排除其侵害。税务行政法律救济的主要渠道包括：税务行政复议、税务行政诉讼和税务行政赔偿。通过本章学习，理解并掌握税务行政复议、税务行政诉讼和税务行政赔偿的概念，掌握税务行政复议的形式和程序，了解税务行政诉讼的程序和税务行政赔偿的要件。

**【知识目标】**

1. 学生理解并掌握税务行政复议、税务行政诉讼和税务行政赔偿的概念。
2. 学生掌握税务行政复议的形式和程序。
3. 学生了解税务行政诉讼的程序和税务行政赔偿的要件。

**【能力目标】**

1. 提升学生按照规范程序进行税务行政复议和诉讼的能力。
2. 增强学生良好的专业素养，能够熟练运用税务行政复议的程序。

**课程思政教学目标及实践**

**【育人目标】**

1. **法治意识** 在税收征管活动中，征纳双方都应遵守法律，依法行事。当税务机关行使职权给税务行政管理相对人造成侵害的情况下，税务行政管理相对人应该拿起法律武器，依法采取税务行政法律救济措施，保护自身的合法权益。

2. **人民至上思想** 税务机关工作人员在行政过程中，发现其在行使职权给税务行政管理相对人造成侵害的情况下，应该以人民至上思想，勇于承认错误、纠正错误，更好地为人民服务。

3. **职业道德和职业理想** 培养学生在税务工作中应秉承着严谨认真的工作态度和职业素养。通过案例掌握税务行政救济程序以及关键点。

**【教学方式与方法】**

1. 课堂讲授:知识点讲授注重税务行政复议、税务行政诉讼和税务行政赔偿等基础知识,培养学生遵守法律、依法行事的法治意识。

2. 小组讨论:开展税务行政复议、税务行政诉讼和税务行政赔偿案例的讨论,让学生全面理解税务行政救济程序及要点,培养学生严谨认真的职业素养。

**【课程思政教学实例】**

**案例材料:税务行政复议案例**

**(1)案例简介**

申请人于2020年2月份网拍受得台州市路桥区某小区房产及地下室,法院于2020年2月27日下达裁定书及协助执行书。由于新冠肺炎疫情关系等原因,申请人于2020年6月底去台州市路桥区不动产登记中心办理产权登记,路桥区税务部门以房产过户从2018年5月份起算截止到2020年2月27日不满二年为由,征纳增值税55152.96元。申请人认为,房产过户应从2018年5月份起算,截止到2020年6月底,已满二年,不需征纳增值税。

被申请人国家税务总局台州市路桥区税务局第一税务所认为对该房产过户作出的征收增值税及附加税费行为事实清楚、证据充分、适用法律依据正确、程序合法,提请复议机关依法予以维持。

本案中,申请人与被申请人的争议焦点为:原产权人是否符合个人将购买2年以上的住房对外销售免征增值税的条件。

案例的典型意义:司法拍卖不动产,增值税征纳满二年的时间截止点认定应当以法院的裁定时间为准。若以实际过户登记为准,对怠于履行纳税义务的纳税人却以时间已满二年为理由免征增值税,显示公平,亦不符合政策内涵。

资料来源:以案释法:税务行政复议案例[EB/OL].http://zhejiang.chinatax.gov.cn/art/2021/12/23/art_21451_529892.html,2021-12-23.

**(2)案例的思政元素**

①科学精神。勇于探究、独立思考,不断完善自身的知识体系。

②制度自信。理解减税降费政策真正含义。

**(3)教学手段**

案例分析:在案例讲解中,使学生充分感受到制度自信,且对于专业知识的学习时刻保持科学精神。

## 四、课程思政教学评价

### (一)对教师的评价

1. 教学准备的评价

教师应坚守崇高的职业理想和正确的人生价值观,将《税务管理》课程思政建设落实到教学设计的各个环节,真正对学生的价值塑造、知识传授和能力培养产生积极影响。

2. 教学过程的评价

将《税务管理》课程思政建设落实到课堂教学各环节,在教学过程中尊重学生的人格和价值需求,从专业的角度指导学生的职业发展,让学生在关爱中体会课程思政带来的获得感。

3. 教学结果的评价

健全《税务管理》课程思政的多维度评价体系,建立以专家和学生为主体的双元评价机制,以评促改、以评促建,不断提高专业课教师"课程思政"的开展能力和效果。

4. 评价结果的运用

对于同行评议、学生评教、教学督导等提出的改进建议进行综合运用,充分利用校刊、广播、校园网等媒体,及时反映课程思政教学试点工作的经验做法,为推进课程思政教育教学改革营造良好的舆论氛围。

### (二)对学生的评价

1. 学习过程的评价

通过建立学生学习过程档案和收集学生学习成果的方法,以定性为主量化为辅、自评与他评相结合的多维评价方式,对学生参与课程思政教学活动的学习态度、合作精神、探究精神与学习能力、收获与反思进行评价。

2. 学习效果的评价

通过学生的自我陈述、小组活动纪录、期末考试成绩等多种方式相结合,检查学生对思政内容的熟悉和掌握情况。

3. 评价结果的运用

通过活动征文、主题班会,以及学生的行为表现等,对学生的学习效果进行科学分析,整改不足,发扬优点,提升思政教学的质量。

## 五、课程思政的教学素材

| 序号 | 内　　容 | 形式 |
| --- | --- | --- |
| 1 | 回眸"十三五":国税地税合并构建更优税收征管体系 | 阅读材料 |
| 2 | 小小的发票,却大大的重要 | 阅读材料 |
| 3 | 新冠肺炎疫情防控期间纳税申报需要延期怎么办?两个渠道可办理延期申报期限最长不超过三个月 | 阅读材料 |
| 4 | 税收全力服务"一带一路"大格局 | 阅读材料 |
| 5 | 厦门市税务局稽查局依法对网络主播范某某偷逃税案件进行处理 | 阅读材料 |
| 6 | 国家税务总局内设机构设置情况 | 阅读材料 |
| 7 | 关于《国家税务总局关于发布〈税务检查证管理办法〉的公告的解读 | 阅读材料 |
| 8 | 以案释法:税务行政复议案例 | 阅读材料 |
| 9 | 深圳:勇当税收征管改革的"冲锋舟" | 阅读材料 |
| 10 | 国家税务总局关于简化办理市场主体歇业和注销环节涉税事项的公告 | 政策文件 |
| 11 | 回眸税收这十年:感受纳税申报新变化 | 纪录片 |
| 12 | 中华人民共和国税收征收管理法 | 政策法规 |
| 13 | 中共中央办公厅 国务院办公厅印发《关于进一步深化税收征管改革的意见》 | 政策文件 |
| 14 | 一图了解:《关于进一步深化税收征管改革的意见》相关要点 | 阅读材料 |
| 15 | 国家税务总局办公厅发布通知加强文娱领域从业人员税收管理 | 政策文件 |
| 16 | 中华人民共和国税收征收管理法实施细则 | 政策法规 |
| 17 | 中共中央办公厅 国务院办公厅印发《深化国税、地税征管体制改革方案》 | 政策文件 |
| 18 | 国家税务总局发布《重大税收违法失信主体信息公布管理办法》 | 政策法规 |
| 19 | 国家税务总局党史学习教育领导小组办公室:党领导税收工作的历史经验与启示 | 研究论文 |
| 20 | 国家税务总局局长王军人民日报撰文:深化税收征管改革服务国家治理现代化 | 研究论文 |
| 21 | 税宣路 踏歌行 | 纪录片 |

# 《税务稽查》课程思政教学指南

潘华勇　冯力沛

（西安财经大学）

## 一、课程简介与课程目标

### (一)课程简介

税务稽查是一门融合了税法、税务会计、财务会计、审计等多门学科的综合课程，是高等财经院校财政学专业的主干课程之一。税务稽查课程既有丰富的理论、政策、法规、制度内容，又有大量具体、细致的管理规程、办理程序和操作实务内容，具有一定理论性和较强的实用性，是财经专业，尤其是财税专业必须学习并掌握的一门重要课程。

根据社会对财税人才需求的变化，依照本专业培养目标要求，并考虑到税务稽查与纳税检查的学科相关性以及纳税检查适用范围的相对开放性，本课程选用《纳税检查》教材，并以介绍纳税检查内容为主线，穿插介绍税务稽查的有关特色内容。本课程从税务稽查、纳税检查的概念着手，全面介绍了税务稽查、纳税检查的形式、程序和基本技能，并详细介绍了对我国现行主要税种检查及处理的内容、技能和方法。通过本课程学习，可以使学生对我国税务稽查、纳税检查的基本状况有一个初步认识，并掌握主要的检查技能和方法。

本课程综合运用课堂讲授、案例教学、情景教学、实习实践、实验实训和慕课微课教学等多种教学方法，指导学生明确学习目标、掌握学习方法、培养专业思维方式和行事逻辑。本课程在坚持"社会主义税收取之于民、用之于民、造福于民"基本认识的基础上，突出"依法治国"理念，宣传我国宪法"公民有依照法律纳税的义务"的内容，使学生对社会主义税收的性质有更为全面、深入地认识。通过学习税务稽查、检查对违法违章行为的震慑及处置，了解税务稽查、检查在减少税收收入流失、增加国家财政收入方面的特殊贡献，引导学生树立学业报国、专业报国、技能报国的志向；同时，加深学生知法守法观念、树立纳税遵从意识。

### (二)课程目标

本课程为专业必修课程。通过本课程的学习，要使学生能够达到以下目标：

1. 知识目标：本课程作为财政学、税收学专业课程的重要组成部分，是在学生学习相关专业理论、专业基础课的基础上，将本课程作为在税务管理中特别重要、具有特定难度和较高专业技能要求的工作环节和专业内容而单独设立，在内容上与其他专业课既联系密切，也有其独立性和特点。本课程以概述形式简要介绍税务稽查、纳税检查的概念、意义，明确税务稽查在税务管理工作中，不断强化的"关键环节"的重要地位；其后大部分篇幅介绍税务稽查、纳税检查的形式、方法、程序、技能以及主要税种检查的具体内容。

通过本课程的学习，学生能够全面了解我国税务稽查、纳税检查的基本内容及其改革过程，并初步了解税务稽查、纳税检查的形式、方法和程序，初步掌握税务稽查、纳税检查的技能以及检查的具体内容，并具备在实务中有一定的执行检查流程、发现现实问题、提出处置意见的能力。

2. 能力目标：具有获取新知识、检索法条、资料的能力；具备对信息的分析、判断、鉴别、筛选的能力，能够高效获取有效信息；具有新、老知识以及关联课程触类旁通、融会贯通能力；具有初步的理论联系实际、书本所学应用于实务、处理现实问题的能力；能够掌握有效的学习方法和学习技巧，实现高效学习；树立终身学习、不断知识更新的理念，具备自主学习能力。

3. 育人目标：培养对建设中国特色社会主义、实现中华民族伟大复兴中国梦充满自信，并志愿以所知、所学、所长投身于这一事业中的专业人才。爱党爱国、敬业尽职；知法、懂法、守法、讲法；明辨是非，具有牢固的规则意识与法治意识;信守"以事实为依据,以法律为准绳"法律原则,坚持尊重事实、注重证据、讲求实证的科学精神。

### (三)课程教材和资料

➤ 推荐教材

艾华,王敏,高艳荣,马丽佳. 纳税检查(第五版)[M]. 北京:中国人民大学出版社,2020.

➤ 参考教材或推荐书籍

1. 司宇佳,王卓,李忠瑞. 税务检查[M]. 北京:中国人民大学出版社,2020.
2. 郭勇平,安履承,方永武. 税务稽查案件查办实务及案例材料[M]. 上海:立信会计出版社,2020.
3. 唐登山主编. 税务稽查学(第二版)[M]. 武汉:武汉大学出版社,2019.
4. 国家税务总局教材编写组. 税务稽查[M]. 北京:中国税务出版社,2016.

➤ 学术刊物与学习资源

国内外经济财政税收类各类期刊。

学校图书馆提供的各种数字资源,特别是"中国知网"。

➤ 推荐网站

中华人民共和国财政部网站:http://www.mof.gov.cn/index.htm.

中国国家税务总局网站:http://www.china.tax.gov.cn.

各财经类大学财政学院、税务学院网站。

## 二、课程思政教学总体设计

### (一)课程思政教学目标

本课程坚持以马克思列宁主义、毛泽东思想、邓小平理论、"三个代表"重要思想、科学发展观、习近平新时代中国特色社会主义治国理政新理念、新思想、新战略为指导,坚持立德树人的根本任务,旨在培养践行社会主义核心价值观,有理想、有本领、有担当,具备良好的思想品德、专业素养,眼界开阔、作风务实的高素质专业应用型人才。

课程要围绕培养又红又专、德才兼备、全面发展的中国特色社会主义合格建设者和可靠接班人这一根本目标,不断完善课程教材体系,提高教师综合素质,创新教学方法,增强教学的吸引力、说服力、感染力,努力提高税务稽查教学水平、教学能力,不断提高教学效果。

要将高校课程思政融入税务稽查课堂教学建设的全过程。要不断创新课堂教学模式,持续推进现代信息技术在课程思政教学中的应用。随着我国税务管理改革的深化以及法治建设的深入推进,税务稽查的改革也进入到一个新的阶段。根据税务稽查课程具有的多门学科融合、具有一定理论性和较强的实用性的课程特点,以及实务工作中税务稽查执法具有的严肃性和刚性,以"法治中国建设"为重点,从多维度融入思政元素。

1. 政治认同

税务稽查是国家进行税务管理的一项重要内容,是税收强制性的一种具体体现。依法行政、职权法定,是我国社会主义法治建设的重要内容。党的十八大以来,我们坚持依法治国、依法执政、依法行政共同推进,法治国家、法治政府、法治社会一体建设,深入推进科学立法、严格执法、公正司法、全民守法,全面依法治国实践取得重大进展[①]。税务稽查、检查权也是国家行政权力的重要构成,是国家依法赋予税务机关的执法权力。正确认识和理解税务稽查、检查权,严格行使税务稽查权,是法治中国建设在我国税务管理领域的体现。

2021年3月,中共中央办公厅、国务院办公厅印发了《关于进一步深化税收征管改革的意见》,意见提出要"不断完善税务执法制度和机制",其中,"严格规范税务执法行为""不断提升税务执法精确度""加强税务执法区域协同""强化税务执法内部控制和监督"等要求,都涉及税务检查、稽查的改革。

---

① 开辟全面依法治国新境界(中国这十年·系列主题新闻发布) https://wap.peopleapp.com/article/6819360/6687661.

税收征管改革、税务稽查改革及其法治建设,是在党中央、国务院统一部署下,税务机关为建设"法治中国"的目标而必须完成的一项重要任务。税务稽查改革及其法治建设,也是中国共产党自我革命的特质在社会主义税收法治建设中的体现。

2. 家国情怀

征税权是国家主权的重要组成部分,税务稽查、检查权又是征税权不可分割的构成。而在"鸦片战争"之后的我国"百年屈辱"时期,我国部分关税的税务稽查、检查权伴随征税权,一并沦落他国之手,中国关税不受中国控制,国家主权被肆意践踏,国家、民族遭受极大的屈辱。

通过史料浏览阅读①,使学生认识到:直到1949年,中国共产党领导中国人民,搬掉"三座大山",建立新中国,中国人民才"从此站起来了",我们才获得完整的税收权利。"没有共产党就没有新中国",没有新中国,就没有国家主权的完整和民族的尊严。进而激发学生爱党、爱国、爱社会主义的热情。

3. 道德修养与职业伦理

税务稽查、检查权,是国家赋予税务部门的重要权利;税务稽查、检查人员根据授权依法行使权利。稽查、检查权利的行使会牵涉国家收入、集体利益、个人财富的再分配,行使不当,会导致国家利益受损或侵害集体、个人利益。因此,稽查、检查人员不仅要严格遵守法规、纪律约束,还要具备较高的职业素养和道德标准。如不慎失足②,会给个人人生带来难于弥补的损害。本课程通过对稽查、检查人员素质条件、职业要求、工作纪律的学习,在了解相关内容的同时,使学生认识到道德修养与职业伦理的重要性,树立遵纪守法、恪守职业道德的观念,进而提高学生道德情操。

4. 法治意识

税务部门行使税务稽查、检查职能,要依法行政、要依法执法,这是法治国家的基本要求。具备规则意识、法治意识、自律意识,是公民应有的基本素质。税务稽查课程全篇围绕法规建设、法规执行、遵法守法、违法违章处置等内容。在教学中,不仅要使学生学习专业知识,也要使学生通过对税收执法的了解,形成牢固的法治意识、树立坚定的法治观念。要使学生牢记,无论作为执法者,还是普通公民,知法是基础,守法是本分,法律红线不容碰触,法律尊严不容侵犯。

5. 人文素养

税务稽查所查是事,所对是人。既要有高超的工作技能、铁面无私的执法作风,也需要以人为本、维护人权与尊严的情怀,对被查对象要保持应有的尊重,并坚定维护纳税人的应有权利。税务稽查工作中会有大量的笔录、书证、报告等文字内容,以及必不可少的人员沟通、交流,因而对工作人员文化素养也有较高的要求。通过本课程的学习,要使学生认识到,无论各项工作,要想做好,较高的人文素养是必备的素质。不仅是要具备扎实的专业理论知识、熟练的实务专业技能,还要有充实的文化底蕴、充实的知识储备、良好的工作态度、踏实的办事作风。只有具备"法治与使命担当"及"德才兼备"素养,才能成为合格的税务稽查人才。

6. 科学精神

作为行政执法,税务稽查工作中必不可少地会涉及对"事实认定"和"证据获取和验证"等工作,只有"事实清楚""证据确凿""适用法规适当",才能体现"以事实为依据、以法律为准绳"的基本法律原则,才能做出正确的处理决定。"事实清楚""证据确凿""数据准确"是"适用法律准确"以及"处理意见得当"的基础和前提。要保证"事实清楚""证据确凿""数据准确",必须具备坚定的科学精神、深厚的科学素养。要尊重事实和证据,具有实证意识和严谨的工作态度;要有批判和质疑的精神,具备问题意识和独立思考、独立判断以及明智的决策能力;要有不畏困难、坚持不懈的精神;具备不达目的决不罢休的勇气和顽强韧性。通过税务稽查工作内容的学习以及案例的讲解,要使学生认识到,只有掌握并运用科学原理和方法开展工作,才能达到工作目的、实现工作目标,进而启发学生认识到培养、形成、具备科学精神的重要性,激发其主动汲取并自觉践行科学精神的热情。

7. 时代担当

---

① 国门沧桑江海关—上海档案信息网 https://www.archives.sh.cn/shjy/scbq/201203/t20120313_5860.html.
② 国家税务总局通报8起税务人员违法犯罪案件——反腐倡廉—人民网 http://fanfu.people.com.cn/n/2014/0918/c64371-25689652.html.

我们正处于一个伟大的时代,处于中华民族伟大复兴由梦想将近变为现实的时代。这个复兴的伟业,不是虚幻的空中楼阁,而是构建在坚实的基础与柱梁之上。民族传统的传承、民族精神的发扬,埋头苦干、坚持不懈、不屈不挠、一往无前、心怀梦想、脚踏实地、同心协力、砥砺前行等优秀品质,就是我们民族的精神柱石。党的十九大提出了实现中华民族伟大复兴的时间表、路线图。无论是"决胜全面建成小康社会",还是"全面建设社会主义现代化国家",都离不开充足财力支持和法治国家治理。通过税务稽查课程的学习,要使学生更深刻认识到,理想的大厦,是靠一砖一瓦建起来的,不是仅凭空想就能实现的。为国聚财、为民出力、为发展献计,是当代青年为梦想实现应做的努力。

8. 广阔视野

从全球视野以致人类生存与发展的视角来看,我们正面对世界百年难遇的时代大变局,面对千载难逢的历史大机遇,面临日益复杂、前所未有的发展环境。美西方对中国的和平崛起已毫无遮掩地极尽阻挠、打压,在中国的发展道路上设置重重障碍,甚至不惜威胁恫吓;各种外部势力的干扰变本加厉,使得我国的发展前路阻力重重。已持续数年的新冠肺炎疫情的肆虐,更使我国发展的道路崎岖坎坷。同时,从人类发展角度来看,我们还面临人类发展与其所依托生存的地球自然环境之间日益增大的矛盾,如全球变暖、资源枯竭、人类过度开发等重大难题。但中华民族的发展史、中国共产党的奋斗史以及新中国建设、改革的经验告诉我们,只要我们坚定道路自信、理论自信、制度自信、文化自信,坚持中国共产党的领导,坚持解放思想、实事求是、与时俱进、求真务实,坚持以人为本,坚持正确处理改革发展稳定关系,全国人民团结一致、齐心协力,没有克服不了的困难,任何艰难险阻都无法阻挡中国人民对美好生活的向往以及奔向国富民强目标的步伐。通过本课程的学习,要使学生认识到,无论国家富足、百姓强健、人民幸福、共同富裕,财力和法治都是不可或缺的保障。要心有梦想、胸怀天下、放眼全球,也要脚踏实地、着眼当下、完善自己,将理想、梦想诉诸行动,刻苦学习、不断进步、早日成才。

9. 深度学习

税务稽查是一门融合了税法、税务会计、财务会计、审计等多门学科的综合课程,是一项需要具备综合专业能力、综合素质优秀以及不断积累经验、更新知识的工作。税务稽查人员需要具备良好的思想品德、较高的职业素养、扎实的理论功底和较丰富的实务经验。要做好工作,税务稽查人员要具备深度学习的能力和具有终身学习的意识。要使学生认识到,深度学习、终身学习,已成为一个人成才、成功的基本要求,要养成不断学习的习惯、培养深度学习的能力。在讲授税务稽查课程过程中,有大量以往所学内容的再学习、进一步学习或应用,也有新内容的重点介绍以及延展指导,需要学生自主查资料、找法律依据、核对具体规定以致进行结论判定,通过学习,可以使学生在学习相关专业内容的基础上,对深度学习有更为具体、直观而深入地认识。

10. 社会责任

社会责任感的培育目标,与我国倡导的社会主义核心价值观取向高度契合。是否具备社会责任感,关乎个体理想信念的实践,会极大影响个人前途和命运。学生的社会责任感的培育,是高校培养目标的重要构成,具有特别重要的意义。本课程在相关税法规定、程序执行、违法处置以及专业技能、方法及其应用等内容介绍过程中,可充分挖掘爱岗敬业、奉献精神、职业道德、履职尽责、规则意识与法治意识等社会责任思政元素,使学生对社会责任有更深刻、更具体、更清晰的认识。

11. 公共意识

公共规范意识、公共利益意识、公共环境意识、公共参与意识,构筑了现代公共意识的基础;公共意识的高低反映了个人现代素养,也体现了社会的文明高度。对财税专业学生来说,牢固树立公共意识尤其显得重要。近年来,随着"放管服"改革向纵深推进,政府管理的"公仆意识"日益牢固,服务水平不断提高。税务稽查作为税务管理的一项内容,也随之发生了不小的变化。在此背景下,我们也要强调培育和强化"公共意识"。无论"为国聚财"还是"为民执法",都是以公共视野、公共立场来展开工作;行政工作的结果、效果、影响,很多也要以公共规范、公共标准做评价。通过本课程学习,要使学生进一步认识公共意识、牢固树立公共意识。

12. 创新精神

具有创新精神和创新实践能力是当代人才的重要素质;培养创新型人才是高校人才培养的重要目标

和担负的重大责任。税务稽查工作是一项对创新有着很高、很紧迫要求的工作。由于违法手段不断翻新、错漏问题千变万化、技术手段不断提升等等,需要稽查工作要不断适应这种变化,甚至在技术、方法等方面还要超前革新、创新,工作才不至于陷入被动。这就要求稽查人员要不断更新知识、创新思维、革新手段和方法,才能较好完成任务。本课程有关稽查工作规程、案件办理程序的改革、变化内容,其背景包含大量创新元素。稽查方法及其分析思路的内容中,也有许多新技术、新方法、新思维的具体事项,在教学中,要充分加以利用,关注学生的创新意识和创新精神培养。

### (二)课程思政教学内容

《税务稽查》课程的思政内容主要从以下几个方面融入:

1. 从税务稽查为国执法、为国聚财的作用切入,通过展示我国社会主义经济、法治建设的成就,激发对国家、民族、制度、道路的认同,激发民族自豪感、国民身份荣誉感,强化爱党、爱国意识,树立为中国特色社会主义共同理想、中华民族伟大复兴中国梦努力奋斗的志愿。

2. 从税务稽查行政执法切入,融入"依法治国"理念、规则意识与法治意识以及"建设法治中国"的目标。

3. 从税务稽查检查权力属于国家征税权切入,通过引申国家主权,导入"丧权辱国的百年屈辱史",通过今昔对比,指出国家主权、民族利益及尊严不容侵犯、要誓死捍卫;融入国情历史、国家认同、民族认同,更加坚定对中国特色社会主义的道路自信、理论自信、制度自信、文化自信。

4. 从税务稽查部门及人员行使检查权力切入,融入遵纪守法、爱岗敬业、反腐倡廉、公正无私等职业道德素养,弘扬奉献精神,升华生命意义和人生价值。

5. 从保障税务稽查的质量切入,融入在稽查工作中要具备科学思维,善于运用科学原理和方法来认识事物、解决问题、指导行为;必须坚持求真务实、尊重事实和证据、独立思考、理性判断,才能有效工作并取得成果。

6. 从税务稽查人员能力、素质要求角度切入,融入爱岗敬业,奉献精神,专业能力,职业道德,人文素养等内容。

### (三)教学方法

本课程综合运用讲授、启发式教学、小组讨论教学、案例教学、实习实践、实验实训和慕课微课教学等多种教学方法,利用现实案例和历史资料,摆事实、讲数据、亮证据,引导学生独立思考、自行探究、自主判断并自发学习,结合有组织的课后研讨,激发学生学习兴趣及其学习主动性,提高其发现问题、探究问题、解决问题的能力。

## 三、课程各章节思政教学内容设计

### 第一章 税务稽查、纳税检查概述

**专业教学目标**

通过本章的学习,正确理解并熟练掌握纳税检查、税务稽查的概念及其意义,并了解二者的异同;了解纳税检查的要求;初步认识纳税检查的基本内容,并能正确区分纳税检查与税务稽查的异同。

本章重点是纳税检查的概念及其意义以及正确区分纳税检查与税务稽查的异同。

**【知识目标】**

1. 学生掌握纳税检查、税务稽查的概念及其意义,了解纳税检查与税务稽查的异同并在实际中能够区分、判断。

2. 学生了解纳税检查的基本内容和要求。

**【能力目标】**

1. 培养学生将所学知识实际应用于现实的能力,能够根据检查的特征判定是纳税检查抑或税务稽查。

2. 培养学生具有独立思考、概括总结、重点提炼能力,全面、准确地理解本章所学纳税检查的基础概念、主要内容。

**课程思政教学目标及实践**

**【育人目标】**

1. **家国情怀** 通过对税务稽查在我国税收征管工作中的重要地位和作用以及税务稽查部门"聚财为国、执法为民"的宗旨的介绍,引发学生对新中国发展、建设取得的巨大成就,人民生活得到极大改善的现状以及全民奔小康、共筑中华民族伟大复兴中国梦的自豪感。激发学生的爱党、爱国、爱社会主义、爱人民、爱集体的热情,强化学生的历史使命感和为国为民甘愿奉献的精神。

2. **道德修养与职业伦理** 税务稽查是国家税收的"守门员",任务艰巨;税务稽查会影响政府、企业以及个人间经济利益分配,影响面广;国家赋予税务稽查很大的执法权力、处置权限,职责重大;如果违法、违规、违纪渎职,后果严重、影响恶劣。通过对税务稽查意义以及税务稽查应具备的素质的介绍,使学生牢固树立规则意识与法治意识,深刻理解依法执法、遵章守纪的职业操守,以及滥用职权、玩忽职守、徇私舞弊对国家的巨大危害、对自己人生的难于弥补的严重伤害,树立底线意识。

3. **法治意识** 作为行政执法,税务稽查所涉及的领域之广、人群之众以及引发的影响之大,与其他行政执法相比,罕有比肩。十八届四中全会审议通过的《中共中央关于全面推进依法治国若干重大问题的决定》指出,"法律的权威源自人民的内心拥护和真诚信仰。人民权益要靠法律保障,法律权威要靠人民维护。必须弘扬社会主义法治精神,建设社会主义法治文化,增强全社会厉行法治的积极性和主动性,形成守法光荣、违法可耻的社会氛围,使全体人民都成为社会主义法治的崇尚者、自觉遵守者、坚定捍卫者。"税务稽查部门及其人员,作为行政执法者,必须是社会主义法治精神的忠实崇尚者、大力弘扬者、自觉遵守者、坚定捍卫者。通过学习,要使学生更全面认识和深入理解社会主义法治精神,并立志弘扬、自觉遵守并坚定捍卫社会主义法治。

4. **政治认同** 从税务稽查为国聚财、为国护税的意义引申,重申我国社会主义制度下税收"取之于民、用之于民"的优越特质,以及社会主义制度所倡导"全民共同富裕"的建设目标,进一步筑牢学生对中国共产党的领导、对我国社会主义制度和党与政府治国理政举措的认同,使学生能够不断增强"四个意识"、坚定"四个自信"、做到"两个维护"。

**【教学方式与方法】**

1. **自主学习**:根据老师要求,学习教材及辅助资料的相关专业知识点,自主阅读文献资料,撰写阅读笔记或绘制思维导图。

2. **课堂启发引导**:侧重介绍税务稽查维护公平、良性竞争,为国执法、为国护税的重要意义,进而引出只有具备执法之能、护税之技,方能建报国之功。

3. **课堂小组讨论**:结合"放管服"改革,讨论"严格执法"与"优化服务"的关系,二者是否相互对立?现实中如何避免顾此失彼?通过思辨,让学生逐步养成政策解读的意识并逐步提升正确理解政策法规并付诸实践的能力。

4. **情景教学法**:课后观看或推荐观看主题影片,通过正反例证,教育学生深刻牢记、深入体会社会主义制度下"一切权力属于人民"、公务人员要坚持"为国履职、为民尽责",进而对中国共产党倡导廉洁奉公、坚持从严治党、不断推进依法治国的重要意义有更清晰的认识。

**【课程思政教学实例】**

**案例材料:稽查局长徇私情 少征税款被逮捕**

(1) 案例简介

近日,四川阆中市人民检察院立案侦查了阆中市地方税务局稽查分局局长韩某徇私舞弊不征少征税款案,韩某现已被逮捕。

经查:2008年"5·12"地震后,阆中市审计局在审计中发现阆中瑞丰环保公司有偷税漏税行为,便告知阆中地方税务局稽查分局,请他们依法对其进行税务稽查。同年7月,阆中市地方税务局稽查分局立案对阆中瑞丰环保公司进行税务检查。在检查阆中瑞丰环保公司下属的垃圾处理厂和污水处理厂的纳税问题时,发现两厂的法人代表陈某某在七里开发区有一宗17亩土地未缴税,陈某某向韩某求情,要求韩某想办法给予关照。在检查期间,陈某某请韩某等人吃饭,给韩某送了两条短中华香烟。韩某念及同学关系,便放弃稽查职责,既不向领导报告,也不继续深查,隐瞒了陈某某不缴税款28万的事实,致使国家税收遭受重大流失。陈某某为感谢韩某的关照,以韩某女儿考上大学祝贺为由向韩某送现金5000元,后在成都又给韩某女儿送去现金2000元。

同时查明：2007年12月至2008年12月，韩某利用征收税款的工作之便，以工作经费紧张的名义，分别找到川北采气厂、阆中信用联社、四川银河地毯公司、阆中万丰实业公司四家企业索要现金17.62万元用于单位开支。

韩某的行为涉嫌徇私舞弊不征少征税款罪和单位受贿罪。目前该案还在进一步侦查中。

资料来源：审判—中国法院网。https://www.chinacourt.org/article/index/id/MzAwNDAwMiAOAAA.shtml。

**(2) 案例的思政元素**

①坚守道德修养与职业伦理。韩某因人情关系、收受好处，置法规纪律、国家利益于不顾，知法犯法、渎职犯罪，致使国家税收遭受重大流失，自己也走上违法、犯罪的道路。

②要牢固树立法治意识，要有规则意识、底线意识。"意识淡薄"似乎是很空洞的话，但却是对人的思想、言行起着巨大的影响。而某种意识的形成，既需要引导，也需要个人不断地、主动地努力构建和筑牢。

③承担社会责任，追求公平正义。严格执行执法程序，可以规范、约束执法行为，维护执法相对人合法权益、防止执法的随意性、"任性"、不文明等现象；同时，也是对执法者本身个人的保护。

**(3) 教学手段**

①课堂讲授：根据案例内容，讲解其中涉及到的税务稽查、纳税检查的基本概念、基础知识，如某市税务局稽查分局、局长的职责、权限。

②翻转课堂：指导学生预先阅读资料、案例，再藉由课堂重点展示、问答、讨论实现课堂翻转。如：依据法规，该案例正常处置应做出什么判定；应做出什么税务行政处罚、处理，是否应移交司法部门。

③多点融合：根据案例中所叙述涉案人违法犯罪事实，分析涉案人的思想及行为过程，挖掘其问题根源，在分析案情、讲解专业内容的同时，引入道德修养与职业伦理、法治意识等思政元素，融合、延展案例内容，加深理解、强化认识。

## 第二章 税务稽查、纳税检查的形式、方法和程序

**专业教学目标**

通过本章的学习，明确税务稽查、纳税检查的形式和主要工作步骤，掌握纳税检查的基本方法，为下一步检查业务的学习打下基础。了解税务稽查、纳税检查的工作程序，并对照二者程序的共性与不同，进而使学生对税务稽查、纳税检查的区别有更清晰的认识。本章的重点和难点是各种检查方法的了解以及主要方法的掌握。

**【知识目标】**

1. 了解税务稽查、纳税检查的形式和主要工作步骤，了解税务稽查与纳税检查工作程序的异同并加深对二者概念的理解。

2. 了解各种检查方法、掌握纳税检查的主要方法。

**【能力目标】**

1. 培养学生将所学知识实际应用于现实的能力，能够根据检查的程序不同判定是税务稽查抑或纳税检查。

2. 培养学生具有独立思考、概括总结、重点提炼能力，全面、准确地理解本章所学税务稽查、纳税检查的主要内容并能够掌握本章的重点内容。

**课程思政教学目标及实践**

**【育人目标】**

1. 科学精神　通过对税务稽查形式的介绍，引申科学分类的意义，了解科学分类的内容及方法；树立时时讲科学，处处用科学的意识。培养用科学方法认识问题、发现问题、分析问题、解决问题的习惯。

2. 时代担当　通过对税务稽查方法的介绍，导出形式、方法与最终目的辩证关系，进而引导学生对极力追求眼前利益、物质利益、为达目的不择手段等现象的思考和批判。使学生明确：历史赋予使命，时代要求担当，应志存高远，敢于担当，勇于奋斗，成为新时代可堪大用、能担重任的栋梁之材。

3. 法治理念　党的十九届四中全会首次提出要"健全社会公平正义法治保障制度"，公平正义是社会

主义法治的价值追求。法律的价值在于实现正义。法律的正义包含程序正义和实质正义。税务稽查执法,其程序历经数次改革,向追求正义的目标不断迈进。从国家税务总局1995年12月1日印发的《税务稽查工作规程》起,历经2009年重新颁布、2018年修改,直至2021年7月以国家税务总局令(第52号)形式颁布实施《税务稽查案件办理程序规定》,经过了20多年,由"工作规程"变为"案件办理程序",不仅是名称的变化,更是法治理念在税务稽查方面的体现。

通过本章学习,引导学生关注公平正义,进而探究公平正义与效率的关系,并初步了解当公平正义与效率无法同时兼顾时应考虑的权衡取舍,加深学生对社会主义法治理念、原则、本质及其要求的认识。

【教学方式与方法】

1. 自主学习:根据老师要求,学习教材及辅助资料的相关专业知识点,自主阅读文献资料,撰写阅读笔记或绘制思维导图。

2. 课堂启发引导:通过税务稽查形式、方法和程序的介绍,导入科学、法治精神、人生理想信念、人格发展等内容,引发学生对人生观、价值观、法制观、科学观的思考。

3. 课堂小组讨论:结合税务稽查执法,讨论执法的目的、目标及其采取手段的关系,其间是否会出现背离?应如何避免背离?提高学生关注事物本质、掌握基本方向、坚持基本原则、紧守底线等意识和能力。

【课程思政教学实例】

**案例材料:湖北某某环境工程有限公司、李某明逃税案**

(1)案例简介

2003年1至10月,李某明系某市某某化学清洗实业公司的法定代表人。2003年10月29日,某市某某化学清洗实业公司改制后,又成立了某市某某化学清洗有限公司,法定代表人仍为李某明,后该公司变更为湖北某某环境工程有限公司。2003—2007年间,湖北某某环境工程有限公司和原某市某某化学清洗实业公司收入总额为7320445.51元,应缴纳税款803413.14元,已缴纳税款357120.63元,逃避缴纳税款共计446292.51元。2006年4月,某市地方税务局稽查局根据实名举报开始调查本案,后在未通知补缴、未予行政处罚的情况下,作出涉税案件移送书,直接移送某区公安局立案侦查。湖北某某环境工程有限公司在侦查期间补缴了税款458069.08元,并于一审重审及宣判后全额缴纳了判处的罚金45万元。

2009年9月19日,一审法院作出判决。一审法院认为,湖北某某环境工程有限公司及其法定代表人李某明均构成逃税罪。李某明逐级申诉至最高人民法院,最高人民法院以法律适用错误为由,指令湖北省高级人民法院对本案进行再审。湖北省高级人民法院再审认为,原判认定湖北某某环境工程有限公司少缴税款446292.51元的事实清楚,证据确实、充分,但适用法律错误。本案未经行政处置程序而直接追究湖北某某环境工程有限公司及李某明个人的刑事责任,不符合《刑法修正案(七)》的相关规定。对湖北某某环境工程有限公司、李某明应当适用根据《刑法修正案(七)》修正后的《中华人民共和国刑法》第二百零一条第四款的规定,不予追究刑事责任。据此,湖北省高级人民法院再审判决撤销原裁判,宣告湖北某某环境工程有限公司李某明无罪。

资料来源:最高人民法院(2019)最高法刑申231号再审决定书、湖北省高级人民法院(2019)鄂刑再5号刑事判决书。

(2)案例的思政元素

①增强法治意识、弘扬法治精神。社会主义法治精神的具体表现为人们的理性精神、诚信守法的精神、尊重法律权威的精神、权利与义务对称的精神以及依法维权和依法解决纠纷的习惯等。这种法治精神,在本案中得以比较充分的体现。同时,人们法治意识的普遍增强,在本案例中,也表现明显。

②增强法治意识,就要改变"重实体、轻程序"的观念和做法,强化程序公正意识。程序正当是依法行政的基本要求之一。案例中湖北省高法撤销原裁判,根本原因就是原判决"未经行政处置程序"。税务稽查作为行政执法,有严格的办案程序要求,必须严格执行。只有依法行政,才会有公民遵守法律,社会才能走上法治之路。

③法治是产权保护的保障。保护产权是坚持社会主义基本经济制度的必然要求;依法保护产权,是全面推进依法治国的体现。

(3)教学手段

①课堂讲授:根据案例内容,讲解其中涉及到的税务稽查、纳税检查的基本概念、基础知识、基本规定,

如"税务稽查案件办理程序规定",其中"涉嫌犯罪案件移送"的内容。

②翻转课堂:指导学生预先阅读资料、案例,再藉由课堂重点展示、问答、讨论实现课堂翻转。如:依据法规,该案例正常是什么处置程序;什么情况下、按照什么程序移送公安机关;需要附送什么资料等。

③多点融合:根据案例中所叙述案情,分析导致该结果的原因,联系相关学科专业内容,引入政治认同、社会主义基本经济制度、法治理念、依法行政等思政元素,增强学生的政治认同,加深学生对社会主义法治理念以及依法行政等内容的理解和认识。

### 第三章 纳税检查基本技能－会计核算资料的检查分析

**专业教学目标**

通过本章的学习,掌握对会计报表、账簿、凭证的检查的基本内容及其方法,培养学生发现疑点、分析问题的能力。本章的重点和难点是明确会计报表、主要账户检查分析的内容,以及熟练掌握检查、分析的方法。

【知识目标】

1. 学生要掌握对会计报表、账簿、凭证的检查的基本内容及其方法。
2. 学生要明确会计报表、主要账户检查分析的内容,并熟练掌握检查、分析的方法。

【能力目标】

1. 培养学生将所学知识实际应用于现实的能力,能够根据检查内容选用有效的方法,并具备基本的推理、推算、推导以及查找证据、验证推测的能力。
2. 培养学生大胆假设、小心求证的研究思路。

**课程思政教学目标及实践**

【育人目标】

1. 科学精神 质疑并不断以事实和证据来验证或排除疑问,是税务稽查工作的基本状态。这一点,与"批判质疑""问题意识""独立判断""不懈探索""明智决策"以及"运用科学原理和方法""尊重事实和证据"等科学精神完全契合。通过对税务稽查基本技能的讲解,使学生对科学精神有更具体、直观的认识,坚定其"学科学""讲科学""用科学"的信念,塑造完整、坚定的科学观。

2. 人文素养 对会计核算资料的检查分析,不仅只是面对冰冷的白纸黑字或枯燥的数字,同时也要面对活生生的人。了解情况、问题质询、事实验证,都需要与人交往。沟通中展示的人文积淀、人文情怀、文化素养、审美情趣,会赢得沟通对方的认同、好感与尊重。如果高高在上、以势压人,不仅不会有好的效果,反而会无谓的带来情绪抵触和配合障碍,影响检查效果和效率。要使学生认识到人文素养对人际交往、沟通交流的重要性,不仅在于显示个人修养,同时会对开展工作、达成目标大有助益。

3. 深度学习 在引导学生掌握分析方法、实验分析效果、验证分析结论的学习过程中,引发学生对进一步深入探究、自发学习的兴趣,为学生提供深度学习的路径、方法,逐步形成终身学习的意识、具备终身学习的能力、养成不断学习的习惯。

4. 创新精神 税务稽查的内容不是一成不变的,随着社会、经济发展、技术进步,税务稽查会不断面临新的问题、遇到新的挑战。抱残守缺、因循守旧是无法适应这种检查内容变化和新的工作要求。顺应、适应变化,创新思维、更新知识、改变思路、提升手段,并不断实践、总结、改善、提高,是税务稽查工作的长期任务、基本做法。扩展开来,其他工作也是如此。要使学生具有创新精神和不断创新意识,并能够勇于投入创新实践。

【教学方式与方法】

1. 自主学习:根据老师要求,学习教材及辅助资料有关检查方法的相关专业知识点,自主阅读文献资料,撰写阅读笔记或绘制思维导图,使学生逐步具备乐学善学、自主学习、善于总结等深度学习的能力。

2. 课堂启发引导:在介绍税务稽查分析方法的基础上,通过案例分析,引导学生运用分析方法、分析案例情况、推导分析结论、验证分析结果、总结学习效果,进而引导学生认识具备科学精神和掌握科学方法的重要性。

【课程思政教学实例】

**案例材料：房地产企业税收检查的案例材料**

**(1) 案例简介**

2017年底，某市税务机关根据"营改增"高风险行业定向随机抽查计划，对B房地产开发公司实施税收检查，查实该公司及其股东通过虚构业务、隐匿收入等手段逃避纳税。针对企业违法行为，税务机关依法对该企业作出追缴税款3039万元、加收滞纳金265万元的处理决定。该案因涉嫌逃税罪移送公安机关处理。

该案是检查人员从企业的负债比例发现异常，通过对企业财务报表、纳税申报信息、销售明细表实施案头综合分析，发现企业"其他应付款"、部分商业地产销售价格明显偏低等两处突出疑点，初步判断该公司可能存在隐匿应税收入和低价销售等问题，决定采取实地调账方式，对该企业2014—2016年度纳税情况实施税收核查。

经检查人员内查和外调、缜密调查，B公司及股东熊某通过隐匿收入、虚构业务等方式逃避纳税的违法事实水落石出。税务机关依法作出处理决定：向B公司和熊某个人追缴税款共计3039万元。其中企业所得税1934万元、个人所得税736万元、营业税及附加241万元、土地增值税35万元、契税93万元，并加收滞纳金265万元。同时该案因涉嫌逃税罪，被移送公安机关立案调查。该公司其他违法线索也移交到国家有关部门等待处理。

资料来源：房地产企业税收检查的案例材料_税屋——第一时间传递财税政策法规！https://www.shui5.cn/article/4e/135720.html.

**(2) 案例的思政元素**

①通过案例中对检查、分析过程的叙述可以看出，检查要取得成效，离不开科学精神。批判质疑、问题意识；独立思考、独立判断；思维缜密，多角度、辩证地分析问题，明智决策；求真务实、运用科学方法、尊重事实和证据、有实证意识等科学精神在检查过程中贯穿始终，是最终事实得以查清的重要条件。

②具备高尚的道德修养与职业伦理，是公务人员的重要素质要求。履职尽责、爱岗敬业、奉献精神、职业道德、责任担当、团队意识等优秀品质，是做好税务检查工作的重要前提。同时，积极乐观的心态、坚韧不拔的毅力、越挫越勇的抗挫折能力等完善人格，也是事业成功的重要条件。

**(3) 教学手段**

①课堂讲授：根据案例内容，讲解其中涉及到的税务稽查、纳税检查的基本概念、基本方法，如分析方法、调查方法，以及有效选取这些方法应考虑的因素，巩固学生对相关内容的理解，提高学生实际应用能力。

②翻转课堂：指导学生预先阅读资料、案例，再藉由课堂重点展示、问答、讨论实现课堂翻转。如：根据案情，有哪些可采取的分析方法和调查方法；应首选什么分析方法或调查方法；根据检查结果，该案应做出什么处置，法规依据是什么；如移送公安机关，需要附送什么资料等。

③多点融合：在税务稽查检查技能知识点中联系相关学科（会计、审计、财务分析等）内容，结合案例实际，引入科学精神、道德修养与职业伦理、人格发展等思政元素，融合延展案例内容，在巩固专业学习内容的同时，加深学生对科学精神、道德修养与职业伦理等内容的理解和认识，增强弘扬科学精神、重视道德修养与职业伦理的观念。

## 第四章 增值税的检查

**专业教学目标**

增值税是以商品（含应税劳务）在流转过程中产生的增值额作为计税依据而征收的一种流转税，在全世界范围内被广泛应用。增值税对我国财政收入的贡献是最大的。有鉴于此，学习增值税的检查具有重要意义。本章的教学目标是让学生掌握增值税检查的基本内容和方法，明确检查的有关审定依据、重点及注意事项。本章教学的重点难点是增值税销售额、视同销售行为、进项税额抵扣及进项税额转出的检查内容和主要方法。

【知识目标】

1. 了解增值税检查的特点、基本内容和方法。

2. 明确增值税检查的重点及注意事项。
3. 掌握增值税销售额、视同销售行为、进项税额等内容的检查和主要检查方法。

**【能力目标】**
1. 要求学生复习增值税税法和征管规定,夯实知识储备,学会温故知新。
2. 要求学生搜集增值税最新政策法规,培养学生自主学习、资料检索的能力。
3. 使学生掌握增值税检查的重点和主要检查方法,具备初步分析检查能力。

**课程思政教学目标及实践**

**【育人目标】**
1. 制度自信　通过增值税检查涉及相关内容(减税降费)的介绍,增强学生对我国增值税改革的认同,体现中国特色社会主义道路的制度自信。
2. 道德修养与职业伦理　在介绍增值税检查重点问题过程中,让学生知晓正确履行纳税责任的重要性,提升纳税意识,培养道德修养与职业伦理。

**【教学方式与方法】**
1. 课堂讲授引导:通过介绍增值税的计征,可以让学生对增值税的检查有一个整体认识,明晰增值税改革的重要性,有利于提升学生对中国特色社会主义税制改革的制度自信。
2. 课堂小组讨论:准备相关案例在课堂上组织小组讨论,要求学生利用所学的增值税检查知识对案例中存在的违法行为进行分析、解决,增强学生的道德修养。
3. 课后复习巩固:要求学生搜集最新的增值税法律、法规政策,更新增值税检查知识,提升学生的职业伦理。

**【课程思政教学实例】**

**案例材料:骗税一时乐,"银镯"必速达**

**(1)案例简介**

案例一:贵州破获出口"貂皮大衣"骗税案。2020年10月,贵州税务联合公安、海关、人民银行成功破获一起出口"貂皮大衣"骗税案。经查,该涉案团伙注册3家"貂皮大衣"生产出口企业,采取虚假购进、虚假生产、虚假出口等手段,层层伪装,短时间内"出口"金额高达2.13亿元,并通过让他人为自己虚开发票、非法买汇结汇等手段骗取出口退税。目前税务机关认定涉案企业骗取出口退税2000万元,法院已作出一审判决,判决4名涉案人员犯骗取出口退税罪,判处4年至11年不等有期徒刑。

案例二:福建警税破获"10·24"虚开增值税普通发票案。2021年1月,福建警税联合行动,成功打掉"10·24"暴力虚开增值税普通发票团伙,捣毁犯罪窝点5个,抓获犯罪嫌疑人6名,现场查获作案工具若干。经查,该团伙控制企业153户,通过虚填免税销售额进行虚假申报,逃避缴纳税款,在没有真实业务往来的情况下,对外虚开增值税普通发票4.6万余份,虚开金额37亿元。

资料来源:国家税务总局 http://www.chinatax.gov.cn/chinatax/n810219/n810724/c5165548/content.html。

**(2)案例的思政元素**

①守法意识淡薄。"骗税""虚开专票",是十多年来国家重点打击、保持高压的涉税犯罪,宣传力度也很大。在此背景下,该团伙依然作案。

②注意职业道德的坚守。案例二的团伙控制企业153户,涉及人员众多,其中不乏高级管理人员、专业人员,应当有基本的职业素养和专业能力,却毫无职业道德,与犯罪分子合作,通过虚填免税销售额进行虚假申报,逃避缴纳税款。

③注意社会责任的担负。与涉案团伙注册3家"貂皮大衣"生产出口企业,采取虚假购进、虚假生产、虚假出口等手段,层层伪装,短时间内"出口"金额高达2.13亿元。

**(3)教学手段**

多点融合:在增值税的知识点中引入职业道德、社会责任等思政元素和减税降费等实事,增强学生的使命与担当。

### 第五章 消费税的检查

**专业教学目标**

消费税是以消费品的流转额作为征税对象的各种税收的统称。作为对财政收入筹集具有重要贡献的流转税中的一个税种,实施消费税检查同样具有重要的意义。本章的教学目标是让学生掌握消费税检查的基本内容和方法,明确检查的有关审定依据、重点及注意的问题。本章教学的重点、难点是消费税应税业务计税依据的检查。

**【知识目标】**

1. 了解消费税检查的特点。
2. 熟悉消费税检查的基本内容和方法。
3. 掌握消费税检查的审定依据、重点及应注意事项。

**【能力目标】**

1. 要求学生复习消费税税法和征管规定,夯实知识储备,学会温故知新。
2. 要求学生搜集消费税最新政策法规,培养学生自主学习、资料检索的能力。
3. 使学生掌握消费税检查的重点和主要检查方法,具备初步分析检查能力。

**课程思政教学目标及实践**

**【育人目标】**

1. 法治意识　结合案例的讲解,让学生明晰消费税检查的重点环节,增强对消费税政策合法合规性操作的认识,提升学生的法治意识。
2. 社会责任　通过对消费税检查内容的介绍,让学生掌握消费税检查的重点和主要检查方法,提升学业报国、专业报国意识,培养社会责任感。

**【教学方式与方法】**

1. 课堂讲授引导:在详细讲解消费税检查的过程中,要求学生对消费税政策具备一定的认识。以这些认识为基础,要求学生从中找出实施消费税检查的合法合规依据,提升学生的法治意识。
2. 课堂小组讨论:藉由消费税偷税案例的引入,让学生在课堂上进行小组讨论,以协作的形式就实施消费税检查应注意的事项展开学习,以此在提升教学质量的同时,增强学生的社会责任感。
3. 课后复习巩固:组织消费税偷、漏税案例,要求学生根据搜集到的最新政策对案例进行分析,并形成制式的文件,以此夯实学生的法治意识和社会责任感。

**【课程思政教学实例】**

**案例材料:调整商品名称＝纳税义务产生?**

(1) 案例简介

泰州畅流油品贸易有限公司 2020 年 7 月取得大连、舟山、上海、营口、盘锦等地开具的增值税专用发票,货物名称显示为"航空煤油""非成品油石油制品""有机化学原料"等,数量合计 25837.15 吨,金额合计 9648.73 万元,增值税税额合计 1254.33 万元。当月,向扬州顺泰能源实业有限公司开具增值税专用发票,货物名称全部为"汽油",数量合计 25123.00 吨,金额合计 9671.24 万元,增值税税额合计 1257.26 万元。泰州畅流油品贸易有限公司将"有机化学原料""非成品油制品"等非应税消费品变更为应税消费品"汽油"对外销售;将"航空煤油"(消费税低税率应税产品)以"汽油"(高税率应税产品)对外销售,根据《国家税务总局关于消费税有关政策问题的公告》(国家税务总局公告 2012 年第 47 号)第三条之规定,视为应税消费品的生产行为,税率 1.52 元/升,按规定应申报缴纳消费税 25123.00×1388×1.52＝53003500.48 元,未缴纳。

泰州畅流油品贸易有限公司有陈述、申辩的权利。请在主管税务局(所)作出税务行政处罚决定之前,到主管税务局进行陈述、申辩或自行提供陈述、申辩材料;逾期不进行陈述、申辩的,视同放弃权利。

资料来源:国家税务总局江苏省税务局 https://jiangsu.chinatax.gov.cn/art/2022/1/20/art_9386_374126.html.

(2) 案例的思政元素

① 重视规则意识和法治意识。泰州畅流油品贸易有限公司将"有机化学原料""非成品油制品"等非应税消费品变更为应税消费品"汽油"对外销售;将"航空煤油"(消费税低税率应税产品)以"汽油"(高税率应

税产品)对外销售,应视为应税消费品的生产行为,需缴纳税款。

②增强法治意识、体现社会公平正义、保障公民权利和公民义务。泰州畅流油品贸易有限公司有陈述、申辩的权利。

**(3)教学手段**

①情景模拟:发放实际案例,组织学生进行角色扮演,模拟消费税征缴程序,鼓励其他学生从中学习并找出可能存在的问题。

②多点融合:在消费税的知识点中,如,结合消费税节能、减排、环保、健康和抑制奢侈消费等调控作用,引入家国情怀、广阔视野等思政元素,从消费税稽查中检查、被查双方典型问题引出道德修养与职业伦理、社会责任等思政元素,增强学生的社会责任感与时代使命感。

### 第六章　企业所得税的检查

**专业教学目标**

企业所得税是对我国境内的企业和其他取得收入的组织的生产经营所得和其他所得征收的一种所得税。企业所得税调节的是国家与企业之间的利润分配关系,这种分配关系是我国经济分配制度中最重要的一个方面,是处理其他分配关系的前提和基础。从收入角度看,企业所得税是我国第二大税种。有鉴于此,企业所得税的检查具有重要的意义。本章的教学目标是让学生掌握收入总额的检查、材料成本的检查、固定资产、无形资产和长期待摊费用的检查、生产成本的检查、期间费用的检查、税会差异的检查、纳税申报表的检查及案例分析的基本内容和方法,明确企业所得税检查的有关审定依据、重点及应注意事项。

**【知识目标】**

1. 了解企业所得税检查的特点。
2. 熟悉企业所得税检查的基本内容和方法。
3. 掌握企业所得税检查的审定依据、重点及应注意事项。

**【能力目标】**

1. 结合《中国税制税》《税务管理》等课程的学习、温习,使学生了解企业所得税的基础内容、基本规定,夯实专业知识储备。
2. 要求学生搜集企业所得税最新的政策法规材料,培养学生自主学习的能力。
3. 结合企业所得税检查的审定依据、重点及应注意事项的学习,引导学生从现象看本质、见微知著、由此及彼等获取、评估、鉴别、使用信息的思路和分析问题的能力。

**课程思政教学目标及实践**

**【育人目标】**

1. 法治意识　在教学过程中,注意突出"检查"对于企业所得税征缴的重要性,让学生能够知晓企业所得税检查的基本内容和方法,了解查处问题的相关规定及其违法后果,提升法治意识。

2. 制度自信　"检查"实质上意味着税收课征中问题的潜伏,通过对企业所得税检查的讲解让学生意识到税制改革的必要性,增强对税制改革的认同,彰显中国特色社会主义道路的优越性,增强制度自信。

3. 公共意识　通过梳理计征企业所得税的最新政策法规,让学生在掌握专业知识的同时,增强对财税政策的关注度,提升公共意识。

**【教学方式与方法】**

1. 课堂讲授引导:在详细讲解企业所得税检查的过程中,充分利用反面案例突出企业所得税偷、逃税对我国经济社会发展的危害,在不断增强学生法治意识的同时,适度拔高课程主旨,最终达到政治认同。

2. 课堂小组讨论:以课程知识为基础,要求学生搜集最新的企业所得税政策法规,在课堂上组成展开讨论,藉由协同思辨的形式让学生在掌握企业所得税检查的重点与注意事项的同时,体会到中国特色社会主义道路的制度自信。

3. 课后复习巩固:纳税意识本质上就是公共意识的一种体现,在课后组织案例分析时,可以让学生基于公共治理的角度就案例中存在的违法行为发表看法,并能在最后形成系统性的文字作为平时作业,以此逐步树立起学生的公共意识。

**【课程思政教学实例】**
**案例材料:缴税无法外之地,明星更应树示范**
**(1)案例简介**
2022年6月16日,贾某亮合作的公司因为偷税漏税而被罚17万,一石激起千层浪,引发网友们的轩然大波。根据该公司发表的声明,承认其税务有问题,将进行深刻反省,并及时缴纳罚款,向公众致歉,同时也向贾某亮致歉。

同日晚间,贾某亮发文回应持股公司偷逃税被罚,称自己过去投资了两三家公司,没有权利和能力参与经营管理,未从投资公司获得投资收益,以后将定期监督检查。今后也应尽量远离投资,深刻反省。

天眼查显示,近日杭州万核网络科技有限公司被杭州市税务局罚款17万余元。处罚事由显示,该单位通过支付宝以及法定代表人黄某个人支付宝和银行卡,合计获得账外收入489万余元,未按规定申报纳税,另有部分收入未足额申报增值税;账外发放工资64万余元未代扣代缴个人所得税;通过非真实业务列支报销费用共27万余元。股权穿透图显示,贾某亮和李某璐个人工作室分别持有该公司4%的股份。

资料来源:界面新闻 https://baijiahao.baidu.com/s?id=1735842838629213180&wfr=spider&for=pc。

**(2)案例的思政元素**
①践行社会公平正义价值观。根据该公司发表的声明,承认其税务有问题,将进行深刻反省,并及时缴纳罚款。
②培养公共意识和规则意识。杭州万核网络科技有限公司偷逃企业所得税税款的行为表示该公司没有意识到税收于国于民的重要性,缺乏公共意识和规则意识。

**(3)教学手段**
①翻转课堂:指导学生预习企业所得税有关收入、成本、费用、资产及其申报检查的内容和方法。通过课堂展示、师生思辨讨论的方式完成课堂翻转。
②融合思政:在企业所得税检查的知识点中,从检查和被查双方角度引入道德修养与职业伦理、社会责任等思政元素,增强学生的使命感与时代担当。

## 第七章 财产税及其他各税的检查

**专业教学目标**

房产税、城镇土地使用税、印花税等税种因征收范围广、税额小、税负轻、税源散,常常被税务部门和纳税人称为"小税种"。小税种的作用是地方税收中为配合主体税种,实现聚财、调节和管理职能,补充主体税种不足而设置的,所以在我国税制中具有亦如主体税种般不可忽视的地位。有鉴于此,本章的教学目标是让学生掌握现行各财产税及其他税种检查的基本内容和方法。

**【知识目标】**
1. 了解财产税及其他各税检查的特点。
2. 熟悉财产税及其他各税检查的基本内容。
3. 掌握财产税及其他各税检查的审定依据、重点及应注意事项。

**【能力目标】**
1. 培养学生能够操作财产税及其他各税的检查,提升专业素养。
2. 鼓励学生养成主动搜集、学习财产税及其他各税最新政策法规的习惯。
3. 通过学习财产税及其他各税检查的特点和重点,使学生牢固树立"因地制宜""因时制宜""对症下药""量体裁衣"等视不同情况采用不同方法、"一切从实际出发的"基本观念,加深对马克思主义"唯物论""辩证法"的认识和理解,及其用于实践、指导实践的能力。

**课程思政教学目标及实践**
**【育人目标】**
1. 法治意识 在教学过程中,强调"检查"工作开展的合法性,让学生知晓检查财产税及其他各税的主要内容及其法律依据,提升法治意识。
2. 道德修养与职业伦理 要讲清楚,税种分大小,但税法严肃性、权威性并无差异,强调小税种检查工作的必要性、重要性及其高要求,加深学生对道德修养与职业伦理的认识。

3. 政治认同 通过梳理计征财产税及其他各税的最新政策法规,让学生在掌握专业知识的同时,增强对税收政策的关注度,并联系国家社会、经济改革,提升政治认同。

**【教学方式与方法】**

1. 课堂讲授引导:以法律法规为依据,详细讲解正确计征财产税及其他各税的操作,在引导学生掌握财产税及其他各税检查的同时,重点突出"合法合规"的重要性,以此提升学生的法治意识。

2. 课堂小组讨论:要求学生在课前搜集财产税及其他各税最新的政策法规,在课堂上以协同思辨的形式对财产税及其他各税存在的违法行为展开分析讨论,这样有助于学生夯实基础知识,提升专业储备,实现道德修养与职业伦理的双重养成。

3. 课后复习巩固:财产税及其他各税虽然是小税种,但在我国税制中具有重要的地位,通过课后要求学生梳理这些小税种的最新政策法规,可以让学生从中体会其重要性,实现政治上的认同。

**【课程思政教学实例】**

案例材料:税种有大小,责任无轻重

(1) 案例简介

印花税虽说是个小税种,但是里边的学问可不小。某公司支付给员工薪酬132万元入账经费未贴花,税局认为有逃避缴纳印花税嫌疑。

某公司委托其他单位研发金融系统,支付给受托方研发人员工资报酬,共计132万元。根据相关资料以及合同显示,该研发费用真实。但是在该企业提供的技术服务合同中,企业将这笔费用填入免征项目经费栏,未贴印花税。

合同中注明研究经费是指研究开发工作所需的成本,报酬是指本项目开发成果的使用费和研究开发人员的科研补贴。在计算印花税中,税务机关认为不能将132万元计入研究开发经费以逃避缴纳印花税。

根据《国家税务局关于对技术合同征收印花税问题的通知》(国税地字[1989]34号)第四条规定:对各类技术合同,应当按合同所载价款、报酬、使用费的金额依率计税。为鼓励技术研究开发,对技术开发合同,只就合同所载的报酬金额计税,研究开发经费不作为计税依据。但对合同约定按研究开发经费一定比例作为报酬的,应按一定比例的报酬金额计税贴花。

资料来源:凤凰网 https://cd.house.ifeng.com/news/2019_08_12-52244722_0.shtml。

(2) 案例的思政元素

①提高法治意识,仔细研读法律政策;增强社会责任感,尽职履行公民义务。根据《国家税务局关于对技术合同征收印花税问题的通知》第四条规定,该公司应补缴印花税。

②增强政治认同、培养公共意识。印花税虽是一个小税种,但也是补充主体税种不足,是实现聚财、调节和管理职能的重要工具,理应引起纳税人的重视。

(3) 教学手段

①翻转课堂:划分课程内容为各个小主题,要求学生课前以小组为单位选择主题,并准备材料,在课堂上进行展示。

②融合思政:在财产税及其他各税的知识点中引入道德修养与职业伦理、社会责任等思政元素,树立学生正确的"三观"。

# 四、课程思政教学评价

## (一) 对教师的评价

1. 教学准备的评价

将《税务稽查》课程思政建设落实到教学准备工作各方面,教师要具备提前提炼思政元素进行课程思政目标设计、修订教学大纲、教材选用、教案课件编写等基本能力。

2. 教学过程的评价

将《税务稽查》课程思政建设落实到教学过程各环节,教师要采取恰当的教学方式,具备将思政元素自然融入教学内容中的理解能力、实施能力和改进能力。包括教学理念及策略、教学方法运用和改进、作业及批改、平时成绩考核等。

3. 教学结果的评价

建立健全《税务稽查》课程思政多主体参与、多维度动态评价体系,包括同行评议、随机听课、学生评教、教学督导检查,覆盖课前准备、课中教学和课后结果全过程,做到主观分析和客观分析相结合、定性分析和定量分析相结合。

4. 评价结果的运用

对于同行评议、学生评教、教学督导等提出的改进建议,以及对学生考核的成绩分析进行运用,对教学进行反思与改进。

(二)对学生的评价

1. 学习过程的评价

检验学生是否认真完成了老师布置的要求和任务,积极参与资料收集、课堂讨论和实地调研等教学过程,科学评价学生在学习过程中的积极性、互动性和参与度。

2. 学习效果的评价

通过平时作业、课堂讨论、资源库平台资料分析报告、随堂练习、课程论文、期末考试等多种形式,检验学生对课程思政元素的领会及其对思政元素的掌握程度。

3. 评价结果的运用

通过师生座谈和系部教研活动等多种形式,对学生的学习效果进行科学分析,总结经验,改进不足,提升课程思政的学习效果。

## 五、课程思政的教学素材

| 序号 | 内容 | 形式 |
| --- | --- | --- |
| 1 | 税务检查与税务稽查的区别以及二者在实务中存在的问题_税收 | 阅读材料 |
| 2 | 税务稽查明争与暗战:慕容税官的稽查故事 | 阅读材料 |
| 3 | 关于《税务稽查案件办理程序规定》的解读 | 阅读材料 |
| 4 | 中共中央办公厅 国务院办公厅印发《关于进一步深化税收征管改革的意见》 | 阅读材料 |
| 5 | 中共中央办公厅 国务院办公厅印发《关于进一步把社会主义核心价值观融入法治建设的指导意见》 | 政策文件 |
| 6 | 税务系统反腐倡廉经验交流材料 | 阅读材料 |
| 7 | 国家税务总局发布《关于进一步深化税务系统"放管服"改革 优化税收环境的若干意见》(税总发〔2017〕101号) | 政策文件 |
| 8 | 基层税务稽查工作创新研究 | 阅读材料 |
| 9 | 《人间正道》 | 故事影片 |
| 10 | 中华人民共和国行政诉讼法(2021年新修订 2017年7月1日起施行) | 政策法规 |
| 11 | 各行业税务稽查案例汇编 | 阅读材料 |
| 12 | 税务干部违法违纪案例选编 | 阅读材料 |
| 13 | 放管服改革后税务的管理措施与企业税务风险_稽查 | 阅读材料 |
| 14 | 税务人员职务犯罪案例材料解析与预防 | 阅读材料 |
| 15 | 税收违法行为检举管理办法 | 部门规章 |
| 16 | 国家税务总局关于修改《重大税务案件审理办法》的决定 | 部门规章 |
| 17 | 税务稽查案件办理程序规定(国家税务总局令第52号) | 部门规章 |
| 18 | 《中国税务稽查年鉴2018》 | 阅读材料 |

续表

| 序号 | 内　　容 | 形式 |
| --- | --- | --- |
| 19 | 《国家税务总局关于印发〈全国税务稽查规范(1.0版)〉的通知》 | 规范性文件 |
| 20 | 《中共中央关于全面推进依法治国若干重大问题的决定》 | 政策文件 |
| 21 | 《社会主义核心价值观研究丛书·法治篇》 | 阅读材料 |
| 22 | 中共中央国务院关于完善产权保护制度依法保护产权的意见(2016年11月4日) | 政策文件 |
| 23 | 国务院关于加强法治政府建设的意见 | 政策文件 |
| 24 | 《肖申克的救赎》 | 故事影片 |
| 25 | 十六世纪明代中国之财政与税收 | 阅读材料 |
| 26 | 国家税务总局:税收政策 | 阅读材料 |
| 27 | 稽查局长徇私情 少征税款被逮捕 | 案例分析 |
| 28 | 湖北某某环境工程有限公司李某明逃税案 | 案例分析 |
| 29 | 房地产企业税收检查的案例材料 | 案例分析 |
| 30 | 骗税一时乐,"银镯"必速达 | 案例分析 |
| 31 | 调整商品名称＝纳税义务产生? | 案例分析 |
| 32 | 缴税无法外之地,明星更应树示范 | 案例分析 |
| 33 | 税种有大小,责任无轻重 | 案例分析 |
| 34 | 税务稽查案例精选——税务稽查案例分析系列丛书 | 阅读材料 |

# 《税收筹划》课程思政教学指南

梁学平[1]　刘明[2]　刘育红[2]

([1] 天津商业大学　[2] 西安财经大学)

## 一、课程简介与课程目标

### (一)课程简介

《税收筹划》课程为财税类专业核心课,属于必修课。通过《税收筹划》的教学,要求学生在了解税收法律法规的基础上,掌握不同税种的税收筹划技术。通过各章节的学习,帮助学生了解不同税种的税制要素及法律界定,理解税收筹划的特点、目标和税收风险产生的原因及防范,熟悉增值税、消费税、企业所得税、个人所得税等税种税收筹划的税法依据、筹划方法、筹划过程和筹划风险,能够运用税收筹划的基本理论知识和相关方法主动研究纳税人的涉税事项,培养学生依法税收筹划所具备的基础知识、基本技能和实务操作技术。

本课程坚持以马克思主义原理为指导,强调税收筹划基本知识的理解和税收筹划基本技能的培养。综合运用自主学习、任务驱动、课堂讲授、启发式教学、讨论式教学、案例研讨、实验教学、情景教学等教学方法,最大限度发挥学生的主体作用,提升教学的吸引力和感染力,增强学生在学习上的获得感,帮助学生在掌握税法知识的基础上,把专业知识与课程思政有机融合,引导学生正确认识依法纳税与依法税收筹划的辩证关系,牢固树立税收筹划的法律责任意识和底线思维,培育学生的政治认同、家国情怀、法治意识、科学精神、职业道德、使命担当等。

### (二)课程目标

本课程为专业必修课程。通过本课程的学习,使学生能够达到以下目标:

1. 知识目标:本课程在内容上以纳税人、计税依据、税率、税收优惠等要素的法律界定和税收筹划方法为主线展开。通过本课程的学习,学生将全面了解税收筹划的基本知识,掌握税收筹划风险及防范内容,具备增值税、消费税、企业所得税、个人所得税等税种税收筹划的基本技能。

2. 能力目标:培养基于税法知识、常见筹划方法进行合法税收筹划的认知能力,具有分析税收筹划风险及成因,做好税收筹划风险防范的能力,具有能够运用税收筹划基本知识及方法开展增值税、消费税、企业所得税、个人所得税等税收筹划问题的能力。

3. 育人目标:热爱祖国,遵纪守法,树立正确的价值观和职业道德观,培养良好的职业操守和职业道德,具备高度的社会责任感和使命担当意识,熟悉国家税收、财务、会计方面的法律法规和相关政策,解国内外税收筹划理论与方法的发展动态,具有良好的身心素质和科学的税收筹划思维。

### (三)课程教材和资料

➢ 推荐教材

1. 梁文涛.税收筹划(6版)[M].北京:中国人民大学出版社,2022.
2. 计金标.税收筹划(8版)[M].北京:中国人民大学出版社,2022.

➢ 参考教材或推荐书籍

1. 黄凤羽,梁学平,刘维彬.税收筹划(3版)[M].北京:高等教育出版社,2022.
2. 梁俊娇.税收筹划(9版)[M].北京:中国人民大学出版社,2021.
3. 盖地.税务筹划学(8版)[M].北京:中国人民大学出版社,2022.
4. 梁文涛.纳税筹划(6版)习题集[M].北京:中国人民大学出版社,2022.
5. 计金标.税收筹划(8版)学习指导书[M].北京:中国人民大学出版社,2022.

6. 蔡昌.税收筹划:理论实务与案例(3 版)[M].北京:中国人民大学出版社,2020.
7. 盖地,丁芸.税务筹划(7 版)[M].北京:首都经济贸易大学出版社,2021.
8. 黄传伸,陈光.税收筹划一本通[M].北京:民主与建设出版社,2021.
9. 中国注册会计师协会.税法[M].北京:中国财政经济出版社,2022.
10. 张卿,林庆坚,吴鹏.新个人所得税法及配套规定实用指南[M].北京:法律出版社,2019.

➢ 学术刊物与学习资源

《税务研究》《注册税务师》《财会月刊》《财务与会计》等核心期刊。

学校图书馆提供的各种数字资源,特别是"中国知网"。

➢ 推荐网站

中华人民共和国国家税务总局网站:http://www.chinatax.gov.cn/.

中华人民共和国财政部网站:http://www.mof.gov.cn/index.htm.

中国税务网:http://www.ctax.org.cn/.

中国税网:http://www.ctaxnews.com.cn/.

纳税服务网:http://www.cnnsr.com.cn/.

国家税务总局 12366 纳税服务平台:https://12366.chinatax.gov.cn/.

国家税务总局各省市税务局网站。

# 二、课程思政教学总体设计

## (一)课程思政教学目标

本课程以习近平新时代中国特色社会主义思想为指导,坚持马克思列宁主义、毛泽东思想、邓小平理论、"三个代表"重要思想、科学发展观,坚持立德树人的根本任务,旨在培养适应社会主义现代化建设的需要,有理想、有本领、有担当、有使命,具备良好政治思想素质、较高专业素养和较强应用能力的高水平专业人才。

本课程会立足于培养学生的政治认同、家国情怀、法治意识、科学精神、职业道德、使命担当等,全面提高学生在复杂涉税情况下科学税收筹划的胜任力,让学生成为德才兼备、全面发展的新时代青年。

本课程积极课程思政融入税收筹划教学全过程,把对学生的思想政治教育与专业教育相结合,积极提炼课程中的思政基因,不断创新教学模式,进行税收筹划原理讲授、能力培养的同时,从以下维度实现思政教学目标。

1. 政治认同

税收筹划课程既涉及税制要素的法律界定、税收筹划方法的介绍,又设计税收筹划案例的分析。在讲授不同税种纳税人、计税依据、税率的法律界定时,融入介绍我国税制改革取得伟大成就以及税收优惠政策方面的重大改革,引导学生认识到中国特色税收制度的优越性,加强学生对我国税收制度改革的高度认同,使学生自觉增强"四个意识"、坚定"四个自信"、做到"两个维护"。

2. 家国情怀

税收筹划包括纳税人的筹划、计税依据的筹划、税收优惠政策的筹划等方面,对优化企业税负、促进公平分配和促进经济可持续发展具有重要作用。税收筹划方法的运用,既涉及对税制要素法律界定的正确理解,又涉及对我国税制要素、税收政策的合法应用,通过税收法律法规、税收筹划基本方法的知识讲授和税收筹划的实战演练,使学生更加了解我国税制改革的实践,增强学生对于中国特色税收制度的民族自豪感和现代税收意识,培养学生爱党、爱国、爱社会主义、爱人民、爱集体的思想认识,增强学生促进税制完善、实现国家税收政策目标的情怀。

3. 法治意识

税收筹划是在既定的税收法律法规框架下进行的,该课程教学内容包含了不同税种税制要素的法律界定,涉及当前财务会计、税收领域的各种法律法规。通过本课学习,培养学生学法、懂法、守法、用法的意识,理解依法进行税收筹划的重要意义,使学生既要依法开展税收筹划,合理合法保障纳税人的合法权益,又要牢固树立税收筹划的法律责任意识,自发崇尚、遵守和捍卫税收法律法规,为维护良好税收秩序贡献自己的力量。

4. 科学精神

基于税收筹划要实现的现实目标,引导学生将税收筹划的"知"内化为"识",鼓励学生运用科学的思维方式辩证分析税负问题,并将税收筹划的"识"付诸于"行",积极寻求科学的税收筹划方案,观察、分析、归纳不同筹划方案的节税效果。本课程教学中通过代表性税收筹划案例精析和课后思考训练,组织学生交流讨论税收案例,增强学生的问题意识和思辨意识,培养学生科学的税收筹划思维和方法论意识。

5. 文化素养

本课程注重培养学生的税收筹划原理知识、税收筹划实践操作能力、税收筹划职业道德素养、社会责任、工作作风等。通过对税法要素法律界定和税收筹划方法的讲解和讨论,使学生系统掌握税法知识和相关税收政策,理解并掌握税收筹划的方法,培养学生在税收筹划问题分析、方案决策的能力和良好的职业道德素养等。

6. 职业道德

在税制要素法律界定和税收筹划方法的学习过程中,引入相关案例分析税收筹划的可行性,使学生了解税收筹划的条件、制约因素,认识到违法税收筹划的法律责任以及税收职业道德的重要性,引导学生树立正确的价值观、道德观,自觉养成遵守职业道德和税收法律法规的行为习惯。结合违法税收筹划案例材料,让学生知道最终结果只能是承担税收法律责任。教育学生坚持职业操守和职业道德底线,不能做违背税法的事情。

7. 使命担当

一代人有一代人的使命,国家命运与个人前途休戚相关,民族振兴需要有担当的青年。税收筹划课程立足于新时代、新发展阶段,对不同税种税收筹划事项进行科学分析,让学生认识到纳税人应承担的纳税责任、税收筹划对投资经营活动可持续发展的重要作用,倡导学生理论联系实际开展依法筹划,激励学生勇于担当尽责,增强脚踏实地、求真务实的职业担当精神。

8. 国际视野

税收筹划的主体不仅包括国内企业,也涉及国内企业的国外子公司、分公司、常设机构。税收筹划的环节不仅涉及国内的生产经营、投资筹资、成本核算等,也涉及国外的贸易投资活动。税收筹划的实施条件既要考虑国内税制要素的法律界定,又要考虑国家间税收管辖权的差异和税制要素差异。税收筹划的内容既包括国内外总分公司、母子公司设立的税收筹划,也包括出口退税业务、国内外重组合并、税收抵免的税收筹划。本课程融入介绍涉外的税收筹划知识、税收筹划方法和实践案例,让学生关注国际税制改革和税收筹划的发展趋势,熟悉国外税收制度和"走出去"相关的税收政策,了解涉外税收筹划的条件和方法,培养学生广阔的税收筹划视野。

9. 实践创新精神

本课程引导学生如何结合纳税人的具体涉税事项提出税收筹划的目标,积极探索税收筹划的科学方法,鼓励学生创新设计税收筹划的方案,不仅注重激发学生提出和解决税收筹划问题的专业兴趣,还能在培养学生探索创新精神的同时,加强培养学生在复杂涉税情况下探索科学税收筹划方法的能力。

(二)课程思政教学内容

《税收筹划》课程的思政内容可以涉及以下几方面:

1. 坚定政治立场,提升思想素养

本课程讲授不同税种纳税人、计税依据、税率的法律界定,帮助学生深刻领会党领导下的税制改革取得伟大成就以及税收优惠政策方面的重大改革,引导学生深刻认识中国特色社会主义税收制度的优越性,增强学生对我国税收制度改革的民族自豪感和高度认同,帮助学生增强"四个意识"、坚定"四个自信",培养学生爱党、爱国、爱社会主义、爱人民、爱集体的思想认识,激发学生促进税制完善、实现国家税收政策目标的情怀。

2. 熟悉税法政策,具备良好专业素养

本课程注重讲授不同税种税制要素的法律界定,帮助学生充分了解中国国情、税情和我国税制改革的动态,熟悉税法知识、相关税收政策,通过丰富多样的教学方法和各式各样的税收筹划案例,在培养学生税收筹划实践应用能力的同时,更加注重培养学生的职业道德素养、工作作风等。

3. 培养科学精神,提升专业实践能力

本课程注重培养学生的科学精神、实践创新精神和国际视野,将知识传授、筹划能力培养和价值引领有机结合,鼓励学生运用科学的思维方式辩证分析涉税事项,积极探索税收筹划的科学方法,创新设计税收筹划的方案,培养学生科学的税收筹划思维和广阔的税收筹划视野,具备科学税收筹划方法的能力。

4. 关心现实问题,增强社会责任意识

本课程融入立足于新时代、新发展阶段,引入相关案例引导学生关注现实税收筹划问题,使学生认识到税收筹划对纳税人可持续的生产经营活动的重要作用和违法税收筹划的法律责任,鼓励学生理论联系实际、求真务实地开展依法筹划,保障纳税人的合法权益,牢固树立税收筹划的法律责任意识和社会责任意识。

5. 弘扬税收法治,促进社会公平正义

税收筹划是在既定的税收法律法规框架下进行的,本课程融入介绍不同税种税制要素的法律界定和税收违法案件,帮助学生树立学法、懂法、守法、用法的意识,认识到违法税收筹划的法律后果,引导学生自觉养成遵守税法、捍卫税法权威的行为习惯,促进社会公平。

(三)教学方法

综合运用自主学习、任务驱动、课堂讲授、启发式教学、讨论式教学、案例研讨、实验教学、情景教学等教学方法,提升教学的吸引力和感染力,将思政教育融会贯通在"税收筹划"教学之中,引导学生正确认识依法纳税与依法税收筹划的辩证关系,牢固树立税收筹划的法律责任意识,培育学生的政治认同、家国情怀、法治意识、科学精神、职业道德、使命担当等。

# 三、课程各章节思政教学内容设计

### 第一章 税收筹划概述

**专业教学目标**

税收筹划是指纳税人在不违反税法的前提下,对生产经营活动、投资活动、筹资活动等涉税事项做出筹划,并充分利用税法规定对各税制要素进行有利于自身的安排,从而达到减轻税收负担目的的一种企业涉税管理活动。"税收筹划"为社会关注和被法律所认可的时间,可以追溯到20世纪30年代。随着我国经济日益融入全球化进程和海外投资进程的不断加快,税收筹划获得了新的发展。

【知识目标】

1. 学生了解税收筹划的发展、分类和影响因素。
2. 学生理解税收筹划的概念和特征、税收筹划与逃避缴纳税款、逃避追缴欠税、抗税、骗税的区别。
3. 学生熟悉税收筹划的目标、原则、成本与收益的分析方法。
4. 学生掌握税收筹划方法、步骤和实施条件。

【能力目标】

1. 培养学生对税收筹划方法、步骤、成本收益分析等知识的运用能力。
2. 培养学生对税收筹划目标、原则的辩证思维能力,辩证分析税收筹划与逃避缴纳税款、逃避追缴欠税、抗税、骗税的区别。

**课程思政教学目标及实践**

【育人目标】

1. **文化素养** 通过对税收筹划的概念、特征、分类、目标、原则、方法、步骤、实施条件的介绍,使学生了解税收筹划基本的理论知识,掌握税收筹划主要形式、成本与收益的分析方法。

2. **法治意识** 通过对税收筹划特征的介绍,培养学生牢固树立税收筹划的法律责任意识,使学生认识到违法税收筹划的法律责任,自觉捍卫税法权威。

3. **职业道德** 通过对偷税、逃税、抗税、骗税情形及法律责任的介绍,使学生认识到税收筹划过程中职业道德的重要性,教育学生坚持职业操守和职业道德底线。

4. 使命担当　通过对税收筹划的目标和方法的介绍,让学生认识到税收筹划对经济发展的重要作用,增强其使命感和责任感,激励学生涵养税收筹划的职业担当精神。

【教学方式与方法】

1. 启发式教学:课堂讲授税收筹划的特征,重点强调税收筹划的非违法性或合法性,掌握税收税筹划与偷税、逃避追缴欠税、抗税、骗税的区别。

2. 讨论式教学:分小组讨论税收筹划的成本与收益,使学生充分理解税收筹划的条件和影响因素。

3. 情景式教学:课后观看央视新闻直播间播出的"深挖犯罪链条 牵出骗税大案",增强学生的法治意识;推荐学生观看CCTV-12社会与法频道相关税案纪录片和国家税务总局网站税案通报,正确认识税收违法犯罪的法律后果。

【课程思政教学实例】

**案例材料:揭开委托加工面纱 浮出虚开骗税真相**

**(1)案例简介**

2018年9月20日,国家税务总局黄石市税务局稽查局收到国家税务总局下发的打击虚开骗税违法犯罪专项行动"第一波打击"案源——湖北BY饰品有限公司(简称"BY公司")涉嫌参与虚开发票,其发票主要流向湖北MX贸易有限公司(简称"MX公司"),MX公司涉嫌骗税。综合电子底账系统数据分析,BY公司有如下疑点:①销售收入异常突增,2016年销售收入990万元,2017年2150万元,2018年前8个月5500万元(仅2018年3月申报收入5370万元),短时间内开具发票金额猛增;②BY公司对MX公司销售额占全部销售收入比重高达90%,销售产品不是企业主营范围的饰品而是服装;③BY公司存在大量的委托加工业务。2018年10月24日,检查人员实地检查发现:BY公司和MX公司对外虽挂两块牌子,但实际控制人都是余某兴。检查人员依法调取了BY公司近3年的账证资料,运用关联人员、关联时间、关联金额的"三关联"综合分析。经查实,3年来BY公司接受虚开增值税专用发票682份,金额5482万元,税额931万元,为MX公司虚开专用发票258份,金额6946万元,税额1180万元,余某兴实际控制的MX公司累计骗取国家出口退税270余万元。2019年4月初,公安机关即以涉嫌虚开骗税罪,将余某兴刑事拘留。

资料来源:胡立新,揭开委托加工面纱 浮出虚开骗税真相,中国税务,2020年6期。

**(2)案例的思政元素**

①法治意识。让学生认识到税收违法犯罪的严重法律后果,牢固树立个人遵纪守法的意识,自觉抵制虚开骗税行为,为维护良好税收秩序贡献自己的力量。

②职业道德。让学生认识到税收职业道德的重要性,引导学生自觉养成遵守财税职业道德的习惯,不断提高学生的职业道德修养。

③使命担当。学生更加深刻认识到合法税收筹划的重大意义,激励学生学好税收筹划决策知识,增强依法税收筹划担当意识。

**(3)教学手段**

①翻转课堂教学:有机结合课前自主学习、课中多元化教学、课后反思,利用有关税收筹划的特征以及税收筹划与偷税、逃避追缴欠税、抗税、骗税的慕课资源、文献资源为翻转课堂提供支撑;利用"雨课堂"、学习通等智慧教学平台展示学生课前自主学习成果,教师对展示成果点评总结,引导学生掌握税收筹划的特征以及税收筹划与骗税的区别;引入有关骗税的案例启发学生对税收违法犯罪后果的思考,更加深刻认识到合法税收筹划的重大意义。

②知识点+案例+思政:在知识点"税收筹划的特征以及税收税筹划与偷税、逃避追缴欠税、抗税、骗税的区别"中引入思政元素与专业知识相结合,增强学生遵守税法、财税职业道德的意识和依法税收筹划的使命担当意识。

## 第二章　税收筹划的风险与防范

**专业教学目标**

税收筹划风险通常形成于税收筹划收益偏离纳税人预期的税收筹划结果,通常是由纳税人主观因素和外部客观因素共同作用产生的,通常表现为政策风险、经营活动风险、管理风险、制度风险等。准确把握和防范风险,是纳税人进行税收筹划运作时不可或缺的重要步骤。

**【知识目标】**

1. 学生了解税收筹划风险的含义及特点。
2. 学生熟悉税收筹划风险的类型和产生原因。
3. 学生掌握税收筹划风险的防范措施。

**【能力目标】**

1. 增强学生对税收筹划风险特点、风险的类型和产生原因的理解,培养理论联系实际辨别分析税收筹划风险及其产生原因的能力。
2. 培养学生对税收筹划风险知识的运用能力,独立思考如何有效防范税收筹划风险。

**课程思政教学目标及实践**

**【育人目标】**

1. 法治意识　通过对税收筹划各类风险的介绍,使学生充分认识到税收筹划风险的法律后果,帮助学生在税收筹划过程中自觉树立学法、懂法、守法、用法的意识。
2. 职业道德　通过对税收筹划风险产生原因的介绍,使学生充分认识到税收筹划风险与职业道德水平的关系,教育学生保持必要的职业谨慎和敏锐的专业判断力,引导学生树立正确的职业道德观。

**【教学方式与方法】**

1. 课堂讲授:知识传授税收筹划风险的类型及产生原因,引导学生深度思考税收筹划风险产生的根本原因以及如何有效防范税收筹划风险。
2. 案例研讨:通过分析薇某直播带货违法税收筹划风险产生的原因,让学生认识到税收违法行为的法律责任以及税收筹划风险与职业道德水平的关系,增强学生的税收法治意识。

**【课程思政教学实例】**

**案例材料:对薇某为代表直播带货缴税性质剖析**

(1)案例简介

薇某曾是中国互联网第一带货主播,在全网创下多次观看及成交额的纪录,在2019年11月11日创下单日成交额30亿元人民币的纪录。截至2021年12月20日,薇某在过去两年内累计偷逃税款6.43亿元人民币,应缴未缴纳税款6千万元人民币。杭州税务局决定对其追缴税款、加收滞纳金并处罚款,总共13.41亿人民币。

①薇某违法筹划行为情形及法律确认的偷税金额。调查发现过去两年内,薇某首先通过营造虚假收入来实现虚假申报规定的应纳所得税金额;其次薇某曾建立多家个人公司,利用关联交易和咨询服务费的方式转移利润,将从事直播带货收入所得转换为企业经营所得进行虚假申报偷逃税款;再次在海外设立公司,并且转移旗下子公司股权来逃避企业所得税。

②薇某违法筹划行为的影响。网络主播行业涉税特点是:涉税金额巨大,从数千万元到十几亿不等;社会影响面广,多为公众所熟悉的明星或网络名人;违法手段多为隐瞒收入、签订虚假合同、利用个人所得税政策差异逃避税款等。在信息化技术条件下,纳税人行为不规范,会带来涉税法律责任风险,一方面要承担补税、交滞纳金与罚款等经济后果,另一方面会对其个人名誉与职业生涯产生较大的影响。

资料来源:李天一.对薇某为代表直播带货缴税性质剖析及建议[J].现代企业,2022(08).

(2)案例的思政元素

①职业道德。学生充分认识到税收违法筹划的情形、存在的风险以及承担的法律责任,引导学生增强专业判断力,坚持职业操守和职业道德底线,不能做违背税法的事情。

②法治意识。深入分析违法筹划行为的认定与处罚,使学生充分认识到税收筹划风险的法律后果,帮助学生牢固树立个人遵守税法的意识和底线思维。

(3)教学手段

①翻转课堂教学:课前向学生推送税收筹划风险相关案例、慕课资源和文献资源,为翻转课堂提供支撑;利用雨课堂、学习通等智慧教学平台组织学生展示课前学习成果,教师点评;引入税收筹划风险的案例

教学启发学生对税收筹划风险及产生原因的思考,通过分组讨论让学生深刻认识到防范税收筹划风险的重要性。

②知识点+案例+思政:在知识点"税收筹划风险类型—税收筹划风险的产生原因"中引入思政元素与专业知识相结合,增强学生职业道德修养和税收法治意识。

### 第三章 增值税的税收筹划

**专业教学目标**

增值税筹划根据业务内容分为设立业务、销售业务、租赁业务、采购业务、出口退税业务的增值税筹划等。增值税的筹划方法包括纳税人筹划、计税依据筹划、税率筹划、税收优惠筹划等方面。纳税人筹划方法包括一般纳税人与小规模纳税人身份选择、避免成为增值税纳税人。计税依据筹划方法包括销售方式筹划、结算方式筹划、供货方选择筹划、折扣方式筹划、发票筹划等。税收优惠政策筹划方法包括农产品免税优惠政策筹划、增值税起征点筹划等。

【知识目标】

1. 学生了解增值税纳税人、计税依据、税率的法律界定和税收优惠政策。
2. 学生熟悉企业设立业务、销售业务、租赁业务、采购业务、出口退税业务的增值税筹划等。
3. 学生掌握增值税纳税人、计税依据、税率、税收优惠的具体筹划方法。

【能力目标】

1. 增强学生对增值税纳税人、计税依据、税率的法律界定和税收优惠政策的了解,掌握增值税税收筹划的原理、筹划要点和应注意的问题。
2. 培养学生对增值税纳税人、计税依据、税率具体筹划方法的运用能力,能够观察、分析现实的增值税问题并具有筹划方案设计的能力。

**课程思政教学目标及实践**

【育人目标】

1. 政治认同  通过对我国增值税税收优惠政策的讲解,增强学生对于中国特色增值税制度优越性的高度认同,使学生自觉增强"四个自信",坚定"四个意识"。

2. 法治意识  通过对增值税纳税人、计税依据、税率的法律界定介绍,使学生更加熟悉我国增值税税法知识和政策精神,牢固树立依法筹划的法治意识。

3. 实践创新精神  通过对增值税纳税人、计税依据、税率、税收优惠政策的具体筹划方法的介绍,引导学生理论联系实际,培养学生科学的税收筹划思维和方法论意识。

4. 国际视野  通过对我国出口退税业务的增值税筹划原理及方法的介绍,使学生关注我国的出口退税政策和国际贸易的税收政策,培养学生的国际税收视野。

5. 家国情怀  通过对我国增值税出口货物、劳务及服务退税政策以及出口退税业务筹划方法的讲解,增强学生对于增值税出口退税制度优越性的高度认同,增强学生爱党、爱国、爱社会主义、爱人民、爱集体的思想认识。

【教学方式与方法】

1. 自主学习:线上学习和线下自主阅读有关增值税纳税人、计税依据、税率的法律界定和增值税筹划方法的文献资料,撰写阅读笔记或思维导图。

2. 启发式教学:知识传授增值税筹划的原理、筹划要点,引导学生观察、分析现实的增值税问题并能设计增值税筹划的方案。

3. 案例研讨:通过分析云南白药集团有限公司增值税筹划案例,让学生熟悉我国增值税的法律规定和相关税收政策,牢固树立依法筹划的法治意识,培养学生科学的税收筹划思维和方法论意识。

【课程思政教学实例】

**案例材料:云南白药集团有限公司增值税筹划案例分析**

(1)案例简介

云南白药是众所周知的中华老字号品牌,主要经营化学原料药、化学药制剂、中成药、医疗器械等。

2018年云南白药实现利润总额38.26亿元,与2017年同期相比,净增了2.04亿元,增幅为5.64%。2018年纳税额为420933416.39元,税负率1.58%。2018年企业所得税金额为237407674.79元,占比56.4%;增值税155640674.24元,占其总额比例为36.96%,这两个税种占云南白药应纳税额中很大比例。

增值税计入的科目不属于企业的收入或成本,企业很有必要对增值税进行筹划。一是选择供货商对于增值税有很明显的影响,企业采购环节中一般会面对两种供货商,一般纳税人供货商可以开具专用的增值税专票,而小规模纳税人就没有这样的待遇,纳税人尽量从一般纳税人那里购进。二是从选择农产品的供货商方面看,其下辖子公司每年收购很多中药材原料,而中草药属于初级农产品,在购进环节免税,扣除率为11%(现在是9%),纳税人尽量多收购免税中药材。三是不同的结算方式会影响收入确认时间,从而影响税收负担的时间分布结构,分期收款可把企业当年税务成本递延到以后期间,从而降低企业税收成本同时也可以提高公司的现金流,企业应采取分期收款的结算方式。

资料来源:陈梦洁.云南白药集团有限公司税收筹划案例分析[J].产业与科技论坛,2019(21).

**(2)案例的思政元素**

①政治认同。通过对我国农产品免税政策和进项税额扣除政策的讲解,增强学生对于我国增值税制度优越性的高度认同,使学生自觉增强"四个自信"。

②法治意识。通过云南白药集团税收筹划方式的案例解析,使学生理解依法税收筹划的重要意义,牢固树立依法筹划的法治意识。

③实践创新精神。通过对云南白药集团三种税收筹划方式及效果的分析,鼓励学生运用科学的思维方式辩证分析税负问题,培养学生科学的税收筹划思维。

**(3)教学手段**

①翻转课堂教学:课前向学生推送增值税筹划的相关案例、慕课资源和文献资源,为翻转课堂提供支撑;利用"雨课堂"、学习通等智慧教学平台组织学生展示课前学习成果,教师点评;引入企业设立业务、销售业务、租赁业务、采购业务、出口退税业务中增值税筹划的案例教学,启发学生对增值税纳税人、计税依据、税率具体筹划方法的思考,通过分组讨论让学生深刻认识到科学设计税收筹划方案的重要性。

②知识点+案例+思政:在知识点"增值税纳税人筹划-增值税计税依据筹划-增值税税率筹划-增值税税收优惠政策筹划"中引入思政元素与专业知识相结合,增强学生的政治认同、家国情怀、法治意识,培养学生的实践创新精神、国际视野。

③学习测评:根据增值税筹划原理、方法等专业知识点进行随堂测试,并对测试结果点评。

## 第四章 消费税的筹划

**专业教学目标**

消费税筹划根据业务内容分为设立业务、销售业务、加工业务的筹划。增值税的筹划方法包括纳税人筹划、计税依据筹划、税率筹划、税收优惠筹划等方面。纳税人筹划方法包括企业合并、设立独立核算的销售机构。计税依据筹划方法包括销售方式筹划、结算方式筹划、销售价格的筹划、实物抵债及入股投资的筹划、委托加工方式选择的筹划等。

**【知识目标】**

1. 学生了解消费税纳税人、计税依据、税率的法律界定和税收优惠政策。
2. 学生熟悉企业设立业务、销售业务、加工业务的消费税筹划原理。
3. 学生掌握消费税纳税人、计税依据、税率、税收优惠的具体筹划方法。

**【能力目标】**

1. 增强学生对消费税纳税人、计税依据、税率的法律界定和税收优惠政策的了解,掌握消费税税收筹划的原理、筹划要点和应注意的问题。
2. 培养学生对消费税纳税人、计税依据、税收优惠具体筹划方法的运用能力,能够观察、分析现实的消费税问题并具有筹划方案设计的能力。

**课程思政教学目标及实践**

**【育人目标】**

1. 科学精神 通过对消费税纳税人、计税依据、税收优惠具体筹划方法的介绍,鼓励学生创新设计应税消费品委托加工的最优税收筹划方案,培养学生科学的税收筹划思维。

2. 文化素养　通过介绍消费税纳税人、计税依据、税率的法律界定及原理、筹划要点,帮助学生掌握消费税筹划的专业知识和基本方法。

3. 法治意识　通过对消费税纳税人、计税依据、税率的法律界定介绍,使学生更加熟悉和理解合法开展委托加工业务消费税筹划的重要意义,培养学生自觉遵守消费税法、依法筹划的法治意识。

4. 实践创新精神　通过对增值税纳税人、计税依据、税率、税收优惠的具体筹划方法的介绍,引导学生理论联系实际,培养学生科学的税收筹划思维和方法论意识。

【教学方式与方法】

1. 自主学习:线上学习和线下自主阅读有关消费税纳税人、计税依据、税率的法律界定和消费税筹划方法的文献资料,撰写阅读笔记或思维导图。

2. 启发式教学:知识传授消费税筹划的原理、筹划要点,引导学生观察、分析、设计消费税筹划的方案。

3. 案例式教学:通过分析五粮液集团消费税筹划案例,让学生熟悉我国消费税的法律规定和相关税收政策,培养学生科学的税收筹划思维、法治意识和实践创新精神。

【课程思政教学实例】

**案例材料:五粮液集团消费税筹划案例分析**

(1)案例简介

五粮液集团有限公司2016—2019年营业收入和消费税额逐年增加,2017年、2018年营业收入的增长速度远低于消费税,2019年营业收入的增长速度超过了消费税。2019年的消费税增长率为19.84%,远低于2018年、2017年消费税增长率。2016—2018年消费税占总收入比例连年增加,但2019年低于2018年。五粮液集团有限公司经营状况良好,2019年进行了合理的消费税税收筹划。

包装物的一系列业务对于五粮液集团就是品牌价值的部分体现,包装物的筹划主要有包装业务的转移和包装物收取租金。五粮液集团可设立子公司专门从事包装物经营,或收购一些包装物经营企业进行包装物精加工。同时,母公司将生产的白酒销售给子公司时,包装物采取收取押金方式,不随同白酒销售,使包装物不缴纳消费税,减少企业集团内部的税收负担。

五粮液集团2016—2019年实现连年增长,增长率都在20%以上,巨大的销售收入也会导致消费税的增长,因此,设立独立核算、主营销售业务的子公司势在必行。如果母公司出售给子公司的白酒价格为计税价格的70%,之后子公司对外销售,能够减少白酒营业收入6%的税款。2019年五粮液集团预计减少300708.6354万元消费税。

资料来源:刘欣,周海龙.白酒企业消费税税收筹划——以五粮液集团为例[J].全国流通经济,2020(18).

(2)案例的思政元素

①文化素养。帮助学生熟悉了白酒行业消费税征税的相关规定,引导学生掌握白酒行业消费税筹划的基本方法。

②法治意识。通过五粮液集团消费税筹划方式的案例解析,使学生理解白酒行业依法消费税筹划的重要意义,自觉养成依法筹划的法治意识。

③实践创新精神。通过对五粮液集团消费税筹划方式及效果的分析,激发学生提出和解决消费税筹划问题的专业兴趣,培养学生在复杂涉税情况下进行消费税筹划的胜任力。

(3)教学手段

①翻转课堂教学:课前向学生推送消费税筹划的相关案例、慕课资源和文献资源,为翻转课堂提供支撑;利用"雨课堂"、学习通等智慧教学平台组织学生展示课前学习成果,教师点评;引入企业设立业务、销售业务、加工业务的消费税筹划的案例教学,启发学生对消费税具体筹划方法的思考,通过分组讨论让学生深刻认识到创新设计税收筹划方案的重要性。

②知识点+案例+思政:在知识点"消费税纳税人筹划—消费税计税依据筹划—消费税税率筹划—消费税税收优惠政策筹划"中引入思政元素与专业知识相结合,增强学生的文化素养、法治意识,培养学生的实践创新精神。

## 第五章 企业所得税的筹划

**专业教学目标**

企业所得税筹划根据业务内容分为设立业务、投资业务、融资业务、销售业务、采购业务、研发业务、重组业务的筹划。企业所得税的筹划方法包括纳税人筹划、计税依据筹划、税率筹划、税收优惠筹划等方面。纳税人筹划方法包括纳税主体身份的选择、纳税主体身份的转变。计税依据筹划方法包括收入筹划、扣除项目筹划、亏损弥补筹划等。税率筹划包括享受低税率政策、预提所得税的筹划、享受增值税进项税额加计递减相关企业所得税的筹划。优惠政策的税收筹划包括选择投资地区、选择投资方向等。

**【知识目标】**

1. 学生了解企业所得税纳税人、计税依据、税率、税收优惠政策的相关法律规定。
2. 学生熟悉企业设立业务、投资业务、融资业务、销售业务、采购业务、研发业务、重组业务的企业所得税筹划原理。
3. 学生掌握企业所得税纳税人、计税依据、税率、税收优惠政策的具体筹划方法。

**【能力目标】**

1. 增强学生对企业所得税纳税人、计税依据、税率的法律界定和税收优惠政策的了解,掌握企业所得税筹划的原理、筹划要点和应注意的问题。
2. 培养学生对企业所得税筹划方法的运用能力,能够观察、分析现实的企业所得税问题并具有筹划方案设计的能力。

**课程思政教学目标及实践**

**【育人目标】**

1. 政治认同  通过对企业所得税税收优惠政策的介绍,使学生了解企业所得税税收优惠政策的减税效果,引导学生认识到中国特色企业所得税制度的优越性,培养学生自觉遵守企业所得税税法并依法进行税收筹划的意识,增使学生自觉增强"四个自信"和坚定"四个意识"。

2. 家国情怀  通过对我国企业所得税扣除项目筹划原理及方法的讲解,使学生了解扣除项目的减税效果,培养学生爱党、爱国、爱社会主义的思想认识,增强学生合理利用扣除项目、实现国家税收政策目标的报国情怀。

3. 法治意识  通过对企业所得税纳税人、计税依据、税率的法律界定和税收优惠政策的讲解,培养学生自觉遵守企业所得税税法并依法税收筹划的意识,为维护良好税收秩序贡献自己的力量。

4. 实践创新精神  通过对企业所得税筹划方法的介绍,引导结合企业设立业务、投资业务、融资业务、销售业务、采购业务、研发业务、重组业务具体涉税事项创新设计税收筹划方案,培养学生在复杂涉税情况下创新设计企业所得税筹划方案的胜任力。

**【教学方式与方法】**

1. 自主学习:线上学习和线下自主阅读有关企业所得税纳税人、计税依据、税率的法律界定和企业所得税筹划方法的文献资料,撰写阅读笔记或思维导图。

2. 实验教学:讲授企业所得税筹划实验的目标、步骤和方法,指导学生开展企业所得税筹划方案的设计性实验。

3. 案例式教学:通过分析杭州海康威视数字技术股份有限公司企业所得税筹划案例,让学生熟悉我国企业所得税的法律规定和相关税收政策,培养学生政治认同、家国情怀、法治意识和实践探索精神。

**【课程思政教学实例】**

**案例材料:杭州海康威视数字技术股份有限公司企业所得税筹划案例分析**

(1)案例简介

杭州海康威视数字股份有限公司(简称海康威视)于2010年5月在深圳证券交易所上市,2018年公司研发投入达44.83亿元。根据公司年报显示,该公司2017－2019年获得国家高新技术企业的认定,企业所得税按15%税率计缴。从2018年开始至2020年12月31日止,海康威视为研究新产品、新技术等投入的研发费用可以在据实扣除的基础上再加计75%扣除。2016－2018年企业利润总额从83亿元上升至124亿元,所得税费用2017年大幅增加后,2018年下降10.6亿元。

2018年,海康威视新增购置的通用及专用设备资产为414200538元,假设目前银行同期存款利率为3%。如果企业预计以后期间继续符合高新企业技术认定的情况,则对于专用设备可以采用缩短年限折旧法。2017年,海康威视费用总额达到32亿元,通过加计扣除的研发费用为2.1亿元,扣除比例为6.65%。2018年,海康威视研发费用上升至45亿元,扣除比例超过10%。海康威视在进行研发费用加计扣除申报时,被税务机关剔除了许多不符合抵扣规定的金额,使得允许加计扣除研发费用的比例仅在10%左右。根据企业年报显示,研发费用中的职工薪酬金额占总研发费用的比例高达72.7%,但加计扣除的研发费用总额还未占到职工薪酬的14.6%。由此可见,如果企业能先在职工薪酬的扣除上符合税法准予扣除的规定,就能节省一笔非常可观的开支。

资料来源:王芷涵.企业所得税税收筹划——以杭州海康威视数字技术股份有限公司为例[J].企业科技与发展,2020(01).

**(2)案例的思政元素**

①家国情怀。使学生了解企业所得税扣除项目的减税效果,增强学生合理利用扣除项目、实现国家税收政策目标的报国情怀。

②法治意识。通过海康威视企业所得税筹划的案例解析,使学生理解高新企业依法利用企业所得税扣除项目进行企业所得税筹划的重要意义,培养学生自觉遵守企业所得税税法并依法税收筹划的意识。

③实践创新精神。通过对海康威视企业所得税筹划方式及效果的分析,鼓励学生创新设计企业所得税筹划的方案,培养学生在复杂涉税情况下的探索创新精神。

**(3)教学手段**

①翻转课堂教学:课前向学生推送企业所得税筹划的相关案例、慕课资源和文献资源,为翻转课堂提供支撑;利用"雨课堂"、学习通等智慧教学平台组织学生展示课前学习成果,教师点评;引入企业研发业务企业所得税筹划的案例教学,启发学生对高新技术企业筹划方法的思考,通过分组讨论让学生深刻认识到创新设计企业所得税筹划方案的重要性。

②知识点＋案例＋思政:在知识点"企业所得税纳税人筹划－企业所得税计税依据筹划－企业所得税税收优惠政策筹划"中引入思政元素与专业知识相结合,培养学生的家国情怀、法治意识和实践探索精神。

### 第六章 个人所得税的筹划

**专业教学目标**

个人所得税筹划根据个人所得类型分为工资薪金、稿酬所得、财产转让所得、利息股息红利的筹划。个人所得税的筹划方法包括纳税人筹划、计税依据筹划、税率筹划、税收优惠筹划等方面。纳税人筹划方法包括居民个人纳税人身份与非居民个人纳税人身份的转换、公司制企业与个体工商户等企业组织形式的选择。计税依据筹划方法包括应税收入筹划、费用扣除项目筹划等。税率筹划包括避免边际税率提高、高边际税率向低边际税率转换、收入项目的转换等。优惠政策的税收筹划包括境外所得已纳税额扣除的筹划、捐赠的筹划等。

**【知识目标】**

1. 学生了解个人所得税纳税人、计税依据、税率、税收优惠政策的相关法律规定。
2. 学生熟悉工资薪金、稿酬所得、财产转让所得、利息股息红利的筹划原理。
3. 学生掌握个人所得税纳税人、计税依据、税率、税收优惠政策的筹划方法。

**【能力目标】**

1. 增强学生对个人所得税纳税人、计税依据、税率的法律界定和税收优惠政策的了解,掌握个人所得税的筹划原理、筹划要点。
2. 培养学生对个人所得税筹划方法的运用能力,能够观察、分析个人所得税问题并具有筹划方案设计的能力。

**课程思政教学目标及实践**

**【育人目标】**

1. 政治认同 通过对我国个体工商户、个人独资企业、合伙企业及公司制企业相关纳税规定以及个人所得税优惠政策的介绍,使学生了解个体工商户、个人独资企业、合伙企业相关税收政策的节税效应以及个人所得税优惠政策的减税效果,增强学生对于我国个人所得税制度优越性的高度认同,不断增强"四个自信"。

2. 家国情怀　个人所得税专项附加扣除税法知识的讲授和税收筹划方法的讲解,使学生更加了解个人所得税专项附加扣除规定的政策目标和效果,提高学生爱党、爱国、爱社会主义、爱人民、爱集体的思想认识。

3. 法治意识　通过对个人所得税纳税人、计税依据、税率的法律界定的讲解,使学生认识到对个人所得违法筹划的法律责任,培养学生学法、懂法、守法、用法的意识,增强学生遵守和捍卫个人所得税法权威的法治意识。

4. 科学精神　通过对个人所得税筹划方法的介绍,引导学生结合工资薪金、稿酬所得、财产转让所得创新设计税收筹划方案,辩证分析不同筹划方案的节税效果,培养学生科学的税收筹划思维。

【教学方式与方法】

1. 自主学习:线上学习和线下自主阅读有关个人所得税纳税人、计税依据、税率的法律界定和个人所得税筹划方法的文献资料,撰写阅读笔记或思维导图。

2. 课堂讲授:知识传授个人所得税筹划的原理、筹划要点,引导学生观察、分析、设计个人所得税筹划的方案。

3. 案例研讨:通过分析个人所得税筹划的相关案例,让学生熟悉和掌握个人所得税的筹划方法,培养学生政治认同、家国情怀、法治意识和科学精神。

【课程思政教学实例】

**案例材料:青岛城市投资集团个人所得税纳税筹划案例分析**

(1)案例简介

青岛城市投资集团为黄岛区一家股份制企业,成立于2015年7月份,包括4个全资子公司和3个参股子公司。集团现有员工40人,2018年12月以来,每月工资应发额总计54.75万元。从工资发放情况看,年收入45万元的1人、43万元的1人、35万元的2人、29万元的6人、25万元的5人,总计15人。集个人所得税主要是集团15名中层以上干部职工的工资薪金所得缴纳的税额,占公司个人所得税总额的100%。2018年12月,15名中层以上干部职工工资总额为380833元,缴纳个人所得税55390元。税负较高的原因是该月应扣除额较低,仅6294元,其中住房公积金缴纳基数仅1800元,缴纳比例仅5%。根据政策规定:单位和个人分别在不超过职工本人上一年度月平均工资12%的幅度内,其实际缴存的住房公积金,允许在个人应纳税所得额中扣除。从2019年1月开始,城市投资集团针对个人住房公积金等职工福利进行纳税筹划。该月15名中层及以上干部职工工资总额仍为380833元,但个人所得税仅缴纳40986元,比上月下降了14404元。该月税负下降的原因是应扣除额的增加,增至62197元,主要是上述缴费基数、比例等均提高到青岛市规定的最高执行标准,其中公积金缴纳基数提高20884.74元,公积金的个人缴纳比例提高到12%,纳税筹划的成果初步显现。

资料来源:魏景法.青岛城市投资集团个人所得税纳税筹划案例分析[J].航空财会,2021(05).

(2)案例的思政元素

①家国情怀。使学生了解个人所得税专项附加扣除规定的政策目标和减税效果,提高学生爱党、爱国、爱社会主义、爱人民、爱集体的思想认识。

②法治意识。使学生理解个人所得税专项附加扣除项目进行个人所得税筹划的重要意义,增强学生学法、懂法、守法、用法的意识。

③科学精神。鼓励学生创新设计个人所得税筹划方案,培养学生在复杂涉税情况下的科学筹划思维。

(3)教学手段

①翻转课堂教学:课前向学生推送个人所得税筹划的相关案例、慕课资源和文献资源,为翻转课堂提供支撑;利用"雨课堂"、学习通等智慧教学平台组织学生展示课前学习成果,教师点评;引入工资薪金专项附加扣除筹划的案例教学,启发学生对个人所得税工资薪金筹划方法的思考,通过分组讨论让学生深刻认识到创新设计工资薪金筹划方案的重要性。

②知识点+案例+思政:在知识点"政策规定-筹划案例评析-税收筹划要点"中引入思政元素与专

业知识相结合,培养学生的家国情怀、法治意识和科学精神。

③学习测评:根据个人所得税工资薪金专项附加扣除税法规定、工资薪金筹划方法等专业知识点进行随堂测试,并对测试结果点评。

## 四、课程思政教学评价

### (一)对教师的评价

1. 教学准备的评价

将《税收筹划》课程思政建设落实课前材料选荐、教学任务设计、教学案例准备、情景教学材料选荐等教学准备各个环节,教师要结合税收筹划课程教学的知识目标、能力目标,深入挖掘税收筹划课程各章节的课程思政教学元素,设计各章节的课程思政教学目标、课程思政教学内容,能够运用有效教学方法实现各章节课程思政的教学目标。

2. 教学过程的评价

将课程思政贯穿到税收筹划教学全过程,综合运用自主学习、任务驱动、课堂讲授、启发式教学、讨论式教学、案例研讨、情景教学等教学方法,将各章节的课程思政教学元素自然融入到相应知识点的知识讲授、案例分析、能力培养之中,具有引导学生自主学习税收筹划知识的能力、改进知识点教学内容的能力、有效运用课程思政教学方法的能力等。

3. 教学结果的评价

建立健全学生、督导、同行多主体参与的税收筹划课程教学结果评价体系,结合案例分析、学习测评、分组讨论、期末考核等方式进行有效考核,结合同行评议、学生评教、教学督导检查等方式覆盖教学全过程,做到主观评价和客观评价相结合。

4. 评价结果的运用

积极听取学生、督导、同行的评价意见,科学分析学生考核成绩,适时对税收筹划的教学过程及教学内容进行反思改进。

### (二)对学生的评价

1. 学习过程的评价

在充分尊重学生的主体性与差异性的基础上,检验学生是否认真完成了老师布置的税收筹划各章节的自主学习任务、课堂展示成果任务、分组讨论任务和学习测评任务,科学评价学生在学习税收筹划知识、运用税收筹划方法等方面的积极性、参与性以及成绩等方面。

2. 学习效果的评价

通过税收筹划相应章节的课前学习成果展示、案例分组讨论、随堂测试、课后测评、期末考试等多种形式,检验学生对税收筹划课程思政元素的理解和掌握。

3. 评价结果的运用

科学分析评价学生对税收筹划课程的学习结果,动态跟踪学生的学习情况,通过座谈会、教学研讨等形式较强交流,适时总结经验、发现和改进不足,提高学生对《税收筹划》课程思政的学习效果。

## 五、课程思政教学素材

| 序号 | 内容 | 形式 |
| --- | --- | --- |
| 1 | 一本书讲透税收筹划 | 阅读材料 |
| 2 | 税收筹划一本通 | 阅读材料 |
| 3 | 税法一本通 | 阅读材料 |
| 4 | 大国财政 砥砺前行——十八大以来财税改革大事记 | 阅读材料 |
| 5 | 中华人民共和国税收征收管理法 | 法律文件 |

续表

| 序号 | 内容 | 形式 |
|---|---|---|
| 6 | 中华人民共和国税收征收管理法实施细则 | 法律文件 |
| 7 | 中华人民共和国发票管理办法 | 法律文件 |
| 8 | 中华人民共和国发票管理办法实施细则 | 法律文件 |
| 9 | 国家税务总局政策指引、政策解读 | 政策文件 |
| 10 | 国家税务总局公报 | 政策文件 |
| 11 | 国家税务总局税收政策库 | 政策文件 |
| 12 | 中华人民共和国企业所得税法 | 法律文件 |
| 13 | 中华人民共和国企业所得税法实施条例 | 法律文件 |
| 14 | 中华人民共和国增值税暂行条例 | 法律文件 |
| 15 | 中华人民共和国增值税暂行条例实施细则 | 法律文件 |
| 16 | 中华人民共和国消费税暂行条例 | 法律文件 |
| 17 | 中华人民共和国消费税暂行条例实施细则 | 法律文件 |
| 18 | 中华人民共和国个人所得税法 | 法律文件 |
| 19 | 中华人民共和国个人所得税法实施条例 | 法律文件 |
| 20 | 支持小微企业和个体工商户发展税费优惠政策指引 | 政策文件 |
| 21 | 退税减税政策操作指引 | 政策文件 |
| 22 | 税务稽查学习手册 | 阅读材料 |
| 23 | 华为公司税收筹划案例 | 案例分析 |
| 24 | 人民网:带货达人别变"逃税典型" 这些税法底线触碰不得 | 案例分析 |
| 25 | 新华社:查处薇某偷逃税案件再次敲响警钟 直播行业规范发展仍需多部门协同发力 | 案例分析 |
| 26 | 上海市税务局第四稽查局有关负责人就邓伦偷逃税案件答记者问 | 案例分析 |
| 27 | 揭开委托加工面纱 浮出虚开骗税真相 | 案例分析 |
| 28 | 对薇某为代表直播带货缴税性质剖析 | 案例分析 |
| 29 | 云南白药集团有限公司增值税筹划案例分析 | 案例分析 |
| 30 | 五粮液集团消费税筹划案例分析 | 案例分析 |
| 31 | 杭州海康威视数字技术股份有限公司企业所得税筹划案例分析 | 案例分析 |
| 32 | 青岛城市投资集团个人所得税纳税筹划案例分析 | 案例分析 |
| 33 | 最新税收筹划经典案例与深度解析 | 阅读材料 |
| 34 | 从典型涉税案例看个税纳税筹划风险 | 阅读材料 |
| 35 | 企业纳税筹划风险问题研究 | 阅读材料 |
| 36 | 电商直播带货的税务风险及其管理——以薇某事件为例 | 案例分析 |
| 37 | 森马服饰股份有限公司税收筹划案例分析 | 案例分析 |
| 38 | 基于纳税平衡点的增值税税收筹划探析 | 阅读材料 |
| 39 | 安徽迎驾贡酒公司消费税纳税筹划分析 | 案例分析 |
| 40 | 四川水井坊消费税纳税筹划案例分析 | 案例分析 |
| 41 | 企业纳税筹划实用技巧与案例材料分析 | 案例分析 |
| 42 | 京新药业企业所得税纳税筹划研究 | 案例分析 |
| 43 | 纳税筹划实战101例 | 阅读材料 |
| 44 | 个人综合所得纳税筹划实例 | 阅读材料 |

# 《涉税服务概论》课程思政教学指南

温桂荣[1]　陈安琪[1]　冯力沛[2]

([1] 湖南工商大学　[2] 西安财经大学)

## 一、课程简介与课程目标

### (一)课程简介

《涉税服务概论》是财政学、税收学专业的专业选修课,要求学生在预修完成《税法》《中级财务会计》等专业主干课的基础上选修,在人才培养方案中属于综合运用性较强的专业课,主要提升学生税法与财务会计专业交叉综合运用能力和涉税服务实务操作能力。课程内容主要包括涉税服务基础知识、涉税服务实务和涉税服务制度与质量监控等内容。通过各章节的学习,把握税收征管、涉税专业服务程序与方法、涉税会计核算、纳税申报代理服务、涉税鉴证、纳税审查以及税务咨询等涉税专业服务专业知识,深刻理解涉税服务实务的基本原理和税法规定,熟练掌握主要税种的纳税审核和申报代理业务,了解涉税服务对税收征纳主体在社会经济生活各方面的广泛影响,使学生更进一步地了解和掌握涉税服务实务的基本理论和实务,理解涉税服务在我国经济发展中的重要意义。

本课程坚持以马克思主义原理为指导,强调涉税服务理论的中国特色社会科学学科体系、学术体系、话语体系。综合运用启发式教学、小组讨论、案例解析、新闻解读和微课教学等多种教学方法,激发学生学习兴趣,引导学生深入思考。帮助学生了解涉税服务领域的国家战略、法律法规和相关政策,引导学生深入涉税服务实践、关注涉税服务领域存在的现实问题,培育学生为国理财、纳税光荣、诚信服务、德法兼修的财税职业素养。

### (二)课程目标

本课程为专业课程。通过本课程的学习,使学生能够达到以下目标:

1. 知识目标:本课程是财政税收专业主干课程之一,主要围绕涉税服务的基本理论和基本实务展开,具体包括涉税服务基本原理、涉税服务基础准备和涉税服务实务等内容。要求学生了解税务师行业的各项基本制度和规则,熟悉流转税、所得税以及其他税种的具体操作程序和操作规范,熟练掌握主要税种的审核内容和税额计算、账务调整等申报内容,正确掌握税务咨询的技巧和方法,掌握税务师行业的基本知识和技能,为以后在税务师事务所等中介机构或企事业单位从事涉税实务实际工作奠定坚实的基础。

2. 能力目标:具有获取涉税专业服务知识的能力,能够掌握有效的涉税会计核算和纳税申报代理方法,主动接受涉税服务终身教育;具有涉税服务实践应用能力和一定的涉税服务审核、申报代理研究能力,能够运用涉税专业理论知识和现代税收代理方法分析解决现实问题,具备创新精神、创业意识和创新创业能力。

3. 育人目标:热爱祖国,遵纪守法,具有良好的道德品质和文明习惯,培养良好的涉税服务职业操守和职业道德,具备社会责任感和涉税服务人文关怀意识;具有良好的税务服务专业素养,熟悉国家税收政策和涉税服务法律法规,了解国内外涉税服务理论与政策的发展动态;具有严谨计税并开展涉税服务的科学精神;具有良好的身心素质。

### (三)课程教材和资料

➢ 推荐教材

全国税务师职业资格考试教材编写组 编.涉税服务实务[M].北京:中国税务出版社,2021(每年更新版).

➢ 参考教材或推荐书籍

1. 奚卫华.税务代理实务[M].北京:中国人民大学出版社,2017(或最新版).
2. 董再平,孔晓莉.税务代理实务[M].东北:东北财经大学出版社,2017(或最新版).
3. 姜雅净,李艳.税务代理实务[M].上海:上海财经大学出版社,2015(或最新版).
4. 正保会计网校.涉税服务实务 经典题解(税务师2022教材辅导)[M].上海:上海交通大学出版社,2022年6月版(或最新版).

➢ 学术刊物与学习资源

国内外经济财政税收类各类期刊。

学校图书馆提供的各种数字资源,特别是"中国知网"。

➢ 推荐网站

中华人民共和国财政部网站:http://www.mof.gov.cn/index.htm.

国家税务总局官网：chinatax.gov.cn.

各财经类大学财政税务学院或税务系网站。

# 二、课程思政教学总体设计

## (一)课程思政教学目标

本课程坚持以马克思列宁主义、毛泽东思想、邓小平理论、"三个代表"重要思想为指导,深入贯彻落实习近平总书记关于教育的重要论述和全国教育大会精神,坚持立德树人的根本任务,旨在培养践行社会主义核心价值观,具有公共意识和公共精神,坚持开源节流、为国理财,具备良好的思想品德、涉税服务专业素养、税务代理研究能力和应用能力的高素质专业人才。

本课程立足于解决培养什么样的社会主义涉税服务事业接班人、怎样培养社会主义涉税服务事业接班人这一根本问题,围绕全面提高社会主义涉税服务事业人才培养能力这一核心点,努力提高涉税服务实务教学水平和教学能力。

将课程思政融入课堂教学全过程。教学过程中将社会主义核心价值观科学融入涉税服务知识传授和能力培养之中,创新智慧课堂教学模式,帮助学生塑造正确的世界观、人生观、价值观,发挥好本课程育人作用,可以涉及以下维度实现思政教学目标。

1. 政治认同

通过系统讲授中国涉税服务历史沿革和取得的各项改革成效,展示坚持中国共产党领导的重要性,深化改革开放和推进税收制度改革的重要性,用大量的数据和事实促使学生真正认同"中国共产党为什么能、马克思主义为什么行、社会主义为什么好",引导学生了解世情国情党情民情,增强对党的创新理论的政治认同、思想认同、情感认同,坚定中国特色社会主义道路自信、理论自信、制度自信、文化自信。

2. 制度自信

通过涉税专业服务业务程序和方法、增值税和企业所得税法等主体内容的讲授,税法与会计的差异等重点内容的讨论等,融入我国近年来大规模减税政策实践以及取得的显著成果,并分组讨论留抵退税制度改革、小微企业减税、个人所得税等减税案例材料及取得的显著减税效果,加强学生对我国税收制度的认同感和自豪感,自觉增强制度自信。

3. 家国情怀

通过案例分析增值税、消费税、企业所得税、个人所得税等主体税种纳税审核特点和规律,增强学生纳税光荣的公共意识和公共责任感。提倡学生积极投身地方基层,全心全意服务纳税人,努力培植税源,为国理财,培植学生浓厚的家国情怀。

4. 培育社会主义核心价值观

基于涉税服务实务的专业性和严谨性,在涉税服务基础知识、涉税服务实务和涉税服务制度与质量监控等内容中,全过程融入社会主义核心价值观,和每个典型知识点深入结合,通过案例教学等方式教育学生深刻理解社会主义核心价值观的丰富内涵,准确把握其精神实质,引导学生把事业理想和道德追求融入国家涉税服务事业,将社会主义核心价值观内化为税务人精神追求,外化为税务人自觉行动。

5. 纳税光荣

涉税服务是我国国务院"放管服"改革的重要组成部分,是优化税收营商环境,促进涉税专业服务规范健康发展的重要内容。我国税收取之于民用之于民,每一分钱都来自于纳税人的贡献。激励学生树立全心全意为纳税人服务的理念,践行中国共产党"立党为公,执政为民""聚众人之财,办众人之事"的人民至上思想,坚持开源节流,坚守"我纳税我光荣"。

6. 公共精神

本课程培养学生爱党、爱国、爱社会主义、爱人民、爱集体的思想认识,通过学习税收征收管理、涉税服务程序与方法、税务咨询服务、纳税申报审核和代理等基本理论,鼓励学生关心国家税源培育、依法征税、纳税光荣等公共事务,积极参加各类线上线下税法宣传活动,培育公共精神,遵守纳税公共秩序和自觉维护国家税收公共利益。

7. 职业道德

税收在国家治理中发挥基础性、支柱性、保障性作用。涉税服务涉及到国家和千千万万个纳税人根本利益的正确分配关系,通过学习税收征管法律和流程,通过实践案例分析,鼓励学生正确和谐处理征纳关系,让学生认识到税收服务职业道德的重要性,自觉养成遵守涉税服务职业道德的习惯。鼓励学生积极践行绿色税收服务理念,增强智能化税收服务意识,切实提高学生的涉税服务职业道德修养,树立远大的职业理想。

8. 法治意识

涉税服务概论课程涉及涉税会计核算、纳税审核和申报多个方面,涉及到大量的税收实体法和程序法知识,内容涵盖中国当前税务管理领域主要的财税法律法规。通过本课程学习,让学生系统认识到税收征管、纳税申报、纳税审核、涉税鉴证、税务咨询服务等工作对于我国税收工作发展完善的重要推动作用。让学生牢固树立纳税人遵纪守法的意识和底线思维,激励学生自发崇尚、遵守和捍卫税收法律,为涉税服务领域的改革和法治建设贡献自己的力量。

9. 人文素养

本课程注重学生人文素养的养成,尤其是"大国税收""为国理财"的使命担当。税收服务人文素养的养成,是在涉税服务业务素质的基础上不断积累深化、不断提高和丰富的过程。涉税人文素养既包含财政税收理论知识,又包含涉税服务业务操作能力,还包含涉税服务品德作风、家国情怀和人文关怀。

10. 科学精神

本课程引导学生增强理性思维,拥有求真精神,尊重纳税申报事实和证据,强化纳税服务严谨性;培养学生科学的税收逻辑能力,能运用税收思维认识事物、发现和解决现实涉税服务问题。在本课程教学过程中,通过大量的纳税申报实践案例讲授和课后拓展训练,引导学生阅读财税经典著作,培养学生深入实际开展涉税服务问题调查研究的科学精神。

11. 实践创新

强化大数据、人工智能和元宇宙等现代信息技术的实践运用,融入税收大数据进行税收风险分析,激发学生学习掌握现代信息技术的兴趣和意愿,不断提升大数据税收征管实践实习能力,积极关注现实经济各个环节税收风险的产生和发展,运用税收大数据精准发现问题并提出适当解决思路和方法。

12. 国际视野

在新时代、新理念、新格局下,尤其是各国数字经济蓬勃发展的当下,大数据、人工智能等新兴技术对纳税申报、纳税审核、税务咨询等工作提出了新的要求。国家的经济社会发展需要更多的具有国际视野的高素质人才。本课程通过让学生了解国际间涉税服务的差异化和前沿发展趋势,特别是关注和研究发达国家、发展中国家政府间涉税服务制度和法律改革的比较,培养学生广阔的国际视野。

**(二)课程思政教学内容**

《涉税服务概论》课程的思政内容可以涉及但不限于以下几方面:

1. 坚定政治立场,具备良好的思想品德

本课程通过深入挖掘涉税服务课程思政元素,引入丰富的涉税案例素材,讲好中国纳税审核和纳税申报等涉税服务故事,帮助学生深刻领会党领导下的政府涉税服务制度和法律法规建设所取得的主要成就和成功经验,涵养学生的家国情怀和涉税服务公共意识,引导学生增强"四个意识"、坚定"四个自信"、做到"两个维护",敢于维护国家税收利益。通过强化税收纪律教育,帮助学生牢固树立税收法治意识、廉洁意识和集体意识,培养品行端正、爱岗敬业和富有团结精神的高素质专业人才。

2. 熟悉涉税服务,具备良好的专业素养

本课程的讲授内容将突出税收在国家治理中的基础性和支柱性地位,通过加入大量中国涉税服务制度、法律等改革的最新实践,融入和体现中国特色经验。并通过智慧教室、翻转课堂、小组案例讨论等丰富多样的教学形式,激励学生了解中国的国情、社情、民情,使之具备良好的专业素养,掌握较为系统的涉税服务专业知识,了解我国涉税服务专业的运行机制、改革动态和发展方向。

3. 富有税收思维,具备专业的研究能力

本课程注重培养学生的科学精神和税收思维,将专业知识传授与研究能力培养相结合,帮助学生了解税收学术研究的基本规范,夯实研究基础,并运用所学的经济学、统计学和计量经济学等研究方法,开展与课程相关的问题研究。提倡"扎根中国大地"的研究精神,为加快优化和完善中国特色涉税服务制度体系贡献自己全部力量。

4. 关心现实问题,具备良好的涉税应用能力

本课程倡导开源节流、为国理财,提倡全心全意为纳税人服务的公共精神和公共品德,践行纳税光荣的理念,注重理论与实践相结合,鼓励学生通过案例分析、综合研判、实地调研等途径,了解涉税服务领域的痛点问题,并结合所学专业知识进行深入研讨,为从事税务代理、税务筹划、税务咨询等相关财税实务工作和解决复杂现实问题奠定良好的基础。

(三)教学方法

本课程综合运用专题讲授、启发式教学、小组讨论、案例教学、情景教学、调查研究和慕课微课教学等多种教学方法,讲好中国涉税服务故事,激发学生学习兴趣,引导学生独立思考和具有终身学习能力,始终坚定"四个自信"、做到"两个维护"。

# 三、课程各章节思政教学内容设计

**第一章　导论**

**专业教学目标**

涉税专业服务作为涉税专业服务机构接受委托,利用专业知识和技能,就涉税事项向委托人提供税务代理等的服务,在其产生与发展的过程中,形成了独特的特点,具有了重要的地位和作用。有鉴于此,熟悉涉税专业服务机构及业务范围就成为本章的主要教学目标。而为了保障涉税专业服务的高效供给,了解涉税专业服务的行政监督和掌握税务师、税务师事务所及行业协会的基本情况也在本章的教学目标之内。

【知识目标】

1. 了解涉税专业服务的概念与特点,知晓涉税专业服务的地位与作用。
2. 熟悉涉税专业服务机构的业务范围。
3. 掌握税务师事务所行政登记和涉税专业服务机构的信用评价。

【能力目标】

1. 激发学生对涉税专业服务的兴趣,提升学生自主学习知识的能力。
2. 提升学生的理论素养,为学生运用理论解决实际问题奠定基础。

**课程思政教学目标及实践**

【育人目标】

1. 政治认同　通过介绍涉税专业服务的产生与发展,让学生了解我国社会主义市场经济发展的基本国情,增强学生对国家发展历史的政治认同。
2. 法治意识　在介绍涉税专业服务的行政监督时,突出涉税专业服务的合法合规性,以此厚植学生的法治意识。
3. 职业道德　藉由税务师、税务师事务所的介绍,让学生知晓从事涉税专业服务的职业道德和行业准

则,提升社会责任感。

**【教学方式与方法】**

1. 课堂讲授引导:注重讲授我国涉税专业服务机构的业务范围,引导学生掌握税务师事务所的设立条件和信用评价等知识点,让学生明晰法律法规在涉税专业服务中的地位,以此树立学生的法治观念。

2. 课堂小组讨论:课前通过学习通 App 发布讨论主题,要求学生准备相关材料,在课堂上以协同思辨的形式让学生基于公共治理的角度对涉税服务行业发展存在的问题发表看法,并形成系统性的文字材料作为作业,以此达到政治认同的培养。

3. 课后复习巩固:从中国税务报、注册税务师网站等媒体搜集涉税服务案例,通过学习通 App 向学生推送,要求学生在规定时间内根据所学知识完成案例分析,以此提升学生解决实际问题的能力,为职业道德的树立奠定基础。

**【课程思政教学实例】**

**案例材料:发挥专业服务功能,助力企业减税退税**

(1)案例简介

2022 年上半年,黑龙江亚太鹏盛税务师事务所所长王丽艳和她的同事们一直在忙碌。既要给服务的会员企业办理常规的企业所得税汇算清缴业务,又要帮助企业准备办理享受新的组合式税费支持政策的各类资料,还要与当地税务部门合作开展有关退税减税政策的公益宣传辅导。

在各地,像王丽艳这样忙碌的税务师有很多。今年以来,全国上千家税务师事务所,都把帮助纳税人缴费人享受新的组合式税费支持政策作为当前重点工作。有的通过签约服务,帮助企业精准享受优惠、防范退税风险;有的通过公益培训,为企业答疑解惑、更好把握政策。在新的组合式税费支持政策精准落地的过程中,有来自税务师行业的一份力量。

在今年新的组合式税费支持政策落地过程中,全国各地的税务师运用专业知识,辅导企业如实申报、正确运用留抵退税等政策,帮助企业防范涉税风险。据了解,目前全国各地税务师事务所正式签约服务大型集团企业纳税人 8478 户,正式签约服务中型、小型、微型企业纳税人 29 万户。

资料来源:中国注册税务师协会网站 https://www.cctaa.cn/info/17835.

(2)案例的思政元素

①坚守职业道德。辅导企业如实申报、正确运用留抵退税等政策,帮助企业防范涉税风险。

②担负社会责任。与当地税务部门合作开展有关退税减税政策的公益宣传辅导。

(3)教学手段

多点融合:在涉税服务的知识点中引入职业道德、社会责任等思政元素和减税降费等实事,增强学生的使命与担当。

## 第二章 税收征收管理

**专业教学目标**

作为国家税务机关依照税收政策、法令、制度对税收分配全过程所进行的计划、组织、协调和监督控制的一种管理活动,税收征收管理的实施不仅有助于规范税收征缴主体的行为,还有助于保障财政收入的筹集。为此,本章的内容安排包括税务管理、税款征收(缴纳)、税务检查和征纳双方的权利、义务及法律责任等。藉由这些内容的讲授,以期让学生能够了解税收征收管理的重要性,熟悉征缴主体双方的权利和义务,掌握变更税务登记等涉税活动的注意事项。

**【知识目标】**

1. 掌握市场主体在实施税务登记变更、账簿凭证管理和异常增值税扣税凭证管理时应注意的事项。

2. 了解税款征收的方式与措施。

3. 熟悉税务检查的范围、征缴主体各自的权利、义务及法律责任。

**【能力目标】**

1. 培养学生运用政策法规解决现实问题的能力。

2. 培养学生自主学习的能力,这种能力可以让学生敏锐捕捉到税收政策法规的变动,不断更新税收征管知识。

课程思政教学目标及实践

【育人目标】

1. 实践创新　由于税收征收管理处理的是国家与个人的财产关系,所以从理论还是现实都需要学生具有发现问题、解决问题的兴趣和热情,藉此可以培养学生的实践创新能力。

2. 职业道德　税收征收管理具有神圣性,若实施有误,将严重影响国家的长治久安,通过讲授税收征缴双方的权利和义务,提升学生的纳税人意识和从业的社会责任感,也能为学生在未来选择税收征管工作树立职业理想。

【教学方式与方法】

1. 课堂讲授引导:通过税务登记变更、账簿凭证管理和异常增值税扣税凭证管理等内容的讲授,引导学生熟悉征缴双方的权利和义务,并掌握税务检查的范围,让学生能够明晰纳税人意识和社会责任感,也能为学生职业理想的树立提供可选择项。

2. 课堂小组讨论:课前组织涉税专业服务案例,利用学习通 App 予以发布,要求学生在课堂上以小组讨论的形式对案例中存在的问题发表看法,并最终形成集体意见作为平时作业,藉由这种教学方法,提高学生解决问题的能力和热情,以达到培养学生实践创新能力的目标。

3. 课后复习实践:藉由中国税务报、注册税务师网站等媒体搜集涉税专业服务资料,要求学生运用所学知识对资料中存在的税收征收管理问题展开分析归纳,并给出解决之策,以此夯实学生的专业知识储备,在锻炼了学生实践创新能力的同时,也为学生职业理想的萌发播撒了"种子"。

【课程思政教学实例】

**案例材料:账簿管理不严谨,刑罚已然落身上**

(1)案例简介

黑龙江省××建设有限公司2003年12月成立,住所地是黑龙江省哈尔滨市呼兰区××路。2005年2月28日,××公司与诸永高速公路温州段建设指挥部签订合同,承包诸永高速公路温州段第九合同段土建工程,合同总价1.6亿元,由××公司浙江省分公司负责建设,由于分公司无力经营,××公司于2007年年初聘任该工程分包桥梁施工的被告人李某甲(曾用名李某乙)为××公司副总经理,负责第九合同段工程施工管理。在签订施工合同之前,李某甲让同案人郑某某在其承包的第九合同段工程项目部负责管理财务工作,之后李某甲授权郑某某于2007年4月13日与××公司签订了第九合同段工程施工合同书。2007-2009年由郑某某负责管理第九合同段工程财务,该工程会计资料及业内资料均由李某甲、郑某某保管。此后,因工程结算需要,××公司多次向李某甲、郑某某索要项目全部会计资料,李某甲、郑某某经合谋拒不交出。

针对这一案件,负责提起公诉的黑龙江省哈尔滨市呼兰区人民检察院认为,被告人李某甲隐匿应当依法保存的会计凭证、会计账簿,情节严重,其行为触犯了《中华人民共和国刑法》第一百六十二条第一款,犯罪事实清楚,证据确实、充分,应当以隐匿会计凭证、会计账簿罪追究其刑事责任。

资料来源:12309中国检察网 https://www.12309.gov.cn/12309/gj/hlj/hebsy/hebshlqy/zjxfflws/202112/t20211206_11201611.shtml.

(2)案例的思政元素

①树立法治意识。被告人李某甲隐匿应当依法保存的会计凭证、会计账簿,情节严重,其行为触犯了《中华人民共和国刑法》。

②坚持职业操守。该工程会计资料及业内资料由财务人员郑某某保管,因工程结算需要,××公司多次索要项目全部会计资料,郑某某配合李某甲拒不交出。

(3)教学手段

融合思政:在税收征收管理的知识点中引入职业道德、社会责任等思政元素,引导学生树立正确的"三观"。

### 第三章 涉税专业服务程序与方法

**专业教学目标**

涉税专业服务业务主要包括纳税申报代理、一般税务咨询、专业税务顾问、税收策划、涉税鉴证、纳税情况审查、其他税务事项代理等。涉税专业服务业务程序主要指税务师事务所及其涉税服务人员提供专业服务的业务流程;涉税专业服务业务方法指税务师在进行纳税审核等业务过程中所采用的各种审核手段。通过该章的学习,要求学生了解涉税专业服务基本程序,代理纳税审查方法的基本情况;重点掌握增值税、消费税等货物劳务税和企业所得税、个人所得税纳税审核方法,了解其他税种和社会保险费审核方法。能够综合分析增值税一般纳税人资格登记、征税范围、计税方法、销项税额、进项税额、加计抵减、预缴税款和应纳税额等重点难点内容;能够区分消费税和增值税的差异,重点审核消费税征税范围、计税依据、已纳消费税扣除、适用税目、税率、纳税环节的审核等重点难点内容;熟悉企业所得税、个人所得税各类收入、成本、费用扣除等重点内容的审核,掌握主要税种审核业务流程和重点审核内容。

**【知识目标】**

1. 掌握涉税专业服务业务程序和主要方法。

2. 熟练掌握增值税、消费税、企业所得税、个人所得税纳税审核方法,了解其他税种和社会保险费审核方法。

3. 熟悉消费税和增值税的纳税审核差异;能够综合分析增值税一般纳税人计税方法、销项税额、进项税额、加计抵减和应纳税额等内容;熟悉消费税计税依据、已纳消费税扣除、适用税目、税率、纳税环节的审核等内容。

4. 熟悉企业所得税、个人所得税各类收入、成本、费用扣除等重点内容的审核,掌握主要税种审核实际操作业务流程和重点审核内容。

**【能力目标】**

1. 培养学生运用涉税专业服务业务程序和主要方法解决现实纳税审核问题的能力。

2. 培养学生综合分析和研判能力。能够熟练运用税法和会计知识综合进行增值税等主体税种的计算和纳税审查,发现和解决纳税审核过程的主要问题。

3. 培养自主学习纳税服务新法律法规的能力。基于税法的不断更新和变化,通过综合业务训练培养学生敏锐捕捉税收政策法规的变动,养成终身学习习惯。

**课程思政教学目标及实践**

**【育人目标】**

1. 制度自信  通过涉税专业服务业务程序和方法、企业所得税法、个人所得税法等主体内容的讲授,融入我国近年来大规模减税政策实践以及取得的显著成果,加强学生对我国政治制度和税收制度的认同感和自豪感,自觉增强制度自信。

2. 家国情怀  通过案例分析增值税、消费税、企业所得税、个人所得税等主体税种纳税审核特点和规律,增强学生纳税光荣的公共意识和公共责任感。提倡学生积极投身地方基层,全心全意服务纳税人,努力培植税源,为国理财。

3. 职业道德  税收在国家治理中发挥基础性、支柱性、保障性作用,严格依法执行纳税审核中的税收三性。鼓励学生树立诚信纳税、规范纳税等文明纳税习惯,增强智能化税收服务意识。

4. 实践创新  强化大数据、人工智能等现代信息技术的实践运用。充分运用税收大数据进行主体税种的纳税审核,不断提升学生大数据税收审核实践实习能力,积极关注现实经济各个税种税收风险的产生和发展,运用税收大数据精准发现并及时化解纳税风险。

**【教学方式与方法】**

1. 课堂小组讨论:增值税和消费税从价定率和复合征税时主要的税法差异在哪里?二者的征税范围、计税依据、纳税环节、税额扣除、税目税率等在进行纳税审核时主要注意事项有哪些?引导学生正确理解增值税和消费税税制差异,了解复合流转税的设计必要性。

2. 情景教学法:围绕党的十九届六中全会通过的《中共中央关于党的百年奋斗重大成就和历史经验的决议》,引导学生坚定理想信念,把"两个维护"贯穿财政工作全过程各环节,不断健全支持创新、协调、绿色、开放、共享发展的财税政策体系。课堂观看解读视频,分角色模拟不同规模、不同行业、不同区域企业纳税人近年来享受到的减税优惠,提高学生对我国不断优化税收环境的认识。

3. 分组综合练习。主要以企业所得税综合题练习、主要纳税报表填写练习和案例分析为载体,6～8人为小组,自主选择不同练习内容。各小组完成后分组演示PPT,阐述小组总体分析结论,老师点评,课堂打分并计入平时成绩。引导学生重视主体税种综合能力训练,体会纳税人、征税人的不同需求。

4. 课外拓展学习:两个"一"政策推荐

一个决定(2019.11.5):十九届六中全会通过的《中共中央关于党的百年奋斗重大成就和历史经验的决议》,重点学习"要奋力接续推进改革,保持改革力度,进一步完善现代税收制度"相关内容并完成专题小论文。

一部电影(2019.1.1):观看《我和我的祖国》,选取祖国经历的7～10个历史性经典感人瞬间,讨论普通人与国家之间息息相关密不可分的关系。讨论财政税收如何坚持以人民为中心的工作导向,积极推进城乡公共文化服务体系一体建设,深入实施文化惠民工程,更好满足人民群众文化需求。

【课程思政教学实例】

**案例材料:"红利账单"**

**(1)案例简介**

近期,上海税务部门探索开展"组合式税费支持政策红利账单"推送工作,推送范围已覆盖"专精特新"中小企业、重点税源企业、纳税信用级别为A级和B级的小微企业等。

卡斯柯信号有限公司是中国铁路行业第一家中外合资企业,迄今已拥有500余项具有完全自主知识产权且与国际先进水平相当的系统技术和产品,服务范围覆盖国家铁路、城市轨道交通、城际铁路、有轨电车等各个领域。"在税务部门的宣传和辅导下,企业享受到房产税和城镇土地使用税减免等多项优惠政策,但后续核算各项税费数据也要耗费不少的精力。"收到税务部门推送的"红利账单"后,企业财务负责人陈某十分惊喜:减免事项、减免金额、适用政策……一排排文字数据形成"明白账",企业当年所享受的税费政策红利跃然纸上、清晰可见。"上半年我们享受税费减免近1.4亿元,'红利账单'明细一目了然,省去了我们不少工夫。"陈某表示,"政策红利在持续释放,为企业发展提供动力;纳税服务也在不断优化创新,为企业深度减负。'加减法'并用,为企业在高铁发展的世界赛道中从追赶者变为领跑者加油增能。"

资料来源:中国税务报,上海税务向纳税人推送政策"红利账单"2022－8－24,01版.

**(2)案例的思政元素**

①实践创新。上海税务部门探索开展"组合式税费支持政策红利账单"推送工作体现了中国税务部门纳税服务实践工作创新精神。

②家国情怀。上海税务部门探索开展"组合式税费支持政策红利账单"推送工作为企业发展提供动力,为企业深度减负,体现了税务人的家国情怀。

**(3)教学手段**

①课堂讲授:在企业所得税综合练习和报表填写分析中引入案例,重点介绍上海税务部门探索开展"组合式税费支持政策红利账单"推送工作的创新精神。

②小组讨论:分小组讨论上海税务部门探索开展"组合式税费支持政策红利账单"推送工作的创新点。

## 第四章 涉税会计核算

**专业教学目标**

涉税会计核算包括概述、货物与劳务会计核算、所得税会计核算、其他税种会计核算以及涉税账务调整。通过该章的学习,要求学生了解会计与税法的差异、涉税会计核算对象和任务以及基本科目设置,重点掌握增值税、消费税、企业所得税和个人所得税等主要税种会计核算,熟悉涉税账务调整类型和基本方法。能够熟练运用增值税会计核算处理资产取得、接受劳务、销售等具体业务,正确区分增值税与会计确认收入的差异及调整方法;综合分析生产、委托加工、进口和金银首饰消费税核算;综合掌握企业所得税、个人所得税会计核算业务。

【知识目标】

1. 掌握会计与税法的差异、涉税会计核算对象和任务以及基本科目设置,熟悉"应交税费"等基本科目设置规范。

2. 熟练掌握增值税、消费税、企业所得税和个人所得税等主要税种会计核算,熟悉涉税账务调整类型和基本方法。

3. 熟练运用增值税会计核算处理资产取得、接受劳务、销售等具体业务,正确区分增值税与会计确认收入的差异及调整方法;综合分析生产、委托加工、进口和金银首饰消费税核算;综合掌握企业所得税、个人所得税会计核算业务。

4. 熟悉涉税账务调整类型、红字冲销法、补充登记法、综合账务调整法等基本内容。

【能力目标】

1. 培养学生运用涉税会计核算主要方法解决主体税种现实会计核算问题的能力。

2. 培养学生比较分析能力。能够熟悉会计与税法的差异并运用到增值税、企业所得税等主体税种会计核算业务处理中,客观评判分析并规范处理税法与会计的差异。

3. 培养学生综合分析能力。能够熟练运用会计与税法的差异、涉税会计核算对象和任务以及基本科目、涉税账务调整方法等,综合分析增值税等主体税种处理资产取得、接受劳务、销售以及生产、委托加工、进口等涉税问题。

课程思政教学目标及实践

【育人目标】

1. 制度自信　通过涉税会计核算方法、税法与会计的差异等重点内容的讲授,融入我国增值税、个人所得税近年来的不断调整和优化,讨论增值税、个人所得税减税案例材料及取得的显著减税效果,加强学生对我国税收制度的认同感和自豪感,自觉增强制度自信。

2. 纳税光荣　通过企业所得税、个人所得税等涉税会计核算调整规范,引导学生了解涉税账务调整是促进涉税专业服务规范健康发展的重要内容。我国税收一直坚守取之于民用之于民,激励学生树立纳税光荣的理念,践行中国共产党"聚众人之财,办众人之事"的人民至上思想,坚持开源节流,坚守"我纳税我光荣"。

3. 科学精神　涉税会计核算与调整方法要求尊重税法事实和证据,科学处理税法与会计差异,强化税收严谨性;引导学生注重税收逻辑的培养,运用税收思维认识事物、发现和解决税法与会计差异。本章通过大量的主体税种税会差异实践案例讲授和课后实践训练,引导学生深入实际开展调查研究的科学精神。

【教学方式与方法】

1. 课堂小组讨论:增值税与会计确认收入的差异主要有哪些?如何理解新收入准则对收入时点的规定、对收入金额的确认差异?引导学生正确理解增值税与会计确认收入的差异及调整方法,正确树立纳税光荣意识。

2. 分组综合练习。主要以增值税外购货物的核算、接受应税劳务核算、接受应税服务核算和销售业务核算等综合性练习进行分组讨论,6~8人自由组成小组,自主选择不同环节练习内容。各小组完成后分组演示PPT,阐述小组总体分析结论,老师点评,课堂打分并计入平时成绩。引导学生重视增值税、消费税、企业所得税和个人所得税等主体税种综合能力训练,培养税收计算科学精神。

3. 课外拓展学习:任意选择1篇文献资料详细解读并提交读书笔记,凸显我国税收制度自信。

【课程思政教学实例】

案例材料:骗取留抵退税

(1)案例简介

近期,厦门市税务局第二稽查局根据税收大数据分析线索,依法查处了厦门某某商贸有限公司骗取增值税留抵退税案件。经查,该公司通过隐匿销售收入、减少销项税额,骗取留抵退税14.84万元、偷税229.59万元。厦门市税务局第二稽查局依法追缴该公司骗取的留抵退税款,并依据《中华人民共和国行政处罚法》《中华人民共和国税收征收管理法》相关规定,拟处1倍罚款;依法追缴该公司偷税款229.59万元,依据《中华人民共和国行政处罚法》《中华人民共和国税收征收管理法》相关规定,拟处1倍罚款、加收滞纳金。

厦门市税务局第二稽查局有关负责人表示,下一步将认真贯彻落实国家税务总局、公安部、最高人民检察院、海关总署、中国人民银行、国家外汇管理局六部门联合打击骗取增值税留抵退税工作推进会精神，进一步发挥六部门联合打击机制作用，聚焦团伙式、跨区域、虚开发票虚增进项骗取留抵退税等违法犯罪行为，以零容忍的态度坚决予以打击，进一步形成打击骗取留抵退税的压倒性态势。

<small>资料来源：国家税务总局官网：厦门市税务局第二稽查局依法查处一起骗取留抵退税和偷税案件（chinatax.gov.cn），2022 年 8 月 19 日。</small>

**（2）案例的思政元素**

①纳税光荣。厦门市税务局第二稽查局依法查处了厦门某某商贸有限公司骗取增值税留抵退税案件，树立学生依法纳税、纳税光荣意识。

②科学精神。厦门市税务局第二稽查局依法追缴该公司骗取的留抵退税款，并依据《中华人民共和国行政处罚法》等依法进行处罚，罚款、滞纳金等计算科学合规。

**（3）教学手段**

①课堂讲授：在增值税外购货物讲授中引入案例，引导学生重视增值税外购货物的核算、接受应税劳务核算、接受应税服务核算和销售业务核算等主要内容。

②小组讨论和综合评价：小组分纳税人和税务局两个角色进行讨论，老师现场点评小组课堂讨论结果，小组进行互评并互相打分，最后教师综合评价。

## 第五章 纳税申报代理服务

**专业教学目标**

纳税申报代理是涉税专业服务机构接受纳税人、扣缴义务人委托，指派涉税专业服务人员对委托人提供的资料进行归集和专业判断，代理委托人进行纳税申报等服务行为，主要包括增值税、消费税、企业所得税、个人所得税和其他税种纳税申报工作等。通过该章的学习，要求学生重点掌握增值税、消费税、企业所得税和个人所得税等主要税种纳税申报代理业务基本要求、资料收集与专业判断、代理填制纳税报表、完成纳税申报手续等。能够熟练运用税法知识完成主体税种纳税申报系列表格的填写。

**【知识目标】**

1. 熟悉增值税、消费税、企业所得税和个人所得税等主要税种纳税申报代理业务基本要求、资料收集与专业判断、代理填制纳税报表、完成纳税申报手续等业务流程和主要内容。

2. 熟练运用增值税、消费税、企业所得税和个人所得税等主要税种纳税申报专业知识完成纳税申报系列表格的填写。

3. 熟悉增值税、消费税特殊业务填写方法，掌握企业所得税、个人所得税纳税调整方法。了解其他税种纳税申报代理。

**【能力目标】**

1. 培养学生运用纳税申报代理专业知识分析、理解和解决主体税种和其他税种纳税申报代理业务的能力。

2. 培养学生运用增值税、消费税、企业所得税和个人所得税等主要税种纳税申报专业知识完成纳税申报系列表格的预缴、年度申报、退补税、备案资料等业务的分析、理解和填写等涉税服务能力。

3. 培养学生综合分析能力。能够熟练运用会计与税法知识，综合分析增值税、消费税等主体税种特殊业务纳税申报表填写、分析等综合能力。

**课程思政教学目标及实践**

**【育人目标】**

1. **政治认同** 通过系统讲授增值税、消费税、企业所得税和个人所得税等主要税种纳税申报专业知识和中国涉税服务取得的各项改革成效，引导学生认识优化税收服务环境的重要性，运用中国深入参与全球税收治理的事实促使学生真正认同"中国共产党为什么能、马克思主义为什么行、社会主义为什么好"，引导学生从纳税申报代理视角正确认识中国财税部门积极通过多边协商解决全球共同问题，同时妥善维护中国税收利益，加强政治认同。

2. **培育社会主义核心价值观** 基于纳税申报代理的专业性和严谨性，在增值税、消费税、企业所得税和个人所得税等主要税种纳税申报代理业务基本要求、资料收集与专业判断、代理填制纳税报表、完成纳税申报手续等重点知识讲授中,融入自由、平等、公正、法治社会主义核心价值观,和典型纳税申报案例深入结合,引导学生把事业理想和道德追求融入国家涉税服务事业,将社会主义核心价值观内化为税务人精神追求,外化为税务人自觉行动。

3. 纳税光荣　通过增值税、消费税、企业所得税、个人所得税等主体税种纳税申报表的填写例题讲解,引导学生了解纳税申报代理是提高纳税专业化和提升纳税效率的重要途径,也是规范税收收入筹集和预防偷税漏税的重要手段。引导学生严格按照税法规定从事各项纳税申报代理业务,严守纳税申报各项制度规定,树立纳税光荣的理念,坚持开源节流,坚守"我纳税我光荣"。

【教学方式与方法】

1. 课堂小组讨论:增值税纳税申报表附列资料填写顺序有哪些规定? 为什么规定"先附列资料后纳税申报表"填写顺序? 请结合教材例题或老师提供例题进行小组讨论并汇报。引导学生正确理解增值税纳税申报表填写方法。

2. 分组练习、交叉评阅。主要以服务业(某宾馆等)、酒类分别作为增值税和消费税分组练习材料,高新技术企业和各级收入水平个人分别作为企业所得税和个人所得税分组练习材料,学生分小组集体完成练习并与其他小组交叉评阅,老师点评,课堂打分并计入平时成绩。引导学生重视增值税、消费税、企业所得税和个人所得税等主体税种纳税申报代理规范,依法纳税。

3. 课外拓展实践:暑假社会调查或专业实习课程建议以税务事务所或会计事务所相关专业岗位为主,实习完成主体税种纳税申报流程,完成实践调查报告,鼓励学生把事业理想和道德追求融入国家涉税服务事业,践行税收公平等社会主义核心价值观。

【课程思政教学实例】

**案例材料:积极作为,多项"中国方案"融入国际税收新规则**

(1)案例简介

近十年来,面对近年来国际税收规则新一轮重塑的重大机遇,中国积极走向国际舞台,深入参与全球税收治理。中国已逐渐从国际规则的追随者、执行者,转变为国际规则制定的重要参与者、贡献者:

2013年以来,税务总局与IMF已签署并执行了三期三年技术合作协议,双方围绕税收政策、税收征管两大主题开展技术合作,内容涉及增值税、所得税等主要税种以及社会保险费,涵盖税收征管法治建设、征管数字化转型、征管质量监控、国际税收管理、大企业税收管理等重要领域,推动我国税收政策和管理不断完善升级。2021年,中国加入应对经济数字化税收挑战"双支柱"方案多边共识。在共识形成过程中,中国财税部门积极通过多边协商解决全球共同问题,同时妥善维护中国税收利益。

十年间,税务总局积极参与《OECD关于对所得和财产避免双重征税的协定范本》《OECD跨国企业与税务机关转让定价指南》和《联合国关于发达国家与发展中国家间避免双重征税的协定范本》《联合国发展中国家转让定价实用手册》修订工作,将中国观点融入国际规则的修订中。参与税收透明度和情报交换全球论坛,推动实施《多边税收征管互助公约》和《金融账户涉税信息自动交换标准》。

资料来源:中国税务报,描绘国际税收新画卷 服务全面开放新格局,2022-8-24,01版。

(2)案例的思政元素

①政治认同。国家税务总局积极参与《OECD关于对所得和财产避免双重征税的协定范本》等修订工作,将中国观点融入国际规则的修订中。体现了中国已逐渐转变为国际规则制定的重要参与者、贡献者,增强学生政治认同和制度自信。

②社会主义核心价值观。2021年中国加入应对经济数字化税收挑战"双支柱"方案多边共识。在共识形成过程中,中国财税部门积极通过多边协商解决全球共同问题,同时妥善维护中国税收利益。

(3)教学手段

课堂讨论:在服务业、高新技术企业纳税申报中引入案例,引导学生重视增值税、消费税、企业所得税和个人所得税等主体税种纳税申报代理规范,注意国别比较和差异。

### 第六章　涉税鉴证与纳税情况审查服务

**专业教学目标**

涉税鉴证是指鉴证人接受委托,按照税收法律法规以及相关规定,依据自身的税收专业能力和信誉,对被鉴证人涉税事项的合法性、合理性进行鉴定和证明的活动。涉税鉴证业务主要包括土地增值税清算鉴证、企业资产损失税前扣除鉴证、研发费用税前加计扣除鉴证等。通过该章的学习,要求学生了解涉税鉴证业务内容与基本要求等,重点掌握企业所得税汇算清缴鉴证服务、研发费用税前加计扣除鉴证服务、资产损失税前扣除鉴证服务、高新技术企业认定专项鉴证服务等内容。

**【知识目标】**

1. 熟悉涉税鉴证业务内容与基本要求、鉴证准备、证据收集评价、鉴证事项评价、业务纪录与成果等内容和流程。

2. 熟练运用企业所得税和土地增值税等税法知识分析、研判、解决企业所得税汇算清缴、研发费用税前加计扣除、资产损失税前扣除、高新技术企业认定专项、土地增值税清算鉴证服务等重点鉴证领域中出现的问题。

3. 了解税务司法鉴定服务和纳税审查服务。

**【能力目标】**

1. 培养学生运用涉税鉴证业务专业知识分析、理解和解决企业所得税汇算清缴、研发费用税前加计扣除等重点鉴证领域中出现问题的能力。

2. 培养学生学会关注利润总额计算、应纳税额计算等是否合法、准确,能够正确收集、判断并处理鉴证证据,训练初步完成鉴证报告的能力。

3. 培养学生综合分析能力。能够熟练运用企业所得税等税法知识,综合分析企业所得税汇算清缴鉴证中各类复杂问题的能力,关注并尝试解决涉税鉴证业务中的热点、难点问题。

**课程思政教学目标及实践**

**【育人目标】**

1. **公共精神** 通过系统讲授涉税鉴证服务基本内容、企业所得税汇算清缴鉴证服务等专业知识,鼓励学生关注税法和正确的纳税流程,重视国家税源培育、依法征税、依法鉴证等公共事务,积极参加企业所得税等税法宣传活动,培育公共精神,遵守纳税公共秩序和自觉维护国家税收公共利益。

2. **职业道德** 涉税鉴证服务涉及到国家和纳税人之间核心利益的规范分配,通过学习《国家税务总局关于采集涉税专业服务基本信息和业务信息有关事项的公告》(国家税务总局公告 2017 年第 49 号),结合企业所得税汇算清缴实践案例分析,鼓励学生正确规范处理涉税鉴证业务,自觉养成遵纪守法的涉税服务职业道德习惯。

3. **科学精神** 通过小组交叉分析讨论企业所得税汇算清缴实践案例,引导学生重视求真精神,尊重涉税鉴证事实和证据,强化鉴证证据合法性和合理性;培养学生科学的税收鉴证综合能力,运用税收思维解决现实涉税鉴证服务问题;引导学生阅读财本章推荐文献,培养学生深入实际开展调查研究的科学精神。

4. **国际视野** 通过让学生了解"一带一路"国家涉税服务的差异化和前沿发展趋势,特别关注中国成功开启了"一带一路"国家(地区)税收合作的新时代,培养学生广阔的国际视野。

**【教学方式与方法】**

1. 课堂小组讨论:增值税纳税申报表附列资料填写顺序有哪些规定?为什么规定"先附列资料后纳税申报表"填写顺序?请结合教材例题或老师提供例题进行小组讨论并汇报。引导学生正确理解增值税纳税申报表填写方法,树立职业道德意识。

2. 分组练习、交叉评阅:主要以企业所得税汇算清缴、研发费用税前加计扣除、资产损失税前扣除、高新技术企业认定专项、土地增值税清算鉴证服务例题或案例作为分组练习材料,6~8 人组成小组,学生分小组集体完成练并进行典型国家企业所得税制度比较分析,在老师指导下与其他小组交叉评阅,老师点评,课堂打分并计入平时成绩。引导学生重视企业所得税汇算清缴、研发费用税前加计扣除等涉税鉴证业务法律严谨性和规范性,科学依法鉴证。同时重视小组讨论分工协助,注重培养公共精神,开阔学生国际视野。

3. 课外拓展实践:暑假社会调查或专业实习课程建议以税务事务所或会计事务所相关专业岗位为主,选择实习完成企业所得税汇算清缴、研发费用税前加计扣除、资产损失税前扣除、高新技术企业认定专项、土地增值税清算鉴证服务等任一内容,完成实践调查报告,鼓励学生把税收事业理想融入涉税鉴证实践工作,脚踏实地践行税收公平等社会主义核心价值观,培养税收服务科学精神。

**【课程思政教学实例】**

**案例材料:深度融入,国际税收舞台上展现责任担当**

**(1)案例简介**

如果把国际税收工作从 2012 年到 2022 年这十年画一条纵向的时间轴,参与 G20 国际税改,连续承办税收征管论坛(FTA)大会、金砖国家税务局长会议……建立"一带一路"税收征管合作机制……这些税收事件让"中国税务"的名片更加闪亮。

2013 年以来,税务总局认真践行习近平总书记的重要指示精神,积极发挥税收职能作用,构建税收服务"一带一路"合作平台,中国税务"朋友圈"不断扩大。2019 年 4 月 18 日,来自 85 个国家(地区)税务部门、16 个国际组织以及多家学术机构和跨国企业的 350 余名代表出席论坛,在中国税务部门的倡议下,建立了"一带一路"税收征管合作机制,成功开启了"一带一路"国家(地区)税收合作的新时代。这是我国主动参与全球税收治理取得的重要成果。

截至 2022 年 6 月底,合作机制理事会成员已增加至 36 个,观察员增加至 30 个,并已成功举办包括第二届论坛在内的 4 场高级别会议、10 场工作层业务研讨会、20 余场专题会议及 2 次税务部门主题日活动,邀请相关方围绕税收征管信息化、税收争议解决等热点议题开展交流,为各方互学互鉴、沟通合作搭建了务实有效平台,为企业"引进来""走出去"提供助力和支撑。

资料来源:中国税务报.描绘国际税收新画卷 服务全面开放新格局,2022-8-24,01 版。

**(2)案例的思政元素**

①公共精神。中国积极果参与 G20 国际税改,连续承办税收征管论坛(FTA)大会等国际税收工作,是公共精神在涉税服务中的实际体现。

②国际视野。在中国税务部门的倡议下建立了"一带一路"税收征管合作机制,成功开启了"一带一路"国家(地区)税收合作的新时代。这是开阔学生国际视野的重要事实之一。

**(3)教学手段**

①课堂讲授:在业所得税汇算清缴、研发费用税前加计扣除、资产损失税前扣除等知识点中引入案例,引导学生重视小组讨论分工协助,注重培养公共精神,开阔学生国际视野。

②课堂讨论:课堂探讨"一带一路"税收征管合作机制,科学评价中国在国际税收舞台上的责任担当。

### 第七章 税务咨询服务

**专业教学目标**

税务咨询服务,是指涉税服务人员或专业机构就委托人的日常办税事项、特定涉税事项、税收策划和纳税计划等提供的税务咨询服务。主要包括一般税务咨询服务、专业税务咨询服务和税收策划服务,三者在对象、时间、程序和内容等方面存在差异。由此,知晓三类税务咨询的特点、服务内容和方式、实施步骤是本章的主要教学目标。为了进一步理解税务咨询服务在涉税服务实务中的应用,分析比较各类税务咨询服务的案例也属于本章的教学目标。

**【知识目标】**

1. 掌握一般税务咨询服务、专业税务咨询服务和税收策划服务的概念界定。
2. 知晓三类税务咨询的特点、服务内容和方式、具体实施步骤。
3. 了解三类税务咨询的区别,以及不同税务咨询在涉税服务实务中的实际应用。

**【能力目标】**

1. 培养学生对税务咨询服务的理解与认识,提高学生对专业知识重要性的认识。
2. 提升学生在税务咨询方面的理论素养,为学生运用理论解决实际问题奠定基础。

**课程思政教学目标及实践**

**【育人目标】**

1. 公共意识 结合政策文件对三种税收咨询的服务内容和方式进行讲解,增强学生的现代公共意识,培养学生乐于奉献的精神。

2. 法治精神　税收咨询服务是涉税服务人员依据各项税收法律法规的规定为委托人答疑解惑,税收法律法规等法定政策文件是根本,是在现代法治社会必须遵守的行业纪律和职业准则。遵从法治精神、依法提供咨询,是税务咨询服务的基本要求。

3. 职业道德　通过详细介绍不同类别税务咨询服务的特点及实施步骤,增强学生对税务咨询服务的认识,明晰税务咨询对社会经济发展的重要性。

【教学方式与方法】

1. 自主学习:通过慕课预习税务咨询服务的专业知识点,线下自主查找相关案例,撰写分析笔记或思维导图,关注税务咨询服务法律法规发展历史沿革。

2. 课堂讲授引导:知识点讲解注重分析比较三类税务咨询在服务内容、方式以及实施步骤等方面的异同,通过归纳演绎、案例分析等方式讲授税务咨询服务的知识点,注重培养税收法治意识。

3. 课堂小组讨论:课前通过学习通平台发布讨论主题,要求学生分小组准备不同类别税务咨询的案例,在课堂上通过情景演绎、案例分析等方式让学生直观体验税务咨询的实施与应用,注重培养分工协助的公共精神。

4. 课后延伸拓展:课程结束后要求学生认真复习、巩固专业知识点;从中国税务报、注册税务师等平台搜集税务咨询服务案例,并运用所学知识点进行分析,注重培养学税收职业道德。

【课程思政教学实例】

**案例材料:消博会上"税务蓝"助力企业奔发展案例分析**

(1) 案例简介

2022年7月,第二届中国国际消费品博览会(以下简称"消博会")在海南海口举办,共吸引了61个国家和地区的1107家国际企业参展。国家税务总局海南省税务局抽调了一批业务骨干组成海南税务消博会服务团队,积极为现场展商和消费者提供税费咨询、发票代开等现场服务。

税费专业服务展台的展板两侧是备受关注的海南自由贸易港企业所得税和个人所得税优惠政策主要内容。西安蒂锐雅企业管理有限公司的李先生希望深入了解海南自贸港个人所得税优惠政策,来自海口市税务局个人所得税科的刘星波对他进行了详细辅导。李先生表示,税务人员资质的解读辅导为公司进驻海南发展提供了精准的政策指导。杨科来自海口市税务局货物和劳务税科,他就企业关心的留抵退税热点问题、增值税税收优惠政策进行了重点辅导。海口创客创业服务中心负责人黄文海希望深入了解自贸港税收政策和新的组合式税费支持政策,在得到专业辅导后表示,"税务人员的解答对我们帮助很大,我们今后可以更好地为园区企业服务。"黄文海表示,今年以来,海口税务主动上门宣传辅导,问需问计解决企业难题,为海口市税务局的纳税服务工作点赞!

资料来源:中国税务报.消博会上的"税务蓝",2022—8—1。

(2) 案例的思政元素

①树立法治意识。涉税服务人员依照企业所得税和个人所得税优惠、留抵退税等政策文件给予答疑解惑,是法治精神在涉税服务中的实际体现。

②坚守职业道德。海口市税务局工作人员为消博会的参会企业提供了实质、精准的政策解答与辅导,在日常工作中践行了职业道德和操守。

③培养家国情怀。参与消博会的企业遍布世界,海口市税务局工作人员对税收政策的精准把握和耐心服务,充分反映了基层工作者的家国情怀。

(3) 教学手段

多点融合:在讲授税务咨询服务知识点中引入职业道德、法治精神、社会责任等思政元素,增强学生的政治认同、制度自信和家国情怀。

## 第八章　其他税务事项代理服务

**专业教学目标**

涉税服务专业机构依法接受委托,为委托人提供发票相关、涉税信息报告事项、税收优惠、代理记账和社会保险费申报等代理服务。由于其他税务事项代理服务涵盖多项代理服务,本章的内容安排根据具体代理服务事项进行划分,包括发票相关代理服务、涉税信息报告事项代理服务、税收优惠代理服务、证明办理代理服务、代理记账服务、社会保险费申报代理及其他税务事项代理服务。通过对各项代理服务的服务内容、基本业务实施程序和代理业务重点关注事项进行讲解,以期让学生明白多项其他税务事项代理服务的重要性和流程规范,掌握其他税务事项代理服务的注意事项。

**【知识目标】**

1. 掌握其他税务事项代理服务包含的具体代理范围。
2. 熟悉各类税务事项代理服务中,委托方和代理方的权利、义务和法律责任。
3. 知晓多种其他税务事项代理服务的服务内容、基本业务实施程序和代理业务重点关注事项。

**【能力目标】**

1. 培养学生对其他税务事项代理服务的理解与认识,提高学生对专业知识重要性的认识。
2. 提升学生关于其他税务事项代理服务的理论素养,为学生运用税务专业知识解决实务问题奠定基础。

**课程思政教学目标及实践**

**【育人目标】**

1. 政治认同　通过对具体其他税务事项代理服务的讲授,增强学生的社会责任感,激励学生奋发图强、学好专业知识日后为国家社会经济发展贡献力量,树立远大的职业理想,提升政治认同感。

2. 法治意识　所有其他税务事项代理服务都需在法律法规允许的范围内开展,税法的相关规定是所有其他税务事项代理服务的根本依据,重点培养学生的法治意识。

3. 职业道德　不同类别的其他税务事项代理服务对代理方提供的服务内容、实施程序及注意事项有所差别,代理方依法接受委托代理涉税业务,须严格遵守职业道德。

**【教学方式与方法】**

1. 自主学习:通过慕课预习其他税务事项代理服务的专业知识点,线下自主查找实务案例,关注其他税务事项代理服务法律法规发展改革。

2. 课堂讲授引导:课堂上重点介绍发票相关代理服务、涉税信息报告事项代理服务、税收优惠代理服务、证明办理代理服务、代理记账服务等几种最为常见的其他税务事项代理服务。详细总结归纳其,注重学生法治意识培养。

3. 课堂小组讨论:课前通过学习通平台发布重点关注的其他税务事项代理服务,要求学生分小组按类别搜集案例,在课堂上通过情景演绎、小组汇报等方式让学生知晓其他税务事项代理服务在实务中的应用,促进学生树立职业理想。

4. 课后延伸拓展:课程结束后要求学生从中国税务报、注册税务师等平台搜集其他税务事项代理服务常见的问题,并根据所学知识尝试给出解决方案,培养学生涉税服务职业道德。

**【课程思政教学实例】**

**案例材料:知法犯法不可取　虚开发票终获刑**

(1) 案例简介

2020年10月开始,被告人陈斌经他人介绍专门从事介绍他人虚开发票的工作。被告人陈斌通过散发小卡片招揽生意,并由微信名为"税务代理""A税务代理""李艳"等下线人员为其接收虚开发票的业务,自己联系上线人员项某某(两个微信名,分别为"孤家寡人""浮云游子意(原)(孤家寡人)",已另案处理)开具发票,再由项某某及其同伙崔某某(已另案处理)将开具好的发票邮寄或直接送给买票人。被告人陈斌向下线人员收取每张发票人民币350元的手续费,支付给上线项某某每张发票人民币300元的手续费,从中赚取每张发票人民币50元的介绍费,共计获利约人民币5000元。经查,被告人陈斌在明知他人没有真实交易的前提下,介绍他人虚开发票共24份,价税合计人民币2159080元。上述发票均被用来冲抵成本。

受理此案件的湖南省长沙市岳麓区人民法院认为,被告人陈斌介绍他人虚开发票,情节严重,其行为触犯了《中华人民共和国刑法》第二百零五条之一的规定,犯罪事实清楚、证据确实、充分,应当以虚开发票罪追究其刑事责任。考虑到被告人陈斌有坦白情节并认罪认罚,依法可以从宽处理。建议判处被告人陈斌一年以上一年六个月以下有期徒刑,并处罚金。

资料来源:12309中国检察网,四川省攀枝花市东区人民检察院起诉书,攀东检刑诉〔2022〕73号,2022—4—26。

**(2)案例的思政元素**

①树立法治意识。被告人陈某明知所做工作是违反法律规定的虚开发票业务,仍知法犯法,触犯了《中华人民共和国刑法》。

②坚守职业道德。被告人陈某在明知他人没有真实交易的前提下,仍为他人提供虚开发票业务,罔顾职业道德和操守。

**(3)教学手段**

①课堂讲授:在"发票代理相关服务"中引入案例,辨析其他税务事项代理服务的可为与不可为。重点介绍各项代理服务的服务内容、基本业务实施程序和代理业务重点关注事项。

②课堂讨论:课堂探讨虚开发票的案例带来的启示。

## 第九章 其他涉税专业服务

**专业教学目标**

其他涉税专业服务主要包括税务行政复议代理、税务行政诉讼代理以及涉税培训和税务信息化管理服务。前两项指的是纳税人或其他行政相对人认为税务机关的具体行政行为侵犯了其合法权益,从而采取相应法律措施;后者则指的是涉税专业服务机构或人员根据不同人员的业务需求,为其提供财税知识培训服务。本章的教学目标是明晰三类其他涉税专业服务的有关规定、基本前提与操作规范。

**【知识目标】**

1. 掌握税务行政复议的受理范围、参加人、管辖原则,税务行政复议申请、受理等政策文件规定;知晓税务行政复议的基本前提与操作规范。

2. 掌握税务行政诉讼的文件规定、适用情景及操作规范,并和税务行政复议加以区分。

3. 了解涉税培训和税务信息化管理服务的内容、流程和开展方式。

**【能力目标】**

1. 培养学生对其他涉税专业服务的理解与认识,帮助学生明晰税务行政复议与税务行政诉讼的区别。

2. 提升学生关于其他涉税专业服务的理论素养,为学生运用税务专业知识解决实务问题奠定基础。

**课程思政教学目标及实践**

**【育人目标】**

1. 制度自信 通过对三类其他涉税专业服务专业知识的讲授,增强学生对我国税收行政相关法律的社会责任感和制度认同。

2. 法治意识 税务行政复议和税务行政诉讼与法律法规息息相关,将知法依法守法的理念贯穿于课堂,提升学生的法治意识。

3. 职业道德 其他涉税专业服务需要坚实的专业知识作为基础,引导学生日后走上工作岗位一定要用好所学,坚守职业道德和操守。

**【教学方式与方法】**

1. 自主学习:通过慕课预习三类其他涉税专业服务的专业知识点,查找税务行政复议与税务行政诉讼的实务案例,体会税收法律严谨性。

2. 课堂讲授引导:课堂上讲授税务行政复议代理、税务行政诉讼代理以及涉税培训和税务信息化管理服务的有关内容。重点关注税务行政复议代理和税务行政诉讼代理在有关规定、基本前提、操作规范等方面的异同,提高税收法律意识。

3. 课堂小组讨论:课前通过学习通平台发布税务行政复议代理和税务行政诉讼代理的概念界定与受理范围,要求学生分小组搜集两类其他涉税专业服务的案例,在课堂上通过情景演绎、小组汇报等方式让学生直观把握两者的不同,体会税收法律差异性。

4. 课后延伸拓展:课程结束后要求学生从中国税务报、注册税务师等平台搜集税务行政复议和税务行政诉讼两类专业服务的常见问题,并根据所学知识尝试给出优化方案,逐步培养职业道德。

**【课程思政教学实例】**

**案例材料:合理借助法律手段 有效解决税务争端**

**(1)案例简介**

申请人于 2020 年 2 月份通过网拍受得台州市路桥区某小区房产及地下室(原产权登记日为 2018 年 5 月 17 日),法院于 2020 年 2 月 27 日下达裁定书及协助执行书。由于新冠肺炎疫情关系等原因,申请人于 2020 年 6 月底去台州市路桥区不动产登记中心办理产权登记,路桥区税务部门以房产过户从 2018 年 5 月份起算截止到 2020 年 2 月 27 日不满两年为由,征纳增值税 55152.96 元。申请人认为,房产过户应从 2018 年 5 月份起算,截止到 2020 年 6 月底,已满两年,不需征纳增值税。被申请人国家税务总局台州市路桥区税务局第一税务所认为对该房产过户做出的征收增值税及附加税费行为事实清楚、证据充分、适用法律依据正确、程序合法,提请复议机关依法予以维持。

复议机关认为,因销售不动产而产生申报缴纳增值税及附加税费纳税义务的系原产权人。原产权人购入该不动产的时间为 2018 年 5 月 17 日。2020 年 2 月,原产权人通过司法拍卖的方式销售不动产并收讫销售款,其增值税纳税义务已经发生,该不动产所有权自裁定送达买受人时起已经转移,此时购房时间未满两年,因此不适用免征增值税政策。申请人根据法院拍卖公告代原产权人承担增值税及附加税费,其将 2020 年 6 月底办理房产过户的时间认定为不动产销售时间,缺乏明确依据。综上,维持被申请人对申请人作出的征收税款行为。

资料来源:国家税务总局浙江省税务局,以案释法:税务行政复议案例,2021-12-23。

**(2)案例的思政元素**

①树立法治意识。本案申请人与被申请人的争议焦点在于,原产权人是否符合个人将购买 2 年以上的住房对外销售免征增值税的条件,通过查找相关法律法规的条款规定,能够有效化解双方的争议与矛盾。

②坚守职业道德。复议机关依照法律规定对此案进行了翔实分析和公平判决,将职业道德和操守落到实处。

**(3)教学手段**

①课堂讲授:标注本章的教学重点是税务行政复议代理和税务行政诉讼代理,课堂重点辨析两者在文件规定、适用情景及操作规范等方面的差异。

②分组讨论:要求学生小组为单位准备好税务行政复议代理和税务行政诉讼代理两类涉税专业服务的实务案例,在课堂上进行小组展示,并加入教师点评环节。

③多点融合:在讲授其他涉税专业服务的知识点中引入家国情怀、法治精神、职业操守等多个思政元素,引导学生在学习专业知识的同时形成正确、积极的态度和观念。

## 四、课程思政教学评价

### (一)对教师的评价

1. 教学准备的评价

将《涉税服务概论》课程思政建设落实到教学准备、课堂教学、课后反馈等教学工作各方面,教师要具备提前提炼思政元素进行课程思政目标设计、修订教学大纲、考试大纲、教材选用、教案课件编写等基本能力。

2. 教学过程的评价

将《涉税服务概论》课程思政建设落实到教学过程各环节,教师要采取恰当的教学方式,具备将思政元素自然融入教学内容中的理解能力、实施能力和改进能力,如教学理念及策略、教学方法运用和改进、作业及批改、平时成绩考核等。

3. 教学结果的评价

建立健全《涉税服务概论》课程思政多主体参与、多维度动态评价体系,包括同行评议、随机听课、学生评教、教学督导检查,覆盖课前准备、课中教学和课后结果全过程,做到主观分析和客观分析相结合、定性分析和定量分析相结合。

4. 评价结果的运用

对于同行评议、学生评教、教学督导等提出的改进建议,以及对学生考核的成绩分析进行运用,纳入优秀教师和优秀课评选、教学竞赛等考核制度,对教学进行反思与改进。

(二)对学生的评价

1. 学习过程的评价

检验学生是否认真完成了老师布置的小组讨论、课后练习等任务,是否积极参与案例分析、课堂讨论和实地调研等教学过程,科学评价学生在学习过程中的积极性、互动性和参与度。

2. 学习效果的评价

通过平时作业、课堂讨论、资源库平台资料分析报告、小组合作、课程论文、期中考试、期末考试等多种形式,检验学生对课程思政元素的领会及其对思政元素的掌握程度。

3. 评价结果的运用

通过师生座谈和系部教研活动等多种形式,对学生的学习效果进行科学分析,总结经验,改进不足,提升课程思政的学习效果。

## 五、课程思政的教学素材

| 序号 | 内容 | 形式 |
| --- | --- | --- |
| 1 | 发挥专业服务功能,助力企业减税退税 | 案例分析 |
| 2 | 账簿管理不严谨,刑罚已然落身上 | 案例分析 |
| 3 | 消博会上"税务蓝"助力企业奔发展 | 案例分析 |
| 4 | 知法犯法不可取 虚开发票终获刑 | 案例分析 |
| 5 | 合理借助法律手段 有效解决税务争端 | 案例分析 |
| 6 | 《肖申克的救赎》 | 故事影片 |
| 7 | 十六世纪明代中国之财政与税收 | 阅读材料 |
| 8 | 税务师事务所行政登记 | 政策法规 |
| 9 | 涉税专业服务机构基本信息和业务信息报送 | 政策法规 |
| 10 | 涉税专业服务信用评价 | 政策法规 |
| 11 | 《中共中央关于党的百年奋斗重大成就和历史经验的决议》 | 阅读材料 |
| 12 | 《我和我的祖国》 | 故事影片 |
| 13 | 《国家税务总局关于采集涉税专业服务基本信息和业务信息有关事项的公告》 | 政策法规 |
| 14 | 企业所得税法 | 政策法规 |
| 15 | 个人所得税法 | 政策法规 |
| 16 | 《国家税务总局关于企业所得税应纳税所得额若干问题的公告》 | 政策法规 |
| 17 | 《发票管理办法》 | 政策法规 |
| 18 | 《关于企业职工教育经费税前扣除政策的通知》 | 政策法规 |
| 19 | 《中国税务报》 | 阅读材料 |
| 20 | 《税务师行业涉税专业服务程序指引》等 | 政策文件 |
| 21 | 《税务行政复议规则》 | 政策文件 |
| 22 | 减税政策与地方政府债务——来自增值税税率下调的证据 | 文献资料 |
| 23 | 税收征管与企业融资约束——基于金税三期的政策效应分析 | 文献资料 |
| 24 | 税法折旧与公司投资结构 | 文献资料 |
| 25 | 增值税遵从如何影响会计信息质量?——基于客户-供应商关系的视角 | 文献资料 |
| 26 | 并购交易的审计师选择与后续鉴证质量 | 文献资料 |
| 27 | 减税激励、独立董事规模与重污染企业环保投资 | 文献资料 |

# 《税务会计》课程思政教学指南

张耀文[1]　徐赛[2]

([1]西安财经大学　[2]天津商业大学)

## 一、课程简介与课程目标

### (一)课程简介

《税务会计》课程为税收学专业的专业基础课,属于选修课。主要内容分为三部分:第一部分是税务会计概述,主要阐述税务会计的概念、特点、模式、税务会计的产生与发展、原则及核算等内容。第二部分是具体税种的会计核算,主要介绍增值税、消费税、企业所得税、个人所得税四大税种的会计核算,包括各个税种的概念、特点、征税范围、纳税人、税率等基本内容,以及各个税种应纳税额的计算、会计核算方法和纳税实务。第三部分是纳税申报表的编制,主要介绍现行纳税申报表及有关纳税资料的编制内容及方法、纳税申报资料的送达程序及方法。四大税种应纳税额的计算和会计核算及纳税申报表的编制为本课程的重点和难点。通过本课程的学习,学生能够了解税务会计的相关理论和知识,掌握税务会计核算的基本方法,具备准确计算各具体税种的应纳税额、依法进行纳税申报、解决税务会计实务问题的能力。

本课程综合运用课堂讲授、任务驱动、案例教学、讨论式教学、自主学习等多种教学方法,引导学生开展互动讨论,激发学生主动思考和全员参与。坚持立德树人,培养学生具有适应经济快速发展,熟悉我国财税政策法规,能够对相关涉税问题提供精准解决方案的行业综合能力和行业专职能力;引导学生具有正确的价值观和社会责任感、坚守职业道德和执业规范,具有追求终身学习的持续发展能力。

### (二)课程目标

本课程为专业选修课程。通过本课程的学习,使学生能够达到以下目标:

1. 知识目标:通过本课程的教学,使学生能够全面掌握税务会计的基本理论和基本知识,了解税务会计的核算内容及增值税、消费税、企业所得税、个人所得税等税种的会计核算方法,准确计算各个税种的应纳税额,依法进行纳税申报,能够运用所学知识解决税务会计实务问题,为从事政府财税部门的税务管理、市场主体的涉税管理、纳税服务及自主创业等工作奠定扎实的基础。

2. 能力目标:具有获取知识和终身学习的能力,能够掌握有效的学习方法,主动深入学习新政策、新知识;具有实践应用能力和一定的科学研究能力,能够运用专业理论知识和现代经济学研究方法分析解决现实问题,具备创新精神、创业意识和创新创业能力。

3. 育人目标:以习近平新时代中国特色社会主义思想为指导,坚持正确育人方向,落实立德树人根本任务,帮助学生掌握税务会计领域的法律法规和相关政策,引导学生深入国家税收实践、关注税务会计现实问题,培育学生经世济民、德才兼备的职业素养,努力培养一代又一代拥护中国共产党领导和我国社会主义制度的税务会计人才,努力培养勇于担当民族复兴大任的时代新人。

### (三)课程教材和资料

➢ 推荐教材

盖地. 税务会计学[M]. 第15版. 北京:中国人民大学出版社,2022.

➢ 参考教材或推荐书籍

1. 梁俊娇,王怡璞. 税务会计[M]. 第4版. 北京:中国人民大学出版社,2021.
2. 梁文涛. 税务会计[M]. 北京:中国人民大学出版社,2021.
3. 左锐,王丽萍. 纳税会计[M]. 北京:中国财政经济出版社,2022.

➢ 学术刊物与学习资源

《税务研究》《国际税收》《财政研究》《经济研究》等财经类核心期刊。

学校图书馆提供的数字资源。

➢ 推荐网站

中华人民共和国财政部网站:http://www.mof.gov.cn/index.htm。

国家税务总局网站:www.chinatax.gov.cn。

各地方税务局网站。

各高校财税学院或税收系网站。

## 二、课程思政教学总体设计

### (一)课程思政教学目标

本课程坚持以马克思列宁主义、毛泽东思想、邓小平理论、"三个代表"重要思想、科学发展观、习近平新时代中国特色社会主义思想为指导,坚持立德树人的根本任务,旨在培养践行社会主义核心价值观,有理想、有本领、有担当,具备良好的思想品德、专业素养、研究能力和应用能力的高素质专业人才。

本课程立足于解决培养什么样的社会主义税收事业接班人、怎样培养社会主义税收事业接班人这一根本问题,围绕全面提高社会主义税收人才培养能力这一核心点,努力提高税收学教学水平和教学能力。

高校课程思政要融入课堂教学,要创新课堂教学模式,推进现代信息技术在课程思政教学中的应用。《税务会计》课程要将课程思政融入课堂教学建设全过程,可以从以下维度实现思政教学目标:

1. 政治认同

税务会计是关于税收及其会计处理的方法体系,是融税收法令和会计核算为一体的一门专业会计,它涵盖了我国各税种的基本情况、核算方法和纳税申报方法,通过学习专业知识,本课程可以让学生更加深入地理解我国的税制改革历程和现行税制;通过讲授税制改革所取得的伟大成就,本课程能够传递坚持中国共产党领导的重要性,从心灵深处认同"中国共产党为什么能、马克思主义为什么行、社会主义为什么好",增强同学们的政治认同。

2. 制度自信

税务会计课程涉及我国税收制度的各个方面,涵盖了税种的性质与目的、税制发展历程、税收制度的改革等内容,通过对具有中国特色的税收理论与实践问题进行总结与提炼,讲述中国税收故事,有助于让学生更准确地了解中国税收改革发展取得的成就及现行税制的制定依据,从历史发展过程中能够自然而然地传递马克思主义基础理论的正确性,有助于同学们认识到马克思主义指导地位的重要性和中国特色社会主义制度的优越性。

3. 人民至上思想

税收涉及国计民生,始终牵动人民群众的切身利益。"以人民为中心"是中国共产党理财治税的思想精髓和推进税制改革的根本政治立场。人民至上是习近平新时代中国特色社会主义思想的理论基点、价值支点、实践原点,也是党治国理政的出发点、落脚点。当前,税收在切实增强实体经济活力,推进企业创新发展,服务产业优化升级,进而服务经济高质量发展的实践中始终践行"以人民为中心"的思想。当前的各项减税降费政策也都体现了我国税收治理坚持以人民为中心,坚持人民主体地位,坚持共同富裕方向,促进社会公平,增进民生福祉,不断实现人民对美好生活的向往。

4. 公共意识

本课程培养学生爱党、爱国、爱社会主义、爱人民、爱集体的思想认识,通过课程学习,使学生充分理解社会主义税收"取之于民、用之于民"的本质,认识到税收政策与社会公共事务的密切联系,在学习税收相关知识的同时关心国家大事、公共政策、公共话题并积极参与公共活动,具有公德心,遵守公共秩序和自觉维护公共利益。

5. 职业道德和职业理想

本课程涉及财税职业道德相关知识,特别是在应纳税额的会计核算和纳税申报的学习过程中,通过税收学理论与实践的相关案例分析,让学生认识到遵守财税职业道德的重要性,自觉养成遵守财税职业道德的习惯。尤其在市场经济条件下,聚财用财的能力和水平高低在很大程度上决定着财税部门干部能否坚守初心与职业理想。通过本课程的知识讲解和案例解读,切实提高学生的职业道德修养。

6. 法治意识

税收法治教育是《税务会计》课程思政教育的应有之义。税收法治是依法治国的基础性内容,税收法治教育是法治教育的基础与前提,本课程是一个不可或缺的重要载体。强化税收法治意识,就是要不断提升人们对税收法律制度的自觉认可、敬畏、遵从的程度。本课程的教学指导学生全面掌握我国现有税种法律规范,深入理解征税对象、纳税义务人、应纳税额计算、税收优惠和税收征管等基本制度规定,明确在税法面前应该怎么做、哪些不能做。具体教学过程中,不是仅局限于传授税法规定的内容条款,而将税收立法的宗旨原则与政策导向讲深讲透,实现法治教育的内化于心,培养税法遵循的自觉性。

7. 科学精神

本课程注重培养学生的科学精神。税务会计基于严谨的理论原理和实证检验,具有科学的方法,通过具体知识的讲解,可以培养学生的理性思维和质疑精神,使其能独立思考、独立判断,运用科学的思维方式多角度、辩证地分析问题、解决问题、指导行为。税收学属于社会科学,在本课程教学过程中,通过大量的财税改革与实践案例讲授和课后思考训练,引导学生阅读财税经典著作,培养学生深入实际开展调查研究的科学精神。

8. 国际视野

在全球化竞争日趋激烈,尤其是新冠肺炎疫情肆虐的背景下,大国责任与担当及对大国财政问题的研究日益迫切。在新时代、新理念、新格局下,国家的经济社会发展尤其需要更多的具有国际视野的高素质人才。本课程通过让学生了解国际税制发展的最新成就和发展趋势,特别是关注和研究各国税制改革与发展的比较,培养学生的广阔视野。

(二)课程思政教学内容

《税务会计》课程的思政内容可以涉及以下几方面:

1. 坚定政治立场,具备良好的思想品德

本课程通过深入挖掘课程思政元素,引入丰富的案例素材,讲好中国故事,帮助学生深刻领会党领导下的社会主义税收制度建设所取得的重大成就和历史经验,涵养学生的家国情怀和社会责任感,引导学生增强"四个意识"、坚定"四个自信"、做到"两个维护",敢于纠正不当言行。通过强化财经纪律教育,帮助学生牢固树立法治意识、廉洁意识和集体意识,培养品行端正、爱岗敬业和富有团结精神的高素质专业人才。

2. 熟悉中国国情,具备良好的专业素养

本课程的讲授内容将突出财政在国家治理中的基础性和支柱性地位,通过加入大量中国税收改革和减税降费的最新实践,融入和体现中国经验,并通过丰富多样的教学形式,帮助学生了解中国的国情、社情、民情,使之具备良好的专业素养,掌握较为系统的财政学专业知识,了解我国税收制度的运行机制、改革动态和发展方向。

3. 富有科学精神,具备良好的研究能力

本课程注重培养学生的科学精神和创新意识,将专业知识传授与研究能力培养相结合,帮助学生了解学术研究的基本规范,夯实研究基础,并运用所学的经济学、公共管理学、政治学、法学、统计学和计量经济学等研究方法,开展与课程相关的问题研究。提倡"为人民做学问"的研究精神,为加快构建中国特色财政学学科体系、学术体系、话语体系而不断努力。

4. 关心现实问题,具备良好的应用能力

本课程倡导经世济民和知行合一的精神,注重理论与实践相结合,鼓励学生通过资料收集、实习实训、实地调研等途径,了解财政税收领域的重点难点问题,并结合所学专业知识进行研讨,为从事相关财税实务工作和解决复杂现实问题奠定良好的基础。

(三)教学方法

本课程综合运用课堂讲授、任务驱动、案例教学、讨论式教学、自主学习等多种教学方法,通过讲授税务会计相关知识点,结合税务会计思政案例,将专业知识与思政元素有机融合,引导学生开展互动讨论,激发学生主动思考和全员参与,引导学生深入国家税收实践、关注税务会计现实问题,提升职业道德素养、增强规则意识和法治意识,具备追求终身学习的持续发展能力。

# 三、课程各章节思政教学内容设计

### 第一章 税务会计概述
**专业教学目标**
通过本章的学习,使学生了解什么是税务会计,要求掌握税务会计的特点、模式与原则,尤其是掌握税务会计的核算内容。

【知识目标】
1. 了解税务会计的概念。
2. 熟悉税务会计的特点和模式。
3. 掌握税务会计的原则和核算内容。

【能力目标】
1. 培养学生将税务会计的原则灵活应用于税务会计实务。
2. 培养学生具有独立思考能力和思辨能力,正确认识税务会计的目标与作用。

**课程思政教学目标及实践**
【育人目标】
1. 法治意识 税务会计是关于税收及其会计处理的方法体系,是融税收法令和会计核算为一体的一门专业会计,必须严格遵守国家现行相关法律、法规的规定。
2. 职业道德和职业理想 学生在进入社会从事税务会计相关工作时,应自觉遵守相应的职业道德,树立崇高的职业理想。

【教学方式与方法】
1. 课堂讲授:讲授税务会计相关理论及观点,学生能够更加深入地认识到税务会计的法律性。
2. 任务驱动法:学生搜索招聘网站、咨询亲友等方式了解税务会计岗位的招聘要求,有的放矢地学习相关知识和技能,明确其职业素养要求。
3. 案例教学法:通过讲解会计工作人员违法偷逃税款的案例,提升学生的职业道德素养、增强学生的规则意识和法治意识。

【课程思政教学实例】
**案例材料:两名90后会计纪录"内账"被判7年**
(1)案例简介
黄某惠和陈某梅受雇于付某博成立的"厦门××工贸有限公司"做财务,2013年11月至2016年7月间,在明知厦门＊森工贸有限公司等23家公司没有实际货物交易的情况下,协助主犯付某博纪录"内账"、虚构合同、资金走账、开具增值税专用发票等事务,税额合计2.57亿元。尽管系从犯,但鉴于其犯罪事实及后果,两人最终被法院判决:犯虚开增值税专用发票罪,分别判处有期徒刑7年并处罚金十五万元。
资料来源:网易新闻:"内账"被查!2名90后财务被抓.2022－3－5. https://www.163.com/dy/article/H1MEHSSE05373W40.html.

(2)案例的思政元素
①法治意识。税务会计要懂法守法不要知法犯法抗法,必须严格遵守国家现行相关法律法规的规定,坚决维护国家税法权威,依法进行纳税申报,不可偷税骗税虚开。
②职业道德和职业理想。财税工作人员要牢记道德操守不要失去道德底线,真实记账,拒绝假账、两套账。

(3)教学手段
讨论式教学:结合案例,引导学生积极讨论从中获得的启示,让学生意识到职业道德素养、规则意识和法治意识的重要性。

## 第二章 增值税的核算

**专业教学目标**

通过本章学习,掌握增值税制度的基本内容及增值税应按税额的计算;掌握增值税会计核算及纳税实务。

【知识目标】

1. 了解增值税的概念、类型和特点。
2. 熟悉增值税的征收范围、纳税人、税率、纳税地点、纳税期限、税收优惠等。
3. 掌握增值税应纳税额的计算及会计核算方法。

【能力目标】

1. 培养学生理论与实际相结合、解决实务问题的能力,能够在实务中进行增值税会计核算。
2. 培养学生自主学习与持续学习的能力,不断学习增值税最新制度和政策。

**课程思政教学目标及实践**

【育人目标】

1. 政治认同　理解增值税减税降费政策及其实施效果,税收改革取得的重大成就,增进政治认同。
2. 人民至上思想　通过增值税减税降费政策及其意义,理解我国税收制度惠企利民、人民至上的理念。
3. 法治意识　增值税核算必须严格遵守国家现行相关法律、法规的规定,依法纳税。
4. 职业道德和职业理想　增值税核算应自觉遵守相应的职业道德。

【教学方式与方法】

1. 课堂讲授:讲授我国增值税现行制度及最新减税降费措施、改革取得的成就,增进学生的政治认同,深入理解我国政府人民至上的思想。
2. 案例教学法:结合增值税留抵退税案例讲解增值税核算方法,加深学生对知识点的理解,培养学生的法治意识,提升学生的职业道德素养。
3. 自主学习:课堂上学习相应的基础专业知识点,课下自主阅读文献资料,撰写阅读笔记或思维导图,了解人民至上思想及法治意识等要素在增值税制度当中如何体现。

【课程思政教学实例】

**案例材料**:确保大规模留抵退税政策落快落准落稳,是一场前所未遇的硬仗大仗——合退·合防·合打:合力出奇迹

（1）案例简介

实施大规模增值税留抵退税是新的组合式税费支持政策的"重头戏",涉及企业户数多,审核难度大,工作链条长,确保留抵退税政策落快落准落稳,是一场前所未遇的硬仗大仗。

自4月1日以来,全国税务系统坚持"快退税款、狠打骗退、严查内错、欢迎外督、持续宣传"五措并举,联合财政、人民银行国库等部门共同退税,凝聚税务稽查、数据管理、纪检监督等全系统力量共同防范退税风险,联合公安、海关等五部门狠打骗税违法犯罪行为,全力以赴确保大规模留抵退税政策落快落准落稳,助力稳住宏观经济大盘。

第一,合退:财税银三部门齐心协力保退税。第二,合防:系统上下严把退税风险关。第三,合打:六部门协同精确打击骗税。

资料来源:国家税务总局陕西省税务局网站:确保大规模留抵退税政策落快落准落稳,是一场前所未遇的硬仗大仗——合退·合防·合打:合力出奇迹.2022.7.6。https://shaanxi.chinatax.gov.cn/art/2022/7/6/art_6938_353023.html.

（2）案例的思政元素

①政治认同。实施大规模增值税留抵退税是新的组合式税费支持政策的"重头戏",助力稳住宏观经济大盘。

②人民至上思想。一笔笔留抵退税款,顺畅地从"纸上"落到企业"账上",足额留抵退税第一时间直达市场主体、直接惠企利民。

③法治意识。国家有关部门在以往基础上进一步健全协作机制,持续严厉打击骗取留抵退税行为,有

效发挥留抵退税政策正效应,确保退税资金规范准确、顺畅有序到达纳税人手中。

(3) 教学手段

"知识点+时事+思政"贯穿融合讲授:在"增值税留抵退税"知识点中引入案例,结合我国最新实施的大规模留抵退税政策,增强学生的政治认同和法治意识。

### 第三章 消费税的核算

**专业教学目标**

通过本章学习,了解消费税的基本理论知识,掌握消费税应纳税额的计算和会计核算。

**【知识目标】**

1. 了解消费税的概念和特点。
2. 熟悉消费税的纳税人、征税范围、纳税环节等。
3. 掌握消费税的计税依据、应纳税额的计算、已纳税额的扣除。
4. 掌握自产自用应税消费品、委托加工应税消费品、进口应税消费品应纳税额的计算。
5. 掌握消费税的会计核算方法。

**【能力目标】**

1. 培养学生理论与实际相结合、解决实务问题的能力,能够在实务中进行消费税会计核算。
2. 培养学生自主学习与持续学习的能力,不断学习消费税最新制度和政策。

**课程思政教学目标及实践**

**【育人目标】**

1. 公共意识  理解消费税抑制有害性消费、调节奢侈性消费、促进健康性消费的目标定位,提升公共意识。
2. 法治意识  消费税核算必须严格遵守国家现行相关法律、法规的规定,依法纳税。
3. 职业道德和职业理想  消费税核算应自觉遵守相应的职业道德。

**【教学方式与方法】**

1. 课堂讲授:讲授我国消费税现行制度及改革发展导向,加深学生对消费税目标定位的理解,提升学生的公共意识。
2. 实例教学法:通过对烟、酒、化妆品等商品消费税的计算实例,提高学生的理性消费意识,学会自我管理。
3. 自主学习:课堂上学习相应的基础专业知识点,课下自主阅读文献资料,撰写阅读笔记或思维导图,了解公共意识、法治意识等要素在消费税制度及改革当中如何体现。

**【课程思政教学实例】**

**案例材料:辽宁省税务局稽查局依法对部分企业偷逃成品油消费税案件进行查处**

(1) 案例简介

2021年初,辽宁省税务局稽查局根据有关信息和反映以及税收大数据分析发现,辽宁省盘锦市部分企业存在数额巨大的涉嫌虚开发票偷逃成品油消费税问题。随后,在国家税务总局、辽宁省人民政府的指导督办下,辽宁省税务局稽查局会同有关部门开展深入调查。

经查,盘锦北方沥青燃料有限公司、辽宁宝来生物能源有限公司、盘锦浩业化工有限公司以篡改生产设备名称等方式为掩护,以虚开增值税专用发票为手段,通过将应税成品油变名为非应税化工品销售等方式,偷逃成品油消费税。辽宁省税务局稽查局依法对涉案企业进行查处,其在规定期限内未能缴清税款、滞纳金和罚款,相关人员涉嫌构成虚开增值税专用发票罪和逃避缴纳税款罪,已依法移送司法机关。公安机关已对涉案企业实际控制人及相关犯罪嫌疑人抓捕归案并采取强制措施,检察机关正依法审查起诉。有关部门依纪依规依法对涉嫌违纪违法、失职失责的政府部门公职人员进行了严肃处理,对涉嫌犯罪的移送司法机关。

资料来源:国家税务总局网站:辽宁省税务局稽查局依法对部分企业偷逃成品油消费税案件进行查处。2022.01.19。 http://www.chinatax.gov.cn/chinatax/n810219/c102025/c5172245/content.html。

**(2)案例的思政元素**

①法治意识。税务部门坚决依法严查严处各种偷逃税行为,坚决维护国家税法权威,促进社会公平正义。

②职业道德和职业理想。在执业过程中应当坚持原则、遵纪守法,严格执行财经纪律和税收法律法规。

**(3)教学手段**

①讲授:在"消费税的会计核算方法"中引入案例,探究正确计算和缴纳消费税的重要性。

②讨论:分组讨论辽宁省税务局稽查局依法对部分企业偷逃成品油消费税案件进行查处的启示。

## 第四章 企业所得税的核算

**专业教学目标**

通过本章的学习,使学生了解我国企业所得税制度的基本内容,所得税会计的基本内容和核算,重点掌握企业所得税的扣除项目、应纳税额的计算及核算方法。

**【知识目标】**

1. 了解企业所得税的概念和特点。
2. 熟悉企业所得税的纳税人、征税对象、税率、纳税方法、纳税期限和税收优惠等。
3. 掌握企业所得税收入总额的确定、准予扣除的项目、不得扣除的项目、资产的税务处理等。
4. 掌握企业所得税应纳税额的计算方法和所得税的会计核算方法。

**【能力目标】**

1. 培养学生理论与实际相结合、解决实务问题的能力,能够在实务中进行企业所得税会计核算。
2. 培养学生自主学习与持续学习的能力,不断学习企业所得税最新制度和政策。

**课程思政教学目标及实践**

**【育人目标】**

1. 法治意识　依法纳税,人人有责。纳税人必须依照法律、行政法规的规定缴纳企业所得税税款,并按照国家有关规定如实向税务机关提供与纳税有关的信息。

2. 制度自信　对企业所得税税收优惠的介绍,引导学生坚定中国特色社会主义制度自信。

3. 科学精神　税制改革不断深化,企业所得税会计核算的学习具有明显的时效性特征,提高学生自主学习、终身学习的意识和能力,对知识始终保有好奇心和科学研究精神。

4. 国际视野　通过国际企业所得税税制比较,提升学生的"人类命运共同体"意识,培养学生的国际视野。

**【教学方式与方法】**

1. 自主学习:课堂上学习相应的基础专业知识点,课下自主阅读文献资料,撰写阅读笔记或思维导图,了解法治意识、制度自信、深度学习、国际视野等要素在企业所得税会计核算当中如何体现。

2. 案例教学法:通过企业所得税税收优惠案例,引导学生坚定中国特色社会主义制度自信,培养学生自主学习、终身学习的意识和能力。

3. 讲授法:通过讲授企业所得税的基本知识和国际税制比较,增强学生依法纳税的意识,培养学生的国际视野。

**【课程思政教学实例】**

**案例材料:税收政策精准"滴灌"乡村发展特色富民产业**

**(1)案例简介**

产业振兴是乡村振兴的重中之重,现行税收政策着眼乡村产业高质量发展大局,进一步完善扶持政策、加大支持力度,在优化土地资源配置、促进农业生产、鼓励新型经营主体发展、促进农产品流通、支持农业资源综合利用等方面实施了一系列优惠政策,由"输血式"扶贫转变为"造血式"产业发展,推动巩固拓展脱贫攻坚成果同乡村振兴有效衔接。

今年的春耕时节,国家税务总局察北区税务局工作人员来到位于河北省张家口市的一家农业集团开展税收优惠政策宣传辅导,了解企业涉税需求,帮助企业精准分析政策,确保税收红利直达快享。

这家以马铃薯种业为核心、现代农业服务为延伸、食品加工为引擎的马铃薯全产业链集团属于国家高新技术企业。察北区税务局落实研发费加计扣除优惠政策,帮助企业100%享受政策红利,助力企业创新发展。据介绍,公司成立以来已累计享受研发费加计扣除1107.69万元。

该公司财务总监王远表示,研发费用加计扣除政策缓解了企业的资金周转困难,让企业把更多资金投入到新品种研发上,帮助更多农民脱贫致富。

资料来源:国家税务总局网站:税收政策精准"滴灌"乡村发展特色富民产业。2022.08.11。http://www.chinatax.gov.cn/chinatax/n810219/n810780/c5178716/content.html。

**(2)案例的思政元素**

①制度自信。税收优惠政策由"输血式"扶贫转变为"造血式"产业发展,推动巩固拓展脱贫攻坚成果同乡村振兴有效衔接,帮助更多农民脱贫致富。

②国际视野。税收优惠政策不断出台,应具有自主学习、深度学习的能力,及时掌握最新国内外政策,具有全球化视野。

**(3)教学手段**

①"知识点+时事+思政"贯穿融合讲授:在知识点"企业所得税税前扣除项目"中介绍研发费加计扣除优惠政策,引入税收优惠政策助力乡村振兴案例,增强学生的制度自信,增强深度学习的意识和能力。

②讨论式教学:结合案例,引导学生积极讨论企业所得税研发费加计扣除的意义所在,对农民增收和乡村振兴的影响,激发学生的制度自信。

## 第五章 个人所得税的核算

**专业教学目标**

通过本章的学习,使学生了解现行个人所得税制度的内容及个人所得税的计算方法,掌握个人所得税的核算技术。

**【知识目标】**

1. 了解个人所得税的概念和特点。
2. 熟悉个人所得税的纳税人、征税对象、税率、纳税方法、纳税期限和税收优惠等。
3. 掌握个人所得税应纳税额的计算以及个人所得税纳税申报表的填写。

**【能力目标】**

1. 将所学知识灵活应用于个人所得税纳税实务。
2. 具有独立思考能力和思辨能力,正确认识个人所得税在我国税收体系中的地位。

**课程思政教学目标及实践**

**【育人目标】**

1. 法治意识　依法纳税,人人有责。个人所得税纳税人必须依照法律、行政法规的规定缴纳税款,并按照国家有关规定如实向税务机关提供与纳税有关的信息。

2. 制度自信　对个人所得税税前扣除项目的介绍,帮助学生理解国家对个人住房、教育、医疗等方面的支持政策,增强学生对社会主义税收制度优越性的自信。

3. 人民至上思想　每个人都是社会的一分子,个人所得税是我们国家的重要税种。个人在使用公共资源获利之后,应当承担公共支出的费用。个人所得税是个人履行社会责任的最直接最广泛的途径,也只有依法缴纳个人所得税,才能保障税收取之于民用之于民,践行人民至上思想。

**【教学方式与方法】**

1. 自主学习:线上学习相应慕课中的基础专业知识点,线下自主阅读文献资料,撰写阅读笔记或思维导图。

2. 案例教学法:通过个人所得税改革历程的介绍,增强学生对社会主义税收制度优越性的自信,坚定新时代中国特色社会主义理想信念,立志做有为新青年。通过对个人所得税违法案例的剖析,提高学生批判性思维能力,增强学生依法纳税的意识。

3. 讲授法：通过讲授个人所得税的基本知识，培养学生的思维能力和纳税实务能力，对我国个人所得税法产生制度自信。

**【课程思政教学实例】**
**案例材料："直播一姐"偷逃税被查的警示**
(1) 案例简介

近年来，随着直播带货成为电商平台最大的增长点，网络主播的收入也水涨船高，部分头部主播的单场带货交易额达到千万甚至上亿元。2021年12月20日，税务部门发布通报，头部网络主播薇某偷逃税被罚共计13.41亿元。调查显示，薇某在2019—2020年期间，通过隐匿个人收入、虚构业务转换收入性质、虚假申报等方式偷逃税款6.43亿元，其他少缴税款0.6亿元，依法对薇某作出税务行政处理处罚决定，追缴税款、加收滞纳金并处罚款，共计13.41亿元。

资料来源：人民网：直播不是法外之地。2021.12.21。http://fanfu.people.com.cn/n1/2021/1221/c64371-32313198.html。

(2) 案例的思政元素

①法治意识。税务部门作出的处理处罚决定体现了税法权威和公平公正，再次警示网络直播从业人员，网络直播并非法外之地，要自觉依法纳税，承担与其收入和地位相匹配的社会责任。对各种偷逃税行为，必须依法严查严处，坚决维护国家税法权威。

②社会公平正义。税收的重要功能之一就是调节收入分配，不同收入群体对应的个人所得税纳税比例不同，高收入者纳税多，低收入者纳税少，这有助于在二次分配环节缩小收入分配差距，促进社会公平，最终实现共同富裕。

③人民至上思想。税收取之于民，用之于民；公共基础设施、民生福利改善等都需要大量的资金投入，偷逃税直接减少国家财政收入，减少国家在公共事业上的投资来源，最终会"偷走"我们本应该享受到的社会公共服务。

(3) 教学手段

①"知识点＋时事＋思政"贯穿融合讲授：在知识点"个人所得税的概念和特点"中引入调节收入分配、实现共同富裕等思政元素，增强学生的政治认同和使命担当。

②讨论式教学：结合案例，引导学生积极讨论税务部门作出的处理处罚决定的原因及目的，让学生深刻认识税法权威和公平公正。

## 第六章　纳税申报表的编制

**专业教学目标**

通过本章的学习，使学生了解现行纳税申报表及有关纳税资料的编制内容及方法，掌握纳税申报资料的送达程序及方法。

**【知识目标】**

1. 了解纳税申报表的概念。
2. 熟悉各税种纳税申报表的编制内容与方法。
3. 掌握各税种纳税申报资料的送达程序及方法。

**【能力目标】**

1. 将所学知识灵活应用于纳税实务。
2. 提升学生在税收实践中的纳税遵从度。

**课程思政教学目标及实践**

**【育人目标】**

1. 科学精神　税务机关需要科学合理编制纳税申报表，方便纳税人确定申报期限、申报内容和如实办理纳税申报，并及时报送纳税申报表、财务会计报表以及税务机关根据实际需要要求纳税人报送的其他纳税资料。

2. 政治认同　通过对纳税申报表相关知识的学习，增强学生政治认同，使学生立志成长为国家需要的现代化、国际化、综合化的税收专业人才，助力税收在国家治理中发挥重要作用。

**【教学方式与方法】**

1. 自主学习:线上学习相应慕课中的基础专业知识点,线下自主阅读文献资料,撰写阅读笔记或思维导图。

2. 案例教学法:通过纳税申报的相关案例分析,增强学生实务办税的能力,使学生树立依法纳税的意识。

3. 讲授法:通过讲授纳税申报表的基本知识,提升学生的思维能力和纳税实务能力,培养学生具有科学精神。

**【课程思政教学实例】**

**案例材料:智能化转型让纳税人办税更便利**

**(1)案例简介**

走进办税服务厅,摘掉口罩就可"刷脸取号";拿着手机,刷脸登录,"导税管家"就通过小程序提示带领纳税人走完了办税全流程;自助机前,屏幕上点一点,纳税申报就完成了。最近,这样的智能化办税场景越发"常态化",让纳税人纷纷点赞。

在深圳,大部分涉税业务已经实现了电子税务局网上办理,对于其他业务,如何拓展线上办理的空间?通过座谈、走访的形式,龙华区税务局梳理尚未实现电子税务局办理的非实名业务,进一步推进实体办税服务厅向网上延伸,新增三十四项业务办理的"云通道",涉及跨区域报验、增值税申报异常比对、纳税信用复评、防伪税控风险纳税人解锁、出口退(免)税备案等纳税人常办业务。纳税人通过微信小程序完成实名认证、勾选需要办理的业务、选填个性化需求、上传电子版资料四步骤,即可完成业务申请。

资料来源:人民网:智能化办税场景"常态化""六稳""六保"增动能。2020－7－3。http://finance.people.com.cn/n1/2020/0703/c1004－31770447.html.

**(2)案例的思政元素**

①公共意识。如实进行纳税申报,规范履行纳税人义务。

②政治认同。了解税务机关在完善纳税服务方面实施的诸多举措,例如推出个人所得税 App、电子税务局、征纳互动平台等等,切实为纳税人减少办税时间,减轻办税负担,让学生感受我国国家机关以人为本的工作态度,增强学生的国家认同。

**(3)教学手段**

"知识点＋时事＋思政"贯穿融合讲授:在知识点"纳税申报表的概念"中引入诚实守信、依法纳税等思政元素,增强学生的公共意识和政治认同。

# 四、课程思政教学评价

## (一)对教师的评价

1. 教学准备的评价

将《税务会计》课程思政建设落实到教学准备工作各个方面,教师要提前提炼思政元素,进行课程思政目标设计,修订课程思政教学大纲,选用适配的教材,编写课程思政教案课件。

2. 教学过程的评价

将《税务会计》课程思政建设落实到教学过程各环节,教师要善于运用现代教育技术,创新教学方式方法,将思政元素自然融入到教学过程和教学内容中,充分调动学生对思政元素的学习积极性,引导学生进行深入思考、广泛讨论,使《税务会计》课程思政教育真正入脑入心。

3. 教学结果的评价

建立健全《税务会计》课程思政多主体参与、多维度动态评价体系,包括同行评议、随机听课、学生评教、教学督导检查,覆盖课前准备、课中教学和课后结果全过程,做到主观分析和客观分析相结合、定性分析和定量分析相结合。

4. 评价结果的运用

对于同行评议、学生评教、教学督导等提出的改进建议,以及对学生考核的成绩分析进行运用,对《税务会计》课程思政教学进行反思与改进。

(二)对学生的评价

1. 学习过程的评价

检验学生是否认真完成了老师布置的《税务会计》课程思政元素的学习任务和要求,是否积极参与资料收集、课堂讨论和实地调研等教学过程,科学评价学生在学习过程中的积极性、互动性和参与度。

2. 学习效果的评价

通过平时作业、课堂提问、小组讨论、课堂展示、随堂练习、课程论文、期末考试等多种形式,检验学生对《税务会计》课程思政元素的领会及其对思政元素的掌握程度。

3. 评价结果的运用

通过师生座谈和系部教研活动等多种形式,对学生的学习效果进行科学分析,总结经验,改进不足,提升《税务会计》课程思政的学习效果,持续促进学生世界观、人生观、价值观的改造和升华。

# 五、课程思政的教学素材

| 序号 | 内容 | 形式 |
| --- | --- | --- |
| 1 | 我国税制改革取得历史性突破 | 阅读材料 |
| 2 | 助力稳住宏观经济大盘!今年新增减税降费及退税缓税缓费已超3万亿元 | 阅读材料 |
| 3 | 退税减税降费政策操作指南(一)——2022年增值税期末留抵退税政策 | 政策文件 |
| 4 | 我国大规模、实质性减税降费的历史动因、现实逻辑和未来路径 | 阅读材料 |
| 5 | 两名90后会计纪录"内账"被判7年 | 案例分析 |
| 6 | 确保大规模留抵退税政策落快落准落稳,是一场前所未遇的硬仗大仗——合退·合防·合打:合力出奇迹 | 案例分析 |
| 7 | 陕西省榆林市税务局第三稽查局依法查处一起骗取留抵退税案件 | 案例分析 |
| 8 | 税收政策精准"滴灌"乡村发展特色富民产业 | 案例分析 |
| 9 | 便利服务优环境 一路春风一路歌 | 阅读材料 |
| 10 | "非接触式"办税缴费事项清单 | 政策文件 |
| 11 | 小型微利企业再减半征收企业所得税政策 | 视频资料 |
| 12 | "十三五"时期个人所得税改革迈出实质性步伐 | 阅读材料 |
| 13 | 中华人民共和国个人所得税法 | 政策文件 |
| 14 | 中华人民共和国个人所得税法实施条例 | 政策文件 |
| 15 | 中华人民共和国税收征收管理法 | 政策文件 |
| 16 | 岁月为证——从税收老物件看百年奋斗路 | 纪录片 |
| 17 | 60秒知晓与你息息相关的税收新科技 | 公益短片 |
| 18 | 电子办税,助您穿越空间、缩短时间 | 公益短片 |
| 19 | "直播一姐"偷逃税被查的警示 | 案例分析 |
| 20 | 智能化转型让纳税人办税更便利 | 案例分析 |
| 21 | 继续推进我国增值税抵扣制度改革 | 期刊论文 |
| 22 | 政府会计制度下增值税业务核算问题探讨 | 期刊论文 |
| 23 | 论增值税抵扣机制的强化 | 期刊论文 |
| 24 | 增值税免税项目的会计核算及税务处理分析 | 期刊论文 |
| 25 | 消费税制度改革的发展导向 | 期刊论文 |

续表

| 序号 | 内容 | 形式 |
|---|---|---|
| 26 | RCEP框架下企业所得税税制比较与协调 | 期刊论文 |
| 27 | 促进低碳经济发展的企业所得税优惠政策研析 | 期刊论文 |
| 28 | 共同富裕目标下完善个人所得税制度及征管配套措施探析 | 期刊论文 |
| 29 | 优化个人所得税 提升自然人直接税贡献 | 期刊论文 |
| 30 | 大数据时代提高纳税申报资料真实性的思考 | 期刊论文 |
| 31 | 现代信息技术背景下构建新型纳税申报的思考 | 期刊论文 |

# 《国际税收》课程思政教学指南

春岁勤　张耀文

（西安财经大学）

## 一、课程简介与课程目标

### （一）课程简介

《国际税收》课程为财税专业的综合性课程，属于税收学专业必修课，财政学专业选修课程。主要内容分为四个部分：第一部分是国际税收的基本概念，主要讲述国际税收的基本概念、产生和发展过程及目前面临的挑战。第二部分是税收管辖权的概念及由于各国税收管辖权选择的多样性，居民身份、所得来源地判定标准的差异性所引发的国际重复征税问题，内容主要包括国际重复征税的成因、免除的方法及由于采用抵免法可能引发的税收饶让等核心国际税收问题。第三部分是国际避税及反避税问题。主要阐述了国际避税的相关概念，跨国纳税人利用国际税收环境提供的有利条件进行避税的各种方法，各国政府为防止跨国纳税人避税活动所实施的立法和管理措施。第四部分是国际税收协定，主要讲述国际税收协定的概念、内容及两个重要的国际税收范本的差异。国际税收是一门税收理论与实践紧密结合的学科，通过本课程的学习，能提升学生的税收理论水平和专业素养，加深对我国现行税收制度的理解，国际税收也是一门顺应时代发展变化而不断完善的一门学科，需要学生紧跟时代，关注本学科面临的新挑战，探寻可行性解决方案。

本课程综合运用课堂讲授、小组讨论教学、案例教学等多种教学方法，激发学生学习兴趣，引导学生深入思考。坚持以马克思主义为指导，强调税收学理论体系的中国特色学科体系、学术体系、话语体系。帮助学生了解相关专业领域的国家战略、法律法规和相关政策，引导学生深入社会实践、关注现实问题，培育学生经世济民、诚信服务、德法兼修的财税职业素养。

### （二）课程目标

本课程为专业必修（选修）课程。通过本课程的学习，使学生能够达到以下目标：

1. 知识目标：通过本课程的教学，使学生能够全面掌握国际税收的基本理论和基本知识体系，充分理解中国政府在解决国际重复征税问题以及与其他国家共同协作开展国际反避税工作中所体现出的大国智慧与担当，为将来从事税收理论研究、涉外税收事务处理、提高税收征管水平等工作奠定专业基础。国际税收这门课程涉及的相关问题及解决路径之间有着非常清晰的逻辑关系，教学中应注意对学生逻辑思维能力的培养，使学生能够运用所学知识分析某项涉外税收政策的实施对国家税收利益、对国际资本可能产生的影响。

2. 能力目标：具有获取知识的能力，能够掌握有效的学习方法，主动接受终身教育；具有实践应用能力和一定的科学研究能力，能够运用专业理论知识和现代经济学研究方法分析解决现实问题，具备创新精神、创业意识和创新创业能力。

3. 育人目标：热爱祖国，遵纪守法，具有良好的道德品质和文明习惯，培养良好的职业操守和职业道德，具备社会责任感和人文关怀意识；具有良好的专业素养，熟悉国家财经、财税政策和法律法规，尤其是国际税收相关法律法规，了解国内外财税理论与政策的发展动态；具有科学知识与科学素养。

### （三）课程教材和资料

➢ 推荐教材

朱青. 国际税收[M]. 第10版. 北京：中国人民大学出版社，2021.

➢ 参考教材或推荐书籍

1. 蔡昌.国际税收筹划[M].北京:高等教育出版社,2021.
2. 杜莉.国际税收[M].上海:复旦大学出版社,2019.

➤ 学术刊物与学习资源

国内外税收类期刊,重点关注《国际税收》和《税务研究》。

学校图书馆提供的各种数字资源,特别是"中国知网",下载相关文献并加以阅读。

➤ 推荐网站

国家税务总局网站:www.chinatax.gov.cn。

各地方税务局网站。

各财经类大学财税学院或税收系网站。

## 二、课程思政教学总体设计

### (一)课程思政教学目标

本课程坚持以马克思列宁主义、毛泽东思想、邓小平理论、"三个代表"重要思想、科学发展观、习近平新时代中国特色社会主义思想为指导,坚持立德树人的根本任务,旨在培养践行社会主义核心价值观,有理想、有本领、有担当,具备良好的思想品德、专业素养、研究能力和应用能力的高素质专业人才。

本课程立足于解决培养什么样的社会主义税收事业接班人、怎样培养社会主义税收事业接班人这一根本问题,围绕全面提高社会主义税收人才培养能力这一核心点,努力提高税收学教学水平和教学能力。

高校课程思政要融入课堂教学,要创新课堂教学模式,推进现代信息技术在课程思政教学中的应用。《国际税收》课程要将课程思政融入课堂教学建设全过程,可以从以下维度实现思政教学目标:

1. 政治认同

正是由于中国共产党领导的中国政府坚持改革开放政策,才使得中国经济取得了举世瞩目的成就,融入世界经济体系,进而产生了国家间税收分配的矛盾,需要各国政府共同协作,通过缔结双边或多边税收协定的方式加以解决。进入新时代以来,中国税务部门深度参与国际税收改革,加强税收征管合作,为推动构建全球税收新秩序、促进国际税改成果落实,积极贡献智慧、提供方案,扮演了愈发重要的角色。在国际税收舞台上,中国正从规则的追随者、执行者,转变为规则制定的重要参与者、贡献者,为构建公平公正的现代国际税收体系作出了积极贡献,通过对这些专业知识的讲述,有助于让学生更准确地了解中国国际税收制度改革与发展的历史进程及取得的成就,从历史发展过程中能够自然而然地传递坚持中国共产党领导的必然性,从心灵深处认同"中国共产党为什么能、马克思主义为什么行、社会主义为什么好",增强同学们的政治认同。

2. 制度自信

税收管辖权是国际税收课程的一个重要概念,一国税收管辖权行使范围的大小是依附于国家主权的,只有主权独立完整的国家,才能根据本国需要,依法行使其征税权。回顾清朝末期,当中国沦为半殖民地半封建社会这一时期,由洋人把持中国海关近半个世纪的屈辱历史,我们就能深刻体会国家主权独立的重要性,理解只有中国共产党才能领导中国人民建立独立自主的国家,在税收管辖权的选择上,才能自主地选择有利于维护本国税收利益的税收管辖权。通过这些专业知识的讲述,有助于让学生认识到马克思主义指导地位的重要性和中国特色社会主义制度的优越性。

3. 人民至上思想

税收涉及国计民生,始终牵动人民群众的切身利益。"以人民为中心"是中国共产党理财治税的思想精髓和推进税制改革的根本政治立场。人民至上是习近平新时代中国特色社会主义思想的理论基点、价值支点、实践原点,也是党治国理政的出发点、落脚点。在国际减税大潮中,中国率先进行了多重减税措施,企业获得诸多税收优惠,办税方便、享受税收优惠政策容易,企业的税负降低,拥有更多的获得感。国家税务部门开通境外税务纠纷受理专门通道,帮助解决跨境纳税人的双重征税或税收争议问题,这些无不体现了我国国际税收制度始终践行"以人民为中心"的思想,坚持以人民为中心,坚持人民主体地位,增进民生福祉,不断实现人民对美好生活的向往。

4. 法治意识

税收法治教育是《国际税收》课程思政教育的应有之义。税收法治是依法治国的基础性内容,税收法治教育是法治教育的基础与前提,本课程是一个不可或缺的重要载体。强化税收法治意识,就是要不断提升人们对税收法律制度的自觉认可、敬畏、遵从的程度。本课程的教学指导学生全面掌握我国国际税收法规和其他规定,明确在税法面前应该怎么做、哪些不能做。具体教学过程中,不是仅局限于传授税法规定的内容条款,而要将税收立法的宗旨原则与政策导向讲深讲透,实现法治教育的内化于心,培养税法遵循的自觉性。

5. 职业道德和职业理想

本课程会涉及到财税职业道德相关知识,特别是在国际避税与国际反避税的学习过程中,通过国际税收理论与实践的相关案例分析,让学生认识到财税职业道德的重要性,自觉养成遵守财税职业道德的习惯。尤其在跨国业务中,国际避税的能力和水平高低在很大程度上决定着行业工作者能否坚守初心与职业理想。通过本课程的知识讲解和案例解读,切实提高学生的职业道德修养。

6. 大国使命和担当

国际税收涉及主要问题是国际重复征税的免除和防止跨国纳税人的国际避税与偷税,要妥善处理以上问题,需要国与国之间共同协作,中国作为世界第二大经济体,积极谋求与其他国家缔结双边税收协定,自1985年到现在,已经与100多个国家缔结了避免重复征税及防止偷漏税的协定,使得相关问题的解决有了国际法依据,体现中国政府作为一个负责任的大国应有的使命与担当。

7. 国际视野

在全球化竞争日趋激烈,尤其是新冠肺炎疫情肆虐的背景下,大国责任与担当及对大国财政问题的研究日益迫切。在新时代、新理念、新格局下,国家的经济社会发展尤其需要更多的具有国际视野的高素质人才。本课程通过让学生了解国际税收发展的最新成就和发展趋势,特别是关注和研究各国税制改革与发展的比较,培养学生的广阔视野。在《国际税收》的教学中,应重点基于新时代背景,突出中国在构建"人类命运共同体"中的重要性,有机地将专业教学与国内国际形势教育统一起来。

8. 国家治理意识

税收制度是财政制度的基本组成部分,在国家治理中起到基础性、支柱性、保障性作用,对推动国家治理体系和治理能力现代化至关重要。新时代赋予税收职能新的内涵以及时代意义,要突破传统税收职能理论局限,在国家治理视域下去理解税收职能综合性,在重视税收经济调节功能的同时,还要注重发挥税收在政治治理、社会治理等方面的职能作用,进一步深化学生对税收本质属性的认识。基于此,在《国际税收》的教学中,要将国家治理体系与治理能力现代化的进程和要求,融入到理解国际税收治理当中去,充分理解进入新时代以来,我国税务部门在助力企业"走出去"中采取的一系列税收举措,充分展示税收在国家治理中的重要作用。

9. 科学精神

本课程注重培养学生的科学精神。国际税收整个理论体系都体现出严谨的逻辑关系。从国际税收的产生、国际重复征税及其免除的方法、国际避税及反避税到最终通过国与国之间缔结双边或多边税收协定的方式使得前边理论探讨的问题得到解决。通过具体内容的讲解,可以培养学生的理性思维和求真务实精神,使其能独立思考、独立判断,运用科学的思维方式多角度、辩证地分析问题、解决问题、指导行为。最近几年,国际上出现逆全球化趋势,美国针对中国发起的贸易战、对中国高新技术产业封锁政策已经严重破坏正常的国际经济秩序,制约了中国经济的发展,学生应根据国际形势的变化及中国经济发展的需要,勇于探索,不畏艰难,研究有利于中国经济发展的税收政策。

10. 创新精神

本课程注重培养学生的创新精神。信息技术的发展尤其是电子商务的蓬勃发展给传统的国际税收原则提出挑战,使得传统的所得来源地认定标准无法适用于新的交易方式,跨境电子商务交易方式使得交易的地点更加隐蔽,给各国反避税工作带来更大困难,通过这部分内容的学习,激发学生的创新精神,探索出解决上述问题的方法。随着"一带一路"国家发展战略的实施,中国"走出去"的企业会越来越多,如何应对"走出去"企业的避税问题,同样需要掌握信息技术,具有创新精神的国际税收专业人员。

### (二)课程思政教学内容

《国际税收》课程的思政内容可以涉及以下几方面：

1. 坚定政治立场，具备良好的思想品德

本课程通过深入挖掘课程思政元素，引入丰富的案例素材，帮助学生深刻领会党领导下的社会主义税收制度建设所取得的重大成就和历史经验，培养学生的家国情怀和社会责任感，引导学生增强"四个意识"、坚定"四个自信"、做到"两个维护"，敢于纠正不当言行。通过强化财经纪律教育，帮助学生牢固树立法治意识、廉洁意识和集体意识，培养品行端正、爱岗敬业和富有团结精神的高素质专业人才。

2. 熟悉中国国情，具备良好的专业素养

本课程讲授将突出税收在国家治理中起到基础性、支柱性、保障性作用，加入大量中国经济发展和改革的最新实践，通过丰富多样的教学形式，帮助学生了解中国国情、社情、民情，使之具备良好的专业素养，掌握较为系统的税收学专业知识，了解我国现行税收制度的运行机制、改革动态和发展方向。

3. 富有科学精神，具备良好的研究能力

本课程注重培养学生的科学精神和创新意识，将专业知识传授与研究能力培养相结合，帮助学生了解学术研究的基本规范，夯实研究基础，并运用所学的经济学、公共管理学、政治学、法学、统计学和计量经济学等研究方法，开展与课程相关的问题研究。提倡"为人民做学问"的研究精神，为加快构建中国特色税收学科体系、学术体系、话语体系而不断努力。

4. 关心现实问题，具备良好的应用能力

本课程倡导经世济民和知行合一的精神，注重理论与实践相结合，鼓励学生通过资料收集、实习实训、实地调研等途径，了解国际税收领域的重点难点问题，并结合所学专业知识进行研讨，为从事相关财税实务工作和解决复杂现实问题奠定良好的基础。

### (三)教学方法

本课程综合运用课堂讲授、启发式教学、小组讨论教学、案例教学将专业知识与思政元素有机融合，力求让学生全面了解我国国际税收制度及政策，激发学生学习兴趣，引导学生独立思考，使其具备终身学习能力，培养具备良好思想品德和过硬专业素质的税收人才。

## 三、课程各章节思政教学内容设计

### 第一章 导论

**专业教学目标**

通过本章的学习，应掌握国际税收的概念、国际税收的产生和发展、国际税收的发展趋势，为后面国际税收核心内容的学习打下理论基础。

**【知识目标】**

1. 学生应充分理解国际税收的概念，对目前理论界关于广义国际税收与狭义国际税收两种观点差异是什么？对哪一种说法更合理，要有自己见解。

2. 了解国际税收产生的条件、目前面临的挑战有哪些？激发学生对该门课程的学习兴趣。

**【能力目标】**

1. 培养学生逻辑思维能力。

2. 培养学生具有独立思考能力，比如对国际税收概念的解释只是编者的一家之言，允许学生有自己的见解。

**课程思政教学目标及实践**

**【育人目标】**

1. 政治认同 通过对国际税收产生发展历史的学习，培养学生的家国情怀。改革开放使中国经济融入国际经济体系，极大地促进了中国经济的繁荣和社会各方面的进步，取得了举世瞩目的成就。

2. 制度自信 通过对中国国际税收发展历史的学习，理解我国国际税收取得的巨大成就，引导学生坚定中国特色社会主义制度自信。

3. 国际视野　通过对国际税收竞争所产生的消极影响、目前国家间税收征管方面的协作不足等知识的学习,使学生理解国际税收问题的解决,需要具备全球视野,从构建人类命运共同体的高度积极参与,密切协作,才能妥善解决国家之间的税收分配关系。

4. 人民至上思想　在国际减税大潮中,中国率先进行了多重减税措施,企业获得诸多税收优惠,办税方便、享受税收优惠政策容易,企业的税负降低,拥有更多的获得感,体现我国税收制度"以民为本""人民至上"的特点。

**【教学方式与方法】**

1. 自主学习:课前自主阅读文献资料,撰写阅读笔记或思维导图。

2. 案例教学法:通过我国国际税收发展与改革历史的介绍,增强学生对社会主义税收制度优越性的自信,坚定新时代中国特色社会主义理想信念,理解我国税收制度以人为本、人民至上的特点。

3. 课堂讲授:通过讲授国际税收导论的基本知识,培养学生的国际税收思维能力和国际视野。

**【课程思政教学实例】**

**案例材料:中国国际税收40年:发展与变革**

**(1)案例简介**

近年来,国际税收治理成为全球治理体系更加重要的组成部分,其意义远超税收本身,是抵御国际金融风险,规范国际经济秩序,促进全球经济复苏的重要力量。中国税务部门充分展现大国责任担当,深度参与全球税收合作,让国际税收听到中国声音、看到中国行动,国际税收工作迈上新台阶。

国家税务总局国际税务司副司长蒙玉英总结了党的十八大以来,中国国际税收管理部门服务国家对外开放战略的主要做法和经验。一是扩大协定网络,服务对外开放。截至2018年10月底,中国已对外签署109个税收协定,其中102个税收协定已生效执行。二是加强国际税收合作,提升国际影响力。2015年审议通过的《深化国税、地税征管体制改革方案》,把"深度参与国际合作"列入改革的六大任务之一。三是服务"一带一路"建设,助推形成全面开放新格局。以"共商共建共享"为原则,构建"一带一路"多边税收合作机制,面向所有支持"一带一路"的国家开放,推动建立公平、透明的现代化国际税收体系。

资料来源:国家税务总局网站.庆祝改革开放40周年国际税收研讨会上,专家谈——中国国际税收40年:发展与变革.2018-12-12。http://www.chinatax.gov.cn/chinatax/n810219/n810744/n3947632/n3947642/c3956139/content.html.

**(2)案例的思政元素**

①政治认同。改革开放使中国经济融入国际经济体系,极大地促进了中国经济的繁荣和社会各方面的进步,40多年来,中国税务部门充分展现大国责任担当,深度参与全球税收合作,让国际税收听到中国声音、看到中国行动,国际税收工作迈上新台阶。

②制度自信。党的十八大以来,中国国际税收管理部门服务国家对外开放战略,取得巨大成就,积累诸多经验,充分展现中国特色社会主义制度的优越性。

③国际视野。党的十八大以来,中国国际税收管理部门服务国家对外开放战略,以"共商共建共享"为原则,构建"一带一路"多边税收合作机制,面向所有支持"一带一路"的国家开放,推动建立公平、透明的现代化国际税收体系服务,中国作为一个世界性的经济大国、资本大国和贸易大国,税制改革具有国际视野、国际特征和国际效益。

**(3)教学手段**

①启发式教学:通过介绍我国国际税收发展与改革的历史,引入案例和政治认同、制度自信、国际视野等思政元素,启发学生思考,增强学生的认同感。

②讨论式教学:结合案例,引导同学积极讨论我国国际税收发展取得的成就,增强学生的政治认同和制度自信。

## 第二章　税收管辖权

**专业教学目标**

通过本章学习,应了解税收管辖权的概念、分类及各国税收管辖权选择的现状,自然人、法人税收居民身份的判定标准,所得来源地的判定标准。重点要了解各国在税收管辖权选择、居民身份判定、所得来源地判定方面的差异,为后面理解国际重复征税产生原因做好铺垫。

**【知识目标】**

1. 掌握税收管辖权的概念,分类及各国选择现状。

2. 掌握自然人、法人居民身份判定的一般标准,了解各国税法选择差异。

3. 掌握所得来源地判定的一般标准,了解各国税法选择的现状,为后面的学习打好基础。

**【能力目标】**

培养学生综合分析能力,理清不同税收管辖权选择的经济后果;理清居民身份判定标准、所得来源地判定标准的差异给各国税收管辖权的行使产生的影响。

**课程思政教学目标及实践**

**【育人目标】**

1. 政治认同  通过学习税收管辖权是国家主权在税收领域的体现,新中国成立后,我国可以独立自主地行使税收管辖权,增强政治认同。

2. 制度自信  税收管辖权包括地域管辖权、居民管辖权和公民管辖权,各国在税收实践中对税收管辖权的选择存在差异,该差异会引发国家间税收利益分配的矛盾,中国国际税收适应对外开放不同阶段的需要,积极发展、完善自己的税收制度,维护国家税收权益。

3. 创新精神  数字经济、元宇宙经济等新经济对国际税收管辖权带来诸多挑战,需要创新国际税收治理,有效解决国际税收中的新问题。

**【教学方式与方法】**

1. 自主学习:课前自主阅读文献资料,撰写阅读笔记或思维导图。

2. 课堂讲授:通过讲授税收管辖权的概念、分类及各国税收管辖权选择的现状,增进学生的政治认同和制度自信。

3. 小组展示及讨论:小组展示并汇报数字经济、元宇宙经济等新经济对国际税收管辖权带来的挑战,讨论解决方案,并进行总结,培养学生的创新精神。

### 第三章  国际重复征税及其解决的方法

**专业教学目标**

本章阐述国际重复征税的概念、类型、成因,免除国际重复征税的方法。通过教学,要求学生理解法律性国际重复征税和经济性国际重复征税产生的根本原因,掌握免税法、抵免法、税收饶让的经济后果,熟练掌握免税法,直接抵免法和间接抵免法的计算。

**【知识目标】**

1. 通过教学,要求学生掌握国际重复征税的概念、类型、成因。

2. 掌握免税法、抵免法以及由于采用抵免法所引发的税收饶让的经济意义。

3. 熟练掌握直接抵免和间接抵免的适用范围和税额计算。

**【能力目标】**

1. 培养学生理论联系实际能力,将所学理论与我国现行所得税制进行比较分析,理解为什么在直接抵免中,中国选择分国不分项限额抵免法?为什么在间接抵免时,中国要把间接抵免的条件大幅提高?

2. 培养学生独立计算应纳税额的能力和学以致用能力,能根据所给资料进行分析计算。

**课程思政教学目标及实践**

**【育人目标】**

1. 制度自信  学习 20 年来,为适应入世后对外投资快速增长态势,中国税务部门充分运用多边双边税收合作机制,加快税收协定谈签,避免国际重复征税,积极为"走出去"企业提供税收保障,增强制度自信。

2. 人民至上思想  了解 2015 年,国家税务总局在国际税务司成立境外税务处,专门从事"走出去"纳税人的税收服务和管理工作,开通境外税务纠纷受理专门通道,帮助解决跨境纳税人的双重征税或税收争议问题,体现着我国税务工作"以民为本""人民至上"的特点。

3. 科学精神　掌握直接抵免和间接抵免的适用范围和税额计算,能运用科学的思维方式分析和解决现实问题。

**【教学方式与方法】**

1. 自主学习:课前自主阅读文献资料,撰写阅读笔记或思维导图。

2. 案例教学法:通过我国税收护航企业高水平"走出去",持续改善营商环境的案例,坚定制度自信,理解我国税收制度人民至上的特点。

3. 课堂讲授:通过讲授避免国际重复征税的方法和具体计算过程,培养学生的科学精神。

**【课程思政教学实例】**

**案例材料:"走出去"扬帆远航"马力"更大**

(1)案例简介

企业的跨境发展和持续运营,离不开有力的税收合法权益保障。20年来,为适应入世后对外投资快速增长态势,中国税务部门充分运用多边双边税收合作机制,加快税收协定谈签,加强国与国之间政策沟通和征管合作,积极为"走出去"企业提供税收保障。

广西柳工机械股份有限公司董事长曾光安告诉记者,因为中国和波兰签署了税收协定,相关税收保护的条款即刻就列入了该公司与波兰国家研发中心签署的共建柳工欧洲研发中心协议中,这让企业"走出去"更有底气。

国内企业"走出去"后,都遇到过不同程度的境外税务难题。比如,由于缺乏对东道国税制的了解渠道,企业无法提前判断及有效控制跨境经营的税收风险。

2015年,国家税务总局在国际税务司成立境外税务处,专门从事"走出去"纳税人的税收服务和管理工作,开通境外税务纠纷受理专门通道,帮助解决跨境纳税人的双重征税或税收争议问题。

同一年,税务总局建立起全面覆盖"一带一路"沿线国家及我国主要投资目的地的国别税收信息研究机制,分批发布国别投资税收指南并定期更新。截至目前,已公开发布104份税收指南。

资料来源:国家税务总局网站. 扩大开放不止步 持续改善营商环境。2018.12.12。http://www.chinatax.gov.cn/chinatax/n810219/n810780/c5171292/content.html。

(2)案例的思政元素

①制度自信。20年来,为适应入世后对外投资快速增长态势,中国税务部门充分运用多边双边税收合作机制,加快税收协定谈签,避免国际重复征税,积极为"走出去"企业提供税收保障。

②人民至上思想。2015年,国家税务总局在国际税务司成立境外税务处,专门从事"走出去"纳税人的税收服务和管理工作,开通境外税务纠纷受理专门通道,帮助解决跨境纳税人的双重征税或税收争议问题。

(3)教学手段

①启发式教学:在介绍国际重复征税的免除方法时,引入案例,启发学生思考我国的税务力量如何护航企业高质量"走出去"。

②讨论式教学:结合案例,引导学生积极讨论我国税务部门为服务企业"走出去"所做的工作,增强学生的制度自信。


## 第四章　国际避税概论

**专业教学目标**

通过本章的学习,理解国际避税的概念以及与国际避税密切相关的国际避税地、转让定价的概念。重点了解各国政府和经济合作与发展组织在避税地认定标准上的差异及对待避税地的态度,转让定价的功能和非税目标,为下一章避税方法的学习打好基础。

**【知识目标】**

1. 通过教学,要求学生真正理解国际避税、国际避税地、转让定价的基本概念。

2. 理解国际避税地的认定是各国政府出于反避税考虑,在本国的所得税立法时所采取的一种"黑名单"制度,以约束本国纳税人在相关地区的投资行为,经合组织将避税地这一发展模式归为有害税收竞争,给予限制。

3. 掌握转让定价的两大功能：管理功能和避税功能，转让定价的许多非税目标是服务于转让定价管理功能的。

**【能力目标】**

1. 培养学生理论联系实际能力，将所学理论灵活应用于现实和具体案例。

2. 培养学生逻辑分析能力。

**课程思政教学目标及实践**

**【育人目标】**

1. 国家治理意识　学习税地是跨国公司避税的中心环节，针对跨国公司税基侵蚀和利润转移（BEPS）的行为需要加强对国际避税地的有效治理，理解税收在国家治理中的重要作用。

2. 法治意识　通过学习转让定价的概念、功能等知识，增强诚信纳税意识。

**【教学方式与方法】**

1. 自主学习：课堂上学习相应的基础专业知识点，课下自主阅读相关文献资料，撰写阅读笔记或思维导图，深入理解国际税收治理的重要意义。

2. 课堂小组讨论：对重点知识点进行小组讨论，并进行总结，让学生在互动中充分理解"以法治税"的思想。

### 第五章　国际避税方法

**专业教学目标**

通过本章学习，掌握跨国纳税人进行国际避税的基本方法和原理，外商投资企业在中国的避税问题以及我国"走出去"企业利用国际税收环境避税问题。重点是这些避税方法的操作原理，要成功实现避税所具备的条件，为后两章内容的学习打好基础。

**【知识目标】**

1. 理解利用转让定价转移利润避税的原理及实现条件。

2. 理解滥用国际税收协定避税的原理及实现条件。

3. 理解利用信托转移财产避税的原理及实现条件。

4. 理解资本弱化避税的原理及实现条件。

5. 掌握利用国际避税地避税的操作原理及实现条件。

6. 了解外商投资企业在中国的避税方法及"走出去"企业的避税问题。

**【能力目标】**

1. 培养学生理论联系实际能力，分析所学理论如何与中国的税法实践相结合。

2. 培养学生逻辑分析能力。

**课程思政教学目标及实践**

**【育人目标】**

1. 国际视野　利用各种方法进行国际避税需要满足一定的条件，跨国纳税人需要熟悉他国税制，具有国际视野。

2. 法治意识　跨国纳税人进行国际避税时，需要在法律政策允许的范围内合理避税，不可偷逃税款，侵蚀国家税收利益。

3. 职业道德和职业理想　从事国际税收相关工作时，需要坚守职业道德和职业规范，合理进行税收筹划。

**【教学方式与方法】**

1. 课堂讲授：讲授跨国纳税人进行国际避税的基本方法和原理，外商投资企业在中国的避税问题以及我国"走出去"企业利用国际税收环境避税问题，强调法治意识以及职业道德和职业理想。

2. 案例教学法：通过跨国公司的避税案例，讲授国际避税方法和原理，理解在国际避税中国际视野和法治意识的重要性。

3. 自主学习:课堂上学习相应的基础专业知识点,课下自主阅读文献资料,撰写阅读笔记或思维导图,理解跨国公司应当依法进行国际避税。

4. 课堂小组讨论:对重点知识点进行小组讨论,并进行总结,让学生拓宽国际视野。

## 第六章 转让定价的税务管理

**专业教学目标**

通过本章学习,了解转让定价税制演变的历史,理解转让定价审核调整的原则和方法,预约定价协议产生的背景、制度安排及给各方带来的利益,中国转让定价税制的演变。

【知识目标】

1. 理解转让定价的审核调整是国际反避税的核心内容,传统的转让定价调整的方法及存在的缺陷。
2. 掌握预约定价协议产生的背景、内容及实施的意义。
3. 从中国转让定价税制的演变过程体会中国税收法制进程。

【能力目标】

1. 培养学生理论联系实际能力,将所学理论灵活应用于现实和具体案例。
2. 培养学生逻辑分析能力和理论研究水平。

**课程思政教学目标及实践**

【育人目标】

1. 国家治理意识  理解转让定价的审核调整是国际反避税的核心内容,科学地进行转让定价调整,对于发挥税收在国家治理中的基础性和支柱性作用具有重要意义。

2. 科学精神  在转让定价审核调整的原则和方法学习中需要坚持科学精神,用科学的思维方式分析和解决现实问题。

3. 创新精神  转让定价审核调整实践中存在不少难题,需要发挥创新精神去解决。

【教学方式与方法】

1. 课堂讲授:讲授转让定价审核调整的原则和方法,预约定价协议产生的背景、制度安排及给各方带来的利益等知识,让学生体会贯穿其中的科学精神和创新精神。

2. 案例教学法:讲解税务部门利用创新方法解决国际税收难题的案例,加深学生对知识点的理解,突出创新精神的重要作用以及税收的国家治理作用。

3. 自主学习:课堂上学习相应的基础专业知识点,课下自主阅读文献资料,撰写阅读笔记或思维导图,理解转让定价管理在国家治理等方面发挥的重要作用。

【课程思政教学实例】

**案例材料:创新:解决难题的"金钥匙"**

(1)案例简介

在"税关协同促发展惠企利民向未来"为主题的税务海关协同活动上,深圳市税务局、深圳海关与某企业共同签订《关联进口货物转让定价协同管理备忘录》,标志着税务部门和海关部门关于关联进口货物转让定价协同管理的创新机制在深圳正式落地实施。

统计数据显示,最近3年来,深圳市年均关联进口货物规模超过5000亿元,涉及1600户跨国企业。然而,税务部门与海关部门对跨境关联交易进口货物价格的合理性审查一直存在角度和口径上的差异——税务部门重点关注进口价格是否偏高,海关则重点关注进口价格是否偏低,这种差异给相关企业带来了困扰。

在构建国内国际双循环的新发展格局过程中,如何化解部门间管理口径的差异,打通跨部门协调机制的"堵点",找到"高"与"低"之间的"平衡点",是摆在税务部门与海关部门面前的一大课题。对此,在国家税务总局和海关总署的指导下,国家税务总局深圳市税务局主动迎难而上,与深圳海关密切合作,经过一系列探索和努力,终于推出关联进口货物转让定价协同管理机制,为相关企业破解了长期以来面临的双重合规难题。回顾这番历程,深圳市税务部门最重要的一条经验,就是创新。

资料来源:中国税务报:创新:解决难题的"金钥匙". 2022.06.27.

**(2)案例的思政元素**

①创新精神。国家税务总局深圳市税务局针对部门间管理口径差异的难题,通过探索和努力,创新地推出关联进口货物转让定价协同管理机制,解决了企业长期面临的双重合规难题。

②国家治理意识。深圳市税务局持续做好关联进口货物转让定价协同管理的创新,进一步探索提升该制度的普适性和可推广性,让该制度在更高的层面发挥更大的作用,更好地助力构建国内国际双循环的新发展格局。

**(3)教学手段**

①启发式教学:讲授转让定价过程中的难点,引入案例,启发学生思考创新是解决国际税收难题的"金钥匙"。

②讨论式教学:对重点知识点进行小组讨论,并进行总结,让学生体会到创新国际税收问题解决方案对发挥税收在国家治理中的作用具有重要意义。

## 第七章 其他反避税法规和措施

**专业教学目标**

通过本章学习,了解各国政府针对跨国纳税人的其他避税行为所采取相应的单边立法措施,为了使得反避税取得更好地效果,各国政府在税收征管方面开展双边和多边合作的方向,理解国际反避税只有在不断完善单边立法措施和积极开展国际协作的前提下,才能取得良好的效果。

**【知识目标】**

1. 掌握国际上约束受控外国公司法规及该法规的实施对跨国纳税人利用避税地公司转移利润避税的约束效果。

2. 掌握防止滥用国际税收协定的立法措施和技术手段。

3. 掌握限制资本弱化的法规及中国限制资本弱化税收政策。

4. 掌握加强防范国际避税的行政管理的单边措施、双边和多边协作方向。

**【能力目标】**

1. 培养学生理论联系实际能力,将所学理论灵活应用于现实和具体案例。

2. 培养学生逻辑分析能力和理论研究水平。

**课程思政教学目标及实践**

**【育人目标】**

1. 政治认同 学习中国的反避税法规和措施,理解20年来,中国越来越多地参与全球治理,今日之中国,正前所未有地走近世界舞台中央。在税收领域,中国税务部门深度参与国际税收改革,加强税收征管合作,为推动构建全球税收新秩序、促进国际税改成果落实,积极贡献智慧、提供方案,扮演了愈发重要的角色。

2. 国际视野 理解在应对国际避税中,税务部门需要考虑国内外环境的深刻变化,深度参与国际税收改革,加强税收征管合作,积极贡献中国智慧。

3. 大国使命和担当 理解我国税收工作在全球税收领域的坐标和方向是加强全球税收合作,打击国际逃避税,帮助发展中国家和低收入国家提高税收征管能力,这充分展示了我国的大国使命和担当。

**【教学方式与方法】**

1. 课堂讲授:讲授各国政府针对跨国纳税人的避税行为所采取的单边立法措施和各国政府在税收征管方面开展双边和多边合作的方向,理解国际反避税中国际协作和国际视野的重要意义。

2. 自主学习:课堂上学习相应的基础专业知识点,课下自主阅读文献资料,撰写阅读笔记或思维导图,了解我国针对国际避税的应对措施。

**【课程思政教学实例】**

**案例材料:中国入世20年——以更加开放的胸襟书写大国税务担当**

**(1)案例简介**

20年来,中国越来越多地参与全球治理。今日之中国,正前所未有地走近世界舞台中央。在税收领域,中国税务部门在国内外环境深刻变化中砥砺前行,深度参与国际税收改革,加强税收征管合作,为推动构建全球税收新秩序、促进国际税改成果落实,积极贡献智慧、提供方案,扮演了愈发重要的角色。

"加强全球税收合作,打击国际逃避税,帮助发展中国家和低收入国家提高税收征管能力。"2014年11月,国家主席习近平在澳大利亚布里斯班二十国集团(G20)峰会上,首次描绘了我国税收工作在全球税收领域的坐标和方向。

如何进一步服务对外开放,建设同我国国际地位相适应的国际税收治理体系,成为我国税务部门高度关注的重大战略问题。

自党的十八大以来,中国税务部门积极配合国家外交大局,举办多场国际会议,主动参与国际税收改革,并与联合国(UN)、经济合作与发展组织(OECD)、国际货币基金组织(IMF)等25个国际组织建立合作关系。

中国已逐渐从国际规则的追随者、执行者,转变为国际规则制定的重要参与者、贡献者。中国税务的"朋友圈"越来越广,"影响力"越来越大。

资料来源:国家税务总局:中国入世20年——以更加开放的胸襟书写大国税务担当.2021.12.10。

(2)案例的思政元素

①政治认同。20年来,中国越来越多地参与全球治理。今日之中国,正前所未有地走近世界舞台中央。在税收领域,中国税务部门在国内外环境深刻变化中砥砺前行,深度参与国际税收改革,加强税收征管合作,为推动构建全球税收新秩序、促进国际税改成果落实,积极贡献智慧、提供方案,扮演了愈发重要的角色。

②国际视野。中国税务部门在国内外环境深刻变化中砥砺前行,深度参与国际税收改革,加强税收征管合作,为推动构建全球税收新秩序、促进国际税改成果落实,积极贡献智慧、提供方案。

③大国使命和担当。2014年11月,国家主席习近平在澳大利亚布里斯班二十国集团(G20)峰会上,首次描绘了我国税收工作在全球税收领域的坐标和方向:"加强全球税收合作,打击国际逃避税,帮助发展中国家和低收入国家提高税收征管能力。"

(3)教学手段

①启发式教学:通过介绍我国在全球反避税中贡献的中国智慧,引入案例,启发学生思考,拓宽学生的国际视野加深政治认同。

②讨论式教学:结合案例,引导学生积极讨论如何在国内外环境深刻变化的背景下,寻找应对国际避税的方案,加深学生对人类文明进程、世界发展动态的认知和对人类命运共同体内涵的理解。

## 第八章 国际税收协定

**专业教学目标**

通过本章学习,了解国际税收协定的概念、产生和发展,国际税收协定的内容,《经合组织范本》和《联合国范本》的差异,中国对外缔结税收协定的概况。重点要理解国际税收协定在协调国与国之间的税收分配关系及共同应对跨国纳税人的国际避税方面具有核心地位。

【知识目标】

1. 了解国际税收协定的概念、产生和发展。
2. 掌握国际税收协定的内容,即协定的结构和需要规范的事项。
3. 理解《经合组织范本》为什么侧重于维护居民管辖权(居住国)的税收利益,而《联合国范本》为什么侧重于维护地域管辖权(来源国)的税收利益。

【能力目标】

1. 培养学生理论联系实际能力,将所学理论灵活应用于现实和具体案例。
2. 培养学生逻辑分析能力和理论研究水平。

**课程思政教学目标及实践**

【育人目标】

1. **大国使命和担当** 理解在强化国际税收协作方面,中国税务影响力持续扩大。我国积极履行大国责任,加大对发展中国家的税收技术援助和支持,帮助提高税收征管能力,使很多发展中国家从中受益。
2. **政治认同** 学习进入新时代以来,在国际税收舞台上,中国正从规则的追随者、执行者,转变为规则制定的重要参与者、贡献者,为构建公平公正的现代国际税收体系作出了积极贡献,提升政治认同。

**【教学方式与方法】**

1. 课堂讲授:讲授国际税收协定相关理论,理解国际税收协定所体现的我国税收制度的全球意识和开放心态。

2. 自主学习:课堂上学习相应的基础专业知识点,课下自主阅读文献资料,撰写阅读笔记或思维导图,充分理解对外签订税收协定以及对发展中国家的税收技术援助和支持在体现大国使命担当方面的重要意义。

3. 课堂小组讨论:对重点知识点进行小组讨论和总结,并融入政治认同、大国使命和担当的思政元素,提升学生的民族自信心和爱国主义情操。

**【课程思政教学实例】**

**案例材料:为国际合作贡献"中国智慧"**

(1)案例简介

进入新时代以来,在国际税收舞台上,中国正从规则的追随者、执行者,转变为规则制定的重要参与者、贡献者。在国际税收治理中发出更多中国声音、提出更多中国方案,中国税收为构建公平公正的现代国际税收体系作出了积极贡献。

在强化国际税收协作方面,中国税务影响力持续扩大。中国国家税务总局国际税务司国际税收协定处处长李巧郎介绍,近年来,我国新签订或修订税收协定19个,税收协定网络已覆盖111个国家和地区,协定规模位居全球第四位。同时,我国先后更新发布覆盖104个国家(地区)的投资税收指南,与18个国家的税务部门签署双边合作备忘录,助力"走出去"企业行稳致远。我国积极履行大国责任,加大对发展中国家的税收技术援助和支持,帮助提高税收征管能力,使很多发展中国家从中受益。

资料来源:经济日报:为国际合作贡献"中国智慧".2021.06.22。

(2)案例的思政元素

①政治认同。进入新时代以来,在国际税收舞台上,中国正从规则的追随者、执行者,转变为规则制定的重要参与者、贡献者。

②大国使命和担当。我国积极履行大国责任,加大对发展中国家的税收技术援助和支持,帮助提高税收征管能力,使很多发展中国家从中受益。

(3)教学手段

①启发式教学:通过对国际税收协定的概念、产生、发展和内容等知识的介绍,理解我国对外签订税收协定的意义,增强政治认同。

②讨论式教学:结合案例,引导同学积极讨论对发展中国家的税收技术援助和支持等政策所发挥的作用,加深学生对大国使命和担当的理解。

## 四、课程思政教学评价

### (一)对教师的评价

1. 教学准备的评价

将《国际税收》课程思政建设落实到教学准备工作各方面,教师要具备提前提炼思政元素进行课程思政目标设计、修订教学大纲、教材选用、教案课件编写等基本能力。

2. 教学过程的评价

将《国际税收》课程思政建设落实到教学过程各环节,教师要采取恰当的教学方式,具备将思政元素自然融入教学内容中的理解能力、实施能力和改进能力。包括教学理念及策略、教学方法运用和改进、作业及批改、平时成绩考核等。

3. 教学结果的评价

建立健全《国际税收》课程思政多主体参与、多维度动态评价体系,包括同行评议、随机听课、学生评教、教学督导检查,覆盖课前准备、课中教学和课后结果全过程,做到主观分析和客观分析相结合、定性分析和定量分析相结合。

4. 评价结果的运用

对于同行评议、学生评教、教学督导等提出的改进建议,以及对学生考核的成绩分析进行运用,对教学进行反思与改进。

(二)对学生的评价

1. 学习过程的评价

检验学生是否认真完成了老师布置的《国际税收》课程思政元素的要求和任务,积极参与资料收集、课堂讨论和实地调研等教学过程,科学评价学生在学习过程中的积极性、互动性和参与度。

2. 学习效果的评价

通过平时作业、课堂讨论、思政案例分析、随堂练习、课程论文、期末考试等多种形式,检验学生对课程思政元素的领会及其对思政元素的掌握程度。

3. 评价结果的运用

通过师生座谈和院系教研活动等多种形式,对学生的学习效果进行科学分析,总结经验,改进不足,提升《国际税收》课程思政的学习效果。

## 五、课程思政的教学素材

| 序号 | 内容 | 形式 |
| --- | --- | --- |
| 1 | 回首"十三五"展望"十四五"国际税收工作奋进正当时 | 阅读材料 |
| 2 | 中国特色税收治理现代化之国际侧面研究 | 阅读材料 |
| 3 | 历史视角的国际税收再认识 | 阅读材料 |
| 4 | 中国国际税收40年:发展与变革 | 案例分析 |
| 5 | 元宇宙经济对国际税收管辖权的挑战及应对 | 阅读材料 |
| 6 | 论云计算交易所得的国际税收管辖权 | 阅读材料 |
| 7 | 数字经济下税收管辖权划分研究——基于数据资产权属转移的视角 | 阅读材料 |
| 8 | 国际税收治理中的税收管辖权逻辑 | 阅读材料 |
| 9 | "走出去"扬帆远航"马力"更大 | 案例分析 |
| 10 | AP-BEPS框架下国际避税地的国家治理 | 阅读材料 |
| 11 | 数字企业国际避税与反避税研究——以亚马逊公司避税案为例 | 阅读材料 |
| 12 | 苹果的避税策略与欧盟"非法国家援助"的调查逻辑 | 阅读材料 |
| 13 | 创新:解决难题的"金钥匙" | 案例分析 |
| 14 | 非居民企业间接股权转让的反避税案例研究 | 阅读材料 |
| 15 | 某造纸上市公司转让定价反避税案例分析 | 案例分析 |
| 16 | 跨国集团佣金支出转移利润反避税案例分析 | 阅读材料 |
| 17 | 某关联公司间公务机无偿使用反避税案例分析 | 阅读材料 |
| 18 | A集团内部资金融通反避税案例分析 | 案例分析 |
| 19 | 中国入世20年——以更加开放的胸襟书写大国税务担当 | 案例分析 |
| 20 | 为国际合作贡献"中国智慧" | 案例分析 |
| 21 | "十三五"时期税收法治建设的成就、问题与展望 | 阅读材料 |
| 22 | 境外税收抵免促进企业对外投资效应研究 | 阅读材料 |
| 23 | 对一起高净值个人移民避税案例的思考与建议 | 阅读材料 |
| 24 | 一起典型的非居民间接股权转让避税案例分析 | 阅读材料 |

# 经济与贸易类

# 《国际贸易》课程思政教学指南

张恒梅　贺宁华　归秀娥　韩海英

（西安财经大学）

## 一、课程简介与课程目标

### (一)课程简介

《国际贸易》课程是国际经济与贸易专业的核心课程,旨在引领学生认识国际贸易的基本概念,掌握国际贸易理论、政策与措施,其中重点掌握关于传统国际贸易理论、当代国际贸易理论、贸易保护理论的知识。在此基础上,要求学生学会运用国际贸易理论知识分析实践中的贸易政策与贸易措施;学生还应通过学习本课程了解国际贸易条约与协定,并掌握主要的区域经济一体化组织,了解当前发生的与区域经济一体化相关的热点问题。

本课程综合运用讲授、启发式教学、任务导入法、案例教学、情境教学、小组合作式教学、企业家进课堂、以赛促教等多种教学方法,对国际贸易理论、政策、措施分别进行讲述,使学生对自由贸易理论、贸易保护理论、发展中国家及发达国家的贸易政策、关税措施及非关税壁垒等基本内容有所认识。本课程全面落实《习近平新时代中国特色社会主义思想进课程教材指南》《"党的领导"相关内容进大中小学课程教材指南》文件精神,实现思想政治教育与专业教育的结合,将价值塑造、知识传授和能力培养融入课程内容设计、教学环节组织、教学效果测评的全过程,使学生通晓国际贸易演进及规律,掌握国际贸易理论与政策、国际规则及其制定的依据;具有国际视野,能够运用现代思维分析解决国际经济贸易问题,并客观认识理解国际经贸关系中的中国国情与特色,以及国家地区之间的差异,更加坚定理想信念、强化民族自豪感和责任担当,能够充分认识到自己所肩负的民族复兴大业的历史使命。

### (二)课程目标

本课程为专业必修课程。通过本课程的学习,使学生能够达到以下目标:

1. 知识目标:系统掌握国际贸易理论基础,国际贸易政策及措施等专业基础知识与基本理论,同时具有在国际经济与贸易相关领域、行业内,较熟练地开展国际货物贸易、服务贸易、技术贸易、国际投资运营管理的专业知识。

2. 能力目标:具有不断获取知识的能力,能够掌握有效的学习方法,主动接受终身教育;具有实践应用能力,能够在国际经贸实践活动中灵活运用所掌握的专业知识,解决国际经贸工作中的复杂问题;能够运用国际贸易专业理论知识和研究方法分析解决对外贸易的实际问题,具备一定的科学研究能力;能够在国际经贸实践活动中具有创新创业的能力。

3. 育人目标:了解我国对外贸易发展的历程及我国参与国际分工的过程,切实感受我国对外贸易的迅速发展,充分认识我国加入WTO后,党对我国对外开放政策的精准把握,从而增强道路自信、理论自信、制度自信、文化自信;熟悉我国有关国际贸易的方针、政策和法律法规,了解国内外经济贸易发展动态,具有爱国精神与社会责任感,具有良好的专业素养,具备法治观念与职业规范;对国际贸易规则和世界市场发展具有深入客观的认知,具备国际视野。

### (三)课程教材和资料

➢ 推荐教材

金泽虎. 国际贸易学(第三版)[M]. 北京:中国人民大学出版社,2021(02).

➢ 参考教材或推荐书籍

1. 李丹,崔日明. 国际贸易(第三版)[M]. 北京:中国人民大学出版社,2022(07).

2. 范爱军. 国际贸易学(第四版)[M]. 北京:科学出版社,2021(09).
3. 韩玉军. 国际贸易学(第二版)[M]. 北京:中国人民大学出版社,2017(05).

➢ 学术刊物与学习资源

国内外国际经济与贸易类各类期刊。

学校图书馆提供的各种数字资源,包括"中国知网"的相关文献。

➢ 推荐网站

中华人民共和国商务部:http://www.mofcom.gov.cn/.

中国贸促网 http://www.ccpit.org/.

中国国际贸易发展网:http://www.itdn.com.cn/.

## 二、课程思政教学总体设计

### (一)课程思政教学目标

《国际贸易》课程以习近平新时代中国特色社会主义思想为指引,全面贯彻党的教育方针,聚焦贸易强国和内外贸一体化建设,培养学生"融通内外、经世济民、诚信服务、德法兼修"的理念,并结合课程思政"价值体系、知识体系、能力体系"三体合一的目的,以全面提升学生专业素养、德育内涵、综合素质为驱动,注重思政德育元素和国际贸易理论、政策、措施中知识点的有机融合,提升专业课的思政内涵,对学生进行爱国主义、爱岗敬业、创新创业、职业教育等方面的道德教育;在专业课的教学中深入开展中国特色社会主义教育、社会主义核心价值观教育、法治教育、职业道德教育以及中华优秀传统文化教育等,培养德智体美劳全面发展的社会主义建设者和接班人。

《国际贸易》课程以国际贸易理论、政策、措施为核心内容,培养学生掌握国际贸易的基本理论知识,能够对当前国际经贸领域发生的热点问题进行客观理性分析,能够解决经贸工作中存在的复杂问题,并提升学生对国际经济与贸易领域实践问题的综合运用能力,充分激发学生的家国情怀与使命担当意识。本课程加入了大量近期与未来可能产生巨大影响的案例与实践成果。例如,中国对"一带一路"沿线国家贸易投资、中美贸易摩擦与反对贸易保护主义、海南自由贸易港的建设成效、"欧佩克+"象征性增产、中国尝试引领WTO新议题谈判、合力迎战通胀须摒弃贸易保护主义、民营企业"走出去"、中国加入CPTPP的必要性等。通过在课程中大量融入和体现中国特色、中国经验与中国方案的教学内容,增进学生分析和解决问题的能力,把思想和行动自觉与以习近平同志为核心的党中央保持高度一致。本课程的思政教学目标可以涉及以下八个维度:实现政治认同、家国情怀、培育和践行社会主义核心价值观、融入中华优秀传统文化、牢固树立法治观念、深化职业规范与职业道德教育、培养科学精神、拓展国际视野。

1. 实现政治认同

《国际贸易》课程以国际贸易理论、政策、措施为主要内容,其中涉及与国际经贸实践的相关问题,例如中国参与国际价值链分工、中国对"一带一路"沿线国家贸易投资、中国尝试引领WTO新议题谈判、中国加入CPTPP的必要性等,这些内容与中国改革开放实践紧密结合,传递坚持中国共产党领导的重要性,从而认同"中国共产党为什么能、马克思主义为什么行、社会主义为什么好",增强学生的政治认同;引领学生充分认识中国共产党正确领导的意义和社会主义制度的优越性。

2. 家国情怀

《国际贸易》课程中通过讲述防止贫困化增长、推动WTO改革的中国方案、"面对国外反倾销,中国要敢于掰手腕"、中国民营企业"走出去"等理论与案例,阐明新中国成立和改革开放过程中,在党的领导下,我国对外贸易发展的艰辛历程,使学生增强爱国主义精神。通过中国"入世"前后对比,尤其结合"中国入世20年"等大事件对学生进行爱党、爱国、爱社会主义、爱人民、爱集体的"五爱"教育。同时,本课程针对"美国制裁中国华为公司的启示",使学生深刻意识到,当前我国在关键核心技术上与发达国家存在着差距,引导学生将个人价值实现与民族复兴大业紧密结合;通过"中国尝试引领WTO新议题谈判"案例讨论,切实感受中国在加入WTO后,在推进贸易自由化和融入全球经济方面所做出的努力;通过"海南自由贸易港的建设成效"的文献资料使学生明确党对经济形势的精准判断和对中国比较优势的清晰把握。

3. 培育和践行社会主义核心价值观

通过业界访谈、企业家学者进入课堂、组织学生参观"自由贸易区""工业园区""保税区""出口加工区"等,引导学生建立和强化社会主义核心价值观,使学生切身感受国家经济的快速发展以及所面临的机遇与挑战,引导学生形成经世济民的理念和较强的社会责任感,以及为我国对外开放事业贡献力量的担当精神;通过课堂教学组织设计和课程实践,鼓励学生参加各类创新创业比赛、国际贸易学科竞赛、职业技能大赛、从业能力大赛等,鼓励学生进行团队合作,实现个人能力培养与集体智慧结合,鼓励在贸易实践中进行大胆创新、勇于探究。

4. 融入中华优秀传统文化

本课程注重融入中华优秀传统文化的精髓,特别是对我国优秀商贸文化的传承,引导学生熟悉我国人文社会科学领域的基础知识,提升文化自信;同时,熟悉不同国家和地区的国情差异,掌握跨文化沟通的基本规范。以"中国人"自豪,热爱和弘扬中华优秀的传统文化;理解并接受不同文化,以得当的方式处理跨文化事务。在本课程讲述"国家竞争优势理论"中,通过讲授相关专业知识,着重对学生传输"文化也是国家竞争力的体现"教育,通过案例分析讨论对学生进行中华优秀传统文化的教育。

5. 牢固树立法治观念

本课程讲述关税措施、非关税壁垒、贸易条约与协定、区域经济一体化的内容,会涉及国际条约、WTO规则、国内外相关政策与法律规定等。通过学习,使学生认识到国际条约、各国法律法规条例及本国法律法规都是开展国际贸易的重要前提,使学生牢固树立遵纪守法的意识,熟悉国内外经贸相关法律、规则与惯例等,并激励学生通过运用法律武器捍卫贸易利益,使学生具备运用法治思维和法治方式维护自身权利、参与国际事务,并具备运用法律手段化解矛盾纠纷的意识和能力。

6. 深化职业规范与职业道德教育

本课程努力培养学生具备自主、有效、持续学习的意识和能力;具有批判性思维与求真务实的科学精神,具备创新实践能力和自主创业的意识;能够理解和遵守职业道德与规范。外贸职业道德的基本规范包括:诚实守信、忠于职守、忠于法规、专业专注、廉洁奉公、保守秘密、服务群众。通过本课程的知识学习和案例讨论,切实提高学生的职业道德修养。

7. 培养科学精神

本课程注重培养学生的科学精神,引导鼓励学生勇于探索、大胆创新,将自身职业发展能够融入到新发展理念与对外贸易新发展格局中。特别是在教学中努力增强学生客观理性、多角度辩证地分析问题的能力,尊重事实和证据,进而培养学生严谨的求知态度与科学精神。例如,在讲述超保护贸易理论中引入"凯恩斯对外贸易乘数理论"的思政案例,引导学生理解凯恩斯对外贸易乘数理论纠正了以往经济学中关于供给自身创造需求的错误假设,引入了总量分析方法,但对外贸易乘数理论也存在局限性,当国外也同时采取贸易保护措施时,不仅无法扩大本国的出口,反而会引起本国出口的急剧下降。引导学生客观评价理论的观点,多角度、辩证地分析问题。

8. 拓展国际视野

全球竞争日趋激烈、区域经济一体化合作越来越紧密是国际经济与贸易发展的大趋势。在此背景下,国家经济的发展与建设需要具有国际视野的复合型高素质涉外人才。因此,在课程教学中,需要培养学生的国际视野与大格局意识。本课程通过让学生了解当前国际贸易领域的新形势与新业态,特别是我国与其他发达国家、发展中国家进行贸易政策与措施的比较,培养学生的国际视野。例如,在讲述非关税壁垒章节中引入"数字贸易壁垒:一种新型的贸易限制措施"案例,使学生充分意识到作为数字经济重要产物的数字贸易在改变甚至重塑当今贸易格局的同时,一系列的新型贸易限制措施却在不断强化对数字贸易的规制,在拓展学生国际视野的同时,使学生认识到中国在经济发展中所面临的多变的国际经济环境,以及贸易壁垒的复杂性,并鼓励学生为中国开放型经济建设做出自己的贡献。

**(二)课程思政的教学内容**

《国际贸易》课程的思政内容可以涉及以下几方面:

1. 融入马克思主义国际贸易理论及建设中国特色社会主义的对外贸易理论

本课程的教学中,融入马克思主义国际贸易理论,包括马克思主义国际分工理论、马克思主义国际价值理论、马克思主义再生产理论;同时融入建设中国特色社会主义的对外贸易理论,包括邓小平理论与中国发展对外贸易、"三个代表"重要思想与中国发展对外贸易、科学发展观与中国发展对外贸易、习近平新时代中国特色社会主义思想与中国发展对外贸易。

2. 体现我国对外贸易战略、对外贸易政策与法律法规

结合本课程特点,通过案例教学法、经贸活动情境教学、企业家与学者进课堂等教学方法,融入我国经贸领域的相关国家战略、法律法规和国际贸易政策的内容,使学生对中国改革开放四十多年以来中国参与国际分工和发展对外贸易的伟大实践产生政治认同感,引导学生增强"四个意识"、坚定"四个自信"、做到"两个维护",把思想和行为自觉与以习近平同志为核心的党中央保持高度一致,使学生深刻理解国情国策、厚植家国情怀。

3. 引导学生关注国际经贸现实问题

本课程教学中,围绕国际经贸现实问题,通过课程的实践环节以及课外实践活动等,持续提高学生解决经贸实际问题的能力,引导学生从实践中来、到实践中去。使学生能够对我国与"一带一路"沿线国家的贸易投资情况、"十四五"时期我国对外贸易发展进行分析;能够对当前国际经贸领域发生的热点问题进行理性对待,能够解决我国对外贸易实践中出现的复杂问题,提升学生对国际经济与贸易领域理论知识的综合运用能力和实践问题的分析理解能力,充分激发学生的爱国情怀与使命担当意识。

4. 培育学生专业素养与职业规范

在本课程的教学中,重视对学生职业道德的培养。通过挖掘课程内容、设计教学过程,显性教育与隐性教育相统一地加强遵纪守法、诚信服务、公平竞争、爱岗敬业等外贸业务从业人员的职业道德教育。

5. 挖掘中华优秀传统文化中的商贸思想

在课程教学中,重视对中华优秀的商贸文化的挖掘和传承。通过挖掘优秀商贸思想元素、融入教学过程,传统文化和现代商贸有机统一,服务于学生的专业知识传授,内在地提升对优秀中华文化的认同和传承。

(三)教学方法

本课程综合运用讲授、启发式教学、案例教学、任务导入法、情境教学、小组合作式教学、企业家与学者进课堂、以赛促教等多种教学方法。主要通过课堂讲授、启发式教学与情景教学等使学生掌握有关国际贸易领域的基本概念、基本理论和政策措施,能够具有运用理论知识分析现实中国际经贸热点与难点问题以及我国对外贸易实践问题的能力;通过案例分析讨论、国际贸易发展的真实数据、企业家和学者的讲座、参加学科竞赛等使学生了解经济全球化背景下国际贸易与外贸行业发展的新趋势新业态,使学生具备外贸业务从业人员职业道德与职业规范;通过课堂讲授、案例教学、小组合作式讨论等使学生具有国际视野与现代思维,能够客观认识理解国际经贸关系中的中国国情与特色,以及国家地区之间的差异,能够形成对国际贸易规则和世界市场发展的客观认知,在了解中国改革开放实践的基础上,加强对中国特色社会主义道路的坚定信念。

# 三、课程各章节的课程思政教学内容设计

### 第一章 导论
**专业教学目标**

本章主要讲述国际贸易的含义与特点、研究对象和内容,国际贸易的产生和发展,国际贸易的分类以及国际贸易学的基本概念,国际分工、世界市场与世界市场价格。

【知识目标】

1. 学生了解国际贸易的含义、特点、历史及现状、研究内容。
2. 学生了解国际贸易的产生和发展。
3. 学生掌握国际贸易的分类、国际贸易学的基本概念。
4. 学生掌握国际分工、世界市场与世界市场价格。

【能力目标】

1. 培养学生能够在实践中把握国际贸易的困难性、复杂性与风险性。

2. 培养学生运用国际贸易规则处理解决国际市场发展中的实际问题。

**课程思政教学目标及实践**

**【育人目标】**

1. 政治认同　自"一带一路"倡议提出以来,我国企业融入全球化的进程不断加快,与"一带一路"沿线国家的经贸往来日益频繁,双向投资与贸易规模不断提升,合作领域逐步拓展和深化。通过案例引导学生切实感受到中国经济腾飞发展,并对国家经济发展战略尤其是"一带一路"倡议的认同,感受党和国家对国际经济形势的精准判断。

2. 家国情怀　通过讲述改革开放后,我国积极参与国际分工,通过国际贸易与对外直接投资,推动了我国经济迅速发展。在改革开放进程中,以吉利汽车为代表的民营企业也发生了变迁,从2003年实现国产轿车首次出口到2010年成功收购沃尔沃,并且以"中国自主品牌"引领中国汽车走向了世界舞台,成为了中国汽车走向世界的代言人。通过此案例引导学生树立远大理想,以企业家李书福为榜样,大胆尝试,勇于创新,为实现中华民族伟大复兴中国梦而努力奋斗。

**【教学方式与方法】**

1. 线上预习:在超星学习通平台预习专业知识点,包括国际贸易的分类、国际贸易学的基本概念;线下提前阅读文献与案例资料。

2. 课堂讲授:课堂中运用启发式教学总结国际贸易的含义与特点、研究对象和内容、国际贸易的产生和发展;国际贸易的分类、国际贸易学的基本概念,国际分工、世界市场与世界市场价格。其中国际分工理论着重强调马克思主义国际分工理论。

3. 课堂案例讨论:结合"中国对'一带一路'沿线国家贸易投资的总体状况"的数据图表、改革开放后中国企业的变迁——吉利汽车的案例资料进行小组讨论,学生分组展示讨论结果,教师点评总结。

**【课程思政教学实例】**

**案例材料:改革开放后中国企业的变迁——吉利汽车**

(1) 案例简介

2010年,李书福旗下的吉利集团并购沃尔沃汽车的时候,很多人都怀疑吉利汽车吃不下沃尔沃,怕它消化不良。然而,最近沃尔沃汽车官网发布的计划在纳斯达克斯德哥尔摩交易所IPO,筹资250亿瑞典克朗(约合人民币184亿元)的公告犹如一颗惊雷,平地而起,打脸了多少人。1996年,吉利集团有限公司成立。到了1997年的时候,李书福宣布要造汽车,然而当时国内市场已经有很多跨国汽车公司设厂生产了,国内汽车市场几乎被垄断。这种情况下,想要跻身汽车行业,困难可想而知。2003年,浙江吉利控股集团有限公司成立,并且首次出口,打破了国产轿车零出口的状态。2005年,吉利汽车的商标被认定为中国驰名商标。到2010年收购沃尔沃汽车时,很多人都不看好,觉得李书福会吞不下沃尔沃,但事实证明,他不仅做到了,而且还做得更好。在2013的时候,吉利—沃尔沃联合研发中心在瑞典哥德堡开始试运营。并且在2016年的时候,在柏林发布了全新汽车品牌领克,由沃尔沃汽车主导、吉利汽车与沃尔沃汽车联合开发的全新中级车基础模块架构CMA建立,它以全新的开发理念和创新技术为汽车工业注入了全新的气息。这一系列的举措,打脸了无数人,同样也以自己的实力征服了无数人。作为中国最初进入汽车工业并迅速获得发展的民营企业,吉利控股集团已经成为国内汽车行业格局中重要的一个成员,并且以"中国自主品牌"引领中国汽车走向了世界舞台,成为了中国汽车走向世界的代言人。

资料来源:并购十年:顺大势谋双赢[EB/OL].新华网,2020-03-30.

(2) 案例的思政元素

①实践创新精神与奋斗精神。吉利汽车从2010年收购沃尔沃汽车时被很多人不看好到2016年在柏林发布全新汽车品牌领克,目前已经成为国内汽车行业格局中重要的成员,使学生认识中国民营企业创新创业的历程,激发学生创新创业精神、奋斗精神。

②爱国精神与"小我融入大我"的价值观。感受我国对外开放政策对民营企业的促进作用,增强爱国主义精神;将个人价值实现与民族复兴大业紧密结合,树立"小我融入大我"的价值取向。

(3) 教学手段

①讲授:在课程"国际贸易的产生和发展"的教学内容中融入案例,讲述中国改革开放后,对外贸易迅

速发展,中国民营企业也开始参与对外贸易与投资,以吉利为代表的中国国产轿车开始出口、海外并购、海外上市,在国际价值分工中逐渐趋于中高端。通过案例引导学生感受中国特色社会主义制度的优越性,同时激发学生勇于创新、大胆尝试的职业精神并厚植家国情怀,将个人价值实现与民族复兴大业紧密结合。

②讨论:中国改革开放后中国民营企业的国际化历程,以此引发学生对国际贸易发展中,中国逐渐成为国际贸易增长的新生力量的深入思考。

③学习测评:讨论结果现场点评,包括学生自评、互评、教师点评总结。

## 第二章 传统国际贸易理论

**专业教学目标**

本章主要讲述传统国际贸易理论,主要包括绝对成本理论、比较成本理论、相互需求理论、要素禀赋理论、里昂惕夫之谜及其解释。

**【知识目标】**

1. 学生掌握绝对成本理论、比较成本理论、相互需求理论、要素禀赋理论、里昂惕夫之谜及其解释等传统国际贸易理论的基本内容与贸易模式。

2. 学生掌握传统国际贸易理论的贸易利益及其联系。

**【能力目标】**

1. 培养学生能够运用比较优势理论分析中国在经济发展中的政策经验及现实问题。

2. 培养学生从思辨的角度分析传统国际贸易理论的局限性。

**课程思政教学目标及实践**

**【育人目标】**

1. 政治认同 通过对传统国际贸易理论的学习,能够掌握不同历史阶段,我国以不同的比较优势参与国际分工的情况,并充分了解国家正确指导我国对外贸易比较优势的动态发展过程,增强学生的政治认同感。

2. 家国情怀 相互需求理论的学习,引导学生明确中国对外贸易发展在"人口红利"消失的情况下,要在新形势下寻找新的比较优势,尤其是在贸易保护主义抬头、中美贸易摩擦加剧的背景下,积极探寻多元化市场,包括发展中国家市场;要素禀赋理论的学习,使学生悟出"靠山吃山、靠水吃水"的贸易思想不利于一国总体经济结构的调整,要素价格均等化的趋势会使一国沦落到"山穷水尽"的地步,防止贫困化增长。

3. 社会主义核心价值观 里昂惕夫之谜及其解释,实际上都是从不同侧面对生产要素禀赋理论的一系列假定前提进行修正,对其理论的补充。培养学生的批判性思维和创新精神,探索理论和实践发展的真理,进而提升创新实践能力,引导学生树立社会主义核心价值观。

4. 科学精神 客观看待理论的局限性,例如绝对成本理论不能解释劳动生产率水平存在绝对差距的国家之间的贸易问题;李嘉图的劳动价值论不彻底,与马克思主义的劳动价值论所坚持的商品国际价值决定于国际社会必要劳动时间的原理背道而驰。培养塑造学生的科学精神,用思辨的角度看待传统国际贸易理论的局限性。

**【教学方式与方法】**

1. 自主预习:在超星学习通平台预习专业知识点,包括传统国际贸易理论的内容;线下阅读文献资料,撰写笔记。

2. 课堂讲授:课堂中运用启发式教学讲授传统国际贸易理论,主要包括绝对成本理论、比较成本理论、相互需求理论、要素禀赋理论、里昂惕夫之谜及其解释等,让学生画出思维导图,总结各理论之间的联系。

3. 课堂案例分析与讨论:根据案例"欧佩克+"象征性增产引热议,学生进行案例分析展示并根据案例进行小组讨论,教师点评总结。

**【课程思政教学实例】**

**案例材料:"欧佩克+"象征性增产引热议**

(1)案例简介

2022年8月3日,石油输出国组织(欧佩克)与非欧佩克产油国以视频方式举行第31次部长级会议,决定今年9月小幅增产,将日均产量上调10万桶。如此具有象征意义的微弱增产被舆论认为打了美国总统拜登"一记耳光"。他上月亲赴中东发起"石油外交",希望沙特、阿联酋等海湾产油国能在此前增产基础上再进一步提高产量。结果却等于白跑一趟。分析人士认为,"欧佩克+"的决策还是基于利弊权衡和利益考量;欧佩克决定9月日增10万桶石油,舆论认为"不给美国面子"。不过,对美国等西方国家的增产要求反应冷淡,显示出中东产油国在制定能源政策时更有自主性;在与大国的能源博弈中,尽力维持自身在全球能源格局中的权力地位和影响力。

资料来源:廖勤."欧佩克+"象征性增产引热议[N].解放日报,2022-08-05.

**(2)案例的思政元素**

①爱国情怀。引导学生意识到"靠山吃山、靠水吃水"的贸易思想不利于一国总体经济结构的调整,要采取合理措施防止贫困化增长,使学生明确我国作为发展中国家发展经济需要走创新改革之路,不能仅仅依赖资源优势,要防止贫困化增长。

②责任担当精神。明确我国只有建立足够的自信与经济实力,才可以在大国博弈中占据优势地位,引导学生投身我国经济建设的责任担当精神。

**(3)教学手段**

①讲授:讲授"要素禀赋理论"内容时引入案例,先介绍欧佩克产生的背景,并强调其作为世界上最大的石油出口卡特尔,其影响力为什么超出了单纯的经济领域?通过学生讨论,总结其背后的经济原因,并让学生明确欧佩克对世界的影响已经成为了向西方世界争取政治与经济地位的武器。

②讨论:欧佩克对世界的影响及其原因。探讨欧佩克作为防止贫困化增长的有效武器,通过确定每年成员国的石油产量与出口配额,稳定石油生产价格等方面做到案例分析与课程内容的融合,以此引发学生的深入思考。

③学习测评:讨论结果现场点评,包括学生自评、互评、教师点评总结。

## 第三章 当代国际贸易理论

**专业教学目标**

本章主要讲述当代国际贸易理论,包括需求偏好相似理论、技术差距论、产品生命周期理论、产业内贸易理论、规模报酬递增理论、国家竞争优势理论。

**【知识目标】**

1. 学生掌握需求偏好相似理论、技术差距论、产品生命周期理论、产业内贸易理论、规模报酬递增理论、国家竞争优势理论的内容。

2. 学生掌握需求偏好相似理论、技术差距论、产品生命周期理论、产业内贸易理论、规模报酬递增理论、国家竞争优势理论的评价。

**【能力目标】**

1. 培养学生将所学理论灵活应用于分析理解现实和具体的案例。

2. 培养学生能够理解比较优势理论在不同阶段国际贸易理论中的动态演进。

**课程思政教学目标及实践**

**【育人目标】**

1. 科学精神 林德的需求偏好相似理论的观点意味着一个国家进口商品和出口商品具有许多共同特征,但在要素禀赋相似的情况下,产品的差异仍会反应在占主导地位的产业内贸易中。引导学生正确评价需求偏好相似理论的意义;产业内贸易理论是对传统贸易理论的批判,更强调需求和供给两方面,并指出产业内贸易的利益来源在于规模经济利益,这种分析更为客观符合实际,引导学生全面客观、多角度辩证地分析看待问题;规模报酬递增理论放弃了传统贸易理论中的对于市场完全竞争和规模报酬不变的假设,这不仅使国际贸易理论更贴近现实,且更好地解释了国际贸易模式的变化。引导学生理性思维、求真的精神,用更为科学的思维方式认识事物。

2. 家国情怀与创新精神 技术差距论与产品生命周期理论都指出技术创新国在技术上的领先优势可以获得贸易利益,通过"温州打火机"的案例引导学生要勇于创新,不能总是跟随模仿来进行加工制造,要不断实现产品技术创新并保持技术领先优势,引导学生将个人价值实现与民族复兴大业紧密结合;在现代经济条件下,繁荣是一国自己的选择,竞争力的大小也不再由先天继承的天然条件所决定,如果一国选择了有利于生产率增长的政策、法律、制度,那么就选择了繁荣。引导学生认识我国经济繁荣源于国家政策的正确性,使学生树立国家认同感。同时,使学生认识到技术先进性是一国的竞争力,文化也是一个国家的竞争力与软实力,进而树立文化自信。

【教学方式与方法】

1. 自主预习:在超星学习通平台预习专业知识点当代国际贸易理论;线下提前阅读文献资料,撰写阅读笔记。

2. 课堂讲授:任务导入式讲授当代国际贸易理论,包括需求偏好相似理论、技术差距论、产品生命周期理论、产业内贸易理论、规模报酬递增理论、国家竞争优势理论;学生画出思维导图,总结各理论之间的关系。

3. 课堂案例分析与讨论:根据教学案例"温州打火机或遭最大出口地封堵"进行小组讨论,学生展示案例分析结果,教师点评总结。

【课程思政教学实例】

**案例材料:温州打火机或遭最大出口地封堵**

(1)案例简介

本报讯(2010-12-08)日本打火机 CR 法规已定于 12 月 27 日正式实施,并将"一次性打火机"列入限制范围,而将"可充气金属打火机"排除之外。不过,这并不意味着作为"可充气金属打火机"主产地的温州可以安枕无忧。市打火机行业协会昨天透露,日本 CR 法规附加的部分条款,可令温州打火机产业遭最大出口地的封堵。日本此举旨在保护儿童及消费者的安全,在汲取美国、欧洲立法经验基础上制定标准。值得欣慰的是,日本 CR 没有采用以价格作为评判打火机安全界限的标准,并对"可充气金属打火机"与"一次性打火机"给予区别对待,这也是我市打火机行业协会此前组团赴日游说交涉所取得的结果。不过,表面合理的法规,却附加了部分被温企看来"不切实际的条款"。比如对于附加条款第三条,即"有关打火机点火装置的主要零部件,至少能超过 5 年使用期限"的规定,市打火机行业协会表示,全世界至今为止,还没有不经维修或更换部件就可达五年寿命的电子点火式打火机或打火机的点火装置。

资料来源:吴勇,钭卫民,陈晓爱. 温州打火机或遭最大出口地封堵[N]. 温州日报,2010-12-18.

(2)案例的思政元素

①创新精神。引导学生要勇于创新,不能总是模仿制造,要不断实现产品技术创新并保持技术领先优势,将个人价值实现与民族复兴大业紧密结合。

②求真精神与科学精神。规模报酬递增理论放弃了完全竞争市场、规模报酬不变的假设条件,市场环境更贴近现实,引发学生深入思考。

(3)教学手段

①讲授:讲授"技术差距论""产品的生命周期理论"的内容时引入案例,温州打火机规模生产而获得了成本优势,进而从案例内容分析日本出台打火机 CR 法,会对温州打火机的生产、出口造成怎样的损失?让学生探讨背后的原因,进一步激发学生的创新职业精神。尤其是通过学习"技术差距论""产品的生命周期理论",需要学生明确技术优势如果不能够保持或只是停留在技术模仿阶段,不进行创新,将会遭遇被动局面。

②讨论:温州打火机遭遇最大出口地封堵的启示。从温州打火机生产的劳动力价格低廉、特有的社会化大分工的生产环境、良好的规模生产格局等降低了生产成本获得了规模报酬,以此引导学生对规模报酬递增理论放弃了完全竞争市场、规模报酬不变的假设条件,市场环境更贴近现实的深入思考,培养学生的求真精神与科学精神。

③学习测评:讨论结果现场点评,包括学生自评、互评、教师点评总结。

## 第四章 贸易保护理论

**专业教学目标**

本章讲述贸易保护理论,包括重商主义、幼稚产业保护理论、超保护贸易理论、发展中国家的贸易保护理论、战略性贸易政策理论、贸易保护理论的新发展。

**【知识目标】**

1. 学生掌握重商主义、幼稚产业保护理论、超保护贸易理论、发展中国家的贸易保护理论、战略性贸易政策理论、贸易保护理论的新发展的内容。

2. 学生掌握各种贸易保护理论的评价。

**【能力目标】**

1. 培养学生将所学理论灵活应用于现实和具体案例的分析。

2. 培养学生能够透过贸易保护的现象,理解贸易保护背后的成因及经济学逻辑。

**课程思政教学目标及实践**

**【育人目标】**

1. 政治认同　引导学生认识到战略性贸易政策理论有不成熟的一面,即其主基调仍然是零和博弈,一国的发展是以牺牲别国利益为代价的,容易引发贸易保护主义抬头以及遭受别国的报复。培养学生的科学精神,以及对我国改革开放以来对外贸易政策的认同。

2. 家国情怀　中心—外围论从理论和实践上揭示了发达国家和发展中国家不平等的交换关系,指责了发达国家自由贸易政策的虚伪性。引导学生求真精神、客观理性思维、热爱国家建设国家的家国情怀,将个人价值实现与民族复兴大业紧密结合。

3. 科学精神　重商主义将国际贸易看作是一种零和博弈,将货币与真实财富等同起来的认知也是肤浅和错误的,引导学生批判质疑的科学态度,全面客观分析问题;幼稚产业保护理论强调保护关税制度是有条件和限度的,保护的目的是培养竞争力,为了最终走向自由竞争,这是非常清醒的认识,在实践中也非常有效,引导学生严谨的求知态度与科学精神;凯恩斯对外贸易乘数理论纠正了以往经济学中关于供给自身创造需求的错误假设,引入了总量分析方法,但对外贸易乘数理论也存在局限性,当国外也同时采取贸易保护措施时,不仅无法扩大本国的出口,反而会引起本国出口的急剧下降,引导学生客观评价理论的观点,多角度、辩证地分析问题。

**【教学方式与方法】**

1. 自主预习:在超星学习通平台预习专业知识点,包括贸易保护理论的主要内容;线下阅读文献资料,撰写阅读笔记。

2. 课堂讲授:启发式讲授贸易保护理论,包括重商主义、幼稚产业保护理论、超保护贸易理论、发展中国家的贸易保护理论、战略性贸易政策理论、贸易保护理论的新发展;学生通过画出思维导图,总结各理论之间的特点与时间线。

3. 课堂案例分析与讨论:根据案例"合力迎战通胀须摒弃贸易保护主义"进行小组讨论,学生展示案例分析结果,教师点评总结。

**【课程思政教学实例】**

**案例材料:合力迎战通胀须摒弃贸易保护主义**

(1)案例简介

目前,美欧多国面临着40多年来最严重的通货膨胀。以美国为例,刚公布的5月份CPI同比和环比分别上升了8.6%和1%,继续创下40多年的新高,这一数据不仅高于市场预期,也让此前不少人抱有的"通胀高峰已过"的预期落空。高通胀还打击着金融市场投资者的信心,困扰资本市场,引发剧烈波动。可以说,通货膨胀是当前美欧多国面临的最大的经济敌人、棘手的民生难题和烫手的政治议题。在引发通胀的各种因素中,贸易保护和逆全球化不可忽视。关税壁垒不仅直接抬高物价,贸易保护还有拉高通胀底线、降低全球增长潜力、增加全球经济波动性等长期负面效果。而拆除贸易保护主义之墙,重回经济全球化轨道,于短期内有助于全球共同抑制通胀,于长期内为世界创造更美好经济前景。近些年来,受偏狭政治势力、民族主义等因素干扰,全球化进程受阻,贸易保护主义有所回潮,供应链受到人为干扰,生产者成本上升,货币购买力出现下降,消费物价上涨,大多数人利益受到损害。历史证明,自由贸易和全球化顺利之时,全球产业链分工和协同更加高效,供需缺口更易弥补,各国政府抑制通胀的资源和手段更多,反之,经济增长潜力更难实现,通胀等问题就更易暴发、更难驯服。当下各国正在合力迎战通胀,急需摒弃保护主义,让自由贸易的好处惠及普通消费者,缓解社会矛盾;从长期看,降低长期通胀,提高全球增长潜力,也需要推动自由贸易和全球化重回轨道。我们期盼全球各国理智的决策者尊重经济规律,顺应全球化大势,摒弃贸易保护主义,早日战胜通胀,让全球经济重回持续健康发展轨道。

资料来源:评论员.合力迎战通胀须摒弃贸易保护主义[N].证券时报,2022-06-14.

**(2)案例的思政元素**

①政治认同。此轮美欧多国面临的通货膨胀产生和演化具有特殊性,其对世界经济产生了深刻影响,尤其是对金融市场、供应链、物流的影响,应对通胀的难度加大,引导学生了解我国当前对外贸易政策的基本立场与理念,特别是应对中美贸易摩擦的政策,产生政治认同感。

②科学精神。尊重经济规律,顺应全球化大势,摒弃保护主义,让自由贸易的好处惠及普通消费者,缓解社会矛盾。

**(3)教学手段**

①讲授:在课程"超保护贸易理论"的教学内容中引入案例,从当前美欧多国面临的通货膨胀的影响及其应顺应全球化大势,摒弃贸易保护主义的解决措施等做到案例分析与课程内容的融合,以此引发学生对贸易保护主义抬头对世界经济的影响进行深入思考。

②讨论:摒弃贸易保护主义的必要性。

③学习测评:讨论结果现场点评,包括学生自评、互评、教师点评总结。

## 第五章 国际贸易政策

**专业教学目标**

国际贸易政策包括自由贸易政策与贸易保护政策。本章在介绍对外贸易政策概述的基础上,对自由贸易政策、贸易保护政策的演变进行归纳阐述,让学生对当前国际贸易政策具备整体认识的基础上,深刻体悟"二战"后发达国家与发展中国家的对外贸易政策的不同与原因。

**【知识目标】**

1. 学生了解自由贸易政策、贸易保护政策的演变,了解各种贸易政策的时代背景和理论基础。
2. 掌握各种政策的主要目的、内容、形式;掌握不同政策之间的内在区别与联系。

**【能力目标】**

1. 培养学生将所学理论灵活应用于现实和具体案例的分析。
2. 培养学生从思辨的角度分析当代国际贸易政策,能够分析评价贸易政策实施的作用与效果。

**课程思政教学目标及实践**

**【育人目标】**

1. 政治认同 通过国际贸易政策的学习,让学生了解我国外贸政策的制定完全符合我国外贸实践,认识我国对外开放政策的正确性以及其对我国经济发展的重要意义,产生政治认同感;二战后,发达国家纷纷实行战略性贸易政策,注重高科技产业的发展,引导学生认识到尽管我国与发达国家相比,在科学技术上还存在差距,但我国在短时间内已取得巨大科技进步,并形成中国特色的社会主义发展道路,引导学生对我国政策的认同感。

2. 家国情怀与社会主义核心价值观 二战后发展中国家为维护在世界经济中的权益,相互间开展经贸合作,建立区域性集团,旨在保护本国资源,建立国际经济新秩序。引导学生认识到应将个人价值实现与中华民族伟大复兴的使命紧密结合,在切实感受国家经济快速发展的同时,也能够看到我国经济也面临着国际上诸多不确定的风险,要勇于担当、科技兴国,肩负建设国家繁荣富强的艰巨任务。

3. 政治认同与法治观念 新贸易保护主义不断加强的原因之一是发展中国家在制成品出口中与发达国家的竞争加剧,但大量事实证明,贸易保护的结果不仅没有达到保护的目的而获得经济利益,反而付出除了沉重的代价。以"中美贸易摩擦"案例,阐明中国对美所采取的政策及其立场是正确的,引导学生加强政治认同感,同时让学生意识到,在遇到贸易保护纠纷时应善于运用法治思维与法律途径维护企业利益,积极应诉。

4. 科学精神　资本主义自由竞争时期,自由贸易政策的推行促进了英国经济与贸易的巨大发展;二战后美国成为贸易自由化的积极倡导者和推行者,但这种贸易自由化倾向的发展并不平衡,甚至是不稳定的,当本国经济利益受到威胁时,贸易保护倾向必然抬头。引导学生辩证分析问题,具备批判性思维和科学精神。

【教学方式与方法】

1. 自主预习:在超星学习通平台预习专业知识点,包括自由贸易政策与贸易保护政策的主要内容;线下提前阅读文献资料和案例资料,分小组合作完成案例讨论PPT。

2. 课堂讲授:利用时间线讲授国际贸易政策,包括对外贸易政策概述、自由贸易政策的演变、贸易保护政策的演变、二战后发达国家与发展中国家的对外贸易政策;巩固国际贸易政策的核心内容,为分组讨论案例打好基础。

3. 课堂案例分析与讨论:根据教学案例"美国制裁中国华为事件及启示"进行小组讨论,学生展示案例分析结果,教师点评总结。

【课程思政教学实例】

**案例材料:美国制裁中国华为事件及启示**

**(1)案例简介**

2017年以来,美国对华为的技术封锁愈演愈烈,并于2019年5月15日将华为列入出口管制"实体清单",要求本国供应商必须获得特别许可才能向其出售产品和服务。但是,作为科技制裁手段的出口管制政策是一把"双刃剑"。在制裁他国企业的同时,也可能给本国供应商带来反向市场冲击,在美国的大部分华为供应商在出口管制政策执行过程中都遭受了损失,与华为业务联系更紧密或盈利能力较弱的供应商受出口管制政策的冲击更大。出口管制政策还产生了显著的行业扩散效应,对华为美国供应商所在行业的其他公司也产生了负面冲击。

资料来源:陈思翀,王子瑜,梁倚天. 美国对华科技制裁的反向市场冲击——以华为事件为例[J]. 国际经济评论,2021(11):140−159.

**(2)案例的思政元素**

①增强学生政治认同感。美国之所以动用政治手段对华进行技术封锁,是因为中国科技进步彰显出"中国速度",体现了中国特色社会主义制度的优越性,使学生产生政治认同感。

②爱国精神。美国对我国关键核心技术进行封锁,培养学生将个人价值实现与国家科技兴国战略紧密结合,并树立建设"科技强国""贸易强国"的坚定理想信念。

**(3)教学手段**

①讲授:在课程中的"保护贸易政策"中引入美国对华科技制裁的反向市场冲击的案例,阐明保护贸易政策的形式、动因及美国对中国华为公司制裁的原因。

②讨论:美国制裁华为事件对中国战略性新兴产业发展的启示。

③学习测评:讨论结果现场点评,包括学生自评、互评、教师点评总结。

## 第六章　关税措施

**专业教学目标**

本章讲述关税措施,主要包括关税的含义、作用、种类、征收方法,关税的效应与最佳关税,关税水平与保护程度,海关税则与通关手续。

【知识目标】

1. 学生了解关税的含义、作用、种类、征收方法。
2. 学生掌握关税的效应与最佳关税,关税水平与保护程度。
3. 学生掌握海关税则与通关手续。

【能力目标】

1. 培养学生能够运用关税的有效保护率分析解决关税税率的实践问题。

2. 培养学生运用关税的经济效应理论客观看待各国所实施的关税政策。

课程思政教学目标及实践

【育人目标】

1. 政治认同　高额进口税构成关税壁垒,是发达资本主义国家垄断资本垄断国内市场的重要措施,不仅作为限制进口的手段,也成为贸易谈判逼迫对方国家让步的手段,利用"中美贸易战""特朗普对华贸易政策"引导学生认识到,我国应对中美贸易摩擦的策略是正确的;我国的关检合一制度所体现出的制度优越性,引导学生的政治认同,并通过对海关通手续的了解,培养职业素养。

2. 家国情怀　各国通过制定关税的税率来体现对外贸易政策,也成为国际经济合作与斗争的工具,引导学生正确看待关税这一国际贸易的武器,合理利用,保护国家利益,捍卫国家尊严。

3. 法治观念　关税的强制性要求按照国家法律规定无条件履行纳税义务,否则要受到法律制裁;WTO《海关估价协议》要求每一个成员必须接受,引导学生树立法治观念。

4. 科学精神　最优关税强调关税过高,会导致进口量下降、关税收入下降、国内价格上升、消费下降,只有适当的税率才能实现进口国净收益达到最大,引导学生多角度、辩证地分析问题。

【教学方式与方法】

1. 自主预习:在超星学习通平台预习专业知识点,包括关税措施的主要内容;线下阅读文献资料,撰写阅读心得。

2. 课堂讲授:任务导入法讲授关税的含义、作用、种类、征收方法,关税的效应与最佳关税,关税水平与保护程度,海关税则与通关手续。情景教学法组织学生课余参观"杨凌综合保税区"。

3. 课堂案例分析与讨论:根据教学案例"美商界促政府削减对华关税"进行小组讨论,教师点评总结。

【课程思政教学实例】

案例材料:美商界促政府削减对华关税

(1)案例简介

美国商界敦促美中重启贸易谈判最重要的原因是希望能够通过启动谈判来降低两国关系继续恶化的可能性。同时,他们希望得到政府保证,可以在具有重大经济利益的市场开展业务。美国商界以及贸易方面人士继续敦促美政府削减对华关税。当地时间9月1日,《纽约时报》报道称,美国商界对拜登政府表示失望。他们认为,拜登执政7个多月以来,特朗普时代强加的对抗性政策仍然存在,而拜登的对华经济政策仍旧模糊。今年8月初,美中贸易委员会组织了一批有影响力的美国商业团体致信美国政府,敦促明晰对华贸易政策。该组织代表告诉《国际金融报》记者,希望两国官员重返谈判桌,取消在特朗普时期额外增加的关税。《纽约时报》报道称,令一些美国商界领袖感到沮丧的是,拜登政府还放大了特朗普政府时期的一些惩罚措施:今年6月,拜登签发行政命令,重设并扩大对中国涉军和监控设备企业的制裁;7月16日,拜登政府就"在香港经营企业的风险和注意事项"发出"警告",并对中共中央人民政府驻香港特别行政区联络办公室(中联办)的七名副主任实施特别制裁。如今,美国商界正在大力游说政府取消关税。报道称,美国商家希望得到保证,他们可以在具有重大经济利益的市场开展业务。

资料来源:袁源. 美商界促政府削减对华关税[N]. 国际金融报,2021-09-06.

(2)案例的思政元素

①爱国精神。明确美国的高关税措施威胁了我国的经济发展利益,不符合经济发展规律,针对美国对华的高关税政策,我国在对外贸易政策方面应积极应对,培养学生的爱国精神。

②法治观念与职业素养。我国需要合理运用关税措施捍卫自身合法权益,培养学生善于运用国际经贸规则与全球治理规则处理解决经贸实践中的复杂问题。

(3)教学手段

①讲授:在课程"关税措施"的教学内容中引入案例。讲述美国商界以及贸易方面人士敦促美政府削减对华关税的背景、原因,通过案例分析,引导学生明确不论是拜登政府还是特朗普政府实施的对华高关税措施并不能使美国获得更多的贸易利益,相反会导致国内高通胀、贸易利益减少。

②讨论:美国商界以及贸易方面人士继续敦促美政府削减对华关税的原因分析与启示,以此引发学生对关税实施的效应的深入思考。

③学习测评:讨论结果现场点评,包括学生自评、互评、教师点评总结。

## 第七章 非关税壁垒

**专业教学目标**

本章主要讲述非关税壁垒,主要包括非关税壁垒的含义、作用、特点,非关税壁垒的种类,非关税壁垒的效应。

**【知识目标】**

1. 学生了解非关税壁垒的含义、作用、特点。
2. 学生掌握各种非关税壁垒措施。
3. 学生掌握非关税壁垒的效应。

**【能力目标】**

1. 培养学生将所学理论灵活应用于现实和具体案例的分析。
2. 培养学生能够分析非关税壁垒对中国对外贸易发展产生的影响。
3. 培养学生掌握主要贸易国家的反倾销政策及反倾销实践的能力。

**课程思政教学目标及实践**

**【育人目标】**

1. 家国情怀 发达国家设置非关税壁垒是为了保持在世界经济中的统治地位,继续维护目前对发达国家有利的国际经济贸易格局。我国针对国外的反倾销调查,应该敢于"掰手腕"。引导学生树立家国情怀,捍卫国家利益。

2. 法治观念 技术性贸易壁垒会很多涉及国际性的技术标准和技术法规,绿色技术标准等,还有各贸易国国内的包装制度、卫生检疫制度、严格的环境与技术标志等,我国企业要突破TBT,就要熟知这些法律法规。

3. 科学精神 绿色壁垒一般都打着保护地球生态环境与人类健康的幌子,貌似合理,实则是限制进口的不合理的贸易保护主义行为,常常隐匿在具体的贸易法规规定、国际公约的执行过程中。同时,反倾销等公平贸易政策的滥用,已经被认为是一种不公平贸易的行为,引导学生透过表象看实质,树立多角度辩证分析问题的科学精神。进口配额的经济效应中,对本国而言,贸易条件不论是改善、不变、恶化,国际贸易量都是减少的,引导学生理性思维、客观分析问题。

**【教学方式与方法】**

1. 自主预习:在超星学习通平台预习专业知识点,包括非关税壁垒的主要内容;线下阅读文献资料,撰写阅读笔记,为案例讨论做出准备。

2. 课堂讲授:利用启发式教学讲授非关税壁垒,主要包括非关税壁垒的含义、作用、特点,非关税壁垒的种类,非关税壁垒的效应。

3. 课堂案例分析与讨论:根据教学案例"面对国外反倾销,中国要敢于掰手腕"进行小组讨论,学生展示案例分析结果,教师点评总结。

**【课程思政教学实例】**

**案例材料:面对国外反倾销 中国要敢于"掰手腕"**

**(1)案例简介**

中国出口产品遭受国外反倾销调查数目逐年提升,中国已经连续23年成为全球遭受反倾销调查最多的国家。2018年6月11日,欧盟就是否延长对进口自中国的自行车反倾销税启动调查;6月19日,美国政府决定对进口自中国的普通铝合金薄板征收167.16%的初步反倾销税。作为中国遭遇贸易摩擦的最主要方式,反倾销调查的成功实施会对被调查产业产生致命影响,中国缘何频繁成为反倾销调查目标国?国内政府、行业和企业该如何应对日益严重的反倾销态势?日前,中国人民大学经济学院教授宋利芳在中国面临的国外反倾销及应对策略讲座上提出建设性意见。世界贸易组织(WTO)最新公布的数据显示,1995年至2016年,对中国的反倾销调查从20起逐渐升至94起。其他数据显示,2017年,中国共遭遇21个国家(地区)发起的贸易救济调查75起,涉案金额110亿美元。国外涉华贸易摩擦案件数据库数据显示,2018

年一季度,共有12个国家(地区)对华启动反倾销调查19起,比上年同期增加5起。宋利芳表示,中国成为全球反倾销首要目标国的原因有四点:一是中国出口贸易规模迅速扩大,贸易顺差持续增加,对进口国形成客观性冲击;二是美国、欧盟、印度和墨西哥等70余个国家和地区不承认中国的市场经济地位,在反倾销调查中使用替代国方法,对中国非常不利;三是中国出口产品价格低,以中国为首的发展中国家主要生产劳动密集型产品,具有低价优势,容易形成倾销;四是中国企业不能积极应诉国外反倾销指控,对其他国家的反倾销政策及实践缺乏了解。商务部公布的数据显示,2017年,中国共对12个国家和地区发起24起反倾销调查,涵盖光纤、多晶硅、食糖、白羽肉鸡、丁腈橡胶等23大类产品。中国遭受的反倾销调查数是发起数的3.2倍,与国外"掰手腕"的力度还不够。

资料来源:孔帅.面对国外反倾销 中国要敢于"掰手腕"[N].中国贸易报,2018—06—21.

**(2)案例的思政元素**

①爱国精神。针对国外的反倾销,要敢于"掰手腕",捍卫国家利益,从而培养学生的家国情怀。

②职业素养。使学生了解当前复杂严峻的国际环境,认识到非关税壁垒的复杂性、隐蔽性、技术性特征与影响,引导学生认清反倾销的实质,积极应诉国外反倾销指控。

**(3)教学手段**

①讲授:在课程"非关税壁垒"的教学内容中引入案例,中国出口产品遭受国外反倾销调查数目逐年提升,面对国外反倾销,中国要敢于"掰手腕"。反倾销作为中国遭遇贸易摩擦的最主要方式,反倾销调查的成功实施会对被调查产业产生致命影响,中国缘何频繁成为反倾销调查目标国?国内政府、行业和企业该如何应对日益严重的反倾销态势?

②讨论:反倾销手段逐渐被滥用的原因。讨论中国连续多年成为全球遭受反倾销调查最多的国家及中国成为全球反倾销首要目标国的原因,以此引发学生对反倾销作为新型的非关税壁垒措施的实质进行思考。

③学习测评:讨论结果现场点评,包括学生自评、互评、教师点评总结。

## 第八章 鼓励出口和出口管制措施

**专业教学目标**

本章主要讲述鼓励出口和出口管制措施,具体包括鼓励出口措施、经济特区措施、出口管制措施。

**【知识目标】**

1. 学生掌握出口信贷、出口信用保险、出口信贷担保、出口补贴、产品倾销、外汇倾销、出口退税、促进出口的组织措施等的含义、条件与特点。

2. 学生掌握经济特区的基本类型,包括自由港(自由贸易区)、保税区、出口加工区、多种经营的经济特区、自由边境区、过境区、科学工业园区等。

3. 学生掌握出口管制的目的、产品、形式、措施等。

**【能力目标】**

1. 培养学生将所学理论灵活应用于现实和具体案例的分析。

2. 培养学生能够正确看待我国设立自由贸易港及自由贸易区的意义。

**课程思政教学目标及实践**

**【育人目标】**

1. 政治认同  结合新冠肺炎疫情下,我国出口信贷的政策措施;每年两届的广交会是我国出口创汇的中流砥柱,得到了国家政府的极大扶持;海南自由贸易港的建设成效等引导学生对党和国家鼓励出口的政策的认同。

2. 法治观念  了解WTO组织的《补贴与反补贴协议》,特别掌握对于禁止使用出口补贴的情况,培养学生的法治观念;为了有效地制定和实现出口控制政策,许多国家都设有专门的机构、颁布专门的法律,例如美国商务部专设贸易管制局,先后颁布了《1917年与敌对国家贸易法案》《出口管制法案》《1979年出口管制法》等,引导学生在进行出口贸易时,需要树立法治观念,明确贸易对方国家的相关管制措施与法律。

**【教学方式与方法】**

1. 自主预习:在超星学习通平台预习专业知识点,包括鼓励出口和出口管制措施;线下阅读文献资料,撰写阅读笔记。

2. 课堂讲授:启发式讲授鼓励出口和出口管制措施,具体包括鼓励出口措施、经济特区措施、出口管制措施。情境教学法组织学生课余参观"陕西自贸试验区"。

3. 课堂案例分析与讨论:根据教学案例"海南自由贸易港建设有力有序推进"进行小组讨论,学生展示分析讨论的结果,教师点评总结。

**【课程思政教学实例】**
**案例材料:海南自由贸易港建设有力有序推进**
**(1)案例简介**

2022年7月29日,中共海南省委深改办(自贸港工委办)副主任李宇飞在《海南自由贸易港建设白皮书(2021.06—2022.05)》发布会上表示,2021年6月以来,海南自由贸易港建设进展明显,整体推进蹄疾步稳、有力有序。一年多来,海南把全岛封关运作作为自由贸易港建设"一号工程",系统推进软硬件基础设施建设。全面落实工作任务清单,扎实推进封关项目建设,积极推动封关压力测试。同时,海南紧盯"1+N"政策制度体系和早期安排,自由贸易港政策加快落地。配合中央和国家机关推动出台政策文件180多项,特别是2021年6月10日《中华人民共和国海南自由贸易港法》正式颁布实施,初步形成具有全球竞争力的开放政策和制度体系。贸易方面,国际高标准经贸规则先行先试,"一线"放开、"二线"管住进出口管理制度试点扩区等工作有序展开;投资方面,推进外商投资准入特别管理措施、放宽市场准入若干特别措施等工作扎实推进。财税方面,自用生产设备"零关税"负面清单、交通工具及游艇"零关税"正面清单、原辅料"零关税"正面清单等政策持续发力;金融方面,在洋浦经济开发区开展跨境贸易投资高水平开放外汇管理改革试点、自贸港建设投资基金等工作探索推动;运输方面,琼州海峡港航一体化、"中国洋浦港"船籍港建设等工作系统推进。

资料来源:李祥.海南自由贸易港建设有力有序推进[N].中国商报,2022-08-03.

**(2)案例的思政元素**

①职业素养。充分了解我国在准确分析和正确认识国际国内形势的基础上所提出的自由贸易港建设战略的重要性。

②政治认同。2022年上半年,海南省货物贸易进出口总额917亿元,同比增长56%,排名全国第二;海南省利用外资仍然高速增长,同比增长超过80%。通过对海南自由贸易港建设成效的了解,激发学生对我国改革开放政策的认同。

**(3)教学手段**

①讲授:在课程"鼓励出口措施"的教学内容中引入案例,海南自由贸易港政策加快落地推进,在贸易方面按照国际高标准经贸规则先行先试,在投资方面扎实推进外商投资准入特别管理措施、放宽市场准入若干特别措施等,以此引发学生充分认识党的正确领导。

②讨论:海南自由贸易港建设对海南省经济外向度提升有哪些推动作用,使学生明确海南自由贸易港已经初步形成具有全球竞争力的开放政策和制度体系。

③学习测评:讨论结果现场点评,包括学生自评、互评、教师点评总结。

## 第九章 贸易条约与协定

**专业教学目标**

本章主要讲述贸易条约与协定,包括贸易条约与协定概述;关税与贸易总协定;世界贸易组织;关贸总协定、世界贸易组织与中国。

**【知识目标】**

1. 学生在了解贸易条约与协定概述的基础上,掌握关税与贸易总协定的产生、宗旨、组织机构、作用与局限性。

2. 学生掌握世界贸易组织的产生与特点、世界贸易组织协定的主要条款、职能与机构、基本原则。

**【能力目标】**

1. 培养学生将所学理论灵活应用于现实和具体案例的分析。

2. 培养学生能够深刻体悟中国成为WTO成员后对我国经贸实践的促进作用。

**课程思政教学目标及实践**

【育人目标】

1. 政治认同　从申请复关到申请入世,中国走过了艰难曲折的12年,尽管当前世界经济低迷,但保持旺盛经济增长力的中国,作为WTO的成员国,始终在为世界多边贸易体制做出贡献,既负责任又不断发挥建设作用,为世界经济发展注入了活力,增强学生的政治认同感。

2. 科学精神　GATT在国际贸易中发挥了重要作用,为关税减让谈判提供了可能和方针,但其不是永久性的正规机构;只涉及货物贸易,对服务贸易无能为力;争端解决机制不够完善;不得不容忍特定敏感领域的保护政策等,使学生能够全面多角度地看待问题,承认其所发挥的作用,也明确其存在"先天不足"。WTO对保证贸易在公平竞争的基础上进行有着重要意义,但有些规定却"含糊其辞",例如"公平贸易原则"中对于"重大损害""合理份额"等没有统一明确的标准,因而在实施中免不了争端迭起,使学生辩证地看待问题。

【教学方式与方法】

1. 自主预习:在超星学习通平台预习专业知识点,包括贸易条约与协定的主要内容;线下收集阅读文献资料与案例资料,撰写阅读笔记,为案例讨论做准备。

2. 课堂讲授:讲授贸易条约与协定,包括贸易条约与协定概述;关税与贸易总协定;世界贸易组织。

3. 课堂案例分析与讨论:根据教学案例"中国尝试引领WTO新议题谈判"进行小组讨论,学生展示讨论结果,教师点评总结。

【课程思政教学实例】

**案例材料:中国尝试引领WTO新议题谈判**

(1)案例简介

投资便利化是中国完善全球经济治理、贡献中国智慧的第一次尝试。面对贸易与投资联系日趋紧密、WTO谈判功能停滞、多边投资规则缺位的现实,中国主办G20杭州峰会时推动达成了G20投资指导原则。2017年1月,中国在日内瓦倡议建立由发展中成员参与的"投资便利化之友"(FIFD),创造性地将贸易、投资和发展三个领域融合,推动将投资便利化纳入了WTO总理事会的讨论议程,大使、参赞、秘书等各层级广泛做工作,通过主办研讨会、培训班等方式,游说广大发展中成员参与其中。2017年12月,WTO第11届部长级会议以联合声明倡议的方式确定了建立投资便利化多边框架的目标,启动了投资便利化讨论进程。2019年11月,中国主办WTO投资便利化部长午餐会,推动92个成员联署了投资便利化部长联合声明,并于2020年4月推动该议题进入谈判阶段。无论是从审慎处理多哈回合议题与新议题的取舍、平衡倡议参加方和非参加方的关注,还是从协调议题的推进速度和雄心水平方面,中国都践行了"干、学"的理念,为丰富发展中国家参与全球治理提供了重要的理论和实践参考。此外,中国还在WTO内发起"塑料污染防治和可持续塑料贸易非正式对话"(IDP)倡议,有力地引领了贸易与环境议题的讨论。

资料来源:王琛.中国参与WTO二十年:从融入跟随、建设倡导到贡献引领[J].亚太经济,2022(03):9-18.

(2)案例的思政元素

①政治认同与中国能力。中国加入世界贸易组织展现了中国深化改革扩大开放的坚定决心,在贡献引领阶段尝试在WTO发挥引领作用,并争取把握国际规则制定主导权。中国的迅速成长,归根结底是因为经济实力和综合国力的显著提升,这是中国共产党领导中国人民艰苦奋斗、不懈努力的结果,是因为中国坚持改革开放的基本国策,以务实行动推进贸易自由化便利化,同时也是因为中国充分发挥制度优势的结果,引导学生的政治认同感以及对"中国能力"的深刻认知。

②"小我融入大我"的价值取向。引导学生感知我国经济实力和综合国力的显著提升,使学生将个人价值实现与民族复兴大业紧密结合,树立"小我融入大我"的价值取向。

(3)教学手段

①讲授:在课程"GATT、WTO与中国"的教学内容中融入案例,中国过去二十年参与WTO经历了融入跟随、建设倡导和贡献引领三个阶段,在贡献引领阶段中,中国能够引领新议题谈判,以此引发学生对中国主动参与国际竞争与合作的积极姿态进行认识。

②讨论:在 WTO 中国如何坚持构建有中国特色的话语和叙事体系。
③学习测评:讨论结果现场点评,包括学生自评、互评、教师点评总结。

# 第十章 区域经济一体化

**专业教学目标**

本章讲述区域经济一体化,主要包括区域经济一体化的含义和形式、区域经济一体化的产生与发展、主要的区域经济一体化组织、区域经济一体化的影响、区域经济一体化的特点、区域经济一体化的理论。

【知识目标】

1. 学生了解区域经济一体化的含义和形式、区域经济一体化的产生与发展、主要的区域经济一体化组织。
2. 学生掌握区域经济一体化的影响、区域经济一体化的特点、区域经济一体化的理论。

【能力目标】

1. 培养学生将所学理论灵活应用于现实和具体案例的分析。
2. 培养学生能够正确分析区域经济一体化组织对世界经济的影响。

**课程思政教学目标及实践**

【育人目标】

1. 政治认同 通过了解我国参与的区域经济一体化组织,以及给我国带来的经济效应与影响,认同中国改革开放实践所取得的巨大成就,强化民族自豪感。
2. 法治观念 通过对区域经济一体化的形式与组织的学习,树立法治观念,熟悉国际规则,运用法治思维处理国际事务。

【教学方式与方法】

1. 自主预习:在超星学习通平台预习专业知识点,包括区域经济一体化的主要内容;线下阅读与 RCEP 有关的文献资料,撰写阅读笔记。
2. 课堂讲授:任务导入法讲授区域经济一体化,主要包括区域经济一体化的含义和形式、区域经济一体化的产生与发展、主要的区域经济一体化组织、区域经济一体化的影响、区域经济一体化的特点、区域经济一体化的理论。
3. 课堂案例分析与讨论:根据教学案例"中国加入 CPTPP 的必要性"进行小组讨论,学生展示讨论结果,教师点评总结。

【课程思政教学实例】

**案例材料:中国加入 CPTPP 的必要性**

(1)案例简介

2020 年 5 月 28 日,中国国务院总理李克强表示:"对于参加 CPTPP,中方持积极开放态度。"2020 年 11 月 20 日,中国国家主席习近平也表示:"中方将积极考虑加入《全面与进步跨太平洋伙伴关系协定》。" 2021 年 9 月 16 日,中国商务部向 CPTPP 的保存方新西兰提交了中国正式申请加入 CPTPP 的书面信函。中国高层领导的这一系列表态和举动说明中国对加入 CPTPP 所持的主动、积极姿态,同时也说明中国对建设符合 WTO 原则、且具备开放透明、互利共赢的区域自由贸易安排的坚定立场;表明中方愿与有关各方一道,坚持互利共赢、开放发展的理念,以共同推进经济全球化和区域经济一体化向更高层次、更宽领域发展,共同构建人类命运共同体。中国加入 CPTPP 很有必要,就国际国内发展大势而言不仅与中国的改革开放国策和大国外交战略相契合,而且在经济层面上可以对提升中国经济与贸易投资效益起到重大的推进作用,更能在规则与法律制度层面有力促进中国国内法律规范对标最高国际经贸规则,并对中国参与当今国际经贸规则和治理体系的改革和发展起到重要的促进作用。中国加入 CPTPP 既是双赢的选择,也非常可行,正当其时。中国稳定良好的国内政治环境和中国高层领导对加入 CPTPP 的强烈政治意愿不仅为此提供了强有力的国内政治保障,而且中国改革开放 40 多年来,尤其是加入 WTO 的 20 年来以及近 10 年来在区域自由贸易和国内自贸区建设方面所取得的巨大成就,也为中国加入 CPTPP 奠定了坚实的经济和制度基础。中国应当加强相关研究,及时启动加入谈判,并通过大力推进改革开放和不断完善法律法规来做好加入的准备。

资料来源:周汉民.从WTO到CPTPP:中国对外开放的进程[J].国际商务研究,2021(06):3—12.

**(2)案例的思政元素**

①中国能力。我国理应尽早争取加入具有风向标意义的CPTPP,唯有参与其中,中国才能够为未来国际经贸规则和治理秩序的建立与完善,包括维护WTO多边贸易体制在国际经贸治理中的权威与核心地位以及推动其必要改革真正发挥建设性的作用。可以通过案例展示中国在应对和适应日益变化的国际规则方面所做出的努力和中国能力。

②政治认同。从中国高层领导一系列表态和举动,表明中国加入CPTPP的主动积极姿态,同时中方愿与有关各方一道,以共同推进经济全球化和区域经济一体化向更高层次、更宽领域发展,增强学生对"中国决策"的政治认同感。

**(3)教学手段**

①讲授:在课程"区域经济一体化"的教学内容中融入案例,讲述目前在WTO陷入改革困局的情况下,CPTPP客观上成为当今国际经贸规则改革和发展的风向标。作为WTO重要成员,又是世界第一大贸易国的中国,理应尽早争取加入CPTPP。唯有如此,才能为中国自身的进一步改革开放和经贸发展打开新局面,同时也能为CPTPP自身及其现有成员的发展提供机会和动力。

②讨论:中国加入CPTPP的经济效应与影响,引发学生对我国加入区域贸易协定可能产生的政治与经济影响进行思考。

③学习测评:讨论结果现场点评,包括学生自评、互评、教师点评总结。

## 四、课程思政的教学评价

### (一)对教师的评价

**1. 教学准备的评价**

将《国际贸易》课程思政建设工作落实到课程的教学准备中。在教学准备中通过修订教学大纲将与课程有关的思政元素进行挖掘,据此设计课程的思政目标与思政内容;在教材选用及教案撰写、PPT制作方面也着重对思政元素进行总结整理。

**2. 教学过程的评价**

将《国际贸易》课程思政建设工作也贯穿到教学过程各个环节中。教师自我进行检验评价,形成检验评价闭环机制。教师自身是否主动提升思政能力?课程体系是否融入思政元素?教学过程中是否体现思政内容?主要是看教师是否采取了得当的教学方式,将思政元素融入到具体教学内容中,主要包括教学思路的设计、教学方法的运用、作业与思考题的布置、平时成绩的考核等方面。

**3. 教学结果的评价**

建立《国际贸易》课程思政多维度评价体系,包括同行评议、随机听课、学生评教、教学督导、教学研究等,主要围绕对本学期授课是否彰显思政成效进行评价。主要看以下几方面的思政成效:学生能否运用理论知识分析现实中国际经贸热点与难点问题与我国对外贸易实践问题的能力;学生能否了解经济全球化背景下国际贸易与外贸行业发展的新趋势新业态,从而具备外贸业务从业人员职业道德与职业规范;学生能否具有国际视野与现代思维,客观认识国际经贸关系中的中国国情与特色,熟知国家地区之间的差异,能够形成对国际贸易规则和世界市场发展的客观认知,在了解中国改革开放实践的基础上,能够加强对中国特色社会主义道路的坚定信念。

**4. 评价结果的运用**

对于同行评议、学生评教、教学督导等提出的改进建议,教师能否进行有针对地改进提升;尤其看教师能否通过《国际贸易》课程思政建设形成课程思政教学示范,辐射带动国贸专业其他课程形成思政课程体系;同时通过对学生考核成绩的分析,思考下一轮课程教学的改进方向与措施,并将分析结果运用到如何提升课程思政效果上。

### (二)对学生的评价

**1. 学习过程的评价**

(1)诊断性评价。通过课前和课后设计情境与问题,对学生的"职业道德规范""个人价值观""职业能力""爱国精神""遵纪守法""深度学习能力"等的程度进行评价,判断学生理解接受状况与教师讲授状况;(2)形成性评价。通过学生参与课程情况、教学过程(回答问题、作业完成情况)的纪录、行为观察进行评价、反馈;检验学生是否认真完成了老师布置的任务,是否积极参与课程资料收集、课前预习阅读相关文献、课堂讨论和小组活动等教学过程,评价学生在课程学习过程中的积极性、互动性和参与度。

2. 学习效果的评价

形成终结性评价。通过学生的心得体会及课程收获,结合诊断性评价及形成性评价的结果,给予学生定性或定量的评价。包括通过平时作业、课堂讨论、资源库平台资料阅读笔记、随堂练习、课程小论文、期末考试等多种形式,检验学生对课程思政元素的领会及其对思政元素的掌握程度。

3. 评价结果的运用

通过师生座谈和系上教研活动等形式,对学生的思政学习效果进行分析,看是否实现了课程思政的目标,并总结经验,找到不足,为下一轮课程提升课程思政的效果打好基础。

## 五、课程思政的教学素材

| 序号 | 内容 | 形式 |
| --- | --- | --- |
| 1 | 改革开放后中国企业的变迁——吉利汽车 | 案例分析 |
| 2 | 国务院办公厅关于加快发展外贸新业态新模式的意见 | 政策文件 |
| 3 | 中国对"一带一路"沿线国家贸易投资的总体状况 | 阅读材料 |
| 4 | 俄罗斯贸易政策的最新发展:欧亚经济联盟内贸易便利化的案例 | 研究报告 |
| 5 | 《中华人民共和国对外贸易法》 | 政策法规 |
| 6 | 《中华人民共和国外商投资法》 | 政策法规 |
| 7 | iPhone 价值链中国际分工 | 阅读材料 |
| 8 | 基于中国对外贸易分析比较优势理论 | 阅读材料 |
| 9 | "欧佩克+"象征性增产引热议 | 案例分析 |
| 10 | 温州打火机或遭最大出口地封堵 | 案例分析 |
| 11 | 新中国 70 年科技创新发展:从技术模仿到自主创新 | 阅读材料 |
| 12 | 我国陶瓷产品发展的现状、原因及出口策略——基于意大利伊莫拉公司"蜜蜂"瓷砖的经验 | 阅读材料 |
| 13 | 中美经贸摩擦的多层次认知与全方位应对 | 案例分析 |
| 14 | 合力迎战通胀须摒弃贸易保护主义 | 案例分析 |
| 15 | 美国对外贸易政策的转变以及对东南亚生产网络的影响 | 阅读材料 |
| 16 | 美国对华科技制裁的反向市场冲击——以华为事件为例 | 案例分析 |
| 17 | 上海海关打通长三角进出口物流关键节点 | 阅读材料 |
| 18 | 美商界促政府削减对华关税 | 案例分析 |
| 19 | 欧盟计划 2023 年启动全球首个碳关税政策 | 阅读材料 |
| 20 | 海南自贸港"零关税"改革:制度设计、实施步骤与政策建议 | 阅读材料 |
| 21 | 《中华人民共和国关税法》 | 政策法规 |
| 22 | 面对国外反倾销 中国要敢于"掰手腕" | 案例分析 |
| 23 | 数字贸易壁垒:一种新型的贸易限制措施 | 案例分析 |
| 24 | 国际贸易中绿色壁垒的成因及其防范对策研究 | 阅读材料 |
| 25 | 我国应对反倾销策略研究 | 阅读材料 |

续表

| 序号 | 内容 | 形式 |
| --- | --- | --- |
| 26 | 海南自由贸易港建设有力有序推进 | 案例分析 |
| 27 | 出口信贷再融资——后新冠肺炎疫情时代的更好选择 | 阅读材料 |
| 28 | 金融多措并举稳外贸 | 案例分析 |
| 29 | 广交会展馆四期新增展位5000个 | 阅读材料 |
| 30 | 广交会上,RCEP商机风起云涌 | 阅读材料 |
| 31 | 中国参与WTO二十年:从融入跟随、建设倡导到贡献引领 | 案例分析 |
| 32 | 中国入世20年:WTO争端演变与中国实践 | 阅读材料 |
| 33 | 推动WTO改革的中国方案及相关建议 | 阅读材料 |
| 34 | 推进落实RCEP为外贸稳中提质注入新动力 | 阅读材料 |
| 35 | RCEP半年"成绩单"亮点纷呈 | 阅读材料 |
| 36 | 从WTO到CPTPP:中国对外开放的进程 | 案例分析 |
| 37 | 金砖国家对世界的影响——从国际经济和国际政治角度 | 阅读材料 |
| 38 | 深化促进中国与东盟对话合作 | 阅读材料 |
| 39 | 中国对"一带一路"沿线国家直接投资研究 | 阅读材料 |

# 《国际贸易实务》课程思政教学指南

景楠[1] 张雨微[1] 张恒梅[2] 陶华[2] 韩海英[2] 苏珊珊[2] 王冬英[2]

([1] 西安外国语大学 [2] 西安财经大学)

## 一、课程简介与课程目标

### (一)课程简介

《国际贸易实务》课程是国际经济与贸易专业的核心课程,旨在引领学生掌握国际贸易业务各环节的基础理论、基本知识和操作技能,其中要重点掌握国际贸易术语,国际货物买卖合同中的品质条款、数量条款、运输条款、保险条款、价格条款、仲裁条款等合同条款的知识。在此基础之上,还要求学生能够运用国际贸易模拟实训软件熟悉掌握国际贸易基本业务流程。另外,学生还应通过学习本课程初步具备运用国际贸易实务理论知识进行贸易磋商,了解商务谈判各阶段的注意事项并会分析和处理对外贸易实践中具体问题的能力。

本课程强调理论与实践相结合,采用线上线下混合式教学模式,综合运用多语言讲授、案例教学、启发互动式教学、小组合作式教学、专题讲座、学生进企业、以赛促教等多种教学方法,对国际货物买卖合同及其磋商、履行的各部分及业务流程各环节进行拆解和详述,使学生对国际贸易术语、国际货物销售合同各项条款、合同的商定与履行、对外贸易方式等基本内容有所认识。本课程实现思想政治教育与专业教育的结合,将价值塑造、知识传授和能力培养融入课程内容设计、教学环节组织、教学效果测评的全过程,使学生通晓国际贸易实务的基本知识,掌握国际货物贸易实务基本技能,了解当代国际经济贸易的发展现状,熟悉通行的国际贸易规则和惯例,以及中国对外贸易的政策法规,了解主要国家与地区的社会经济情况,具有国际视野,能在涉外经济贸易部门、外资企业及政府机构胜任实际业务、管理、调研和宣传策划等工作,能够客观认识理解国际经贸关系中的中国国情与特色,更加坚定理想信念与责任担当。

### (二)课程目标

本课程为专业必修课程。通过本课程的学习,使学生能够达到以下目标:

1. 知识目标:系统掌握国际货物贸易适用的有关法律与惯例,国际货物买卖合同各项条款的约定,国际货物买卖合同的商定与履行及对外贸易方式等专业基础知识与基本理论,同时具有在国际经济与贸易相关领域、行业内,熟练进行国际货物贸易中进出口合同磋商,进行进出口价格的核算、合同的签订与履行、相关单证的制作、信用证的审核与修改操作、争议的预防与处理、货物贸易方式的应用等专业能力。

2. 能力目标:具有获取知识的能力,能够掌握有效的学习方法,主动接受终身教育;具有实践应用能力,能够在国际经贸实践活动中灵活运用所掌握的专业知识;能够运用专业理论知识和研究方法分析国际贸易新业态和新现象,解决我国开展对外贸易的实际问题,具备一定的科学研究能力;具备创新精神、创业意识和创新创业能力。

3. 育人目标:熟悉我国有关国际贸易的方针、政策和法律法规,了解我国对外贸易的发展特征与国内外经济贸易发展动态,明确我国对外贸易政策的制定完全契合我国对外贸易的实际发展,使学生充分认识我国对外开放政策的正确性,引导学生的爱国情怀;通晓国际贸易实务的基本知识,掌握国际货物贸易实务基本技能,熟悉通行的国际贸易规则和惯例,培养学生的职业规范与法治观念,形成对国际经贸规则的客观深入的认知;具有科学素养,能以正确的观念去评判和分析中国对外贸易领域的相关问题,捍卫我国对外贸易利益,具备社会责任感。

### (三)课程教材和资料

➢ 推荐教材

黎孝先,王健. 国际贸易实务(第七版)[M]. 北京:对外经贸大学出版社,2020(08).

> 参考教材或推荐书籍

1. 谢娟娟. 对外贸易单证实务与操作(第二版)[M]. 北京:中国人民大学出版社,2022(02).
2. 冷柏军. 国际贸易实务(第三版)[M]. 北京:中国人民大学大学出版社,2020(07).
3. 陈平. 国际贸易实务(第四版)[M]. 北京:中国人民大学大学出版社,2022(04).
4. 余庆瑜. 国际贸易实务:原理与案例(第三版)[M]. 北京:中国人民大学大学出版社,2021(04).
5. 中国国际商会,国际商会中国国家委员会. 国际贸易术语解释通则2020[M]. 北京:对外经济贸易大学出版社,2020(01).

> 学术刊物与学习资源

国内外国际经济与贸易类各类期刊。

学校图书馆提供的各种数字资源,特别是"中国知网",下载相关文献并加以阅读。

> 推荐网站

中华人民共和国商务部:http://www.mofcom.gov.cn/.

中国贸促网 http://www.ccpit.org/.

中国国际贸易发展网:http://www.itdn.com.cn/.

国际贸易网:http://www.richful.net/.

## 二、课程思政教学总体设计

### (一)课程思政教学目标

新时代高校专业课程思政表现为将思想政治教育的课程渠道与非课程渠道协同起来,结合专业课程专业化教育的属性和课程思政"价值体系、知识体系、能力体系"的"三体"合一的目的,全面提升学生专业素养、德育内涵、综合素质,突显其在"铸魂育人"方面的作用。本课程注重思政德育元素和国际贸易实务理论、规则与惯例、合同条款与业务流程中知识点的有机融合,提升专业课的思政内涵,对学生进行职业教育、创新创业、爱国主义、爱岗敬业等方面的道德教育。以习近平新时代中国特色社会主义思想为指引,全面贯彻党的教育方针,聚焦贸易强国和全面开放新格局建设,培养学生"融通内外、经世济民、诚信服务、德法兼修"的理念,将价值塑造、知识传授和能力培养融为一体。以全面提升学生德育内涵、专业素养、综合素质为驱动,在专业课的教学中深入开展中国特色社会主义和中国梦教育、社会主义核心价值观教育、法治教育、职业道德教育以及中华优秀传统文化教育等,培养德智体美劳全面发展的社会主义建设者和接班人。

《国际贸易实务》课程主要围绕"国际贸易交易前准备—国际货物买卖合同的磋商与订立—国际货物买卖合同的履行—国际贸易方式"基本框架内容展开,学生可以掌握国际贸易实务的基本概念知识,能够对当前国际经贸领域发生的热点问题进行客观理性分析,能够解决进出口贸易实务工作中出现的复杂问题,提升学生对国际经济与贸易领域理论知识的综合运用能力和实践问题的分析能力,充分激发学生的家国情怀与使命担当意识。在课程中融入和体现中国特色与经验的教学内容,例如我国对"一带一路"沿线国家出口贸易情况、"中欧班列""单一窗口""陕西电子口岸建设"等案例,把思想和行为自觉与以习近平同志为核心的党中央保持高度一致。具体而言,本课程的思政教学目标可以涉及以下八个维度:实现政治认同、家国情怀、培育和践行社会主义核心价值观、融入中华优秀传统文化、牢固树立法治观念、深化职业规范与职业道德教育、培养科学精神、拓展国际视野。

1. 实现政治认同

《国际贸易实务》课程以国际货物买卖合同和国际货物贸易业务流程为主要内容,其中也会涉及与国际经贸实践相关的问题,例如关检融合制度的优越性、"京石欧"中欧班列首发推动地区外向型经济加快发展、跨境电商视角的国际贸易方式创新等,通过这些典型案例引导学生充分认识党的正确领导,加强对中国特色社会主义道路的坚定信念以及对我国外贸政策的认同感。

2. 培育家国情怀

《国际贸易实务》课程在讲授外贸具体业务时注重培养学生的家国情怀,强调在外贸具体业务中始终要捍卫国家利益。例如,通过讲述合同品质条款与检验条款,使学生意识到通过出口产品质量、出口产品品牌可以树立企业与国家形象,通过进口商品检验可以保护国内生产者与消费者的利益;讲授支付条款时,培养学生的风险意识防止信用证欺诈,要充分考虑收付货款的安全性,权衡利弊的基础上选择恰当的支付方式,一定要维护企业和国家的利益;与外商磋商签订外贸合同,绝对不能损害国家利益。

3. 培育和践行社会主义核心价值观

本课程通过对外贸业务流程、外贸单证等内容的讲授,邀请外贸企业的专家进入课堂、组织学生参观访问"自由贸易区""工业园区""保税区""出口加工区"、外贸企业等,使学生能切身感受到我国对外贸易的快速发展,引导学生将个人价值实现与民族复兴大业相契合;通过课堂教学组织设计和课程实践,鼓励学生参加各类创新创业比赛、国际贸易学科竞赛、从业能力大赛等,提升学生专业技能素质。

4. 融入中华优秀传统文化

本课程通过对我国和其他国家货物贸易领域的发展情况进行对比,引导学生了解我国"开放、合作、包容"的贸易观、国际舞台上解决经贸问题的中国智慧等知识,提升学生文化自信;同时,基于对国际商务谈判磋商洽谈和中美经贸多轮谈判的案例让学生熟悉不同国家和地区的国情差异,掌握跨文化沟通的基本规范。以"中国人"自豪,热爱和弘扬中华优秀的传统文化;理解接受不同文化,以得当的方式处理跨文化事务。

5. 牢固树立法治观念

国际贸易实务涉及国际贸易法律和惯例。进出口企业在开展对外贸易时既要遵循本国和东道国的法律法规,也要考虑适用范围较广的国际贸易惯例,尤其是与进出口方如何界定各自的权利、义务和责任豁免。在讲述"国际贸易术语""国际货物运输""国际货物运输保险""国际货款的收付"等章节中,重点讲解《国际贸易术语解释通则》《联合国国际货物销售合同公约》《跟单信用证统一惯例》等;本课程教学中包含《中华人民共和国对外贸易法》《中华人民共和国合同法》《中华人民共和国关税法》等。通过本课程学习,使学生熟悉国内外经贸相关法律、规则与惯例等,牢固树立遵纪守法的意识,使学生具备运用法治思维和法治方式维护企业权利。

6. 深化职业规范与职业道德教育

本课程培养学生能够理解和遵守职业道德与规范。外贸职业道德的基本规范包括:诚实守信、忠于职守、忠于法规、专业专注、廉洁奉公、保守秘密、服务群众。例如,通过本课程讲授"进出口合同的履行",使学生明确按时、按质、按量履行合同规定,不仅关系到贸易双方行使各自的权利和履行相应的义务,而且关系到企业的声望与国家的对外信誉,切实提高学生的职业道德修养。

7. 培养科学精神

本课程在教学中通过增强学生客观理性分析问题能力培养学生科学精神。例如,在讲述国际贸易发展新趋势、国际贸易方式等内容中引入"多方布局新业态外贸转型添动力"的思政案例,引导学生深入了解国际贸易实务依存国际市场变动衍生出新的业态,理解国际市场调研需要运用科学的调研方法与手段,系统搜集、整理、分析有关国际市场的影响因素,能够准确选择合适的目标市场、交易对象、交易标的,有效推动我国对外贸易的顺利开展。

8. 拓展国际视野

在课程教学中,注重培养学生的国际视野。例如,在讲述关于贸易术语的国际贸易惯例中引入"不同国家客户对贸易术语的理解分歧"案例,使学生明确贸易惯例不同会导致贸易术语的解释与理解会有差异;讲述检验条款时,使学生了解国外检验机构的种类繁多、名称各异,一定要尊重贸易对方的贸易习惯,兼顾贸易双方的利益,鼓励学生为中国对外贸易实践做出贡献。

(二)课程思政的教学内容

《国际贸易实务》课程的思政内容可以涉及以下几方面:

1. 将国情国策与外贸实践紧密结合

通过本课程的实践教学环节与典型案例讲授,使学生进一步深知国家经济发展战略、产业发展新业态新模式、国家外贸方针政策,了解外贸业务相关法律法规。例如《中华人民共和国国民经济和社会发展第十四个五年规划和2035年远景目标纲要》《关于加快发展外贸新业态新模式的意见》《关于加快发展外贸新业态新模式的意见》《中华人民共和国合同法》《中国对外贸易法》等,使学生能够在外贸实践中确保对外贸易正常有序进行,体现并贯彻国家对外贸易的方针政策,防止出现违反国家外贸政策的行为,并积极顺应外贸行业新的发展趋势,对外贸实践活动勇于改革与创新。

2. 自觉遵守外贸职业道德规范与外贸从业人员职业标准

通过本课程的教学并结合外贸实践,培养学生的实际动手操作能力,使学生能够解决外贸实践中出现的具体问题,在开展外贸业务时既要注重经济效益又要注重维护与外商的良好关系;培养学生自觉遵守外贸职业道德规范的意识,包括诚实守信、忠于职守、忠于法规、专业专注、廉洁奉公、保守秘密、服务群众,使学生能够爱岗敬业、遵纪守法,按照国际规范行事,恪守"重合同守信用"的原则标准。

3. 具备处理复杂外贸业务问题的能力

通过课程对外贸基本技能与方法的讲授,使学生了解外贸业务所遵循的有效准则,包括缔约当事人要具备平等的法律地位、缔约自由、公平交易、诚实信用、恪守合同、遵守法律等,并贯彻在外贸实践业务活动中。通过案例分析与实践项目任务训练,使学生逐渐积累外贸实践经验,养成处理复杂问题的能力,例如不论当事人实力强弱,都会受到法律约束与保护;合同当事人有权依据自己的意愿决定签约与否;订立合同、履行合同与处理合同纠纷都需诚实信用,言而有信、表里如一,不进行欺诈活动。因此,通过课程学习,使学生能在错综复杂的国际经济环境中具备防止外商欺诈、化解外贸风险的能力,特别是在如今国际政治经济形势、各国外贸政策规定不断变化的背景下,国际贸易形势愈发不稳定,需要学生具备保护意识与风险防范意识。此外,交易商品需要历经长途运输,运输中可能遭遇自然灾害、意外事故及外来风险,到达目的地后还需对货物进行报关检验,可能还会涉及索赔、仲裁、不可抗力等,学生要善于运用外贸技能与方法处理瞬息万变的复杂问题。

4. 发扬中华优秀的传统文化

在外贸实践中,与外商建立业务关系、进行合同磋商,要发扬中华民族优秀传统文化,既要讲究国际商务礼仪,言谈举止大方得体,态度真诚,又要不卑不亢,尊重对方的商务习惯,旨在树立我方良好形象,缩短与外商交往的距离。

5. 具备国际视野

外贸实践活动中的交易双方处在不同国家和地区,各国的政治制度与法律体系、文化背景、价值观、商务习惯等有着较大差异。在交易磋商与履行合同过程中,双方会涉及到不同的法律规定、政策措施、贸易惯例、商务习惯与礼仪、文化习俗等,各国的具体情况千差万别,学生通过学习应具备国际视野,适应国家对外开放的要求,具有广博的知识,通晓国际规则,善于在跨文化中进行沟通,同时具有跨文化同理心、包容的心态,体谅对方的行为与处境,善于化解矛盾与冲突。

(三)教学方法

本课程综合运用讲授、线上线下混合式教学模式,综合运用多语言讲授、案例教学、启发互动式教学、小组合作式教学、专题讲座、学生进企业、以赛促教等多种教学方法,使学生掌握国际贸易术语与国际贸易惯例、国际货物买卖合同条款、国际货物买卖合同的磋商与履行、国际贸易方式等,使学生能够运用国际贸易实务技能与方法掌握国际货物买卖的流程与进出口贸易的各个环节,熟悉从磋商开始,到签订合同以及履约过程中有关商品品质、规格、成本核算以及报价、办理运输和保险、货款收付、检验以及索赔等细节,培养学生的大局观念、职业道德与规范、灵活应变的能力、严谨的逻辑思维能力,并具备国际视野,尊重交易各方在外贸政策、法律法规、商务习惯上的差异,掌握外贸行业发展的新趋势新业态,具备外贸业务从业人员职业道德标准与商业伦理。

线上线下混合式多语种教学。通过在慕课平台上进行课前预习,在课堂通过PPT中英双语讲授相关知识点。

翻转课堂与启发式教学相结合。在课堂中运用项目任务导入的方式,引发学生积极思考,使学生带着问题与目标进行自主地主动学习。

案例教学。案例教学是本课程主要的教学方法,通过结合课程知识目标与能力目标设计不同案例,使学生通过学习案例,抓住各章核心知识点。

小组合作式教学。在课堂上通过布置思考题,以小组为单位进行课堂讨论或是各小组进行讨论结果展示,学生间进行互评、各小组进行自评、教师将讨论结果予以点评分析。

情景教学。利用参观"自贸区""出口加工区""国际港务区""实践教学基地"等活动的真实情境,进一步加深对外贸业务环节的了解。

企业家进课堂。邀请外贸企业管理者结合外贸实践经验,给学生讲述外贸流程中需要重点关注的问题,提升学生的实践技能并增强学生的风险防范意识。

## 三、课程各章节的课程思政教学内容设计

### 第一章 贸易术语与国际贸易惯例

**专业教学目标**

本章主要讲述贸易术语与国际贸易惯例。贸易术语包括贸易术语的含义和作用、贸易术语的产生与发展;国际贸易惯例讲述国际贸易惯例及其性质和作用。通过学习,使学生明确贸易术语是在长期的国际贸易实践中产生和发展起来的专业用语,既表明价格构成,又说明货物交接过程中有关的风险、责任和费用划分。一些国际组织和权威机构为统一各国对贸易术语的理解,在习惯做法上加以编纂和整理,形成关于贸易术语的国际贸易惯例。

**【知识目标】**

1. 了解贸易术语的含义、作用、产生和发展,明确交货条件和商品价格密切相关。商品价格在贸易实践中通过运用贸易术语加以确定,贸易术语的使用直接关系合同当事人的切身利益。

2. 掌握与贸易术语有关的国际贸易惯例。明确与贸易术语有关的国际贸易惯例不同于法律,没有法律的强制约束力,是由当事人在意思自治的基础上采纳和运用,但国际贸易惯例在规范贸易行为、减少和解决贸易争端方面具有重要的作用。

**【能力目标】**

1. 培养学生正确认识国际贸易惯例在贸易实践中的规范作用,适当采用国际贸易惯例有助于外贸业务的展开。

2. 充分掌握国际贸易惯例知识,在外贸业务中避免和减少贸易争端,即使在发生争议时,通过引用贸易惯例,争取有利地位,从而减少不必要的损失。

**课程思政教学目标及实践**

**【育人目标】**

1. 职业规范与职业道德 通过讲述国际贸易惯例对合同当事人的约束力,使学生明确国际贸易惯例是以当事人的意思自治为基础的,一旦贸易双方同意采用某种国际贸易惯例,则会对贸易双方在履约、争议处理等环节产生约束力。

2. 拓展国际视野 通过讲述与贸易术语有关的国际贸易惯例《1932年牛津－华沙规则》《1990年美国对外贸易定义修订本》《国际贸易术语解释通则2000》《国际贸易术语解释通则2010》《国际贸易术语解释通则2020》,使学生明确在与来自不同国家和地区的外商进行交易磋商时,对方有权在合同中选择与己方不同的贸易惯例以及贸易术语,我方应尊重对方的选择,通过磋商达成对双方都有利的条件,实现"双赢"。

**【教学方式与方法】**

1. 自主预习:在超星学习通平台预习专业知识点,包括贸易术语与国际贸易惯例;线下自主阅读文献资料,撰写阅读笔记。

2. 课堂讲授:项目任务法讲授相关国际贸易术语与国际贸易惯例含义、作用、性质、产生与发展。

3. 课堂案例分析与讨论:根据教学案例"不同国家客户对贸易术语的不同理解"进行小组分析,学生将分析结果进行展示,教师点评总结。

**【课程思政教学实例】**

**案例材料:不同国家客户对贸易术语的不同理解**

(1)案例简介

中国某进出口公司与美国HKC公司谈成进口化工原材料1000公吨,价格条件为"FOB纽约每公吨

500美元",5月装运,5月20日装船。后公司到美国纽约港接货,却不见美方公司来交货,经中方催问,卖方认为FOB纽约只是在纽约城交货,而没有义务把货物装至港口船上。显然,双方对采用的FOB贸易术语的理解有分歧。

<small>资料来源:黎孝先,王健.国际贸易实务(第七版)[M].对外经贸大学出版社,2020(08):43.</small>

**(2)案例的思政元素**

①国际视野。案例中,显然中方是按照国际商会制订的《国际贸易术语解释通则2020》来履约的,认为FOB价格,卖方美国HKC公司应将货物交至美国装运港纽约港;而美国HKC公司则是按照《1990年美国对外贸易定义修订本》的FOB价格来履约的,认为只需将货物放在纽约城市任何一个角落即可完成交货,双方对贸易术语的理解产生分歧。通过案例分析使学生认识到与来自不同国家和地区的客户开展国际贸易,应具备国际视野,尊重理解对方的贸易惯例和商务习惯。

②职业素养。具备相应的职业素养与技能,在进行贸易前对国际市场进行调研并收集客户信息,熟知北美一些国家的客户在选择贸易术语时有时会遵循《1990年美国对外贸易定义修订本》。应在磋商中按照《1990年美国对外贸易定义修订本》对FOB的解释,在贸易术语FOB后边加上"VESSEL"就可以解决双方间的分歧,美方公司会将货物交至到纽约港。

**(3)教学手段**

①讲授:课程中"国际贸易术语与国际贸易惯例"的教学内容中引入案例。讲清《国际贸易术语解释通则2020》与《1990年美国对外贸易定义修订本》中对FOB价格的不同解释;然后结合案例找到双方在交货时交货地点产生差异的原因所在。

②讨论:针对本案例中方公司应在磋商时如何做到兼顾对方的贸易惯例。强调在与来自不同国家和地区的外商进行贸易时,在平等互利的基础上,应充分尊重对方的贸易惯例与商务习惯,用包容的心态去解决问题。

③学习测评:讨论结果现场点评,包括学生自评、互评、教师点评总结。

### 第二章 适用于各种运输方式的贸易术语

**专业教学目标**

通过本章学习,让学生了解有关国际贸易术语相关的国际惯例;了解EXW、FCA、CPT、CIP、DAP、DPU、DDP国际贸易术语的含义、写法和基本规定;掌握国际贸易术语2020通则的变化。

【知识目标】

1. 学生了解和应用7种适用于各种运输方式的贸易术语的风险、责任和费用的划分。

2. 掌握各贸易术语使用时应注意的问题。

【能力目标】

1. 培养学生将所学灵活应用于现实和具体案例。

2. 培养学生从具体的交易中如何使用各贸易术语带来的便利及可能引发的费用及风险的结构性思维以及运用国际视角观察事物的能力。

**课程思政教学目标及实践**

【育人目标】

1. 职业规范 诚实价格术语属于国际贸易惯例,惯例是准法律,没有强制执行机构,需要有关各方自觉遵守。诚信是通过自觉遵循惯例体现,没有了这,商务合作者无从信赖,因此,使学生明确较强的诚实和自律意识会在外贸业务中赢得更多的发展空间。

2. 职业规范 自律通过学习,培养学生具备良好遵守行业规则、商业伦理、保守商业秘密等意识,并能够在对外贸易实践中,结合国家、法律、文化等因素,给出合理的价格、数量方案。

3. 职业道德 诚实守信是国际贸易繁荣的基石。以国际贸易实践案例介绍诚实价值观的重要性。

【教学方式与方法】

1. 自主学习:线上学习相应慕课中的基础专业知识点,线下自主阅读文献资料,撰写心得体会。

2. 课堂讲授:讲授贸易术语的风险、费用及责任划分。在知识点"责任划分"中引入"国际贸易中,违反诚实信用原则的后果",在交易中,诚实的重要性,以及诚实作为各国重视的价值观。

3. 课堂展示与讨论:学生小组讨论"诚实"为什么是一个人做事的基本品质。并就其讨论的观点在课堂进行展示,交流。慕课资源、文献资源为翻转课堂提供支架小组讨论。

**【课程思政教学实例】**

**案例材料:国际贸易中违反诚实信用(Good faith)原则的后果**

(1)案例简介

在国际贸易中,一般来讲,诚实信用原则就是如实地提供相关信息,不存在欺诈。如果一方违反诚实信用原则,守约方可以主张所遭受的损失,包括利润损失。

2009年5月12日,原告YAM SENG与被告ITC签署合约,被告独家授权原告在中东、亚洲、非洲、澳大利亚等地销售品牌为"Manchester United"的相关产品。合约约定,原告在新加坡销售(特定区域)价格为最低的价格,但是被告并没有告知原告,其在新加坡有其他分销商,其价格比原告的价格低。合约签署后,原告进行了大量的市场宣传、推广,付出了巨大的成本。在得知被告在新加坡有其他分销商,且价格比原告的价格低时,原告与被告协商此事,被告告知其已经要求其他分销商提高价格,但是实际上其他分销商并未提高价格。最后双方协商无果后,原告将被告诉至法院,要求赔偿其损失,最后法院确认被告违反诚实信用原则,支持了原告的诉讼请求。

法院的理由如下:

尽管善意的概念在普通法管辖范围内得到了普及,但是英国传统上对履行合同中的诚实信用原则敌视的态度仍然存在,但该敌视态度却是错误的。

现在法律对合同的解释强调,合同订立时,必须告知相关含义的背景。签约双方应该诚实信用,在没有说明不诚实的情况下,合同各方假定为是诚实信用的。有一个默示条款,ITC不会故意提供虚假信息,因为这样的行为会明显侵犯诚实信用的基本预期。当ITC告知YAM SENG在新加坡国内的价格提高了的事实是不真实的时候,ITC就违反了诚实信用的义务。

需要注意的问题,在国际贸易中,尤其是在适用英国法的时候,越来越多的判例表明,违反诚信原则会被判为毁约,赔偿守约方巨额损失。

资料来源:王力.国际贸易中,违反诚实信用(Good faith)原则的后果.国际贸易法律,2020.3.17。

(2)案例的思政元素

诚实守信。本案例内容将贸易术语的风险、费用、责任的划分的教学内容相结合,将国际贸易的复杂性通过具体案例,让学生认识到遵守国际贸易惯例、在国际贸易的交易中国际贸易术语责任的划分,诚实守信等方面,做到案例分析与课程内容的呼应与融合,以此引发学生的深入思考。

(3)教学手段

①讲授:贸易术语的风险、费用及责任划分。在知识点"责任划分"中引入"国际贸易中,违反诚实信用原则的后果",在交易中,诚实的重要性,以及诚实作为各国重视的价值观,在交易中要坚守,并且要清楚,一旦失信或者"弄虚作假"可能造成的后果。

②讨论:"诚实"为什么是一个人做事的基本品质。慕课资源、文献资源为翻转课堂提供支架;课堂展示、师生思辨讨论实现课堂高阶性、高效性。

③学习测评:讨论结果现场点评,包括学生自评、互评、教师点评总结。

## 第三章 适用于水上运输方式的贸易术语

**专业教学目标**

通过本章学习,让学生了解有关国际贸易术语方面的国际惯例;FAS、FOB、CFR、CIF国际贸易术语的含义、写法和基本规定;掌握FOB、CFR、CIF主要国际贸易术语的风险、责任、义务划分及其相关问题。

**【知识目标】**

1. 学生理解和应用FOB、CFR、CIF贸易术语的风险、责任和费用的划分。
2. 掌握各贸易术语使用时应注意的问题。

**【能力目标】**

1. 培养学生将所学灵活应用于现实和具体案例。

2. 培养学生从具体的交易中如何使用各贸易术语带来的便利及可能引发的费用及风险的结构性思维以及运用国际视角观察事物的能力。

**课程思政教学目标及实践**
**【育人目标】**

1. 重视商业规则　一是利益视野。一个国际贸易问题的盈利和风险问题,是国际贸易业者的基本考量。但这远远不够,必须要关注外在力量对利益的影响,不理解宏观,就无法保障国际贸易利益。二是商业视野。从商业规则和商业势力的角度,看待国际贸易问题。

2. 全球化思维　为了在国际市场上成功进行商业运作,学生必须了解跨国文化和传统文化的差异性,以及这种差异性会如何影响商业运作。当一个企业要进入国外市场时,它所面临的环境以及需要运用的商业策略都会变得复杂。

3. 职业规范与职业道德　通过国际贸易实务的学习,学生可以提高对一个国家的政治政策和经济实践相互关联性的认识、可以通过适当的沟通策略改善国际业务关系、可以了解全球商业环境,即文化、政治、法律、经济和道德体系的相互关系、可以探索国际金融、管理、营销和贸易关系的基本概念。

**【教学方式与方法】**
1. 自主学习:线上学习相应慕课中的基础专业知识点,线下自主阅读文献资料,撰写心得体会。
2. 课堂讲授:讲授贸易术语的风险、费用及责任划分。在知识点"风险"中引入"国际贸易的复杂性,对知识结构及从业人员素质要求高的必要性,以及要以全球化的视角来思考的特点"。
3. 课堂展示与讨论:学生展示并根据——如何形成国际化视角以及其对思维的影响,进行小组讨论。慕课资源、文献资源为翻转课堂提供支架;课堂展示、师生思辨讨论实现课堂高阶性、高效性。

**【课程思政教学实例】**
**案例材料:因缺乏地理知识轻易接受 CFR 内松森价遭致损失的启示**
(1)案例简介

一家南美商人向一家中国出口公司按 CFR 亚松森价(亚松森)向某商品下了订单。为了开拓新市场,该出口公司立即以 CFR 亚松森价向国外报盘,交易很快就达成了。然而,在运输货物时,该公司才发现亚松森是一个内陆城市。在这种情况下,如果公司要把货物运到亚松森,它首先必须把货物通过海运运到阿根廷或其他南美邻国的一个海港。之后,货物可能通过河流运输或内陆运输到亚松森。结果,这家公司不得不支付一笔可观的运费。我们能从这个案例中学到什么?

在这种情况下,损失只是由于出口商人的无知而造成的。我们从这个案例中学到的是,当我们在国外报价时,我们必须精确计算总运费和其他相关费用。最重要的是,学习地理知识对每个出口商人都是非常有益的。

资料来源:根据外贸业务人员曾经发生过的真实案例由教师编写。

(2)案例的思政元素

职业素养。本案例内容将"因缺乏地理知识轻易接受 CFR 内松森价遭致损失的案例"的教学内容相结合,强调国际贸易的复杂性,以及对从业人员知识结构等综合素质要求高等特点与课程内容的呼应与融合,以此引发学生的深入思考。

(3)教学手段

①讲授:贸易术语的风险、费用及责任划分。在知识点"风险"中引入"国际贸易的复杂性,对知识结构及从业人员素质要求高的必要性,以及要以全球化的视角来思考的特点",让学生理解为了在国际市场上成功进行商业运作,学生必须了解跨国文化和传统文化的差异性,以及这种差异性会如何影响商业运作。当一个企业要进入国外市场时,它所面临的环境以及需要运用的商业策略都会变得复杂。

②讨论:如何形成国际化视角以及其对思维的影响。慕课资源、文献资源为翻转课堂提供支架;课堂展示、师生思辨讨论实现课堂高阶性、高效性。

③学习测评:讨论结果现场点评,包括学生自评、互评、教师点评总结。

### 第四章　合同的主体与标的

**专业教学目标**

通过本章学习,让学生掌握国际贸易中商品品质、数量、包装条款的基本内容,规定商品品质、数量、包装条款时的注意事项;掌握合同中有关商品品质、数量、包装条款的写作技巧、运输标志及定牌生产和中性包装等问题。

**【知识目标】**

1. 理解商品的名称及其命名方式;理解商品质量的含义、重要性、基本要求,灵活运用商品质量的规定方法,能够用英语准确表达合同中质量条款。

2. 记忆和理解数量条款在合同中的重要性;理解重量的计算方法、度量衡制度、计量单位;理解和应用数量条款和数量的机动幅度条款。

3. 理解包装条款在合同中的重要性;理解和应用运输包装;理解销售包装的种类、文字说明、条码标志;理解定牌、无牌和中性包装;分析应用合同中的包装条款。

**【能力目标】**

1. 培养学生具备法律意识和规则意识,在规则允许的范围内诚信经营,树立大局意识和国际视野,利用专业知识开拓市场、开展国际市场营销和国际贸易。将所学灵活应用于现实和具体案例。

2. 结合我国国际贸易的发展现状,客观认识差距,肯定取得的成绩,激励学生脚踏实地、积极创新以及运用国际视角观察事物的能力。

**课程思政教学目标及实践**

**【育人目标】**

1. 遵守规则诚实守信　在《国际贸易实务》课程中诚实守信贯穿于进出口交易的全过程,如商品的品质是否符合双方的合同要求、产品的等级是否符合国际标准、商品的数量方面是否存在缺斤短两、产品的包装是否符合环保的要求、出口商有没有和议付行勾结进行诈骗、有没有和船公司合伙开具虚假提单、在合同签订的时候有没有设置陷阱条框等方面。在《国际贸易实务》课程的授课中,可以通过不诚信带来的负面影响典型案例,来教育学生做人、做事要诚信,不诚信可以一时获利但不久远,从业务发展的长远来看是不可取的。

2. 坚韧不拔的品质　国际贸易相对国内贸易而言,具有更大的风险性和复杂性,外贸人员在从事此项工作的时候既要面对从了解熟悉产品、开发客户、合同签订、订舱、发货、交单、到结汇等烦琐流程,又要认真、细心地保证每一环节不出错,在学生培养时需要锻炼学生抗压、耐挫的能力。学生必须了解跨国文化和传统文化的差异性,以及这种差异性会如何影响商业运作。当一个企业要进入国外市场时,它所面临的环境以及需要运用的商业策略都会变得复杂。

3. 职业规范与职业道德　由于贸易对象地域性的不同,在交易的过程中买卖双方更愿意采用银行信用的信用证作为结算方式,而"单单一致、单证一致"是信用证下银行付款的条件,信用要求单据的一致性,外贸工作者就必须在缮制外贸单据的时候做到正确、认真、简洁、完整、及时,单据上一个多写一个单词、少写一个单词甚至是一个字母都有可能造成单据不符,遭到银行的拒付。这就要求将来要从事外贸业务的学生,在日常的学习中养成精益求精,字斟句酌的工匠精神。由于该部分内容在理论学习中的难度不是很大关键是细节的把握,因此老师在授课中,可以将国际贸易实务该部分内容给学生列个提纲,通过翻转课堂的形式,让同学之间相互讲解—发现错误—不断完善—形成工匠精神。

**【教学方式与方法】**

1. 自主学习:线上学习相应慕课中的基础专业知识点,线下自主阅读文献资料,撰写心得体会。

2. 课堂讲授:讲授国际贸易中商品品质、数量、包装条款的基本内容,规定商品品质、数量、包装条款时的注意事项。

3. 课堂展示与讨论:学生展示并根据"信守承诺,诚实守信保证商品品质对于商誉的重要性"等话题,小组讨论。

**【课程思政教学实例】**

**案例材料:国际贸易中虚假承诺(misrepresentation)可怕的后果**

(1)案例简介

在国际贸易中,每一方都应该对自己的承诺承担责任,如果一方虚假承诺(误述),导致另一方因相信其承诺,而与之签署合约,守约方可以向虚假承诺方主张所有损失,不论在签署合约时是否可以预见,包括直接损失、任何的间接损失。

2009年5月12日,原告YAM SENG与被告ITC签署合约,被告独家授权原告在中东、亚洲、非洲、澳大利亚等地销售品牌为"Manchester United"的相关产品。在签署合约时,被告并没有获得生产、销售品牌为"Manchester United"的相关产品的授权。合约签署后,双方在价格、产品供应等方面产生分歧,最终,原告终止合约,主张被告违约,其中一项主张为,被告虚假陈述,导致其签署合约,要求被告赔偿其虚假陈述而导致原告的相关损失共计339353美元(已经销售的货物的购买成本+运费+代理费+市场宣传费-销售货物总额),最后法院支持了原告的诉讼请求。

法院的理由如下:

因欺诈性误述与他人签署合约,遭受损失的由误述方承担责任;如果误述方不能证明其有合理的理由认为该陈述是真实的,虽然误述不是欺诈性的,误述方仍然承担责任。在欺诈性误述下,原告可以主张所有的直接损失(不管签订合约时是否预见到)及所有的间接损失。

需要注意的问题,在国际贸易中,尤其是在大额的交易中,合约往往适用英国法,英国法对误述的态度是严厉的,具有惩罚的性质。再加上我们中国人以往的观念中,认为一些不实的陈述不影响合同的大局或本质,这样的看法在合约正常履行时往往没有什么作用,但是一旦价格有波动,就成为对方解除合约的充分理由,并且还要赔偿对方漫无边际的赔偿要求。在此特别强调,英国法对虚假陈述的态度是:赔偿所有的直接损失和所有的间接损失,没有限制,全凭法官裁决,多么可怕,谨记。

资料来源:王力.国际贸易中,虚假承诺(misrepresentation)的可怕的后果.国际贸易法律,2020-3-17。

(2)案例的思政元素

法治观念与诚信意识。本内容将"国际贸易中,虚假承诺(misrepresentation)可怕的后果"的教学内容相结合,交易的主体-商品诚实守信通过讲解在对外贸易中严格按照合同保证商品质量、数量和包装要求,培养学生的诚信意识等与课程内容的呼应与融合,以此引发学生的深入思考。

(3)教学手段

①讲授:国际贸易中商品品质、数量、包装条款的基本内容,规定商品品质、数量、包装条款时的注意事项,让学生理解为了在国际市场上成功进行商业运作,学生必须了解跨国文化和传统文化的差异性,以及这种差异性会如何影响商业运作。当一个企业要进入国外市场时,它所面临的环境以及需要运用的商业策略都会变得复杂。

②讨论:信守承诺,诚实守信保证商品品质对于商誉的重要性。慕课资源、文献资源为翻转课堂提供支架;课堂展示、师生思辨讨论实现课堂高阶性、高效性。

③学习测评:讨论结果现场点评,包括学生自评、互评、教师点评总结。

### 第五章 国际货物运输

**专业教学目标**

通过对本章的学习,要求学生掌握国际货物运输的主要方式特别是海洋运输的相关知识。熟悉国际贸易运输单据的特点,掌握海运提单的种类和作用。掌握国际货物运输合同中装运条款的规定。

【知识目标】

1. 了解国际货物运输常用的运输方式,理解各种运输方式的优缺点。
2. 熟悉进出口合同中装运条款的内容。
3. 掌握运费计算的具体方法。
4. 了解各种运输单据,掌握海运提单的相关知识。

【能力目标】

1. 培养学生将本章所学理论灵活运用于现实和具体案例的能力。
2. 培养学生能根据具体业务情况,选用合适的国际运输方式。
3. 培养学生学会正确计算运费,并订立进出口合同的装运条款。
4. 培养学生能够缮制或审核海运提单。

**课程思政教学目标及实践**

【育人目标】

1. 政治认同　随着中欧班列的运行、中越北仑河公路二桥建成通车、中俄天然气管道局部通气;中缅、中巴、中吉、中俄跨境光缆信息通道建设的明显进展,中国与国际间的货物贸易运输设施建设取得显著成就,经济贸易往来活动日益活跃。让学生认识并体会到在经济全球化不断加强的今天,中国为推动世界经济新格局注入新的活力,这也是中国向世界经济提交的中国方案、中国道路和中国智慧。

2. 社会主义核心价值观　在当前我国构建以国内大循环为主体的双循环新发展格局的关键时期,中欧班列的发展是加快实施创新驱动发展战略的重要体现,也是我国科技实力处于从量的积累向质的飞跃、点的突破向系统能力提升的重要时期的体现,将学生的个人价值与国家科技创新、"一带一路"发展战略相结合,引导学生树立社会主义核心价值观。

【教学方式与方法】

1. 自主学习:线上自主学习学习通在线平台中与国际货物运输基本知识点和理论相关的阅读文献和视频材料,撰写阅读笔记或思维导图。

2. 课堂讲授:讲授国际货物运输相关理论的主要观点或内容、政策启示与建议等。

3. 课堂讨论:引入教学案例,引导学生结合本章知识点进行小组讨论和互评,根据教学素材整理分析报告等。

【课程思政教学实例】

**案例材料:"长安号"中欧班列**

(1)案例简介

2021年4月13日上午,中欧班列长安号跨里海、黑海班列,满载着42个柜子的运动器材、服装、床品等货品从西安国际港始发,经霍尔果斯口岸出境,途经哈萨克斯坦、阿塞拜疆、罗马尼亚、匈牙利、斯洛伐克、捷克最终到达德国曼海姆,全程11300公里。

该线路是长安号继经土耳其到欧洲的线路之后,西安港推出的又一条经南线通道去往欧洲的新线路。班列跨两海(里海、黑海),采用铁海铁多式联运,能够有效辐射中东欧多国,将成为中国与中东欧、欧洲新的黄金贸易通道。

2021年西安中欧班列全年开行达到3841列,占全国中欧班列开行总量的四分之一,目前从西安港始发的中欧班列长安号,已常态化开行了16条主干线,覆盖"一带一路"沿线45个国家和地区,成为了运输时效最快、线路辐射最广、服务效率最高、综合成本最低、带动作用最大的"五最班列"。从西安国际港站始发的西安中欧班列国际线路基本实现中亚、南亚、西亚及欧洲地区主要货源地全覆盖。西安中欧班列的开行量、重箱率、货运量等核心指标位列稳居全国前列,初步构建了内陆地区效率高、成本低、服务优的国际贸易通道。

资料来源:澎湃政务"中欧班列长安号开通跨里海、黑海班列"2022-04-15。

(2)案例的思政元素

①实现政治认同。中欧班列开通打破了美国为首的西方国家对海上重要贸易通道的把控,在陆上开通新贸易征程,不仅让中国经济更好地独立发展,也与世界其他国家不断加强经贸往来,实现互惠互利的经济贸易格局,带动沿线其他国家经济的独立和发展。

②爱国情怀。中欧班列作为深化中国与"一带一路"沿线国家互联互通和贸易畅通的重要载体,成为"一带一路"建设的重要成果之一。引导学生多角度、多维度地解读问题,激发求知欲,培养学生的大国人文精神。

(3)教学手段

①讲授:在讲授国际货物运输第一节各种运输方式的基本概念及特点,引入案例分析,指出随着"一带一路"政策的不断推进,沿线国家的运输方式已经从过去的传统运输方式向更多的运输方式转变。

②讨论:分析中欧班列的国家政策支持、推动和快速发展的原因。云端课程资源和文献资料为学生参与式讨论提供条件,通过课前查阅背景资料、课堂思辨讨论和教师总结,实现课堂过程的互动参与,通过实现学生知识、能力和素养的全面提升。

③学习评测:小组讨论自评、互评,教师点评。

## 第六章 国际货物运输保险

**专业教学目标**

通过本章的学习,要求学生了解保险的基本原则,掌握国际海上运输保险承保范围的内容,熟悉我国海陆空运输货物保险的险别,了解伦敦保险业协会海运货物条款,学会操作货运保险基本业务以及订立买卖合同的保险条款。要求学生在掌握基本理论知识和提升专业技能的基础上,树立保险诚信意识。

**【知识目标】**

1. 掌握国际货物保险的保障范围。
2. 掌握 CIC 条款中海运货物保险的基本险别。
3. 保险金额的确定和保险费的计算。
4. 合同中的保险条款。

**【能力目标】**

1. 培养学生运用本章所学理论灵活分析具体案例和解决现实问题的能力。
2. 培养学生进行国际货运保险基本业务操作以及订立买卖合同中保险条款的能力。

**课程思政教学目标及实践**

**【育人目标】**

1. 树立法律观念  通过讲授国际货物保险的基本原则——合法原则、保险利益原则、最大诚信原则、近因原则和补偿原则,让学生讲诚信,知法、懂法和守法,树立牢固的法治观念。

2. 职业规范和职业道德  通过本章内容学习,使学生掌握国际货物运输保险的基本知识,了解国际货物运输风险的客观存在及其可能造成严重性,能够把保险基础理论和保险法基本制度有机结合起来,熟悉并掌握降低风险造成的损失的方法,具备开展国际货物运输保险等相关业务的职业规范和职业道德。

**【教学方式与方法】**

1. 自主学习:线上自主学习云端在线平台中与国际货物运输保险基本知识点相关的阅读文献和视频材料,撰写阅读笔记或思维导图。
2. 课堂讲授:讲授国际货物运输保险主要知识点和相关理论以及政策启示与建议等。
3. 课堂讨论:云端课程资源和文献资料为学生参与式讨论提供条件,通过课前查阅背景资料、课堂讨论和教师总结,实现课堂过程的互动参与,通过实现学生知识、能力和素养的全面提升。

**【课程思政教学实例】**

**案例材料:国际货物运输保险之最大诚信原则**

(1)案例简介

2019 年 7 月 16 日,江苏外企公司作为买方,与法国 S 公司达成进口木材 1 万立方米的贸易协议。2019 年 10 月 14 日,江苏外企公司以传真方式向保险公司发出 3 份投保书,要求保险公司为上述运输的木材出具如下内容保险单保户名称为江苏外企公司,运输工具名称为"SANAGA",开航日期为 2019 年 9 月 12 日,保险条件为一切险,保险单签发日期倒签为 2019 年 9 月 12 日。2019 年 10 月 18 日,保险公司制作出日期倒签为 9 月 12 日的 3 份保险单并载明了(保证 2019 年 10 月 14 日之前无已知或被报道(报告)的损失)的保证条款。2019 年 10 月 21 日,法国 S 公司向江苏外企公司发出传真,称载货船受损。建议江苏外企公司通知保险公司。2019 年 10 月 22 日,S 公司向江苏外企公司转发了涉案货物承运人的传真,其中表明载货船已于 2019 年 10 月 14 日在距南非德班港 750 海里处遇强烈暴风雨沉没,货物全损。11 月 8 日,江苏外企公司向保险公司报案并要求理赔。2019 年 12 月 30 日和 2020 年 2 月 21 日、4 月 12 日,保险公司三次致函江苏外企公司,以江苏外企公司违反保险单正面载明的保证条款、未依最大诚信原则披露真实情况为由,宣布自己有权废止和终止保险合同,拒绝向江苏外企公司支付保险赔款。

随着保险鉴定工作开展及对本案情况的了解,投保 2019 年 9 月 24 日,发货人 S 公司将涉案货物的 2 份装货单副本提交给江苏外企公司;同年 10 月 12 日,S 公司收到承运人 SETRAMAR 的传真,获悉载货船"SANAGA"已因大量进水而于 2019 年 10 月 11 日被船员放弃。2019 年 10 月 14 日法国当地时间 13 时 38 分,S 公司向江苏外企公司发送了来自承运人关于货损的 2 份传真副本。江苏外企公司承认收到了 S 公司发来的传真,但称由于中国与法国有 7 个小时的时差,江苏外企公司收到该传真的时间应当是 2019 年

10月14日20点38分,此时江苏外企公司已经向保险公司投过保,说明江苏外企公司在投保时不知道载货船舶发生了海难。为此江苏外企公司向上海海事法院提起诉讼,请求判令保险公司支付保险赔偿金1,248,452.29美元及利息损失。最终法院以江苏外企公司未遵循最大诚信原则,向保险人如实告知其知道或者和应当知道的、可能影响保险人做出是否承保与是否增加保险费决定的重要情况。判定保险公司可以宣布保险合同无效。

资料来源:《中华人民共和国最高人民法院公报》江苏外企公司诉上海丰泰保险公司海上货物运输保险合同纠纷一审案。

**(2)案例的思政元素**

诚信意识和法律意识。保险合同的订立应遵循最大诚信原则。被保险人在发出要约、接受新的要约、做出承诺的整个过程中,都应依据最大诚信原则,向保险人如实告知其知道或者在通常业务中应当知道的、可能影响保险人做出是否承保与是否增加保险费决定的任何重要情况。江苏外企公司以其投保时不知道发生货损为由,否认自己有如实告知这一情况的义务,并未遵守最大诚信原则,最终导致保险公司拒赔。结合本案例引导学生树立牢固的法律意识,懂法、知法、守法。同时引导学生建立诚信意识和正确的职业规则和道德规范。

**(3)教学手段**

①讲授:针对课程中的国际货物运输保险中的基本原则,分析最大诚信原则的内涵及在国际货物运输保险业务中的实际运用。

②讨论:讨论最大诚信原则在国际货物运输保险实际业务中的重要性及保险人、投保人等行为主体行为的约束和规范作用。

③学习评测:小组讨论自评、互评,教师点评。

## 第七章　进出口商品的价格

**专业教学目标**

通过本章的学习要求学生掌握进出口商品作价的原则和方法,能够正确进行价格换算,核算出口商品成本,订立国际货物买卖合同中的价格条款,并将平等合作、公平竞争的社会主义核心价值观植入学生的学习和对知识的领会应用中。引导学生注重培养求真务实的科学精神和认真细致、专业专注的职业素质和优良品质。

**【知识目标】**

1. 正确表达商品的单价和订立国际货物买卖合同中的价格条款。
2. 佣金和折扣的正确表达与计算。
3. 出口商品成本核算。
4. 不同价格之间的换算。

**【能力目标】**

1. 培养学生正确表达商品的单价和订立国际货物买卖合同中的价格条款的技能。
2. 培养学生熟练掌握佣金和折扣的表达与计算,进行出口商品成本核算和不同价格之间的换算等相关专业技能。

**课程思政教学目标及实践**

**【育人目标】**

1. **社会主义核心价值观**　我国进出口商品的作价原则是在贯彻平等互利的原则下,根据国际市场价格水平,结合国别(地区)政策,并按照我们的购销意图确定适当的价格。将平等合作、公平竞争的社会主义核心价值观植入学生的学习和对知识的领会应用中。

2. **科学精神**　结合本章知识点,在培养学生掌握进出口商品成本核算、订立买卖合同中的价格条款等专业技能的基础上。培养学生正确核算商品成本,合理规避风险等求真务实的科学精神。

3. **职业规范和职业道德**　正确核算和计算出口商品成本,佣金和折扣及不同价格之间的换算,引导学生注重培养对外贸易从业人员做事认真细致、专业专注的职业素质和优良品质,从小事做起,脚踏实地,养成良好的生活和学习习惯。

【教学方式与方法】
1. 自主学习:线上自主学习云端在线平台中与进出口商品价格基本知识点相关的阅读文献和视频材料,撰写阅读笔记或思维导图。
2. 课堂讲授:讲授进出口商品价格主要知识点和相关理论以及政策启示与建议等。
3. 课堂讨论:云端课程资源和文献资料为学生参与式讨论提供条件,通过课前查阅背景资料、课堂讨论和教师总结,实现课堂过程的互动参与,通过实现学生知识、能力和素养的全面提升。

【课程思政教学实例】
案例材料:错付佣金案例
(1)案例简介
中国某公司(卖方)曾向西欧某中间商(买方)出售一批货物,合同规定佣金为5%。卖方按合同规定将货物装运出口后,收到了买方全部货款。卖方经办人员竟误将全部货款当作佣金开具佣金传票,以便公司财会人员向中国银行开立汇票,该传票虽然先后经过另一名业务人员和科领导复核,但均未发现错误。中国银行开立汇票时觉得金额过大怀疑有差错。于是中国银行按原货款金额向国外中间商开出了支付佣金的汇票。外商收到该汇票时,吃惊地发现金额过大,实属错汇,乃将原汇票退回。

资料来源:黎孝先,王健.国际贸易实务[M].北京:对外经济贸易大学出版社.2020.08.

(2)案例的思政元素
职业规范和职业道德。该公司经办人员复核人员工作粗枝大叶,责任心差,特别是该公司财会人员和中国银行工作人员提出质疑后,复核人员还一再坚持并无差错,幸亏中间商非常诚实,这件事尚未酿成太大经济损失,但对外却造成不良影响。结合本案例让学生认识到国际贸易实际业务中专业、细致、认真等专业素养的重要性,教导学生注重培养对外贸易从业人员必须具备的专业素质和素养。

(3)教学手段
①讲授:进出口商品成本核算及佣金折扣的计算。
②讨论:讨论分析对外贸易从业人员应具备什么样的专业素质和优良品质。
③学习评测:小组讨论自评、互评,教师点评。

## 第八章 国际货款的收付

**专业教学目标**

本章主要讲述票据以及票据的种类、汇付与托收、信用证付款、银行保函与备用信用证。通过讲授,使学生了解国际货款的收付,要比国内货款结算复杂,国际货款的收付要考虑货款结算的货币、结算的方式,还要充分考虑不同国家的法律、国际惯例与银行的习惯。我国对外贸易货款的收付,主要涉及支付票据、支付时间、地点及支付方式,在贸易双方进行交易磋商时,都会力争约定对己方有利的支付条件。

【知识目标】
1. 了解票据可以代替现金作为流通手段和支付手段进行国际间债权债务的结算,掌握汇票、本票、支票等的含义与内容、种类、使用。
2. 掌握汇付和托收两种商业信用的结算方式。汇付和托收的含义、当事人、种类、特点。
3. 掌握作为银行信用结算的信用证的含义、特点、作用、当事人、主要内容、开立形式、种类、流转程序。
4. 掌握银行保函与备用信用证的含义、性质、类别、有关当事人、内容。

【能力目标】
1. 培养学生能够在进行国际货物买卖合同磋商时,充分考虑收付款的安全、汇率变动的风险、对资金周转的影响、利息和费用负担等因素,并结合成交价格的高低和自身购销意图,在权衡利弊的基础上,合理地约定有利的支付条件。
2. 培养学生能够在国际贸易实践中按照国际结算惯例做好货款的收付工作,以利合同的顺利履行,维护己方公司的正当权益。
3. 培养学生在涉及支付条款磋商以及合同履约中,要熟悉各种支付方式的运用和风险控制,具备风险防范意识。

**课程思政教学目标及实践**

**【育人目标】**

1. 职业道德与法治观念　信用证遵循共识的国际惯例,在开立、通知、审单等方面都有相应的规定,是较为安全的结算方式之一;但其并不是用于防范欺诈的工具。为实现安全收汇,还需要依赖相互诚信和真实的贸易背景,在贸易实践中,进口方会恶意伪造信用证,诈骗出口货物,所以卖方受益人应注意防范。同时,我方如果是买方申请人,应切实遵循职业道德,诚信待人。随着我国全球化战略向纵深推进,面对日益复杂的国际贸易环境,应完善涉及国际贸易的法律法规,有意识地培养具备这方面专业知识的涉外人才,以应对各种贸易纠纷,为我国企业和银行扬帆出海保驾护航。

2. 职业素养　在国际贸易中,货款的收付直接影响双方的资金周转和融通,还会涉及各种金融风险与费用的负担,直接关系到企业的利益得失。

3. 国际视野　在我国出口业务中,为加强对外竞争能力和扩大出口,可针对不同商品、不同贸易对象和不同国家与地区的习惯,适当和慎重地使用支付方式,例如托收方式,注意防范托收风险。需要了解进口国家的商业惯例,以免由于当地的习惯做法,影响安全收汇,尤其是拉美国家的银行,按照当地的法律和习惯,把D/P改成D/A处理,会增加出口商收汇的风险,有可能引起争议和纠纷。

**【教学方式与方法】**

1. 自主预习:在超星学习通平台预习专业知识点,包括结算工具与结算方式的主要内容;线下阅读文献资料"解构信用证欺诈案例"。

2. 课堂讲授:项目任务法讲授相关票据与国际货款的收付,包括各种支付方式的含义、性质、类别、有关当事人、内容。

3. 课堂案例分析与讨论:根据教学案例"汇付结算的风险"进行小组讨论,学生展示案例讨论结果,教师点评总结。

**【课程思政教学实例】**

**案例材料:汇付结算的风险**

(1) 案例简介

浙江宁波某生产企业出口货物到巴基斯坦,采用汇付方式。应客人的要求,提单做成了记名提单。货到目的港,客人迟迟不付款。出口企业当时同意做成记名提单,是因为考虑到巴基斯坦没有第二家客户,货物不可能在目的港自己转卖给别的客人,只能运回国内。但不曾想到,由于巴基斯坦国家的海关政策规定,货物退回必须要征求原收货人同意并办理一定手续后才能退回。因此,该出口企业必须联系客户,要求付款或者同意退回货物。该客户提出收取货物的唯一条件是出口商必须限期同意降价40%。在衡量一切费用和损失后,该出口企业被迫同意了客户的要求。

资料来源:黎孝先,王健.国际贸易实务(第七版)[M].对外经贸大学出版社,2020(08):175.

(2) 案例的思政元素

①国际视野。让学生通过分析案例具有国际视野,全面认识到贸易磋商前对客户所在国家的海关政策、客户资信进行充分调研的重要性,并重点厘清"记名提单+汇付"所带来的贸易后果。

②风险意识。通过该案例,旨在明确汇付作为商业信用的风险,培养学生的专业技能,培养学生养成善于发现问题、汲取教训的职业素养,避免类似案件再次发生。

(3) 教学手段

①讲授:在课程"汇付"支付方式的教学内容中引入案例。讲授汇付方式在国际贸易中的使用情况及其特点;然后结合案例让学生分析我国出口企业被迫接受巴基斯坦客户要求的原因。强调记名提单的被动性与巴基斯坦海关政策的特殊性。

②讨论:针对本案例中方公司降价40%给企业带来损失,失误何在?进行分小组讨论。

③学习测评:讨论结果现场点评,包括学生自评、互评、教师点评总结。

# 第九章　进出口商品检验

**专业教学目标**

本章通过课堂教学,使学生理解与检验检疫相关的基本概念,掌握国际贸易中商品检验时间和地点的种类;了解各种检验标准和检验机构,熟悉国际商品检验内容;并深刻体会"关检合一""单一窗口"对国际贸易便利化产生的意义与影响。

**【知识目标】**

1. 了解商品检验的重要性。使学生明确进出口商品检验是国际货物买卖中不可缺少的重要环节,做好进出口商品检验工作并在国际货物买卖中约定好商品检验条款,对于进出口交易的履约有着重要的意义。

2. 掌握进出口商品检验的时间和地点。使学生明确"在出口国检验、进口国复验"兼顾了买卖双方的利益,较为公平合理,是国际货物买卖中最常见的一种规定检验时间和地点的方法,也是我国进出口业务中最常用的一种方法。

3. 了解检验机构、检验证书的种类与作用、检验标准。使学生明确国际上商品检验机构的类型与我国的商品检验机构(海关总署主管全国进出口商检工作;海关总署设在省、自治区、直辖市及进出口商品的口岸、集散地的出入境检验检疫机构负责地区的进出口商品检验工作)。

4. 掌握我国进出口商品检验法。使学生明确我国的进出口商品检验法可规范进出口商品检验行为,并维护社会公共利益、维护进出口贸易有关各方的合法权益,可以促进我国对外经济贸易关系的顺利发展。

**【能力目标】**

1. 学生通过学习,能够规定商品检验的时间和地点。能够与外商进行合同磋商确定检验条款时,通过规定检验时间和地点,确定何方对进出口货物行使检验权,确定检验结果以何方提供的检验证书为准,从而对检验内容具有最后评定的权利。

2. 能够制定国际货物合同中检验条款。商品检验直接关系到买卖双方在交接货方面的权利和义务,学生通过学习,应能够本着公平合理的原则,按照法律法规制定买卖合同中的商品检验条款,以利于在履行合同时,一旦发生交货品质争议时能够有据可依。

3. 能够深刻体会"关检合一""单一窗口"对国际贸易便利化的意义与影响。

**课程思政教学目标及实践**

**【育人目标】**

1. **政治认同**　2018年3月17日,第十三届全国人民代表大会第一次会议通过《关于国务院机构改革方案的决定》,明确将出入境检验检疫管理职责和队伍划入海关总署。通过学习"关检合一""单一窗口"制度,使学生能够认识到关检融合改革对建设中国特色社会主义新海关,完善我国跨境贸易营商环境,营造更便利与安全的国际贸易氛围,实现通关更高效、监管更严密及服务更优质等目标具有重要意义。

2. **法治观念**　通过学习我国现行的进出口商品检验法,使学生熟知进出口贸易方需要按照《商检法》的规定,凡必须经商检机构检验的进口商品未报经检验而擅自销售或使用的,或是将必须经商检机构检验的出口商品未经检验合格而擅自出口的,将由商检机构没收违法所得并处以罚款,构成犯罪的,将依法追究刑事责任。

3. **职业素养**　使学生明确进出口商品检验是国际货物买卖中不可缺少的重要环节,做好进出口商品检验工作并在国际货物买卖中约定好商品检验条款,对于进出口交易的履约有着重要的意义。

**【教学方式与方法】**

1. **自主预习**:在超星学习通平台预习专业知识点,包括进出口商品检验的主要内容;线下阅读文献资料"关检合一改革落地,新海关迈入新时代",撰写阅读笔记。

2. **课堂讲授**:项目任务法讲授检验检疫的基本概念,商品检验时间和地点的种类;各种检验标准和检验机构,国际商品检验内容,我国现行的进出口商品检验法;讨论"关检合一""单一窗口"对国际贸易便利化产生的意义与影响。

3. **课堂案例分析与讨论**:根据教学案例"先放后检提效稳链"进行小组讨论,学生展示讨论结果,教师点评总结。

**【课程思政教学实例】**
**案例材料:"先放后检"提效稳链**
(1)案例简介

(2021年8月6日)本报讯 近日,满载13.8万吨进口原油的货轮"亚马逊号"靠泊天津港南疆港区30号原油码头,天津海关查验关员第一时间登轮开展信息核查及取样等查验工作,全程仅用时2小时。企业随即着手开展卸货、转运工作。在传统验放模式下,进口原油入境,需先取样送到专业实验室进行检测,实验周期约3天,待拿到合格的检测报告之后,企业才能进行卸货作业。根据海关总署2020年第110号公告,自2020年10月1日起,海关对进口原油检验监管方式进行调整,新的监管模式下企业只需要等待海关查验完成后即可开始卸货。"自从实施进口原油'先放后检'新模式以来,商品经现场查验符合标准后企业即可开展卸货、转运工作,将企业运输原油和实验室检测由'串联'变成'并联',大幅度提高了通关效率,有效稳定了炼化企业生产原料供应链。"天津海关查验关员这样介绍。天津港地处渤海入海口,背靠雄安新区,辐射东北、华北、西北等内陆腹地,周边炼化企业分布繁多,承担着天津石化、燕山石化等多个大型京津冀炼化企业的生产原料的稳定供给。今年以来,炼化企业加足马力开展成品油生产,产能逐渐恢复,国内原油需求持续增长。数据显示,今年1—6月,天津海关验放进口原油132批次、约1200万吨,重量与去年同期相比增长9.2%。

资料来源:吴芸."先放后检"提效稳链[N].中国国门时报,2021-08-06.

(2)案例的思政元素

①政治认同。案例主要阐述我国"关检融合"制度,让学生切身看到我国新海关的发展趋势,即新海关要优化职能配置,提高通关效率,对标国际最高标准,打造先进的、最具国际竞争力的海关监管体制机制。

② 社会主义制度的优越性。通过案例分析讨论,使学生能够意识到:2018年,国务院要求将出入境检验检疫管理职责和队伍并入海关总署,并明确管理机构和管理职责深度融合、有机融合、合二为一。该项改革符合国际通行做法,对建设中国特色社会主义新海关,完善我国跨境贸易营商环境,营造更便利与安全的国际贸易氛围,实现通关更高效、监管更严密及服务更优质等目标具有重要意义。

(3)教学手段

①讲授:在课程"检验机构"的教学内容中引入案例,讲述案例背景,即"关检合一"制度实施后大大提升了通关效率。结合案例概括:在天津港,海关对进口原油检验监管方式进行了调整,在新的监管模式下企业只需要等待海关查验完成后即可开始卸货,天津海关验放进口原油132批次、约1200万吨,重量与去年同期相比增长9.2%。

②讨论:针对本案例中的天津港通关效率大大提高,让学生结合WTO组织的《贸易便利化协定》议定书、世界海关组织的《全球贸易安全与便利标准框架》对成员国的要求,分析我国"关检合一"制度改革的现实意义与改革的未来走向。

③学习测评:讨论结果现场点评,包括学生自评、互评、教师点评总结。


### 第十章 争议的预防与处理

**专业教学目标**

为了预防或减少贸易纠纷和依约处理合同争议,在国际货物买卖合同中,有必要事先约定异议和索赔条款、违约金条款、不可抗力条款、仲裁条款。通过教学,使学生能够理解索赔、仲裁与不可抗力相关基本概念,掌握合同中索赔条款、仲裁与不可抗力条款的基本内容和制定时应注意的问题。

**【知识目标】**

1.掌握异议和索赔条款的意义、主要内容、注意事项。在履行进出口合同时,当贸易双方之间产生争议与索赔,可以依据异议和索赔条款来依约处理;异议和索赔条款主要包括索赔的依据、期限、金额、方法;约定异议和索赔条款应按公平合理原则约定索赔证据、索赔期的长短应合理、注意索赔条款与检验条款之间的联系。

2.了解违约金与定金的含义、性质、注意事项。违约金是一方当事人违反合同,依据约定或法律规定向另一方当事人支付一定数额金钱的责任;违约金的性质有惩罚性违约金和补偿性违约金之分;违约金数额的确定应当合理、违约金条款应明确具体。定金是合同一方当事人按照合同约定预先付给另一方当事人一定数额的金钱,以保证合同的订立与合同的成立、担保合同的履行和保留合同的解除权;若付给定金的一方履行合同义务后,定金应当抵作价款或者收回;需要注意订立定金条款不得强迫对方接受,应自愿酌情商定,条款内容明确具体,在合同同时有违约金和定金条款的情况下,一方违约时,不能两者同时适用。

3. 掌握不可抗力条款的意义、主要内容、注意事项。不可抗力条款包括不可抗力事件的性质与范围、不可抗力事件的通知与证明、处理原则和方法;对不可抗力事件的性质与范围的约定办法要合理、约定不可抗力条款应体现公平合理原则,不可抗力条款内容应当完善。

4. 掌握仲裁是解决合同争议的重要方式、仲裁协议的形势、效力、作用、基本内容。仲裁条款内容包括仲裁地点、仲裁机构、仲裁规则、仲裁裁决的效力与仲裁费用的负担。

**【能力目标】**

1. 制定异议和索赔条款的能力。为了预防和减少贸易纠纷和依约处理合同争议,有必要事先和贸易对方约定异议和索赔条款,既为了促使对方认真履约,也便于依约处理争议。

2. 制定不可抗力条款的能力。对于由于自然原因或社会原因引起的人力不可抗拒的事件,通过制定不可抗力条款,可以免除当事人的责任,但在制定不可抗力条款时需要与商业风险区分开来,同时要体现公平合理的原则。

3. 制定仲裁条款或是仲裁协议的能力。制定仲裁条款或仲裁协议时应选择合适的仲裁地点、择优选择适当的仲裁机构、合理约定仲裁费用的负担、仲裁条款应当明确具体。

**课程思政教学目标及实践**

**【育人目标】**

1. **职业素养** 交易双方应在国际货物买卖合同中约定异议与索赔、违约金与定金、不可抗力和仲裁条款,一是体现合同的严肃性,有利于促使双方当事人认真履约,二是如果出现合同因故未能履行或发生当事人违约情况,有利于根据客观事实、分清是非、明确责任、依法妥善处理争议。所以,学生应深刻意识到在国际贸易实践中,贸易双方从磋商合同到实际履行合同,需要经历较长时间,在此期间,市场情况变化多端、金融资本市场有可能动荡不定,致使商品价格和汇率瞬息万变,国际贸易产品线长面广,中间环节多,一旦发生产品生产链和资金链"断链",都有可能出现当事人不履约或是拒不履约的情况,会使我方蒙受损失,则会产生索赔事件或是产生争议纠纷,加上如当前新冠肺炎疫情、俄乌战争等受政治、自然条件、经济形势影响而产生的各种意外事件或是人力无法抗拒的力量导致的对方无法履约的情况,都有必要全面具体、严谨地制定异议与索赔、违约金与定金、不可抗力和仲裁条款。例如,我方从国外采购货物,在进口合同中制定不可抗力条款时,不能片面规定"如卖方发生不可抗力事件可免除责任",显然有失公平;在制定仲裁条款时,一定要了解我国通常采用的仲裁条款格式,仲裁地点要合适、仲裁机构要适当,仲裁费用要合理既要符合实事求是原则,又要尊重仲裁庭的裁量权,同时,仲裁条款的规定不能模棱两可或含糊其辞,这样为日后解决争议纠纷会埋下隐患。

2. **法治观念** 制定违约金条款时要依据我国《合同法》体现公平合理原则,违约金数额根据《国际统一私法协会国际商事合同通则》要合理;定金根据我国《合同法》在付给定金的一方履行合同义务后,定金应当抵作价款或是收回;在制定仲裁条款涉及的仲裁效力,要依据2015年1月1日起施行的《中国国际经济贸易仲裁委员会仲裁规则》。所以,在讲授本章节过程中应使学生明确国际公约和国内法都会约束约定异议与索赔、违约金与定金、不可抗力和仲裁条款的制定。

**【教学方式与方法】**

1. **自主预习:** 在超星学习通平台预习专业知识点,包括争议的预防与处理的主要内容;线下阅读文献资料,撰写阅读笔记。

2. **课堂讲授:** 启发式讲授索赔、仲裁与不可抗力相关基本概念,以及合同中索赔条款、仲裁与不可抗力条款的基本内容和制定时应注意的问题。

3. **课堂案例分析与讨论:** 根据教学案例"从一则案例分析进出口贸易间商如何处理索赔理赔"进行小

组讨论,学生展示讨论结果,教师点评总结。

【课程思政教学实例】

**案例材料:从一则案例分析进出口贸易间商如何处理索赔理赔**

**(1)案例简介**

2018年7月,四川某出口企业(以下简称A公司)与沙特某水处理材料经销商(以下简称B公司)签订一批水处理过滤材料外销合同,供货数量为200吨,质量检验标准为美国材料实验协会ASTM标准,付款条件为即期信用证。该过滤材料系山西某厂生产(以下简称C厂),A公司和C厂签订同等数量同等质量要求的采购合同,交货时间为2018年7月31日前,付款时间为货到天津A公司指定仓库后40天之内。之后B公司申请开立以A公司为受益人的即期信用证,A公司完成信用证审核,同时督促C厂按质按量按时完成交货。7月底C厂发货至天津,8月上旬该批货物从天津出运,目的港为沙特达曼港。船开后A公司提交全部议付单据至议付行,8月下旬顺利收到开证行付款。9月初A公司向C厂支付了全部货款。9月中旬船舶抵达达曼港,B公司收到货物随即抽样检验,约一周后A公司收到B公司索赔电邮,称货物粒度严重超标,要求A公司立即退还全部货款。此时A公司处于已经支付C厂货款,缺少最有效制约C厂手段,同时又面临B公司对其大额索赔的危险境地。A公司首先分析判断B公司此次索赔是否属于贸易欺诈。从关键时间节点上看,B公司的赎单付款时间、提货时间和抽样检验时间,均属于正常工作时间范围;从检验标准和检验方法来看,按ASTM检验标准,200吨货物随机抽取20份样品,并详细列出原始检验数据和检验图谱,符合合同约定;再结合与B公司往来函电内容综合分析判断,B公司此次索赔基于贸易欺诈的可能性小。因此,A公司随即寻找BC两家质检结果差异的原因,但怎样才能确定责任方,对A公司而言难度极大。A公司随即与C厂联系告知国外客户索赔一事,C厂当即激烈表示拒绝赔偿,坚称货物均在检验合格后出厂。A公司此时并没有反驳C厂的看法,而是与C厂一起分析沙特市场的需求现状,以及未来共同开辟中东市场的可行性,并请C厂传真该批货物全部原始检验数据。两天后,A公司从C厂原始检验数据之间的关联关系中,发现有部分批次货物的粒度检验结果有错,再次和C厂电联指出问题所在,并表示愿意借此机会协助工厂改进质量检验管理,将改进方案告知客户,以此增进彼此了解和信任,尽力维护好三方长期合作关系。C厂表示尊重A公司的谈判构想,态度与几天前相比缓和很多,同时也承认在销售旺季时,由于设备满负荷运转而检验岗位人员配备不足,导致出现检验松懈的管理问题。与C厂有了初步共识后,A公司随即和B公司联系。A公司首先表达了工厂在生产旺季由于工作人员失误,造成部分批次货物粒度指标检验结果出现差错,责任在A方,A公司承诺赔偿B公司损失。但同时A公司指出20份抽样样品中只有6份粒度不达标,占全部抽样样品的30%,据此合理推论该批货物粒度不合格比例约30%即60吨,而不是全部200吨货物均不合格。A公司承诺在后续B公司的订单中,免收60吨货款以赔偿B公司损失。B公司第一次电邮回复不接受这样的理赔方案,坚持要A公司直接退赔货款。A公司随即回复B公司:分析市场上升趋势并解释为什么采用货物替代理赔对B公司有利,最终B公司欣然同意A公司的理赔方案,并在半个月后追加一笔200吨同等质量要求的订单。A公司随即与C厂签订新采购合同,并在合同中注明其中的60吨货物为C厂对上一订单的赔偿。至此,ABC三家公司,均对因C厂检验人员工作失误导致的索赔事件的处理结果表示满意。

资料来源:彭莉.从一则案例分析进出口贸易间商如何处理索赔理赔[J].对外经贸实务,2021(01):77-80.

**(2)案例的思政元素**

①诚实守信。要具备诚实守信的态度与专业素养,才能"圆满"解决在贸易实践中的争议纠纷。

②专业素养。通过案例分析讨论,使学生明确在涉及索赔案件时,应关注己方的核心利益而非谈判地位,并通过创造新价值取得多方共赢。

**(3)教学手段**

①讲授:在课程"异议与索赔"条款的内容中引入案例,讲述案例背景与索赔案例的经过,给学生提出思考问题:如果我方企业(A公司)遇到如此问题,如何与B公司(沙特的企业)进行交涉解决?并判断B公司的索赔是否是贸易欺诈?

②讨论:针对本案例中,A公司遇到的索赔危险境地,让学生结合本章所学索赔条款内容,分析A公司解决索赔的关键入手点是什么?如何面对BC两家公司货物粒度指标质检结果的差异?逐步引导学生进

行小组讨论。

③学习测评:讨论结果现场点评,包括学生自评、互评、教师点评总结,为下一章的学习内容与学习任务进行铺垫。

## 第十一章　国际货物买卖合同的商定与履行

**专业教学目标**

本章主要讲述国际货物买卖合同的商定与履行,教学目标包括:国际货物买卖合同的订立、进出口合同的履行、违约及其法律救济方法。买卖双方经过交易磋商才能达成合同,合同协议签署后双方享有合同所规定的权利并要承担所约定的义务,而履行合同是贸易双方共同的责任。

【知识目标】

1. 学生需要了解订立合同的步骤、合同成立的时间与合同生效的要件、合同的形式与内容。

2. 学应掌握进出口合同的履行,包括出口合同履行的流程、进口合同履行的流程、进出口货物报关、主要进出口单据、索赔和理赔工作。

3. 学生需要熟知违约及其法律救济的一般原则、对卖方违约的救济方法、对买方违约的救济方法。

【能力目标】

1. 具备与外商进行磋商、订立国际货物买卖合同的能力。包括能够与外商进行询盘、发盘、还盘、成交的能力,并能依法签订国际货物买卖合同。

2. 具备履行进出口合同的能力。出口合同(如 CIF 或是 CIP＋L/C)履行中能够完成备货、报验,并对买方开立信用证能够完成催证、审证、改证等各项工作,能够办理货物运输、报关、投保工作,在信用证项下能够完成制单结汇。完成非信用证结汇或选择国际保理业务下能够顺利结汇。进口合同(如 FOB 或是 FCA＋L/C)履行中能够完成开立信用证、派船接运货物、投保货运险、审单付汇、报关纳税、验收和拨交货物。

3. 具备缮制和办理合同中各种单据的能力。能够缮制与办理进出口合同履行中所涉及的操作单据,包括报验单、报关单、投保单、货物托运单、大幅收据、出口货物退税单。能够缮制与办理进出口合同履行中所涉及的结汇单据,包括汇票、发票、海运提单、保险单、产地证明书、普惠制原产地证、装箱单和重量单、检验证书等。

4. 具备完成对外贸易中索赔与理赔工作的能力。如果合同履行中涉及索赔工作,能够明确索赔对象、掌握索赔时效并提交有效的索赔依据;如果合同履行中涉及理赔工作,能够审核提交单据与出证机构的合法性,能够做好调研工作并分清责任,对损失程度、金额、赔付办法做到确定合理且有据。

5. 掌握各种违约救济方法的使用。能够准确判定贸易对象在履约中的各种违约行为,并能够合理采用各种违约救济方法,包括实际履行、损害赔偿、解除合同等。

**课程思政教学目标及实践**

【育人目标】

1. 家国情怀与诚信精神　进出口合同的履行是本章主要的教学内容,通过学习,使学生在实际业务中,能够通过国际货物买卖合同约定双方的权利和义务,但也需要明确由于所交易的货物品种不同、贸易条件不同、所选用的惯例不同,每份合同所规定的具体责任和义务也会不同,与合同当事人有着直接的利害关系;按时、按质、按量履行合同规定,不仅关系到贸易双方行使各自的权利和履行相应的义务,而且关系到企业的声望与国家的对外信誉。因此,贸易双方必须本着"重合同、守信用"的原则,严格履行合同,既是维护企业贸易利益,也是维护和树立国家形象。

2. 法治观念　本章内容主要涉及国际货物买卖合同的订立、进出口合同的履行、违约及其法律救济方法,这些都涉及到法律的各项规定,例如《联合国国际货物销售合同公约》与我国《合同法》,这些内容都有着重要的法律和实践意义,通过学习,使学生具备规则意识与法治意识,能够深刻认识到不论是合同的签订、还是合同的履约,甚至是违约救济的方法,都要符合国际公约、国内法的规定,才能有效、公平合理、切实可行。

3. 国际视野　各国法律对违约有不同的规定,有的法律对如何构成违约做了规定,有的法律将违约在性质上或形式上做了划分,包括大陆法的规定、英国法的规定、美国法的规定、《联合国国际货物销售合同公约》的规定、我国《合同法》的规定等。通过学习使学生能够掌握不同法系、国际公约、国内法对违约的规定,能够具备兼容并蓄的心态,尊重差异性,体现公平交易和实现双赢的原则,在平等互利的基础上能够寻找恰当的解决办法。

**【教学方式与方法】**

1. 自主预习:在超星学习通平台预习专业知识点,包括国际货物买卖合同的商定与履行的主要内容;线下阅读文献资料"国际货物买卖合同中的法律救济研究""国际货物买卖合同中的主要风险及应对措施""上海海关打通长三角进出口物流关键节点"等,撰写阅读笔记。

2. 课堂讲授:项目任务法讲授国际货物买卖合同的订立、进出口合同的履行、违约及其法律救济方法。

3. 课堂案例分析与讨论:根据教学案例"以诚信换红利,海关监管与企业合规实现双赢"进行小组讨论,学生展示案例讨论结果,教师点评总结。

**【课程思政教学实例】**

**案例材料:以诚信换红利 海关监管与企业合规实现双赢**

(1)案例简介

"多亏有海关高级认证企业相关便利措施,使得货物如期装船离港,避免了换船、索赔等情况造成的经济损失。"大连爱丽思生活用品有限公司业务部经理张琳说,近日,由于该公司货物到港时间晚于预期,企业第一时间到大连海关所属大窑湾海关查验现场与大连港口相关部门前台申请高级认证企业便利措施,在核实企业资信后,大窑湾海关立即按照工作方案,优先派单、优先验放。海关总署深化信用管理制度改革,着力构建以信用为基础的新型海关监管机制,全国海关创新开展信用培育、信用修复、高水平推进AEO(经认证的经营者)互认合作,以"诚信"换"红利"实现海关监管与企业合规双赢。今年6月,多地海关还组织开展了以"高质量推动信用制度建设"为主题的"诚信兴商宣传月"活动,以打造"诚信守法便利,失信违法惩戒"的营商环境。近日,深圳市讯宇供应链管理有限公司总经理胡云拿到了期待已久的AEO证书。"取得AEO资质后,企业在办理海关业务时可以享受优先通道,简化了通关流程,货物查验率降低,通关时效明显提升;对企业进行银行融资、出口退税方面也有很大帮助,特别是在提升进出口业务规模上最为突出。"胡云介绍说,今年前5个月,公司进出口规模同比增长近一倍,拓展了一批优质品牌客户和新市场。

资料来源:蔡岩红.以诚信换红利 海关监管与企业合规实现双赢[N].法治日报,2022-07-01。

(2)案例的思政元素

①政治认同。通过案例分析,使学生认识到进出口企业如果获得AEO资质认证就可以获得相关便利化优待,提高企业进出口通关的效率,有利于我国海关监管打造外贸良性循环生态圈,体现社会主义制度优越性。

②诚信守规与国际视野。使学生认识到AEO制度是世界海关组织的一项重要制度,是海关对信用状况、守法程度和安全管理良好的企业实施认证认可,对通过认证的企业给予优惠通关便利的制度,最终实现海关监管和企业合规的双赢,让学生树立诚信守规的意识,同时对AEO制度具有全面的了解,拓展国际视野。

(3)教学手段

①讲授:在课程教学内容"进出口货物报关"中引入案例,讲述案例背景即AEO制度,我国海关为获得高级认证的进出口企业带来很多国际货物买卖合同履约通关的便利性,给学生提出思考问题:我国海关推行AEO资质认证的意义何在?为什么对受经贸摩擦影响企业、共建"一带一路"国家贸易往来等重点企业,会送政策上门?

②讨论:针对本案例中AEO资质认证,进出口企业需要通过哪些评审标准?请各小组进行资料查阅并总结要点,逐步引导学生讨论我国各地海关还有哪些税政服务便利化措施推动通关效率?

③学习测评:讨论结果现场点评,包括学生自评、互评、教师点评总结。

## 第十二章 国际贸易方式

**专业教学目标**

本章主要讲述国际贸易方式,包括独家经销与独家代理、寄售与展卖、招标投标与拍卖、期货交易与套期保值、对销贸易、加工贸易。

**【知识目标】**

1. 了解各种国际贸易方式。
2. 掌握各种国际贸易方式的特点性质、优缺点、程序做法以及需要注意的问题。

**【能力目标】**

1. 能够结合商品特点与销售意图灵活选择合适的国际贸易方式。
2. 能够在确定国际贸易方式的前提下,慎重选择贸易对象并能够订立相关协议与合同。
3. 为拓展国际市场,能够将国际贸易方式予以结合使用,并扬其所长、避其所短。

**课程思政教学目标及实践**

**【育人目标】**

1. 职业素养与业务技能　通过学习,使学生具备相关职业素养与业务技能,能够认识到出口企业将产品打入国际市场后,需要利用中间商的销售渠道力量在当地可以站稳脚跟并扩大市场份额,会选择独家经销或是独家代理,但需要慎重选择包销商,还要订好独家经销协议;寄售和展卖是两种现货交易方式,各有优缺点,外贸人员需要充分了解这两种方式的不利之处,以便在拓展海外市场方面发挥作用;经营大宗外贸商品的企业可以参考国际期货市场价格制定现货市场价格策略,并利用期货交易来配合现货买卖进行套期保值,转移现货市场价格波动的风险,减少企业损失;在当前经济全球化以及各种不确定因素影响下,对销贸易是一种重要的营销工具,是很多国家政府、跨国公司和企业的整体战略选择,也是规避风险的手段。

2. 守法意识与观念　本章涉及各种国际贸易方式,在与外商订立贸易合同契约时,需要参照相关法律与法规的规定。例如,讲述招标投标与拍卖这两种国际贸易方式时,需要向学生强调这两种方式都具有竞争性,虽然做法各异,但都受到相关法律和规章的严格制约,在外贸企业选用这些方式之前,必须要认真了解和掌握其规则,要具有法律意识,例如要遵守我国《拍卖法》《中华人民共和国消费者权益保护法》的相关规定;在涉及到境外加工贸易时,一定要深入了解东道国与投资环境相关的当地法规、税收政策等。

3. 国际化视野　国际市场上,国际商品流通所采取的形式和具体做法不同,主要是由于国际交易的商品种类繁多、千差万别,加上各国和各地区交易的习惯做法各不相同,所以国际贸易方式趋于多样化。通过学习,使学生了解主要的国际贸易方式的特点与做法,具有国际化视野,并能够通过磋商谈判,在尊重对方交易意愿的前提下,争取订立使双方都满意的国际贸易合同。例如,对销贸易包含复杂的内容和操作形式,其含义和做法在国际上没有统一和明确的解释,对其评价也褒贬不一,但对销贸易以其特有的形式和作用,在国际贸易中占有一席之地,同样我国也开展多种形式的对销贸易,促进了我国对外经济贸易的增长。

**【教学方式与方法】**

1. 自主预习:在超星学习通平台预习专业知识点,包括国际贸易方式的主要特点;线下阅读文献资料"跨境电商视角的国际贸易方式创新""关于加快发展外贸新业态新模式的意见",撰写阅读笔记。

2. 课堂讲授:启发式讲授国际贸易方式,包括独家经销与独家代理、寄售与展卖、招标投标与拍卖、期货交易与套期保值、对销贸易、加工贸易等;讨论"多方布局新业态外贸转型添动力"案例。

3. 课堂案例分析与讨论:根据教学案例"多方布局新业态外贸转型添动力"进行小组讨论,学生展示讨论结果,教师点评总结。

**【课程思政教学实例】**

**案例材料:多方布局新业态外贸转型添动力**

(1)案例简介

作为我国外贸转型升级的重要方向,以跨境电商为代表的新业态发展势头强劲。2022年7月25日《经济参考报》记者采访发现,从出口企业到服务机构,再到地方政府,都在加快布局。与此同时,相关部门也纷纷表示,将加大政策支持力度,在加快海外仓建设、优化退换货通关流程、加强知识产权保护等方面出台更多举措。销往西班牙市场的电风扇增长超过18倍,法国市场的扫地机增长超129倍,沙特阿拉伯市场的谷物食品研磨机增长84倍……在今年速卖通2022夏日大促上,不少产品实现销量大幅增长,为中国卖家带来商机。记者采访了解到,作为发展速度快、潜力大、带动作用强的外贸新业态,跨境电商、海外仓等成为外贸企业拓展市场的新抓手,也成为各方竞相布局的热点。近期,山东、福建、杭州、广州、深圳等多个省市接连举办跨境电商展会,为上下游企业"搭台",提供对接合作机会,推动当地外贸企业加快发展跨境电商业务。在山东的跨境电商交易博览会上,来自莱芜北王庄村的农民企业家谷国明流连于形象展示、产品推介、贸易洽谈、专业论坛等各个展区,与同行、平台企业等交流经验。他的企业专注于消毒垫、猫抓垫等特色产品的开发和销售,尝试跨境电商业务以来,公司业绩大幅提高。一些早期布局跨境电商的企业,则在前期经验基础上加快了发展步伐。多家受访企业表示,计划通过海外仓、独立站等更多渠道,开拓业务范围,提升海外市场竞争力。

资料来源:王文博,程迪.多方布局新业态外贸转型添动力[EB/OL].中国产业经济信息网,2022-07-25.

**(2)案例的思政元素**

①政治认同。通过案例分析,使学生认识到我国加速跨境电商布局的背后,是国家政策的大力支持和行业整体快速发展的结果。总体看,跨境电商新业态呈现稳中提质、结构和布局逐步优化的阶段性特点,让学生树立政治认同感。

②创新精神。通过案例分析,使学生对外贸新业态的发展全面了解,拓展对新的国际贸易方式的认知,培养勇于创新创业的精神。

**(3)教学手段**

①讲授:在课程教学内容"国际贸易方式"中引入案例,讲述案例背景即作为我国外贸转型升级的重要方向,以跨境电商为代表的新业态发展势头强劲,给学生提出思考问题:外贸新业态除了跨境电商还包括哪些?随着国际形势变化,拉动跨境电商等新业态快速增长的因素也在发生变化,企业如何增强抵御风险和创新应变能力?

②讨论:针对本案例中跨境电商蓬勃发展的势头,尤其是在传统外贸面临较大不确定性的形势下,跨境电商等新业态的发展,对中国外贸发展带来哪些积极影响?请各小组进行讨论并总结汇报,逐步引导学生讨论当前我国跨境电商发展的痛点问题会有哪些方面?

③学习测评:讨论结果现场点评,包括学生自评、互评、教师点评总结。

# 四、课程思政的教学评价

## (一)对教师的评价

**1. 教学准备的评价**

将《国际贸易实务》课程思政建设工作落实到课程的教学准备中。在教学准备中通过修订教学大纲将与课程有关的思政元素进行挖掘,据此设计课程的思政目标与思政内容;在教材选用及教案撰写、PPT编写方面也着重对思政元素进行总结整理。

**2. 教学过程的评价**

将《国际贸易实务》课程思政建设工作也贯穿到教学过程各个环节中。教师自我进行检验评价,形成检验评价闭环机制。教师自身是否主动提升思政能力?课程体系是否融入思政元素?教学过程中是否体现思政内容?主要是看教师是否采取了恰当的教学方式,将思政元素融入教学内容中,具体包括教学思路的设计、教学方法的运用、作业的布置与批改、平时成绩的考核等。

**3. 教学结果的评价**

建立健全《国际贸易实务》课程思政多维度评价体系,包括同行评议、随机听课、学生评教、教学督导、教学研究等,主要围绕评价本学期授课是否彰显思政成效。主要看以下几方面的思政成效:学生是否能够掌握国际贸易实务技能与方法,形成"小我融入大我"的大局观念、灵活应变的能力、严谨的逻辑思维能力;学生是否具备国际视野,尊重交易各方在外贸政策、法律法规、商务习惯上的差异,掌握外贸行业发展的新趋势新业态,具备外贸业务从业人员职业道德规范与职业素养。

**4. 评价结果的运用**

对于同行评议、学生评教、教学督导等提出的改进建议,教师能否进行有针对地改进提升;尤其看教师能否通过《国际贸易实务》课程思政建设形成课程思政教学示范,辐射带动国贸专业其他课程形成思政课程体系;对学生考核的成绩分析进行运用,对下一轮课程教学进行反思与改进,提升课程思政效果。

### (二)对学生的评价

1. 学习过程的评价

(1)诊断性评价。通过课前和课后设计场景与问题,对学生的"职业道德""个人价值观""职业能力与素养""集体主义观念与团队精神""遵纪守法""深度学习能力"等的程度进行评价,判断学生理解接受状况与教师讲授状况;(2)形成性评价。通过学生参与课程情况、教学过程(回答问题、作业完成情况)的纪录、行为观察进行评价、反馈;检验学生是否认真完成了老师布置的任务,是否积极参与课程资料收集、课前预习阅读相关文献、课堂讨论和小组活动等教学过程,评价学生在课程学习过程中的积极性、互动性和参与度。

2. 学习效果的评价

形成终结性评价。通过学生的心得体会及课程收获,结合诊断性评价及形成性评价的结果,给予学生定性或定量的评价。包括通过平时作业、课堂讨论、资源库平台资料阅读笔记、随堂练习、参加学科竞赛、课程小论文、期末考试等多种形式,检验学生对课程思政元素的领会及其对思政元素的掌握程度。

3. 评价结果的运用

通过师生座谈和系上教研活动等形式,对学生的思政学习效果进行分析,看是否实现了课程思政的目标,并总结经验,找到不足,为下一轮课程提升课程思政的效果打好基础。

## 五、课程思政的教学素材

| 序号 | 内　　容 | 形式 |
| --- | --- | --- |
| 1 | 中方以 USD39/PC 报价给瑞典公司是否合理 | 案例分析 |
| 2 | 不同国家客户对贸易术语的理解分歧 | 案例分析 |
| 3 | CIF 条件的风险承担 | 案例分析 |
| 4 | 国际贸易中违反诚实信用原则的后果 | 阅读材料 |
| 5 | 因缺乏地理知识轻易接受 CFR 内松森价遭致损失的启示 | 案例分析 |
| 6 | 国际贸易中虚假承诺可怕的后果 | 阅读材料 |
| 7 | "长安号"中欧班列 | 阅读材料 |
| 8 | 国际货物运输保险之最大诚信原则 | 案例分析 |
| 9 | 错付佣金案例 | 案例分析 |
| 10 | 汇付结算的风险 | 案例分析 |
| 11 | 凭信托收据借款交单的风险 | 案例分析 |
| 12 | 出口保理商是否可以向出口商追索 | 案例分析 |
| 13 | 解构信用证欺诈案例 | 阅读材料 |
| 14 | 中方与荷兰的索赔案例 | 案例分析 |
| 15 | 手工制造书写纸的索赔案例 | 案例分析 |
| 16 | "关检合一"改革落地,"新海关"迈入新时代 | 阅读材料 |
| 17 | "先放后检"提效稳链 | 案例分析 |
| 18 | 进口尼龙帘子的索赔案例 | 案例分析 |
| 19 | 索赔金额问题 | 案例分析 |
| 20 | 索赔期限问题 | 案例分析 |

续表

| 序号 | 内　　容 | 形式 |
|---|---|---|
| 21 | 社会原因引起的不可抗力 | 案例分析 |
| 22 | 意大利出口商是否可以免除其交货义务 | 案例分析 |
| 23 | 从一则案例分析进出口贸易间商如何处理索赔理赔 | 阅读材料 |
| 24 | 国际货物买卖合同中的法律救济研究 | 阅读材料 |
| 25 | 国际货物买卖合同中的主要风险及应对措施 | 阅读材料 |
| 26 | 上海海关打通长三角进出口物流关键节点 | 阅读材料 |
| 27 | 以诚信换红利 海关监管与企业合规实现双赢 | 阅读材料 |
| 28 | AEO高级认证报关企业有哪些标准？ | 阅读材料 |
| 29 | 多方布局新业态 外贸转型添动力 | 阅读材料 |
| 30 | 跨境电商视角的国际贸易方式创新 | 阅读材料 |
| 31 | 关于加快发展外贸新业态新模式的意见 | 阅读材料 |
| 32 | 《中华人民共和国民法典》（第三编"合同"） | 政策法规 |
| 33 | 《中华人民共和国海商法》 | 政策法规 |
| 34 | 《中华人民共和国票据法》 | 政策法规 |
| 35 | 《中华人民共和国对外贸易法》 | 政策法规 |
| 36 | 《中华人民共和国海关法》 | 政策法规 |
| 37 | 《中华人民共和国进出口商品检验法》 | 政策法规 |
| 38 | 《中华人民共和国仲裁法》 | 政策法规 |
| 39 | 《中华人民共和国商标法》 | 政策法规 |
| 40 | 《中华人民共和国保险法》 | 政策法规 |
| 41 | 《中华人民共和国出口管制法》 | 政策法规 |
| 42 | 《联合国国际货物销售合同公约》 | 国际条约 |
| 43 | 《鹿特丹规则》 | 国际条约 |
| 44 | 《保护工业产权巴黎公约》 | 国际条约 |
| 45 | 《铁路货物运输国际公约》 | 国际条约 |
| 46 | 《关于争端解决规则与程序的谅解》 | 国际条约 |

# 《国际商务谈判》课程思政教学指南

王威[1]　张恒梅[2]　李月娟[2]　韩海英[2]　王忠孝[2]　安冬风[2]

([1] 天津商业大学　[2] 西安财经大学)

## 一、课程简介与课程目标

### (一)课程简介

《国际商务谈判》课程是国际经济与贸易专业的核心课程,旨在引领学生认识国际商务谈判的概念、种类、基本原则、基本程序,掌握国际商务谈判的基本理论与主要内容,重点掌握国际商务谈判人员的组织、谈判前的准备、各阶段的谈判策略、谈判技巧等相关知识。在此基础上,还要求学生通晓国际商务谈判礼仪,深知文化差异对国际商务谈判的影响。另外,学生还应通过学习本课程了解国际商务谈判人员需要具备的基本观念以及基本知识,并掌握国际与国内市场信息,了解各国、各民族的风土人情与商务习俗,能够在国际贸易实践中,运用所学国际商务谈判理论与外商进行业务关系建立、交易洽谈、商务沟通。

本课程综合运用讲授、启发式教学、案例教学、任务导入式教学、情境教学、小组合作式教学、模拟谈判等多种教学方法,对国际商务谈判的概念、种类、原则、程序、内容进行讲述,使学生对国际商务谈判的理论、国际商务谈判的策略与技巧等基本内容有所认识。本课程全面落实《习近平新时代中国特色社会主义思想进课程教材指南》和《"党的领导"相关内容进大中小学课程教材指南》文件精神,实现思想政治教育与专业教育的结合,将价值塑造、知识传授和能力培养融入课程内容设计、教学环节组织、教学效果测评的全过程,使学生通晓国际商务谈判理论在国际商务磋商中的应用,具有国际化视野与灵活、创新的思维方式分析解决国际商务谈判中遇到的问题,能够客观认识理解国际经贸关系中的博弈、较量与均衡,以及国家地区之间的国情差异与文化观念差异,更加坚定文化自信、强化民族自豪感,并能够做到知己知彼,创造性地克服国际商务谈判中的障碍、化解难题,实现谈判各方的多赢。

### (二)课程目标

本课程为专业必修课程。通过本课程的学习,使学生能够达到以下目标:

1. 知识目标:系统掌握国际商务谈判的基本理论知识,了解国际商务谈判的基本规律与原则,并通过谈判实践练习与模拟谈判,能够开展国际商务沟通与磋商;通过校内外的实践活动,能将所学国际商务谈判知识正确地应用于国际商务谈判实践,较熟练地开展国际货物贸易、服务与技术贸易、国际投资运营管理的磋商,解决经贸磋商沟通工作中较为复杂的问题。

2. 能力目标:具有获取知识的能力,能够掌握有效的学习方法,主动接受终身教育;具有实践应用能力,能够在国际经贸谈判实践活动中灵活运用所掌握的专业知识;能够运用国际商务谈判的理论知识解决国际贸易实践中的问题,并具备创新精神、创业意识和创新创业能力。

3. 育人目标:能够掌握影响国际商务谈判的各种因素,如经济因素、文化因素、政治因素、宗教因素等,尊重谈判对手国家的贸易政策、法律法规、贸易惯例、风俗习惯等,具有国际视野;能够熟知国际商务谈判原则、国际商务谈判中的法律因素,如合同的效力、谈判对手主体资格、争端解决方式等,具有较强的法治观念;掌握国际商务谈判的基本知识与基本理论,学会灵活运用国际商务谈判的策略与技巧,拥有良好的身心素质,具备职业素养、职业规范、社会责任感;熟悉我国有关国际经济与贸易的方针、政策和法律法规,在国际商务谈判中能够为我方企业争取合理利益和有利的贸易条件,具有爱国主义精神。

### (三)课程教材和资料

➢ 推荐教材

刘园.国际商务谈判(第六版)[M].北京:首都经济贸易大学出版社,2021(03).

> 参考教材或推荐书籍

1. 白远.国际商务谈判：理论、案例分析与实践(第五版)[M].北京：中国人民大学出版社,2019(02).
2. 刘向丽.国际商务谈判[M].北京：机械工业出版社,2020(06).
3. 刘园.国际商务谈判(第五版)[M].北京：首都经济贸易大学出版社,2018(01).

> 学术刊物与学习资源

国内外国际经济与贸易类各类期刊。

学校图书馆提供的各种数字资源,包括"中国知网"的相关文献。

> 推荐网站

中华人民共和国商务部：http://www.mofcom.gov.cn/.

中国贸促网：http://www.ccpit.org/.

中国国际贸易发展网：http://www.itdn.com.cn/.

## 二、课程思政教学总体设计

### (一)课程思政教学目标

以习近平新时代中国特色社会主义思想为指引,全面贯彻党的教育方针,坚持知识传授与价值引领相结合,结合课程思政"价值体系、知识体系、能力体系"的目的,将价值塑造、知识传授和能力培养融为一体。以全面提升学生专业素养、德育内涵、综合素质为驱动,注重思政元素同国际商务谈判理论、原则、内容、策略、技巧等知识点的有机融合,提升国际商务谈判课程的思政内涵,对学生进行爱国主义、爱岗敬业、职业教育、创新创业等方面的道德教育。注重培养学生崇高的理想信念、正确的价值取向、坚定的政治信仰、肩负的社会责任,培养学生"融通内外、经世济民、诚信服务、德法兼修"的理念,使学生能够在复杂多变的国际经济形势下以及国际新冠肺炎疫情冲击等的不利影响下,具备缘事析理、明辨是非的能力,成为德才兼备、全面发展的人才。

《国际商务谈判》课程以国际商务谈判为教学对象,主要研究在国际经济环境下,商务谈判的规律、方法、原则和技巧策略。本课程将国际商务谈判的艺术性和可操作性结合起来,讲述影响国际商务谈判的各种因素,如经济因素、文化因素、政治因素、宗教因素等,介绍国际商务谈判的特征、国际商务谈判原则、国际商务谈判分类、国际商务谈判组织、国际商务谈判的结构与技巧以及国际商务谈判的主要策略。通过本课程的学习,使学生掌握国际商务谈判的基本知识与基本理论,学会灵活运用国际商务谈判的策略与技巧,能够对当前国际经贸领域发生的商谈热点问题进行理性分析,并在对外经贸业务交往中,了解主要贸易国家的风俗习惯和谈判禁忌,以及我国参与国际商务谈判应遵循的国际惯例及规则,能够与外商进行交流磋商,提高国际商务活动中的谈判技巧,能够为企业争取合理的利益,激发学生的家国情怀与使命担当意识。

本课程教学中融入了近两年最新的中外国际商谈热点议题,并根据谈判具体进程,展示了成功谈判的谋略以及其中蕴含的文化、历史、宗教等动因,使学生在学习中多维度多视角领略各国的谈判风格,拓展学生国际视野的同时,增强文化自信。在此基础上,课程教学还结合心理学、行为学、管理学等多学科研究成果,揭示了国际商务谈判的逻辑规律,使学生具备探索求真的科学精神。本课程的思政教学目标可以涉及以下六个维度：政治认同、家国情怀、中华优秀传统文化、法治观念、职业规范与职业道德、科学精神、国际视野。

1. 政治认同

《国际商务谈判》课程以国际商务谈判的规律、方法、原则和技巧策略为主要内容,其中涉及与国际经贸实践相关的贸易投资谈判的案例总结,例如美的与德国库卡集团签署投资协议、中国泛海收购美国最大长期护理保险公司、信达参股机构9.3亿美元收购美国养老护理地产项目等典型案例,这些内容与我国坚持实施更大范围、更宽领域、更深层次对外开放政策以及改革开放实践紧密结合,尤其是随着更多中资企业成功介入海外项目投资,且涉足领域多元化,也在向学生传递坚持中国共产党领导的重要性,从而认同"中国共产党为什么能、马克思主义为什么行、社会主义为什么好",增强学生的政治认同。

### 2. 家国情怀

《国际商务谈判》课程中通过融入"入世谈判的关键时刻"——2021年专访石广生原部长、"世界上最伟大的谈判"背后的故事——专访同济大学教授程国强等视频资料,向学生阐明改革开放过程中,在党的领导下,我国对外贸易发展的艰辛历程,让学生感受爱国主义精神。通过观看"李克农临行前向谈判人员赠言"(越过鸭绿江第37集)使学生感受到在对外谈判时,应注重把握我方谈判原则,即维护国家利益是首要的,培养学生谈判的重要原则是国家与企业的利益至上。通过观看电影"重庆谈判"片段资料,向学生传递毛泽东在重庆谈判时所表现出的伟大政治胸怀以及不顾个人安危、国家民族利益至上的情操,培养学生的爱国精神,传承爱国情怀。

### 3. 科学精神

本课程注重培养学生的科学精神,让学生了解科学精神的内涵与构成要素及其整体结构,引导鼓励学生勇于探索、大胆创新,将自身职业发展能够融入到新时代的新发展理念与对外贸易实践活动中,在教学中通过增强学生客观理性分析问题能力培养学生科学精神。例如,在国际商务谈判理论中讲述"行为学理论及在国际商务谈判中的应用"时给学生强调行为学理论是借助于数学、生物学、人类学、心理学等社会科学的研究成果来研究人的行为的规律性,影响人的行为既有内在因素,也有外部环境。因此在进行谈判时即使面对相同的客户、同一个议题,由于外部环境发生变化,谈判的结果也会大不相同,进而引导学生构建理论联系实际的思维方式,树立正确的学习态度,多角度辩证地全面地分析问题,应全面客观分析谈判的影响因素,既包括生理因素、心理因素、文化因素、经济因素等个人的内部影响因素,还包括组织内部环境与组织外部环境等外部因素。

### 4. 职业规范与职业道德

本课程讲授中融入"跨国公司的行贿案"等反面教材来警示学生,进而让学生在具体工作实践中应诚实守信、忠于职守。例如,2004年3月,默沙东公司解雇20多名中国分区副经理和医药代表,理由是"假以学术推广的名义报销娱乐费";2004年4月6日,朗讯向美国证券交易委员会递交汇报文件,指出朗讯将解除其中国区总裁戚道协、首席运营官关赫德及财务主管和市场部经理的职务,理由是他们为合作方提供回扣。在讲授谈判的群体效能时强调"团体内部要建立严明的纪律",在讲授"谈判人员的个体素质"时强调"遵纪守法,廉洁奉公,严守机密,国家利益至上"等。另外,通过课堂教学组织设计和课程实践,鼓励学生参加各类商务谈判大赛、跨境电商创新创业大赛等,鼓励学生进行团队合作,实现个人能力培养与集体智慧结合,鼓励探索与创新,具备团队协作精神,使学生能够理解和遵守职业道德与规范。

### 5. 法治观念

本课程讲述中会涉及国际商务谈判的内容,因为所有国际商务惯例、谈判经验与技巧都是为谈判的实际内容服务的,其中包括不同商务谈判的具体要件。国际商务谈判的内容有货物买卖谈判、技术合同谈判、租赁合同谈判、工程承包合同谈判等,这些谈判内容都会涉及到国际条约、国际贸易惯例、国际经济法、国内法的规定。例如,联合国国际货物销售合同公约、合同法、商标法、专利法、知识产权法、消费者保护法、仲裁规则、环境保护条例、港口检疫条例、防毒包装法令等,熟悉掌握国内外经贸相关法律、规则与惯例是展开国际商务谈判的基础。通过本课程学习,让学生认识到国际条约、东道国法律法规及本国法律法规都是开展国际商务磋商的重要前提,让学生牢固树立遵纪守法的意识,并激励学生通过运用法律武器捍卫贸易利益,使学生具备运用法治思维和法治方式维护企业与国家利益、参与社会公共事务、化解矛盾纠纷的意识和能力。

### 6. 国际视野

全球竞争日趋激烈、区域一体化合作越来越紧密是国际经济与贸易发展的大趋势。在此背景下,国家经济的发展与建设需要具有国际视野的复合型高素质涉外人才。因此,在课程教学中,通过让学生了解最新的中外国际商谈热点议题,使学生会具有国际视野、大格局意识,注重综合人文素养的积累,运用所学能够解决不同国家的商业机构之间的利害冲突,协调和调整各自的经济利益,达成协议促成均衡。国际商务谈判在不同国家、不同民族之间进行会受到各自国家或民族的政治、经济、文化等多种因素的影响,这些因素涉及历史传统、政治制度、经济状况、文化背景、风俗习惯、价值观念等,这些方面的差异性会形成不同的谈判风格。因此,要求学生在进行商务谈判之前,需要熟悉谈判者之间的文化差异,把握对方的语言及非语言习惯、价值观、思维方式、行为方式和心理特征,做好充分准备。这些可以拓展学生的国际视野,鼓励学生在国际商务谈判中,能够做到知己知彼、不辱使命,为我国对外经济建设贡献力量。

#### (二)课程思政的教学内容

《国际商务谈判》课程的思政内容可以涉及以下几方面:

1. 体现马克思主义基本原理、立场、方法

本课程的教学中,体现辩证唯物主义和历史唯物主义、马克思主义政治经济学以及科学社会主义的基本原理和规律,引导学生将科学的世界观、价值观、人生观、认识论、方法论、经济学规律等内化于心。例如,国际商务谈判的原则之一是平等互利原则,这项原则强调在商品交换中,自愿让渡商品,等价交换。尤其是在对外贸易作价中,坚持按照国际价格水平确定商品进出口价格,决不能违反价值规律。

2. 遵循国家经济发展战略与相关政策

国际商务谈判涉及到不同国家或地区的经济、文化、政治等多方面内容,商务谈判环境较为复杂,会涉及各个国家或地区的制度、文化、法律体系等,但是本课程强调在与外商磋商谈判时,应遵循国家的方针政策与外交政策,所有谈判活动不能违背我国经贸领域相关国家战略、法律法规和政策,引导学生正确认识世界和中国发展大势,理解国情国策、认清中国思想、厚植家国情怀;引导学生深刻认识时代责任和历史使命,培养学生形成正确的世界观、人生观和价值观,同时树立正确的谈判观,凡涉及我国对外经贸活动的政策法令、国家或企业根本利益的原则问题,需要寸步不让、据理力争。

3. 培养学生遵纪守法、爱岗敬业的职业道德

在本课程的教学中,重视对学生职业道德的培养。通过挖掘课程内容、设计教学过程,对学生进行遵纪守法、诚信服务、公平竞争、爱岗敬业等商业职业道德教育。例如,课程强调在与外商磋商谈判中,要树立正确的沟通、交流、团结、合作共赢意识以及诚信友善等素养,培养良好的职业道德和品行;能够在自愿的基础上进行交易,平等互利,绝不强人所难,反对以任何借口、附带任何政治条件去谋求政治上和经济上的特权,绝不接受任何不平等的条件和不合理的要求;在对外交往中,要遵循"重合同,守信用"的原则,不采用欺诈手段进行磋商谈判。

4. 培养学生文化自信

在课程教学中,将优秀的商贸思想元素融入教学过程中,认清中国文化特色,通过"舍得"的精髓使学生理解让步的必要性,通过儒家"中庸"思想使学生理解贸易谈判中的利益均衡,将传统文化和对外贸易交往有机融合,做到大国自信;引导学生了解各国商人的不同谈判风格,把握谈判对手的谈判特点,在寻求跨文化沟通中讲文明、讲礼仪,通过引入文化自信,增强学生民族自豪感和使命担当。

#### (三)教学方法

本课程综合运用讲授、启发式教学、案例教学、任务导入式教学、情境教学、小组合作式教学、模拟谈判法、以赛促教等多种教学方法,使学生掌握国际商务谈判的基本理论知识,了解国际商务谈判的基本规律与原则,并通过谈判实践练习与模拟谈判,能够开展国际商务沟通与磋商;通过校内外的实践活动,能将所学国际商务谈判知识正确地应用于国际商务谈判实践,较熟练地开展国际货物贸易、服务与技术贸易、国际投资运营管理的磋商,解决经贸磋商沟通工作中较为复杂的问题,拓展国际视野,具备外贸谈判人员的职业道德标准与商业伦理。

## 三、课程各章节的课程思政教学内容设计

### 第一章 国际商务谈判概述

**专业教学目标**

国际商务谈判是国际贸易的关键环节,对企业的微观利益和国家的宏观利益具有举足轻重的作用。本章主要讲述国际商务谈判的基本概念、特点、种类、基本流程,以及我国开展国际商务谈判的基本原则。学生通过学习,掌握国际商务谈的基本知识以及基本理论。

**【知识目标】**

1. 学生了解国际商务谈判的特点,把握口头谈判与书面谈判的优缺点。

2. 学生掌握我国国际商务谈判中应该遵守的基本原则。

3. 学生了解影响与制约让步型谈判、原则型谈判、立场型谈判的因素。

【能力目标】

1. 培养学生能将所学的我国国际商务谈判原则应用于贸易谈判实践中。

2. 培养学生掌握国际商务谈判 PRAM 模式的运用。

课程思政教学目标及实践

【育人目标】

1. 政治认同  凡涉及我国对外经贸活动的政策法令、国家或企业根本利益的原则问题,在国际商务谈判中应据理力争,寸步不让。

2. 家国情怀  平等互利原则是我国对外经贸关系中的一项基本准则,必须贯彻于国际商务谈判的各个方面。在国际商务谈判中,我方决不能接受任何不平等的条件和不合理的要求,反对以任何借口、附带任何政治条件去谋求政治上和经济上的特权。

3. 法治观念  国际商务谈判具有较强的政策性,必须贯彻执行国家的方针政策和外交政策,应按照国际惯例办事,在适用的法律方面不能完全以任何一方所在国家和地区的经济法为依据,必须以国际经济法为准则。例如,需要仲裁时,仲裁地点与仲裁所适用的规则直接相关。

4. 职业规范与职业道德  国际商务谈判的影响因素复杂多样,由于谈判者来自不同国家和地区,具有不同的社会文化背景、政治经济体制、思维方式、价值观念、行为方式、风俗习惯,导致国际商务谈判更为复杂,这需要谈判者在专业知识方面具有更高水准,能够解决贸易、金融、会计、保险、运输等一系列复杂问题能力。

【教学方式与方法】

1. 自主预习:在超星学习通平台预习专业知识点,包括国际商务谈判的基本概念、特点、种类、基本流程;线下阅读文献资料,撰写阅读笔记。

2. 课堂讲授:启发式讲授进行国际商务谈判的基本概念、特点、种类、基本流程的学习;重点讲授我国开展国际商务谈判的基本原则。

3. 课堂案例分析与讨论:根据教学案例"鲲鹏公司的一次价格让步"进行小组讨论,学生展示讨论结果,教师点评总结。

【课程思政教学实例】

案例材料:鲲鹏公司的一次价格让步

(1)案例简介

鲲鹏公司是一家生产生物保健产品的公司。在一次新产品定价会上,因为产品价格与客商发生了冲突。鲲鹏公司的报价是每瓶 70 元,经过几轮讨价还价,鲲鹏公司退让到每瓶 68 元,而客商坚持按每瓶 66 元订货。如果按每瓶 66 元销售,该产品利润率只有 6%,鲲鹏公司的利润将大为减少。但如果鲲鹏公司坚持按每瓶 68 元的价格出售,客商的订单就会减少。面对这一局面,经过缜密权衡后,鲲鹏公司最终按每瓶 66 元的价格出售。时隔一年后,该产品畅销的行情证明鲲鹏公司采取合作型谈判风格是完全正确的,因为鲲鹏公司因此成功地建立、维持和发展了它的客户关系。

资料来源:刘园.国际商务谈判(第五版)[M].中国人民大学出版社,2022(07):78—79.

(2)案例的思政元素

①合作共赢的理念。鲲鹏公司虽然在价格上让步较大,但是建立和维持了与客户之间的良好合作关系,实现了双赢,引发学生对互惠双赢原则的思考。

②职业素养。引发学生对平等互利原则的思考,进而在谈判实践中能够具备谈判职业素养,即要给谈判对手获利的空间,在平等互利的基础上达成协议。

(3)教学手段

①讲授:课程中"我国国际商务谈判的基本原则"的教学内容中引入案例,先讲授案例经过,然后向学生提出问题:为什么鲲鹏公司最终按每瓶 66 元的价格出售,在价格上进行了妥协让步?激发学生理解谈判中的互利原则。

②讨论:学生重点讨论为什么鲲鹏公司采取合作型谈判是完全正确的?
③学习测评:讨论结果现场点评,包括学生自评、互评、教师点评总结。

## 第二章　国际商务谈判理论

**专业教学目标**

国际商务谈判理论是指导谈判实践的重要依据,与此同时,谈判实践又在不断丰富着理论的内容。本章主要讲述实力结构理论、需求理论、行为需理论、心理学理论和博弈论以及其在国际商务谈判中的应用。

**【知识目标】**

1. 学生需要了解马什的纵向谈判结构理论、斯科特的横向谈判结构理论。
2. 学生需要了解实力结构对称模型与不对称模型。
3. 学生需要掌握需求层次论对国际商务谈判的意义。
4. 学生需要了解行为学理论在国际商务谈判中的应用。
5. 学生了解角色心理、移置心理、文饰心理、投射心理、压抑心理的内涵。
6. 学生了解博弈的要素。

**【能力目标】**

1. 培养学生将所学的国际商务谈判理论灵活应用于谈判实践中。
2. 培养学生能运用横向谈判法化解谈判中的矛盾。
3. 使学生能够运用制造竞争、借助外力干预等谈判手段达到增强己方实力的目的。
4. 使学生能够在谈判实践中抓住对方最基本的需求并因势利导,获得谈判的成功。
5. 培养学生能够在谈判过程中判定影响对方行为的因素,进而了解对方行为的目的与策略。
6. 培养学生在谈判时通过洞察对方心理,能够体会对方的言外之意、判定对方的真实思想,从而占据谈判的主动地位。
7. 培养学生在不完全信息下能够运用谈判策略与对方进行博弈。

**课程思政教学目标及实践**

**【育人目标】**

1. 科学精神　需求层次理论说明不同的人们存在着不同的需要,这会促使人们采取各种行动满足己方的需要,因此谈判者应善于找出谈判双方的共同需求,进而选择合适的方法去尽量满足或者改变双方的需求。以此激发学生善于判定了解对方的真实需求,并客观判定对方的真实企图。

2. 原则型谈判　理论要求在谈判中坚持使用客观标准,这样不仅使谈判各方共同的基础,而且容易说服对方接受己方的意见或建议。所以,原则型谈判理论要求理性分析所有可能,以此引导学生在进行谈判磋商时,要探求各种可行的解决方案,然后选出最佳方案,通过灵活科学的谈判思路,提高谈判效率,达成双方满意的协议。

3. 职业素养　斯科特从横向方面规划出一套谈判结构,他认为任何一次商务谈判实际上就是一次运用谈判技巧的实践,而谈判技巧则是谈判者以心理学、管理学、社会学、经济学、政治学、法学等为指导,并在长期的实践中逐渐形成的,以丰富实践经验为基础的本能行为或能力,此种本能的行为将受到一定的谈判方针规范和驱动,以此引导学生掌握横向谈判方式,并积累经验解决谈判中的困境。

**【教学方式与方法】**

1. 自主预习:在超星学习通平台预习专业知识点,包括国际商务谈判理论的内容与运用;线下自主阅读文献资料,撰写阅读笔记。
2. 课堂讲授:启发式讲授实力结构理论、需求理论、行为学理论、心理学理论和博弈论以及其在国际商务谈判中的应用;学生画出思维导图,对谈判理论进行归纳。
3. 课堂案例分析与讨论:根据教学案例"艾柯卡成功说服国会议员给克莱斯勒提供贷款担保"进行小组讨论,学生展示讨论结果,教师点评总结。

**【课程思政教学实例】**

**案例材料:艾柯卡成功说服国会议员给克莱斯勒提供贷款担保**

(1)案例简介

美国汽车业"三驾马车"之一的克莱斯勒汽车公司在 70 年代,其总经理艾柯卡成功说服国会议员们同意给克莱斯勒 4100 万美元贷款担保。其中运用了两个标准:一是政府已经存在 4090 万美元贷款担保,克莱斯勒不是首个打破规矩的人;二是克莱斯勒倒闭将导致几十万人失业,政府将支出 27 亿美元的保险金和福利金。

资料来源:营销界经典故事"艾柯卡帮助克莱斯勒起死回生"[EB/OL].新浪财经,2019-07-03.

(2)案例的思政元素

①求真精神。艾柯卡成功说服国会议员同意给克莱斯勒 4100 万美元贷款担保,使用了两个客观标准,从利益需要而不是立场出发来考虑,属于原则型谈判,引导学生在谈判中要善于理性地把人与问题分开,以客观标准、真实情况说服谈判对手。

②职业素养。原则型谈判理论要求在谈判中坚持使用客观标准,不仅使谈判各方有共同的基础,而且容易说服对方接受己方的意见或建议,引导学生明智决策、辩证分析问题的职业素养。

(3)教学手段

①讲授:在国际商务谈判理论中的"实质利益谈判理论"的教学内容中引入案例,从艾柯卡成功说服国会议员们同意给克莱斯勒 4100 万美元贷款担保中获得启示,以此引导学生对原则型谈判理论的深入思考。

②讨论:为什么原则型谈判受到各国谈判人员所推崇?原则性谈判的特点有哪些?

③学习测评:讨论结果现场点评,包括学生自评、互评、教师点评总结。

## 第三章 国际商务谈判的主要内容

**专业教学目标**

国际商务谈判的所有惯例、经验、技巧,都是为国际商务谈判的实际内容而服务的,本章主要讲述国际商务谈判洽商的内容,最终达成的协议合同的类型以及所涉及的法规,具体包括各种国际商务合同的范式与具体要件。

**【知识目标】**

1. 学生掌握货物买卖谈判的概念、特点、主要内容。

2. 学生掌握技术转让的特征,商标的概念与合同基本内容、专利的概念、相关立法、专有技术,许可合同。

3. 学生掌握租赁合同的特征以及法律条款。

4. 学生掌握招标投标的含义、工程承包合同的种类、FIDIC 合同的主要内容。

5. 学生了解借款合同、信托合同、保理合同、担保合同、委托合同的条款内容。

**【能力目标】**

1. 培养学生熟悉各类国际商务合同的内容条款。

2. 培养学生熟悉各类国际商务合同所适用的法律。

**课程思政教学目标及实践**

**【育人目标】**

1. 职业素养　谈判成功的标志之一就是签署合同,通过学习,使学生熟悉各种典型的合同范本,熟知合同条款就是谈判的主要目标,作为谈判者需要掌握《国际货物买卖合同》《许可合同》《商标合同》《租赁合同》、FIDIC 合同等,从而具备谈判的职业素养。

2. 法治观念　国际商务谈判的结果最终要以合同的形式表现出来,合同一定要严密规范,符合相关法律要求。通过学习各种商务合同范式,使学生明确《联合国国际货物销售合同公约》《保护知识产权巴黎公约》《世界知识产权组织公约》《国际专利合作条约》《合同法》等对谈判中所签署的商务合同都具有法律约束力。

【教学方式与方法】
1. 自主预习：在超星学习通平台预习专业知识点，包括国际商务谈判洽商的内容；线下自主阅读文献资料，撰写阅读笔记。
2. 课堂讲授：讲授各种国际商务合同的范式与具体要件。
3. 课堂案例分析与讨论：根据教学案例"引进专利技术合同的谈判难点"进行小组讨论，教师点评总结。

【课程思政教学实例】
案例材料：引进专利技术合同的谈判难点
(1)案例简介

炼化行业的专利技术对企业发展有着至关重要的影响，技术优劣直接决定工艺路线及后续的盈利能力，专利技术采购要具有一定的科学性和前瞻性。采办过程及环节的把控与采办策略制定、专利技术先进程度、专利商多寡等关系密切，若拟引进的专利技术仅掌握在世界知名的某专利商手中，专利商处于强势地位，作为采办关键环节的合同谈判工作将十分艰难。某大型炼化企业的中外合资项目，外方的专利技术不对外转让，仅转让给其合资企业，中外双方股东合资的基础是使用外方的专利技术，由双方股东以谈判方式确定。由于股东双方提前确定了专利技术，采办方式实质为单一来源采购，外方处于强势地位，客观上增加了谈判难度。外方有着严格的合同条款审核程序和强烈的风险防范意识，非常重视合同文本选择，起草的合同关键条款清单中对专利商权利规定较为完备，而义务和责任规定不足，对中方权利保障不够，义务和责任规定较为苛刻。引进专利技术合同属于知识产权范畴的特殊服务合同，主要条款包括合同范围、授权、改进和回授、文件审查、设计联络、技术服务、保密、合同价格、付款和付款条件、交付及交付条件、税费、保证、性能考核、专利侵权、赔偿责任、转让、保险、争议的解决及适用法律、不可抗力等，合同复杂、专业性强、知识面广且具有一定深度。一旦进入合同谈判环节，双方展开对各自权利的争夺，若无周密的组织安排、专业的知识背景、强大的技术力量、充分的实践经验作为支撑，谈判工作无法顺利开展。为更好地开展合同谈判，中方组织商务、技术、法律、财务人员，成立了谈判小组，小组成员分工合作，与外方实施多轮合同谈判。为便于区分，文中所说的外方为专利商，中方为谈判小组。谈判小组结合地位优劣、谈判目标等，对合同关键条款进行审慎评估，提出了修改意见，特别是对不合理的条款提出了建设性的解决方案，但专利商不采纳，坚持己见，谈判小组坚持立场，专利商无力反驳，以势压人，甚至加以言语攻击或者指责，谈判会场气氛较僵。

资料来源：吴红松，杨晓莉.引进专利技术合同谈判技巧及策略应用[J].招标采购管理，2021(12)：39－41.

(2)案例的思政元素

①责任担当精神。从引进专利技术合同谈判难点的角度出发，以真实案例为背景，向学生阐明专利技术合同复杂、专业性强、知识面广且具有一定深度，合同谈判环节中若无周密的组织安排、专业的知识背景、强大的技术力量、充分的实践经验作为支撑，谈判工作无法顺利开展，培养学生的责任担当精神。

②探索精神。引导学生对谈判实践工作的感性认识，明确合同谈判内容复杂，需要具备一定的专业知识与坚韧不拔的探索精神才能解决问题，使学生对优秀谈判人员所应具备的职业素养进行深层思考。

(3)教学手段

①讲授：在课程"国际商务谈判的主要内容"的教学中引入案例，讲述引进专利技术合同属于知识产权范畴的特殊服务合同，主要条款复杂，谈判难度较大，只有通过有效谈判，既保护中方利益，又使股东双方走向协同，才能实现合作共赢，而运用合同谈判技巧及策略尤为关键，可以引导学生的职业精神与探索精神。

②讨论：引进专利技术合同中采取何种谈判策略与技巧可实现双赢。

③学习测评：讨论结果现场点评，包括学生自评、互评、教师点评总结。

## 第四章 国际商务谈判人员组织与管理

**专业教学目标**

要实现高效的国际商务谈判，需要在谈判前进行谈判方案的筹划，在谈判中坚持谈判原则、精心选择谈判策略、灵活运用谈判技巧,而这些都离不开精明强干的谈判人员。同时,国际商务谈判往往不是一个人所完成的,需要谈判小组进行,这样就会涉及到要组织谈判小组,并配备好谈判班子,对谈判班子还要进行管理。本章主要讲述国际商务谈判人员的个体素质、群体构成及其组织与管理。

**【知识目标】**

1. 学生需要明确国际商务谈判人员的个体素质,包括谈判人员应具备的基本观念、基本知识、应有的能力和心理素质。

2. 学生需要掌握国际商务谈判人员的群体构成,包括谈判组织的构成原则、谈判人员的组织结构、谈判人员的分工配合。

3. 学生需要掌握国际商务谈判人员的管理,包括人事管理与组织管理。

**【能力目标】**

1. 培养学生具备忠于职守、平等互惠、团队精神的基本观念,具备"T"型知识结构。

2. 培养学生具备敏捷清晰的思维推理能力和较强的自控能力、信息表达与传递的能力、坚强的毅力和百折不挠的精神及不达目的决不罢休的自信心和决心、敏锐的洞察力、高度的预见和应变能力。

3. 培养学生在谈判实践中能够发挥团队合作精神,相互分工配合,形成素质良好、配合默契的高效团队。

4. 能够对谈判团队进行组织管理。

**课程思政教学目标及实践**

**【育人目标】**

1. 家国情怀与职业道德  作为国际商务谈判人员应忠于职守,不仅代表组织个体的经济利益,还肩负着维护国家利益的义务与责任,遵纪守法、廉洁奉公、忠于国家和组织,是谈判人员必备的职业道德。

2. 集体主义与团队精神  商务谈判人员必须具备集体主义精神和团队精神,需要在明确各自分工的基础上,协调配合一致对外,以争取己方获得更多的利益。

3. 职业规范  谈判人员应具备强大的心理素质与综合能力,体现在推理能力、自控能力、表达能力、洞察力、应变能力以及坚强的毅力和百折不挠的精神。

**【教学方式与方法】**

1. 自主预习:在超星学习通平台预习专业知识点,包括国际商务谈判人员的个体素质、群体构成及其组织与管理的内容;线下自主阅读文献资料,撰写阅读笔记。

2. 课堂讲授:启发式讲授国际商务谈判人员的个体素质、群体构成及其组织与管理。

3. 课堂案例分析与讨论:根据教学案例"澳大利亚与日本的铁矿石谈判"进行小组讨论,学生展示讨论结果,教师点评总结。

**【课程思政教学实例】**

**案例材料:澳大利亚与日本的铁矿石谈判**

(1)案例简介

澳大利亚 A 公司拟将某种铁矿石出售给日本的 B 公司。谈判一开始,日方谈判人员就直接指责澳方铁矿石的杂质含量高于双方事先约定的标准,产品质量存在严重问题,A 公司的信誉令人怀疑。日方人员想通过此种方式从气势上压倒 A 公司,从而迫使澳方在价格等条款上做出较大让步。然而 A 公司的谈判人员对日方的指责十分不满,他们坚持认为,根据澳国的检验标准,其产品是合格的,而且日方如此不负责任地指责 A 公司的信誉,简直令人忍无可忍。因此,日方人员话音未落,A 公司代表就开始反驳对方的职责,并回敬以类似的反击。双方就此展开了激烈的争论,致使谈判进程变数陡生。

资料来源:刘园.国际商务谈判(第二版)[M].首都经贸大学出版社,2009(01):96-97.

(2)案例的思政元素

①职业素养。本案例是一个反面案例,使学生意识到谈判双方一开始就产生了激烈争论,致使谈判进程变数陡生,主要是谈判人员缺乏应具备的职业素养,未将谈判对手看作是"问题的解决者",致使一开局就陷入争论,不利于后续谈判的开展,易产生矛盾甚至谈判告吹。引导学生应具备谈判人员的职业素养,建立谈判友好合作的谈判气氛。

②团队精神。通过案例使学生明确谈判队伍成员素质良好且相互配合协调,是谈判成功的基础。

**(3)教学手段**

①讲授:在课程"国际商务谈判人员的组织与管理"的教学内容中引入案例,通过讲述澳大利亚与日本的铁矿石谈判案例的经过,要求学生针对案例中双方的激烈争论,分析两家公司的做法各有何不妥?通过讨论引导学生对谈判人员职业素养的思考。

②讨论:针对案例,就澳大利亚与日本的铁矿石谈判结果进行预测并阐明原因。由澳大利亚与日本的铁矿石谈判一开始就产生检验标准与产品质量的分歧来引导学生分析"为什么谈判进程变数陡生?什么原因导致的?"以此引发学生对谈判人员的个体素质与团队合作的深层次的思考。

③学习测评:讨论结果现场点评,包括学生自评、互评、教师点评总结。

## 第五章 国际商务谈判前的准备

**专业教学目标**

"凡事预则立不预则废",谈判前的准备工作做得如何,在很大程度上决定了谈判能否顺利进行,以及能否达成有利于己方的协议。本章主要讲述国际商务谈判前的信息准备、谈判目标与谈判对象的确定、谈判方案的制订、模拟谈判、确定谈判中各交易条件的最低可接受限度。

**【知识目标】**

1. 学生掌握国际商务谈判信息的作用、国际商务谈判信息收集的主要内容、国际商务谈判信息资料的处理。

2. 学生掌握国际商务谈判主题的确定、国际商务谈判目标的确定、国际商务谈判目标的优化及其方法、国际商务谈判对象的确定。

3. 学生掌握制定国际商务谈判方案基本要求、国际商务谈判方案的主要内容。

**【能力目标】**

1. 培养学生国际商务谈判信息收集与处理的能力。

2. 培养学生确定国际商务谈判主题、国际商务谈判目标、国际商务谈判对象的能力。

3. 培养学生制订国际商务谈判方案的能力,包括确定谈判目标、规定谈判期限、拟定谈判议程、安排谈判人员、选择谈判地点等。

4. 培养学生能够进行模拟谈判的能力,能够在谈判正式开始前提出各种设想和臆测,进行谈判的想象练习和实际演习的能力。

**课程思政教学目标及实践**

**【育人目标】**

1. 职业素养 好的谈判方案一定具备战略目标正确可行、适应性强、灵敏度高的特点,这需要谈判人员具备收集大量可靠信息的能力,并通过判定准确有用的信息,发现机会与风险,以此捕捉达成协议的共同点,消除不利于双方的因素,促成谈判的效率。通过学习,使学生意识到谈判信息准备与谈判方案的制定对谈判成功的影响,进而养成良好的职业素养,善于分析判定各种信息,并制定可行的谈判方案。

2. 国际视野 谈判信息的收集包括市场信息、谈判对手的资料、技术信息、相关政策法规的信息、金融信息等,其中会涉及到谈判对手国家或地区的政治状况、与谈判内容有关的法律规定、各种关税政策、外汇管制政策、进出口配额、进口许可证制度等,要求学生具备广阔的国际视野,能够对关键重要的信息进行洞察分析。

3. 科学精神 制定谈判方案时,需要学生理性思维、逻辑清晰,能够运用科学的思维方式多角度分析问题,尤其是在进行模拟谈判时,还需要在正式谈判前进行各种设想,想象正式谈判时有可能发生的各种情况与整个过程,并随时修正模拟谈判中的错误,以此获得完善的谈判经验。通过课堂进行模拟谈判,使学生得到谈判实践锻炼的机会,激发勇于探究、不畏困难、积极寻求有效解决问题的方法、能力与韧性,培养学生的科学精神。

**【教学方式与方法】**

1. 自主预习:在超星学习通平台预习专业知识点,包括国际商务谈判前准备工作的主要内容;线下自主阅读文献资料,撰写阅读笔记。

2. 课堂讲授:任务导入式讲授国际商务谈判前的信息准备、谈判目标与谈判对象的确定、谈判方案的制订、确定谈判中各交易条件的最低可接受限度。

3. 课堂案例分析与讨论:根据教学案例"中国某公司与捷尔任斯基钢铁厂外贸合同的启示"进行小组讨论,学生展示案例讨论的结果,教师点评总结。

**【课程思政教学实例】**

**案例材料:中国某公司与捷尔任斯基钢铁厂外贸合同的启示**

**(1)案例简介**

乌克兰的捷尔任斯基钢铁厂从1997—2001年短短4年间,连续使三家中国公司上当受骗,特别是2001年9—10月间就连续有两家中国公司受骗。中方蒙受的直接经济损失总额达到230多万美元。而捷尔任斯基钢铁厂拒绝支付的理由却十分荒唐:他们或者说是企业领导层发生人事变动,新任领导不承担企业以前的债务责任;或者说是他们对该厂下属的外贸公司签署的合同不承担支付责任。很显然,捷尔任斯基钢铁厂的欺诈行为是有预谋的恶性行为。它之所以能够诈骗中国公司屡屡得手的重要原因在于,中国企业没有形成调查合作对象财务信息状况的观念,没有采取任何调查措施去了解它的资信情况。此外,由于捷尔任斯基钢铁厂是乌克兰的一个知名大企业,因此中方总是对它抱有幻想,在签订合同时过于相信对方,不注意审查合同内容,给对方留下违约的借口。

资料来源:白远.国际商务谈判——理论、案例分析与实践(第三版)[M].中国人民大学出版社,2012(06):32—33.

**(2)案例的思政元素**

①求真务实的态度。谈判前的信息调研包括对谈判对手的财务信用状况,但我国的一些公司往往忽略调查合作方的资信状况,常常是凭感觉和表面现象来确定对方的可靠程度,或仅凭一两次商业往来得到的印象便认为没有必要进一步调查,从而导致公司遭遇重大经济损失。通过"反面教材"引导学生求真务实的工作态度。

②职业规范。谈判对象的确定尤为慎重,避免盲目从事,在不了解客商情况、不知道国际市场及商情变化和在众多问题尚未搞清楚的情况下,不举行任何正式谈判;在选定谈判对象时要对对手的合法资格进行审查,要看谈判对方公司性质和资金状况、谈判对手的公司营运状况和财务状况、谈判对手商业信誉情况,使学生具备职业素养,做好谈判前的信息准备工作。

**(3)教学手段**

①讲授:在课程"谈判目标与对象的确定"的教学内容中引入案例,以"反面教材"的方式让学生明确谈判对手的确定要深入进行信息调查,以此引导学生的职业规范与求真务实的工作态度。

②讨论:如何防范外贸合同中的欺诈行为,引导学生要在法人资格、信誉、注册资金等方面对谈判对手进行严格审核。

③学习测评:讨论结果现场点评,包括学生自评、互评、教师点评总结。

## 第六章 国际商务谈判各阶段的策略

**专业教学目标**

国际商务谈判从正式开局到达成协议,要经历错综复杂、千变万化的过程,大体可以分为四个阶段,包括开局阶段、报价阶段、磋商阶段、成交阶段。本章主要围绕国际商务谈判中的不同阶段,对各阶段被广泛运用的谈判策略进行讲述,使学生掌握一定的谈判策略并在实践中加以灵活运用,有助有谈判战略目标的实现。

**【知识目标】**

1. 学生掌握开局阶段的策略、报价阶段的策略、磋商阶段的策略、成交阶段的策略。
2. 学生重点掌握开局阶段应考虑的因素、报价的先后顺序与如何报价、还价前的准备与让步策略。

**【能力目标】**

1. 培养学生创造良好谈判气氛、交换意见和做开场陈述的能力。
2. 培养学生确定己方报价、对待对方报价的能力,具备价格解释、价格评论的能力。

3. 培养学生灵活运用各种谈判策略迫使对方让步或是阻止对方进攻。
4. 培养学生巧妙运用场外交易、最后让步、不忘最后获利等策略的能力。

**课程思政教学目标及实践**

**【育人目标】**

1. 科学精神　制定国际商务谈判策略应遵循特定的逻辑思维,需要了解影响谈判的因素、寻找关键问题、确定具体目标、形成假设性方法、深度分析和比较假设方法、形成具体谈判策略、拟定行动计划草案等,整个过程步骤需要谈判者尊重客观事实和证据,能够运用科学的思维方式了解事物、解决问题、指导谈判行为,培养学生的科学精神。

2. 职业素养　谈判工作包含开局、报价、磋商、成交等阶段,不同阶段需要不同的沟通和交流策略,其中磋商阶段往往是耗时最长、最容易出现僵局和矛盾、最紧张而关键的阶段,谈判者要根据自身目的和各种需要,基于自身智慧、信息、技术、综合实力等与对方进行较量和博弈,这一阶段往往存在出现分歧、进攻、让步、产生僵局、倒退、破裂、缓和等情况,涉及的谈判内容繁杂、具体。引导学生意识到谈判者需要具备良好的职业素养才能担负重任。

**【教学方式与方法】**

1. 自主预习:在超星学习通平台预习专业知识点,包括国际商务谈判中不同阶段的谈判策略;线下自主阅读文献资料,撰写阅读笔记。
2. 课堂讲授:项目任务导入法讲授开局阶段、报价阶段、磋商阶段、成交阶段的谈判策略。
3. 课堂案例分析与讨论:根据教学案例"撒切尔夫人成功削减英国支付共同体经费的谈判"进行小组讨论,学生展示讨论结果,教师点评总结。

**【课程思政教学实例】**

**案例材料:撒切尔夫人成功削减英国支付共同体经费的谈判**

(1) 案例简介

1975年12月,在柏林召开的欧洲共同体首脑会议上,进行了削减英国支付欧洲共同体经费的谈判。各国首脑们原来以为英国政府可能希望削减3亿英镑,从谈判阶段实际出发,撒切尔夫人会首先提出削减3.5亿英镑。所以,他们就在谈判中,提议可以考虑削减2.5英镑。估计这样讨价还价下来,会在3亿英镑左右的数目上达成协议。可是,完全出乎各国首脑们的意料,撒切尔夫人狮子大开口,报出了10亿英镑的高价,使首脑们瞠目结舌,一致坚决反对。可撒切尔夫人坚持己见,在谈判桌上,适中表现出不与他国妥协的姿态。共同体各国首脑简直拿这位铁娘子没有任何办法,不得不迁就撒切尔夫人,结果不是在3.5亿英镑,也不是在2.5和10亿英镑的中间数6.25亿英镑,而是在8亿英镑的数目上达成协议,即同意英国对欧共体每年负担的经费削减8亿英镑。撒切尔夫人用报高价的手法获得了谈判的巨大成功。

资料来源:刘园.国际商务谈判(第五版)[M].中国人民大学出版社,2022(07):92-93.

(2) 案例的思政元素

①敢于挑战的精神。撒切尔夫人削减英国支付欧洲共同体经费报出了10亿英镑的高价,"狮子大开口"策略改变了各国首脑的预期目标,在底牌没有被发觉或是没有被确证之前,暗示对手并无选择余地,且英国绝不向对手妥协。通过案例,引导学生在困难面前应敢于挑战,绝不妥协的精神。

②职业精神。掌握行情是报价的基础,同时强调在报价时一定要权衡比较,设法找到价格所带来的利益与被接受的成功率之间的最佳结合点,通过案例讨论激发学生逻辑清晰、思维缜密、坚持不懈、大胆尝试、明智决策的职业精神。

(3) 教学手段

①讲授:在课程"报价阶段的策略"的教学内容中引入案例,着重讲述撒切尔夫人运用报高价的手法成功削减英国支付欧洲共同体经费,获得谈判的巨大成功。

②讨论:撒切尔夫人成功削减英国支付欧洲共同体经费的谈判启示,以此引导学生对如何确定报价进行思考,培养学生的职业素养。

③学习测评:讨论结果现场点评,包括学生自评、互评、教师点评总结。

## 第七章　国际商务谈判技巧

**专业教学目标**

谈判是借助于谈判双方的信息交流来完成的,谈判信息的传递与接收需要谈判人员之间的听、问、答、叙、辩来完成的。本章主要讲述听、问、答、叙、辩与说服他人等谈判技巧的运用。

**【知识目标】**

1. 学生掌握听、问、答、叙、辩与说服他人等谈判技巧。
2. 学生掌握倾听的规则、提问的要诀、辩论的进攻尺度、说服他人的要诀。

**【能力目标】**

1. 培养学生通过有效沟通,创造双赢解决方案的能力。
2. 培养学生全面了解不同国家的文化和思维差异,能开展跨文化沟通的能力。
3. 培养学生有效倾听、灵活发问、巧妙回答的能力。
4. 培养学生善于观察捕捉信息、辩路敏捷逻辑严密的能力。

**课程思政教学目标及实践**

**【育人目标】**

1. 国际视野　国际商务谈判中,不同谈判主体存在着个体差异,会出现诸多文化障碍。为最大限度地规避文化障碍在商务谈判中引发的冲突,各国的谈判人员不仅要具备强大的应对能力,还需具备完善的沟通能力,以促进国际商务谈判的顺利开展,避免由于跨文化障碍引起不必要的冲突。谈判人员既要克服交际语言的差异、风俗习惯的差异、文化价值观的差异,还要跨越思维方式的差异,需要谈判者具备全面的知识储备、全面了解不同国家的文化和思维差异才能从容应对,这有利于培养学生拓展国际视野。

2. 科学精神　当谈判中双方产生矛盾纠纷互不让步时,可使用客观标准破解利益冲突。需要建立公平的标准,包括对等原则、互利原则、行业标准与成本、市场价值的科学计算,并建立公平的分割利益的步骤等,这些需要用严密的逻辑推理来说服对方,并要讲明所遵从的客观标准。这些谈判技巧有助于引导培养学生树立科学精神。

3. 职业素养　谈判主要是借助于双方信息交流来展开的,信息交流主要包括信息的传递与接收,需要谈判人员之间的听、问、答、叙、看、辩及说服来实现。谈判人员要善于捕捉对方思维过程中的蛛丝马迹,及时了解对方的需求和动机;仔细倾听对方发言,注意观察对方的每一个细微动作,对方的仪态举止、神情姿势、重复语句、说话语气等都会反映其思想、愿望、隐藏的需求。这些可以引导学生对谈判人员职业素养要求的深层思考。

**【教学方式与方法】**

1. 自主预习:在超星学习通平台预习专业知识点,包括听、问、答、叙、辩与说服他人等谈判技巧;线下自主阅读文献资料,撰写阅读笔记。
2. 课堂讲授:案例教学法讲授听、问、答、叙、辩与说服他人等谈判技巧的运用;学生分组进行模拟谈判。
3. 课堂案例分析与讨论:根据教学案例"中国作家巧妙回答美国著名诗人的问题"进行小组讨论,学生展示讨论结果,教师点评总结。

**【课程思政教学实例】**

**案例材料:中国作家巧妙回答美国著名诗人的问题**

(1)案例简介

艾伦·金斯伯格是美国著名的诗人,在一次宴会上,他向中国作家提出一个怪谜,并请中国作家回答。谜面是"把一只2.5千克重的鸡装进一个只能装0.5千克的水瓶子里,用什么办法把它拿出来?"中国作家回答道:"您怎么放进去的,我就怎么拿出来,您凭嘴一说就把鸡装进瓶子,那么我就用语言这个工具再把鸡拿出来。"

资料来源:刘囤.国际商务谈判(第五版)[M].中国人民大学出版社,2022(07):178－179.

(2)案例的思政元素

职业素养。谈判者应在谈判桌上深入了解对方提出问题的目的和动机,经过思考、准确判断对方的用意再做回答效果更好。该案例有利于培养学生的职业素养,使学生明确在特定的谈判环境中能够寻求明智的解决办法是一种非常重要的谈判能力。

**(3)教学手段**

①讲授:在课程"国际商务谈判中答的技巧"的教学内容中引入案例,讲述美国诗人艾伦·金斯伯格有意抛出难以回答的问题,目的是让中国作家难堪,而中国作家凭借自己的智慧巧妙作答,化解了难堪。

②讨论:商务谈判中面对难以回答的问题如何做到回答得体,既能处理好与对方的关系又能保证己方的谈判利益。从美国诗人艾伦·金斯伯格抛出难以回答的问题入手,到中国作家对抛出难题的动机进行分析并巧妙回答,以此引导学生对"回答的技巧"进行思考。

③学习测评:讨论结果现场点评,包括学生自评、互评、教师点评总结。

## 第八章 国际商务谈判礼仪与谈判风格

**专业教学目标**

国际商务谈判中,懂得并掌握必要的国际商务谈判礼仪与礼节、深知各国谈判商人的谈判风格是谈判者必须具备的基本素养。本章主要讲述国际商务谈判礼仪与各国商人的谈判风格,有利于商务谈判沟通与交流。

**【知识目标】**

1. 学生了解国际商务谈判礼仪惯例与商务交往礼仪。

2. 学生了解各地区和国家不同的谈判风格、谈判礼仪与禁忌。

**【能力目标】**

1. 培养学生通晓国际商务交往基本礼仪的能力。

2. 培养学生针对不同地区和国家谈判风格的特点,能够开展有效沟通交流的能力,尤其是开展跨文化沟通交流的能力。

**课程思政教学目标及实践**

**【育人目标】**

1. 国际视野 由于世界各国政治制度、历史传统、经济状况、文化背景、风俗习惯、价值观存在明显差异,各国谈判者在国际商务谈判中会形成不同的谈判风格,也讲求不同的商务礼仪。因此,谈判者应在谈判之前熟悉各国文化差异,认真研究对方谈判人员的文化背景和特点,把握对方语言和非语言习惯、价值观、思维方式、行为方式、心理特征等,才能掌握谈判的主动权。因此,谈判者需要具备国际化视野,尊重和理解对方的文化、价值观、思维方式,这些对谈判者的基本要求有利于培养学生的国际视野。

2. 职业素养与职业道德 国际商务谈判的本质是跨国文化交流和跨国文化对话,因此需要谈判者熟悉跨国商务礼仪,并能正确地运用在国际商务谈判中,严格遵守时间,认清自己的位置,保持良好行为举止;正确运用国际谈判礼仪,深入了解他国文化,能够妥善梳理关系,建立长久的跨国业务关系,塑造良好形象,最终推进谈判的成功率。谈判礼仪的正确运用有利于培养学生的基本职业素养与职业道德。

3. 法治观念 在进行国际商务沟通时,要注意西方文化讲求契约文化,重视契约的精确性、权威性,契约一旦生效需要严格执行。契约文化会导致在国际商务谈判中有不同的伦理与法治观念,中方谈判者着重从伦理道德上考虑问题,西方谈判者着重用法律手段解决问题。因此,应培养学生在谈判实践中,重视契约精神与法治观念,合同签订会约束双方,一旦出现分歧或争议,通过正式程序予以解决。

**【教学方式与方法】**

1. 自主预习:在超星学习通平台预习专业知识点,包括国际商务谈判礼仪与谈判风格;线下观看《国际商务谈判礼仪》视频资料。

2. 课堂讲授:讲授国际商务谈判礼仪与各国商人谈判风格的注意要点,学生以小组为单位代表不同谈判国家进行各国商人谈判礼仪与风格总结。

3. 课堂案例分析与讨论:根据教学案例"美国公司竞争墨西哥项目缘何失败"进行小组讨论,学生展示讨论结果,教师点评总结。

**【课程思政教学实例】**
**案例材料：美国公司竞争墨西哥项目缘何失败**
**(1) 案例简介**
分别来自美国和瑞典的两家公司竞争墨西哥的一个重大基础设施合同，他们被邀请到墨西哥向有关部门展示他们的提案，并就合同的具体条款展开谈判。美国公司费尽心思制作了一个充满高科技手段的展示，美国公司的谈判队伍由高级技术专家、律师和翻译人员组成，住进了当地最豪华的酒店。美国人把展示地点选在了酒店的会议室，以期能在墨西哥的部长和其他官员面前发挥最好的状态。出人意料的是，在约定的时间内，美国人却发现根本没人来听他们的展示。一个小时后，官员们才开始陆续出现在会议室，和美国人开始闲聊，美国的主谈迫不得已地宣布展示应该开始了。墨西哥人虽然看上去很惊讶，但他们还是有礼貌地坐了下来。20 分钟后，墨西哥的部长终于来了，看到展示已经开始，他非常生气，要求美国人从头开始。共进午餐的时候，墨西哥人关心的都是一些个人资料，而非技术、产品方面的问题，这让美国人感到很惊讶。部长只和美国的领队简单地说了几句，没吃任何东西就走了。结果可想而知，这些美国人心情沮丧、两手空空离开了墨西哥。

资料来源：刘园．国际商务谈判（第五版）[M]．首都经济贸易大学出版社，2018(01)：263—264．

**(2) 案例的思政元素**
①国际视野与跨文化沟通。由"美国公司竞争墨西哥项目缘何失败"的案例使学生明确，在国际商务谈判中，谈判双方都渴望获得对方的尊重和理解，具备国际视野且懂得并掌握必要的跨文化沟通，是国际商务谈判专业工作者的基本素养。

②礼仪素养。作为一种道德规范，礼仪和礼节是人们文明程度的重要表现方式，在一定程度上反映了一个国家、一个民族和个人的文明程度与道德水准。国际商务谈判中要了解谈判对手的谈判风格与文化差异，引导学生具备国际商务谈判的礼仪素养，尊重谈判对手的商务习惯。

**(3) 教学手段**
①讲授：在课程"国际商务谈判礼仪与谈判风格"的教学内容中引入案例，引导学生明确跨文化沟通在国际商务谈判中的重要性，引导学生对商务谈判礼仪的深入重视。

②讨论：美国公司竞争墨西哥项目缘何失败？其原因何在？有何启示？在国际商务谈判中，除了发扬我国优良的文化传统外，还应在商务交往中注意哪些礼仪与商务禁忌。

③学习测评：讨论结果现场点评，包括学生自评、互评、教师点评总结。

## 四、课程思政的教学评价

### (一) 对教师的评价

**1. 教学准备的评价**

将《国际商务谈判》课程思政建设工作落实到课程的教学准备中。在教学准备中通过修订教学大纲将与课程有关的思政元素进行挖掘，据此设计课程的思政目标与思政内容；在教材选用及教案撰写、PPT 编写方面着重对思政元素进行总结归纳。

**2. 教学过程的评价**

将《国际商务谈判》课程思政建设工作贯穿到教学过程各环节之中。教师自我进行检验评价，形成检验评价闭环机制。教师自身是否主动提升思政能力？课程体系是否融入思政元素？教学过程中是否体现思政内容？主要是看教师是否采取了恰当的教学方式，将思政元素融入教学内容中，具体包括教学思路的设计、教学方法的运用、作业的布置与批改、平时成绩的考核等。

**3. 教学结果的评价**

建立《国际商务谈判》课程思政多维度评价体系，包括同行评议、随机听课、学生评教、教学督导、教学研究等，主要围绕评价本学期授课是否彰显思政成效。主要看以下几方面的思政成效：学生能否掌握国际商务谈判的基本理论知识，了解国际商务谈判的基本规律与原则，并通过谈判实践练习与模拟谈判，是否能够开展国际商务沟通与磋商，初步具备商务谈判人员应有的职业素养与职业道德，具有爱国精神、团队精神、坚韧不拔的精神；是否通过校内外的实践活动，能将所学国际商务谈判知识正确地应用于国际商务谈判实践，能否处理解决经贸磋商沟通工作中较为复杂的问题，从而具备国际视野，具备外贸谈判人员的法治观念、"小我融入大我"的价值观。

4. 评价结果的运用

对于同行评议、学生评教、教学督导等提出的改进建议，教师能否进行有针对地改进提升；尤其看教师能否通过《国际商务谈判》课程思政建设形成课程思政教学示范，辐射带动国贸专业其他课程形成思政课程体系；对学生考核的成绩分析进行运用，对下一轮课程教学进行反思与改进，提升课程思政效果。

(二)对学生的评价

1. 学习过程的评价

(1)诊断性评价。通过课前和课后设计场景与问题，对学生的"职业道德""个人价值观""职业能力与素养""集体主义观念与团队精神""遵纪守法""深度学习能力"等的程度进行评价，判断学生理解接受状况与教师讲授状况。

(2)形成性评价。通过学生参与课程情况、教学过程(回答问题、作业完成情况)的纪录、行为观察进行评价、反馈；检验学生是否认真完成了老师布置的任务，是否积极参与课程资料收集、课前预习阅读相关文献、课堂讨论和小组活动等教学过程，评价学生在课程学习过程中的积极性、互动性和参与度。

2. 学习效果的评价

形成终结性评价。通过学生的心得体会及课程收获，结合诊断性评价及形成性评价的结果，给予学生定性或定量的评价。包括通过平时作业、课堂讨论、资源库平台资料阅读笔记、随堂练习、参加谈判比赛、课程小论文、期末考试等多种形式，检验学生对课程思政元素的领会及其对思政元素的掌握程度。

3. 评价结果的运用

通过师生座谈和系上教研活动等形式，对学生的思政学习效果进行分析，看是否实现了课程思政的目标，并总结经验，找到不足，为下一轮课程提升课程思政的效果打好基础。

## 五、课程思政的教学素材

| 序号 | 内容 | 形式 |
| --- | --- | --- |
| 1 | 鲲鹏公司的一次价格让步 | 案例分析 |
| 2 | 中美贸易逆差成因分析及双边经贸谈判对策研究 | 文献资料 |
| 3 | 艾柯卡成功说服国会议员给克莱斯勒提供贷款担保 | 案例分析 |
| 4 | 1978年埃及和以色列在美国戴维营就西奈半岛归属问题的谈判 | 案例分析 |
| 5 | 从博弈论视角探讨商务谈判僵局的处理 | 文献资料 |
| 6 | 引进专利技术合同的谈判难点 | 文献资料 |
| 7 | 澳大利亚与日本的铁矿石谈判 | 案例分析 |
| 8 | 入世关税谈判方案诞生记 | 文献资料 |
| 9 | 中美知识产权谈判方案 | 文献资料 |
| 10 | 中国某公司与捷尔任斯基钢铁厂外贸合同的启示 | 案例分析 |
| 11 | 国际商务谈判磋商阶段策略 | 文献资料 |
| 12 | 从博弈论视角探讨商务谈判僵局的处理 | 文献资料 |
| 13 | 国际商务谈判中报价技巧及应用 | 文献资料 |
| 14 | 撒切尔夫人成功削减英国支付共同体经费的谈判 | 案例分析 |
| 15 | 国际商务谈判中的跨文化障碍及应对策略 | 文献资料 |
| 16 | 文化差异对国商务谈判的影响及对策研究 | 文献资料 |

续表

| 序号 | 内　　容 | 形式 |
| --- | --- | --- |
| 17 | 中国作家巧妙回答美国著名诗人的问题 | 文献资料 |
| 18 | 跨国礼仪在国际商务谈判中的运用研究 | 文献资料 |
| 19 | 中西商务谈判中的障碍及其应对策略 | 文献资料 |
| 20 | 美国公司竞争墨西哥项目缘何失败 | 案例分析 |
| 21 | 2021年专访石广生原部长（入世谈判的关键时刻） | 视频资料 |
| 22 | 专访同济大学教授程国强（"世界上最伟大的谈判"背后的故事） | 视频资料 |
| 23 | 越过鸭绿江第37集（李克农临行前向谈判人员赠言） | 视频资料 |
| 24 | 旗帜．中国青年说——第32集（重庆谈判） | 视频资料 |
| 25 | 金正昆"国际商务礼仪" | 视频资料 |
| 26 | 电影中国合伙人（2）——第45～48分钟 | 视频资料 |
| 27 | 中华人民共和国对外贸易法 | 政策法规 |
| 28 | 中华人民共和国合同法 | 政策法规 |

# 《国际物流》课程思政教学指南

苏珊珊　张恒梅

（西安财经大学）

## 一、课程简介与课程目标

### (一)课程简介

《国际物流》课程是高等院校国际贸易专业和贸易经济专业的专业课程之一,旨在引领学生认识国际物流的基本概念,掌握国际物流系统的运作流程以及国际物流活动的运行规则,其中要重点掌握国际物流活动核心子系统的业务规范以及相关国际规则。在此基础上,要求学生掌握国际物流活动中运输、通关和检验检疫、仓储、信息管理以及特殊监管区等具体业务流程,并从系统化视角设计国际物流业务方案。另外,学生还应通过学习本课程了解各国的国际物流政策、分析国际物流环境,了解当前发生的与国际物流活动相关的热点问题。

本课程综合运用讲授、启发式教学、案例教学、情境教学、小组合作式教学、学生进企业参观等多种教学方法,对不同国际物流运行系统和运行规则分别进行讲述,使学生对国际物流的系统理论、国际物流业务环节、国际物流活动的业务实践以及现行的国际物流业务规则有所认知。

本课程实现思想政治教育与专业教育的结合,将价值塑造、知识传授和能力培养融入课程内容设计、教学环节组织、教学效果测评的全过程,使学生通晓国际物流基本理论,理解当今国际经济中国际物流活动的运行规则,掌握国际物流业务流程和管理规范,具有国际化视野、现代思维、分析解决国际物流领域问题能力,能够客观认识理解中国国情与特色,以及国家地区之间的差异,更加坚定理想信念、强化民族自豪感和责任担当,能够充分意识和认识到自己所肩负的大国复兴的历史使命。

### (二)课程目标

本课程为专业选修课程。通过本课程的学习,使学生能够达到以下目标:

1. 知识目标:系统掌握国际物流理论基础,国际物流业务流程以及相关运行规则等专业基础知识与基本理论,同时具有在国际物流相关领域、行业内,较熟练开展国际货物运输、通关以及仓储等国际物流业务运营和管理中解决经贸工作复杂问题的专业能力。

2. 能力目标:能够养成接受终身教育的良好习惯,并能够掌握高效的学习方法;具有实践应用能力,能够在国际物流实践活动中灵活运用所掌握的专业知识。能够运用专业理论知识分析和解决实际问题;具备创新精神、创业意识和能力。

3. 育人目标:《国际物流》课程教学使命是培养职业化的跨境物流人才,培养为社会主义跨境物流事业建设的接班人。《国际物流》课程思政将秉承立德树人的教学理念,将专业知识与国际物流实践密切结合,培养学生的使命意识、担当意识和爱国情怀。通过在课程中大量融入和体现中国特色与经验,增进学生分析和解决问题的能力,引导学生树立良好的政治观、世界观、人生观和道德观,帮助其在创造社会价值过程中明确自身价值和社会定位。

### (三)课程教材和资料

➢ 推荐教材

宋志刚,王小丽.国际物流[M].北京:中国财政经济出版社,2022.

➢ 参考教材或推荐书籍

1. 黄新祥,宋娟娟,陈雅萍.国际物流(第2版)[M].北京:清华大学出版社,2020.
2. 杨长春.国际物流(第七版)[M].北京:首都经济贸易大学出版社,2020.

3. 陈言国.国际物流实务(第2版)[M],清华大学出版社,2020.
4. 董鑫,刘乔.跨境电商与国际物流实训教程[M],化学工业出版社,2021.

➢ 学术刊物与学习资源

国内外国际物流各类期刊。

学校图书馆提供的各种数字资源。

➢ 推荐网站

中国国际物流运输网：http://www.8656e.com.

中国物流网：http://www.iooloo.com.

维运网：http://www.weiyun001.com.

环球物流网：http://www.global56.com.

## 二、课程思政教学总体设计

### (一)课程思政教学目标

本课程加入大量的近期对当今世界经济以及国际物流发展格局可能产生巨大影响的文献资料、经典案例与实践成果。例如中国古代王朝的国际通道建设、我国国际物流滞后导致的双循环断链风险、苏伊士运河搁浅事故、中欧班列等中欧班列、高水平建设西部陆海新通道、我国海外仓发展现状及趋势等。具体而言,本课程的思政教学目标可以涉及以下八个维度:实现家国情怀、培育和践行社会主义核心价值观、融入中华优秀传统文化、牢固树立法治观念、深化职业规范与职业道德教育、培养科学精神、拓展国际视野。

1. 家国情怀

《国际物流》课程通过讲述"中国古代王朝的国际通道建设"以及"新欧亚大陆桥的建设"等案例,阐明了改革开放以来,在党中央的领导下,我国对外通道建设的曲折历程,让学生深刻了解国情历史,深化爱国意识。尤其强调在世界经济百年未有之大变局的背景下,在新一轮高水平对外开放的发展要求下,结合中欧班列、西部陆海新通道等近期国际和国内大事记对学生宣传我国"平等、互惠"等对外合作指导原则、开展爱党、爱国、爱社会主义、爱人民、爱集体的"五爱"教育。与此同时,本课程还会针对"我国国际物流滞后导致的双循环断链风险""西部陆海新通道",让学生深刻意识当前我国陆路和海上通道面临的发展困境,让学生树立为实现中华民族伟大复兴中国梦努力奋斗的理想信念。

2. 推动学生积极参与实践创新

通过业界访谈、官员学者进入课堂、组织学生参观访问"中欧班列""跨境物流企业"等,使学生能切身感受到我国国际物流事业的蓬勃发展,引导学生投身我国国际物流发展事业,将个人价值实现与民族复兴大业相契合;通过课堂教学组织设计和课程实践,鼓励学生参加各类创新创业比赛、学科竞赛、职业技能大赛、从业能力大赛等,开阔学生眼界,鼓励学生进行团队合作,实现个人能力培养与集体智慧结合,鼓励批判性思维,鼓励探索与创新。

3. 融入中华优秀传统文化

本课程注重融入中华民族对外交往的历史故事和历史传统,提升学生的文化自信;同时,熟悉不同国家和地区的国情差异,掌握跨文化沟通的基本规范。理解接受不同文化,以恰当的方式处理跨文化事务,不断提升跨文化沟通能力。在本课程讲述"张骞使西域""郑和下西洋"等历史故事,着重对学生讲授中华民族的历史先贤对海上通道和陆上通道的早期探索,向学生传输"和为贵"的我国传统对外交往基本理念,通过案例对学生进行中华优秀传统文化的教育,培养学生的民族自豪感,热爱和弘扬中华优秀的传统文化。

4. 牢固树立规则意识

跨国活动的主体既要遵循本国的法律法规,又要考虑国际通行的标准、规则和惯例。在讲述"国际货物海洋运输"和"国际铁路运输"章节中,重点讲解《海牙规则》《维茨比规则》《鹿特丹规则》以及《国际铁路货物联运协定》等。通过本课程学习,让学生认识到国际规则及本国法律法规都是开展跨境交付的重要前提,让学生牢固树立遵纪守法的意识,并激励学生通过运用法律武器捍卫贸易利益,使学生具备运用法治思维和法治方式维护自身权利、参与社会公共事务、化解矛盾纠纷的意识和能力;同时熟悉国内外相关法律、规则与惯例等。

5. 深化职业规范与职业道德教育

本课程培养学生具备自主、有效、持续学习的意识和能力;具有批判性思维与求真务实的科学精神,具备创新实践能力和自主创业的意识;能够理解和遵守职业道德与规范。职业道德的基本规范包括:诚实守信、忠于职守、忠于法规、专业专注、廉洁奉公、保守秘密、服务群众。通过本课程的知识讲解和案例解读,切实提高学生的职业道德修养。

6. 培养深度学习能力

本课程注重培养学生深度学习能力。深度学习是现代学习的前沿理论,指在理解学习的基础上,让学习者能够运用批判思维学习新的思想和事实,并把它们融入原有的认知结构中,对众多思想开展联系。深度学习能力培养强调了发展学习者的知识迁移能力、决策能力和解决问题能力。它鼓励学习者积极探索、反思和构造,而不仅是单纯的记忆。本课程让学生了解深度学习的内涵与主要构成要素,以及它的方式方法,引导鼓励学生乐学善学、勤于反思,将自身职业发展能够积极融入到新时期国家发展的核心关键领域。本课程在教学中通过培养学生积极的学习态度和浓厚的学习兴趣,帮助学生养成良好的学习习惯,掌握适合自身的学习方法,从而形成自主学习、终身学习和勤于反思的深度学习能力。例如,在讲述"国际铁路运输"章节中,通过对各类课程思政案例开展小组讨论、分组课堂展示等教学活动,引导学生通过资料收集、整理、分析和展示等教学过程,锻炼信息获取、评估、鉴别和使用的深度学习能力。

7. 拓展国际视野

地缘政治冲突加剧以及区域一体化合作加深是当前全球经济和政治格局发展的大趋势。在此背景下,国家经济的发展与建设需要具有国际视野的复合型高素质涉外人才。因此,在课程教学中,需要培养学生的国际视野与大格局意识。本课程通过让学生了解当前国际物流领域的新规则、新业态。例如,在讲述"国际物流系统"章节中引入"苏伊士运河搁浅事故"案例,介绍苏伊士运河搁浅后对国际物流系统、全球贸易乃至世界经济产生的负面效果,深入探讨我国国际物流系统拓展国际视野,鼓励学生为中国开放型经济建设做出新贡献。

(二)课程思政的教学内容

《国际物流》课程的思政内容可以涉及以下几方面:

1. 解析国家战略、法律法规和相关政策

结合本课程自身特点,通过经典案例教学法、经贸活动情境教学和实际体验法等教学方法,融入对国际物流领域相关国家战略、法律法规和政策的解析,帮助学生深刻理解国情国策、厚植家国情怀。

2. 引导学生深入国际物流社会实践、关注现实问题

本课程的教学中,围绕国际物流现实问题,通过课程的实践环节以及课外实践活动等不同类型的实践体验,持续提高学生解决国际物流实际问题的能力,引导学生从实践中来、到实践中去。例如,通过物流企业专家进课堂的教学方式,激发学生对国际物流现实问题的感知,并从理论角度理解现有活动开展的重要意义,切实做到理论与实践的紧密结合。

3. 培育学生遵纪守法、明礼诚信、以德经商的商业职业道德和素养

在本课程的教学中,重视对学生职业道德的培养。通过挖掘课程内容、设计教学过程,显性教育与隐性教育相统一地加强遵纪守法、诚信服务、公平竞争、爱岗敬业等商业职业道德教育。

4. 挖掘中华优秀传统文化中的商贸思想和事例,增强中华优秀文化认同

在课程教学中,重视对中华优秀的商贸文化的挖掘和传承。通过挖掘优秀商贸思想元素、融入教学过程,传统文化和现代商贸有机统一,服务于学生的专业知识传授,内在地提升对优秀中华文化的认同和传承。

(三)教学方法

本课程综合运用讲授、案例教学、小组合作式教学、企业家进课堂、实地参观情景模拟等多种教学方法,使学生掌握有关国际物流领域的基本概念、基本理论、运行程序和运行规则,培养学生运用理论知识分析现实国际物流热点和难点问题的能力,拓展国际视野,了解经济全球化背景下国际物流行业发展的新趋

势,具备国际物流业务从业人员职业道德标准与商业伦理。

# 三、课程各章节的课程思政教学内容设计

## 第一章 国际物流概述

**专业教学目标**

本章在介绍物流基本概念和内涵的基础上,对国际物流含义和特征、国际物流发展阶段和发展趋势,明确国际物流与国际贸易间关系,让学生构建国际物流基础理论的总体框架,把握国际物流的发展脉络及未来发展趋势,深刻体会国际物流与国际贸易之间密不可分的依存关系。

【知识目标】

1. 学生了解物流的概念、种类、物流的"七要素",了解物流在社会经济发展中的作用,物流系统的构成及主要功能,国际物流发展演变的过程。

2. 掌握国际物流的含义和特征,国际物流发展阶段和发展趋势,明确国际物流与国际贸易之间的关系。

【能力目标】

1. 培养学生从思辨的角度分析近期国际物流领域的新态势和新问题,能够从宏观视角梳理和判定国际物流发展态势。

2. 培养学生运用国际物流基本概念、特征分析当代国际物流现象的能力。

**课程思政教学目标及实践**

【育人目标】

1. 家国情怀 将学生的个人价值实现与国家新时期发展战略相结合,积极引导学生树立全球意识、开放心态;培养学生国家意识和社会主义核心价值观。

2. 融入中华优秀传统文化 融入中华民族对外交往的历史故事和历史传统,提升学生的文化自信;向学生传输"和为贵"的我国传统对外交往基本理念,通过案例对学生进行中华优秀传统文化的教育,培养学生的民族自豪感,热爱和弘扬中华优秀的传统文化。

【教学方式与方法】

1. 自主学习:通过线上课堂等平台学习国际物流概念、国际物流的发展特征、国际物流的分类。

2. 案例分析:在课堂中引入国际物流的发展趋势,让学生搜集各阶段国际物流发展的案例材料,并分析。

【课程思政教学实例】

**案例材料1:中国古代王朝的国际通道建设**

(1)案例简介

张骞出使西域又称张骞通西域,指的是汉武帝时期希望联合月氏夹击匈奴,派遣张骞出使西域各国的历史事件。建元三年(前138年),汉武帝招募使者出使大月氏欲联合共击匈奴,张骞应募任使者,西行至大宛,经康居,抵达大月氏,再至大夏,停留了一年多才返回。元朔三年(前126),匈奴内乱,张骞趁机逃回汉朝,向汉武帝详细报告了西域情况,武帝授以太中大夫。因张骞在西域有威信,后来汉所遣使者多称博望侯以取信于诸国。

张骞出使西域本为贯彻汉武帝联合大月氏抗击匈奴之战略意图,但出使西域后汉夷文化交往频繁,中原文明通过"丝绸之路"迅速向四周传播。因而,张骞出使西域这一历史事件便具有特殊的历史意义。张骞对开辟从中国通往西域的丝绸之路有卓越贡献,举世称道。

郑和下西洋是明代永乐、宣德年间的一场海上远航活动,首次航行始于永乐三年(1405年),末次航行结束于宣德八年(1433年),共计七次。由于使团正使由郑和担任,且船队航行至婆罗洲以西洋面。在七次航行中,三宝太监郑和率领船队从南京出发,在江苏太仓的刘家港集结,至福建福州长乐太平港驻泊伺风开洋,远航西太平洋和印度洋,拜访了30多个国家和地区,其中包括爪哇、苏门答腊、苏禄、彭亨、真腊、古里、暹罗、榜葛剌、阿丹、天方、左法尔、忽鲁谟斯、木骨都束等地,已知最远到达东非、红海。

郑和下西洋是中国古代规模最大、船只和海员最多、时间最久的海上航行,也是15世纪末欧洲地理大发现的航行以前世界历史上规模最大的一系列海上探险。然而,关于郑和船队的航海目的、航行范围等史实以及对七次航行的评价,仍存在争议。

资料来源:百度百科.张骞出使西域,https://baike.baidu.com,2022-8-21.

**(2)案例的思政元素**

①家国情怀。对张骞出使西域的政治、经济历史背景进行介绍,阐明中国古代王朝对于维护祖国边疆安全、积极开展对外交往的努力。结合当前国际形势的剧烈变化,培养学生的爱国情怀,启发学生深刻理解新时期国家发展战略。

②融入中华优秀传统文化。郑和下西洋在中国古代对外交往历史中具有重要意义。一方面,是中国历代开展的首次大规模远洋航行,积累了丰富的航海经验;另一方面,通过商品贸易推进国家间的经贸合作,对外传播中华民族的优秀文化。引发学生体会中华民族对外交往中"和为贵"的积极原则。

**(3)教学手段**

①讲授:国际物流的发展历程和现阶段的发展态势。在知识点"国际物流的含义和特征"中引入中国古代王朝的国际通道建设。张骞出使西域后汉夷文化交往频繁,中原文明通过"丝绸之路"迅速向四周传播。当时明朝在航海技术、船队规模、航程之远、持续时间、涉及领域等均领先于同一时期的西方,创造世界航海史的奇迹。郑和下西洋在航海时间、船队规模以及航海技术诸方面远远领先于西方世界,是哥伦布等人的航海活动所望尘莫及的。

②小组合作式教学:张骞出使西域和郑和下西洋对我国国际物流通道建设以及中国与世界贸易融通、文化融合的影响。

③学习测评:讨论结果现场点评,包括学生自评、互评、教师点评总结。

**案例材料2:新亚欧大陆桥**

**(1)案例简介**

1990年9月12日,我国兰新铁路西段与苏联土西铁路在中苏边境的新疆阿拉山口站和苏联德鲁日巴站之间胜利接轨,举世瞩目的新亚欧大陆桥全线贯通。中国和苏联的铁道部负责人,两国铁路建设者云集在中苏边境阿拉山口,用那把凝聚着两国人民友谊和心血的扳手,将中国的兰新铁路和苏联的土西铁路紧密连接在一起,从而宣告人类文明史上第二条亚欧大陆桥全线贯通,举世闻名的丝绸古道在20世纪90年代将成为沟通亚欧两大洲的钢铁通道。

新中国成立以前,甘肃兰州以西的人们从没见过火车的踪影,166万平方公里的新疆境内一寸铁路也没有,与欧洲铁路接轨更无从谈起,古老的丝绸之路淹没在黄沙与风尘之中。1952年,甘肃天水到兰州的天兰铁路建成通车后,毛主席亲笔题词"庆贺天兰路通车,继续努力修筑兰新路"。

1985年5月1日,兰新铁路乌鲁木齐至阿拉山口段的北疆铁路终于正式动工。在飞沙走石的风口,在沟壑纵横的荒漠,建设者们付出了难以想象的代价。原阿拉山口站运转副主任高保路回忆:当时我们阿拉山口建站的十八勇士,有十八位年轻的同志。当时的风大,一刮风,像我这样单薄的身体是出不了门的,出门就刮跑了。(冬天)天气很冷,戴着手套抓到车上,你松手的时候,手都粘在车梯子上了;夏天手抓到车梯子上的时候,烫得手都起泡。

由此,新疆从封闭的内陆地区一跃成为中国对外开放的桥头堡,新亚欧大陆桥也成为连接我国东、中、西部的经济大动脉。这条现代丝绸之路,正在新的历史征程中焕发出勃勃生机,成为亚欧贸易交流的大通道以及开创世界经济新格局的里程碑。

资料来源:百年瞬间——新欧亚大陆桥全线贯通[N].新京报,2022-8-21.

**(2)案例的思政元素**

家国情怀。简要介绍新亚欧大陆桥的早期建设活动以及建设过程中的艰辛,从上述历史故事的发展背景、发展经过以及评价等方面进行阐述,以此引发学生体会党中央在推进我国国际物流发展中的艰辛和不易。

**(3)教学手段**

①讲授:国际物流的发展历程和现阶段的发展态势。在知识点"国际物流发展历程和发展趋势"中引

入新亚欧大陆桥的早期建设活动以及建设过程。北疆铁路所连接的这座新亚欧大陆桥,缩短了亚欧两大洲客货运输的距离和时间,比绕印度洋走海路运输,费用可节省20%,运时可缩短50%。若与第一座(西伯利亚亚欧)大陆桥相比,运距可缩短2000多公里。

②案例分析教学:组织学生讨论新亚欧大陆桥建设的意义以及对我国与中亚、欧洲地区开展贸易的影响。

**案例材料3:我国国际物流发展滞后 双循环存在断链风险**

**(1)案例简介**

从国际能源供应链看,中东地区、南北美洲、俄罗斯是我国主要石油进口的区域。从农产品供应链看,我国大豆主要从南北美洲进口,肉奶等农副食品主要从澳洲、东欧、南北美洲进口。从矿石供应链看,铁矿、煤矿、有色金属等主要从澳洲、南美洲、非洲进口。初级产品国际物流通道较为集中,运距远,地缘政治冲突风险较高,且全球主要初级产品码头和国际能源运输通道都由发达国家掌控,我国对全球关键物流枢纽和节点控制力不强,运输通道安全隐患较多。

2021年,我国拥有货运飞机总数量198架,仅相当于UPS(595架)和Fedex(697架)这2家美国公司机队规模的15.3%。全球网络方面,我国航空物流企业全球布局进展缓慢,全球服务能力不强。例如,我国最大的货运航空公司顺丰航空也仅开通了20多条国际货运航线,且主要集中在东北亚、东南亚、南亚、中亚和欧洲地区,至今没有开通北美、南美、中东、非洲等地区的国际货运航线。与发达国家相比,我国国际航空货运能力薄弱,80%的国际航空货运量由国外航空货运公司或国际快递企业完成,航空货运对外依赖程度较高,对高新技术、高附加价值及高时效产品的运力资源保障能力亟待形成和增强。

资料来源:王微,李汉卿.论加快国际物流供应链体系建设畅通国内国际双循环[J].北京交通大学学报(社会科学版),2022(7):25-33.

**(2)案例的思政元素**

创新发展。简要介绍我国国际物流发展过程中存在的滞后性问题,从国际物流发展滞后的主要表现以及对我国双循环发展战略阻碍影响进行阐述,特别指出我国国际物流通道面临的发展风险,激发学生深入思考如何破解我国国际物流体系滞后以及实现国际物流通道安全的现实难题。

**(3)教学手段**

①讲授:国际物流发展新趋势、我国国际物流面临的新挑战及具体表现。在知识点"国际物流的发展历程和发展态势"中引入我国国际物流发展滞后的具体表现。我国目前的国际物流体系存在海运通道与枢纽布局被阻断的风险、国际交通运输治理参与度较弱等问题。对这些问题的了解可以激发学生的爱国情怀和创新精神。

②小组合作式教学:我国国际物流发展滞后对构建双循环体系可能产生的影响后果。

③学习测评:讨论结果现场点评,包括学生自评、互评、教师点评总结。

## 第二章 国际物流系统

**专业教学目标**

本章在介绍国际物流系统运作目标及运作模式的基础上,对国际物流的流动路径、国际物流网络的构成要素、国际物流网络的节点功能及其主要类型、国际物流网络建设状况等国际物流基本理论进行阐述,让学生深入掌握国际物流系统运行的基本构成要素和整体运行规律。

**【知识目标】**

1. 学生理解国际物流系统的运作目标及模式,熟悉国际物流的流动路径,了解国际物流网络的节点。
2. 掌握国际物流系统的构成、国际物流网络节点及其类型和功能、国际物流网络的建设。

**【能力目标】**

1. 培养学生运用国际物流节点和连线相关理论,深入分析现实经济中国际物流节点和连线堵塞事件可能产生国际物流风险的能力。
2. 培养学生通过图书、网络等各种途径自主、主动学习来获取、辨别和拓展国际物流知识及相关领域知识的能力。

**课程思政教学目标及实践**

**【育人目标】**

1. 培养深度学习能力 通过对各类课程思政案例开展小组讨论、分组课堂展示等教学活动,引导学生通过资料收集、整理、分析和展示等教学过程,锻炼信息获取、评估、鉴别和使用的深度学习能力。

2. 拓展国际视野 让学生了解当前国际物流领域的重大事件,以及此类事件对全球经贸国际贸易的影响以及对我国国际物流通道存在的潜在风险及如何防控问题进行深入思考,拓展国际视野,鼓励学生为中国开放型经济建设做出新贡献。

**【教学方式与方法】**

1. 课堂讲授:讲授国际物流系统运作目标及运作模式,国际物流的流动路径、国际物流网络的构成要素、国际物流网络的节点功能及其主要类型、国际物流网络建设状况等国际物流基本理论。

2. 讨论式教学:通过一组视频展示苏伊士运河搁浅事故,然后开展分组讨论:国际物流连线的阻塞对国际物流系统运作、国际贸易活动产生何种影响。与此同时,总结讨论结果并引导学生思考我国国际物流系统面临的问题及防范方法。

**【课程思政教学实例】**

**案例材料:苏伊士运河搁浅事故**

**(1)案例简介**

埃及时间 2021 年 3 月 23 日上午 8 时(北京时间下午 2 时)左右,台湾长荣集团旗下巴拿马籍货轮"永恒吉文号"(Ever Given),从红海北向进入苏伊士运河时,在河口南端 6 海里处,疑似遭受强风吹袭,造成船身偏离航道。意外触底搁浅。该船长达 400 米,宽近 60 米,排水量达 22 万吨,几乎完全侧着身子在运河中停了下来,而苏伊士运河在这一段只有 24 米深、205 米宽。

苏伊士运河建于 1869 年,可连结地中海和红海,是欧洲到亚洲的最短航道。约 12% 的世界贸易量都通过这条人造运河,这条运河也是埃及收入的主要来源。一位新加坡船务经纪人表示,这次堵塞会对货运产生很大影响。如果持续时间更长,可能会导致船期双向延误。业内人士表示,如果持续几周,将会严重扰乱世界航运。

3 月 27 日,英国《独立报》援引《劳埃德船舶日报》(Loyd's List Intelligence)报道,苏伊士运河上堵塞的船舶数量已达 248 艘。根据《劳埃德船舶日报》的统计,堵塞造成的延迟货物损失每小时达 4 亿美元。国际航运公会(ICS)发布声明,指出正在发生的大型集装箱船 Ever Given 轮("长赐号"轮)堵塞苏伊士运河事件反映了全球供应链的脆弱性。截至 2021 年 3 月 29 日,共有 450 艘船只因"长赐号"搁浅事故被卡住。其他船只则转向绕道非洲南端更长路线。

全球贸易面临巨额损失。苏伊士运河连接红海与地中海,是贯通欧亚非三大洲的重要国际海运航道。"长赐号"搁浅 6 天,对运河管理部门、等待通航的船只、等待货物的零售商等而言,都意味着将面临巨额损失;苏伊士运河"大堵",埃及政府每天的通行费损失就达到 1200 万~1400 万美元。对于停在苏伊士运河入口处等待通关的巨型油轮来说,每船每天需付 3 万~8 万美元停泊费。滞留在海面的船只当中至少有 20 艘装满牲畜,船上载有数千只牛羊。如果饲料耗尽,船又无法靠港,这些动物很可能面临饥饿、脱水和伤病等情况。

"长赐号"被成功施救后,事故责任方需要向负责救援的荷兰斯密特打捞公司支付救援费,预估可能高达数千万美元。苏伊士运河被堵期间,有数十艘船只选择了绕过非洲好望角的替代路线。相比通过苏伊士运河,替代路线将多耗费大约 2 周的时间,额外支付数十万美元的燃料和其他费用。德国保险公司安联最新研究显示,搁浅导致的苏伊士运河封锁或使全球贸易每天损失 60 亿~100 亿美元。

资料来源:陶宇轩、朱子源.苏伊士运河堵塞事件之鉴:加强关键海运通道通行风险防控[J].中国远洋海运,2022(05):23—26.

**(2)案例的思政元素**

①培养深度学习能力。要求学生通过新闻报道、学术期刊等等多种途径查找苏伊士运河搁浅事故的发展始末,引导学生收集、整理、分析资料,培养学生深度学习能力。

②拓展国际视野。苏伊士运河的堵塞给国际航运网络造成了巨大损失,导致全球海运价格暴涨,我国

与欧洲之间的国际货物交付时间延长、物流成本高企。组织学生从苏伊士运河堵塞对国际物流网络的影响、对全球经贸国际贸易的影响以及我国国际物流通道存在的潜在风险及其防控的方面开展讨论,拓展国际视野。

**(3)教学手段**

①讲授:国际物流网络的构成要素、国际物流网络的主要连线和国际物流节点。在知识点"国际物流网络的主要连线"中引入苏伊士运河堵塞对国际物流网络的影响。

②小组合作式教学:组织讨论苏伊士运河堵塞对我国国际物流通道风险防控的启示。

③学习测评:讨论结果现场点评,包括学生自评、互评、教师点评总结。

### 第三章 国际物流运输

**专业教学目标**

本章在介绍国际货物运输的意义和特点的基础上,明确各类国际货物运输的组织机构和运输方式。重点讲授各种运输方式的业务程序及货运单证的缮制方法以及海洋运输、国际铁路联运、国际多式联运、航空运输运费的计算方法。

**【知识目标】**

1. 学生理解不同类型国际货物运输的特点、优势及劣势,各类国际货物运输的组织机构和运输方式。

2. 掌握各种运输方式的业务程序及货运单证的缮制方法,海洋运输、国际铁路联运以及航空运输运费的计算方法。

**【能力目标】**

1. 培养学生具有系统扎实的国际货物运输操作能力。

2. 培养学生运用国际货物运输相关知识分析和解决运输实务操作中实际问题的能力。

3. 培养学生人际交往的能力,理解他人需求与意愿,能一起、平等、联合地完成各项工作。

**课程思政教学目标及实践**

**【育人目标】**

1. 家国情怀 将学生的个人价值实现与国家新时期发展战略相结合,积极引导学生树立全球意识、开放心态;培养学生国家意识和社会主义核心价值观。

2. 实践创新 使学生能切身感受到我国国际物流事业的蓬勃发展,引导学生投身我国国际物流发展事业,将个人价值实现与民族复兴大业相契合;鼓励学生进行团队合作,实现个人能力培养与集体智慧结合,鼓励批判性思维,鼓励探索与创新。

**【教学方式与方法】**

1. 课堂讲授:讲授国际货物运输的意义和特点、各类国际货物运输的组织机构和运输方式。重点讲授各种运输方式的业务程序及货运单证的缮制方法以及海洋运输、国际铁路联运、国际多式联运、航空运输运费的计算方法。

2. 企业参观:组织学生进入"中欧班列"集运中心开展参观。

3. 小组讨论:组织讨论中欧班列的开行线路、运作流程、主要成绩和面临困境。通过讨论培养学生具有正确的政治方向、良好的职业道德和积极的社会责任感,培养学生借助现代信息技术工具分析较为复杂国际物流问题的思辨能力。

**【课程思政教学实例】**

**案例材料1:中欧班列快速发展 让古老商路焕发生机**

**(1)案例简介**

从"经济之路"到"命运纽带",中欧班列开启互利共赢加速度。今年上半年,中国铁路乌鲁木齐局集团有限公司阿拉山口站、霍尔果斯站通行中欧(中亚)班列达6195列,再次刷新中欧班列通行新疆铁路口岸的纪录。不仅仅是新疆,越来越多的中国内陆腹地借助中欧班列加快走向开放前沿,打开了供需互促、优势互补的共赢大门。2016—2021年,中欧班列年运输货值由80亿美元提升至749亿美元,增长了9倍,在中欧贸易总额中的占比从1.5%提高到8%。中欧班列所经之处,新的物流、工业、商贸中心正拔地而起。

从"一条线"到"一张网",中欧班列成为快速发展大动脉。2011年3月,首趟中欧班列从重庆发出,开往德国杜伊斯堡,开启了中欧班列创新发展的序章。如今,中欧班列已累计开行超5万列,通达欧洲23个国家的185个城市,成为名副其实的国际贸易大动脉。中欧班列开辟新通道、新路径,正推动形成"畅通高效、多向延伸、海陆互联"的境外通道网络格局。沿着旧时丝路印记,中欧班列这支"钢铁驼队"满载货物,纵横山川,实现中欧跨越大陆的"握手",让古老商路生机焕发。

从"大写意"到"工笔画",中欧班列彰显惠及世界中国方案。中国积极参与全球开放合作、改善全球经济治理体系、促进全球共同发展繁荣、推动构建人类命运共同体,高质量共建"一带一路",使更多国家和人民获得发展机遇和实惠。全球瞩目之下,一批批旗舰项目拔地而起,一个个民生项目拔节生长,走进沿线国家和地区人民的生活。截至今年6月初,中国已与149个国家、32个国际组织签署200多份共建"一带一路"合作文件。世界清晰地看到,"一带一路"把世界的机遇变为中国的机遇,也把中国的机遇转变为世界的机遇。

资料来源:陈国军等.高水平共建西部陆海新通道[EB/OL].https://baijiahao.baidu.com,2022-07-30.

**(2)案例的思政元素**

家国情怀。从中欧班列的发展现状详细展示中欧班列目前的开行状况,联通国家数目以及对中欧贸易的联通作用,引导学生了解中欧班列并从事相关工作,激发学生将个人的职业发展与国家新时期发展战略相结合。

**(3)教学手段**

①讲授:国际铁路货物联运发展概况、国际铁路联运的主要规则、国际铁路联运的运作流程、国际铁路联运的主要单证以及国际铁路联运运费的计算方法知识点。在知识点"国际铁路货物联运的运作流程"中引入中欧班列案例。

②小组合作式教学:组织讨论中欧班列的开行线路、运作流程、主要成绩和面临困境。通过讨论培养学生具有正确的政治方向、良好的职业道德和积极的社会责任感,培养学生借助现代信息技术工具分析较为复杂国际物流问题的思辨能力。

③学习测评:讨论结果现场点评,包括学生自评、互评、教师点评总结。

**案例材料2:高水平建设西部陆海新通道**

**(1)案例简介**

湛江港充分发挥西南沿海港口群的主体港、中西部地区货物进出口的主通道作用,积极融入西部陆海新通道建设。湛江港集团联合港口、铁路、航运及代理等多方资源,优化东北至云南、贵州等西南地区的物流模式,引导大型海船公司提升南北集装箱班轮航线运力,提高集装箱班轮挂靠湛江港密度。争取沿线铁路局集团给予铁路运费下浮及运力保障,协同船务公司形成有竞争力的海运价格,在港口作业上优先保障西部陆海新通道海铁联运专列,提高集疏运效率。集装箱海铁联运弥补了之前铁路直发成本高、散船运输损耗大等不足,"辽港—湛江—西南"的集装箱南北协同效应日益彰显,西部粮食大动脉海铁联运模式初步形成。以从东北到贵州为例,海铁联运玉米物流运输周期比散船运输缩短5天,基本实现零损耗,货物品质得到保障。相比铁路直发运输成本节省500元/柜,企业资金周转加快,实现降本增效。

重庆跨境公路班车以南彭公路保税物流中心为支点架起欧洲与东盟的物流和经贸桥梁,是西部陆海新通道的重要载体。跨境公路班车具有时效性快、灵活性强、安全性高的优势,运输网络已覆盖中南半岛全境,同时实现了重庆与中亚地区陆运通道的互联互通。以重庆跨境公路班车公铁联运亚欧线(东盟—重庆南彭—欧洲)为例,已经为伍尔特等知名企业提供定制化物流服务,并为客户提供境外分拨中心进行集散和分拨。货物在东盟各国通过重庆跨境公路班车运抵重庆,在重庆南彭公路保税物流中心完成中转换装,再通过铁路运输至欧洲,全程运输时间只需20天,比传统海运方式节约1个多月,财务成本、时间成本大幅下降,企业资金周转率提高近2倍。且出发和到达时间固定,计划性强,有利于企业生产和物流安排。

资料来源:西部陆海新通道门户网.西部陆海新通道合作共建蹄疾步稳.https://www.xibulhxtd.cn,2022-4-18.

**(2)案例的思政元素**

实践创新:介绍西部陆海新通道的发展规划、发展措施和发展实践,从西部陆海新通道发展的顶层设计、具体落实措施和实践发展模式进行介绍,随着我国国际经贸合作的形式和内容不断丰富和深化,引导学生保持根据实践需求勇于创新的精神。

**(3) 教学手段**

①讲授:国际多式联运的基本概念及特征、国际多式联运经营人和国际多式联运的运营规则和业务流程。在知识点"国际多式联运的运营规则和业务流程"中引入西部陆海新通道的发展实践。对这些问题的了解可以激发学生的爱国情怀和创新精神。

②讨论:西部陆海新通道对我国国际物流通道建设的重大意义、西部陆海新通道的运作特点以及运作模式。

③学习测评:讨论结果现场点评,包括学生自评、互评、教师点评总结。

## 第四章 国际物流仓储

**专业教学目标**

本章介绍国际仓储在国际物流中的作用,在此基础上讲解仓储的功能及仓储的不同种类,让学生了解国际仓储业务的运作过程。其中重点讲授仓储管理的主要内容,保税仓库的监管模式以及保税物流的业务流程。

【知识目标】

1. 学生理解国际仓储在国际物流中的作用,仓储的功能及仓储的不同种类,国际仓储业务的运作过程。

2. 掌握保税仓库的主要类型、海关监管主要内容和进出货物业务流程、海外仓的基本概念、主要类型以及对国际供应链的稳定作用。

【能力目标】

1. 培养学生具有系统扎实的国际仓储业务运作能力,能够运用所学保税仓、海外仓以及其他海关监管仓库的理论知识解决实际问题的能力。

2. 培养学生能够捕捉贸易领域的国内和国际的重要新变化,并在全球化背景下结合国际物流理论加以分析和研判。

3. 培养学生独立思考解决现实问题的能力,以及在专业领域寻求新方法、新技能的创新能力,实现对贸易问题的多学科交叉融合解决。

**课程思政教学目标及实践**

【育人目标】

1. **家国情怀** 强调在世界经济百年未有之大变局的背景下,在新一轮高水平对外开放的发展要求下,让学生深刻意识当前我国陆路和海上通道面临的发展困境,让学生树立为实现中华民族伟大复兴中国梦努力奋斗的理想信念。

2. **实践创新** 使学生能切身感受到我国国际物流事业的蓬勃发展,引导学生投身我国国际物流发展事业,将个人价值实现与民族复兴大业相契合;鼓励学生进行团队合作,实现个人能力培养与集体智慧结合,鼓励批判性思维,鼓励探索与创新。

【教学方式与方法】

1. 课堂讲授:讲授国际仓储在国际物流中的作用,详细讲解仓储的功能及仓储的不同种类,以及仓储管理的主要内容,保税仓库的监管模式以及保税物流的业务流程。

2. 企业参观:组织学生国际港务区物流中心开展参观。

3. 小组讨论:组织讨论我国海外仓发展情况。通过讨论培养学生具有正确的政治方向、良好的职业道德和积极的社会责任感,培养学生借助现代信息技术工具分析较为复杂的国际物流问题的思辨能力。

【课程思政教学实例】

**案例材料1:我国海外仓发展现状及趋势**

(1)案例简介

根据商务部对外贸易司发布的数据,2020年跨境电商海外仓数量已超1800个,同比增长达80%,面积超1200万平方米,海外仓已成为跨境供应链新热点。未来发展较好的是东亚以及RCEP地区,由于国际贸易格局、核心链主都已经发生改变,同时随着RCEP自贸协定的谈判、核准与签署,中国将在全球供应链中扮演越来越重要的链主角色。目前我国已达成19个自由贸易协定,涉及包括巴基斯坦、柬埔寨、马尔代夫、韩国、新加坡、毛里求斯、格鲁吉亚、瑞士、冰岛、秘鲁、澳大利亚、哥斯达黎加、智利、新西兰等共计26个国家/地区。

此外,内、外部环境因素都为我国海外仓行业发展奠定了良好的基础。一是"十四五"规划中明确提出产业链、供应链、价值链融合发展的要求,鼓励建设海外仓;二是我国正在建设贸易新通道,追求贸易对等原则;三是跨境电商由高速发展阶段转向高质量发展阶段,量变到质变的升华。

资料来源:①汤莉.需求支撑 海外仓发展热度不减[N].国际商报,2022-07-25.
②梅冠群.统筹谋划海外仓建设,维护产业链供应链安全稳定[J].中国发展观察,2022(01):12-14.
③林备战.加大推进海外仓建设力度,提升中国物流话语权[J].中国远洋海运,2022(04):54-55.

**(2)案例的思政元素**

家国情怀。介绍我国海外仓行业的发展现状以及内外部影响因素,从我国海外仓的总量、分布情况以及未来发展的行业环境等进行介绍,以此引导学生了解我国国际物流仓储业务的最新发展趋势,使学生切身感受到我国国际物流事业的蓬勃发展,产生强烈的国家自豪感。

**(3)教学手段**

①讲授:海外仓的基本概念、主要类型以及对国际供应链的稳定作用。在知识点"海外仓的主要类型"中引入我国海外仓发展现状及趋势。对这些问题的了解可以激发学生的爱国情怀和创新精神。

②讨论:我国海外仓对跨境电商贸易活动以及国际供应链的稳定作用,引导学生认真思考在当前地缘冲突加剧以及全球经济面临的可能衰退态势下,如何通过海外仓的合理布局和高效运作稳定畅通我国国际供应链。

③学习测评:讨论结果现场点评,包括学生自评、互评、教师点评总结。

**案例材料2:洋浦港退税政策降低企业经营成本**

**(1)案例简介**

海南省洋浦港正全力推进西部陆海新通道区域国际集装箱枢纽港建设,从洋浦港可直达东盟各主要沿海国家,并可经中国香港、新加坡通达全球。2021年1月,财政部、海关总署等部委联合印发《关于海南自由贸易港试行启运港退税政策的通知》,洋浦港正式实施启运港退税政策。洋浦经济开发区着力推动洋浦港与15个启运港退税政策试点之间的内外贸同船运输和退税业务,包括西部陆海新通道沿线的广东湛江港和广西钦州港。通过落实政策、简化流程等方式,为企业外贸出口货物经洋浦港中转提供更多的便利措施。例如:2021年4月,装载有佛山逸日盈进出口有限公司生产的3个家电配件集装箱,搭乘内外贸同船"远泰28"轮305S航次,在启运港广州南沙港完成退税申报后,经洋浦港中转出口至孟加拉国。企业在启运港放行后的首个工作日即可提交退税申请,退税时间较一般情况减少6天左右,有效降低了时间和资金成本。

资料来源:西部陆海新通道门户网.推动西部陆海新通道建设再提速 海口海关全力助推洋浦打造国际航运枢纽.https://www.xibulhxtd.cn,2022-4-6.

**(2)案例的思政元素**

实践创新:介绍海南洋浦港创新发展出口退税政策,提高物流效率,降低企业的时间和资金成本,从洋浦港出口退税政策文件、出口退税流程以及现实效果等进行介绍,学生了解自由贸易区保税监管措施便利化的具体表现,需要学生认识到随着企业国际经营活动的不断发展,在国际物流领域需要不断创新发展模式和发展业态。

**(3)教学手段**

①讲授:保税仓库的主要类型、海关监管主要内容和进出货物业务流程。在知识点"保税仓库进出货物业务流程"中引入洋浦港退税政策降低企业经营成本的具体案例。对这些问题的了解可以帮助学生掌握行业发展的最新前沿。

②讨论:保税物流便利化对企业经营活动的影响以及我国海外监管仓库发展过程中的创新模式和创新业态。

③学习测评:讨论结果现场点评,包括学生自评、互评、教师点评总结。

## 第五章 国际物流服务

**专业教学目标**

本章介绍船舶代理主要业务,国际货运代理的作用,国际第三方物流的服务内容及特点。着重介绍国际货运代理的责任及服务范围、国际货运代理业务、国际第三方物流客户服务水平以及经营管理。

**【知识目标】**

1. 学生理解船舶代理主要业务、国际货运代理的作用,国际第三方物流的服务内容以及特点。

2. 掌握国际货运代理的责任及服务范围,掌握国际货运代理业务、国际第三方物流客户服务水平的确定及经营管理。

**【能力目标】**

1. 培养学生具有系统扎实的国际物流基础知识、专业核心知识和专业技能。

2. 培养学生具有持续适应物流行业变化的能力和及时了解新规则、新要求和新法规的能力。

3. 培养学生独立思考解决现实问题的能力,以及在专业领域寻求新方法、新技能的创新能力,实现对物流问题的多学科交叉融合解决。

**课程思政教学目标及实践**

**【育人目标】**

1. 规则意识  让学生认识到国际规则及本国法律法规是国际物流业务运作的重要前提,让学生牢固树立遵纪守法的意识,并激励学生通过运用法律武器捍卫贸易利益,使学生具备运用法治思维和法治方式维护自身权利、参与社会公共事务、化解矛盾纠纷的意识和能力;同时熟悉国内外相关法律、规则与惯例等。

2. 深化职业规范与职业道德教育  培养学生理解和遵守职业道德与规范。通过本课程的知识讲解和案例解读,切实提高学生的职业道德修养。

**【教学方式与方法】**

小组讨论:组织学生讨论《海牙规则》《维茨比规则》等国际物流规则的异同。通过讨论培养学生具有正确的政治方向、良好的职业道德和积极的社会责任感,培养学生借助现代信息技术工具分析较为复杂国际物流问题的思辨能力。

**【课程思政教学实例】**

**案例材料:日本公司诉我国 C 代理公司承担货损赔偿责任**

(1)案例简介

2021 年 9 月 20 日,某食品有限公司(以下简称 A 公司)和某土产畜产进出口公司(以下简称 B 公司)分别与日本 KI FRESH ACCESS INC.(以下简称日本 KI 公司)签订了销售合同书,约定 KI 公司向两公司购买新鲜香菇。货物在装箱时,A 公司 603 纸箱的鲜香菇和 B 公司 726 纸箱的鲜香菇,被装入一个冷藏集装箱内。某货运代理公司(以下简称 C 公司)以自己的名义为上述货物签发了两套提单,载明托运人分别为 A 公司和 B 公司,收货人均为 KI 公司。此后,C 公司又与上海某海运股份有限公司(以下简称 D 公司)联系实际运输事宜,由 D 公司实际承运了涉案货物。C 公司向 D 公司支付了运费。货物运抵日本后,KI 公司提货发现货损,于是请求日本海事鉴定协会对货物作了检验,原来是由于冷藏集装箱在运输途中发生故障致使箱内温度升高,导致了货损。之后,KI 公司对货物进行分拣,部分出售,部分作废弃物处理。12 月 25 日,KI 公司向上海海事法院出具了日本海事鉴定协会的检验报告,要求判令 C 公司赔偿损失。C 公司以货损发生在 D 公司控制货物的期间内,且自己只是替 A 公司和 B 公司办理运输事宜为由,要求判令 D 公司承担赔偿责任。D 公司公司以自己与日本 KI 公司之间不存在契约关系为由,要求驳回日本 KI 公司的诉讼请求。

资料来源:郭牧遥.浅谈国际货运代理人规避无单放货风险的对策[J].法制博览,2018(26):185.

(2)案例的思政元素

①规则意识。从国际货运代理业务的事件经过、案例中国际货运代理法律责任等进行介绍,让学生认识到国际规则及本国法律法规是国际物流业务运作的重要前提,牢固树立遵纪守法的意识,并激励学生通过运用法律武器捍卫贸易利益。

②深化职业规范与职业道德教育。组织学生讨论 C 货代公司是否应当承担对日本公司的赔偿自认，引导学生认识到遵守职业道德规范的重要性，提升学生的职业道德修养。

**(3)教学手段**

①讲授：国际船舶代理的定义和特征、国际船舶代理的主要责任以及国际船舶代理主要业务。在知识点"国际船舶代理的主要责任"中引入日本公司诉我国 C 代理公司承担货损赔偿责任具体案例。对这些问题的了解可以帮助学生掌握我国关于国际货运代理法律地位和法律责任的相关规定。

②企业专家进课堂：邀请国际货运代理公司的企业家进入课堂，为学生开展讲座，深入讲解我国国际货运代理企业在开展涉外业务中遇到的风险和具体防范措施，进一步深化学生的规则意识，帮助学生树立良好的职业道德规范。

③讨论：C 货代公司是否应当承担对日本公司的赔偿责任。视频资源、文献资源为翻转课堂提供支架；课堂展示、师生思辨讨论实现课堂高阶性、高效性。

④学习测评：讨论结果现场点评，包括学生自评、互评、教师点评总结。

### 第六章　国际物流信息系统与标准化

**专业教学目标**

本章在介绍国际物流信息系统及其作用的基础上，详细解释信息技术在国际物流中的应用，标准化对于国际物流的重要意义、国内外物流标准化的现状。重点要求学生掌握国际物流运作过程中的信息特点、国际物流信息系统管理方法和发展实践。

【知识目标】

1. 学生理解国际物流信息系统及其作用、信息技术在国际物流中的应用、标准化对于国际物流的重要意义以及国内外物流标准化的现状。

2. 掌握国际物流运作过程中的信息特点、国际物流信息系统管理方法和发展实践。

【能力目标】

1. 培养学生具有系统扎实的国际物流系统运用技能，能够运用理论分析国际物流信息系统运作的问题。

2. 培养学生能够捕捉国际物流领域的国内和国际的重要新变化，并在全球化、信息化背景下结合国际物流前沿理论加以分析和研判。

**课程思政教学目标及实践**

【育人目标】

2. 实践创新　使学生能切身感受到我国国际物流事业的蓬勃发展，引导学生投身我国国际物流发展事业，将个人价值实现与民族复兴大业相契合；鼓励学生进行团队合作，实现个人能力培养与集体智慧结合，鼓励批判性思维，鼓励探索与创新。

【教学方式与方法】

1. 课堂讲授：讲授国际物流信息的特征、作用以及国际物流信息管理系统。

2. 实验平台教学：利用学校外贸单证模拟实训平台，让学生亲身"单一窗口"的运作流程和运作模式。

3. 小组讨论：组织学生讨论海南省"单一窗口"空港口岸物流服务系统对海南省航空物流活动的影响。通过讨论培养学生具有正确的政治方向、良好的职业道德和积极的社会责任感，培养学生借助现代信息技术工具分析较为复杂国际物流问题的思辨能力。

【课程思政教学实例】

**案例材料：海南省"单一窗口"空港口岸物流服务系统**

**(1)案例简介**

近日，海南"单一窗口"空港口岸物流服务系统上线，通过"空港口岸作业电子化""智慧关务"等功能模块推进航空物流电子化作业，提高了企业通关效率。

2021 年 8 月，海南被列入全国航空物流试点地区。省商务厅（口岸办）与海口海关、海口美兰机场等积极协作，于今年 4 月完成试点阶段性任务，在海南国际贸易"单一窗口"上线了空港口岸物流服务系统。该系统通过"空港口岸作业电子化""智慧关务"及"区域业务协同管理"等功能应用,实现海口美兰机场航空货运业务的"一次录入、一单多报、一站获取"。

"智慧关务"功能结合人工智能技术,实现了智能识别制单与数据逻辑校验,企业只需上传合同、发票、箱单、提运单等原始凭证,系统即可自动生成报关所需的各类单证,并自动提交至国际贸易"单一窗口"申报。

"空港口岸作业电子化"功能全面覆盖跨境航空物流日常工作中进出口货物的交货申报、交提货预约、收运核查、安检申报、交货确认、电子提货等核心空港口岸作业业务,在减少托运书、安检申报单、海关查验单、货物放行单、电子运单等10余种空港口岸通关业务纸质单证的同时,可实现航空物流进港四大环节9个节点、出港8大环节15个节点全流程单证电子化流转。

目前,海南省商务厅(口岸办)会同海口海关积极开展空港口岸物流服务系统应用推广和功能复制,争取今年10月前将"空港口岸作业电子化"复制推广至三亚凤凰国际机场和博鳌机场,实现海南省空港口岸航空物流全流程单证电子化流转,提升空港口岸公共服务和保障能力。

资料来源:中华人民共和国国家发展和改革委员会.海南国际贸易"单一窗口"空港口岸物流服务系统上线,https://www.ndrc.gov.cn.2022-06-24.

**(2)案例的思政元素**

科学精神和实践创新。从"智慧关务"的申报流程线上化以及"空港口岸作业电子化"的国际物流业务流程电子化等进行介绍,引导学生深刻认识我国国际物流系统信息化实践及未来发展趋势。通过利用学校外贸单证模拟实训平台,实际探究电子化报关的运作流程和运作方式。

**(3)教学手段**

①讲授:国际物流信息的特征、作用以及国际物流信息管理系统。在知识点"国际物流信息管理系统"中引入海南省"单一窗口"空港口岸物流服务系统的具体案例。对这些问题的了解可以帮助学生掌握我国国际物流系统信息化发展的最新实践。

②情景模拟:组织学生利用学校外贸单证模拟实训平台,让学生亲身"单一窗口"的运作流程和运作模式。

③讨论:海南省"单一窗口"空港口岸物流服务系统对海南省航空物流活动的影响。视频资源、文献资源为翻转课堂提供支架;课堂展示、师生思辨讨论实现课堂高阶性、高效性。

④学习测评:讨论结果现场点评,包括学生自评、互评、教师点评总结。

## 四、课程思政的教学评价

《国际物流》课程思政的评价需要构建"主体、内容、方法、标准"的多元化评价体系。首先,评价主体多元化。通过增加师生互评,加强师生互动;建立班级评议小组,通过检查学习资料的方式,定期对全班同学的学习成效进行自评与互评。其次,丰富评价内容。增加单元评价和知识、情感、能力目标评价,重构形成性评价与终结性评价的标准与内容。最后,优化评价模式与方法。采用"评价学习过程+评价教学过程+评价课外学习"的全过程评价模式。

## 五、课程思政的教学素材

| 序号 | 内　　容 | 形式 |
|---|---|---|
| 1 | 中国古代王朝的国际通道建设 | 阅读材料 |
| 2 | 新欧亚大陆桥的建设 | 阅读材料 |
| 3 | 我国国际物流滞后导致的双循环断链风险 | 学术论文 |
| 4 | 苏伊士运河搁浅事故 | 视频资料 阅读材料 |
| 5 | 中欧班列快速发展 让古老商路焕发生机 | 视频资料 阅读材料 |
| 6 | 高水平建设西部陆海新通道 | 阅读材料 |
| 7 | 我国海外仓发展现状及趋势 | 阅读材料 研究报告 |
| 8 | 洋浦港退税政策降低企业经营成本 | 阅读材料 |
| 9 | 日本公司诉我国C代理公司承担货损赔偿责任 | 企业案例 |
| 10 | 海南省"单一窗口"空港口岸物流服务系统 | 政务案例 |
| 11 | 《鹿特丹规则》 | 国际条约 |
| 12 | 《铁路货物运输国际条约》 | 国际条约 |
| 13 | 《政府间陆港协定》 | 国际条约 |
| 14 | 《联合国国际货物多式联运公约》 | 国际条约 |
| 15 | "十四五"推进西部陆海新通道高质量建设实施方案 | 政策文件 |

# 《国际经济学》课程思政教学指南

党军[1] 刘辉群[2] 王石[1] 吕丽蓉[1] 范云芳[3] 武俞辰[3] 高洋[3] 陈璐[3] 黄暄[3] 韩海英[3]

([1] 西安外国语大学 [2] 天津商业大学 [3] 西安财经大学)

## 一、课程简介与课程目标

### (一)课程简介

《国际经济学》课程是国际经济与贸易专业的核心课程,旨在研究开放经济环境下一个经济体与外部世界的经济关系,以及资源在国际范围内的最优配置。通过本课程的学习,让学生对国际经济学的体系有一个明确而深入的把握,熟练掌握国际经济学中的各种分析方法,从而认识、理解国际经济中的主要现象、历史演变和发展趋势。本课程以微观经济学和宏观经济学作为理论基础,是经济学一般理论在国际经济范围内的延伸和应用,是整个经济学体系的有机组成部分。其主要内容涉及:国际贸易的理论与政策、国际金融的相关理论与政策、生产要素的国际流动、国际投资的基本理论、开放的宏观经济政策、国际经济一体化以及国际经济秩序等,并对国际经济中的新现象、新事物、新的研究成果给予关注。

本课程坚持"以学生为中心"的教学理念,从传统的单向授课模式转变为互动探究教学模式;践行教学创新,重点利用先进的信息手段开展翻转课堂、监控教学效果;坚持弘扬社会主义核心价值观,用国际经济学理论分析前沿国际经济热点,凸显中国改革开放发展成就,从而树立学生的爱国思想和历史使命。

### (二)课程目标

本课程为专业必修课。通过本课程的学习,使学生达到以下目标:

1. 知识目标:本课程使学生系统了解国际经济学中的基本概念、基本知识和基本理论;熟练掌握国际经济学中的主要分析方法和基本模型;在掌握基本原理的基础上,能够对国际经济中的主要现象、历史演变和发展趋势有总体的认识和理解。

2. 能力目标:通过本课程的教学,使学生对国际经济学的整体体系有明确把握,并做到理论与实践相结合,提高学生的理论基础和应用能力,培养学生综合分析问题、解决问题的能力。特别是对将跻身外贸行业的学生,本课程将不同程度地提高他们的实际工作能力,为我国对外开放的进一步发展服务。

3. 育人目标:本课程以培养具有国际视野、开放包容精神的高素质外贸人才为目标,坚持弘扬社会主义核心价值观,用国际经济学理论分析前沿国际经济热点,凸显中国改革开放发展成就,从而树立学生的爱国思想和历史使命。

### (三)课程教材和资料

➢ 推荐教材

保罗.R.克鲁格曼等.国际经济学:理论与政策(第十一版)[M].北京:中国人民大学出版社,2021.

➢ 参考教材或推荐书籍

1. 李坤望.国际经济学(第四版)[M].北京:高等教育出版社,2017.
2. 黄卫平,彭刚.国际经济学教程(第四版)[M].北京:中国人民大学出版社,2019.

➢ 学术刊物与学习资源

国内外国际经济与贸易类各类期刊。

学校图书馆提供的各种数字资源,特别是"中国知网"。

➢ 推荐网站

中华人民共和国商务部:http://www.mofcom.gov.cn/.

中国贸促网 http://www.ccpit.org/.

WTO,http://www.wto.org.
UNCTAD,http://www.unctad.org.

# 二、课程思政教学总体设计

## (一)课程思政教学目标

国际经济学在经济学类专业教学中处于非常重要的地位。更好地将国际经济学理论与社会主义思政元素相结合,对国际经济学教学工作来说,既是艰巨的任务,也是义不容辞的责任。

国际经济学研究国家之间的经贸关系,在教学过程中注重国际理念,培养学生面向世界、心系祖国的家国情怀和国际化视野。在教学中,用国际经济学理论分析前沿国际经济热点,凸显中国改革开放发展成就,从而树立学生的爱国思想和历史使命。时刻牢记"全员育人、全过程育人、全方位育人"的基本要求,结合国际经贸局势与热点问题,根据每章教学内容,定位专业知识与思想政治教育的契合点,将思想政治教育有机地融入到专业知识的教学中,引导学生正确认识中国改革开放政策的正确性,树牢"四个意识"、坚定"四个自信",增强学生的"主人翁"意识,形塑学生的"家、国、天下"的情怀。

具体而言,本课程的思政教学目标涉及以下八个维度:实现政治认同、家国情怀、培育和践行社会主义核心价值观、融入中华优秀传统文化、牢固树立法治观念、深化职业规范与职业道德教育、培养科学精神、拓展国际视野。

### 1. 实现政治认同

《国际经济学》在授课过程中引入中国外贸发展的历史和趋势、中国改革开放 40 年的发展成就以及"一带一路"倡议下取得的成果等资料和案例,引导学生理解社会经济制度的历史性变革和国家取得的历史性成就,进一步引导青年学子们坚定中国特色社会主义道路自信、理论自信、制度自信、文化自信的"四个自信";传递坚持中国共产党领导的重要性,从而认同"中国共产党为什么能、马克思主义为什么行、社会主义为什么好",增强学生的政治认同;引领学生充分认识中国共产党正确领导的意义和社会主义制度的优越性;激发学生们的历史使命感、自豪感和责任感。

### 2. 家国情怀

《国际经济学》课程中,通过标准贸易模型中的偏向型经济增长理论,引导学生将个人价值实现与科技兴国战略相结合;关于外部经济理论,以桥头镇纽扣产业为例,体现中国作为劳动高密集型产品出口大国,实现外部规模经济效应从而获益;关于国际劳动力流动模型,通过我国高科技人才近几年的回流,反观我国经济科技高速发展对国内外人才的吸引,说明国家发展和个人发展的密切关联,增加学生的民族自豪感,潜移默化植入报效祖国的爱国主义情怀;在国际收支平衡问题的阐述中,介绍改革开放使我国获得了巨额的外汇储备,我国在国际市场上的话语权不断增加,综合国力不断增强,使学生树立坚持改革开放的信心和决心,培养学生的爱党爱国精神,坚定"四个自信"、做到"两个维护"。

### 3. 培育和践行社会主义核心价值观

社会主义核心价值体系是社会主义制度在价值层面的本质规定,反映了我国社会主义基本制度的本质要求。在《国际经济学》教学中,通过一以贯之的中国成就、中国价值、中国模式等正能量的传播,帮助学生建立和强化社会主义核心价值观;通过向学生播放和展示经济新闻、业界访谈、专题考察等视频、图像、文字资料,使学生能切身感受到国家的快速发展、机遇与挑战,引导学生将个人价值实现与民族复兴大业相契合;通过课堂教学组织设计和课程实践,鼓励学生参加各类创新创业比赛、国际贸易学科竞赛、从业能力大赛等,开阔学生眼界,鼓励学生进行团队合作,实现个人能力培养与集体智慧结合,鼓励批判性思维,鼓励探索与创新。

### 4. 融入中华优秀传统文化

历史文化是一个国家、民族发展演变的历史记忆,是一个民族得以延续的精神基因。中国文化源远流长,中国文化对古代东亚、东南亚产生了很大的影响。通过对学生开展历史文化的教育,可以激发学生的爱国主义情怀,培育高度的文化自信,增强对专业的认同认可。本课程注重融入中华优秀传统文化的精髓,特别是优秀商贸文化的传承,引导学生熟悉我国人文社会科学领域的基础知识,提升文化自信;同时,熟悉不同国家和地区的国情差异,掌握跨文化沟通的基本规范。以"中国人"自豪,热爱和弘扬中华优秀的传统文化;理解接受不同文化,以得当的方式处理跨文化事务,不断提升跨文化沟通能力。《国际经济学》课程在比较优势理论、要素禀赋理论以及外部经济理论中,通过一系列案例对学生进行中华优秀传统文化的教育和熏陶。

5. 牢固树立法治观念

通过本课程学习,让学生认识到国际条约、东道国法律法规及本国法律法规都是开展对外贸易的重要前提,让学生牢固树立遵纪守法的意识,并激励学生通过运用法律武器捍卫贸易利益,使学生具备运用法治思维和法治方式维护自身权利、参与社会公共事务、化解矛盾纠纷的意识和能力;同时熟悉国内外经贸相关法律、规则与惯例等。

6. 深化职业规范与职业道德教育

通过本课程的知识讲解和案例解读,切实提高学生的职业道德修养。经贸专业的学生,不仅要具备"爱岗敬业、诚实守信、办事公道、热情服务、奉献社会"职业道德的基本要求,而且要具有奉献精神、风险意识、吃苦耐劳等职业品质。通过介绍"区域经济一体化"的发展与实践,引导学生树立牢固的法治观念,具备运用法治思维和法治方式参与国际事务的能力。

7. 培养科学精神

本课程注重培养学生的科学精神。科学精神是伴随近代科学的诞生,在继承人类先前思想遗产的基础上,逐渐发展起来的科学理念和科学传统的积淀,是科学文化深层结构(行为观念层次)中蕴涵的价值和规范的综合。要对科学精神有所把握,最重要的是要让学生了解它的内涵与构成要素,以及它的整体结构。科学精神是反映科学发展内在要求并体现在科学工作者身上的一种精神状态,如科学探索者的信念、勇气、意志、工作态度、理性思维、人文关怀和牺牲精神等,内涵极为丰富,互相之间贯通性和可塑性很强。本课程让学生了解科学精神的内涵与构成要素,以及它的整体结构,引导鼓励学生勇于探索、大胆创新,将自身职业发展能够融入到新时代的新发展理念与对外贸易新发展格局中。本课程在教学中通过增强学生客观理性分析问题能力培养学生科学精神。

《国际经济学》开篇绪论部分阐述了国际经济学的七大主体内容,引导学生初步运用新视角、了解新概念,领会新的研究方法,辩证分析其不同于微观经济学、宏观经济学的学科特点;里昂惕夫之谜是经济学家实证研究的典型代表,体现了实践是检验真理的唯一标准,对理论假说进行验证是推动理论演进发展的重要途径。客观看待 H-O 理论的局限性,拓展引入资源诅咒现象。鼓励学生利用中国经济改革发展的丰富案例开展科学研究;在国际资本流动问题中,分析中国改革开放 40 年来不同时期引进外资的特点、意义和政策演变,引导学生运用历史唯物主义的观点,与时俱进地分析中国引进外资问题,挖掘中国经济融入世界,特别是融入全球价值链的特殊意义;以中美贸易失衡为例,说明我国不刻意追求贸易顺差,贸易不平衡同样影响我国的货币导致通货膨胀,并分析中美贸易失衡的深层次原因,以此提高学生分析问题和明辨是非的能力,同时培养学生坚持自主创新、艰苦奋斗的精神,努力提高我国贸易产品的附加值。

8. 拓展国际视野

全球竞争日趋激烈、区域一体化合作越来越紧密是国际经济与贸易发展的大趋势。在此背景下,国家经济的发展与建设需要具有国际视野的复合型高素质涉外人才。因此,在课程教学中,需要培养学生的国际视野与大格局意识。《国际经济学》理论的核心思想之一就是"国际贸易可以使贸易双方都获利",一国经济的发展不仅需要兼顾本国利益和对象国的利益,而且也要考虑到世界经济的健康发展,要防止制裁、报复等两败俱伤的局面发生,以实现构建和谐世界的目标。所以,各国应牢固树立利益共同体意识,寻找更多的利益契合点,深化经济合作,推动经济全球化朝着普惠共赢的方向发展。引导学生以开放的国际视野观察和分析演变中的世界贸易模式,并探讨贸易结构、国际分工、科技革命等问题。

**(二)课程思政的教学内容**

《国际经济学》课程的思政内容可以涉及以下几方面:

1. 体现马克思主义的理念、立场和方法

中国共产党第十八次全国代表大会指出:"中国特色社会主义理论体系,就是包括邓小平理论、'三个代表'重要思想以及科学发展观在内的科学理论体系,是对马克思列宁主义、毛泽东思想的坚持和发展"。

党的十九大报告及经十九大修正后的《党章》均列明,习近平新时代中国特色社会主义思想是中国特色社会主义理论体系的重要组成部分。这一理论体系,凝结了几代中国共产党人带领人民不懈探索实践的智慧和心血。有中国特色的国际经济学必须以马克思理论为基础和起点,以国际经济新格局为前提,把中国社会主义对外经贸作为实践基础,兼具马克思主义与时俱进的时代特征,最终实现中国特色国际经济学在国际上的话语权。马克思主义基本原理为我们透彻剖析当今国际经济的本质和未来走向,科学认识资本主义和社会主义经济的运行规律和发展趋势,为构建有中国特色的国际经济学体系和争取国际学术话语权提供了可能。

2. 解析国家战略、法律法规和相关政策

结合本课程自身特点,通过经典案例教学法、经贸活动情境教学和实际体验法等教学方法,融入对经贸领域相关国家战略、法律法规和政策的解析,帮助学生深刻理解国情国策、厚植家国情怀。

3. 引导学生深入经贸社会实践、关注经贸现实问题

本课程的教学中,围绕经贸现实问题,通过课程的实践环节以及课外实践活动等不同类型的实践体验,训练学生高阶思维,持续提高学生解决复杂问题的综合能力,引导学生从实践中来、到实践中去。例如,指导并组织学生对"一带一路"、RCEP、中美贸易摩擦、产业升级等经贸热点问题进行及时研究、持续追踪、深入探讨,合理开展案例展示、小组讨论、分组辩论、业内讲座、实地考察等活动,切实做到国际贸易理论与实践的紧密结合。

4. 培育学生遵纪守法、明礼诚信、以德经商的商业职业道德和素养

在本课程的教学中,重视对学生职业道德的培养。通过挖掘课程内容、设计教学过程,显性教育与隐性教育相统一地加强遵纪守法、诚信服务、公平竞争、爱岗敬业等商业职业道德教育。

5. 研究中国的经验,探索中国现代化发展路径与模式

中国对外贸易的成就举世瞩目,研究其成功路径和经验对发展中国家乃至世界各国的外贸发展都具有重要意义。《国际经济学》课程始终把中国外贸快速增长的典型化事实作为经验研究对象,利用多元化、多形式的数据资料,阐述有中国特色的国际经济原理。

(三)教学方法

本课程综合运用讲授、启发式教学、案例教学、情境教学、小组合作式教学等多种教学方法,使学生掌握有关国际经济学范畴的基本概念、基本理论和政策措施,具有运用理论知识分析现实国际经贸热点问题、难点问题的能力,拓展国际视野,了解经济全球化背景下国际贸易和国际金融发展的新趋势、新业态。利用VR虚拟仿真等现代化多媒体教学手段,开展线上线下相结合的混合式教学、翻转课堂等,发挥多媒体技术在价值引导、情感传递和道德示范方面的优势作用。

# 三、课程各章节的课程思政教学内容设计

### 第一章 绪论与世界贸易概览

**专业教学目标**

本章阐述了国际经济学这门课的研究对象、特点及与其他经济学的关系,介绍了国际经济学的基本内容和基本理论框架;同时通过引力模型分析了当今世界贸易发展的模式、规模以及各种影响因素,并指导学生探讨正在演变的世界贸易结构的相关问题。

【知识目标】

1. 阐述国际经济学的研究对象和特点。
2. 阐释引力模型的基本原理和内在逻辑。
3. 分析影响两国贸易规模的各种因素。
4. 讨论全球化问题及正在演变的世界贸易结构。

【能力目标】

1. 培养学生将所学经济模型与世界经济发展实践相结合,并启发学生举出具体案例描述和说明模型的内在逻辑。

2. 培养学生从思辨的角度分析当代世界经济模式和结构,能够分析评价全球化的作用与效果。

**课程思政教学目标及实践**

**【育人目标】**

1. 科学精神  指导学生在已学经济学理论的基础上了解国际经济学的七大主题内容,运用新视角、理解新概念,领会新的研究方法,分析其不同于微观经济学、宏观经济学的学科特点。

2. 政治认同  全面展示我国改革开放40年所取得的伟大成就,尤其是我国业已建成了全工业体系,从而论证引力模型中经济体量与进出口能力的因果关系。

3. 全球视野  指导学生以开放的国际视野观察和分析演变中的世界贸易模式,并进一步探讨贸易结构、国际分工、科技革命等问题。

**【教学方式与方法】**

1. 自主学习:利用学习通平台,课前线上学习相关的基础专业知识点,线下自主阅读文献资料,撰写阅读笔记或思维导图。

2. 课堂讲授:讲授相关理论模型,分析具体数据和案例。

3. 课堂展示与讨论:学生根据教学素材整理学习报告,并进行小组讨论。

**【课程思政教学实例】**

**案例材料:中国改革开放40年经济发展成果与世界主要经济体比较**

(1)案例简介

改革开放40年来,我国经济社会发展取得了巨大成就,举世瞩目,全球公认。在一个十多亿人口的大国,在人均资源和资本积累都不是很丰富的条件下,实现持续了近40年的高速经济增长,这是世界经济史上的壮丽一页。

一个国家的综合实力主要体现在GDP上。改革开放以来,中国GDP的增长较为迅速。1978－2016年的平均年增长率为9.7%,远超同一时期其他主要经济大国的增长率。在同一时段,美国GDP的平均增长率为2.7%,加拿大为2.5%,英国为2.3%,日本为2.2%,法国为1.9%,德国为1.8%,意大利为1.4%,尽管都实现了正增长,但增长率都大大低于中国。

中国作为世界第一人口大国,使7亿多人口脱了贫,人民生活由温饱不足达到总体小康。中国工业化、城镇化的规模和步伐是世界历史上前所未有的,中国经济的高速增长给世界各国尤其是周边国家提供了前所未有的互动发展和联动发展机遇,这也是中国为世界经济做出的贡献。

中国仍然是世界最大的发展中国家,工业化、城镇化、农业现代化和信息化还有很长的路要走,经济发展的潜力大、韧性足、回旋余地广。中国拥有9亿多劳动力、1亿多受过高等教育和有专业技能的人才,人才红利不断积累并将持续释放。近年来,中国以供给侧结构性改革为主线,深入推进重点领域和关键环节改革,改革红利正逐渐显现,"大众创业、万众创新"蓬勃发展,经济内生动力不断增强,持续向好势头得到巩固。这说明,中国还能持续地为世界经济发展做出贡献。

资料来源:学习强国App,国际在线,中国改革开放40年经济发展成果与世界主要经济体比较,2018－5－21。

(2)案例的思政元素

政治认同。将中国改革开放40年经济发展成果和世界主要经济体比较与《国际经济学》课程中"引力模型"经济意义的教学内容相结合,分析改革开放以来我国在经济体量、工业体系方面所取得的成就与我国在国际经济中的地位和影响的关系,使案例分析与课程内容的呼应与融合,以此引发学生的深入思考。

(3)教学手段

①讲授:在阐述"引力模型"基本原理之后,介绍中国改革开放以来取得的伟大成就,完备的工业体系使中国有能力生产更多种类的产品,以满足其他国家的需求;极大增长的国民收入,使中国有实力根据自己的需求进口大量的产品,因而成为世界第一贸易强国。

②讨论:中国改革开放的成就以及对世界贸易格局的影响。视频、文献资源为翻转课堂提供支架;课堂展示、师生思辨讨论实现课堂高阶性、高效性。

③学习测评:讨论结果现场点评,包括学生自评、互评、教师点评总结。

## 第二章 劳动生产率与国际贸易:李嘉图模型

**专业教学目标**

作为国际贸易理论的开篇,本章引导学生了解古典贸易理论的发展过程,并学习重商主义、绝对优势理论、比较优势理论等古典贸易理论的基本原理、特点、和主要区别。

**【知识目标】**

1. 重点理解重商主义;绝对优势;比较优势;机会成本;单位产品劳动投入;生产可能性边界;专业化分工;工资率等基本概念和原理。

2. 推导单一要素模型的生产可能性边界,并阐释其经济学含义。

3. 利用比较优势原理描述单一要素世界中的贸易。

4. 证明贸易的互利性。

5. 阐述多产品的比较优势模型。

**【能力目标】**

1. 培养学生将所学经济模型与中国出口贸易实践相结合,并启发学生举出具体案例描述和说明模型的内在逻辑。

2. 培养学生从思辨的角度分析普遍出现的几种"对比较优势的误解",加深其对这一重要原理的理解和运用。

**课程思政教学目标及实践**

**【育人目标】**

1. 政治认同 指导学生深入理解比较优势理论,并认识到我国构建动态比较优的必要性。为了应对贸易摩擦、技术壁垒,以及实现我国在全球价值链中地位的提升,我国改革开放以来不断促进比较优势向更高级别转换,充分挖掘潜在的、对未来参与国际竞争具有重要意义的优势条件。

2. 社会主义核心价值观 学生能够在推导并描述生成可能性边界的基础上,理解生产可能性边界上的点表示一国在一定技术条件和资源禀赋下可能达到的各种最大产出组合;而技术进步使生产可能性边界向外扩张,并推动经济增长。

**【教学方式与方法】**

1. 自主学习:利用学习通平台,课前线上学习相关的基础专业知识点,线下自主阅读文献资料,撰写阅读笔记或思维导图。

2. 课堂讲授:讲授相关理论模型,分析具体数据和案例。

3. 课堂展示与讨论:学生根据教学素材整理学习报告,并进行小组讨论。

**【课程思政教学实例】**

**案例材料:中国技术进步不可阻挡**

(1)案例简介

据德国《南德意志报》网站2019年5月20日报道,美国现在阻止华为使用GG安卓软件,并想让美国芯片制造商停止给华为供货,这对这家雄心勃勃的中国企业来说是一个打击,但此举也打击了美国的IT行业。而且,这还将进一步刺激中国人在技术上独立自主的雄心。

另据英国《金融时报》网站5月20日报道,华为公司遭到"围攻"。GG公司正在限制这家中国电信巨头使用部分安卓操作系统。多家美国芯片制造商也准备暂停向华为供货。

报道称,这些举动相当于努力将中美两国的技术部门分离。它反映了特朗普领导的白宫的观点,即中国技术部门正踏上超越美国技术部门的道路。

报道认为,不论华为公司以及更多的中国技术部门表现得多么容易受到影响,美国的措施也许最终都会失败。它们很可能促使北京努力弥补弱点,开发完全独立的供应链。

独立政治分析家亚历山德罗·布鲁诺说,华为有自己的操作系统,并且它可以使之适应国际市场。他说,如果做到了这一点,华为甚至可能"最终打破GG事实上的垄断"。

资料来源:学习强国App,参考消息网,境外媒体:美国围堵无碍华为5G发展 中国技术进步不可阻挡,2019-5-22。

(2)案例的思政元素

政治认同。该案例展示了2019年中美贸易摩擦中美国芯片制造商停止给华为供货的各方面影响和评价,恰恰证实了我国科技进步的巨大成就。"科技是第一生产力",科技进步促进我国的实现产业升级,构建动态比较优势,进而推动新的经济增长,以此引发学生的深入思考。

**(3)教学手段**

①讲授:阐述"比较优势"基本概念,引导学生理解"动态比较优势"的相关理论。实现比较优势从主要依靠资本积累和劳动投入到主要依靠技术、知识以及生产效率的转变,积极培养动态比较优势,是我国面临的必然选择。

②讨论:中国在哪些产业取得了"动态比较优势"。视频、文献资源为翻转课堂提供支架;课堂展示、师生思辨讨论实现课堂高阶性、高效性。

③学习测评:讨论结果现场点评,包括学生互评、教师点评总结。

## 第三章 特定要素与国际贸易

**专业教学目标**

本章在区分特定要素与流动要素的基础上介绍特定要素模型的分析方法,使学生辨识该模型与李嘉图模型的区别,能够利用特定要素模型阐释贸易对一国收入分配的影响,初步意识和体悟贸易政策中的政治经济学。

【知识目标】

1. 理解流动要素如何对价格变化作出反应以及特定要素经济如何确定生产。
2. 解释贸易在短期内会使有些人受益,而使另一些人受损的原因,并理解在有人利益受损的情况下国际贸易所得的含义。
3. 阐释为什么贸易是一个政治敏锐性的问题。

【能力目标】

1. 能够从思辨的角度分析当今主要发达国家采取的贸易保护政策,能够辩证地评价贸易政策实施的短期作用与效果。
2. 能够灵活运用特定要素模型框架分析国际劳动力流动、国际资本流动等现实问题。

**课程思政教学目标及实践**

【育人目标】

1. 实现政治认同,坚定政治方向  通过引入当今世界主要发达国家贸易保护政策案例,介绍制定贸易政策过程中的政治经济学,使学生能够客观认识到西方民主制度下选票政治的弊端,积极引导学生体悟我国社会主义民主政治制度的制度优越性,坚定中国特色社会主义道路自信、理论自信、制度自信、文化自信。

2. 培养科学精神和辩证的思维方式  通过分析特定要素经济中贸易使一部分人利益受损的机理,引导学生辩证地看待贸易的收入分配效应,使学生明白贸易保护政策并非是解决收入分配问题的科学方法,应用全局观来解决贸易带来的贸易所得分布不均匀问题。通过介绍国际贸易和减贫相关的案例让学生懂得以保护贸易的方式来解决收入分配问题是"因噎废食"。

【教学方式与方法】

1. 自主学习:线上学习学习通课程资料库中的基础概念和基础分析工具,完成课前测验。
2. 课堂讲授:讲授特定要素模型的思想框架、主要观点、政策启示等。
3. 课堂展示与讨论:学生根据案例素材交流感受,小组讨论并展示交流结果等。

【课程思政教学实例】

**案例材料:美国总统选举中的贸易政策议题**

(1)案例简介

在美国总统改选时期,常常会针对关键的政治摇摆州所生产的产品的进口征收惩罚性关税。例如在巴拉克·奥巴马的第一任期,曾对自中国进口的轮胎征收35%的关税,以及在乔治·W·布什的第一任期,曾对进口钢铁征收30%的关税。钢铁和轮胎的生产都集中于俄亥俄州,而该州正是过去几次美国总统选举中的关键摇摆州。

在总统竞选过程中,任何议题都可以利用,从吸引选民关注的策略出发,竞选者也常常提出与在任者不同的外交政策和理念,以彰显自身的独特性,而忽略了这些政策是否切实可行,是否符合国家的长远利益。选举政治对美国外交政策的负面影响颇多,有时甚至会出现这样的情况,总统出于个人政治生涯的考虑,将国家利益置于第二位置。

除此之外,美国总统选举过程中竞选人的竞选理念和纲领也要十分迎合选民的意向和心理,然而选民对于他国的认知和判断未必就是客观合理的,总统竞选及之后的执政未免受这一因素所囿。比如特朗普的支持者主要为偏老龄群体、农村群体、低收入群体、偏保守人群和学历偏低人群,包括铁锈州制造业失业工人和农民等。2016年特朗普提出的"让美国再次伟大"竞选宣言很大程度迎合了其支持者反对经济全球化和贸易自由化的情绪,获得了关键摇摆州的政治选票。

资料来源:①谷进金.选举政治与美国对华外交政策——以克林顿总统时期对华贸易政策为例[J].法制与社会,2013,(17):140—141.

②保罗.R.克鲁格曼等.国际经济学:理论与政策(第十一版)[M].北京:中国人民大学出版社,2021.

**(2)案例的思政元素**

政治认同。以上案例与本章"贸易中的政治经济学"的内容相结合,引发学生思考西方民主政治之下贸易政策制定过程的政治敏锐性,凸显我国社会主义民主政治制度维护最广大人民利益的优越性,帮助学生坚定"四个自信"。

**(3)教学手段**

①讲授:在"贸易中的政治经济学"中引入案例,概括西方政党政治的决策机制,引发学生思考贸易政策制定过程的政治敏锐性。

②讨论:在分析特定要素经济中贸易使一部分人利益受损的过程中,由学生讨论贸易对收入分配的作用机制,让学生明白贸易与收入分配之间的关系,使学生感知在党派轮流执政的西方民主政治下贸易政策易受到利益集团的左右,通过中西比较深化对中国特色社会主义民主政治能够维护最广大人民利益的制度优越性的理解和认同。

## 第四章 资源与国际贸易:赫克歇尔－俄林模型

**专业教学目标**

本章在区分要素充裕度与要素密集度概念的基础上介绍赫克歇尔－俄林模型的分析方法,使学生能够利用该模型阐释贸易基础和贸易模式以及对一国收入分配的长期影响。

【知识目标】

1. 解释各国的资源差异如何确定其贸易模式。
2. 分析贸易的长期收入分配效应以及贸易所得非平均分布的原因,并判断可能的受益者和受损者。
3. 理解发达国家中贸易增长与工资不均等性加强之间的可能关联。

【能力目标】

1. 学生能够认识和熟悉对经济问题进行实证研究的研究范式。
2. 培养学生灵活运用H-O理论分析资源禀赋决定贸易模式等现实问题的能力。

**课程思政教学目标及实践**

【育人目标】

1. 激发爱国情怀 通过展示我国改革开放以来外贸发展的成果与贸易模式和贸易结构伴随着要素禀赋变化发生的演变,激发学生对我国经济发展成就的自豪感与爱国情怀,培养学生对国家对外贸易政策的理解与认同,带领学生突破西方媒体对中国非公平竞争宣传的舆论陷阱。

2. 培养科学精神 通过介绍研究者利用贸易的经验模式及要素价格的经验数据对要素比例理论观点的实证研究过程和结论,使学生认识科学研究的严谨性,帮助学生树立学术思维。

【教学方式与方法】

1. 自主学习:自主阅读资料库中的文献资料,撰写阅读笔记或思维导图。
2. 课堂讲授:讲授H-O模型的思想框架、主要观点、政策启示等。
3. 课堂展示与讨论:学生根据案例素材讨论贸易模式如何受资源禀赋影响等相关问题,并展示小组讨论的分析结果等。

**【课程思政教学实例】**

**案例材料:我国对外开放成绩斐然**

**(1)案例简介**

改革开放40余年来我国全方位开放新格局逐步形成。统计显示,我国贸易规模稳步扩张。2017年,货物进出口总额达到4.1万亿美元,比1978年增长197.9倍,年均增长14.5%,居世界第一位。

外商投资规模和领域不断扩大。2017年,我国实际使用外商直接投资1310亿美元,比1984年增长91.3倍,年均增长14.7%。1979—2017年,我国累计吸引外商直接投资达18966亿美元,是吸引外商直接投资最多的发展中国家。

对外投资合作快速发展。2017年,我国对外直接投资额(不含银行、证券、保险)1201亿美元,比2003年增长41.1倍,年均增长30.6%。

资料来源:学习强国App,王丹莉,王曙光.新中国全球化战略70年:从独立自主到人类命运共同体,党政研究,2019－10－24.

**(2)案例的思政元素**

爱国情怀。结合我国改革开放以来外贸发展的成果数据与贸易模式和贸易结构伴随着要素禀赋变化的演变特征,激发学生对我国经济发展成就的自豪感与爱国情怀,培养学生对国家对外贸易政策的理解与认同,带领学生突破西方媒体对中国在贸易领域非公平竞争宣传的舆论陷阱。

**(3)教学手段**

①案例讨论:给学生提供我国贸易模式发展演变的经验事实,请学生讨论贸易模式的决定因素,在介绍经验事实的环节融入课程思政。

②学习测评:向学生发放未完成的本章知识的思维导图,请学生根据本节课所学内容并联系中国对外贸易现实,将导图填写完整。帮助学生自主构建知识体系。

## 第五章 标准贸易模型

**专业教学目标**

通过本章的学习,使学生掌握机会成本递增条件下的比较利益、贸易均衡相对价格和基于不同偏好的贸易理论。

**【知识目标】**

1. 掌握机会成本递增条件下的贸易基础和贸易所得及贸易均衡相对价格。

2. 注意模型的分析方法。比较优势理论一直是国际贸易理论的基本出发点。同时,李嘉图的比较优势理论和要素禀赋理论的某些局限性又为国际贸易理论,特别是比较利益理论的发展和深化指明了方向。

3. 从不同的角度对比较优势理论进行了补充和完善。

**【能力目标】**

1. 培养学生将所学理论灵活应用于现实和具体案例。

2. 培养学生从思辨的角度分析机会成本递增条件下的比较利益、贸易均衡相对价格和基于不同偏好的贸易理论。

**课程思政教学目标及实践**

**【育人目标】**

1. 政治认同 改革开放40年,中国经济发展遵循比较优势理论取得巨大进步,实现从劳动密集型、资本密集型到技术密集型的产业升级。历史性地从跟随到与西方发达国家竞争,形成具有中国特色的社会主义发展道路。

2. 社会主义核心价值观 将学生的个人价值实现与科技兴国战略相结合,积极引导学生树立社会主义核心价值观。

**【教学方式与方法】**

1. 自主学习:运用学习通、雨课堂和慕课等平台,预习相关基础专业知识点。

2. 课堂讲授:讲授相关理论的主要观点或内容、政策启示与建议。
3. 课堂展示与讨论:学生展示根据教学素材整理分析的相关报告等,小组讨论。

**【课程思政教学实例】**
**案例材料:贫困化增长**
**(1)案例简介**

贫困化增长最初是由布雷维什和辛格提出的,后来印度经济学家巴格瓦蒂将贸易条件和经济增长联系起来研究,其基本含义是:大国经济增长引起贸易条件严重恶化,以致社会福利下降程度远远高于人均产量增加对社会福利的改善程度,最终会出现越增长越贫困的结果,因此又叫做"悲惨的增长"。1991年,彼得·林德特在《国际经济学》中归纳了贫困化增长的三个前提条件,国内学者王如忠(1999)补充了另一个必要条件:一是该国必须是贸易大国,因为只有贸易大国的进出口数量变化才会影响世界商品价格。二是该国必须在很大程度上依赖于国际贸易。因此贸易条件的下降对福利关系重大,足以抵消因为能供应更多商品而取得的利益。三是国外对本国出口商品的需求必须是无价格弹性的。因此出口供给的扩大会导致价格的猛跌。四是国民经济的增长必须是偏向于出口的。

1958年Bhagwati(巴格瓦蒂)提出了贫困化增长理论,这一理论阐述了发展中国家对外出口规模扩大带来的贸易利益和经济增长会受不断下降的贸易条件指数影响,降低一国居民的消费水平,导致难以实质性地提高国民收入和福利,因为贸易条件本身就衡量了一国的经济福利状况。阿根廷1999年贸易条件恶化了6%,导致国内GDP下降了1.4%。厄瓜多尔2000年贸易条件改善了18%(由于油价上涨),国内GDP增加了1.6%。

资料来源:刘丽杰,浅谈中国对外贸易中的"贫困化增长"问题,北方经贸。

**(2)案例的思政元素**

科学精神。大国经济增长引起贸易条件严重恶化,以致社会福利下降程度远远高于人均产量增加对社会福利的改善程度,最终会出现越增长越贫困的结果。将学生个人发展同国运相结合,激发学生创新实践的职业精神。

**(3)教学手段**

①讲授:发展中国家对外出口规模扩大带来的贸易利益和经济增长会受不断下降的贸易条件指数影响,降低一国居民的消费水平,导致难以实质性地提高国民收入和福利,因为贸易条件本身就衡量了一国的经济福利状况。

②讨论:20世纪新兴工业化国家和地区的经济增长对发达国家的繁荣构成威胁;中美贸易条件的变化。

③学习测评:讨论结果现场点评,包括学生自评、互评、教师点评总结。

## 第六章 规模经济与国际贸易

**专业教学目标**

本章主要对国际贸易的又一成因规模经济效应进行阐释,主要包括外部规模经济和内部规模经济两方面。外部规模经济主要讨论了外部经济的根源、外部经济及知识外溢对比较优势及国际贸易模式的影响。内部规模经济和产品差异化导致国际贸易和产业内贸易,说明产业内贸易带来的福利所得、企业利得。通过跨国公司理论解释对外直接投资的动因与决策。

**【知识目标】**
1. 学生能够说明外部规模经济和内部规模经济的异同。
2. 能够说明外部经济的根源及其对国际贸易成因和贸易模式决定的解释。
3. 能够说明内部经济导致国际贸易和产业内贸易及其对国家福利和企业利得的影响。
4. 能够利用跨国公司理论说明对外直接投资的动因和决策。

**【能力目标】**
1. 能够利用外部规模经济说明国际化分工的原因及影响。
2. 能够利用内部规模经济说明一体化市场对贸易双方福利水平及贸易所得的影响。

3. 能够根据跨国公司理论为企业制定对外直接投资决策提出对策建议。

**课程思政教学目标及实践**

【育人目标】

1. 人类命运共同体　世界经济一体化的程度越来越高，国际分工合作仍然是未来世界经济发展的大趋势，你中有我，我中有你，深刻理解习近平总书记提出的构建人类命运共同体是人类社会面临的必然选择，培养学生"合作共赢"的处事原则和树立正确的世界观、人生观和价值观。

2. 家国情怀　邓小平同志提出的科学技术是第一生产力的深刻含义，激发学生钻研技术，努力学习；同时也使学生意识到过去粗放式的经济发展模式给我国带来的严重挑战，必须转变经济发展方式和实现外贸的转型升级，由中国"速度"向中国"质量"转变，理解习近平总书记提出的"绿水青山就是金山银山"的深刻内涵。

3. 社会主义核心价值观　对外贸易对我国的就业、经济增长和人民生活水平的提高做出的巨大贡献，以此培养学生坚定"四个自信"、做到"两个维护"。

【教学方式与方法】

1. 自主学习：运用学习通平台，线上学习外部规模经济与贸易、内部规模经济与贸易相关知识点，线下自主阅读《一起掌握世界》的案例材料，撰写心得体会。

2. 课堂讲授：讲授外部规模经济和内部规模经济理论的主要观点、内容和理论模型推导等。

3. 课堂展示与讨论：学生展示根据《一起掌握世界》的案例材料，小组讨论，汇报心得体会。

【课程思政教学实例】

**案例材料：一起掌握世界**

(1) 案例简介

当你穿戴完好并阅读这篇文章时，令你感到奇怪的是你衣服的主要部分，特别是，这一部分可以防止衣物失去作用——来自中国的一个小镇桥头，该镇生产了世界60%的纽扣和大部分拉链。

桥头纽扣产业符合典型的外部规模经济导致地理集中的古典模式。产业起源于历史偶然因素：1980年，三兄弟在街上看到一些丢弃的纽扣，修复以后进行出售，并认识到可以从中赚钱。很明显不存在大的内部规模经济：镇里的几百家小家庭企业进行纽扣和拉链的生产。但是这些相距很近的小厂商具有明显的优势。

桥头不是唯一的。关于这个城镇工业的一片迷人的文章指出：在中国，很多小镇，甚至绝大部分在地图上微不足道，已经通过劳动密集型产业成为世界的佼佼者。从杭集牙刷开始，经过领带圣地嵊州，再到东边的廉价打火机产地掌起镇，延至有众多鞋厂的温岭，转回内陆的义乌（义乌不仅生产比其他地方更多的短袜，而且几乎在全世界销售任何物品）。

概括而言，作为劳动密集型产品巨大的出口国，中国的角色反映了比较优势：与先进国家相比，中国劳动力明显充裕。很多劳动密集型产品由高度区域性的产业生产，从外部规模经济中获得巨利。

资料来源：保罗·R. 克鲁格曼, 茅瑞斯·奥伯斯法尔德, 马克·J. 梅里兹. 国际经济学理论与政策[M]. 丁凯等，译. 北京：中国人民大学出版社, 2021.1:137.

(2) 案例的思政元素

①家国情怀。以桥头镇纽扣产业为例，体现中国作为劳动密集型产品出口大国，中国从对外开放中，实现外部规模经济效应从而获益。

②实践创新。中国对外贸易的高质量发展、国际分工地位的提升，需增强创新驱动，推动外贸由要素驱动向创新驱动发展转变，强化科技创新、制度创新、模式和业态创新，由成本和价格优势为主向竞争新优势转变。

(3) 教学手段

①讲授：外部规模经济理论。通过案例材料引入，体现了中国改革开放以来在国际贸易中取得的伟大成就，国际竞争力和国际地位的不断提升，激发学生的家国情怀。

②讨论：根据案例材料，总结心得体会，结合我国《"十四五"对外贸易高质量发展规划》，提出促进我国对外贸易高质量发展的对策与建议。

③学习测评:讨论结果现场点评,包括学生自评、互评、教师点评总结。

## 第七章　国际要素流动

**专业教学目标**

本章阐述劳动和资本国际流动的基本原理,重点分析劳动力国际流动的经济效应－对世界劳动力市场供求、世界整体产出水平和收入分配的影响;国际资本流动的动因、发生机制和效果。引导学生能够理性、客观看待劳动力和资本国际流动的经济效应和对参与国际贸易和世界经济的影响。

【知识目标】

1. 掌握劳动力国际流动经济和非经济方面的原因。
2. 掌握国际资本流动的动因、发生机制和效果。

【能力目标】

1. 培养学生运用劳动力国际流动相关理论,分析国际贸易领域的现实问题的能力。
2. 培养学生从微观和宏观两个方面的综合分析国际直接投资产生的原因和影响的能力。
3. 培养学生运用国际资本流动理论,客观看待和分析跨国公司在国际投资中的作用的能力。

**课程思政教学目标及实践**

【育人目标】

1. 科学精神　培养学生运用国际劳动力流动和资本流动相关理论知识,科学、客观和理性分析和看待劳动力国际流动的经济效应以及跨国公司在国际投资中的原因和作用。
2. 家国情怀　通过要素国际流动的客观历史规律和理论分析,启发学生爱国主义不是空泛的说教,而是历史上反复引证的客观现实,并在潜移默化中植入报效祖国的爱国主义的家国情怀。

【教学方式与方法】

1. 自主学习:线上自主学习云端在线平台中与国际要素流动基本知识点和理论相关的阅读文献和视频材料,撰写阅读笔记或思维导图。
2. 课堂讲授:讲授国际要素流动相关理论的主要观点或内容、政策启示与建议等。
3. 课堂讨论:引入教学案例,引导学生结合本章知识点进行小组讨论和互评,根据教学素材整理分析报告等。

【课程思政教学实例】

**案例材料:中国进入"人才回流"时代!**

(1)案例简介

2019年联合国经济合作与发展组织(OECD)主办了PISA测试(国际学生评估项目),主办方统计了全球各国优等生和差生的比例。结果显示:瑞士每1000名学生中有49名高材生和168名后进生,德国的比例则是28∶211,奥地利是25∶211。而美国这个比例为15∶271。反观中国,这个比例是165∶24。这说明,中国不仅高材生比例最大,差生更是全球最少。德国"世界报"也曾发声,"中国年轻人才储备,远远超过欧美和日韩,甚至是美国的19倍。"

但是在之前二三十年间,美、英、德等发达国家一直采取战略性挖走"中国大脑"的政策,吸引优秀中国学子赴这些国家求学。在美国大学在读的硕士生,来自中国的生源比率高达27%。其次,这些国家通过技术人才签证吸引中国高科技人才到这些国家就业。比如中国56%的人工智能人才去了美国,尤其是清华、北大等名校。

目前,中国的人才开始回流,甚至海外的人才也开始向往中国。随着中国经济的高速发展,世界对中国企业的认可愈发明显。有数据显示,像小米、字节跳动、华为、阿里巴巴、百度、腾讯等中国科技企业,正吸引大量95后年轻海外留学人才的涌入。因为这些企业在员工待遇、企业文化、社会责任、科研投入、市场水平等多方面获得了高度认可,并在《福布斯》最佳雇主名单上榜上有名。

据相关数据统计,2021年中国回国创新创业的留学人员首次超过100万。这正是中国经济不断发展、中国市场和企业一步步崛起的真实写照!

资料来源:风向变了,中国进入"人才回流"时代!中国人才储备超欧美国家。搜狐网 https://mbd.baidu.com/ma/

s/owY7hKP4.

**(2)案例的思政元素**

家国情怀。改革开放以来,中国经济发展取得伟大成就,成为全球经济的增长点,在各国疲于应对新冠肺炎疫情,经济活动被迫"停摆"之时,中国独特的治理体系优越性凸显,中国 R&D 经费支出与国内生产总值之比持续性攀升,科技发展成为经济重要的增长点。在一些重要领域方向,中国科技已跻身世界先进行列,在某些前沿方向开始进入并行、领跑阶段。这些都是近几年人才回流的重要动因,通过对劳动力要素国际流动的理论和客观历史规律的分析启发学生,国家发展和个人发展是有机统一的。爱国主义不是空泛的说教,在潜移默化中宣传报效祖国的爱国主义情怀。

**(3)教学手段**

①讲授:结合理论知识"劳动力国际流动的原因及影响"客观分析发展中国家先人才流出向发达国家学习,后回到自己的国家,发展建设本国经济的历史规律,启发学生的爱国主义不是空泛的说教,而是历史上反复引证的客观现实。潜移默化中植入报效祖国的爱国主义的家国情怀。

②讨论:分析我国高科技人才回流的原因,感受国家发展和个人命运的有机统一。云端课程资源和文献资料为学生参与式讨论提供条件,通过课前查阅背景资料、课堂思辨讨论和教师总结,实现课堂过程的互动参与,通过实现学生知识、能力和素养的全面提升。

③学习评测:小组讨论自评、互评,教师点评。

## 第八章 国际贸易政策

**专业教学目标**

通过本章学习,使学生了解有关贸易保护的理论演变,深入掌握关税、配额、出口补贴、倾销与反倾销等经济政策对经济的影响。

**【知识目标】**

1. 贸易保护的理论依据:最佳关税论;保护幼稚产业论;凯恩斯的贸易保护理论;中心—外围论;战略性贸易理论。

2. 贸易政策的经济效应:关税的经济效应分析;配额的经济效应分析;出口补贴分析;倾销与反倾销分析。

**【能力目标】**

1. 用福利分析法分析贸易政策的经济效应。
2. 掌握关税、配额、出口补贴等经济政策对经济的影响。

**课程思政教学目标及实践**

**【育人目标】**

1. 政治认同　保护幼稚产业论。在改革开放初期以及最近的中美贸易摩擦期间,欧美国家多指责我国对民族企业保护过多。实际上,按照保护幼稚产业论,还未充分发展壮大的民族企业如果过早地对外开放,很容易受到发达国家企业冲击而被消灭在萌芽状态,因此我国对民族企业的保护是为了帮助其渡过发展的早期阶段,这符合我党"为人民服务"的宗旨。

2. 践行社会主义核心价值观　贸易政策的经济效应。贸易政策尤其是关税的经济效应表明,征收关税虽然可使得政府获得一定的财政收入,但不利于人民群众生活水平的提高。因此我国顺应全球化浪潮,大幅降低各类产品关税,符合"富强、民主、文明、和谐"的社会主义核心价值观。

**【教学方式与方法】**

1. 课堂讲授:讲授不同贸易政策类型的主要内容。
2. 案例教学与小组讨论:向学生分享思政案例,学生分组进行小组讨论。

**【课程思政教学实例】**

**案例材料:中美贸易摩擦**

**(1)案例简介**

2021年3月18—19日,中美高层战略对话在安克雷奇举行。近年来,中美贸易摩擦不断,美国单方面对中国正当权益发起多次挑衅,导致中美关系遭遇前所未有的严重困难。在此次对话中,我国代表以硬气的态度表明了中国的立场。此次对话将有利于双方在日后的中美贸易摩擦解决方案上进行有效探讨。

中美高层战略对话,中方态度硬气。2021年3月18－19日,中美高层战略对话在安克雷奇举行。双方就各自内外政策和双边关系进行了坦诚、建设性交流。我国代表在此次对话中以硬气的态度表明了中国的立场,对话主要分为九大要点。

虽然双方在一些问题上仍存在重要分歧,但是对话是解决贸易摩擦的良好机制,此次对话有利于双方在日后的中美贸易摩擦解决方案上进行有效探讨。

众所周知,近年来中美贸易摩擦不断。2018年下半年起,美国多次单方面挑起贸易争端,美国多次对中国商品发起加征关税措施。为遏制美国的"霸道行为",中国对美国实施反制策略,对美国相关商品加征相应的关税。中美贸易交锋断断续续持续至今。

美国是近十年对中国发起贸易救济最多的国家。美国除了在关税上对中国商品加征关税外,美国对中国也多次发起贸易救济措施。贸易救济措施是贸易摩擦的其中一个最为典型的表现形式。据统计,2010－2020年,美国对中国共发起163起贸易救济原审立案。

资料来源:搜狐,一文带你了解近年中美贸易摩擦,2021－3－30。

**(2)案例的思政元素**

爱国情怀。从案例中可以看出,美国是近十年对中国发起贸易救济最多的国家,且反倾销和反补贴为美国常用手段,但中国对美国发起的贸易救济措施较少。说明中国为了维护世界自由贸易,甘愿做出一些让步和牺牲,但美帝国主义亡我之心不死,横行霸道,为了遏制中国崛起采用各种不正当手段制裁中国,在此背景下当代国际贸易专业大学生更应该认真学习专业知识,掌握过硬本领,用专业知识维护本国企业正当权益。

**(3)教学手段**

采用案例介绍与学生分组讨论相结合的手段。

## 第九章 区域经济一体化

**专业教学目标**

本章要求了解经济一体化的分类以及贸易创造、贸易转移等基本概念,理解关税同盟的静态和动态福利效应,掌握经济一体化的实践进程和发展趋势。

**【知识目标】**

1. 区域经济一体化含义与形式。
2. 区域经济一体化理论。
3. 区域经济一体化实践。

**【能力目标】**

1. 掌握分析区域经济一体化的形式、发展特点与发展进程的能力。
2. 能够运用所学分析区域经济一体化的经济效应。

**课程思政教学目标及实践**

**【育人目标】**

1. 政治认同　通过分析加入CPTPP所面临的世界政治经济形势,强化学生的民族自豪感,认识到中国共产党领导中国发展实践所取得的伟大成就。

2. 社会主义核心价值观　通过分析加入CPTPP所面临的困难和障碍以及对CPTPP加入态度的演变,提升学生将个人价值观与民族复兴相结合的认识和动力。

3. 法治观念　通过对CPTPP具体股则的介绍以及国内实际情况的比较,引导学生树立牢固的法治观念,具备运用法治思维和法治方式参与国际事务的能力。

4. 职业规范与职业道德　通过介绍CPTPP的预期效果评估方法和结论,促使学生具备批判性思维和创新能力,能够主动将所学与国家急需相结合,提高政策服务能力。

**【教学方式与方法】**

1. 课堂讲授:CPTPP的沿革,中国加入CPTPP必要性和影响。

2. 课堂展示与讨论：中国是否应当加入 CPTPP，以及加入 CPTPP 可能产生的政治经济影响。
3. 课后作业：分析中国加入 CPTPP 面临的现实困难和谈判重点。

【课程思政教学实例】

**案例材料：中国加入 CPTPP 的动因与影响**

**(1) 案例简介**

全面与进步跨太平洋伙伴关系协定（Comprehensive and Progressive Agreement for Trans-Pacific Partnership，简称 CPTPP），是亚太国家组成的自由贸易区，是美国退出跨太平洋伙伴关系协定（TPP）后该协定的新名字。2017 年 11 月 11 日，由启动 TPP 谈判的 11 个亚太国家共同发布了一份联合声明，宣布"已经就新的协议达成了基础性的重要共识"，并决定协定改名为"跨太平洋伙伴关系全面进展协定"。2018 年 3 月 8 日，参与"全面与进步跨太平洋伙伴关系协定"谈判的 11 国代表在智利首都圣地亚哥举行协定签字仪式。12 月 30 日，全面与进步跨太平洋伙伴关系协定正式生效。

2020 年 11 月 20 日，习近平主席说："中方将积极考虑加入全面与进步跨太平洋伙伴关系协定。"2021 年 9 月 16 日，中国正式提出申请加入《全面与进步跨太平洋伙伴关系协定》。11 月 4 日，中国国家主席习近平以视频方式出席第四届中国国际进口博览会开幕式并发表主旨演讲。习近平强调，中国将深度参与绿色低碳、数字经济等国际合作，积极推进加入《全面与进步跨太平洋伙伴关系协定》。2022 年 2 月 17 日，商务部新闻发言人高峰在新闻发布会上表示，关于加入《全面与进步跨太平洋伙伴关系协定》，中方已经就协定内容进行了充分、全面和深入地研究评估。中方愿通过改革，努力全面达到 CPTPP 规则标准，并在市场准入领域作出超过中方现有缔约实践的高水平开放承诺，向各成员提供具有巨大商业利益的市场准入机会。中方正按照 CPTPP 有关加入程序，与各成员进行接触磋商。

资料来源：编者根据相关资料整理。

**(2) 案例的思政元素**

社会主义核心价值观。本案例主要利用中国申请加入 CPTPP 事件，着重讨论：加入 CPTPP 的动机；加入 CPTPP 对国内经济可能产生的政治经济影响；通过对加入 CPTPP 的动机与影响的讨论，展示中国在应对和适应日益变化的国际贸易规则方面的能力。通过分析面临的世界政治经济形势，强化国家自豪感和对党领导优越性的认识；通过分析加入 CPTPP 所面临的困难和 CPTPP 加入态度的演变，促使学生将个人价值观与民族复兴相结合；对 CPTPP 具体规则的介绍与比较，引导树立法治观念，具备运用法治思维和法治方式参与国际事务的能力；介绍 CPTPP 的预期效果评估方法和结论，促使学生具备批判性思维和创新精神，将所学与国家急需相结合，提高政策服务能力。

**(3) 教学手段**

① 课程导入：为思政案例引入铺垫相关授课知识点。
② 案例引入：关于中国加入 CPTPP 的争论，衔接授课内容，导入思政案例。
③ 案例讲解：问题提出，观点与证明，引入思政元素。
④ 讨论环节：中国是否应当加入 CPTPP，加入后可能产生的影响？帮助学生形成关于该问题的独立思考和判断。
⑤ 总结：梳理案例结论，加深学生相关结论的正确认识。

## 第十章　国民收入核算与国际收支平衡

**专业教学目标**

为全面了解国家间宏观经济的联系，本章在宏观经济学国民收入核算部分基本概念基础上，介绍国际收支账户和国际收支平衡相关内容。

【知识目标】
1. 学生能够描述国际收支账户相关概念并解释它们与经常账户余额之间的关系。
2. 能够将一国经常账户的变化与其净外国财富的变化联系起来。

【能力目标】
1. 能够利用经常账户余额将国民收入核算扩展到开放经济中。

2. 能够将国民收入核算运用到储蓄、投资与净出口之间的相互影响中。

**课程思政教学目标及实践**

【育人目标】

1. 家国情怀　改革开放使我国获得了巨额的外汇储备收入,我国在国际市场上的话语权不断增加,综合国力不断增强。改革开放以来,在中国共产党的正确领导下我国涉外经济发展所带来的重大贡献,使学生树立坚持改革开放的信心和决心,培养学生的爱党爱国精神,坚定"四个自信"、做到"两个维护"。

2. 科学精神　我国不刻意追求贸易顺差,尽管我国对美国有较大的贸易顺差,但我国在贸易中获得的利益远远低于美国,因此不能只看问题的表象,以此提高学生分析问题和明辨是非的能力,同时培养学生坚持自主创新、艰苦奋斗的精神,努力提高我国贸易产品的附加值。

【教学方式与方法】

1. 自主学习:运用学习通平台,线上学习国际收支账户相关基础理论知识点,观看线上视频资料,线下自主阅读文献资料,撰写心得体会。

2. 课堂讲授:讲授国际收支账户相关内容,分析说明中美贸易逆差的成因。

3. 课堂展示与讨论:通过小组讨论,学生展示根据案例材料分析得出中美贸易逆差的看法以及应对贸易失衡的对策建议。

【课程思政教学实例】

**案例材料:中美贸易逆差从何而来?**

(1) 案例简介

2018年3月22日,美国总统特朗普签署备忘录,基于美贸易代表办公室公布的对华301调查报告,指令有关部门对华采取限制措施。有观点认为,美国此举的一个重要原因是希望借此缩减中美贸易逆差。

据媒体报道,美方统计的对华贸易逆差超过千亿美元量级。然而,对于美方的统计数据,不少专家认为"被不准确地高估"。美国政府引用的贸易数据只包括货物贸易,并没有反映服务贸易,事实上,服务业占美国国内生产总值的70%以上。虽然美国对中国的货物贸易是逆差,但在对中国的服务贸易方面却是顺差。

中美双边贸易不平衡的重要原因是美国商品在中国市场的竞争力不足。中美之间,无论出口还是进口,都由"市场说了算",是两国企业和消费者自主选择的结果。同样的汇率水平下,中方在劳动密集型产品方面是顺差,而在资本技术密集型产品、农产品和服务贸易方面都是逆差。这充分说明竞争力强的产业,顺差就会多。美方要解决美中逆差问题,不应从削弱中国对美出口入手,而是需要美国企业增强自身产品的竞争力。美方通过大量进口源自中国的低成本劳动密集型产品,大大降低了美国人的消费成本,提升了"消费者剩余",实际上是改善了美国消费者的福利,在宏观上也有利于美国抑制通货膨胀。

资料来源:央广网,中美贸易逆差从何而来?,2018-03-27。

(2) 案例的思政元素

①科学精神。以中美贸易失衡为例,尽管我国对美国有较大的贸易顺差,但我国在贸易中获得的利益远远低于美国,因此不能只看问题的表象,以此提高学生分析问题和明辨是非的能力,同时培养学生坚持自主创新、艰苦奋斗的精神,努力提高我国贸易产品的附加值。

②社会主义核心价值观。改革开放使我国获得了巨额的外汇储备收入,我国在国际市场上的话语权不断增加,综合国力不断增强。改革开放以来,在中国共产党的正确领导下我国涉外经济发展所带来的重大贡献,使学生树立坚持改革开放的信心和决心,培养学生的爱党爱国精神,坚定"四个自信"、做到"两个维护"。

(3) 教学手段

①讲授:以中美贸易失衡为例,与"国际收支账户"的教学内容相结合,从中美贸易的成因、贸易结构互补性分析中美贸易逆差存在的原因,说明我国不刻意追求贸易顺差,贸易不平衡同样影响我国的货币导致通货膨胀,并分析中美贸易失衡的深层次原因。

②讨论:通过分析中美贸易失衡背后的深层次原因,引发学生对中美贸易摩擦的深入思考,激发学生对社会责任感以及勇于探究、勤于反思的科学精神的讨论与共鸣。

③学习测评:讨论结果现场点评,包括学生自评、互评、教师点评总结。

## 第十一章 汇率与外汇市场

**专业教学目标**

国际经济学之所以能成为一门独立的学科,在一定程度上是因为不同国家使用不同的计价单位。一项典型的国际交易包括两个不同的买卖过程:首先买进外币,然后再用外币支付国际交易。为保证国际交易的顺利进行,需要通过特定的制度安排提供一种有效的机制,将交易双方在支付货币时的不便程度降到最低,这种机制以外汇市场的形式存在。本章将通过考察外汇与汇率、外汇市场的交易方式与功能、人民币国际化等内容,使学生掌握相关概念,并能够利用相关理论分析现实国际经济中外汇交易问题。

【知识目标】

1. 学生需要了解外汇与汇率的概念、汇率的标价方法、外汇市场中外汇交易的各种方式及其功能。
2. 学生需理解并掌握外汇汇率变动对一国国际收支的影响、及短期汇率与长期汇率的决定因素。
3. 学生需了解人民币汇率改革的社会经济背景与历程,了解人民币国际化的意义与路径。

【能力目标】

1. 结合具体事例培养学生理解和掌握外汇市场各种交易方式的区别与操作。
2. 培养学生能够利用理论知识分析人民币汇率改革的背景与目标、中国资本市场开放步骤与人民币国际化的重要意义。

**课程思政教学目标及实践**

【育人目标】

1. 政治认同  人民币对美元中长期升值既是中国经济持续增长、人民币相对购买力不断提高的结果,也是美联储量化宽松和不断扩表的后果之一。在这一过程中,如果人民币能够成为周边国家以及与中国有着密切投资贸易往来国家的货币锚,则无疑对中国有效应对人民币升值所导致的对外部门竞争力损失、不断推进供应链优化调整、产业结构升级和价值链跃迁具有重要意义。

2. 社会主义核心价值观  将学生的个人价值实现与国家的繁荣富强相结合,积极引导学生树立社会主义核心价值观。

3. 职业规范与职业道德  通过引导学生学习掌握外汇市场交易与汇率决定相关理论,了解金融市场稳定对国家社会经济安全的重要意义,一方面充分利用外汇市场服务国家经济双循环战略,另一方面要严密防范外汇市场危机对国家经济的负面影响,激发学生的爱国主义精神。

【教学方式与方法】

1. 自主学习:结合教材与线上教案学习有关外汇汇率、外汇市场交易方式、人民币汇率改革历程等知识。
2. 课堂讲授:外汇交易不同方式区别;人民币国际化的意义等内容。
3. 课堂讨论:学生通过阅读资料、时事新闻和观看教学视频,对相关热点问题形成自己的观点,并进行课堂讨论。

【课堂思政教学实例】

**案例材料:2021年春季莫干山会议——新纪元**

(1)案例简介

2021年4月16日,莫干山会议,中国人民银行金融研究所所长周诚君发言,谈到了四个问题。其中关于人民币国际化和国际货币体系多元化问题,周所长认为人民币国际化是一个自然的过程,并不是要去挑战美元、替代美元,而是与美元一道,承担在全球范围内优化资源配置,推动供应链调整、产业结构升级和全球价值链跃迁的国际责任。这一观点背后的逻辑,首先是"特里芬两难"。美国作为主要国际储备货币发行国,其国内货币政策目标与作为储备货币所需承担的责任义务往往不尽一致,很难做到两全。特别是两者出现明显矛盾情况下,货币当局往往首先考虑国内目标,这也是2008年全球金融危机爆发的一个主要原因。其次,美联储对国际责任和国内目标的无法兼顾使美元在资源全球配置和国际产业分工领域的价格信号作用越来越扭曲失真。当前,全球供应链有相当一部分在中国、在欧洲,这时单独依靠美元继续在全球范围内扮演资源优化配置的价格信号作用已越来越差,国际货币体系亟待深刻变革。再次,美国滥用长臂管辖和美元霸权,过分强调美国利益,凭借美元的国际使用频频举起制裁大棒对包括中国在内的诸多贸易国家实施侵害。越来越多地国家和市场主体希望降低和摆脱对美元的依赖,希望有更多的国际货币能够替代美元进行国际支付、国际清偿和国际结算,这为推动人民币的国际化提供了一个非常好的时机。最后,还有一个重要背景,就是中国双循环新格局、高质量发展和产业对外转移过程中央行与国家各部委合作推动人民币的对外使用。人民币在投资对象国沉淀下来,一方面用于支付从中国进口的机器设备,另一方面开放金融市场,通过我国金融机构一揽子的交易银行服务,为对象国市场主体购买人民币高回报的金融资产,分享中国经济快速增长的好处。

资料来源:新浪财经,2021年春季莫干山会议,2021-5-19。

**(2) 案例的思政元素**

政治认同。本内容将2008年全球金融危机与国际货币体系缺陷和美元霸权以及相关外汇市场与汇率决定理论相结合,从财政政策和货币政策的关系入手,分析了人民币国际化趋势的必然性及其对中国经济的影响,为学生提供一个关于外汇与汇率、外汇市场及货币政策的全面框架,并引发学生对中国经济未来走向的深入思考。

**(3) 教学手段**

①讲授:外汇与汇率、外汇市场与汇率决定的相关概念与理论。

②阅读资料及教学视频:人民币汇率制度改革与未来走向;2021年春季莫干山会议央行金融研究所周城君所长演讲稿内容分析。

③讨论:人民币近期波动的各种因素。

④学习测评:讨论结果现场点评,包括学生自评、互评、教师点评总结。

## 第十二章 开放条件下的宏观经济政策

**专业教学目标**

考察不同汇率制度下宏观经济政策的效果,了解国际货币制度的演变特征和趋势,欧洲货币体系的运行机制和内容及发展中国家的金融发展问题等内容。通过本章学习要求学生认识国际经济政策协调的必要性。

【知识目标】

1. 宏观经济政策的内部不平衡和外部平衡。
2. 布雷顿森林体系及牙买加协定等基本内容。
3. 欧洲货币体系的存在基础和发展趋势,发展中国家在其经济发展中存在的金融体制、债务危机和金融危机等。

【能力目标】

1. 培养学生将所学理论灵活应用于现实和具体案例。
2. 培养学生从思辨的角度分析当代国际贸易政策,能够分析评价贸易政策实施的作用与效果。

**课程思政教学目标及实践**

【育人目标】

1. 政治认同　中国在改革开放40年取得巨大经济进步,中国技术从模仿到创新,历史性地从跟随到与西方发达国家竞争,形成具有中国特色的社会主义发展道路。
2. 社会主义核心价值观　将学生的个人价值实现与科技兴国战略相结合,积极引导学生树立社会主义核心价值观。
3. 职业规范与职业道德　通过在各国不同的贸易政策和货币政策之间建立起某种程度的协调和一致。将学生个人发展同国运相结合,激发学生创新实践的职业精神。

【教学方式与方法】

1. 自主学习:运用学习通、雨课堂和慕课等平台,预习相关基础专业知识点。
2. 课堂讲授:讲授相关理论的主要观点或内容、政策启示与建议。

3. 课堂展示与讨论:学生展示根据教学素材整理分析的相关报告等,小组讨论。

**【课程思政教学实例】**

**案例材料:"一带一路"倡议的区域协调与合作**

**(1)案例简介**

2013年秋,习近平主席西行哈萨克斯坦、南下印度尼西亚,先后提出建设"丝绸之路经济带"和"21世纪海上丝绸之路"重大倡议。七年来,"一带一路"的朋友圈不断扩大,已经被全球130多个国家和30多个国际组织接受,成为全球最大的跨大陆巨型国际区域合作与发展平台;联合国已经接受"一带一路"倡议和共商共建共享的新理念,并支持"一带一路"国家共同合作实现2030年可持续发展目标。"一带一路"倡议为推动国际和国内的区域协调发展提供了新的合作平台和合作机制,正在为全球的和平与发展做出积极贡献。

"一带一路"倡议所秉持的区域经济合作理念,体现了开放包容、灵活务实的东方智慧。"一带一路"倡议已经成为中国实施全方位主动对外开放战略和与"一带一路"伙伴国家共同发展的新型国际区域经济合作平台。

在机制性交流与对话方面,中国已经与40多个国家和地区以及国际组织签订了"一带一路"合作协议;在基础设施领域,"一带一路"沿线国家基础设施发展态势良好。公路铁路方面,截至2019年,中老泰公路、中越公路等国内段大部分已建成高速公路,中老铁路、中泰铁路等工程项目顺利推进,中欧班列累计开行近4万列,通达欧洲22个国家160多个城市;海运空运方面,截至2018年,中国与"一带一路"沿线62个国家签订了双边政府间航空运输协定;能源通信方面,中国通过国际海缆和国际陆缆可以连接美洲、东北亚、东南亚、南亚、大洋洲、中东、北非、欧洲、中亚和东南亚等地区。

资料来源:杨照东,王劲松.国际宏观经济政策协调理论研究综述[J].经济学动态,2004,(2):72-76.

**(2)案例的思政元素**

社会主义核心价值观。"一带一路"基础设施建设、产能、金融合作,并且同亚洲基础设施投资银行、金砖国家新开发银行、世界银行及其他多边开发机构合作支持"一带一路"项目,同有关各方制定"一带一路"融资指导原则等;民心相通是推动"一带一路"沿线国家合作的润滑剂,是开展国际区域合作的人文基础。通过区域经济协调发展,将学生个人发展同国运相结合,激发学生创新实践的职业精神。

**(3)教学手段**

①讲授:"一带一路"倡议是我国在新的历史条件下实行全方位对外开放的重大举措、推行互利共赢的重要平台。大体而言,上合组织是中国实施"一带一路"倡议的重要平台和主要抓手。在今后"一带一路"建设中,应该依托上合组织做好以下两个方面的工作:发挥现有国际协调机制与平台,促进区域多边合作;加强中国与传统联系较少的国家间的经济合作,推动区域基础设施建设。

②讨论:"一带一路"倡议对中国发展的启示。慕课资源、文献资源为翻转课堂提供支架;课堂展示、师生思辨讨论实现课堂高阶性、高效性。

③学习测评:讨论结果现场点评,包括学生自评、互评、教师点评总结。

## 四、课程思政的教学评价

### (一)对教师的评价

1. 教学准备的评价

将《国际经济学》课程思政建设落实到教学准备各方面,提前提炼思政元素进行课程思政目标设计,包括修订教学大纲、编写教案课件、整理思政案例集、配套课后习题集。

2. 教学过程的评价

将《国际经济学》课程思政建设落实到教学过程各环节,主要是看教师是否采取了恰当的教学方式,将思政元素自然地融入教学内容中。包括教学理念及策略、多媒体教学手段的运用、作业的安排与批改、平时成绩考核标准等。

3. 教学结果的评价

建立健全《国际经济学》课程思政多维度评价体系,主要有同行评议、随机听课、学生评教、教学督导、教学研究及教学获奖等。

4. 评价结果的运用

对于同行评议、学生评教、教学督导等提出的改进建议,以及对学生考核的成绩分析进行运用,对教学进行反思与改进。

(二)对学生的评价

1. 学习过程的评价

检验学生课前是否认真完成了预习的要求和任务,进行了资料的整理和归纳;课堂上是否积极参与了分析和讨论;课后是否参加了实地调研等教学过程。科学评价学生在学习全过程中的互动性、参与度和完成度。

2. 学习效果的评价

通过平时作业、课堂讨论、资源库平台资料分析报告、随堂练习、课程论文、期末考试等多种形式,检验学生对课程思政元素的领会及其对思政元素的掌握程度。

3. 评价结果的运用

通过师生座谈和系上教研活动等多种形式,对学生的学习效果进行科学分析,总结经验,改进不足;鼓励授课老师积极撰写教学研究论文,申请相关教学研究课题,总结并升华课程思政的教学成果。

## 五、课程思政的教学素材

| 序号 | 内容 | 形式 |
| --- | --- | --- |
| 1 | 中国改革开放40年经济发展成果与世界主要经济体比较 | 阅读材料 |
| 2 | 中国技术进步不可阻挡 | 阅读材料 |
| 3 | 美国总统选举中的贸易政策议题 | 阅读材料 |
| 4 | 我国对外开放成绩斐然 | 阅读材料 |
| 5 | 贸易与减贫:对发展中国家产生影响的新证据 | 研究报告 |
| 6 | 国际经济政策协调理论 | 阅读材料 |
| 7 | 经济增长:改变相对供给 | 政策文件 |
| 8 | 国际收入转移:改变相对需求曲线 | 案例分析 |
| 9 | 关税和出口补贴:RS曲线和RD曲线的同时移动 | 研究报告 |
| 10 | 一起掌握世界 | 阅读材料 |
| 11 | 中国进入"人才回流"时代! | 阅读材料 |
| 12 | 中美贸易摩擦 | 阅读材料 |
| 13 | 中国加入CPTPP的动因与影响 | 案例分析 |
| 14 | 习近平主席以视频方式出席亚太经合组织(APEC)领导人非正式会议并发表重要讲话 | 阅读材料 |
| 15 | 国家主席习近平以视频方式出席第四届中国国际进口博览会开幕式并发表主旨演讲 | 阅读材料 |
| 16 | 五问中美经贸关系 巨额逆差从何而来? | 视频资料 |
| 17 | 外汇、汇率与外汇市场;人民币国际化 | 视频资料;阅读材料 |
| 18 | 国际经济政策协调理论 | 阅读材料 |
| 19 | 国际经济协调的必要性 | 政策文件 |
| 20 | 战后国际经济政策协调实践 | 案例分析 |
| 21 | 推动建立国际宏观经济政策协调机制:稳定与增长双支柱 | 研究报告 |
| 22 | 经济政策协调的局限性 | 政策法规 |
| 23 | 强化国际经济政策协调机制 | 阅读材料 |

# 《跨国公司经营与管理》课程思政教学指南

庞鹤[1]　路璐[2]　陈策[3]
（[1] 西安财经大学　[2] 天津商业大学　[3] 西安外国语大学）

## 一、课程简介与课程目标

### （一）课程简介

《跨国公司经营与管理》属于世界经济研究中的一个分支，是一门理论性、科学性、前沿性的研究学科，它涉及的知识领域极其广泛，涉及跨国公司的对外直接投资理论、跨国公司的组织和管理、跨国公司的国际生产价值链、跨国公司的内部贸易与转移价格、跨国公司的技术转移、跨国公司的战略联盟、跨国公司的兼并与收购、跨国公司对外直接投资对于母国东道国和世界经济的影响，发展中国家跨国公司发展，中国跨国公司的发展等方面，因此，它是一门以经济学、管理学、投资学、国际贸易、国际市场营销等为基础而形成的交叉学科，具有非常强的理论性和实用性。这门课程旨在使学生了解和掌握与跨国公司有关的知识和内容，包括跨国公司定义、性质、发展与变化、企业经营的国际化、国际直接投资、直接投资理论、跨国公司内部贸易和转移价格、跨国公司与价格转移、跨国公司的组织与管理、跨国公司的全球价值链、发展中国家的跨国公司等内容。

本课程综合运用讲授、启发式教学、案例教学、情境教学、小组合作式教学、企业家进课堂等多种教学方法，使学生对跨国公司对外直接投资理论、跨国公司运营过程中形成的组织结构、战略制定、全球价值链、公司内贸易及公司内外所发生的国际技术贸易等基本内容有所认识，努力培养学生对新生事物的洞悉能力以及解决问题的能力。本课程实现思想政治教育与专业教育的结合，将价值塑造、知识传授和能力培养融入课程内容设计、教学环节组织、教学效果测评的全过程，使学生通晓跨国公司演进及规律、理解跨国公司组织结构及战略决定因素、掌握跨国公司全球价值链形成及治理，公司内贸易及转移定价机制所起的作用，跨国公司执行跨国战略中所运用的知识产权工具，具有国际化视野、现代思维、分析解决跨国公司组织和运营问题的能力，能够客观认识理解中国企业走出去的成就及特色，以及国家地区之间的差异，更加坚定理想信念、强化民族自豪感和责任担当，能够充分意识和认识到自己所肩负的大国复兴的历史使命。

### （二）课程目标

本课程为专业必修课程。通过本课程的学习，使学生能够达到以下目标：

1. 知识目标：系统掌握跨国公司直接投资理论基础，跨国公司组织结构演变、战略制定等专业基础知识与基本理论，同时具有在跨国投资及跨国管理相关领域、行业内，较熟练进行跨国公司组织行为分析及预测的专业能力。

2. 能力目标：具有获取知识的能力，能够掌握有效的学习方法，主动接受终身教育；具有实践应用能力，能够在跨国企业经营实践活动的分析中灵活运用所掌握的专业知识；能够运用专业理论知识和研究方法分析解决实际问题，具备一定的科学研究能力；具备创新精神、创业意识和创新创业能力。

3. 育人目标：以跨国公司组织结构演进及其制度更替为基础，挖掘组织结构演进对人才进步的内在需求，培养良好的职业操守和职业道德；结合跨国公司投资理论与跨国公司投资实践夯实学生良好的专业素养，以跨国公司内贸易发展及其知识产权制度设计核心，引导学生熟悉国家有关中国对外投资及对外引资的方针、政策和法律法规，了解跨国公司经营与管理的发展动态；以中国企业的跨海实践成就为素材，培养学生的家国情怀和文化自信，以跨国公司投资理论的拓展及实践验证，培养学生的科学知识与科学素养。

### （三）课程教材和资料

➤ 推荐教材

卢进勇等. 跨国公司经营与管理[M]. 3版. 北京：机械工业出版社，2022.

> 参考教材或推荐书籍
1. 任永菊.跨国公司与对外直接投资[M].北京:清华大学出版社,2019.
2. 巴特利特,比米什.跨国管理[M].7版.辽宁:东北财经大学出版社,2017.

> 学术刊物与学习资源

对外直接投资及跨国企业投资与管理类各类期刊。

学校图书馆提供的各种数字资源,特别是"中国知网"。

> 推荐网站

中华人民共和国商务部 http://www.mofcom.gov.cn/.

中国贸促网 http://www.ccpit.org/.

UNCTAD.世界投资报告[R].http://unctad.org.历年。

# 二、课程思政教学总体设计

## (一)课程思政教学目标

单纯的理论知识课程体系已不适应于思政环境下的专业课程的学习要求,需要结合课程思政"价值体系、知识体系、能力体系"的"三体"合一的目的,以全面提升学生专业素养、德育内涵、综合素质为驱动,注重思政德育元素和国际贸易理论、政策、措施中知识点的有机融合,提升专业课的思政内涵,对学生进行职业教育、创新创业、爱国主义、爱岗敬业等方面的道德教育,达到润物无声的课程思政实效。以习近平新时代中国特色社会主义思想为指引,全面贯彻党的教育方针,聚焦对外投资强国和中外企业海外运营规范化及国际化建设,培养学生"融通内外、经世济民、诚信服务、德法兼修"的理念,将价值塑造、知识传授和能力培养融为一体。以全面提升学生德育内涵、专业素养、综合素质为驱动,注重思政德育元素和经贸类专业课程体系中知识点的有机融合,在专业课的教学中深入开展中国特色社会主义和中国梦教育、社会主义核心价值观教育、法治教育、职业道德教育以及中华优秀传统文化教育等,培养德智体美劳全面发展的社会主义建设者和接班人。

《跨国公司经营与管理》课程以跨国公司对外直接投资理论、组织结构、全球价值链构建及手段为核心内容,学生可以掌握跨国公司对外直接投资的基本概念知识,能够对当前跨国公司全球运营中发生的热点问题进行客观理性分析,能够解决服务跨国公司工作中存在的复杂问题,提升学生对企业跨国经营及管理领域实践问题的分析能力和综合运用能力,充分激发学生的家国情怀与使命担当意识。

本课程加入大量的近期与未来可能产生巨大影响的经典案例与实践成果。例如"一带一路"倡议中国企业走出去的实践、中国企业跨国运营的成就及经验、高新智能技术及其产业链和价值链构建及重构、中国外资引进及对外投资政策新导向、中国大部制改革的战略内涵、华为及小米生态链构建、中美贸易争端的实质等。通过在课程中大量融入和体现中国特色与经验,增进学生分析和解决问题的能力,引导学生增强"四个意识"、坚定"四个自信"、做到"两个维护",把思想和行为自觉与以习近平同志为核心的党中央保持高度一致。具体而言,本课程的思政教学目标包括以下八个维度:实现政治认同、家国情怀、培育和践行社会主义核心价值观、融入中华优秀传统文化、牢固树立法治观念、深化职业规范与职业道德教育、培养科学精神、拓展国际视野。

### 1. 实现政治认同

《跨国公司经营与管理》课程以跨国公司对外直接投资理论、组织结构、全球价值链构建及手段为核心内容,其中也会涉及与跨国企业经营管理相关的实践内容,例如中国参与国际价值链分工、中国企业走出去的成果、中国企业自主构建全球价值链的动因与影响等,这些内容与中国改革开放实践紧密结合,传递坚持中国共产党领导的重要性,从而认同"中国共产党为什么能、马克思主义为什么行、社会主义为什么好",增强学生的政治认同;引领学生充分认识中国共产党正确领导的意义和社会主义制度的优越性;将人类命运共同体理念作为培养学生国际化视野、现代思维的出发点。

### 2. 家国情怀

《跨国公司经营与管理》课程通过讲述中国对外引资政策的变化、中国对外开放的制度效率增进、中方对外国企业招商引资从"以市场换技术",到"公平竞争"等理论与案例,阐明新中国成立和改革开放过程中,在党的领导下,我国吸引外国直接投资建设中国经济的艰辛历程,让学生感受爱国主义精神,传承爱国情怀。通过对中国"入世"前后对比,尤其结合"中国企业出海"等大事记对学生进行爱党、爱国、爱社会主义、爱人民、爱集体的"五爱"教育。与此同时,本课程还会针对"美国对中国企业技术封锁",让学生深刻意识当前我国制造业转型升级中的关键痛点与"卡脖子"问题,说明我国在关键核心技术上与发达国家制造业发展的差距,让学生树立为建设"中国智造""中国创造"的远大理想。

3. 培育和践行社会主义核心价值观

通过贯穿课程始终的正能量传播,帮助学生建立和强化社会主义核心价值观;通过分享中国企业出海的成功经验及模式创新等,使学生能切身感受到国家的快速发展、机遇与挑战,引导学生将个人价值实现与民族复兴大业相契合;通过课堂教学组织设计和课程实践,鼓励学生参加各类创新创业比赛、职业技能大赛、从业能力大赛等,开阔学生眼界,鼓励学生进行团队合作,实现个人能力培养与集体智慧结合,鼓励批判性思维,鼓励探索与创新。

4. 融入中华优秀传统文化

本课程注重融入中华优秀传统文化的精髓,特别是中国传统哲学思想及战略智慧的传承,引导学生熟悉我国人文社会科学领域的基础知识,提升文化自信;同时,熟悉不同国家和地区的国情差异,掌握跨文化沟通的基本规范。以"中国人"自豪,热爱和弘扬中华优秀的传统文化;理解接受不同文化,以得当的方式处理跨文化事务,不断提升跨文化沟通能力。在本课程讲述"跨国公司战略制定与安排"中,通过讲授相关专业知识,着重对学生传输"中国传统战略智慧"教育,通过案例对学生进行中华优秀传统文化的教育。

5. 牢固树立法治观念

跨国公司是国际贸易开展的主体,在跨国公司运营中既要遵循本国的法律法规,又要考虑东道国的法律法规要求,尤其是与贸易有关的知识产权保护,在讲述"跨国公司与国际技术贸易"章节中,重点讲解知识产权保护的国际公约、WTO《与贸易有关的知识产权协议》等。通过本课程学习,让学生认识到国际条约、东道国法律法规及本国法律法规都是企业跨海运营稳定健康的重要前提,让学生牢固树立遵纪守法的意识,并激励学生学习运用法律保障投资利益,使学生具备运用法治思维和法治方式保护自身权利、参与社会公共事务、化解矛盾纠纷的意识和能力。

6. 深化职业规范与职业道德教育

本课程培养学生具备自主、有效、持续学习的意识和能力;具有批判性思维与求真务实的科学精神,具备创新实践能力和自主创业的意识;能够理解和遵守职业道德与规范。跨国投资及管理中涉及的职业道德的基本规范包括:诚实守信、忠于职守、忠于法规、专业专注、廉洁奉公、保守秘密、服务群众。通过本课程的知识讲解和案例解读,切实提高学生的职业道德修养。

7. 培养科学精神

本课程注重培养学生的科学精神。科学精神是伴随近代科学的诞生,在继承人类先前思想遗产的基础上,逐渐发展起来的科学理念和科学传统的积淀,是科学文化深层结构(行为观念层次)中蕴涵的价值和规范的综合。要对科学精神有所把握,最重要的是要让学生了解它的内涵与构成要素,以及它的整体结构。科学精神是反映科学发展内在要求并体现在科学工作者身上的一种精神状态,如科学探索者的信念、勇气、意志、工作态度、理性思维、人文关怀和牺牲精神等,内涵极为丰富,互相之间贯通性和可塑性很强。本课程让学生了解科学精神的内涵与构成要素,以及它的整体结构,引导鼓励学生勇于探索、大胆创新,将自身职业发展融入到新时代的新发展理念与对外直接投资及全球价值链新发展格局中。本课程在教学中通过增强学生客观理性分析问题能力培养学生科学精神。例如,在讲述 OBL 对外直接投资理论中引入"中国对外直接投资的跨越式发展"的思政案例,引导学生理解"OBL 模型对对外直接投资描述"有其特定的时代局限性,缺乏实际数据验证,仅仅是对美国对外直接投资现实的理论总结,并不一定适用于其他国家。同时也要看到,在全球价值链不断深化、科技日趋进步的条件下,国家间相互合作,企业上下游互通有无是维系全球投资健康发展的根本。

8. 拓展国际视野

全球竞争日趋激烈、区域一体化合作越来越紧密是国际经济与贸易发展的大趋势。在此背景下,国家经济的发展与建设需要具有国际视野的复合型高素质涉外人才。因此,在课程教学中,需要培养学生的国际视野与大格局意识。本课程通过让学生了解当前国际直接投资及跨国经营管理领域的新形势、新业态,特别是注重我国与其他发达国家投资政策的竞争和互补关系,培养学生的国际视野。例如,在讲述跨国公司战略联盟章节中引入"航空公司三大联盟"案例,介绍战略联盟对跨国公司经营发展的重要性,与学生分享中国科技巨头战略联盟取得的成就,探讨中国企业建立和加入国际战略联盟对其开拓海外市场的必要性,拓展国际视野,鼓励学生为中国开放型经济建设做出新贡献。

#### (二)课程思政的教学内容

《跨国公司经营与管理》课程的思政内容可以涉及以下几方面:

1. 体现马克思主义基本原理

本课程的教学中,体现辩证唯物主义和历史唯物主义、马克思主义政治经济学以及科学社会主义的基本原理和规律,引导学生将科学的世界观、价值观、人生观、认识论、方法论、经济学规律等内化于心。例如,跨国公司投资理论章节讲述中突出马克思主义的国际直接投资原理,讲述马克思主义关于国际分工和国际价值两个极为重要的内容。

2. 解析国家战略、法律法规和相关政策

结合本课程自身特点,通过经典案例教学法、跨国公司经营活动情境教学和实际体验法等教学方法,融入对跨国公司经营与管理领域相关国家战略、法律法规和政策的解析,帮助学生深刻理解国情国策、厚植家国情怀。

3. 引导学生深入跨国公司发展的案例分析、关注跨国公司发展过程中存在的现实问题

本课程的教学中,围绕跨国公司发展中的现实问题,通过课程的实践环节以及课外实践活动等不同类型的实践体验,持续提高学生分析跨国公司经营发展中发生的实际问题的能力,引导学生从实践中来、到实践中去。例如,通过国家知名网站分析观点进课堂的教学方式,发挥中国出海专家在一线搜集的实例及视频分析,激发学生对跨国公司经营与发展的直观感知,并从理论角度理解现有活动开展的重要意义,切实做到跨国公司经营与管理的理论与实践的紧密结合。

4. 培育学生遵纪守法、明礼诚信、以德经商的商业职业道德和素养

在本课程的教学中,重视对学生职业道德的培养。通过挖掘课程内容、设计教学过程,显性教育与隐性教育相统一地加强遵纪守法、诚信服务、公平竞争、爱岗敬业等商业职业道德教育。

5. 挖掘中华优秀传统文化中的商贸思想和事例,增强中华优秀文化认同

在课程教学中,重视对中华优秀的商贸文化的挖掘和传承。通过挖掘优秀商贸思想元素、融入教学过程,传统文化和现代企业管理有机统一,服务于学生的专业知识传授,内在地提升对优秀中华文化的认同和传承。

#### (三)教学方法

本课程综合运用讲授、启发式教学、案例教学、情境教学、小组合作式教学、视频专家分享等多种教学方法,使学生掌握有关跨国公司经营与管理领域的基本概念、基本理论和法律法规,具有运用理论知识分析现实跨海运营中的热点问题、难点问题的能力,拓展国际视野,了解经济全球化背景下跨国经营发展的新趋势、新组织结构、新管理理念,培养学生与时俱进的工作态度,创新发展的职业理念。

## 三、课程各章节的课程思政教学内容设计

### 第一章 跨国公司概述

**专业教学目标**

【知识目标】

掌握跨国公司的概念及特征;了解跨国公司的形成及发展;认识跨国公司对世界经济发展的影响。

【能力目标】

能运用所学知识分析跨国公司对一国经济的实际影响。

【素质目标】

通过中国与其他国家数据对比,明确当前中国经济和企业的国际影响力,增强大国意识和自信,能搜

集相关资料并对指定跨国公司进行战略和运营分析,并形成案例分析报告。

**课程思政教学目标及实践**

**【育人目标】**

通过中国跨国企业跨海运营成就事实,对比历年中国企业跨海运营企业数量及营收增长,促进学生对中国特色社会主义道路的信心和认同、拥护中国共产党的领导的意识和行动,增强文化自信和制度自信。

**【教学方式与方法】**

1. 课堂讲授:讲授相关理论的主要观点或内容、政策启示与建议等。
2. 课堂展示与讨论:学生展示根据教学素材整理分析的相关报告等,小组讨论。

**【课程思政教学实例】**

**案例材料:2020 年全球跨国公司 100 强名单中中国企业上升速度**

**(1)案例简介**

2022 年度《财富》世界 500 强排行榜发布。加上我国台湾地区企业,我国共有 145 家公司上榜,比上一年增加 2 家,上榜数量连续第四年位居各国之首。大陆(含香港)企业的平均营业收入达到 809.8 亿美元,与自身去年数字相比大幅提升;此外,平均总资产达 3580 亿美元,平均净资产达 431.8 亿美元,均超过世界 500 强的平均水平。其中,能源企业的表现尤为抢眼。本年度《财富》世界 500 强中,共有 99 家国有企业上榜,较去年增加 3 家。其中,国资委监管的央企(含招商局集团旗下的招商银行(600036))有 47 家;地方国资委监管的地方国企有 39 家,较上年增加 6 家;财政部监管的金融等企业有 12 家,另有福建的兴业银行(601166)再次上榜。

从企业数量来看,在世界 500 强的赛场上,中国始终处于上升通道,而美国开始走向下坡路。2000—2020 年 20 年间,中国世界 500 强企业数量增长了 11 倍,并在 2019 年上榜企业数量首次超过了美国,跃居第一位。而美国在 2002 年数量达到巅峰后,逐渐走向下坡。在企业排名分布方面,美国企业排名更加靠前,上榜企业头部占比更高。2020 年在世界 500 强前 100 名中,美国企业有 34 家,占美国上榜企业数量的 28%,中国企业有 25 家,占中国上榜企业数量的 19%;100~200 名企业中,中国企业有 26 家,占比 19%,美国企业有 26 家,占比 22%。整体来看,我国上榜企业在各排名阶梯中分布更为均匀,其中在 400~500 名的企业占比最高;而美国上榜企业主要分布在前 400 名,其中前 100 名企业数量占比最大,达到 26.4%。

资料来源:前瞻产业研究院. 中国对外贸易行业市场前瞻与投资战略规划分析报告[R].2022。

**(2)案例的思政元素**

①政治认同。本内容将中国跨国公司财富上升事件与《跨国公司经营与管理》课程中"跨国公司构成与类型"的教学内容相结合,用中国跨国公司类型发展实例等方面做到案例分析与课程内容的呼应与融合,以此引发学生的深入思考,培养学生理论自信和文化自信。

②家国情怀。通过跨国公司财富上升反映出的中国跨国公司与世界最先进跨国公司之间的差距,鼓励学生努力学习,培养学生为国努力奋斗的决心,以及促进中国跨国公司追赶超越,实现民族伟大复兴的宏大信念。

**(3)教学手段**

①视频+讲授:跨国公司的类型,中国企业跨海的成就。在知识点"跨国公司类型"中引入中国不同类型跨国公司跨海运营的成就,是因为中国在科技赛道的加速度,正令经济社会发展奔跑在未来潮流之中。中国企业跨海运营进步彰显"中国速度",体现了中国特色社会主义制度的优越性。

②学习测评:发布课堂作业,要求分组对具体某一个中国跨国公司进行总结和课堂分享,教师和学生对其进行分组评分。

## 第二章 跨国公司投资理论

**专业教学目标**

**【知识目标】**

识记垄断优势论、内部化理论、产品生命周期理论的主要内容;掌握边际产业扩张理论和国际生产折衷理论的基本观点。

**【能力目标】**

运用以上理论对现有的跨国公司进行案例分析,并能对中国公司跨国运营提出一定的理论建议。

**【素质目标】**

通过跨国公司投资理论的学习,明确公司运营是在符合了一定的经济规律的情况下才能为其成功打下良好的基础,养成尊重客观规律,并按规律办事的理论素质。

**课程思政教学目标及实践**

**【育人目标】**

通过学习中国 FDI 和 OFDI 成就事实,坚定中国特色社会主义道路,坚持中国特色市场经济体制的先进性,充分培育学生的国家意识和国民身份的认同和自豪感,和对国家主权和利益无条件捍卫的决心,增强文化自信和制度自信。通过案例分析,培养学生尊重事实和证据,有实证意识和严谨的求知态度,能调动逻辑思维和批判思维对设定的问题勇于探求,不畏困难,积极寻找有效的解决问题的方法和能力。

**【教学方式与方法】**

1. 自主学习:线上学习相应慕课中的基础专业知识点,线下自主阅读文献资料,撰写心得体会。
2. 课堂讲授:讲授相关理论的主要观点或内容、政策启示与建议等。
3. 课堂展示与讨论:学生展示根据教学素材整理分析的相关报告等,小组讨论。

**【课程思政教学实例】**

**案例材料:青山矿业出海实践**

**(1)案例简介**

2003 年,青山控股集团正式成立,为日后成为国内不锈钢第一大巨头奠定了基础。2009 年,青山系与印尼八星集团合资成立印尼苏拉威西矿业投资有限公司(简称"苏拉威西公司"),获得了印度尼西亚面积为 4.7 万公顷的红土镍矿的开采权。青山系正式迈出出海的第一步,也是其成为日后的"中国镍王"的关键一步。2013 年 10 月 3 日,项光达与郑汉烈签订了共建中国印尼综合产业园区青山园区(简称"印尼青山园区")的协议——该项目也是"一带一路"倡议落地印尼的重点项目之一。2017 年,青山系又与"钢铁大王"丁立国合作,与丁立国旗下德龙控股、印尼八星集团签署了年产 350 万吨钢铁项目投资协议。同样是在 2018 年,青山系、振石控股、浙江华友控股集团有限公司(简称"华友控股")等投资方,在印度尼西亚北马鲁古省哈马黑拉岛共同出资建设另一个工业园区——纬达贝工业园。2019 年,印尼友山镍业有限公司由青山系、华友控股和盛屯矿业的下属公司合资设立,用于建设高冰镍项目,项目预计投资 41 亿美元。2020 年,青山系与华友钴业再度抱团出海,合资成立华科镍业印尼有限公司,建设年产含镍金属量 4.5 万吨的高冰镍项目,项目拟投资 30 亿元人民币。同样是 2020 年,青山系又与南钢股份等投资方联手,成立印尼金瑞新能源科技有限责任公司,实施年产 260 万吨焦炭项目,项目投资 3.8 亿美元。2021 年,青山系、华友钴业再次合作,牵手亿纬锂能等投资方,组建合资公司华宇镍钴(印尼)有限公司,建设红土镍矿湿法冶炼项目,项目规模为年产约 12 万吨镍金属量的产品和约 1.5 万吨钴金属量的产品,预计总投资 20.8 亿美元。

资料来源:"妖镍"青山系发家史:抱团出海与巨额关联交易 | 清流·资本大事件. 腾讯网. 2022.

**(2)案例的思政元素**

①科学精神。本内容将青山控股跨海投资事件与《跨国公司经营与管理》课程中"跨国公司对外直接投资理论"的教学内容相结合,用中国跨国公司跨海投资动因等方面做到案例分析与课程内容的呼应与融合,引发学生理解如何运用理论推动企业运营效率的提升,培养学生的科学精神。

②培育和践行社会主义核心价值观。通过案例分析理解青山控股的成功,除了理论的科学运用,还有青山人在控股合资过程中,充分发挥平等、公正、诚信、合作共赢的社会主义核心价值观,用彼此互利共赢的理念促进的外方与中方的谈判与联合运营的效率,大大加快了青山控股的成长速度。

**(3)教学手段**

①视频+讲授:跨国公司对外直接投资理论,中国企业跨海投资反映的理论问题。在知识点"对外直接投资动因"中引入中国不同类型跨国公司跨海运营所反映的理论与现实,体现了中国特色社会主义核心价值观中的合作共赢理念,也同时提醒学生理论对现实的指导意义的科学精神挖掘。

②学习测评:发布课堂作业,要求分组对具体某一个中国跨国公司进行总结和课堂分享,教师和学生对其进行分组评分。

### 第三章 跨国公司的战略制定与安排

**专业教学目标**

【知识目标】

掌握跨国公司全球战略、成长战略、所有权选择战略、市场战略和文化战略的核心内容。

【能力目标】

运用所学习的跨国公司战略理论分析特定跨国公司的战略体系构成及其原因及其中存在的潜在问题。

【素质目标】

通过跨国公司战略制定与安排的学习,了解一个成功的公司需要战略构成和顶层设计,且需要随时间而迁移,进而形成战略意识。

**课程思政教学目标及实践**

【育人目标】

通过引入中国传统战略思想,帮助学生理解战略思想的源远流长,培养学生的文化自信,积极参与对中华优秀传统文化和社会主义先进文化的传播和弘扬;通过学习跨国公司战略安排,培养学生的战略思维和战略意识,充分调动理性思维来发现问题,提出问题和解决问题,能利用战略思维来指定合理的关于个人和组织的解决方案。

【教学方式与方法】

1. 自主学习:线上学习相应慕课中的基础专业知识点,线下自主阅读文献资料,撰写心得体会。
2. 课堂讲授:讲授相关理论的主要观点或内容、政策启示与建议等。
3. 课堂展示与讨论:学生展示根据教学素材整理分析的相关报告等,小组讨论。

【课程思政教学实例】

**案例材料:战略思维在中国历史决策中的运用**

(1)案例简介

纵观这个世界,能够这样进行长远战略思考和规划的只有中国,这很大程度上是因为中国共产党是一个"使命担当党",而不是西方模式下的"选举政治党",它以人民整体和长远的利益为依归,以民族复兴为使命,它是一个"天降大任于斯人也"的政党,领导着一个文明型国家,这是一个数千年没有中断的古老文明与一个超大型的现代国家之合,它有"不谋全局者,不足以某一域""人无远虑,必有近忧"的文化传承。

1948—1949年,那是一个风云突变的时刻,也是一个历史出现大转折的时刻。当时国内外很多人都希望国共能够"划江而治":一是希望早日结束内战;二是担心西方列强,特别是美国的干涉。但毛主席的思维方式是战略的、长线的、整体的,他有一种强烈的历史感和使命感。毛主席考虑的是"两个中国之命运"——是光明的中国还是黑暗的中国。1948年12月,毛主席在西柏坡会见了费孝通、雷洁琼等一批民主人士,给他们交了底,主席是这样说的:"我们要有长远的眼光,要将革命进行到底。如果不是这样,搞什么划江而治,那将后患无穷。中国历史上每一次分裂,再一次统一都要很长的时间,人民会付出好多倍的代价!事关举国长远大计,中国共产党一定要站在人民的立场,看得远一点,不受其他国家的影响。"

资料来源:谈谈战略思维,《这就是中国》62期,张维迎教授访谈节选。

(2)案例的思政元素

①政治认同。本内容将新中国成立过程中中国共产党人战略思维和智慧的运用与《跨国公司经营与管理》课程中"跨国公司战略安排"的教学内容相结合,引导学生认同中国共产党执政治国的先进理念及政治素养,认同中国共产党是新中国得以繁荣富强的根本及决定性力量。

②融入优秀的中国文化传统。将中国春秋战国时期兵家的战略智慧融入案例分析与课程内容,引起学生对中华优秀传统文化产生浓厚的兴趣,以此引发学生的深入思考,培养学生文化自信。

(3)教学手段

①视频+讲授:跨国公司战略制定与安排,战略制定中的战略意识以及大局意识的培养。在知识点

"跨国公司战略制定"中引入中国传统的战略思维的运用所反映的理论现实,体现了中国战略思维源远流长,也同时提高学生的政治认同、家国情怀和文化自信,培养学生的战略意识。

②学习测评:发布课堂作业,要求分组对具体某一个中国跨国公司进行总结和课堂分享,教师和学生对其进行分组评分。

## 第四章 跨国公司的组织结构与管理

**专业教学目标**

**【知识目标】**

掌握跨国公司传统组织结构形式及构建原则,能理解这种管理传统给跨国公司组织结构带来的挑战。

**【能力目标】**

能对特定的跨国公司进行组织结构分析,运用所学习的理论分析其面向未来的过程中可能遇到的组织结构挑战,并提出解决思路。

**【素质目标】**

在理解和学习跨国公司组织结构的过程中,理解人类的社会关系存在的重要性,理解构建组织结构是推进组织生产效率非常重要的手段,强化并建立职责意识,岗位意识。

**课程思政教学目标及实践**

**【育人目标】**

通过引入企业组织结构管理建立的必要性,提高学生的职责意识,岗位意识,提高学生融入社会群体参与合作意识,培养学生爱岗敬业、团队互助精神,培养学生明确组织与个人之间的关系,提高在跨文化组织结构中对世界多元文化的多样性和差异性的重视程度。

**【教学方式与方法】**

1. 自主学习:线上学习相应慕课中的基础专业知识点,线下自主阅读文献资料,撰写心得体会。
2. 课堂讲授:讲授相关理论的主要观点或内容、政策启示与建议等。
3. 课堂展示与讨论:学生展示根据教学素材整理分析的相关报告等,小组讨论。

**【课程思政教学实例】**

**案例材料:中国行政组织结构及大部制改革**

(1)案例简介

40年来,我国经济和社会发展取得了举世瞩目的巨大成就,其中行政体制改革取得了重要突破和重大进展,中国特色社会主义行政体制不断发展和完善。40年的中国行政体制有8次大的改革,大体可分为四个阶段。

第一阶段(1978—1992):以机构精简和人员分流为重点,建立适应社会主义商品经济体制要求的行政体制。

第二阶段(1993—2002):以减少对微观经济干预为重点,初步建立适应社会主义市场经济体制要求的行政体制。

第三阶段(2003—2012):以公共服务体系(服务型政府)建设为核心,通过完善政府职能体系深化中国特色社会主义行政体制改革。

第四阶段(2013—2018):以深化"放管服"为重点加快转变政府职能,推进政府(国家)治理现代化。

党的十八大以来,以习近平同志为核心的党中央对加快转变政府职能提出了明确要求。新一届政府把"放管服"改革作为政府职能转变的"先手棋"和"当头炮",在"放"上下大气力,努力做好简政放权的"减法";在"管"和"服"上不断创新,努力做好监管的"加法"和服务的"乘法"。2013年的行政体制改革,国务院组成部门设置25个。实行铁路政企分开,组建国家铁路局,由交通运输部管理;组建中国铁路总公司,承担铁道部的企业职责。组建国家卫生和计划生育委员会、国家食品药品监督管理总局、国家新闻出版广电影电视总局,重新组建国家海洋局、国家能源局。

资料来源:马宝成、安森东.中国行政体制改革40年:主要成就和未来展望[J].行政管理改革.2018(10).

(2)案例的思政元素

①政治认同。本内容将中国行政组织结构改革与《跨国公司经营与管理》课程中"跨国公司组织结构

演变"的教学内容相结合,用中国行政改革过程的案例分析与课程内容的呼应与融合,促进学生理解中国共产党的优良传统是坚持改革,坚持用最先进的理论武装自己,坚持实践是促进中国经济和政治进步的唯一途径。

②深化职业规范与职业道德教育。通过引入中国大部制改革,使学生认识到接受变革是人生发展中必须经历的过程,而接受变革,接受新鲜事物,遵守组织结构管理是对个人工作的职业责任的核心要求。促进学生理解组织结构管理与个人利益之间的联系与区别,并从思想上接受相应的职业规范与职业道德对职场人的约束力量。

**(3)教学手段**

①讲授:跨国公司组织结构变革,着重培养学生对组织结构变化与环境适应的关系。在知识点"跨国公司组织结构演变"中引入中国行政改革历程,体现中国行政结构改革中对环境的适应及变化,也同时提高学生对中国行政结构的了解,明确在组织结构变化过程中个人应遵循的职业职责。

②学习测评:发布课堂作业,要求分组对具体某一个中国跨国公司的组织结构进行总结和课堂分享,教师和学生对其进行分组评分。

### 第五章 跨国公司的战略联盟管理

**专业教学目标**

**【知识目标】**

掌握战略联盟的概念,类型,理解跨国公司成立战略联盟的原因。

**【能力目标】**

能运用所学理论分析战略联盟的优劣势,及如何创建战略联盟。

**【素质目标】**

建立战略合作意识,工作和生活中能有意识地将合作和竞争结合起来。

**课程思政教学目标及实践**

**【育人目标】**

通过理解战略联盟的意义,培养学生在社会主义核心价值观中的双赢合作意识,理解企业组织体系中竞争与合作的相互协调性,培养学生的规则意识和法治意识,在合规的基础上,培养互利共赢的观念,增强学生对"人类命运共同体"理念的认同。

**【教学方式与方法】**

1. 自主学习:线上学习相应慕课中的基础专业知识点,线下自主阅读文献资料,完成平台测试。
2. 课堂讲授:讲授相关理论的主要观点或内容、政策启示与建议等。
3. 课堂展示与讨论:学生展示根据教学素材整理分析的相关报告等,小组讨论。

**【课程思政教学实例】**

**案例材料:小米生态链的构建**

**(1)案例简介**

小米生态链起源于2013年,当时的小米还只是一个主要专注于手机平板的企业,但是创始人雷军有着前瞻性的思考且看到了不一样的发展未来,那就是智能硬件和Iot(Internet of Things 物联网)市场爆发的前景,但当时的小米正专注于手机平板等业务发展,分身乏术无力发展其他的智能硬件,于是,雷军将发展智能硬件的任务交给小米的联合创始人暨高级副总裁刘德,创立金米投资公司,投资市场上"有潜力且认同小米价值观的企业",当时,雷军的目标是希望投资100家生态企业,截至2019年年报显示,小米投资多达290家生态链企业。

小米的生态系统是以手机为中心,当年选定投资的第一项产品是"移动电源"接续是"耳机",这些手机周边商品就成为小米的第二层生态圈;之后小米陆续投资且孵化智能硬件的相关产品,像是小米手环、小米空气净化器、小米净水器、闹钟、平衡车和扫地机器人等产品,这些智能硬件产品围绕成小米的第三层生态圈;后续小米也投资生活耗材像是牙刷、毛巾和行李箱等产品,这些成为了小米的第四层生态圈。透过点与点的连接成为线,线与线之间形成链,链再围绕成圈,至今为止小米已经形成坚固不可破的生态圈。

资料来源:薛华霆.剖析小米生态链[R].中华天博管理咨询(搜狐网),2019.

**(2)案例的思政元素**

①培育和践行社会主义核心价值观。本内容将小米生态链与《跨国公司经营与管理》课程中"跨国公司战略联盟结构"的教学内容相结合,以小米生态链案例为基础分析与课程内容的呼应与融合,以此引发学生的深入思考,引导学生深度探讨竞争与合作之间的关系,促进学生理解践行社会主义核心价值观中和谐、诚信对企业建立战略联盟的重要价值,培养学生合作共赢的思维意识。

②家国情怀。通过介绍小米企业初创人的理念,促进学生理解具有家国情怀的企业家对建立跨国公司的必要性,敦促学生向内提升自身核心竞争力的同时,也要时时仰望星空,心存爱国热情,为国效命的抱负。

**(3)教学手段**

①观看视频:小米生态链的发展,着重小米生态链建立中战略联盟思维的引入。在知识点"跨国公司战略联盟成立原因"中引入小米生态链管理的案例,体现跨国公司在运营发展中也需要通过合作的方式与竞争对手联合扩大市场份额,通过视频的观看及课堂以"合作 VS 竞争"为主题的分组讨论,引导学生理解企业运营中合作共赢意识的重要性,并通过教师最后提升,引导学生进一步对习近平总书记提出的"人类命运共同体"概念的理解和认同。

②学习测评:发布课堂讨论,要求分组以"合作 VS 竞争"为主体进行分组讨论和总结分享,教师和学生对其进行分组评分。

## 第六章 跨国公司的全球价值链

**专业教学目标**

**【知识目标】**

了解国际生产体系的形成与发展,掌握国际生产体系、全球生产网络和全球价值链的含义,理解全球价值链的治理、升级和经济租。

**【能力目标】**

能分析跨国企业融入全球价值链的模式与升级路径。

**【素质目标】**

通过学习,理解企业是产业链中的一个环节,要求学生能针对某一个产品或某一个行业来梳理其价值链条及链条上的核心企业。

**课程思政教学目标及实践**

**【育人目标】**

强调中国企业在全球价值链中的攀升的重要性,增强以整合国际化资源来培养学生的国际视野,促进学生对中国坚持"改革开放"国策不动摇的深入理解,培养学生的全球意识和开放心态,以及以创新与价值整合引领中国崛起和富强的信心。

**【教学方式与方法】**

1. 课堂讲授:讲授相关理论的主要观点或内容、政策启示与建议等。

2. 课堂展示与讨论:学生展示根据教学素材整理分析的相关报告等,小组讨论。

**【课程思政教学实例】**

**案例材料:比亚迪汽车价值链体系及升级路径**

**(1)案例简介**

2003年1月22日,比亚迪正式收购西安秦川汽车有限责任公司,进入汽车制造与销售领域。其汽车产品包括各种高、中、低端系列燃油轿车以及汽车模具、汽车零部件、双模电动汽车及纯电动汽车等,代表车型有 F3、F3R、F6、F0、G3 等传统燃油汽车,S8 运动型硬顶敞篷跑车,以及 F3DM 双模电动车等。从2003年跨入汽车行业,2005年首款新车 F3 在西安正式下线,比亚迪股份有限公司成为中国增长最快的自主汽车企业。比亚迪股份有限公司从2006年开始出口汽车,主要销往俄罗斯、乌克兰、中东、东南亚、非洲、南美洲等国家和地区。2007年,比亚迪在印度建立分厂;同年8月,深圳现代化生产基地落成暨中高级轿车 F6 下线,标志着比亚迪汽车开始进军中高级轿车市场。2013 年,比亚迪新能源车 e6 进入英国市场;2015 年 2 月,比亚迪纯电动大巴 K9 登陆日本京都,此后又获得美国长滩运输署 60 辆纯电动大巴订单和伦敦 6.6 亿英镑纯电动大巴订单。目前,比亚迪新能源车的足迹已遍布全球五大洲,包括英国、美国、日本等汽车强国在内的 36 个不同国家和地区,约 160 个不同城市。

作为自主创新模式下发展的民营企业,比亚迪汽车构建了一条由自己主导的纵向一体化的汽车 GVC,即凭借核心技术,把整个产业的利润环节尽可能留在企业内部,80% 的零部件都由公司内部的零部件事业部研发与生产,将技术密集型活动转变为劳动密集型活动,最大限度地降低成本。如 F3 除挡风玻璃和少数通用件零部件外,包括专项、减震、座椅、车门甚至 CD,都是自行生产的。比亚迪的价值链治理模式呈现典型的层级型治理模式,与以北美为代表的市场型和以日本为代表的关系型治理模式有明显的差别。

资料来源:卢进勇等.跨国公司经营与管理[M].北京:机械工业出版社,2017.

(2)案例的思政元素

①拓展国际视野。本内容将比亚迪汽车产业链构建案例与《跨国公司经营与管理》课程中"跨国公司全球价值链治理"的教学内容相结合,以比亚迪汽车产业链为基础分析与课程内容的呼应与融合,以此引发学生的深入思考,同时也培养学生在企业价值链延伸过程中,具有国际视野,从全球角度出发降低全价值链的成本,提升产品增值。

②培养科学精神。引导学生深度理解中国企业整合全球价值链的实践是站在对全球价值链的科学认知和理解之上,而不是随意的企业安排。通过该案例,促进学生学习专业知识的热情,培养学生将理论知识运用于实践,解决实际问题的积极性。

(3)教学手段

①观看视频和课前阅读材料:比亚迪汽车产业链的构建和升级,着重比亚迪引入价值链的全球布局思考的引入。在知识点"跨国公司全球价值链治理"中引入比亚迪汽车产业链的构建和升级的案例,体现跨国公司在运营发展充分发挥其国际视野,将价值链进行全球布局。通过课堂讨论,引导学生理解企业价值链布局与自主创新之间的协同关系,并通过教师最后提升,引导坚定中国重新整合全球价值链的能力和信心。

②课堂讨论:以"价值链主导 VS 自主创新"为主题,分组进行学生讨论并进行结论展示。

③学习测评:教师和学生对其进行分组讨论成果进行评分。

## 第七章 跨国公司与国际贸易

**专业教学目标**

**【知识目标】**

了解跨国公司公司内贸易的产生动因及对国际贸易的影响,国际转移价格的制定方法,掌握跨国公司公司内贸易的含义、特征及形式;转移定价策略的含义和特点及目的,理解跨国公司转移定价的制约因素和各国政府对跨国公司转移定价的管制。

**【能力目标】**

能根据所提供的资料,分析跨国公司内部贸易对降低运营成本的影响,并能为特定的公司制定相应的转移定价策略。

**【素质目标】**

通过强调跨国投资与国际贸易之间的联系,引导学生理解中国深化开放,扩大开放战略的必要性,形成立志跨海运营的勇气与魄力。

**课程思政教学目标及实践**

**【育人目标】**

国际贸易中的跨国公司内贸易的事实为依据,破斥美国的中国威胁论,立足国情,培养学生为国奋斗的开放意识;坚定走中国共产党领导下的中国特色社会主义道路的信念,坚定为实现中华民族伟大复兴中国梦而努力奋斗的决心。

**【教学方式与方法】**

1. 自主学习:线上学习相应慕课中的基础专业知识点,完成知识点测试练习。

2. 课堂讲授:讲授相关理论的主要观点或内容、政策启示与建议等。
3. 课堂展示与讨论:学生展示根据教学素材整理分析的相关报告等,小组讨论。

【课程思政教学实例】
**案例材料:通用电气公司的全球运营与公司内贸易**
**(1)案例简介**
　　源于1878年创建的爱迪生通用电气公司在1892年与汤姆逊·休斯顿电气公司合并而成的通用电气公司历经百余年的历史,在全世界100多个国家开展业务,其中在26个国家拥有250家制造厂。
　　GE医疗系统部(GEMS)是世界上医疗设备产品的最大供应商,其重要产品包括:CT、MR、X光、超声、核医学、心电诊断和监护系统。GE医疗总部位于美国威斯康星州的密尔沃基市下设三个分部:亚洲区分部设于日本东京、欧洲区分部设于法国巴黎、美洲区分部与总部同址。GE(中国)医疗系统部于1979年在北京创立。目前GE医疗部在中国拥有以下机构:一家独资企业、三家合资企业、20余家办事处和维修中心、两家设在北京和上海的保税库。它们同是GE中国总部的一部分当然也是GE亚洲区分部、整个GE集团的有机组成部分并受GE总部的统一领导。
　　GE医疗系统部的中国企业及其他各种机构作为GE医疗系统部全球发展战略的有机组成部分,与GE医疗系统部在世界各地的其他企业有着密切的往来关系:它们以最快的速度引进GE在世界其他开发基地所发明的最先进的技术,例如GE美国以Six-Sigma科学方法研制的多螺旋CT机Lightspeed,1998年在北美首次推出,由于GE中国企业的努力一年之内在国内就有数家医院订购;它们从GE其他公司进口生产和维修所需要的零配件,例如仅GE医疗系统维修部在上海和北京的保税库就储存着超过1500万美元的零配件;它们所生产的产品也通过GE在世界其他国家的企业大量出口,例如在北京建立的以生产CT及MR为主的航卫通用电气医疗系统有限公司已成为GE公司全球经济型CT生产中心,产品已大量出口至欧美等国。

资料来源:孙国辉.跨国公司内部贸易与全球一体化经营[J].中央财经大学学报,2017.

**(2)案例的思政元素**
　　①家国情怀。本内容将通用汽车全球运营与公司内贸易案例与《跨国公司经营与管理》课程中"跨国公司内贸易发展趋势"的教学内容相结合,以通用汽车公司内贸易为基础分析与课程内容的呼应与融合,以此引发学生的深入思考,引导学生深度理解跨国公司的全球布局引发的公司内贸易引起的全球国际贸易格局的变动,帮助学生充分理解发达国家引起的贸易争端的虚伪性,和中国奋斗精神的价值体现。
　　②科学精神。根据本案例,引导学生主动运用最先进的国际贸易投入产出法及全球价值链增殖现实重新计算中国与其他国家的贸易差额,用科学事实回击发达国家对中国贸易的恶意诋毁,也进一步了解中国全球竞争需要进一步发力的行业和领域。

**(3)教学手段**
　　①阅读材料:通用汽车公司内贸易与全球投资案例,着重公司内贸易与跨国公司战略布局对全球贸易的影响。在知识点"跨国公司内部贸易对国际贸易的影响"中引入通用汽车投资与公司内贸易案例,通过课堂讨论,引导学生理解跨国公司内贸易与其全球投资布局的密切关系,促进学生深度思考发达国家与中国的贸易争端的实质,进而激发学生继续努力奋斗为国奉献的决心。
　　②学习测评:布置线上讨论,并对学生的讨论内容进行评价。

## 第八章　跨国公司与国际技术贸易

**专业教学目标**
【知识目标】
　　了解跨国公司在国际技术贸易中的地位与作用,掌握跨国公司国际技术贸易的基本概念,技术贸易价格如何决定和支付,主要的国际技术贸易方式,理解跨国公司国际技术贸易的相关理论。
【能力目标】
　　能用所学知识分析跨国公司如何运用技术贸易构建组织结构、战略联盟及价值链。
【素质目标】
　　强调知识产权的作用,培养学生建立知识产权保护意识,成为推进以技术创新推动中国发展的建设者和接班人。

**课程思政教学目标及实践**

**【育人目标】**

以技术贸易对跨国公司发展的重要性事实为依据,强化学生知识产权意识及以创新求差异化竞争的行为选择,通过跨国公司知识产权保护的案例来突出当前法治建设对中国创新,和解决"卡脖子"问题的必要性,进一步培养学生的法治意识和规则意识,增强学生知法、懂法、守法,且能自主通过法律捍卫自身权益的公民意识。

**【教学方式与方法】**

1. 课堂讲授:讲授相关理论的主要观点或内容、政策启示与建议等。
2. 课堂展示与讨论:学生展示根据教学素材整理分析的相关报告等,小组讨论。

**【课程思政教学实例】**

**案例材料:全球品牌价值排行榜及中国品牌表现**

(1)案例简介

英国品牌评估咨询公司品牌金融发布了"2022年全球品牌价值500强榜单"。榜单以5000个全球最大的品牌为评估对象,该品牌价值被理解为品牌所有者通过在公开市场上许可该品牌所获得的净经济收益。其中苹果以3550.8亿美元品牌价值位列榜单第一名。

榜单显示,榜单前100强品牌价值达到47598.71亿美元,同比上年增加6218.34亿美元。百强入围门槛为190.4亿美元,同比上年提高了12.9亿美元。

从总部所在地来看,美国有199个品牌入围世界品牌500强,品牌价值合计达3.9万亿美元,占总价值的49%,居全球第一。其次中国有84个品牌入围全球品牌500强,品牌价值合计达1.6万亿美元,占总价值的19%,居全球第二。

从中国品牌表现来看,中国TikTok的品牌价值从2021年的187亿美元增加到590亿美元,翻了三倍,是全球品牌价值500强榜单中增长最快的品牌。此外从营销投资、利益相关者权益和业务绩效等指标来看,微信连续第二年成为全球最强品牌。

资料来源:2022年全球品牌价值500强榜单,中国商情网。

(2)案例的思政元素

①牢固树立法治观念。本内容将全球品牌排行榜与《跨国公司经营与管理》课程中"跨国公司与国际技术贸易"的教学内容相结合,以中国品牌在全球品牌排行榜上的变化为基础分析与课程内容的呼应与融合,以此引发学生的深入思考,引导学生客观看待品牌商誉对跨国公司运营的重要作用,帮助学生理解和认同中国推进法治治国的必要性,理解中国加强知识产权的保护力度的原因,培养学生的法治思维。

②政治认同。通过中国品牌排行在全球的快速攀升,促进学生认同中国在中国共产党的领导下,不仅是物质极大丰富,在软实力上也开始蓬勃发展,中国共产党执政下的中国制度具有不可替代的制度优势。

③家国情怀。除了观察中国品牌快速攀升的现实,从案例中也应看到其他百年品牌的优势和品牌价值,我们还要踏踏实实发展自己,坚持法治道路不动摇,促进企业更有效地投入到品牌建设中。培养学生进一步挖掘民族文化优秀元素,培育中国品牌的信心和决心。

(3)教学手段

①观看视频和阅读材料:全球品牌排行榜及中国品牌表现,着重跨国公司的知识产权保护意识及水平对跨国公司发展的影响。在知识点"跨国公司国际技术贸易的客体"中引入全球品牌价值排行榜案例,通过课堂品牌故事分享,引导学生理解跨国公司的知识产权保护措施对促进跨国公司全球业务发展的重要作用,促进学生理解以品牌为例的无形知识产权也是公司财富的重要组成部分,进而培养学生的法治精神。

②学习测评:布置线上讨论,并对学生的讨论内容进行评价。

## 四、课程思政的教学评价

（一）对教师的评价

1. 教学准备的评价

将《跨国公司经营与管理》课程思政建设落实到教学准备各方面，提前提炼思政元素进行课程思政目标设计、修订教学大纲、教材选用、教案课件编写等。

2. 教学过程的评价

将《跨国公司经营与管理》课程思政建设落实到教学过程各环节，主要是看教师是否采取了恰当的教学方式，将思政元素自然地融入教学内容中，对学生的思政教育以"润物细无声"的方式展开。包括教学理念及策略、教学方法运用、作业及批改、分组讨论、平时成绩考核等。

3. 教学结果的评价

建立健全《跨国公司经营与管理》课程思政多维度评价体系，包括同行评议、随机听课、学生评教、教学督导、教学研究及教学获奖等。

4. 评价结果的运用

对于同行评议、学生评教、教学督导等提出的改进建议，以及对学生考核的成绩分析进行运用，对教学进行反思与改进。

（二）对学生的评价

1. 学习过程的评价

检验学生是否认真完成了老师布置的要求和任务，积极参与资料收集、课堂讨论等教学过程，科学评价学生在学习过程中的积极性、互动性和参与度。

2. 学习效果的评价

通过平时作业、课堂讨论、资源库平台资料分析报告、随堂练习、课程演讲、期末考试等多种形式，检验学生对课程思政元素的领会及其对思政元素的掌握程度。

3. 评价结果的运用

通过师生座谈和系上教研活动等多种形式，对学生的学习效果进行科学分析，总结经验，改进不足，提升课程思政的学习效果。

## 五、课程思政的教学素材

| 序号 | 内容 | 形式 |
| --- | --- | --- |
| 1 | 中国对外贸易行业市场前瞻与投资战略规划分析报告 | 研究报告 |
| 2 | 镍行业重磅深度：镍的新时代 | 安信证券投资报告 |
| 3 | 中国行政体制改革40年：主要成就和未来展望 | 阅读文献 |
| 4 | 剖析小米生态链；三大航空联盟 | 阅读文献；观看视频 |
| 5 | 跨国公司内部贸易与全球一体化经营 | 阅读材料 |
| 6 | 2022年全球品牌价值500强榜单 | 视频 |

# 《国际服务贸易》课程思政教学指南

吕寒[1]　黄暄[2]　王冬英[2]　于璐瑶[2]

([1] 西安外国语大学　[2] 西安财经大学)

## 一、课程简介与课程目标

### (一)课程简介

《国际服务贸易》课程是国际经济与贸易专业的核心课程,主要介绍国际服务贸易的基本概念、统计方法,系统梳理贸易理论与贸易政策,在此基础上,分别从电信服务、文化服务、分销服务、建筑服务、医疗卫生服务等主要服务行业入手分析其国际贸易模式及开放市场后的成本收益。

本课程综合运用课堂讲授、启发式教学、案例教学、翻转课堂、行业专家讲座互动等多种教学方法,将价值塑造、知识传授和能力培养融入课程内容设计、教学环节组织、教学效果测评的全过程,使学生能够理解国际服务贸易的基本理论,能够独立分析国际服务贸易方面的案例,具有国际化视野、现代思维、分析解决国际经济贸易问题能力,能够客观认识理解中国对外服务贸易的优势及不足,更加坚定理想信念、强化民族自豪感和责任担当,能够充分意识和认识到自己所肩负的大国复兴的历史使命。

### (二)课程目标

本课程为专业必修课程。通过本课程的学习,使学生能够达到以下目标:

1. 知识目标:(1)理解支柱性服务业和非支柱性服务业的划分依据;掌握国际服务贸易的基本概念,尤其是四种贸易模式的区分;掌握国际服务贸易的统计方法。(2)从GATS的宗旨、规则体系框架、基本规则层次、核心规则的含义等方面全面掌握国际服务贸易的国际规则。(3)分别掌握卫生医疗服务、流通服务、建筑服务、电信服务等部门的国际贸易模式及各类模式的主次区分。(4)了解上述行业的最新国际贸易格局和基础贸易数据。

2. 能力目标:(1)能够对给定的国际服务贸易现象进行归类梳理,正确判断贸易模式。(2)能够将现行的服务贸易国际准则(GATS)放到当前的贸易形势和国际环境中分析规则的适用性和存在的问题。(3)能够根据要求恰当地选择卫生医疗服务、流通服务、建筑服务与工程服务等主要部门经典案例,整合各种资料,形成条理清楚的案例报告。(4)理解特定服务贸易现象背后的贸易原因,贸易收益及分配,以及围绕该贸易现象出现的贸易壁垒等。理解发达国家与发展中国家针对不同性质服务业的不同的贸易政策。

3. 育人目标:深刻理解并坚定不移地支持党和国家在双循环新发展格局下对于高水平对外开放和服务贸易高质量发展的总体战略和大政方针;以社会主义核心价值观评判和分析中国服务贸易领域的相关问题;清晰地认识到当前国际服务贸易竞争格局、中国服务贸易的优劣势,树立民族自豪感和为国争光的社会责任感,帮助学生提升对中华优秀传统文化的认同;培养良好的服务业职业操守和职业道德。

### (三)课程教材和资料

➢ 推荐教材

陈霜华. 国际服务贸易[M]. 上海:复旦大学出版社,2021.

➢ 参考教材或推荐书籍

1. 魏巍,冯琳. 国际服务贸易(第六版)[M]. 大连:东北财经大学出版社,2021.8.
2. 刘东升,国际服务贸易概论(第三版)[M]. 北京:北京大学出版社,2020.11.

➢ 学术刊物与学习资源(列举相关国内外重要期刊)

国内外国际经济与贸易类各类期刊。

学校图书馆提供的各种数字资源,特别是"中国知网"。

学习强国平台。
> 推荐网站

中华人民共和国商务部：http://www.mofcom.gov.cn/.
中华人民共和国商务部服务贸易和商贸服务业司：http://fms.mofcom.gov.cn/.
中国服务贸易指南网：http://tradeinservices.mofcom.gov.cn/.

# 二、课程思政教学总体设计

## (一)课程思政教学目标

《国际服务贸易》课程以国际服务贸易理论及政策、GATS规则、主要行业贸易状况分析为核心内容，以习近平新时代中国特色社会主义思想为指引，将课程思政贯穿始终，结合课程思政"价值体系、知识体系、能力体系"的"三体"合一的目的，以全面提升学生专业素养、德育内涵、综合素质为驱动，注重思政德育元素和国际服务贸易理论与政策、行业贸易现象中各类知识点的有机融合，可涉及以下思政教学目标：实现政治认同、家国情怀、培育和践行社会主义核心价值观、融入中华优秀传统文化、牢固树立法治观念、深化职业规范与职业道德教育、培养科学精神、拓展国际视野。最终提升专业课的思政内涵，达到润物无声的课程思政实效。

1. 实现政治认同

通过本课程的学习，引导学生深刻理解党中央各项与服务贸易相关的政策和方针，传递坚持中国共产党领导的重要性，从而认同"中国共产党为什么能、马克思主义为什么行、社会主义为什么好"，增强学生的政治认同；引领学生充分认识中国共产党正确领导的意义和社会主义制度的优越性；将人类命运共同体理念作为培养学生国际化视野、现代思维的出发点。

2. 家国情怀

本课程中通过讲述中国在参与国际服务贸易规则制定中展现出来的气魄和智慧，为国际服务贸易自由化作出的重要贡献，以及讲述中国优秀企业奋发图强实现中国服务走出去的感人业绩，阐明新中国成立和改革开放过程中，在党的领导下，我国服务贸易发展中的家国情怀，让学生感受爱国主义精神，传承爱国情怀。

3. 培育和践行社会主义核心价值观

通过本课程的学习，帮助学生建立和强化社会主义核心价值观；通过业界访谈、官员学者进入课堂，使学生能切身感受到服务业和服务贸易的快速发展，引导学生将个人价值实现与民族复兴大业相契合；通过课堂教学组织设计和课程实践，鼓励学生参加各类创新创业比赛，开阔学生眼界，鼓励学生进行团队合作，实现个人能力培养与集体智慧结合，鼓励批判性思维，鼓励探索与创新。

4. 融入中华优秀传统文化

通过本课程的学习，引导学生理解中华优秀传统文化中的精髓在中国服务走出去、参与国际贸易规则制定中的重要作用，理解文化输出就是提炼中华民族思想和精神内核、阐发优秀传统文化当代价值与世界意义的过程。本课程注重融入中华优秀传统文化的精髓，培养学生以"中国人"自豪，热爱和弘扬中华优秀的传统文化。

5. 牢固树立法治观念

通过本课程的学习，让学生认识到国际条约、东道国法律法规及本国法律法规都是开展对外商业存在和自然人移动模式的服务贸易的重要前提，让学生认识到遵守GATS规则是每一个WTO成员应尽的义务。牢固树立遵纪守法的意识，并激励学生通过运用法律武器捍卫贸易利益，使学生具备运用法治思维和法治方式维护自身权利、参与社会公共事务、化解矛盾纠纷的意识和能力。

6. 深化职业规范与职业道德教育

通过本课程的学习，向学生全面展现服务业走出去时需要秉承的职业规范与道德，以及智力密集型服务业的发展所必需的勇于探索创新的职业精神。培养学生树立创新实践能力和自主创业的意识，通过正面典型案例感染学生，提高学生的职业道德修养。

7. 培养科学精神

通过本课程的学习，让学生了解科学精神的内涵与构成要素，认识到只有具备了科学精神，才能正确认识当前服务贸易发展的瓶颈，并能够认识到破除该瓶颈的方法。

8. 拓展国际视野

通过本课程的学习，培养学生的国际视野与大格局意识。通过了解当前国际服务贸易领域的新形势、新业态，了解世界主要服务贸易大国的各行业服务贸易状况以及与我国的贸易关系，建立起系统的全球视野和整体思维，鼓励学生为中国高水平对外开放做出新贡献。

### (二)课程思政的教学内容

《国际服务贸易》课程的思政内容可以涉及以下几方面：

1. 体现马克思主义基本原理

本课程的教学中，体现辩证唯物主义和历史唯物主义、马克思主义政治经济学以及科学社会主义的基本原理和规律，引导学生将科学的世界观、价值观、人生观、认识论、方法论、经济学规律等内化于心。

2. 解析GATS及我国的服务贸易相关战略和相关政策

结合本课程自身特点，通过经典案例教学法、经贸活动情境教学和实际体验法等教学方法，深入解析GATS规则的内涵与作用，以及我国在GATS框架下结合自身国情，在维护国家信息、交通、金融安全的同时积极开放市场、打破垄断，参与国际市场竞争的各项国家战略、法律法规和政策，帮助学生深刻理解国情国策、厚植家国情怀，实现政治认同和培养家国情怀。

3. 增强中华优秀文化认同

在课程教学中，重视对中华优秀的传统文化的挖掘和传承。通过挖掘优秀传统文化思想元素、融入教学过程，尤其是在文化服务贸易的学习过程中，通过讲授中华传统文化和数字经济下的贸易模式有机统一，帮助学生提升对优秀中华文化的认同和传承。

4. 培育学生以德经商的商业职业道德和素养

在本课程的教学中，重视对学生职业道德的培养。通过挖掘课程内容、设计教学过程，显性教育与隐性教育相统一地加强遵纪守法、诚信服务、公平竞争、爱岗敬业等商业职业道德教育，尤其是涉及互联网和信息服务的行业。

### (三)教学方法

本课程综合运用讲授、启发式教学、案例教学、小组合作式教学等多种教学方法，使学生掌握有关国际服务贸易领域的基本概念、基本理论和政策措施，以及具体服务贸易行业发展特征和趋势，具有运用理论知识分析现实国际服务贸易热点问题、难点问题的能力，拓展国际视野，了解经济全球化背景下服务贸易行业发展的新趋势新业态，具备服务业从业人员职业道德标准与商业伦理。

## 三、课程各章节的课程思政教学内容设计

### 第一章　国际服务贸易导论

**专业教学目标**

本章主要对国际服务贸易的定义、分类、统计方法进行阐述，并对国际服务贸易的形成与发展、当代国际服务贸易发展的特征、主要经济体服务贸易发展情况进行概述。

【知识目标】

1. 学生能够说明国际服务贸易的定义。
2. 能够按照不同的判别标准，对国际服务贸易进行分类。
3. 能够概括当代国际服务贸易发展的特征及主要经济体的服务贸易发展现状与趋势。

【能力目标】

1. 能够辨别国际服务贸易与国际货物贸易、国际无形贸易的主要不同之处。
2. 能够熟练运用国际服务贸易的统计方法。
3. 能够分析说明影响中国服务贸易发展的主要因素及影响路径。

**课程思政教学目标及实践**

**【育人目标】**

1. 家国情怀　引导学生理解人类命运共同体在国际服务贸易中的内涵与价值。在经济全球化背景下,各国经济彼此依存,利益交融前所未有,中国发出全球服务业开放合作的"中国倡议",积极打造全球服务贸易发展的创新高地,为服务贸易创新发展提供更多探索经验。与世界各国携手,共同促进全球服务贸易发展繁荣,推动世界经济尽快复苏。

2. 实践创新　精神 通过分析中国服务贸易现状以及与发达国家服务贸易发展的差距,揭示中国服务贸易发展的短板,激发学生积极投身服务业创新实践的职业精神。

3. 科学精神　基于中国服务贸易统计体系构建情况,并与美国等发达国家服务贸易统计体系进行对比分析,鼓励学生勇于探究、创新实践的科学精神,积极寻求完善我国服务贸易统计体系的思路。

**【教学方式与方法】**

1. 自主学习:运用学习通平台,线上学习国际服务贸易的定义、分类和统计方法,线下自主阅读案例材料《内外联动促服务贸易协调发展》,查阅有关中国国际服务贸易现状的文献资料。

2. 课堂讲授:讲授相关理论的主要观点或内容、政策启示与建议等。

3. 课堂展示与讨论:以小组作业形式,学生展示中国服务贸易现状并根据案例材料总结中国服务贸易发展的特征与影响因素,对促进服务贸易高质量发展提出对策建议。

**【课程思政教学实例】**

**案例材料:内外联动促服务贸易协调发展**

**(1)案例简介**

2020年8月,商务部正式发布《关于印发全面深化服务贸易创新发展试点总体方案的通知》,这预示着在即将迈入"十四五"的新阶段,我国推动新一轮服务贸易改革开放、推进服务贸易治理体系和治理能力现代化的工作正式拉开大幕。加快以服务贸易试点工作来探索我国对外开放新机制,对稳外贸稳外资、推动高质量发展与建设贸易强国具有至关重要的战略意义。但是从构建新发展二局的视角来看,我国服务贸易发展还面临着一系列的难点和痛点:一是境内仍存在阻碍服务贸易投资和消费的"隐性壁垒"。二是对外仍面临贸易保护主义和逆全球化的调整。三是双向开放仍面临国外技术封锁和产业链断裂等不确定性风险。在新阶段,亟需通过深化改革开放来解决失衡发展问题,突破瓶颈、补齐短板。一是以对内开放激活市场优势和内需潜力,促进消费升级。二是以对外开放利用外部市场和资源要素,加速结构升级。三是推动高质量发展,重塑新发展格局。

资料来源:陈秀英.内外联动促服务贸易协调发展[N].经济日报,2020-09-25.

**(2)案例的思政元素**

①家国情怀。中国服务贸易迅猛发展,服务贸易在对外贸易乃至经济总体发展中的地位和作用越大越重要。这与中国坚持通过改革、创新和开放促进服务贸易发展密不可分,让学生坚定走中国特色社会主义道路不动摇,坚持改革开放的决心和信心。

②实践创新。全面深化服务贸易创新发展试点是党中央、国务院推进贸易高质量发展的重要部署,是新时期服务贸易高质量发展的重要支撑,体现了我国进一步推进服务贸易开放、创新,促进对外贸易结构优化和高质量发展。

**(3)教学手段**

①讲授:当代国际服务贸易发展的特征,包括主要经济体的服务贸易发展分析以及中国服务贸易发展历程与政策分析。在知识点"中国服务贸易发展政策和战略分析"中引入《"十四五"服务贸易发展规划》。在分析中国服务贸易发展的历程与趋势后,并通过案例材料讲解,体现了中国国际服务贸易的过去、现在与未来。提升学生的家国情怀,激发学生的创新职业精神。

②讨论:对比分析中国与发达经济体服务贸易发展的差距,结合我国服务贸易"十四五"发展规划,讨论中国发展服务贸易在新常态经济形势下的新举措和新思维。

③学习测评:现场点评,包括学生自评、互评、教师点评总结。

### 第二章 国际服务贸易理论

**专业教学目标**

本章在综合国内外学者研究的基础上,进一步介绍服务贸易相关理论。对这些基本理论在国际服务贸易领域的适用性、特殊性以及相关拓展理论进行详细讲解。

**【知识目标】**

1. 学生能够概括比较优势理论、竞争优势理论、生产区段和服务链理论的主要观点和内容。
2. 能够基于国际贸易中的不同理论模型,说明其在国际服务贸易领域的适用性和特殊性。
3. 能够概述克鲁格曼模型在服务贸易理论中的拓展内容。

**【能力目标】**

1. 能够运用比较优势理论、竞争优势理论、生产区段和服务链理论对国际服务贸易的成因进行解释说明。
2. 能够运用服务外包相关理论解释说明服务外包的成因。

**课程思政教学目标及实践**

**【育人目标】**

1. 人类命运共同体　从推动世界经贸发展角度来看,服贸会诠释了中国坚定不移对外开放的决心,以更为宏大的胸怀融入世界,与世界人民打造共建共享的世界经济命运共同圈。

2. 人文情怀　服务业本身就需要"人"的交往与流动,新冠肺炎疫情防控常态化带来的冲击力如何破除,必然还是要落到"人"的问题上,包含解决人的就业、人的需求、人的流动,这需要世界各国有序联动、密切配合、深入协同、有机集成,打造能够为推动服务贸易健康茁壮的稳定机制,这更加充分体现了中国的国际担当和"以人为本"的精神底蕴。

**【教学方式与方法】**

1. 自主学习:运用学习通平台,线上学习比较优势理论和竞争优势理论,观看线上视频资料,线下自主阅读案例材料《提升我国服务贸易竞争力的思路与举措》,撰写心得体会。

2. 课堂讲授:讲授比较优势理论和竞争优势理论在国际服务贸易领域的特殊性、适用性及相应的修正模型,分析说明服务贸易的成因。

3. 课堂展示与讨论:通过小组讨论,学生查阅文献资料、阅读案例材料,整理并展示自己通过分析得出的有关提高我国服务贸易国际竞争力的对策建议。

**【课程思政教学实例】**

**案例材料:提升我国服务贸易竞争力的思路与举措**

**(1)案例简介**

在9月17日举行的2020全球服务贸易大会上,商务部研究院发布了《全球服务贸易发展指数报告2020》。报告指出,"十三五"时期我国服务贸易国际地位和国际竞争力稳步提升,服务贸易综合竞争力居发展中国家首位。报告显示,从2017—2019年,中国服务贸易发展指数排名连续三年保持在全球第20位,在发展中国家中排名第一位,整体保持稳定。"十三五"时期,我国服务贸易规模保持快速增长。2019年,我国服务贸易总额为7850亿美元,连续六年居世界第二位。其中,以计算机、数字技术等为代表的知识密集型领域,成为服务贸易增长的主要推动力。2019年知识密集型领域出口在服务出口总额中的占比达到了50.7%,比2015年提升了17.5个百分点,首次超过50%,成为我国最大服务出口领域。商务部研究院国际服务贸易研究所所长李俊表示,"十三五"时期我国服务贸易快速地发展,规模不断地扩大,在整个外贸当中的比重也迅速地提升,推动我国外贸的高质量发展和外贸结构的优化。

推动服务业开放和服务贸易发展,是各国融入经济全球化、参与全球价值链的重要途径。面对全球服务贸易发展的新趋势和推动经济高质量发展的新要求,进一步加快服务贸易发展,对我国培育国际竞争新优势、从贸易大国迈向贸易强国、持续提升在全球价值链中的地位,都有十分重要的意义。为此,需更好顺应新形势,全面提升服务贸易在我国开放型经济中的地位,抢抓机遇、寻求突破,加快促进服务业发展,加大对内对外开放力度,改善营商环境,为我国推动经济高质量发展、促进贸易转型升级、参与高水平国际竞争与合作奠定坚实基础。

资料来源:中国服务贸易指南网,2020全球服务贸易大会:中国服贸综合竞争力居发展中国家首位,2020-09-21。

**(2)案例的思政元素**

①人类命运共同体。在构建人类命运共同体理念指引下,中国用自身服务贸易的不断开放和深化发展为世界带来更多机遇,拓展了发展中国家走向现代化的途径,为世界服务贸易的发展贡献了"中国方案",诠释了中国坚定不移对外开放的决心,以更为宏大的胸怀融入世界,与世界人民打造共建共享的世界经济命运共同圈。

②人文情怀。随着数字技术崛起、产业深度融合、人员全球流动,服务贸易正在影响世界经济、改变世界业态,更纵深影响着"人"之生活方式。在新冠肺炎疫情防控常态化下服务贸易更应着重发挥"人"的作用,契合"人"的意愿,加强国际合作,坚持一切发展为了人民、发展一切造福群众。

**(3)教学手段**

①讲授:讲解"服务贸易竞争优势理论"时引入提升我国服务贸易竞争力的思路与举措的案例材料。体现改革开放以来,中国国际服务贸易发展取得的巨大成就,并就未来进一步提升国际服务贸易竞争力引发学生思考与讨论。引导学生站在全球视角,在构建人类命运共同体的理念下思考中国国际服务贸易发展的重要性,加强学生的社会主义核心价值观和人文情怀,激发学生的创新职业精神。

②讨论:引导学生对比分析中国与发达经济体服务贸易竞争力水平的差距,对于提升我国服务贸易国际竞争力陈述自己的见解。

③学习测评:现场点评,包括学生自评、互评、教师点评总结。

## 第三章 国际服务贸易多边与诸边规则

**专业教学目标**

本章对《服务贸易总协定》产生的背景、谈判历程、主要内容,以及主要局限和后续谈判进行讲解,并就服务贸易的区域性协议进行介绍。

**【知识目标】**

1. 学生能够概括说明《服务贸易总协定》的主要内容及其局限性。
2. 能够概括说明五大区域经济组织服务贸易规则的主要内容。

**【能力目标】**

1. 能够利用WTO规则,分析中国与其他成员方之间的服务贸易争端,并提出解决争端的对策建议。
2. 能够就区域性服务贸易协议的签订,对我国服务贸易发展的影响进行分析,并提出应对策略。

**课程思政教学目标及实践**

**【育人目标】**

1. 政治认同 我国服务贸易进一步开放对世界经济一体化、全球整体经济增长的拉动起到了至关重要的推动作用。各国的共同发展,离不开中国人民对于坚持社会主义道路的不懈努力。

2. 规则意识与法治意识 通过国际服务贸易规则的学习,学生从中感悟遵守法律、规则的重要意义,从而增强学生的法律意识和规则意识,正确理解法律、权利、自由三者的内涵与相互关系。

3. 中华民族伟大复兴中国梦 国际服务贸易规则制定的谈判过程体现了各方利益的博弈与国际话语权的争夺,我国要提高对外开放水平,同时积极参与国际规则的制定,在服务贸易领域,既有序扩大服务业开放准入,又增强服务贸易竞争力,坚持既开放又发展,提升在服务贸易规则制定中的话语权。

**【教学方式与方法】**

1. 自主学习:运用学习通平台,线上学习《服务贸易总协定》产生的背景、谈判历程和主要内容,观看线上视频资料,线下自主阅读案例材料,撰写心得体会。

2. 课堂讲授:讲授服务贸易总协定的主要内容,评价其局限性并分析后续谈判屡陷困境的原因。

3. 课堂展示与讨论:通过小组讨论,学生展示并根据案例材料,阐述提升我国在国际服务贸易规则制定话语权的启示。

**【课程思政教学实例】**

**案例材料:中国与RCEP伙伴国服务贸易分析**

**(1) 案例简介**

服务贸易已成为全球贸易最具活力的组成部分,在经贸发展中发挥着越来越重要的作用。为更好地促进区域贸易发展,中国、日本、澳大利亚、韩国、新西兰和东盟10国共同签署了《区域全面经济伙伴关系协定》(RCEP)。2019年RCEP成员服务贸易总额达到2.37万亿美元,进出口占全球服务贸易总额的比重为24.5%,较2000年的5191亿美元增长逾3倍,其中进口服务贸易额为1.39万亿美元,出口服务贸易额为0.98万亿美元。由此可见,RCEP成员服务贸易发展迅速,区域市场前景和发展潜力较大。

通过分析RCEP成员的服务贸易结构,并测算中国与RCEP伙伴国服务贸易的竞争性与互补性,得到以下结论:第一,由于要素禀赋、产业结构和经济发展水平的差异,中国与澳大利亚、新西兰、泰国和越南等国家的服务贸易竞争性不强。然而,中国与韩国、新加坡和菲律宾的服务贸易结构较为相似,潜在的服务贸易竞争性较为突出。第二,中国与RCEP伙伴国均存在服务贸易竞争力较强的部门,建筑、计算机、财务和其他商务服务是中国具有竞争力的行业,而在保险、运输、特许权等领域的竞争力不足。第三,中国的进口服务贸易与大多数RCEP伙伴国的出口服务贸易存在明显的互补性,其中与马来西亚、新西兰、越南等国的服务贸易结构契合度较高,互补性较强。中国的出口服务贸易与日本、韩国、新加坡、泰国、马来西亚和印度尼西亚的进口服务贸易的互补性指数值较高,与越南、柬埔寨和缅甸的进口服务贸易互补性指数增长较快。第四,中国的出口服务贸易与RCEP伙伴国的进口服务贸易的互补性突出领域大多分布在运输、建筑、保险和计算机等领域,而中国的进口服务贸易与RCEP伙伴国的出口服务贸易的互补性突出领域相对集中,以旅游、建筑等领域为主。

资料来源:①杜方鑫,支宇鹏.中国与RCEP伙伴国服务贸易竞争性与互补性分析[J].统计与决策,2021,37(8):132-135.
②孟夏,李俊.RCEP框架下的服务贸易自由化[J].南开学报(哲学社会科学版),2019(1):156-166.

**(2) 案例的思政元素**

①中华民族伟大复兴中国梦。在百年未有之大变局下,抢抓RCEP实施这一重大机遇,深化对外经贸合作,坚持以内循环为主、外循环为辅的经济"双循环"发展模式,加速构建高质量经济外循环新格局,激发学生树立实现中华民族伟大复兴中国梦的远大志向。

②政治认同。中国服务贸易规则演变及其角色变迁,体现我国不断提高对外开放水平与开放格局,积极参与国际规则制定,为国际服务贸易自由化作出的重要贡献。

**(3) 教学手段**

①讲授:在知识点"RCEP的服务贸易自由化规则"中引入案例材料,说明我国通过参与区域一体化下的服务贸易规则制定,提升国际话语权。在国际服务贸易后续谈判不断受阻下,体现改革开放以来,中国积极参与区域一体化组织的服务贸易规则制定,不断提升中国在国际服务贸易规则重构中的话语权以及推动国际服务贸易自由化的贡献。加强学生的社会主义核心价值观,激发学生维护国家和平统一,实现中华民族伟大复兴中国梦的远大目标。

②讨论:引导学生对RCEP的签订对国际服务贸易发展的推动作用提出自己的观点。

③学习测评:现场点评,包括学生自评、互评、教师点评总结。

### 第四章 国际服务贸易政策

**专业教学目标**

本章主要对国际服务贸易政策的演变,从服务贸易自由化政策到服务贸易保护政策,说明服务贸易政策的演变规律、不同贸易政策的特点及使用情况。结合中国服务贸易政策的应用,对中国应对经济不同发展阶段所采取的恰当的服务贸易政策进行阐释。

【知识目标】

1. 学生能够说明服务贸易政策的演变规律。
2. 能够说明服务贸易自由化政策和服务贸易保护政策的特点及适用情况。
3. 能够概述中国服务贸易发展的主要政策和战略。

【能力目标】

1. 能够比较分析发达国家与发展中国家服务贸易自由化的政策趋向差异。

2. 能够利用服务贸易保护程度指标分析不同贸易政策的保护程度。

**课程思政教学目标及实践**

**【育人目标】**

1. 国际视野　国际贸易规则的制定是建立在各方相互尊重、民主平等基础上的,也体现了我国外贸开放对世界经济一体化、拉动全球整体经济增长所扮演的重要角色。

2. 家国情怀　维护国家利益的爱国意识 服务贸易既可能危及国家安全和主权,也可能因提高国家竞争力而最终维护国家安全。发展中国家服务贸易自由化是一个渐进过程,逐步实现服务贸易自由化。厚植学生的爱国主义情怀,把爱国情、强国志、报国行自觉融入到坚持和发展中国特色社会主义事业当中。

**【教学方式与方法】**

1. 自主学习:运用学习通平台,线上学习服务贸易政策的演变,线下查阅有关我国服务贸易政策的变化情况,自主阅读案例材料,撰写心得体会。

2. 课堂讲授:讲授服务贸易政策的演变、自由服务贸易政策和保护贸易政策,说明不同政策的特点和适用情况。

3. 课堂展示与讨论:通过小组讨论,学生展示并根据案例材料整理分析得出提升我国在国际服务贸易高质量发展对策建议。

**【课程思政教学实例】**

**案例材料:服务贸易政策——关于支持服务贸易创新发展基金政策**

(1)案例简介

为贯彻落实党的十九大关于推动形成全面开放新格局推进贸易强国建设和中央经济工作会议关于大力发展服务贸易的精神,将发展服务贸易作为扩大开放、调整经济结构的重要着力点,经国务院批准,财务部、商务部和招商局集团共同发起设立了服务贸易创新发展引导基金。根据《服务贸易创新发展引导基金设立工作方案》关于建立项目信息征集协调机制的要求,对服贸基金相关情况、积极做好项目推荐工作、完善项目库管理、加强政策协调形成发展合力四方面作出相关说明。

资料来源:商务部,《关于支持服务贸易创新发展引导基金做好项目库工作的通知》,2019-01-07。

(2)案例的思政元素

①爱国意识。服务贸易既可能危及国家安全和主权,也可能因提高国家竞争力而最终维护国家安全。发展中国家服务贸易自由化是一个渐进过程,逐步实现服务贸易自由化。

②创新精神。党的十九大推动形成全面开放格局推进贸易强国建设和中央经济工作会议关于大力发展服务贸易精神,经国务院批准,财政部、商务部和招商局集团共同发起设立服务贸易创新发展引导基金,发布《服务贸易创新发展引导基金设立工作方案》,体现了国家推动服务贸易创新发展的重要举措。

(3)教学手段

①讲授:中国的服务贸易发展政策和战略。在知识点"服务贸易创新发展试点战略"中引入党的十九大关于推动形成《服务贸易创新发展引导基金设立工作方案》,为进一步提升"中国服务"的国际影响力。加强学生的社会主义核心价值观和创新职业精神。

②讨论:引导学生对比分析中国与发达经济体服务贸易政策的差距,结合国家竞争优势理论,解释中国服务贸易政策的选择。

③学习测评:讨论结果现场点评,包括学生自评、互评、教师点评总结。

## 第五章　国际电信服务贸易

**专业教学目标**

国际电信服务贸易包括基础电信服务贸易与增值电信服务贸易两类。本章在分别介绍国际基础电信服务贸易、国际增值电信服务贸易的内涵与贸易模式基础上,详细分析各类贸易模式下出口国与进口国的贸易收益与潜在风险。并对中国电信服务贸易的发展进行深入地分析。

**【知识目标】**

1. 了解电信服务业的完整产业链和生态系统,以及构成生态系统的各类主体。

2. 理解基础电信服务贸易、增值电信服务贸易的贸易模式以及各种模式的主次地位。
3. 熟悉《基础电信协议》的主要内容与作用,理解基础电信服务贸易的收益与风险。
4. 理解增值电信服务贸易的收益与风险。

【能力目标】
1. 培养学生将所学理论灵活应用于现实和具体案例。
2. 培养学生从思辨的角度分析全球电信服务贸易状况,能够客观评价电信服务市场开放对不同国家的不同影响。

**课程思政教学目标及实践**

【育人目标】
1. 政治认同　引导学生理解我国对于基础电信服务市场的政策对于维护国家信息安全的重要意义。
2. 社会主义核心价值观　引导学生理解华为等通讯科技行业企业在促进民族通讯产业振兴中发挥的重要作用,学习民族脊梁企业为民族之崛起而勇往直前的精神。激发学生爱国热情。
3. 科学精神　通过分析中国当下5G服务走出去面临的国际环境,以及美国等国对华的芯片产业限制措施,揭示中国科技进步面临的机遇和挑战,激发学生认识到基础核心科技研发的重要性,培养科学精神。
4. 职业规范与职业道德教育　理解互联网行业对科技研发的重视以及在该行业取得成功所应具备的职业道德与规范。

【教学方式与方法】
1. 自主学习:线上学习文献资料:"深度解读:美国'芯片法案',对中国芯片产业究竟意味着什么?""任正非,杀出来了"以及相关其他资料。
2. 课堂讲授:讲授华为电信服务输出的相关案例和事件,提出相关思考问题。
3. 课堂讨论:学生根据自学资料及课堂讲授进行讨论。

【课程思政教学实例】

**案例材料1:美国《2022年芯片和科学法案》对中国电信服务业的影响**

(1)案例简介

2022年8月,美国总统拜登正式签署《2022年芯片和科学法案》(以下简称"芯片法案"),计划为美国半导体产业提供高达527亿美元的政府补贴。在美国白宫发布的相关说明书中,"芯片法案"的目的被概括为降低成本、创造就业、加强供应链以及对抗中国。

该法案融合了经济和国家安全政策的内容,主要包括两方面计划:一是向半导体行业提供约527亿美元的资金支持,并为企业提供价值240亿美元的投资税抵免,鼓励企业在美国研发和制造芯片;二是在未来几年提供约2000亿美元的科研经费支持,重点支持人工智能、机器人技术、量子计算等前沿科技。"芯片法案"最值得关注的一项条款是:禁止获得联邦资金的公司在中国大幅增产先进制程芯片,期限为10年。违反禁令或未能修正违规状况的公司或将需要全额退还联邦补助款。

在美国已采取要求相关企业对中国禁售高端光刻机、向华为公司施加"芯片禁令"、组织"芯片四方联盟"围堵中国等措施后,"芯片法案"开启了美国"几十年来少有的产业政策支持",在寻求重夺行业主导权的同时,限制和阻止半导体国际企业在中国大陆的既有制造能力和计划中的先进制造能力,进而将这些制造能力虹吸到美国。

资料来源:赵觉珵.深度解读:美国"芯片法案",对中国芯片产业究竟意味着什么?[N].环球时报—环球网,2022—08—10.

(2)案例的思政元素

①政治认同、家国情怀。本案例将美国对中国的芯片研发与应用的不正当打压与电信服务走出去的核心关键技术自主研发相结合,让学生深刻理解我国政府大力推动诸如华为这样的企业的战略意义。

②科学精神。引导学生理解自主研发芯片技术的重要性。

(3)教学手段

①讲授:重点讲授:针对美国在"芯片法案"中加入的"中国护栏"条款,分析美国政府这一法案的实质:即利用产业政策扰乱国际市场和全球供应链的危险先例;针对中国对于这一法案的认识,分析其正确性:法案中的条款歧视性对待部分外国企业,凸显美意在动用政府力量强行改变半导体领域的国际分工格局,

损害了包括中美企业在内的世界各国企业的利益,具有典型的泛政治化色彩,各国企业经营活动面临的不确定性大大增加。

②讨论:美国制裁华为事件对中国电信国际服务贸易及信息通信科技产业发展的启示。

③学习测评:讨论结果现场点评,包括学生自评、互评、教师点评总结。

**案例材料2:华为正式发布 Harmony OS 3**

(1)案例简介

2022年7月,华为正式发布HarmonyOS 3,新操作系统将于9月启动规模升级。统计显示,HarmonyOS 2自发布以来,版本升级率高达77%,远高于Android 12的升级率,也接近了苹果iOS15的升级率。截至目前,搭载HarmonyOS 2的华为设备已经突破3亿台,也是目前为止覆盖终端机型最多的操作系统。

据媒体2021年5月报道,华为一份备忘录显示,任正非呼吁华为员工"敢于在软件领域引领世界",专注于构建软件生态系统,包括鸿蒙操作系统和全场景AI计算框架Mindspore。一年多过去,鸿蒙系统不负众望,已实现突破。

华为的成长和它的创始人任正非密不可分,他在新中国成立以前出生,在计划经济时代成长起来,上过大学、进过军队、深入国企,又在人至中年时被迫离职下岗,和朋友拼凑起21000元,以生存为目的建立起一家名叫"华为"的民营企业,从此卷入市场经济大潮。而这家最初微不足道的小公司,历经35年的打磨与淘洗,如今已经连续六年位列中国民企500强榜首,并且凭借174.6亿欧元的年度研发投入成本,超越微软、三星与苹果公司,成为全球范围内研发投入排名第二位的企业。

资料来源:尧七.任正非,杀出来了[J].南风窗,2022-07-29.

(2)案例的思政元素

①爱国、敬业的社会主义核心价值观。本案例通过深入梳理任正非带领华为为尖端民用科技开辟鸿蒙的奋斗历程和取得的成就,让学生深刻理解爱国企业家对中华民族自近代以来百余年的工业自强、科技自强精神的传承,激发学生的爱国热情,树立爱国、敬业的社会主义核心价值观。

②职业规范与职业道德。通过了解任正非及其团队的创业史,感受企业家精神和在互联网行业创业成功所应具备的职业道德与规范,从而实现职业规范与职业道德教育。

(3)教学手段

①讲授:重点讲授:讲授通讯科技在整个电信服务业中的至关重要作用,乃至对诸如航天航空等国家核心高科技产业中的重要作用。讲授华为企业发展历程和任正非个人成长历程。以多种视频资料全方位呈现讲授内容。

②讨论:讨论个人收获和感悟。撰写心得体会并组织课堂演讲。

③学习测评:讨论结果现场点评,包括学生自评、互评、教师点评总结。

## 第六章 国际文化服务贸易

**专业教学目标**

了解国际文化服务贸易的主要行业构成,理解国际基础国际文化服务贸易的内涵与贸易模式,详细分析各类贸易模式下出口国与进口国的贸易收益与潜在风险。并对中国文化服务贸易在文化自信建设中的重要作用进行深入分析。

【知识目标】

1. 了解文化产业的核心行业:电影、电视、视频、动漫、图书、音乐、艺术品的产业链构成与文化产业的生态系统。

2. 理解上述核心行业的主要服务贸易模式以及各种模式的主次地位。

3. 理解中国文化走出去的现状和问题。

【能力目标】

1. 培养学生将所学理论灵活应用于现实和具体案例。

2. 培养学生从思辨的角度分析国际文化贸易对于保护文化多样性的作用,学会客观分析当前的国际文化贸易现象背后的文化竞争和合作。

**课程思政教学目标及实践**

【育人目标】

1. 政治认同　深刻理解"四个自信"中的文化自信,理解文化自信建设的重要作用。

2. 融入中华民族传统文化　积极引导学生建立保护和弘扬民族文化的自觉性和使命感。

3. 拓展国际视野　引导学生理解全球各大文化圈与多元价值观的竞合与共荣,在全球文化多样化基础上深刻理解人类命运共同体的含义。

【教学方式与方法】

1. 自主学习:学习中华人民共和国文化和旅游部官网(https://www.mct.gov.cn/.)及学习强国关于文化自信的相关资料。

2. 课堂讲授:讲授我国文化走出去面临的问题,阐明人类命运共同体的内涵和重要价值,等。

3. 课堂展示与讨论:学生就授课教师提出的问题展开小组讨论。

【课程思政教学实例】

**案例材料1:多文明竞合的新特征与人类命运共同体的提出**

(1)案例简介

中国提出构建人类命运共同体,倡导人类共同价值观,是其产生引领力的重要基础。当前,不同文明体之间既竞争又合作成为国际格局的新特征,以美欧为代表的西方文明难以继续像过去那样主导世界事务。"东升西降"的态势格局,使世界多文明竞合呈现出新特征、新趋势。超级大国的美国走向文化内卷,欧盟自2015年后对外来移民的态度日益保守,对自身文化身份的强调越来越明显,这在法国、西班牙、意大利、德国、丹麦、瑞典等国家普遍都有明显表现。

中国倡导构建人类命运共同体是开放性的,且与现有的国际体系兼容。中国反复表示自己的发展不是要取代谁,而是始终做世界和平的建设者、全球发展的贡献者、国际秩序的维护者。历史地看,中国传统文化中,天下体系讲究"和而不同""礼不往教""远人不服,则修文德以来之"。现实地看,中国长期坚持"不结盟外交",新时代中国外交以构建人类命运共同体为总目标,其内涵兼容于现有的国际体系,逐渐构建起具有自身文明特征的地区秩序。

随着中西力量对比发生变化,目前西方国家特别是美国对华文化"走出去"的逆接受已经达到了"极高"的位置。其表现不但涵盖语言层面的言论攻击、心理层面的态度敌视,而且已经上升到针对中国文化企业的现实性行为敌对,这将进一步加剧中美"脱钩",将中美关系引向歧路。

资料来源:薛力. 世界多文明竞合呈现新特征[J]. 半月谈,2022(13).

(2)案例的思政元素

①政治认同。通过案例相关内容的学习,引导学生认识到只有倡导有利于世界的人类共同价值观,在不同文明体竞合的当下,树立休戚相关、安危与共的共同体意识,秉承互利共赢、团结合作理念,才是真正顺应时代潮流。从而理解中国提出构建人类命运共同体和坚定文化自信的正确性和重要意义。

②融入中华传统优秀文化。理解人类命运共同体的理念中包含的"厚德载物""仁义礼智信"的道德追求和"兼相爱,交相利""天下为公""世界大同"的人文追求,是其产生引领力的重要基础。

(3)教学手段

①讲授:讲授多文明竞合环境下我国文化走出去面临的问题,阐明人类命运共同体的内涵和重要价值。

②讨论:组织学生讨论中国面对当前国际文明竞合的大环境,如何实现文化走出去。通过教师点评和进一步引导,让学生理解以"合作+抗争"化解故意打压的重要性,尤其是引导学生分析在合作的同时以更加自信的姿态参与国家舆论场博弈的重要性,对于西方对中国海外文化活动的无理抨击打压予以强硬的辩驳和回击,从而争取一定的国际舆论导向。

③学习测评:讨论结果现场点评,包括学生自评、互评、教师点评总结。

**案例材料2:以数字化拓展中华文化全球影响**

(1)案例简介

在全球文化产业发展历史中,媒介革命往往会给后发国家文化繁荣带来巨大的战略机遇,是后发国家实现文化产业发展弯道超车的重大契机。在一战和二战中间,美国人抓住电影这种"新媒体",进行迅速的投资生产,导致这一期间英国电影放映的85%一度是美国电影。美国文化在欧洲的传播,造就了一个美国化的英国,并最终孕育了好莱坞的崛起。1998年亚洲金融危机后,韩国的影视产业在全球崛起,也是因为抓住了媒介制作技术的数字化革命这一契机。近年来,我国大型互联网企业百度、腾讯、阿里巴巴都已经成长为体量巨大的综合性文化企业,各自拥有体量巨大的视频、文学、音乐、游戏等内容产业,成为中国文化对外贸易、传播的重要平台。中国的内容产业可以借助BAT这样的巨型网络平台,实现对欧美地区的大规模反向输出。如近年来,我国网络游戏产业抓住了从互联网到移动网络转型的技术革命,实现了在全球网络游戏竞争领域地位的重大提升。

当前,以量子通讯、人工智能和区块链等信息技术发展为标志,文化科技和传媒业正进入一轮全球性的技术革命前夜,这场革命必将带来世界传媒与文化产业发展格局的重要变迁。

习近平总书记强调:"要加强对中华优秀传统文化的挖掘和阐发,使中华民族最基本的文化基因与当代文化相适应、与现代社会相协调"。除了有形的文化载体,中华文化还包括经过历史沉淀、淬炼下来的价值观念、道德规范、思维方式、行为准则等无形的精神财富。运用数字技术,可以实现无形的精神财富的有形传播。

经过数字化升级,博物馆、图书馆、展览馆、舞台、建筑、景区等都可以成为中华文化海外传播的媒体,从而大幅提升中华文化的海外触达率。同时,全息呈现、数字孪生、多语言交互、高逼真、跨时空等数字化技术还提升了文化的创造性转化效果,丰富了公众的文化消费体验,有助于培育更多具有世界影响力的中华文化IP,推动中华文化优秀成果创造性转化、创新性发展。

资料来源:李怀亮,刘冰冰.新秩序背景下我国文化"走出去"的逆接受效果分析[J].中国文化研究,2021(2):63—71.

**(2)案例的思政元素**

①融入中华传统优秀文化。理解对传统文化资源的数字化开发和推广是由抽象到具象的转化过程,其实质也是提炼中华民族思想和精神内核、阐发优秀传统文化当代价值与世界意义的过程。

②科学精神。通过案例相关内容的学习,引导学生认识到数字经济下文化产业及文化贸易的新趋势,以及中华文化走出去在数字化下的新思路,建立科学精神。

**(3)教学手段**

①讲授:讲授数字经济对文化产业的影响和文化新业态的表现形式,以及数字化助力下中华文化海外触达率的提升路径。讲授如何凭借数字化手段对中华文化精髓进行全维度阐发;引导学生理解推动文化产业数字化进程对内有助于践行社会主义核心价值观,增强走中国特色社会主义道路的坚定性,对外有助于增强中华文化的吸引力,使包括制度成果在内的中华文化在深入鲜活的阐释中增值,推动不同文明相互尊重、和谐共生。

②讨论:组织学生结合电影、电视视频、动漫、图书、音乐等文化产业核心行业的具体实例来讨论应该如何充分利用这场技术革命,推动我国文化产业实现弯道超车。

③学习测评:讨论结果现场点评,包括学生自评、互评、教师点评总结。

### 第七章 其他领域的服务贸易

**专业教学目标**

熟知服务贸易领域的几个重要行业:医疗卫生服务业、建筑服务业、分销服务业的基本服务交易内容、流程;分解国际医疗卫生服务贸易、国际建筑服务贸易、国际分销服务贸易的内涵与贸易模式;在此基础上,详细分析各类贸易模式下出口国与进口国的贸易收益与潜在风险;理解中国在这几类服务贸易市场中的地位和发展趋势。

**【知识目标】**

1. 了解医疗卫生、建筑、分销等服务业的完整产业链,以及该行业服务贸易的内涵与外延。
2. 掌握医疗卫生、建筑、分销服务贸易的贸易模式以及各种模式的主次地位、相互关系。
3. 理解医疗卫生、建筑、分销服务贸易对于不同国家的不同收益和风险。

**【能力目标】**

1. 培养学生将所学理论灵活应用于现实和具体案例。

2. 培养学生从思辨的角度分析全球各主要服务贸易市场的贸易状况,能够客观评价医疗卫生行业与建筑、分销等行业的不同特性,以及由此产生的对不同国家的不同影响。

课程思政教学目标及实践

【育人目标】

1. 政治认同　分析中国在中华传统医疗服务、基础设施建设、跨境电子商务等服务领域的贸易优势和潜力,从而理解习近平新时代中国特色社会主义发展道路,强化道路自信。

2. 融入中华优秀传统文化　通过学习中国公司在海外提供服务时如何深入当地,实现对当地民众的培训,带动当地民众就业,引导学生理解我们中华民族传统文化中的讲仁爱、尚和合、求大同的思想精华和时代价值,教育学生传承这些思想精华和中华文脉。

3. 拓展国际视野　理解相关行业的国际市场格局与整体发展趋势,以及中国的位置和发展趋势,从而拓展学生的国际视野。

【教学方式与方法】

1. 自主学习:线上学习学习通平台中的案例,线下自主阅读文献资料。

2. 课堂讲授:讲授医疗卫生、建筑、分销等行业的服务贸易基本现状,着重讲解中国在这些领域的贸易份额及发挥的重要作用。

3. 课堂展示与讨论:引导学生讨论中国应当如何推进高质量建筑、分销、医疗卫生等服务贸易进出口,组织学生自己搜索并分析案例并展开小组讨论。

【课程思政教学实例】

**案例材料1:扎根当地,与尼日利亚共成长——中国土木工程集团有限公司承建尼日利亚多种基础设施建设项目**

(1)案例简介

2022年3月,由中国土木工程集团有限公司(以下简称"中国土木")承建的尼日利亚卡杜纳州多条市政道路通车。自2019年开工以来,中国土木尼日利亚公司团队全力克服新冠肺炎疫情带来的不利影响,迎难而上推进项目实施,让卡杜纳州多条道路在新年之际换上"新装",给当地民众带来全新的出行体验。项目建设期间,中国土木尼日利亚公司为当地创造了超过2500个工作岗位,同时,定期对不同工种的当地工人进行技能培训,帮助他们提高工作能力与职场竞争力。项目实施过程中,中国土木还积极履行社会责任,向当地捐赠防疫物资,协助地方政府修复社区医院和道路,积极帮助尼日利亚抢建方舱医院,其中阿布贾今日剧院方舱医院被尼卫生部誉为"尼日利亚最佳方舱医院"。持续为当地社会民生改善作出贡献。

"中土速度"与"中土力量"诠释了中尼患难与共的兄弟情谊。

中国正在与包括尼日利亚在内的诸多非洲国家合作,建设公路、铁路、水坝和机场港口等主要基础设施项目。根据商务部数据,2021年中非双边贸易额达2542亿美元,同比增长35%。

资料来源:经济日报驻比勒陀利亚记者 田士达.中企承建尼日利亚公路项目通车"中土速度"建设民生工程[N].经济日报,2022-03-02.

(2)案例的思政元素

①政治认同。通过学习中土在尼日利亚承建工程项目这一国际建筑服务贸易现象,引导学生理解我国一贯秉持的以实现共同繁荣为宗旨的"一带一路"共建战略,增强政治认同。并更进一步认识到某些国家对中国在非投资让当地"背上无法偿还的巨额债务"这一言论的极端荒谬性。

②融入中华优秀传统文化。通过理解案例中的中土尼日利亚公司如何深入当地,实现对当地民众的培训,带动当地民众就业,尤其是在新冠肺炎疫情期间,对当地医疗和防疫的无私帮助,引导学生理解我们中华民族传统文化中的讲仁爱、尚和合、求大同的思想精华和时代价值,教育学生传承这些思想精华和中华文脉。

(3)教学手段

①讲授:讲授案例内容,包括理解该案例所体现的建筑服务的四种贸易模式,讲授案例中的思政点,启发学习思考。

②讨论:引导学生思考并讨论"一带一路"倡议下,中国应当如何高质量推进与非洲国家的以基础设施

建设为主的服务贸易往来，最终实现共荣共赢。

③学习测评：讨论结果现场点评，包括学生自评、互评、教师点评总结。

**案例材料 2：跨境电子商务实现"买全球、卖全球"**

**(1)案例简介**

商务部数据显示，我国跨境电商综试区线上综合服务平台备案企业超过 3 万家。跨境电商大幅降低国际贸易专业化门槛，一大批"不会做、做不起、不能做"的小微主体成为新型贸易的经营者。跨境＋直播、跨境＋数字化、跨境＋智能化……跨境电商新业态、新模式、新渠道层出不穷。

随之而生的是国际物流业的数字化发展，产生了涵盖国际物流、跨境物流、物流管理技术、物流机器人等物流行业的新理念、新产品、新技术、新模式，一站式展示仓、运、配物流全产业链，充分展现国际物流标准化、规范化、智能化、数字化的风采。

海关数据显示，2016－2020 年，我国跨境电商规模增长近 10 倍，有力支撑了我国进出口贸易的增长。2020 年中国在线零售贸易额约占全球的 50%。

资料来源：李宏兵，王丽君，赵春明. RCEP 框架下跨境电子商务国际规则比较及中国对策[J]. 国际贸易，2022，(04).

**(2)案例的思政元素**

①增强政治认同。理解数字经济下中国跨境电商发展能够取得如此成绩，所反映出来的中国政府对于科技进步和经济发展趋势的正确把握，其产业政策红利不断释放，构建了较为完善的跨境电商政策框架和制度体系，为全球数字贸易发展及全球经济治理体系完善提供了有益借鉴。

②拓展国际视野。理解中国跨境电商发展主要得益于全球跨境电商市场规模不断扩大，出海渠道日益多元，跨境物流供应链持续延展，以此拓展学生的国际视野。

**(3)教学手段**

①讲授：讲授案例内容，分解跨境电商市场生态链；学习中国跨境电商相关政策体系，讲授政策扶植对于贸易新业态快速发展的作用。

②讨论：组织学生在规定的框架下整理龙头跨境电商企业的数据与案例，具体深入地讨论上述思政点。采用翻转课堂的形式实现讨论；课堂展示、师生思辨讨论实现课堂高阶性、高效性。

③学习测评：讨论结果现场点评，包括学生自评、互评、教师点评总结。

## 四、课程思政的教学评价

### (一)对教师的评价

1. 教学准备的评价

对教师教学准备过程进行综合评价，考察教师是否将《国际服务贸易》课程思政建设落实到课程思政目标设计、教学大纲修订、教材选用、教案课件编写等各个方面。

2. 教学过程的评价

针对教师教学全过程的评价，主要考察教师是否从教学理念、教学策略入手，通过恰当的教学方式，将《国际服务贸易》中涉及的如家国情怀、政治认同、社会主义核心价值观、科学精神、实践创新等思政元素自然地融入教学内容中，对学生进行润物细无声的思政教育，并通过学生小组讨论与展示、个人汇报、平时作业、测试等考核形式体现思政教育成效。

3. 教学结果的评价

考察教师是否对《国际服务贸易》课程思政教学效果建立了健全的多维度评价体系，包括同行评议、随机听课、学生评教、教学督导、教学研究及教学获奖等。

4. 评价结果的运用

考察教师是否基于同行评议、学生评教、教学督导等提出的改进建议，以及对学生考核的成绩进行综合分析，对教学进行反思与改进。

### (二)对学生的评价

1. 学习过程的评价

检验学生是否认真完成了线上自主学习任务,积极参与资料收集、课堂讨论和小组汇报等教学过程,是否能对国际服务贸易中的热点问题运用科学方法思考、分析并形成自己的观点,科学评价学生在学习过程中的积极性、互动性和参与度。

2. 学习效果的评价

通过线上自学、平时作业、课堂讨论、随堂练习、课程论文、期末考试等多种考核形式,检验学生对《国际服务贸易》课程涉及的主要思政元素的领会及其对思政元素的掌握程度。

3. 评价结果的运用

通过师生座谈和系上教研活动等多种形式,对学生的学习效果进行科学分析,总结经验,改进不足,提升课程思政的学习效果。

## 五、课程思政的教学素材

| 序号 | 内容 | 形式 |
| --- | --- | --- |
| 1 | 内外联动促服务贸易协调发展 | 阅读材料 |
| 2 | 提升我国服务贸易竞争力的思路与举措 | 研究报告 |
| 3 | 中国与RCEP伙伴国服务贸易分析 | 案例分析 |
| 4 | 服务贸易政策——关于支持服务贸易创新发展基金政策 | 政策法规 |
| 5 | 美国《2022年芯片和科学法案》对中国电信服务业的影响 | 阅读材料 |
| 6 | 华为正式发布Harmony OS 3 | 案例研究 |
| 7 | 多文明竞合的新特征与人类命运共同体的提出 | 研究报告 |
| 8 | 以数字化拓展中华文化全球影响 | 阅读材料 |
| 9 | 中国土木工程集团有限公司承建尼日利亚多种基础设施建设项目 | 案例分析 |
| 10 | 跨境电子商务实现"买全球、卖全球" | 研究报告 |

# 《国际市场营销》课程思政教学指南

袁艺舟[1]　党军[1]　武俞辰[2]　于璐瑶[2]　张武康[2]　陈璐[2]

([1] 西安外国语大学　[2] 西安财经大学)

## 一、课程简介与课程目标

### (一)课程简介

《国际市场营销》课程是国际经济与贸易、市场营销等专业的核心课程,旨在引领学生认识国际市场营销的基本概念,掌握营销学理论、方法与相关政策,其中要重点掌握关于经典市场营销学理论、当代国际市场趋势、企业营销战略的知识。在此基础上,还要求学生学会运用相关经济学、管理学、国际贸易学等学科知识分析实践中的营销决策与实践。另外,学生还应通过学习本课程了解相关法律与文化问题,并对改革开放以来我国企业主要的国际市场营销经验与教训加以理解和掌握,深刻思考当前国际企业所需要克服的主要困难与挑战。

本课程综合运用讲授、启发式教学、案例教学、情境教学、小组合作式教学、企业家进课堂等多种教学方法,对不同国际营销理论、决策、实践分别进行讲述,使学生对营销组合理论、品牌战略理论、相关政治、法律、文化差异、发展中国家及发达国家的市场基本情况等基本内容有所认识。本课程实现思想政治教育与专业教育的结合,将价值塑造、知识传授和能力培养融入课程内容设计、教学环节组织、教学效果测评的全过程,使学生通晓国际市场营销的基本规律,理解企业进入国际市场的基本路径及产品组合成功因素、掌握国家对于企业对外出口、直接投资、兼并收购等相关政策与法规,具有国际化视野、现代思维、分析解决国际企业营销管理与问题解决能力,能够客观认识理解中国企业在国际价值链中所应当担负的使命与责任,以及国家地区之间的差异,更加坚定理想信念、强化民族自豪感和责任担当,能够充分意识和认识到自己所肩负的大国复兴的历史使命。

### (二)课程目标

本课程为专业必修或选修课程。通过本课程的学习,使学生能够达到以下目标:

1. 知识目标:系统掌握国际市场营销理论基础,国际品牌战略及实践等专业基础知识与基本理论,同时具有在国际营销管理相关领域、行业内,较熟练进行企业国际化、营销组合本土化、国际营销管理中解决相关问题的专业能力。

2. 能力目标:具有获取知识的能力,能够掌握有效的学习方法,主动接受终身教育;具有实践应用能力,能够在国际市场营销实践活动中灵活运用所掌握的专业知识;能够运用专业理论知识和研究方法分析解决实际问题,具备一定的科学研究能力;具备创新精神、创业意识和创新创业能力。

3. 育人目标:热爱祖国,遵纪守法,具有良好的道德品质和文明习惯,培养良好的职业操守和职业道德,具备社会责任感和人文关怀意识;具有良好的专业素养,熟悉国家有关企业国际化的方针、政策和法律法规,了解国内外企业、行业与市场发展动态;具有一定的科学知识与科学素养;具有良好的身心素质。

### (三)课程教材和资料

➢ 推荐教材

1. 崔新健.国际市场营销(第三版)[M].北京:高等教育出版社,2020.
2. 张蔚.国际营销简明教程(第二版)[M].上海:上海外语教育出版社,2017(全英文教材).

➢ 参考教材或推荐书籍

1. 甘碧群,曾伏娥.国际市场营销学(第四版)[M].北京:高等教育出版社,2021.
2. 陈文汉,孙畅.国际市场营销(第2版)[M].北京:清华大学出版社,2022.

➢ 学术刊物与学习资源
国内外国际企业管理与市场营销各类期刊。
学校图书馆提供的各种数字资源,特别是"中国知网"。
➢ 推荐网站
中华人民共和国商务部:http://www.mofcom.gov.cn/.
中国海关总署:http://www.customs.gov.cn.
中国出口商品交易会:http://www.cantonfair.org.cn.
中国制造网:http://www.made-in-china.com.

## 二、课程思政教学总体设计

### (一)课程思政教学目标

本课程以习近平新时代中国特色社会主义思想为指引,全面贯彻党的教育方针,聚焦贸易强国和内外贸一体化建设,培养学生"融通内外、经世济民、诚信服务、德法兼修"的理念,将价值塑造、知识传授和能力培养融为一体。以全面提升学生德育内涵、专业素养、综合素质为驱动,注重思政德育元素和经贸类专业课程体系中知识点的有机融合,在专业课的教学中深入开展中国特色社会主义和中国梦教育、社会主义核心价值观教育、法治教育、职业道德教育以及中华优秀传统文化教育等,培养德智体美劳全面发展的社会主义建设者和接班人。

《国际市场营销》课程以市场营销学理论、实践、案例为核心内容,学生可以掌握国际市场营销的基本概念知识,能够对当前国际市场的新趋势、新机遇、新挑战进行客观理性分析,能够解决企业国际化工作中存在的复杂问题,提升学生对国际商业实践与企业营销管理问题的分析能力和综合运用能力,充分激发学生的家国情怀与使命担当意识。

本课程通过融入和体现中国特色与经验的经典案例与实践成果,例如"一带一路"倡议及其合作框架下的市场机遇、高新智能技术及其产业链所孕育的企业发展方向、中国企业品牌出海、外企在中国的法律伦理争议等,增进学生分析和解决问题的能力,引导学生增强"四个意识"、坚定"四个自信"、做到"两个维护",把思想和行为自觉与以习近平同志为核心的党中央保持高度一致。具体而言,本课程的思政教学目标涉及以下八个维度:实现政治认同、家国情怀、培育和践行社会主义核心价值观、融入中华优秀传统文化、牢固树立法治观念、深化职业规范与职业道德教育、培养科学精神、拓展国际视野。

1. 实现政治认同

《国际市场营销》课程以国际市场营销理论、实践、案例为主要内容,其中也会涉及企业在国际进行市场营销实践相关的问题总结,例如中国企业在国际国内双循环经济背景下的市场战略选择、改革开放以来外企对中国市场的贡献和所呈现的局限性、中国品牌与外国品牌进行战略合作的机制与发展路径等,这些内容与中国改革开放所取得的经济成就紧密结合,传递坚持中国共产党领导的重要性,从而认同"中国共产党为什么能、马克思主义为什么行、社会主义为什么好",中国传统文化和当代道路选择为什么是企业做大做强的唯一途径,吸收国际企业的优秀经验并认识到其局限性才是对待国际市场的正确态度,增强学生的政治认同;引领学生充分认识中国共产党正确领导的意义和社会主义制度的优越性;将人类命运共同体理念作为培养学生国际化视野、现代思维的出发点。

2. 家国情怀

《国际市场营销》课程中通过讲述中国企业克服各种隐性壁垒在不同国家市场做大做强、高科技企业励精图治,提升产品核心竞争力、践行社会主义核心价值观的企业如何为当地经济与民生带来福祉、中国品牌如何克服文化差异,积累品牌资产的理论与案例,阐明改革开放以来,全党全民卧薪尝胆,我国企业不断提升国际市场竞争力的艰辛历程,让学生感受爱国主义精神,传承爱国情怀。通过对中国制造从劣质、低价的代名词到高效、优质、全门类的象征的转变,结合"中国制造2025"、中国企业在世界五百强排名稳步攀升等大事记对学生进行爱党、爱国、爱社会主义、爱人民、爱集体的"五爱"教育。与此同时,本课程还会针对"海尔品牌在北美市场收购通用电气的讨论及启示",让学生深刻意识当前我国企业在国际市场站稳脚跟的关键点与战略问题,说明我国企业只要有正确的战略选择和足够的能动性与决心,是能够与任何竞争对手在任何市场进行竞争和取得成功的,让学生树立为建设"中国智造""中国创造"的远大理想。

3. 培育和践行社会主义核心价值观

本课程通过业界访谈、企业家学者进入课堂、组织学生参观访问优秀企业、工业园区,与知名企业家和成功校友座谈等,使学生能切身感受到国家经济的繁荣发展、机遇与挑战,帮助学生树立社会主义核心价值观;通过课堂教学组织设计和课程实践,鼓励学生参加各类创新创业比赛、国际市场营销学科竞赛、职业技能大赛、从业能力大赛等,实现个人能力培养与集体智慧结合。

4. 融入中华优秀传统文化

本课程注重提升学生文化自信,要求学生熟悉不同国家和地区的国情差异,掌握跨文化沟通的基本规范。在课程讲述"国家电网在巴西的市场拓展实践"案例中,通过讲授相关专业知识,探讨为什么西方国家的企业无法完成该项目的深层原因,着重对学生传输中华优秀文化为什么能够为企业走向国际市场提供核心竞争力,通过案例对学生进行中华优秀传统文化的教育。

5. 牢固树立法治观念

跨国公司是国际市场营销的主体,跨国公司营销管理中既要遵循本国的法律法规,又要考虑东道国的法律法规要求,在讲述"国际市场营销的法律框架"章节中,重点讲解大陆法系与英美法系对于品牌知识产权保护的不同理解、中国企业如何应对知识产权和环境保护责任争议等等。通过本课程学习,让学生熟悉国内外经贸相关法律、规则与惯例等,牢固树立遵纪守法的意识。

6. 深化职业规范与职业道德教育

本课程培养学生具备自主、有效、持续学习的意识和能力;具有批判性思维与求真务实的科学精神,具备创新实践能力和自主创业的意识;能够理解和遵守职业道德与规范。外贸职业道德的基本规范主要有:诚实守信、忠于职守、忠于法规、专业专注、廉洁奉公、保守秘密、服务群众。通过本课程的知识讲解和案例解读,切实提高学生的职业道德修养。

7. 培养科学精神

本课程注重培养学生的科学精神。在教学中通过增强学生客观理性分析问题能力培养学生科学精神。例如,在讲述国际市场营销中产品生命周期理论中引入"比亚迪与特斯拉同场竞技"的思政案例,引导学生理解"产品生命周期"的提出有其政治、经济与世界观的局限性,是西方社会中"非此即彼"理念在国际市场营销中的投射,在西方国家的立场上,轻易否定其他国家和企业在高科技产业的技术创新、技术赶超以及不同技术解决方案对于消费者需求带来满足和超越的可能性。同时也要看到,在全球生产消费联系不断深化、企业微观活力得到充分发挥的当下,中国在高科技产业的技术进步是互利共赢的。

8. 拓展国际视野

本课程通过让学生了解当前国际市场营销的新趋势、新业态、新挑战,特别是注重我国企业与其他发达国家、发展中国家企业进行合作与竞争的比较分析,培养学生的国际视野。例如,在讲述企业国际化战略章节中引入"中国医疗器械品牌帮助全球抗击新冠"案例,介绍医疗市场的前景和重要性,与学生分享中国医疗器械企业从无到有、从小到大、从大到专的成就,探讨中国企业参与全球竞争对于经济增长、就业、消费需求乃至人民生命财产安全的重要性,拓展国际视野,鼓励学生为中国开放型经济建设与企业发展做出新贡献。

(二)课程思政的教学内容

《国际市场营销》课程的思政内容可以涉及以下几方面:

1. 体现马克思主义基本原理

本课程的教学中,体现辩证唯物主义和历史唯物主义、马克思主义政治经济学以及科学社会主义的基本原理和规律,引导学生将科学的世界观、价值观、人生观、认识论、方法论、经济学规律等内化于心。例如,国际营销战略章节讲述中突出马克思主义唯物辩证法,指出许多引进教材和西方学者关于中国经济和中国企业的观点是站不住脚的,讲述马克思主义辩证法关于事物的普遍联系和自身发展规律的独特性两个极为重要的内容。

2. 解析国家战略、法律法规和相关政策

结合本课程自身特点,通过经典案例教学法、经贸活动情境教学和实际体验法等教学方法,融入对国际营销领域相关国家战略、法律法规和政策的解析,帮助学生深刻理解国情国策、厚植家国情怀。

3. 引导学生深入国际营销实践、关注企业现实问题

本课程的教学中,围绕国际市场现实问题,通过课程的实践环节以及课外实践活动等不同类型的实践体验,持续提高学生解决国际营销实际问题的能力,引导学生从实践中来、到实践中去。例如,通过国际营销推广专家进课堂的教学方式,分享专家直面国外消费者所取得的宝贵经验,借鉴其对国际市场的敏锐反应能力,激发学生对国际营销现实问题的感知,并从理论角度理解现有活动开展的重要意义,切实做到国际市场营销理论与实践的紧密结合。

4. 培育学生遵纪守法、明礼诚信、以德经商的商业职业道德和素养

在本课程的教学中,重视对学生职业道德的培养。通过挖掘课程内容、设计教学过程,显性教育与隐性教育相统一地加强遵纪守法、诚信服务、公平竞争、爱岗敬业等商业职业道德教育。

5. 挖掘中华优秀传统文化中的经营管理思想和事例,增强中华优秀文化认同

在课程教学中,重视对中华优秀的商贸文化的挖掘和传承。通过挖掘优秀商贸思想元素、融入教学过程,传统文化和现代商贸有机统一,服务于学生的专业知识传授,内在地提升对优秀中华文化的认同和传承。例如,在讨论企业社会责任时,引入范蠡三次创业三次成功的经验与秘诀,启发学生放弃只顾利益的短视行为,树立企业是为了社会和人民谋福祉才能兴旺发展这一正确价值观。

(三)教学方法

本课程综合运用课堂讲授、案例分析、情境沉浸、小组合作、分组辩论等多种教学方法,使学生深入了解企业从事国际市场营销的动因,学习国际营销调研方法,根据市场细分规划目标市场选择,掌握国际营销组合策略,具备国际营销业务从业人员职业道德标准与商业伦理。

# 三、课程各章节的课程思政教学内容设计

## 第一章 导论

**专业教学目标**

国际市场营销导论介绍基本概念、核心问题与未来趋势。本章在介绍国际市场营销基本概念的基础上,对企业使命、产品策略、品牌发展历程进行归纳阐述,让学生对当前国际市场营销的现状与趋势具备整体认识的基础上,深刻体悟改革开放以来,西方国家的企业试图稳固其市场领导地位,发展中国家企业在国际市场发展遇到瓶颈,以及中国企业能够渠道显著成绩的深层原因。

【知识目标】

1. 学生了解国际市场营销的演变,了解产品概念、营销概念、关系营销等基本理论的时代背景和理论基础。

2. 掌握不同发展阶段企业国际营销的主要目的、内容、形式;掌握不同国家市场的独特机遇与挑战。

【能力目标】

1. 培养学生将所学理论灵活应用于现实和具体案例。

2. 培养学生从思辨的角度分析当代国际市场营销的基本问题,能够分析评价营销策略实施的作用与效果。

**课程思政教学目标及实践**

【育人目标】

1. 政治认同 中国在短时间内取得巨大经济与技术进步,中国企业从昔日的"跟跑者",正历史性地转向与西方发达国家企业"并跑"甚至"领跑",形成中国特色的管理思想与经济战略。

2. 社会主义核心价值观 将学生的个人价值实现与科技兴国战略相结合,积极引导学生树立社会主义核心价值观。

3. 职业规范与职业道德 通过分析中国企业当下面临的机遇与挑战,揭示中国市场营销人应当具备的能力与胸怀,激发学生创新实践的职业精神。

【教学方式与方法】
1. 自主学习:线上学习相应慕课中的基础专业知识点,线下自主阅读文献资料,撰写心得体会。
2. 课堂讲授:讲授相关理论的主要观点或内容、政策启示与建议等。
3. 课堂展示与讨论:学生展示并根据教学素材整理分析的相关报告等,小组讨论。

【课程思政教学实例】

**案例材料:"一带一路"与中外双赢**

(1)案例简介

近年来,新能源交通在巴基斯坦逐步发展。巴基斯坦许多城市的公共交通线路短且固定、运营维护集中,便于新能源交通基础设施的部署。中国企业生产的汽车成为重要的供应来源。2022年1月,巴基斯坦卡拉奇绿线快速公交正式运行,项目全部选用由中国中通新能源汽车装备有限公司提供的新能源客车。5月,首批100多辆由中国金龙联合汽车工业(苏州)有限公司生产的海格混合动力巴士在卡拉奇交付,随后还将有130辆巴士运抵巴基斯坦。拉合尔市也在与中国企业合作,定制适合城市发展需要的混合动力巴士。

资料来源:人民网,中企助力巴基斯坦新能源交通,2022-8-11.

(2)案例的思政元素

政治认同。本内容将中国企业为巴基斯坦提供新能源汽车与《国际市场营销》课程中"企业使命与产品策略"的教学内容相结合,从发展中国家仰仗西方企业提供产品到中国企业与当地社会形成双赢及其启示等方面做到案例分析与课程内容的呼应与融合,以此引发学生的深入思考。

(3)教学手段

① 讲授:西方企业长期领先的深层原因,发展中国家企业缺乏竞争力,中国企业如何把握机遇弯道超车。在知识点"未来趋势"中引入"一带一路"对于中国企业和广阔的国际市场所提供的光明前景。

② 讨论:"一带一路"对中国发展的启示。慕课资源、案例资源为翻转课堂提供支架;课堂展示、师生思辨讨论实现课堂高阶性、高效性。

③ 学习测评:讨论结果现场点评,主要是学生自评、互评、教师点评总结。

## 第二章　传统国际营销理论

**专业教学目标**

传统国际营销理论包括产品生命周期、五力模型、企业国际化等。本章在介绍经典理论的前提下,提出西方学者在提出这些理论时的历史、政治与经济背景,让学生系统理解国际流行的营销理论的基础上,思考这些理论的不足与局限性,并将马克思主义应用于这些理论,体会中国企业应当怎样对这些理论进行批判继承。

【知识目标】
1. 学生了解国际营销理论的演变,了解各种理论提出的时代背景和学科基础。
2. 掌握各种理论的主要内容;掌握理论之间的区别与联系。

【能力目标】
1. 培养学生将所学理论灵活应用于现实和具体案例。
2. 培养学生从马克思主义的角度分析当代国际营销实践,能够分析评价中国企业国际营销的得失。

**课程思政教学目标及实践**

【育人目标】
1. 政治认同　中国企业的实践与成就,是对国际营销理论的重要拓展与补充,更是马克思主义在企业营销管理中的体现。中国企业不仅能够为自己创造价值,更能为其他发展中国家带来道路指引和参考。
2. 社会主义核心价值观　激发学生的爱国情怀,积极引导学生利用马克思主义重新审视西方理论的不足。

【教学方式与方法】
1. 自主学习:线上学习相应慕课中的基础专业知识点,线下自主阅读文献资料,撰写心得体会。

2. 课堂讲授:讲授相关理论的主要观点或内容、政策启示与建议等。
3. 课堂展示与讨论:学生展示并根据教学素材整理分析的相关报告等,小组讨论。

**【课程思政教学实例】**
**案例材料:比亚迪与特斯拉同场竞技**
**(1)案例简介**
比亚迪月销16万辆,强势登顶销量榜单,特斯拉跌出20名。为什么比亚迪可以异军突起,从一个曾经连名字都被大家调侃的品牌,如今已经成为名副其实的国货之光。

总结来不外乎两点:技术为本、不忘初心。

比亚迪的刀片电池已经成为新能源电池技术中的一段佳话。早在27年前,比亚迪开始研发电池技术,从此与科研这条路结下了不解之缘。从刀片电池到DM-i超级混动。倒退到那个年代,不是没有大厂有资本做研发,而是只有比亚迪选择了最难啃的骨头。

资料来源:易车网,比亚迪月销16万辆,强势登顶销量榜单,2022—8—11.

**(2)案例的思政元素**
爱国情怀。本内容将比亚迪与特斯拉的竞争与《国际市场营销》课程中产品生命周期的教学内容相结合,从西方企业对技术的垄断的影响及其启示等方面做到案例分析与课程内容的呼应与融合,以此引发学生的深入思考。

**(3)教学手段**
①讲授:西方企业技术垄断的形式及动因,西方企业如何不断打压发展中国家的竞争对手。在知识点"企业发展的辩证思考"中引入比亚迪如何不畏技术壁垒,如何利用科技进步提升企业竞争力,体现了中国文化中不畏豪强、敢打敢拼的精神。

②讨论:比亚迪战胜特斯拉的启示。慕课资源、文献资源为翻转课堂提供支架;课堂展示、师生思辨讨论实现课堂高阶性、高效性。

③学习测评:讨论结果现场点评,主要是学生自评、互评、教师点评总结。

## 第三章 国际市场的特点与现状

**专业教学目标**

随着贸易协定的签署、科技进步和国家间贸易政策的变动,国际市场瞬息万变。本章对国际市场的机遇、特点、现状与动向进行系统阐述,让学生对当前中国企业在国际市场所面临的重大变革加以理解和感悟,并能够在企业国际化的不同阶段确定国际市场的相关策略。

**【知识目标】**
1. 学生了解中国企业自改革开放以来在国际市场所取得的卓越成就,了解各行业在其时代背景和政策基础上做出的国际营销决策与效果。
2. 掌握在华外企的主要特点与经营方针,了解其营销策略与局限性。

**【能力目标】**
1. 培养学生将所学理论灵活应用于现实和具体案例。
2. 培养学生从思辨的角度分析当代国际市场的动向与趋势,能够分析评价企业国际化过程中营销策略实施的作用与效果。

**课程思政教学目标及实践**
**【育人目标】**
1. 政治认同  中国企业从改革开放初期的"小学生"成长为今日国际市场的优等生,已经为全世界,尤其是其他发展中国家确立了人类命运共同体的发展方向与思路。
2. 社会主义核心价值观  将学生的个人价值实现与企业的成就相结合,积极引导学生树立社会主义核心价值观,树立爱国、敬业的崇高理想。
3. 职业规范与职业道德  通过分析中国当下面临的结构性转型挑战,揭示中国企业在国际市场所面临的全方位挑战,督促学生在法律、道德等方面培养职业精神。

【教学方式与方法】
1. 自主学习：线上学习相应慕课中的基础专业知识点，线下自主阅读文献资料，撰写心得体会。
2. 课堂讲授：讲授相关理论的主要观点或内容、政策启示与建议等。
3. 课堂展示与讨论：学生展示并根据教学素材整理分析的相关报告等，小组讨论。

【课程思政教学实例】
**案例材料：中国造船业保持世界第一**
**(1) 案例简介**

全球权威研究机构的最新统计，截至今年2月初，中国造船业手持订单量为9685万载重吨，占全球市场份额的46.9%，继续保持世界第一。

从船型结构看，手持订单中高附加值船舶订单占比大幅提高，以载重吨计算，集装箱船占比由2021年初的16.4%增长至目前的36.9%，以液化天然气等清洁能源为动力的船型占比由2021年初的2.7%增长至目前的3.5%。从船厂来看，我国国内前五家造船企业手持订单之和为3374万载重吨，占国内市场份额达34.8%，与去年同期相比提高1.1个百分点。其中，国内排名前三位的造船企业手持订单的交付时间已排至2025年。

资料来源：中研网，造船企业生产任务饱满 造船行业绿色转型成效明显，2022－7－18。

**(2) 案例的思政元素**

爱国情怀。本内容将中国造船业与《国际市场营销》课程中"国际市场机遇"的教学内容相结合，从西方、日韩企业支配世界市场到中国企业后来居上，分析改革开放的影响及其启示等方面做到案例分析与课程内容的呼应与融合，以此引发学生的深入思考。

**(3) 教学手段**

①讲授：高端制造业竞争力的成因，日韩企业在改革开放前的领先地位。在知识点"国际化阶段与市场策略"中引入中国造船企业的战略选择，中国企业的高瞻远瞩和卧薪尝胆，体现了中国管理思想的独特优越性。

②讨论：中国造船业发展过程中所做出的重要取舍。慕课资源、文献资源为翻转课堂提供支架；课堂展示、师生思辨讨论实现课堂高阶性、高效性。

③学习测评：讨论结果现场点评，主要是学生自评、互评、教师点评总结。

## 第四章　国际贸易与国际市场营销

**专业教学目标**

国际贸易与国际市场营销的关系体现在三个方面。本章介绍国际贸易对国际市场营销的促进或抑制作用、比较优势理论在国际企业营销中的体现，以及贸易失衡所带来的影响，让学生理解国际经济贸易与国际市场营销一体两面的关系，深刻体悟企业走向国际化过程中掌握国际经济贸易趋势的重要性。

【知识目标】
1. 学生了解国际贸易理论与实践，了解不同贸易条件下企业的战略选择。
2. 掌握各种贸易条件下企业应做出的国际营销战略选择与决策。

【能力目标】
1. 培养学生将所学理论灵活应用于现实和具体案例。
2. 培养学生从思辨的角度分析当代国际市场营销与国际贸易的联系，能够分析评价贸易条件下国际营销策略实施的作用与效果。

**课程思政教学目标及实践**
【育人目标】
1. 政治认同　中国在改革开放以来，欢迎有责任、有担当，代表先进生产力的外企进入中国合法经营，并鼓励中国企业走出去，为中国成为有责任大国提供物质基础，是世界经济发展的未来方向。
2. 社会主义核心价值观　将学生的对于祖国的热爱和对公正、法治等价值观与我国企业面对国际市场机遇挑战时的取舍相结合，积极引导学生正确认识外企在中国市场的作用与局限，树立社会主义核心价值观。

3. 职业规范与职业道德 通过分析中国企业逆流而上,克服各种贸易壁垒和技术壁垒,激发学生创新实践的职业精神。

【教学方式与方法】

1. 自主学习:线上学习相应慕课中的基础专业知识点,线下自主阅读文献资料,撰写心得体会。
2. 课堂讲授:讲授相关理论的主要观点或内容、政策启示与建议等。
3. 课堂展示与讨论:学生展示并根据教学素材整理分析的相关报告等进行小组讨论。

【课程思政教学实例】

案例材料:吉利收购马来西亚宝腾品牌

(1) 案例简介

2017年,中美贸易战开启之前,吉利掌门人李书福就敏锐地意识到未来东南亚大机会。吉利在这一年斥巨资收购了马来西亚国宝级汽车品牌宝腾汽车。宝腾汽车曾经辉煌过,但由于研发能力薄弱等问题,使之陷入了困境。由马来西亚第四任首相马哈迪亲自牵头,于1983年创立的宝腾汽车是DRB-HICOM旗下全资子公司,也是马来西亚本土唯一成熟的汽车制造商。虽然在国际市场籍籍无名,但宝腾却是马来西亚的一张名牌。在20世纪90年代发展巅峰之时,宝腾占据了马来西亚汽车市场七成以上的市场份额,还拿下英国国宝级跑车品牌Lotus。

但这个落寞贵族难敌日系品牌碾压,销量一路走低,2016年销量仅7.23万辆(同比下滑29%),市占率仅12.5%。销售低迷,同年亏损也达到10亿林吉特(约16亿元人民币),是上一年亏损的3倍,只能靠拿政府救济度日。因此,母公司不得不为宝腾汽车寻找婆家,这其中就有吉利、标致雪铁龙(PSA)和雷诺。2017年,经过多轮谈判,吉利以帮助宝腾汽车提升销量至其20世纪90年代的水平(每年20万辆)并提供技术与原车型等承诺,成功俘获了宝腾的"心"。吉利收购宝腾之后,迅速导入产品。收购后推出第一款车型宝腾X70于2017年12月在吉隆坡正式上市,据悉,该车未上市即热销预售单超1万辆,市场反响强烈。这对于全年销量就60万台的马来西亚,已经是很好的开头了。凭借宝腾这块跳板,吉利"下南洋"之路顺起来了。

资料来源:维科网,决战东南亚新十年的号角已经吹响!中日争夺7亿人汽车梦,2022-6-27.

(2) 案例的思政元素

政治认同。本内容将中美贸易战前夕中国民企在国际市场的选择与《国际市场营销》课程中"贸易失衡与企业战略选择"的教学内容相结合,从中美贸易战的影响及其启示等方面做到案例分析与课程内容的呼应与融合,以此引发学生的深入思考。

(3) 教学手段

① 讲授:国际贸易与国际市场营销之间的关联,美国对中国发动贸易战的负面效果及对企业提出的新任务与新机遇。在知识点"企业战略选择"中引入西方国家对发展中国家实行"依附理论"后的结果,以及中国企业如何践行人类命运共同体、"一带一路"双赢思想为各国带来实际好处的事例,体现了中国的大国担当和中国企业人不屈不挠的奋斗精神。

② 讨论:中美贸易战事件对中国企业发展的启示。慕课资源、文献资源为翻转课堂提供支架;课堂展示、师生思辨讨论实现课堂高阶性、高效性。

③ 学习测评:讨论结果现场点评,主要是学生自评、互评、教师点评总结。

## 第五章 政治、法律、文化差异

**专业教学目标**

国际市场营销必须顾及各国家与地区市场的政治、法律文化差异。本章在介绍各国政法文差异的基础上,对很多西方教材中对中国政治法律文化的不实言论和错误观点加以批判改正,让学生对中国道路加深认识,树立自信,深刻体悟为什么中国乃至许多其他东亚国家和地区是二战后唯一能够和平崛起,为全人类造福的区域经济,中国企业的未来必须建立在自身政治法律和文化的特点之上。

【知识目标】

1. 学生了解世界各国主要的政治法律文化差异,了解各种文化差异理论的时代背景和理论基础。

2. 掌握各种企业营销战略在不同政法文环境下所取得的成绩或遇到的困难;掌握这些差异的内在区别与联系。

**【能力目标】**

1. 培养学生将所学理论灵活应用于现实和具体案例。
2. 培养学生从思辨的角度分析当代国际市场营销战略与政治、法律文化差异的关系,能够分析评价企业实施的作用与效果。

**课程思政教学目标及实践**

**【育人目标】**

1. 政治认同　自改革开放以来,中国企业和广大民众不断加深道路自信、文化自信,中国企业从过去盲目追求西化否定自身,到坚定走自己的发展道路和策略,为全国乃至世界人民带来了新的国际市场营销理念与主张。

2. 社会主义核心价值观　摒弃西方对自己自由对他国限制的双标"自由"观念,推崇尊重各国自身特点与发展主张的指导思想,与我国的经济政策相结合,积极引导学生树立社会主义核心价值观,深刻理解"一带一路"、RCEP 等共赢主张。

3. 职业规范与职业道德　通过分析中国企业在国外遇到的法律法规问题,揭示中国企业管理者的法治精神和公平意识,促进企业长期平稳发展。

**【教学方式与方法】**

1. 自主学习:线上学习相应慕课中的基础专业知识点,线下自主阅读文献资料,撰写心得体会。
2. 课堂讲授:讲授相关理论的主要观点或内容、政策启示与建议等。
3. 课堂展示与讨论:学生展示并根据教学素材整理分析的相关报告等,小组讨论。

**【课程思政教学实例】**

**案例材料:中国清洁能源助力非洲**

(1)案例简介

中国的电池生产也在全球排名第一。全球十大电池生产商有六个来自中国,其中宁德时代一家的电池生产量就占全球的三分之一。全球十大风机制造厂商也有六家来自中国。海上风电每生产一千瓦的电,只需要花费两美分,成本十分低廉。

非洲是应对气候变化最为脆弱的地区之一,发展清洁能源是非洲实现可持续发展的必然选择。2021年11月,中非合作论坛第八届部长级会议通过《达喀尔行动计划(2022－2024年)》和《中非应对气候变化合作宣言》。中方将与非方共同倡导绿色低碳理念,大力发展太阳能、风能等可再生能源,为非洲援助实施绿色环保和应对气候变化项目,在非洲建设低碳示范区和适应气候变化示范区,在技术、能力建设等方面提供切实支持。

<small>资料来源:中非创新合作中心,中国可支持非洲自主生产光伏组件,2022－7－26.</small>

(2)案例的思政元素

社会主义核心价值观。本内容将欧美限制中国光伏产业与《国际市场营销》课程中"政治、法律文化"的教学内容相结合,从中国企业尊重当地国情和发展意愿的营销策略的影响及其启示等方面做到案例分析与课程内容的呼应与融合,以此引发学生的深入思考。

(3)教学手段

①讲授:政治、法律与文化差异所带来的困难,以及中国企业如何破局。在知识点"政府干预"中引入中国企业突破西方封锁的决心和努力,体现了中国企业勇于战胜困难、不断创新的企业家精神。对西方利用政治法律手段打压他国企业的了解,可以激发学生的创新职业精神。

②讨论:中国钢铁、光伏等企业对中国发展的启示。慕课资源、文献资源为翻转课堂提供支架;课堂展示、师生思辨讨论实现课堂高阶性、高效性。

③学习测评:讨论结果现场点评,主要是学生自评、互评、教师点评总结。

## 第六章　市场策略与营销调研

**专业教学目标**

市场策略主要讲述在面对新市场时应当采取哪些战略战术,帮助企业克服后发劣势,减少不必要的沉没成本。通过对营销调研的基本原理与方法的阐述,让学生在掌握进入新市场的基本步骤的基础上,深刻体悟"谋定而后动"的朴素战略思想和制定正确市场策略的重要性。

**【知识目标】**

1. 学生了解市场策略与营销调研之间的辩证关系,了解营销调研的主要方法和理论基础。
2. 掌握市场策略的制定原则与过程;掌握营销调研方法之间的区别与联系。

**【能力目标】**

1. 培养学生将所学理论灵活应用于现实和具体案例。
2. 培养学生从思辨的角度分析当代国际市场营销实践,能够分析评价新市场进入策略实施的作用与效果。

**课程思政教学目标及实践**

**【育人目标】**

1. 政治认同　中国企业与西方和其他发达国家的竞争对手相比,一般而言具有后发劣势。在进入新市场时,不仅要面对当地国情与文化差异的"围追",还要处理西方企业对新兴中国企业的"堵截"。与西方直来直去的霸蛮价值观不同,中国企业秉承优秀的传统文化,在党的英明领导和全民撸起袖子加油干的努力下,中国企业已经在不同市场取得了卓有成效的成绩。

2. 社会主义核心价值观　将学生感兴趣的国家与产业和中国企业所取得的成就相结合,积极引导学生树立追求文明、和谐的市场进入战略和敬业、诚信的实践方略。

3. 职业规范与职业道德　通过分析中国企业在践行"一带一路"倡议过程中遇到的刁难,和用技术、生产工艺、管理水平令对方信服的正确做法,激发学生

**【教学方式与方法】**

1. 自主学习:线上学习相应慕课中的基础专业知识点,线下自主阅读文献资料,撰写心得体会。
2. 课堂讲授:讲授相关理论的主要观点或内容、政策启示与建议等。
3. 课堂展示与讨论:学生展示并根据教学素材整理分析的相关报告等,小组讨论。

**【课程思政教学实例】**

**案例材料:海尔收购通用电气及启示**

**(1)案例简介**

2016年,通用电气公司同意把它的家电部门卖给一家中国制造商时,未来对于该部门、该部门的员工或者拥有通用家电的数千万美国家庭来说是模糊的。

6年过去了,通用家电不断发展,2017年以来在美国的市场份额每年都在增加。自从中国青岛的海尔集团收购以来,通用家电在技术和新产品上已经投入了约15亿美元的资金,增加了约3000个岗位,使美国员工总数达到1.5万人。10月,该公司宣布在其位于路易斯维尔生产洗衣机、烘干机、洗碗机和冰箱的主要园区电器园区(Appliance Park)追加了4.5亿美元的投资,增加了1000个岗位。

随着通用电气准备将剩下的业务拆分为关注于航空、医疗和电力的三家公司,家电业务在离开通用电气架构后的道路正引起人们的关注。通用电气的高管们表示,拆分将使管理者集中力量发展各自的产品线,给客户带来好处,吸引更多的投资者。

资料来源:参考消息,兴旺发达! 通用电气家电部门被海尔收购6年后过得更好,2021-12-13.

**(2)案例的思政元素**

社会主义核心价值观。本内容将海尔收购老牌美国企业通用电气事件与《国际市场营销》课程中"市场策略的调整"的教学内容相结合,从海尔在美国市场筚路蓝缕、打下最初的用户口碑,到后续利用技术优势与管理理念等方面的解析,做到案例分析与课程内容的呼应与融合,以此引发学生的深入思考。

**(3)教学手段**

①讲授:海尔进入美国市场的时机与考量,美国对中国企业普遍地打压与反制。在知识点"市场策略

调整"中引入海尔大胆改变其在国内的市场策略,在美国积极开拓市场,着力本土化,稳扎稳打,终于在市场、技术、资产等方面全面实现超越,体现了中国企业锲而不舍、追求卓越的精神。

②讨论:海尔美国市场表现对中国发展的启示。慕课资源、文献资源为翻转课堂提供支架;课堂展示、师生思辨讨论实现课堂高阶性、高效性。

③学习测评:讨论结果现场点评,主要是学生自评、互评、教师点评总结。

## 第七章 国际营销组合

**专业教学目标**

营销组合指产品、价格、渠道、促销。本章在介绍国际市场营销组合策略的基础上,对如何开发产品、制定价格、开发渠道、进行促销进行归纳阐述,让学生对当前国际市场营销组合具备整体认识的基础上,深刻体悟大数据和后新冠肺炎疫情时代背景下营销组合的机遇与挑战。

【知识目标】

1. 学生了解制定产品、价格、渠道和促销策略的基本方法,了解不同市场条件下进行营销组合决策的理论基础。

2. 掌握各种营销组合策略的主要目的、内容、形式;掌握不同组合要素之间的内在区别与联系。

【能力目标】

1. 培养学生将所学理论灵活应用于现实和具体案例。

2. 培养学生从思辨的角度分析当代国际企业营销组合方案,能够分析评价营销组合实施的作用与效果。

**课程思政教学目标及实践**

【育人目标】

1. 政治认同　中国企业从模仿到超越,用几十年走过了西方一百多年的道路,从生产产品到制定标准,正一步步地赶上和超越竞争对手,用自己的方式为各国各地消费者带来实实在在的好处,与各国人民逐渐心灵相通。

2. 社会主义核心价值观　将学生的个人价值实现与企业的营销战略相结合,积极引导学生树立社会主义核心价值观,在开发产品时敬业,在制定价格时公正,在开发渠道时平等,在进行促销时友善。

3. 职业规范与职业道德　避免使用价高质次、价格战、营销套路,用实实在在的产品价值打动市场,激发学生创新实践的职业精神。

【教学方式与方法】

1. 自主学习:线上学习相应慕课中的基础专业知识点,线下自主阅读文献资料,撰写心得体会。

2. 课堂讲授:讲授相关理论的主要观点或内容、政策启示与建议等。

3. 课堂展示与讨论:学生展示并根据教学素材整理分析的相关报告等,小组讨论。

【课程思政教学实例】

**案例材料:华为的欧洲整合战略**

(1)案例简介

华为的欧洲整合战略,要在全球加快实现均衡布局,通过把分布在全球的研发中心和资源中心高效协同运作起来,达到有效利用其分布全球的智力资源的目的,他们专注于基础研究和高度创新,诸如俄罗斯天线研发中心、瑞典无线系统研发中心、英国安全认证中心、英国5G创新中心、美国新技术创新中心、美国芯片研发中心、印度软件研发中心、韩国终端工业设计中心、日本工业工程研究中心。

另外,通过以客户为导向,在欧洲运营19个联合创新中心,以维持与主要客户沃达丰、英国电信等的合作,注重联合应用程序的开发。其次,华为不仅要在欧洲建立以研发为重点的业务,而且还要对其中一些业务进行升级,拓展他们在全球生产网络中的责任和角色。

资料来源:洞察财经1号,抢占欧洲市场! 华为的欧洲发展战略,2021-10-29.

(2)案例的思政元素

政治认同。本内容将华为遭受美国打压、努力开发欧洲市场与《国际市场营销》课程中"营销组合策略"的教学内容相结合,从整合欧洲资源到进行产品开发和渠道建设等,以此引发学生的深入思考。

**(3)教学手段**

①讲授:华为在欧洲市场发展的现状与未来。在知识点"产品开发策略"中引入华为如何克服困难,在欧洲逐步扎根并进行营销组合策略拓展的讲解,华为因地制宜,在欧洲进行营销组合策略制定的决策与实践,体现了中国企业家和劳动者的智慧与决心。

②讨论:华为欧洲业务对其他中国企业发展的启示。慕课资源、文献资源为翻转课堂提供支架;课堂展示、师生思辨讨论实现课堂高阶性、高效性。

③学习测评:讨论结果现场点评,主要是学生自评、互评、教师点评总结。

## 第八章 品牌国际战略

**专业教学目标**

品牌战略包括品牌定位、品牌资产、品牌人格化、品牌审计等。本章在介绍对国际营销中的品牌战略基础上,对品牌与社会发展、品牌与社会责任等问题进行系统阐述,让学生深刻理解21世纪对品牌的更高要求,以及不同品牌在各自领域获取成功的原因。

**【知识目标】**

1. 学生了解品牌资产、品牌人格化等战略,了解各种品牌成功或失败的时代背景和理论解释。
2. 掌握各种品牌策略主要目的、内容、形式;掌握不同策略之间的内在区别与联系。

**【能力目标】**

1. 培养学生将所学理论灵活应用于现实和具体案例。
2. 培养学生从思辨的角度分析当代国际市场营销中的品牌问题,能够分析评价不同品牌策略的作用与效果。

**课程思政教学目标及实践**

**【育人目标】**

1. 政治认同 中国已经取得了"中国制造"的瞩目成就,下一步的目标是中国企业转型"智造""创造",而品牌则是其中的核心任务和主要指标。代表中国特色的品牌形象,是中国企业发展的重要里程碑。

2. 社会主义核心价值观 品牌是国家富强、社会民主、人民敬业的体现。学生的个人价值实现与企业品牌战略相结合,积极引导学生树立社会主义核心价值观。

3. 职业规范与职业道德 通过分析中国当下企业规模逐渐增大,但品牌形象尚待进一步完善的客观现实,揭示中国企业在国际市场面临的隐性机遇和挑战,激发学生创新实践的职业精神。

**【教学方式与方法】**

1. 自主学习:线上学习相应慕课中的基础专业知识点,线下自主阅读文献资料,撰写心得体会。
2. 课堂讲授:讲授相关理论的主要观点或内容、政策启示与建议等。
3. 课堂展示与讨论:学生展示并根据教学素材整理分析的相关报告等,小组讨论。

**【课程思政教学实例】**

**案例材料:徐工集团品牌战略**

**(1)案例简介**

根据中国机械工业联合会发布的《中国工程机械工业年鉴》,徐工挖掘机销量位列第二位,市场占有率为14.1%,高于欧美系品牌卡特彼勒的12.4%,同时也远高于小松和日立建机等日系品牌。

在保持国内市场竞争优势的同时,徐工挖机在世界工程机械行业也占据重要地位。在英国KHL集团日前发布的2021年全球工程机械制造商50强排行榜中,徐工有限以162.52亿美元的销售总额一举跃升至全球三甲。

据了解,在世界工程机械强者恒强的竞争格局下,徐工挖机高举"国际化"主战略旗帜,初步构建了全球协同研发体系,在美国、巴西、印度、乌兹别克斯坦建设了4家海外制造基地,不断提升挖机产品在海外市场的本土化制造和营销服务能力。

据徐工有限相关负责人介绍,近5年来,徐工挖机海外销量实现了快速增长,出口稳居行业前三,徐工挖机如今已成为全球市场的主流供应商和重要参与者。

资料来源:中国经营报,徐工有限、徐工机械董事长王民:市场是创新源头和活力来源,2021-9-26.

**(2)案例的思政元素**

政治认同。本内容将徐工集团独立自主发展与《国际市场营销》课程中"品牌战略"的教学内容相结合,从模仿到自主研发,从紧随人后到敢为人先的品牌战略影响及其启示等方面做到案例分析与课程内容的呼应与融合,以此引发学生的深入思考。

**(3)教学手段**

①讲授:机械产业的重要性,西方国家对中国企业的限制。在知识点"品牌战略"中引入徐工集团总结经验,独立自主,不断前进的奋斗精神,令企业引领经济社会发展的趋势,中国制造彰显"中国品牌",体现了中国从量变到质变的经济腾飞。

②讨论:徐工集团对中国企业发展的启示。慕课资源、文献资源为翻转课堂提供支架;课堂展示、师生思辨讨论实现课堂高阶性、高效性。

③学习测评:讨论结果现场点评,主要是学生自评、互评、教师点评总结。

## 四、课程思政的教学评价

### (一)对教师的评价

1. 教学准备的评价

将《国际市场营销》课程思政建设落实到教学准备各方面,根据课程涉及到的不同国际营销理论、营销组合理论、品牌战略理论,结合不同国家政治、法律、文化差异、以发展中国家及发达国家的市场基本情况为收集课程思政案例材料的基础,提前为每一章的教学内容提炼思政元素,围绕设计好的课程思政目标,修订教学大纲,精选教材,编写教案课件和课前、课后自测题。

2. 教学过程的评价

将《国际市场营销》课程思政建设落实到教学过程各环节,主要考察教师是否能根据教学内容采取恰当的教学方式,将思政元素自然地融入教学内容中。考察指标包括教学理念、策略及教学方法的合理性、作业布置与批改的频次、平时成绩考核标准与思政育人目标的结合程度等。

3. 教学结果的评价

建立健全《国际市场营销》课程思政多维度评价体系,包括在同行评议、随机听课、学生评教、教学督导、教学研究及教学获奖等活动中增加思政得分点。

4. 评价结果的运用

根据同行评议、学生评教、教学督导等提出的改进建议,以及对学生考核的成绩分析进行课程思政教学设计的调整优化,对教学进行反思与改进。

### (二)对学生的评价

1. 学习过程的评价

检验学生是否按要求认真完成了老师布置的课前学习任务,积极参与资料收集、课堂讨论和实地调研等教学过程,科学评价学生在学习过程中的积极性、互动性和参与度。

2. 学习效果的评价

通过平时作业、课堂讨论、随堂练习、企业实习考察、课间师生交流、期末考试等多种形式,检验学生对课程思政元素的领会及其对思政元素的掌握程度。

3. 评价结果的运用

通过师生座谈和系教研活动等多种形式,对学生的学习效果进行科学分析,总结经验,改进不足,提升课程思政的学习效果。

## 五、课程思政的教学素材

| 序号 | 内容 | 形式 |
| --- | --- | --- |
| 1 | "一带一路"与中外双赢 | 案例分析 |
| 2 | 比亚迪与特斯拉同场竞技 | 案例分析 |
| 3 | 中国造船业保持世界第一 | 案例分析 |
| 4 | 吉利收购马来西亚宝腾品牌 | 案例分析 |
| 5 | 中国清洁能源助力非洲 | 案例分析 |
| 6 | 海尔收购通用电气及启示 | 案例分析 |
| 7 | 华为的欧洲发展战略 | 案例分析 |
| 8 | 徐工集团品牌战略 | 案例分析 |
| 9 | 习近平主席在庆祝中国国际贸易促进委员会建会70周年大会暨全球贸易投资促进峰会上发表致辞 | 阅读材料 |
| 10 | 《商务部等6部门关于高质量实施RCEP的指导意见》 | 政策文件 |
| 11 | 中国企业竞争力报告 | 研究报告 |
| 12 | 对外援助项目实施企业资格认定办法 | 政策法规 |
| 13 | 鼓励外商投资产业目录 | 政策法规 |

# 《世界贸易组织》课程思政教学指南

吕丽蓉[1]  田华[2]

([1] 西安外国语大学  [2] 西安财经大学)

## 一、课程简介与课程目标

### (一)课程简介

1995年1月1日成立的世界贸易组织(WTO,the World Trade Organization)作为多边贸易体制的核心机构,负责协调各成员国之间的贸易政策,管辖着世界范围内所有主要贸易国家的货物、服务贸易与知识产权保护,与国际货币基金组织(IMF,International Monetary Fund)、世界银行(WB,World Bank)共同被誉为世界经济的三驾马车。新中国在邓小平理论指导下,在党和国家几代领导人的引领之下,经过15年漫长而艰苦的谈判,于2001年12月11日正式成为WTO第143个成员。自此,中国贸易与经济便走上高速发展的快车道,并于2017年成为世界第一贸易大国。在充分享受多边贸易体制各项权利的同时,中国也在认真履行开放国内市场的义务,不断完善社会主义市场经济体制,综合国力获得大幅提升,国际地位得到显著提高,国际影响力在不断加强,对世界经济贸易发展的贡献也愈来愈大。与此同时,中国积极参与WTO的各项活动,在促进WTO实现其宗旨的过程中做出了巨大贡献。

高等院校国际经济与贸易专业所开设的《世界贸易组织》作为一门重要的专业选修课程,旨在引领学生了解以WTO为核心的多边贸易体制产生和演变的发展历程,掌握WTO的运行机制尤其是贸易争端解决的方式方法、其各项协定协议产生的政治经济机理与内容、WTO制度的再设计、中国与WTO等内容。尤其要藉助中国复关入世谈判所伴随的中国改革开放和为建设社会主义市场经济的艰难探索历程,深刻理解习近平主席提出的"人类命运共同体"的新理念。在此基础上,还要求学生能够阅读有关多边贸易体制的英文原版资料,能够以国际贸易领域的通行语言英语作为基本交流工具进行课程相关资料的阅读、翻译与交流。

本课程综合运用讲授、启发式教学、案例教学、情境教学、等多种教学方法,从世界经济史、国际政治、经济学等多个角度分析介绍多边贸易体制产生发展的历史必然性。同时,结合国际贸易学、产业经济学相关理论介绍WTO各项协定协议内容,进一步夯实学生专业理论能力与理论联系实际的分析能力。在此基础上紧密跟踪全球经济贸易新闻,关注中国对世界贸易、对多边贸易体制的推动作用,真正理解自由贸易与市场经济理论对世界经济长期发展的重要意义。

### (二)课程目标

本课程作为国际经济与贸易专业的重要选修课程,通过学习,使学生能够达到以下目标:

1. 知识目标:系统了解多边贸易体制产生的历史必然性及其理论基础,掌握WTO的运行方式、法律架构,了解WTO存在的制度缺陷及未来制度改革的方向,深刻理解中国入世对中国社会经济与世界经济的重要意义与影响。

2. 能力目标:能够熟练应用经济学与国际贸易相关概念与理论分析现实世界经济与贸易的实际问题。同时具备阅读翻译与分析WTO相关英文资料的能力。

3. 育人目标:热爱祖国、遵纪守法,具有良好的道德品质和文明习惯,培养良好的职业操守和职业道德,具备社会责任感和人文关怀意识;具备良好的专业素养与国际视野,熟悉WTO运作方式及相关协定协议内容,具备良好的身心素质和职业道德修养。

### (三)课程教材和资料

➤ 推荐教材

1. 谢新,谢汉峰,王静.世界贸易组织的理论与实践——核心议题(英文版)[M].成都:西南财经大学出版社,2018.
2. 张玉荣.世界贸易组织规则与运用[M].北京:清华大学出版社,2020.

➢ 参考教材或推荐书籍

1. 薛荣久.世界贸易组织概论[M].北京:清华大学出版社,2018.
2. 杨国华.WTO的理念[M].厦门:厦门大学出版社,2012.
3. 黄河,汪晓风.中国与世贸组织改革[M].上海:上海人民出版社,2020.

➢ 学术刊物与学习资源

国内外国际经济与贸易各类期刊。

学校图书馆提供的各种数字资源,包括"中国知网"的相关文献。

➢ 推荐网站

中华人民共和国商务部:http://www.mofcom.gov.cn。

WTO官网:http://www.wto.org。

# 二、课程思政教学总体设计

## (一)课程思政教学目标

本课程为国际经济与贸易专业学生在经济学、贸易学基础之后的一门贸易政策课程,理论性与政策性要求较高,在当前的思政环境下更要结合课程思政"价值体系、知识体系、能力体系"的"三体"合一的目的,以全面提升学生专业素养、德育内涵、综合素质为驱动,注重思政德育元素和WTO建立的理论基础、宗旨目标等知识点有机融合,提升专业课程的思政内涵,对学生进行国际化思维的职业教育,大胆创新、爱国主义、爱岗敬业等方面的道德教育,达到润物无声的课程思政实效。以习近平新时代中国特色社会主义思想为指引,全面贯彻党的教育方针,聚焦贸易强国和内外贸一体化建设,培养学生"融通内外、经世济民、诚信服务、德法兼修"的理念,将价值塑造、知识传授和能力培养融为一体。以全面提升学生德育内涵、专业素养、综合素质为驱动,注重思政德育元素和经贸类专业课程体系知识点的有机融合,在专业课的教学中深入开展中国特色社会主义和中国梦教育、社会主义核心价值观教育、法治教育、职业道德教育以及中华优秀传统文化教育等,培养德智体美劳全面发展的社会主义建设者和接班人。

《世界贸易组织》课程以世界经济史、国际政治、经济和贸易学理论知识为基础,以多边贸易体系产生发展、WTO运行机制与原则、WTO各项协定协议内容以及中国与WTO为核心内容,通过教学过程,学生可以夯实国际经济与贸易专业基础理论,提升利用经济贸易理论分析现实国际经贸问题的能力,扩大学生的国际视野,同时在具备各种网络教学条件与中英双语师资的情况下,努力提高学生的专业英语水平。

当今世界面临着百年未有之大变局,政治多极化、经济全球化、文化多样化和社会信息化潮流不可逆转,各国间的联系和依存日益加深,但也面临诸多共同挑战。粮食安全、资源短缺、气候变化、网络攻击、环境污染、疾病流行、跨国犯罪与地区冲突等全球非传统安全问题层出不穷,对国际秩序和人类生存都构成了严峻挑战。本课程教学过程中从世界贸易史、国际政治、经济学的角度增加大量视频资料与阅读资料,引导学生对多边贸易体制产生的历史必然性及未来制度走向加以深度思考。同时,结合中国入世后经济贸易飞速发展以及对世界经济产生巨大推动作用的事实经验,坚定WTO的多边主义原则立场,积极反对贸易保护主义,倡导习近平总书记提出的建立"人类命运共同体"的新理念。引导学生增强"四个意识"、坚定"四个自信"、做到"两个维护",把思想和行动自觉与以习近平同志为核心的党中央保持高度一致。具体而言,本课程的思政教学目标可以涉及以下八个维度:实现政治认同、家国情怀、培育和践行社会主义核心价值观、融入中华优秀传统文化、牢固树立法治观念、深化职业规范与职业道德教育、培养科学精神、拓展国际视野。

1. 实现政治认同

《世界贸易组织》课程以多边贸易体制的产生与发展、WTO的运行机制及WTO协定协议为核心内容。在介绍与分析WTO建立的理论基础与各协定协议产生的背景及措施时,需紧密结合经济学与国际贸易相关理论,引导学生坚定贸易自由化与多边主义立场。在介绍 WTO 新成员加入程序及 WTO 给与发展中国家特殊与差别待遇内容以及中国对世界经济的巨大贡献时将结合中国改革开放与入世谈判历程,传递坚持中国共产党领导的重要性,增强学生的政治认同;引领学生充分认识中国共产党正确领导的意义和社会主义制度的优越性;将人类命运共同体理念作为培养学生国际化视野、现代思维的出发点。

2. 家国情怀

新中国在党的领导下经历了近三十年的艰难摸索,终于 1978 年后走上了改革开放与经济建设的正轨。1986 年 7 月中国提出了复关申请,之后经历了长达 15 年的谈判终于 2001 年 12 月成为世贸组织的第 143 个成员,中国经济自此走上了高速发展的快车道,产业结构不断升级,人民生活水平与民主权利不断提升,对世界经济增长也在贡献着中国力量。本课程通过讲述中国复关——入世谈判的艰难历程和中国入世 20 年来经贸飞速发展及对世界经济做出的巨大贡献,培养学生的爱国主义精神,传承爱国情怀,对学生进行爱党、爱国、爱社会主义、爱人民、爱集体的"五爱"教育。

3. 培育和践行社会主义核心价值观

通过贯穿课程始终的坚持贸易自由化、多边主义、可持续发展、人类命运共同体等正能量传播,帮助学生建立和强化社会主义核心价值观;引导学生将个人价值实现与民族复兴大业相契合;通过理论讲授、教学视频播放和课堂讨论,开阔学生国际视野,培养学生勇于探索创新的精神。

4. 融入中华优秀传统文化

中华文明源远流长,中国自古以来便将以和为贵、睦邻友好作为对外政策的基本原则。改革开放带来的最大变化就是中国与世界已密不可分。邓小平同志曾对二战之后的国际形势做出了和平与发展的新判断,并提出只要不发生大规模外敌入侵,中国就应坚持以经济建设为中心,而中国外交的任务就是配合党和国家的中心工作,为现代化建设营造有利的外部和平环境。《世界贸易组织》这门课程注重融入中华优秀传统文化的精髓,特别是优秀商贸文化的传承,引导学生熟悉中国人文社会科学领域的基础知识。

5. 牢固树立法治观念

WTO 作为唯一协调各国贸易政策的国际性组织,在国际法治建设中起到了重要作用,其管辖下的协定协议覆盖国际货物贸易、服务贸易与知识产权保护等多个领域,其多边协定协议对所有成员都具有强制约束力。同时,WTO 争端解决机制对于其成员就上述贸易领域所提交的争端具有强制管辖权。中国入世 20 年来,一方面按照 WTO 的规则不断完善和改进贸易领域的合规性建设,另一方面也积极参与 WTO 的各项贸易谈判与规则制定工作,在多边贸易体制中发挥着越来越重要的作用。学生通过本课程的学习,可以认识到国际贸易领域的重要法律规则,同时牢固树立遵纪守法的意识,并激励学生积极参与国家公共事务,懂得利用法律武器捍卫国家与企业的贸易利益。

6. 深化职业规范与职业道德教育

本课程在注重培养学生广阔的国际视野与丰富的贸易政策专业知识的同时,强调学生应具备自主、有效、持续学习的意识和能力,批判性思维与求真务实的科学精神。通过课程知识的讲解和案例分析,切实提高学生的职业道德修养。

7. 培养科学精神

科学精神是反映科学发展内在要求并体现在科学工作者身上的一种精神状态,如科学探索者的信念、勇气、意志、工作态度、理性思维、人文关怀和牺牲精神等。本课程从介绍多边贸易体制产生的历史必然性到 WTO 的建立和未来制度的走向无不贯穿着历史唯物论、辩证法与政治经济学的内核。通过历史视角与辩证思维帮助学生深刻理解所研究内容与其社会经济背景的紧密联系,建立相关理论的认知体系。同时,培养学生勇于探索、大胆创新、理性思维的科学精神,将自身职业发展融入到新时代的新发展理念与中国对外贸易新发展格局中。

8. 拓展国际视野

在当前全球竞争愈演愈烈,区域经济一体化合作愈加紧密的国际经贸大趋势下,中国经济发展与建设所需要的人才不仅需具备各项专业技能知识,还应具有国际视野与大格局意识。本课程通过对世界贸易发展历程、多边贸易体制演进、WTO 运行机制及其法律框架和典型案例的细述,开阔学生的国际视野,提升学生的职业素养。

### (二)课程思政的教学内容

《世界贸易组织》课程思政内容可以涉及以下几个方面：

1. 体现马克思主义基本原理

本课程在教学过程中，坚持以马克思主义的历史唯物论、辩证法与政治经济学为方法，引导学生将科学的世界观、价值观、人生观、认识论、方法论、经济学规律等内化于心。

2. 解析国家战略、法律法规和相关政策

本课程在介绍中国复关入世谈判历程与入世后中国法律的合规性建设以及入世后中国经济发展和产业结构调整等内容时，紧密结合国家战略转折与法律法规等相关政策内容，使学生真正理解一个国社会经济进步所需的主客观环境，了解国情国策，厚植家国情怀。

3. 引导学生深入经贸社会实践、关注经贸现实问题

本课程教学过程中，紧密跟踪国际国内经贸环境的变化，围绕经贸现实问题，通过理论分析与课堂讨论，持续提高学生解决经贸实际问题的能力，引导学生从实践中来、到实践中去。切实做到国际贸易理论与实践的紧密结合。

4. 培育学生遵纪守法、明礼诚信、以德经商的商业职业道德和修养

本课程重视对学生职业道德的培养，通过挖掘课程内容、设计教学过程、显性教育与隐性教育相统一，加强遵纪守法、诚信服务、公平竞争、爱岗敬业等职业道德教育。

5. 挖掘中华优秀传统文化中的商贸思想和事例，增强中华优秀文化认同

本课程在教学过程中，重视对中华优秀商贸文化的挖掘和传承。通过挖掘优秀商贸思想元素、融入教学过程，传统文化和现代商贸有机统一，服务学生的专业知识传授，内在地提升对优秀传统中华文化的认同和传承。

### (三)教学方法

本课程综合运用讲授、启发式教学、案例教学、情境教学、小组合作式教学等多种教学方法，使学生掌握有关多边贸易体制产生和发展、WTO运行方式、WTO法律框架与内容、WTO制度改革以及中国与WTO关系等内容。同时强调学生综合运用理论知识分析现实经贸问题的能力，拓展国际视野，了解经济全球化背景下国际经贸的法律规范及未来制度走向，具备经贸专业人才的职业道德标准与商业伦理。

## 三、课程各章节的课程思政教学内容设计

### 第一章 世界贸易的发展历程

**专业教学目标**

地理大发现后西欧的殖民扩张与世界贸易的形成。世界经济由亚洲中心逐渐转变为欧洲中心。与此同时，建立在西欧民族国家关系基础上的国际关系体系逐渐形成。本章内容从世界历史、政治与经济视角帮助学生理解多边贸易体制产生的历史必然性。

【知识目标】

1. 学生了解地理大发现的动因、影响，了解西欧民族国家国际关系体系的发展。
2. 掌握地理大发现后世界经济贸易与产业结构的变化内容及其影响。

【能力目标】

1. 培养学生经济学贸易学综合素养。
2. 培养学生深刻的历史洞察力与经济贸易理论的应用能力。

**课程思政教学目标及实践**

【育人目标】

1. 拓展国际视野　在世界历史的长河中梳理和构建人类文明发展的规律，理解和掌握多边贸易体系产生的历史必然性。
2. 家国情怀　地理大发现刺激了欧洲的商业革命，使世界经济逐渐由亚洲中心转向欧洲中心，促使欧洲过渡到工业时代。中国的莘莘学子需深刻思考历史变迁中的国家命运，为中华民族的伟大复兴贡献自

己的力量。

**【教学方式与方法】**

1. 自主学习:阅读布置的文献资料,观看视频资料。撰写心得体会。
2. 课堂讲授:讲授1500年左右世界经济转折的各种因素及世界贸易的形成。

**【课程思政教学实例】**

贸易战争纪录片(一)(二)

(1)案例简介

本纪录片为央视经济频道经济半小时栏目播放。

第一集从重商主义到自由贸易。介绍了欧洲在15世纪陷入早期重商主义的狂热,实行贸易保护政策,大力限制进口。为了获取更多的真金白银以便支付从亚洲进口的商品,各国开始在海上争夺贸易通道,之后英国逐渐胜出,开始在全球推动自由贸易主张。

第二集自由贸易谁主沉浮。讲述了二战期间,以美国为首的英国、苏联、法国等国家为战后全球经济重建绘制蓝图。并通过布雷顿森林会议通过了《国际货币基金组织协定》和《建立世界银行协定》。因担心其他国家和地区廉价商品大量涌入而损害美国经济利益,国际贸易组织的《哈瓦那宪章》未能在美国国会通过。1947年,关税与贸易总协定的成功签署及其运行使全球贸易壁垒逐步降低。中国是关贸总协定的初始缔约方,但由于美英法等国家对社会主义国家实行禁运和贸易限制,新中国成立后长期被隔绝于多边贸易体制,1986年7月,中国提出复关申请,后经历15年艰辛谈判,终于2001年12月回归到这一世界贸易大家庭。

资料来源:央视网 www.cctv.com。

(2)案例的思政元素

家国情怀。本纪录片第一、第二集内容帮助学生了解地理大发现后西欧的殖民扩张、世界贸易的形成、贸易冲突导致战争频仍、二战后国际经济秩序的重建、关贸总协定的签署以及在这一过程中中国贸易地位的变迁。培养学生的家国情怀,引发学生对国家命运的深入思考。

(3)教学手段

①讲授:前工业化时期世界经济概况、欧亚贸易对欧洲经济的影响与地理大发现的动因。激发学生的家国情怀。

②教学视频观看与讨论:西欧殖民扩张及其影响、西欧从重商主义到自由贸易的转变、二战后国际经济秩序的重建、关贸总协定(GATT,General Agreement on Trade and Tariffs)的签署,使学生理解世界经济发展的内在逻辑。

③学习测评:撰写视频与阅读资料心得,进行课堂点评。

## 第二章 多边贸易体制的产生与发展

**专业教学目标**

国际贸易组织的筹建与流产;关贸总协定的签署与其47年中的八轮多边贸易谈判;重点为第八轮乌拉圭回合谈判。学生需理解20世纪90年代以来第二次经济全球化浪潮对多边贸易体制演变的重要意义与WTO区别于GATT的特点。

**【知识目标】**

1. 学生了解多边贸易体制建立的背景与GATT在其47年的运行中为世界经济与贸易做所的贡献。
2. 掌握WTO与GATT的区别与联系,为学习WTO运行及法律框架打下基础。

**【能力目标】**

1. 巩固学生的自由贸易理论知识,并将其运用于现实国际经济问题的分析之中。
2. 培养学生理解政治经济学内涵,能够辩证分析和评价国际贸易政策制定的社会经济原因。

**课程思政教学目标及实践**

**【育人目标】**

1. 国际视野 在对世界经济500年发展历程的纵览过中,培养学生博古通今的广阔胸怀与国际视野。

2. 家国情怀　通过对历史长河中中国世界贸易地位的变迁,激发学生忧国忧民与振兴中华的家国情怀。

3. 科学精神　世界经济、世界贸易、世界金融的产生与发展自有其内在规律。布雷顿森林体系与多边贸易体制的建立有其历史必然性,学生在学习过程中可以巩固经济学贸易学理论知识,为后续章节学习打下基础。

**【教学方式与方法】**

1. 自主学习:自主阅读布置的文献资料,撰写心得体会。
2. 英语教学视频观看与讲解:了解多边贸易体制产生的背景,提高专业英语能力。

**【课程思政教学实例】**

**案例材料:教学视频(From GATT to WTO)**

(1)案例简介

视频来自WTO官方网站,时长9分22秒,主要介绍了20世纪30年代大危机期间,美国率先提高关税水平,掀起了世界范围的贸易战金融战,各国经济进一步滑向深渊。日本和德国在危机中走向了法西斯侵略的道路,将各国拉入到世界大战之中。战后为解决高关税问题,拟组建国际贸易组织。但由于美国担心其他国家廉价商品冲击其国内市场,国际贸易组织的哈瓦那宪章在美国国会未获得通过。但各国协调降低贸易壁垒的关税与贸易总协定如期通过生效,成为战后协调各国贸易政策的准国际贸易组织。经过其47年的运行,世界经济与贸易得到大幅提升。尽管1970年代东京回合由于各国经济陷入滞涨未有结果,但第八轮乌拉圭回合在1990年代第二次经济全球化浪潮背景下取得巨大成功。多边贸易体制不仅扩大了其管辖范围,还将临时适用的关贸总协定过渡到具有独立法人资格的正式国际经济组织——世界贸易组织(WTO,World Trade Organization),并确立了新的贸易政策审议机制,改革了贸易争端解决机制,使国际贸易政策协调机制进入到一个全新时代。

视频来源:WTO官网 www.wto.org.

(2)案例的思政元素

科学精神。本内容追寻战争背后的经济原因,引发学生深入思考,使学生深刻理解以邻为壑的贸易保护主义的危害性,强化学生坚持多边主义与自由贸易的立场。

(3)教学手段

①讲授:二战爆发的国际经济背景及其影响。使学生深刻认识贸易保护主义的危害。
②视频观看:From GATT to WTO,了解多边贸易体制的产生与发展。增加学生对多边贸易体制的感性认识,提升学生专业英语听读能力。
③讨论:视频中涉及的经济学贸易学知识点。巩固专业理论知识。
④学习测评:讨论结果现场点评与总结。

### 第三章　WTO确立的基础

**专业教学目标**

WTO确立的基础为适度的自由贸易理论、20世纪90年代经济全球化与市场经济制度的普及;同时可持续发展与国际贸易利益协调的客观要求也需要更有作为的多边贸易协调组织的出现。

**【知识目标】**

1. 学生理解20世纪90年代中期WTO产生与确立的理论基础与社会经济背景。
2. 理解可持续发展和国际贸易利益协调的含义。

**【能力目标】**

1. 强化学生的经济学贸易学理论基础。
2. 培养学生的辩证思维,将经济理论应用于现实问题的分析之中。

**课程思政教学目标及实践**

**【育人目标】**

1. 科学精神　理解WTO作为协调国际贸易政策的国际组织其诞生的经济学理论基础。

2. 社会主义核心价值观　将学生的个人价值实现与人类命运共同体的崇高目标相结合,积极引导学生树立社会主义核心价值观与世界观。

**【教学方式与方法】**

1. 课堂讲授:讲授相关理论与政策。

2. 课堂讨论:就相关理论的实践应用展开小组讨论。

**【课程思政教学实例】**

案例材料:教学视频:Impacts of Globalisation(经济全球化的影响)

(1)案例简介

本视频主要介绍在经济全球化过程中,发展中国家尤其是最不发达国家面临的困境与经济增长和发展的路径。视频引入了一个重要的发展经济学概念"人类发展指数"(HDI,Human Development Index),并帮助学生区别经济增长与经济发展两个概念的内涵。视频以爱尔兰这一欧盟成员国为例,叙述了爱尔兰自本世纪初以来经历的社会经济困境以及积极参与经济全球化加入欧盟之后经济所获得的高速增长与发展契机,但同时也面临着城市化的各种问题。通过案例展示,发展中国家可从中总结经验,思考并探索一条适合本国本民族的增长发展之路。

资料来源:腾讯视频。

(2)案例的思政元素

科学精神。本内容以爱尔兰国家从积贫积弱的欧洲小国到积极融入全球化加入欧盟之后经济贸易快速发展的现实案例,引导学生认真学习经济学贸易学基本理论,并应具备理论应用于社会实践的能力与社会责任感。

(3)教学手段

①讲授:WTO确立的理论基础。

②讨论:经济全球化的影响

③学习测评:讨论结果现场点评。

## 第四章　WTO的运行方式

**专业教学目标**

WTO的法律地位、宗旨、职能、组织结构、决策方式、法律框架与基本原则。本章主要聚焦WTO作为具有独立法人资格国际经济组织的基本概况,使学生对WTO的运行有一个初步的认识和了解。

**【知识目标】**

1. 学生理解和掌握WTO的法律地位和宗旨。

2. 掌握WTO组织机构框架、决策方式。

3. 理解并掌握WTO的法律架构与贯穿于所有协定协议的基本原则。

**【能力目标】**

1. 培养学生的国际视野。

2. 培养学生国际贸易理论的实践应用能力。

**课程思政教学目标及实践**

**【育人目标】**

1. 社会主义核心价值观　WTO的宗旨与社会主义核心价值观相结合,积极引导学生树立社会主义核心价值观。

2. 职业规范与职业道德　WTO的核心内容为其成员国通过谈判达成的各项协定协议。这些法律文件及贯穿于其中的基本原则即成为所有签署成员立法的依据。对外贸易政策制定者需具备相关职业规范与职业道德。

**【教学方式与方法】**

1. 课堂讲授:讲授WTO相关基本概况。

2. 教学视频观看:The Route to Trade,http://www.wto.org.

【课程思政教学实例】
案例资料:印度、马来西亚、巴基斯坦与泰国诉美国"虾类产品——海龟"案
(1)案例简介
1997年年初,印度、马来西亚、巴基斯坦与泰国联合向WTO针对美国对其虾类产品出口贸易壁垒提出申诉。原因为美国根据其《1973年濒危物种保护法案》增加了为保护海龟对来自东南亚地区的虾类产品进口的强制要求,他们需要证明其在虾类产品捕捞过程中使用了海龟放生装置,否则不予进口。但美国对来自加勒比地区的虾类产品进口则未提出此强制要求,而且为加勒比地区国家适应美国新规提供资金支持。1998年11月WTO专家组及上诉机构均通过报告,根据WTO可持续发展宗旨与GATT第20条,WTO成员有权为保护人类、动植物的生命与健康对贸易采取限制措施,但必须以非歧视原则为前提。美国的做法违背了最惠国待遇,未能平等对待所有贸易伙伴,因而败诉,需修改贸易规则。

资料来源:www.wto.org. Understanding the WTO.

(2)案例的思政元素
科学精神。本内容将WTO可持续发展的宗旨与最惠国待遇基本原则相结合,用于分析现实经贸问题,帮助学生深刻理解相关理论政策内容。

(3)教学手段
①讲授:介绍可持续发展与最惠国待遇的内涵。
②讨论:案件申诉方与被诉方各自理由,专家组与上诉机构裁决的法律依据。
③学习测评:讨论结果现场点评。

## 第五章 WTO的成员

**专业教学目标**

WTO成员按照加入时间可分为创始成员与加入成员,按照经济发展水平可分为发达国家成员与发展中成员。学生需要了解新成员加入WTO的程序与WTO给与发展中成员的特殊与差别待遇,这是WTO实现其国际贸易利益协调宗旨的重要举措。

【知识目标】
1. WTO成员分类的不同标准。
2. 新成员加入WTO的程序。
3. WTO给与发展中成员的特殊与差别待遇,尤其是关于最不发达国家的。

【能力目标】
1. 培养学生的法律观念与意识。
2. 结合中国复关入世谈判历程培养学生理论联系实践的能力。

**课程思政教学目标及实践**

【育人目标】
1. 家国情怀  结合中国复关入世谈判的艰难历程,使学生真实感受在党的领导下中国经济突围之路的艰辛。
2. 政治认同  中国坚持以社会主义市场经济建设为中心,积极参与全球化,成为发展中国家经济增长的典范。通过教学增强学生的政治认同。

【教学方式与方法】
1. 自主学习:线上学习基础知识点,线下自主阅读文献资料。
2. 课堂讲授:相关政策与内容。

【课程思政教学实例】
案例材料:教学视频——贸易战争(四)全球化的阴谋与爱情
(1)案例简介
视频介绍了1997年亚洲金融危机之后,欧美国家为获得廉价制造业产品,纷纷将工业品生产基地转向中国大陆。中国努力克服国内经济体制转轨带来的困境,积极参与经济全球化融入全球价值链。同时,

在入世谈判道路上也努力扫除贸易谈判中的各种障碍,最终于1999年底达成《中美贸易议定书》与《中欧贸易议定书》。2001年11月卡塔尔举行的WTO第四次部长级会议上,中国通过投票顺利成为WTO第143个成员,结束了长达15年的复关——入世谈判艰辛之路。从此,中国经济走上了高速发展的快车道。

资料来源:央视网 www.cctv.com.

**(2)案例的思政元素**

政治认同。本内容回顾了中国复关——入世谈判的艰难历程,增强学生的政治认同与家国情怀。

**(3)教学手段**

①讲授:WTO新成员加入程序与发展中国家的特殊与差别待遇。

②讨论:中国入世历程与影响,发展中国家经济增长途径。

③学习测评:讨论结果现场点评。

## 第六章 WTO贸易政策审议机制

**专业教学目标**

本章介绍WTO的贸易政策审议机制(TPRM,Trade Policy Review Mechanism)。内容包括贸易政策审议机制建立的时间背景,审议的主要内容,频率,审议所需的报告文件。并通过学习WTO审议中国贸易政策报告文件切实了解中国现行经济贸易政策。

【知识目标】

1. 学生了解贸易政策审议机制建立的背景、时间与实施频率。

2. 通过对中国接受审议的政策报告了解中国现行经济贸易政策。

【能力目标】

1. 培养学生的法治观念。

2. 提高专业英语能力。

**课程思政教学目标及实践**

【育人目标】

1. 职业规范与职业道德教育  通过本章内容学习使学生理解WTO贸易法律的宗旨与效力。

2. 政治认同  了解并掌握中国现行经贸政策,提高中国特色社会主义市场经济制度的政治认同。

【教学方式与方法】

1. 自主学习:阅读布置的文献资料。

2. 课堂讨论:中国经贸政策内容。

【课程思政教学实例】

**案例材料:2018年WTO审议中国贸易政策报告**

**(1)案例简介**

2018年针对中国贸易政策,WTO贸易政策审议机构报告内容包括中国的贸易环境,货币政策、财政政策、国际收支、货物与服务贸易模式等;贸易与投资体制,包括贸易政策框架与目标、贸易协定与安排、区域贸易安排、市场准入、投资激励等内容;贸易政策与措施,包括各种关税与非关税措施;产业贸易政策等内容。报告客观展示并分析了中国现行经济贸易政策内容,对中国经济政策表现做出高度评价。

资料来源:WTO官网 www.wto.org.

**(2)案例的思政元素**

家国情怀。本内容在使学生掌握WTO贸易政策审议机制运行方式的同时,使学生深刻了解中国现行经济贸易政策与未来改革方向。强化学生的政治认同与家国情怀。

**(3)教学手段**

①讲授:课堂讲授贸易政策审议机制运行方式。

②讨论:中国现行经济贸易政策内容。

③学习测评:讨论结果现场点评。

### 第七章 WTO争端解决机制

**专业教学目标**

WTO争端解决机制的地位与特点,争端解决的程序。WTO争端解决机制是多边贸易体制有效运行的核心支柱。学生通过学习掌握相关内容,并能够利用相关理论知识分析解决现实问题。

**【知识目标】**

1. 贸易争端解决机制的特点。争端解决的程序。
2. 利用理论知识分析解决现实贸易争端。

**【能力目标】**

1. 培养学生从事国际经贸工作的法治观念。
2. 强化学生对WTO协定协议与运行方式的掌握与运用。

**课程思政教学目标及实践**

**【育人目标】**

牢固树立法治观念　通过对WTO贸易政策审议机制的特点与程序,以及典型案例的介绍,帮助学生理解国际经济行为的法律规范,牢固树立法治观念。

**【教学方式与方法】**

1. 课堂讲授:介绍WTO争端解决的特点与程序。
2. 课堂讨论:典型案例分组讨论。

**【课程思政教学实例】**

**案例资料:欧共体、美国、加拿大诉中国的"影响汽车零部件进口措施案"**

(1)案例简介

中国根据相关国内法规,对具有整车"基本特征"的汽车零部件在进口时征收10%的关税,进关后进行追踪,如果在国内是用来组装整车时,加征15%,共计25%的关税。这一措施分别遭到了欧共体、美国、加拿大的申诉,认为违反了WTO的国民待遇原则。经过专家组审理与上诉机构审核,裁定中国的做法的确不符合WTO的基本原则,因为进关后的15%的关税并未实施于国产汽车,因此的确违背了国民待遇原则。这是WTO就中国贸易措施作出的第一个专家组裁决和上诉结构裁决。

资料来源:WTO官网 www.wto.org.

(2)案例的思政元素

法治观念。国家政策的初衷是保护国内汽车产业。但在促进国内产业发展同时必须牢记WTO的基本原则,要具备家国情怀,但与此同时也要遵循WTO有关市场经济法治的基本原则。

(3)教学手段

本案例结合发展中国家发展制造业过程中的幼稚产业保护与实施国民待遇原则,帮助学生理解遵守WTO贸易纪律的重要性,牢固树立法治观念。

### 第八章 1994GATT;《农业协议》;《纺织品与服装协议》

**专业教学目标**

1994年GATT承袭了1947年GATT自由化成果,成为WTO法律架构中管理国际货物贸易的重要协定。货物贸易领域中,农产品贸易与纺织品服装贸易长期游离于多边贸易体制之外,乌拉圭回合就这两个贸易领域达成了《农业协议》与《纺织品与服装协议》,使其回归贸易自由化轨道。本章主要介绍1994年GATT主要内容、其附属《农业协议》与《纺织品与服装协议》产生背景、主要内容与自由化成果。

**【知识目标】**

1. 1994年GATT主要内容与成果。
2. 了解《农业协议》产生的背景,《农业协议》谈判经过及农产品贸易规则。
3. 了解纺织品服装贸易体制的演变历程与《纺织品与服装协议》内容与成就。

**【能力目标】**

1. 培养学生利用WTO相关协议内容分析现实经贸问题的能力。

2. 培养学生从思辨的角度分析中国如何运用WTO具体协议保护自身利益并积极应对相关产业贸易自由化带来的挑战。

**课程思政教学目标及实践**

【育人目标】

1. 政治认同  在中国共产党的领导下,中国积极融入国际社会,加入WTO后,进行多边贸易谈判,对世界经济的增长做出了重要贡献,也为其他发展中国家的发展提供了正面的经验。

2. 牢固树立法治观念  《农业协议》与《纺织品与服装协议》是WTO负责实施管理的多边货物协议,都明确地对成员方的行为做出了约束,引导学生明白法治观念的重要性,同时根据WTO对发展中国家的例外也引导学生明白法治的温暖与弹性。

【教学方式与方法】

1. 自主学习:课堂上学习《农业协议》与《纺织品与服装协议》中的基础专业知识点,课后自主阅读文献资料。

2. 课堂讲授:讲授1994年GATT主要内容与成果。

3. 课堂展示与讨论:课前给学生具体的思考题目,课堂上就学生的陈述进行讨论。

【课程思政教学实例】

**案例材料:美国对中国纺织品实施限制**

(1) 案例简介

据中国海关统计数据,2017年中国出口纺织品服装2584亿美元,其中对美国出口425亿美元,约占中国纺织品服装总出口的16.5%。2018年中国出口纺织品服装共2767.3亿,其中对美国出口458亿美元,约占中国纺织品服装总出口的16.6%。

目前为止,美国实际上对中国正式启动了三轮"加征关税"措施(见表8.1)。

表8.1  美国对中国出口美国商品加征关税情况

| 正式公布时间 | 涉及金额（亿美元） | 加征关税 | 涉及纺服类别 | 正式生效时间 |
| --- | --- | --- | --- | --- |
| 2018年6月15日 | 340 | 25% | 几乎无 | 7月7日 |
| | 160 | 25% | 几乎无 | 8月23日 |
| 2018年9月17日 | 2000 | 10% | 涉及纺织服装,但不涉及出口最大的梭织、针织服装、家用纺织品 | 9月24日 |
| 2019年5月6日 | 2000 | 25% | 同上 | 5月10日 |
| 未知 | 3250 | 未知 | 所有的纺织服装类别 | 未知 |

第一轮:2018年6月15日正式公布对中国出口美国500亿美元产品加征25%关税,这500亿美元商品几乎不含纺织服装。

第二轮:2018年9月17日,美国正式公布对中国2000亿美元出口美国商品加征10%,涉及机电、轻工、纺织服装、资源化工、农产品、药品六大类商品,9月24日生效。这其中的纺织服装不包含61~64税号章节的梭织服装、针织服装和家用纺织制成品。

第三轮:2019年5月10日中午12点,美国正式发布声明,对中国2000亿美元出口美国商品关税从10%提高至25%。涉及面同上。

此外,特朗普发布消息,将继续对中国出口美国的剩余的3250亿美元商品加征关税,将涉及所有的纺织服装出口类别。

资料来源:中美贸易摩擦究竟对中国纺织行业影响几何？[EB/OL].搜狐新闻,2019－05－24.

(2) 案例的思政元素

国际视野。本案例将美国制裁中国纺织品与《纺织品与服装协议》的教学内容相结合,引导学生思考中国是如何利用WTO相关协议内容反制美国以保护自身经济利益。中美贸易摩擦的升级,无疑对东南亚纺织业是一个好消息。可以确定,25%的关税将分别由国内供应商、美国贸易商、美国终端消费者分别来承担,但无论由谁承担,无论承担比例如何,都将削弱中国纺织品服装在美国市场上的竞争力。通过案例学习使学生了解经济贸易政策对不同利益集团的影响,同时拓展学生的国际视野。

(3)教学手段

①讲授:相关案例内容。

②讨论:美国对中国纺织品实施限制,加征高额关税事件对中国产业发展的启示。学生可通过慕课资源、文献资源为课堂讨论收集资料;在课堂中进行师生思辨。

③学习测评:邀请学生对该问题表达自己观点,现场点评学生的陈述,并进行该知识点的总结,引发学生思考。

### 第九章 标准与安全:非关税壁垒协议

**专业教学目标**

关税与贸易总协定经过八轮多边贸易谈判,各成员的关税已经大幅度降低。为保护国内市场,各成员越来越多地采用非关税措施限制进口,构成对其他成员的歧视与不公平竞争。为规范此类关境措施的使用,WTO制定了一系列协议规则,以规范非关税措施纪律,促进贸易自由化发展。本章内容主要包括《海关估价协议》《装运前检验协议》《进口许可程序协议》《技术性贸易壁垒协议》《原产地协议》等。

【知识目标】

1. 了解WTO《实施卫生与植物卫生协议》《技术贸易壁垒协议》《海关估价协议》《装运前检验协议》《进口许可程序协议》《原产地协议》等协议宗旨与内容。

2. 掌握各项非关税措施协议在具体贸易争端裁定中的使用。

【能力目标】

1. 培养学生利用具体协议规则解析具体贸易争端的能力。

2. 培养学生从思辨角度分析中国根据相关协议规则保护自身利益同时利用WTO协议带来的挑战提高自身能力。

3. 通过对协议内容的了解,培养学生阅读相关文献及读物的能力。

**课程思政教学目标及实践**

【育人目标】

1. 树立法治观念 WTO允许各成员为保护人类、动植物生命与健康采取特定进口限制措施,但必须遵守非歧视原则,并不得以此作为实施贸易保护主义措施的借口。因此,贸易政策的制定者须树立法治观念,依法依规实施进口限制措施。

2. 培育和践行社会主义核心价值观 WTO的TBT协议是对发达国家在国际贸易中过高的技术性要求进行约束,进而回到自由贸易的初衷。中国很多企业在这种不利的环境中探索与创新,积极推进产品技术含量,努力实现技术突破。

【教学方式与方法】

1. 自主学习:课堂上学习WTO非关税壁垒协议中的基础专业知识点,课后自主阅读文献资料。

2. 课堂讲授:讲授WTO非关税壁垒协议的宗旨和内容。

3. 课堂展示与讨论:课前给学生指定WTO非关税壁垒的思考题目,课堂上就学生的陈述进行讨论。

【课程思政教学实例】

**案例材料:中国利用国际规则应对澳大利亚羊毛进口壁垒**

(1)案例简介

江苏吴江某羊毛制品企业出口产品主要有碳化羊毛、洗净羊毛、防缩碳化羊毛和精短羊毛。其产品远销澳大利亚、德国、法国、意大利、日本、美国等国家和地区。由于企业生产工艺先进,产品质量稳定,在国际市场具有一定的知名度和良好口碑。

2013年6月底,该企业向吴江检验检疫局反映,其输往澳大利亚的1批防缩碳化羊毛入境通关受阻,原因是中国官方出具的兽医卫生证书用语不符合澳大利亚检疫检验局(AQIS)对羊毛洗涤、碳化及烘干生产加工过程中120℃90分钟的温度及时间要求。至此,该企业共有9批次价值数百万元的碳化羊毛陆续抵达澳大利亚港口并滞港。而自2007年以来,该企业出口澳大利亚碳化羊毛的兽医卫生证书用语均符合澳方要求,未曾发生过通关受阻情况。

吴江检验检疫局十分重视该情况,积极采取一系列措施帮助该企业及时妥善解决其羊毛输澳受阻问题:一是深入生产一线,了解洗涤碳化工艺实际状况。发现羊毛的洗涤碳化过程不可能有120℃90分钟的高温长时间加工过程,否则会严重影响羊毛品质质量。二是发挥技术优势,掌握国际贸易规则和要求。经查找发现,澳方提出的检疫要求远高于世界动物卫生组织(OIE)对羊毛中口蹄疫病毒的灭活条件要求,明显设置了不符合国际规则的技术性贸易壁垒,阻碍了动物产品的正常国际贸易。三是积极向上汇报,贸易壁垒及时破除。吴江检验检疫局与江苏检验检疫局立即向国家质检总局汇报,建议总局出面向澳方协调解决。国家质检总局及时向澳方指出了其不合理的检疫要求。

资料来源:海关总署标准法规研究中心下属中国技术性贸易措施网利用国际规则应对澳大利亚羊毛进口壁垒2015-09-18.

**(2)案例的思政元素**

科学精神。本案例将澳大利亚对中国羊毛制品实施技术贸易限制与《技术性贸易壁垒协议》的教学内容相结合,引导学生明白中国是如何利用协议内容来保护中国企业的经济利益。许多措施存在不科学、不合理的苛刻要求,面对国外这些不合理要求,或是明显具有歧视性的要求,企业应敢于抗争。培养学生尊重事实,勇于质疑的科学精神。

**(3)教学手段**

①讲授:吴江检验检疫局先对事件进行调查研究,得出客观结论;同时分析了该项限制的合理性,并通过国际贸易规则(TBT协议)指出澳方限制的不合理,并上报给国家质检总局,沟通不合理的检疫要求。引导学生用客观理智的方式解决纠纷,树立国际贸易中的法治观念。

②讨论:澳大利亚对中国羊毛制品实施限制对中国在国际贸易发展的启示。

③学习测评:邀请学生对该问题表达自己观点,现场点评学生的陈述,并进行该知识点的总结,引发学生思考。

## 第十章 《反倾销协议》《补贴与反补贴协议》《保障措施协议》

**专业教学目标**

WTO是建立在市场经济基础上的多边贸易体制。公平竞争作为市场经济顺利运行的重要保障,同时也是WTO的基本原则之一。为维护公平竞争的市场环境,WTO既规范各成员政府实施补贴的纪律,同时也有规范国外出口企业倾销行为的反倾销措施,国外政府补贴行为的反补贴措施,以及针对特定产品进口激增所采取的保障措施。相关法律规则包括《反倾销协议》《反补贴协议》与《保障措施协议》。近年来,随着贸易保护主义的抬头,部分国家对贸易救济条款有滥用之势。

**【知识目标】**

1. 了解WTO贸易救济规则体系,以及反倾销、补贴与反补贴、保障措施立法的起源与发展。
2. 理解并熟悉《反倾销协议》中关于倾销的定义、损害程度的确认和因果关系,熟悉反倾销措施的三种实施方法和反倾销调查程序。
3. 理解并熟悉《补贴与反补贴指施协议》中补贴的定义和分类,熟悉反补贴措施和调查程序。
4. 熟悉保障措施实施的先决条件、程序要求和具体规定。

**【能力目标】**

1. 培养学生运用WTO贸易救济规则进行案例分析的能力。
2. 培养学生辩证的思维方式,从思辨的角度分析中国在WTO中不仅能够通过贸易救济规则保护自身利益,同时也能够善于利用WTO协议带来的挑战提高自身的应对能力。

**课程思政教学目标及实践**

**【育人目标】**

1. 融入中华优秀传统文化 当前中国已经成为出口产品受到贸易救济措施调查最多的国家,连续十几年遭受的贸易救济诉讼居全世界第一,中国和中国产品越来越多地成为其他国家和地区提起贸易救济诉讼的众矢之的。在这种背景下,中国企业不屈不挠,调查取证主动应对。

2. 拓展国际视野 经过与国外企业的博弈,引导学生了解国外的商业环境与国内的不同,为了扩大市场,企业间除了竞争也可以合作。

**【教学方式与方法】**

1. 自主学习:搜集与WTO救济措施协议相关的案例进行阅读,归纳整理中其中的基础专业知识点。
2. 课堂讲授:讲授WTO救济措施协议的宗旨和内容。
3. 课堂展示与讨论:学生就之前搜集的案例进行讨论,教师进行总结。

**【课程思政教学实例】**

案例材料:福耀玻璃应对美国的反倾销调查

(1)案例简介

2001年起,美国商务部展开对中国维修用汽车前挡风玻璃的反倾销调查。2001年3月份,福耀玻璃集团作为二十多家被调查企业中唯一一家上市公司,收到美国国际贸易委员会的反倾销调查问卷。当即,福耀玻璃集团聘请美国律师应诉。但是在2002年2月4日,美国商务部做出裁决,对福耀玻璃在美国销售市场的维修用汽车前挡风玻璃加征9.67%的反倾销税。2002年4月,美国商务部裁定福耀在美国的倾销幅度为11.8%。

此间,福耀玻璃集团及其全资子公司美国绿榕玻璃工业有限公司,聘请美国律师向美国国际贸易法院对美国商务部提出诉讼,请求推翻美国商务部的不公正裁决。2003年12月,美国国际贸易法院对此做出裁决,对福耀玻璃的状告予以赞同,将该案件退回美国商务部要求重审。同时,福耀集团做好应对2003年4月份美国商务部的行政复审的准备。2004年5月7日,美国商务部公布初裁结果:福耀集团出口至美国的汽车挡风玻璃,2001-2003年间行政复审的初裁结果是反倾销税率由原来的11.80%降低至0.13%。胜诉之后,福耀与PPG合作,给了福耀玻璃扩大美国市场的机会和信心。

案例来源:侯曙光. 我国企业应诉国外反倾销的对策探析——以福耀玻璃集团为例的思考[J]. 福建论坛·人文社会科学版,2007(2):26.

(2)案例的思政元素

科学精神。本案例将美国商务部对中国福耀玻璃进行的反倾销调查与《反倾销协议》的教学内容相结合,引导学生思考中国企业如何利用WTO规则协议内容来保护自身经济利益。面对国外的背离事实的陈述和指控,或是明显具有歧视性的要求,企业应敢于抗争,能够培养学生尊重事实,勇于质疑的科学精神。

(3)教学手段

①讲授:这个案例包含典型的要素化思维方式,即怎么看待事情,看待对手——这些都是要素,我们可以选择愤怒,也可以选择合作,引导学生用客观理智的方式解决纠纷,树立国际贸易中的法治观念。

②讨论:福耀玻璃积极应对美国商务部的反倾销调查对中国企业的启示。

③学习测评:点评讨论结果。

## 第十一章 《服务贸易总协定》

**专业教学目标**

20世纪80年代以来,国际服务贸易迅速增长,其增长速度甚至远高于同期国际货物贸易的增长速度,服务贸易在国际贸易中占据越来越重要的地位。本章主要介绍国际服务贸易的定义、WTO服务贸易规则的要点、具体适用范围及其例外,并结合案例说明其运用技巧。

**【知识目标】**

1. 熟悉服务贸易谈判的背景、历程,了解国际服务贸易发展现状。
2. 掌握《服务贸易总协定》的适用范围,并了解其法律框架。
3. 熟悉《服务贸易总协定》的一般义务和纪律的内容。
4. 了解中国服务贸易发展现状及其摩擦案例,总结应用技巧。

**【能力目标】**

1. 培养学生运用WTO《服务贸易总协定》进行案例分析的能力。

2. 培养学生初步具备分析服务贸易问题的能力。

课程思政教学目标及实践

【育人目标】

1. 家国情怀　发达经济体在服务贸易中继续占主导地位，保持服务贸易顺差趋势。凭借其科技创新能力、经济实力的领先优势，在服务贸易高端价值链中占据优势地位，成为服务贸易主要输出国。中国与之还有一定的差距，看到这些差距后引导学生树立"中国智造""中国创造"的理想。

2. 拓展国际视野　在本章教学中，需要培养学生的国际视野，既明白中国的优势所在，也能够看到与其他国家的差距。让学生了解当前国际服务贸易领域的新形势、新业态，特别是注重中国与其他发达国家、发展中国家进行贸易政策与措施的比较，培养学生的国际视野。

【教学方式与方法】

1. 自主学习：课堂上学习 WTO 服务贸易协议中的基础专业知识点，课后自主阅读文献资料。
2. 课堂讲授：讲授服务贸易的发展趋势，WTO 服务贸易协议的宗旨和内容。
3. 课堂展示与讨论：课前给学生指定服务贸易的思考题目，课堂上就学生的陈述进行讨论。

【课程思政教学实例】

**案例材料：2022 年服贸会将于 8 月 31 日至 9 月 5 日举办，今年有这些新变化**

(1) 案例简介

2022 年中国国际服务贸易交易会将于 8 月 31 日至 9 月 5 日举办，国新办 23 日举行新闻发布会，介绍中国服务贸易发展和 2022 年服贸会筹备工作进展情况。商务部副部长盛秋平说，服贸会自创办以来不断发展壮大，成为我国对外开放三大展会平台之一。服贸会十年，也是我国服务贸易快速发展的十年。十年来，中国服务业增加值增长 1.49 倍，进口服务累计超过 4 万亿美元，超大规模市场优势进一步强化。本届服贸会将有超过 400 家世界 500 强以及国际龙头企业线下参展，整体国际化率达到 20.8％，比上一届提升近 3 个百分点。服贸会作为服务贸易领域国家级、国际性、综合型大规模展会，将引领我国服务消费趋势，加快消费复苏和升级，为各国企业积极融入中国服务大市场提供全方位机遇，为中国企业充分利用国际国内两个市场、两种资源提供展示交易的平台。

北京市副市长杨晋柏介绍，2022 年服贸会各项筹办工作已经准备就绪。2022 年服贸会展会规模及各方参与度进一步扩大，国际化和专业化水平进一步提升，组展办会更加突出绿色创新合作，专区专馆更加集中盘点十年服贸成就。增加国家会议中心二期作为展览场地，展览面积和线下参展企业数量均超过了上届。展区面积较上届增加 2.6 万平方米，年度主题专区规模扩大 1 倍，达到 2 万平方米。截至 8 月 22 日，除国别、省区市展外，有线下参展企业 1407 家，比去年增加 13.8％。

资料来源：人民日报，2022-8-24 第 002 版。

(2) 案例的思政元素

政治认同。2022 年是党的二十大召开之年，也是实施"十四五"规划承上启下的重要一年。举办好今年的服贸会，有利于进一步释放中国坚持以高水平开放促进深层次改革的信心和决心，有利于进一步展示中国统筹新冠肺炎疫情防控和经济社会发展取得的巨大成就与发展机遇，有利于进一步加快构建以国内大循环为主体、国内国际双循环相互促进的新发展格局，有利于携手各国共促世界经济复苏和增长，为展示中国统筹新冠肺炎疫情防控和经济社会发展取得的巨大成就提供"服贸视角"，为推进更高水平对外开放发出"中国声音"。

(3) 教学手段

①讲授：这个案例介绍了国际服务贸易的最新发展态势。绿色环保和数字科技是今年服贸会的亮点。中国在与发达国家有较大差距的背景下，科技进步在短期内上取得了很大的成就，体现了中国特色社会主义制度的优越性。

②讨论：服贸会展示了中国坚持以高水平开放促进深层次改革的信心和决心。

③学习测评：讨论结果现场点评。

# 第十二章 《与贸易有关的知识产权协定》

**专业教学目标**

本章主要介绍《与贸易有关的知识产权协定》产生的背景及基本规则，并通过相应案例总结应用策略和技巧。

**【知识目标】**

1. 了解《与贸易有关的知识产权协定》的产生背景。
2. 掌握 TRIPS 中成员方应遵循的原则。
3. 掌握 TRIPS 中关于知识产权的效力、范围及使用标准。
4. 了解目前中国企业在知识产权领域的争端案例，总结应对策略及技巧。

**【能力目标】**

1. 培养学生运用 WTO《与贸易相关的知识产权协定》进行案例分析。
2. 培养学生从思辨的角度分析中国企业在知识产权领域的争端案例中，不仅能够通过协议保护自身利益，同时也能够善于利用 WTO 协议带来的挑战提高自身能力。

**课程思政教学目标及实践**

**【育人目标】**

1. 实现政治认同　中国共产党领导下的中国知识产权立法水平短短几十年已基本达到发达国家水平，在世界贸易组织的严格标准下，中国依然能够保持作为发展中国家的一贯政策立场，权利与义务相平衡。

2. 深化职业规范和职业道德教育　在本章教学中，需要培养学生求真务实的科学精神，在知识产权保护上能够理解和遵守职业道德与规范，尊重他国知识产权，同时也维护自己的知识创新成果。

**【教学方式与方法】**

1. 自主学习：通过各种渠道整理搜集 trips 方面的基础专业知识点，自主阅读文献资料。
2. 课堂讲授：讲授 WTO 非关税壁垒协议的宗旨和内容。
3. 课堂展示与讨论：课前给学生指定 WTO 非关税壁垒的思考题目，课堂上就学生的陈述进行讨论。

**【课程思政教学实例】**

**案例材料：专利的公共政策——以印度首个专利强制许可案为例**

（1）案例简介

德国拜耳公司（Bayer）在印度持有化疗药物复合索拉非尼（Sorafenib Tosylate）的专利，该药物的商品名称为多吉美（Nexavar），可用于治疗肝癌与肾癌。这项专利技术由拜耳公司与美国加州一家名为 Onyx Pharmaceuticals 的生物科技公司共同研制，可以延长肝、肾癌症晚期患者的寿命约 3 个月。在印度医药市场中，由于药品价格昂贵，很快出了一家名为 Natco Pharma 的印度公司（以下简称"拿特科公司"）生产的廉价仿制药品，这一做法严重侵权，并影响了拜耳公司潜在的贸易利润。于是，拜耳公司决定对拿特科公司发起专利侵权诉讼。2012 年 3 月 12 日，印度专利管理局颁发了印度历史上首个强制许可给拿特科公司，允许其使用拜耳公司持有的化学药物复合索拉非尼专利技术，生产仿制多吉美的廉价药品，旋即，拜耳公司就此强制许可令向印度知识产权上诉委员会（IPAB）提起上诉。与此同时，拜耳公司在印度改变了价格策略，多吉美在印度市场上 1 个月剂量的价格，从拜耳公司官方原议定的 280 000 卢比（约 5098 美元）降至仿制药的 8800 卢比（约 160 美元）。

就在拜耳公司药品强制许可一案审结后 1 个月，印度另一件令人瞩目的药品专利案即瑞士制药业巨头诺华公司（Novartis）抗癌药格列维克（Glivec）的延长专利申请案，以诺华公司的败诉而告终。印度最高法院驳回诺华公司对改进后的抗癌新药格列维克予以专利保护的要求，认为印度本土"仿制"的癌症特效药可以继续售卖。

资料来源：①易继明.专利的公共政策——以印度首个专利强制许可案为例[J].华中科技大学学报（社会科学版），2014,28(2):76—82.

②刘华，周莹.TRIPS 协议弹性下发展中国家的知识产权政策选择[J]·知识产权，2009,19(2):57—65.

（2）案例的思政元素

社会主义核心价值观。本案是一个关于专利强制许可的案例，印度作为发展中国家的典型代表，其知识产权制度的实践颇具特色,尤其在近40年知识产权制度的完善中,印度始终在履行国际承诺的同时,坚定地实施维护国家利益的立法政策。引导学生明白世界贸易组织提倡在提高专利保护水平的同时减少负面影响,国家采取措施维护公共健康是不可减损的权力。这与中国在世界贸易组织中权利与义务相平衡的原则是一致的。

**(3)教学手段**

①讲授:这个案例给同学介绍了印度作为发展中国家在涉及药品专利保护对象的界定和对自身利益的保护。中国在知识产权的立法及执法力度在短期内上取得了很大的成就,同时并注重保护普通民众的利益,尽量减少制度带来的负面影响,体现了中国特色社会主义制度的优越性。

②讨论:2001年年底加入WTO后,中国知识产权立法已基本完善,达到了20世纪90年代发达国家水平。目前对于中国知识产权保护的实际效果主要取决于知识产权保护执法水平的高低,面对挑战,中国成立知识产权保护局积极应对。

③学习测评:讨论结果现场点评。

## 第十三章 诸边贸易协议与跨协议议题

**专业教学目标**

本章主要介绍WTO法律框架中的诸边贸易协议与跨协议议题。

**【知识目标】**

1. 了解《民用航空器协议》与《政府采购协议》的主要内容与管辖范围。
2. 了解WTO与区域经济一体化、环境保护、投资措施以及劳工标准等议题的关系。

**【能力目标】**

1. 培养学生关注该学科的最新发展动态。
2. 培养学生根据所学知识对现实中发生的相关事件进行分析的能力。

**课程思政教学目标及实践**

**【育人目标】**

1. 家国情怀 通过学习WTO贸易与环境的相关规则,引导学生敬畏自然,注重人与自然的和谐关系;并提倡绿色生活和可持续发展理念。

2. 深度学习 通过学习WTO的电子商务议题,培养学生的数字化生存能力,了解"互联网+"等社会信息化发展趋势,具有网络伦理道德和信息安全意识。

**【教学方式与方法】**

1. 自主学习:课堂上学习WTO诸边贸易协议的基础专业知识点,课后自主阅读文献资料。
2. 课堂讲授:讲授WTO诸边贸易协议的内容及一些跨协议议题。
3. 课堂展示与讨论:课前给学生选择跨协议议题的思考题目,课堂上就学生的陈述进行讨论。

**【课程思政教学实例】**

**案例材料:中国建议WTO:推进电子商务议题谈判开放、包容开展**

**(1)案例简介**

2017年,在WTO第十一届部长级会议上,71个成员国发表电子商务联合声明,为未来WTO开启与贸易有关的电子商务问题谈判启动了"探索性"工作。经过一年多的磋商讨论,2019年76个WTO成员国签署了电子商务联合声明,确认启动电子商务谈判,寻求在WTO现有协定和框架基础上建立高标准的电子商务多边规则。但由于各谈判方的数字经济发展水平差异、规制侧重方向的不同等导致各方利益分歧,寻求利益共同点必定是一个巨大的挑战,因而,谈判可能需要数年完成。

中方与75个世贸组织成员发表了《关于电子商务的联合声明》,确认有意在世贸组织现有协定和框架基础上,启动与贸易有关的电子商务议题谈判。中方支持以开放、透明、包容、灵活方式开展与贸易有关的电子商务议题规则制定工作,并欢迎所有成员参加。坚持发展导向,重点关注通过互联网实现交易的跨境货物贸易及物流、支付等相关服务,在跨境电子商务便利化、电子签名、电子认证、在线消费者权益保护等领域建立规则;制定发展合作条款,加强对发展中成员特别是最不发达国家的技术援助与能力建设;尊重成员监管权力并照顾发展中成员具体关切,在技术进步、商业发展与各成员网络主权、数据安全、隐私保护等合理公共政策目标之间实现平衡,通过平等协商达成平衡、务实,各方都能接受的结果。

资料来源:①王慧敏,牛国良.WTO电子商务联合声明谈判:核心议题、分歧与对策[J]北方经贸,2021(11):17.
②中国建议WTO:推进电子商务议题谈判开放、包容开展。新浪财经2019-05-14.

(2)案例的思政元素

政治认同。通过上述资料的学习,引导学生了解中国在电子商务谈判中的态度和方向,中国在推进电子商务议题谈判开放和包容开展的问题上做出了探索,中国在保护数据安全上有了跨越式的进步。

(3)教学手段

①讲授:资料介绍了中国在电子商务谈判中的态度和方向以及最新发展态势,从制定发展合作条款到探讨网络技术和网络安全,体现了中国特色社会主义制度的优越性。

②讨论:学生根据案例内容进行讨论。

③学习测评:关于电子商务谈判结果的讨论进行现场点评。

## 第十四章 多哈回合与WTO制度再设计

**专业教学目标**

2001年11月卡塔尔多哈,世贸组织第四届部长级会议成功举行,为世贸组织的近期工作指明了前进的方向。此外,中国等成员的加入,使得世贸组织成为真正意义上的与国际货币基金和世界银行并列的具有普遍代表性的国际组织。本章介绍了WTO在多哈达成的工作纲领及重点介绍世界贸易组织对现有体系的改革。

【知识目标】

1. 了解WTO在多哈回合达成的工作纲领。
2. 了解WTO中多哈回合的主要成果。
3. 了解WTO对现有体系的改革内容等。

【能力目标】

1. 培养学生关注WTO历届部长级会议所取得的成果。
2. 培养学生能够根据所学知识对WTO部长级会议的相关事件进行分析理解的能力。

**课程思政教学目标及实践**

【育人目标】

1. 家国情怀 通过学习WTO第四届部长级会议达成的议题,引导学生了解建立公正合理的国际经济新秩序,形成良好的国际经济贸易体制和规则,是促进世界经济平衡有序发展的重要保障。

2. 深度学习 通过学习WTO第四届部长级会议达成的议题,引导学生明白应关注发展中国家的经济发展,这是保持世界经济平衡有序发展的重要条件。

【教学方式与方法】

1. 自主学习:自主阅读多哈回合的文献资料。
2. 课堂讲授:讲授多哈回合达成的工作纲领和议题。
3. 课堂展示与讨论:课前给学生指定WTO非关税壁垒的思考题目,课堂上就学生的陈述进行讨论。

【课程思政教学实例】

**案例材料:2001年11月10日中国代表团团长石广生在WTO第四届部长级会议上的发言节选**

(1)案例简介

主席先生:

中国自1986年9月起就参加了乌拉圭回合谈判,参与了多边贸易体制由关贸总协定到世贸组织的历史转折。同时,中国加入多边贸易体制谈判的15年历史始终伴随着中国实行改革开放的进程。我们从自身的经验中得出了三点基本结论:第一,世界各国只有以积极的姿态参与多边贸易体制,才能更好地分享经济全球化的好处;第二,在经济全球化的进程中,只有建立起与国际通行规则相适应同时又符合本国实际情况的经济贸易管理体制,才能趋利避害,并在对外开放的同时有效地维护本国的经济安全;第三,多边贸易体制只有不断适应世界经济的发展和变化,并充分反映包括广大发展中国家在内的各方利益和要求,才能保持生机和活力。

资料来源:2001 年 11 月 10 日中国代表团团长石广生在 WTO 第四届部长级会议上的发言。

**(2)案例的思政元素**

社会主义核心价值观。通过上述资料的学习,引导学生了解中国加入 WTO 的态度和方向,中国在推进多边贸易体制的问题上做出了探索和建议,加入 WTO 和全面参与多边贸易体制,是中国领导人在经济全球化进程加快的形势下做出的战略决策。中国为复关和加入 WTO 做出了长期不懈的努力,这充分表明了中国深化改革和扩大开放的决心和信心。

**(3)教学手段**

①讲授:案例内容。

③学习测评:讨论结果现场点评,包括学生自评、互评、教师点评总结。

## 第十五章 WTO 与中国

**专业教学目标**

中国与多边贸易体制的渊源;中国复关——入世谈判历程;中国入世对中国社会经济与世界经济的重要意义与影响。

**【知识目标】**

1. 了解中国复关——入世谈判的历程与原则。

2. 了解"入世"对中国社会经济与世界经济的重要意义与影响。

**【能力目标】**

1. 培养学生了解并关注中国对外贸易发展的历史,能够对中国对外贸易的过去、现在及未来有清晰的认识和愿景。

2. 能够根据所学世界贸易组织与中国的知识对现实中发生的相关事件进行分析。

**课程思政教学目标及实践**

**【育人目标】**

培养科学精神 通过学习引导学生了解中国始终坚持"根据权利与义务平衡的原则,承担与自己经济发展水平相适应的义务;中国愿意以乌拉圭回合协议为基础与有关 WTO 成员进行双边和多边谈判,公正合理地确定'入世'条件;中国作为发展中国家,应享受发展中国家待遇的三原则,中国政府能够理性思考,尊重事实,坚持自己的立场。"

**【教学方式与方法】**

1. 自主学习:线上学习相应协议中的基础专业知识点,线下自主阅读文献资料,撰写阅读笔记或思维导图。

2. 课堂讲授:讲授相关理论的主要观点或内容、政策启示与建议等。

3. 课堂展示与讨论:学生展示根据教学素材整理分析的相关报告等,小组讨论。

**【课程思政教学实例】**

**案例材料:曲折的十五年——中国"复关""入世"历程回望**

**(1)案例简介**

中国"入世"20 年来的发展成果已经证明,中国加入世贸组织是党和国家领导人面向世界、面向未来高瞻远瞩的战略决策,影响深远。中国代表团在 15 年的谈判中为了维护国家根本利益付出了巨大的努力。龙永图坦率地说,谈了 15 年,我们在原则问题上坚持了 15 年。如果我们什么都答应的话,谈判早就结束了。中国的"复关"和"入世"谈判表明,中国不再是为求苟存和列强签订丧权辱国的条约的贫弱国家,而是一个以独立自主的姿态和开放包容的心态,为了民族复兴和国家富强,敢于斗争、善于斗争,奋发崛起的东方巨人。站在新的历史起点上,面对更为复杂的国际形势,我们有必要回望"入世"谈判的艰辛历程,感受上一代人的斗争精神,学习他们的斗争艺术,以更为自信从容的姿态,抓住新的机遇,迎接新的挑战。

资料来源:何赞超.曲折的十五年——中国"复关""入世"历程回望[J].世纪风采,2022(3):27.

**(2)案例的思政元素**

国际视野。通过上述资料的学习,引导学生了解中国作为发展中国家在世界贸易组织中贸易额及贸易增长速度的大致状况,发展中国家成员在世贸组织中占有的数量、在全球经济中的重要地位以及它们对贸易促进经济发展政策的重视,发展中国家成员在世贸组织体制中发挥着越来越重要的作用。

**(3)教学手段**

①讲授:通过上述案例的介绍,引导学生明白中国在WTO中是以发展中国家的地位参加的,我们需要承担与自己经济发展水平相适应的义务,展开双边及多边贸易谈判,同时享受WTO给与发展中国家的特殊待遇。

③学习测评:根据学生对我国"复关""入世"历程的理解进行现场讲评。

## 四、课程思政的教学评价

### (一)对教师的评价

1. 教学准备的评价

将《世界贸易组织》课程思政建设落实到教学准备各方面,提前提炼思政元素进行课程思政目标设计、修订教学大纲、教材选用、教案课件编写等。

2. 教学过程的评价

将《世界贸易组织》课程思政建设落实到教学过程各环节,主要是看教师是否采取了恰当的教学方式,将思政元素自然地融入教学内容中,对学生的思政教育以"润物细无声"的方式展开。包括教学理念及策略、教学方法运用、作业及批改、平时成绩考核等。

3. 教学结果的评价

建立健全《世界贸易组织》课程思政多维度评价体系,包括同行评议、随机听课、学生评教、教学督导、教学研究及教学获奖等。

4. 评价结果的运用

对于同行评议、学生评教、教学督导等提出的改进建议,以及对学生考核的成绩分析进行运用,对教学进行反思与改进。

### (二)对学生的评价

1. 学习过程的评价

检验学生是否认真完成了老师布置的要求和任务,积极参与资料收集、课堂讨论和实地调研等教学过程,科学评价学生在学习过程中的积极性、互动性和参与度。

2. 学习效果的评价

通过平时作业、课堂讨论、资源库平台资料分析报告、随堂练习、课程论文、期末考试等多种形式,检验学生对课程思政元素的领会及其对思政元素的掌握程度。

3. 评价结果的运用

通过师生座谈和系上教研活动等多种形式,对学生的学习效果进行科学分析,总结经验,改进不足,提升课程思政的学习效果。

## 五、课程思政的教学素材

| 序号 | 内容 | 形式 |
| --- | --- | --- |
| 1 | 贸易战争纪录片(一)(二) | 视频资料 |
| 2 | 多边贸易体制的理论与实践 | 阅读材料 |
| 3 | From GATT to WTO | 视频资料 |
| 4 | 经济全球化的影响 | 视频资料 |
| 5 | The Route of Trade | 视频资料 |
| 6 | WTO对中国贸易政策审议报告 | 阅读材料 |
| 7 | 中国诉美国对进口中国光伏晶体硅产品保障措施案 | 案例分析 |
| 8 | 美国对中国纺织品实施限制 | 阅读资料 |
| 9 | 中国利用国际规则应对澳大利亚羊毛进口壁垒 | 阅读资料 |
| 10 | 福耀玻璃应对美国的反倾销调查 | 案例分析 |
| 11 | 2022年服贸会将于8月31日至9月5日举办,今年有这些新变化 | 阅读资料 |
| 12 | 专利的公共政策——以印度首个专利强制许可案为例 | 案例分析 |
| 13 | 中国建议WTO:推进电子商务议题谈判开放、包容开展 | 阅读资料 |
| 14 | 中国代表团团长石广生在WTO第四届部长级会议上的发言节选 | 视频资料 |
| 15 | 关于世贸组织发展中国家的一些事实 联合国贸易与发展会议 | 阅读资料 |

# 《国际商务》(双语)课程思政教学指南

李冰洁　温师燕

(西安财经大学)

## 一、课程简介与课程目标

### (一)课程简介

《国际商务》(双语)课程是国际经济与贸易专业的核心课程。本课程以企业的国际化经营和相关管理活动作为研究对象,主要分析企业进行国际商务活动的意义、国际商务活动之前的环境评估和要素分析、国际商务的进入方式和总体战略,以及国际商务活动具体操作中的人力资源、市场营销、技术、生产、财务等职能环节的管理活动。学生通过本门课程的学习,应该能够掌握国际商务的基本原理,能够分析企业国际商务活动和国际化经营过程的基本现象,掌握国际商务研究的基本方法和思路,并为深入学习和理解其他管理和贸易类课程打好基础。

本课程综合运用课堂讲授、案例教学、启发式教学、小组合作讨论式教学、企业家进课堂等多种教学方法,对国际商务活动过程中的国家制度差异、文化差异、商务伦理、贸易理论、国家政策、区域经济一体化等问题分别进行讲述,使学生掌握基本国际商务理论,认识到国家之间的政治体制、经济体制和法律体制的差异,并在国际商务活动中遵循商务伦理。

本课程实现思想政治教育与专业教育的结合,将价值塑造、知识传授和能力培养融入课程内容设计、教学环节组织、教学效果测评的全过程。培养学生成为具备国际化视野和分析解决国际商务问题的经贸人才,能够客观认识国家地区之间的差异,坚定理想信念、强化民族自豪感和责任担当,能够充分意识和认识到自己所肩负的大国复兴的历史使命。

### (二)课程目标

本课程为专业必修课程。通过本课程的学习,使学生能够达到以下目标:

1. 知识目标:系统掌握国际商务基础理论,国家政策及措施等专业基础知识与基本理论,同时具备能够在国际商务活动中辨别制度与文化的差异、解决复杂问题的专业能力。

2. 能力目标:具有获取知识的能力,能够掌握有效的学习方法,主动接受终身教育;具有实践应用能力,能够在国际商务实践活动中灵活运用所掌握的专业知识;能够运用专业理论知识和研究方法分析解决实际问题,具备一定的科学研究能力;具备创新精神、创业意识和创新创业能力。

3. 育人目标:具有良好的专业素养,熟悉不同国家的制度政策和法律法规,了解国内外文化差异;具备社会责任感和人文关怀意识;培养良好的职业操守和职业道德;具有良好的身心素质。

### (三)课程教材和资料

➢ 推荐教材

Charles W. Hill. 国际商务(第11版)[M]. 北京:中国人民大学出版社,2019.

➢ 参考教材或推荐书籍

1. 白远. 国际商务谈判:理论、案例分析与实践(第5版)[M]. 北京:中国人民大学出版社,2019.
2. 韩玉军. 国际商务(第3版)[M]. 北京:中国人民大学出版社,2020.

➢ 学术刊物与学习资源

国内外国际经济与贸易类各类期刊。

学校图书馆提供的各种数字资源,特别是"中国知网"。

➢ 推荐网站

中华人民共和国商务部:http://www.mofcom.gov.cn/.
中国贸促网 http://www.ccpit.org/.
中国国际贸易发展网:http://www.itdn.com.cn/.
国研网:http://www.drcnet.com.cn.

# 二、课程思政教学总体设计

## (一)课程思政教学目标

单纯的理论知识课程体系已不适应于思政环境下的专业课程的学习要求,需要结合课程思政"价值体系、知识体系、能力体系"的"三体"合一的目的,以全面提升学生专业素养、德育内涵、综合素质为驱动,注重思政德育元素和《国际商务》课程知识点的有机融合,提升专业课的思政内涵,对学生进行职业教育、创新创业、爱国主义、爱岗敬业等方面的道德教育,达到润物无声的课程思政实效。以习近平新时代中国特色社会主义思想为指引,全面贯彻党的教育方针,聚焦贸易强国和内外贸一体化建设,培养学生"融通内外、经世济民、诚信服务、德法兼修"的理念,将价值塑造、知识传授和能力培养融为一体。以全面提升学生德育内涵、专业素养、综合素质为驱动,注重思政德育元素和经贸类专业课程体系中知识点的有机融合,在专业课的教学中深入开展中国特色社会主义和中国梦教育、社会主义核心价值观教育、法治教育、职业道德教育以及中华优秀传统文化教育等,培养德智体美劳全面发展的社会主义建设者和接班人。

除了课程教材自带的案例,我们还加入了一些可以体现中国企业和中国经济发展的案例。比如海尔的全球化路线、中国的经济体制改革历程及成就、沃尔玛在中国的发展、富士康员工待遇、中国加入 RCEP 等。通过在课程中大量融入和体现中国特色与经验,增进学生分析和解决问题的能力,引导学生增强"四个意识"、坚定"四个自信"、做到"两个维护",思想和行为自觉与以习近平同志为核心的党中央保持高度一致。具体而言,本课程的思政教学目标涉及以下八个维度:实现政治认同、家国情怀、培育和践行社会主义核心价值观、融入中华优秀传统文化、牢固树立法治观念、深化职业规范与职业道德教育、培养科学精神、拓展国际视野。

1. 实现政治认同

《国际商务》课程是一门综合性极强的课程,解释世界各国如何以及为何存在差异,考察国际贸易和投资中的经济和政治现象,并探索国际商务中相关伦理、公司社会责任和可持续性问题。结合以上知识点,我们引入与中国改革开放实践紧密结合的相关案例,传递坚持中国共产党领导的重要性。通过国家制度比较,增强学生的政治认同,即"中国共产党为什么能、马克思主义为什么行、社会主义为什么好"。引领学生充分认识中国共产党正确领导的意义和社会主义制度的优越性,将人类命运共同体理念作为培养学生国际化视野、现代思维的出发点。

2. 家国情怀

《国际商务》课程中通过讲述全球化进程、国家之间的制度和文化差异,使学生具有全球意识和开放的心态,理解人类文明进程,关注世界发展动态;尊重世界多元文化的多样性和差异性,传播和弘扬中华优秀传统文化和社会主义先进文化。通过中国经济体制改革历程的案例分析,让学生了解到改革开放过程中,我国发展对外贸易和投资的艰辛。让学生感受爱国主义精神,传承爱国情怀。同时,针对中国企业海外投资现状的分析,使学生深刻意识到我国制造业转型升级中的关键痛点与"卡脖子"问题,清楚我国在关键核心技术上与发达国家制造业的差距,让学生树立起"中国智造"与"中国创造"的远大理想。

3. 培育和践行社会主义核心价值观

社会主义核心价值观始终贯穿课程始终,并通过典型案例帮助学生强化社会主义核心价值观。比如南非种族隔离制度的案例,使学生认识到国家实力与人民地位密切相关,激发了学生的爱国主义精神,坚定了学生对社会主义核心价值观的信念。同时鼓励学生参加各类创新创业比赛和国际商务学科竞赛,开阔学生眼界,倡导创新与合作,实现学生个人能力的培养。

4. 融入中华优秀传统文化

本课程注重融入中华优秀传统文化的精髓,将"儒家思想""孙子兵法"等中华优秀典籍节选汇编成为专业课的补充阅读材料,引导学生认真思考和学习中华优秀传统文化中的丰富哲学思想、人文精神和道德理念。同时,熟悉不同国家和地区的国情差异,掌握跨文化沟通的基本规范。以"中国人"自豪,热爱和弘扬中华优秀的传统文化;理解接受不同文化,以得当的方式处理跨文化事务,不断提升跨文化沟通能力。

5. 牢固树立法治观念

本课程通过不同国家法律制度的比较,让学生熟悉了解国内外不同的法律、规则与惯例,认识到国际条约的重要性,明白跨国公司在运营中既要遵循本国的法律法规,又要考虑东道国的法律法规要求,从而让学生树立起遵纪守法的意识。通过分析中国企业屡遭反倾销调查的案例,激发学生运用法律武器捍卫贸易利益,使其意识到运用法治思维和法治方式维护自身权利的重要性。同时积极培养学生参与国际事务、化解矛盾纠纷的能力。

6. 深化职业规范与职业道德教育

本课程培养学生具备自主、有效、持续学习的意识和能力;具有批判性思维与求真务实的科学精神,具备创新实践能力和自主创业的意识;能够理解和遵守职业道德与规范。国际商务职业道德的基本规范包括:诚实守信、忠于职守、忠于法规、专业专注、廉洁奉公、保守秘密、服务群众。通过本课程的知识讲解和案例解读,切实提高学生的职业道德修养。

7. 培养科学精神

科学精神作为人类文明的崇高精神,表达的是一种敢于坚持科学思想的勇气和不断探求真理的意识,具有丰富的内涵和多方面特征。本课程在讲授专业知识点的同时,帮助学生培养客观、理性的社会心态。引导学生认识事物发展由表及里的渐进发展过程,理解国际商务活动从酝酿到发展的演化过程,进而思考如何用科学的头脑和科学的知识对国际商务活动进行真伪判断和归因分析,还原事物本貌和真实性。本课程在教学中通过增强学生客观理性分析问题的能力,培养学生科学精神。

例如,在讨论"经济全球化带来的影响是好还是坏?""文化与宗教信仰如何区别对待及对国际商务带来的影响"等有争议的问题时,引导学生利用所学专业知识进行理性思考、大胆假设和科学论证,培养其多角度、辩证地分析问题和解决问题的科学能力。

8. 拓展国际视野

在全球化背景下,世界各国都面临着国际商务环境不断变化所带来的机遇与挑战。国家经济的发展与建设需要具有国际视野的复合型高素质涉外人才。因此,本课程在教学中十分注重培养学生的国际视野与大格局意识。例如,让学生理解全球化与区域经济一体化两者之间包容而非对立的关系。引导学生思考以美国为首的欧美国家对中国采取的各种经贸措施是逆全球化(反全球化)还是"去中国化"?引导学生理解和审视国家间的文化差异,形成文化并无好坏之分的观点,塑造尊重、适应并有效运用文化差异来指导跨国企业国际商务活动的格局意识。

**(二)课程思政的教学内容**

《国际商务》课程的思政内容可以涉及以下几方面:

1. 体现马克思主义基本原理

本课程的教学中,体现辩证唯物主义和历史唯物主义、马克思主义政治经济学以及科学社会主义的基本原理和规律,引导学生将科学的世界观、价值观、人生观、认识论、方法论、经济学规律等内化于心。例如,在关于国际商务伦理的哲学思想讨论中,着重体现马克思主义的社会有机体理论,认为,人、自然、社会是一个有机体,只有实现人与社会、人与自然,以及社会各个因素、各个领域、各个方面的全面协调发展,才能实现人类社会的整体发展。

2. 解析国家法律法规和相关政策

《国际商务》课程涉及到不同国家的法律法规和国家政策,结合课程自身特点,通过经典案例教学,融入对经贸领域相关国家战略、法律法规和政策的解析,帮助学生理解大国制度变迁、中国制度优势和中美经贸政策对全球化发展的影响等。使学生深刻理解国情国策,捍卫国家主权和利益。

3. 引导学生深入社会实践

《国际商务》课程是实践性较强的课程之一。在课程教学中,注重课内与课外实践活动相结合,引导学生从实践中来、到实践中去,持续提高学生解决国际商务实际问题的能力。通过邀请商务部相关官员和跨国公司管理人员进课堂,讲解国际商务实操案例,激发学生对国际商务现实问题的感知。同时组织学生参观访问"自由贸易区"和"工业园区"内的企业,近距离考察跨国企业的国际运作模式,提高学生解决国际商务实际问题的能力。

4. 培育学生商业职业道德和素养

在本课程的教学中,通过深挖课程内容,设计教学过程,将职业道德素养贯穿在课程体系中。比如,通过对跨国公司国际商务活动中所遇到的伦理困境分析,培养学生诚实守信、务实求真的职业道德;遵纪守法、公平竞争、爱岗敬业的道德素养;良好的学习能力和自我发展能力;艰苦创业、追求上进、不断创新的职业精神。

5. 增强学生对中华优秀文化的认同

弘扬中华优秀传统文化。配合课程教学目标设计,汇编体现国际商务活动中的中华优秀典籍节选。引导学生在课内外进行经典拼读,掌握国际商务活动的思想精髓,奠定"四个自信"坚实基础。引导学生认真思考和学习中华优秀传统文化中的丰富哲学思想、人文精神和道德理念,增强对中华优秀文化的认同。

(三)教学方法

本课程综合运用课堂讲授、案例教学、启发式教学、小组合作讨论式教学、企业家进课堂等多种教学方法,使学生掌握有关国际商务领域的基本概念、基本理论和政策措施,具有运用理论知识分析国际商务现实热点问题、难点问题的能力。拓展国际视野,了解经济全球化背景下国际商务发展的新趋势,具备国际商务从业人员基本职业道德与商业素养。

# 三、课程各章节的课程思政教学内容设计

## 第一章 全球化

**专业教学目标**

本章通过章首案例,让学生理解"全球化"的真正含义,了解全球性机构的出现,熟悉全球化背后的主要推动力,并通过分析变化了的全球经济统计数据,使学生深刻领会全球经济变化的本质,意识到全球化过程如何为企业管理人员带来挑战和机遇。

【知识目标】

1. 理解什么是全球化,包括市场全球化和生产全球化。
2. 掌握分析全球经济数据的能力。
3. 了解有关全球化影响的争辩的各主要观点。

【能力目标】

1. 能够理论联系实际,运用国际商务基础理论分析和解决全球化的现实问题。
2. 能够从思辨的角度分析全球化带来的影响。

**课程思政教学目标及实践**

【育人目标】

1. 政治认同　改革开放使中国加入到了全球经济贸易体系当中去,成为全球化不可分割的一部分。中国吸引了大量的外资,同时越来越多的中国企业进入国际市场,促进了中国经济的快速发展,形成了中国特色的社会主义发展道路。

2. 家国情怀　使学生具有全球意识和开放的心态,理解人类文明进程,关注世界发展动态;尊重世界多元文化的多样性和差异性。

3. 科学精神　使学生具有求真精神,运用基本理论知识,科学的思维方式分析全球化带来的影响。

【教学方式与方法】

1. 案例教学:列举大量案例分析全球化发展态势。
2. 课堂小组讨论:学生展示根据教学素材整理分析的相关报告等,分组讨论全球化带来的影响。

**【课程思政教学实例】**
**案例材料:海尔的全球化路线**
**(1)案例简介**

海尔先立足国内市场,再进军国际市场,最终成为全球第一白色家电品牌。海尔的国际化无疑是中国企业在全球舞台长袖善舞的上佳案例。海尔的全球化路线在25年里共经过了三个阶段:国际化战略阶段、全球化品牌战略阶段以及网络化战略阶段。如今,海尔已在全球建成66个营销中心、5大设计研发基地、24个海外制造中心、24个工业园,销售网络达100多个国家和地区,完成基本布局。

海尔最初的全球化战略是通过缝隙产品进入市场,这方面有很多著名案例。但在经过几年的尝试后,海尔最终还是选择了直接收购强势品牌这种最快速的方式,通过品牌联合赚取更高溢价。收购日本三洋和新西兰的斐雪派克就是这个原因,两家公司都具备海尔所没有的技术和品牌优势,在洗衣机、灶具、电磁炉、洗碗机等方面的技术非常领先。

经过这些年的收购和参股,海尔已经陆续整合了北美、中东、新西兰、南亚等地的核心资源,并找到相关产品的合作伙伴,利用对方在本土的技术和营销网络优势,不断提高市场占有率。将各种资源互相利用,盘活整个企业的研发和营销能力。目前海尔的5个研发中心,有4个在海外,分别位于美国、日本、澳洲和德国。

张瑞敏在1989年海尔首次出口产品之前,就明白走出去是冒着很大风险的,但他更明白留在国内裹足不前风险更大。如果不去啃国外市场这块难啃的骨头,不与高手过招,海尔整个管理体系、质保体系就不会与国际接轨,也不会有今天的成就。

资料来源:海尔官网,海尔全球化:是品牌全球化 而非产品全球化,2019-4-2。

**(2)案例的思政元素**

①实践创新。海尔的全球化路线与其他中国企业显著不同:是品牌的全球化,而非产品的全球化;是世界的全球化,而非局域的全球化;是生态品牌的全球化,而不仅是传统家电的全球化。

②家国情怀。海尔,之所以能在一开始立足本土的同时,就直面全球用户,背后依托的是中国经济的飞速发展和国力的强盛。在海尔的带领下,越来越多的企业开始走出国门,进行全球化布局。

**(3)教学手段**

①讲授:在讲授"市场和生产全球化"时引入案例,探究海尔的全球化战略发展阶段。

②讨论:全球化给中国企业带来的影响。以海尔的全球化案例为支撑,引导学生分组讨论,实现课堂的高效互动。

③学习测评:讨论结果现场点评,包括学生自评、互评、教师点评总结。

## 第二章 政治经济中的国家差异

**专业教学目标**

本章通过案例分析,让学生了解不同国家的制度差异,包括政治体制差异、经济体制差异和法律体系差异。掌握衡量一个国家经济发展的基本指标,并利用这些基本指标分析政治经济与经济进步的关系。

**【知识目标】**

1. 了解不同国家的政治体制差异、经济体制差异和法律体系差异。
2. 掌握衡量一个国家经济发展水平的基本指标。

**【能力目标】**

1. 培养学生辨析国家制度差异性的能力。
2. 培养学生从思辨的角度分析政治经济与经济进步的关系。

**课程思政教学目标及实践**

**【育人目标】**

1. **政治认同** 通过对不同国家制度差异的分析,使学生坚信我国现行制度是最符合中国国情与人民意愿的制度,只有在中国共产党的引领下,走具有中国特色社会主义道路,才能使国家富强。

2. **家国情怀** 使学生尊重世界的多元化发展与差异性,用开放的心态看世界,去其糟粕,取其精华,为我所用。

3. 科学精神　使学生具有独立思考的能力,从辩证的角度分析经济与政治的关系。

**【教学方式与方法】**

1. 案例教学:通过列举欧美、亚洲和非洲国家的案例展现不同国家的制度差异。
2. 启发式教学:通过问题的连续提出,引导学生思考不同国家制度下,经济进步与政治经济的关系。

**【课程思政教学实例】**

**案例材料:中国的经济体制改革历程**

(1)案例简介

中国经济体制改革已经走过了四十多个年头,回顾这四十多年历程,中国经济体制各个层面均发生了巨大变化。总体上看,中国的改革与发展是极其成功的,基本上实现了由传统计划经济体制转向市场经济体制,由低收入水平国家转向中等收入水平国家的双重过渡。

第一阶段:计划经济体制内部引入市场机制改革(1978—1984年)。这一时期在理论上提出"计划经济为主、市场调节为辅",第一次使市场调节在经济体制中取得了一席之地。

第二阶段:发展有计划商品经济阶段(1984—1992年)。这一时期在理论上提出"有计划商品经济"的说法。

第三阶段:建立社会主义市场经济体制阶段(1992—2003年)。这一时期,在理论上确立了"建立社会主义市场经济体制"的说法。

第四阶段:完善社会主义市场经济阶段(2003年至今)。这一时期,在理论上进一步肯定了建立和完善社会主义市场经济体制的必要性。

四十多年的经济体制改革极大地解放了生产力,创造了经济连续高增长的奇迹,今日的中国已是国际舞台不可忽视的大国之一。

<small>资料来源:张占斌,杜庆昊.我国经济体制改革的历程、影响与新时代改革的新方位[J],行政管理改革,2018(11).</small>

(2)案例的思政元素

①家国情怀。中国经济体制改革的历程和取得的丰硕成果,使学生坚信只有走具有中国特色的社会主义市场经济道路,才能使中国繁荣富强。

②实践创新。中国的经济体制改革之路是在中国共产党领导下的实践创新之路,创造了经济连续高增长的奇迹。

(3)教学手段

①讲授:在讲授"各国经济体制差异"时引入案例,探究中国经济体制改革之路。

②讨论:中国特色社会主义市场经济与西方国家的市场经济的区别。依托文献资源和课堂展示,激发学生思辨讨论。

③学习测评:讨论结果现场点评,包括学生自评、互评、教师点评总结。

## 第三章　文化的差异

**专业教学目标**

本章通过对文化的学术界定,使学生了解文化的差异性,掌握构成不同社会文化差异的决定因素,并进一步具备辨别文化与解释文化的能力,增强民族文化的自信心和自豪感。

**【知识目标】**

1. 理解文化的组成和概念,掌握构成不同社会文化差异的决定因素。
2. 识别不同文化对商业和经济的影响。

**【能力目标】**

1. 培养学生辨析不同社会文化的能力。
2. 能够分析不同文化对商业和经济的影响。

**课程思政教学目标及实践**

**【育人目标】**

1. 政治认同　通过对不同社会文化的分析,使学生增强对民族文化的自信心,坚信只有民族的,才是世界的。自觉承担传播中华文化的责任,用中国文化向世界说明中国。

2. 家国情怀　尊重各国文化的差异性,也意识到文化交流的重要性,传播和弘扬中华优秀传统文化和社会主义先进文化。

3. 科学精神　具有识别、批判与质疑文化糟粕的能力,能够辨别分析不同社会文化对商业经济的影响。

【教学方式与方法】

1. 课堂讲授:讲授文化的基本概念和构成,主要观点等。
2. 案例教学:列举各国文化差异对商业经济影响的案例,使学生加深对文化的理解。
3. 小组讨论:搜集各国文化差异的资料,分小组讨论文化差异对现实经济的影响。
4. 企业家进课堂:邀请跨国公司管理人员进入课堂,以亲身经历为学生讲解在国际商务活动中遇到的文化差异,帮助学生加深文化感知力。

【课程思政教学实例】

**案例材料:进入中国 26 年,沃尔玛依旧不懂国人需求**

(1) 案例简介

作为美国连锁超市巨头的沃尔玛,进入中国已经 26 年的时间。可是数十年来,沃尔玛似乎并不愿意为中国消费者做出改变,因此再也无法获得国人的青睐。沃尔玛的货柜摆放,并不是按照国人的购物习惯而摆放,完全是按照西方国家那一套进行摆放。同时在沃尔玛永远能看到 300 毫升的可乐,但是却看不到市面上流行的新产品,比如目前的星空可乐以及樱桃味可乐。沃尔玛也不提供本土超市都会提供的送货上门服务。也就是说,沃尔玛拒绝做出任何改变,再加上国内电商平台的崛起,直接让沃尔玛遭到重创。仅 2021 年一年的时间,沃尔玛就关闭了旗下 400 多家大型超市中的 40 家门店。沃尔玛之所以不愿意改变,也许是自认为来自美国,想让中国人适应美国文化。可惜沃尔玛最终打错了算盘,毕竟老话说得好"适者生存",如果沃尔玛不能适应中国文化,那么注定要被市场所淘汰。

案例来源:网易,进入中国 26 年的沃尔玛依旧不懂国人需要什么,2022－6－4。

(2) 案例的思政元素

家国情怀。沃尔玛进入中国市场,需要适应的是中国文化和中国消费者的消费偏好,而不是本末倒置。中国文化博大精深,兼容并包。增强学生的文化自信和文化自豪感。

(3) 教学手段

① 讲授:在讲授"东西方文化的差异性"时引入案例,探究沃尔玛在中国的发展之路。

② 讨论:企业的商务活动是否要适应东道国文化。以沃尔玛进入中国的案例为支撑,激发学生主动思考,增强课堂的知识性与趣味性。

③ 学习测评:讨论结果现场点评,包括学生自评、互评、教师点评总结。

## 第四章　国际商务伦理

**专业教学目标**

本章重点列举涉及国际商务活动过程中的商务伦理问题,使学生了解导致管理人员不道德行为的根源,掌握解决现实伦理困境的哲学理论方法,增强学生的社会责任感和职业道德精神。

【知识目标】

1. 理解国际商务活动中所面临的伦理问题。
2. 了解导致管理人员不道德行为的原因。
3. 掌握可以解决伦理困境的哲学思想。

【能力目标】

1. 能够以哲学理论指导解决国际商务中具体的伦理问题。
2. 能够将自己代入企业管理人员的角色,尝试在做商业决策时如何融入道德范畴。

**课程思政教学目标及实践**

【育人目标】

1. 社会主义核心价值观　通过对伦理困境的剖析,引导学生树立社会主义核心价值观,掌握解决伦理困境的理论方法。

2. 职业规范与职业道德　通过对商务伦理的分析,以社会主义核心价值观为指导,培养学生树立正确的职业道德,激发学生职业精神。

**【教学方式与方法】**

1. 课堂讲授:讲授商务伦理的基础知识和解决伦理困境的哲学方法。
2. 案例教学:就具体的商务伦理问题举例说明,加深学生对伦理问题的理解。
3. 小组讨论:假设一个伦理困境,分组讨论,给出不同的解决方法,比较方法优劣,明确最佳方案。
4. 企业家进课堂:邀请企业管理人员进课堂,现场讲授如何在做商业决策的过程中,兼顾企业伦理与所承担的社会责任。

**【课程思政教学实例】**

**案例材料:苹果公司的伦理问题**

**(1)案例简介**

苹果公司早年间对其代工厂富士康剥削劳工案进行了调查,虽然最终未发现富士康存在强制加班的行为,但仍然对富士康员工居住环境恶劣等问题表达了不满。然而事实上,富士康中国内地工厂的工作条件,比中国其他地方的行业工厂好得多,大概处于中游偏上的位置。而苹果之所以可以随意对它的代工厂指手画脚,在于其掌握了品牌和技术优势,具备了在全球范围内要素整合的能力。苹果公司将全球价值链的各个环节(设计、开发、制造、物流、营销、销售、售后服务等),根据各国的要素禀赋结构,在空间上分散分布在不同国家,从而形成以产品内分工为主要形态的全球分工网络。而在这个网络中,像中国这样的发展中国家由于其自身的要素禀赋结构的限制,尽管也在这种分工中获取了一定的财富效应,但却始终处于分工的外围,对发达国家的跨国公司具有较强的依附性。更为糟糕的是,由于发展中国家的企业往往在整个分工网络中承担加工组装和制造的角色,不仅获取的利益有限,而且最终会被锁定在落后的状态。

资料来源:21世纪经济报道,"苹果式"社会伦理的背后,2019-7-24。

**(2)案例的思政元素**

①家国情怀。苹果公司之所以可以凌驾在代工厂之上,核心在于其掌握品牌和技术,处于全球价值链的顶端,引导学生思考中国如何实现产业升级,科技兴国。

②科学精神。深入思考苹果公司与其代工厂之间的关系,探究跨国公司如何处理代工厂的伦理问题

**(3)教学手段**

①讲授:在讲授"国际商务伦理问题中的员工待遇"时引入案例,探究苹果公司与其代工厂富士康的伦理问题。

②讨论:西方企业凌驾于发展中国家企业的原因。以文献资源为基础,引导学生思辨讨论,实现课堂高效性。

③学习测评:讨论结果现场点评,包括学生自评、互评、教师点评总结。

### 第五章　国际贸易理论

**专业教学目标**

国际贸易理论试图解释为什么有国际贸易,以及作为一个国家应当如何对待国际贸易。国际贸易理论的发展大致经历了古典、新古典、新贸易理论以及新兴古典国际贸易理论四大阶段。本章对上述不同发展阶段的代表性观点进行梳理,包括重商主义、绝对优势、比较优势、赫克歇尔-俄林理论、产品生命周期理论、新贸易理论和钻石理论等,帮助学生理解并掌握国际贸易理论的基本框架。

**【知识目标】**

1. 了解国家间为何会进行贸易往来。
2. 理解并掌握国际贸易基本理论。
3. 明白国际贸易理论对国际商务实践的重要启示。

**【能力目标】**

1. 能够以发展的眼光看待国际贸易理论的发展历程。

2. 能够理论联系实际,运用所掌握的国际贸易理论指导国际商务实践。

**课程思政教学目标及实践**

【育人目标】

1. 家国情怀　通过对国际贸易理论发展历程的了解,增强学生的国际理解,培养学生的全球意识和开放的心态。

2. 科学精神　通过分析古典、新古典、新贸易理论以及新兴古典国际贸易理论的代表性观点,培养学生的逻辑思维和批判质疑精神,使学生能够独立思考、独立判断。

【教学方式与方法】

1. 课堂讲授:讲授国际贸易理论的内涵及最新发展。

2. 案例教学:举例说明国际贸易理论在现实国际商务活动中的应用,加深学生对基础理论的理解。

【课程思政教学实例】

**案例材料:北美汽车行业的产业内贸易**

(1) 案例简介

美国和加拿大政府通过努力于1964年建立了一个汽车自由贸易区(附有一些限制条件)。这一举措使得汽车厂商得以重组生产:美国厂商在加拿大各子公司大力削减其产品种类。加拿大一方面从美国进口自己不再生产的汽车车型,另一方面向美国出口加拿大仍生产的车型。1962年,加拿大向美国出口了价值1600万美元的汽车产品,从美国进口了价值5.19亿美元的汽车产品。但是到1968年,这两个数字已分别为24亿美元和29亿美元。加拿大的进口和出口均大幅增长。

贸易利得是惊人的。到20世纪70年代初,加拿大汽车工业的生产效率已经可以与美国同行相媲美。后来,汽车业的发展延伸到墨西哥。1989年,大众汽车加强了在北美墨西哥的经营,关闭了宾夕法尼亚州的工厂。《北美自由贸易协定》(美国、加拿大、墨西哥之间的自由贸易协定)延续了这种进程。2011年,大众汽车重新进入美国市场,在田纳西州查塔努加市建立了一个新组装厂,为北美市场生产帕萨特(此前主要从欧洲进口)。

通过合并提高生产率不仅仅局限于最终产品组装阶段。整个北美市场的汽车配件制造商也加强了合并。在《北美自由贸易协定》的第一个十年,美国和墨西哥之间的双向汽车配件贸易额均翻了一番。双边贸易在接下来的十年又翻了一番,凸显了产业内贸易不断增长的重要性。

资料来源:保罗·R.克鲁格曼,莫里斯·奥伯斯法尔德,马克·J.梅利兹.国际经济学:理论与政策(第十一版)[M].北京:中国人民大学出版社,2021.

(2) 案例的思政元素

①家国情怀。20世纪60年代后半期,美国和加拿大之间汽车贸易的发展是一个特别明显的产业内贸易的例子,清晰地展现了规模经济在促进国际贸易、提高双方利益中的作用。培养学生的国际视野,增强对国际社会的理解。

②科学精神。产业内贸易理论是对20世纪70年代社会大量存在的产业内贸易现象进行解释的一种理论,解决了赫克歇尔—俄林理论不能解释产业内贸易的问题。让学生明白国际贸易理论也是随着贸易现实的不断变化而逐步发展的,培养学生用发展的眼光看问题,鼓励学生进行批判性思考和创新。

(3) 教学手段

①讲授:在讲授"新贸易理论"时引入案例,分析《北美汽车协定》和《北美自由贸易协定》签署的背景、进程和成效,让学生了解何为产业内贸易,为何会发生产业内贸易以及产业内贸易带来的影响。

②讨论:当前贸易环境下产业内贸易是否依然活跃。

③课下研究:为学生提供合适的学习资料,让学生自主对产业内贸易的相关议题进行进一步挖掘。

## 第六章　国际贸易中的政治经济

**专业教学目标**

国际贸易政治经济学产生于对传统贸易理论和政策研究的深刻反思,将政治学的范式引入贸易理论,将贸易政策的制定与实施作为公共政策决策的具体形式之一,从国家非经济效率的目标或社会利益(特别是收入)分配及冲突的视角去探寻贸易政策产生和变化的政治过程,因而比纯贸易理论更好地诠释了现实中贸易扭曲政策的存在、形式、结构和演变。通过本章的教学,使学生明确国际贸易中的政治经济学兴起的原因;掌握政府干预贸易政策的政治理由、经济理由和具体举措;同时也对世界贸易体系的发展进行系统介绍。

**【知识目标】**

1. 掌握政府干预自由贸易的政策工具。
2. 理解政府干预自由贸易的政治原因和经济原因。
3. 了解世界贸易体系的演进历程。

**【能力目标】**

1. 能够理论联系实践,运用国际商务基础理论,分析政府干预自由贸易的政治原因和经济原因。
2. 能够以发展的眼光看待政府政策工具的演变。

**课程思政教学目标及实践**

**【育人目标】**

1. 科学精神　通过对政府干预国际贸易的政治理由、经济理由的思考,分析贸易保护主义带来的负外部性,认识到在全球化背景下,通过贸易保护主义获利已日益困难,贸易保护更倾向于导致国际经贸政策的恶性循环,形成双输结果。在此分析过程中,使学生能够独立思考、独立判断,多角度、辩证地分析问题。

2. 深度学习　鲍得温(Baldwin,1996)特别指出,政治学研究中的"制度、理念和机构"方法非常有意义和价值,是经济学研究所不能替代的。因此学生通过对国际贸易中的政治经济学研究范式的学习,能够培养乐学善学的品质,正确认识和理解学习的价值。

**【教学方式与方法】**

1. 课堂讲授:课堂讲授国家干预自由贸易的各项政策和手段。
2. 案例教学:列举国家干预自由贸易的案例,帮助学生了解国家是如何干预自由贸易的。
3. 小组讨论:学生根据所整理的教学素材,分小组讨论国家干预自由贸易背后的政治和经济原因。

**【课程思政教学实例】**

**案例材料:日本汽车行业的自愿出口限制**

(1)案例简介

在20世纪60年代和70年代的大部分时间里,由于美国消费者与外国消费者对汽车种类及车型需求的不同,美国汽车工业基本不与进口汽车形成竞争。但是1979年,石油价格急剧上涨和暂时的汽油短缺使得美国市场一下子转向了小型汽车,而当时日本生产商的成本已经低于美国的竞争者。随着日本厂商市场份额的持续扩大以及美国产量的不断下滑,美国国内的强大政治力量要求美国政府保护美国的汽车工业。为了避免单方面的行为造成引发贸易战的危险,美国政府要求日本限制出口。日本因害怕若不答应美国的要求,可能招致美国的单方保护措施,也就同意限制其销售。1981年,双方达成了第一份协议,把日本每年向美国的汽车出口量限制在168万辆,1984年又把总数修正到185万辆。1985年美国允许日本不再执行这一协议。

这一自愿出口限制产生的影响是复杂的,主要由于以下原因:第一,日本和美国产的汽车显然不是完全替代品;第二,作为对配额的反应,日本汽车工业也从某种程度上提高了汽车质量,转而出售具备更多功能的较大型的汽车;第三,汽车工业明显不是完全竞争的。

案例来源:保罗·R.克鲁格曼,莫里斯·奥伯斯法尔德,马克·J.梅利兹.国际经济学:理论与政策(第十一版)[M].北京:中国人民大学出版社,2021.

(2)案例的思政元素

家国情怀。通过上述案例使得学生能够将所学知识运用到现实中,思考当前国际贸易局势,坚定以WTO为核心的多边贸易体制是国际贸易基石的理念,理解中国始终反对单边主义和保护主义的立场,拥护党和国家的贸易政策。

(3)教学手段

①讲授:在讲授"政府干预自由贸易的政策工具"时引入案例,系统阐述基于政治经济学视角的自愿出

口限制行为。

②讨论:国家的自愿出口限制行为是否真实"自愿"。让学生对自愿出口限制的相关议题进行进一步挖掘,将视角从单一的经济学视角拓宽到经济学与政治学相结合的视角。

③学习测评:讨论结果现场点评,包括学生自评、互评、教师点评总结。

### 第七章 国际直接投资

**专业教学目标**

随着世界经济的全球化发展,发展中国家的政治经济变革,国际直接投资的流量和存量都呈现了急剧的增长,已超过世界贸易和产出。本章帮助学生了解国际直接投资的趋势和方向,理解国际直接投资的理论,回答"企业为什么在同样的行业、同样的时间进行直接投资?""企业可以利用出口和技术授权在国外市场获得盈利的情况下,为什么还会选择对外直接投资?",并利用所掌握的专业知识分析对外直接投资分别给东道国和母国带来的成本和收益。

【知识目标】

1. 认识当今国际直接投资的趋势。
2. 掌握有关国际直接投资的不同理论。
3. 了解政府影响国际直接投资的政策工具的范围。

【能力目标】

1. 能够理论联系实际,运用国际商务基础理论分析国际直接投资分别对母国和东道国带来的利弊。
2. 能够辨析政府不同的政策工具给国际直接投资带来的影响。

**课程思政教学目标及实践**

【育人目标】

1. 家国情怀  通过对国际直接投资趋势的了解,跟进世界贸易发展动态,培养学生开放的心态和国际意识。
2. 科学精神  通过探究企业"在可以利用出口和技术授权在国外市场获得盈利的情况下依然选择对外直接投资"的原因,培养学生的求真精神和探索精神,以及辩证分析问题的能力。

【教学方式与方法】

1. 案例分析:以中国企业为例,列举对外直接投资的案例。
2. 企业家进课堂:邀请企业管理人员进课堂,讲述企业的对外直接投资历程,加深学生对直接投资的理解。
3. 小组讨论:根据所搜集的素材,分小组讨论对外直接投资给东道国和母国带来的成本和收益。

【课程思政教学实例】

**案例材料:国际直接投资趋势分析**

**(1)案例简介**

20世纪90年代中期到晚期,跨国活动有巨大的增加,世界范围内对外直接投资流动增长超过5倍,21世纪初期也是如此。对外直接投资的增速并不平坦,有巨大的高峰及低谷。高峰和低峰与世界股票市场波动有关(受美国股市波动支配)。

就国家层面来看,2018—2020年FDI净流出和净流入居于前10位的国家依然以发达经济体为主,但是也可看到大型发展中经济体,尤其是中国,正在扮演越来越重要的角色。在这种相对新型的FDI中,中国和印度的跨国公司起到了重要作用。同时也可以看到,国际税收政策可以影响FDI的区位选择。例如英属维京群岛作为税收天堂的特殊地位使其跻身前10位FDI净流入经济体。英属维京群岛从事FDI的公司主要是离岸公司:它们的注册地是英属维京群岛,但生产活动发生在世界上的其他地区(见表7.1)。

表 7.1　2020 年 FDI 净流出与净流入前 10 位国家

单位:百万美元

| 国　家 | FDI 净流出 | 国　家 | FDI 净流入 |
| --- | --- | --- | --- |
| 中　国 | 132940 | 美　国 | 156321 |
| 卢森堡 | 127086.5 | 中　国 | 149342 |
| 日　本 | 115702.8 | 中国香港 | 119229.4 |
| 中国香港 | 102224.2 | 新加坡 | 90561.86 |
| 美　国 | 92811 | 印　度 | 64061.91 |
| 加拿大 | 48655.15 | 卢森堡 | 62144.63 |
| 法　国 | 44203.01 | 英属维京群岛 | 39619.64 |
| 英属维京群岛 | 42280.16 | 德　国 | 35651.05 |
| 德　国 | 34949.87 | 爱尔兰 | 33424.1 |
| 韩　国 | 32479.7 | 墨西哥 | 29079.43 |

资料来源:①联合国贸易和发展会议(United Nations Conference on Trade and Development,UNCTAD)。
②世界投资报告 2021[M],联合国贸发会议,2021.

(2)案例的思政元素

①家国情怀。中国在世界投资舞台上正发挥着日益重要的作用,2020 年超过日本成为世界第一大 FDI 流出国,2018—2020 年都是仅次于美国的世界第二大 FDI 流入国。增强学生的国家认同,激发学生建设中国特色社会主义的热情和信心。

②科学精神。中国已经成为世界上重要的国际投资来源国和目标国,这与中国完善的基础设施、高效的国内产业链环节运作、连续上升的创新指数和日益改善的营商环境有着重要关联。使学生明白中国吸引外商投资的多维原因,能够多角度、辩证地分析问题。

(3)教学手段

①讲授:在讲述"国际直接投资趋势"时引入案例,阐释中国国际直接投资参与度的提升以及中国经济建设的实际成就。

②讨论:企业在可以利用出口和技术授权在国外市场获得盈利的情况下依然选择对外直接投资的原因。启发学生深度思考,并展开课堂讨论。

③学习测评:讨论结果现场点评,包括学生自评、互评、教师点评总结。

## 第八章　区域经济一体化

**专业教学目标**

区际经济一体化相关理论主要有关税同盟理论、自由贸易区理论、共同市场理论、协议性国际分工理论和综合发展战略理论等,国际区域经济一体化正向更高层次和更广范围发展。目前主要的区域经济一体化组织主要包括欧盟、北美自由贸易区、东南亚国家联盟、亚太经合组织等。了解区域经济一体化理论和区域经济一体化组织对于中国参与国际区域经济一体化具有较高的参考意义。

【知识目标】

1. 掌握区域经济一体化的不同层次。
2. 理解主张和反对区域经济一体化的经济与政治方面的依据。
3. 熟悉世界上最重要的区域经济协议的历史、当前范围和未来前景。

【能力目标】

1. 能够对比分析不同层级的区域经济一体化组织的优劣。
2. 能够理论联系实际,运用国际商务基础理论知识分析区域经济一体化组织存在的政治和经济原因。

**课程思政教学目标及实践**

【育人目标】

1. 家国情怀 通过对国际区域经济一体化组织的了解,了解世界发展动态,培养全球意识。

2. 科学精神 通过对不同层级的区域经济一体化理论进行对比,培育问题意识,能够对不同理论进行辩证分析。

3. 深度学习 通过对区域经济一体化的案例研究,培养学生运用基本理论解释实际问题的能力,让学生具备实践意识和实际情景分析能力。

【教学方式与方法】

1. 课堂讲授:课堂讲解区域一体化的不同层级,帮助学生熟悉区域一体化的形式。

2. 小组讨论:根据搜集的素材讨论区域一体化组织存在的必要性,以及中国加入一些区域一体化组织的利与弊。

【课程思政教学实例】

案例材料:区域全面经济伙伴关系协定对东盟经济的影响

**(1)案例简介**

《区域全面经济伙伴关系协定》(RCEP)将在2022年1月1日对十个成员国正式生效,它标志着全球最大的自由贸易区即将诞生。RCEP正式生效将助力后新冠肺炎疫情时期东盟国家经济复苏,促进各国产业转型升级,拓展区域大市场,并加快融入区域和全球价值链。RCEP对标国际高水平自贸规则,形成了区域内更加开放、自由和透明的经贸规则,是一个高标准和高质量的区域自贸协定。东盟国家高度重视RCEP对各国经济发展的影响,并进行了一系列评估。

柬埔寨商业部预计,RCEP可推动2022年柬埔寨经济增长约2个百分点,出口和投资分别增长7.3%和23.4%。据印尼贸易部测算,在RCEP落地第一年,印尼贸易顺差将增加3亿美元,2040年出口额将增加50.1亿美元,外国直接投资将增加24.53万亿印尼盾(约合17亿美元)。马来西亚工业发展融资机构和贸易发展机构分析,RCEP协定生效后,马来西亚每年国内产值、出口贸易将分别增加160亿林吉特(约合38亿美元)和210亿林吉特(约合50亿美元)。菲律宾贸易与工业部表示,加入RCEP后,水果、海产品、服装、纸业对中国、日本、韩国等出口将显著受益。泰国商业部指出,泰国与其他RCEP成员国间的贸易占其外贸比重超过一半,协定生效后泰国将有3.9万种产品享受关税优惠,其中2.9万种产品即刻享受零关税。

案例来源:新华网,东盟:加快RCEP落地实施,2022-01-25.

**(2)案例的思政元素**

家国情怀。RCEP生效后,作为其两大经济体,中国和东盟将进一步削减关税和非关税壁垒,加速服务部门开放,促进贸易投资的自由化和便利化,扩大区域市场的开放度,形成区域内更加开放、自由和透明的经贸规则,这为后新冠肺炎疫情时代中国与东盟的区域经贸合作注入了新的动力,有助于中国经济的快速增长。

**(3)教学手段**

①讲授:在讲授"亚洲地区的经济一体化组织"时引入案例,系统讲解RECP签署的历史进程,让学生了解到中国和东盟国家达成区域合作的耐心和决心。

②讨论:RECP的签署对中国和东盟的主要经济影响。启发学生利用互联网工具获取信息,并展开课堂讨论,激发学生自主学习能力。

③课下研究:为学生提供合适的进一步学习资料,让学生自主对RECP的相关议题进行深度思考,并探究该合作机制带来的机遇和可能面临的挑战。

# 四、课程思政的教学评价

## (一)对教师的评价

1. 教学准备的评价

将《国际商务》课程的思政建设落实到教学准备的方方面面,提前提炼思政元素,进行课程思政目标设计、修订教学大纲、编写教案课件、搜集思政案例等。

2. 教学过程的评价

将《国际商务》课程的思政建设落实到教学过程各环节,主要是看教师是否采取了恰当的教学方式,将思政元素自然地融入教学内容中,对学生的思政教育以"润物细无声"的方式展开。包括教学理念及策略、教学方法运用、作业及批改、平时成绩考核等。

3. 教学结果的评价

建立健全《国际商务》课程思政的多维度评价体系,包括同行评议、随机听课、学生评教、教学督导、教学研究及教学获奖等。

4. 评价结果的运用

对于同行评议、学生评教、教学督导等提出的改进建议,以及对学生考核的成绩分析进行运用,对教学进行反思与改进。

(二)对学生的评价

1. 学习过程的评价

检验学生是否认真完成了老师布置的要求和任务,积极参与资料收集、课堂讨论和课后调研等教学过程,科学评价学生在学习过程中的积极性、互动性和参与度。

2. 学习效果的评价

通过平时作业、课堂讨论、案例分析报告、课程论文、期末考试等多种形式,检验学生对课程思政元素的领会及其对思政元素的掌握程度。

3. 评价结果的运用

通过师生座谈和系上教研活动等多种形式,对学生的学习效果进行科学分析,总结经验,改进不足,提升《国际商务》课程思政的学习效果。

# 五、课程思政的教学素材

| 序号 | 内　　容 | 形式 |
| --- | --- | --- |
| 1 | 外资企业在华发展态势 | 案例分析 |
| 2 | 跨文化商务交流 | 阅读材料 |
| 3 | 中国制造业企业的全球化发展 | 案例分析 |
| 4 | 中国经济体制改革历程 | 阅读材料 |
| 5 | 跨国并购对中国制造业企业的影响 | 阅读材料 |
| 6 | 跨国公司商业伦理研究 | 研究报告 |
| 7 | 中华人民共和国对外贸易法(2016修正) | 政策法规 |
| 8 | 日本汽车行业的自愿出口限制 | 案例分析 |
| 9 | 国际直接投资趋势与重要投资来源国与目的地 | 案例分析 |
| 10 | 联合国贸易和发展会议(United Nations Conference on Trade and Development,UNCTAD) | 学习网站 |
| 11 | 区域全面经济伙伴关系协定对东盟经济的影响 | 案例分析 |
| 12 | 东盟:加快 RCEP 落地实施 | 研究报告 |
| 13 | 2021年世界投资报告(中文版) | 研究报告 |
| 14 | 中华人民共和国商务部 | 学习网站 |
| 15 | 中国一带一路网 | 学习网站 |
| 16 | 中华人民共和国反垄断法(2022修正) | 政策法规 |
| 17 | 《中华人民共和国政府与新西兰政府关于升级〈中华人民共和国政府与新西兰政府自由贸易协定〉的议定书》 | 政策文件 |
| 18 | 区域全面经济伙伴关系协定 | 政策文件 |

续表

| 序号 | 内　　容 | 形式 |
|---|---|---|
| 19 | 新贸易理论、比较利益理论及其经验研究的新成果:文献综述 | 学术论文 |
| 20 | 基于李嘉图贸易模型的中美产业竞争理论与实证分析 | 学术论文 |
| 21 | 贸易保护的新政治经济学:文献综述 | 学术论文 |
| 22 | 经济全球化新趋势与传统国际贸易理论的局限性——基于比较优势到竞争优势的政治经济学分析 | 学术论文 |
| 23 | 论当代国际贸易理论的国际政治经济学意义 | 学术论文 |
| 24 | 负面清单模式国际投资协定的信号效应及其对国际直接投资的影响 | 学术论文 |
| 25 | 对外直接投资对企业就业技能结构的影响效应 | 学术论文 |
| 26 | 中国对外直接投资与国内投资:挤出还是挤入? | 学术论文 |
| 27 | RCEP对区域经济一体化水平的影响研究——基于贸易壁垒削减的GTAP模拟预测 | 学术论文 |
| 28 | 国际区域经济一体化理论综述 | 学术论文 |
| 29 | 亚太区域经济一体化博弈与中国的战略选择 | 学术论文 |
| 30 | 构建人类命运共同体——中国的全球化理念与实践 | 学术论文 |
| 31 | 中国维护经济全球化理念与实践的内在逻辑与思维方法 | 学术论文 |
| 32 | "逆全球化"概念辨析——兼论全球化的动力与阻力 | 学术论文 |
| 33 | 贸易冲突下的中美政治经济体制比较 | 学术论文 |
| 34 | 经济体制转型发展的"中国经验" | 学术论文 |
| 35 | 社会主义市场经济体制上升为基本经济制度的逻辑进路 | 学术论文 |
| 36 | 文化差异与国际关系对中国企业跨境并购的影响研究 | 学术论文 |
| 37 | 文化差异与创新效率——基于中国上市公司OFDI数据的研究 | 学术论文 |
| 38 | 国家文化差异下国际经贸治理困境及路径研究 | 学术论文 |
| 39 | 全球化背景下跨国公司伦理沟通研究——以西方跨国公司在中国的经历为例 | 学术论文 |
| 40 | 企业社会责任与企业伦理关系分析 | 学术论文 |
| 41 | 现代企业伦理决策过程研究 | 学术论文 |
| 42 | 国际经济学:理论与政策(第十一版) | 科学译丛 |

# 《消费经济学》课程思政教学指南

张武康　王婧卜

（西安财经大学）

## 一、课程简介与课程目标

### （一）课程简介

《消费经济学》课程是贸易经济专业的核心课程，旨在适应社会对贸易类人才的需求，满足贸易类人才对消费经济理论和实务知识的需要，实现为社会主义建设培养熟悉贸易方面的高素质应用型人才。课程主要内容包括消费者的消费决策、消费者的储蓄决策、消费者的信贷决策、消费者的投资决策、消费者的劳动供给决策、消费函数理论、消费与经济增长、消费结构、消费方式、消费政策、消费者权益与消费者责任等内容。使学生全面了解消费在经济发展中的地位、作用，理解消费者的相关决策行为，掌握消费结构、方式、政策等内容，能够捍卫消费者权益，更好承担消费者责任。

本课程坚持思想政治教育与专业教育相结合，将价值塑造、知识传授和能力培养融入课程内容设计、教学环节组织、教学效果测评的全过程，使学生在对消费经济基本理论知识掌握的基础上，深刻理解并能够进行相关消费活动的引导，成为适应新时代要求的有理想、有道德、有知识、有能力的经济贸易类应用型创新人才。

### （二）课程目标

本课程为专业必修课程。通过本课程的学习，使学生能够达到以下目标：

1. 知识目标：系统掌握经济学对消费问题研究的演进以及消费经济学的研究对象和内容，既包括宏观消费问题也包括微观消费问题。熟悉掌握消费经济学所研究的消费者行为，是与消费者资源分配（收入、时间等）相关的一系列决策，包括消费决策、储蓄决策、投资决策、消费信贷决策、劳动供给决策；并熟悉相关消费函数理论，继而对消费与增长、消费结构、消费方式、消费政策、消费者权益和消费者责任理解掌握。

2. 能力目标：具有获取专业理论知识的能力，能够掌握有效的学习方法，主动学习各种消费理论，接受终身教育；具有专业实践应用能力，能够在消费实践活动中灵活运用所掌握的专业知识；能够运用专业理论知识和研究方法分析解决消费实际问题，具备一定的科学研究能力；具备创新精神、创业意识和创新创业能力。

3. 育人目标：以马克思主义为指导，爱党爱国，遵纪守法，具有良好的道德品质和商贸流通业职业操守，具备社会责任感和人文关怀意识；具有良好的专业素养，熟悉国家有关消费的方针、政策和法律法规；具有一定的消费理论知识与科学素养；具有良好的身心素质和人文素养，做到文明消费、合理消费；善于并乐于学习，能够自我总结反思，并有可持续消费理念。

### （三）课程教材和资料

➢ 推荐教材

伊志宏.消费经济学(第3版)[M].北京:中国人民大学出版社,2018.

➢ 参考教材或推荐书籍

1. 柳思维.消费经济学(第三版)[M].北京:高等教育出版社,2018.
2. 赵萍.消费经济学理论溯源[M].北京:社会科学文献出版社,2011.
3. [英]安格斯·迪顿,约翰·米尔鲍尔,龚志民译.经济学与消费者行为[M].北京:中国人民大学出版社,2015.
4. 袁培树,陈昕.消费经济学评判[M].上海:上海人民出版社,2018.

➢ 学术刊物与学习资源

国内外消费经济类相关期刊。

学校图书馆提供的各种数字资源,特别是"中国知网"。

➢ 推荐网站

中华人民共和国商务部网站 http://www.mofcom.gov.cn/.

中华人民共和国国家市场监督管理总局网站(http://www.samr.gov.cn/.

中国消费者协会网站 http://www.cca.org.cn/.

## 二、课程思政教学总体设计

### (一)课程思政教学目标

本课程坚持以习近平新时代中国特色社会主义思想为指引,全面贯彻党的教育方针,聚焦促消费与扩内需等经济发展主题,探究消费对我国经济社会发展重要推动力作用的发挥,秉承"融通内外、经世济民、诚信服务、德法兼修"的育人理念,将价值塑造、知识传授和能力培养融为一体,培养德智体美劳全面发展的社会主义建设者和接班人。

具体而言,本课程思政教学目标的思政维度可以涉及以下方面:家国情怀、培育和践行社会主义核心价值观、融入中华优秀传统文化、牢固树立法治观念、培养科学精神、拓展国际视野、促进人格发展。

1. 家国情怀

通过课程讲解,让学生增强国情历史,特别是中国历代相关消费理念的演进,特别是中国特色社会主义建设中对消费的认知和坚持共同富裕等,促进学生的民族自豪感提升,为实现民族伟大复兴的中国梦而奋斗。

2. 培育和践行社会主义核心价值观

通过贯穿课程始终的合理消费、诚信消费、绿色消费、可持续消费等正能量传播,帮助学生建立和强化社会主义核心价值观,引导学生将个人价值实现与民族复兴大业相契合。

3. 融入中华优秀传统文化

本课程注重融入中华优秀传统文化的精髓,特别是中国古代优秀消费文化"量入为出""黜奢崇俭"等的传承,引导学生熟悉我国人文社会科学领域的基础知识,提升文化自信。

4. 牢固树立法治观念

在消费活动中让学生牢固树立遵纪守法的意识,具有法治思维,反对违法消费行为,并能够运用法律武器捍卫自身消费正当权益,对违法消费问题能够加以辨别和合法应对。

5. 培养科学精神

引导鼓励学生在微观消费和宏观消费等领域勇于探索、大胆创新,充分发挥消费的经济驱动力作用,将自身职业发展能够融入到新时代的新发展理念与新发展格局中。

6. 拓展国际视野

通过让学生了解当前我国消费状况与政策,特别是注重我国与其他发达国家、发展中国家消费政策与措施的比较,理解各国消费政策异同内在缘由,并进行合理借鉴,增进学生国际视野的开拓。

7. 促进人格发展

培养学生理解生命意义和人生价值,在消费过程中建立健康文明的行为习惯和生活方式,并能够正确认知和评估自我,合理进行消费借贷和个人资源投入,形成健康的心态和完善的人格。

### (二)课程思政的教学内容

《消费经济学》课程的思政内容可以涉及以下几方面:

1. 坚持习近平新时代中国特色社会主义经济思想的指导

本课程教学中,坚持运用马克思主义政治经济学以及习近平新时代中国特色社会主义经济思想,引导学生在以经济学视角研究消费问题过程中,能够将科学的世界观、价值观、人生观、认识论、方法论、经济学规律等内化于心。

2. 解析中国消费促进的相关法律法规和政策

结合本课程实用性特点,融入对国家消费方面相关法律法规和政策的解析,做到合法消费、合理消费,帮助学生深刻理解中国的国情国策、厚植家国情怀,形成更为全面的思维方式。

3. 引导学生扎根中国消费实践并深入关注中国消费现实问题

中国消费大市场的变化举足轻重,引导学生积极关注并围绕中国消费现实问题,通过课程的讨论环节以及课外实践活动等不同类型的实践体验,展开思辨讨论,持续提高学生解决中国消费实际问题的能力。

4. 培育学生形成良好的消费道德和消费素养

消费道德和消费素养的提升,有助于文明消费的形成,因而通过挖掘课程内容、设计教学过程,显性教育与隐性教育相统一地加强学生消费道德和素养的深入培育,做到可持续消费和文明消费,促进经济社会资源有效利用。

5. 增强学生对中华优秀消费文化的认同

通过挖掘中华优秀消费思想元素、融入教学过程,促进中华优秀传统消费思想和现代消费理念的有机统一,内在地提升学生对优秀中华消费文化的认同和传承,并能够加以发扬光大。

(三)教学方法

本课程综合运用课堂讲授、启发式教学、案例教学、小组合作式教学等多种教学方法,并借助现代网上智慧教学工具——超星学习通,引导学生做好线上资源的提前预习和知识点自测,为线下课堂教学的有效开展提供借鉴。

通过线上和线下教学的有机结合,使学生系统掌握消费理论和消费经济学领域的基本概念、相关理论和应用状况,全面了解消费在经济发展中的地位、作用;进而理解消费者的相关决策行为,提升学生运用理论知识分析现实消费活动中热点问题、难点问题的能力;结合有关案例和消费知识中思政元素的有机融入,增进学生的消费道德和素养提升,以及结合中国消费实践和问题积极思考借鉴国内外消费理念进行有效应对,实现学生从"知识、能力、素质"的不断进阶,具备贸易经济职业道德标准和商业伦理,成为适应新时代要求的合格商贸从业人员。

# 三、课程各章节的课程思政教学内容设计

## 第一章 导论

**专业教学目标**

阐述了经济学对消费问题认识和研究的历史发展过程,根据当代经济学对消费研究的发展总结出了消费经济学的研究对象,并界定了消费经济学所研究的消费者行为及其特征。

【知识目标】

1. 了解经济学对消费问题认识和研究的历史演变过程。
2. 掌握消费经济学的研究对象。
3. 理解消费者及其行为。

【能力目标】

1. 培养学生深刻认识经济学对消费问题的认识和研究是与所处历史条件相关的,以此理解思考新时代我国对消费问题的研究。
2. 培养学生正确对待经济学中的消费者行为研究,并能与营销学等学科的消费者行为研究相区别。

**课程思政教学目标及实践**

【育人目标】

1. 国际理解   在对消费问题的认识和研究方面西方经济学、马克思主义经济学都有较为深入的研究,但是随着中国特色社会主义市场经济的不断完善,习近平新时代中国特色社会主义思想中对消费问题有较为深刻的论述,将为构建中国特色经济学贡献自身学术力量。

2. 中华优秀传统文化   中国古代春秋战国时期,就有相应的关于消费的思想论述,提出了一些重要的观点和理念,这些优秀文化精髓值得加以提炼和总结,增强学生对中华优秀传统文化的认同和自豪。

3. 科学精神　通过分析西方古典经济学、凯恩斯理论、当代经济学和马克思主义经济学等对消费问题的研究,培养学生能够理性思维,理解掌握不同的消费观点和思想,并结合中国实际进行相应的理论创新,勇于探究,从而形成科学思维方式来研究中国的消费问题。

**【教学方式与方法】**

1. 自主学习:提前预习本章知识,自主阅读提供的相应文献资料,完成线上发布的课前自测内容。

2. 课堂讲授:结合自测情况,讲授消费理论演变的主要观点和内容、中国古代和现代有关消费思想和论述等。

3. 小组讨论:围绕中国古代管子的消费思想对今天我国居民消费问题的借鉴,学生结合课堂内容和预习情况,展开课堂小组讨论。

**【课程思政教学实例】**

**案例材料:《管子》消费思想的内涵及其现实价值**

(1)案例简介

《管子》一书中蕴含着丰富的消费思想,对此学术界多有研究,并取得了丰硕的成果。它一方面重视发展农业生产,提倡节俭消费主张;另一方面提倡适时奢靡,发挥消费对生产的反作用。总体来说,《管子》认为奢靡消费主张只是权宜之策,治国之道仍然是节俭。正确认识《管子》一书所蕴含的消费思想智慧,对于解决当前我国居民消费中存在的问题,帮助人民树立正确的消费观,贯彻落实以人为本的科学发展观有着重要的借鉴意义。

《管子》在消费观上提倡节俭消费,正所谓"取于民有度,用之有止,国虽小必安"(《权修》)。"不知量,不知节,不可谓之有道。"(《乘马》)。《管子》认为,节俭利国利民。对于国家来讲,节俭有利于国家财富的积累,对于民众来说,节俭可以使民众富足。正如《五辅》载:"实圹虚,垦田畴,修墙屋,则国家富。节饮食,搏衣服,则财用足……明王之务,在于强本事,去无用,然后民可使富。"

资料来源:刘锦增.《管子》消费思想的内涵及其现实价值[J].管子学刊,2017(1):23-27.

(2)案例的思政元素

①中华优秀传统文化。体现在,《管子》一书中蕴含着丰富的消费思想,促进了学术界的研究。节俭消费为主,适时奢靡消费,体现了古人的辩证思维、优秀思想。

②家国情怀。体现在,节俭利国利民。管仲作为思想家,能够从国家财富增加和民众富足方面考虑节俭消费的重要作用,表现出来朴素的国民情怀,对今天的中国人实现中华民族伟大复兴具有激励作用。

(3)教学手段

①讲授:从《管子》书中摘选部分重要论述进行课堂讲解。激发学生阅读中华优秀古典著作,借鉴古人优秀经济思想,努力学习,完善才能,未来成为对国家社会有贡献之人。

②讨论:节俭消费与奢靡消费的关系。让学生们结合我国建立强大国内市场和发挥内需引领作用,深入思考争辩,促进学生思维的发散与收敛。

③点评:针对学生讨论观点,展开现场点评,包括学生自评、互评、教师点评总结等,凝练共识,激发创新。

## 第二章　消费者的消费决策

**专业教学目标**

从微观视角,以经济学的理性人假设为前提,解释消费者行为的逻辑。即消费者通过配置其个人收入来购买产品和服务,以最大化满足程度或效用。从而,消费者选择和决策受到收入、价格、未来收入预期和偏好等的影响。

**【知识目标】**

1. 理解消费者的消费选择与预算约束。

2. 理解效用与满足程度。

3. 掌握收入、价格、税收等对消费者选择的影响。

**【能力目标】**

1. 增进学生用经济学的理性人假设理解分析消费者的行为和选择。

2. 能够结合实际阐述收入、价格、收入等对消费者选择的影响。

**课程思政教学目标及实践**

【育人目标】

1. 理性思维　通过分析经济学理性人假设,培养学生理性思维能力,运用该假设展开消费者消费决策方面的分析,得出合理的解释。

2. 人文情怀　在消费者行为分析过程中,通过运用效用最大化理论,实现消费者消费决策满足程度的最大化,体现人的发展和幸福。

3. 自我管理　在理性人原则引导下,消费者考虑收入、价格、税收、偏好等因素,合理进行消费,促进理性的消费习惯和生活方式的养成。

【教学方式与方法】

1. 自主学习:提前预习本章知识,自主阅读提供的相应文献资料,完成线上发布的课前自测内容。

2. 课堂讲授:结合自测情况,讲授消费者消费选择的主要内容,包括预算约束、影响因素等。

3. 小组讨论:考虑线上消费特点分析影响消费者消费选择的相关因素,学生结合课堂内容和文献阅读情况,展开课堂小组讨论。

【课程思政教学实例】

**案例材料:释放潜力　促进消费持续恢复**

(1) 案例简介

消费对经济具有持久拉动力,事关保障和改善民生。国务院办公厅近日印发《关于进一步释放消费潜力促进消费持续恢复的意见》(以下简称《意见》),从系统全面促进消费的角度,提出了5方面20项重点举措。

从中长期看,如何更好地挖掘消费潜力,重点做好3方面工作:一是巩固拓展重点领域消费。例如开发更多适合老年人和婴幼儿消费的产品和服务,支持新能源汽车加快发展等。二是完善消费发展支撑体系。例如推进消费平台健康持续发展,提高教育、医疗、养老、育幼等公共服务支出效率等。"紧扣人民群众急难愁盼问题,有助于解决后顾之忧,让群众'敢消费''愿消费'。"中国宏观经济研究院研究员李清彬说。三是以改革营造良好消费环境。各地不得新增汽车限购措施,已实施限购的地区逐步增加汽车增量指标数量、放宽购车人员资格限制。同时,还将加快消费信用体系建设。

"我国有14亿多人口的超大规模内需市场,有世界上规模最大、成长最快的中等收入群体,居民收入稳步增长,依然孕育着大量消费升级需求。"国家发改委有关负责人表示,将瞄准居民消费个性化多元化和结构升级趋势,聚焦消费领域痛点难点堵点和体制机制障碍,综合施策释放消费潜力。

资料来源:丁怡婷. 释放潜力　促进消费持续恢复[N].人民日报,2022-07-18(002).

(2) 案例的思政元素

①人文情怀。体现在,紧扣人民群众急难愁盼问题,有助于解决后顾之忧,让群众"敢消费""愿消费"。中国不断完善消费发展支撑体系,特别是提高教育、医疗、养老、育幼等公共服务支出效率,更加注重以人为本,实现幸福。

②勇于探究。体现在,聚焦消费领域痛点难点堵点和体制机制障碍,综合施策释放消费潜力。解决消费问题,从问题意识出发,多角度、辩证地分析解决,实现决策的合理和有效。

(3) 教学手段

①讲授:《关于进一步释放消费潜力促进消费持续恢复的意见》的介绍。结合政策文件的宣讲,让学生深刻理解中国消费问题本质,形成理性思维和科学判断。

②讨论:中国消费领域痛点难点堵点。让学生们结合案例材料和自己切实体会,以及理论讲解,加以分析和辩论。

③点评:针对学生讨论观点,展开现场点评,包括学生自评、互评、教师点评总结等,凝练共识,激发创新。

### 第三章 消费者的储蓄决策

**专业教学目标**

从微观角度研究了消费者储蓄决策方面的一系列问题。包括储蓄的动机分析，利率、预算约束与储蓄的关系考察，最后分析了影响储蓄的其他宏观因素和社会因素等。

**【知识目标】**

1. 掌握储蓄的动机。
2. 理解预算约束、利率与储蓄的关系。
3. 理解影响储蓄的其他因素。

**【能力目标】**

1. 能够结合中国实际思考影响人们储蓄的主要因素。
2. 结合社会保障、资本市场深入探究对中国居民储蓄率的影响。

**课程思政教学目标及实践**

**【育人目标】**

1. 理性思维　通过分析广义居民储蓄的代表性动机，培养学生理性思维能力，并运用这些储蓄动机来解释中国居民储蓄的表现，得出合理的解释。
2. 中华优秀传统文化　在消费者储蓄行为过程中，中国社会中受传统文化影响的节俭观念和节俭储蓄，今天依然会对居民储蓄行为产生显著的影响。
3. 自我管理　在消费观念的影响下，消费者的储蓄行为发生了很大的变化，消费者更加注重自身的需求满足和全面发展，推进了社会进步和生活水平的提高。

**【教学方式与方法】**

1. 自主学习：提前预习本章知识，自主阅读提供的相应文献资料，完成线上发布的课前自测内容。
2. 课堂讲授：结合自测情况，讲授储蓄动机、利率预算约束与储蓄以及影响储蓄其他因素等内容。
3. 小组讨论：围绕人口老龄化与储蓄率的关系，让学生结合课堂内容和文献阅读情况，展开课堂小组讨论。

**【课程思政教学实例】**

**案例材料：人口老龄化与储蓄率的关系**

(1) 案例简介

改革开放以来我国持续高速的经济增长有赖于人口红利，但近年来人口快速老龄化，2010—2015年老年人口抚养比从11.9%增长到14.3%，劳动年龄人口数在2013年达到峰值，此后不断下降。

关于老龄化对经济的影响，较多研究基于资本市场视角探讨老龄化与储蓄和资本积累的关系，但结论并不明确。传统生命周期消费理论基于成年期高储蓄、未成年和老年期负储蓄的特征认为老龄化会降低储蓄率，不利于资本积累和经济增长；而第二次人口红利理论则认为老龄化会通过预防动机产生未雨绸缪的储蓄激励，促进资本积累和经济增长。

而以上两种机制对储蓄的净效应还需验证，本文基于生命周期消费效应和第二次人口红利效应考察老龄化对储蓄的净效应，以此研判中国能否获得第二次人口红利，并提出老龄化条件下促进资本积累和经济增长的政策含义。

资料来源：李超，罗润东.老龄化、预防动机与家庭储蓄率——对中国第二次人口红利的实证研究[J].人口与经济，2018(2):104-113.

(2) 案例的思政元素

①批判质疑。体现在，人口老龄化与储蓄率的关系，现有学者的研究基于不同的理论基础得到的结果相异，需要加以实证研究。让学生理解经济问题中的科学研究及探索精神。

②问题解决。体现在，针对理论界研究观点不一的问题，研究者具有发现问题、提出问题以及解决问题的兴趣和热情，进而制定合理的解决方案。

(3) 教学手段

①图示：将世界各主要国家人口老龄化和中国人口老龄化数据绘制图形进行对比。让学生直观理解

人口老龄化的全球趋势,进而做好人口老龄化对经济社会影响的分析。

②讨论:我国如何适应老龄化时代的到来。让学生们结合老龄化的表现、特征,以及全球各国做法,探索推进我国老龄化下的经济发展策略。

③点评:针对学生讨论观点,展开现场点评,包括学生自评、互评、教师点评总结等,凝练共识,激发创新。

## 第四章 消费者的信贷决策

**专业教学目标**

阐述消费者的信贷决策及其对消费和储蓄的影响,进而介绍了消费信贷的种类和适用性,分析影响了消费者信贷决策的因素,最后解释了信贷决策的风险及消费者信贷管理的内容。

【知识目标】

1. 了解消费者预算约束与信贷决策。
2. 理解消费信贷的种类及适用性。
3. 掌握影响消费者信贷决策的因素以及消费信贷决策的风险,了解消费者的信贷管理。

【能力目标】

1. 深刻认识消费者信贷的积极作用,并评价信贷种类的选择。
2. 从消费者信贷的风险出发,能够进行个人信贷的风险防范和控制,做好自身信贷管理。

**课程思政教学目标及实践**

【育人目标】

1. 理性思维 通过分析预算约束与信贷决策的关系,影响信贷决策的因素等,培养学生理性思维能力,并结合消费信贷种类来解释中国消费者信贷选择。

2. 社会主义核心价值观 在消费者信贷使用中,需要坚持诚信的做人原则,花明天的钱办今天的事,需要未来按时偿还已借的钱,树立良好的信用记录。

3. 自我管理 在消费观念的影响下,消费者的信贷行为会促进当下效用水平的提升,但是,消费者要更加注重风险控制,正确评估自我,避免陷入财务危机。

【教学方式与方法】

1. 自主学习:提前预习本章知识,自主阅读提供的相应文献资料,完成线上发布的课前自测内容。
2. 课堂讲授:结合自测情况,讲授预算约束与消费信贷、消费者信贷种类、影响信贷决策的因素等内容。
3. 小组讨论:围绕消费者的信贷管理,特别是大学生互联网消费信贷防范这个主题,学生结合课堂内容和文献阅读情况,展开课堂小组讨论。

【课程思政教学实例】

**案例材料:大学生互联网消费信贷行为的风险分析**

(1)案例简介

消费对于拉动经济增长显得尤为重要。中国未来消费主力是成长于移动互联网时代的90后,其中接受过高等教育的大学生占据了很大的比例。自1999年大学扩招以来,中国在校大学生人数一直处于增长态势,到2017年已达到了3699万人,庞大的人口基数也奠定了大学生千亿级的消费市场规模。较其他群体而言,大学生收入来源较窄。近年来,随着电商消费的兴起,消费场景不断丰富,大学生的超前消费需求旺盛,但传统消费金融业务的布局忽视了大学生群体的信贷需求。随着国家"互联网+"战略的实施,互联网渠道的拓展、大数据的应用、信息不对称的降低等,使网络消费金融业务获得了长足发展。

在积极扩大内需的政策指导下,消费金融借助互联网的优势,以及低门槛的放贷条件,在短时间内席卷了全国各大高校。在物质主义、消费主义、享乐主义浪潮的冲击下,一些大学生信用消费欲望迅速膨胀,在网络信贷中,由于信息不对称的问题,进而导致违约频繁发生,危及金融系统稳定。此外,部分大学生风险防控意识淡薄,加之网贷平台的不实宣传,不慎选择了非法网贷平台,由此导致的恶性"校园贷"事件严重影响了大学生的身心健康。

资料来源：彭小辉，王坤沂.消费者社会化、金钱态度与互联网消费信贷行为[J].统计与信息论坛,2019,34(5):110－118.

**(2)案例的思政元素**

①健全人格。体现在，在物质主义、消费主义、享乐主义浪潮的冲击下，一些大学生信用消费欲望迅速膨胀。需要引导学生正确对待信用消费行为，保持良好心态。

②自我管理。体现在，恶性"校园贷"事件严重影响了大学生的身心健康。从健全身心的角度出发，大学生要学会自我管理，拒绝不文明的行为习惯和生活方式，具有积极的心理品质。

**(3)教学手段**

①讲授：互联网消费金融的发展。对传统消费金融业务和互联网消费金融业务展开分析，让学生理解互联网消费金融快速发展的缘由，培养理性思维和科学思维方式。

②讨论：互联网消费信贷使用的风险及其防范。让学生们结合案例和文献材料，以及自身感受等，多角度分析互联网消费信贷风险及其防控建议。

③点评：针对学生讨论观点，展开现场点评，包括学生自评、互评、教师点评总结等，凝练共识，激发创新。

## 第五章 消费者的投资决策

**专业教学目标**

介绍消费者投资的主要类型和方式，以及各自特点，进而介绍投资收益的计算方式，并对消费者投资决策的主要影响因素展开剖析，最后阐明投资管理的方法。

【知识目标】

1. 掌握消费者投资的主要类型和方式。
2. 理解投资收益与风险。
3. 了解投资管理决策。

【能力目标】

1. 能够对不同投资种类和方式的各自优缺点进行比较评判。
2. 对投资收益和风险的关系能切实把握，并灵活制定相应的投资管理决策。

**课程思政教学目标及实践**

【育人目标】

1. **理性思维** 通过分析消费者投资收益以及存在的主要风险因素等，培养学生全面、理性的思维能力，并结合有效市场理论做好科学的投资决策。

2. **人格发展** 在投资活动中，消费者必须根据自身所期望的收益和所能承受的风险来确定自己的投资策略，要有积极的心理品质和管理自身情绪的能力。

3. **实践创新** 在投资组合中，需要考虑明智的投资策略是避免投资错误，因而不能拘泥于理论，要和市场变化以及个人对投资的详细分析为依据，做好投资。

【教学方式与方法】

1. 自主学习：提前预习本章知识，自主阅读提供的相应文献资料，完成线上发布的课前自测内容。
2. 课堂讲授：结合自测情况，讲授消费者投资种类及收益、风险，以及投资策略等内容。
3. 小组讨论：围绕教育投资的特性，学生结合课堂内容和文献阅读情况，展开课堂小组讨论。

【课程思政教学实例】

**案例材料：投资青少年科学教育就是投资未来**

(1)案例简介

宇宙射线显形仪、短道速滑冰刀自动磨削机、树叶形仿生微型飞行器……这些囊括天文、航空、工程等方面的新颖项目不是哪个科研院所的研究课题，而是曾获北京青少年科技创新大赛一等奖的学生作品。"这里是我们相互比拼的擂台，是我们展示自我的平台，也是我们放飞梦想的舞台。"往届参与选手自豪地说。

这是我国加强青少年科技创新教育的一个缩影，是培育科技后备军的有力举措。人才是兴国之本、富民之基、发展之源,特别是青少年,事关后继有人的根本大计,事关我国未来的人才竞争力。怎样推动青少年科技创新人才培养,是一个值得全社会共同关注的话题。

一年之计,莫如树谷;十年之计,莫如树木;终身之计,莫如树人。钱学森先生除了留下令我们不懈研究和学习的精神之外,还留下了著名的"钱学森之问"——"为什么我们的学校总是培养不出杰出人才?"这也是科技界、教育界等众多学者追求解决之道的难题。北京师范大学科学教育研究院院长郑永和在沙龙中表示,当前国际形势之下,中美竞争的关键在于顶尖人才竞争,因此杰出人才的重要性再次凸显。他提出:"投资青少年科学教育就是投资未来。"

资料来源:赵玲.投资青少年科学教育就是投资未来[N].北京科技报,2022-04-04(20).

**(2)案例的思政元素**

①社会责任。体现在,我国加强青少年科技创新教育,是培育科技后备军的有力举措。让学生明白中国的科技发达,需要加强青少年一代的教育投资。

②勇于探究。体现在,这些新颖项目不是科研院所的研究课题,而是曾获北京青少年科技创新大赛一等奖的学生作品。让学生明白科研来不得半点马虎,需要努力钻研,勇于探究,积极做好科技发明创造等。

③国际视野。体现在,中美竞争的关键在于顶尖人才竞争,杰出人才的重要性再次凸显。因此,让学生明白中国要立足全球领先,必须要进行科技人才的投资和储备。

**(3)教学手段**

①讲授:教育投资的特性,特别是其经济方面和非经济方面的作用,让学生深刻理解教育投资的重要性,增强个人自主学习和教育提升。

②讨论:教育投资的经济作用。让学生们结合理论知识,以及相关文献,深入分析教育投资对经济方面的积极作用。

③点评:针对学生讨论观点,展开现场点评,包括学生自评、互评、教师点评总结等,凝练共识,激发创新。

### 第六章 消费者的劳动供给决策

**专业教学目标**

劳动供给决策涉及消费者的劳动与闲暇时间的分配、有酬劳动与家务劳动的分配、退休年龄的选择和妇女劳动参与率等问题,进而探讨了人力资本与教育、家庭规模决策与长期劳动供给等内容。

【知识目标】

1. 理解劳动供给决策及其扩展。
2. 掌握人力资本与教育关系。
3. 了解家庭规模决策与长期劳动供给。

【能力目标】

1. 能够从经济学机理中阐明个人劳动供给决策行为。
2. 能够评价教育对人力资本的影响,并客观分析学历竞争的社会现状。

**课程思政教学目标及实践**

【育人目标】

1. 科学精神  通过论证分析劳动者如何在工作和闲暇之间的选择,培养学生严谨、理性的思维能力,并能对影响人们选择的因素做出评判。

2. 中华优秀传统文化  教育投资促进了人力资本形成,并提高了生产率,体现了中华传统文化的尊师重教的内涵,以及对教育高度重视的理念。激励学生在传统优秀文化影响下,加强个人学习。

3. 劳动意识  在消费者劳动过程中,通过学历提升等改进和提高了劳动效率,引导学生尊重劳动、积极劳动并创新劳动。

【教学方式与方法】

1. 自主学习:提前预习本章知识,自主阅读提供的相应文献资料,完成线上发布的课前自测内容。
2. 课堂讲授:结合自测情况,讲授劳动供给的决策及其扩展、人力资本与教育、家庭规模决策与长期劳动供给等内容。

3. 小组讨论:围绕考研热背后的经济思考是什么,学生结合课堂内容和文献阅读情况,展开课堂小组讨论。

**【课程思政教学实例】**

**案例材料:考研"热"需要"冷"思考**

**(1)案例简介**

作为国民教育的重要组成部分,研究生教育肩负着高层次人才培养和创新创造的重要使命。特别是近年来,面对复杂严峻的国内外经济形势,各行各业对高层次创新人才的需求更加迫切,研究生教育的地位和作用得以凸显。从这个角度看,我国高等教育进入普及化时代后,合理扩大研究生人才培养规模成为必然,"考研热"持续升温,正是对研究生招生规模扩大政策的一种合理回应;众多高分考生的出现,反映出当代青年人勇于拼搏、积极向上的心态,以及对于增长知识、提升能力的追求。

在看到"考研热"积极成因的同时,也应关注其背后折射出的青年人就业观念、高校研究生培养质量等方面存在的问题。调查发现,大多数青年人的考研动机是为了自我增值,能学有所长、学有所用,甚至致力于成为创新的学术拔尖人才或高层次应用型人才。但也不乏考生读研只为给学历"镀金",或将其当作缓冲就业的权宜之计的情况。更有甚者,有的学生报考热门专业只是跟风心理在作怪。因此,政策制定者应该精准发力,进一步加大稳就业稳市场主体的政策力度,增强经济发展对就业的带动能力。同时,有关方面需要在考研、就业等问题上加强对学生的指导,引导他们结合自身实际,更加科学合理地规划职业方向。

资料来源:张思楠. 考研"热"需要"冷"思考[N].中国财经报,2022－04－12(03).

**(2)案例的思政元素**

①深度学习。体现在,面对复杂严峻的国内外经济形势,各行各业对高层次创新人才的需求更加迫切,研究生教育的地位和作用得以凸显。以此说明了大学生积极考研备战,是促进自身学习发展的一种有效方式。

②人文情怀。体现在,在看到"考研热"积极成因的同时,也应关注其背后折射出的青年人就业观念、高校研究生培养质量等方面存在的问题。所以,要关爱大学生并从个人实际出发,进行相应的考研思考。

**(3)教学手段**

①讲授:我国"考研大军"的不断壮大。对这个变化的背后原因进行分析,让学生深刻理解影响考研的因素,并结合自身实际进行个人职业发展思考。

②讨论:考研"热"为什么需要"冷"思考?让学生们结合考研现实状况,以及个人理解进行辩论,促进理性思维能力提升。

③点评:针对学生讨论观点,展开现场点评,包括学生自评、互评、教师点评总结等,凝练共识,激发创新。

## 第七章 消费函数理论

**专业教学目标**

揭示收入与消费支出相互影响的绝对收入消费函数理论自凯恩斯开始,此后,西方经济学进对凯恩斯消费函数理论进行了补充修正,有相对收入假定、持久收入假定、生命周期假定等,使得消费函数理论不断发展。

**【知识目标】**

1. 掌握绝对收入假定、相对收入假定。
2. 理解持久收入假定和生命周期假定。
3. 了解其他消费函数理论,并能对西方消费函数理论予以简单评价。

**【能力目标】**

1. 能够指出不同的消费函数理论之间的演进差异所在。
2. 能够借鉴西方消费函数理论分析评价中国消费者行为。

**课程思政教学目标及实践**

【育人目标】
1. 理性思维　通过对自凯恩斯及其之后经济学家的消费函数理论的逐一分析,详细指出不同理论的差异所在,培养学生严谨、理性、务实的思维能力,并能对消费函数理论的发展改进做出评判。
2. 国际视野　在消费函数理论介绍中,通过对西方学者的思想观点的引入,结合中国学者的相关论点,让学生进行对比思考,形成开放性思维模式,从而在揭示消费者行为的理论研究方面,具有国际化视野。

【教学方式与方法】
1. 自主学习:提前预习本章知识,自主阅读提供的相应文献资料,完成线上发布的课前自测内容。
2. 课堂讲授:结合自测情况,讲授西方消费函数理论的不同学者观点,以及相对前人的改进之处等。
3. 小组讨论:围绕相对收入假定理论在现实中的表现,学生结合课堂内容和文献阅读情况,展开课堂小组讨论。

【课程思政教学实例】
**案例材料:国人消费中的面子与攀比**
(1)案例简介
从古至今,中国文化中的面子和攀比心理由来已久且影响深远,中国有句老话,叫作"死要面子活受罪",面子对国人来说是生活中很重要的精神支柱。中国文化的一大特色就是在人与人之间的交往中注重自己在他人心目中的地位,希望受到别人的赞誉和羡慕,而对于丢脸那绝对是深恶痛绝的。中国这种面子文化,形成的原因主要是中国传统文化、传统价值观共同作用的结果,它虽然加强了社会道德秩序的戒律,但同时也带来攀比、炫耀、浪费等糟粕。

美林银行金融管理部曾做过一项全球范围的调查,其结果显示,中国多年来一直引领全球"虚荣消费"(指以享乐、提高外在形象、增加面子而进行的消费)迅速增长,大中华地区虚荣资本市场增长率连续五年居世界第一。

另有媒体报道,2018年中国的奢侈品消费增速达到18%,到2020年中国的奢侈品消费份额(海外消费和国内消费总和)已占到全世界的三分之一,跃居世界第一位。在这众多的奢侈品消费品类中,名牌服饰、化妆品、手表、饰品甚至私人游艇、公务飞机这些能外露示人的产品是绝对的主导。在奢侈品名牌的消费大军里,有为数不少的国人是通过拼命攒钱来实现其购买奢侈品(面子)的梦想的,对面子文化、攀比文化起到了巨大的推波助澜的作用。

资料来源:赵峰.国人消费中的面子与攀比[J].商业观察,2021(11):10-13.

(2)案例的思政元素
①中华传统优秀文化。体现在,面子文化形成的原因主要是中国传统文化、传统价值观共同作用的结果,它具有加强社会道德秩序的戒律积极作用,但也有负面作用。所以,要发挥其优秀的一面,鼓励学生在学业上知耻奋进。

②健全人格。体现在,人们希望受到别人的赞誉和羡慕,而对于丢脸那绝对是深恶痛绝的。引导学生要有积极的心理品质,能正确认知和评估自我,并从自身实际出发合理消费。

(3)教学手段
①讲授:面子文化的介绍。让学生深刻理解中华传统文化中的面子文化优缺点,并能够扬长避短,应用于专业知识学习和自身发展中。

②讨论:消费活动中的面子文化的表现及评价。让学生们结合相对收入假定理论的理解和案例资料介绍,客观地分析消费中的面子文化的影响。

③点评:针对学生讨论观点,展开现场点评,包括学生自评、互评、教师点评总结等,凝练共识,激发创新。

### 第八章　消费与经济增长
**专业教学目标**
分析了社会总需求的构成,分析了消费和投资拉动总需求增长,阐述可持续增长和可持续消费问题,进而对衡量一个社会消费状况的首要指标——消费水平问题进行探讨。

**【知识目标】**

1. 了解社会总需求的构成。
2. 掌握消费需求与经济增长关系。
3. 理解消费水平的内涵。

**【能力目标】**

1. 能够将消费需求对经济增长的影响机理清楚描述出来。
2. 能够分析出一个社会的消费水平是如何形成的。

**课程思政教学目标及实践**

**【育人目标】**

1. 理性思维 通过分析社会总需求的构成、消费需求与经济增长关系等重点内容,激发学生从经济学特点出发,准确理解消费对经济增长的贡献,形成科学的理性思维方式,保持严谨求实的学习态度。

2. 国际视野 在消费水平的衡量中,借鉴已有的国际通用指标,展开中国与世界各国相关指标的比较,培育学生用全球化思维模式,思考中国消费水平的提升。

3. 国家认同 在推进经济增长的过程中,中国作为大国内需巨大,可以发挥内需的重要作用。培育学生坚定中国特色社会主义的发展之路,增强信心,走可持续增长之路。

**【教学方式与方法】**

1. 自主学习:提前预习本章知识,自主阅读提供的相应文献资料,完成线上发布的课前自测内容。
2. 课堂讲授:结合自测情况,讲授消费与经济增长的主要内容,以及消费水平的衡量等内容。
3. 小组讨论:围绕如何实现一个社会消费水平的提高,学生结合课堂内容和文献阅读情况,展开课堂小组讨论。

**【课程思政教学实例】**

**案例材料:消费成拉动经济增长主引擎**

(1)案例简介

近年来,我国居民消费规模持续扩大,消费结构逐渐升级,多样化、个性化、品质化的消费趋势愈发明显,消费市场提质扩容速度显著加快。在日益活跃的消费市场背后,蕴藏着巨大的消费高质量发展潜力。

从"刚需型"到"享受型",消费的内容不断拓展,消费的质量不断升级。消费者的品位与审美在提高,对产品的体验越来越重视,高品质越来越受追捧。例如,电器类的洗地机、衣物消毒机、油烟净化器,日用品类的留香珠、洗衣凝珠,运动户外品类的瑜伽装备、各类健身器械等,都已成为消费者"购物车"里的常客。

从量变到质变,消费结构逐步实现了升级与变革,在这一过程中,商家也在不断丰富产品矩阵,布局广阔的产品赛道,在更好满足消费者对美好生活新需求的同时,加速了行业的良性竞争和成长,形成了正向循环。

同时,随着物流和信息服务不断下沉,消费触达的地域范围不断延展,更多地区的消费潜力被挖掘出来,为高质量消费提供了更加广阔的人群基础。在偏远地区建立配送站、启动大件配送业务、布局仓储物流园区……从"不包邮"到"当日达",高质量商品"走出去"又"走进来",地理位置不再是消费提质升级的阻碍。

资料来源:消费成拉动经济增长主引擎[N].经济日报,2022-03-17(008).

(2)案例的思政元素

①国家认同。体现在,我国居民消费规模持续扩大,消费结构逐渐升级,多样化、个性化、品质化的消费趋势愈发明显。我国已经从全面建成小康社会开始迈步到全面建设社会主义现代化国家的征程中。

②技术运用。体现在,随着物流和信息服务不断下沉,消费触达的地域范围不断延展,更多地区的消费潜力被挖掘出来。在促进我国消费提质升级的过程中,针对存在的问题采用合理的解决方案,并善于运用信息技术促进消费。

(3)教学手段

①讲授:"刚需型"到"享受型"的消费变化。消费的内容不断拓展,消费的质量不断升级。通过对比讲

解,让学生深刻理解消费的重要作用,形成理性思维和科学判断。

②讨论:扩大内需促进消费是推动经济走向长期稳定增长的关键内生动力。让学生们结合消费需求与经济增长的关系,全面展开分析提出各自观点。

③点评:针对学生讨论观点,展开现场点评,包括学生自评、互评、教师点评总结等,凝练共识,激发创新。

## 第九章 消费结构

**专业教学目标**

在明确消费结构概念及影响因素基础上,阐述了消费结构的演变趋势,进一步地,将消费结构与产业结构联系,分析消费结构对产业结构的引导和制约作用。

【知识目标】

1. 掌握消费结构的含义及其影响因素。
2. 理解消费结构演变的一般趋势。
3. 理解消费结构与产业结构变动关系。

【能力目标】

1. 能够从微观和宏观两个层面分析影响消费结构的因素。
2. 能够分析消费结构转换、产业结构变迁与经济增长之间的逻辑关系。

**课程思政教学目标及实践**

【育人目标】

1. 理性思维 通过分析消费结构含义和影响因素,以及消费结构演变的一般趋势等内容,引导学生从经济学宏观视角出发,深刻理解消费结构变化的重要作用,有实证意识和理性思维方式,求真务实的学习态度。

2. 国际视野 在消费结构演变的衡量中,借鉴已有的国际通用指标,展开中国与世界各国相关指标的比较,培育学生用全球化思维模式,思考中国消费结构的变化。

【教学方式与方法】

1. 自主学习:提前预习本章知识,自主阅读提供的相应文献资料,完成线上发布的课前自测内容。
2. 课堂讲授:结合自测情况,讲授消费结构影响因素、演变趋势及与产业结构关系等主要内容。
3. 小组讨论:围绕产业结构与消费结构的相互制约的观点,学生结合课堂内容和文献阅读情况,展开课堂小组讨论。

【课程思政教学实例】

**案例材料:消费结构升级趋势明显**

(1)案例简介

消费结构变化是消费升级的重要标志。精神消费、健康消费、绿色消费、智能消费、服务消费占比不断增加,代表着消费者对美好生活的向往和追求。

消费结构升级意义深远,对产业也具备一定塑造作用,其影响往往具有前瞻性。例如,精神消费无论是量的增加还是质的提升,都会带来消费群体素质和能力的优化,改变其工作和生活态度,从而进一步带来消费模式和消费能力升级,实现正向循环。而服务消费拓展是成熟消费形态的表现之一,在基本诉求被满足后,消费者愿意为更美好便捷的体验付费,为服务产业带来成长契机。

除了消费大类的改变,细分领域的结构性升级依然是主旋律。例如,在食品消费中,过去占据大头的米面粮油正在把空间让渡给水果、禽肉蛋奶和蔬菜。居民生活水平显著提升,从吃得饱到吃得好,再到吃得营养健康的趋势愈发明显。

消费结构升级一直是供需两侧相互推动、持续发展的过程。从需求侧来看,升级源于人们对生活最朴素和真实的期待,消费评价也来自最真实的体验。供给侧必须牢牢把握住价值创造的主线,才能实现长久发展。供给侧不但要把自己作为消费需求升级的满足者,更要定位为美好生活的推动者创造者。

资料来源:消费结构升级趋势明显[N].经济日报,2022-07-24(004).

**(2)案例的思政元素**

①国家认同。体现在,消费结构变化是消费升级的重要标志,代表着消费者对美好生活的向往和追求。中国经济建设的加快,适应社会主要矛盾的变化,不断为人民生活的改善作出新的贡献。

②问题解决。体现在,消费结构升级一直是供需两侧相互推动、持续发展的过程。在中国特色社会主义建设中,不完全盲从西方经济学理论,善于结合中国实际进行创新,解决实际问题。

**(3)教学手段**

①讲授:我国城乡居民消费结构的演变。结合文献资料和统计数据,介绍我国城乡居民消费结构的演变状况,让学生深刻理解改革开放以来我国居民生活的变迁状况,形成科学判断。

②讨论:智能产品持续热销的现象思考。让学生们结合消费升级与产业升级的理论关系,对智能消费增长和人群的扩大展开深入思考,提出个人观点。

③点评:针对学生讨论观点,展开现场点评,包括学生自评、互评、教师点评总结等,凝练共识,激发创新。

## 第十章 消费方式

**专业教学目标**

消费方式是指消费者的满足方式,包含消费的技术方式和消费的社会实现方式两层含义。本章研究了消费方式含义及其变化趋势,以及消费服务商品化和可持续消费等内容。

**【知识目标】**

1. 掌握消费方式的含义及其变化趋势。
2. 理解消费服务商品化。
3. 了解可持续消费。

**【能力目标】**

1. 能够指明消费社会实现方式的变动趋向及消费服务商品化的影响因素。
2. 能够结合中国城乡消费状况,指出可持续消费的实现途径。

**课程思政教学目标及实践**

**【育人目标】**

1. 勇于探究  通过分析消费方式内涵、变化趋势等内容,培养学生从消费发展变化所蕴含的经济学原理出发,主动适应消费升级,推动供给和需求的更好吻合。

2. 国际视野  在可持续消费理念提出和内容的不断充实中,让学生了解国际上对可持续消费的要求变化,理解中国可持续消费方面的政策规定,以适应二十一世纪人类发展的要求,推进中国的可持续消费与可持续发展的协同。

3. 社会责任  通过分析可持续消费提出背景以及对人类社会的影响,培养学生从消费视角思考人类未来发展趋向,做到人与自然和谐,实现人类更美好未来。

**【教学方式与方法】**

1. 自主学习:提前预习本章知识,自主阅读提供的相应文献资料,完成线上发布的课前自测内容。
2. 课堂讲授:结合自测情况,讲授消费方式内涵、变化趋势和消费服务商品化及可持续消费等内容。
3. 小组讨论:围绕可持续消费的影响,学生结合课堂内容和文献阅读情况,展开中国推进可持续消费路径的课堂小组讨论。

**【课程思政教学实例】**

**案例材料:全球可持续消费倡议**

**(1)案例简介**

当今,践行可持续发展已经成为全球共识,也是建设更加繁荣、包容和绿色世界的必然选择。可持续消费是推动全球经济持续、稳定、健康发展的根本动力,也是满足人民日益增长的美好生活需要的必然要求。通过激发、释放可持续消费的力量,不仅能让经济发展更具韧性,更有活力,也可以保护地球家园,提升人类福祉。

推动可持续消费,需要包括企业在内的各利益相关方的共同努力,将可持续消费和生产形成闭环。在首届中国国际消费品博览会上,可持续发展经济导刊联合戴尔科技集团、赛得利集团、雀巢、Visa 等发出全球可持续消费倡议:

一、将可持续发展融入企业长期发展战略,加强对企业可持续消费和生产的顶层规划;

二、设计和制造可持续的产品和服务,帮助消费者在提高生活品质的同时,满足其对环境和社会的关怀;

三、在营销策略与销售渠道中融入可持续消费,让消费者在选购时清晰了解产品与服务的可持续性信息;

四、担负倡导可持续消费和可持续生活的责任,鼓励和引导消费者实际参与可持续的消费与生活;

五、关注特定群体(如贫困地区人口、老年人、残障人士等)的消费需求,促进消费公平,构建包容、平等的社会;

六、与政府、行业和社会组织、媒体等利益相关方开展合作,营造和促进可持续消费的社会氛围和政策机制。

资料来源:胡文娟. 全球可持续消费倡议在首届消博会上发布[J].可持续发展经济导刊,2021(05):56－58.

**(2)案例的思政元素**

①社会责任。体现在,可持续消费不仅能让经济发展更具韧性,更有活力,也可以保护地球家园,提升人类福祉。因此,引导学生要爱护地球家园,做好可持续消费活动。

②国际理解。体现在,可持续发展经济导刊联合戴尔科技集团、赛得利集团、雀巢、Visa 等发出全球可持续消费倡议,所以可持续发展是全人类的面对的共同使命,需要全球化协作应对。

**(3)教学手段**

①讲授:可持续消费的原则。结合文献资料和可持续消费理论,介绍其主要原则,让学生深刻理解这些原则的真正内涵。

②讨论:中国如何践行可持续消费理念。让学生们结合案例材料和理论知识,分析中国在新时代下推行可持续消费的可行途径。

③点评:针对学生讨论观点,展开现场点评,包括学生自评、互评、教师点评总结等,凝练共识,激发创新。

## 第十一章 消费政策

**专业教学目标**

阐述了消费政策的内涵及内容,进而分析消费政策的实现手段,比较了发达国家和发展中国家在消费政策实施上的差异,最后针对中国中长期经济发展目标探讨消费政策的设计。

**【知识目标】**

1. 掌握消费政策的含义及内容。
2. 理解消费政策实现的手段。
3. 了解经济周期与宏观经济政策以及开放经济中的消费政策。

**【能力目标】**

1. 能够结合现实表现分析不同内容消费政策的作用。
2. 能够比较不同类别国家消费政策的侧重点,指出中国消费政策的中长期总政策。

**课程思政教学目标及实践**

**【育人目标】**

1. 科学精神 通过分析消费政策,让学生从宏观经济政策原理出发,认识消费对宏观经济发展的重要性,借助多种手段发挥消费的积极作用,促进民生发展。

2. 国际视野 在开放经济活动中,消费政策的制定有发达国家和发展中国家的比较,对中国消费政策的制定具有积极的借鉴作用,推动中国的国际化发展。

3. 国家认同 中国中长期消费政策的制定,基于我国二十一世纪中叶基本实现现代化的战略目标,是畅通国内大循环的关键一环,培养学生从实际出发的理念。

**【教学方式与方法】**

1. 自主学习:提前预习本章知识,自主阅读提供的相应文献资料,完成线上发布的课前自测内容。

2. 课堂讲授:结合自测情况,讲授消费政策的内涵、手段以及开放经济条件下消费政策与经济增长关系等内容。

3. 小组讨论:围绕拉动内需下的消费政策的制定,组织学生结合课堂内容和文献阅读情况,展开课堂小组讨论。

**【课程思政教学实例】**

**案例材料:商务部多措并举促进消费持续恢复**

**(1)案例简介**

商务部新闻发言人束珏婷2022年7月7日表示,5月以来国内消费保持恢复发展势头。商务部将落实好已出台的稳增长、促消费政策措施,从加力稳住大宗消费、优化消费平台载体、办好消费促进活动等方面,促进消费持续恢复。

这是束珏婷在当天商务部举行的网上例行新闻发布会上说的。她说,在加力稳住大宗消费方面,商务部近日会同有关部门出台了关于搞活汽车流通扩大汽车消费的若干措施,将与相关部门一道做好政策宣介和落实,同时深入开展新能源汽车、绿色建材下乡活动,鼓励有条件的地方开展绿色智能家电下乡和以旧换新。

在优化消费平台载体方面,束珏婷说,将加快推进国际消费中心城市培育建设,在印发首批培育建设典型经验做法的基础上,进一步加强宣传推广;推动步行街高质量发展,统筹开展智慧商圈、智慧商店示范创建,加快建设一刻钟便民生活圈,提升城市消费。加快健全县域商业体系,推动供应链、物流配送、商品服务下沉和农产品上行,扩大农村消费。

在办好消费促进活动方面,她说,将在做好新冠肺炎疫情防控前提下,组织开展中国国际消费品博览会、国际消费季、中华美食荟等重点活动,指导各地因地制宜开展内容丰富、形式多样的消费促进活动,活跃消费氛围,提振消费信心,激发消费潜力。

资料来源:中华人民共和国中央人民政府。http://www.gov.cn/xinwen/2022-07/07/content_5699802.htm.

**(2)案例的思政元素**

①国家认同。体现在,商务部从加力稳住大宗消费、优化消费平台载体、办好消费促进活动等方面,促进消费持续恢复,表明了国家提振消费、促进经济和民生改善的使命。

②国际理解。体现在,组织开展中国国际消费品博览会、国际消费季、中华美食荟等重点活动。中国的消费需求与世界紧密联系,融入了全球消费活动中。

**(3)教学手段**

①讲授:中国70年来消费政策的变迁。结合案例资料和信息搜寻,对新中国成立以来的消费政策的演进进行回顾,并提出思考,让学生深刻理解我国经济发展过程中的消费的认知和管理变迁。

②讨论:中国新发展格局下畅通国内大循环消费的重要作用。让学生们结合消费政策的理论和实践,分析中国促进消费对国内经济的重要性。

③点评:针对学生讨论观点,展开现场点评,包括学生自评、互评、教师点评总结等,凝练共识,激发创新。

## 第十二章 消费者权益与消费者责任

**专业教学目标**

消费者在享有消费权利的同时,也要承担消费责任。本章以消费者权益和消费者责任问题为核心,界定相关概念内涵,梳理围绕消费者权益和消费者责任问题的相关的、多视角的分析和解释。

**【知识目标】**

1. 掌握消费者权益的内涵。
2. 理解消费者权益的保护。

3. 了解消费者运动与消费者组织,明确消费者责任。

**【能力目标】**

1. 能够结合现实消费侵权问题,进行消费者权益的保护行为分析。
2. 能够阐明在可持续发展背景下的消费者社会责任的多维理解。

**课程思政教学目标及实践**

**【育人目标】**

1. 理性思维　通过分析消费者权益的基本内涵、制约因素和保护,坚持求真务实的精神,用理性的思维方式分析并研究解决当下人们消费中存在的此类问题。

2. 法治观念　在消费者权益保护过程中,推动了消费者权益立法的完善,伴随网络经济发展,法律仍在不断完善,作为消费者需要持续关注并遵守法律要求。

3. 社会责任　作为消费者也具有自我责任和社会责任,特别是社会责任履行十分重要,所以,让学生理解并积极践行社会责任,实现消费的可持续发展。

**【教学方式与方法】**

1. 自主学习:提前预习本章知识,自主阅读提供的相应文献资料,完成线上发布的课前自测内容。
2. 课堂讲授:结合自测情况,讲授消费者权益内涵、制约因素和保护,以及消费者责任相关内容。
3. 小组讨论:围绕消费者社会责任问题,学生结合课堂内容和文献阅读情况,展开课堂小组讨论。

**【课程思政教学实例】**

**案例材料:最高人民法院关于审理网络消费纠纷案件适用法律若干问题的规定(一)**

**(1)案例简介**

为正确审理网络消费纠纷案件,依法保护消费者合法权益,促进网络经济健康持续发展,根据《中华人民共和国民法典》《中华人民共和国消费者权益保护法》《中华人民共和国电子商务法》《中华人民共和国民事诉讼法》等法律规定,结合审判实践,制定本规定。

第一条　电子商务经营者提供的格式条款有以下内容的,人民法院应当依法认定无效:

(一)收货人签收商品即视为认可商品质量符合约定;

(二)电子商务平台经营者依法应承担的责任一概由平台内经营者承担;

(三)电子商务经营者享有单方解释权或者最终解释权;

(四)排除或者限制消费者依法投诉、举报、请求调解、申请仲裁、提起诉讼的权利;

(五)其他排除或者限制消费者权利、减轻或者免除电子商务经营者责任、加重消费者责任等对消费者不公平、不合理的内容。

第二条　电子商务经营者就消费者权益保护法第二十五条第一款规定的四项除外商品做出七日内无理由退货承诺,消费者主张电子商务经营者应当遵守其承诺的,人民法院应予支持。

资料来源:中华人民共和国最高人民法院 https://www.court.gov.cn/fabu-xiangqing-348031.html。

**(2)案例的思政元素**

①法治观念。体现在,电子商务经营者提供的格式条款有以下内容的,人民法院应当依法认定无效。让学生明白,虽然网络消费发展迅速,但是仍然要保护消费者权益,惩治对消费者的侵权行为。

②社会责任。体现在,正确审理网络消费纠纷案件,依法保护消费者合法权益,促进网络经济健康持续发展。最高人民法院适时出台这项补充规定,是对消费者网络消费的保护,会更加促进中国市场经济的公平公正和深入完善。

**(3)教学手段**

①讲授:最高人民法院关于审理网络消费纠纷案件适用法律若干问题的规定(一)的全部内容。并进行剖析,让学生深刻理解网络消费维权重要性。

②讨论:网络消费中容易发生的侵权问题如何有效应对。让学生们结合案例资料和文献阅读,以及个人网购经历,深入思考并提出个人建议措施。

③点评:针对学生讨论观点,展开现场点评,包括学生自评、互评、教师点评总结等,凝练共识,激发创新。

## 四、课程思政的教学评价

### (一)对教师的评价

1. 教学准备的评价

高度重视课程思政建设,并将《消费经济学》课程思政建设落实到教学准备各个方面,提前提炼相关思政元素进行课程思政的目标设计、修订教学大纲、选用合适教材、编写教案课件等。

2. 教学过程的评价

重视教学过程中的思政教育活动,将《消费经济学》课程思政建设落实到教学过程各环节,主要评价教师是否采取了恰当的教学方式,将思政元素自然地融入教学内容中,对学生的思政教育以"润物细无声"的方式展开。包括以生为本的教学理念及策略、多种混合式教学方法的有机运用,平时作业及时布置和批改、平时成绩的合理考核等。

3. 教学结果的评价

针对教学效果开展综合评价,倡导建立健全《消费经济学》课程思政的多维度评价体系,包括同行评议、随机听课、学生评教、教学督导、教学研究及教学获奖等,以此合理评测教师课程思政育人效果。

4. 评价结果的运用

合理运用课程思政评价结果,认真听取同行评议、学生评教、教学督导等提出的改进建议,以及对学生考核的成绩分析进行运用,做好对课程思政教学的反思与改进。

### (二)对学生的评价

1. 学习过程的评价

检验学生是否认真完成了教师布置的要求和任务,积极参与课程中的资料收集、小组讨论和实地调研等教学过程,科学评价学生在本课程学习过程中的积极性、互动性和参与度。

2. 学习效果的评价

通过课程布置的平时作业、小组讨论、线上学习平台资料分析报告、随堂练习、课程论文、期末考试等多种形式,检验学生对课程思政元素的领会及其对思政元素的掌握程度。

3. 评价结果的运用

通过师生座谈和院系教研活动开展等多种形式,对学生的课程学习效果和思政育人状况进行科学分析,收集学生的反馈,总结经验,改进不足,提升课程思政的学习效果。

## 五、课程思政的教学素材

| 序号 | 内容 | 形式 |
| --- | --- | --- |
| 1 | 《管子》消费思想的内涵及其现实价值 | 阅读材料 |
| 2 | 释放潜力 促进消费持续恢复 | 新闻报道 |
| 3 | 关于进一步释放消费潜力促进消费持续恢复的意见 | 政策文件 |
| 4 | 特大新冠肺炎疫情冲击非常时期发放消费券促进消费回补的思考 | 阅读材料 |
| 5 | 人口老龄化与储蓄率的关系 | 阅读材料 |
| 6 | 中国高储蓄率问题探究——1992—2003年中国资金流量表的分析 | 阅读材料 |
| 7 | 大学生互联网消费信贷行为的风险分析 | 阅读材料 |
| 8 | 投资青少年科学教育就是投资未来 | 新闻报道 |
| 9 | 儿子、房子与老子——未婚子女、房价与老年人劳动参与 | 阅读材料 |
| 10 | 考研"热"需要"冷"思考 | 新闻报道 |
| 11 | 国人消费中的面子与攀比 | 阅读材料 |
| 12 | 新中国成立70年来我国服务消费的演变与思考 | 阅读材料 |
| 13 | 消费成拉动经济增长主引擎 | 新闻报道 |
| 14 | 消费结构升级趋势明显 | 新闻报道 |
| 15 | 后新冠肺炎疫情时代产业和消费"双升级"的动力机制 | 阅读材料 |
| 16 | 全球可持续消费倡议 | 案例分析 |
| 17 | 商务部多措并举促进消费持续恢复 | 新闻报道 |
| 18 | 2008金融危机以来促消费政策回顾及前瞻 | 研究报告 |
| 19 | Fast-food addiction and anti-consumption behaviour: The moderating role of consumer social responsibility | 阅读材料 |
| 20 | 最高人民法院关于审理网络消费纠纷案件适用法律若干问题的规定(一) | 政策法规 |

# 《贸易经济学》课程思政教学指南

张武康　王婧卜

（西安财经大学）

## 一、课程简介与课程目标

### （一）课程简介

《贸易经济学》课程是贸易经济专业的核心课程，旨在适应社会对贸易类人才的需求，满足贸易类人才对基本贸易理论和实务知识的需要，实现为社会主义建设培养贸易专业方面的高素质应用型人才。课程主要内容包括贸易经济学导论、贸易产生与发展、贸易的地位与作用、贸易与市场、贸易运行、贸易渠道、空间贸易、批发贸易、零售贸易、期货贸易、网络贸易等。通过本课程的学习，使学生全面了解贸易在经济发展中的地位、作用，理解国内和国际贸易等行为，掌握贸易专业方面基本内容，为后续相关专业知识学习打下坚实的理论基础。

本课程坚持思想政治教育与专业教育相结合，将价值塑造、知识传授和能力培养融入课程内容设计、教学环节组织、教学效果测评的全过程，使学生适应"大流通、大市场、大贸易"的发展要求，在对贸易经济理论知识掌握的基础上，成为适应新时代要求的有理想、有道德、有知识、有能力的经济贸易类应用型创新人才。

### （二）课程目标

本课程为专业必修课程。通过本课程的学习，使学生能够达到以下目标：

1. 知识目标：系统掌握贸易理论的演进以及贸易经济学的发展概况，对贸易产生与发展、地位与作用、贸易与市场、贸易运行与贸易渠道等基本知识理解掌握；熟悉贸易的具体实践表现如城乡贸易、区际贸易和国际贸易等空间贸易，以及贸易的行业分类，如商品贸易、生产要素贸易和服务贸易等；熟悉批发贸易、零售贸易、期货贸易、网络贸易等主要的贸易形态运行。

2. 能力目标：具有获取专业知识的能力，能够掌握有效的学习方法，主动接受终身教育；具有专业实践应用能力，能够在贸易流通实践活动中灵活运用所掌握的专业知识；能够运用专业理论知识和研究方法分析解决贸易实际问题，具备一定的科学研究能力；具备创新精神、创业意识和创新创业能力。

3. 育人目标：热爱祖国，遵纪守法，以马克思主义为指导，爱党爱人民，具有良好的道德品质和商贸流通业职业操守，具备社会责任感和人文关怀意识；具有良好的商贸流通专业素养，熟悉国家有关贸易与流通发展的方针、政策和法律法规，了解内外贸一体化发展动态；具有一定的贸易流通科学知识与科学素养；具有良好的身心素质和人文素养；善于并乐于学习，能够自我总结反思，并培育信息化数字化生存能力。

### （三）课程教材和资料

➢ 推荐教材

柳思维,高觉民.贸易经济学(第四版)[M].北京:高等教育出版社,2021.

➢ 参考教材或推荐书籍

1. [美]埃梅克·巴斯克(Emek Basker)著.王胜桥,曹静 编.吕洁 译.零售与分销经济学手册[M].北京:经济管理出版社,2019.

2. 陈淑祥,张驰,陈玺岚.贸易经济学(第3版)[M].成都:西南财经大学出版社,2019.

➢ 学术刊物与学习资源

国内外贸易经济类相关期刊。

学校图书馆提供的各种数字资源，特别是"中国知网"。

➢ 推荐网站

中华人民共和国商务部网站 http://www.mofcom.gov.cn/.
中华人民共和国国家市场监督管理总局网站 http://www.samr.gov.cn/.
中国商业联合会网站 http:// www.cgcc.org.cn/.

# 二、课程思政教学总体设计

## (一)课程思政教学目标

本课程坚持以习近平新时代中国特色社会主义思想为指引,全面贯彻党的教育方针,聚焦贸易强国和内外贸一体化建设,培养学生"融通内外、经世济民、诚信服务、德法兼修"的理念,将价值塑造、知识传授和能力培养融为一体,培养德智体美劳全面发展的社会主义建设者和接班人。

具体而言,本课程思政教学目标的思政维度可以涉及以下方面:家国情怀、培育和践行社会主义核心价值观、融入中华优秀传统文化、牢固树立法治观念、深化职业规范与职业道德教育、培养科学精神、拓展国际视野。

1. 家国情怀

通过课程讲解,让学生了解中国贸易发展历史演进状况,增强国情历史,文化自信和坚持共同富裕,以及中国特色社会主义建设中的贸易强国建设征程,为实现民族伟大复兴的中国梦而奋斗。

2. 培育和践行社会主义核心价值观

通过贯穿课程始终的正能量传播,介绍中国贸易发展从小到大,从弱到强的奋斗历程,帮助学生建立和强化社会主义核心价值观,引导学生将个人价值实现与民族复兴大业相契合。

3. 融入中华优秀传统文化

本课程注重融入中华优秀传统文化的精髓,特别是优秀商贸文化的传承,古代商帮文化和兴商的典型事例,引导学生熟悉我国人文社会科学领域的基础知识,提升文化自信。

4. 牢固树立法治观念

在贸易活动开展中让学生牢固树立遵纪守法的意识,知法懂法,并激励学生通过运用法律武器捍卫贸易利益,与贸易伙伴协作中具备运用法治思维和法治方式维护自身权益。

5. 深化职业规范与职业道德教育

本课程培养学生具备自主、有效、持续学习的意识和能力;具有批判性思维与求真务实的科学精神,具备商贸流通领域创新实践能力和自主创业的意识;能够理解和遵守商贸行业职业道德与规范。

6. 培养科学精神

引导鼓励学生勇于探索、大胆创新,将自身职业发展能够融入到新时代的商贸流通业发展中,贯彻新发展理念,促进内贸与对外贸易新发展格局,实现内外贸一体化发展。

7. 拓展国际视野

本课程通过让学生了解当前贸易领域的新形势、新业态,包括传统贸易与新兴数字贸易等,并注重我国与其他发达国家、发展中国家贸易政策与措施的比较,培养学生的国际视野。

## (二)课程思政的教学内容

《贸易经济学》课程的思政内容可以涉及以下几方面:

1. 坚持习近平新时代中国特色社会主义经济思想的指导

本课程教学中,体现辩证唯物主义和历史唯物主义、马克思主义政治经济学以及习近平新时代中国特色社会主义经济思想,引导学生将科学的世界观、价值观、人生观、认识论、方法论、经济学规律等内化于心。

2. 解析国家贸易发展相关战略、法律法规和相关政策

结合本课程自身特点,融入对经贸领域国家相关战略、法律法规和政策的解析,帮助学生深刻理解中国国情国策、厚植家国情怀,明辨是非,爱岗敬业,主动作为,培养责任感。

3. 引导学生深入关注中国经贸现实问题并寻求解决之道

中国贸易发展引起了世界瞩目,在本课程的教学中,围绕中国经贸现实问题,通过课程的实践环节以及课外实践活动等不同类型的实践体验,激发学生关注中国当下现实问题,持续提高学生解决中国经贸实际问题的能力。

4. 培育学生良好的商贸业职业道德和素养

在本课程的教学中,重视对学生职业道德的培养。通过挖掘课程内容、设计教学过程,显性教育与隐性教育相统一地加强遵纪守法、诚信服务、公平竞争、爱岗敬业等商业职业道德教育,使学生更好适应未来商贸业的人才品德需求。

5. 增强中华优秀商贸文化的认同

在本课程教学中,重视对中华优秀的商贸文化的挖掘和传承。通过挖掘优秀商贸思想元素、融入教学过程,使传统文化和现代商贸文化有机统一,服务于学生的专业知识传授,内在地提升对优秀中华文化的认同和传承。

(三)教学方法

本课程综合运用课堂讲授、启发式教学、案例教学、小组合作式教学等多种教学方法,并借助现代网上智慧教学工具——超星学习通,引导学生做好提前预习和知识点自测,为线下课堂教学的有效开展提供借鉴。

通过线上和线下教学的有机结合,使学生系统掌握贸易经济学领域的基本概念、基础理论和基础知识,为专业学习奠定扎实基础;进而适应我国"大流通、大市场、大贸易"的要求,提升学生运用理论知识分析现实贸易活动中热点问题、难点问题的能力;结合有关案例和贸易知识中思政元素的有机融入,增进学生的思想道德和素养提升,积极分析中国贸易实践和问题,思考借鉴国内外贸易理论进行有效应对,实现学生从"知识、能力、素质"的不断进阶,成为适应新时代要求的合格商贸从业人员。

## 三、课程各章节的课程思政教学内容设计

### 第一章 贸易经济学导论

**专业教学目标**

本章在介绍贸易经济学基本范畴的基础上,对贸易理论的演进路线进行归纳阐述,继而分析了中国贸易经济学曲折的发展变化过程,让学生对构建中国特色贸易经济学增加了使命责任感,并熟悉贸易经济学的研究对象和方法,把握好贸易经济学学科定位,促进贸易经济学的创新与发展。

【知识目标】

1. 掌握贸易经济的基本范畴;理解贸易理论的演进。
2. 了解贸易经济学发展概述;掌握贸易经济学的研究对象及研究方法。

【能力目标】

1. 培养学生系统地分析贸易经济学所涉及的理论演化,与时俱进地实现对实践的指导。
2. 培养学生从特色构建的角度分析中国贸易经济学的发展,并能正确处理与其他的专业学科的关系。

**课程思政教学目标及实践**

【育人目标】

1. 家国情怀　在中国贸易经济学的形成与发展经历了一个漫长的过程,从古代、近代、现代和当代都有贸易思想的贡献,特别是随着社会主义市场经济的发展和新时代要求,中国特色贸易经济学获得了创新与发展的更好契机,将为构建新发展格局贡献自身学术力量。

2. 中华优秀传统文化　中国古代春秋战国时期,就有相应的关于贸易的思想精髓,提出了一些重要的商业经营思想和观点,这些优秀文化精髓值得加以提炼和总结,增强学生对中华优秀传统文化的认同和自豪。

3. 科学精神　通过分析马克思主义贸易理论、西方主流贸易理论和新兴古典贸易理论等,培养学生能够理性思维,理解掌握不同的贸易思想,并勇于探究,结合中国实际进行相应的理论创新,从而形成科学思维方式来推进自身的发展。

【教学方式与方法】
1. 自主学习:提前预习本章知识,自主阅读提供的相应文献资料,完成线上发布的课前自测内容。
2. 课堂讲授:结合自测情况,讲授贸易理论演变的主要观点和内容、中国特色贸易经济学的构建与创新发展等。
3. 小组讨论:围绕贸易经济学与其他经济学科以及相关专业学科的关系,学生结合课堂内容和预习情况,展开课堂小组讨论。

【课程思政教学实例】
**案例材料:林文益——中国贸易经济学著名奠基人**

(1)案例简介

林文益教授,中国社会主义商业经济学、贸易经济学的主要奠基人之一。除研究贸易经济学外,在中国商业史、消费经济学、服务经济学、旅游经济学等领域也有独到建树,成就斐然。共发表论文300多篇,被列为"改革开放以来中国十大高产经济学作者之一"。他的独到贡献是在20世纪80年代初在全国经济学界最早提出社会主义经济不但要按价值规律办事也要按市场供求规律办事。他与贾履让教授联合发表在《经济研究》1981年第9期的《关于供求规律及其在社会主义经济中的作用》一文,首次对供求规律的内涵及重要作用进行了系统论述,并将其与价值规律并列为商品经济与市场的基本规律。该文1984年获第一届孙冶方经济学论文奖,也是国内贸易流通学术界第一个获此奖项的学者。与此同时,他还较早提出了"要以市场为中心来组织社会经济"的观点。20世纪90年代初期,他作为《中国商业百科全书》商业经济理论组主编,组织一批商业经济学术界专家,撰写了全部商业经济理论词条,他逐条修改并总纂定稿。1995年由他主编的《贸易经济学》由中国财政经济出版社出版。林文益教授教书育人,为人师表,爱生如子,1997年12月30日20时57分在指导学生及进行答疑过程中不幸猝死,享年67岁。

资料来源:柳思维,高觉民.《贸易经济学(第四版)》专栏1-3(有删减)。

(2)案例的思政元素

①勇于探究。体现在,林文益教授在20世纪80年代初,在全国经济学界最早提出社会主义经济不但要按价值规律办事也要按市场供求规律办事,体现了学者的理性思维、独立思考和勇于探究的精神。

②社会责任。体现在,林文益教授爱岗敬业,教书育人,为人师表,爱生如子,具有良好的职业道德,1997年12月30日20时57分在指导学生及进行答疑过程中不幸猝死;作为《中国商业百科全书》商业经济理论组主编,他逐条修改并总纂定稿,具有主动作为、履职尽责,在团队中发挥了表率作用。

(3)教学手段

①讲授:中国贸易经济学著名奠基人的贡献。从林文益教授的研究除了贸易经济学外,在中国商业史、消费经济学、服务经济学、旅游经济学等领域也有独到建树,共发表论文300多篇,被列为"改革开放以来中国十大高产经济学作者之一"。激发学生对教授学术思想贡献的钦佩,鼓励学生努力学习,未来成为对国家社会有贡献之人。

②讨论:社会主义经济不但要按价值规律办事也要按市场供求规律办事。让学生们结合我国改革开放和建立社会主义市场经济过程中,理论界对社会主义经济认识的逐步深入,让学生理解思想的解放和创新非常的重要。

③点评:针对学生讨论观点,展开现场点评,包括学生自评、互评、教师点评总结等,凝练共识,激发创新。

## 第二章　贸易的产生与发展

**专业教学目标**

分析了贸易的产生过程,让学生理解社会分工和所有权归属差异是贸易活动产生发展的基本条件;进而理解前资本主义、资本主义贸易的发展以及中国古代和近代贸易发展特征,并对当代贸易特征熟练掌握。

【知识目标】

1. 理解贸易活动的产生和发展的基本条件。

2. 了解贸易活动的发展状况。

3. 理解并掌握当代贸易活动及基本特征。

**【能力目标】**

1. 增进学生对贸易活动产生发展基本条件的理解,以分析贸易活动的变化。

2. 培养学生从当代贸易活动特征中发现变化趋向,并能做好相应的储备。

**课程思政教学目标及实践**

**【育人目标】**

1. 国家认同　中国古代的商品贸易与世界商品贸易的发展基本类似,但在进入封建社会的地主制经济、中央集权国家确立时期,中国商业的发展呈现出与西方封建领主制国家不同的特征,以此让学生了解国情历史,增强文化自信。

2. 理性思维　通过分析前资本主义、资本主义贸易的发展,中国古代和近代贸易发展特征,以及当代贸易特征,培养学生尊重事实和证据,运用科学思维方式认识贸易的产生与发展过程。

3. 国际视野　在贸易的产生与发展过程中,通过中西方的对比学习,以及二者的互动交融,让学生具有全球化思维模式,以此推进贸易的多元化和人类命运共同体建设。

**【教学方式与方法】**

1. 自主学习:提前预习本章知识,自主阅读提供的相应文献资料,完成线上发布的课前自测内容。

2. 课堂讲授:结合自测情况,讲授贸易产生与发展的主要内容,以及当代全球贸易体现的特征等。

3. 小组讨论:围绕贸易活动产生和发展的基本条件是什么,学生结合课堂内容和文献阅读情况,展开课堂小组讨论。

**【课程思政教学实例】**

**案例材料:东西方的贸易渊源**

(1)案例简介

古希腊的柏拉图在其理想城邦中就设计了市场,供人们交换劳动产品,满足相互的产品需求。在中国古代西周的城市规划中也设置了固定的市场以供交易。这是早期的城市贸易。东方和西方的大规模交易产生于新航路的开辟。当时东西方之间的贸易发展极不平衡。欧洲社会上层在商品经济日益发展的情况下,对东方奢侈品的需求不断增加,东方的香料、丝绸、瓷器和其他产品不断运往西方,西方却没有可供交换的产品。陆上丝绸之路需要经过与欧洲部分敌对的阿拉伯帝国,因此西方各国开辟海外航道的愿望非常强烈。1487年,葡萄牙人迪亚士就在国王的鼓励下,组织船只沿着非洲海岸向南航行,到达非洲最南的好望角。1492年,哥伦布和西班牙国王签订"圣大非协定",接受国王赞助,于8月3日拂晓,带领3艘帆船从西班牙南端的巴罗士港起航,向西驶去。葡萄牙人达·伽马组织了更大的船队,于1497年7月8日从里斯本出发,循着迪亚士发现的航路,11月到达好望角,并从那里折航行,1498年3月,到达了莫桑比克,带回货物的纯利润是全部航行费用的60倍。在以后的航行中,欧洲各国在航线沿岸建立了许多商业和军事据点,逐渐打通了通往东方的航路,东西方贸易从此大幅增加。

资料来源:斯塔夫里阿诺斯.吴象婴,等,译.全球通史[M].北京:北京大学出版社,2012.

(2)案例的思政元素

①实践创新。体现在,陆上丝绸之路需要经过与欧洲部分敌对的阿拉伯帝国,因此西方各国开辟海外航道的愿望非常强烈。从而有多位航海家进行了不懈的探索,为打通东西方贸易做出了突出贡献。

②国际理解。体现在,东方和西方的大规模交易产生于新航路的开辟。随着航路开辟,欧洲各国在航线沿岸建立了许多商业和军事据点,逐渐打通了通往东方的航路,东西方贸易从此大幅增加,促进了东西方人民的福祉。

(3)教学手段

①讲授:陆上丝绸之路主要涉及哪些地区及其风险。陆上丝绸之路起源于西汉,最初作用是运输中国古代出产的丝绸,在明朝时期成为综合贸易之路。让学生深刻理解陆上丝绸之路对贸易的贡献,形成理性思维和科学判断。

②讨论:西方各国开辟海外航道的愿望非常强烈。让学生们结合西方开辟海外航道和海上丝绸之路

形成的过程中,辩证地分析其对全球贸易的影响。

③点评:针对学生讨论观点,展开现场点评,包括学生自评、互评、教师点评总结等,凝练共识,激发创新。

## 第三章　贸易的地位与作用

**专业教学目标**

分析贸易在现代经济中的地位,让学生理解贸易产业是国民经济的基础产业、先导产业和战略产业;进而理解掌握贸易在经济活动中的重要作用。

【知识目标】

1. 了解贸易中介理论。
2. 理解贸易的地位。
3. 掌握贸易的作用。

【能力目标】

1. 增进学生对贸易地位演变的认识,适应经济发展新要求做好贸易活动。
2. 深化学生对贸易基本作用到平台作用的认识,增强信息技术的应用。

**课程思政教学目标及实践**

【育人目标】

1. 勇于探究　通过分析马克思主义的贸易中介理论和西方经济学中的贸易中介理论,让学生能够在已有知识基础上,独立思考,独立判断,多角度辩证地分析问题,培养勇于探究的科学精神。
2. 国家认同　分析贸易自中国改革开放以来,在中国国民经济发展中的基础产业、先导产业和战略产业地位认知,增进对党领导的经济建设伟大成就的认知,自觉拥护党的意识和行动。

【教学方式与方法】

1. 自主学习:提前预习本章知识,自主阅读提供的相应文献资料,完成线上发布的课前自测内容。
2. 课堂讲授:结合自测情况,讲授贸易中介理论、贸易的地位以及贸易的作用等内容。
3. 小组讨论:围绕分工经济中"流通决定生产"的特征,让学生结合课堂内容和文献阅读情况,展开课堂小组讨论。

【课程思政教学实例】

**案例材料:中国成为世界第一贸易大国**

(1)案例简介

改革开放前,我国经济总体上处于相对封闭状态,货物进出口始终在较低水平上徘徊。1950年我国货物进出口额为11.3亿美元,1977年为148亿美元,28年间货物进出口累计1487亿美元,年均增长不足10%。改革开放以来,随着外贸管理体制改革和对外开放水平提升,对外贸易迅速发展。1978－2018年,我国货物进出口增长223倍,年均增速14.5%,高出同期全球货物贸易平均增速7.5个百分点。

2001年我国加入世界贸易组织,对外贸易进入新阶段。2004年货物进出口规模突破1万亿美元,2007年和2011年分别突破2万亿美元和3万亿美元,2013年再突破4万亿美元。党的十八大以来,我国加快培育外贸竞争新优势,货物贸易规模实现新发展。2018年我国货物进出口规模超过4.6万亿美元,以人民币计价,首次突破30万亿美元大关。

货物贸易大国地位不断稳固。2009年,我国成为全球货物贸易第一大出口国和第二大进口国。2013年,我国超越美国成为全球货物贸易第一大国,2014－2015年保持这一地位。2017－2018年,我国继续保持全球货物贸易第一大国地位。

资料来源:《经济参考报》,2019－09－26。

(2)案例的思政元素

①国家认同。体现在,2013年,我国超越美国成为全球货物贸易第一大国,此后至今,我国仍然继续保持全球货物贸易第一大国的地位。让学生对中国特色社会主义充满信心,对中华民族伟大复兴中国梦砥砺前行。

②国际理解。体现在,改革开放前后,我国对外贸易发展差距对比鲜明,特别是 1978—2018 年,我国货物进出口增长 223 倍,年均增速 14.5%。因此,融入全球经济发展大潮,对实现中国特色社会主义发展意义重大。

**(3)教学手段**

①图示:将改革开放前后的中国货物进出口数据绘制图形进行对比。让学生直观理解改革开放对中国贸易的巨大影响,理解新时代中国进一步扩大开放的政策要求。

②讨论:我国如何加快培育外贸竞争新优势。让学生们结合贸易的当代特征变化,以及全球竞争状况,探索推进我国贸易高质量发展的新路径。

③点评:针对学生讨论观点,展开现场点评,包括学生自评、互评、教师点评总结等,凝练共识,激发创新。

## 第四章 贸易与市场

**专业教学目标**

市场是贸易活动的载体,商品供给和需求是形成市场商品流通的两个基本条件,也是贸易赖以存在和发展的基础,在对市场功能熟悉的基础上,进而让学生理解掌握贸易与市场供求、市场价格、市场竞争之间的关系。

【知识目标】

1. 了解市场的功能及类型,理解商品供求关系与商品供求矛盾。
2. 理解贸易与价格机制及价格政策的关系。
3. 掌握市场竞争的基本形式。

【能力目标】

1. 深刻认识市场在资源配置中起到决定作用,提升面向市场的贸易活动能力。
2. 从贸易与市场供求、价格和竞争中,促进供求规律、价格政策及竞争的积极作用的发挥。

**课程思政教学目标及实践**

【育人目标】

1. 科学精神  通过分析市场功能、商品供求规律、价格机制等,培养学生尊重事实和证据,运用科学思维方式认识贸易与市场的内在关系。
2. 职业规范与职业道德  在贸易与市场竞争知识中,通过市场竞争的基本形式和其他形式,以及二者的比较,让学生具有遵从行业规范要求开展正当市场竞争的意识,形成良好的职业道德。

【教学方式与方法】

1. 自主学习:提前预习本章知识,自主阅读提供的相应文献资料,完成线上发布的课前自测内容。
2. 课堂讲授:结合自测情况,讲授市场功能、贸易与市场供求、贸易与市场价格、贸易与市场竞争的相关内容等。
3. 小组讨论:围绕贸易与市场竞争,特别是家乐福败退中国市场这个主题,学生结合课堂内容和文献阅读情况,展开课堂小组讨论。

【课程思政教学实例】

**案例材料:家乐福在竞争中败退中国市场**

(1)案例简介

2019 年 6 月 23 日,苏宁对外宣布拟出资 48 亿元收购家乐福中国 80% 股份。家乐福最终卖身苏宁,退出中国市场。成立于 1959 年的家乐福是欧洲第一大零售商、世界第二大零售连锁集团,更是大卖场业态的首创者。已经在全球 30 多个国家开了 11000 家店,服务超 20 亿人,最巅峰时拥有超过 50 万名员工。2004 年,家乐福被评为全球 500 强第 22 位。

1995 年,家乐福进入中国市场。当时中国内地零售业还是百货商场的天下,百货商场的模式是商场引进供货商,甚至供货商直接在商场内经营,价格由供货商说了算。但家乐福等大型超市模式不同,它们是把供货商手中的商品一次性买断,然后再转身变为卖家,小幅加价卖给顾客。这一模式很快就取得了巨大的成功,进而成为第一家在中国打响的外国超市品牌。短短几年内,家乐福门店以每年数十多家的速度递增,全国各地遍布家乐福的身影。2006 年,家乐福在中国门店数已突破 100 家,一跃成为外资零售在华企业之首。

2010 年后,伴随人口结构、消费习惯的变化和电商兴起及多元经营主体出现,中国随即步入"零售 2.0 时代"。电商时代,家乐福逐渐被边缘化。不过,电商兴起也仅仅是外因。家乐福的衰败更多是内因。与此同时,中国的同行们在努力学习家乐福模式,不断创新。

资料来源:《21 世纪经济报道》,2019-06-26。

**(2)案例的思政元素**

①实践创新。体现在,"零售 1.0 时代"的百货模式与大卖场模式的比较,以及"零售 2.0 时代"的电商模式,随着互联网的大发展,还会有新的零售业态的不断创新。需要学生认识到贸易行业的动态变化,勇于创新。

②国际理解。体现在,家乐福进入中国,带来了先进的"大卖场模式",但是由于内外因素的处理不当,导致了又退出中国市场。因此,开拓国际市场要结合实情灵活应对,促进中国商贸企业的海外市场拓展。

**(3)教学手段**

①讲授:"零售 1.0 时代"的百货模式与大卖场模式的比较。对百货模式为啥逊于大卖场模式的内在原因展开分析,让学生深刻理解零售商业的本质,培养理性思维和科学思维方式。

②讨论:电商时代,家乐福渐被边缘化的缘由。让学生们结合案例和文献材料,从主观和客观两个角度,辩证地分析家乐福衰败的缘由,提出借鉴意义。

③点评:针对学生讨论观点,展开现场点评,包括学生自评、互评、教师点评总结等,凝练共识,激发创新。

## 第五章 贸易运行

**专业教学目标**

贸易运行是贸易主体组织贸易客体从生产领域到消费领域的运行方式、运行内容及运行过程。贸易运行的内容包括贸易运行中的商流、物流及信息流。通过对贸易运行要素、环境、机制和规律的讲解,让学生全面理解贸易运行过程和机理。

**【知识目标】**

1. 理解贸易运行的要素与环境。
2. 理解贸易运行机制。
3. 掌握贸易运行规律。

**【能力目标】**

1. 提升对贸易活动开展所需要的人财物信息技术等要素认知,并做好经济环境和非经济环境的分析应对。
2. 深刻理解贸易运行有赖于系统内外部的相互作用,并遵循运行规律,提高科学决策能力。

**课程思政教学目标及实践**

**【育人目标】**

1. 批判质疑　通过对贸易运行要素和环境的辨析,理解贸易运行机制,掌握贸易竞争规律,可以培养学生严谨求实的求知态度,能够多角度、辩证地分析问题并解决问题。

2. 职业规范与职业道德　在贸易运行过程中,需要考虑按贸易的客观规律以及国家有关方针、政策、法规和道德准则的要求来规范和约束自己的行为。让学生理解贸易活动开展是有道德要求的,以此树立职业规范。

**【教学方式与方法】**

1. 自主学习:提前预习本章知识,自主阅读提供的相应文献资料,完成线上发布的课前自测内容。
2. 课堂讲授:结合自测情况,讲授贸易运行的要素与环境、掌握贸易运行的机制与规律等。
3. 小组讨论:围绕贸易主体经营机制组成部分的关系,学生结合课堂内容和文献阅读情况,展开课堂小组讨论。

**【课程思政教学实例】**

**案例材料:我国全面禁止非法野生动物交易**

**(1)案例简介**

2020年2月24日下午,十三届全国人大常委会第十六次会议举行闭幕会。会议表决通过《关于全面禁止非法野生动物交易、革除滥食野生动物陋习、切实保障人民群众生命健康安全的决定》。该决定自公布之日起施行。

滥食野生动物的突出问题以及对公共卫生安全构成的巨大隐患,引起社会各界广泛关注。但全面修订《野生动物保护法》,还需要一个过程。在新冠肺炎疫情防控关键时期,由全国人大常委会尽快通过一个专门的决定既十分必要也十分紧迫,目的就是在相关法律修改之前,先及时明确全面禁止食用野生动物,严厉打击非法野生动物交易,为打赢新冠肺炎疫情阻击战、保障人民群众生命健康安全提供有力的立法保障。

现行的《野生动物保护法》关于禁食的法律规范,仅限于国家重点保护野生动物和没有合法来源、未经检疫合格的其他保护类野生动物。该决定在《野生动物保护法》的基础上,以全面禁止食用野生动物为导向,扩大法律调整范围,确立了全面禁止食用野生动物的制度。对违反现行法律规定的,要在现行法律基础上加重处罚,以体现更加严格的管理和严厉打击。

资料来源:《人民日报》,2020-02-25。

**(2)案例的思政元素**

①法治观念。体现在,全面禁止食用野生动物,严厉打击非法野生动物交易,为打赢新冠肺炎疫情阻击战、保障人民群众生命健康安全提供有力的立法保障。让学生明白遵从法律要求,促进社会文明进步。

②珍爱生命。体现在,革除滥食野生动物陋习,采用健康文明的行为习惯和生活方式,促进自身的生命安全和增强自我保护能力。

③社会责任。体现在,全面禁止食用野生动物,让人类敬畏自然,实现人和自然和谐相处,推进绿色生活方式和可持续发展理念。

**(3)教学手段**

①讲授:《关于全面禁止非法野生动物交易、革除滥食野生动物陋习、切实保障人民群众生命健康安全的决定》进行全文学习,让学生深刻理解该决定的重大意义,增强个人社会责任感。

②讨论:非法野生动物交易的危害。让学生们结合防疫开展,以及人类与病毒的对战,深入分析进行非法野生动物交易和食用的危害,增强生命保护观。

③点评:针对学生讨论观点,展开现场点评,包括学生自评、互评、教师点评总结等,凝练共识,激发创新。

## 第六章 贸易渠道

**专业教学目标**

贸易渠道,是贸易双方作为行为人共同认定的商品流通通道,是贸易双方使商品从生产领域向消费领域转移过程中所经过的组织环节、途径、通道的总称。通过教学使得学生理解掌握贸易渠道类型、属性以及形成机制和配置方式。

**【知识目标】**

1. 掌握贸易渠道及其类型。
2. 理解贸易渠道的属性。
3. 理解贸易渠道的形成机制及渠道配置。

**【能力目标】**

1. 能够结合理论分析实践中已有的贸易渠道,并进行评价。
2. 对移动互联网条件下的多元贸易渠道,特别是O2O渠道有深刻的认识。
3. 能够从经济学角度分析贸易渠道的属性,并能预估未来贸易活动中的渠道发展趋向。

**课程思政教学目标及实践**
【育人目标】
1. 国家认同  中国贸易渠道的演进,经历了一个由计划控制逐渐向市场导向转变的过程,是基于党在经济建设中的认识深化做出的改变,顺应了中国特色社会主义发展的要求。通过讲解,让学生对我国贸易渠道发展历史变化产生共鸣,激发顺应时代要求推进改革进程的责任感。
2. 勇于探究  通过分析渠道的经济属性、形成机制和配置方式,培养学生基于经济规律要求,运用科学思维方式认识贸易渠道变化并顺应推进其发展。
3. 国际视野  在贸易渠道分析过程中,通过对发达国家贸易渠道的变迁和中国贸易渠道变化,进行对比,让学生具有全球化思维模式,善于借鉴全人类优秀经济成果,推进我国贸易渠道的优化。

【教学方式与方法】
1. 自主学习:提前预习本章知识,自主阅读提供的相应文献资料,完成线上发布的课前自测内容。
2. 课堂讲授:结合自测情况,讲授贸易渠道的类型、属性、形成机制与渠道配置等。
3. 小组讨论:围绕贸易渠道的经济属性是什么,学生结合课堂内容和文献阅读情况,展开课堂小组讨论。

【课程思政教学实例】
**案例材料:手机营销渠道的变化**
(1)案例简介

在3G时代,运营商渠道是手机销售的主渠道,本质上是由运营商利用互联网控制信息的单向渠道。2009年3G牌照发放后,中国移动等三家运营商先后成立了专门负责终端采购、销售的专业公司。它们在手机产业链上拥有强大的话语权,通过发布定制白皮书、举办产业链大会、开展集中采购等方式,吸引上下游齐聚一堂,引导厂商研发符合一定要求的手机产品。在这个过程中,涌现出中兴、华为、酷派、联想、天语、海信等与运营商合作的主流品牌,出货量占到80%~90%。2014年,随着4G时代的到来,渠道成为深化了的移动互联网运营的多向渠道。它使得广告越来越像公关,公关越来越像销售,销售越来越像广告。如此循环所形成的移动互联网全新产业链,使3G时代的单向渠道不再适应受众需求。4G时代的渠道表现为:基于LBS的O2O力量不断加大,实体店给消费者带来更多的体验,通过小区短信、小区广播的方式辐射周边,消费者根据周边店面推送的服务信息和优惠信息前来体验与购买,或者消费者根据地图寻找相应的实体店,进行体验、消费、获得服务。

从渠道发展趋势上看,手机零售店集中呈现为"生活店"与"店中店"两种模式。前者是手机生活社区,既是销售中心,也是高端体验模式和服务中心。它提供购机、购买通信服务、安装应用软件、售后服务等,通过服务赚钱。后一种是低端快餐模式。在大型商场、家乐福等购物场所开设店中店,占地面积小,成本低,依赖商城的人流实现硬件盈利。

资料来源:4G时代,传统社会渠道和电商渠道的O2O将成为主流模式[EB/OL]. http://www.tmtpost.com/118487.html.

(2)案例的思政元素

①实践创新。体现在,随着4G时代的到来,渠道成为深化了的移动互联网运营的多向渠道,使3G时代的单向渠道不再适应受众需求。以此说明了不断创新渠道适应消费者需要,是贸易渠道发展的必由之路。

②人文情怀。体现在,广告越来越像公关,公关越来越像销售,销售越来越像广告。在手机渠道的多元发展中,更加注重以人为本,助力消费者的购物体验,促进消费过程的幸福感。

(3)教学手段

①讲授:手机销售从单向渠道到多向渠道的演变。对这个变化的背后原因进行分析,让学生深刻理解影响渠道变化的因素,并顺应这种变化趋势,实施贸易活动。

②讨论:进入5G甚至未来6G时代,手机营销渠道还会产生怎样的变化?让学生们结合3G到4G过程中的变化,预判未来的手机营销渠道变化状况,促进理性思维能力提升。

③点评:针对学生讨论观点,展开现场点评,包括学生自评、互评、教师点评总结等,凝练共识,激发创新。

## 第七章 空间贸易

**专业教学目标**

空间贸易研究贸易的空间层次、空间联系与空间发展。城乡贸易是我国空间贸易的最基础部分,另一个层次是区际贸易,最高层次是国际贸易。通过三个层级的介绍,让学生理解在经济全球化条件下贸易的发展特征。

**【知识目标】**

1. 理解城乡差别,掌握城乡贸易的实现方式。
2. 了解区际贸易的内涵及发展演变。
3. 掌握国际贸易与国内贸易的差异,及中国对外贸易空间格局的变化。

**【能力目标】**

1. 能够指出我国城乡贸易发展存在的问题并提出见解。
2. 基于国际贸易和国内贸易的关系增进对内外贸一体化的科学发展。

**课程思政教学目标及实践**

**【育人目标】**

1. 社会责任　中国城乡贸易需要了解农村市场特点,开拓好农村市场,有助于乡村振兴战略的实施,因而了解农产品贸易发展的新趋势,让学生认识到推进农村流通体系变革创新,使命重大,责任艰巨。

2. 法治观念　国内统一市场是一国区际贸易顺畅发展的前提,但是需要切实打破地区封锁和部门割据,遵守相关法律法规要求,实现资源和商品的全国范围自由配置与流通,以此让学生理解经济法律法规并严格贯彻。

3. 国际理解　在贸易的空间层次发展中,国际贸易特别是中国实施的"一带一路"倡议,实现了中国与相关国家地区的"五通",让学生具有开放性思维模式,理解贸易空间的高层次化发展,理解全球经济地理新格局的形成。

**【教学方式与方法】**

1. 自主学习:提前预习本章知识,自主阅读提供的相应文献资料,完成线上发布的课前自测内容。
2. 课堂讲授:结合自测情况,讲授贸易空间发展的不同层次内容,以及中国的对外贸易空间格局等。
3. 小组讨论:围绕国内统一市场是什么及如何实现,学生结合课堂内容和文献阅读情况,展开课堂小组讨论。

**【课程思政教学实例】**

**案例材料:以高水平对外开放促进全国统一大市场建设**

**(1)案例简介**

《中共中央 国务院关于加快建设全国统一大市场的意见》明确指出,要加快建设高效规范、公平竞争、充分开放的全国统一大市场,全面推动我国市场由大到强转变,为建设高标准市场体系、构建高水平社会主义市场经济体制提供坚强支撑。

高水平对外开放与全国统一大市场是新发展格局的一体两面。实现"以国内大循环为主体"的目标,必然要求加快建设全国统一大市场,进而畅通国内大循环;而实现"国内国际双循环相互促进"的目标,则蕴含着实现高水平对外开放,充分利用两个市场、两种资源的内在逻辑。可以说,高水平对外开放与全国统一大市场作为构建新发展格局的一体两面,也是构建新发展格局的基础支撑。

加快建设全国统一大市场是参与国际竞争的重要依托。庞大的消费市场和完善的工业体系是全国统一大市场的"骨架",也是我国保持全球吸引力和影响力的"资本"。在立足国内统一大市场、夯实国内大循环的基础上,加快建设充分开放的全国统一大市场,不仅有利于推动国内市场和国际市场更好联通,促进要素跨境自由有序安全便捷流动,形成对全球先进资源要素的强大引力场,还有利于提高我国在国际经济治理中的话语权,在国际竞争和合作中取得新优势。

资料来源:光明日报,2022-07-29,作者:刘江宁(部分节选)。

**(2)案例的思政元素**

①国家认同。体现在,高水平对外开放与全国统一大市场是新发展格局的一体两面。引导学生认识

到我国统一大市场不是封闭的大市场,是具有开放和面向全球的,适应人类文明进程和世界多元发展动态要求的统一大市场。

②理性思维。体现在,要加快建设高效规范、公平竞争、充分开放的全国统一大市场。引导学生明白国内统一大市场的建设需要遵从客观规律的要求,要能够辩证地对待两个市场、两种要素,实现中国竞争优势的进一步提高。

**(3)教学手段**

①讲授:《中共中央 国务院关于加快建设全国统一大市场的意见》的介绍。让学生深刻理解该《意见》出台的缘由及其具体要求,积极将党的政策要求学懂弄通,应用于专业知识中。

②讨论:全国统一大市场必然不是自我封闭的市场。让学生们结合政策文件的理解和案例资料介绍,准确地分析全国统一大市场的内涵。

③点评:针对学生讨论观点,展开现场点评,包括学生自评、互评、教师点评总结等,凝练共识,激发创新。

### 第八章 贸易分类

**专业教学目标**

贸易分类是生产分类和消费分类在流通中的反映,可以从不同标准进行划分。重点了解按贸易对象属性划分的商品贸易和生产要素贸易,并对服务贸易的发展类型和特点予以理解学习。

【知识目标】

1. 了解贸易行业和贸易分类,掌握商品贸易的类型。
2. 了解生产要素贸易内容。
3. 理解服务贸易的产生和发展。

【能力目标】

1. 能够将商品贸易的新发展变化清楚描述出来。
2. 能够指出服务贸易与商品贸易的显著差别,并明确服务贸易未来的重要性。

**课程思政教学目标及实践**

【育人目标】

1. 理性思维　通过分析由贸易分类所形成的各种贸易活动种类,特别是商品贸易、生产要素贸易和服务贸易等重点内容,激发学生从学科特点出发,基于事实和证据,准确理解贸易分类的各种表现,形成科学的理性思维方式,达到严谨求实的学习态度。

2. 国际视野　在服务贸易的产生与发展过程中,要结合WTO《服务贸易总协定》的要求,推动中国与世界各国服务贸易的大发展大交流,培育学生用全方位深入开放的全球化思维模式,思考中国服务贸易的未来发展。

【教学方式与方法】

1. 自主学习:提前预习本章知识,自主阅读提供的相应文献资料,完成线上发布的课前自测内容。
2. 课堂讲授:结合自测情况,讲授贸易分类的主要内容,以及当代全球服务贸易体现的特征等。
3. 小组讨论:围绕服务贸易与商品贸易的突出差异是什么,学生结合课堂内容和文献阅读情况,展开课堂小组讨论。

【课程思政教学实例】

**案例材料:数字技术推动交易模式发生重大变革**

(1)案例简介

主要表现在:一是交易去中心化、去中介化趋势明显。数字技术使得交易各方能够跨越时空限制随时随地进行沟通交流、交易和支付,极大地改善了交易流程,真正实现信息流、资金流和物流的高效协同,大幅提升了交易效率,降低了交易成本。

二是创造新的商业模式,助力形成全球统一市场。网络零售、跨境电商、共享经济、外贸综合服务等新业态新模式不断涌现,推动需求个性化、产品订制化、订单小型化、营销主动化、交易平台化、信息透明化、服务综合化等快速发展。

三是降低了交易门槛,为市场主体专注于产品质量提升和创立自身品牌提供了重要支撑。如大量中小企业和个人可以直接进入国际市场,获得了更多参与全球贸易的机会,国际贸易变得更加高效、便捷,品牌的建立和推广更加容易。

四是发现新的市场需求,推动了相关资源的一体化整合。数字技术助力产业链上下游无缝衔接,货物贸易和服务贸易日益融合,从而推动产品和服务创新、业务流程优化到价值链的重组。

目前数字贸易已从消费互联网向产业互联网拓展,供应链正在向数字化、智能化转型。据统计,目前企业50%的销售和采购是通过互联网进行的,全球服务贸易的一半以上已经实现数字化。

资料来源:韩家平.数字时代的交易模式与信用体系[J].首都师范大学学报(社会科学版),2020(4):59-66.(节选)

**(2)案例的思政元素**

①技术运用。体现在,数字技术使得交易各方能够跨越时空限制随时随地进行沟通交流、交易和支付,因此开展贸易活动必须高度关注数字技术的影响,并且顺应这种潮流趋向,从而能够在贸易领域做出更大的贡献。

②国际理解。体现在,全球服务贸易的一半以上已经实现数字化。服务贸易是21世纪各国经济发展的战略重点和新经济增长点,中国服务贸易要实现高质量发展必须向全球发达国家学习借鉴,实施自身快速发展。

**(3)教学手段**

①讲授:数字时代的交易模式具体内容。从农业经济到工业经济再到数字经济,随着经济社会发展和时代的变迁,交易模式和信用体系也在不断演变。通过对比讲解,让学生深刻理解数字时代的变革,形成理性思维和科学判断。

②讨论:数字贸易如何从消费互联网向产业互联网拓展。让学生们结合数字贸易渗透过程,辩证地分析贸易活动的数字化和智能化变迁。

③点评:针对学生讨论观点,展开现场点评,包括学生自评、互评、教师点评总结等,凝练共识,激发创新。

## 第九章 批发贸易

**专业教学目标**

以经济社会中的成批量发售这种贸易形式为研究对象,详细展开批发贸易的含义与特点,批发贸易的功能以及批发贸易组织形式等内容,让学生理解掌握批发贸易的核心内容,并能正确对待批发贸易的发展趋向。

【知识目标】

1. 掌握批发贸易的含义及其特点。
2. 理解批发贸易的功能与存在条件。
3. 理解各种批发贸易组织。

【能力目标】

1. 能够从社会经济发展内在要求,认识到批发贸易的客观存在性。
2. 能够从批发贸易组织演变的形态出发,提出批发贸易未来变化趋向。

**课程思政教学目标及实践**

【育人目标】

1. 批判质疑　通过分析批发贸易功能、作用及其存在条件,还有批发贸易形式变化,培养学生从科学原理出发,认识批发贸易的产生与发展趋向,反驳社会上的"批发无用论"观点。

2. 职业规范与职业道德　在批发贸易的自身发展过程中,需要理解批发作为商品流通的中间环节,实现的是大宗交易,投机性必然存在,但是要坚守诚信原则和法治原则,在大宗生活必需品方面避免引发市场大波动。

3. 实践创新　批发贸易不仅提高了商品流通的速度与效益,而且促使商品流通出现了一系列质的飞跃,实现商品流通高级化发展。所以,让学生理解批发贸易的创新始终存在。

**【教学方式与方法】**

1. 自主学习:提前预习本章知识,自主阅读提供的相应文献资料,完成线上发布的课前自测内容。
2. 课堂讲授:结合自测情况,讲授批发贸易产生与发展的主要内容,以及批发贸易组织的演变等。
3. 小组讨论:围绕"批发贸易无用论"观点,学生结合课堂内容和文献阅读情况,展开课堂小组讨论。

**【课程思政教学实例】**

**案例材料:中国农产品流通模式与农产品批发市场运作现状的原因探析**

(1)案例简介

目前中国农产品流通实行"以批发商为主体、以批发市场为主渠道、以对手交易为主要手段"的买断加价制模式,批发市场管理运作实行的是"买断加价、非限制性交易、区别对待、价格非公开、收取进门费或摊位费"的原则,造成这种状况的根本原因是农户的生产规模较小且销售组织化程度低。首先,生产规模小且销售组织化程度低,使得对于单个农户来说,成本收益核算后,实行委托代销制所获得的收益并不明显。其次,生产规模小且销售组织化程度低,使得销售的后续服务只能依靠大量批发商来实现,买断加价制成为双方的最优选择。再次,生产规模小且销售组织化程度低,使得通过批发市场进行委托销售并不能成为农产品销售的主要方式,因为还有大量的农产品在该渠道该模式之外销售,使批发市场无法实行限制性交易原则,也使委托代销制的功能和优势不能得到很好的体现,并最终逐步退出市场,类似于"劣币驱逐良币"的原理。因此,中国农产品批发市场提档升级后应坚持以委托代销制为核心和首要原则,其中最关键的是提高农户产品销售的组织化程度,为委托代销制的实行创造前提条件。

资料来源:陈秀兰,章政,张喜才.中国农产品批发市场提档升级的模式与路径研究——基于世界农产品批发市场五大通行原则的经验借鉴[J].中国流通经济,2019,33(2):30-37.(节选)

(2)案例的思政元素

①勇于探究。体现在,中国农产品流通模式与农产品批发市场运作现状的原因探究。采用问题意识,进行独立思考和判断,多角度地分析中国农产品流通和农产品批发市场,提出可行的决策建议。

②国际理解。体现在,中国农产品批发市场提档升级后应坚持以委托代销制为核心和首要原则。在借鉴世界农产品批发市场五大通行原则的经验基础上,提出了中国农产品批发市场应该朝着委托代销制转型发展,特别是提高农户产品销售组织化程度。

(3)教学手段

①讲授:世界农产品流通的三种主要模式。结合文献资料和农产品流通理论,介绍已有的主要农产品流通模式,让学生深刻理解各国农产品流通的主要做法,形成对比分析和科学判断。

②讨论:中国农产品批发市场提档升级的模式与路径。让学生们结合世界农产品批发市场五大通行原则,借鉴并分析中国农产品批发市场的升级之路。

③点评:针对学生讨论观点,展开现场点评,包括学生自评、互评、教师点评总结等,凝练共识,激发创新。

## 第十章 零售贸易

**专业教学目标**

以经济社会中面向最终消费之用的贸易形式为研究对象,详细展开零售贸易的含义与职能,零售业态等内容,让学生理解掌握零售贸易的核心内容,并能理解零售业态的变革特性。

**【知识目标】**

1. 掌握零售贸易的内涵,了解零售业特点。
2. 理解零售贸易功能及经济关系。
3. 掌握零售业态含义及划分的理论依据。

**【能力目标】**

1. 能够对零售业涉及的零消关系、零供关系以及零售商之间关系作出合理评判。
2. 能够从零售业态革命出发,分析当前中国零售业态发展状况。

课程思政教学目标及实践

**【育人目标】**

1. 理性思维 通过分析零售贸易内涵、职能及其经济关系,培养学生从零售发展历程蕴含的科学原理出发,认识零售贸易的发展趋向,实现零售业更好服务人民生活的重要职责。

2. 全球视野 在零售业态的四次革命中,进行每次业态革命发生的缘由和成效,让学生感受到全球零售业态的变化状况,了解中国零售业态在二十一世纪的新变化,以全球化推进中国的零售业态创新。

3. 实践创新 零售贸易不仅是一个国家最古老、最重要的一个行业,而且也是不断进行创新变化的一个行业,一系列零售业态变革,推进了零售服务的更加便捷,让学生理解零售贸易也是创新行业。

**【教学方式与方法】**

1. 自主学习:提前预习本章知识,自主阅读提供的相应文献资料,完成线上发布的课前自测内容。

2. 课堂讲授:结合自测情况,讲授零售贸易内涵、特征和主要职能,以及零售贸易业态革命等。

3. 小组讨论:围绕零售业态四次革命的影响,学生结合课堂内容和文献阅读情况,展开中国零售业态变革的课堂小组讨论。

**【课程思政教学实例】**

**案例材料:人类历史上的八次零售革命**

**(1)案例简介**

| 次数 | 名称 | 业态开始时间 | 革命高潮期 | 特征 |
|---|---|---|---|---|
| 1 | 百货商店 | 1852 年 | 1860－1940 年 | 扩大品种 |
| 2 | 一价商店 | 1878 年 | 1880－1930 年 | 同一价格 |
| 3 | 连锁商店 | 1859 年 | 1920－1930 年 | 组织创新 |
| 4 | 超级市场 | 1930 年 | 1935－1965 年 | 自选购物 |
| 5 | 购物中心 | 1930 年 | 1950－1965 年 | 商店聚集 |
| 6 | 自动售货机 | 第二次世界大战后 | 1950－1985 年 | 自动售货 |
| 7 | 步行商业街 | 1967 年 | 1967—? 年 | 漫步购物 |
| 8 | 多媒体销售 | 1980 年 | 1980—? 年 | 电视、网上购物 |

资料来源:李飞,零售革命[M].北京:经济管理出版社,2003:12.

**(2)案例的思政元素**

①实践创新。体现在,从百货商店的扩大品种到当下的网上购物,随着社会经济技术发展,零售业态也不断采用新形式,满足了人们购物的需求。因此,引导学生要有改进和创新劳动方式提高劳动效率的意识。

②国际理解。体现在,这八次的零售业态革命都是发生在西方发达国家,自改革开放以来,逐步引入了国内零售市场,并在 20 世纪末得到了大发展,所以中国零售业发展要有全球化发展的思维。

**(3)教学手段**

①讲授:世界主要的零售革命内容。结合文献资料和零售业态理论,介绍主要的四次零售业态革命,让学生深刻理解这些做法背后的原因以及影响。

②讨论:中国零售业未来发展革新。让学生们结合零售业态革命演进情况,分析中国在移动物联网时代下零售业态的创新途径。

③点评:针对学生讨论观点,展开现场点评,包括学生自评、互评、教师点评总结等,凝练共识,激发创新。

## 第十一章 期货贸易

**专业教学目标**

通过对期货贸易的介绍,让学生了解现货贸易和期货贸易的不同,理解掌握期货贸易的原理和职能,并对期货贸易组织有所了解,从而实现知识的深化。

**【知识目标】**

1. 掌握期货贸易的概念,了解期货贸易的产生与发展。
2. 理解期货贸易的各种职能。
3. 了解期货交易所、期货结算所等期货贸易组织运作流程。

**【能力目标】**

1. 能够分析指出期货贸易相较于现货贸易的优势和特色。
2. 能够从期货贸易职能出发,分析期货市场存在的风险及其有效应对。

**课程思政教学目标及实践**

**【育人目标】**

1. 勇于探究  通过分析期货贸易原理和职能,让学生从经济学原理出发,认识期货贸易的产生与发展趋向,发挥期货贸易优势并做好期货风险的规避。

2. 职业规范与职业道德  在期货贸易的交易过程中,需要遵循期货交易所的规定,接受期货监管机构的管理,要树立良好的职业规范和职业道德。

3. 法治观念  期货交易所的设立,需要遵从《民法》或《公司法》的相关规定,以及相关的期货法律法规和政策,教育学生要有法治观念并严格贯彻。

**【教学方式与方法】**

1. 自主学习:提前预习本章知识,自主阅读提供的相应文献资料,完成线上发布的课前自测内容。
2. 课堂讲授:结合自测情况,讲授期货贸易产生与发展的主要内容,以及期货贸易的组织等。
3. 小组讨论:围绕现货贸易与期货贸易的异同,组织学生结合课堂内容和文献阅读情况,展开课堂小组讨论。

**【课程思政教学实例】**

**案例材料:中国农产品流通模式与农产品批发市场运作现状的原因探析**

(1)案例简介

2018年3月26日9点,中国原油期货在上海期货交易所挂牌交易,并以人民币计价。原油期货是我国首个国际化期货品种,合约设计方案最大的亮点和创新可以用十七字概括,即"国际平台、净价交易、保税交割、人民币计价"。

中国作为世界第一大原油进口国,上市原油期货将有利于形成反映中国和亚太地区石油市场供需关系的价格体系,发挥价格在资源配置中的基础作用,为实体企业提供有效的套期保值工具,规避价格波动风险。原油期货作为我国第一个国际化的期货品种,将直接引入境外投资者参与,探索期货市场全面国际化的市场运作和监管经验。

原油期货的最小涨跌停板幅度是4%,在市场价格波动剧烈时,会相应调高涨跌停板,同时提高保证金的比例。原油期货的交易时间是上午9:00到11:30,下午1:30到3:00。同时,考虑到与境外市场接轨,原油期货也将开展连续交易,时间为晚上9:00到第二天2:30。

原油期货的推出可以说是姗姗来迟,从2000年酝酿启动,到2013年进入上市筹备加速期,到今天正式上市交易,整整过去了17年。中国原油期货的推出,将有利于反映中国和亚太地区的石油市场需求。

资料来源:人民日报,2018-03-26。

(2)案例的思政元素

①国家认同。体现在,原油期货是我国首个国际化期货品种。改革开放多年,在期货市场上中国有了自己的原油期货这个第一个对外开放的期货品种,体现了中国的经济全球影响力。

②国际理解。体现在,第一个国际化的期货品种,将直接引入境外投资者参与。中国的原油期货从设立之日起就积极探索期货市场全面国际化的市场运作和监管经验,融入了全球发展洪流中。

(3)教学手段

①讲授:中国原油期货的推出。结合案例资料和信息搜寻,中国的原油期货从2000年酝酿启动,到2018年正式地上市交易,整整过去了17年,让学生深刻理解我国推出过程的艰辛和慎重。

②讨论：中国原油期货推出的影响。让学生们结合期货贸易理论知识，分析中国原油期货推出的世界影响。

③点评：针对学生讨论观点，展开现场点评，包括学生自评、互评、教师点评总结等，凝练共识，激发创新。

## 第十二章 网络贸易

**专业教学目标**

针对电子商务重要组成部分的网络贸易，分析网络贸易内涵、网络贸易平台以及网络贸易流程，让学生理解掌握互联网时代下的网络贸易，促进数字经济背景下的贸易发展。

**【知识目标】**

1. 掌握网络贸易的内涵及其主要的模式。
2. 了解网络贸易平台。
3. 掌握网络贸易平台的交易流程。

**【能力目标】**

1. 能够进行具体的网络贸易操作完成。
2. 能够分析对比面向企业和面向最终用户的网络贸易异同。

**课程思政教学目标及实践**

**【育人目标】**

1. 勇于探究　通过分析网络贸易的基本功能、性质和有关模式，坚持求真务实的精神，用科学的思维方式认识这一新生事物，并加以研究解决存在的问题。

2. 法治观念　在网络贸易的开展过程中，需要明白尽管达成贸易可能不需要面对面，但是仍然需要遵守相关电子商务法律法规，网上不是法外之地，要恪守学法、遵法、守法、用法的本心。

3. 技术运用　网络贸易是数字经济时代的重要组成部分，不仅提高了商品流通的速度与效益，而且促使商流、物流专业化分工形成。所以，让学生理解并积极运用先进技术，实现贸易活动高水平发展。

**【教学方式与方法】**

1. 自主学习：提前预习本章知识，自主阅读提供的相应文献资料，完成线上发布的课前自测内容。
2. 课堂讲授：结合自测情况，讲授网络贸易产生与发展的主要内容，以及网络贸易的交易流程等。
3. 小组讨论：围绕O2O模式在经济社会中的应用和表现，学生结合课堂内容和文献阅读情况，展开课堂小组讨论。

**【课程思政教学实例】**

**案例材料：ALBB的天价罚单——中国互联网反垄断第一案**

**(1) 案例简介**

2021年4月10日，国家市场监督管理总局对ALBB集团控股有限公司作出国市监处〔2021〕28号《行政处罚决定书》。ALBB集团因在中国境内网络零售平台服务市场滥用市场支配地位被国家市场监管总局责令停止违法行为，并处以182.28亿元罚款。

ALBB天价罚单案不仅是中国互联网领域认定垄断行为成立的第一案，其处罚金额更是自2008年反垄断法实施近十三年以来反垄断执法案件处罚金额的最高纪录，堪称"中国互联网反垄断第一案"。

2020年12月，国家市场监督管理总局依据反垄断法对ALBB集团在中国境内网络零售平台服务市场滥用市场支付支配地位行为立案调查。其间，国家市场监管总局进行了现场检查、调查询问，对平台内经营者和其他竞争性平台开展了广泛的调查取证，运用技术手段对涉案证据材料进行了大数据分析，组织专家深入分析论证，并多次听取ALBB集团陈述意见，历时约4个半月，最终认定ALBB集团在中国境内互联网零售平台服务市场具有支配地位，并且实施了滥用市场支配地位的行为，对其作出行政处罚。

资料来源：徐嵩，程操. ALBB的天价罚单——中国互联网反垄断第一案[J]. 人民之声，2021(4):62-63.

**(2) 案例的思政元素**

①法治观念。体现在，互联网行业不是反垄断法外之地。让学生明白，虽然互联网发展迅速，网络零

售有了长足发展,但是仍然要遵循市场竞争法则,不能有违法竞争的行为。

②职业规范与职业道德。体现在,ALBB集团因在中国境内网络零售平台服务市场滥用市场支配地位。作为互联网领军企业,不能违背从事商贸流通业的职业规范与道德,要敬畏规则和法治,倡导公平竞争的市场法则。

**(3)教学手段**

①讲授:ALBB集团在中国境内互联网零售平台服务市场是否具有支配地位,以及其行为如何构成滥用市场支配地位。结合案例资料和文献资料进行剖析,让学生深刻理解ALBB的做法违规之处并加以警醒。

②讨论:"中国互联网反垄断第一案"带给学生的启示。让学生们结合案例资料和文献资料阅读,明白企业发展过程中要调整自己的定位,要认识到其存在是为了更好地服务国民经济的发展。

③点评:针对学生讨论观点,展开现场点评,包括学生自评、互评、教师点评总结等,凝练共识,激发创新。

# 四、课程思政的教学评价

## (一)对教师的评价

1. 教学准备的评价

高度重视课程思政建设,并将《贸易经济学》课程思政建设落实到教学准备各方面,提前提炼思政元素进行课程思政目标设计、修订教学大纲、教材选用、教案课件编写等。

2. 教学过程的评价

将《贸易经济学》课程思政建设落实到教学过程各环节,主要评价教师是否采取了恰当的教学方式,将思政元素自然地融入教学内容中,对学生的思政教育以"润物细无声"的方式展开。包括以生为本的教学理念及策略、多种混合式教学方法的有机运用、平时作业及时布置和批改、平时成绩的合理考核等。

3. 教学结果的评价

针对教学效果开展综合评价,倡导建立健全《贸易经济学》课程思政多维度评价体系,包括同行评议、随机听课、学生评教、教学督导、教学研究及教学获奖等,以此合理评测教师课程思政育人效果。

4. 评价结果的运用

合理运用课程思政评价结果,认真听取同行评议、学生评教、教学督导等提出的改进建议,以及对学生考核的成绩分析进行运用,做好对课程思政教学的反思与改进。

## (二)对学生的评价

1. 学习过程的评价

检验学生是否认真完成了教师布置的要求和任务,积极参与资料收集、小组讨论和实地调研等教学过程,科学评价学生在学习过程中的积极性、互动性和参与度。

2. 学习效果的评价

通过课程布置的平时作业、小组讨论、线上学习平台资料分析报告、随堂练习、课程论文、期末考试等多种形式,检验学生对课程思政元素的领会及其对思政元素的掌握程度。

3. 评价结果的运用

通过师生座谈和院系教研活动开展等多种形式,对学生的课程学习效果和思政育人状况进行科学分析,收集学生的反馈,总结经验,改进不足,提升课程思政的学习效果。

## 五、课程思政的教学素材

| 序号 | 内　容 | 形式 |
|---|---|---|
| 1 | 林文益——中国贸易经济学著名奠基人 | 阅读材料 |
| 2 | 新时代中国特色贸易经济学创新与发展的若干思考 | 阅读材料 |
| 3 | 东西方的贸易渊源 | 案例分析 |
| 4 | 中国成为世界第一贸易大国 | 阅读材料 |
| 5 | 家乐福在竞争中败退中国市场 | 案例分析 |
| 6 | 中国商贸流通业效率研究 | 研究报告 |
| 7 | 我国全面禁止非法野生动物交易 | 政策法规 |
| 8 | 手机营销渠道的变化 | 案例分析 |
| 9 | 工业化后期流通渠道堵塞的影响与治理方法 | 研究报告 |
| 10 | 以高水平对外开放促进全国统一大市场建设 | 政策法规 |
| 11 | 中共中央 国务院关于加快建设全国统一大市场的意见 | 政策文件 |
| 12 | 数字技术推动交易模式发生重大变革 | 阅读材料 |
| 13 | 中国农产品流通模式与农产品批发市场运作现状的原因探析 | 阅读材料 |
| 14 | 人类历史上的八次零售革命 | 阅读材料 |
| 15 | 全球数字贸易白皮书 | 研究报告 |
| 16 | 中国农产品流通模式与农产品批发市场运作现状的原因探析 | 阅读材料 |
| 17 | 零售业数字化转型机理研究 | 阅读材料 |
| 18 | ALBB的天价罚单——中国互联网反垄断第一案 | 新闻调查 |

# 《跨境电商平台运营》课程思政教学指南

杨蕾[1]　吕寒[1]　王婧卜[2]

([1] 西安外国语大学　[2] 西安财经大学)

## 一、课程简介与课程目标

### (一)课程简介

《跨境电商平台运营》课程是跨境电子商务专业的核心课程,旨在引领学生认识跨境电商平台运营的基本概念,系统掌握跨境电商平台运营理论、主流跨境电商平台特点运营方法和技巧等内容。在此基础上,要求学生学会运用跨境电商平台运营理论和运营实践中所遇到的实际问题。另外,学生还应通过学习本课程了解国际和中国跨境电商发展趋势和特征,了解当前发生的与跨境电商运营相关的热点问题。

本课程综合运用讲授、启发式教学、案例教学、情境教学、小组合作式教学、企业家进课堂等多种教学方法,对跨境电商平台运营理论和技巧、相关政策和措施等分别进行讲述。本课程实现思想政治教育与专业教育的结合,将价值塑造、知识传授和能力培养融入课程内容设计、教学环节组织、教学效果测评的全过程,使学生理解跨境电商平台相关概念,通晓跨境电商平台运营管理流程和方法,理解跨境电商选品和市场分析逻辑、本土化运营和营销策略,掌握各国关于跨境电商的政策、规则及制定依据,具有国际化视野、互联网思维、职业道德素质、分析解决问题能力,能够客观认识理解国际经贸关系中的中国国情与特色,以及国家地区之间的差异,同时在数字化时代不断扩大和开放变化的国际政治经济局势中坚持正确的思想意识和政治立场、强化民族自豪感和责任担当,能够充分意识和认识到自己肩负实现中华民族伟大复兴的历史使命。

### (二)课程目标

本课程为专业必修课程。通过本课程的学习,使学生能够达到以下目标:

1. 知识目标:熟练和系统掌握跨境电商平台运营理论和实务运营内容,熟知跨境电商政策法律法规,同时熟悉 B2C、B2B、新媒体等平台运作与管理,了解跨境物流渠道和解决方案,熟知跨境营销的策略和方法,具有在跨境电商相关领域和行业管理中解决经贸工作复杂问题的专业能力。

2. 能力目标:具有获取知识的能力,能够掌握有效的学习方法,主动接受终身教育;具有实践应用能力,能够在跨境电子商务实践活动中灵活运用所掌握的专业知识;能够运用专业理论知识和研究方法分析解决实际问题,具备一定的科学研究能力;具备互联网思维、创新精神、创业意识和创新创业能力。

3. 育人目标:热爱祖国,遵纪守法,具有良好的道德品质和文明习惯,培养良好的职业操守和职业道德,具备社会责任感和人文关怀意识;具有良好的专业素养,熟悉国家有关跨境电子商务的方针和政策、跨境电商平台运营与规制的法律法规,了解国内外跨境电商发展前沿和动态;具有一定的科学知识与科学素养;具有良好的身心素质。

### (三)课程教材和资料

➢ 推荐教材

丁晖,赵岑岑等.跨境电商多平台运营(第3版):实战基础[M].北京:电子工业出版社,2020.

➢ 参考教材或推荐书籍

柯丽敏,张彦红.跨境电商运营从基础到实践[M].北京:电子工业出版社,2020.

➢ 学术刊物与学习资源

国内外电子商务类、国际经济与贸易类各类期刊。

学校图书馆提供的各种数字资源,特别是"中国知网"。

> 推荐网站

中华人民共和国商务部：http://www.mofcom.gov.cn/.
中国贸促网 http://www.ccpit.org/.
中国国际贸易发展网：http://www.itdn.com.cn/.
国际贸易网：http://www.richful.net/.
中国互联网络信息中心：http://www.cnnic.net.cn/c.cn/.
中国国际电子商务中心：https://ciecc.ec.com.cn/.

## 二、课程思政教学总体设计

### (一)课程思政教学目标

以习近平新时代中国特色社会主义思想为指引，全面贯彻党的教育方针，聚焦新发展理念和贸易强国建设，培养学生"融通内外、经世济民、诚信服务、德法兼修"的理念，将价值塑造、知识传授和能力培养融为一体。以全面提升学生德育内涵、专业素养、综合素质为驱动，注重思政德育元素和跨境电商平台运营理论、政策、措施中知识点的有机融合，在课程各个教学模块和环节中融入思想政治教育内容，将社会主义核心价值观、爱国主义、诚实守信、遵纪守法、爱岗敬业、创新创业等教育融入教学中，培养从事跨境电商活动时坚定立场、德技并修的复合型外贸服务技术技能人才。

《跨境电商平台运营》课程以跨境电商平台运营理论、政策、措施为核心内容，学生可以掌握跨境电商平台运营的基本理论概念、运营方法和技巧，能够对当前跨境电商平台运营领域发生的热点问题进行客观理性分析，提升学生对跨境电商平台运营领域实践问题的分析能力和解决能力，充分激发学生的家国情怀与使命担当意识。

本课程加入大量的近期与未来可能产生巨大影响的经典案例与实践成果。例如中国数字贸易和贸易新业态及政策、数字经贸规则和跨境监管规则的制定和走势、跨境电商平台企业"走出去"的经验等。通过在课程中大量融入和体现中国特色与经验的案例和实践成果，增进学生分析和解决问题的能力，引导学生增强"四个意识"、坚定"四个自信"、做到"两个维护"，把思想和行为自觉与以习近平同志为核心的党中央保持高度一致。

具体而言，本课程的思政教学目标可以涉及以下八个维度：实现政治认同、家国情怀、培育和践行社会主义核心价值观、融入中华优秀传统文化、牢固树立法治观念、深化职业规范与职业道德教育、培养科学精神、拓展国际视野。

1. 实现政治认同

《跨境电商平台运营》课程以跨境电商平台运营理论、政策、措施为主要内容，其中也会涉及与跨境电商平台运营实践相关的问题总结，例如中国跨境电商平台支撑全球产业链和供应链数字化、中国跨境电商平台带动中国制造业转型升级以及中小企业品牌出海等，这些内容与中国改革开放实践紧密结合，传递坚持中国共产党领导的重要性，从而认同"中国共产党为什么能、马克思主义为什么行、社会主义为什么好"，增强学生的政治认同，引领学生充分认识中国共产党正确领导的意义和社会主义制度的优越性，帮助学生树立共产主义远大理想和中国特色社会主义共同理想，将人类命运共同体理念作为培养学生国际化视野、现代思维的出发点。

2. 家国情怀

《跨境电商平台运营》课程中通过讲述中国跨境电商发展进程、新冠肺炎疫情下跨境电商拓市场稳外贸助力中国制造出海、带动外贸转型升级和产业链价值链重塑、数字贸易规则制定大国博弈等理论与案例实践，阐明在党的领导下，通过对我国跨境电商和数字贸易发展历程的讲解，尤其结合新冠肺炎疫情下跨境电商稳外贸促增长等实践活动对学生进行爱党、爱国、爱社会主义、爱人民、爱集体的"五爱"教育，让学生感受爱国主义精神，传承爱国情怀。本课程还会针对"跨境电商助力国货品牌加速全球化，寻找中国故事的国际表达"，让学生了解到章丘铁锅、张小泉、王星记、上海手表等中国老字号借助跨境电商平台扬帆出海，不仅成为海外游子的乡愁寄托，也成为中外文化交流的"新中国名片"。与此同时，本课程会引入国际数字贸易规则重构和各方博弈的焦点等现实案例,引导学生深刻意识当前我国在数字贸易领域面临的全球竞争和利益分歧,与美国等具备强规则制定和议题设置能力的经济体在技术标准制定权领域的竞争,让学生树立建设贸易强国的远大理想,为实现中华民族伟大复兴的中国梦贡献自己的力量。

3. 培育和践行社会主义核心价值观

通过贯穿课程始终的正能量传播,帮助学生建立和强化社会主义核心价值观;通过校企合作、组织学生参观访问"跨境电商综试区""工业园区""保税区""国际港务区"等,使学生能切身感受到跨境电商行业的快速发展、机遇与挑战,引导学生将个人价值实现与民族复兴大业相契合;通过课堂教学组织设计和课程实践,鼓励学生参加互联网＋大学生创新创业大赛、全国大学生电子商务"创新、创意及创业"跨境电商实战竞赛等,开阔学生眼界,鼓励学生进行团队合作,实现个人能力培养与集体智慧结合,鼓励批判性思维,鼓励探索与创新。

4. 融入中华优秀传统文化

本课程注重融入中华优秀传统文化的精髓,特别是优秀商贸文化的传承,引导学生熟悉我国人文社会科学领域的基础知识,提升文化自信;同时,熟悉不同国家和地区的国情差异,掌握跨文化沟通的基本规范。以"中国人"自豪,热爱和弘扬中华优秀的传统文化;理解接受不同文化,以得当的方式处理跨文化事务,不断提升跨文化沟通能力。在本课程讲述"跨境电商选品和市场分析"中,通过讲授相关选品知识和跨境电商成功助力中国文化产品出海的案例,弘扬中华优秀传统文化,培养学生民族自豪感和文化自信。

5. 牢固树立法治观念

跨境电商平台运营既要遵循本国的法律法规,又要考虑东道国的法律法规要求,在讲述"跨境电商平台经济理论"内容时,在讲解各国跨境电商平台合规性规定和政策时关注知识产权保护的国际公约、WTO《与贸易有关的知识产权协议》、欧盟知识产权 VAT 条款规则等。通过本课程学习,让学生认识到国际条约、东道国法律法规及本国法律法规都是开展跨境电商运营的重要前提,让学生牢固树立遵纪守法的意识,并激励学生通过运用法律武器捍卫贸易利益,使学生具备运用法治思维和法治方式维护自身权利、参与社会公共事务、化解矛盾纠纷的意识和能力;同时熟悉国内外跨境电商运营的相关法律、规则与惯例等。

6. 深化职业规范与职业道德教育

本课程培养学生具备自主、有效、持续学习的意识和能力;具有批判性思维与求真务实的科学精神,具备创新实践能力和自主创业的意识;能够理解和遵守职业道德与规范。外贸职业道德的基本规范包括:诚实守信、忠于职守、忠于法规、专业专注、廉洁奉公、保守秘密、服务群众。通过本课程的知识讲解和案例解读,切实提高学生的职业道德修养。

7. 培养科学精神

本课程注重培养学生的科学探索和创新精神。要本课程让学生了解科学精神的内涵与构成要素,以及它的整体结构,引导鼓励学生勇于探索、大胆创新,将自身职业发展能够融入到新时代的新发展理念与对外贸易新发展格局中。本课程在教学中通过增强学生客观理性分析问题能力培养学生科学精神。

8. 拓展国际视野

全球竞争日趋激烈、区域一体化合作越来越紧密是跨境电商发展的大趋势。在此背景下,国家经济的发展与建设需要具有国际视野的复合型高素质涉外人才。因此,在课程教学中,需要培养学生的国际视野与大格局意识。本课程通过让学生了解当前跨境电商领域运营的新形势、新模式,特别是注重我国与其他发达国家、发展中国家进行平台运营政策与措施的比较,引导学生尊重世界各国的消费者习惯和风土人情,培养学生的国际视野。

**(二)课程思政的教学内容**

《跨境电商平台运营》课程的思政内容可以涉及以下几方面:

1. 体现马克思主义基本原理

本课程的教学中,体现辩证唯物主义和历史唯物主义、马克思主义政治经济学以及科学社会主义的基本原理和规律,引导学生将科学的世界观、价值观、人生观、认识论、方法论、经济学规律等内化于心。例如,平台运营理论章节讲述中突出互联网平台的马克思主义政治经济学研究理论,讲述平台经济中各类组织形式之间的竞争关系、数字平台天然垄断倾向、数字资本主义等内容。

2. 解析国家战略、法律法规和相关政策

结合本课程自身特点,通过经典案例教学法、经贸活动情境教学和实际体验法等教学方法,融入对跨境电子商务领域相关国家战略、法律法规和政策的解析,帮助学生深刻理解国情国策、厚植家国情怀。

3. 引导学生深入社会实践、关注跨境电商平台运营现实问题

本课程的教学中,围绕跨境电商平台运营现实问题,通过课程的实践环节以及课外实践活动等不同类型的实践体验,持续提高学生解决跨境电商平台运营实际问题的能力,引导学生从实践中来、到实践中去。例如,通过跨境电商平台运营企业专家进课堂的教学方式,发挥企业专家在一线经营的优势和对国际市场的敏锐反应能力,激发学生对跨境电商平台运营现实问题的感知,并从理论角度理解现有活动开展的重要意义,切实做到跨境电商平台运营理论与实践的紧密结合。

4. 培育学生遵纪守法、明礼诚信、以德经商的商业职业道德和素养

在本课程的教学中,重视对学生职业道德的培养。通过挖掘课程内容、设计教学过程,显性教育与隐性教育相统一地加强遵纪守法、诚信服务、公平竞争、爱岗敬业等商业职业道德教育。

5. 挖掘中华优秀传统文化中的商贸思想和事例,增强中华优秀文化认同

在课程教学中,重视对中华优秀的商贸文化的挖掘和传承。通过挖掘优秀商贸思想元素、融入教学过程,传统文化和现代商贸有机统一,服务于学生的专业知识传授,内在地提升对优秀中华文化的认同和传承。

(三)教学方法

本课程综合运用讲授、启发式教学、案例教学、情境教学、小组合作式教学、企业家进课堂等多种教学方法,使学生掌握有关跨境电商平台运营的基本概念、基本理论和政策措施,具有运用理论知识分析现实跨境电商平台运营热点问题、难点问题的能力,拓展国际视野,了解经济全球化背景下外贸行业发展的新趋势新业态,具备外贸业务从业人员职业道德标准与商业伦理。

# 三、课程各章节的课程思政教学内容设计

## 第一章 导论

**专业教学目标**

本章在介绍跨境电商的概念基础上,对全球和中国跨境电商发展和政策历程演变进行归纳阐述,对跨境电商职业发展和人才素养要求进行讲解。让学生对当前跨境电商发展现状具备整体认识的基础上,深刻体悟新冠肺炎后新冠肺炎疫情时代跨境电商作为贸易新业态如何促进全球经济发展和复苏,理解中国跨境电商发展为世界经济复苏提供的中国主张、中国智慧和中国方案。

【知识目标】

1. 系统掌握跨境电商基本概念、核心定义、跨境电商分类、流程等基本知识。
2. 了解全球和中国跨境电商发展历史、现状和趋势,以及全球和中国跨境电商政策时代背景和演变逻辑;了解和理解掌握跨境电商职业发展和人才素养要求。

【能力目标】

1. 通过辅助资料查找和筛选甄别,培养学生自主学习能力、数字化生存能力。
2. 通过介绍跨境电商发展历程和政策演变,培养学生理解社会经济系统发展规律、分析和研判未来发展趋势的能力,为以后从事跨境电商和国际贸易领域工作打下坚实的基础。

**课程思政教学目标及实践**

【育人目标】

1. 科学精神　探讨跨境电商概念内涵和外延的演进与拓展,结合新发展格局和全球数字化时代特征,讲解和讨论跨境电商含义。
2. 实现政治认同、家国情怀、国际视野　跨境电商作为贸易新业态,是数字全球化不可避免的未来发展趋势;新冠肺炎疫情下跨境电商助力中国制造业品牌出海,促进中国传统制造业数字化升级和转型,带动全球经济复苏。

【教学方式与方法】

1. 自主学习:线上学习相应慕课中的专业知识点,线下自主阅读文献资料,撰写阅读笔记或思维导图。

2. 课堂讲授:讲授相关理论的主要观点或内容、政策启示与建议。
3. 课堂展示与讨论:学生展示根据教学素材整理分析的相关报告等,小组讨论。

**【课程思政教学实例】**

**案例材料:新冠肺炎疫情影响下跨境电商是稳外贸重要力量**

(1)案例简介

由于新冠肺炎疫情在全球蔓延,我国传统外贸受到了严重冲击。但与此同时,跨境电商却释放出了巨大发展潜力,显示出其对外贸创新发展的引领作用。截至2022年8月,全国拥有132个跨境电商综合试验区,已经覆盖了30个省区市,从而形成陆海内外联动、东西双向互济的发展格局。推进贸易创新发展是党的十九届五中全会明确提出的要求,跨境电商作为模式和业态创新的重要内容,正成为各地外贸加速创新发展的重要引擎。

资料来源:中国"一带一路"网,新冠肺炎疫情影响下跨境电商飞速发展 成稳外贸重要力量,2021-01-22。

(2)案例的思政元素

政治认同,家国情怀,国际视野。本案例重点介绍新冠肺炎疫情对于全球经济和外贸的重大影响,并与教学内容中全球和中国跨境电商发展历史、现状和趋势等的内容讲解相结合,从传统贸易和跨境电商之间优劣势比较、中国跨境电商政策出台发展等方面做到案例分析与课程内容的呼应与融合,以此引发学生的深入思考。

(3)教学手段

①讲授:跨境电商概念内涵和外延,全球和中国跨境电商发展历史、现状和趋势。

②讨论:分析和研判跨境电商发展未来趋势。慕课资源、文献资源为翻转课堂提供支架;课堂展示、师生思辨讨论实现课堂高阶性、高效性。

③学习测评:讨论结果现场点评,包括学生自评、互评、教师点评总结。

## 第二章 跨境电商平台运营管理

**专业教学目标**

本章主要涉及平台运营管理概念的讲解,在此理论基础上,聚焦跨境电商平台领域,比较分析其运营及特点,让学生在对平台运营理论理解的基础上,深刻体悟跨境电商平台和蓬勃发展重塑和改造全球产业链形态、竞争格局和价值链的重要推动作用。

**【知识目标】**

1. 学生掌握平台运营管理基本概念和组织管理关键环节。
2. 掌握跨境电商平台运营的基本特点和基本运营模式,会比较分析跨境电商平台运营组织管理模式。

**【能力目标】**

1. 培养学生将所学理论灵活应用于跨境电商运营和具体案例分析的能力。
2. 培养学生合理利用与支配涉及跨境电商平台运营各类资源的能力。

**课程思政教学目标及实践**

**【育人目标】**

1. 家国情怀、职业道德规范 运营管理是企业组织的一部分,跨境电商平台运营底层逻辑在于全球数字化时代的运营管理。通过讲解运营管理的概念和内容,使学生对平台和组织运营有深入了解,意识到新发展格局下开放合作的重要性和风险管理的必要性。

2. 国际视野、科学精神 跨境电商平台运营属于互联网时代国际贸易新业态和新商业模式,运营过程中有其独特特征和注意之处。

**【教学方式与方法】**

1. 自主学习:线上学习相应慕课中的基础专业知识点,线下自主阅读文献资料,撰写心得体会。
2. 课堂讲授:讲授相关理论的主要观点或内容、政策启示与建议等。
3. 课堂展示与讨论:学生展示根据教学素材整理分析的相关报告等,小组讨论。

**【课程思政教学实例】**

**案例材料：中国 AK 创新跨境电商品牌运营**

**(1)案例简介**

AK 创新科技股份有限公司成立于 2011 年，是国内营收规模最大的出海消费电子品牌企业之一，专注于智能配件和智能硬件的设计、研发和销售。企业业务从线上起步，主要销售渠道为 Amazon、eBay、天猫、京东等海内外线上平台，在亚马逊等境外大型电商平台上占据领先的行业市场份额，拥有很高的知名度和美誉度；同时在北美、欧洲、日本和中东等发达国家和地区，通过与沃尔玛、百思买以及贸易商合作，线下收入增长快速。AK 创新致力于在全球市场塑造中国消费电子品牌，通过不断创新，将富有科技魅力的领先产品带向全球消费者，弘扬中国智造之美。成功打造了智能充电品牌 Anker，并相继推出 Soundcore、eufy、Nebula 等自主品牌，进一步拓宽业务领域，在 AIoT、智能家居、智能声学、智能安防等领域均有出色表现，拥有全球 100 多个国家与地区超过 6500 万用户。

在多个"中国品牌海外知名度"调研的榜单中，AK 创新旗下品牌 Anker 在全球范围的消费者认知度与海尔、海信等国内耳熟能详的品牌排在同一水平线，消费电子品类仅次于联想、华为和小米，可以说成功实现了全球品牌的打造。

资料来源：雨果网，8 年从 0 到亿，中国卖家模范生 AK 的国际品牌打造三段论，2020－01－02。

**(2)案例的思政元素**

家国情怀，国际视野。本内容将中国 AK 创新跨境电商品牌成功运营案例与《跨境电商平台运营》课程中"跨境电商平台运营管理"的教学内容相结合，从跨境电商平台成功运营案例的影响及其启示等方面做到案例分析与课程内容的呼应与融合，以此引发学生的深入思考。

**(3)教学手段**

①讲授：AK 创新跨境电商品牌发展历程和创新之处。使学生意识到要共同推进跨境电商品牌建设和产业融合，随着消费者对产品质量和品牌的追求不断提高，跨境电商要更加注重精品化、品牌化建设。通过品牌溢价，提升企业产品形象和整体价值，避免陷入同质化和价格战的困境。同时，要促进跨境电商与实体经济的融合发展，努力寻找新的增长点。

②讨论：中国优秀跨境电商代表 AK 创新品牌出海对中国跨境电商平台运营管理发展的启示。慕课资源、文献资源为翻转课堂提供支架；课堂展示、师生思辨讨论实现课堂高阶性、高效性。

③学习测评：讨论结果现场点评，包括学生自评、互评、教师点评总结。

## 第三章 国内外跨境电商平台合规运营

**专业教学目标**

本章主要介绍国内和国外主要国家跨境电商平台运营法律法规，在合规性政策介绍和解读的基础上，使学生意识到合规的重要性，增强法治观念。

**【知识目标】**

1. 学生了解和熟悉中国目前出台的与跨境电商平台相关的政策文件和合规性要求，为后续工作打下坚实基础。

2. 掌握各种合规性政策的主要目的、内容、形式；掌握不同合规性政策之间的内在区别与联系。

**【能力目标】**

1. 培养学生将所学理论灵活应用于现实和具体案例。

2. 培养学生从思辨的角度分析跨境电商平台相关的政策文件和合规案例，并从中得到启示。

**课程思政教学目标及实践**

**【育人目标】**

1. 社会主义核心价值观、政治认同、法治观念　通过介绍中国发布的关于跨境电商平台政策和合规性文件，如《国务院关于同意在雄安新区等 46 个城市和地区设立跨境电子商务综合试验区的批复》《关于完善跨境电子商务零售进口监管有关工作的通知》等，使学生意识到合规的重要性，增强法治观念。

2. 法治观念、职业道德规范、国际视野　通过介绍美国、欧盟等国家制定的跨境电商平台法律法规及相关政策，使学生意识到数据和隐私保护、知识产权侵权、市场准入门槛、审查措施和海关措施等数字贸易壁垒对于跨境电商运营的重要性。

**【教学方式与方法】**

1. 自主学习:线上学习相应慕课中的基础专业知识点,线下自主阅读文献资料,撰写心得体会。
2. 课堂讲授:讲授相关理论的主要观点或内容、政策启示与建议等。
3. 课堂展示与讨论:学生展示根据教学素材整理分析的相关报告等,小组讨论。

**【课程思政教学实例】**

**案例材料:美国亚马逊大量关闭中国卖家店铺事件及启示**

**(1)案例简介**

2021年仅2个月,亚马逊平台上被封店的中国卖家超过5万户,预计已造成行业损失金额超千亿元。亚马逊《卖家行为准则》封号的主要原因是"不当使用评论功能""向消费者索取虚假评论""通过礼品卡操纵评论"等,并没有严重的商品质量或是商品欺诈等问题,改变规则的背后实质上也反映了亚马逊平台和跨境电商企业服务体系主导权之争。平台运营的合规性为公司经营最重要红线,坚决杜绝违规行为可能导致的巨大风险。

资料来源:21世纪经济报道,亚马逊两个月封禁5万中国卖家! 准备上市的跨境电商们慌不慌? 2021－08－24.

**(2)案例的思政元素**

法治观念,职业道德规范,国际视野。本内容将美国亚马逊大量关闭中国卖家店铺事件与《跨境电商平台运营》课程中"跨境电商运营平台合规性"的教学内容相结合,从中国大量买家的亚马逊店铺被关闭的影响及其启示等方面做到案例分析与课程内容的呼应与融合,以此引发学生的深入思考。

**(3)教学手段**

①讲授:美国亚马逊大量关闭中国卖家店铺事件的动因及背后规则逻辑。使学生意识到亚马逊"封号风波"是把双刃剑,不按平台规范运作的电商企业面临封号危机,而一些规范运作的行业头部公司可能会迎来"高光"时刻。平台规则的改变有望改变我国跨境电商行业准入门槛较低、大量小微型企业红海竞争的市场格局,真正打破同质化竞争,实现自有品牌化经营的企业有望崛起。

②讨论:美国亚马逊大量关闭中国卖家店铺事件对中国跨境电商企业合规性出海发展的启示。慕课资源、文献资源为翻转课堂提供支架;课堂展示、师生思辨讨论实现课堂高阶性、高效性。

③学习测评:讨论结果现场点评,包括学生自评、互评、教师点评总结。

## 第四章 跨境电商选品和市场分析

**专业教学目标**

通过介绍跨境电商平台数据化的科学选品和市场调研方法,引导学生掌握科学地获取、评估、鉴别和使用信息的方法,尊重世界各国的消费者习惯和风土人情,能运用科学的思维方式认识跨境电商选品和市场调研,并解决相关实践问题。

**【知识目标】**

1. 学生熟悉和掌握从客户群体、客户需求、客户文化背景等分析角度,针对不同的客户,采用科学的选品方法和工具,分别提出差异化选品策略。
2. 熟悉和掌握全球不同国家地区市场消费者用户特征和产品偏好。

**【能力目标】**

1. 培养学生将所学理论灵活应用于现实和具体案例。
2. 培养学生从思辨的角度分析跨境电商选品和市场分析能力,能够分析评价爆款产品、冷门产品以及引流推广产品等。

**课程思政教学目标及实践**

**【育人目标】**

1. 科学精神、中华优秀传统文化 讲解数据化选品的数据思维和科学务实求真思维,引入中国文化产品出海以及热卖的案例,弘扬中华优秀传统文化,坚定文化自信。
2. 科学精神、国际视野 通过介绍跨境电商平台科学的选品和市场调研方法,引导学生掌握科学地获取、评估、鉴别和使用信息的方法,尊重世界各国的消费者习惯和风土人情,具备国际化视野和尊重事实依据的科学精神。

**【教学方式与方法】**

1. 自主学习:线上学习相应慕课中的基础专业知识点,线下自主阅读文献资料,撰写心得体会。

2. 课堂讲授:讲授相关理论的主要观点或内容、政策启示与建议等。

3. 课堂展示与讨论:学生展示根据教学素材整理分析的相关报告等,小组讨论。

**【课程思政教学实例】**

**案例材料:中国 SHEIN 在美国的下载量排名第一**

(1)案例简介

SHEIN 是南京领添信息技术有限公司旗下产品,是一家快时尚跨境电商网站,致力于打造类 Zara、Foever21 的跨境快时尚品牌,主要面向女性消费群体,为用户提供服装、饰品、鞋履、箱包等品类产品,同时建立社群,提供经验分享、导购、交友、物流配送等服务。移动数据平台 Apptopia 的最新报告显示,2022 年上半年,SHEIN 成功超越亚马逊成为美国下载量最高的购物应用程序。SHEIN 现在向全球 150 多个国家和地区发货。通过支持美国、西班牙、法国、俄罗斯、德国、意大利、澳大利亚和中东的网站,SHEIN 从其众多全球定位的仓库之一发货。SHEIN 继续蓬勃发展,部分原因在于公司在控制内部生产的卓越性方面的价值观。SHEIN 旨在提供最高价值的时尚单品,同时也致力于质量、价值和服务。

资料来源:中国经营报,独角兽 Shein 疯狂成长之路,2022－06－18。

(2)案例的思政元素

中华优秀传统文化,国际视野,科学精神。本内容将中国 SHEIN 在美国的下载量排名第一与《跨境电商平台运营》课程中"选品和市场分析"的教学内容相结合,从 SHEIN 的产品设计、生产方式等主动硬核海外用户需求,提升用户体验感和信任感等影响及其启示等方面做到案例分析与课程内容的呼应与融合,以此引发学生的深入思考。

(3)教学手段

①讲授:SHEIN 企业定位、价值主张、商业运作模式、目前的海外发展情况和发展历史等。在知识点"跨境电商选品和市场分析"中引入 SHEIN 在美国开拓海外市场中的运营模式及做法和策略,引导学生掌握科学的获取、评估、鉴别和使用信息的方法,尊重世界各国的消费者习惯和风土人情,具备国际化视野和尊重事实依据的科学精神。

②讨论:SHEIN 企业定位、价值主张、商业运作模式、选品和市场策略对中国跨境电商品牌企业发展的启示。慕课资源、文献资源为翻转课堂提供支架;课堂展示、师生思辨讨论实现课堂高阶性、高效性。

③学习测评:讨论结果现场点评,包括学生自评、互评、教师点评总结。

## 第五章 跨境电商市场营销与客户服务

**专业教学目标**

本章主要介绍跨境电商本土营销策略,以及跨境电商客户服务沟通原则和技巧,引导学生学习和掌握基本营销分析和客户沟通工具,培养学生面对复杂多变的国际市场经贸环境能够不畏困难,积极寻求有效解决问题的方法和途径。

**【知识目标】**

1. 熟悉和掌握跨境电商营销策略方法,熟知本土化运营策略注意点。

2. 掌握跨境电商客户服务沟通原则和技巧,学习和掌握基本营销分析和客户沟通工具。

**【能力目标】**

1. 培养学生将所学理论灵活应用于现实和具体案例。

2. 培养学生从思辨的角度分析跨境电商市场本土化营销运营活动和客户沟通服务策略。

**课程思政教学目标及实践**

**【育人目标】**

1. 科学精神、国际视野、法治观念 通过介绍中国跨境电商平台在海外市场的营销实践优秀案例,引导学生熟知世界主要跨境电商消费市场消费习惯和文化习俗;同时遵守当地的地方性法规,具备规则和法治意识。

2. 职业道德、家国情怀　通过介绍跨境电商客户服务沟通原则和技巧,引导学生遵守职业伦理道德、爱岗敬业、耐心细致、负责认真、文明礼貌,在跨文化商务沟通中尊重世界多元文化差异性。

【教学方式与方法】
1. 自主学习:线上学习相应慕课中的基础专业知识点,线下自主阅读文献资料,撰写心得体会。
2. 课堂讲授:讲授相关理论的主要观点或内容、政策启示与建议等。
3. 课堂展示与讨论:学生展示根据教学素材整理分析的相关报告等,小组讨论。

【课程思政教学实例】
**案例材料:BrandGoGo助力中国跨境电商品牌营销出海**
(1)案例简介

BrandGoGo是中国一家优秀的跨境营销品牌,定位TikTok平台数字化营销SaaS工具,以链接跨境卖家与营销红人为切入口,通过数字化方式匹配双方需求,并提供数据分析以及海外流量投放等服务。通过实时监控账号核心数据,专业数据分析驱动挖掘背后的商业价值,助力世界各地电商从业者、MCN机构品牌及短视频创作者的粉丝快速增长、内容创作变现,帮助他们高效地进行选品、电商变现和品牌营销等方面的决策工作。BrandGoGo旨在全球短视频经济时代到来之际,专注在短视频内容创作 & 海外直播电商领域,链接全球优质短视频创作者,帮助中国品牌货通全球,目前,BrandGoGo已经拥有2万用户,红人库内现有红人突破300万人。

资料来源:雨果网,跨境营销品牌BrandGoGo获近千万元天使轮融资,2022-05-18。

(2)案例的思政元素

国际视野,法治观念,职业道德,家国情怀。本内容将BrandGoGo助力中国跨境电商品牌营销出海与《跨境电商平台运营》课程中"跨境电商市场营销"海外新媒体营销的教学内容相结合,做到案例分析与课程内容的呼应与融合,以此引发学生的深入思考。

(3)教学手段

①讲授:BrandGoGo助力中国跨境电商品牌营销出海。在知识点"跨境电商市场营销"中引入BrandGoGo通过短视频创作与营销、全场景营销数字化赋能、AI大数据分析等跨境营销新工具和策略助力中国跨境电商品牌营销出海,引导学生熟知世界主要跨境电商消费市场消费习惯和文化习俗;同时遵守当地的地方性法规,具备规则和法治意识。

②讨论:美国制裁华为事件对中国发展的启示。慕课资源、文献资源为翻转课堂提供支架;课堂展示、师生思辨讨论实现课堂高阶性、高效性。

③学习测评:讨论结果现场点评,包括学生自评、互评、教师点评总结。

## 第六章　跨境电商物流与支付

**专业教学目标**

本章分为跨境电商物流运营和跨境电商支付方式与主流收款工具介绍。主要探讨跨境电商物流概念和发展模式类型和演进历程,介绍跨境电商支付方式与主流收款工具,培养学生对国际物流行业运用科学思维方式认知能力,引导学生具备求真务实的科学精神、独立思考判断的能力和探索创新的精神。

【知识目标】
1. 熟悉和掌握跨境电商物流运营概念和发展模式类型和演进历程。
2. 熟练掌握当前国内外跨境电商支付方式与主流收款工具。

【能力目标】
1. 培养学生将所学理论灵活应用于现实和具体案例。
2. 培养学生从思辨的角度分析跨境电商物流运营和跨境电商支付方式,识别我国跨境电商企业在物流运输和支付过程中的风险因素,能够分析评价相关措施和政策的作用与实施效果。

**课程思政教学目标及实践**

【育人目标】
1. 科学精神、家国情怀　通过探讨跨境电商物流概念和发展模式类型和演进历程,培养学生对国际物流行业运用科学思维方式认知能力,引导同学认识到跨境物流发展疼痛点和难点,厚植爱国主义情怀,培养学生建立建设中国国际物流标杆企业的使命感。
2. 科学精神、法治观念　通过介绍跨境电商支付方式与主流收款工具,引入国际支付宝等中国优秀跨境支付平台案例,引导学生具备求真务实的科学精神、独立思考判断的能力和探索创新的精神。

【教学方式与方法】
1. 自主学习:线上学习相应慕课中的基础专业知识点,线下自主阅读文献资料,撰写心得体会。
2. 课堂讲授:讲授相关理论的主要观点或内容、政策启示与建议等。
3. 课堂展示与讨论:学生展示根据教学素材整理分析的相关报告等,小组讨论。

【课程思政教学实例】
案例材料:中国跨境物流服务商华贸物流发展及启示
(1)案例简介
华贸物流主营业务包括国际空海铁综合物流服务、跨境电商物流、国际工程综合物流、国际仓储物流、其他国际综合物流服务,以及特大件特种专业物流。目前,以国际空运、国际海运为核心的跨境综合物流业务目前仍然为公司盈利的主要来源。华贸物流不断加大跨境电商物流业务板块的投入,2021年其跨境电商物流营业收入及毛利的比重分别达15.3%及19.9%,已成为华贸物流的第三大业务支柱。
资料来源:华创证券,华贸物流:业务版图持续扩张,跨境物流综合服务商开启新篇章,2022－06－19。

(2)案例的思政元素
家国情怀,科学精神,国际视野。本内容将中国跨境物流服务商华贸物流与《跨境电商平台运营》课程中"跨境电商物流"的教学内容相结合,从重视资本与并购与产业协同发展,积极寻找协同优势明显且在跨境电商物流具有明显竞争优势的物流标的企业,补齐跨境物流前端面对众多中小客户和散单的集货能力、分拣能力、信息化处理能力的启示等方面做到案例分析与课程内容的呼应与融合,以此引发学生的深入思考。

(3)教学手段
①讲授:中国跨境物流服务商华贸物流发展历程和大事件,培养学生对国际物流行业运用科学思维方式认知能力,引导同学认识到跨境物流发展疼痛点和难点,厚植爱国主义情怀,培养学生建立建设中国国际物流标杆企业的使命感。
②讨论:中国跨境物流服务商华贸物流发展对中国跨境物流企业发展的启示。慕课资源、文献资源为翻转课堂提供支架;课堂展示、师生思辨讨论实现课堂高阶性、高效性。
③学习测评:讨论结果现场点评,包括学生自评、互评、教师点评总结。

## 第七章　跨境电商平台运营实务

专业教学目标
本章主要为跨境电商平台运营实务部分讲解。主要内容包括跨境B2C、B2B、新媒体等平台商业运行模式和特征的讲解、国外主流跨境电商平台运营实务和国内境电商平台运营实务,培养学生独立思考、独立判断,认识到不同国家平台的差异性、特色以及可取之处,中国跨境电商平台发展速度快、规模大,其背后的党坚强有力的领导和企业家践行的社会主义核心价值观体现。

【知识目标】
1. 熟悉和掌握跨境B2C、B2B、新媒体等平台商业运行模式和特征。
2. 国内外主流跨境电商平台注册、选品上架、详情页编写、数据工具使用、营销沟通工具使用等实务操作内容。

【能力目标】
1. 培养学生将所学理论灵活应用于现实和具体案例。
2. 培养学生从思辨的角度分析跨境B2C、B2B、新媒体等平台商业运行模式和特征,能够分析不同平台运营实务策略。

**课程思政教学目标及实践**
**【育人目标】**
1. 科学精神　通过对跨境 B2C 平台商业运行模式和特征的讲解、介绍和总结,培养学生独立思考、独立判断,尊重事实和依据,有实证意识和科学严谨态度。
2. 国际视野　通过对国外主流跨境 B2C 平台运行模式和特征的讲解,引导学生有效获取和甄别互联网信息资料,具备数字化生存能力;同时认识到不同国家平台的差异性、特色以及可取之处,培养学生善于思考、总结提炼和尊重跨文化商业交流的素质。
3. 政治认同、践行社会主义核心价值观　通过详解速卖通等国内主流跨境 B2C 平台,引导学生意识到中国跨境电商平台发展速度快、规模大背后的党坚强有力的领导和企业家践行的社会主义核心价值观体现。

**【教学方式与方法】**
1. 自主学习:线上学习相应慕课中的基础专业知识点,线下自主阅读文献资料,撰写心得体会。
2. 课堂讲授:讲授相关理论的主要观点或内容、政策启示与建议等。
3. 课堂展示与讨论:学生展示根据教学素材整理分析的相关报告等,小组讨论。

**【课程思政教学实例】**
**案例材料:全球社交媒体 WhatsApp 私域流量运营模式的启示**
(1) 案例简介
近年来,随着互联网红利的日渐流失,跨境电商公域流量竞争愈发激烈,私域流量引起了跨境商家的广泛关注。WhatsApp 作为拥有全球最大用户规模的社交平台,成为跨境电商私域流量运营的主要载体。从私域流量运营模式分析入手,重点对 WhatsApp 社交生态下私域流量运营模式进行具体分析,基于 WhatsApp 生态下开发的 SCRM(社会化客户关系管理)系统,对跨境电商私域流量的运营流程、运营效果进行分析。

资料来源:王家丰,赵崤含. 基于 WhatsApp 社交媒介的跨境电商私域流量运营研究[J]. 中小企业管理与科技,2022(4):144-146。

(2) 案例的思政元素
国际视野,科学精神。本内容将全球社交媒体 WhatsApp 私域流量运营模式与《跨境电商平台运营》课程中"运营实务"的新媒体运营教学内容相结合,从用户维护、流量变现等方面具有可持续的效果及其启示等方面做到案例分析与课程内容的呼应与融合,以此引发学生的深入思考。

(3) 教学手段
① 讲授:WhatsApp 社交生态下私域流量运营模式。
② 讨论:WhatsApp 社交生态下私域流量运营模式对中国跨境电商品牌出海的启示。慕课资源、文献资源为翻转课堂提供支架;课堂展示、师生思辨讨论实现课堂高阶性、高效性。
③ 学习测评:讨论结果现场点评,包括学生自评、互评、教师点评总结。

# 四、课程思政的教学评价

**(一) 对教师的评价**
1. 教学准备的评价
将《跨境电商平台运营》课程思政建设落实到教学准备各方面,提前提炼思政元素进行课程思政目标设计、修订教学大纲、教材选用、教案课件编写等。
2. 教学过程的评价
将《跨境电商平台运营》课程思政建设落实到教学过程各环节,主要是看教师是否采取了恰当的教学方式,将思政元素自然地融入教学内容中,对学生的思政教育以"润物细无声"的方式展开。包括教学理念及策略、教学方法运用、作业及批改、平时成绩考核等。
3. 教学结果的评价
建立健全《跨境电商平台运营》课程思政多维度评价体系,包括同行评议、随机听课、学生评教、教学督导、教学研究及教学获奖等。

4. 评价结果的运用

对于同行评议、学生评教、教学督导等提出的改进建议,以及对学生考核的成绩分析进行运用,对教学进行反思与改进。

(二)对学生的评价

1. 学习过程的评价

检验学生是否认真完成了老师布置的要求和任务,积极参与资料收集、课堂讨论和调研等教学过程,科学评价学生在学习过程中的积极性、互动性和参与度。

2. 学习效果的评价

通过平时作业、课堂讨论、资源库平台资料分析报告、随堂练习、课后作业、期末考试等多种形式,检验学生对课程思政元素的领会及其对思政元素的掌握程度。

3. 评价结果的运用

通过师生座谈和系上教研活动等多种形式,对学生的学习效果进行科学分析,总结经验,改进不足,提升课程思政的学习效果。

## 五、课程思政的教学素材

| 序号 | 内　　容 | 形式 |
| --- | --- | --- |
| 1 | 《中华人民共和国电子商务法》 | 政策法规 |
| 2 | 国务院反垄断委员会关于平台经济领域的反垄断指南 | 政策文件 |
| 3 | 陕西"通丝路"创建外贸新平台 搭建"人民币网上丝绸之路" | 阅读材料 |
| 4 | 2022年全球数字经贸规则年度观察报告 | 研究报告 |
| 5 | 跨境电商出海合规,促进外贸新业态发展 | 研究报告 |
| 6 | 《国务院关于同意在雄安新区等46个城市和地区设立跨境电子商务综合试验区的批复》 | 政策文件 |
| 7 | 国务院办公厅关于加快发展外贸新业态新模式的意见 | 政策文件 |
| 8 | 关于完善跨境电子商务零售进口监管有关工作的通知 | 政策文件 |
| 9 | 2021年中国第三方跨境支付行业研究报告 | 研究报告 |
| 10 | 中国对外贸易法 | 政策法规 |
| 11 | 跨国并购对中国制造业企业的影响 | 阅读材料 |
| 12 | 国际经贸新形势下我国跨境电商发展困境与对策 | 阅读材料 |
| 13 | 疫情冲击下我国跨境电商发展研究 | 阅读材料 |
| 14 | 基于跨境电商平台的中国服装OEM企业出口转型策略研究 | 阅读材料 |
| 15 | 企业进行第三方跨境电商平台运营的策略研究 | 阅读材料 |
| 16 | 跨境电商如何应对美国禁令制度 | 阅读材料 |
| 17 | 跨境电商知识产权风险的应对——以中国电商在美被诉为例 | 阅读材料 |
| 18 | 基于客户视角的出口跨境电商选品策略研究 | 阅读材料 |
| 19 | 基于BP神经网络的跨境电商买手平台选品模型构建 | 阅读材料 |
| 20 | 论文化因素对"一带一路"跨境电商的影响 | 阅读材料 |
| 21 | 跨境电商B2C背景下跨境客服常见问题与对策分析 | 阅读材料 |
| 22 | 跨境电商企业人民币跨境支付风险识别及规避措施研究 | 阅读材料 |
| 23 | 第三方支付机构跨境电商收款业务及监管对策 | 阅读材料 |
| 24 | 中国对外贸易跨境电商物流的模式分类与风险评价——基于模糊层次分析的实证研究 | 阅读材料 |
| 25 | 我国B2C出口跨境电商国际化发展的制约因素及对策 | 阅读材料 |
| 26 | 选择跨境电商B2B平台的原则与方法研究 | 阅读材料 |
| 27 | 新媒体短视频应用于跨境电商营销的效果与市场前景 | 阅读材料 |

# 《跨境电商理论与实务》课程思政教学指南

王津津[1]　王婧卜[2]

([1] 西安外国语大学　[2] 西安财经大学)

## 一、课程简介与课程目标

### (一)课程简介

《跨境电商理论与实务》课程是跨境电子商务专业的核心必修课程,旨在引领学生认识跨境电商的基本概念,了解跨境电商发展的现状、规律、趋势,掌握全系统生态与全链路业务的分析视角、研究方法与知识体系。结合国家战略、法律法规与政策导向,主动观察热点现象、前沿进展与地方实践,培养问题凝练、现象分析与实践应用的能力。以适应经济全球化演进、符合跨境电商发展趋势、服务区域经济发展需要为导向,培养具备从事数字贸易、平台运营、数据分析的高端跨境电商人才。

本课程综合运用讲授、启发式教学、案例教学、情境教学、小组合作式教学、企业家进课堂等多种教学方法,重点讲授理论、业务与实操,使学生从宏观系统、中观结构、微观要素搭建知识体系。秉承思想政治教育与专业知识教育相互融通的原则,将价值塑造、知识传授和能力培养融入课程内容设计、教学环节组织、教学效果测评的全过程,使学生结合中国国情、发展阶段与地方经验观察跨境电商活动,通晓演进规律、理解生态系统,掌握业务流程、应用操作技能,形成国际视野、问题意识、科学思维与实践能力,成为具有理想信念、民族自豪感、全球视野、人类命运共同体情怀和创新务实精神的新时代复合型跨境电商人才。

### (二)课程目标

本课程为专业必修课程。通过本课程的学习,使学生能够达到以下目标:

1. 知识目标:掌握跨境电商的基础理论、发展动态与关键技能,围绕全生态系统、全业务流程与代表性平台三个方面搭建知识体系,理解跨境电商产业发展、技术创新、模式变革的宏观环境与内在动力,掌握物流、支付、营销、大数据等核心业务的理论基础、具体流程与创新模式。

2. 能力目标:建立互联网、大数据、复杂系统思维,强化关注重大现实问题、获取前沿理论成果与提升平台运营能力的意识,具备科学的分析视角、高效的学习方法与终身的学习态度;以项目方案设计为媒介,掌握现象分析、原因阐释、对策提出、经验总结的基本流程,具备一定的科学研究能力;以个人职业成长、产业结构优化、服务地方发展为导向,具备多学科知识融合的创意、创新与创业能力,良好的跨文化交际、外语沟通、计算机操作技能。

3. 育人目标:增强政治认同,提升中国特色社会主义的思想认同、理论认同、情感认同;凸显家国情怀,培养信念坚定、热爱祖国、遵纪守法、敢于担当的时代新人;围绕价值塑造,激发职业道德、提升职业操守,激励社会责任感意识形成;聚焦专业素养,鼓励回归现实情景、回应重大问题、回馈地方发展,培养科学思维、人文关怀、合规意识、底线思维与跨学科融合素养;以职业发展为导向;倡导深度学习,熟悉跨境电商的战略方针、政策法规与地方经验,培养主动关注前沿动态、自觉掌握实践技能、积极探索创新创业的高素质人才。

### (三)课程教材和资料

➢ 推荐教材

1. 伍蓓.跨境电商理论与实务(微课版)[M].北京:人民邮电出版社,2020.
2. 伍蓓.跨境电子商务概论[M].北京:人民邮电出版社,2022.

➢ 参考教材或推荐书籍

1. 张夏恒.跨境电子商务概论[M].北京:机械工业出版社,2020.

2. 马述忠,卢传胜等.跨境电商理论与实务[M].浙江:浙江大学出版社,2018.
> 学术刊物与学习资源
国内外国际经济与贸易类各类期刊。
学校图书馆提供的各种数字资源,特别是"中国知网"。
> 推荐网站
中华人民共和国商务部:http://www.mofcom.gov.cn/.
中国国际贸易促进委员会:http://www.ccpit.org/.
中华人民共和国海关总署:http://www.customs.gov.cn/.
中国国际贸易发展网:http://www.itdn.com.cn/.
中国跨境电商交易会官方网站:http://www.autkwa.com.cn/.
网经社跨境电商网:http://www.100ec.cn/zt/wmds/.

# 二、课程思政教学总体设计

## (一)课程思政教学目标

《跨境电商理论与实务》课程以基本理论、核心业务与操作实务为主要内容,学生能够运用跨境电商的分析视角、研究方法与知识体系,理解全系统生态演化的基本规律,分析全链路业务流程中的复杂问题,提出一体化的解决方案,充分激发学生的政治认同、家国情怀、文化素养与使命担当等意识。

本课程加入大量的近期与未来可能产生巨大影响的经典案例与实践成果。例如"丝路电商"打开"一带一路"合作新通道、中国-东盟发展新引擎、e-WTP跨境电商普惠发展的中国方案、跨境电商赋能中国品牌出海等。通过在课程中大量融入和体现中国特色与经验,增进学生分析和解决问题的能力,把思想和行为自觉与以习近平同志为核心的党中央保持高度一致。具体而言,本课程的思政教学目标可以涉及以下八个维度:

1. 实现政治认同

《跨境电商理论与实务》课程知识体系嵌套在中国对外开放理论与经贸发展实践中,需要带领学生了解世情、国情、党情的深刻变化,在教育教学全过程实施全方位价值引导。课程开展应秉持历史逻辑、理论逻辑、实践逻辑相一致的原则,立足百年未有之大变局下高水平开放推动高质量发展主线,引导学生领会习近平新时代中国特色社会主义思想,理解党中央、国务院高度重视跨境电商等贸易新业态发展工作部署。从战略布局的系统性、政党建设的先进性、发展理论的超越性、制度优势的多重性、政策制定的连续性出发,聚焦跨境电商"从无到有"孕育生发、"逆势上扬"加速成长、"提质增效"跨越发展的国家环境与多元支持,阐释"中国共产党为什么能,中国特色社会主义为什么好,归根到底是因为马克思主义行!",增强马克思主义的理论认同、民族复兴历史使命的目标认同、新时代中国特色社会主义发展的思想认同、百年大党伟大实践的情感认同。

2. 家国情怀

以《跨境电商理论与实务》课程内容为载体,链接全球命运共同体的"数字方案"与中国经济发展道路"外溢效应"。立足历史逻辑,讲好中国跨境电商由野蛮生长向创新转型的发展故事,突出"有效市场与有为政府"共同发力对于优势激发、困境突围的重要作用,引导学生采用中国特色社会主义视角理解跨境电商发展的思想指引与道路超越;立足理论逻辑,联通世界文明优秀成果学习借鉴与人类命运共同体挑战应对,将以民族意识、"五爱"公德、报国行动为核心的家国情怀植入跨境电商人才培养的精神"母体",鼓励学生关注跨境电商品牌出海、技术创新、产业赋能等重大现实问题,运用中国特色社会主义理论进行初步凝练、阐释与解决;立足现实逻辑,传递跨境电商在抗击新冠肺炎疫情、带动经济复苏、助推脱贫攻坚等实践探索的重要价值与世界贡献,将复杂问题解决、跨文化交流技巧等发展能力与全球视野、战略思维等高阶素养融入全系统、全链路讲解,畅通"知识-能力-素养"升级路径。

3. 培育和践行社会主义核心价值观

深度开发课程内容,链接跨境电商的知识讲授与价值观塑造过程,凝聚国家发展、社会秩序、个体行动的"最大公约数"。将国家价值追求作为目标制定准则,采用实地参观、讲座开展、对话交流等多元化手段引导学生成为跨境电商的主动观察者、全面实践者与科学推动者,突出价值创造过程中的人民主体地位坚守初心,指明贯彻经济发展理念、激发民主协商活力、促进文明交流互鉴的重要意义,明确维护国家主权、发展与安全利益的根本宗旨;将社会价值追求作为秩序生成准则,从中国共产党领导下的顶层设计与地方政府支持下的基层创新"双向路径"出发,突出自由便利、平等普惠、公正、法律规制在跨境电商产业发展中的实践导向,培养具有合规经营意识、参与治理能力的新时代经贸人才;以个人价值追求作为行为优化准则,借助深度访谈、经验分享等活动,凝练新时代跨境电商企业家精神、岗位人才画像与职业发展规划的共性要素,培养爱国情怀、敬业奉献、诚实守信、合作创新等价值维度。

4. 融入中华优秀传统文化

本课程注重中华优秀传统文化的深度阐释、时代传承与价值创造,跨境电商作为贸易转型的新业态,经由创意解构与技术加持,已经超出产品流动的狭义范畴,赋能范围不断延展,成为文化传播的隐性载体。在差异性上,课程内容应突出国情基础、发展阶段等因素的现实约束,引导学生尊重、适应不同文化下跨境电商主体的价值观念、思维方式、语言表达等特征,注重跨文化的行为阐释、事务处理、冲突应对、交流沟通等综合能力培育;在融通性上,可以结合"国潮+""非遗+"模式的创造性转化与创新性发展案例,全面提升文化甄别、借鉴、开发的实际能力,树立民族文化自觉自信意识,促进中华优秀传统文化、数字经济技术手段、跨境电商产业载体的跨界融合;在创造性上,应确立"文化+"跨境电商模式应用的底线思维,规避"抄袭复制""歧义误读"等事件发生,建构传统文化成果与跨境电商产业的良性互动关系,强化产品出海向品牌出海升级的现实服务能力。

5. 牢固树立法治观念

跨境电商作为多元主体参与、多种业务集合、多个环节嵌套、多项职能发挥的生态系统,在密集释放的政策红利下迎来高速发展势头,也滋生了无序竞争现象与侵权违法事件,需要从宏观层面建构"激励—约束"的政策认知框架,基于微观主体责任担当、中观行业健康发展、宏观法律制度完善的递进层次,树立跨境电商从业者的守法合规意识与消费者权益保护意识。在法律制度的来源与内容上,不仅要了解主要国际组织、部分国家和地区的跨境电商法律法规,引导学生形成尊重国际条约、恪守合规准则的意识,还要强化海关监管、税收监管和金融监管等相关领域法律法规的合力凝聚作用,帮助学生理解特殊情境下的纠纷规避、冲突应对、矛盾化解与权益维护的重要意义,培养学习法律知识、运用法律思维、参与法律实践与守住法律底线的行为习惯。

6. 深化职业规范与职业道德教育

本课程帮助学生搭建跨境电商知识体系、业务流程、操作实务的整体框架,着重提升问题凝练、现象归纳、理论分析、对策提出的综合能力。考虑到后置课程的进阶性,需要重点培养自主、高效、持续的学习意识与方法技能,引导学生建立全系统生态要素与全链路业务流程的分析视角,提升战略系统性、批判创造性、抽象逻辑性的思维能力,形成求真务实、坚忍不拔、自我革新的工作态度以及恪守职业伦理、道德规范与法律法规的底线原则。结合地方模式探讨、企业案例阐释、创业经验分享等方式,课程依据岗位画像建构跨境电商职业道德的基本规范,具体包括:爱岗敬业、诚实守信、服务群众、奉献社会、保守秘密、求是创新、团结互助等。

7. 培养科学精神

跨境电商作为国际贸易发展新业态蓬勃孕育出的新兴交叉学科,具有较强的系统性、实践性与前沿性,而自然科学与人文社会科学在视角、方法与成果方面的整合、融通,对于复杂问题阐释、内在规律发现与学科创新发展极为重要。本课程拟在两个层次培养科学精神:一是植入科学思维方式。避免机械唯物论、简单线性思维的不良干扰,通过引导动态发展、复杂系统与非线性演化等科学思维形成,帮助学生掌握跨境电商的观察视角、分析范式与发展规律;二是培养科学精神状态。将自然科学发展过程中的优良传统、认知方式、行为规范和价值取向,以隐形方式全面渗入日常教学活动,科学批判精神与人文关怀意识的辩证思考讨论案例,培养立足跨境电商发展实际的问题导向、危机意识、底线思维,以及聚焦业务模块优化的求真务实作风。

8. 拓展国际视野

受到新冠肺炎疫情冲击、贸易转型、竞争加剧等因素的共同作用下,跨境电商成为数字贸易的重要组成部分、世界经济复苏的关键抓手,亟须培养、储备具有"跨、融、创、通"特征的国际复合型高素质人才。其中,国际化视野培育,从出发点来看,应立足人类命运共同体和平、发展、合作、共赢的共同价值追求,引导学生主动了解跨境电商的新实践、新问题与新趋势,特别是国际关系、政策渊源、文化基础、技术差异等多元因素的综合影响,从落脚点来看,应立足数字时代的转型发展需求,培养阐释世界多样表现与总结中国实践经验的意识,提升学生对复杂问题的分析能力与解决能力,特别在高水平开放战略下利用跨境电商赋能贫困治理、产业升级等全球共同任务,合理应对可能出现的利益纠纷、偶发冲击等。

### (二)课程思政的教学内容

《跨境电商理论与实务》课程的思政内容可以涉及以下几方面:

#### 1. 坚持马克思主义立场方法观点的引领作用

跨境电商理论与实践课程的庞杂性、系统性与前沿性,决定了其基本理论与研究方法多建构在其他学科成果之上,注重分析现象的表面联系,缺乏对于意识形态、应用范围、国情约束等内容的深度思考,需要在专业知识与思政内容之间搭建链接桥梁。坚定马克思主义的立场、观点与方法,引导学生从宏大的社会发展历史过程理解跨境电商的孕育、成长与转型,运用马克思主义哲学、政治经济学与科学社会主义思维、方法与成果,同时立足中国国情、发展阶段与战略规划探究跨境电商的发展规律,从而培养一批拥有坚定理想信念、严守人民至上基本立场、自觉抵抗错误思潮的跨境电商人才队伍。

#### 2. 理解命运与共嵌入中国方案的时代价值

结合国际商业属性,引导学生理解跨境电商已经成为中国参与全球化治理的重要方式。从尊重客观规律角度,重点强调跨境电商领域国家战略、法律法规和政策导向的阶段性、国别性与系统性,将中国方案探索应置于命运与共理想、利益格局变化与发展演化规律的大框架,强调合规性与科学性;从主观能动性发挥角度,立足认识、改造跨境电商活动,突出价值、方法、能力等因素的系统性作用,强调渐进性与创新性。

#### 3. 突出扎根中国实践与面向现实问题的基本导向

中国跨境电商具有社会性、时代性的孕育土壤、发展过程与政策导向,在不断探索、创新过程中逐渐形成了丰富、特色的地方经验,极大丰盈、拓展了已有的基本知识体系,因而课程教学的深入开展,应特别注重对于党和国家治国方略的框架性解读,同时涵盖政策法律、热点事件、经典案例。围绕跨境电商领域的重大现实问题,通过课内的任务驱动、观点访谈与课外的企业探访、项目开展等活动,引导学生真正走进跨境电商,包括:生态系统的具体构成、内在关系与创新实践,核心业务的现实情景、实际困难与发展短板,不同主体的基本立场、利益格局与协调思路,项目开展的分析方法、具体流程与优化方向。

#### 4. 培养符合前瞻性发展规划的职业道德素养

相较于传统贸易,跨境电商释放出的政策红利与参与激励在放大新兴专业的人才需求的同时,也加剧了价值迷失、行为失范的风险。面对"职业道德黑名单""反复违规封号"等事件不断上演,亟需在知识传授的课堂教学过程,立足行业发展的基本特征与核心业务的岗位画像,设计遵循人才成长规律的职业道德素养提升路线,形成涵盖"动机-态度-原则"的思政体系,真正实现显性教育与隐性教育相互统一。重点培育:激发积极进取、合作共赢、社会责任的职业动机,秉承求真务实、坚忍不拔、自我革新的工作态度,恪守职业伦理、道德规范与法律法规的底线原则。

#### 5. 增强品牌出海的文化认同感和民族自豪感

品牌出海作为跨境电商赋能乡村振兴、非遗产业发展、制造业转型升级的关键环节,贯穿于知识体系应用的实践导向,跨文化交流能力提升与民族自豪感激发成为重中之重。因此,课程开展要立足中国品牌从跨境出海到全球化布局的定位转变,培养学生主动挖掘、筛选、借鉴优秀文化,并植入生态系统建构与核心业务开展的能力,积极观察中国样本、总结实践经验、探寻解决方案的意识,使其成为具有民族自豪感、全球视野、人类命运共同体情怀和创新务实精神的新时代复合型跨境电商人才。

### (三)教学方法

本课程综合运用内容讲授、任务驱动、案例教学、情境教学、小组合作、企业家进课堂、实习基地现场实践教学等多种方法,使学生掌握全生态系统的基本概念、核心要素与体系构成,理解全产业流程的核心业务、政策措施与操作实务,运用跨境电商的理论知识、分析视角与研究方法,观察重大现实问题,探究基本发展规律,提出初步解决方案。结合全球化演进逻辑,探析数字经济时代跨境电商"新业态"向"新常态"转换的必然趋势与中国方案,依据跨境电商的业务模块与岗位画像,从"知识、技能、素质"进阶过程,培养从业人员的职业道德与商业伦理。

# 三、课程各章节的课程思政教学内容设计

## 第一章 导论

**专业教学目标**

本章重在课程引入,让学生了解跨境电商的产生背景,掌握跨境电商的概念、特征、流程,理解跨境电商的演进历程及发展趋势。

【知识目标】

1. 了解跨境电商的产生背景。
2. 掌握跨境电子商务的概念、特征与流程。

【能力目标】

1. 培养学生将所学理论灵活应用于现实和具体案例。
2. 培养学生从思辨角度分析跨境电商的演进历程及发展趋势。

**课程思政教学目标及实践**

【育人目标】

1. 政治认同 立足全球经济与中国经济的发展演进逻辑,通过说明跨境电商孕育的多元支持、强调跨境电商发展成果为世界共享,充分体现中国特色社会主义的时代容涵性与制度优越性。

2. 爱国情怀 展现逆势上扬的中国跨境电商已经成为"一带一路"倡议发展新动力,培养学生的民族自豪感和爱国情怀。

3. 科学精神 结合生命周期理论,从动态发展视角出发,深入探究跨境电商由野蛮生长向创新发展演进的经验教训,辩证分析中小企业参与跨境电商的机遇与挑战,从而培养学生辩证思考的科学精神。

【教学方式与方法】

1. 自主预习:提前预习相应的基础专业知识点,自主阅读相关文献资料。
2. 课堂讲授:讲授跨境电商产生的背景、演进的历程及发展的趋势,以及跨境电商相关的概念、特征、流程等。
3. 课堂讨论:学生结合上课的内容,展开小组讨论。

【课程思政教学实例】

**案例材料:线上丝绸之路——敦煌网签约杭州跨境电子商务综合试验区**

(1)案例简介

我国已经把线上丝绸之路纳入"一带一路"倡议。敦煌网作为中国第一个B2B跨境电子商务出口交易平台,致力于实现全球通商,为中小企业搭建一条"线上丝绸之路"。敦煌网在原有的基础上结合跨境电子商务新业态发展,计划启动一站式跨境电子商务综合服务平台项目,打造跨境电子商务的产业链和生态链。杭州跨境电子商务综合试验区,利用海关特殊监管区域等政策优势,全面打造跨境电子商务业务,功能覆盖保税进出口和一般进出口等模式。敦煌网将在开发区投资建设"敦煌网跨境外贸综合3.0平台"项目。项目将敦煌网在跨境电子商务交易模式中的创新能力、完整供应链体系等优势与杭州跨境电子商务综合试验区的政策优势结合起来,充分发挥开发区全球化物流集散网络等优势,可以带动跨境电子商务产业升级、提高对外贸易销售额,为中小型企业提供一个优质的平台,合力打造跨境电子商务"线上丝绸之路"。

资料来源:根据雨果网资讯改编。原始出处:敦煌网签约杭州跨境电子商务综合试验区,共建网上丝绸之路。https://www.cifnews.com/article/16803.

(2)案例的思政元素

①家国情怀。敦煌网为中小企业搭建"线上丝绸之路",不仅带动跨境电子商务产业升级、提高对外贸

易销售额,还为中小企业提供了优质的平台。

②社会主义核心价值观。从"丝路电商"打开"一带一路"合作新通道,带动跨境电子商务产业升级,打开对外贸易市场,充分体现中国特色社会主义核心价值观。

(3)教学手段

①讲授:在"导论"中引入线上丝绸之路,通过中国跨境电商的飞速增长与"一带一路"合作倡议新动能的全面对接,培养学生的民族自豪感和爱国情怀。

②讨论:敦煌网与杭州跨境电子商务综合试验区合作会带来的积极影响。

③点评:对学生讨论结果现场点评,包括学生自我评价、小组互评、教师点评总结等。

## 第二章 跨境电商生态系统

**专业教学目标**

通过本章学习,让学生了解跨境电子商务生态系统的理论演进,掌握跨境电子商务生态系统的重要概念、基本模型与协同机制的层级体系、建构思路。

【知识目标】

1. 了解跨境电子商务生态系统的理论演进。
2. 了解生态位、自组织、协同理论等知识。
3. 掌握跨境电子商务生态系统的基本理论、要素构成与模型表达。
4. 理解跨境电子商务生态系统协同机制的层级体系、建构思路。

【能力目标】

1. 培养学生将所学理论灵活应用于现实和具体案例。
2. 培养学生采用动态发展视角、科学研究方法,建立、分析跨境电子商务生态系统,建构跨境电子商务生态系统的协同机制与发展路径。

**课程思政教学目标及实践**

【育人目标】

1. 科学精神  通过对跨境电商生态系统与跨境电商的共性现象,强化学生科学思维、实证求知、规律发现的意识,培育现象观察、问题凝练、对策提出的能力。

2. 政治认同  立足国家高水平开放战略,深化跨境电商生态系统建构的基本认知,使学生掌握和运用马克思主义立场、观点、方法。

3. 实践创新  结合木桶理论蕴含的协同发展思想,从标准化与创新性的有机结合角度,以补缺增效为导向,培养学生问题意识、系统思维与行动能力。

【教学方式与方法】

1. 自主学习:提前预习跨境电商生态系统相应的基础专业知识点,自主阅读相关文献资料。
2. 课堂讲授:讲授跨境电子商务生态系统的理论演进过程,以及跨境电商生态系统的相关概念、基本模型以及协同机制的层级体系、构建思路等。
3. 课堂讨论:围绕跨境电商生态系统高质量发展,让学生结合京东跨境电商生态高质量发展的案例,展开小组讨论。

【课程思政教学实例】

**案例材料:"营销+生态"双维推动京东跨境电商生态高质量发展案例分析**

(1)案例简介

京东聚焦自主经营模式,借助于跨境电子商务市场自身发展的趋势,以京东为核心的跨境电子商务生态系统快速发展。但快速发展也暴露出品牌、服务商、平台之间在运营、营销、服务等方面存在的诸多痛点,严重掣肘海外品牌及商家的发展,为了解决这些痛点,内部有平台甄选的行业资源互通有无,外部有联盟立体赋能支持,京际联盟锻造了一支京东国际"生力军"。未来,京东国际要充分整合平台能力,将京际联盟作为卖家良性生态的支点,撬动京东国际业务升级,引领中国跨境电商向新领域进发。

资料来源:京东,"营销+生态"京东国际升级"京际联盟"共建跨境电商新生态,2020-8-26。

(2)案例的思政元素

①实践创新。随着京东的发展壮大,形成以京东为核心的跨境电子商务生态系统。

②家国情怀。京际联盟从商家经营的角度发力,整合优质服务商能力及平台能力,融合商家服务、商家合规与商品质量三大板块,助力中国企业梳理出海。

(3)教学手段

①讲授:在"跨境电子商务生态系统"中引入案例,探究京东跨境电子商务生态系统的协同机制构建思路,构建京东跨境电子商务生态系统发展路径,培养学生实践创新能力。

②讨论:京东跨境电子商务生态系统案例带来的启示。

③点评:讨论结果现场点评,包括学生自评、互评、教师点评总结。

## 第三章 跨境电商平台类型

**专业教学目标**

本章主要介绍跨境商平台的理论基础与主要分类,让学生了解平台经济的基本理论,掌握跨境电商平台的定义、特征与功能,结合划分依据介绍不同类型平台以及进出口平台的重点模式。

【知识目标】

1. 了解平台经济的基本理论。
2. 掌握跨境电商平台的定义、特征与功能。
3. 掌握跨境电商平台的分类依据与代表平台。
4. 掌握进出口平台的重点模式。

【能力目标】

1. 培养学生将所学理论灵活应用于现实和具体案例。
2. 培养学生从多维赋能角度发现跨境电子商务平台应用的实践价值。

**课程思政教学目标及实践**

【育人目标】

1. 政治认同  从新时代构建新发展格局出发,探究跨境电商平台对于"内循环"消费升级与"外循环"高水平开放的中介、桥梁作用,立足中国特色社会主义经济理论创新,增强学生国情意识,补缺历史视角,强化辩证思维,树立发展自信。

2. 家国情怀  通过跨境电商在助力农产品出口、非遗产业发展、制造业转型升级的经验案例,使学生从爱国情怀、社会责任、国际视野等多维度,探究新时代跨境电商企业家精神的内涵意蕴。

3. 实践创新  通过追踪进出口跨境电商平台模式的业务形态发展前沿,从资源优势整合、营商环境优化等方面,强化学生问题意识、风险意识、法律意识下的创新思维与方案规划能力培育。

【教学方式与方法】

1. 自主学习:提前预习跨境电商平台相应的基础专业知识点,自主阅读相关文献资料。
2. 课堂讲授:讲授平台经济的基本理论,跨境电商平台的定义、特征与功能,不同类型跨境电商平台的分类依据以及进出口平台的重点模式等内容。
3. 课堂讨论:围绕跨境电商平台的选择,让学生结合跨境电商新宠儿 TikTok 的案例,展开小组讨论。

【课程思政教学实例】

**案例材料:跨境电商的新宠儿 TikTok**

(1)案例简介

麦肯锡最新的一份报告发现,自 2020 新冠肺炎疫情发生后,美国 76% 的消费者开始转变消费习惯,越来越把精力投入到了社交媒体平台,由此催生了依托于直播业态的电商零售新形态。自亚马逊爆发大规模封号潮后,大量卖家经营困难,一部分卖家出走止血,还剩下的卖家也开始寻找新的平台,因此作为海外版抖音的 TikTok 成为了跨境电商的新宠儿。

资料来源:根据雨果网资讯改编。原始出处:独家资讯|带你了解跨境电商的新宠儿 TikTok. https://www.cifnews.com/article/127323.

(2)案例的思政元素

①家国情怀。TikTok依托直播业态的电商零售新形态,成为跨境电商新宠儿,立足中国特色社会主义经济动能转换理论创新,增强国情意识,补缺历史视角,强化辩证思维,树立发展自信。

②实践创新。TikTok基于抖音"兴趣电商"的成功模式,通关实践创新,发展出适合TikTok的模式。

(3)教学手段

①讲授:在"跨境电商平台类型"中引入TikTok的案例,立足中国特色社会主义经济理论创新,提升学生国情意识,培养家国情怀、实践创新精神。

②讨论:TikTok为何能成为跨境电商新宠儿,以及TikTok成为跨境电商新宠儿的启示。

③学习测评:对学生讨论的结果进行现场点评,包括学生自评、互评、教师点评总结。课后让学生比较分析跨境电商的各个平台的特点,并完成报告书。

## 第四章 跨境电商政策法规与监管制度

**专业教学目标**

本章主要介绍国内外跨境电商立法的概况,主要内容包括跨境电商贸易、商务、运输、知识产权等相关政策法规,跨境电商的海关监管、税收监管和金融监管政策制度以及跨境电商的政策法规。

【知识目标】

1. 了解主要国际组织、部分国家和地区的跨境电商法律法规。
2. 了解我国跨境电商相关法律法规。
3. 理解跨境电商领域中涉及知识产权的侵权行为。
4. 掌握跨境电商的海关监管、税收监管和金融监管的政策法规。

【能力目标】

1. 培养学生将所学理论灵活应用于现实和具体案例。
2. 培养学生采用系统视角分析国内外跨境电商政策法规与监管制度。
3. 培养学生评价跨境电商政策法规与监管制度实施效果的综合能力。

**课程思政教学目标及实践**

【育人目标】

1. 家国情怀 通过介绍国内外跨境电商法律法规,使学生树立全球视野、厚植爱国情怀、尊重世界差异、迎接全球挑战等意识,推进国际理解教育以增强国家认同感、激发社会责任感。

2. 法治观念 通过跨境电商发展中的法律相关案例,让学生树立跨境电商从业者的守法合规意识与消费者的权益保护意识。

3. 社会主义核心价值观 通过跨境电商面临的多重风险,聚焦跨境电商多元主体行为引导,培养学生合规守法经营、恪守商业道德、公平参与竞争等意识。

【教学方式与方法】

1. 自主学习:提前预习跨境电商政策法规与监管制度相关的知识点,自主阅读相关文献资料。
2. 课堂讲授:讲授国内外跨境电商立法的概况、跨境电商政策法规以及跨境电商监管制度等内容。
3. 课堂讨论:结合"VAT合规风暴"、金融违法犯罪"黑灰产"等热点事件,进行现象阐释、政策梳理等方面的讨论。

【课程思政教学实例】

**案例材料:跨境电商保税仓"刷单"案**

(1)案例简介

2018年4月,广州市中级人民法院对本案依法公开判决:广州志都供应链管理有限公司(以下简称"志都公司"),被告人冯某某、江某某、刘某某为志都公司的其他直接责任人,伙同被告人梁某某、李某、王某、程某某逃避海关监管,伪报贸易方式报关进口货物偷逃应缴税额,其行为均已构成走私普通货物罪。志都公司在共同犯罪中处重要地位,是主犯,依法应承担全部罪责。冯某某、江某某、刘某某、梁某某、李某、王某、程某某在共同犯罪中起次要或辅助作用,是从犯,应当从轻或减轻处罚。最终,涉案人员均被判处有期徒刑以上刑罚和不等的罚金,涉案志都公司被没收违法所得并处罚金300余万元。

资料来源:电子商务研究中心,跨境电商保税仓"刷单第一案"宣判。

**(2)案例的思政元素**

①法治观念。通过跨境电商保税仓"刷单"案的案例,使学生树立跨境电商从业者的守法合规意识。

②社会主义核心价值观。通过跨境电商保税仓"刷单"案,培养学生合规守法经营、恪守商业道德、公平参与竞争等意识。

**(3)教学手段**

①讲授:在"跨境电商政策法规与监管制度"中引入跨境电商保税仓"刷单"案例,使学生树立守法合规意识,引导学生积极实践社会主义核心价值观。

②讨论:跨境电商保税仓"刷单"案对跨境电商行业的影响。

③点评:对学生讨论的结果现场点评,包括学生自评、小组互评、教师点评总结等。

## 第五章 跨境电商物流

**专业教学目标**

本章主要介绍跨境电商物流业务模块,让学生掌握跨境电商物流的基本概念、过程实现、主要功能和发展现状,依据传统与新兴的划分标准,理解邮政物流、专线物流、商业快递、海外仓和保税仓等物流模式,熟悉四大电商平台物流方式。

**【知识目标】**

1. 掌握跨境电商物流的概念及流程。
2. 理解跨境电商的物流模式。
3. 掌握跨境电商的仓储模式。
4. 了解各大跨境电商平台的物流方式。

**【能力目标】**

1. 培养学生将所学理论灵活应用于跨境电商物流业务模块实践。
2. 培养学生掌握物流模式的比较分析与辩证评价。
3. 结合现实约束探索跨境物流运输的解决方案。

**课程思政教学目标及实践**

**【育人目标】**

1. 家国情怀 通过对我国跨境电商现状及发展趋势的讲解,使学生了解到在全球跨境物流中中国的地位以及创新理念对于跨境物流企业困境突破的重要意义。

2. 科学精神 通过跨境电商物流模式的动态发展过程,以中国邮政、中欧班列为代表的物流企业走出国门的经验做法,强调传统模式自我革新与新兴模式实践培育的重要性,提升学生辩证、批判、创新思维能力。

3. 深度学习 通过比较分析主要平台的物流方式,凸显信息资源获取需求与全链路升级供给的紧迫性,培养学生自主学习意识、权衡决策能力与合规守法习惯。

**【教学方式与方法】**

1. 自主学习:提前预习跨境电商物流相关的知识点,并自主阅读相关的文献资料。
2. 课堂讲授:讲授跨境电商物流的概念及流程、跨境电商的物流模式、跨境电商的仓储模式以及各大跨境电商平台的物流方式等内容。
3. 课堂讨论:比较跨境电商主要平台的物流模式,结合亚马逊FBA"后新冠肺炎疫情"与中欧班列"加速度"的案例比较,让学生展开小组讨论。

**【课程思政教学实例】**

**案例材料:揭秘速卖通俄罗斯新项目 AliExpress Plus**

**(1)案例简介**

近日全球速卖通首次揭秘其俄罗斯神秘项目 AliExpress PLUS。据官方表示,AliExpress PLUS 项目未来会是速卖通俄罗斯电商市场增长的主要引擎,预计会带来超过 20 亿美元的市场份额增量。目前,AliExpress PLUS 在俄罗斯运营两大业务"Tmall"和"跨境",但是这两块业务存在明显的短板。为此,对于升级后的 AliExpress PLUS,速卖通还表示将能够实现俄罗斯买家的以下两大诉求:一是更快物流,买家支付后 10 天达俄罗斯 35 个主要城市,其他地区也将大幅提升;二是简单退货,实现简单本地退货。

资料来源:根据雨果网资讯改编。原始出处:独家!揭秘速卖通俄罗斯新项目——"Aliexpress Plus"服务。https://www.cifnews.com/article/57684.

**(2)案例的思政元素**

①家国情怀。全球速卖通开通的俄罗斯新项目 AliExpress PLUS,未来会是速卖通俄罗斯电商市场增长的主要引擎,推进了中俄跨境电商的发展。

②实践创新。为了更好地服务中俄跨境电商,通过实践创新,速卖通开通了俄罗斯新项目 AliExpress PLUS。

**(3)教学手段**

①讲授:在"跨境电商物流"中引入速卖通俄罗斯新项目 AliExpress PLUS,使学生通过学习,培养家国情怀、实践创新的能力。

②讨论:速卖通俄罗斯新项目 AliExpress PLUS 的启示。

③学习测评:对学生讨论的结果现场点评,包括学生自我评价、小组间互评、教师点评总结等,并让学生比较分析具有代表性的跨境电商物流模式。

## 第六章　跨境电商支付

**专业教学目标**

本章主要介绍跨境电商支付业务模块,通过本章的学习,让学生对跨境电商支付有较为全面的认识,掌握跨境电商支付的发展过程、主要流程,了解不同国家和地区的跨境电商支付方式、支付工具以及主要跨境电商平台的支付方式。

**【知识目标】**

1. 掌握跨境电商支付的流程。

2. 理解不同国家和地区的跨境电商支付方式。

3. 了解跨境电商的支付工具以及主要跨境电商平台的支付方式。

**【能力目标】**

1. 培养学生将所学理论灵活应用于跨境电商支付业务模块实践。

2. 培养学生掌握支付方式的比较分析与辩证评价。

3. 区分不同国家和地区的跨境电商支付方式及不同跨境平台的支付方式。

**课程思政教学目标及实践。**

**【育人目标】**

1. 家国情怀　基于全球跨境支付发展趋势,通过对不同国家的跨境支付方式的研究,凸显中国跨境支付的世界地位。

2. 实践创新　从应用场景创新、技术手段创新、服务理念创新等维度出发,观察汇付天下、连连支付等代表性第三方机构的创新实践,以高效、安全、便捷为导向,探究跨境电商高质量发展的金融路径与中国经验,培养学生创新思维能力。

3. 深度学习　通过比较分析主要平台的支付方式,分别探究支付方式选择需求与创新供给的行为差异,强调自主学习意识、权衡决策能力与合规守法习惯的重要性。

**【教学方式与方法】**

1. 自主学习:提前预习跨境电商支付的相关内容,并自主阅读相关的文献资料。

2. 课堂讲授:讲授跨境电商支付的发展过程、主要流程,不同国家和地区的跨境电商支付方式、支付工具以及主要跨境电商平台的支付方式等内容。

3. 课堂讨论:围绕跨境电商支付方式,结合粤港澳大湾区数字互联互通升级的案例,让学生进行讨论。

【课程思政教学实例】
案例材料:粤港澳大湾区数字互联互通升级
(1)案例简介

2019年2月18日,中共中央、国务院印发《粤港澳大湾区发展规划纲要》,区域规划上升到国家战略。随后大湾区三地互联互通大提速,人、资金、物的流动变得更加便捷。粤港澳大湾区49+22城市的跨境协调协同发展,正处在制度创新与技术创新相结合的关键阶段。其中,在数字融合创新方面,大湾区电子钱包渗透率不断提升,当地用户以支付为入口获取种类丰富的数字生活服务,加速了该区域的互联互通。尤其2020年新冠肺炎疫情以来,零接触服务需求增长,推动港澳地区数字化的生活方式进一步普及,当地商家运用包括数字消费券在内的各类工具有序推进复工复产。与此同时,作为支付宝母公司的蚂蚁集团推出Alipay+解决方案,通过和全球伙伴合作,连接全球商户和电子钱包用户,帮助商家抓住更多全球商机,让消费者无论身在何处都可以享受本地化的数字生活和服务。

资料来源:艾瑞市场咨询公司,2020年中国第三方跨境支付行业研究报告。

(2)案例的思政元素

①政治认同。粤港澳大湾区区域规划已经上升到国家战略,大湾区三地互联互通大提速,人才流、资金流、物流协同发力,促使大湾区的数字生活更加便利。

②实践创新。粤港澳大湾区的跨境协调协同发展,正处在制度创新与技术创新相结合的关键阶段,通关数字融合创新,大湾区电子钱包使用率提升。

(3)教学手段

①讲授:在"跨境电商支付"中引入大湾区数字钱包的案例,培养学生政治认同、实践创新的精神。

②讨论:粤港澳大湾区数字互联互通升级的启示。

③点评:对学生讨论的结果现场点评,包括学生自评、互评、教师点评总结等。

## 第七章 跨境电商营销

**专业教学目标**

本章主要介绍跨境电商营销业务模块,通过本章的学习,让学生对跨境电商营销有较为全面的认识,掌握跨境电商营销的基本理论、发展过程以及主要跨境电商平台站内营销推广。

【知识目标】

1. 掌握跨境电商营销的定义、特点和功能。
2. 了解跨境电商营销的发展历程及跨境电商营销的常见手段。
3. 了解跨境电商SNS营销的内涵及WOTOKOL、Twitter、Pinterest的营销特色及营销方式。
4. 了解4种主要跨境电商平台——AliExpress、Amazon、eBay、Wish的站内营销推广方式。

【能力目标】

1. 培养学生将所学理论灵活应用于跨境电商营销业务模块实践。
2. 培养学生掌握营销方式的比较分析与辩证评价。
3. 依据现实约束探索跨境电商平台营销推广方案。

**课程思政教学目标及实践**

【育人目标】

1. 政治认同 以跨境电商赋能乡村振兴走出特色共富路为主题,基于历史逻辑强化整合营销的趋势形成,深化跨境电商营销过程认知,探究综合效益导向下赋能潜力激发的关键要素与创新思路。

2. 家国情怀 通过跨境电商营销助力中国品牌出海主题,结合花西子美妆、YesWelder机械国货走出国门的营销策略分析,培养学生家国情怀。

3. 实践创新 通过比较分析主流跨境电商平台站内营销推广方式,增强国际视野、规则意识、系统思维的全面培育,基于实践维度设计特定自选项目的一体化营销方案,培养学生的实践创新精神。

【教学方式与方法】

1. 自主学习:提前预习跨境电商营销相关内容,并自主阅读相关文献资料。

2. 课堂讲授:讲授跨境电商营销的基本理论、发展过程以及主要跨境电商平台站内营销推广等内容。

3. 课堂讨论:围绕跨境电商营销助力中国品牌出海,结合花西子美妆、YOUNG VISION 等走出国门的营销案例,让学生展开讨论,讨论跨境电商营销如何助力中国品牌出海以及对我们的启示。

**【课程思政教学实例】**

**案例材料:Tiktok shop 实战案例:YOUNG VISION 开挂式出海**

**(1)案例简介**

在全球新冠肺炎疫情的考验下,2022 年国货美妆品牌风头依旧,许多品牌都实现了高速增长,并显露出在海外市场发展的潜力。完美日记、花西子等品牌均已相继出海,且战绩斐然。深耕美妆品类跨境电商 8 年,作为国内较早一批外贸开拓者,浙江远眺化妆品有限公司总经理杨超创业经历亦备受行业关注。据介绍,杨超多年来一直专注美妆供应链,根据海外市场、电商平台特性为跨境电商卖家提供海外热销美妆货源,并匹配图片、顾问等一系列贴心配套服务,深得客户认可。2022 年 1 月,在原有供应链业务基础上开拓创新,远眺旗下品牌 YOUNG VISION 正式入驻 TikTok 电商,并开始第一场直播,从最初的零粉开播,仅用短短 36 天便实现看播人数及订单数倍数增长,单场成交额呈现爆发式增长,直播时长平均增长近 10 倍,因表现突出更成为 TikTok Shop 官方推介案例。

资料来源:根据雨果网资讯改编。原始出处:TikTok Shop 实战案例:YOUNG VISION 如何开挂式出海? https://www.cifnews.com/article/124013。

**(2)案例的思政元素**

①实践创新。在原有供应链业务基础上开拓创新,YOUNG VISION 成功出海,最终因表现突出成为 TikTok Shop 官方推介案例。

②家国情怀。通过跨境电商营销助力中国品牌出海,从产业特性、服务特色、目标定位等方面出发,培养学生家国情怀。

**(3)教学手段**

①讲授:在"跨境电商营销"中引入 YOUNG VISION 开挂式出海,培养学生实践创新、家国情怀。

②讨论:跨境电商营销如何助力 YOUNG VISION 出海,以及 YOUNG VISION 开挂式出海的启示。

③学习测评:对学生讨论结果现场点评,包括学生自评、互评、教师点评总结等。并让学生对某中国品牌出海制定跨境电商营销策略,最后教师进行评价。

## 第八章 跨境电商通关

**专业教学目标**

本章主要介绍跨境电商通关业务模块,通过本章的学习,让学生对跨境电商通关有较为全面的认识,了解海关的职责、管理机制等基本内容,掌握跨境电商"9610""1210""9710""9810"通关模式的特征、适用对象及流程,以及不同跨境电商通关平台的产生背景、功能及特色服务。

**【知识目标】**

1. 了解通关的基础知识,包括海关的基本内容、通关的基础流程及通关的便利化改革。
2. 了解跨境电商"9610""1210""9710""9810"通关模式及流程。
3. 了解不同跨境电商通关平台建设的背景、用途及特色服务。

**【能力目标】**

1. 培养学生将所学理论灵活应用于跨境电商通关业务模块实践。
2. 培养学生掌握通关模式的比较分析与辩证评价。
3. 培养学生科学评价、应用跨境电商通关平台建设的基础功能与特色服务。

**课程思政教学目标及实践**

**【育人目标】**

1. 政治认同　结合海关架构、通关流程与典型模式,明晰智慧海关建设对于推动共建"一带一路"高质量发展的紧迫需求与重要意义。深入领会习近平新时代中国特色社会主义思想之"智慧海关、智能边境、智享联通"合作倡议,总结构建开放型世界经济的中国经验。

2. 家国情怀　立足新冠肺炎疫情期间"千方百计稳外贸、全力以赴守国门"的基本导向,结合精准防控、效率保障、业务升级等创新举措,培育动态发展眼光与系统科学思维,引导观察中国跨境电商通关实践,提升问题归纳、现象阐释、经验总结与综合创新的能力。

3. 实践创新　结合新开局跨境贸易便利化"再提速"的基本导向与杭州市国家营商环境创新试点的实施方案,强化跨境电商通关平台服务功能的综合性与创新性认知,从全球化、现代化的治理能力角度,坚定"四个自信",基于实践维度培养复杂问题解决方案提出的能力。

【教学方式与方法】

1. 自主学习:提前预习跨境电商通关的相关知识,并自主阅读相关文献资料。
2. 课堂讲授:讲授跨境电商通关的基础知识、跨境电商的通关模式及流程,以及不同跨境电商通关平台建设的背景、功能及特色服务等内容。
3. 课堂讨论:结合杭州跨境电商综合试验区开展的新跨境电商退货新模式的案例,围绕跨境电商通关模式,让学生展开讨论。

【课程思政教学实例】

**案例材料:跨境电商进口 B2C 包裹退货新模式在杭州综试区运行**

(1)案例简介

2019 年 5 月 9 日,跨境电商进口 B2C 包裹退货新模式在中国(杭州)跨境电子商务综合试验区投入运行。针对跨境电商发展中的痛点,钱江海关对症下药,已开展保税仓直接退货模式,使企业不必再设置单独的区外退货专用仓,通过将全部退货流程转到区内,减少不必要的中间环节,有效减轻企业经营成本,也有效地缩短了整体的退货时间。同时,钱江海关允许消费者进行部分商品的退货,根据消费者需求,努力拓展"非整单""非良品"包裹的退货路径,提升消费者的购物体验。以上便利化通关模式能够有效减少不必要的退货流程,使退货包裹在规定的期限内实现"应退尽退"。同时,海关监管部门加大了对退货包裹的核查监督力度,督促企业切实履行质量主体责任,做好质量监督工作,为消费者的合法权益保驾护航。

资料来源:中华人民共和国海关总署,2019。

(2)案例的思政元素

①政治认同。通过跨境电商退货新模式在中国(杭州)跨境电子商务综合试验区的运行,深入领会习近平新时代中国特色社会主义思想,特别是"智慧海关、智能边境、智享联通"合作试点的重大倡议,总结构建开放型世界经济的中国经验。

②实践创新。在杭州综试区,通过对跨境电商退货模式的创新,使海关开展便利化通关模式减少不必要的退货流程。

(3)教学手段

①讲授:在"跨境电商通关"中引入跨境电商退货新模式,培养学生政治认同及实践创新精神。
②讨论:跨境电商退货新模式在中国(杭州)跨境电子商务综合试验区运行的启示。
③点评:学生讨论的结果进行现场点评,包括学生自评、小组互评、教师点评总结等。

## 第九章　跨境电商大数据分析

**专业教学目标**

本章主要介绍跨境电商大数据分析业务模块,引导学生了解大数据分析在跨境电商中的具体应用、价值创造,理解大数据环境下跨境电商的流程改进与分析要点,认识主要大数据分析工具及不同平台在大数据分析环境下的典型应用。

【知识目标】

1. 理解大数据含义与大数据分析的商业价值创造。
2. 掌握大数据环境下跨境电商的特点及流程变革。
3. 应用大数据分析的基本工具分析主要平台数据。

【能力目标】

1. 培养学生将所学理论灵活应用于跨境电商大数据分析业务模块实践。

2. 培养学生掌握跨境电商大数据分析工具的比较分析与辩证评价。
3. 培养学应用大数据分析的工具分析各平台的数据。

**课程思政教学目标及实践**

【育人目标】

1. 政治认同　聚焦全球经济与贸易领域的数字化趋势,增强以数字经济引领高质量发展的战略认同,明晰跨境电商对于拓展数字经济国际合作、构建网络空间命运共同体的重大意义,体现中国特色社会主义的世界意义和共同价值。

2. 深度学习　立足出海信息差的现实困境,突显大数据分析在社媒布局、科学运营、舆情监测、营销推广等环节的应用价值,培养学生数字化信息的自主学习意识与综合应用能力。

3. 实践创新　基于实践维度设计特定自选项目的跨境电商大数据分析方案,培养学生发现问题、信息获取、工具掌握、对策提出与安全应用等综合能力。

【教学方式与方法】

1. 自主学习:提前预习跨境电商大数据分析的相应的基础知识点,并自主阅读相关文献资料。
2. 课堂讲授:讲授大数据分析在跨境电商中的具体应用、商业价值,大数据环境下跨境电商的特点及流程变革,以及大数据分析的基本工具等内容。
3. 课堂讨论:围绕跨境电商大数据分析业务,结合人工智能与大数据如何改变跨境电商的案例,让学生讨论大数据和人工智能怎样影响跨境电商行业。

【课程思政教学实例】

**案例材料:人工智能与大数据如何改变跨境电商**

(1) 案例简介

目前,人工智能(AI)已经呈现井喷式的发展,众多国家及公司都纷纷备战人工智能,各个国家也都希望自己能在未来的人工智能市场中占有一席之地。现在,AI 已经进入电商,这也是电商的一次创新。例如,美国公司旗下的电商平台美图美妆上线 AI 测肤功能,正式宣告平台成功应用 AI。美图美妆 AI 测肤功能的成功,代表 AI 进入电商已经取得了成功。AI 跨境电商的时代已经来临,人工操作也将成为过去式。在最近几年,跨境电商纷纷出现在人们的视野中,市场上各种软件的出现也在提醒人们:在不远的将来,人工操作将被淘汰。近期,京东上市的无人快递车——机器人凭借京东后台的大数据及 AI 技术,能准确地定位客户的地址并方便快速地将快递送货上门。同时京东的快递员将会从 16 万人减少到 8 万人左右。

资料来源:伍蓓.跨境电商理论与实务(微课版)[M].北京:人民邮电出版社,2020.

(2) 案例的思政元素

①实践创新。人工智能运用到电商及跨境电商行业,例如美图美妆、京东无人快递车等。

②科学精神。随着人工智能的发展,对于人工智能的应用也越来越多,不仅运用到电商行业,现在 AI 跨境电商时代也已经来临。

(3) 教学手段

①讲授:在"跨境电商大数据分析"中引入人工智能和大数据是如何改变跨境电商的,培养学生实践创新及科学精神。

②讨论:人工智能和大数据如何影响跨境电商行业,以及怎样利用大数据分析工具助力跨境电商行业发展,找到蓝海市场。

③点评:对学生讨论结果进行现场点评,包括学生自评、小组互评、教师点评总结等。

## 第十章　跨境电商选品与平台选择

**专业教学目标**

本章主要介绍跨境电商选品与平台选择,通过本章的学习,让学生对跨境电商的选品与平台选择有一定的了解,掌握跨境电商选品的原则、思路与流程,了解主要跨境电商平台特色、优势与缺点。

【知识目标】

1. 掌握跨境电商选品的原则、思路与流程。

2. 了解跨境电商平台选择的基本内容。
3. 了解多平台运行特点、优势和难点。
4. 了解各主要跨境电商平台的特点。

**【能力目标】**
1. 培养学生将所学理论灵活应用于跨境电商选品与平台选择的实践操作。
2. 培养学生掌握平台选择的比较分析与辩证评价。
3. 培养学生依据原则、流程完成项目开展的选品流程实践与平台方案设计。

课程思政教学目标及实践

**【育人目标】**
1. 人文素养　通过 Anker 产品模仿案例，建立选品原则复杂性、逻辑递进性与方法科学性的基本认知，树立商业价值与人文情怀相协调的意识，引导人文知识积淀与审美素质提升，培养学生文化差异下跨境电商选品的综合判断能力。

2. 人格发展　以跨境电商卖家的进阶之路为切入点，建立前期评价、策略制定、比较分析的平台选择行动指南，培养学生坚韧乐观、抗挫耐压的人格，提升既定目标下基于特定发展阶段、资源约束的评估、决策与优化能力。

3. 深度学习　结合跨境电商平台违规封号整顿事件，从历史逻辑上明晰无序竞争的失衡复归趋势，从理论逻辑上突出平台治理的现实紧迫需求，从实践逻辑上体现为数字化优势重塑，着重培养学生规律发现、自主学习、总结反思的意识与能力。

**【教学方式与方法】**
1. 自主学习：提前预习跨境电商选品与平台选择的相关内容，并自主阅读相关文献资料。
2. 课堂讲授：讲授跨境电商选品的原则、思路与流程，以及跨境电商平台特色、优势与缺点等内容。
3. 课堂讨论：围绕跨境电商的选品与平台的选择，结合 Anker 产品模仿案例，让学生讨论跨境电商应如何选品。

**【课程思政教学实例】**
**案例材料：Anker 的成功可以复制吗？**
(1) 案例简介
Anker 生产智能数码周边产品，市场重点覆盖北美、日本及欧洲多国。在亚马逊平台上，Anker 一直是一个传奇。我国的很多卖家都在研究和模仿 Anker，但真正能够模仿 Anker 而且做得很好的卖家少之又少。很多学习 Anker 的卖家都采取了同样的黑色调和方正款，但成功的案例并不多，而有两家公司同样主打移动电源，却剑走偏锋，选择了和 Anker 不一样的路，但它们做得非常成功。Jackery 同样主打移动电源并主推方正款式，却选择了不一样的颜色——橙色。在 Anker 给人的冰冷沉稳的黑色印象之外，Jackery一下子就以鲜活亮眼的橙色吸引了女性群体及更年轻的客户的眼球。另一家移动电源——Lepow 的品牌打造就更有意思。Lepow 以更加鲜活的形象切入移动电源市场，一下就赢得了年轻群体的心。在亚马逊平台上，Lepow 起步较晚，但却一直做得很好。

资料来源：伍蓓.跨境电商理论与实务(微课版)[M].北京：人民邮电出版社，2020.

(2) 案例的思政元素
①实践创新。基于对 Anker 的研究学习，Jackery 和 Lepow 通过实践创新，生产出区别于 Anker 的移动电源，并获得顾客的青睐。
②人文素养。通过 Anker 产品的模仿案例，树立商业价值与人文情怀相协调的意识，引导人文知识积淀与审美素质提升，培养学生文化差异下跨境电商选品的综合判断能力。

(3) 教学手段
①讲授：在"跨境电商选品与平台选择"中引入 Anker 产品的模仿案例，培养学生实践创新精神，提升学生人文素养。
②讨论：Anker 产品模仿的关键是什么。
③学习测评：对学生讨论结果现场点评，包括学生自评、互评、教师点评总结。课后让学生针对某平台

进行选品,并写成报告书。

## 四、课程思政的教学评价

### (一)对教师的评价

1. 教学准备的评价

将《跨境电商理论与实务》课程思政建设落实到教学准备的各方面,提炼思政元素,推进课程思政目标设计、修订教学大纲、教材选用、教案课件编写等。

2. 教学过程的评价

将《跨境电商理论与实务》课程思政建设落实到教学过程的各环节,创新教学模式,探索课程思政教育新模式、新方法、新载体,积极使用混合式教学模式,将线上、线下教学平台实现有机融合,将思政元素自然地融入教学内容中,让学生学习知识的同时在潜移默化中完成思政素质的养成。注重教师教学理念及策略、教学方法运用、课堂提问、作业及批改、平时成绩考核等环节课程思政内容的落实。

3. 教学结果的评价

建立健全《跨境电商理论与实务》课程思政的多维度评价体系,包括同行评议、随机听课、学生评教、教学督导、教学研究及教学获奖等,注重评价教师备课过程中是否体现思政元素,课程讲授过程中课程思政教学目标是否达成,教学活动结束后,教师进行教学反思时是否对课程思政模块做了专门的考量。

4. 评价结果的运用

对于同行评议、学生评教、教学督导等提出的改进建议,以及结合学习测评中学生对课程思政教学目标达成情况,对教学进行反思与改进。

### (二)对学生的评价

1. 学习过程的评价

检验学生是否认真完成了老师布置预习内容和课前自测,是否积极参与课堂回答问题、课堂讨论等教学过程,课后作业、任务等是否完成,科学评价学生在学习过程中的积极性、互动性和参与度。

2. 学习效果的评价

通过课前自测、课堂回答问题、课堂讨论、线上平台分析报告、随堂练习、平时作业、期末考试等多种形式,检验学生对课程思政元素的领会及其对思政元素的掌握程度,以及学生对课程思政教学目标是否达成。

3. 评价结果的运用

通过师生座谈和系上教研活动等多种形式,对学生的学习效果进行科学分析,总结经验,改进不足,提升课程思政的学习效果。

## 五、课程思政的教学素材

| 序号 | 内容 | 形式 |
| --- | --- | --- |
| 1 | 中国电子商务报告 2020 | 研究报告 |
| 2 | 线上丝绸之路——敦煌网签约杭州跨境电子商务综合试验区 | 案例分析 |
| 3 | "营销＋生态"双维推动京东跨境电商生态高质量发展案例分析 | 案例分析 |
| 4 | 跨境电子商务生态系统构建机理与实施路径 | 阅读材料 |
| 5 | 跨境电商生态圈构建及发展路径研究 | 阅读材料 |
| 6 | 跨境电商的新宠儿 TikTok | 案例分析 |
| 7 | 跨境电商平台促进全球普惠贸易:理论机制、典型事实和政策建议 | 阅读材料 |
| 8 | 小微企业出口跨境电商 B2C 平台选择策略 | 阅读材料 |

续表

| 序号 | 内    容 | 形式 |
|---|---|---|
| 9 | 跨境电商保税仓"刷单"案 | 案例分析 |
| 10 | "一带一路"倡议下中国跨境电商的政策演进与发展态势 | 阅读材料 |
| 11 | 跨境电商相关税收政策国际比较研究 | 阅读材料 |
| 12 | 揭秘速卖通俄罗斯新项目—AliExpress PLUS | 案例分析 |
| 13 | 核心竞争力演化视角下我国跨境电商企业物流发展策略研究 | 阅读材料 |
| 14 | 跨境电商海外共享仓应用的必要性及实践途径 | 阅读材料 |
| 15 | 粤港澳大湾区数字互联互通升级 | 研究报告 |
| 16 | 一叶知秋:美元体系的挑战从跨境支付开始 | 阅读材料 |
| 17 | 我国跨境电商支付平台品牌国际化转型的问题及对策——以 PingPong 网为例 | 阅读材料 |
| 18 | 央行数字货币体系构建对金融系统的影响 | 阅读材料 |
| 19 | Tiktok shop 实战案例:YOUNG VISION 开挂式出海 | 案例分析 |
| 20 | 乡村振兴视野下农产品跨境电商营销策略探索 | 阅读材料 |
| 21 | 跨文化视角下我国跨境电商营销策略研究 | 阅读材料 |
| 22 | 跨境电商进口 B2C 包裹退货新模式在杭州综试区运行 | 新闻报道 |
| 23 | 我国海关跨境电商 B2B 出口监管模式的完善与创新——以"9710"和"9810"出口模式为例 | 阅读材料 |
| 24 | 跨境电商试验区通关便利化的创新实践路径 | 阅读材料 |
| 25 | 人工智能与大数据如何改变跨境电商 | 案例分析 |
| 26 | 数字化跨境电商赋能新零售供应链价值"智慧"升级探究 | 阅读材料 |
| 27 | Anker 的成功可以复制吗? | 案例分析 |
| 28 | 跨境电商卖家成功选品的几种策略技巧 | 阅读材料 |
| 29 | 对日跨境电商出口平台的选择及分析 | 阅读材料 |

# 《跨境电商物流与供应链管理》课程思政教学指南

马嫣然[1]　温师燕[2]

([1] 西安外国语大学　[2] 西安财经大学)

## 一、课程简介与课程目标

### (一)课程简介

《跨境电商物流与供应链管理》课程是跨境电商专业核心课程,旨在引导学生深入理解跨境电商物流和供应链管理中涉及的相关概念与基本理论,掌握跨境电商物流类型与特征、跨境电商进出口物流模式、跨境电商物流操作流程、相关政策与措施;理解供应链的含义、供应链管理的产生背景和原理,并重点掌握跨境电商供应链的各个主体角色及其特征,了解各主体角色之间的合作博弈关系。通过供应链风险管理的主要内容强化学生的风险认知和风险意识。在此基础上,强化学生对全球价值链发展的认知,理解我国在全球价值链中的位置、未来发展趋势以及相关政策措施。

本课程综合运用讲授、启发式教学、案例教学、情境教学、企业导师进课堂等多种教学方法,对相关理论、业务流程、发展前沿及政策分别进行讲述,使学生对跨境电商发展历程和跨境电商业务流程、供应链管理等基本内容有所认识。本课程实现思想政治教育与专业教育的结合,将价值塑造、知识传授和能力培养融入课程内容设计、教学环节组织、教学效果测评的全过程,使学生通晓跨境电商物流业务环节及供应链管理主要内容,帮助学生构建国际化视野和分析解决跨境电商物流业务和供应链管理各环节中问题的能力,客观认识理解跨境电商物流和供应链发展中的中国优势与特色,坚定社会主义路线的信念、强化民族自豪感,充分认识自己所肩负的社会发展的个人责任和使命。

### (二)课程目标

本课程为专业必修课程。通过本课程的学习,使学生能够达到以下目标:

1. 知识目标:系统掌握跨境电商物流和供应链管理的理论基础,跨境电商物流业务环节流程、相关政策、供应链管理产生和发展的必然性、供应链管理的发展趋势和目标等,同时具有在跨境电商相关领域和行业内,能够较熟练进行跨境电商物流、仓储、系统服务支持和供应链管理等各环节运营管理工作中解决基本问题的专业能力。开拓国际视野,对跨境电商的全球发展趋势和全球价值链发展前沿具有较为丰富的认知。

2. 能力目标:具有获取知识的能力,能够掌握有效的学习方法,主动接受自我教育和终身教育;具有实践应用能力,能够在跨境电商实践相关实践活动中灵活运用所掌握的专业知识;能够运用专业理论知识和研究方法分析解决实际问题,具备一定的科学研究能力;具备创新精神、创业意识和创新创业能力。

3. 育人目标:通过在课程中融入相关中国国际地位不断提高、中国电子商务高速发展、占据全球领先地位等相关内容强化学生的政治认同感和历史使命感,帮助学生梳理热爱祖国和坚定的中国特色社会主义信念,培育和践行社会主义核心价值观,通过在课程中融入文化IP出海等相关案例讲解强化学生的家国情怀,将中华民族传统文化溶于血液;通过跨境电商物流和供应链管理涉及的相关法律法规讲解强化学生的法治观念并且了解全球跨境电商发展动态前沿;通过本门课程相关资料查询和小组讨论教学让学生掌握探索知识的科学精神,具备一定的专业学科知识与基本科学素养;通过企业导师授课帮助学生了解实际工作中可能面临的各种情况,培养其具有良好的职业道德水平和健康的心理素质。

### (三)课程教材和资料

➤ 推荐教材

1. 陈旭华.跨境电商物流理论与实务[M].浙江:浙江大学出版社,2021.

2. 马向国,刘同娟,余佳敏.跨境供应链管理及案例解析[M].北京:化学工业出版社,2021.
➢ 参考教材或推荐书籍
1. 孙韬.跨境电商与国际物流——机遇、模式及运作[M].北京:电子工业出版社,2020.
2. 鄂立彬.跨境电商供应链管理[M].北京:对外经济贸易大学出版社,2020.
3. 苏尼尔.乔普拉.杨依依,译.供应链管理[M].北京:中国人民大学出版社,2021.
➢ 学术刊物与学习资源
《经济研究》《国际贸易》《南开管理评论》《International Business Review》和《Journal of Global Information Technology Management》等国内外国际经济与贸易类各类期刊。

学校图书馆提供的各种数字资源,特别是"中国知网",下载相关文献并加以阅读。
➢ 推荐网站
人民网 http://www.people.com.cn/.
国家发改委 https://www.ndrc.gov.cn/?code=&state=123.
中华人民共和国商务部 http://www.mofcom.gov.cn/.
中华人民共和国海关总署 http://www.customs.gov.cn/.

## 二、课程思政教学总体设计

### (一)课程思政教学目标

2021年7月15日,党中央国务院在《关于加强和改进新形势下高校思想政治工作的意见》提出的坚持全员全过程全方位育人的要求中提出的"三全育人"即全员育人、全程育人、全方位育人的要求。在当前新形势下,思政教育应全面融入学科教育,原有的单纯学科理论知识教育已无法满足当前复杂的国际政治和经济发展局势下的要求,需要结合课程思政"价值体系、知识体系、能力体系"的"三体"合一的目的,以全面提升学生专业素养、德育内涵、综合素质为驱动,注重思政德育元素和学科专业知识点的有机融合,提升专业课的思政内涵,对学生进行职业教育、创新创业、爱国主义、爱岗敬业等方面的道德教育,将思想政治教育全面融入课程教学中,实现思想政治教育和专业学科教育两手抓的实效。以习近平新时代中国特色社会主义思想为指引,全面贯彻党的教育方针,培养学生"融通内外、经世济民、诚信服务、德法兼修"的理念,将价值塑造、知识传授和能力培养融为一体。在专业课的教学中深入开展中国特色社会主义和中国梦教育、社会主义核心价值观教育、法治教育、职业道德教育以及中华优秀传统文化教育等,坚决落实立德树人根本任务,牢牢把握正确发展方向,培养德智体美劳全面发展的社会主义建设者和接班人。

《跨境电商物流与供应链管理》课程以跨境电商物流相关基本知识、业务环节、发展趋势、政策指引、跨境电商供应链管理的基本原理、主体角色及其合作博弈关系、风险管理及发展前沿为核心内容,本课程加入大量的近期与未来可能产生巨大影响的经典案例与实践成果。通过在课程中大量融入并体现中国特色社会主义建设的经验,提高学生分析和解决问题的能力,引导学生增强"四个意识"、坚定"四个自信"、做到"两个维护",自觉形成与以习近平同志为核心的党中央保持高度一致的。具体而言,本课程的思政教学目标可以涉及以下八个维度。

1. 实现政治认同

《跨境电商物流与供应链管理》课程以跨境电商物流各种方式、环节及内容、供应链管理的原理、主体角色及其关系等为主要内容,其中也涉及如中国如何提升在全球价值的位置、"一带一路"倡议等热点,上述内容不仅体现了在中国共产党的领导下我国获得了经济建设上的巨大成就,也体现了中国国际地位的不断提升。引导学生充分认识中国共产党正确领导的意义和社会主义制度的优越性,认识马克思主义政治经济学的重要意义和强大生命力。

2. 家国情怀

《跨境电商物流与供应链管理》课程中通过讲述阿里巴巴国际站、兰亭集势等网站助力国内广大企业出海等理论与案例,阐明在互联网时代,随着电子商务的高速发展,在党的正确领导下,涌现出一大批优秀的跨境电子商务企业带动更多传统内销企业进入跨境电商赛道,显著扩大市场范围,实现弯道超车。让学生感受爱国主义精神,传承家国情怀。对学生进行爱党、爱国、爱社会主义、爱人民、爱集体的"五爱"教育。

3. 培育和践行社会主义核心价值观

通过贯穿课程始终的正能量传播,帮助学生建立和强化社会主义核心价值观;通过企业导师进课堂、学生赴企业参观访问等形式,使学生能切身感受到跨境电商行业的快速发展、面临的机遇与挑战,感受国家经济的日益强大,引导学生将个人价值实现与民族复兴大业相结合;通过课堂教学组织设计和课程实践,鼓励学生参加各类创新创业比赛、电子商务学科竞赛等,开阔学生眼界,鼓励学生进行团队合作,实现个人能力培养与集体智慧结合,鼓励批判性思维,鼓励探索与创新。

4. 融入中华优秀传统文化

本课程注重融入中华优秀传统文化的精髓,特别是通过小说、漫画、影视作品等文化创意产品成功出海案例向学生介绍优秀中国传统文化的魅力,引导学生熟悉我国人文社会科学领域的基础知识,提升文化自信;同时,熟悉不同国家和地区的国情差异,以得当的方式处理跨文化事务,不断提升跨文化沟通能力。使得学生既以"中国人"自豪,热爱并自发以不同国家和地区能够接受的方式向外传递中华优秀的传统文化。

5. 牢固树立法治观念

跨境电商相比于国内电商企业运营的一大难点即是不仅需要遵循国内物流相关法律法规,还需要严格遵循交易对手所在国家和地区的相关法律法规,尤其是涉及到知识产权、动植物物种保护、食品安全检验检疫等诸多标准,通过本课程学习,让学生认识到了解国际公约、本国法律、交易对手所在国家法律法规都是顺利完成跨境电商物流的重要前提,让学生树立遵纪守法的意识,并鼓励学生正确运用法律武器捍卫跨境电商中己方利益,使学生具备运用法治思维和法治方式维护自身权利,培养学生作为社会治理主体的自觉性、能动性和权变性。

6. 深化职业规范与职业道德教育

职业道德是所有从业人员在社会活动中应该遵循的基本行为准则,建立良好的职业道德风尚,对于建立社会和谐关系具有重要作用。本课程通过专业知识讲授和企业导师进课堂等多种形式加强学生对专业基本知识、具体工作业务内容的认知,培养学生自主学习能力,能够将课本知识与工作相结合,提高知识转化效率,培养学生求真务实的职场风格。通过本课程的知识讲解和案例解读,切实提高学生的职业道德水平。让学生能够更好地适应工作、融入社会,在实现自身价值的同时为社会创造价值。

7. 培养科学精神

本课程注重培养学生的科学精神。科学精神就是实事求是,勇于探索真理和捍卫真理,包括求实精神,创新精神,怀疑精神,宽容精神等几个方面。本课程在教学中通过培养学生自己动手查阅资料、客观理性分析和辩证地看讨论问题的能力培养学生科学精神。引导学生理解数字经济的发展、跨境电商的发展对传统制造业、文化产业等社会多方面的带动作用,明确科技进步对经济发展的重要意义。

8. 拓展国际视野

国际视野对于优化思维方式、拓展思维、形成优化的知识结构和能力结构都非常重要。具有国际视野,意味着更有见识,即有见有识,思维更加开阔,少有思维遮蔽性,具有比较优化的知识结构和能力结构,在对外经济活动中,不仅具有跨文化的沟通交流能力,而且在处理国际事务中游刃有余。跨境电商行业人才更是需要国际化视野。在授课中通过具体案例讲述跨境电商行业头部企业及其他企业如何直面激烈的国际竞争。对于学生个人来说,国际视野也很重要,帮助学生放眼全球,盯着更大的范围内的强者,督促我们变强,让学生兼具国际视野和家国情怀,实现个人价值和祖国利益的统一。

(二)课程思政的教学内容

《跨境电商物流与供应链管理》课程的思政内容主要涉及以下几方面:

1. 构建马克思主义政治经济学的内驱力分析框架

马克思主义政治经济学的方法论基础包括历史唯物主义观和辩证唯物主义观。其中,历史唯物主义观认为一切重要历史事件的终极原因和动力是社会的经济发展,它是生产方式和交换方式的改变,它是由此产生的社会被划分为不同的阶级,也是这些阶级互相博弈的结果。辩证唯物主义观认为物质世界是按照它本身所固有的规律运动、变化和发展的,它揭示了事物发展的根本原因在于事物内部的矛盾性。事物矛盾双方又统一又斗争,促使事物不断地由低级向高级发展。在本课程教学中,引导学生构建马克思主义政治经济学的内驱力分析框架,在此框架下,根据历史唯物主义观和辩证唯物主义观来理解全球经济发展现状和及其基本发展规律。例如,在跨境电商的产生和发展的必然性中突出马克思主义政治经济学中关于经济全球化的客观必然性,讲解国际分工和国际交换的必然性和重要性。

2. 加深对国家新时期发展规划及相关法律法规的认知

新发展阶段的提出,一方面表明我国实现了"小康社会"这个中华民族伟大复兴历史进程的大跨越,正式进入基本实现社会主义现代化和建设社会主义现代化强国的新阶段;另一方面,要求我们要统筹中华民族伟大复兴战略全局和世界百年未有之大变局,深刻认识当前和今后一个时期,我国发展仍然处于重要战略机遇期,但机遇和挑战都有新的发展变化。通过《跨境电商物流与供应链管理》课程的讲授,不仅要帮助学生理解跨境电商物流环节涉及到的相关法律法规,还要帮助学生加深对专业的认同感,明确跨境电商是数字经济发展策略的重要组成部分,是符合国家发展规划并且值得投身的新职业。

3. 利用跨境电商国际化平台,助力学生开拓国际视野,传承家国情怀

跨境电商作为国际化的电子商务产业,在授课中通过具体案例讲述跨境电商行业头部企业及其他企业如何直面激烈的国际竞争,讲授跨境电商物流面临境内外各环节,培养学生跨文化的沟通交流能力,帮助其在以后的工作中能够更好地处理国际事务,充分展现自己的知识结构和能力结构。同时,在课程中通过讲述阿里巴巴国际站、兰亭集势等网站助力国内广大企业出海的案例,带动更多传统内销企业进入跨境电商赛道,实现经济弯道超车,让学生感受爱国主义精神,传承家国情怀。

4. 通过专业知识与社会实践相结合,培养学生兼具科学精神和职业素养

为培养学生实事求是、勇于探索的科学精神,本课程在教学中通过引导学生自己动手查阅资料、客观理性分析和辩证地看讨论问题的能力培养学生科学精神。通过引导学生查阅资料并进行讨论大国博弈的思政案例,深刻理解美国发起贸易战和代理人战争对全球经济造成的损失。通过企业导师进课堂等多种形式加强学生对具体工作业务内容的认知,帮助学生将课本知识与工作相结合,提高知识转化效率,切实提高学生的职业道德水平。让学生能够更好地适应工作、融入社会,为社会培养兼具科学精神和职业素养的合格的建设者和可靠接班人。

5. 弘扬传统文化,培育学生社会主义核心价值观

本课程授课过程中向学生强调中华优秀传统文化的精髓的优越性,特别是通过小说、漫画、影视作品等文化创意产品成功出海案例向学生介绍优秀中国传统文化的魅力,引导学生熟悉我国人文社会科学领域的基础知识,提升文化自信。同时,通过贯穿课程始终的正能量传播,帮助学生建立和强化社会主义核心价值观,引导学生将个人价值实现与民族复兴大业相结合,助力学生践行社会主义核心价值观。

(三)教学方法

本课程综合运用讲授、案例教学、情境教学、小组讨论教学、企业导师进课堂等多种教学方法,帮助学生掌握有关跨境电商物流和供应链管理领域的基本概念、基本理论和法律法规,具有运用理论知识分析现实跨境电商物流与供应链管理相关热点和难点问题的能力,拓展学生的国际视野,帮助学生了解经济全球化背景下跨境电商新业态的高速发展趋势和广阔前景,了解跨境电商作为数字经济、数字贸易的重要组成部分对我国经济发展的重要性,使学生兼具新公民基本职业道德标准和专业基本知识。

# 三、课程各章节的课程思政教学内容设计

### 第一章  跨境电商物流概述
**专业教学目标**

本章首先介绍跨境电商发展的宏观背景、发展现状,让学生了解跨境电商的发展动态。与国内物流相比,跨境电商物流要面临复杂多变的国际环境,给跨境电商物流的发展增添了诸多不确定性,带来了更大的挑战。介绍跨境电商物流的概念,以及面临的机遇和挑战,增强学生对跨境电商物流的复杂性和风险性的理解和认知。

**【知识目标】**

1. 了解电子商务发展背景及现状。

2. 掌握跨境电商物流的概念。

3. 分析跨境电商物流的机遇与挑战。

**【能力目标】**

1. 学会利用现代信息工具掌握追踪电商发展动态的方法。

2. 学会理论联系实际,掌握跨境电商物流的概念并能将其运用到实践中。

**课程思政教学目标及实践**

**【育人目标】**

1. 国际视野 通过了解到中国是全球最大电子商务市场,占全球总交易额的40％以上,明确中国在电子商务中具有重要的国际地位,扩宽学生的国际视野。

2. 家国情怀 通过跨境"一带一路"活动和"中欧班列"通车事件,让学生了解到中国致力于全球经济发展,并以积极的态度参与国际活动,培养家国情怀,坚定社会主义核心价值观。

3. 科学精神 通过探讨跨境电商物流的不同定义,并归纳总结,培养学生逻辑思维能力。

4. 政治认同 通过了解跨境电商发展背景、机遇与前途,明确知晓在中国共产党的领导下,我国国际地位不断提高,RCEP等生效为跨境电商创造更多机遇。

**【教学方式与方法】**

1. 案例引出:首次课以跨境电商的具体案例作为引出内容,使学生对跨境电商的内容有直观认识,也增加课程的趣味性。

2. 特征提取:基于案例对跨境电商物流的特征加以总结归纳,从而给出更加严谨规范的学术概念和相关理论。

3. 课上讨论:基于理论与案例讲解,引出与跨境电商物流的相关问题,发起课堂讨论,检验学生的听课效果,活跃课堂氛围。

**【课程思政教学实例】**

**案例材料:新冠肺炎疫情期间中国跨境电商进出口贸易额不降反升**

(1)案例简介

2020年,作为新兴贸易业态,跨境电商在新冠肺炎疫情期间进出口贸易额出现不降反升迹象,成为稳外贸重要力量。中国海关一直在积极适应和促进跨境电商发展,不断创新优化监管制度,支持跨境电商等新业态有序发展。具体包括:全面推广跨境电商出口商品退货监管措施;创新开展跨境电商企业对企业(B2B)出口试点;拓展畅通跨境电商物流通道;全力保障"双11"等跨境电商业务高峰商品有序通关;完善跨境电商统计,探索建立了跨境电商统计体系。

资料来源:中华人民共和国国务院新闻办公室. 新冠肺炎疫情期间跨境电商进出口贸易额不降反升 成稳外贸重要力量[EB/OL]. (2021－01－04)[2022－08－05]. http://www.scio.gov.cn/xwfbh/xwbfbh/wqfbh/44687/44744/zy44748/Document/1696988/1696988.htm.

(2)案例的思政元素

①家国情怀。通过介绍中国在新冠肺炎疫情期间的跨境电商贸易表现,可以让学生了解到国家在发展电子商务上的决策取得了巨大的成效,坚定学生对国家决策的信心,从而激发学生家国情怀、政治认同以及热爱党、拥护党的意识和行动。

②深度学习。学会通过国家电子贸易相关平台或政府机构的信息发布获取与电商贸易相关的信息,获得数字化生存能力。

(3)教学手段

①知识讲授:向学生系统阐述跨境电商的发展现状,重点介绍在新冠肺炎疫情大背景下中国跨境电商进出口贸易不降反升的事实。

②问题导向:启发学生思考中国跨境电商进出口贸易不降反升的原因,并通过课堂讨论为学生提供交流与辩论平台,使学生成为学习的主动参与者与探究者,激发学生学习动力。

③议题挖掘:为学生提供合适的进一步学习资料,让学生自主对跨境电商进出口贸易的相关议题进行进一步挖掘。

## 第二章　跨境电商物流模式

**专业教学目标**

本章重点分析了跨境电商物流的几种主要解决方案,包括邮政包裹模式、国际商业快递模式、专线物流模式、海外仓物流模式和保税仓物流模式等,增强学生对不同跨境电商物流解决方案的理解和认知。

**【知识目标】**

1. 了解主要的跨境电商物流模式。
2. 对主要的跨境电商物流模式进行对比分析。

**【能力目标】**

1. 了解跨境电商物流的专业解决方案,培养基本职业素养。
2. 在案例分析中了解跨境电商物流的基本运作方式,掌握对比研究方法,能够进行优势与劣势分析。

**课程思政教学目标及实践**

**【育人目标】**

1. 政治认同　通过对万国邮政联盟和卡哈拉邮政组织(KPG)等国际组织的讲解和对中国邮政存在的巨大作用和意义的描述,让学生兼具国际视野和政治认同感。

2. 国际视野　通过对四大商业快递巨头(即 DHL、TNT、FeDex 和 UPS)业务优势的讲解,了解其通过其自建的遍布全球的强大网络系统和本地化服务,为海外用户提供优质的在线产品体验的业务流程;同时通过对海外仓物流模式的讲解,开阔学生的国际视野,增进国际认知。

3. 科学精神　通过对专线物流模式等的案例分析,为学生讲解规模效应(规模经济、规模不经济、规模收益不变)、规模经济与范围经济,使学生具备求真精神。

4. 家国情怀　全国多地建立保税仓,促进跨境电商发展,以陕西六大综保区为例,讲解保税仓物流模式的优势,促进学生的家国情怀生成。

**【教学方式与方法】**

1. 多媒体教学:以 PPT 展示跨境电商物流的不同模式;同时辅以视频影像,帮助学生比较分析跨境电商模式优缺点,加深理解。

2. 小组讨论:学生根据课本材料与课外阅读进行小组讨论,并做跨境电商物流特定模式的主题汇报,促进学生对既有问题的思考与分析。

3. 章节测试:提供与跨境电商物流模式的小测试,并评阅和讲解,让学生巩固所学知识,温故而知新。

**【课程思政教学实例】**

**案例材料:YW 国际物流模式**

(1)案例简介

YW 公司成立于 1998 年,是国内领先的跨境出口电商综合物流服务商。YW 物流的主营业务是为跨境出口电商提供综合物流服务。按产品与服务内容不同,公司主营业务可分为国际快递全程业务、国际快递揽收及处理业务和其他业务三类。从收入结构来看,国际快递全程业务占比最高,近三年业务占比均在 90% 以上,20 年该项收入 56 亿,占收入比重 91%,是核心业务。

资料来源:华创证券.物流行业专题报告:从严文物流看跨境专线[R/OL].(2021-09-22)[2022-08-15].https://www.vzkoo.com/document.

(2)案例的思政元素

①理性思维。通过 YW 物流公司的案例向学生展示公司在业务分配中如何合理地安排不同的跨境电商物流模式,以最大化公司收益。

②实践创新。通过实际案例让学生明白如何将知识学以致用,如何在实践中针对问题制定合理的解决方案,以培养学生的实践创新精神。

(3)教学手段

①案例讲授:向学生介绍 YW 公司的发展流程、主要业务、核心业务,让学生了解现实中的跨境物流公司是如何安排跨境物流模式的,同时也分析 YW 公司三大核心业务的发展现状,以及其未来发展方向。

②网络工具:借助 YW 公司官网、天眼查、企查查等公司查询平台和未来智库等研究报告平台获取

YW公司的相关资料,进行案例拓展和分析。

③拓展研究:为学生提供合适的进一步学习资料,让学生自主对跨境物流公司物流模式的相关议题进行进一步挖掘,将视角从"YW物流公司"扩宽到"中国跨境物流公司"乃至"国际跨境物流公司"。

### 第三章 跨境电商物流运作流程

**专业教学目标**

跨境物流一般业务流程涉及的关键节点,包括:物流集货、仓储、分拣、通关、国际运输、商检、配送。本章主要通过对典型的跨境电商物流企业案例进行分析和总结,让学生基本了解我国跨境电商物流市场规模、市场集中度和竞争程度等。

**【知识目标】**

1. 了解跨境电商物流企业类型及特点。
2. 熟悉跨境电商物流关键节点。

**【能力目标】**

1. 理论联系实际,将跨境电商物流理论流程与现实中的电商物流企业真实流程进行比照。
2. 学会深度思考,探究国内跨境电商市场基本情况以及典型代表企业成功原因。

**课程思政教学目标及实践**

**【育人目标】**

1. 家国情怀  菜鸟物流业务覆盖全球200多个国家和地区,已经进入第一梯队跨境物流企业。通过对菜鸟物流业的介绍,建立学生对本国企业的认同感,继而产生国民身份认同,培养家国情怀。

2. 职业道德  通过对国际物流行业标准流程的梳理,培养学生基本外贸业务能力,夯实学生的外贸商务基本业务水平;并用标准化的流程确立学生严谨的做事风格。

**【教学方式与方法】**

1. 流程模拟:模拟国内某电商物流行业的物流运作流程,使学生直观明确地了解跨境电商物流全流程及重要节点,加深学生对完整物流流程的理解。

2. 分组汇报:学生根据之前的流程模拟进行重点环节梳理,并进行小组讨论、流程归纳,再分组汇报,培养学生归纳总结、书写表达的能力。

3. 课堂讲解:剖析跨境电商物流运作流程,并强调需要关注的重点环节,让学生进一步加深理解。

**【课程思政教学实例】**

**案例材料:SM通线上发货物流模式运作流程**

(1)案例简介

全球SM通是ALBB旗下面向全球市场打造的在线交易平台,被广大卖家称为国际版"TB",可与220多个国家和地区的买家达成交易。"线上发货"是由ALBB全球SM通、CN网络联合多家优质第三方物流商打造的物流服务体系。SM通的线上发货操作流程主要为以下七个步骤:待发货订单选择线上发货,选择物流方案,创建物流订单,货物打包并打印发货标签,交货给物流商,填写发货通知,支付运费。

资料来源:跨境电商物流/速卖通大学编著.跨境电商物流 阿里巴巴速卖通宝典[M].北京:电子工业出版社,2016.1.

(2)案例的思政元素

①乐学善学。以ALBB为例分享中国成功跨境电商物流企业的案例,让学生在案例中学习跨境电商物流运作流程相关知识,培养学生乐学善学的精神。

②社会责任。了解到中国企业致力于"走出去"的努力和成效,培养学生的职业道德,并激发学生为中华民族伟大复兴中国梦做出努力。

(3)教学手段

①课堂讲授:向学生系统阐述ALBB全球速卖通的线上发货运作流程及其优势。

②政策研讨:通过网络平台和研究报告等途径了解速卖通线上发货是否有买家保护政策,以政策研讨作为翻转课堂的形式,激发学生学习的主动性。

③对比研究:为学生提供合适的进一步学习资料,让学生自主对SM通的线下运作流程进行分析,并对

线上线下发货流程进行优势与劣势对比。

## 第四章　跨境电商物流费用计算

**专业教学目标**

本章重点介绍各类跨境电商物流费用计算方法,包括邮政小包类型及费用核算、国际快递费用构成及计算、专线物流费用计算、海外仓费用组成及产品定价等。通过对上述电商物流费用计算方法的介绍,让学生熟悉电商物流方案的具体差异,如成本差异、时效差异、覆盖范围差异等,为学生从事外贸业务提供基本准备。

**【知识目标】**

1. 介绍各类跨境电商物流的运价核算方法。
2. 对各类跨境电商物流的价格、时效和可大范围进行比较分析。

**【能力目标】**

1. 熟练掌握各类跨境电商物流的费用核算方法。
2. 面对实际业务时,能够针对不同货物和运输需求,选择合适的跨境电商物流方案。

**课程思政教学目标及实践**

**【育人目标】**

1. 科学精神　通过对各类跨境电商物流方案的学习,能够运用上述方法去解决现实中的物流选择问题,培养学生解决问题的能力。
2. 国际视野　通过讲解国际快递费用核算方法,增强学生的国际理解,拓宽国际视野。
3. 乐学善学　通过讲解专线物流费用核算方法,让学生了解计算方法背后的逻辑,启发学生乐学善学。
4. 深度学习　通过剖析海外仓费用核算及产品定价方法,培养学生善于总结的素质和深度思考的能力。

**【教学方式与方法】**

1. 互动教学:先以多媒体教学方式呈现跨境电商物流费用计算方案,再引出案例,以学生为主导进行费用计算,加深学生对费用计算方法的理解。
2. 课堂展示:学生根据将自己计算的费用进行讲解展示,并针对不同学生的不同算法进行正误分析和原因剖析,促进学生对既有问题的思考与分析。
3. 课后思考:提供与跨境电商物流费用计算的相关问题,并提供相关文献,让学生自主学习、加深理解。

**【课程思政教学实例】**

**案例材料:国际 e 邮宝运费标准**

(1)案例简介

e 邮宝业务是中国 YZ 为适应跨境轻小件物品寄递需要开办的标准类直发寄递业务。该业务依托邮政网络资源优势,境外邮政合作伙伴优先处理,为客户提供价格优惠、时效稳定的跨境轻小件寄递服务。e 邮宝的主要服务优势包括:在线打单、时效稳定、全程跟踪、平台认可。

资料来源:中国邮政速递物流官网,https://my.ems.com.cn/pcp-web/intl/shipping/product/product_4.html。

(2)案例的思政元素

①学以致用。通过对中国 YZ 参与跨境电商物流业务的介绍,加强学生对物流费用计算基本业务的熟练程度。

②道路自信。了解国有企业在国际商务活动中的重要作用,理解在我国社会主义经济建设波澜壮阔的伟大奋进历程中,国有企业起到的中流砥柱作用,加强对中国特色社会主义道路的信心。

(3)教学手段

①案例实操:通过 e 邮宝的运费标准获取 e 邮宝的通达范围并能够根据目的地和货物大小进行基本运费的计算。

②网络工具:利用 e 邮宝提供的价格查询平台(https://my.ems.com.cn/pcp-web/f/pcp/indexController/toquoteindex)进行相关资费查询,与核算结果进行比对,使学生利用网络工具进行学习效果验证,成为学习的主动参与者与探究者。

③课后思考:为学生提供合适的进一步学习资料,让学生自主对不同跨境物流公司运费进行比较研究,锻炼独立思考能力。

### 第五章 跨境电商物流信息管理

**专业教学目标**

本章介绍了信息识别和采集技术、信息存储和交换技术等物流信息搜集和传递所需的信息技术手段,并阐述了我国在物流信息管理上存在的优势与不足,着重强调信息处理和信息管理的能力决定了整个供应链对市场的反应能力,决定了对顾客提供高效率、高水平服务的能力。

【知识目标】

1. 了解跨境电商物流信息技术。
2. 了解跨境电商物流信息系统及其应用。

【能力目标】

1. 熟悉条形码的概念和种类,加强基本业务能力。
2. 明确电子数据交换、条码技术、射频识别技术、全球卫星定位系统等在电商发展汇总的重要作用,增强数字生存能力。

**课程思政教学目标及实践**

【育人目标】

1. 国际视野　通过明确世界先进信息识别与采集技术,信息存储与交换技术、物流动态跟踪及控制技术,让学生认识各项相关技术的世界领先水平发展现状。

2. 科学精神　通过讲授信息存储与交换技术、物流动态跟踪及控制技术,激发学生对世界先进信息技术的探索精神与学习热情。

3. 家国情怀　通过对世界先进信息识别和采集技术、存储与交换技术、物流动态跟踪及控制技术的了解,明确我国在跨境电商信息系统中的优势与不足,鼓励学生投身相关事业,为祖国跨境电商发展贡献力量。

【教学方式与方法】

1. 多媒体教学:课堂授课以 PPT、视频和板书等多种教学方式呈现跨境电商物流信息技术、信息系统及其应用,使学生直观明确地了解相关教学内容。

2. 资料搜集:学生搜集整理与信息识别和采集技术、信息存储和交换技术等物流信息搜集和传递所需的信息技术具体手段,增强学生获取信息能力。

3. 课上讨论:根据学生搜集整理的跨境电商物流信息手段,提炼其特征,并通过文献分析解读现有物流信息管理存在的不足,激发学生多角度、辩证地看待问题。

【课程思政教学实例】

**案例材料:跨境电商物流技术的几种新玩法**

(1)案例简介

受制于地理因素,物流环节是出口电商最大的痛点与准入门槛。单件商品运费高、递送速度慢、破损和丢包率难以控制等问题成为跨境电商物流的发展瓶颈。各大平台相继发力物流技术支持,意图抢占跨境电商交易上风。YMX 从最基础的地方开始,打造自己的物流服务,通过实现订购、运输和交付过程的自动化来颠覆市场。全球 SM 通的物流升级也在加紧进行中。SM 通发推荐卖家使用时效更快、物流信息全程可跟踪的标准类、快速类物流,允许使用线上经济类物流,禁止使用无挂号平邮的线下经济类物流。

资料来源:搜狐,各大出口电商平台推出的物流新花样[N/OL].(2016-06-01)[2020-08-15]. https://www.sohu.com/a/79058246_190834.

(2)案例的思政元素

①国际视野。物流已经成为跨境电商行业的新竞争点,国内、国际电商公司面对物流成本问题,都积

极响应,给出对应的措施,并不断进行调整。

②科学精神。了解国际、国内的跨境电商物流信息管理新做法能够让学生用发展的眼光看问题。

**(3)教学手段**

①形势分析:向学生系统阐述大型电商为了解决物流这个行业痛点而进行的物流技术新举措,让学生了解国内外物流行业发展新趋势。

②翻转课堂:通过提前布置议题,启发学生思考未来社会化供应链的协同和联动机制将会如何,培养学生通过研究报告、专著论文等获取信息、解决问题的能力,利用翻转课堂的方式使学生成为学习的主动参与者。

③议题延展:为学生提供合适的进一步学习资料,让学生自主对跨境电商物流信息管理的相关议题进行进一步挖掘,培养深度学习能力。

## 第六章　跨境电商物流相关法律法规

**专业教学目标**

跨境电商法律制度是推动电子商务法治化和提高电子商务国际化水平的重要基础和根本保障。本章通过对跨境电商物流相关的法律、法规和政策文件进行梳理,强化学生的法律意识,维护网络商务基本秩序。

**【知识目标】**

1. 明确我国主要的跨境电商物流相关法律法规。
2. 熟悉重要的跨境电商物流条款。

**【能力目标】**

1. 熟悉我国最新发布的电商物流相关政策文件,培养基本法律素养。
2. 理解跨境电商相关法律立法意图及业务风险点,培养求真精神和分析能力。

**课程思政教学目标及实践**

**【育人目标】**

1. 法治观念　通过对跨境电商物流相关法律法规进行归纳梳理,让学生对跨境电商的法律架构有所了解,增强学生法治观念。

2. 科学精神　对我国法律法规中涉及跨境电商物流的条款进行讲解,并通过案例加深学生理解,启发学生思考,锻炼学生思辨能力。

3. 社会主义核心价值观　对国家"十四五"规划中涉及数字经济、跨境电商、物流等相关内容进行讲解,帮助学生理解政策意图,强化社会主义核心价值观。

**【教学方式与方法】**

1. 多维教学:结合法律文本呈现教授内容,使学生直观明确相关法律法规;同时辅以思维导图,加深学生对各项立法对应监管业务的理解。

2. 思维碰撞:提出跨境物流相关法律法规相关议题,学生展示根据课本材料与课外阅读材料得到的认知,促进学生进行思维碰撞和头脑风暴。

3. 自主学习:提供与跨境电商物流法律法规相关的问题,并提供相关文献,让学生自主学习、加深理解。

**【课程思政教学实例】**

**案例材料:《"十四五"电子商务发展规划》**

(1)案例简介

2021年10月9日,商务部、中央网信办、发展改革委三部门联合发布《"十四五"电子商务发展规划》(以下简称《规划》)。《规划》紧密围绕电子商务在服务构建新发展格局的重要作用,设定"十四五"时期我国电子商务发展战略框架:在推动更高水平对外开放方面,更好统筹两个市场两种资源,依托"丝路电商",深化数字经济国际合作,积极推动跨境电商发展,加强数字产业链全球布局;推进跨境交付、个人隐私保护、跨境数据流动等数字领域国际规则构建,倡导开放共赢的国际合作新局面。

资料来源:中华人民共和国商务部.商务部等三部门发布"十四五"电子商务发展规划[N/OL].(2021-10-27)[2022-08-15]. http://kz.mofcom.gov.cn/article/jmxw/202110/20211003212239.shtml.

**(2)案例的思政元素**

①集思广益。《规划》在编制过程中坚持开门问策、集思广益,采取符合电子商务特点的编制方式,通过线上线下调研、征集社会愿景、专项课题研究等途径,广泛吸收地方政府、企业、学者、网民等社会各界意见建议。

②爱党爱国。《规划》对标对表国家"十四五"规划纲要和上位规划内容,历时一年多完成编制工作。通过上述案例的分析,可以了解党和国家为了电商事业的发展进行工作时的严谨态度,激发学生热爱党、拥护党的意识和行动,坚持社会主义核心价值观,为中华民族伟大复兴中国梦做出努力。

**(3)教学手段**

①知识剖析:向学生系统阐述《"十四五"电子商务发展规划》,让学生了解电子商务的发展现状、面临形势以及现阶段电子商务的主要任务。

②课堂讨论:如何深化电子商务治理。课前提供阅读材料《商务部解读〈"十四五"电子商务发展规划〉》,授课完毕后进行课堂讨论,为学生提供交流与辩论平台。

③课下研究:为学生提供相关议题,如对比电子商务在"十四五"规划和"十一五"规划中的主要目标有何变化;电子商务相关的最新政策文件基于何种背景提出,主要针对当前电商发展的何种问题等,开发学生利用互联网渠道获取信息的能力以及自主学习和独立思考的能力。

## 第七章 供应链管理概述

**专业教学目标**

供应链由直接或间接地满足顾客需求的各方组成,不仅包括制造商和供应商,而且包括运输商、仓储商、零售商,甚至包括顾客本身。本章以全球社会化分工和市场竞争情况为背景,帮助学生了解供应链的产生与发展,剖析供应链管理的核心理念,并介绍供应链管理模式的发展趋势。

【知识目标】

1. 了解供应链的概念、目标和流程。
2. 理解供应链管理的核心理念以及供应链决策的重要性。

【能力目标】

1. 能够理论联系实际,解释供应链决策对公司成功的影响。
2. 能够透过现象看本质,识别供应链决策的三个关键阶段,并解释每一阶段的意义。

**课程思政教学目标及实践**

【育人目标】

1. 家国情怀 了解全球社会化分工和市场竞争情况,了解我国竞争优势与劣势,基于对国情的了解产生国民身份认同。

2. 科学精神 通过案例讲解帮助学生理解需求变异加速放大原理,锻炼学生运用科学的思维方式认识事物、解决问题、指导行为等。

3. 深度学习 通过对供应链管理核心理念中涉及的信息不对称理论和委托代理理论的思考,培养质疑精神和思辨能力。

4. 国际视野 通过对全球价值链的解读建立国际视野,了解世界经贸发展动态。

【教学方式与方法】

1. 理论讲解:重点剖析供应链管理核心理念中涉及的信息不对称理论和委托代理理论,突出重点,并辅以适当的理论推导,让学生明白理论由来。

2. 现实思考:学生对现实中涉及需求变异加速放大原理的现象进行列举,促进学生对现实生活的思考与分析。

3. 课后思考:提供与供应链管理相关的问题,并提供相关文献,让学生自主学习、加深理解。

【课程思政教学实例】

**案例材料:ZR 公司的供应链决策**

**(1)案例简介**

ZR 公司是属于 IND 集团的时装连锁店,IND 集团是西班牙最大的服装生产商和零售商。在时装界"设计到销售"传统上的周期平均超过 6 个月,ZR 公司把这个周期缩短为 4~6 个星期。

ZR 公司在其生产中将欧洲灵活快速的货源和亚洲低成本的采购结合。在欧洲生产需求高度不确定的产品,在亚洲生产需求确定的产品。40%以上的产成品购买和内部生产是在销售季节开始之后进行的。这种了解潮流趋势之后的快速反应和延迟决策可以帮助 ZR 公司减少库存和避免预测误差。ZR 公司现已大量投资于信息技术以确保最新销售信息及时传达,促进及时补货和进行生产决策。

资料来源:苏杭.跨境电商物流管理[M].北京:对外经济贸易大学出版社,2017,3.

**(2)案例的思政元素**

①实践精神。以生活中常见的快消服装品牌为案例,激发学生的兴趣,让学生将所学知识运用到现实生活中,明白实践的意义。

②科学精神。激发学生对生活中跨境电商供应链相关问题的思考,培养学生的科学精神和深度学习能力。

**(3)教学手段**

①案例讲授:向学生介绍常见的服装类跨境电商——ZR,并分析其快速反应的供应链及其优势,此外,将需求变异加速放大原理应用到本案例中,加深学生的理解。

②话题讨论:讨论为什么 IND 既选择内部生产又选择外包生产以及 IND 集团为什么在亚洲生产费用更便宜的情况下依然选择在欧洲保持一定的生产能力。通过上述话题的讨论引发学生深度学习、自主思考。

③拓展研究:为学生提供更多的供应链案例,如 JW 公司与 AP 公司不同的零售模式案例、TY 公司的"全球互补战略"、YMX 的在线销售案例等,让学生自主对供应链管理的相关议题进行进一步挖掘。

## 第八章 跨境电商供应链管理概述

**专业教学目标**

基于上一章对供应链管理概述的基本知识,本章继续细化,主要介绍跨境电商供应链管理的相关理论,包括跨境电商供应链发展的微观背景、跨境电商供应链管理的内涵与本质、跨境电商供应链流程模型和三大模块、跨境电商供应链管理的功能及优势、跨境电商供应链管理发展现状及趋势。

**【知识目标】**

1. 了解跨境电商供应链发展的历史和现状。
2. 理解跨境电商供应链发展的内涵与本质以及发展趋势。

**【能力目标】**

1. 熟悉全球价值链等前沿知识,提高基本学术素养。
2. 熟悉跨境电商供应链流程模型,能够利用模型分析问题。

**课程思政教学目标及实践**

**【育人目标】**

1. 国际视野  通过对主要跨国自由贸易协定(如 CPTPP、USMCA、RCEP 等)的解读,开拓国际视野,拓展国际视野。

2. 家国情怀  通过了解我国政府近年来为提升我国国际地位和话语权所付出的努力以及中国跨境电商在发展速度、规模等方面的国际领先地位,帮助学生树立民族自豪感,确立国民身份认同,培养家国情怀。

3. 科学精神  从产业链、供应链、价值链和交易链角度的不同含义去理解跨境电商供应链管理的内涵与本质,培养学生多角度、辩证分析问题的能力。

**【教学方式与方法】**

1. 课堂教学:课堂授课以多媒体教学方式呈现跨境电商供应链基本内容,使学生直观明确地了解教学内容;同时辅以板书,加深学生对跨境电商供应链整体结构的理解。

2. 课后思考:提供与跨境电商供应链管理的相关问题,并提供相关文献,让学生自主学习、加深理解,并进行讨论。

3. 章节测试:针对章节内容进行简单测试,并进行评阅与讲解,通过错题加深学生对薄弱知识点的印象。

**【课程思政教学实例】**

**案例材料:供应链中的信息失真:牛鞭效应**

(1)案例简介

BJ 公司在研究"尿不湿"的市场需求时发现,该产品的零售数量是相当稳定的,波动性并不大。但在考察分销中心订货情况时,发现波动性明显增大了。进一步研究后发现,零售商往往根据对历史销量及现实销售情况的预测,确定一个较客观的订货量,但为了保证适应顾客需求增量的变化,他们通常会将预测订货量作一定放大后向批发商订货,批发商出于同样的考虑,也会再作一定的放大后向销售中心订货。这样,虽然顾客需求量并没有大的波动,但经过零售商和批发商的订货放大后,订货量就一级一级地放大了。在考察向其供应商如 M 公司的订货情况时,发现订货的变化更大,而且越往供应链上游其订货偏差越大。这就是营销活动中的需求变异放大现象,人们通俗地称之为"牛鞭效应"。

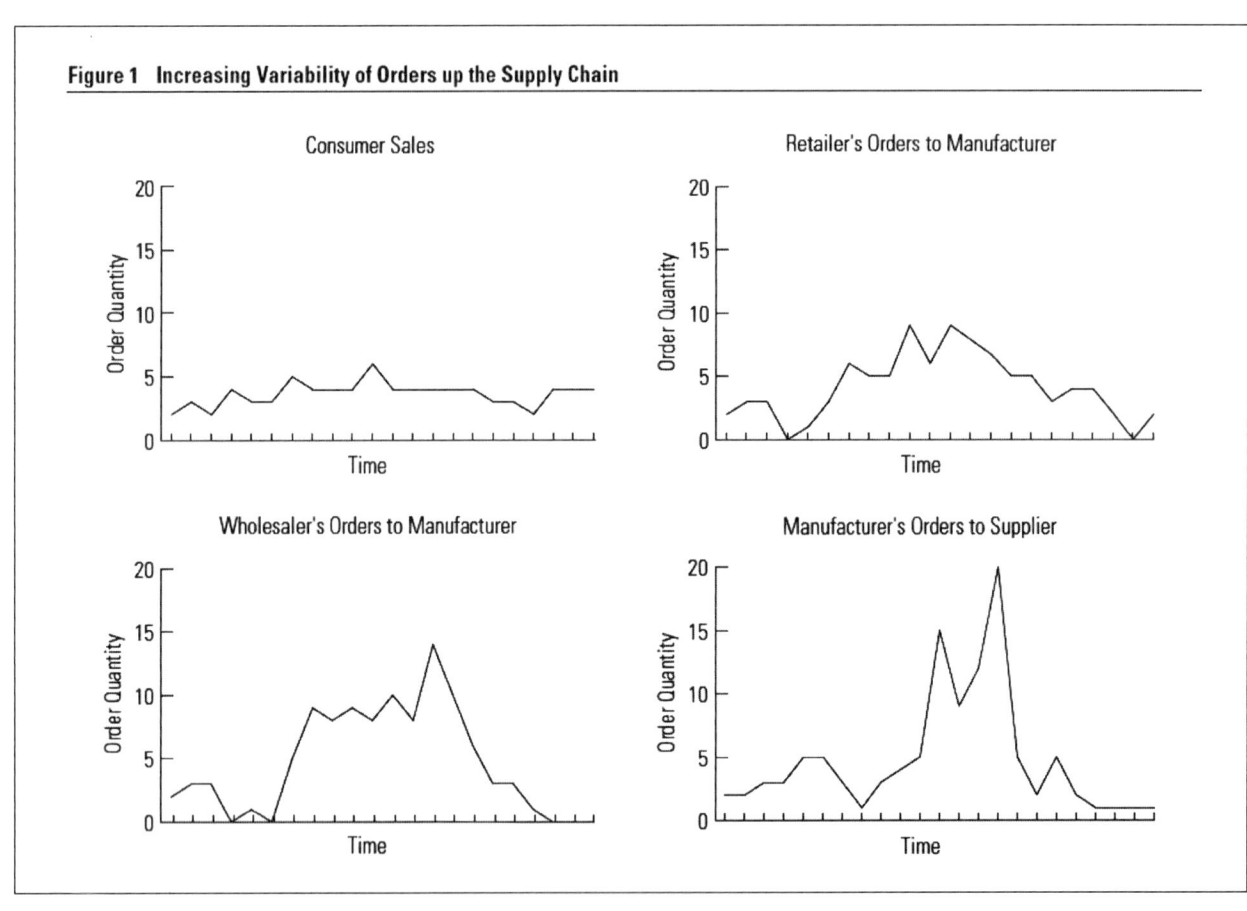

图 8.1 供应链上的需求变异放大效应

资料来源:Lee, Hau L., Venkata Padmanabhan, and Seungjin Whang. The bullwhip effect in supply chains. Sloan management review[J]. 1997, (38): 93－102.

(2)案例的思政元素

①批判质疑。通过对经典案例的回顾分析了解供应链上的需求变异放大效应,让学生明白信息失真会导致过多库存,有助于培养学生批判质疑精神和问题意识。

②勇于探究。通过合适的引导,帮助学生明白如何通过信息共享、渠道对接和运营效率来应对"牛鞭效应"带来的库存积压问题,培养学生分析问题、解决问题的能力和勇于探索的精神。

(3)教学手段

①案例切入:以案例为切入点,向学生介绍"牛鞭效应"产生的背景以及可能发生的行业,让学生明白信息失真带来的库存压力以及对生产决策的不利影响。

②角色扮演:利用著名的"啤酒游戏"让学生切实感知"牛鞭效应"发生的机理。游戏设定为:学生扮演一个流行啤酒品牌的顾客、零售商、批发商和供应商的角色,参与者之间不能相互交流,必须仅根据来自下一个下游参与者的订单来做出订单决策。实验结果如下:参与者的非理性决策,比如对库存和需求信息的误解,可能会导致"牛鞭效应"。角色扮演游戏结束后,发起课堂讨论,为学生提供交流与辩论平台,使学生成为学习的主动参与者与探究者。

③课下研究:为学生提供合适的进一步学习资料,让学生自主对供应链中的信息失真相关议题进行进一步挖掘,从而了解需求预测变化、订单批处理、价格波动、定量供应与短缺博弈等"牛鞭效应"的发生原因。

## 第九章 跨境电商供应链构建与优化设计

**专业教学目标**

本章主要讲解跨境电商供应链构建目标、原则和方法。供应链成员之间应该实现的三个层面协同:组织(战略)层面的协同、战术层面的协同和操作层面的协同。此外,也介绍了跨境电商供应链优化方法,以实现系统总成本最小或系统总效率最大。

【知识目标】

1. 理解跨境电商供应链的构造原则和方法。
2. 了解跨境电商供应链优化方法。

【能力目标】

1. 能够结合具体案例分析供应链构建模式。
2. 会使用SWOT分析法、PEST分析法、ESIA流程设计方法以及线性规划方法中的一种来分析问题。

**课程思政教学目标及实践**

【育人目标】

1. 科学精神  通过对主流跨境电商供应链优化方法的介绍和对比,激发学生的求真精神和探索精神。
2. 职业规范与职业道德  通过讲解跨境电商供应链中各主体角色及其特征,强调主体之间存在的信息不对称性,增加学生对电商行业的知识储备,使学生具备基本从业知识。

【教学方式与方法】

1. 系统教学:系统介绍供应链构建原则与方法,使学生完整地了解教学内容;同时辅以多媒体教学方式,加深学生对供应链优化方法的直观理解。
2. 课堂讨论:学生简介SWOT分析法、PEST分析法、ESIA流程设计方法以及线性规划方法,并进行小组讨论,培养学生演讲汇报能力和对比分析能力。
3. 文献阅读:提供与跨境电商供应链构建与优化设计相关的文献,让学生提供文献阅读笔记,通过独立思考消化吸收课堂知识。

【课程思政教学实例】

**案例材料:2022年最佳供应链公司25强——ALBB**

(1)案例简介

Gartner公布了2022年"全球供应链"(Global Supply Chain)TOP25榜单,其中,ALBB再度上榜,位列第25名。ALBB通过扩展其生态系统和全球供应链业务,以使该业务在国内市场和国际市场均实现增长。物流部门CN服务于200个国家和地区的企业。ALBB的全球物流能力投资包括其国际货运网络、物流枢纽、长途运输、分拣中心、智能清关系统以及在俄罗斯、西班牙、法国和波兰部署的4000多套智能取货柜。ALBB还专注于物流脱碳,开发了智能分箱、包装算法等多项技术应用,结合大数据算法优化纸箱模型设计。

资料来源:Gartner. Gartner Announces Rankings of the 2022 Global Supply Chain Top 25[N/OL]. (2022-05-26)[2022-08-15]. https://www.gartner.com/en/newsroom/press-releases.

(2)案例的思政元素

①国际理解。2020年,面对新冠肺炎疫情肆虐、全球经济发展受挫等情况,供应链管理普遍面临着巨

大考验,ALBB推出了Alibaba.com Freight,旨在让中小型企业能够实时比较海/空运价格、预订仓位、管理以及追踪货物。

②家国情怀。ALBB供应链正朝着目标驱动型、客户驱动型和数字驱动型发展,这也正是全球供应链发展的重要趋势,通过该案例增加学生对国内企业的身份认同,既培养了国民身份认同,又熏陶了学生的家国情怀。

**(3)教学手段**

①案例分析:向学生系统阐述Garter供应链20强的评价标准和企业入围条件,了解2022年Garter标准的新变化,从而了解供应链发展的重要趋势;同时也熟悉在供应链方面具有卓越表现的公司,继而学习这些公司的供应链优化方法。

②自主学习:环境、社会和治理(ESG)在评分中的权重为什么会提高?研究报告、网络资源等为翻转课堂提供前提条件,课堂讨论为学生提供交流与辩论平台,激发学生科研潜力和自主学习能力。

③深度挖掘:为学生提供合适的进一步学习资料,让学生自主对供应链构建与优化的相关议题进行进一步挖掘。

## 第十章 跨境电商供应链合作关系管理

**专业教学目标**

本章着重介绍跨境电商供应链合作伙伴之间的合作博弈关系,以及建立科学合理的合作伙伴评估体系和评价模型,以便在候选供应链合作伙伴中评估和选择最佳合作伙伴,使得跨境电子商务供应链的风险最小,有助于实现整个供应链网络的可持续发展。

【知识目标】

1. 了解跨境电商供应链合作伙伴之间的合作博弈关系。
2. 熟悉供应链合作伙伴的评估体系和评估模型。

【能力目标】

1. 通过简单博弈论模型分析供应链合作伙伴之间的关系。
2. 熟悉一至两种供应链合作伙伴评价方法。

**课程思政教学目标及实践**

【育人目标】

1. 科学精神  通过囚徒困境、猎鹿博弈等经典博弈论案例培养严谨的求知态度。通过学习熵权法、模糊评价法等综合评价方法形成自觉有效获取、评估、鉴别、使用信息的能力。

2. 深度学习  介绍常见评价方法如客观法:主成分分析法、熵权法、因子分析法;主观法:层次分析法、模糊评价法、人工神经网络评价法,并让学生尝试使用不同方法解决不同问题,培养学生自觉、有效地获取、评估、鉴别、使用信息的能力。

3. 学以致用  通过利用Yaahp软件用法示例进行层析分析法决策,培养学生利用现有软件分析问题解决问题的能力,做到学以致用。

【教学方式与方法】

1. 实景教学:让学生扮演囚徒困境、猎鹿博弈等经典博弈论案例中的主体进行抉择,加深学生对博弈论的初步理解。

2. 课堂讨论:学生在实景教学后进行原因分析与讨论,并派代表进行观点汇报,促进学生对合作博弈关系问题的思考与分析。

3. 理论讲解:通过课本、PPT、视频等方式进行跨境电商供应链合作伙伴之间的合作博弈关系理论分析,在夯实学生理论基础的前提下讨论如何科学合理地形成合作伙伴评估体系和评价模型。

【课程思政教学实例】

**案例材料:囚徒困境**

**(1)案例简介**

囚徒困境是博弈论中分析博弈的经典案例,它说明了为什么两个完全理性的人可能不合作,即使这样做似乎符合他们的最大利益。犯罪团伙的两名成员被捕入狱,每个因犯都被单独监禁,无法与对方交谈或交换信息。警方告知,他们没有足够的证据来判定两名囚徒的主要罪名。他们计划以较轻的罪名判处两人一年监禁。同时,警察为每个囚犯提供浮士德式的交易。

表 10.1 标准囚徒困境收益矩阵

| A | B | B 保持沉默 | B 背叛 |
|---|---|---|---|
| | | −1 | 0 |
| A | 保持沉默 | −1 | −3 |
| | | −3 | −2 |
| | 背叛 | 0 | −2 |

资料来源:Poundstone,William. Prisoner's Dilemma (1st Anchor Books ed.). New York:Anchor,1993.

**(2)案例的思政元素**

①思辨能力。电商之间的合作受自身利益以及信任等各种因素的影响,通过合作博弈模型探究电商之间的合作模式有重要的现实意义。

②科学精神。通过对囚徒困境的理解加深学生对跨境电商合作博弈情况的理解,激发学生勇于探索、深度思考的能力,培养学生的科学精神。

**(3)教学手段**

①案例切入:通过囚徒困境等经典博弈论案例引入博弈论概念并讲解跨境电商供应链合作伙伴之间的合作博弈,让学生了解基本的博弈理论。

②拓展分析:将囚徒困境扩展到经济学、政治学和社会学等更多的领域,扩展学生的学科视野,启发学生将理论运用到多种场景中。

③课下研究:为学生提供合适的进一步学习资料,让学生自主对合作博弈的相关议题进一步挖掘。

## 第十一章 跨境电商供应链风险管理

**专业教学目标**

跨境电商供应链是指产品从生产、流通到最后配送到最终客户手中的一整个链条,在这个供应链条中存在信息、资金的流动,且涉及到多个主体。本章主要对跨境电商的风险、风险类型进行介绍,并利用模型进行风险识别,选择恰当的财务决策办法。

**【知识目标】**

1. 掌握跨境电商供应链风险的概念及类别。
2. 识别跨境电商供应链各个环节的风险。
3. 了解跨境电商供应链风险防范措施和财务决策方法。

**【能力目标】**

1. 熟悉跨境电商供应链环节涉及到的网络营销风险、电子支付风险、通关风险、跨境物流风险、法律法规风险、信息风险等,培养基本业务能力。
2. 能够使用 SCOR 模型(供应链运作参考模型)中对各流程环节涉及的风险进行识别。

**课程思政教学目标及实践**

**【育人目标】**

1. 职业规范与职业道德 了解供应链风险是对供应链的一种潜在威胁,会导致供应链系统的不稳定性和脆弱性,对供应链系统造成破坏,给上下游企业和整个供应链造成损失,培养风险意识。

2. 国际视野 通过跨境电商的风险理论,拓展学生对于全球电子商务的理解。在案例中嵌入互联网思维,让学生了解"互联网+"等社会信息化发展趋势。

3. 科学精神 通过 SCOR 模型(供应链运作参考模型)中对内外部个流程环节涉及的风险识别,并结合具体案例讲解合作伙伴风险和工人短缺风险等,培养学生独自思考的能力。

4. 深度学习　讲解贝尔曼原理:最优化原理也称最优性原理,用以解决多阶段决策问题的理论,并通过案例讲解根据贴现现金流计算进行选址决策;培养学生理论联系实际、分析问题解决问题的能力。

【教学方式与方法】

1. 前置学习:让学生收集跨境电商供应链各个环节的1~2种风险,并分析其成因和可能带来的后果,为课堂讨论做准备。

2. 互动课堂:学生根据收集的不同环节风险进行小组汇报,并进行归纳和总结,促进学生自主学习,激发学习活力。授课教师根据学生的汇报结果进行补充,并转入正式内容教学,加深学生对整个供应链风险的认知。

3. 课后思考:提出与跨境电商供应链风险管理相关的问题,并提供相关阅读材料,培养学生独立思考、自主研究的能力。

【课程思政教学实例】

**案例材料:供应链风险归类**

(1)案例简介

随着企业规模的扩大,产业扩张及供应链不断延伸,供应复杂程度呈几何级增长,企业难免将面临众多的未知风险(表11.1)。其中,宏观风险是指由于宏观环境变化对整个产业链带来的负面影响,外部供应链风险是指在整个供应链上游或下游发生的各类风险,而内部风险是指由公司内部运营流程导致的潜在风险。诸多卓越的企业管理者已摈弃传统从风险入手的理念,逐渐摸索出更为系统化的内外兼修风险抵御方法,可以将其总结为:提升供应成熟度,打造固若金汤的运营水平;优化风险管理技能,实现术业专攻的能力建设;合纵连横,搭建生态网络。

通过从这三个维度三管齐下打造卓越的供应链风险免疫力。

表11.1　供应链风险归类

| 风险层级 | 具体风险 | 风险层级 | 具体风险 | 风险层级 | 具体风险 |
| --- | --- | --- | --- | --- | --- |
| 宏观风险 | 地缘政治变化 | 外部供应链风险 | 质量风险 | 内部风险 | 产品开发延迟 |
|  | 绿色环保政策 |  | 产能不足/过剩 |  | 成品库存较多 |
|  | 贸易壁垒变化 |  | 技术泄露 |  | 生产安全 |
|  | 劳工法 |  | IP保护 |  | 半成品库存较多 |
|  | 汇率变动 |  | 运营事故 |  | 需求预测不准确 |
|  | 恐怖主义/大规模内乱 |  | 竞合关系 |  | 运输成本高 |
|  | 大规模罢工 |  | 不良率较高 |  | 管理费用高 |
|  | 极端天气情况 |  | 合规 |  | 设备故障 |
|  | 废料管理 |  | 供应商技术发展瓶颈 |  | 交货时间较长 |
|  | 新冠肺炎疫情发生 |  | IT系统不稳定 |  |  |
|  |  |  | 破产/财务风险 |  |  |

资料来源:"固·合·术":探寻供应链风险管理新模式——内外兼修,系统打造风险免疫力[R/OL].(2020-03-04)[2022-08-15]. https://www2.deloitte.com/content/dam/Deloitte/cn/Documents/strategy/deloitte-cn-con-supply-chain-risk-management-zh-200304.pdf.

(2)案例的思政元素

①科学精神。从宏观、外部和内部三个层面剖析产业链可能存在的风险,发现持续提升产业链成熟度、强化风险管理以及优化生态资源网络的布局这三个关键维度在完备的供应链风险管理体系中缺一不可。通过上述案例训练学生的逻辑思维,让学生能够多角度、辩证地分析问题,做出明智的决策。

②信息意识。通过对上述案例中风险种类的自主收集,可以加强学生利用网络资源进行自主学习和鉴别网络信息的能力。

(3)教学手段

①课堂讲授:通过理论讲解和案例分析让学生明确供应链风险对供应链系统存在的不利影响,进而通

过 SCOR 模型等识别企业供应链运作中潜在的风险因子及联动特征,并探索有针对性的风险管理策略,从而维持供应链运作的稳定与高效。

②文献阅读:鼓励学生检索供应链风险识别与风险管理相关的文章和研究报告,为翻转课堂提供前提条件,使学生通过文献检索和获取互联网信息成为学习的主动参与者与探究者,激发学生科研潜力。

③课后研究:为学生提供合适的进一步学习资料,让学生自主对跨境电商供应链风险管理的相关议题进行进一步挖掘。

## 四、课程思政的教学评价

### (一)对教师的评价

1. 教学准备的评价

将《跨境电商物流与供应链管理》课程思政建设落实到教学准备全流程,在教案设计中将教学思政目标与专业教学目标有机结合;在教材选用上既注重专业性也注重思想性;在课件和教案编写中兼顾育人树人与传道授业。

2. 教学过程的评价

将《跨境电商物流与供应链管理》课程思政建设融入教学全过程,在教学理念及策略上主动启发性和引导性、在教学方法运用上注重多样性和科学性、在作业批改上注重鼓励性和反馈性、在平时成绩考核上注重公正性和客观性。

3. 教学结果的评价

构建《跨境电商物流与供应链管理》课程思政教学评价体系,坚持新颖性、先进性、实用性、效益性等标准,并根据学科变化进行不断调整,以改进优化评价效果。

4. 评价结果的运用

对于省、市(地、州)县(区)、校联合检测教学效果、专家鉴定评审教学成果中等提出的改进建议,进行有针对地改进;同时建立示范课程,带动其余课程提升思政教学效果。

### (二)对学生的评价

1. 学习过程的评价

检验学生课业作业及其他任务完成情况、自主学习跟进情况、深度学习能力提升情况,科学评价学生在学习过程中的积极性、主动性和自发性。

2. 学习效果的评价

通过课堂小测、小组讨论、主题汇报、文献笔记、课程论文、期末考试等多元测试维度,检验课程思政是否落到实处,思政效果是否达到预期。

3. 评价结果的运用

通过学生访谈和思政辩论等多种形式,对学生的学习效果进行科学分析,检验学生是否具备一定水平的家国情怀、人文素养、科学精神、深度学习能力、人格发展水平和实践创新意识,并总结经验,为后续思政设计奠定基础。

## 五、课程思政的教学素材

| 序号 | 内容 | 形式 |
| --- | --- | --- |
| 1 | "十四五"电子商务发展规划 | 政策文件 |
| 2 | 商务部解读《"十四五"电子商务发展规划》 | 解读资料 |
| 3 | 中国电子商务报告 2020 | 研究报告 |
| 4 | 中华人民共和国电子商务法 | 法律法规 |
| 5 | 商务部发布《电子商务企业诚信档案评价规范》行业标准 | 行业标准 |

续表

| 序号 | 内　容 | 形式 |
|---|---|---|
| 6 | 中国电子商务发展指数报告2018 | 研究报告 |
| 7 | 全国人民代表大会常务委员会关于加强网络信息保护的决定 | 法律法规 |
| 8 | 新冠肺炎疫情期间跨境电商进出口贸易额不降反升 成稳外贸重要力量 | 案例分析 |
| 9 | 供应链中的信息失真：牛鞭效应 | 案例分析 |
| 10 | 2022年最佳供应链公司25强——ALBB | 案例分析 |
| 11 | 囚徒困境 | 案例分析 |
| 12 | 供应链风险归类 | 案例分析 |
| 13 | 国务院关于同意在鄂尔多斯等27个城市和地区设立跨境电子商务综合试验区的批复 | 政策文件 |
| 14 | 商务部外贸司负责人解读《关于同意在鄂尔多斯等27个城市和地区设立跨境电子商务综合试验区的批复》 | 解读文件 |
| 15 | 中国跨境电商发展报告2021 | 研究报告 |
| 16 | 中华人民共和国海关总署 | 数据资料 |
| 17 | 供应链管理——战略、计划和运作 | 拓展教材 |
| 18 | 我国跨境电子商务的发展模式与策略建议 | 学术论文 |
| 19 | 我国与"一带一路"沿线国家跨境电商物流的协作发展 | 学术论文 |
| 20 | 跨境电商环境下国际物流模式研究 | 学术论文 |
| 21 | 促进跨境电子商务物流发展的路径 | 学术论文 |
| 22 | 跨境电商类型与运作模式 | 学术论文 |
| 23 | 跨境电商多元模式下跨境物流企业服务功能整合优化 | 学术论文 |
| 24 | 新形势下我国跨境电商出口的新发展与新问题——基于WTO多边贸易规则的思考 | 学术论文 |
| 25 | 跨境电商时代：义乌小商品出口的海外仓建设模式选择 | 学术论文 |
| 26 | 跨境电商物流信息技术及信息系统的构建研究——评《跨境电商物流》 | 学术论文 |
| 27 | 基于大数据云计算的智慧物流模式重构 | 学术论文 |
| 28 | 从电子商务法到网络商务法——关于我国电子商务立法定位的思考 | 学术论文 |
| 29 | 我国电子商务法调整的社会关系范围 | 学术论文 |
| 30 | 中国参与全球价值链分工的程度及演变趋势——基于跨国投入—产出分析 | 学术论文 |
| 31 | 基于第三方B2B平台的线上供应链金融模式演进与风险管理研究 | 学术论文 |
| 32 | 区块链、企业数字化与供应链金融创新 | 学术论文 |
| 33 | 解析美国对华为的"战争"——跨国供应链的政治经济学 | 学术论文 |
| 34 | 提升产业链供应链现代化水平路径研究 | 学术论文 |
| 35 | 跨境电商物流供应链协同发展研究 | 学术论文 |
| 36 | 从面向合作伙伴到面向消费者的供应链转型——电商企业供应链双案例研究 | 学术论文 |
| 37 | 供应链合作关系相关因素对协同的影响研究 | 学术论文 |
| 38 | 供应链金融风险来源与系统化管理：一个整合性框架 | 学术论文 |
| 39 | 基于SCOR模型的供应链风险识别、评估与一体化管理研究 | 学术论文 |

# 《区域市场与区际贸易》课程思政教学指南

苏珊珊　温师燕

(西安财经大学)

## 一、课程简介与课程目标

### (一)课程简介

《区域市场与区际贸易》课程是贸易经济专业的核心课程,旨在引领学生认识区域市场及区际贸易的基本概念,掌握区域市场形成的基本规律和区际贸易的基本理论,其中要重点掌握关于区际间产业分工以及国内典型区域市场内区际贸易发展的知识。在此基础上,还要求学生学会运用区域市场形成理论、区际间产业分工理论、区际贸易发展理论和区域经济一体化理论分析当今世界经济中的区域经济发展现象。另外,学生还应通过学习本课程了解国内外典型区域经济一体化形式,并掌握主要的区域经济一体化协定,了解当前发生的与区域经济一体化相关的热点问题。

本课程综合运用讲授、案例教学、小组合作式教学、讨论等多种教学方法,对不同区域市场形成和区域市场贸易发展的基本理论分别进行讲述,使学生对关税同盟理论、大市场理论、工业偏好理论、协议分工理论和新区域主义理论等基本内容有所认识。本课程实现将价值塑造、知识传授和能力培养融入课程内容设计、教学环节组织、教学效果测评的全过程,使学生通晓区域市场与区际贸易的一般性理论,掌握区域合作的最新实践,具有国际化视野、现代思维,能够客观认识理解国际经贸关系中的中国国情与特色,以及国家地区之间的差异,更加坚定理想信念、强化民族自豪感和责任担当,能够充分意识和认识到自己所肩负的大国复兴的历史使命。

### (二)课程目标

本课程为专业选修课程。通过本课程的学习,使学生能够达到以下目标:

1. 知识目标:系统掌握区域市场和区际贸易理论基础、区域经济一体化历程、发展特征、实践模式以及全球主要区域市场和区际贸易发展情况等专业基础知识与基本理论,同时了解当今区域市场和区际贸易发展的最新动向和未来趋势。

2. 能力目标:具有获取知识的能力,能够掌握有效的学习方法,主动接受终身教育;具有实践应用能力,能够在区域市场和区际贸易实践活动中灵活运用所掌握的专业知识;能够运用专业理论知识和研究方法分析解决实际问题,具备一定的科学研究能力;具备创新精神、创业意识和创新创业能力。

3. 育人目标:《区域市场与区际贸易》是一门特色鲜明、与时俱进的应用型课程,因此育人目标的设定尤其注重以中国特色社会主义新时代的区域市场发展和区际贸易理论和实践为重点。在授课过程中,中国特色社会主义新时代的区域市场和区际贸易的发展实践是学生需要重点了解和把握的内容。具有中国特色的区域市场和区际贸易实践活动进入 21 世纪后得到较快的发展,中国特色的区域市场和区际贸易领域的研究内容正在不断丰富起来。中国共产党在运用马克思主义基本原理来指导中国特色社会主义经济建设过程中,逐步形成了具有中国特色的区域合作框架,尤其是新时代以"共商、共享、共建"为原则的"一带一路"倡议,是我国深化区域经贸合作的实践经验总结。因此,通过将具有中国特色的区域市场和区际贸易形成和发展融入课堂教学,能够在一定程度上激发学生的学科认同感和学习动力。此外,案例分析、小组讨论等活动是将区域市场和区际贸易的"理""实"结合,旨在鼓励学生主动研究区域市场和区际贸易的现状、发现问题、探索新思路,巩固专业知识,提升专业能力,在实践中培养学科自豪感和爱国、爱家的价值念。

### (三)课程教材和资料

➢ 推荐教材

张蕴岭.国际区域学概论[M].济南:山东大学出版社,2022.
> 参考教材或推荐书籍
1. 全丽阳.国际区域经济合作研究[M].北京:中国纺织出版社,2021.
2. 李世杰.自由贸易港概论[M].济南:山东大学出版社,2021.
3. 迟福林.RCEP:全球大自由贸易区[M].北京:中国工人出版社,2022.
4. 杨军红.中国双边自由贸易区发展研究[M].北京:经济管理出版社,2021.
> 学术刊物与学习资源
国内外国际经济合作各类期刊。
学校图书馆提供的各种数字资源,特别是"中国知网"。
> 推荐网站
中国一带一路网:https://www.yidaiyilu.gov.cn/.
中国自由贸易区服务网:http://fta.mofcom.gov.cn/.
商务部国际经济合作事务局:http://www.aieco.org/.

## 二、课程思政教学总体设计

### (一)课程思政教学目标

本课程以习近平新时代中国特色社会主义思想为指导,坚持知识传授与价值引领相结合,通过将大学生理想信念、价值取向、政治信仰、社会责任等教学素材与专业知识传授相结合,以全面提升学生专业素养、德育内涵、综合素质为驱动,注重思政德育元素和区域市场与区际贸易的理论和发展实践等知识点的有机融合,在专业课的教学中深入开展中国特色社会主义和中国梦教育、社会主义核心价值观教育、法治教育、职业道德教育以及中华优秀传统文化教育等,培养学生"融通内外、经世济民、诚信服务、德法兼修"的理念,将价值塑造、知识传授和能力培养融为一体,成为德智体美劳全面发展的社会主义建设者和接班人。

本课程加入大量区域经济合作中的经典案例与实践成果。例如"一带一路"倡议及其合作、RCEP、东盟经济共同体、中国与印尼的贸易趋势和亚洲经济腾飞等案例。具体而言,本课程的思政教学目标可以涉及以下八个维度:实现政治认同、家国情怀、培育和践行社会主义核心价值观、融入中华优秀传统文化、牢固树立法治观念、深化职业规范与职业道德教育、培养科学精神、拓展国际视野。

1. 实现政治认同

《区域市场与区际贸易》课程以区域市场和区际贸易的基本理论和发展实践为主要内容,既包括关税同盟理论、大市场理论、工业偏好理论以及新区域主义等基本理论又包括"一带一路"倡议及合作、RCEP等最新的区域经济合作实践,这些内容与中国改革开放实践紧密结合,传递坚持中国共产党领导的重要性,从而认同"中国共产党为什么能、马克思主义为什么行、社会主义为什么好",可以增强学生的政治认同;引领学生充分认识中国共产党正确领导的意义和社会主义制度的优越性;将人类命运共同体理念作为培养学生国际化视野、现代思维的出发点。

2. 家国情怀

《区域市场与区际贸易》课程中通过讲述"一带一路"倡议及合作的发展历程、RECP的建设历程等内容,阐明百年未有之大变局之下,在党的领导下,我国构建区域市场、发展区际贸易的艰辛历程,让学生感受爱国主义精神,传承爱国情怀。通过对我国近二十年区际贸易发展格局的变化,尤其结合"一带一路"倡议等大事记对学生进行爱党、爱国、爱社会主义、爱人民、爱集体的"五爱"教育。与此同时,本课程还会针对"美国抹黑'一带一路'倡议"等案例,让学生深刻意识当前我国构建区域市场、发展区际贸易所面临的重重阻碍和来自西方社会的压制,说明我国在区域经济一体化发展中所面临的艰难险阻,激发学生的爱国情怀。

3. 牢固树立规则

区域间经济合作协定以及区域市场内各国间法律规范是区域经济合作主体在开展经济合作过程中需

要深入了解并遵守的基本运行规则。在讲述"关税同盟理论"的相关章节中,引入"RCEP"的合作规则、WTO对区域经济一体化中的投资、服务和无形资产等方面的法律规则;在讲述"轮轴－辐条理论"的相关章节中引入"一带一路"倡议及中国与核心沿线国家间签署的重要合作协议;在讲述"大市场理论"的相关章节中引入我国政府《加快建设全国同意大市场提高政府监管效能》的政策文件。通过本课程学习,让学生认识到国际条约、东道国法律法规及本国法律法规是贸易经济活动开展的规则框架,让学生牢固树立遵纪守法的意识,使学生具备运用法治思维和法治方式维护自身权利、参与社会公共事务、化解矛盾纠纷的意识和能力;同时熟悉国内外区域市场和区际贸易运行的相关法律、规则与惯例等。

4. 深化职业规范与职业道德教育

本课程培养学生具备自主、有效、持续学习的意识和能力;具有批判性思维与求真务实的科学精神,具备创新实践能力和自主创业的意识;能够理解和遵守职业道德与规范。外贸职业道德的基本规范包括:诚实守信、忠于职守、忠于法规、专业专注、廉洁奉公、保守秘密、服务群众。通过本课程的知识讲解和案例解读,切实提高学生的职业道德修养。

5. 培养科学精神

本课程注重培养学生的科学精神。2022年1月1日起施行的《中华人民共和国科学技术进步法》明确规定:"学校及其他教育机构应当坚持理论联系实际,注重培养受教育者的独立思考能力、实践能力、创新能力和批判性思维,以及追求真理、崇尚创新、实事求是的科学精神。"习近平总书记强调:"科学成就离不开精神支撑。"坚持面向世界科技前沿、面向经济主战场、面向国家重大需求、面向人民生命健康,实现高水平科技自立自强,必须大力培育和弘扬科学精神。本课程在教学中通过增强学生客观理性分析问题能力培养学生科学精神。例如,在讲述"关税同盟理论"中引入"英国脱欧"的思政案例,引导学生理解"关税同盟"有其特定的局限性,建立在单一比较优势基础上的产业分工将会引发区域内的经济不平衡。因此,引导学生思考我国在开展区域经济合作时应当如何规避贸易转移和贸易创造,乃至其他动态效应所引发的问题。

6. 拓展国际视野

全球竞争日趋激烈、区域一体化合作越来越紧密是世界经济发展的大趋势。在此背景下,国家经济的发展与建设需要具有国际视野的复合型高素质涉外人才。因此,在课程教学中,需要培养学生的国际视野与大格局意识。本课程通过让学生了解当前区域经济合作的新形势、新业态,特别是注重我国与其他发达国家、发展中国家的区域经济合作模式的比较,培养学生的国际视野。例如,在讲述"亚洲区域经济合作实践"章节中引入"东盟经济共同体的建立"案例,介绍东盟经济共同体的发展历程、发展特征和发展目标及其与中国间的经济关系,拓展国际视野,鼓励学生为中国开放型经济建设做出新贡献。

**(二)课程思政的教学内容**

《区域市场与区际贸易》课程的思政内容可以涉及以下几方面:

1. 解析国家战略、法律法规和相关政策

结合本课程自身特点,通过经典案例教学法、经贸活动情境教学和实际体验法等教学方法,融入对经贸领域相关国家战略、法律法规和政策的解析,帮助学生深刻理解国情国策、厚植家国情怀。在本课程中,引入"一带一路"倡议、RCEP、《建立全国统一大市场》等国家发展战略和政策文件,让学生全面了解党中央为实现中华民族伟大复兴所设定的发展路径,深刻体会到党中央高瞻远瞩、决策的科学性和合理性,引导学生积极投入到国家发展战略中。

2. 引导学生关注区域经济合作的现实问题

本课程的教学中,围绕区域市场与区际贸易的现实问题,通过课程的实践环节以及课外实践活动等不同类型的实践体验,持续提高学生解决区域经济合作中面临实际问题的能力,引导学生从实践中来、到实践中去。通过安排学生针对案例及讨论任务搜集更为翔实的资料、数据,引导学生深入关注区域经济合作的发展实践。

3. 培育学生商业职业道德和素养

在本课程的教学中,重视对学生职业道德的培养。通过挖掘课程内容、设计教学过程,显性教育与隐性教育相统一地加强遵纪守法、诚信服务、公平竞争、爱岗敬业等商业职业道德教育。

### (三)教学方法

本课程综合运用讲授、启发式教学、案例教学、情境教学、小组合作式教学等多种教学方法,使学生掌握有关区域市场和区际贸易领域的基本概念、基本理论和政策措施,具有运用理论知识分析现实区域经济合作的热点问题、难点问题的能力,拓展国际视野,了解经济全球化背景下贸易经济行业发展的新趋势新业态,具备贸易经济业务从业人员职业道德标准与商业伦理。

## 三、课程各章节的课程思政教学内容设计

### 第一章 区域市场与区际贸易概述

**专业教学目标**

本章在介绍区域市场和区际贸易概念的基础之上,对区域市场的发展特征和发展趋势、区域市场划分的标准和现有分类进行讲解。其后,介绍区际贸易的基本概念、区际贸易的发展特征以及区际贸易的发展趋势等内容,让学生对区域市场与区际贸易的基本概念有所理解,深刻把握区域市场与区际贸易的发展趋势。

**【知识目标】**

1. 学生了解明确区域市场的发展特征与发展态势、区际贸易的影响因素和发展条件、区际贸易对区域市场形成的重要作用。

2. 掌握区际市场和区际贸易的定义和内涵、区域市场的发展历程以及区际贸易的发展特征和发展态势。

**【能力目标】**

1. 培养学生将所学理论灵活应用于现实和具体案例。

2. 培养学生从思辨的角度分析近期区域市场和区际贸易的新态势、新模式和新问题,全面认识和理解当今逆全球背景下区域市场和区际贸易的重要地位。

**课程思政教学目标及实践**

**【育人目标】**

1. 家国情怀 强调在世界经济百年未有之大变局的背景下,在新一轮高水平对外开放的发展要求下,让学生深刻意识当前"一带一路"倡议对我国对外开放格局的重要性,让学生树立为实现中华民族伟大复兴中国梦努力奋斗的理想信念。

2. 实践创新 使学生能切身感受到区域经济合作的蓬勃发展,引导学生投身我国区域经济合作的发展事业,将个人价值实现与民族复兴大业相契合;鼓励学生进行团队合作,实现个人能力培养与集体智慧结合,鼓励批判性思维,鼓励探索与创新。

3. 国际视野 让学生了解当前区域市场与区际贸易领域的重大事件,以及此类事件对全球经贸国际贸易的影响以及对我国区域市场与区际贸易通道存在的潜在风险及如何防控问题进行深入思考,拓展国际视野,鼓励学生为中国开放型经济建设做出新贡献。

**【教学方式与方法】**

1. 课堂讲授:讲授区域市场的发展特征与发展态势、区际贸易的影响因素和发展条件、区际贸易对区域市场形成的重要作用;区际市场和区际贸易的定义和内涵、区域市场的发展历程以及区际贸易的发展特征和发展态势。

2. 自主学习:学生搜集近年来"一带一路"倡议发展历程,已达成的协议以及沿线国家间贸易的发展状况,小组讨论"一带一路"倡议对中国周边区域市场融合以及区际贸易的发展。

3. 课堂展示与讨论:学生展示根据"一带一路"素材整理分析的相关报告等,在课堂开展5分钟小组汇报。

**【课程思政教学实例】**

**案例材料:"一带一路"助推区域经济共同发展案例分析**

(1)案例简介

"一带一路"(The Belt and Road,缩写 B&R)是"丝绸之路经济带"和"21世纪海上丝绸之路"的简称,

2013年9月和10月由中国国家主席习近平分别提出建设"新丝绸之路经济带"和"21世纪海上丝绸之路"的合作倡议。依靠中国与有关国家既有的双多边机制,借助既有的、行之有效的区域合作平台,积极发展与沿线国家的经济合作伙伴关系。

当今世界正处于百年未有之大变局中,世界经济缓慢复苏、发展分化,各国面临的发展问题依然严峻。"一带一路"倡议旨在促进经济要素有序自由流动、资源高效配置和市场深度融合,推动沿线各国实现经济政策协调,开展更大范围、更高水平、更深层次的区域合作,共同打造开放、包容、均衡、普惠的区域经济合作架构。"一带一路"致力于亚欧非大陆及附近海洋的互联互通,建立和加强沿线各国互联互通伙伴关系,构建全方位、多层次、复合型的互联互通网络,实现沿线各国多元、自主、平衡、可持续的发展。"一带一路"的互联互通项目将推动沿线各国发展战略的对接与耦合,发掘区域内市场的潜力,促进投资和消费,创造需求和就业,增进沿线各国人民的人文交流与文明互鉴,让各国人民相逢相知、互信互敬,共享和谐、安宁、富裕的生活。

资料来源:新华社,共建"一带一路"促进共同发展,2016-06-23。

**(2)案例的思政元素**

①家国情怀。我国政府自2013年提出并努力建设的"一带一路"倡议,从"一带一路"倡议的提出、发展历程以及对比沿线国家间的贸易规模和结构变化等方面,引发学生体会我国新时期对外开放战略对区域市场与区际贸易的积极推动作用,让学生树立为实现中华民族伟大复兴中国梦努力奋斗的理想信念。

②实践创新。"一带一路"倡议是世界新格局下我国构建新型区域经济合作的重要尝试,其间还面临来自西方社会的压制和重重阻碍,随着"一带一路"的深化发展,新问题层出不穷,需要学生勇于创新。

③国际视野。当今世界正处于百年未有之大变局中,世界经济缓慢发展,面临的发展问题严峻,让学生了解"一带一路"区域市场与区际贸易领域的重大事件,鼓励学生拓展国际视野。

**(3)教学手段**

①讲授:区域市场与区际贸易的发展态势。在知识点"区际市场与区际贸易的发展态势"中引入我国的"一带一路"倡议。2013年9月,习近平主席分别提出"新丝绸之路经济带"和"21世纪海上丝绸之路"的合作倡议,借助古代"丝绸之路"的历史符号,打造政治互信、经济融合和文化包容的区域经济合作新模式。让学生深刻理解我国构建区域市场、拓展区际贸易以及实践区域经济一体化发展的特色路径,培养学生的政治认同感和家国情怀。

②小组合作式教学:安排学生搜集近年来"一带一路"倡议发展历程,已达成的协议以及沿线国家间贸易的发展状况,进而安排小组讨论"一带一路"倡议对中国—蒙古国、中国—中亚、中国—西亚以及中国—东南亚、中国—南亚地区的区域市场融合以及区际贸易的发展。慕课资源、文献资源为翻转课堂提供支架;课堂展示、师生思辨讨论实现课堂高阶性、高效性。

## 第二章 区域市场的基础理论

**专业教学目标**

本章主要介绍区域市场形成和发展的主要理论。早期的经济学家针对区域市场的形成提出了农业区位论、工业区位论以及运输区位论。现代经济学家则提出了中心地理论、市场区位论等。不同的经济发展程度决定了区域市场形成的动因和内在逻辑之间的差异。通过本章的学习,使学生能够掌握区域市场发展的内在变化规律,认识到不同生产要素利用方式是区域市场演化的根本运行逻辑。

**【知识目标】**

1. 学生了解农业区位论、工业区位论、运输区位论等早期和部分现代区域市场形成理论的理论提出者、理论的主要内容以及理论的适用条件。

2. 掌握中心地理论、市场区位论的提出者、理论的主要内容、理论的适用条件和理论的不足。

**【能力目标】**

1. 培养学生文献检索和资料查找能力、独立思考能力、调查研究和分析的科研能力。

2. 培养学生从思辨的角度分析各种区域市场学说的适用条件,全面认识和理解不同区域市场学说的适用条件和自身缺陷。

**课程思政教学目标及实践**

**【育人目标】**

1. 科学精神　通过对传统区位论与现代区位论之间差异的分析进行分析,培养学生的逻辑思维和批判质疑精神,使学生能够客观认识现有理论。

2. 实践创新　使学生能切身感受到区域经济合作的蓬勃发展,引导学生投身我国区域经济合作理论建设事业中,鼓励批判性思维,鼓励探索与创新。

**【教学方式与方法】**

1. 自主学习:农业区位论、工业区位论、运输区位论等早期和部分现代区域市场形成理论的理论提出者、理论的主要内容以及理论的适用条件。

2. 课堂讲授:讲授中心地理论、市场区位论的提出者、理论的主要内容、理论的适用条件和理论的不足。

**【课程思政教学实例】**

**案例材料:传统区位论与现代区位论的差异性**

(1)案例简介

古典区位论的特点是立足于单一的企业或中心,着眼于成本、运输费用最省。它们不加考虑市场消费因素和产品销售问题。因此,古典区位论被称为西方区位理论的成本学派。

随着自由资本主义时代向垄断资本主义时代的过渡,第二、第三产业逐渐取代第一产业成为了国民经济的主导部门,以及交通运输网的发达和劳动生产率的提高,市场问题成为产业能否盈利,甚至能否存在的关键。这时,出现了在考虑成本和运费的同时,注意市场区划分和市场网络理论结构的区位论。西方区位理论从古典区位论的成本学派逐步发展为近代区位的市场学派。区位论也由立足于单一的企业或者工厂转变为立足于城市或者地区,着眼于成本、运费最省发展为追求市场的扩大。

现代区位论在研究内容上,从注重区位的经济产出到以人的生存发展为目标,强调协调人与自然的关系,在研究对象上,从市场机制研究转向政府干预和计划调节机制的研究,从单个经济单位的区位研究走向区域总体的研究,将现代区位与区域开发问题的研究相结合,如涉及区域地理环境、经济条件、自然条件、人口、教育、科技水平、消费水平、资本形成、经济政策和规划等各个方面宏观的综合的分析研究。

在研究方法上,也由静态空间区位选择转入区域各发展阶段空间经济分布和结构变化以及过程的动态研究,从纯理论假定的理论推导走向对实际的区域分析和应用模型的研究。

资料来源:张明龙,周剑勇,刘娜.杜能农业区位论研究[J].浙江师范大学学报(社会科学版),2014,39(05):96-97.

(2)案例的思政元素

科学精神:传统区位理论与现代区位理论之间存在较大的差异性,从古典区位理论的诞生、现代区位论的主要内容以及两种理论间研究方法的不同等方面,引发学生深入思考现有区位市场理论的适用性和限制性,培养学生深入探索的科学精神。

(3)教学手段

①讲授:讲授传统区位理论与现代区位理论之间的差异性。杜能在《孤立国同农业和国民经济的关系》第一卷中,采用抽象法,提出一系列假设条件,排除了许多影响农业区位的因素,旨在易于阐明农业生产布局的一些原则和规定。从学术研究角度说,这种方法是可行的。但由于舍弃的因素过多,使得理论模式与现实经济相距甚远。这样得出的研究结论,肯定会较大幅度地偏离实际状况。通过此案例,引导学生深入思考区域市场理论的产生背景,思辨其局限性,培养学生的科学探究精神。

②小组合作式教学:组织学生讨论传统农业区位论与现代区域市场理论的差异性。

### 第三章　区际贸易的基础理论

**专业教学目标**

本章主要介绍区际贸易的主要理论。国际贸易学家在关注全球贸易发展的同时,也注意到区域间优惠关税安排可以改变贸易流向甚至创造贸易规模,从而形成传统关税同盟理论和现代关税同盟理论。在此基础上,国际贸易学家进一步提出大市场理论、工业偏好理论以及协议分工理论等。通过本章的学习,使学生能够掌握区际贸易开展的动因、静态经济效应以及动态经济效应,从而具备科学认识和评价区际贸易的经济作用。

**【知识目标】**

1. 学生了解区域经济一体化的定义、特征以及区域经济一体化的发展阶段。

2. 掌握关税同盟理论的核心观点,贸易转移和贸易创造的定义、内涵以及测度方法,大市场理论、工业偏好理论以及协议性分工理论的主要内容、理论的适用条件和理论的不足。

**【能力目标】**

1. 培养学生了解内外贸一体化发展前沿及趋势,具备全球视野和自主学习、终身学习能力,并有为西部内陆的贸易大发展、国内统一大市场及双循环的构建提供服务。

2. 培养学生从思辨的角度分析各种区域市场学说的适用条件,全面认识和理解不同区际贸易学说的适用条件和自身缺陷。

**课程思政教学目标及实践**

**【育人目标】**

1. 家国情怀　强调在地缘政治冲突加剧的背景下,在我国两个一百年发展目标要求下,让学生深刻意识我国的区域合作战略对我国对外开放格局的重要性,让学生树立为实现中华民族伟大复兴中国梦努力奋斗的理想信念。

2. 科学精神　通过对贸易转移与贸易创造效应的客观分析,培养学生的逻辑思维和批判质疑精神,使学生能够客观认识现有理论。

**【教学方式与方法】**

1. 自主学习:学生通过网络搜集 RCEP 区域经济合作框架的主要发展历程、RCEP 的合作机制,并通过上述资料分析 RCEP 合作机制对我国与东南亚国家之间发展合作的促进作用,以及 RCEP 合作机制面临的巨大挑战。

2. 课堂讲授:传统关税同盟理论和现代关税同盟理论的主要内容、政策内容以及建议;大市场理论、工业偏好理论以及协议分工理论的主要理论框架、政策启示以及建议。

**【课程思政教学实例】**

**案例材料:RCEP 对区域经济合作的作用**

(1)案例简介

2011 年 11 月,东盟提出"东盟区域全面经济伙伴关系"区域经济合作框架,核心是形成一个以东盟为核心,由中国、日本、韩国、澳大利亚、新西兰与印度共同参加的区域自贸协定。

2012 年 11 月,东盟 10 国与这 6 个自贸伙伴国领导人宣布启动谈判并发表联合声明。直至 2020 年 11 月 15 日,中国、日本、韩国、澳大利亚、新西兰和东盟 10 国共 15 个国家方正式签署 RCEP。最终在 2021 年 11 月 2 日,6 个东盟成员国和 4 个非东盟成员国向东盟秘书长正式提交核准书,达到协定生效门槛,RCEP 于 2022 年 1 月 1 日对上述 10 国开始生效。至此,RCEP 历经 8 年的艰辛谈判,最终结成硕果。

RCEP 标志着中国自贸区战略实施进入新阶段,其签署和实施不仅有助于推动中国迈向高水平对外开放阶段,进一步维护多边贸易体制、加深区域经济一体化发展程度,也有助于推动各成员国深度参与国际生产网络分工,重构亚太区域产业价值链分工体系。

RCEP 的议题十分广泛,涵盖货物贸易、争端解决、服务贸易、投资、知识产权、数字贸易、金融、电信等新议题,这意味着 RCEP 对区域经济合作的影响是多方面、多层次的。首先,RCEP 将促进区域贸易和投资增长。无论是从降低贸易的关税与非关税壁垒还是增加合作对象的角度而言,RCEP 均能显著降低贸易和投资成本,从而产生贸易和投资的创造效应和转移效应。其次,RCEP 可以促进区域产业链、供应链和价值链的融合发展。RCEP 实行区域内原产地累积规则,使得进口能够获得原产地证明从而享受优惠关税的可能性大幅增高,推动部分企业在贸易和投资、在贸易对象之间进行相互替代和转换,为各缔约方企业布局跨境产业链提供灵活性,加强 RCEP 缔约方整体的跨境产业链融合。

资料来源:李凡,赖维晴,李楠.RCEP 对我国区域经贸合作与发展的杠杆作用研究[J].南昌航空大学学报(社会科学版),2022,24(01):37—44.

**(2)案例的思政元素**

家国情怀:通过从 RCEP 的提出、发展历程以及 RCEP 对区际贸易和三链融合的推动作用等方面的发展历程,引发学生体会 RCEP 谈判的艰辛和巨大的经济影响,一方面培育学生的爱国情怀,另一方面提高学生守正创新的科学精神。

**(3)教学手段**

①讲授:区际贸易的影响因素和发展条件。在知识点"区际贸易的影响因素和发展条件"中引入本案例。2022 年 1 月 1 日,包含中国、日本、东盟等 15 个成员国,全球经济体量和发展潜力最大的自由贸易协定——区域全面经济伙伴关系协定正式生效。在当前全球化遭遇逆流、地缘冲突不断涌现、西方贸易保护主义不断抬头的环境下,RCEP 在推动区域市场合作、加深区际贸易自由化、投资便利化等方面起到积极作用。我国是 RCEP 的核心成员之一,为谈判的顺利完成作出了重要贡献,有力推动了亚太区域经济一体化。通过此案例,可以很好地培养学生的政治认同感和家国情怀。

②案例分析教学:安排小组搜集 RCEP 的贸易规则,组织小组讨论 RCEP 在贸易自由化和投资便利化两大领域的主要规则,探讨这些规则可能带来的区域市场融合以及区际贸易的发展。

## 第四章 国际区域经济一体化

**专业教学目标**

国际区域经济一体化主要包括对欧洲联盟、北美自由贸易区、东南亚国家联盟、亚太经济合作组织等区域经济一体化组织的介绍。通过本章的教学,使学生明确国际区域经济一体化、欧洲联盟的区域经济发展特点、北美自由贸易区的宗旨与政策框架、ASEAN 的形成与运行特点、APEC 的创新及其特点,并对不同区域经济组织的运行特点进行比较。

**【知识目标】**

1. 重点掌握国际区域经济一体化的概念及特点。
2. 了解主要的国际区域经济一体化组织,包括欧洲联盟、北美自由贸易区、东南亚国家联盟、亚太经济合作组织等。
3. 对不同区域经济一体化组织的运行特点进行比较。

**【能力目标】**

1. 通过提升对国际区域经济一体化的认知,培养学生的全球化意识、提升学生的思辨能力及跨国交流的能力。
2. 通过对国际区域经济一体化的案例分析,培养学生理论联系实际分析问题的能力,使其具备今后从事对外经贸工作的职业素养。
3. 通过对国际区域经济一体化的现状分析,提升学生对世界发展动态的关注,同时培养学生思考问题、解决问题的能力。

**课程思政教学目标及实践**

**【育人目标】**

1. 家国情怀 通过对国际区域经济一体化的了解,增强学生的国际理解,培养学生的全球意识和开放的心态。
2. 深度学习 通过对比主要的国际区域经济一体化组织,提升学生的思辨能力及跨国交流的能力。
3. 科学精神 通过对欧洲联盟、北美自由贸易区、东南亚国家联盟、亚太经济合作组织等区域经济一体化组织创造的成果与面临的挑战进行分析,培养学生的逻辑思维和批判质疑精神,使学生能够透过现象看本质。

**【教学方式与方法】**

1. 信息化教学:通过对区域经济一体化网站的认识,并通过其网站进行数据检索与分析,培养学生自觉、有效地获取、评估、鉴别、使用信息的能力。
2. 理论教学:通过对经典教材和学术论著中的理论介绍,让学生掌握国际区域经济一体化的理论发展历史与动态,培养学生具备基本理论素养。

3. 翻转课堂:提供与国际区域经济一体化的相关问题,并提供相关文献,让学生自主学习、加深理解,并形成文献笔记,进行课堂汇报。

【课程思政教学实例】

**案例材料:东盟经济共同体的建立**

**(1)案例简介**

东盟创设于1967年,2015年,东盟经济共同体(ASEAN Economic Community)正式成立,覆盖6.2亿人口、GDP总额超过2.6万亿美元的庞大市场,成为东盟经济一体化道路上的里程碑。根据《东盟经济共同体蓝图2025》,到2025年时,东盟经济共同体将拥有五大特征:高度一体化;竞争力强、创新水平高、充满活力;互联互通和各领域合作进一步加强;韧性强、包容度高、以人为本;融入全球经济。1967年成立之初,东盟国家GDP总和为200亿美元,占全球经济比重为3.3%。经过五十多年的跨越式发展,东盟国家GDP总额2018年达3万亿美元,占世界经济比重翻了一番,达6.9%,成为世界第五大、亚洲第三大经济体。中国已连续11年成为东盟最大商品出口国、连续10年成为东盟最大商品进口国。2019年,东盟超越美国,首次成为中国第二大货物贸易伙伴。2020年前5个月,东盟跃为中国第一大货物贸易伙伴。东盟积极推动地区自贸区建设,除在内部建成东盟自贸区外,还于2010年与中国全面建成自贸区,于2019年实现中国—东盟自贸区协定升级版全面生效。此外,东盟与日本、韩国、澳大利亚、新西兰、印度和中国香港分别签署了自贸协定,并与中、日、韩、澳、新西兰五国于2019年11月整体结束《区域全面经济伙伴关系协定(RCEP)》谈判,目标于2020年正式签署。

资料来源:根据中华人民共和国商务部、经济日报以及网络资源整理编制。

**(2)案例的思政元素**

①坚韧品质。东盟缺乏集体资源,缺乏向区内提供公共产品的能力,主要依靠外来资源。东盟的成功靠的是战略设计和"韧性决心"。战略设计的意义是制定推进目标,把目标作为行进动力,特别是后一个方面,是东盟推动合作进程的一种方式。让学生了解东盟成功所依赖的"韧性决心"就是坚持不懈,面对复杂和困难的情况时,既具有忍耐性,又具有决断性,坚持不后退,继续推进合作进程,培养学生的坚韧品质和勇于面对困难的决心。

②国际理解。东盟经济共同体的发展经验表明,进行区域合作是实现地区稳定、和平与发展的有效途径。东南亚地区本来没有开展区域合作的历史,而通过渐进的合作进程,成员国逐步培养了合作精神,构建了"共享文化"(shared culture)和"共享利益"(shared interests)的基础,提升了区域的作用和影响力。由此案例,培养学生的国际视野,增强对国际社会的理解,及时了解世界发展动态,了解构建"人类命运共同体"的价值。

**(3)教学手段**

①知识讲授:向学生系统阐述东盟共同体,尤其是经济共同体的建设背景、内涵与建设意义和现阶段成果,让学生了解东盟由"盟"到"共同体"的历史性转折如何使东盟成为更有效率的组织。

②问题讨论:东盟经济共同体的成立有何创新之处。通过以研究报告分析等作为基础课堂讨论为学生提供交流与辩论平台,使学生成为学习的主动参与者与探究者,激发学生科研潜力。

③拓展研究:为学生提供合适的进一步学习资料,让学生自主对东盟经济共同体的相关议题进行进一步挖掘,将视角从"东盟经济共同体"扩宽到"东盟共同体"乃至"人类命运共同体"。

## 第五章 "一带一路"沿线国家间的区际贸易

**专业教学目标**

"一带一路"沿线国家间的区际贸易主要包括"丝绸之路经济带"和"21世纪海上丝绸之路"沿线国家的区际贸易。通过本章的教学,使学生明确"一带一路"倡议的内涵、宗旨和意义;掌握"一带一路"沿线国家的贸易构成、贸易格局;了解"一带一路"沿线国家间的贸易发展影响因素。

【知识目标】

1. 掌握"一带一路"倡议下沿线国家间区际贸易的格局和发展趋势。
2. 分析影响"一带一路"沿线国家间贸易的主要因素。

3. 理解"一带一路"国家间合作倡议的宗旨、内涵和价值。

**【能力目标】**

1. 培养学生运用知识的实际能力以及对知识的拓展和创新能力。

2. 强化学生自主学习能力,通过各种学习渠道和网络学习工具积极主动获取知识和信息,在互联网环境下有效筛选信息,提升学习能力和效率。

课程思政教学目标及实践

**【育人目标】**

1. 家国情怀  通过"一带一路"区际贸易的分析,使学生深刻领悟"中国的发展离不开世界,世界的繁荣也需要中国"的发展理念,了解中国从世界工厂到世界市场,从经济全球化的参与者、受益者到经济全球化的重要推动者、贡献者的角色转变,建立深刻的国家认同。

2. 科学精神  通过对影响"一带一路"沿线国家间贸易的主要因素的分析,培养学生利用科学的思维方式认识事物、解决问题的能力。

3. 人文素养  通过对"一带一路"国家政治、经济、文化、社会、生态等多方面的解读,拓展学生的视野,使学生牢固树立"开放包容普惠平衡共赢的经济全球化观"。

**【教学方式与方法】**

1. 课程预热:基于上一章节国际区域经济一体化的内容,组织学生搜集"一带一路"沿线国家参与区域经济一体化组织的资料,并收集其贸易数据。

2. 课堂展示:学生展示根据课程预热进度中收集的"一带一路"国家贸易资料进行小组讨论并做简单总结,促进学生对既有问题的思考与分析,并锻炼学生表达能力与临场能力。

3. 启发式授课:基于对课堂展示结果的分析引入主旨教学内容,将学生对数据的直观认知凝练为理论知识,使学生明白理论知识背后的原理与实践基础。

**【课程思政教学实例】**

案例材料:中国与印尼的贸易趋势

(1)案例简介

印尼是东盟最大的经济体,外贸在印尼国民经济中占重要地位,政府采取一系列措施鼓励和推动非油气产品出口,简化出口手续,降低关税。中国是印尼最大的贸易伙伴,是印尼最大的出口市场,也是巨大的进口市场。2010-2021年间,中国与印尼间的贸易情况如表5.1所示,印尼对中国的出口额从156.93亿美元一路攀升至537.82亿美元,占印尼总出口额的比重由6.78%上升到23.23%;印尼从中国进口额从204.24亿美元上升至562.27亿美元,占印尼总进口额的比重由10.41%上升至28.66%。2021年,"矿物

表5.1  2010-2021年印尼与中国进出口贸易状况

| 年份 | 出口额<br>(亿美元) | 出口额占比<br>(%) | 进口额<br>(亿美元) | 进口额占比<br>(%) |
| --- | --- | --- | --- | --- |
| 2010 | 156.93 | 6.78 | 204.24 | 10.41 |
| 2011 | 229.41 | 9.91 | 262.12 | 13.36 |
| 2012 | 216.60 | 9.36 | 293.87 | 14.98 |
| 2013 | 226.01 | 9.76 | 298.49 | 15.21 |
| 2014 | 176.06 | 7.60 | 306.24 | 15.61 |
| 2015 | 150.46 | 6.50 | 294.11 | 14.99 |
| 2016 | 167.86 | 7.25 | 308.00 | 15.70 |
| 2017 | 230.83 | 9.97 | 357.67 | 18.23 |
| 2018 | 271.27 | 11.72 | 455.38 | 23.21 |
| 2019 | 279.62 | 12.08 | 449.31 | 22.90 |
| 2020 | 317.82 | 13.73 | 396.35 | 20.20 |
| 2021 | 537.82 | 23.23 | 562.27 | 28.66 |

资料来源:联合国贸易商品统计数据库。

燃料、矿物油及其蒸馏产品,沥青物质,矿物蜡"商品占据印尼对中国出口商品的33.11%,位居出口类商品首位;铁和钢占据23.82,位居第二;第三为"动植物脂肪和油及其裂解产物、预制食用脂肪、动植物蜡";以上三种产品占据印尼对中国出口的69.22%。印尼从中国进口的商品则主要为"核反应堆、锅炉、机器、机械器具及其零件"(22.35%),"电机、电气设备及其零件,录音机及放声机,电视图像、声音的录制和重放设备及其零件、附件"(21.12%)等。

**(2)案例的思政元素**

①理论联系实际。可以发现,中国和印度尼西亚的贸易互补性很强,一方面,印尼拥有丰富的矿产和森林资源,在矿物燃料及矿物油、动植物油脂、木及木制品等资源密集型初级产品出口上有优势;另一方面,中国在机电产品和纺织品行业技术成熟,可以增加对印尼出口机电产品等技术含量较高、资本相对密集的工业制成品。产业间贸易仍是印尼与中国贸易主体。从印尼与中国贸易产品结构来看,中国对印尼资源型产品需求旺盛,而印尼对中国机电产品等工业品需求量大,呈现出典型的产业间互补型贸易特征。

②人文素养。中国和东盟已经建立起高水平的经贸伙伴关系,互为第一大贸易伙伴,双向投资稳步增长。全球多边贸易仍是大势所趋,随着"一带一路"倡议的深入实施,中国将进一步巩固包括东盟在内的多元贸易格局,促进全球经济迈向更高质量发展。"互利共赢"是"一带一路"建设的重要原则,"一带一路"倡议可为沿线国家和地区带去新的合作机遇和发展前景。

③家国情怀。中国在推进"一带一路"倡议的重要进程中,展现了大国担当,为解决人类问题贡献更多智慧和方案,为世界和平与发展做出更大贡献。通过上述案例的讲解,使学生了解到中国致力于世界的和平与发展,具有大国情怀、大国担当,是负责任的大国,培养学生的国家认同和中国特色社会主义道路自信、理论自信、制度自信、文化自信。

**(3)教学手段**

①课堂讲授:向学生系统阐述中国与印尼的贸易发展趋势和贸易结构,为学生建立基本认知框架。

②自主思考:中国与东盟的产业间贸易具有何种特点。通过案例分析、综合分析等形式刺激学生自主学习,使学生积极利用互联网等工具寻找目的数据、目的报告,并进行独立思考和主动发言。

③主题研究:为学生提供合适的进一步学习资料,让学生自主对"一带一路"倡议的相关议题进行进一步挖掘,将视角从"中国-印尼贸易"扩宽到"中国-东盟贸易"乃至"中国—'一带一路'贸易"和"全球贸易"。

### 第六章 区际贸易与区域生产力

**专业教学目标**

区际贸易与区域生产力主要讨论区际贸易对区域经济增长和区域生产力的影响。通过本章的教学,使学生明确区际贸易与区域生产力之间的相关关系;掌握国际分工、自由贸易、知识溢出等对区际生产力发展的促进作用;探索区际贸易对区域生产力发展的影响机制。

**【知识目标】**

1. 了解生产力的测度方法。
2. 明确区际贸易与区域生产力的关联。
3. 识别区际贸易对区域生产力的影响机制。

**【能力目标】**

1. 引发学生自主思考,透过经济现象去探究其本质。
2. 强化学生的科学思维能力。
3. 训练学生利用基本统计软件进行统计分析。

**课程思政教学目标及实践**

**【育人目标】**

1. 家国情怀 通过对区域生产力的评估,了解世界发展动态,培养开放的心态。
2. 科学精神 通过具对区域生产力测度方法的比较研究,培育求真精神和探索精神,能够辩证地分析问题,并积极寻求有效解决问题的办法。

3. 深度学习　通过区际贸易影响区域生产力的机制研究,培养学生运用基本的科学原理和方法去探索问题的能力,让学生具备实证意识和严谨的求知态度。

【教学方式与方法】

1. 前置学习:提供区域贸易与区域生产力相关的研究资料,提前布置迁至学习任务,课前启发学生做主题汇报,促进学生对既有问题的思考与分析。

2. 课堂教学:针对不同教学内容充分利用板书、PPT、视频学习等多样化教学方式,深入浅出地讲解学内容,结合图像与视频加深学生印象。

3. 自主学习:提供与区域贸易和区域生产力相关的问题,并提供相关文献,让学生自主学习、加深理解,并通过适当的练习检测学习效果。

【课程思政教学实例】

**案例材料:北美自由贸易区的经济增长**

(1) 案例简介

北美自由贸易协议是美国、加拿大及墨西哥签署的三国间自由贸易的协议,于1994年1月1日正式生效。北美自由贸易协议签订后,美国、墨西哥和加拿大贸易额大幅增长(图6.2),经济也基本保持了增长态势(图6.1)。20年间美、墨两国间的贸易增加了522%,美、加两国间的贸易增长了200%,美、加、墨三国与非NAFTA成员方的贸易增长为279%。虽然NAFTA对美、加、墨三国影响不同,但总体来看,NAFTA对美、加、墨三国的经济效应积极方面大于消极方面。

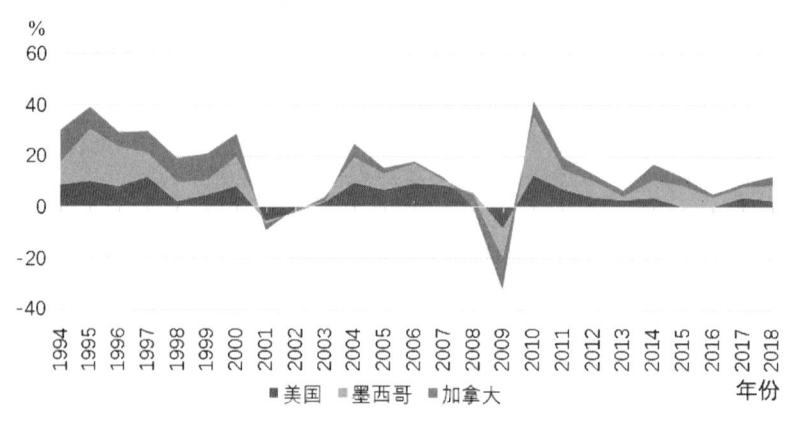

图6.1　1994—2018年北美自由贸易区贸易额年增长率

资料来源:世界银行(World Bank)。

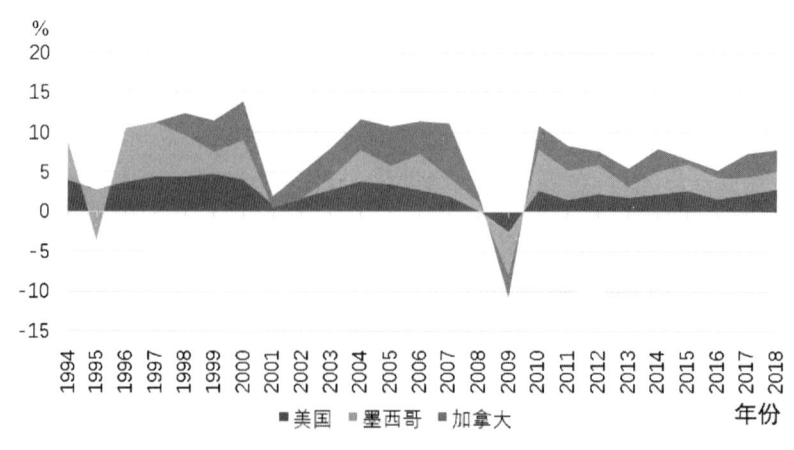

图6.2　1994—2018年北美自由贸易生产总值年增长率

资料来源:世界银行(World Bank)。

2018年9月30日,美国-墨西哥-加拿大协议替代了北美性自由贸易协定。围绕"美国优先"的基本思路,该协定不仅进一步提高了原产地规则、知识产权、数字贸易、劳工、环境等方面的标准,更罕见地引入了极具排他性的条款。美墨加协定第32章第10条规定,若美、墨、加三国中任意一方与"非市场经济国家"签署自由贸易协定(FTA),则其他协议伙伴有权在6个月后退出美墨加协定,并以新的双边协议取而代之。这种排他性不以增进区域内的贸易便利和贸易公平为目的,而是旨在增加与第三国之间的贸易壁垒,违背了国际公法不干涉第三国权利与义务的基本原则。

资料来源:①朱颖,张佳睿.北美自由贸易区运行20年的经济效应:国外文献述评[J].上海师范大学学报(哲学社会科学版),2016,45(01):43—50.
②王学东.从《北美自由贸易协定》到《美、墨、加协定》:缘起、发展、争论与替代[J].拉丁美洲研究,2019,41(01):1—22+155.

**(2)案例的思政元素**

①国际视野。与欧盟性质不一样,北美自由贸易协议不是凌驾于国家政府和国家法律上的一项协议。NAFTA不单单是经济效应的问题,而是形成的一整套贸易和投资规则影响了多边贸易体制和区域经济一体化。作为发达国家的美国和作为发展中国家的墨西哥从NAFTA获得的效应对各国对外开放都具有参考价值,北美自由贸易区经济效应因而获得了全球影响力,尤其是在多边贸易体制进一步发展受阻的背景下,全球将有越来越多的国家参与到FTA的谈判和实施进程中。通过上述解读,让学生了解国际贸易制度最新发展,开阔学生的国际视野。

②家国认同。通过北美自由区的讲解,让学生明白自由贸易对区域经济增长产生的积极影响,明白中国正在以自由贸易试验区为载体,逐步发展自由贸易港,最终融入全球大型、主流、高层次的自由贸易协定,积极开展区域经济合作。自由贸易试验区的发展已经成为促进我国行业开放,提升经济发展质量,促进经济转型的重要支撑。

③理性思维。然而从NAFTA的谈判到USMCA的谈判来看,地区制度安排背后"权力导向"与"规则导向"之间的互动博弈一直在上演。NAFTA向USMCA的变迁,是一种从开放的小多边主义向封闭的小多边主义的退缩。美国再次强势地运用"轮毂—辐条"战略,将"美国优先"的理念贯穿始终。NAFTA的初衷就是为了推动区域经济逐渐走向自由化,最终达到深层次一体化。但要想达到目的,制度安排不仅要规划某些"杠杆"来推动区域经济往正确的方向运动,还要设计出防止后退的"棘轮"。通过对USMCA中排他性政策的解读,让学生从马克思主义的历史唯物主义与辩证唯物主义的角度看待美国的"逆全球化"行为,明白逆全球化是全球化进程中的回潮,是螺旋式上升与波浪式前进中的曲折性、复杂性的体现。世界各国应该正视问题、分析问题,并且着眼于未来、尝试提供解决方案。

**(3)教学手段**

①课堂讲授:向学生系统阐述北美自由贸易区签订带来的贸易创造效应及其对区域经济发展带来的积极影响,也了解目前美加墨协定的"美国优先"理念,让学生了解到中国正积极加入全球化的浪潮,面对此类"毒丸条款",应该积极构建双循环发展新格局;进一步提高对外开放水平;积极展开对话沟通,妥善处理双边关系;推动"一带一路"基础上的区域和全球合作。

②自主学习:让学生搜集北美自由贸易区建立期间对美国、加拿大、墨西哥产生的各类经济数据并比对区别。训练学生的逻辑思维,启发学生多角度分主体思考问题,并展开课堂讨论,为学生提供思考时间与展示空间,激发学生综合分析潜力与表达表述能力。

③问题研究:北美自由贸易协定有何问题,为什么会被更新?让学生产生问题意识,对贸易制度安排及其更替进行深度思考,探究内部的可能机制。

# 四、课程思政的教学评价

《区域市场与区际贸易》课程思政内容主要涉及区域市场基础理论和区际贸易基础理论、区域市场和区际贸易发展实践两个部分。在教学过程中可以根据这四个内容开展形成性考核模块的构建。

(1)区域市场基础理论和区际贸易基础理论模块

此阶段的考核是利用专业知识点,结合社会热点话题,如"一带一路"助推区域经济共同发展案例分析等内容涉及开放性话题,引导学生查阅资料、进行讨论、总结汇报,考核学生对专业知识的收集、提取、归纳以及应用能力,引导学生正确认识国情、运用专业观点分析社会现象。

(2)区域市场和区际贸易发展实践模块

此部分通过网络论坛、课堂案例分析等方式,让学生搜集各类经济数据并比对区别。考核学生的逻辑思维,启发学生多角度分主体思考问题,激发学生综合分析潜力与表达表述能力。

## 五、课程思政的教学素材

| 序号 | 内容 | 形式 |
| --- | --- | --- |
| 1 | 《区域全面经济伙伴关系协定》(RCEP) | 政策文件 |
| 2 | 商务部等6部门联合印发《关于高质量实施〈区域全面经济伙伴关系协定〉(RCEP)的指导意见》 | 政策文件 |
| 3 | 中华人民共和国商务部中国自由贸易区服务网 | 学习网站 |
| 4 | 东盟经济共同体的建立 | 案例分析 |
| 5 | 国际经济学:理论与政策(第十一版) | 经济科学译丛 |
| 6 | 中华人民共和国对外贸易法(2016修正) | 政策法规 |
| 7 | 中国与印尼的贸易趋势 | 案例分析 |
| 8 | 北美自由贸易区的经济增长 | 案例分析 |
| 9 | 联合国贸易和发展会议 | 学习网站 |
| 10 | 中国"一带一路"网 | 学习网站 |
| 11 | 《中华人民共和国政府与新西兰政府关于升级〈中华人民共和国政府与新西兰政府自由贸易协定〉的议定书》 | 政策文件 |
| 12 | 《中国—东盟全面经济合作框架协议》 | 政策文件 |
| 13 | 中华人民共和国海关总署 | 学习网站 |
| 14 | 中华人民共和国海南自由贸易港法 | 政策文件 |
| 15 | 国务院关于"十四五"对外贸易高质量发展规划的批复 | 政策文件 |

# 《国际经贸地理》课程思政教学指南

贺宁华　张恒梅

（西安财经大学）

## 一、课程简介与课程目标

**（一）课程简介**

《国际经贸地理》是研究世界各国各地区工业、农业及运输业等产业布局、发展特点和各地区经济贸易特征的专门学科。该课程是国际贸易和经济地理的交叉学科。《国际经贸地理》以整个世界经济为研究对象，分析不同经济地域的发展状况，重点突出在世界经济贸易中扮演重要角色的国家和地区的经贸发展特征。该课程包括上篇和下篇两部分，上篇部分主要研究世界第一产业、第二产业、第三产业的生产发展、地理区位分布及对外贸易。下篇部分从国家和经济区域的角度，根据传统的世界经济区域板块划分，全面分析区域经济和重点国家的自然环境、人文特征、经济基本状况、对外贸易发展状况。世界各国各地区的自然资源和技术条件迥然不同，各国的经济建设都离不开世界经济，通过前后两个板块的衔接和融会，使学生对世界各国各地区的生产发展以及经济贸易的主要特征有较详尽的了解，为以后从事对外贸易工作做好知识储备。

本课程综合运用课堂讲授、专题探讨、启发式教学、案例教学等多种教学方法和手段，使学生对第一产业中大宗农产品、第二产业中重点工业产品以及交通运输业的生产发展、区位分布、对外贸易清楚认识。对东亚、欧洲、北美、拉美、非洲等不同经济区域重点国家的人文特征、经济发展及对外贸易充分了解，提升学生对不同区域开展对外贸易的能力。

本课程实现思想政治教育与专业教育的结合，将价值塑造、知识传授和能力培养融入课程内容设计、教学环节组织、教学效果测评的全过程，使学生深刻了解世界经济贸易发展基本状况，了解世界多元文化的多样性和差异性，培养国际化视野和现代思维，能够客观认识理解世界经济贸易发展动态，深刻感触世界格局正在发生的深刻变化，充分明了中国经济贸易的高速增长，更加坚定社会主义理想信念、坚定实现中华民族的伟大复兴。

**（二）课程目标**

本课程为专业选修课程。通过本课程的学习，使学生能够达到以下目标：

1. 知识目标：通过系统学习使学生掌握世界三大产业的生产发展、区位分布、对外贸易；掌握世界主要贸易强国和贸易大国的自然环境、人文特点、经贸发展。通过系统学习使学生充分了解世界经济贸易基本特征和发展状况，为以后从事对外贸易工作做好知识铺垫，提升进行国际贸易的综合分析以及贸易决策能力。

2. 能力目标：具有在复杂信息中获取真实信息的能力，众多信息中获取有用信息的能力；能够掌握有效的学习方法，形成终身学习的习惯；能够运用所学专业知识解决开展国际贸易过程中遇到的实际问题；具备一定的科学研究能力；具有一定的创新创业能力。

3. 育人目标：开拓国际视野，培养具有良好的国际贸易领域专业知识和专业素养，熟悉世界经济贸易发展基本状况，了解各主要国家经济贸易发展状况，掌握与世界其他国家开展对外贸易的能力的高端人才；了解世界经济动态和世界格局深刻变化，坚定实现中华民族的伟大复兴。

**（三）课程教材和资料**

➢ 推荐教材

李南，李忠华. 国际经贸地理[M]. 1版. 北京：清华大学出版社，2017.

➢ 参考教材或推荐书籍
1. 吕向生.国际经贸地理[M].1版.大连:东北财经大学出版社,2018.
2. 傅龙海,石少雄.国际经贸地理[M].1版.北京:对外经贸大学出版社,2017.
➢ 学术刊物与学习资源
国内外世界经济与国际贸易类各类期刊。
学校图书馆提供的各种数字资源,特别是"中国知网",下载相关文献并加以阅读。
➢ 推荐网站
国际进出口贸易网站:http://www.100trade.com/.
世界经济网:http://www.world-economy.net/.
全球农业网站:http://www.tradegro.net/.
商务部官网:http://www.mofcom.gov.cn/.

# 二、课程思政教学总体设计

## (一)课程思政教学目标

大学教育不仅是传授专业知识和专业技能的平台,更是培养具有家国情怀、人文素养、科学精神、深度学习、人格发展、实践创新人才的重要平台。《国际经贸地理》课程在讲授专业知识过程中结合课程思政"价值体系、知识体系、能力体系"的"三体"合一的目的,以全面提升学生专业素养、德育内涵、综合素质为驱动,注重思政德育元素和《国际经贸地理》课程专业内容的有机融合。通过世界经济发展变化等具体专业内容讲述融入思政教育,使学生了解世界经济发展动态,理解世界经济格局的深刻变革,培养学生国际化视野;以真实的案例让学生真切地感受中国经济发展的伟大成就,激发学生的爱国热情,坚定学生社会主义理想,坚定实现中华民族的伟大复兴。润物无声地实现专业知识与课程思政教育理念的密切融合。培养学生融通内外、经世济民、诚信服务、德法兼修,全面提升学生德育内涵、专业素养、综合素质。具体教学目标如下:

1. 拓展国际视野,厚植家国情怀

《国际经贸地理》课程视野开阔,主要讲述世界各国各地区的人文经济贸易发展,课程本身就包括对全球经济发展的认识、对世界发展动态的关注、对保持开放理念的坚持等方面;世界经济开放发展,经贸联系日益密切,不同国家经贸交流与文化交流密切相关,这些人文领域的元素已经深刻地影响到经济发展,尊重世界文化的多样性和差异性是促进世界经贸发展的重要因素;在全球经济发展过程中,人类面临的全球性挑战例如气候、疾病等因素对经济贸易发展影响严重,构建合作共赢为核心的新型国际关系,打造人类命运共同体。融入思政元素的《国际经贸地理》课程通过对世界经济贸易、区域经济发展的详细讲述、案例分析、国家对比等教学方法,拓展学生的国家化视野,激发学生的国家认同感、国民身份认同感以及爱国情怀。

2. 实现政治认同,坚定社会主义信念

《国际经贸地理》课程内容涵盖面宽泛,包括国家和地区的自然环境、人文特征、经济发展、对外贸易。课程讲述涉及世界主要的国家和地区,通过不同国家经济发展速度比较、经济总量占世界比重的变化、新冠肺炎疫情期间世界不同国家人们享有的健康医疗和社会公平性的比较等方面,传递中国取得的伟大成就是坚持中国共产党的领导,使学生从心底真正认同"中国共产党为什么能、马克思主义为什么行、社会主义为什么好,"引领学生充分认识中国共产党正确领导的意义和社会主义制度的优越性;激发学生对伟大祖国的认同、对中华民族的认同、对中国特色社会主义道路的认同。传播和弘扬社会主义先进文化和社会主义核心价值观,实现中国特色社会主义共同理想。

3. 了解世界经济贸易发展动态,培养科学精神

《国际经贸地理》讲述的经济发展与国际贸易以及部分的国际直接投资,需要深刻了解世界经济与贸易,尤其是在国际贸易和对外直接投资决策过程中要能运用科学的思维方式认识国际环境、对来自对方提供的国际经济交易信息要学会独立思考、独立判断,解决贸易和投资中遇到的各种不同问题;对外贸易与

对外直接投资过程中存在着很大的不确定性,《国际经贸地理》课程讲述过程中通过实际发生的优秀案例和失败案例的简述,激发学生了解认知世界,思维缜密,多角度、辩证地分析问题,批判质疑、明智科学地进行决策。

4. 持续学习,培养经世济民、诚信服务、德法兼修的职业素养

《国际经贸地理》课程研究世界经济贸易投资,这本身就是一个迅速变化、动态发展的过程,课程内容要根据国际经济形势的变化不断地修订,这是长期学习和关注的过程。通过《国际经贸地理》课程特点的讲述,激发学生深度学习、自主学习,培养学生终身学习的意识和能力。国际经贸领域和投资领域很多问题复杂深刻,表面现象扑朔迷离,作为将来从事经济贸易投资的学生,坚持终身学习,提高自己分析问题的能力,在纷繁复杂的国际信息面前能够有效及时提取有用的准确的信息,屏弃干扰的错误信息。通过在贸易和投资领域的卓越成绩促进实现中华民族的伟大复兴。

(二)课程思政的教学内容

《国际经贸地理》课程思政的教学内容主要包括以下几个方面:

1. 培养家国情怀

《国际经贸地理》课程教学中,通过对中国经贸发展取得的巨大成就的讲授,激发学生的家国情怀和国际视野。中国对外贸易规模、进出口总额、外汇储备居世界前列;对外直接投资高速增长;工业品产量居世界前列,例如中国钢产量迅猛增长,生产世界一半的钢铁产品;中国强大的生产能力不仅体现在钢铁上,还体现在汽车、电子产品等工业品数量占世界前列;这些伟大成就的取得是中国几代人艰苦努力的结果,通过对《经贸地理课程》课程内容讲述开阔学生国际视野、激发学生的家国情怀,激励新一代的年轻人更加努力奋斗。

2. 坚定社会主义理想信念

《国际经贸地理》课程讲述拉美的人文特征章节,通过拉美等发展中大陆在消除社会贫困方面面临的问题,对比中国提出的精准扶贫使绝对贫困人口实现有新房可居住,有工作可就业,是世界各个国家效法和学习的榜样,传播和弘扬社会主义先进文化和社会主义核心价值观,通过差异性的对比,激发学生的政治认同感与家国情怀。《国际经贸地理》课程讲述非洲的人文特征章节,通过非洲等发展中国家在建设医疗基础设施领域的困难,对比中国的医疗基础设施方面,让学生真正认识到新中国成立后,我们用最少的钱让全民获得医疗服务,保障人民的生命安全。使学生从心底真正认同"中国共产党为什么能、马克思主义为什么行、社会主义为什么好",激发学生的爱国热情,充分认识社会主义制度的优越性以及共产党领导的重要性。

3. 实现中华民族的伟大复兴

世界格局正在发生深刻变化,《国际经贸地理》课程讲述中,通过电子行业、钢铁行业、石油工业以及交通运输行业在对外贸易发展过程中面临的来自国际各种势力的挑战以及中国在亚洲、非洲以及拉美进行贸易和投资遇到欧美国家的阻扰事例,使学生充分感知到世界格局正在发生的深刻变革,中国经济的崛起是历史必然,这是一个我们走出国门开拓的新时代,经济发展肯定会遇到新的困难,激发学生应当努力奋斗,争取在经济和科技领域赶超世界先进国家,在这世界格局的变革中,勇闯先锋,实现中华民族伟大复兴中国梦。

4. 开拓国际视野

《国际经贸地理》课程讲述中,对世界各个国家和地区人文特征、经济发展、对外贸易的讲授,开阔学生的国际视野,了解世界经济发展动态,了解世界经济中发展面临着饥饿、疾病、战争、气候变暖等全球性挑战,使学生充分认识世界各区域面临的严重问题,比如非洲严重的饥饿、疾病、西亚频繁战争等问题,气候变暖导致的雪山融化、海平面升高等等,使学生深刻理解构建人类命运共同体的内涵与价值。

5. 尊重世界多元文化的多样性和差异性

《国际经贸地理》课程在对世界不同国家贸易以及投资过程讲述中,通过不同案例告诉学生尊重世界文化的多元化,尤其是与宗教氛围浓厚的国家后进行投资和贸易时,更要注意尊重世界文化的多元性和差异性。比如对出口家禽的宰杀方式,不同的文化有不同的要求;在当地雇佣工人在工作期间要进行祈祷等等,今天中国跨出国门,面对纷繁复杂的国际不同文化,尊重文化的多元化。

### (三)教学方法

本课程综合运用课堂讲授、专题探讨、启发式教学、案例教学等多种教学方法,使学生掌握世界主要国家和地区的经济贸易发展状况,具备外贸业务从业人员的知识储备。通过思政元素的渗入拓展学生国际视野,了解世界经济发展动态,了解世界多元文化的多样性和差异性,激励学生家国情怀,为实现中华民族的伟大复兴而奋斗。

## 三、课程各章节的课程思政教学内容设计

### 第一章 地理环境与经济贸易

**专业教学目标**

通过本章学习,使学生了解国际经贸地理主要研究对象和基本内容,了解自然环境、人文环境、经济环境与贸易之间的关系。

【知识目标】
1. 掌握国际经贸地理课程的研究对象与内容。
2. 掌握国际经贸地理课程的特点与开设的意义。
3. 掌握自然环境对国际贸易的影响。
4. 掌握人文环境对国际贸易的影响。
5. 掌握经济环境对国际贸易的影响。

【能力目标】
1. 提升学生对《国际经贸地理》课程的认知能力。
2. 提升学生理解自然环境、人文环境、经济环境对国际贸易的深刻影响。

**课程思政教学目标及实践**

【育人目标】
1. 国家情怀　通过对中国经济贸易发展历史的讲述,从中国自改革开放之后贸易规模、进出口状况、外汇储备等方面实际数据,让学生深刻感知中国经济贸易在改革开放之后与世界联系日益密切,高速发展以及取得的巨大成就,中国在世界经济贸易中的地位不断提高,激发学生对课程的学习兴趣和热爱国家的家国情怀。
2. 坚定实现中华民族的伟大复兴　通过中国经济贸易发展实例,激发学生为实现中华民族的伟大复兴而努力奋斗。

【教学方式与方法】
1. 课堂讲授:直接列举中国自改革开放之后贸易规模、进出口状况、外汇储备等方面实际数据。
2. 课堂讨论:列举发展数据,组织学生发表观点并进行讨论。

【课程思政教学实例】

**案例材料:中国对外贸易高速增长**

(1)案例简介

课程意义讲述部分,涵盖的主要内容是中国对外贸易领域无论从贸易规模、进出口状况还是外汇储备方面与世界联系日益密切,面临的机遇极大地增加,要把握好这些机遇,应该对世界各国各地区经济贸易的基本特征有较好的了解。通过对中国改革开放以来对外贸易发展取得的伟大成就直观展示给学生,使学生深刻感受到中国经济贸易高速增长。用成就激发学生的爱国热情,坚定实现中华民族伟大复兴的决心。

中国历年进出口总额发展变化:进出口总额增长迅速,2007年进出口总额21738亿美元同比增长23.5%;2008进出口总额25616亿美元同比增长17.8%;2009进出口总额22072亿美元同比增长—13.9%;2010进出口总额29727亿美元同比增长34.7%;2013进出口总额4.16万亿美元,位居世界第一,自此中国对外贸易规模跃居世界前列;2018进出口总额4.62万亿美元;2019年进出口总额31.54万亿人民币。

中国对外贸易规模发展迅速：1980年中国对外贸易规模位居世界第26位，1997年位居世界第10位，2004年位居世界第3位，2013年位居世界第1位，从此成为世界贸易大国。中国外汇储备的不断增加：80年代中期中国外汇储备为50多亿美元，2005年外汇储备达到7110亿美元，2006年外汇储备10663亿美元，2009年外汇储备达到23991亿美元，2013年外汇储备3.82万亿美元，2015年外汇储备33304亿美元，2019年外汇储备31079亿美元。

资料来源：①王伟.中国对外贸易的发展现状与趋势分析[J].时代金融，2018，(02)：8+21．
②部分具体数据来源：商务部官网。

**(2) 案例的思政元素**

①家国情怀。贸易领域的伟大成就的取得是几代中国人努力奋斗的结果，新时代青年要发扬前辈的艰苦奋斗作风，继往开来，争取更大的胜利。

②坚定实现中华民族的伟大复兴。中国对外贸易从弱到强取得今天辉煌的成绩，用巨大成就激励学生，这是一个开拓的时代，走出国门，放眼世界，取得更高成就，肩负起实现中华民族伟大复兴的重任。

**(3) 教学手段**

通过课堂展示和讲述中国外贸领域取得的巨大成就，组织学生进行讨论和发表感想，激发学生对国家经贸领域高速发展的自豪感，坚定实现中华民族的伟大复兴，课程内容与思政元素紧密融合。

## 第二章 亚洲经济贸易基本特征

**专业教学目标**

通过本章学习，使学生在了解亚洲经济贸易概况的基础上，进一步详细认知东亚、东南亚、南亚、西亚各区经济贸易基本特征。

**【知识目标】**

1. 掌握亚洲地理位置、人文特征、经济贸易概况。
2. 掌握东亚、日本、朝鲜、韩国地理位置、人文特征、经济贸易概况。
3. 掌握东南亚、新加坡、马来西亚地理位置、人文特征、经济贸易概况。
4. 掌握南亚、印度地理位置、人文特征、经济贸易概况。
5. 掌握西亚地理位置、人文特征、经济贸易概况。

**【能力目标】**

1. 开阔视野，提升对亚洲、东亚、日本、朝鲜半岛、东南亚、新加坡、马来西亚、南亚、印度、西亚的地理位置、人文特征、经济贸易概况的认知能力。
2. 提升和培养学生开展对亚洲区域国家进行贸易的决策能力。

**课程思政教学目标及实践**

**【育人目标】**

1. 世界多元　文化的多样性和差异性通过对亚洲区域内不同国家人文经济特征的讲述，尤其是对西亚和南亚部分讲述，重点提及南亚的种姓制度、西亚的宗教氛围，使学生了解世界文化多元文化的多样性和差异性，在与这些国家做贸易和投资的过程中，要学会尊重和包容世界不同文化的多元性和差异性。

2. 国际视野　对日本经济讲述部分，重点提及日本主要财团，开拓视野，了解在国际贸易中我们面临的竞争对手，知彼知底，发展中国对外贸易与对外直接投资。

**【教学方式与方法】**

1. **课堂讲授**：直接阐述亚洲主要贸易国家和地区的人文特征及贸易状况；举例完善说明人文及贸易特征。
2. **课堂讨论**：在讲述人文经贸特征过程中用以说明完善观点的具体真实示例，组织学生发表感想和感言。
3. **课外阅读**：指定学生课后查找日本六大财团的相关资料进行阅读，使学生真正感触到不同国家经济基本特征。

**【课程思政教学实例】**
**案例材料1：日本六大财团**
**(1)案例简介**

通过对日本经济领域中重要财团简介，开阔学生视野，实际感触日本经济中起主要作用的财团。日本在二战结束前的财团被称为财阀，是明治维新后因政府的扶植而逐步发展成的具有垄断性质的大型控股公司（也被称为财阀康采恩）。这些以产业资本、商业资本和金融资本相结合的财阀，形成于日本的产业革命时期，其中最有实力的是三井、三菱、住友、安田四家，通称日本的"四大财阀"。二战后新形成的六大财团分别是住友集团、三井财团、三菱财团、富士财团、三和财团、劝银财团。相对于旧财阀，最为显著的特点是以金融机构为中心，财团内各企业环形持股，即银行与企业、企业与企业之间交叉持股；同时，其民主性、开放性和竞争性都有所增强。

资料来源：白益民．日本企业财团模式解析[J]．经济导刊，2015，(03)：78-83．

**(2)案例的思政元素**

国际化视野。通过日本财团案例的讲述，使学生认识到我们对外直接投资和贸易遇到的竞争对手实力强大，要做好对外贸易和直接投资，就要开拓视野，了解竞争对手知彼知己，发展中国对外贸易与对外直接投资。

**(3)教学手段**

通过学生课外阅读，课堂组织学生对日本财团的发展状况进行讨论和发表感想，开阔学生国际视野，融思政元素于课程内容。

**案例材料2：西亚和南亚人文特征**
**(1)案例简介**

在对西亚、南亚人文特征的讲述过程中，重点提及南亚的种姓制度、西亚的宗教氛围，使学生了解世界文化的多元性和差异性，在与这些国家做贸易和投资的过程中，注意细节，约束员工、不随意交往当地朋友，要学会尊重和包容世界不同文化的多元性和差异性。

资料来源：①曹兴，李沫燃．西亚北非缘何成为世界民族宗教冲突的重灾区[J]．新疆社会科学，2017，(03)：99-104+15．
②贡水．印度种姓歧视延续至今[J]．检察风云，2020，(23)：54-55．

**(2)案例的思政元素**

世界不同文化的多元性和差异性。通过对西亚国家宗教氛围的讲述、南亚种姓制度的讲述，使学生了解世界文化的多元性和差异性，学会尊重和包容文化的多元性和差异性。

**(3)教学手段**

课堂展示和讲述，使学生了解世界文化多样性，要求课后查找资料进行阅读，融思政元素于课程内容。

## 第三章　欧洲经济贸易基本特征

**专业教学目标**

通过本章学习，使学生理解和掌握欧洲地区经济基本特征，贸易发展状况。

**【知识目标】**

1．掌握欧洲地理位置、人文特征、经济历史变迁、经济贸易状况。
2．掌握俄罗斯地理位置、人文特征、地理历史变迁、经济贸易状况。
3．掌握德国地理位置、人文特征、地理历史变迁、经济贸易状况。
4．掌握法国地理位置、人文特征、经济贸易状况。

**【能力目标】**

1．提升学生对欧洲、俄罗斯、德国、法国的地理位置、人文特征、经济历史和地理历史变迁、经济贸易发展概况的认知能力，开阔国际视野。
2．提升和培养学生开展对欧洲区域国家进行贸易的决策能力。

**课程思政教学目标及实践**

**【育人目标】**

1．职业素养　通过对欧洲区域内不同国家人文经济特征的讲述，尤其是对德国工业部分、法国工业部分、俄罗斯经济社会发展的讲述,使学生了解世界工业先进技术的发展状况,了解世界经济格局发展变化,了解世界发展动态,培养学生职业素养。

2. 国际视野　开阔学生的国际视野,了解世界技术发展潮流,借鉴学习先进的技术和经验,赶上和超过世界先进技术,实现中华民族的伟大复兴。

**【教学方式与方法】**

1. 课堂讲授:直接阐述欧洲贸易大国的经济技术与贸易的发展状况。
2. 课堂讨论:针对欧洲国家在工业领域的先进性组织学生发表感想和感言。

**【课程思政教学实例】**

**案例材料:法国优势产业**

**(1)案例简介**

法国在核电、航空航天和铁路及奢侈品方面居世界领先地位,其主要优势产业如下:航空航天、民用核能、高速铁路、奢侈品产业。法国航空航天工业发达,已形成基础比较雄厚、技术比较先进、结构比较完整的教学、科研、设计和生产基本配备的航空航天体系。知名大企业包括空客、赛峰、达索、泰雷兹、欧洲导弹集团、阿利安太空公司等。法国航空产业每年将营业额17%用于研发。民用核能,法国在民用核电领域位居世界领先地位,在役核电机组数量和总装机容量上仅次于美国,人均核发电量居世界第一。高速铁路,法国高铁在以下三个方面领先世界:第一个是信号系统,目前欧洲标准ERTMS是法国主导的,并且法国的三大信号商占有世界上40%的市场份额;第二个是弓网,处在世界领先水平;第三个是牵引技术,直流牵引、励磁同步牵引、异步交流牵引以及永磁同步牵引四代牵引技术均由法国开发,法国也是目前唯一成功将永磁同步牵引技术用于运营车辆的国家。奢侈品产业,法国时尚和奢侈品产业已成为全球品牌的标杆,皮具、珠宝、服装、配饰、化妆品、葡萄酒及烈酒、生活艺术品等各领域奢侈品享誉全球。法国奢侈品企业营业额占全球四分之一。

资料来源:姚大志,孙承晟.科技革命与法国现代化(1版)[M].山东教育出版社,2020.

**(2)案例的思政元素**

家国情怀。通过对法国优势产业的讲述,使学生了解发达国家先进技术的发展状况,了解世界经济格局发展变化,了解世界发展动态,开阔学生的国际视野,了解世界经济技术发展潮流,借鉴学习先进的技术和经验,赶上和超过世界先进技术,实现中华民族的伟大复兴。

**(3)教学手段**

通过对法国优势产业的课堂讲述,提高学生的认知,激发学生的热情,课程内容与思政元素紧密融合。

## 第四章　非洲经济贸易基本特征

**专业教学目标**

通过本章学习,使学生理解和掌握非洲地区经济基本特征,贸易发展状况。

**【知识目标】**

1. 掌握非洲地理位置、人文特征、人口自身发展历史、经济贸易状况。
2. 掌握南非地理位置、人文特征、经济贸易状况。

**【能力目标】**

1. 提升学生对非洲地理位置、人文特征、经济贸易发展概况的认知能力。
2. 提升和培养学生开展对非洲区域国家进行贸易的决策能力。

**课程思政教学目标及实践**

**【育人目标】**

1. 国际视野　通过分析非洲市场特点,开阔学生的国际视野,认识非洲经济的双重性。
2. 政治认同　通过对非洲区域内不同国家人文经济特征的讲述,对比中国相同领域的发展成就,坚定学生为实现中国特色社会主义理想而发奋图强。

**【教学方式与方法】**

1. 课堂讲授:直接阐述非洲人文经济贸易发展状况。

2. 课堂讨论：针对非洲国家人文特征讲述时，重点提及非洲医疗卫生及贫困问题，组织学生发表感想和感言。

3. 非洲市场特点的资料阅读，启发学生重新认识非洲市场。

**【课程思政教学实例】**

**案例材料：非洲人文特点及市场特点**

**(1) 案例简介**

非洲区域内不同国家人文经济特征的讲述，尤其是对人口增长以及医疗设施的发展状况讲述，使学生了解目前世界还有很多国家处于殖民地时代，饥饿、疾病、贫困依然大面积存在。

非洲目前市场特点：富饶与贫穷共存、先进与落后共存、机遇与风险同在。

非洲有富饶的自然资源。盛产棉花、棕榈油、咖啡、可可等农产品。非洲经济具有双重性，富裕阶层接受的是西方的教育，使用的是最先进的产品。普通老百姓购买力低下，部分吃饭都困难。非洲国家与经济命脉相关的产业多被发达国家企业所垄断，土著黑人收入很低。非洲国家许多产品虽然自己不能生产，但多年来一直使用欧美等发达国家产品，基本上沿用的是西方国家质量体制，对产品技术质量要求并不落后。到非洲从事经贸活动是有风险的：一些国家宏观经济不稳定；一些部分国家的法律法规不健全；一些国家政局动荡，边境紧张；非洲内部西方国家垄断经营者虎视眈眈。

资料来源：王克俊. 非洲市场现状与开发对策[J]. 农机市场，2014，(02)页码：16－19.

**(2) 案例的思政元素**

政治认同。通过对非洲区域内不同国家人口增长以及医疗设施的发展状况与中国在医疗发展方面取得的成就比较，开阔学生的国际化视野，激发学生的家国情怀，坚定学生为实现中国特色社会主义理想而发奋图强。对非洲市场的认知，开阔学生国家化视野，搞清楚非洲经济的双重性，提升对非洲贸易和投资的决策能力。

**(3) 教学手段**

通过对非洲市场特征的讲述，引导学生对拓展非洲市场进行讨论和发表感想，课程内容与思政元素紧密融合。

## 第五章　拉丁美洲经济贸易基本特征

**专业教学目标**

通过本章学习，使学生理解和掌握拉美地区经济基本特征，贸易发展状况。

**【知识目标】**

掌握拉美地理位置、人文特征、经济发展史、经济贸易状况。

**【能力目标】**

1. 提升认知拉美地理位置、人文特征、经济贸易发展概况的能力。

2. 提升和培养学生开展对拉美国家进行贸易的决策能力。

**课程思政教学目标及实践**

**【育人目标】**

1. 坚定中国特色社会主义共同理想　通过对拉美区拉美贫困问题的讲述，对比中国贫困救助方面取得的成就，激发学生的家国情怀，坚定学生为实现中国特色社会主义理想而发奋图强。

2. 具有国际视野　通过对拉美经济贸易的讲述，培养学生的国际化视野。

**【教学方式与方法】**

1. 课堂讲授：直接阐述拉美人文经济贸易发展状况。

2. 课堂讨论：针对拉美国家人文特征讲述时，重点提及拉美的贫困问题以及由此引发的一系列社会问题，组织学生发表感想和感言。

**【课程思政教学实例】**

**案例材料：拉美贫困问题**

**(1) 案例简介**

拉美经济发展中存在的深刻的贫困问题，基尼系数在世界各大洲中是最高的，政府在缓解贫困问题上力量不足,因此虽然宏观拉美经济形势越来越稳定,但是拉美区域内贫困问题愈加突出。目前拉美经济严重衰退,贫困人口超过2亿。通过课堂讲述和课后资料阅读,使学生了解拉美社会深刻的贫困问题。

资料来源:房连泉.新冠肺炎疫情冲击下拉美国家的社会贫困和不平等:社会结构脆弱性视角[J].拉丁美洲研究,2021,43(05):137-153+158.

**(2)案例的思政元素**

坚定中国特色社会主义理想信念。通过对拉美区拉美贫困问题的讲述,使学生了解目前拉美贫困问题,开阔学生的国际视野,对比中国贫困救助方面取得的成就,激发学生的家国情怀,坚定学生为实现中国特色社会主义理想而发奋图强。

**(3)教学手段**

课堂讲述拉美的贫困问题,引导学生就此进行讨论和发表感想,使得课程内容与思政元素紧密融合。

## 第六章 北美洲经济贸易基本特征

**专业教学目标**

通过本章学习,使学生掌握美国和加拿大经济基本特征,贸易发展状况。

**【知识目标】**

1. 使学生了解美国地理位置、人文特征、经济发展史、经济贸易状况。
2. 使学生了解加拿大地理位置、人文特征、经济贸易发展状况。

**【能力目标】**

1. 提升认知美国、加拿大地理位置、人文特征、经贸发展概况的能力。
2. 提升和培养学生开展对美国和加拿大进行贸易的决策能力。

**课程思政教学目标及实践**

**【育人目标】**

1. 了解世界发展动态 通过对美国高科技产业与经济发展的讲述使学生了解世界科技经济发展态势。
2. 开拓国际视野 通过讲述美国科技产业对经济发展的贡献,开阔学生的国际视野。

**【教学方式与方法】**

1. 课堂讲授:直接阐述美国、加拿大人文经济贸易发展状况。
2. 课堂讨论:针对美国经济特征讲述时,重点提及美国的经济科技发展,组织学生发表感想和感言。

**【课程思政教学实例】**

**案例材料:美国高科技产业发展**

**(1)案例简介**

美国高科技产业主要包括电子计算机和信息处理技术、现代通信技术和电子元件、航空航天工业。具体包括微电子、软件、机器人、通信设备、计算机辅助设计、生物工程等部门。除机器人生产位居世界第二外(德国位居第一),其余五个行业产量居世界首位,高科技产业出口占全美制成品出口的30%左右。电子信息技术领域,目前计算机操作系统的软件、硬件大部分来自美国,美国拥有大量先进的软件和软件人才,在全球电脑销售总额中占40%;通信方面,通信卫星等处于世界领先地位,但是受到日、韩、西欧的挑战比较强烈;航空与航天技术是高新技术工业的综合体,也使美国在高科技领域短期内不会遭到外部挑战,主要包括商用飞机、直升机、飞机发动机及零部件等,主要分布在洛杉矶和西雅图。

资料来源:邵娟.美国高科技产业发展环境分析[J].中国科技投资,2006,(05):77-78.

**(2)案例的思政元素**

世界经济科技发展动态。通过对美国高科技产业的简述,使学生了解世界经济发展态势,了解美国科技产业对经济发展的贡献,开阔学生的国际视野,激发学生的家国情怀,为实现中华民族的伟大复兴而努力奋进。

**(3)教学手段**

课堂展示和讲述美国高技术产业的发展,开阔学生的视野,使课程内容与思政元素紧密融合。

## 第七章 大洋洲经济贸易基本特征

**专业教学目标**

通过本章学习,使学生理解和掌握大洋洲经济基本特征,贸易发展状况。

**【知识目标】**

1. 掌握大洋洲地理位置、人文特征、经济发展史、经济贸易状况。
2. 掌握澳大利亚大地理位置、人文特征、经济贸易发展状况。

**【能力目标】**

1. 提升对澳大利亚地理位置、人文特征、经贸发展概况的认知能力。
2. 提升和培养学生开展对加南大进行贸易的决策能力。

**课程思政教学目标及实践**

**【育人目标】**

1. 了解世界发展动态 通过对澳大利亚矿产品出口占世界比重的讲述,使学生了解世界矿产资源储藏和贸易格局。
2. 开拓国际视野 通过对澳大利亚矿产品状况讲述,开阔学生的国家视野。

**【教学方式与方法】**

1. 课堂讲授:直接阐述澳大利亚大人文经济贸易发展状况。
2. 课堂讨论:针对澳大利亚经济特征讲述时,重点提及澳洲的矿产品贸易,组织学生发表观点。

**【课程思政教学实例】**

**案例材料:澳大利亚铁矿出口**

(1)案例简介

澳大利亚铁矿出口过程中对世界市场价格影响深刻,通过历年中国从澳大利亚进口铁矿的例子,让学生充分认识世界矿产品贸易的世界格局和世界动态,开阔学生国际视野,了解世界经济发展动态。

资料来源:巫宇翔.澳大利亚铁矿资源现状及新项目分析[J].现代矿业,2016,32(06):62-64+68.

(2)案例的思政元素

世界经济发展动态。通过对澳大利亚经济发展的讲述,尤其是澳大利亚矿产品出口的状况讲述,开阔学生的国际视野,了解世界矿产资源储藏和贸易格局,使学生了解世界矿产品贸易发展动态,激发学生艰苦奋斗,促进中国经济科技发展,为实现中华民族的伟大复兴而努力奋进。

(3)教学手段

通过课堂讲述澳大利亚铁矿出口,引导学生进行讨论和发表感想,课程内容与思政元素紧密融合。

## 第八章 世界第一产业的生产分布及贸易

**专业教学目标**

通过本章学习,使学生理解和掌握世界第一产业的生产发展、地理分布、贸易状况。

**【知识目标】**

1. 掌握世界第一产业的生产、发展和贸易。
2. 掌握世界大宗农产品小麦、玉米、大米、大豆的生产分布和贸易。

**【能力目标】**

1. 熟悉掌握第一产业尤其是大宗粮食作物和经济作物的生产发展和贸易。
2. 提升和培养学生进行大宗粮食作物和经济作物的贸易的决策能力。

**课程思政教学目标及实践**

**【育人目标】**

1. 世界发展 动态通过世界大宗农产品的生产贸易状况,了解世界农业发展动态。
2. 国际视野 通过对粮食作物和经济作物的讲述,尤其是世界小麦和玉米的贸易状况讲述,开阔学生的国际视野。

**【教学方式与方法】**

1. 课堂讲授:直接阐述世界大宗农产品的生产发展和贸易。

2. 课堂讨论:针对世界小麦玉米讲述时,重点阐述出口国的单一性和对市场的垄断性,结合我国大宗农产品的进口状况,组织学生进行探讨。

**【课程思政教学实例】**

**案例材料:世界小麦主要的出口国家**

**(1)案例简介**

世界上能常年稳定出口小麦的国家不多,世界小麦交易范围广、交易量大、参与国家多、出口国比较集中,进口国比较分散,贸易量相对稳定。2018年澳大利亚、加拿大、欧盟、俄罗斯联邦、美国五国出口数量合计份额占世界小麦出口75%。

资料来源:阴姿琦,吴建寨,张晶,丁娇娇,周向阳.世界小麦贸易格局及演变分析[J].中国食物与营养 2021,27(09):48-51.

**(2)案例的思政元素**

国际视野。通过世界小麦进出口格局的讲述,让学生充分认识世界小麦贸易的世界格局和世界动态,开阔学生国际视野,了解世界小麦出口集中在少数国家,粮食出口市场垄断性明显,粮食作为重要农产品,粮食自给才是根本保证。

**(3)教学手段**

通过课堂讲述世界小麦进出口格局,开阔学生国际视野,引导学生探讨中国粮食安全,课程内容与思政元素紧密融合。

## 第九章 世界第二产业的生产分布及贸易

**专业教学目标**

通过本章学习,使学生理解和掌握世界第二产业的生产发展、地理分布、贸易状况。

**【知识目标】**

掌握世界能源工业、钢铁工业、电子工业和汽车工业的生产、发展和贸易。

**【能力目标】**

提升学生在能源工业领域产品贸易、钢铁工业领域产品贸易、电子工业领域产品贸易、汽车工业领域产品贸易的决策能力。

**课程思政教学目标及实践**

**【育人目标】**

1. 开拓国际视野　了解世界发展动态通过世界石油资源的争夺开阔学生的国际视野。

2. 厚植家国情怀　通过钢铁产量、汽车产量的迅猛增长,激发学生的家国情怀,坚定实现中华民族的伟大复兴。

3. 了解世界格局深刻变化　通过剖析电子工业出口面临的困境,使学生了解世界格局深刻变化。

**【教学方式与方法】**

1. 课堂讲授:直接阐述世界能源工业、钢铁工业、电子工业、汽车工业产品的生产发展和贸易。

2. 课堂讨论:通过课堂展示和讲述,引导学生进行讨论和发表感想。课程内容与思政元素紧密融合。

**【课程思政教学实例】**

**案例材料1:世界石油资源的争夺**

**(1)案例简介**

世界储油区分布集中,西亚的阿拉伯伊朗石油沉积盆、俄罗斯石油、北海油田、加勒比海石油、美国石油、非洲石油。能够不同程度出口石油的国家有30多个,全世界130多个国家需要进口石油,石油贸易量非常大,以原油为主,约占世界石油贸易的80%左右,油品为辅,约占世界石油贸易20%左右。世界能源争夺从未停止。

资料来源:石油战争:看懂世界格局的第一本书[J].中国石油石化 2016,(07):82.

**(2)案例的思政元素**

国际视野。通过世界石油资源的争夺开阔学生的国际视野,了解世界发展动态;石油作为不可再生的稀缺资源,储存集中,消费分散,围绕石油的争夺从未停止,世界石油风云变化对世界经济影响严重。

(3)教学手段

课堂展示和讲述世界石油分布,引导学生关注世界石油风云,使得课程内容与思政元素紧密融合。

**案例材料2:中国钢铁产品产量的迅猛增长**

(1)案例简介

中国钢铁行业在中国经济中扮演着重要的角色,自新中国成立以来发展迅速,早期由于受技术的限制,总产量增幅不大,但是自中国加入WTO之后,粗钢产量迅猛增长,中国钢铁产量变化如表9.1所示。

表9.1 2000—2019年中国钢铁产量变化统计

| 年份 | 中国粗钢产量(亿吨) | 年份 | 中国粗钢产量(亿吨) |
| --- | --- | --- | --- |
| 2000 | 1.28 | 2012 | 7.16 |
| 2005 | 3.49 | 2013 | 7.79 |
| 2006 | 4.19 | 2014 | 8.22 |
| 2007 | 3.62 | 2015 | 8.04 |
| 2008 | 5.00 | 2016 | 8.08 |
| 2009 | 5.68 | 2017 | 8.32 |
| 2010 | 6.27 | 2018 | 9.28 |
| 2011 | 6.96 | 2019 | 9.96 |

数据来源:国际钢铁工业协会。

资料来源:钢铁:历尽沧桑事 百年正青春[N].中国工业报 2021-07-01(010).

(2)案例的思政元素

爱国情怀。通过钢铁产量迅猛增长,中国生产超过世界一半以上的粗钢产品,中国制造业的快速发展有目共睹,培养学生的爱国主义情操,将个人价值实现与民族复兴大业紧密结合。

(3)教学手段

通过课堂展示中国钢铁行业的发展成就,激发学生爱国热情,课程内容与思政元素紧密融合。

**案例材料3:中国电子产品出口面临的不利因素**

(1)案例简介

中国电子产品发展迅速,出口量迅猛增长,但是中国电子产品出口面临的不利因素较多,贸易摩擦频繁发生。其中技术性贸易壁垒是中国电子产品面临的重要不利因素。例如:采用技术法规,欧洲议会和理事会《关于报废电子电器设备指令》以及《关于电子电器设备中限制使用某些有害物质指令》两项规定,自2005年8月欧盟市场上的电子电器产品生产商必须自行承担回收报废产品、处理及再循环的费用。制定技术标准方面,欧盟、日本、美国纷纷制定技术标准给中国电子产品造成很多障碍。技术性贸易壁垒使得原本利润微薄的电子产品出口举步维艰。知识产权方面,随着我国电子产品出口规模的不断扩大,不断遭到国外公司以知识产权为保护名义的诉讼和纠纷,所涉及的领域波及手机等通信产品以及数码相机产品,给中国企业出口造成巨大障碍。

资料来源:中国电子产品出口存在的问题及解决途径[J].对外经贸实务 2015,(11):51-54.

(2)案例的思政元素

国际视野,爱国情怀。通过剖析电子工业出口面临的困境,使学生了解世界格局深刻变化,发达国家希望通过贸易手段让发展中国家为自己生产初级产品,进口发达国家的工业制成品,因此对发展中国家的工业品出口采取各种方式进行限制。中国电子产品的出口面临的困境就是这种原因。但是世界格局在发生深刻变化,中国崛起势不可挡,学生更要发扬开拓精神,走出国门,努力奋斗,实现中华民族的伟大复兴。

(3)教学手段

课堂讲授电子产品出口面临的困境,引导学生对世界格局变化的探讨,课程内容与思政元素紧密融合。

**案例材料 4：中国汽车产品产量的迅猛增长**

**(1) 案例简介**

中国汽车发展迅速，自从加入 WTO 之后，世界知名汽车企业在中国投资汽车不断增加，中国汽车产量迅猛增长，中国汽车产量如表 9.2 所示。

表 9.2　2000－2020 年中国汽车产量变化

| 年份 | 汽车产量（万辆） | 年份 | 汽车产量（万辆） |
| --- | --- | --- | --- |
| 2000 | 206.8 | 2011 | 1831.9 |
| 2001 | 234.2 | 2012 | 1927.2 |
| 2002 | 325.3 | 2013 | 2211.7 |
| 2003 | 444.3 | 2014 | 2372.3 |
| 2004 | 507.1 | 2015 | 2450.3 |
| 2005 | 570.7 | 2016 | 2811.9 |
| 2006 | 728.0 | 2017 | 2901.5 |
| 2007 | 888.2 | 2018 | 2780.9 |
| 2008 | 934.5 | 2019 | 2572.1 |
| 2009 | 1379.1 | 2020 | 2522.5 |
| 2010 | 1826.5 | | |

数据来源：中商情报网。

资料来源：王一萍．现状、出口、预测、技术，中汽协四方面解读中国汽车发展特点[N]．汽车商报，2022－01－17（A03）．

**(2) 案例的思政元素**

家国情怀。汽车产量的迅猛增长，其相关的产业众多，中国制造业水平极大提升，激发学生的家国情怀，坚定实现中华民族的伟大复兴的信念。

**(3) 教学手段**

通过课堂讲述中国汽车产业的发展成就，坚定学生实现中华民族的伟大复兴的信念，课程内容与思政元素紧密融合。

# 第十章　国际贸易运输

**专业教学目标**

通过本章学习，使学生理解和掌握世界贸易运输的方式及其发展变化。

**【知识目标】**

1. 使学生了解世界交通运输的主要方式。
2. 使学生了解世界远洋运输的特点。
3. 使学生了解世界远洋运输的主要航线。
4. 使学生了解具有国际意义的铁路干线。

**【能力目标】**

1. 提升认知世界交通运输主要方式、特点、主要的航线以及具有国际意义的铁路干线的能力。
2. 提升学生开展国际贸易的决策能力。

**课程思政教学目标及实践**

**【育人目标】**

1. 世界格局深刻变化　在国际贸易交通运输中，不同力量在不断竞争，世界格局深刻变化也表现在对国际贸易运输的掌控中。

2. 政治认同　通过对中欧班列的案例,培养学生的政治认同感。
**【教学方式与方法】**
通过课堂展示和讲述,引导学生进行讨论和发表感想。课程内容与思政元素紧密融合。
**【课程思政教学实例】**
**案例材料:中欧班列**
(1)案例简介
中欧班列的开通和平稳运行,使得远离海洋的内陆国家在贸易领域连通起来。中欧班列沿线国家众多,纵深辐射更多。

资料来源:宁晓雅. 中欧班列"长安号"的运行现状及发展路径[J]. 对外经贸实务,2022,(07):83-87.

(2)案例思政元素
世界格局深刻变革。通过对中欧班列的讲述,使学生了解世界格局正在深刻地发生变化,在国际贸易交通运输中,不同力量在不断竞争,世界格局深刻变化也表现在对国际贸易运输的掌控中。

(3)教学手段
通过课堂展示和讲述中欧班列的发展,引导学生认知世界贸易运输格局的深刻变化,课程内容与思政元素紧密融合。

## 四、课程思政的教学评价

### (一)对教师的评价

1. 教学准备的评价

将《国际经贸地理》课程思政建设落实到教学准备各方面,提前提炼《国际经贸地理》课程的思政元素进行课程思政目标设计、修订《国际经贸地理》教学大纲、选用相适应的《国际经贸地理》教材。在教案课件编写过程中预先凝练课程的思政元素,将思政元素与专业教学融为一体。

2. 教学过程的评价

将《国际经贸地理》课程思政建设落实到教学过程各环节,提升教学理念。在教学方法上采取了课堂讲述、组织讨论、引导思维、开阔视野、激发情怀的教学方式,将思政元素自然地融入《国际经贸地理》的教学内容中。在具体的课程作业、平时成绩考核等方面融入课程思政元素的考核。

3. 教学结果的评价

通过同行评议、随机听课、学生评教、教学督导、教学研究及教学获奖等建立健全《国际经贸地理》课程思政多维度评价体系。

4. 评价结果的运用

对于《国际经贸地理》课程教学结果评价中提出的建议进行有针对性的修改;分析学生考核的成绩,提炼课程思政教学与专业教学融合的更好策略。

### (二)对学生的评价

1. 学习过程的评价

《国际经贸地理》课堂教学中要求学生积极参与课程资料收集、课堂讨论和实地调研等,科学规范评价学生在学习过程中的积极性、互动性和参与度。

2. 学习效果的评价

《国际经贸地理》课程教学过程中,通过平时作业、资料阅读、课堂讨论、随堂发言、课程论文、期末考试等多种形式,采用科学规范的方法检验学生对课程思政元素的领会及其对思政元素的掌握程度。

3. 评价结果的运用

通过师生座谈和系上教研活动等多种形式,收集学生对《国际经贸地理》课程的学习效果,总结经验,精益求精,提升课程思政的学习效果。

## 五、课程思政的教学素材

| 序号 | 内容 | 形式 |
| --- | --- | --- |
| 1 | 地理、文化与贸易增长 | 阅读资料 |
| 2 | 中国进口贸易结构与地理分布的实证分析 | 阅读资料 |
| 3 | 中国对外贸易的发展现状与趋势分析 | 阅读资料 |
| 4 | 2019年日本经济形势分析与中日经贸合作新契机 | 阅读资料 |
| 5 | 面向南亚开放大通道的理论与实践 | 阅读资料 |
| 6 | 西亚北非缘何成为世界民族宗教冲突的重灾区 | 阅读资料 |
| 7 | 印度种姓歧视延续至今 | 阅读资料 |
| 8 | 日本企业财团模式解析 | 阅读资料 |
| 9 | 中欧数字经济合作的现状、不足与启示 | 阅读资料 |
| 10 | "脱欧"路,英国不好走 | 阅读资料 |
| 11 | 加欧综合经济贸易协议(CETA)及对加拿大影响分析 | 阅读资料 |
| 12 | 科技革命与法国现代化 | 阅读资料 |
| 13 | 非洲大陆自由贸易区:进展、效应与推进路径 | 阅读资料 |
| 14 | 非洲区域经济组织成员身份重叠现象与消解路径 | 阅读资料 |
| 15 | eWTP创建非洲数字贸易新模式 | 阅读资料 |
| 16 | 非洲市场现状与开发对策 | 阅读资料 |
| 17 | 拉美国家经济社会发展分析与展望 | 阅读资料 |
| 18 | 拉美及加勒比海经济体2020年上半年和全年经济形势分析及我国对策 | 阅读资料 |
| 19 | 新冠疫情冲击下拉美国家的社会贫困和不平等:社会结构脆弱性视角 | 阅读资料 |
| 20 | 中美贸易形势分析和前景展望 | 阅读资料 |
| 21 | 中国应对中美经贸摩擦策略 | 阅读资料 |
| 22 | 美国高科技产业发展环境分析 | 阅读资料 |
| 23 | 中国与澳大利亚经贸关系特点浅析 | 阅读资料 |
| 24 | 2020年1—8月中国与澳大利亚双边贸易情况 | 阅读资料 |
| 25 | 澳大利亚铁矿资源现状及新项目分析 | 案例分析 |
| 26 | 全球粮食安全新形势及我国的应对 | 阅读资料 |
| 27 | 国际重要农产品贸易格局变化及应对思路研究 | 阅读资料 |
| 28 | 世界小麦贸易格局及演变分析 | 阅读资料 |
| 29 | 国际石油市场变局与美国石油政策调整(上)(下) | 阅读资料 |
| 30 | 中美贸易摩擦对我国钢铁出口的影响 | 阅读资料 |
| 31 | 中国与其他新兴市场高新电子技术产品贸易问题 | 阅读资料 |
| 32 | 中国汽车贸易高质量发展之要义 | 阅读资料 |
| 33 | 石油战争:看懂世界格局的第一本书 | 阅读资料 |
| 34 | 钢铁:历尽沧桑事 百年正青春 | 新闻资料 |
| 35 | 电子产品出口欧盟门槛再度提高 | 阅读资料 |
| 36 | 中国电子产品出口存在的问题及解决途径 | 阅读资料 |
| 37 | 现状、出口、预测、技术,中汽协四方面解读中国汽车发展特点 | 阅读资料 |
| 38 | 中欧班列"长安号"的运行现状及发展路径 | 政策解读 |